中国世界贸易组织年鉴

李岚清

主　管：中华人民共和国商务部
主　办：中国世界贸易组织研究会
合　办：对外经济贸易大学
北京市国际服务贸易事务中心
上海WTO事务咨询中心
深圳市公平贸易促进署

2019
总第13期

图书在版编目（CIP）数据

中国世界贸易组织年鉴 . 2019/ 中国世界贸易组织研究会编 . -- 北京 : 中国商务出版社 , 2020.5
ISBN 978-7-5103-3365-1

Ⅰ . ①中… Ⅱ . ①中… Ⅲ . ①世界贸易组织－影响－中国经济－ 2019 －年鉴 Ⅳ . ① F743-54 ② F12-54

中国版本图书馆 CIP 数据核字 (2020) 第 077527 号

中国世界贸易组织年鉴 2019

ZHONGGUO SHIJI MAOYI ZUZHI NIANJIAN 2019

中国世界贸易组织研究会　编

出　　版：中国商务出版社
地　　址：北京市东城区安外东后巷 28 号　　邮　编：100710
责任部门：商务事业部（010-64255862　cctpswb@163.com ）
责任编辑：刘文捷
网　　址：http://www.cctpress.com
网　　店：https://shop162373850.taobao.com
邮　　箱：cctp@cctpress.com
排　　版：德州华朔广告有限公司
印　　刷：北京卡梅尔彩印厂
开　　本：890 毫米 × 1240 毫米　1/16
印　　张：55　　字　数：1626 千字
版　　次：2020 年 12 月第 1 版　　印　次：2020 年 12 月第 1 次印刷
书　　号：ISBN 978-7-5103-3365-1
定　　价：390.00 元

《中国世界贸易组织年鉴》编委会组织机构

总 顾 问

徐匡迪 第十届全国政协副主席、中国世界贸易组织研究会名誉会长、中国工程院院士

陈德铭 中国世界贸易组织研究会名誉会长、中国外商投资企业协会会长、商务部前部长

高级顾问

（以下按姓氏笔画排序）

万鄂湘 中国世界贸易组织研究会竞争政策与法律专业委员会名誉主席

王新奎 中国世界贸易组织研究会副会长、上海 WTO 事务咨询中心理事长

尹宗华 中国国际贸易促进委员会前副会长

龙永图 原对外贸易经济合作部副部长、中国入世首席谈判代表、博鳌亚洲论坛前秘书长

孙振宇 中国世界贸易组织研究会前会长、原对外贸易经济合作部副部长、中国首任常驻世贸组织代表、特命全权大使

李东生 原国家工商行政管理总局副局长、海南省前副省长

谷永江 原对外贸易经济合作部副部长、中国复关/入世谈判代表团第三任团长

沈觉人 原对外贸易经济合作部副部长、中国复关谈判代表团首任团长

张月姣 国际投资争端解决中心仲裁员、世界贸易组织上诉机构前成员、前主席、教授

张玉卿 商务部条法司前司长、中国法学会世界贸易组织法研究会副会长

张志刚 中国世界贸易组织研究会高级顾问、商务部前副部长、中国商业联合会前会长

林毅夫 北京大学国家发展研究院名誉院长、世界银行前副行长兼首席经济学家

易小准 世界贸易组织副总干事、中国前常驻世界贸易组织代表、特命全权大使

罗伯托·阿泽维多 世界贸易组织总干事

帕斯卡尔·拉米 世界贸易组织前总干事

俞晓松 中国世界贸易组织研究会高级顾问、中国国际贸易促进委员会前会长、中国世界贸易组织研究会竞争政策与法律专业委员会前主席

素帕猜·巴尼巴滴 联合国贸易和发展会议前秘书长

徐秉金 中国世界贸易组织研究会高级顾问、中国欧洲经济技术合作协会会长、原对外贸易经济合作部部长助理、原国家机电办进出口办公室主任

隆国强 国务院发展研究中心副主任

樊　纲 中国经济体制改革研究会副会长、中国人民银行货币政策委员会委员、教授

指导单位

联合国贸易和发展会议
联合国工业发展组织
世界贸易组织秘书处
中国常驻世界贸易组织代表团
商务部国际贸易经济合作研究院
北京大学
清华大学
武汉大学
南开大学
对外经济贸易大学
上海对外经贸大学

编辑部

总 编 辑： 刘学煌
副总编辑： 宫和平　崔　凡　杨凤鸣　杨　芳
编　　辑：（以下按姓氏笔画排序）
王　惠　邓晓虹　安　宁　杨　旸　张春霞　侯obtained昆　贾春元　黄满盈
梁　意　戴　臻

序

2018年是我国改革开放40周年，加入世贸组织已走过17个年头。习近平总书记指出：“改革开放是中国和世界共同发展进步的伟大历程。”加入世贸组织以来，我国与世界的关系日益密切、不断加深，成为改革开放的生动实践。

加入世贸组织以来，我国坚持以开放促改革促发展，在更大范围、更深层次上参与国际经济合作和竞争，激发市场活力，有力促进了改革开放进程。积极完善社会主义市场经济体制，大规模开展法律法规清理修订工作，健全市场体系，理顺政府和市场关系，使市场在资源配置中起决定性作用，更好发挥政府作用。全面履行加入世贸组织承诺，货物贸易和服务贸易领域开放承诺分别于2010年和2007年全部履行完毕，外资准入门槛持续降低，知识产权保护法律体系不断完善，形成了全方位多层次宽领域的开放格局。着力增强国际竞争力，各行各业主动化压力为动力、化挑战为机遇，大力推进产业结构调整，积极融入全球价值链，在世界经济大海中搏击风浪，不断提升着竞争力和创新力。

加入世贸组织，我国既发展了自己，也造福了世界。习近平总书记指出：“观察中国发展，要看中国人民得到了什么收获，更要看中国人民付出了什么辛劳；要看中国取得了什么成就，更要看中国为世界作出了什么贡献。”加入世贸组织以来，我国不断扩大对外开放，不断以开放促改革促发展，持续为世界作出重要贡献。中国坚定遵守和维护世界贸易组织规则，支持开放、透明、包容、非歧视的多边贸易体制。中国因素让世界经济更有动力。加入世贸组织显著拓宽了我国开放空间，我国全面深化全球开放合作，深入推进“一带一路”建设，贸易投资规模迅速扩大，为世界经济提供了强劲引擎。

当前，世界正处在大发展大变革大调整时期，世界经济复苏艰难曲折，经济全球化出现波折，单边主义和保护主义抬头，各国面临许多共同挑战。在此背景下，世贸组织改革呼声渐涨。习近平总书记在第二届中国国际进口博览会开幕式上的主旨演讲指出，“中国是国际合作的倡导者和多边主义的支持者。中国支持对世界贸易组织进行必要改革，让世界贸易组织在扩大开放、促进发展方面发挥更大作用，增强多边贸易体制的权威性和有效性。”2018 年以来，二十国集团、亚太经合组织等国际治理平台开始讨论世贸组织改革问题，部分世贸组织成员先后提出关于世贸组织改革的原则立场或具体建议。我国提出了关于世贸组织改革的立场文件。

纵观世界发展大势，经济全球化是不可逆转的时代潮流。以世贸组织为核心的多边贸易体制是国际贸易的基石，是全球贸易健康有序发展的支柱。作为多边贸易体制的积极参与者、坚定维护者和重要贡献者，中国将以高水平开放推动高质量发展，在扩大开放中与各国分享机会和利益。这是中国基于发展需要作出的战略抉择，同时也是在以实际行动推动经济全球化造福世界各国人民。

由中国世界贸易组织研究会编辑出版的《中国世界贸易组织年鉴 2019》，围绕当前国际形势下多边贸易体制的新挑战、世贸组织谈判的新进展、中国在世界贸易组织中的新动态、中国学术界的最新研究等内容，进行了全面、客观、系统的介绍。希望这部工具书能较全面地宣传和普及世贸组织的规则，介绍中国参与多边贸易体制的情况，并为社会各界研究世界贸易组织、多边贸易体制和中国经贸发展提供有益的参考和借鉴。

中国世界贸易组织研究会名誉会长
中华人民共和国商务部前部长

2019 年 12 月

编 辑 说 明

《中国世界贸易组织年鉴2019》(以下简称《年鉴》)是中华人民共和国商务部主管、由中国世界贸易组织研究会组织国内外权威部门和专家、学者参与编撰出版的大型工具书,集政策性、研究性、实用性、史料性为一体,是国内外追踪研究WTO及相关问题,全面了解加入WTO后中国对外开放新形势和新变化的年度出版物。2007年创刊,至今已出版十三期。

当前世界政治、经济格局发生了巨大变化,国际环境日趋复杂。单边主义、贸易保护主义盛行,多边贸易体制日益被边缘化,反全球化情绪高涨,不稳定性、不确定性明显增加。推进WTO多边贸易体制的改革势在必行,已成为全球经济治理的一大热点。《年鉴》专文对WTO改革及其上诉机构、发展中国家特殊与差别待遇、电子商务谈判等问题进行了探讨,对中美经贸关系问题及我国自贸区建设作出了阐述。

随着《年鉴》内容日渐完善,框架体系逐步充实并基本定型:专文、WTO事务、中国与WTO、中国大陆与港澳台、中国与WTO主要成员经贸关系、与WTO有关的政策与管理措施、WTO学术成果、与WTO有关的法规及政策、贸易统计数据。提请注意的是,随着WTO统计方法的改善,贸易统计数据篇做了调整。

在《年鉴》编撰过程中,得到了世界贸易组织秘书处、商务部和国务院其他相关经济贸易主管部门以及我国常驻世界贸易组织代表团和广大作者、译者的积极支持和帮助,在此谨致衷心感谢!

本年鉴所涉及单位名称、作者姓名及职务均以截稿日期为准。真诚希望社会各界继续对编辑和出版工作给予关心和支持,对刊物的不足之处,敬请提出批评和改进意见,以使《年鉴》日臻完善。

通信地址:北京市朝阳区对外经济贸易大学逸夫科研楼604

邮政编码:100029

电　　话:0086-10-64494447

传　　真:0086-10-84255121

E — mail:cwtoyearbook @ 163.com

《中国世界贸易组织年鉴》编辑部

2020年8月

目　录

序 …………………………………………………… 中国世界贸易组织研究会名誉会长、商务部前部长　陈德铭

编辑说明 ……………………………………………………………………《中国世界贸易组织年鉴》编辑部

第一篇　专　文

- 发展中国家与世贸组织改革 ………………………… 商务部副部长兼国际贸易谈判副代表　王受文（3）
- WTO 改革：来自日内瓦的观点 ……………………… 世界贸易组织总干事　罗伯托·阿泽维多（5）
- 从发展中国家的视角看 WTO 改革 ……………………… 中国常驻世界贸易组织大使　张向晨（9）
- 中美经贸关系面临的挑战及中国的应对
  ………………………………… 中国世界贸易组织研究会前会长、中国首任驻世界贸易组织大使、原对外贸易经济合作部副部长　孙振宇（12）
- 世贸组织改革和中国的立场
  …………………… 中国世界贸易组织研究会会长、商务部国际贸易谈判前副代表　崇　泉（14）
- 数字经济全球化及 WTO 电子商务谈判 …………… 上海 WTO 事务咨询中心理事长　王新奎（17）
- 对热点问题的评论
  ………………… 投资争端解决国际中心 ICSID 仲裁员成员、清华大学国际争端解决研究院院长、世界贸易组织上诉机构前主席　张月姣（21）
- 处在十字路口的国际法
  ——国际法治的理想与现实 ……………………… 世界贸易组织上诉机构成员、主席　赵　宏（23）
- COVID-19 对国际贸易的冲击、危害与中国应对
  ………………………… 中国世界贸易组织研究会副会长、对外经济贸易大学教授　薛荣久（26）
- 加快构建双循环新发展格局 赢得我在国际竞争中的主动
  …………………………………………………… 中国世界贸易组织研究会副会长　霍建国（30）

第二篇　WTO 事务

- WTO 运行总体情况（2018）
  一、WTO 秘书处人员与预算（2018）……………………………………………………（35）
  二、WTO 主要活动（2018）…………………………………………………………（46）
- 多哈回合谈判进展（2018）…………………………………………………………（74）
- 向争端解决机构请求磋商的案件（2018）………………………………………………（85）
  附录 1：1995—2018 年争端解决机构受理的案件 …………………………………（154）
  附录 2：1995—2018 上诉机构受理的案件 ……………………………………………（272）
- 贸易政策审议（2018）
  冈比亚贸易政策审议……………………………………………………………（326）

马来西亚贸易政策审议 …… (329)
埃及贸易政策审议 …… (332)
菲律宾贸易政策审议 …… (337)
黑山贸易政策审议 …… (340)
几内亚贸易政策审议 …… (344)
毛里塔尼亚贸易政策审议 …… (346)
哥伦比亚贸易政策审议 …… (348)
挪威贸易政策审议 …… (353)
乌拉圭贸易政策审议 …… (356)
中国贸易政策审议 …… (360)
以色列贸易政策审议 …… (365)
中国台北贸易政策审议 …… (369)
瓦努阿图贸易政策审议 …… (373)
亚美尼亚贸易政策审议 …… (376)
中国香港贸易政策审议 …… (379)
尼泊尔贸易政策审议 …… (381)
美国贸易政策审议 …… (384)

第三篇 中国与 WTO

• 中国参与世贸组织事务综述（2018） …… 商务部世界贸易组织司（391）
• 中国参与货物贸易理事会和相关会议情况 …… 商务部世界贸易组织司（393）
• 中国参与服务贸易理事会会议情况 …… 商务部世界贸易组织司（394）
• 中国参与与贸易有关的知识产权理事会会议情况 …… 商务部世界贸易组织司（395）
• 贸易争端与救济措施
中国参与世贸组织争端解决情况 …… 商务部条约法律司（397）
中国贸易救济工作概况 …… 商务部贸易救济调查局局长 余本林（407）
• 贸易政策审议
中国参与贸易政策审议情况（2018） …… 商务部世界贸易组织司（409）
中国代表团团长、商务部副部长兼国际贸易谈判副代表王受文在世贸组织对中国第七次贸易政策审议首日会议上的发言 …… 商务部世界贸易组织司（411）
张向晨大使在世贸组织对美国贸易政策审议会上的发言 …… 商务部世界贸易组织司（414）
中国代表团在世贸组织对几内亚和毛里塔尼亚贸易政策审议会上的发言 …… 商务部世界贸易组织司（415）
• WTO/TBT 与 SPS
2018 年 WTO/TBT、SPS 工作情况 …… 海关总署（416）
2018 年世贸组织有关《TBT 协定》和《SPS 协定》的争端解决案件综述 …… 商务部条法司（424）
2018 年中国参与技术性贸易壁垒委员会会议情况 …… 商务部世界贸易组织司（437）
2018 年中国参与卫生与植物卫生措施委员会会议情况 …… 商务部世界贸易组织司（439）

第四篇 中国大陆与港、澳、台

与香港、澳门 WTO 事务 …… 商务部台港澳司（443）

与中国台北 WTO 事务 …………………………………………………… 商务部台港澳司（445）
与港、澳、台经贸关系 …………………………………………………… 商务部台港澳司（446）

第五篇 与 WTO 主要成员经贸关系

中国与美国的经济贸易关系 ………………………………………………… 商务部美大司（453）
中国与加拿大的经济贸易关系 ……………………………………………… 商务部美大司（455）
中国与拉美国家的经济贸易关系 …………………………………………… 商务部美大司（456）
中国与智利的经济贸易关系 ………………………………………………… 商务部美大司（457）
中国与秘鲁的经济贸易关系 ………………………………………………… 商务部美大司（459）
中国与欧洲联盟的经济贸易关系 …………………………………………… 商务部欧洲司（460）
中国与英国的经济贸易关系 ………………………………………………… 商务部欧洲司（461）
中国与荷兰的经济贸易关系 ………………………………………………… 商务部欧洲司（462）
中国与德国的经济贸易关系 ………………………………………………… 商务部欧洲司（463）
中国与法国的经济贸易关系 ………………………………………………… 商务部欧洲司（465）
中国与意大利的经济贸易关系 ……………………………………………… 商务部欧洲司（466）
中国与俄罗斯的经济贸易关系 ……………………………………………… 商务部欧亚司（467）
中国与东盟的经济贸易关系 ………………………………………………… 商务部亚洲司（469）
中国与新加坡的经济贸易关系 ……………………………………………… 商务部亚洲司（470）
中国与日本的经济贸易关系 ………………………………………………… 商务部亚洲司（472）
中国与韩国的经济贸易关系 ………………………………………………… 商务部亚洲司（475）
中国与印度的经济贸易关系 ………………………………………………… 商务部亚洲司（476）
中国与巴基斯坦的经济贸易关系 …………………………………………… 商务部亚洲司（477）
中国与澳大利亚的经济贸易关系 …………………………………………… 商务部美大司（478）
中国与新西兰的经济贸易关系 ……………………………………………… 商务部美大司（479）
中国与非洲国家的经济贸易关系 ……………………………………… 商务部西亚非洲司（480）

第六篇 与 WTO 有关的政策与管理措施（2018）

● 法治建设与体制创新
依法行政和法治政府建设情况 ……………………… 司法部政府法制研究中心 汤磊（483）
为高水平对外开放提供法治保障 ………………… 司法部政府法制研究中心 谭庆勇（486）
中国行政管理体制 ………… 中国政法大学教授 郎佩娟 中国政法大学硕士研究生 徐凯旋（489）
中国行政审批制度改革情况 ……………… 司法部行政执法协调监督局 程程 刘帅丹（492）
● 贸易政策与管理措施
中国海关管理制度 …………………………………………………………… 海关总署（494）
中国关税政策 ………………………………………………………………… 海关总署（495）
中国关税政策 …………………………………………………………… 财政部关税司（496）
中国海关商品归类制度 ……………………………………………………… 海关总署（498）
中国海关估价制度 …………………………………………………………… 海关总署（499）
中国海关原产地管理制度 …………………………………………………… 海关总署（500）
中国货物进出口许可证制度 …………………………………………… 商务部对外贸易司（501）
中国关税配额制度 ……………………………………………………… 商务部对外贸易司（508）

中国与进出口有关的其他税收制度
…………………………中国法学会财税法学研究会副会长、国家税务总局税收科研所原所长 刘佐（510）
中国出入境检验检疫制度……………………………………………………………………海关总署（516）
中国出口退税制度……………………………………国家税务总局货物和劳务税司 吴晓强 秦冬冬（519）
中国进出口信贷制度……………………………………………………………中国进出口银行战略规划部（520）
中国政府采购制度…………………………………………………………………………财政部国库司（523）
中国的自由贸易区建设……………………………………………………………………商务部国际司（525）
• 投资政策与管理措施
中国外汇管理制度………………………………………………………………国家外汇管理局综合司（527）
中国利用外资情况………………………………………………………………商务部外国投资管理司（529）
国资国企改革发展基本情况………………………………………………………国务院国资委研究局（532）
中国对外投资合作情况及相关政策措施……………………………………………商务部合作司（535）
• 产业开放与管理措施
中国农业对外开放情况……………………………………农业农村部农业贸易促进中心 张晓婉（537）
中国纺织业对外开放情况……………………………中国纺织工业联合会产业经济研究院 赵明霞（545）
中国纺织产业开放与管理措施……………………………………中国纺织品进出口商会 朱宇星（552）
中国汽车业对外开放情况…………………………………………………………中国汽车工业协会（559）
中国汽车产业开放和管理措施…………………中国汽车技术研究中心 吴松泉 刘艳 秦冰洋（566）
中国钢铁工业对外开放情况……………………………………中国钢铁工业协会 蒋璇芳 韩勖（572）
中国电信业对外开放情况……………………………………工业和信息化部信息通信发展司 许明（581）
中国建筑业对外开放情况………………………………………住房和城乡建设部建筑市场监管司（584）
中国银行业和保险业对外开放情况…………………………………中国银保监会国际部 段继宁（585）
中国服务贸易发展情况……………………………………………商务部服务贸易和商贸服务业司（588）
中国资本市场对外开放情况 ………………………………中国证券监督管理委员会国际合作部（590）
中国交通运输业对外开放情况……………………………………交通运输部规划研究院 刘长俭（593）
中国航空运输业对外开放情况…………………………………中国民用航空局政策法规司 刘晶晶（597）
中国房地产业基本情况……………………………………………住房和城乡建设部政策研究中心（598）
中国出版业对外开放情况…………………………………………中国新闻出版研究院 刘莹晨（602）
中国广播电视业对外开放情况……………………国家广播电视总局广播影视发展研究中心（608）
中国文化产业及对外文化贸易发展情况……………………………北京第二外国语学院 王伯港（616）
• 知识产权保护
中国知识产权发展情况…………………………国家知识产权局办公室秘书处处长 沙开清（622）
中国专利制度发展情况…………………………国家知识产权局办公室秘书处处长 沙开清（625）
中国商标注册与管理发展情况……………………………………………国家知识产权局商标局（629）
中国版权行政管理工作………………………………………………………………中宣部版权管理局（639）
中国地理标志商标工作情况…………………………………………………国家知识产权局商标局（643）

第七篇 中国地方 WTO 事务（2018）
全国地方世贸组织工作会议情况 ……………………………………………商务部世界贸易组织司（649）
全国贸易政策合规培训情况 …………………………………………………商务部世界贸易组织司（650）

第八篇　WTO 学术成果（2018）

- 专著

1. 陈靓．从 GATS 到 TiSA ……（653）
2. 陈振凤．中国反倾销政策效果评估方法及实证研究 ……（653）
3. 陈立斌．中国（上海）自由贸易试验区法律适用精要 ……（653）
4. 冯辉，石伟．贸易与投资新规则视野下的竞争中立问题研究 ……（653）
5. 范笑迎．国际法碎片下的 WTO 法律解释 ……（653）
6. 刘恩专．世界自由贸易港区发展经验与政策体系 ……（654）
7. 联合国粮食及农业组织．李婷译．全球化与全球治理 ……（654）
8. 韩立余．《跨太平洋伙伴关系协定》全译本导读 ……（654）
9. 韩逸畴．WTO 贸易政策灵活性机制研究 ……（654）
10. 何艳华．区域贸易协定中的反倾销制度研究 ……（654）
11. 黄建忠，等．中国自由贸易试验区研究蓝皮书（2017）……（654）
12. 姜爱英．多边贸易体制的决策机制 ……（654）
13. 姜志达．中美规范竞合与国际秩序演变 ……（654）
14. 李向阳．亚太地区发展报告（2018）……（654）
15. 林中梁，余敏友．WTO 法与中国论坛年刊（2018）……（655）
16. 林珏，等．国外自贸区投资贸易便利化创新管理体制研究 ……（655）
17. 刘敬东．人权与 WTO 法律制度 ……（655）
18. 刘悦．反倾销调查方价值倾向及其对中国厂商应诉反倾销成效影响研究 ……（655）
19. 陆剑宝．中国自由贸易试验区制度创新体系理论与实践 ……（655）
20. 陆剑宝．全球典型自由贸易港建设经验研究 ……（655）
21. 浦东美国经济研究中心，等．特朗普当选总统后美国经济走势与中美经贸关系 ……（655）
22. 人民日报海外版．中美贸易摩擦 ……（656）
23. 单文华．“丝绸之路经济带”贸易投资便利化法律框架研究……（656）
24. 商务部国际贸易经济合作研究院．参与全球经济治理之路 ……（656）
25. 世界贸易组织．中国世界贸易组织研究会，对外经济贸易大学中国世界贸易组织研究院译．世界贸易报告 2016——为中小企业提供公平贸易平台 ……（656）
26. 世界贸易组织．中国世界贸易组织研究会，对外经济贸易大学中国世界贸易组织研究院译．世界贸易报告 2017——贸易、技术和就业 ……（656）
27. 世界贸易组织．中国世界贸易组织研究会译．世界贸易报告 2018 年——世界贸易的未来：数字技术如何改变全球商务 ……（656）
28. 石斌．大国战略与世界秩序 ……（656）
29. 苏宁，等．全球经济治理制度性权力变化新趋势 ……（656）
30. 苏宁，等．“一带一路”倡议与中国参与全球治理新突破 ……（657）
31. 陶立峰．国际投资规则视角下的上海自贸区外资管理法律制度研究 ……（657）
32. 王春蕊．全球价值链视角下中国贸易便利化政策研究 ……（657）
33. 王冠楠．中美经济相互依赖及其非对称性研究 ……（657）
34. 王宏广，等．填平第二经济大国陷阱 ……（657）
35. 王兰．WTO 体制下我国原材料出口限制问题研究……（657）
36. 王蕊，等．中国自由贸易区发展报告（2018）……（658）
37. 王岩．WTO 体制下的我国国际贸易行政诉讼研究……（658）

38. 吴晓萍．国际公共产品的软权力研究 ……………………………………………………（658）
39. 谢谦．贸易便利化、经贸发展与中国的改革实践 ………………………………………（658）
40. 薛荣久．中国对 WTO 规则的恪守与砺进 ………………………………………………（658）
41. 徐奇渊．中国自贸区发展评估 …………………………………………………………（658）
42. 杨蕾．反倾销贸易效果评价研究 ………………………………………………………（658）
43. 杨再平．超越贸易战 ……………………………………………………………………（659）
44. 叶晓明，王建宇．美国反倾销法律与实务 ………………………………………………（659）
45. 殷勇．自贸区知识产权司法保护精品案例集 ……………………………………………（659）
46. 余森杰．余淼杰谈中美贸易 ……………………………………………………………（659）
47. 翟立强．《跨太平洋伙伴关系协定》的发展、现实挑战与中国应对策略研究 …………（659）
48. 张玉卿．WTO 热点问题与案例精选………………………………………………………（659）
49. 赵利平．中国特色自由贸易港研究 ……………………………………………………（659）
50. 中国 WTO/TBT 国家通报咨询中心，中国 WTO/SPS 国家通报咨询中心．中国技术性
贸易措施年度报告（2018） ………………………………………………………………（659）
51. 中国 WTO/TBT 国家通报咨询中心，中国 WTO/SPS 国家通报咨询中心．国外技术性
贸易措施对中国重点产品出口影响研究报告（2018） ……………………………………（660）
52. 中国 WTO/TBT 国家通报咨询中心，中国 WTO/SPS 国家通报咨询中心．主要贸易伙伴
技术性贸易措施研究报告（2018） …………………………………………………………（660）
53. 中华人民共和国国务院新闻办公室．中国与世界贸易组织 ……………………………（660）
54. 中华人民共和国国务院新闻办公室．关于中美经贸摩擦的事实与中方立场 ……………（660）
55.《中国贸易便利化年度报告》编撰编委会．中国贸易便利化年度报告（2017）…………（660）
56. 中国贸促会商事认证中心，中国贸促会驻韩国代表处．中韩 FTA 企业服务指南………（660）
57. 钟祥喜，刘金香．世界贸易组织与 GATS 下的审慎例外条款 ……………………………（660）
58. 钟付和．多边贸易体制扩展秩序论 ……………………………………………………（661）
59. 周宇．探寻全球经济治理新格局 ………………………………………………………（661）
60. 周琪，等．"再平衡"战略下美国亚太战略的目标与手段…………………………………（661）
61. 朱榄叶．世界贸易组织法经典案例选编 …………………………………………………（661）

● 学术论文

➢ 中国与世界贸易组织

1. 霸权衰退、公共品供给与全球经济治理 ………………………… 程永林　黄亮雄（662）
2. 以多边贸易体制建设促进国家治理能力提升 ……………………………………苏庆义（662）
3. 改革开放 40 年：中国与多边贸易体制关系的演变 ……………… 屠新泉　娄承蓉（662）
4. 中美贸易争端中单边主义措施的多边主义应对 ……………………………………李贤森（662）
5. 世界贸易体系的碎片化与中国的对策 ……………………………………………林奇漫（663）
6. 中国参与国际多边和区域合作的成功经验 ………………………………………霍建国（663）
7. 入世在中国改革开放中的意义、作用与维护 ……………………………………薛荣久（663）
8. WTO 改革进程中中国的原则与立场 ……………………………… 张建平　韩珠萍（663）
9. 以开放促改革：中国与多边贸易体制 40 年 ………………………………………屠新泉（663）
10. 中国与全球经济治理：从规则接受者到规则参与者 ……………… 盛　斌　高　疆（663）
11. 从融入到推动：中国应对全球化的战略转变
——纪念改革开放 40 周年 ……………………………… 张二震　李远本　戴　翔（664）

12. 创新完善我国全方位开放格局 ……………………………………………毕吉耀　李　慰（644）
13. 中美贸易战中的国际法 …………………………………………………………………杨国华（644）
14. "逆全球化"及其新发展对国际经贸的影响与中国策略研究 ……………………董　琴（644）
15. 贸易政策不确定性与企业储蓄行为
——基于中国加入 WTO 的准自然实验 ……………………………………毛其淋　许家云（665）
16. 全球价值链扩展与多边贸易体制的变革 ………………………………………………管传靖（665）
17. 中国开放型经济面临的挑战与创新 ………………施建军　夏传信　赵青霞　卢　林（665）
18. 当前多边贸易体制面临的困境与应对之策 ……………………………………………崔绍忠（665）
19. 论世界贸易与投资组织的构建 …………………………………………………………杨国华（665）
20. 论贸易政策不确定性会增加企业就业人数吗
——来自中国加入 WTO 的企业微观数据 ……………………………………陈　虹　徐　阳（666）

➢多边贸易体制与新议题

1. 数字经济的内涵、挑战及对策分析 …………………………………………康　伟　姜　宝（666）
2. 竞争中立的规则及其引入 …………………………………………………刘　笋　许　皓（666）
3. 全球价值链视角下的关税有效保护率
——兼评美国加征关税的影响 …………………………………段玉婉　刘丹阳　倪红福（666）
4. IUU 渔业补贴谈判困局及其对策 …………………………………………………………陈盼盼（667）
5. 投资便利化：发展趋势与中国角色 ……………………………………………………田　丰（667）
6. 积极稳妥地推动 WTO 投资便利化框架……………………………………………………张　磊（667）
7. 亚太区域经济一体化与贸易投资自由化 ………………………………………………刘晨阳（667）
8. "一带一路"背景下中国—东盟投资便利化水平测度 …………陈瑶雯　莫　敏　范祚军（667）
9. 中国自贸试验区贸易投资便利化指标体系构建 ……………………………王　江　吴　莉（667）
10. 贸易投资便利化对"一带一路"沿线国家双边贸易额的影响 …………喻胜华　聂早暖（668）
11. WTO 贸易政策审议机制中的环境议题 ……………………………………赵　嘉　张　彬（668）
12. 数字贸易规则"欧式模板"的典型特征及发展趋向 ………………………周念利　陈寰琦（668）
13. 国际经贸规则与中国国有企业改革………………………………………………………田　野（668）
14. 国有企业规则在区域贸易谈判平台中的新发展与中国对策 …………………………王秋雯（668）
15. 国外地理标志保护的两大制度模式及国际发展 ………………………………………王笑冰（669）
16. 区域贸易协定中的竞争章节研究 …………………………………………………………闻　韬（669）
17. 特朗普任内中美关于数字贸易治理的主要分歧研究 ………　周念利　陈寰琦　王　涛（669）
18. 数据本地化措施的贸易规制问题研究 ……………………………………………………彭　岳（669）
19. WTO 视角下数字产品贸易合作机制研究
——基于数字贸易发展现状及壁垒研究 ……………………伊万·沙拉法诺夫　白树强（669）
20. 国家经济安全与 WTO 例外规则的应用 ……………………………………………孔庆江（670）

➢区域贸易协定

1. 金砖国家推动全球经济治理的路径选择 ……………………………………………米　军（670）
2. CPTPP 的特点、影响及中国的应对之策 ……………………………………………樊　莹（670）
3. CPTPP 和 RCEP 对亚太主要经济体的经济效应差异研究
——基于 GTAP 模型的比较分析……………………………………………张　珺　展金永（670）
4. 从 TPP 到 CPTPP：参与各方谈判动机与贸易利得变化分析 ………………杨立强　余稳策（671）
5. 中国视角下对 TPP/CPTPP 知识产权边境保护条款的考量及相应建议………………朱秋沅（671）

6. TPP-CPTPP、RCEP 和 FTAAP：中国的角色与作用 ……张天桂（671）
7. 从 TPP 到 CPTPP：我国制造业国际化发展模拟研究
——基于 GTAP 模型的分析……赵灵翡 郎丽华（671）
8. 区域贸易组织对 WTO 多边贸易体制的影响
——以中国—东盟自贸区为例……王琪瑶 姚艳霞（671）
9. TPP/CPTPP 双边保障措施歧视性条款解析及启示 ……孙秋月 张桂红（671）
10. 亚太经济一体化视域下 CPTPP 的生成机理及其后续影响 ……曹广伟（672）
11. 区域贸易协定深度与价值链贸易关系研究 ……李艳秀 毛艳华（672）
12. 中国对外直接投资与进出口贸易关系
——基于"一带一路"沿线国家的实证分析 ……任志成 朱文博（672）
13. 自由贸易协定如何缓解贸易摩擦中的规则之争 ……冯 帆 何 萍 韩 剑（672）
14. 逆全球化背景下中国 FTA 发展新趋势与战略选择 ……刘 斌 甄 洋 屠新泉（673）
15. 国际双边投资协定新发展对中国的启示 ……张 力（673）
16. CEPA：贸易创造还是贸易替代
——兼论构建全面开放新格局背景下对深化升级广东自贸区建设的实证启示
……赵文涛 苏振东（673）
17. 中欧投资协定谈判面临的问题、影响及应对 ……王灏晨（673）
18. 当代单边主义与多边主义的碰撞及其发展前景 ……韩立余（673）
19. 区域服务贸易协定如何影响服务贸易流量？
——基于增加值贸易的研究视角 ……林 僖 鲍晓华（674）
20. 欧式跨区域贸易协定争端解决机制及其对中国的启示 ……殷 敏（674）
21. 超大型自贸协定的服务贸易规则及对中国影响分析
——以 TPP 为例 ……蒙英华 汪建新（674）
22. 包容性区域一体化协定的模式探究
——基于亚太地区 FTA 原产地规则比较 ……吕 越 金泷蒙 沈铭辉（674）
23. 区域贸易协定 (RTAs) 中的文化条款研究：基于自由贸易与文化多样性角度……石静霞（675）

➢争端解决、贸易摩擦
1. 贸易保护对全球投资与经济增长的影响 ……王 宇 王 铮（675）
2. CPTPP 争端解决机制比较研究
——以 WTO 争端解决机制改革为视角 ……张 茜（675）
3. CPTPP 投资争端解决机制的演进与中国的对策 ……张 生（675）
4. "一带一路"倡议下投资争端解决机制的构建 ……石静霞 董 暖（675）
5. 国际投资仲裁机制变革与中国对策研究 ……梁 咏（676）
6. 国际争端的政治性与法律解决方法 ……徐崇利（676）
7. 欧盟国际投资规则的冲突与中国策略 ……董静然（676）
8. 投资者—国家争端解决机制的革新与国家的"回归"……朱明新（676）
9. 最惠国待遇条款与国际投资争端解决程序法律解释研究 ……董静然（676）
10. 论 WTO 争端解决机制的作用
——以中欧紧固件争端和光伏争端为例 ……杨国华（677）
11. 涉公共利益知识产权投资争端解决机制的反思与重构 ……何 艳（677）
12. 中美贸易战中的安全例外问题 ……彭 岳（677）
13. 中美贸易争端中的焦点法律问题评析 ……管 健（677）

14.“301 条款”在 WTO 多边体制外的复苏
——基于美国对华贸易调查的法律分析 …… 靳 也(677)
15.“一带一路”争端解决机制创新研究
——国际法与比较法的视角 …… 廖 丽(678)
16. 关于中国知识产权保护体系几个重要问题的思考
——以中美贸易摩擦中的知识产权问题为考察对象 …… 冯晓青(678)
17. 贸易摩擦视角下的中美两国能源合作现状、空间及策略 …… 吴 凡 桑百川 谢文秀(678)
18. 超越霸权之争:中美贸易战的政治经济学逻辑 …… 钟飞腾(678)
19. 中美经济摩擦进入新阶段:矛盾焦点从贸易失衡转向技术转移 …… 关志雄(679)
20. 出口产品质量升级能否缓解中国对外贸易摩擦 …… 张先锋 陈永安 吴飞飞(679)
21. 中美贸易摩擦应对政策的效果评估 …… 李春顶 何传添 林创伟(679)
22. 中美贸易摩擦的国际经济影响评估 …… 崔连标 朱 磊 宋马林 郑海涛(679)
23. 中美贸易摩擦对中国产业与经济的影响
——以 2018 年美国对华 301 调查报告为例 …… 曲 越 秦晓钰 黄海刚 夏友富(680)
24. 参与全球价值链重构与中美贸易摩擦 …… 余 振 周冰惠 谢旭斌 王梓楠(680)
25. 经济全球化再平衡与中美贸易摩擦 …… 黄 鹏 汪建新 孟 雪(680)
26. 中美贸易摩擦的政治经济学分析 …… 谢 地 张 巩(681)
27. 贸易摩擦背景下中美文化贸易现状分析 …… 张 洋 张 庆(681)
28. 中美电影贸易应对“贸易摩擦”的路径和方法探讨 …… 刘宏宇 韩 璐(681)
29. 日美贸易摩擦经验与教训再审视 …… 田 正(681)

➢全球经济治理

1. 全球绿色经济治理的两个关键因素 …… 吴 畏 石敬琳(681)
2. 中国、美国与全球经济治理 …… 宋国友(681)
3. 中国在全球经济治理中的地位和作用 …… 孙振宇(682)
4. 全球化下的经贸秩序和治理规则 …… 陈德铭(682)
5. 2018:全球经济治理的挑战与展望 …… 徐秀军 紫光阁(682)
6. 经济全球化与全球经济治理的制度转型 …… 王 燕 陈伟光(682)
7. 中美经贸关系的未来发展趋势 …… 崔 凡(682)
8. 全球治理变革与中国的角色 …… 朱 旭(683)
9.“一带一路”与全球经济治理变革 …… 谢剑南(683)
10. 论全球治理改革的中国方案 …… 李 丹(683)
11. 中美经济竞争的战略内涵、多重博弈特征与应对策略 …… 张 杰(683)
12. 未来 15 年国际经济格局变化和中国战略选择
…… 国务院发展研究中心“国际经济格局变化和中国战略选择”课题组(683)
13. G20 转型的困境:拉美视角及对中国的启示 …… 李计广 郑育礼(684)
14. 全球经济治理话语权:时代境遇与中国策略 …… 刘 勇 张译文(684)
15. 全球经济治理新范式
——基于权威、制度和观念的视角 …… 陈伟光 蔡伟宏(684)

第九篇 与 WTO 有关的法规及政策(2018)

《中华人民共和国环境保护税法实施条例》 …… (687)

《对外投资备案（核准）报告暂行办法》……（687）
《中华人民共和国海关企业信用管理办法》……（687）
《关于加强知识产权审判领域改革创新若干问题的意见》……（687）
《商务部规范性文件制定和管理办法》……（687）
《倾销及倾销幅度期间复审规则》……（687）
《反倾销问卷调查规则》……（687）
《反倾销和反补贴调查听证会规则》……（687）
《知识产权对外转让有关工作办法（试行）》……（688）
《国务院关税税则委员会关于降低药品进口关税的公告》……（688）
《财政部 商务部 文化和旅游部 海关总署 国家税务总局关于印发口岸进境免税店管理暂行办法补充规定的通知》……（688）
《中国服务外包示范城市动态调整暂行办法》……（688）
《进口可用作原料的固体废物装运前检验监督管理实施细则》……（688）
《进口可用作原料的固体废物国内收货人注册登记管理实施细则》……（688）
《国务院关于做好自由贸易试验区第四批改革试点经验复制推广工作的通知》……（688）
《关于修改〈外商投资企业设立及变更备案管理暂行办法〉的决定》……（689）
《自由贸易试验区外商投资准入特别管理措施（负面清单）（2018 年版）》……（689）
《外商投资准入特别管理措施（负面清单）（2018 年版）》……（689）
《中华人民共和国船舶吨税法》……（689）
《关于扩大进口促进对外贸易平衡发展的意见》……（689）
《进口可用作原料的固体废物国外供货商注册登记管理实施细则》……（689）
《国务院关于推进国有资本投资、运营公司改革试点的实施意见》……（689）
《外商投资期货公司管理办法》……（690）
《2018 年农产品进口关税配额再分配公告》……（690）
《优化口岸营商环境促进跨境贸易便利化工作方案》……（690）
《中国（海南）自由贸易试验区总体方案》……（690）
《商务部行政处罚实施办法》……（690）
《国务院关于支持自由贸易试验区深化改革创新若干措施的通知》……（690）
《专利代理条例》……（690）
《2019 年自动进口许可管理货物目录》……（690）
《2019 年进口许可证管理货物目录》……（690）
《2019 年出口许可证管理货物目录》……（691）
《两用物项和技术进出口许可证管理目录》……（691）

第十篇 贸易统计数据

● 世界贸易统计……（695）
表 1 1950—2018 年世界货物出口和 GDP ……（695）
表 2 2008—2018 年世界货物出口（按地区和国家）……（698）
表 3 2008—2018 年世界货物进口（按地区和国家）……（704）
表 4 2008—2018 年世界商务服务出口（按地区和国家）……（710）
表 5 2008—2018 年世界商务服务进口（按地区和国家）……（715）
表 6 2010—2018 年世界货物出口量和产量增长 ……（721）

表 7　2010—2018 年世界主要地区和经济体货物贸易量增长 ………………………………（721）
表 8　2010—2018 年世界货物和服务贸易（按地区和国家）……………………………………（722）
表 9　1948、1953、1963、1973、1983、1993、2003 和 2018 年世界货物出口（按地区和国家）（723）
表 10　1948、1953、1963、1973、1983、1993、2003 和 2018 年世界货物进口（按地区和国家）（724）
表 11　2018 年世界货物贸易的主要进出口方 ……………………………………………………（725）
表 12　2018 年世界货物贸易的主要进出口方［不包括 EU(28) 内部贸易］ ……………………（727）
表 13　2018 年世界商业服务贸易的主要进出口方 ………………………………………………（728）
表 14　2018 年世界商业服务贸易的主要进出口方［不包括 EU(28) 内部贸易］ ………………（729）
表 15　2018 年最不发达国家货物贸易进出口 ……………………………………………………（731）
表 16　2018 年最不发达国家商业服务进出口 ……………………………………………………（732）
表 17　2018 年农产品的前十大进出口方 …………………………………………………………（734）
表 18　2018 年前十大燃料和矿产品进出口方 ……………………………………………………（734）
表 19　2018 年制成品的前十大进出口方 …………………………………………………………（735）
表 20　2018 年钢铁产品的前十大进出口方 ………………………………………………………（736）
表 21　2018 年化学制品的前十大进出口方 ………………………………………………………（737）
表 22　2018 年办公和电信设备的前十大进出口方 ………………………………………………（738）
表 23　2018 年汽车产品的前十大进出口方 ………………………………………………………（739）
表 24　2018 年纺织品的前十大进出口方 …………………………………………………………（740）
表 25　2018 年服装的前十大进出口方 ……………………………………………………………（741）
表 26　2018 年世界商业服务贸易（按产品类别）…………………………………………………（742）
表 27　2005—2018 年世界商业服务出口增长（按产品类别和地区） ……………………………（742）
表 28　2018 年与货物相关的服务贸易（按地区）…………………………………………………（743）
表 29　2018 年货物相关服务的主要进出口方 ……………………………………………………（743）
表 30　2017 和 2018 年维护和保养服务的主要进出口方…………………………………………（745）
表 31　2018 年世界运输服务贸易（按地区）………………………………………………………（745）
表 32　2018 年运输服务的主要进出口方 …………………………………………………………（746）
表 33　2018 年世界旅游服务贸易（按地区）………………………………………………………（747）
表 34　2018 年旅游服务的主要进出口方 …………………………………………………………（748）
表 35　2018 年世界其他服务贸易（按地区）………………………………………………………（749）
表 36　2018 年其他商业服务的主要进出口方 ……………………………………………………（749）
表 37　2017 和 2018 年世界建筑服务出口（按地区） ……………………………………………（751）
表 38　2017 和 2018 年建筑服务的主要进出口方…………………………………………………（751）
表 39　2017 和 2018 年世界保险和养老服务出口（按地区） ……………………………………（752）
表 40　2017 和 2018 年保险和养老服务的主要进出口方…………………………………………（752）
表 41　2017 和 2018 年世界金融服务出口（按地区） ……………………………………………（753）
表 42　2017 和 2018 年金融服务的主要进出口方…………………………………………………（753）
表 43　2017 和 2018 年世界对知识产权使用费收入 n.i.e.（按地区）……………………………（754）
表 44　2017 和 2018 年知识产权使用费的主要进出口方…………………………………………（755）
表 45　2017 和 2018 年世界电信、计算机和信息服务出口（按地区） …………………………（755）
表 46　2017 和 2018 年电信、计算机和信息服务的主要进出口方………………………………（756）
表 47　2017 和 2018 年电信服务的主要进出口方…………………………………………………（757）
表 48　2017 和 2018 年计算机服务的主要进出口方………………………………………………（757）

表 49　2017 和 2018 年世界其他商业服务出口（按地区）……（758）
表 50　2017 和 2018 年其他专业服务的主要进出口方……（759）
表 51　2017 年主要经济体的其他专业服务贸易（按类别）……（759）
表 52　2017 和 2018 年世界个人、文化及娱乐服务出口（按地区）……（761）
表 53　2017 和 2018 年个人、文化及娱乐服务主要进出口方……（761）
表 54　2017 和 2018 年视听及相关服务的主要进出口方……（762）
表 55　2017 年中间产品的主要进出口方……（763）
表 56　2007—2017 年世界中间产品的出口（按地区和经济体）……（764）
表 57　2007—2017 年世界中间产品的进口（按地区和经济体）……（769）
表 58　2014—2016 年常驻公司的外国分支机构的销售——主要从事服务活动的国外分支机构（外向 FATS 统计）……（774）
表 59　2014—2016 年外国公司分支机构的销售——主要从事服务活动的常驻机构（FATS 内向统计）……（775）
表 60　2016 年由美国在国外建立的分支机构（外向 FATS 统计）和在美国的外国分支机构（内向 FATS 统计）提供的服务（按经济体）……（776）
表 61　2008—2019 年初级产品的出口价格……（777）
● 中国商务统计……（779）
表 1　1981—2018 年全国进出口总值……（779）
表 2　2018 年全国进出口简要情况……（780）
表 3　2018 年全国进出口主要国别（地区）总值……（780）
表 4　2018 年进出口商品贸易方式总值表……（787）
表 5　2018 年全国月度出口和进口统计……（788）
表 6　2018 年月度进出口总值统计……（788）
表 7　1982—2018 年全国年度服务进出口……（789）
表 8　2018 年我国对外承包工程业务完成营业额前 100 家企业……（790）
表 9　2018 年我国对外承包工程业务新签合同额前 100 家企业……（793）
表 10　2018 年全国外商投资企业进出口情况……（795）
表 11　2000—2018 年两岸贸易统计……（796）
表 12　2000—2018 年台商投资大陆统计……（796）
表 13　2000—2018 年内地与香港贸易统计……（797）
表 14　2000—2018 年香港对内地投资统计……（797）
表 15　2000—2018 年内地对香港承包工程统计……（798）
表 16　2000—2018 年内地与澳门贸易统计……（799）
表 17　2000—2018 年澳门对内地投资统计……（799）
表 18　1998—2018 年内地对澳门劳务合作统计……（800）
表 19　2018 年我国对部分亚洲国家（地区）贸易统计……（801）
表 20　2018 年美国对我国出口主要商品构成（章）……（802）
表 21　2018 年美国自我国进口主要商品构成（章）……（803）
表 22　2018 年美国对我国出口主要商品构成（类）……（804）
表 23　2018 年美国自我国进口主要商品构成（类）……（805）
表 24　2017 年美国自中国及其他国家 / 地区进口的十大商品构成……（805）
表 25　2018 年欧盟 27 国对我国出口主要商品构成（章）……（806）

表 26 2018 年欧盟 (27) 自我国进口主要商品构成（章）……（807）
表 27 2018 年欧盟 (27) 对我国出口主要商品构成（类）……（808）
表 28 2018 年欧盟 (27) 自我国进口主要商品构成（类）……（809）
表 29 2018 年欧盟（27）自我国及其他国家 / 地区进口的十大商品构成 ……（810）
表 30 2018 年日本对我国出口主要商品构成（章）……（811）
表 31 2018 年日本自我国进口主要商品构成（章）……（812）
表 32 2018 年日本对我国出口主要商品构成（类）……（813）
表 33 2018 年日本自我国进口主要商品构成（类）……（813）
表 34 2018 年日本自我国及其他国家 / 地区进口的十大商品构成 ……（814）

附 录

附录一 中国参与多边贸易体制活动大事记（2018）……商务部世界贸易组织司（817）
附录二 WTO 年度大事记（2018）……（818）
附录三 世界贸易报告 2018 内容摘要 ……（842）
附录四 WTO 成员一览表、WTO 政府观察员一览表 ……（848）

CONTENTS

Preface …… Deming Chen

Notes of Editors …… Editorial department

Part Ⅰ Special Articles

- Shouwen Wang …… (3)
- Roberto Azevêdo …… (5)
- Xiangchen Zhang …… (9)
- Zhenyu Sun …… (12)
- Quan Chong …… (14)
- Xinkui Wang …… (17)
- Yuejiao Zhang …… (21)
- Hong Zhao …… (23)
- Rongjiu Xue …… (26)
- Jianguo Huo …… (30)

Part Ⅱ Activity of WTO(2018)

- Overview …… (35)
- Doha in 2018 …… (74)
- The Cases Request for Consultations in 2018 …… (85)
  Appendix 1: Overview of the State of Play of WTO Disputes (1995—2018) …… (154)
  Appendix 2: Summary of the Activities by the Appellate Body (1995—2018) …… (272)
- Trade Policy Reviews in 2018 …… (326)

Part Ⅲ China and the WTO

- Review of China as a WTO Member in 2018 …… (391)
- China Participating in Council for Trade in Goods and Other Related Meetings in 2018 …… (393)
- China Participating in Council for Trade in Services Meetings in 2018 …… (394)
- China Participating in Council for Trade-Related Aspects of Intellectual Property Rights related Meetings in 2018 …… (395)
- Trade Disputes and Relief Measures …… (397)
- Trade Policy Reviews …… (409)
- WTO/TBT and SPS …… (416)

Part Ⅳ Mainland China and Hong Kong、Macau、Chinese Taipei

Part Ⅴ Economic and Trade Relations between China and the Selected WTO Members

Part Ⅵ Policies and Management Measures Related the WTO in 2018

- Legal Construction and Institutional Innovation ……… (483)
- Trade Policies and Management Measures ……… (494)
- Investment Policies and Management Measures ……… (527)
- Industry Open and Management Measures ……… (537)
- Intellectual Property Protection ……… (622)

Part Ⅶ Local WTO Affairs in 2018

Part Ⅷ Academic Achievement Related the WTO

- Monographs ……… (653)
- Papers ……… (662)

Part Ⅸ Regulations and Policies Related the WTO in 2018

Part Ⅹ Trade Statistics

- World Trade Statistics ……… (695)
- China Business Statistics ……… (779)

Appendix

Appendix 1: The Major Events of China Participating in the Multilateral Trading System (2018) … (817)
Appendix 2: WTO Annual Events (2018) ……… (818)
Appendix 3: Summary of World Trade Report (2018) ……… (842)
Appendix 4: WTO Members and Observes ……… (848)

第一篇　专　　文

发展中国家与世贸组织改革*

商务部副部长兼国际贸易谈判副代表 王受文

各位朋友，各位来宾：

首先，我代表中国政府，欢迎大家来华参加发展中国家与世贸组织改革部级研讨班，交流看法、凝聚共识，共商世贸组织改革大计。

世贸组织改革问题关系到世贸组织的未来，已成为全球经济治理平台的重要议题。为了便于大家讨论，请允许我介绍一下世贸组织改革的背景和中国的总体立场与具体行动。

一、世贸组织改革的背景与最新进展

（一）世贸组织改革的背景

世贸组织规则体系是维护世界贸易秩序的重要制度保障，但其权威性和有效性面临严峻挑战。

首先是权威性下降。近来，个别成员频频以保护国家安全为由，实施贸易投资保护主义措施。该成员还启动 301 调查，采取单边主义征税行动，违反世贸组织规则，严重损害世贸组织的权威性。

其次是两大功能受挫。目前，上诉机构成员遴选僵局仍在持续，争端解决机制很可能在今年 12 月底瘫痪。从规则谈判来看，发展中成员抱怨农业过度补贴、粮食安全公共储备等问题迟迟无法解决，发达成员认为谈判没有涵盖电子商务、投资便利化等新议题。

最后是被边缘化风险。各国各地区都在积极商签自贸协定，将其作为推动高水平贸易投资自由化便利化的重要路径。相比之下，多边谈判进展依然缓慢。

（二）世贸组织改革的最新进展

目前，世贸组织改革已成为全球经济治理的热点问题。

二十国集团、亚太经济合作组织等多边平台热议。今年 6 月，二十国集团（G20）大阪峰会重申对世贸组织进行必要改革，将与其他世贸组织成员建设性开展工作。今年 5 月，亚太经济合作组织（APEC）贸易部长会同意有必要采取行动，改善世贸组织功能。

发展中成员逐步加大参与力度。今年 2 月，中国与巴基斯坦、中非、古巴等共同提交了关于发展中国家特殊与差别待遇的提案，强调特殊与差别待遇是世贸组织赋予所有发展中成员的合法权利，也是多边贸易规则的重要组成部分。今年 5 月，印度在新德里召开了世贸组织发展中成员小型部长级会议，重申确保世贸组织改革进程反映发展中成员的诉求。金砖国家继续加强在世贸组织改革领域的合作。

二、中国对世贸组织改革的总体立场与具体行动

中国是世贸组织改革的积极支持者与参与者。习近平主席在 G20 大阪峰会上表示，中国支持对世贸组织进行必要改革，改革目的是与时俱进，使世贸组织能够更加有效地践行其开放市场、促进发展的宗旨；改革的结果应当有利于维护自由贸易和多边主义，缩小发展鸿沟。中国认为改革应遵循以下基本原则：维护多边贸易体制的非歧视和开放的核心价值，保障发展中成员的发展利益，遵循协商一致的决策机制。

为此，中国采取了一些具体行动：

---

* 此文为王受文副部长 2019 年 7 月 8 日在“发展中国家与世贸组织改革”部级研讨班开班式上的讲话。

一是积极参与重要平台的讨论。推动APEC贸易部长会4年来首次发表内容全面的《贸易部长联合声明》，强调世贸组织对国际贸易的积极贡献。促使G20布宜诺斯艾利斯峰会和大阪峰会支持对世贸组织进行必要改革。

二是发布相关文件，提交具体议题提案。去年11月，中国发布了《中国关于世贸组织改革的立场文件》，提出三项基本原则、五点主张。今年5月，我们向世贸组织提交了《中国关于世贸组织改革的建议文件》，就4个行动领域和12个具体议题提出改革思路。此外，中国还就电子商务、渔业补贴、投资便利化等议题先后提交提案或概念文件。

三是组织发展中成员开展讨论。今年6月，中国举行了部分发展中成员日内瓦大使级务虚会，就发展、通报与透明度、谈判与讨论等议题开展讨论。

四是自主降税，扩大外资准入。中国将在近期采取的自主降税的基础上，进一步自主降低关税水平，努力消除非关税壁垒，大幅削减进口环节成本，办好第二届中国国际进口博览会。我们发布了2019年版外资准入负面清单，全国外资准入负面清单条目由48条减至40条，自贸试验区外资准入负面清单条目由45条减至37条，扩大农业、采矿业、制造业、服务业开放，继续发挥自贸试验区开放“试验田”作用，持续改善营商环境，全面实施平等待遇，同各成员合作共赢。

三、发展中成员主动参与世贸组织改革进程十分重要

世贸组织改革对发展中成员而言，挑战与机遇并存。我们面临挑战：一是能力不足的挑战，我们的谈判能力、政府协调能力、社会参与能力都存在欠缺；二是态度不一的挑战，部分发展中成员对世贸组织改革仍持观望和怀疑态度，担心世贸组织改革会影响多哈回合老议题的讨论。

同时，我们也面临机遇：一是共同捍卫多边贸易体制的机遇，借改革遏制单边主义和保护主义，反对滥用国家安全例外，推动尽快启动上诉机构成员遴选；二是纠正规则赤字的机遇，通过改革推动早日缩小与发达成员的发展鸿沟，特别是纠正严重不平衡的农业规则，并提高特殊与差别待遇条款的准确度、有效性、可操作性和法律约束力。

面对上述挑战与机遇，发展中成员只有团结合作，加强沟通，才能推动改革朝着符合发展中成员利益的方向前进。

在发展领域，我们要坚决维护世贸组织协定赋予发展中成员的权利，加强现有特殊与差别待遇条款的执行和监督力度，增强技术援助的针对性和具体性。

在世贸组织运行机制方面，我们要推动尽早启动上诉机构遴选程序，并在维护上诉机构独立性和中立性的基础上，探索如何改进争端解决机制。同时，提升贸易政策透明度，更好履行透明度和通报义务。

在渔业和农业补贴领域，我们应建设性地参与渔业补贴谈判和农业议题磋商，将逐步取消发达成员的综合支持量作为世贸组织改革的重要议题。

在新议题上，发展中成员可根据自身实际情况，考虑参与电子商务规则制定，推动谈判更多反映发展中成员利益。同时，我们应该支持投资便利化的讨论不断走向深入，为启动相关谈判创造条件。

为进一步凝聚共识，中国将于今年11月初在上海主办小型部长级会议，与各方就世贸组织改革、第12届世贸组织部长级会议成果设计等问题进一步沟通协调。

最后，再次欢迎各位朋友，各位来宾访华！祝大家在华度过一段难忘的时光！预祝此次研讨班取得圆满成功！

谢谢大家！

WTO 改革：来自日内瓦的观点

世界贸易组织总干事 罗伯托·阿泽维多

当前，世界贸易体制正面临数十年来前所未有的挑战。这些挑战加剧了国际市场状况的不确定性，进而抵制商业投资，并拖累经济增长和就业。

然而，除了令人震惊的头条新闻之外，在日内瓦的世界贸易组织总部，来自世界各地的政府官员正在进行认真讨论，这些讨论有可能使全球贸易规则更加有效和高效。

这并不意味着所有成员对世贸组织改革的具体问题看法一致。对一些成员来说，这可能意味着减少扭曲贸易的农业补贴；而对另一些成员来说，这可能意味着要求成员政府更严格地向世贸组织通报其贸易政策，或者对成员们使用工业补贴制定更严格的规则……这确实是一个很长的清单。

但成员们无须就“WTO 改革”的整体意义达成一致，可以就不同的个别问题采取行动。在多个方面，世贸组织成员正在采取有意义的步骤，制定新规则，并更新现有规则，以更好地应对自 25 年前就大部分规则达成一致以来出现的新的商业和环境现实。

2020 年 6 月，WTO 部长级会议将在哈萨克斯坦努尔苏丹召开。这将成为持续努力的一个重要里程碑。

各成员的首要议程是缔结一项多边协定，以限制对渔业部门的有害补贴，特别是那些助长非法捕鱼和全球鱼类资源枯竭的补贴。如果它们成功实现取消对非法、不报告和不管制捕捞的补贴的目标，并严格控制导致产能过剩和过度捕捞的方案，将改善我们的海洋健康，并帮助我们实现 192 个国家领导人在 2015 年商定的可持续发展目标。海洋学家估计，全球三分之一的鱼类资源被过度捕捞，还有更多的处于饱和状态。目前，纳税人的数十亿美元用于扩大捕捞能力，这使得问题更加严重，而这些资金本可以用于更紧迫的公共需求。

世贸组织成员正在努力商定未来农业贸易多边工作的路线图，农业是许多国家至关重要的部门。成员们也努力在发展问题上找到前进的道路。

此外，世贸组织成员一直在积极探讨 21 世纪全球经济的核心问题，例如电子商务、促进发展的投资便利化、服务业的国内监管以及提高中小企业参与全球贸易的能力等。这些所谓的“联合声明倡议”向所有成员开放，让他们参加并签署——尽管没有任何成员必须这样做。这些议题的谈判进展相当迅速，在某些领域，在努尔苏丹达成协议或取得其他具体成果的时机已经成熟。

在上述每个领域，中国都是积极的参与者。在关于促进投资便利化的联合声明倡议中，中国一直是吸引更多签署方的领导者和推动力——世贸组织的 164 个成员中，参与的成员多达 99 个。中国还积极参与了电子商务倡议，这将提供一些共享参数，以提高这个蓬勃发展领域的可预测性，并降低企业和消费者的成本。

所有这一切都不是假装世贸组织不受当前贸易紧张局势的影响。远非如此：最突出的例子是我们的争端解决体制的上诉功能已经瘫痪，从而限制了 WTO 帮助其成员解决贸易争端的能力。

这将焦点集中在改善总体争端解决机制的功能上。除这次辩论外，包括中国和欧盟在内的一组成员一直在研究一种临时仲裁机制，使签署成员能够对专家组的争议裁决进行第二级审查。

改革的必要性并不意味着目前的 WTO 是无关紧要的。相反，世界商品贸易中超过 75% 继续按照 WTO 的核心最惠国待遇（MFN）原则进行。尽管如此，为使 WTO 继续为不断变化和日益复杂的全球经济提供确定性，必须更新贸易规则。如果不更新规则，贸易紧张将会大量出现，世贸组织将会慢慢地变得越来越与跨境贸易方式无关。

无论是在新规则方面，还是在争端解决体制方面，WTO 成员都需要全面改进我们的运作。要做到这一点，就需要政治承诺、务实主义以及对本组织和多边贸易体制在 2020 年面临的严峻挑战有清醒的认识。努尔苏丹是世贸组织成员达成一系列雄心勃勃的协议的机会，这些协议将在今后几年为确保多边贸易体制发挥重要作用。各成员应抓住这一机会。

WTO REFORM: A VIEW FROM GENEVA
WTO DIRECTOR-GENERAL ROBERTO AZEVÊDO

GENEVA – The world trading system today faces challenges on a scale unseen in decades. The resulting uncertainty about international market conditions is discouraging business investment and weighing on growth and job creation.

Yet away from the alarming headlines, at World Trade Organization headquarters in Geneva, government officials from around the world are engaged in serious discussions that have the potential to make global trade rules more effective and efficient.

This does not mean that all members see eye-to-eye on what reforming the WTO entails. For some, it might mean reducing trade distorting farm subsidies, while for others it might mean stricter requirements for governments to promptly notify their trade policies to the WTO, or tighter rules on members' use of industrial subsidies… it's a really long list.

But members do not need to agree on the entirety of what 'WTO reform' means to act on different individual issues. On multiple fronts, WTO members are taking meaningful steps forward on crafting new rules, and updating existing ones, to better respond to new business and environmental realities that have emerged since the bulk of the WTO rulebook was agreed 25 years ago.

A key landmark for these ongoing efforts will be the WTO's Ministerial Conference in Nur-Sultan, Kazakhstan this June.

At the top of members' agenda is concluding a multilateral agreement to restrict harmful subsidies to the fisheries sector, specifically those which contribute to illegal fishing and the depletion of global fish stocks. If they successfully meet their objective of eliminating subsidies to illegal, unreported and unregulated fishing, and strictly disciplining programmes leading to overcapacity and overfishing, it would improve the health of our oceans and help us meet the Sustainable Development Goals agreed in 2015 by leaders from 192 countries.. Oceanographers estimate that one-third of global fish stocks are overfished, many more are at capacity. Billions of dollars in taxpayer money currently go to expanding fishing capacity, thus making this problem worse, when the funds could instead be spent on more pressing public needs.

WTO members are also working to agree on a roadmap for future multilateral work on trade in agriculture, a sector of critical importance for many countries, as well as to find a way forward on development issues.

In addition, groups of WTO members have been actively negotiating on issues at the heart of the 21st century global economy, such as electronic commerce, investment facilitation for development, domestic regulation in services and improving the capacity of smaller enterprises to participate in global trade. These so-called Joint Statement Initiatives are open to all members to attend and sign up – though no one is obliged to do so. Talks within them have advanced quite rapidly and in some areas may be ripe for agreements or other concrete outcomes in Nur-Sultan.

In every area of this work, China is an active participant. In the joint statement initiative on investment facilitation, China has been a leader and driving force behind attracting more signatories – the number of participants is now up to 99 of the WTO's 164 members. China has also been actively engaged in the e-commerce initiative, which could provide some shared parameters that would enhance predictability and lower costs for businesses and consumers in this booming sector.

None of this is to pretend that the WTO has been immune to the ongoing trade tensions. Far from it: the most prominent example is that the appeals function of our dispute resolution system has become paralysed, constraining the WTO's ability to help its members resolve trade disputes.

This has put a sharp focus on the need for improving the functioning of the dispute settlement system in general.

Alongside this debate, a group of members, including China and the European Union, have been working on an interim arbitration mechanism that would allow signatories to have a second level review of dispute panel rulings.

The need to reform does not mean that the WTO in its current form is irrelevant. On the contrary, more than 75% of world merchandise trade continues to operate under the WTO's core most-favoured nation (MFN) principle. Nevertheless, updating the trade rulebook will be necessary for the WTO to continue to provide certainty to a changing and ever-more complex global economy. In the absence of such updates, trade tensions will abound, and the WTO will slowly become less and less relevant to the way business is done across borders.

There is something for all WTO Members in improving our operations across the board, both in terms of new rules and the dispute settlement system. To get there will require political commitment, a dose of pragmatism and a clear-eyed understanding of the serious challenges facing our organization and the multilateral trading system in 2020. Nur-Sultan is an opportunity for WTO members to reach an ambitious package of agreements that would go a long way to securing the multilateral trading system for the years ahead. Members would do well to seize this opportunity.

(Roberto Azevêdo is Director–General of the World Trade Organization.)

从发展中国家的视角看 WTO 改革*

中国常驻世界贸易组织大使 张向晨

去年 5 月我访问过印度。当时，新德里机场现代化的宏伟设计给我留下了深刻印象。今天来到浦那，也不由得赞叹这里的良好设施。来之前有人跟我说，浦那是印度的达沃斯。我不赞成做这样的比喻，但理解其中的缘由——发达国家是先行者，我们是追赶者。对我和迪帕克大使来说，达沃斯偏僻、逼仄而且昂贵，但人们还是趋之如鹜。发达国家之所以是发达国家，不仅仅在于物质上发达，而且他们比我们更善于建立和推广自己的话语体系，在日内瓦我对这一点的体会越来越深刻。

WTO 改革也不例外。从发展中国家的视角看，现有的多边贸易体制有很多不公平、不合理的地方，亟须改革，比如严重扭曲国际贸易的“农业综合支持补贴”（AMS）迟迟不能被削减，贸易救济措施被滥用迟迟得不到纠正，发达国家承担的向发展中国家转让技术的承诺迟迟没有被落实，等等。但当我们还在奋力疾呼继续努力完成多哈回合谈判时，发达国家已经提出了关于 WTO 改革的各种报告、方案，而且不断组织研讨、推广，渐渐在国际上形成了一种势头，好像不跟随着他们走就会落后于这个时代了。

我非常感谢印度组织有关 WTO 改革的专题讨论。我们虽然是后来者，但这次还不算太晚。我们需要建立起自己的话语体系，从发展中国家的视角思考如何设计和推进 WTO 改革，而不是人云亦云。我认为，从总体方向上，WTO 改革必须坚决抵制贸易保护主义，维护多边贸易体制的核心价值，真正做到以发展为核心，与时俱进，平衡推进新规则的制定。

关于上诉机构危机

去年 12 月上诉机构陷入瘫痪，局势令人担忧。争端解决机构主席戴维·沃克大使组织成员讨论，形成了总理事会决议草案，但由于美国的阻挠，没有获得通过。

像其他机构一样，上诉机构并不完美，但它的任何缺陷都不能成为阻挠上诉机构成员遴选的理由。美国的谢伊大使不停地要求成员考虑“为什么”的问题。对任何体制中存在的问题，我们都可以进行反思。但是，我们不能借此贬低上诉机构的价值，也不能同意把上诉机构的作用说的一钱不值，在过去的几十年里，上诉机构有效处理了成员间的许多贸易纠纷，功不可没。从体制上看，WTO 需要一个两级、中立、独立的争端解决机制，这一点也毋庸置疑。而且，对“为什么”问题的讨论应当是有限度的，我们最终必须回到“怎样做”的问题上。我的佛学知识很有限，上个世纪 80 年代读过一本中国学者吕澂先生写的《印度佛学源流略讲》，里面讲到《箭喻经》，我还有印象。佛对鬘童比丘提出的哲学问题，打了个比喻说，如人被毒箭射中，最要紧的是进行急救，而不是先研究发箭人的身世以及为何发箭等问题。这个故事告诉我们，哲学性问题可以不急于讨论，更何况 WTO 是个管理贸易的组织。

关于特殊和差别待遇

特殊和差别待遇并不是给予发展中国家的什么特权，而只是发展中国家可以使用的一个政策工具，通过技术援助、能力建设、更长的过渡期等形式、必要的豁免义务等，帮助这些国家切实地参与到多边贸易体制中来，作出力所能及的贡献，分享经济全球化的红利。当然，发展中国家的发展是不平衡的，中国和印度比

＊此文为张向晨大使 2020 年 2 月 29 日出席印度浦那 WTO 改革专题研讨会时的发言。

其他发展中国家总量大，发展更快。几年前，印度的经济总量超过了英国，成为世界第六大经济体，是全球成长最快的新兴经济体之一。但无论是中国还是印度，我们仍然具有发展中国家的一般特征，为实现发展的充分性和平衡性目标，我们仍有很长的路要走。过去一年，我和迪帕克大使在WTO与美国大使进行了数轮激烈的辩论，我们两个得到了广大发展中国家的支持。美国声称，印度要求和贝宁一样的待遇，中国要求和乍得一样的待遇。实际情况并非如此，我们所要求的只是允许我们根据自身能力做贡献。例如信息技术产品ITA扩围谈判，中国做了最重要的贡献，取消了所有相关产品的关税。再比如贸易便利化协定（TFA），我们也没有选择跟其他发展中国家一样的特殊和差别待遇。今后，我们会继续在具体的谈判中采取客观和务实的态度，但我们绝不会放弃特殊和差别待遇这一发展中国家的制度性权利。此外，我们也不赞成把发展中国家地位与特殊和差别待遇分开来处理，皮之不存，毛将焉附。缺少了特殊和差别待遇这一实际内容的发展中国家地位又有什么意义呢？

关于渔业补贴

渔业补贴是目前在日内瓦进行的唯一一项多边谈判。它事关可持续发展目标，是第12届贸易部长会议应该解决的优先事项。谈判取得成功的前提是所有大的渔业补贴国都应当承诺作出实质性削减。中国和印度都认为，无论是专项的，还是非专项的燃油补贴都必须受到纪律约束，因为鱼类是不能区别补贴的专向性的。谈判的模式还必须包括真正的“绿箱”和有意义的特殊和差别待遇，帮助发展中国家推进渔业体制改革，切实解决发展中国家特别是小渔民的生计困难。

农业

农业始终是WTO最重要的问题。不幸的是，根据目前情况，特别是由于发达国家的消极态度，短期内在农业领域取得突破性成果的可能性微乎其微。但我们必须坚持正确的改革方向，这就是中印联合提案所提出的，聚焦削减国内综合支持（AMS）这一最扭曲贸易的补贴。现在虽然推进谈判的时机不成熟，但我们必须加强技术性准备，并不断地大声疾呼，确保谈判不被引上歧途。

关于透明度

我们支持改进透明度。现实情况是，没有哪个成员的通报是完美的。发达国家应以身作则，发展中国家也应作出一些改进。但是，我们不赞成搞金融惩罚措施，我们是成年人、是主权国家，WTO不需要引进惩戒机制，而是应该用正面激励、加大技术援助、相互提醒、加强监督的办法，逐步改进通报质量。

关于电子商务

谈判有不同的方式，在WTO改革中需要对不同的方式持开放态度，因为164个成员达成一项共识是非常困难的，应允许立场相近的成员开展探索性工作。中国参加了电子商务谈判。同很多发展中国家一样，我们也有重要的防守利益。是在谈判中争取自己的利益，还是置身于谈判之外，这是两种不同的选择。我曾对一些非洲国家朋友们说过，如果你不坐在餐桌前，就会出现在菜单里。我无意冒犯任何人，现实情况是，发展中国家面临着数字鸿沟和能力缺失，尤其是基础设施落后，但没有人会等待你，商业发展、技术进步，机遇稍纵即逝，作为发展中国家，我们不能错失良机，要迎头赶上数字经济的时代浪潮。

关于延长电子传输免征关税，在成员中存在着争议。我在日内瓦呼应了印度和南非进行结构性研讨的提议。既然大家都同意进行研讨，就不能走过场，而要充分利用现有的研究机构、专家学者的研究成果，抓紧澄清各种相关问题，只有这样才能帮助部长们在获得充分信息的基础上作出决定。

关于投资便利化

我和印度同事一样认为，投资是个敏感的问题，尤其是涉及争端解决、市场准入、投资保护等。在2003年的坎昆贸易部长会议上，当我们合作打掉了包括投资在内的新加坡议题时，非洲女代表穿着草裙跳舞庆祝的场面还历历在目。然而，投资便利化与《多边投资协定》不同，它是投资议题中最简单的那一部分，仅涉及减少繁文缛节、提高透明度和行政效率、加强国际合作等，这些都是我们发展中国家正在做的事。在这方面如果有一个多边的规则，会帮助发展中国家整体改善投资环境。这个倡议是十几个发展中成员搞起来的，现在已有 100 个成员参加（注：2020 年 3 月，摩洛哥宣布参加，目前参加成员 101 个），我曾在日内瓦说过，如果谁愿意做第 100 个成员，我会为她开瓶香槟；在这里我想说，如果印度在任何时候加入我们，我都会组织一个盛大的聚会来庆祝。没有印度的参加，投资便利化就不可能成为一个多边协议。在达沃斯我和“投资印度”的 CEO 迪帕克 • 巴格拉先生一起参加了论坛秘书处举行的投资便利化议题产业界对话会，我们之间进行了很好的交流。请允许我再一次呼吁印度参加到这一倡议中来。我们的目标是在努尔苏丹形成一个投资便利化多边规则的基础，然后期待着各成员加入进来并将它完善，最终形成一个多边协议。

关于产业补贴

这是个充满争议的问题。美欧日三方声明提出要增加禁止类补贴，要改变上诉机构对公共机构的裁决。现实的情况是，反补贴等贸易救济措施已经被滥用。我们认为应当加强程序纪律和规则澄清，减少对正常贸易的破坏，而不是降低门槛，提出更多的禁止类补贴。我们也不会允许上诉机构作出的裁决受到挑战。发达国家是补贴的最大提供者，不仅历史上是这样，在现如今也是如此。但他们正在做上房抽梯、过河拆桥的事。正如迪帕克大使在去年 12 月总理事会上所说的，剥夺发展中国家的政策空间，“是对公平和正义基本原则的野蛮践踏，将对以规则为基础的贸易体系的合法性造成损害，并阻碍可持续发展目标的实现。”我们应当让所有发展中国家都认识到这种做法的危害，加强政策协调，维护发展中国家的政策空间，对我们的产业给予必要的和合理的支持，以实现工业化的目标。

值此多边贸易体制危机时刻，我和迪帕克大使在日内瓦共同担负着沉重的责任。我非常感谢会议主办方和他的邀请，使我能暂时摆脱冗长枯燥的 WTO 会议。2017 年夏天我曾邀请迪帕克大使到上海参加金砖国家贸易部长会的活动，在黄浦江畔我们度过了愉快的时光。无论在印度还是在中国，我们都能感到这两片古老的土地焕发出的蓬勃生机。正像泰戈尔诗里所说的，“在你的觉醒中你有新生和古代的奇迹，你和新花一样的年轻和山岳一样的古老。”我相信长江和恒河会赐予我们力量和智慧，回到日内瓦我们会更加有力地联手抵制保护主义的压力、维护发展中国家的合法权利，推动 WTO 改革朝着正确的方向前进。

中美经贸关系面临的挑战及中国的应对*

中国世界贸易组织研究会前会长
中国首任驻世界贸易组织大使 孙振宇
原对外贸易经济合作部副部长

一、中美经贸关系面临的挑战

恰逢中国改革开放 40 周年之际，我国在国际上又面临着百年未有之大变局。美国总统特朗普一上台，逢奥（巴马）必反，逢群必退，强调美国利益优先，大搞单边主义和贸易保护主义，发起对中国的贸易战，给中美经贸关系带来巨大的挑战。近期，美国前国务卿基辛格，美国前财政部长、保尔森基金会主席亨利•保尔森等人纷纷到访中国，他们传递出一个重要的信息，即中美之间的关系再也回不到特朗普上台之前的状态，我们将面临一个相对长时期的“严冬季节”。他们担心中美贸易摩擦演变成冷战，甚至出现局部“擦枪走火”的可能性，所以双方需要努力管控危机，化解矛盾，避免出现两次世界大战以前大国之间的紧张关系。

目前看来，中美关系形势发展变化确实比较严峻。美国对华政策的变化不仅仅是特朗普一个人的问题，而是美国民主党和共和党两党的共识，所以给中国带来了巨大的挑战。当然，中美之间经贸问题表面上看是贸易逆差的问题（3700 亿美元的逆差），实际贸易逆差不是问题，只不过是美国用来对中国发难的借口。美国把中国作为其主要对手的重要原因，首先是为了维护它在世界上的霸主地位。过去美国对其地位形成挑战的德国、日本都从不手软，对中国更不会客气；其次美国不能认同中国选择的发展道路。但是，美国的发展道路就那么无懈可击吗？索罗斯曾经在“9•11”后作出过两点非常精彩的总结：第一，美国的制度很好，但是不一定适合世界上所有国家；第二，通过使用武力输出“民主”后患无穷。这几年中国人在干什么？在热火朝天地修码头、飞机场、高速公路、高铁。美国人在干什么？他们在伊拉克、叙利亚、利比亚等国家频频动用武力，输出“民主”，成为地区麻烦制造者。看来索罗斯这两点总结并没有引起美国当局的重视，反而把中国作为替罪羊，把他们国内面临的问题发泄到中国头上。除此之外还有一个重要原因，那就是美国政府担心《中国制造 2025》和中国的高科技领域的迅速发展。因此美国无视中国在保护知识产权方面取得的重大进展，把所谓知识产权保护不力和强制技术转让的罪名强加在中国头上，其目的是阻止中国在高科技领域的发展势头。

二、中国的应对

面对来自美国的挑战，中国政府已经采取了一系列有效的应对措施。

1. 面对美国挑起的贸易摩擦，中方保持了自己的定力

中国绝不主动惹事，但也绝不怕事。中国已经不是 40 年以前的中国了，中国在过去的 40 年中积累了与美国进行博弈的丰富经验。而且，经过 40 年的改革开放，中国的 GDP 世界排名从第 16 位上升到第 2 位，中国有 14 亿人的大市场，每年 2 万亿美元的货物进口，这些都是我们的底气所在。所以，我们党和政府在应对美国的挑战方面胸有成竹，很有定力。不管美国出什么招数，中国都以同样的力度回应了他们的挑衅。

2. 继续高举维护多边贸易体制和经济全球化大旗，推动“一带一路”建设，为实现联合国《2030 年可持续发展》目标作出我们力所能及的贡献

---

* 收录于《国际贸易问题》2018 年第 11 期。

我们与金砖国家、上合组织、亚非拉地区广大发展中国家的合作日益加深，在维护多边贸易体制和经济全球化方面通力合作，发挥着日益深远的影响。美国奉行单边主义和贸易保护主义过程中，不仅仅对中国、俄罗斯、伊朗等对手进行打压，而且也不放过欧盟、加拿大、日本等盟友，导致其与盟友离心离德，渐行渐远。像日本这样的国家，安全上靠美国，但在经济上不得不重视与中国的合作，日本安倍首相在最近访华期间就释放了积极参与"一带一路"在第三方市场合作的意向。欧盟、加拿大、澳大利亚等发达国家也都越来越重视与我国的经济合作。在过去 40 年里，中国企业已经深度融入全球价值链当中，美国政府企图通过行政干预人为地改变价值链流向，对美国企业和其他外国企业来说都需要付出巨大的成本。只有坚持经济全球化的大方向，世界经济才能更加健康持续地发展。

3. 继续推进国内改革开放进程，把中国自己的事情办好

中国经过 40 年的改革开放，已经取得举世瞩目的成就。但是现在中国的改革已经进入了"深水区"，在教育、医疗、社会保险、政府职能转换、国企改革、整治腐败等领域依然任重道远。习近平主席和李克强总理在很多国际场合多次强调："我们改革开放的大门不会关闭，只会越开越大"。我觉得这是非常英明的，我们就是要坚持按照我们自己的既定目标，按照我们自己的节奏，按照中国人民自己的需求坚定不移地走改革开放的道路。

最近一段时间，我国在改革开放方面作出了很大的努力，先后采取了一系列具体措施：

一是降关税。1400 多种日用消费品，1500 多种工业制成品关税大幅度下降。一批治疗癌症的药物关税降到零。目前我国货物进口平均关税已经从 9.8% 降到 7.5%。

二是改善营商环境和推进贸易便利化。最近世界银行关于各国营商环境的调查报告把中国的营商环境排名上调了 30 多位。

三是改善投资环境。通过上海等 10 多个自贸实验区的探索，在全国范围内实施的外商投资负面清单管理范围越来越小，限制的领域也越来越少，从最早 190 多项，后来改到 139 项，其后又改到 122 项，现在是 48 项目，只有 48 个领域在投资方面我们还有一定的限制。尽管今后仍有进一步改进的余地，以上措施依然显示出中国政府改革开放的愿望与决心。

四是举办进口博览会。中国 2018 年 11 月在上海举办的首届国际进口博览会在全球范围内属于首创。博览会不仅包括货物进口，也包括服务贸易进口。此次博览会向世人展示了中国开放国内市场和扩大进口的决心，外国参展企业的规模超过预期，取得了巨大的成功。很多企业带来了高科技的产品，"一带一路"沿线的国家把他们的产品也带到了中国来，这也是中国对发展中国家一个很重要的贡献。

五是为民营企业营造公平的营商环境。我国民营企业融资规模仅占全国 25%，却为国家创造了 60% 的 GDP、50% 的税收、70% 的科技创新产品和 80% 的就业。民营企业对中国的经济发展贡献很大，理应为他们创造一个公平的营商环境，帮助他们解决融资难、融资贵的问题，同时要保护他们的私有财产，让他们安心为国家的经济发展作出贡献。只有对国企、民企、外企给予同等待遇，让他们充分发挥他们的创新活力，在公平环境里竞争，只有这样，我们国家才有希望，才能早日实现民族复兴的伟大中国梦。

世贸组织改革和中国的立场

中国世界贸易组织研究会会长
商务部国际贸易谈判前副代表 崇 泉

2019 年的 12 月 11 日，WTO 上诉机构只剩下一名法官，就是赵宏女士，上诉机构已经停摆。这是 WTO 所面临的最直接的危机。WTO 面临的危机及其改革问题已经是国内外的热点问题。世贸组织改革问题已经在 WTO 会议上有所提及，并列入部分成员政府的日程上。

多边贸易体制的重要作用

自 2008 年金融危机以来，全球的经济发展不确定性和不平衡使已有矛盾爆发出来了。这是由一系列问题造成的，如诸多西方发达国家国内的经济、政治和社会发展不平衡加剧，国际分工细密化与碎片化并举，发达国家和发展中成员此消彼长，跨国公司与新兴企业竞争激烈，地缘政治和民粹主义诉求抬头，等等。

全球经贸发展的不确定性一直是存在的，而这一问题需要依靠国际经贸规则的确定性来平衡。第二次世界大战以后，确立的以国际货币基金组织、世界复兴与开发银行和关税与贸易总协定为核心的国际经贸治理体系，带来全球经贸稳定、快速发展，就是最好的例证。

WTO 正是致力于公开、公平和无扭曲竞争的规则体制，是多边贸易体制的权威组织和法律基础，为经济全球化和世界经济贸易的健康发展作出了积极贡献。WTO 规则体制是全球市场经济发展的基础和制度保障，是推动经济全球化的法律和组织保障。这是任何其他国际机构和区域经济贸易组织无法替代的。

WTO 改革的背景

自 1995 年成立以来，围绕如何改善和提升 WTO 机制的公平和效率的讨论从未间断。尤其是在 2001 年发起的多哈回合谈判久拖不决的情况下，WTO 体制内在问题更加突显，使得对 WTO 体制本身的质疑不断上升。如 WTO 一贯坚持的协调一致的决策机制导致其效率低下，多边谈判功能几乎停滞。2001 年至今，WTO 成员仅仅在贸易便利化、取消农业出口补贴等少数议题上达成了一致，遗留下众多传统议题待解决。与此同时，二十多年来年来随着世界贸易的扩张和贸易新模式的不断涌现，WTO 成员也没能就有关新议题制定出新的规则。为了维护 WTO 的权威性，更好地发挥其促进世界经济贸易发展的积极作用，WTO 的确存在着一定的问题，这是 WTO 改革的内在因素。

但我认为，当前 WTO 危机突显的最主要原因在于外部压力。WTO 面临的外部压力典型表现为两个方面。一是错误归因，即现在很多国家国内经济出现了问题，尤其是就业问题，这些问题被很多成员政府归咎于贸易。贸易成了“替罪羊”。因此，成员政府支持多边贸易体制的动因和积极性大为减弱。二是 WTO 领导力的缺失。作为支持经济全球化、支持贸易自由化、支持以规则为主的多边贸易体制的传统主导力量的美国，突然转向了。特朗普政府上台后公开表明了对 WTO 的不满，质疑 WTO 上诉机构的有效性以及对美国存在的不公平裁决。尤其是美国对 WTO 上诉机构成员任命的杯葛使得世贸组织争端解决机制陷入停摆的危险。作为“皇冠上的明珠”，争端解决机制如果全面瓦解，这对国际经济贸易治理和 WTO 的权威将会是一个巨大影响和冲击。同时美国还指责中国等新兴经济体利用 WTO 给予发展中成员的特殊与差别待遇获取不公平竞争优势，推动中国等成员尽快从发展中成员资格中“毕业”。

美国所采取的一系列单边举动使得其他 WTO 成员无所适从。担心美国退出 WTO 的部分发达成员，不得不迁就并倾向于接受美国意图系统改造 WTO 的主张。而欧盟、加拿大、日本等主要成员既不能完全接受美国的立场和行为，又担心美国抛弃 WTO。发展中成员被迫卷入其中。无论各成员方抱有何种目的，推进 WTO 改革已形成相当的共识，可以说已经是势在必行。

WTO 改革的现状

既然已经达成共识，各方开始就如何改革 WTO 提出自己的关切和主张。2018 年的相关方案多是由发达成员提出，且多是原则性的。如德国贝塔斯曼基金会发布的重振世贸组织的报告，欧盟委员会关于 WTO 现代化的概念文件，加拿大联合欧日等 13 方（不包括美国、中国）形成的《加强与提升 WTO》的文件等。

2019 年下半年开始，WTO 改革方案开始聚集具体问题，同时发展中成员也开始参与其中。具体正式提交到 WTO 的提案，有如美欧日联合提交的关于增强透明度和通报义务的提案，中国和欧盟联合其他成员提交的推动尽快启动上诉机构成员遴选的提案，等等。还有美国在发展中成员和特殊与差别待遇问题上的一系列动作。

而发展中成员的参与，有 2019 年 5 月 13—14 日，印度、中国等 23 个 WTO 发展中成员在新德里举行部长级会议，其中 17 国部长和高官发表《共同努力加强世贸组织以促进发展和包容》的成果文件。还有 7 月 10 日，非洲集团、印度等提出“通过包容性方式加强世贸组织透明度与通报”。7 月 22 日，印度、古巴、玻利维亚和 8 个非洲国家共同向 WTO 提交改革提案“加强世贸组织以促进发展与包容”等。

作为 WTO 多边贸易体制的坚定支持者，中国积极参与 WTO 的改革，这主要体现在 2018 年 11 月发布的《中国关于世贸组织改革的立场文件》，2019 年 5 月 13 日向 WTO 提交的《中国关于世贸组织改革的建议文件》。2019 年 11 月 5 日在进口博览会期间，中国举办了世贸组织小型部长会，为各方搭建沟通对话平台，共谋多边贸易体制未来，欧盟、俄罗斯、印度等 33 个成员部长或部长代表和世贸组织总干事阿泽维多等 200 多名代表出席。与会部长或部长代表一致支持对世贸组织进行必要改革，要求尽快打破上诉机构成员遴选僵局，推动世贸组织规则与时俱进。

目前所提方案、建议、草案充分彰显了主要成员针对 WTO 改革的决心。现在媒体中流传着“WTO 已经死亡”“WTO 濒临死亡”的说法，这显然是不正确的。即便是上诉机构瘫痪了，但 WTO 的其他功能，如政策审议、实施和管理协定，甚至包括争端解决机制也依然在运转，有的功能运转得还不错。而且，从刚刚提到的成员对 WTO 改革所提的诸多提案看，大家也都在努力维护 WTO。

然而，WTO 成员在改革问题上既有共同利益诉求同时也存在着显著分歧，说明 WTO 改革注定是一个复杂的过程，谈判过程将会非常艰巨，很难在短期内达成一致，已成为各方博弈的舞台。

谈 WTO 改革需要明确的三个问题

第一个问题是我们还要不要以 WTO 为代表的多边贸易体制？现在已经明确，即便是美国也没有彻底放弃 WTO，虽然美国已经给了 WTO 重重一击。

第二个问题就是要一个什么样的 WTO？是要一个“弱肉强食、实力为尊”的 WTO？还是要一个以规则为基础的继续推动贸易自由化的 WTO？这个答案也显而易见，即便有人有不同意见，相信绝大多数 WTO 成员也不会同意。那么，既然已经决定继续维护一个以规则为基础的 WTO，维护一个以非歧视、开放为核心价值的 WTO，那么大家对 WTO 改革的具体建议应该在这样的前提下。应该在 WTO 的语境下去推动 WTO 本身的改革与完善。成员所提的改革方案也应该与这样的目标相一致。

第三个问题是谁来推动 WTO 改革？现在多边贸易体制，包括这个世界都需要领导力。但在目前领导力缺失的情况下，至少所有国家无论是发达成员还是发展中成员，无论是大国还是小国。都应该积极地参与到 WTO 改革中来，只有这样才有可能使 WTO 继续惠及全球。但已经有所转向的美国也不能放弃，没有美国的参与是不完整的，世界离不开美国，美国也离不开世界，我们既希望美国早日自我清醒认知，也需要国际社会想办法将美国拉回到“正轨”。另外，也希望世界贸易组织秘书处充分发挥主动性，起到引领和协调作用。中国也将继续积极主动地承担相应的义务，推动 WTO 改革。

对 WTO 改革中具体议题的看法

当前最迫切需要解决的问题依然是上诉机构问题。虽然大多数 WTO 成员，无论是发达国家还是发展中成员，都希望保留这一有约束性的争端解决机制，中国和欧盟也已经提交了联合提案，但目前仍看不清解决问题的前景。虽然在这一问题上出现了 163 对 1 的局面，虽然困难重重，但还是应该努力地想尽一切办法将美国拉回到谈判桌上来。

第二个我想谈的具体议题是发展中成员的特殊与差别待遇问题。在这一问题上，美国是动作频频。先是 2019 年 1 月中旬向 WTO 提交有关发展中成员地位以及特殊与差别待遇的改革提案，建议取消四类成员的发展中成员地位及特殊与差别待遇。2 月 15 日美国提交题为《总理事会决议草案：加强 WTO 协商功能的程序》的提案。3 月美国年度贸易政策议程报告从四个方面系统提出美国有关 WTO 改革主张中提到"WTO 对发展处理方式必须调整以反映当前全球贸易现实"。7 月 26 日，特朗普发表《改革世界贸易组织发展中成员地位备忘录》，指示 USTR 用"一切可能手段"，防止自我声明但没有适当经济或其他指标佐证的发展中成员利用 WTO 规则和谈判中灵活性谋取利益。

当然在这一问题上并不是只有美国的声音，许多发展中成员表达了与美国不同的立场，这体现在包括中国、印度、非洲集团和其他很多发展中成员多份联合签署的改革建议中。2019 年 2 月 18 日，中国、印度、南非、委内瑞拉四国联合提交《惠及发展中成员的特殊与差别待遇对促进发展和确保包容的持续重要性》报告。10 月 15 日，52 个 WTO 成员（非洲集团 43 国、玻利维亚、柬埔寨、中国、古巴、印度、老挝、阿曼、巴基斯坦、委内瑞拉）向 WTO 总理事会提交关于"促进发展的特殊与差别待遇声明"。

发展中成员也并不是一个声音，出于种种利益的考虑，少数发展中成员附和了美国的立场。如 2019 年 3 月 9 日，巴西表态在 WTO 谈判中放弃特殊与差别待遇；7 月 27 日，新加坡承诺在《贸易便利化协定》生效后立即实施而不寻求过渡期。韩国 10 月 24 日宣布放弃特殊与差别待遇。

这是目前围绕这一议题的交锋情况。我个人认为，首先，从 GATT 到 WTO 所主持的那么多轮多边贸易谈判中，发展中成员从来没有成为协议达成的障碍。其次，"自我认定"的发展中成员身份本来就是一个伪命题。WTO 的规则和 WTO 成员的承诺都是靠谈判来确定的，而谈判博弈中从来都不是靠一顶"发展中成员身份"的帽子来影响的。如中国，复关、入世谈判时的发展中成员身份并没有让我们充分享受应得的特殊与差别待遇；如新加坡，同样自我认定为发展中成员，但其开放程度在全球都是有目共睹的。发展中成员基于这两点，如果坚持对发展中成员进行分类，坚持"毕业"设置，最后会走向何方？似乎还是会滑向实力决定一切的深渊。

我认为的解决方法是，根据每个成员实际的发展水平确定开放程度，确定所应该承担的义务。对于中国来说，我们在很多领域确实取得了成就，所以，我们应该也正在承担更多的义务。但不应该简单的判定一个成员是或不是发展中成员。

第三个我想谈的是在扩展和深化 WTO 规则改革方面。目前发达国家的诉求在这一方面相对一致，但涉及具体的领域，如数字贸易、投资便利化等新议题，依然是有分歧的。而且在如何协调新议题和多哈回合遗留的传统议题方面，WTO 成员并没有明确的解决方法。在无法兼顾传统议题的情况下，WTO 不可能在新议题上达成一致。但目前在电子商务多边规则议题上，取得了一些进展。参与各方积极性非常高，目前采取的是开放式诸边谈判的方法，应该已经进行了磋商。我们期待 WTO 改革可以在电子商务规则领域取得早期收获成果。还有投资便利化议题，在上海的小型部长会期间，中国举办了投资便利化议题部长午餐会，午餐会发表了 92 个成员联署的部长联合声明，积极支持对投资便利化开展讨论。

第四个是在上述有关 WTO 改革的方案建议中，尤其是对所谓导致市场扭曲的国有企业、产业政策、知识产权和技术转让等问题的关注，明显是针对中国的。有些诉求明显带有歧视性和片面性，中国不可能全盘接受。世界贸易组织不应该为单独任何一个成员"量身定制"一套规则，这甚至是荒谬的想法。特别是一些新规则的制定和讨论将是一个十分复杂的技术问题，估计将会是一个艰难的博弈过程。

数字经济全球化及 WTO 电子商务谈判

上海 WTO 事务咨询中心理事长 **王新奎**

当前，经济全球化正处在以中国为代表的新型工业化国家崛起所引发的全球生产和贸易布局“再平衡”、以分层式生产和任务贸易为特征的制造业全球价值链扩展“停摆”和收缩、全球贸易规则重构和发达国家协调单边主义兴起的大变局中。数字经济全球化开辟了经济全球化的新空间，使人们在困惑中燃起希望。

但是，当我们着手解决数字经济全球化问题的时候，发现面临着如何填补数字经济发展鸿沟和数字贸易监管裂痕的重大挑战。

一、数字经济全球化与数字化发展存在鸿沟

尽管数字经济全球化正在以前所未有的速度和广度发展，但在不同发展水平的经济体之间，无论是发展现状或未来可能的发展速度均存在着巨大差异。

数字经济发展越快的地方，麻烦也就越多

各国在数字演化指数图中的四个驱动因素上得分（满分 100 分）

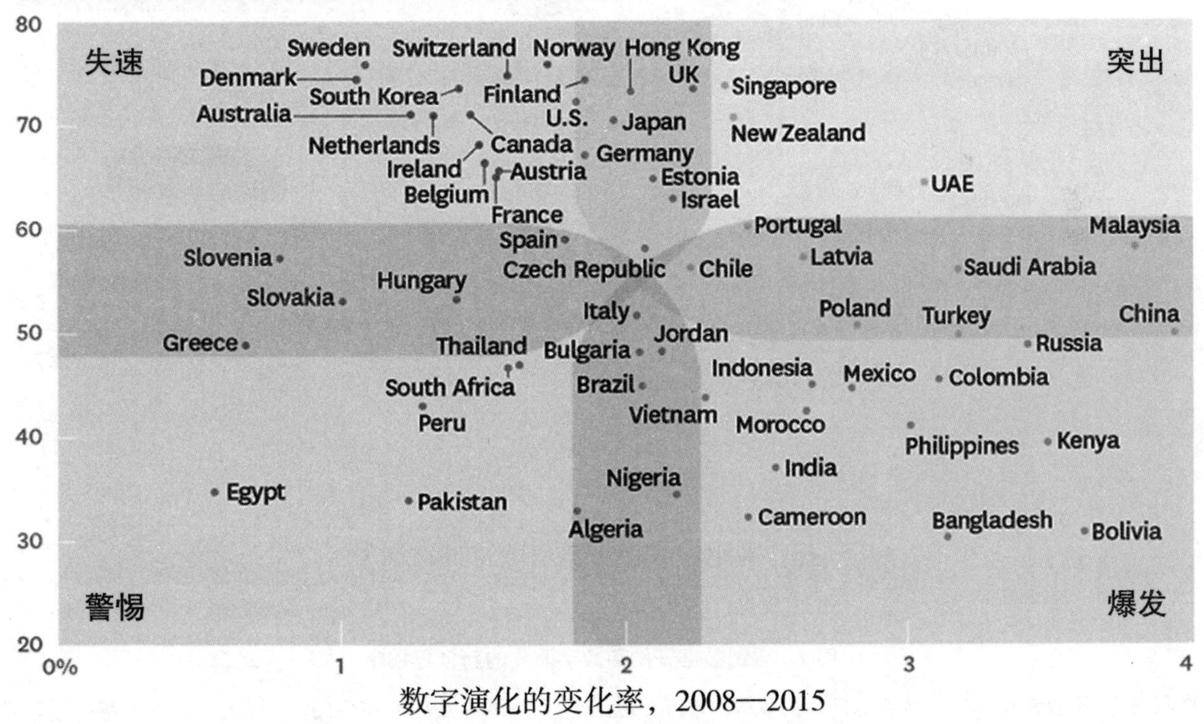

图 1 数字演化指数图（2017）

来源：《数字化星球 2017：数字经济体的竞争力和信任度在世界范围内是如何演变的？》塔夫茨大学弗莱彻学院（IBGC The Fletcher School, Tufts University），2017 年 7 月。

2017 年 7 月，塔夫茨大学弗莱彻学院（IBGC The Fletcher School, Tufts University）发布研究报告，通过构建数字化演化指数分析了 60 个样本国家数字化的潜在驱动因素（供应条件、需求条件、制度环境、创新和变革），并把这些驱动因素分解为 12 个部分，用 102 个指标作为量化指标。根据对样本国家 2015 年的数字化状态和 2008—2015 年间数字化速度的测算，用二维图把各样本国家划分成突出、失速、爆发、警惕发展区域（图 1）。①

观察图 1 可以发现，当前全球数字经济发展存在巨大差异与当前全球价值链革命和经济全球化高速扩张阶段以后全球生产和贸易布局失衡的统计分析结果高度拟合。不但如此，目前，美国的数字演化指数正处于失速区域与突出区域的重合区间，而中国的数字演化指数则处于爆发区域与突出区域的重合区间。与当前全球价值链扩展进入“停摆”和全球生产、贸易布局进入“再平衡”阶段一样，在数字经济全球化领域，最大的发达经济体美国与最大的新兴经济体中国同样处于互为主要对手的竞争格局中。

二、数字经济全球化与数字贸易监管明显失衡

数字经济全球化的推进需要完备且强有力的全球数字贸易规则体系，而构建这个规则体系的核心任务是让建立在数据开放基础上的数字贸易自由化与各国对数字经济监管的要求相协调。

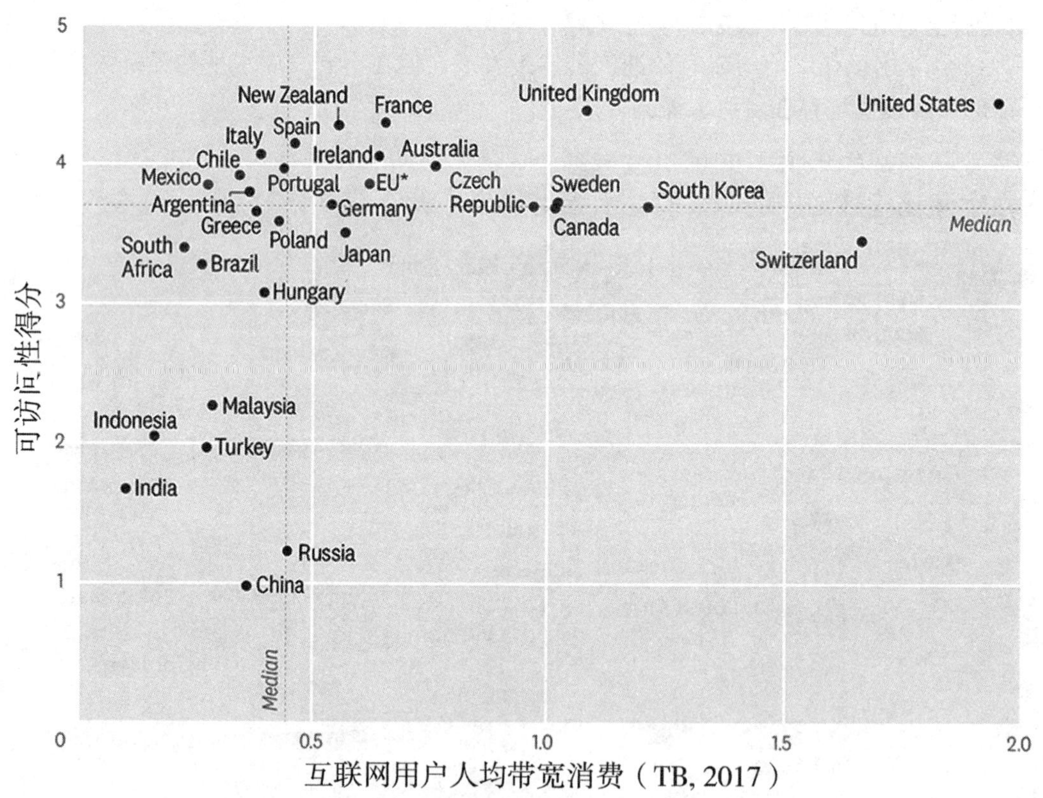

图 2 强调数据开放和数字演化的新世界秩序

来源：《数字化星球 2017：数字经济体的竞争力和信任度在世界范围内是如何演变的？》塔夫茨大学弗莱彻学院（IBGC The Fletcher School, Tufts University），2017 年 7 月。

图 2 是前述塔夫茨大学弗莱彻学院研究报告的另一研究视角。从图中可以看出，发达国家和发展中国家

① （1）突出国家/地区既有相当高的数字化演化程度，也有很快的数字化演化速度。它们在高效地利用原有优势，驱动创新上是领先者。（2）失速国家 / 地区拥有颇高的数字化程度，但演化呈现放缓。（3）爆发国家 / 地区数字化程度较低，但演化速度很快。（4）警惕国家 / 地区数字化程度低，而且演化速度慢，因此面临着巨大的挑战；有的甚至在数字化进程中出现倒退的情况。

对数据开放和数字贸易自由化的监管立场存在巨大差异。这种差异不仅与经济发展水平（互联网用户人均宽带消费量）有关，而且与不同国家之间的文化、意识形态和政治制度有关，远比传统货物和服务贸易监管更为复杂。特别应该指出的是，在数字经济和数字贸易监管领域，最大的发达经济体美国与最大的新兴工业化经济体中国恰恰是理念和立场差异最大的两个。

三、WTO 电子商务谈判与数字经济全球化

2019 年 1 月，包括中国在内的 76 个 WTO 成员方共同签署《电子商务联合声明》，明确了各方就电子商务议题在 WTO 框架下开展谈判的意愿。根据目前收到的 15 份提案，76 个成员中已有超过半数表明了谈判立场。提案的核心条款主要集中在促进电子商务 / 数字贸易便利化、提升电子商务 / 数字贸易参与者信心以及电子商务 / 数字贸易进一步自由化上。

如表 1 所示，从各方提案内容来看，与全球货物和服务贸易规则重构过程中出现的情况一样，在数字贸易规则谈判的过程中也出现了以美国为代表的发达经济体与以中国为代表的新兴经济体之间的分歧与对立。

表 1　　WTO 电子商务谈判与数字经济全球化监管的立场差异

雄心水平	以美国为首的发达经济体	以中国为代表的新兴经济体
谈判范围	以数据流动为基础的数字贸易	以商品流动为基础的电子商务
基本立场	数字贸易全球单一市场原则	互联网与数据主权原则
议题设置	**信息自由流动** 1. 不受任意或歧视性限制的跨境数据传输； 2. 防止数据本地化； 3. 禁止网页拦截。 **数字产品的公平对待** 1. 数字产品免税待遇； 2. 数字产品的非歧视性待遇。 **保护专有信息** 1. 保护源代码； 2. 禁止强制技术转让； 3. 禁止歧视性技术要求。 **数字安全** 1. 加密； 2. 网络安全。 **便利互联网服务** 1. 数字相关市场准入； 2. 开放政府数据； 3. 非 IP 内容责任。 **竞争性的电信市场和贸易促进**	**营造良好的电子商务交易环境** 1. 促进跨境电子商务； 2. 无纸化交易； 3. 电子签名和电子认证； 4. 电子合同； 5. 暂停征收电子传输关税。 **为电子商务创造安全、值得信赖的市场环境** 1. 在线消费者保护； 2. 个人信息保护； 3. 未经请求的电子商业信息； 4. 网络安全； 5. 透明度。 **促进务实包容的发展合作** 1. 弥合数字鸿沟； 2. 研究、培训和交流； 3. 电子商务促进发展计划。
谈判原则	可以强制执行并要求所有参与者承担相同的义务。	需要灵活的框架来满足不同成员的合法要求，以便在技术进步、业务发展和成员公共政策目标之间取得平衡。

来源：根据《电子商务计划联合声明》（美国 2018-4-12）和《关于电子商务倡议的联合声明》（中国 2018-4-24）内容整理。

美国的提案代表了数字经济发达国家的最高“雄心”水平，核心主张是在确保“数据跨境自由流动”前提下，促进数字经济在开放、公平、有序竞争的环境下发展，包括进一步取消各类数据本地化要求、给予数

字产品非歧视待遇、保护数据有关的产权信息以及有条件地免除电商平台责任等。美欧日三方在数字贸易规则体系上尽管存在裂痕，但在总体原则上存在基本共识。

中国提案的核心主张是谈判应坚持发展层面，充分考虑到发展中成员（包括那些尚未参加谈判的成员，特别是最不发达国家）所面临的困难和挑战。谈判应围绕互联网货物跨境贸易、相关支付和物流服务的讨论，同时关注服务贸易的数字化趋势，探索以良好交易环境和安全、值得信赖的市场环境为中心制定电子商务国际规则的方法。中国同时认为，与贸易相关的数据流方面对贸易发展非常重要。但数据流应遵循安全的前提条件，这涉及每个成员的核心利益。为此，数据必须按照会员各自的法律法规有序流动。

值得注意的是，以美国为代表的数字技术领先的发达经济体，开始将优惠贸易协定（PTAs）作为载体和突破口，展开一系列与数字贸易规则构建有关的协调单边主义行动。早在 2004 年和 2005 年美国分别与新加坡和澳大利亚达成 FTA 后，美国、新加坡和澳大利亚作为主要推动方即开始通过 PTAs 谈判推广数字贸易规则，欧盟和日本等发达经济体则迅速跟进。2018 年 10 月签署的《美墨加协定》（USMCA）不仅首次采用“数字贸易”取代“电子商务”作为数字贸易规则一章的标题，内容也远超当初“电子商务”的范畴，其条款涵盖了计算设备的位置、网络安全、源代码、交互式计算机服务等实现数据自由流动的新内容。

近期以来，欧日等发达经济体也按美国主导的高标准，把数字贸易监管规则纳入美欧、美日的 FTA 谈判中。特别是在制定诸如数字服务税等与数字经济有关的法律时，发达经济体越来越多地把 G7、OECD 等作为协调和谈判的平台。

近年来，由于数字技术的快速提升和数字经济的爆发性增长，中国开始对数字经济全球化进程表现出越来越强烈的关注，并通过建立上海自由贸易试验区新片区和海南自由贸易港，开始进行与数据开放和数字贸易自由化有关的制度创新探索。可以相信，中国将在 WTO 电子商务谈判中发挥更为积极的作用。

对热点问题的评论 *

投资争端解决国际中心 ICSID 仲裁员成员
清华大学国际争端解决研究院院长、世界贸易组织上诉机构前主席 张月姣

对 WTO 的未来展望

WTO 成立以来，WTO 成员数量不断增加，已经有 164 个成员，目前涵盖全球 98% 的贸易额，然而近年来，随着单边主义、贸易保护主义的抬头，多边主义和自由贸易体制受到冲击。尤其是有些 WTO 成员阻挠上诉机构成员遴选程序启动，致使上诉机构于 2019 年 11 月底瘫痪，严重影响争端解决机制的有效运行。WTO 争端解决机制曾被誉为世贸组织“皇冠上的明珠”，而现在 WTO 上诉机构的停摆提出了“生存还是毁灭”的问题，面临着生与死的考验。

此外，滥用国家安全例外措施、不符合世贸组织规则的单边措施以及对现有贸易救济措施的滥用，破坏了以规则为基础、自由、开放的国际贸易秩序，不仅影响了进出口商、消费者和生产企业的利益，还影响了世贸组织成员特别是发展中成员的整体利益。这些做法损害了世贸组织的权威性和有效性，导致世贸组织面临前所未有的生存危机。

WTO 遇到的问题是其发展过程中不可避免的。但是 WTO 不可能消失或者灭亡。WTO 规则都是人类的财富，是 100 多位成员经过 70 年谈判达成的多边贸易协议，是对国际法减少碎片化的巨大贡献。而且从国际法的高度看，必须要支持以规则为基础的多边贸易体制，任何歧视和双重标准都是错误的，都与国际法相矛盾。国际法对各个主权国家是平等的，不能歧视，无条件最惠国待遇等基本原则必须要遵守。

所以，我相信 WTO 成员会克服暂时的困难，通过多边的磋商和谈判，互相理解，真正做到包容，维护这个以规则为基础的多边贸易体制。

我们不能对 WTO 的改革操之过急。只要大家坐下谈就好，不要互相攻击、采取贸易保护主义的手段等。更为重要的是成员间如何求同存异、互相信任，互相支持，互相理解，创建一个更加开放和自由的贸易秩序，达到更理想的全球经济治理。

《中美经贸协议》争端解决安排的 WTO 合规性

关于《中美经贸协议》的争端解决安排，我认为不能得出“该争端解决安排不符合 WTO 规定”的结论。原因有以下四点：

1. 该协议明确规定不影响双方在 WTO 和其他双方加入的国际协议中的权利和义务。美国在谈判中提出的“中国不能向 WTO 申诉”以及“中国已经提交 WTO 的案件必须撤诉”等无理要求均被中方拒绝，也未被《中美经贸协议》所采纳。

2. 美国提出“向中国派监督员来监督《中美经贸协议》的执行和解决争端”等无理要求也被中方拒绝，也未被《中美经贸协议》所采纳。根据《中美经贸协议》的争端解决安排，双方将通过平等磋商，即通过司局级、部级磋商，及时高效地解决争端。如果磋商未果，一方有权将争议提交至 WTO 争端解决机制进行解决。《中美经贸协议》还规定争端解决要依据事实，遵守诚信和互相尊重的原则。这都符合 WTO 以及其他国

---

* 此文是根据张月姣老师在多处场合的发言汇总而成。

际双边和多边协议中的争端解决原则。

3. 需要强调的是，《中美经贸协议》是在特定历史时期，解决双边贸易失衡问题的应急措施。该协议还涉及一些不属于 WTO 管辖范围的内容。对此，双方以意思自治为原则，平等磋商，达成了有严格限制条件的争端救济措施。当一方是善意时，即该方根据事实，遵守诚实守信原则，依据其所遭受损害的比例采取救济措施时，另一方可不采取反制措施。而如果采取救济措施的一方是恶意时，另一方有权利进行反报复，或者在书面通知后退出该《中美经贸协议》。

4.《中美经贸协议》的争端解决安排只适用双方特定协议执行中产生的争端，并不损害任何第三方的贸易利益。WTO 允许在一方采取贸易救济措施时，受影响的一方采取减少损失的反制措施。WTO 规定争端双方达成双方满意的解决方式（MAS）是最好的解决方法。

综上所述，关于《中美经贸协议》中争端解决安排不符合 WTO 相关规定的观点依据不足。

欧盟评估《中美经贸协议》的 WTO 合规性

中欧有长期友好合作的历史。欧盟的主要成员国是最早与中国发展贸易往来、最早承认新中国、与新中国建立外交关系的国家。中国重视老朋友，将继续与欧盟发展双边经贸关系。中国与欧盟共同支持以规则为基础的多边贸易体制，反对单边措施，反对保护主义。

《中美经贸协议》中多次强调要发展贸易，鼓励中国从美国和其他国家进口在价格与质量上有竞争性且符合中国消费者需求的产品。《中美经贸协议》明确规定，《协议》不影响双方在 WTO 和其他双方均加入的国际协议下的权利和义务。《中美经贸协议》还规定《协议》不得损害双方与其他国家和地区的贸易关系。

《中美经贸协议》中关于知识产权、技术转让、外汇和金融等内容是中国已经和正在进行的改革与开放措施，既适用于美国也适用于欧盟和其他国家和地区。因此《中美经贸协议》并不影响中欧贸易关系进一步发展。

处在十字路口的国际法——国际法治的理想与现实*

世界贸易组织上诉机构成员、主席 赵 宏

在起源于40—50亿年前的地球行星上，人类的历史可能超过200万年。有书面记录的人类文明可能只有几千年。从穴居山洞到计算机和手机的世界，在人类历史的长河里，人类文明所取得的成就不可不谓辉煌璀璨。对有些人而言，改变大都市景观和天际线的摩天大楼、载人空间站、人工智能和云计算是其中最卓越的成就；而另一些人则认为支撑人类社会运转并取得这些物质成就的无形社会结构和制度框架对人类更为根本。不可否认人类终究是社会动物。显然，当前所有文明都是通过社会化、组织化的协调和协作实现。

因此，能够体现制度框架和社会结构背后的人类共同价值观和信念，并促进协调与合作的“规则”，对我们所有人都非常重要和珍贵。这些规则在国家层面被称为国内法，在国际体制中被称为国际法。简而言之，“法治”是蕴含在国家和国际层面所有规则和实践里的概念。它已成为支撑人类现代社会运作的理想和最重要共同价值。

国际法在国际事务的许多领域取得了出色的履行和实践成果，但是，现在它似乎已进入关键时刻。下一步呢？我们是在走向丛林世界还是继续努力追求法治世界？多边框架和规则能在国际贸易和投资领域日益增多的单边行动中延续还是被搁置？是继续深化合作让世界继续保持开放和互动，还是我们将走向去全球化的时代？所有这些不仅是人们脑海中的疑问，更经常占据新闻头条。

一、法治（rule of law）的起源与演变

学术界似乎已接受亚里士多德是第一个提出法治思想的哲学家这一观点。柏拉图主张“哲学王”会比其他人更好地遵守既定法律，与柏拉图不同，亚里士多德在其著名的《政治学》著作中，提出了“由最合适的人，还是最合适的法律来统治会更好”的问题，并认为最高统治者不应该被允许行使特权，相反，“他们只应该被任命为法律的守护者和臣仆”。显然，两位古希腊哲学家都相信法律作用的重要性。柏拉图甚至强调“倘若使法律成为政府的主人，使政府成为法律的奴仆，现实将充满希望，人们将享受着上帝赐予国家的一切福音”。与过往的研究有所不同，我认为亚里士多德和柏拉图在法治理念上的差异更微妙。有趣的是，在公元前3世纪的中国，法家思想主张使用法律作为治理的工具。一些人认为，法家主张的是“法制（rule by law）”，而不是“法治（rule of law）”，因为贵族和皇帝所受“法律”的惩罚与普通大众不同。相比之下，在同一时期的中国，道家思想显然拒绝依靠严酷的规则来管理一个国家，而是倾向于遵循一套每个人都会服从的自然法则。与此同时，儒家思想提倡国家、宗族甚至家庭中的道德或伦理秩序，并将“德治”（最高的道德模范，即“圣人”）作为治理国家的最佳方式。因此，两千多年来，在东西方，如何更好地治理一个国家已成为一个永远的政治话题。无数哲学家、学者和首席大法官们提出了各自对法治的不同定义，这也反映出各自法治理念的演进。特别是在当前，回顾它们备受启发和鼓舞。例如，在1215年，英国国王约翰签署了《大宪章》（*Magna Carta*），使他受到一份契约的约束，他承诺，承认并确保支持他的自由臣民的生命、自由和财产，未经合法审判不被剥夺。《大宪章》第三十九条可视为约翰·洛克后来提出的第一类社会契约。约翰·洛克认为，在君主和臣民之间存在着一种社会契约，而君主也是既定法律的当事人并受其约束。根据他的学说，最高统

---

*根据赵宏教授2020年2月13日在慕尼黑安全会议——国际法论坛上的讲话整理。

治者是“受既定的、向人民公布和广为人知的法律的约束”（见 1689 年《政府论下篇》）。这一社会契约理论具有划时代的意义，因为主权国家和其个体之间的关系被明确地定义为契约关系，基于政治理论的基本原理，政府对公民负责。

这种政治启蒙思想后来反映在大西洋彼岸的许多民主共和与君主立宪制的国家宪法中，包括英国、法国和美国。现在世界上大多数国家都把法治纳入了宪法。这一政治遗产也已在全世界范围内广泛传播。

尽管法治的初衷是约束权力无限的国王或主权者，但随着时间的推移，每一个个体包括“个人、法人和政府”都应该遵从并受法律的约束，而非其他形式的恣意妄为。晚近，在 21 世纪第一十年时，联合国秘书长将法治描述为这样一个治理原则：“所有人、机构和实体，无论属于公营部门还是私营部门，包括国家本身，都对公开发布、平等实施和独立裁断，并与国际人权规范和标准保持一致的法律负责”。

他还强调，法治要求“法律至高无上、法律面前人人平等、对法律负责、公正适用法律、权力制衡、参与性决策、法律上的可靠性、避免任意性以及程序和法律透明”。（参见《秘书长关于冲突中和冲突后社会的法治和过渡司法的报告》，S/2004/616）。

综上所述，在过去两千年中，我们可以看到不断演进、发展的政治理论传统和法治主要特征在现代社会中得到传承和牢固确立，并已成为全球各国政治治理和人类日常生活的核心价值。

二、国际法治是否存在？

在我看来，这个问题涉及国际法在国际关系中发挥功能和作用的根本基础。从代表了早期国际法实践的古代美索不达米亚的拉格什（Lagash）和乌玛（Umma）统治者在公元前 2100 年左右结束战争并恢复友好关系的条约，到确立了现代国际法基本原则并具有里程碑意义的 1648 年《威斯特伐利亚和平条约》，再到第二次世界大战后建立联合国及其有关和附属组织的条约，国际法实践在国际关系的诸多领域中发挥着越来越重要的作用。随着 20 世纪 90 年代以及 21 世纪前十年，全球化进程不断加快，国际法几乎在人类活动的所有领域都取得了长足的发展。数百项国际条约和大量国际法律文件的出现，使维护民族国家间和平与合作的多边和区域法律框架得以建立。因此，总体而言，国际法已成为当前国际秩序的重要支柱。

然而，如果你观察国际法治基本特征的一些细节，则可能会得出更微妙的结论。当聚焦法治原则的程序时，例如当涉及“规则制定的参与、正当程序以及程序和法律透明度”时，你可能会更倾向于认为国际法治在国际条约缔结者之间确实存在。但如果你坚持将“法律至高无上、法律面前人人平等、对法律负责、法律上的可靠性、避免任意性以及公平适用法律”作为国际法治的核心特征时，你可能会犹豫国际法治是否存在，并且可能会说这要视情况而定。在人们的意识中有着不同的经验认识。例如，超级大国是否会遵守它所加入的条约规则。

至于如何评估国际法治的现状，我认为英国著名国际法学者詹姆斯·莱斯利·布赖尔利教授（James Leslie Brierly）在近一个世纪前的演讲正好与此相关。1924 年，布赖尔利教授在牛津大学就职演讲中说道：“无论公平与否，当今世界都需要国际法的复兴；即便那些对其未来充满信心的人也会承认，在整个国际关系领域中其所发挥较小作用的范围内，国际法的作用也是令人失望的”。我想你们当中有些人可能会对目前国际法在国际关系中的作用感到类似的失望。例如，《巴黎气候变化协定》《伊核协议》等，这个单子还可以随新闻标题不断增加。

正如美国学者路易斯·亨金教授（Louis Henkin）在他的著作《国家如何行为》（1979，第二版）中所称，“尽管绝大多数国家在绝大多数时间都遵守着绝大多数国际法原则和履行绝大多数义务”，但某些国家单方面行为的增加，使人们担心数百年乃至数千年沉淀下来的国际法治传统正走向支离破碎。国际法治的未来将何去何从？

三、为什么我们要维护国际法治？

为什么我们应该维护国际法治的原则呢？有人可能认为国际法治提供了可预见性、透明度以及确定性，这些都是国际社会的参与者，包括商业主体、个人、非政府组织等所需要的。我认为，国际法治的意义不止于此。人类维护国际法治原则的原因可以溯源到我们人之为人的根本。由于国际法治代表了人类自文明史以来所维护的根本共同价值，这些价值的丧失意味着人类道德的沦丧和灵魂的失落。人生而平等，人人平等已经被写入到很多国家的宪法中。“国家无论大小，一律平等” 的理念已被纳入联合国宪章。国际关系中的平等，条约必须被遵守，同意受到所加入条约的约束，并且善意履行条约等，都是国际法治的基本原则，这些也构成了几千年文明史以来国际法基本原则的基础。国际社会允许任何一个国家享受例外吗？

最后，有关世界贸易组织争端解决机制目前的情况。

有人认为人参与到文明社会的主要原因之一便是为了解决人与人之间的冲突。争端解决机制是世界贸易组织的一个重要支柱。争端解决机制对提供多边贸易体制的稳定性和可预见性起到关键性作用。上诉机构是争端解决体系的组成部分，其代表着乌拉圭回合以来各成员方之间相互妥协与平衡权利与义务的结果。大家应该都知道目前的状况，自 2019 年 12 月 10 日以来，由于没有达到条约要求的法定人数，上诉机构已经不能对已受理或是新上诉的案件继续进行工作。世界贸易组织总干事在当天的新闻发布会宣布他将立即启动高级别政治磋商，以解决上诉机构的停摆问题。2020 年 1 月 24 日，在达沃斯举办的小型部长级会议上，17 个 WTO 成员签订了一个有关临时机制的声明，在上诉机构处于僵局期间，这些成员将会依据《关于争端解决规则与程序的谅解》第 25 条处理有关专家组报告上诉的情况。这被认为是一个临时解决方案。在 1 月 27 日的争端解决机构会议上，120 个 WTO 成员继续要求启动遴选程序以补充上诉机构的空缺席位。

同时，两天前，美国贸易谈判代表办公室发布了有关上诉机构的报告。我认为，对于上诉机构的问题，只要 WTO 各成员之间有真诚和开放的对话以及政治意愿，就有希望解决目前的难题。

在此我想强调的是，上诉机构所代表的二审制度这一机制应当得到保留。任何个人都有局限性，但是一个包含制衡体系的制度可以在一定程度上保证公正裁量结果的实现。制度越完善，结果越公正。

没有什么是完美的，上诉机构亦如此。但是，上诉机构的制度本身是建立世界贸易组织以来的重大成就。这一制度如何持续是值得所有 WTO 成员认真思考的问题。

总而言之，我们不得不承认国际法的发展正处于一个十字路口。与各国国内法治的发展情况相比，国际法治仍处在发展早期甚至是刚刚开始。

从最初的启蒙观念到成为被广泛接受的原则，国内事务语境下法治的建立经历了长期、曲折的过程。将国际法治从理念转换为国际关系的现实则理应更富挑战性。这个过程的实现需要各主权参与者具有较高的道德感和自律精神。值得庆幸的是，在国际法的几乎每一个方面，我们人类都已经积累了丰富的理论和学术研究成果，以及大量的国际条约和法律文件。我们可能还需要更多的国际规则，但相关各方尊重以及履行这些规则的精神、信念和善意对于当下可能是更为重要的。

自人类开始以政治共同体的方式组织其生活，对于规则体系的需求就开始被感知和探索。在人类文明的发展史上，为实现和平和加强合作，我们已经积累了大量的谈判、起草、执行以及裁量国际法律规则的经验。这一旅程已经开启，在追求国际法治支撑的一个更好的世界的道路上，我们没有理由停下脚步。

目标在心，路在脚下。

未来取决于每一个人。

COVID-19 对国际贸易的冲击、危害与中国应对

中国世界贸易组织研究会副会长
对外经济贸易大学教授 薛荣久

COVID-19 对国际贸易的空前冲击

一、国际贸易环境突然恶化

2020 年开始，COVID-19 突然来临。半年时间，它在亚洲、欧洲、北美洲、非洲和拉美传播，遍及整个世界，没有一个国家和地区能够幸免。成为近百年来人类遭遇的影响范围最广泛的全球性大流行病。

为了防控，受虐国家对内采取封城、封区、封地，限制人、物自由流动。对外边境封锁，上、中、下游产业链断裂，各类服务业停止运行，所有企业一股脑地受制。世界经济停摆，陷入惊涛骇浪之中。拐点预测一再失灵，悲情、愤情、忧情滋生。股市大崩盘，美国股市历史上总共就 5 次熔断，4 次就发生在 3 月，股神巴菲特惊叹地说，活了 89 岁，也没见过这个场面。4 月，油价一度收于每桶 –37.63 美元，跌幅超过 300%；世界所有大型娱乐、运动活动停止，东京奥运会延迟举行；公园、博物院、电影院封门；全球航空公司哀鸣，破产厄运来临。

IMF 预测，2020 年全球经济增长为 –3.0%。WTO 预测，2020 年全球贸易出现 32% 的负增长。国际社会一致认为，COVID-19 对世界经济的危害将超过 2003 年的非典和 2008—2009 年的全球金融危机。国际贸易环境突然恶化，陷入基塌、断为的夹缝。

二、国际贸易政策急剧逆转

COVID-19 流行前主导的自由贸易在封锁式的贸易措施面前，失去运作基础，陷入名存实亡。以推动贸易自由化的 WTO 的基本原则、贸易协定与协议失去作为的园地。在处理通常贸易关系问题上已陷入困境的 WTO，可谓雪上加霜，更难有所作为，导致总干事的提前辞职。

防控措施下封锁式的贸易措施，呈现如下特点：

第一，正当性。它是战胜 COVID-19 的需要，带有使命性。

第二，傍生性。COVID-19 在有效防控和根治之前，会一直存在。

第三，单边性。根据战疫国家需要而采取，不需与别国协商。

第二，超规性。不受世界上已有的国际贸易规则约束。

第三，全球性。COVID-19 的大流行下，世界各国都先后采用。

第四，差异性。依据本国情况采取，具体封锁式的贸易实施有所不同。

第五，无底性。迄今为止，世界尚未找到有效防止措施，有些国家出现反复，封锁式贸易措施中止日期难以确定。

三、国际贸易机制运转失灵

COVID-19 大流行前，国际贸易体系确立的基础是国际分工、世界市场、区域合作和多边贸易体制、经济市场化和经济全球化。在应对 COVID-19 断然封城的措施下，它们都受到突然空前的冲击，世界贸易体系构建基础均受到削弱，运转僵直或失灵，交换流通职能堵塞。

四、国际贸易作用下降

第一，国家。延续再生产能力削弱，国际经济传递渠道受阻，带动经济发展的引擎作用丧失。

第二，企业。销售渠道阻塞，国外市场萎缩，货物、服务贸易下降、投资机会减少，产品供应、价值链断裂，企业活力受损。

第三，国民。需求偏好难以实现，消费开支势必加大，劳务出口受限，出国学习、工作机会顿时减少。

第四，世界。国家间、民间交流减少，误解随之加多，误判不时产生，国家主义抬头，逆全球化、产业回归政策出现，分裂势力加强，国际组织权威性下降。

COVID-19 对国际贸易的危害

一、危害程度

COVID-19 封城措施对国际贸易的危害超过 2003 年的非典和 2008—2009 年的世界金融和经济危机。

二、危害层面

1. 国家贸易

世界所有国家普遍受到伤害，但其程度有所不同。第一，与其在世界市场比重成正比，因此经贸大国受伤和伤它程度高于其他国家。第二，与其在国际分工格局地位成正比。处在国际分工中心国家的受伤和伤它程度高于外围国家。第三，与其对外贸易依存度、资本国际化高低成正比。第四，与其内部市场发展、规模大小成反比。第五，最不发达国家受到伤害程度重于其他国家。

2. 贸易本身

货物、服务和要素贸易均受伤害，但伤害程度不同。

第一，货物贸易。它占世界贸易近 70%，因贸易渠道截断，产业链出现截断，导致供应的减少，经济停摆导致失业加多，收入下降，有效需求减少。

第二，服务贸易。它占世界贸易的 30%。首先受到打击的空运、旅馆服务和旅游。其次，伤及金融服务、医疗服务。再次，文化、娱乐、运动等。

第三，要素贸易。随着战疫的持续，贸易危害延伸到人员流动、金融资本，外国直接投资，国际银行和汇率。

三、危害持续时间

因 COVID-19 产生原因不清，尚未找到有效的防控措施，战疫共识与行动不足和滞后，解封和恢复政策过急，高峰拐点未过，面临整体或局部出现反复，导致疫情发展前景不明，难以确定战疫措施中止时间。但随着各国防控成效并逐步复苏经济，封锁式的贸易限制措施将逐步减少，危害随之逐步祛除，但不稳定。

中国对 COVID-19 危害国际贸易的应对

COVID-19 下断然措施给我国经济贸易造成空前的危害，迫切需要尽早祛除。但笔者认为，不能操之过急，力戒急于求成，深化改革开放，缓和中美关系。

1. 慎重对待封锁式的贸易措施

我国舆论界和政府参与的国际会议上，高举自由贸易大旗，坚定反对贸易保护主义。但对 COVID-19 封锁式的贸易措施要区别对待，不要划入通常的贸易保护主义。首先，它是防控和救治疫病的断然措施之一，有其特殊性，是不得已而为之。其次，如把对封锁式的贸易措施与一般贸易保护主义混同，进行非议和批判，将使我国战疫的断然封城措施失去正义，自我否定，陷入被动。最后，此种批判，可能造成撤除战疫封城措施的仓促和盲目，留下 COVID-19 反复的后遗症。

2. 不要仓促解除战疫中的断然措施

我国经过艰苦努力，付出巨大牺牲。使得疫情防控见效，逐步进入常态，生产生活秩序加快恢复；边境封锁逐步解除，对外贸易逐步恢复。在国际疫情出现复杂形势，国内疫情防控处于“外防输入，内防反弹”

新阶段的情况下，仍要密切关注国际、国内疫情形势变化，及时采取更有针对性和实效性的防控措施，继续抓紧抓实抓细各项防控工作，根据防控进度和实效，逐步有序解除封锁式贸易措施。

3. 深化改革开放，桩实经济复苏的优良环境

在国内方面亟须做好三个方面。第一，中国要彻底根除唯 GDP 发展目标，重经济，忽视生态环境的发展道路，消除疫病流行的自然条件。深刻研究本世纪以来，两次带有全球性的疫病都先在中国流行的原因。第二，尽速补强卫生健康领域短板。构建起强大的公共卫生体系，健全预警响应机制，全面提升防控和救治能力。织密防护网，筑牢筑实隔离墙。第三，要牢固树立安全发展理念，维护产业链、供应链安全，逐步形成以国内大循环为主体、国内国际双循环相互促进的新发展格局，培育我国新形势下参与国际分工和获得竞争新优势。增强应对特殊和正常贸易保护的应对力。

在国际方面，要加强两个方面工作。第一，中国要站在历史前进的高度，尽早消除 COVID-19 下封锁式的贸易措施，以开放、包容、普惠、平衡、共赢的立场，推动建设开放型的世界经济。第二，构建人类共同应对疫病共同体。中国一如既往，与世界各国合作，进行相互帮助，支持世界卫生组织，构建起全球应对疫病协作体，早日解脱封锁式贸易措施，促进世界经贸的健康发展。

4. 力阻中美关系趋恶的失控

首先，COVID-19 流行以来，中美关系总的在恶化。美国因救治不力沦为全球新冠疫情的受灾大国。为摆脱责任，转而指责中国，制造各种诬陷舆论，嫁祸于中国。遭到中方有力反击后，恼羞成怒，不仅出台最新对华战略，还威胁部分盟国与中国断离，对中国人大通过涉港安全法加以制裁，以举国之力封杀华为，将 33 家中国公司及机构，列入“实体清单”，以财务监督为由对中概股进行打压，限制中国留学生赴美读 STEM，暂停 / 限制部分来自中国的持有 F 类和 J 类签证的留学生、研究人员、访问学者入境，一些政客鼓吹美资撤离中国市场，割裂价值链，与中国脱钩，叫嚣要注销中国持有的美国国债，冻结中国在美资产，等等。

其次，从中国发展大局出发，主动尽力化解中美趋恶的失控。

第一，尊重美方战疫中采取的各种断然措施。中国媒体不要以幸灾乐祸的口吻评论美国疫情和接续发生的大规模的游行活动。不要借此宣扬我国的制度和政治优势。

第二，如实履行中美双方达成的贸易协议，并争取达成后续的经贸协定。因为，美国总统将它视为本身的业绩，重视这项协议的达成和履行，在某种程度上可以消解企图争端的因素。

第三，鼓励美资在中国扩大投资。尽管特朗普总统发出“彻底切断美中关系”的威胁，但美国企业仍寄情于中国市场的增长。中国美国商会在疫情高峰期之后进行的一次问卷调查显示，绝大多数的受访美企不愿撤离中国市场，只有 9% 的受访企业表示已经启动了撤离程序。随着中国战疫初步成功，经济开始恢复，多家举足轻重的美资企业还加大了多中国市场的投资，其中包括电动汽车厂特斯拉。此外，美国石油巨头埃克森美孚、零售商巨头开市客以及沃尔玛都在疫情期间宣布将扩大中国市场业务。它们担心一旦撤离中国，其空缺可能很快被竞争对手填补。

第四，向美企展示疫情后巨大商机。改革开放以后，中国和美国，不仅在产业链，而且在产业结构、经济结构和社会结构都形成互补的结构，已使美企得到众多实惠。随着脱贫目标的实现，中国超大规模市场的潜力加大。随着中国战疫的初步成功，经济开始复苏。中国开始谋划建设更高水平的开放型新体制，实行更加积极主动的开放战略，全面对接国际高标准市场规则体系，实施更大范围、更宽领域、更深层次的全面开放。为此，中国以“一带一路”建设为重点构建对外开放新格局，加快自由贸易试验区、自由贸易港等对外开放高地建设，健全高水平开放政策保障机制，积极参与全球经济治理体系变革。它们将加大中国与世界各国的经贸发展机遇，创造更多的中美经贸发展机会。

5. 求同存异，扩大中美合作

中美作为世界前两大经济体，都是联合国安理会常任理事国，两国在促进全球经济发展，改善公共健康，应对气候变化，推动减贫脱贫，维和防恐等方面发挥了不可替代的作用。当前，人类面临 COVID-19 的突袭，如果没有全球公共产品供给体系，每个国家都各行其是，结果是不可想象的，中美需要携手为世界提供更多

公共产品，合作应对 COVID-19。否则，将成为历史的罪人。

中国一贯以发展的眼光看待世界大事，从理性客观的角度看待两国关系。中国无意挑战美国，也不想取代美国。但是，美国也不能左右中国，更无法阻止中国的发展。两国有各自的发展目标，但并不是非此即彼的零和关系，完全可以相互借力，相互成就。从历史高度、全球视角和更长周期来看，中美可以合作，应该合作的领域比历史上任何时候都多。如合作应对 COVID-19，积极开拓农业、能源资源、医疗健康、基础设施、人工智能等新的领域合作，适时恢复此前建立的各级政府对话机制、加强企业、智库、大学、地方之间的全方位的交流。

总之，抑制“脱钩”，加强合作，不仅是符合中美利益的唯一选择，也是整个世界的共同期盼。

加快构建双循环新发展格局 赢得我在国际竞争中的主动

中国世界贸易组织研究会副会长 霍建国

今年以来，全球新冠疫情的爆发和大流行，不仅对人们的生产和生活产生了严重的破坏和影响，对已经十分脆弱的世界经济无疑更是雪上加霜，导致全球经济增长大幅下降，国际经济格局发生深化变化，给我外向型经济发展带来了新的困难和挑战，需要我们以新的发展思路应对复杂的形势变化，争取赢得我在国际竞争中的主动。

一、准确把握国际经贸形势变化的主要特点

一是在新冠疫情影响下，全球经济出现大幅回落，2020 年 7 月份国际货币基金组织预测全球经济将下降 4.9%，美国经济预计下降 8%，欧盟预计下降 10.2%。G20 中发达国家经济全部负增长，整体市场需求将明显下降，伴随着经济萧条，宏观调控政策变得更加艰难，失业的大幅上升导致收入的两极分化进一步加剧，社会矛盾凸显，种族冲突加剧，原有的经济结构中存在的深层次矛盾同现有的宏观调控政策矛盾相互交织进一步困扰着西方主要发达国家，初步判断欧美国家的经济恢复尚需较长时间。与此同时中国在抗疫方面的成功以及在复工复产方面取得的成就则成为全球最亮丽的风景线，可以肯定地说中国经济仍然是今年全球唯一保持增长业绩最好的国家。外部环境变化导致的结果是，一方面对我外向型经济的正常发展产生严重的负面影响，另一方面也导致我同主要国家的矛盾进一步复杂化，需要我们未雨绸缪，做好战略应对准备

二是全球经贸格局正在发生深刻变化，贸易保护主义和逆全球化上升，世界多边贸易体制正在被削弱，区域和双边合作趋势的上升给全球化和全球经济治理带来了新的困难和挑战，全球产业链供应链面临进一步调整的压力，其中美国正在极力推动同中国的全面脱钩进程，部分发达国家也企图摆脱对中国产品的过度依赖，尽管从理论上讲“脱钩”是不可能实现的，但是要注意到其影响仍是不可忽视的，而最终影响的大小则取决于我们的应对效果。

三是中美冲突进入全面升级阶段，从贸易摩擦到投资壁垒，从科技封杀到文化交流限制，从舆论战到意识形态攻击，从外交冲突到南海军事威胁，中美矛盾已进入了建交以来最糟糕的阶段，且呈现一定的尖锐性和长期性，其中固然有美国大选的因素，但中国的崛起和美国的焦虑也是重要的因素之一，初步判断中美对抗性竞争的格局在整个“十四五”期间难以全面缓解，我们一方面需要做好长期斗争的准备，同时也更要注重斗争的策略和艺术，力争做到有效管控分歧，坚持对话沟通解决问题的原则。

二、对构建国内国际双循环相互促进新发展格局的几点认识

为应对国际局势的复杂变化，进一步保证我国经济发展稳中有进的态势，党中央及时提出了以国内经济大循环为主，构建国内国际双循环相互促进发展的新格局。这一概念是 2020 年 5 月 23 日，习主席看望参加全国政协第十三届会议的经济界委员，并参加联组会时首次提出的，7 月 21 日在企业家座谈会上进一步阐释提出，构建国内国际双循环相互促进的新发展格局的要求，此后在社会经济学家座谈会和中央深改委会议上均强调了这一发展思路的作用及意义。对此我们要形成全面深刻的理解和认识。构建双循环新发展格局我们必须要兼顾好以下几项工作。

首先，要认识到双循环的发展思路同改革开放是相辅相成的。

新发展格局不仅不会排斥对外开放，而且是要通过实现更高水平的开放才能促进国内国际有效循环。从

理论上讲企业只有实现在更大范围内优化配置资源才是产生最大经济效益的根本，更何况我国外向型经济的发展特征决定了我们必须保持一定的进出口规模和利用外资规模才能实现经济的稳定增长。促进国内市场大循环的关键在于能否解决好国内统一大市场的建设问题，包括如何打通国内市场和国际市场的经济发展通道问题，核心还是要通过加快改革开放才能促成国内国际相互促进的新发展格局。

其次，要认识到以国内大循环为主是中国国情所决定的。

以国内大循环为主并不是对扩大开放的排斥，关键是要全面理解加快形成以国内大循环为主体的提法。纵观国际上主要的经济大国的经济运行模式，基本上都是以国内经济循环为主的经济运行模式，即建立在国内的生产消费为循环基础上的发展模式，国际上只有一些小型经济体才是依托外循环为主的发展路径。中国作为拥有 14 亿人口的大国，随着我国改革开放的深入发展，人民的生活水平日益提高，已初步形成了约 4 亿人口的中产阶级，如何满足国内不断升级的消费市场，满足广大人民群众日益增长的物质和文化消费需求仍是我们当前面临的艰巨任务。我们要看到国内已形成的巨大潜力的消费市场，继续推进供给侧结构改革，满足和提升国内市场的消费需求，促进国内市场的良性循环。加快国内统一大市场建设是我们经济发展战略必须要考虑的首要问题，要注意的是以国内大循环为主的提法同坚持对外开放并不是对立的，这就需要我们在发展过程中更要处理好国内循环和国际循环之间的关系，提供新的发展动能形成新的发展活力。

第三，坚持推进供给侧结构改革，进一步形成制造业创新发展的新格局是关键所在。

双循环的核心是要畅通生产流通和消费的各个环节，当然也包括解决好收入分配问题，其中生产是基础，生产部门能否提供更丰富的优质的产品是满足社会消费升级的关键，所以创造良好的制造业发展环境，坚定地支持制造业振兴发展，努力突破国外对我卡脖子技术的限制是实现双循环发展的基础和前提。此外不断提高我国制造业的核心竞争力，保持我出口产品在国际市场的出口份额也是应有之意。总之实现高质量发展是确保双循环发展新格局的关键。

第四，坚持扩大消费促进消费升级是实现新发展格局的主要任务。

实现国内国际双循环相互促进新发展格局的关键是优先发挥国内消费的积极作用。促进国内消费的政策我们已实施了多年，消费在经济增长中的贡献已接近 60%，但在消费升级方面我国仍有巨大的潜力可挖。要从体制和机制上解决制约消费的障碍和堵点首先要坚决贯彻“六稳”的政策目标，全面落实“六保”的工作要求。因为稳外贸、稳外资、稳投资直接关系到经济增长和就业，其中就业和收入增长是决定消费增长的关键指标，只要我们做到了就业的稳定增长，消费的基本面就会趋于稳定。如果我们在加快高技术服务业发展方面能够取得突破就可以构建更坚实的增长基础。在服务业的发展范围内，高技术服务领域发展比例的提高象征着高收入阶层的扩大，而高收入群体的扩大将形成对消费升级的积极促进作用。所以我们要持续推动扩大服务业的市场准入进程，特别是针对我国服务业发展的短板，如会计审计、建筑设计、文化旅游、商贸物流、医疗养老、教育培训等领域要加快开放的步伐，以服务业的扩大开放开辟我国招商引资的新局面，此举不仅有利于扩大利用外资，也有利于促进我国解决好高素质人才的就业问题，其结果将对促进消费开辟新的更广阔的发展空间。要想解决好扩大消费和消费升级问题，我们还必须坚持不懈地打造良好的营商环境，维护公平法治的流通和消费环境，从客观上将可以起到促进消费的保障作用。

第五，努力拓展国际合作空间仍是促进双循环发展的重要因素。

尽管目前我国的经济增长正由出口依赖型向消费主导型转变，贸易依存度已由最高年份的 66% 降至 31%，但对外贸易的作用和外商投资企业在我经济建设中的作用仍是不可忽视的。特别是在当前形势下，做好稳外贸、稳外资工作仍是稳定经济增长的重要方面。越是面临复杂困难的国际环境，我们越是要从政策上为企业创造宽松的发展环境，发挥企业的韧性，鼓励企业加大市场拓展力度，既要努力巩固发展欧美市场，更要努力开拓其他新兴市场，以确保我国外向型经济发展的新空间，以新的增长动能支撑我国经济的繁荣发展。

三、坚持高水平开放是我在国际竞争中处于主动的关键

美国对我采取的贸易打压、技术壁垒以及推动同我全面“脱钩”的战略意图虽对我经济发展将产生不同程度的影响，但这些影响程度的大小和最终结果将取决于我们的应对效果。如果应对得当，不仅可以对冲掉

其破坏性，更有可能使我们变得更加主动，中央强调的集中力量办好自己的事就是这个道理，我们提出的做好“六稳六保”工作也是出自这一考虑。此外在推进高水平开放方面我们也主动采取了一系列新的举措，如实施新的外商投资法，强调建立市场化、法制化和国际化的营商环境，继续缩减负面清单目录，严格实行准入前国民待遇，加快金融业对外开放，积极推动海南自贸港建设，进一步推进自贸试验区的扩围进程等，这些都标志着我国推进高水平开放的理念和决心，同时也是应对外部挑战的主动之策。在推进高水平开放方面我们应努力做好以下几方面工作。

一是推动自贸试验区加快发展，探索更高水平开放新格局。

自党的十八大以来，我国的自贸试验区建设已历时七年并取得了丰富的发展经验。最近国务院又公布了北京、安徽、湖南以及浙江自贸区新的规划方案，使得全国的自贸试验区以扩围到 21 个，且后期批复的自贸区一个共同的特点是其发展定位都十分明确清晰。从当前形势看自贸区应主要承担两项任务，一是积极突破体制机制障碍，大胆在制度创新方面不断探索发展，为全国深化改革提供更丰富的可复制经验，二是自贸区要在高水平开放方面形成新的突破，在招商引资方面作出新的贡献，为经济增长注入新的活力，形成我国经济新的增长点，当然在赋予自贸区更大的改革开放自主权方面还要有新的突破。

二是要适应国际市场开放新格局，加大我国服务业的开放力度。

从国际贸易发展的角度分析，近年来在货物贸易发展缓慢的情况下国际服务贸易却呈现了高速增长的局面。目前国际资本高度关注服务业的开放，特别是在参与高端服务业发展和数字贸易发展方面有着较高的热情和驱动力。所以我国吸引外资的重点也应适应国际发展的趋势，要进一步加快高端服务业的市场准入，通过加大服务业开放和招商引资吸引更多的跨国公司来华投资，其结果不仅可以支撑我经济走向高质量发展，同时还可以为高端人才就业提供新的就业机会，有利于促进我国消费水平的扩大和升级。

三是全面落实准入前国民待遇，落实好负面清单的管理模式。

这是当前国际上市场开放的基本标准，也是当前自贸协定谈判的主要内容，习主席在国内外多个场合的讲话中都强调了全面落实准入前国民待遇和缩减负面清单的要求。我们已经基本做到了这一开放重点，但还存在改善的余地，例如我国的负面清单经过多次删减，目前仅剩 28 类，已基本达到国际平均水平，但仍需要在落地上下功夫，此外目前我们还缺少服务业开放的负面清单，有关方面正在积极地研究制定中。在国民待遇方面，我们还要高度关注国企、民营和外商投资企业的统一政策和统一标准问题，创造条件全面实施三位一体的公平统一政策。

四是积极巩固我自贸协定伙伴，拓展我外向型经济发展空间。

目前全球贸易保护主义处于上升阶段，我出口的外部市场面临复杂变化，国际多边贸易体制的权威性有所下降，国际区域和诸边合作机制有所上升。我们应适应这一发展趋势，积极探索同我国相关的贸易伙伴签署自贸协定，特别要处理好同大型贸易伙伴的关系，以拓展我外部市场的发展空间。其中欧盟市场，日韩市场以及东南亚市场都是至关重要的合作伙伴，要以高水平开放突破和这些国家和地区的自贸协定谈判，树立我国高水平开放的形象，对冲美国企图限制我发展的意图。

五是继续遵循共商共建共享的原则，积极稳妥推进一带一路建设。

习主席提出的“一带一路”发展倡议已历时七年，其间开过两次国际高峰论坛，得到了广大发展中国家的认可和支持，“五通”建设也取得了丰富的成果，受到了国际社会的普遍关注，“一带一路”建设意义重大，是我国探索国际合作新模式的大胆尝试，且前期投入较大，我们必须确保“一带一路”建设的成功。特别是在全球新冠疫情大流行的影响下，“一带一路”建设也面临新的困难和挑战，为此我们应谨慎对待“一带一路”发展中产生的问题和不足，确保积极稳妥地全面完成“一带一路”的建设项目，树立中国在国际社会的威望和影响力。

第二篇　WTO 事务

● WTO运行总体情况（2018）

一、WTO秘书处人员与预算（2018）

（一）WTO秘书处人员

WTO秘书处总部设在日内瓦，2018年拥有627名日常工作人员，共来自84个成员。秘书处统一接受总干事巴西人罗伯托·卡瓦略·阿泽维多（Roberto Carvalho de Azevêdo）的领导。这是他的第二任期。WTO一切决策权归属其全体成员，秘书处没有任何决策权。

WTO秘书处的主要职责是为各理事会和委员会提供技术和专业支持，为发展中国家成员提供技术援助，监督和分析全球贸易发展动态，为公众和媒体提供信息，以及组织召开部长级会议。此外，秘书处提供争端解决程序中的一定形式的法律支持服务，并为申请加入WTO的政府提供咨询服务。

WTO秘书处致力于吸收优秀的工作人员，并力争其来源更为多样化。但WTO的招聘活动依然很高频，涵盖41个空缺职位。2018年秘书处人员共来自84个WTO成员，略高于去年的83个成员，总人数相对于去年的625人，略升至627人。秘书处工作人员大多由经济学家、法律从业人员和其他国际贸易政策方面的专家组成。此外，还有大量为秘书处日常运行提供支持性服务的员工，包括信息技术人员、通信人员、统计人员、财务人员、人力资源及语言服务人员等。WTO工作语言是英语、法语和西班牙语。

WTO秘书处的工作人员按照专业人员和支持性服务人员分类，2018年专业人员比重为62%，支持性服务人员比重为38%。女职员人数超过男职员，其中女职员为334人，男职员为293人。专业人员中，女性职员占44%，男性职员占56%。

人力资源部门继续应对秘书处的不断变化的需求，在新的或者更急需的领域分配资源。人力资源配置需要考虑到WTO成员的限制，包括预算的限制和人员的限制。

由于WTO成员间争端案件的增加，法律部门的工作量持续增加。为了解决这一问题，法律部门新增加了30个职位。2018年底，法律部门的职员分配为上诉机构25名，法律事务部34名，规则部31名，而2014年的人数分别为17、23和20。

2016年启动的解决工作场所争议的新办法继续发挥作用。除了内部调解员、外部调解员、内部监察办公室（OIO）主任、行政法律顾问之外，WTO也在考虑聘用外部专家提供心理支持和社会支持，作为员工寻求援助的新途径。内部监察办公室承担了内部审计办公室的一部分职责。

2018年，WTO秘书处启动了“在无歧视、无骚扰、无滥用权力的环境中工作的权利”政策。这项政策旨在通过改善对工作人员权利的保护，促进更和谐更有效的工作环境。这项保护适用于所有工作人员，不论是常规、定期或短期合同的工作人员，以及实习生、青年专业人员方案的参加者和顾问。为了补充这一政策，秘书处正在与一些工作人员协商，开发一种电子学习工具。

青年学者计划（Young Professioinals Programme，YPP）旨在增加目前在WTO尚无代表的发展中成员和最不发达成员的学者数量。13名新的青年学者将于2019年1月通过YPP计划加入WTO，这些青年学者将在12个部门任职。

新的医疗服务于2017年新任命一名医生，提供更全面的健康服务。新的医疗服务考虑到年龄和危险因素，提供定期的医疗预约，并为有健康问题的工作人员提供指导。“健康挑战”活动于2018年启动，旨在促进员工健康和健身，收到了积极的反馈。约有50名工作人员受益于该方案。

表 1　　WTO 秘书处组织机构

总干事 罗伯托·卡瓦略·阿泽维多（Roberto Carvalho de Azevêdo）	总干事办公室（Tim Yeend） 理事会与贸易谈判委员会部 (Victor do Prado) 信息与媒体联系部 (Keith Rockwell) 内部监察办公室 (Benoit de Schoutheete) 增强整合框架项目秘书处 (Ratnakar Adhikari) 上诉机构秘书处 (Werner Zdouc)
副总干事 卡尔·布劳纳（Karl Brauner）	法律事务部 (John Adank) 规则部 (Clarisse Morgan) 行政与综合服务部 (Nthisana Philips) 人力资源部 (Christian Dahoui)
副总干事 尤诺夫·阿加（Yonov Frederick Agah）	发展部 (Shishir Priyadarshi) 培训与技术合作研究所 (Bridget Chilala) 贸易政策审议部 (Willy Alfaro)
副总干事 艾伦·沃尔夫（Alan Wolff）	农业与货物贸易部 (Edwini Kessie) 贸易与环境部 (Aik Hoe Lim) 加入部 (Maika Oshikawa) 信息技术解决方案部 (Fabrice Boudou) 语言、文件和信息管理部 (Josep Bonet)
副总干事 易小准（Xiaozhun Yi）	市场准入部 (Suja Rishikesh Mavroidis) 知识产权、政府采购和竞争部 (Antony Taubman) 服务贸易和投资部 (Xiaolin Chai) 经济研究与统计部 (Robert Koopman)

资料来源： WTO Annual Report 2019, Figure 1 WTO Secretariat organization chart, 截至 2018 年 12 月 31 日。

表 2　　WTO 秘书处日常工作人数统计（按性别、地区和成员）

地　区	成　员	女　性	男　性	小　计
北美洲	加拿大	3	11	14
	墨西哥	2	6	8
	美国	21	13	34
合　计		26	30	56
南 / 中美洲	阿根廷	3	5	8
	巴巴多斯	0	1	1
	玻利维亚	0	2	2
	巴西	6	8	14
	智利	1	0	1
	哥伦比亚	3	4	7
	哥斯达黎加	1	1	2
	古巴	1	0	1
	厄瓜多尔	1	1	2
	危地马拉	2	0	2
	洪都拉斯	2	0	2

续 表

地 区	成 员	女 性	男 性	小 计
南/中美洲	牙买加	1	1	2
	巴拉圭	1	0	1
	秘鲁	5	4	9
	特立尼达和多巴哥	1	0	1
	乌拉圭	0	3	3
	委内瑞拉	1	3	4
合 计		29	33	62
欧洲	奥地利	2	2	4
	比利时	2	2	4
	保加利亚	1	4	5
	克罗地亚	1	0	1
	捷克	1	0	1
	丹麦	2	1	3
	爱沙尼亚	1	0	1
	芬兰	2	3	5
	法国	100	68	168
	德国	7	13	20
	希腊	3	2	5
	匈牙利	0	2	2
	爱尔兰	11	1	12
	意大利	11	12	23
	立陶宛	0	1	1
	摩尔多瓦	1	0	1
	荷兰	1	5	6
	挪威	0	2	2
	波兰	3	1	4
	葡萄牙	0	4	4
	罗马尼亚	2	0	2
	俄罗斯	2	1	3
	西班牙	30	14	44
	瑞典	1	2	3
	瑞士	6	7	13
	乌克兰	2	1	3
	英国	40	12	52
合 计		232	160	392
非洲	贝宁	0	2	2
	博茨瓦纳	1	0	1
	喀麦隆	1	0	1

续 表

地 区	成 员	女 性	男 性	小 计
非洲	乍得	0	1	1
	刚果（金）	1	2	3
	埃及	3	1	4
	加纳	0	1	1
	几内亚	0	1	1
	肯尼亚	1	0	1
	马拉维	0	1	1
	毛里求斯	0	2	2
	摩洛哥	1	3	4
	尼日利亚	0	1	1
	卢旺达	0	1	1
	塞内加尔	0	1	1
	塞舌尔	0	1	1
	南非	0	1	1
	坦桑尼亚	1	1	1
	冈比亚	2	0	2
	突尼斯	2	2	4
	乌干达	1	0	1
	赞比亚	1	0	1
	津巴布韦	2	0	2
合 计		17	21	38
亚洲	孟加拉国	0	1	1
	中国	9	7	16
	印度	3	11	14
	日本	2	3	5
	约旦	1	0	1
	韩国	4	0	4
	马来西亚	0	2	2
	尼泊尔	0	1	1
	巴基斯坦	0	4	4
	菲律宾	6	9	15
	斯里兰卡	2	0	2
	土耳其	1	3	4
合 计		28	41	69
大洋洲	澳大利亚	2	7	9
	新西兰	0	1	1
合 计		2	8	10

资料来源： WTO Annual Report 2019, Figure 5 WTO staff on regular budget by gender and nationality, 截至2018年12月31日。

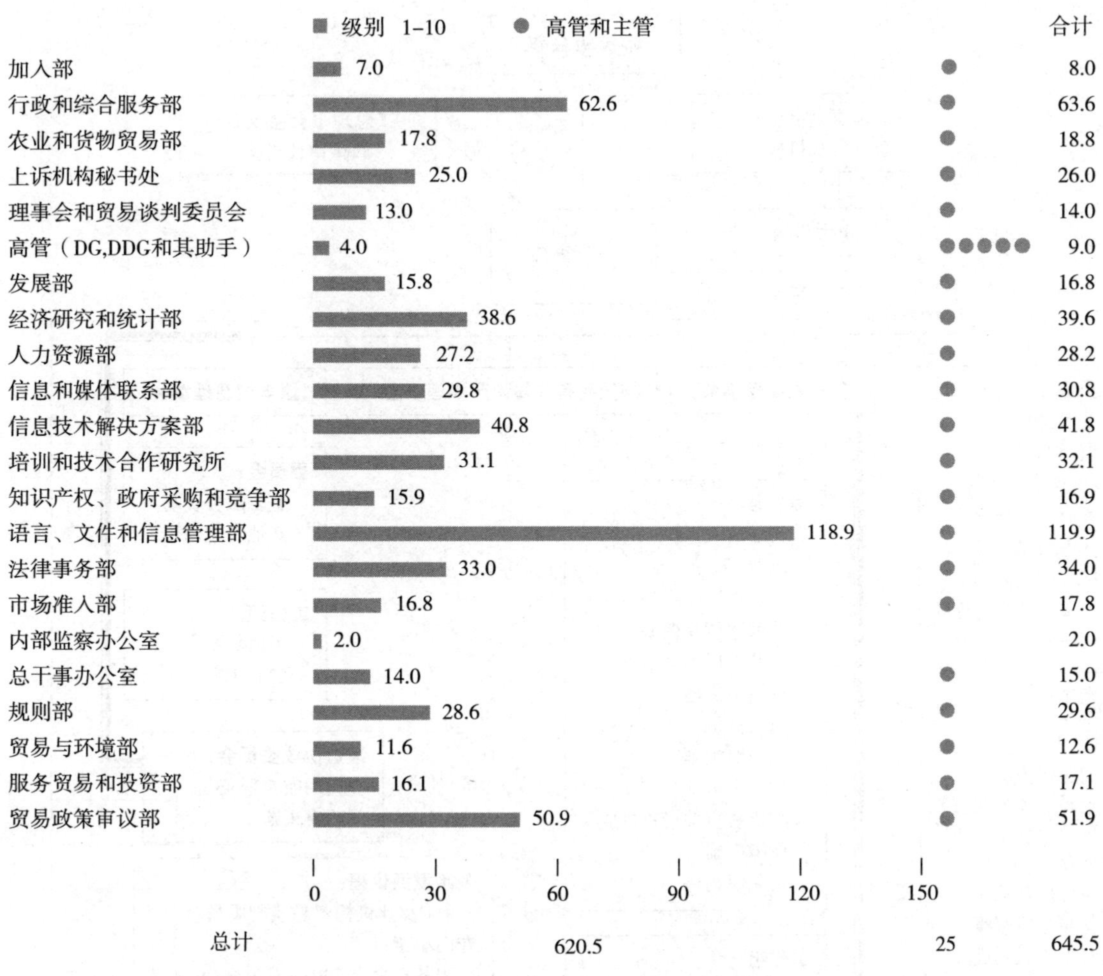

图1 WTO秘书处各部门职位分布

资料来源： WTO Annual Report 2019, Figure 2 Allocation of staff by division, (number of posts*), 截至2018年12月31日。

* 包括空缺职位。小数位表明职员每周工作时间的百分比。

（二）WTO秘书处经费

WTO秘书处年度经费绝大部分来自所有成员所承担的会费。依据过去5年货物、服务和知识产权贸易的可用数据，每个成员的会费取决于其在国际贸易中所占的份额。此外，WTO秘书处年度经费还来源于其他收入，主要包括租金及纸质和电子出版物的销售收入。WTO还管理由成员出资的大量的信托基金。这些资金主要用于特定的活动，如旨在使最不发达国家成员和发展中国家成员更好地利用WTO及自多边贸易体制中获取更大利益的技术合作与培训项目。

预算、财务和行政委员会监管WTO的财力和预算状况，包括捐助相关事宜以及WTO成员所应承担的份额和功能。该委员会还考虑与人力资源管理的相关问题，听取WTO养老金计划的报告，处理WTO秘书处相关的财务和行政事宜。该委员会直接向总理事会报告。

预算、财务和行政委员会在2018年共举行了6次正式会议，并向总理事会提交了相关报告。委员会审查并注意到关于世贸组织经常预算和预算外资金财务状况的季度报告、世贸组织成员和观察员拖欠会费的定期最新情况、世贸组织养恤金计划的最新情况，以及一份关于世贸组织医疗计划和售后健康保险（ASHI）缴款的报告。

委员会还审查并注意到外部审计结果的定期更新、世贸组织风险管理报告、世贸组织秘书处多样性年度报告、关于职级结构和晋升的人力资源年度报告、2017年薪酬调查、内部监督办公室2017年报告和世贸组织战略设施计划。

委员会注意到世贸组织成员和观察员的未缴会

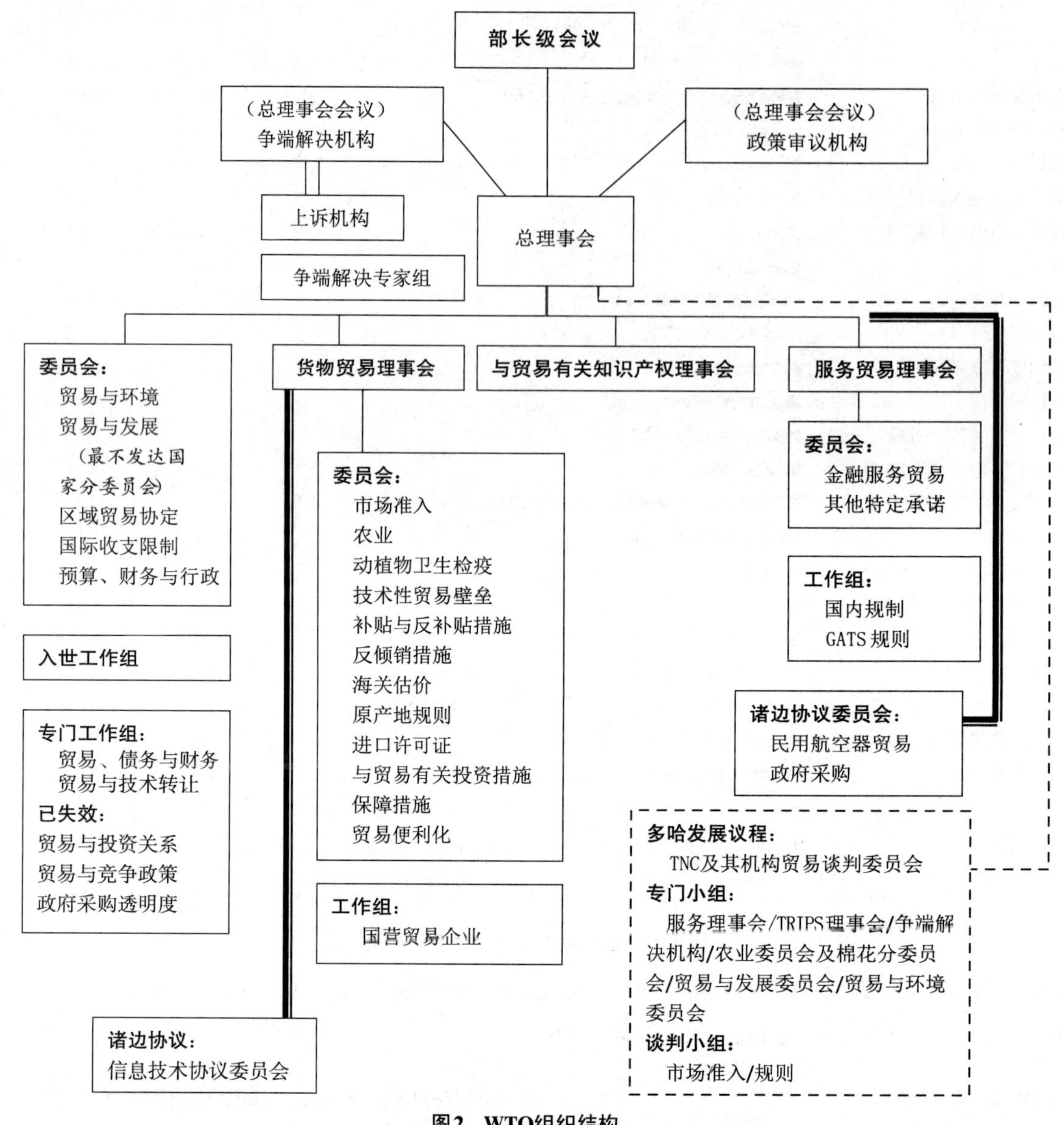

图2 WTO组织结构

注：——向总理事会（或其下属机构）报告　▭ 向争端解决机构报告
----- 诸边贸易协议委员会将其活动通知总理事会或货物理事会（虽然只有部分WTO成员签署这些协议）
▬ 贸易谈判委员会向总理事会报告

资料来源：根据 WTO 官网内容制作。

费情况，并请总理事会根据行政措施敦促成员和观察员结清欠款。

委员会向总理事会建议暂停对中非共和国的行政措施。该成员同意在 30 年内付清所有欠款。总理事会批准了这项建议。

内部监督办公室 (OIO) 主任提交了关于 OIO 从 2017 年 7 月到 2018 年 6 月开展的活动计划的报告。

委员会还审议了世贸组织和国际贸易中心 2018—2019 年预算中期审查。

2018 年 12 月，委员会根据最新贸易统计数据，向总理事会提出了 2019 年 WTO 成员经常预算分摊比例的建议。它还建议将截至 2017 年 12 月 31 日的累计预算盈余转移到周转基金，并制定一项投资政策来管理该资本基金的投资管理。

委员会还核准了公布《关税和贸易总协定》的非正式文件和将这些文件放在互联网络上的程序。

表 3 2019 年 WTO 秘书处的合并预算 单位：千瑞士法郎

项目	预算
人员支出（包括员工薪酬、退休金和就业后福利、健康和伤残保险、家庭和国际福利）	131 415
临时补助（包括短期工作人员、顾问、专家人员和上诉机构成员费用）	17 281
一般服务（包括电信和邮政、合约服务和维护、能源和供应、文献出版）	15 773
旅行和招待	7 450
执行伙伴（包括任何由 WTO 部分 / 联合 / 全部资助的活动或事件，但由第三方组织）	213
资本支出（包括固定资产的采购和设备租赁）	2 349
财政支出（包括银行和利息费用、房屋贷款偿还）	1 280
国际贸易中心的捐款和专项储备（包括上诉机构运作基金、部长级会议运作基金和楼宇维修基金）	21 443
合计	197 204

资料来源：WTO Annual Report 2019, Table1 Consolidated expenditure 2019。

表 4 2019 年度 WTO 成员承担的会费

成员	瑞士法郎	占比（%）
阿富汗	46 920	0.024
阿尔巴尼亚	41 055	0.021
安哥拉	428 145	0.219
安提瓜和巴布达	29 325	0.015
阿根廷	733 125	0.375
亚美尼亚	37 145	0.019
澳大利亚	2 594 285	1.327
奥地利	1 911 990	0.978
巴林	246 330	0.126
孟加拉国	338 215	0.173
巴巴多斯	29 325	0.015
比利时	3 646 075	1.865
伯利兹	29 325	0.015
贝宁	29 325	0.015
玻利维亚	103 615	0.053
博茨瓦纳	74 290	0.038
巴西	2 394 875	1.225
文莱	72 335	0.037
保加利亚	310 845	0.159
布基纳法索	33 235	0.017
布隆迪	29 325	0.015
佛得角	29 325	0.015
柬埔寨	105 570	0.054
喀麦隆	70 380	0.036

续 表

成 员	瑞士法郎	占比（%）
加拿大	4 922 690	2.518
中非	29 325	0.015
乍得	39 100	0.020
智利	731 170	0.374
中国	19 737 680	10.096
哥伦比亚	563 040	0.288
刚果（布）	78 200	0.040
哥斯达黎加	152 490	0.078
科特迪瓦	109 480	0.056
克罗地亚	220 915	0.113
古巴	136 850	0.070
塞浦路斯	121 210	0.062
捷克	1 388 050	0.710
刚果（金）	105 570	0.054
丹麦	1 517 080	0.776
吉布提	29 325	0.015
多米尼克	29 325	0.015
多米尼加	164 220	0.084
厄瓜多尔	228 735	0.117
埃及	496 570	0.254
萨尔瓦多	78 200	0.040
爱沙尼亚	179 950	0.090
埃斯瓦蒂尼（斯威士兰）	29 325	0.015
欧盟	0	0
斐济	29 325	0.015
芬兰	877 795	0.449
法国	7 440 730	3.806
加蓬	60 605	0.031
冈比亚	29 325	0.015
格鲁吉亚	70 380	0.036
德国	13 882 455	7.101
加纳	166 175	0.085
希腊	608 005	0.311
格林纳达	29 325	0.015
危地马拉	146 625	0.075
几内亚	29 325	0.015
几内亚比绍	29 325	0.015

续 表

成 员	瑞士法郎	占比（%）
圭亚那	29 325	0.015
海地	29 325	0.015
洪都拉斯	76 245	0.039
中国香港	5 424 080	2.776
匈牙利	991 185	0.507
冰岛	76 245	0.039
印度	4 445 670	2.274
印度尼西亚	1 722 355	0.881
爱尔兰	2 361 640	1.208
以色列	842 605	0.431
意大利	5 096 685	2.607
牙买加	52 785	0.027
日本	7 896 245	4.039
约旦	168 130	0.086
哈萨克斯坦	570 860	0.292
肯尼亚	127 075	0.065
韩国	5 777 025	2.955
科威特	645 150	0.330
吉尔吉斯斯坦	41 055	0.021
老挝	37 145	0.019
拉脱维亚	160 310	0.082
莱索托	29 325	0.015
利比里亚	29 325	0.015
列支敦士登	64 515	0.033
立陶宛	316 710	0.162
卢森堡	930 580	0.476
中国澳门	256 105	0.131
马达加斯加	31 280	0.016
马拉维	29 325	0.015
马来西亚	1 966 130	1.006
马尔代夫	29 325	0.015
马里	31 280	0.016
马耳他	136 850	0.070
毛里塔尼亚	29 325	0.015
毛里求斯	58 650	0.030
墨西哥	3 720 365	1.903
摩尔多瓦	37 145	0.019

续 表

成 员	瑞士法郎	占比（%）
蒙古	54 740	0.028
黑山	29 325	0.015
摩洛哥	353 855	0.181
莫桑比克	70 380	0.036
缅甸	115 345	0.059
纳米比亚	50 830	0.026
尼泊尔	44 965	0.023
荷兰	5 745 745	2.939
新西兰	459 425	0.235
尼加拉瓜	54 740	0.028
尼日尔	29 325	0.015
尼日利亚	656 880	0.336
挪威	1 411 510	0.722
北马其顿共和国	52 785	0.027
阿曼	383 181	0.196
巴基斯坦	346 035	0.177
巴拿马	263 925	0.135
巴布亚新几内亚	62 560	0.032
巴拉圭	111 435	0.057
秘鲁	418 370	0.214
菲律宾	719 440	0.368
波兰	2 142 680	1.096
葡萄牙	772 225	0.395
卡塔尔	793 730	0.406
罗马尼亚	688 160	0.352
俄罗斯	3 937 370	2.104
卢旺达	29 325	0.015
圣基茨和尼维斯	29 325	0.015
圣卢西亚	29 325	0.015
圣文森特和格林纳丁斯	29 325	0.015
萨摩亚	29 325	0.015
沙特阿拉伯	2 326 450	1.190
塞内加尔	46 920	0.024
塞舌尔	29 325	0.015
塞拉利昂	29 325	0.015
新加坡	4 774 110	2.442
斯洛伐克	768 315	0.393

续 表

成 员	瑞士法郎	占比（%）
斯洛文尼亚	303 025	0.155
所罗门群岛	29 325	0.015
南非	973 590	0.498
西班牙	3 663 670	1.874
斯里兰卡	173 995	0.089
苏里南	29 325	0.015
瑞典	2 068 390	1.058
瑞士	3 710 590	1.898
中国台北	3 384 105	1.731
塔吉克斯坦	29 325	0.015
坦桑尼亚	95 795	0.049
泰国	2 404 650	1.230
多哥	29 325	0.015
汤加	29 325	0.015
特立尼达和多巴哥	117 300	0.060
突尼斯	199 410	0.102
土耳其	2 011 695	1.029
乌干达	54 740	0.028
乌克兰	627 555	0.321
阿拉伯联合酋长国	3 071 305	1.571
英国	7 446 595	3.809
美国	22 660 405	11.591
乌拉圭	144 670	0.074
瓦努阿图	29 325	0.015
委内瑞拉	570 860	0.292
越南	1 401 735	0.717
也门	89 930	0.046
赞比亚	86 020	0.044
津巴布韦	54 740	0.028
合计	195 500 000	100.000

注：以瑞士法郎计算，最低缴款比例为 0.015%。

未计算欧盟的整体预算贡献，但其 28 个成员国均独立交纳费用。2019 年欧盟所有成员缴纳的费用总计占所有费用的 33.6%。

资料来源：WTO Annual Report 2019, Table2 WTO members' contributions to the consolidated budget of the WTO Secretariat and the Appellate Body Secretariat 2019。

二、WTO 主要活动（2018）

（一）技术援助和培训

WTO 与贸易有关的技术援助计划旨在提高成员方对 WTO 活动的了解程度，各项培训都尽可能地满足成员方的实际要求。WTO 成员在任何时候都可以向秘书处提出技术援助的相关请求，这可以确保技术援助能及时集中反映成员方的要求，特别是发展中成员和最不发达成员的诉求。

2018 年，WTO 在日内瓦以及全球其他地区共计举行了 330 次技术援助和培训活动，包括电子课程，全球和区域培训课程，学术项目和国家、区域层面的研讨会。2018 年受益人数为 21000，较 2017 年增长 17%。最不发达国家受邀请参加了 52% 的活动。

世贸组织的培训活动主要以贸易和发展委员会批准的两年一次的技术援助和培训计划为基础。与之前的计划一样，2018—2019 计划遵循“结果导向型管理方式”（results-based management approach），以确保以最有效的方式提供培训。2018—2019 年的计划遵循了 2016 年 WTO 技术援助外部评估的许多建议。这项评价赞同世贸组织的做法，认为这些活动是相关的、有效的、有效率的、可持续的，并对受益国产生影响。

相关的课程作为“渐进学习战略”（progressive learning strategy），使参与者以循序渐进的方式逐步提高对贸易议题的认识。WTO 设定指导原则和基本准则以确保培训内容的高标准，制定培训方法并进行定期评估。

2018 年，世贸组织秘书处共开展培训活动 336 次（其中面对面培训 254 次、在线培训 82 次），比 2017 年增加了 22%，并参加了 25 次由合作机构组织的会议和其他活动。最不发达国家参加的技术援助活动数量略低于前几年，但仍占 52% 以上。所有参加者中有 60% 以上通过世贸组织在线平台上的电子学习资源参加培训。

WTO 致力于促使更多的国际组织和区域组织参与到技术援助活动的提供中，以确保培训项目设计时的区域视角。为了方便与区域合作伙伴和利益相关者的沟通，WTO 还持续推动具体议题的区域性论坛。其中，14% 的活动造福非洲国家，13% 的活动为亚洲及太平洋，11% 的活动为中东欧和中亚，10% 的活动为拉丁美洲，6% 的活动为中东国家 4% 的活动为加勒比地区（见表 5），剩下的 42% 是“全球”活动，主要是在日内瓦举行（包括在线课程），主要受众是来自世贸组织的成员和观察员的参加者。遵从于需求导向的方针，为了满足 WTO 成员的不同需求，所有活动的 32% 都是在国家层面开展的。

2018 年参加 WTO 培训课程的人员中女性占 47%，高于 2017 年 2 个百分点。这些课程中，60% 是英语课程，17% 是西班牙语课程，16% 是法语课程，其余 7% 为多语种培训。WTO 为寻求加入的国家提供技术援助，这些国家的公职人员约 570 名受邀参加了超过 100 场技术援助活动。

2018 年，大多数完成 WTO 实习项目的公职人员来自最不发达国家和其他非洲及亚太地区的低收入国家。16 名候选人完成了法语和爱尔兰语代表团

表 5　2018 年与贸易有关的技术援助活动分布（按地区统计）

地　区	区　域		国　家		全　球		合　计	
非洲	19	26%	29	23%	—	0%	48	14%
亚太地区	15	20%	29	23%	—	0%	44	13%
加勒比地区	5	7%	8	6%	—	0%	13	4%
中东欧和中亚地区	13	18%	23	18%	—	0%	36	11%
全球	7	9%	—	0%	134	100%	141	42%
拉丁美洲	7	9%	28	22%	—	0%	35	10%
中东地区	8	11%	11	9%	—	0%	19	6%
总计	74	100%	128	100%	134	100%	336	100%

注：由于四舍五入，加总之和可能并不等于 100%。

“全球”类别下的活动并非针对特定区域，而是包括诸如基于日内瓦的课程、远程学习、实习计划和法律问题咨询活动等。

资料来源：WTO Annual Report 2019, CH7 Table1 Trade-related technical assistance by region in 2018。

的实习方案，5 名候选人完成了区域协调员实习方案，3 名候选人完成了入世实习方案。

WTO 实习项目旨在为公职人员提供 WTO 相关议题的实习体验，以使他们可以为其所在国家的经济和社会发展作出更全面的贡献。荷兰培训项目，法语和爱尔兰语代表团实习项目，区域协调实习项目和入世实习项目优先考虑来自非洲、最不发达国家、小型脆弱经济体和正在进行加入程序的国家的申请者。

2018 年，通过择优选拔，15 名年轻专业人士被纳入“青年专业人士计划”。该项目于 2016 年启动，旨在增加目前在世贸组织秘书处任职人数不足的国家专业人士的代表性。该方案由全球信托基金资助，旨在提高世贸组织和/或其他区域和国际组织征聘年轻专业人员的机会。所有年轻的专业人员都来自世贸组织秘书处目前没有专业人员的成员。

这些年轻的专业人员由秘书处的几个司接待，并由世贸组织工作人员监督。他们的任务包括向秘书处提交工作文件、出席会议和编写会议记录、共同提交技术援助报告和协助组织世界贸易组织的公共论坛。

技术援助方案的大部分资金来自全球信托基金，该基金接受世贸组织成员的自愿捐款。

除一些年度波动外，十年来自愿捐款稳步减少，捐助者减少，捐款减少。2018 年，一个主要捐助国恢复了对该计划的支持，导致该基金在该年度收到的赠款增加了 23%，总额达到 740 万瑞士法郎。

2018 年，技术援助支出 4 年来首次增长 8%。支出费用继续超过捐款，基金的年终余额进一步减少。

其他资金来源包括世贸组织设在日内瓦的课程和国家技术援助活动的经常预算 (2018 年约为 450 万瑞士法郎) 以及其他信托基金 (如法语、爱尔兰语代表团实习项目和中国项目) 的捐款，2018 年总计为 160 万瑞士法郎。

(二) WTO 各理事会活动

1. 总理事会

自前次年度报告起，总理事会一共举行了 5 次会议，分别为 2018 年 3 月 7 日、5 月 8 日、7 月 26 日、10 月 18 日和 12 月 12 日。这些会议的纪要都包括在文件 WT/GC/M/171、WT/GC/M/172、WT/GC/M/173、WT/GC/M/174 和 WT/GC/M/175 中。

在 2018 年 3 月的会议上，总理事会一致选举来自日本的 Junichi Ihara 先生为总理事会主席。

自 2014 年 7 月以来，应总理事会主席的要求，关于落实巴厘成果的项目已被列入总理事会议程，并定期提供常规机构对于巴厘决议直接相关工作的更新。在第十届和第十一次部长级会议之后，还在本项目下提供了关于内罗毕和布宜诺斯艾利斯成果执行情况的报告。

表 6　正在申请加入 WTO 经济体的谈判进展情况

申请经济体	申请日期	工作组成立日期	散发对外贸易制度备忘录日期	首次工作组会议	货物贸易承诺出价散发日期	服务贸易承诺出价散发日期	所提要点的事实总结的散发	基于工作组报告书草案的对外贸易制度审议
阿尔及利亚	06/1987 *	06/1987	07/1996	04/1998	03/2002	03/2002	—	√
安道尔	07/1997	10/1997	03/1999	10/1999	09/1999	09/1999	—	—
阿塞拜疆	06/1997	07/1997	04/1999	06/2002	05/2005	05/2005	√	√
巴哈马	05/2001	07/2001	04/2009	09/2010	03/2012	03/2012	—	—
白俄罗斯	09/1993 *	10/1993	01/1996	12/1997	03/1998	02/2000	√	√
不丹	09/1999	10/1999	02/2003	11/2004	08/2005	08/2005	√	√
波斯尼亚和黑塞哥维那	05/1999	07/1999	10/2002	11/2003	10/2004	10/2004	—	√
科摩罗	02/2007	10/2007	10/2013	12/2016	10/2016	10/2016	√	√
赤道几内亚	02/2007	02/2008	—	—	—	—	—	—
埃塞俄比亚	01/2003	02/2002	01/2007	05/2008	02/2012	—	√	—
伊朗	09/1996	05/2005	11/2009	—	—	—	—	—
伊拉克	09/2004	12/2004	09/2005	04/2007	—	—	—	—
黎巴嫩	02/1999	04/1999	06/2001	10/2002	11/2003	12/2003	√	√
利比亚	12/2001	07/2004	—	—	—	—	—	—

续 表

申请经济体	申请日期	工作组成立日期	散发对外贸易制度备忘录日期	首次工作组会议	货物贸易承诺出价散发日期	服务贸易承诺出价散发日期	所提要点的事实总结的散发	基于工作组报告书草案的对外贸易制度审议
圣多美和普林西比	02/2005	05/2005	—	—	—	—	—	—
塞尔维亚	12/2004	02/2005	03/2005	10/2005	04/2006	10/2006	—	√
索马里	12/2015	12/2016	—	—	—	—	—	—
南苏丹	12/2017	12/2017	—	—	—	—	—	—
苏丹	11/1994	10/1994	01/1999	07/2003	07/2004	06/2004	√	—
叙利亚	10/2001	05/2010	—	—	—	—	—	—
东帝汶	04/2015	12/2016	06/2017	—	—	—	—	—
乌兹别克斯坦	12/1994	12/1994	10/1998	07/2002	09/2005	09/2005	—	—

注：* 申请的时间在 GATT 时代。

资料来源：https://www.wto.org/english/thewto_e/acc_e/status_e.htm，截至 2018 年 2 月。

2. 货物贸易理事会

（1）进口许可程序委员会

进口许可程序委员会 2018 年年度报告考察期为 2017 年 10 月 4 日至 2018 年 10 月 22 日。报告考察期间，进口许可程序委员会分别于 2018 年 4 月 20 日和 10 月 2 日举行了两次正式会议。4 月 20 日，委员会选举了来自哥伦比亚的 Lorena Rivera ORJUELA 女士为 2018 年的委员会主席，选举了来自日本的 Kazunori FUKUDA 先生为委员会副主席。

根据《进口许可程序协议》第 1.4(a) 条和 / 或第 8.2(b) 条，所有成员需要通报其与进口许可相关的法律、法规以及行政措施。报告考察期内进口许可程序委员会共从 10 个成员收到 16 次通报：博茨瓦纳、厄瓜多尔、欧盟、印度、以色列、列支敦士登、中国澳门、巴拉圭、瑞士和乌克兰。

根据《进口许可程序协议》第 5 条第 5.1-5.4 段，进口许可程序委员会共从 10 个成员收到 20 次通报：阿根廷、加拿大、欧盟、印度尼西亚、以色列、日本、巴拉圭、北马其顿、中国台北和乌克兰。

根据《进口许可程序协议》第 7.3 条，进口许可程序委员会共从 33 个成员收到 41 次通报：阿根廷、澳大利亚、布隆迪、加拿大、中国、古巴、萨尔瓦多、欧盟、格鲁吉亚、中国香港、印度、以色列、日本、哈萨克斯坦、中国澳门、马来西亚、马里、毛里求斯、黑山共和国、新西兰、尼加拉瓜、挪威、巴拉圭、秘鲁、卡塔尔、俄罗斯、新加坡、瑞士、

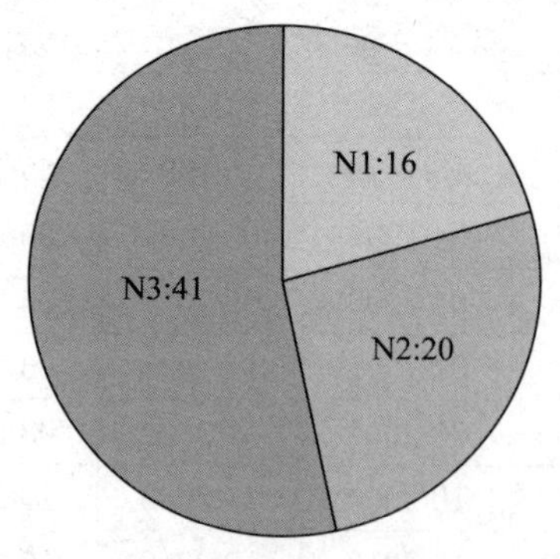

图 2 审查期间通报的成员数和通报次数（2017.10.04 至 2018.10.22）

注：No of members having notified: 通报成员数

No of notifications: 通报次量

N1：根据第 1.4(a) 条和第 8.2(b) 条，相关的法律、法规和行政程序及其变更的通报（次数）。

N2：根据第 5.1-5.4 条，相关实施程序及其变更的通报（次数）。

N3：根据第 7.3 条，相关调查问卷回复的通报（次数）。

资料来源：根据上文内容制作。

马其顿、中国台北、乌克兰、美国和乌拉圭。

此次报告期间，博茨瓦纳属于首次提交通报。

（2）补贴与反补贴措施委员会

补贴与反补贴措施委员会2018年年度报告考察期为2017年10月24日至2018年10月23日。报告考察期内，补贴与反补贴措施委员会分别于2018年4月24日和10月23日举行了两次常规会议和两次特别会议。

报告考察初期来自立陶宛的 Ieva Baršauskaitė 女士为委员会主席，来自中国香港的 Dick K.Y. Mak 先生为副主席。委员会选举了来自阿根廷的 Pedro Negueloaetcheverry 先生为委员会主席，同时选举了加拿大的 Michèle Legault Dooley 女士为副主席。2018年6月19日 Pedro Negueloaetcheverry 先生辞职后，委员会选举了来自哥斯达黎加的 Luis Adolfo Fernández 先生为主席。

截至2018年10月23日，共有40[①]个WTO成员向委员会通报了其所发起的反补贴调查措施，有18个成员做了无反补贴调查措施通报。在半年度报告中，2017年7月1日至2017年12月31日期间，有12个成员通报其所发起的反补贴调查措施，91个成员做了无反补贴调查措施通报，共有33个成员未履行通报义务；2018年1月1日至2018年6月30日期间，有13个成员通报其所发起的反补贴调查措施，83个成员做了无反补贴调查措施通报，共有40个成员未履行通报义务。

表7　全球发起反补贴调查案件数（按被调查国/地区）

被调查国/地区	1995	1996	1997	1998	1999	2000	2001	2002	2003	2004	2005	2006	2007	2008	2009	2010	2011	2012	2013	2014	2015	2016	2017	2018	合计
阿根廷						3	1					1	1		1			1		1			1	1	11
澳大利亚					1																		1	1	3
奥地利								1																	1
比利时				1																					1
巴西			1	1	1	1	2					1									2	1	2		12
加拿大		1	1	1			2	2		1											1	1	2		12
智利			1		1		1																		3
中国										3		2	8	11	13	6	9	10	14	14	9	19	12	30	160
哥伦比亚									1																1
捷克					1																				1
丹麦				1																					1
厄瓜多尔																			1						1
欧盟	3	1	2	1	1			1	2						1	1		1	1						15
法国				2	2		2					1													7
德国			1				2																		3
希腊			1						1																2
匈牙利							1																		1
印度	1		3	6	5	7	8	2	8	1	1	1	1	2	1	1	5	2	6	4	6	4	7	4	86
印度尼西亚				1	5	1	2				1	1			1		2	2	2	1	1	1	1	2	24
伊朗															1										1
以色列						1																		1	2

① 欧盟作为一个成员计数。

续 表

被调查国 / 地区	1995	1996	1997	1998	1999	2000	2001	2002	2003	2004	2005	2006	2007	2008	2009	2010	2011	2012	2013	2014	2015	2016	2017	2018	合计
意大利	3	2	1	3	1		1	1	1												1		1		15
哈萨克斯坦																							3		3
韩国				5	4	1	1	2		1	1	1			1		1	1	1	4	3	1		2	30
马来西亚					2						1			1	1				1	2		1	1	1	11
墨西哥																				1					1
荷兰							1													1					2
北马其顿					1																				1
挪威		1																					1		2
阿曼																	2	1		2	1		1		7
巴基斯坦						1									1			1		1	1		1		6
秘鲁			1																						1
菲律宾					1															1					2
波兰					1				1																2
俄罗斯																				1	2				3
沙特阿拉伯				1													1								2
新加坡					1																				1
南非		2	1	1	1	1													1						7
西班牙				1					1														1		3
斯里兰卡																						1		1	2
中国台北			1		5					1									1	1	1				10
泰国	1				5	1				1	1				1		2		1	1			2	3	19
特立尼达和多巴哥			1				1													1					3
土耳其	1						1												2	5	3	2	2	2	18
乌克兰																				2					2
阿拉伯联合酋长国															1		1	1							3
英国							1																		1
美国	1				1	1					1		1	2	4	1	1	2				1	1	2	19
乌兹别克斯坦																								1	1
委内瑞拉			1		1																				2
越南															1		1	1	2	2		2	1	4	14
合计	10	7	16	25	41	18	27	9	15	8	6	8	11	16	28	9	25	23	33	45	31	34	41	55	541

注：调查类型：最初；自 1995 年 1 月 1 日至 2018 年 12 月 31 日。

资料来源：http://www.wto.org/english/tratop_e/scm_e/scm_e.htm，访问日期 2019 年 6 月 1 日。

表 8 全球发起反补贴调查案件数（按发起调查的成员）

发起调查的成员	1995	1996	1997	1998	1999	2000	2001	2002	2003	2004	2005	2006	2007	2008	2009	2010	2011	2012	2013	2014	2015	2016	2017	2018	合计
阿根廷	1	1	1																						3
澳大利亚			1		1			1	3			1		2	1	1	2	2	1	2	2	8		3	31
博茨瓦纳[1]			1*	1*	2*	6*	1*							2*											*
巴西							1		1				1				3	1	2	1		1	1		12
加拿大	3				3	4	1		1	4	1	2	1	3	1	1	2	6	4	12	3	2	11	4	69
智利					4							1	1												6
中国															3	1		2	1			1	1	3	12
哥斯达黎加									1																1
埃及				4																6		2			12
埃斯瓦蒂尼[1]			1*	1*	2*	6*	1*							2*											*
欧盟[2]		1	4	8	19		6	3	1		3	1		2	6	3	4	6	5	2	2	1	2	2	81
印度															1					1		1		10	13
以色列	2																								2
日本										1															1
哈萨克斯坦[3]																				1*					*
拉脱维亚[4]									1																1
莱索托[1]			1*	1*	2*	6*	1*							2*											*
墨西哥			1						1								3		1						6
纳米比亚[1]			1*	1*	2*	6*	1*							2*											*
新西兰	1	4	1																			1	1	1	9
巴基斯坦																	2					1			3
秘鲁			1			1		1					1		2			1		1			1	1	10
俄罗斯[5]																				1					1
南非[6]			1	1	2	6	1							2											13
中国台北																								5	5
土耳其														1							1			1	3
乌克兰																				1				1	2
美国	3	1	6	12	11	7	18	4	5	3	2	3	7	6	14	3	9	5	19	18	23	16	24	24	243
委内瑞拉					1				1																2
合计	10	7	16	25	41	18	27	9	15	8	6	8	11	16	28	9	25	23	33	45	31	34	41	55	541

1：博茨瓦纳、埃斯瓦蒂尼、纳米比亚、莱索托：为了避免重复计算，这些成员所在的行报告了带有星号的数字，因为它通报的反补贴行动与在南非确认的行动相同，并是在南部非洲关税联盟这一层面进行的。

2：欧盟发出的所有反补贴调查通知均在全欧盟范围内进行，即就所有欧盟成员国不会单独通报。

3：哈萨克斯坦：为了避免重复计算，该成员的行记录带有星号的数字，因为它所指出的反补贴行动与俄罗斯联邦是一致的，2011—2014 年是在欧亚经济共同体的关税同盟层面进行的，2015 年是在欧亚经济联盟层面进行的。

4：拉脱维亚于 2004 年 5 月 1 日成为欧盟成员国。截至目前，以前采取的国家行动已经停止适用，并被欧盟范围内的行动取代。由于欧盟代表其所有成员国通报了行动，欧盟的数字并未在此行中另外报告。

5：俄罗斯（2012 年 8 月 22 日成为世贸组织成员）在 2011—2014 年的所有反补贴行动都是在欧亚经济共同体关税联盟层面上进行的，也就是白俄罗斯和哈萨克斯坦（当时是非世贸组织成员）。2015 年俄罗斯的所有行动是在欧亚经济联盟层面采取的，也包括亚美尼亚、吉尔吉斯共和国、哈萨克斯坦（2015 年 11 月 30 日成为世贸组织成员）和白俄罗斯（非世贸组织成员）。

6：南非通报的所有反补贴行动均在南部非洲关税同盟层面进行的，还包括博茨瓦纳、埃斯瓦蒂尼、莱索托、纳米比亚。

注：调查类型：最初；自 1995 年 1 月 1 日至 2018 年 12 月 31 日。

资料来源：http://www.wto.org/english/tratop_e/scm_e/scm_e.htm，访问日期 2019 年 6 月 1 日。

表 9　　全球发起反补贴调查案件数（按产品类别）

HS 编码	1995	1996	1997	1998	1999	2000	2001	2002	2003	2004	2005	2006	2007	2008	2009	2010	2011	2012	2013	2014	2015	2016	2017	2018	合计
I. 活动物，动物产品	1	1	1	1	4	1			1	1			1		1					2	1				16
II. 植物产品		1				2	1	2			1	1				1								3	12
III. 动、植物油、脂、蜡			1					1	5						1										8
IV. 食品；饮料，酒，醋；烟草	8	4	2	5	2			1	1			1							8	1		1	3		37
V. 矿产品							4							1		1	1	2						3	12
VI. 化学工业及其相关工业的产品	1		2		1		2		4			1	1	3	4		3	3	6	5		2	12	7	57
VII. 树脂、塑料及其制品；橡胶及其制品				4	7	2	2			2	2		3	1	4		2		2	7	3	5	6	7	59
IX. 木材，软木制品；篮筐		1					1			1						1		1				2			7
X. 纸、纸板及其制品											2	3	1	1	2	1	2				3	2	1		18
XI. 纺织原料及纺织制品				2	5	1	2	1					1		1		3	2	3			1	2	3	27
XII. 鞋、帽；羽毛，人造花，风扇						1																			1
XIII. 石料、石膏的制品；陶瓷产品；玻璃			1		1										1				2						5
XV. 贱金属及其制品			7	12	20	11	14	1	3	3		2	3	7	11	4	10	11	12	24	23	20	15	24	237
XVI. 机器和电气设备			1	1	1		1	3	1	1	1		1	3	2	1	2	3		3	1			3	29
XVII. 车辆、航空器和船舶			1												1		2	1		2			2	4	13
XX. 杂项制品																				1		1		1	3
总计	10	7	16	25	41	18	27	9	15	8	6	8	11	16	28	9	25	23	33	45	31	34	41	55	541

注：调查类型：最初；自 1995 年 1 月 1 日至 2018 年 12 月 31 日。

资料来源：http://www.wto.org/english/tratop_e/scm_e/scm_e.htm，访问日期 2019 年 6 月 1 日。

表 10　　　　　　　　全球实施反补贴措施案件数（按被调查国/地区）

被调查国/地区	1995	1996	1997	1998	1999	2000	2001	2002	2003	2004	2005	2006	2007	2008	2009	2010	2011	2012	2013	2014	2015	2016	2017	2018	合计
阿根廷	1						3															1		1	6
澳大利亚						1																			1
奥地利	1																								1
比利时					1																				1
巴西	4					2		2														2			10
加拿大								2	1												1			1	5
中国											2		1	10	6	10	5	8	10	4	10	8	10	13	97
哥伦比亚										1															1
科特迪瓦	1																								1
欧盟	1	1		3		1			1	1	1					1	1			1					12
法国					2	1	1	1					1												6
德国							1	1																	2
匈牙利								1																	1
印度	1			2	4	4	3	5	1	6		1		1	2		1	2	1	2		6	3	4	49
印度尼西亚	1				1	2	1		1			1				1						1		1	10
伊朗																1									1
以色列	1																								1
意大利	2	2		1	3			1														1		1	11
韩国					2	1		1	2		1	1							1			3	1	1	14
马来西亚	1					2																	1		4
墨西哥																					1				1
荷兰							1																		1
挪威			1																						1
巴基斯坦							1									1									2
菲律宾	1					1																			2
俄罗斯																						1			1
南非			2		1		1																		4
西班牙																								1	1
斯里兰卡	1																						1		2
中国台北						3														1					4
泰国						2	1																		3
土耳其		1																		2	2	1	1	2	9
阿联酋																1									1
英国							1																		1
美国						1									1	3	2			1			1	1	10
委内瑞拉	3																								3
越南																1			1		1			2	5
合计	19	4	3	6	14	21	14	14	6	8	4	3	2	11	9	19	9	10	13	11	15	24	18	28	285

注：自 1995 年 1 月 1 日至 2018 年 12 月 31 日。

资料来源：http://www.wto.org/english/tratop_e/scm_e/scm_e.htm，访问日期 2019 年 6 月 1 日。

表 11 全球实施反补贴措施案件数（按发起调查的成员）

发起调查的成员	1995	1996	1997	1998	1999	2000	2001	2002	2003	2004	2005	2006	2007	2008	2009	2010	2011	2012	2013	2014	2015	2016	2017	2018	合计
阿根廷		1		2																					3
澳大利亚						1							1			1	1	2	3		2	1	3		15
博茨瓦纳[1]						1*	2*	2*																	*
巴西	5									1				1								1		1	9
加拿大	1					5	1			1	2		1	3	1	1	1	4	3		2	2	1	6	35
智利						2																			2
中国																2	2			2			1	1	8
哥斯达黎加										1															1
埃斯瓦蒂尼[1]						1*	2*	2*																	*
欧盟[2]			1	2	3	10		2	3	2	1				1	3	2		3	2	1	1	1	1	39
印度																						1	1		2
日本												1													1
莱索托[1]						1*	2*	2*																	*
墨西哥	7										1							2		1					11
纳米比亚[1]						1*	2*	2*																	*
新西兰		1	2	1																					4
秘鲁	1						1		1							2						1		1	7
南非[3]						1	2	2																	5
土耳其															1										1
乌克兰																						1			1
美国	5	2		1	11	2	10	10	2	2		2		7	6	10	3	2	4	6	10	16	11	18	140
委内瑞拉										1															1
合计	19	4	3	6	14	21	14	14	6	8	4	3	2	11	9	19	9	10	13	11	15	24	18	28	285

1：博茨瓦纳、埃斯瓦蒂尼、纳米比亚、莱索托：为了避免重复计算，这些成员所在的行报告了带有星号的数字，因为它们通报的反补贴行动与在南非确认的行动相同，并是在南部非洲关税联盟这一层面进行的。

2：欧盟发出的所有反补贴调查通报均在全欧盟范围内进行，即就所有欧盟成员国不会单独通报。

3：南非通报的所有反补贴行动均是在南部非洲关税同盟层面进行的，还包括博茨瓦纳、埃斯瓦蒂尼、莱索托、纳米比亚。

注：自 1995 年 1 月 1 日至 2018 年 12 月 31 日。

表 12 全球实施反补贴措施案件数（按产品类别）

HS 编码	1995	1996	1997	1998	1999	2000	2001	2002	2003	2004	2005	2006	2007	2008	2009	2010	2011	2012	2013	2014	2015	2016	2017	2018	合计
I. 活动物，动物产品			1			2	1									1					1				6
II. 植物产品	5			1			1		1								1								9
III. 动、植物油、脂、蜡				1					1	1	1					1									5
IV. 食品；饮料，酒，醋；烟草	2	4	2	1		1				1			1								1		1	3	17
V. 矿产品							4								1		1								6
VI. 化学工业及其相关工业的产品				1		1		2		1				1	2	2		2	1	4	3	1	2	4	27
VII. 树脂、塑料及其制品；橡胶及其制品					1	4	1	1						3	1	4					1	3	3	1	23
IX. 木材，软木制品；篮筐								1			1						1							2	5
X. 纸、纸板及其制品												2		1		2	1				1	2	1		10
XI. 纺织原料及纺织制品						3	1	1		1						1								2	9
XIII. 石料、石膏的制品；陶瓷产品；玻璃																1				2					3
XV. 贱金属及其制、品	12			2	13	10	6	9	1	3	1		1	4	3	7	4	6	9	5	5	16	11	15	143
XVI. 机器和电气设备									3	1	1	1		2	2			1	3		2	1		1	18
XVII. 车辆、航空器和船舶																	1	1				1			3
XX. 杂项制品																					1				1
合计	19	4	3	6	14	21	14	14	6	8	4	3	2	11	9	19	9	10	13	11	15	24	18	28	285

注：自 1995 年 1 月 1 日至 2018 年 12 月 31 日。

资料来源：http://www.wto.org/english/tratop_e/scm_e/scm_e.htm，访问日期 2019 年 6 月 1 日。

（3）反倾销措施委员会

反倾销措施委员会 2018 年年度报告考察期为 2017 年 10 月 25 日至 2018 年 10 月 24 日。报告期间，反倾销措施委员会分别于 2018 年 4 月 27 日和 10 月 24 日举行了两次常规会议。

报告初期，来自阿曼的 Faisal Al Nabhani 先生为委员会主席，来自瑞士的 Bruno Raphael Hässig 先生为委员会副主席。在 2018 年 4 月 25 日会议上，委员会又分别选举了来自挪威的 Karine Mahjoubi Erikstein 女士为委员会主席，来自巴巴多斯的 Shani Griffith-Jack 女士为委员会副主席。

截至 2018 年 10 月 24 日，共有 80 个 WTO 成员对其国内的反倾销立法做了通报，其中有 38 个成员做了无反倾销立法的通报。此外，还有 18 个成员未尽到通报义务。在半年度报告中，2017 年 7 月 1 日至 2017 年 12 月 31 日期间，有 44 个成员通报了其反倾销的行动，19 个成员通报其无反倾销行动，共有 13 个成员未履行通报义务；2018 年 1 月 1 日至 2018 年 6 月 30 日期间，有 40 个成员通报了其反倾销的行动，15 个成员通报其无反倾销行动，共有 21 个成员未履行通报义务。

表 13　　全球发起反倾销调查案件数（按被调查国 / 地区）

被调查国 / 地区	1995	1996	1997	1998	1999	2000	2001	2002	2003	2004	2005	2006	2007	2008	2009	2010	2011	2012	2013	2014	2015	2016	2017	2018	合计
阿尔及利亚					1			1																	2
阿根廷	1			1	4	2	5	3	1	3	4	3	1	2	2	2	1	2	5	2	2		1		47
亚美尼亚														1											1
澳大利亚	1		2	2	3	4	1	3	2			1	2	2			1	1	1		5		2	1	34
奥地利		2	3		3	3		1		1		1		2		2	1	1				1		2	23
巴林					1																1			1	3
孟加拉国							1						1								2	1	1		6
白俄罗斯					3	4	3	2	1	2			1	2		1	3					2	4	2	30
比利时	1	2	3	3	1		5	1	3	2					3	1	1		2	1	1	3	3		36
波黑	1												1			1							1		4
巴西	8	10	5	6	13	9	13	3	3	10	4	7	2	3	12	3	3	2	6		7	13	6	8	156
保加利亚		3	2	1	1	1	2		1		1	1		1			1								15
加拿大	2	1	3	4		1	7	5	4	2	1	1	2	2	1	2	1		2		2	2	2	1	48
智利	2	2	2	2	1	6	4	4			1	1		1	1	2		2	2			1	2		36
中国	20	43	33	27	42	43	55	50	53	49	53	73	61	78	78	44	51	60	76	63	70	93	55	57	1 327
哥伦比亚		1		2			1	1											2				1		8
哥斯达黎加			1	2																			1	1	5
克罗地亚	1			1	1	1					1														5
古巴		1			1																				2
捷克	1	1		2	7	3	2	1	1				1				1		1						21
丹麦	1	1		2	2							1						1	1						9
多米尼加							1						1			1									3
厄瓜多尔								1		1				1											3
埃及	1	2	1	2		1	3					2						1	1	5			3		22
萨尔瓦多															2	1									3
爱沙尼亚			1			1	1	1									1								5
欧盟		1	2	4	7	9	9	10	10	3	5	3	2	4	6	9	3	5	8	8	3	7	5	5	128
法罗群岛								2																	2
芬兰			1	1	2		1	2	2	2	1		1			2		2		1	1	1	1	1	22
法国		4	4	10	7	2	3	2	3	1	1	1	1	1	1	2			1	3	4	1	1	3	56
格鲁吉亚								1													1	1			3
德国	7	9	13	8	11	6	9	7	3	2	2	2	4	1	3	3	2	3	7	4	4	1	3	5	119
希腊			3			1	1		1					1	1				1			1	2	1	13
危地马拉		1					1				1				1	1									5

续 表

被调查国/地区	1995	1996	1997	1998	1999	2000	2001	2002	2003	2004	2005	2006	2007	2008	2009	2010	2011	2012	2013	2014	2015	2016	2017	2018	合计
洪都拉斯				1																					1
中国香港	1	4	2	3	2	1	3	3			2	2	3	3	2		1		1	1	1	1		1	37
匈牙利	2		2	2	4		4	1								1				1					17
印度	3	11	8	13	13	10	12	16	14	8	14	6	4	6	7	4	7	10	11	15	13	12	10	9	236
印度尼西亚	7	7	9	5	20	13	18	12	8	8	14	9	5	11	10	4	5	6	7	5	6	9	10	3	211
伊朗		1	2		2	3	2	2	1	2			1	3	1	2		1	1		3	6		1	34
爱尔兰			2	1					1	2															6
以色列		1	2	1		1	2						1	1	1		2		1	3				1	17
意大利	6	5	5	5	2	5	8	3	4	1	1			2	2	1	2	3	3	1	3	2	5	3	72
日本	5	6	14	14	22	12	14	13	16	9	7	9	4	3	5	5	5	6	11	7	8	12	8	6	221
约旦							1																	1	2
哈萨克斯坦	3	1	2	4		3	3	6				2		1			1						3	1	30
肯尼亚																1	1								2
朝鲜							1									1									2
韩国	14	11	15	27	35	23	23	23	17	24	12	10	13	9	8	9	11	22	25	18	17	32	19	11	428
科威特														1		1									2
吉尔吉斯斯坦																				1					1
老挝																							1		1
拉脱维亚			2	1	1	3																			7
利比亚						1	1																		2
列支敦士登			1																						1
立陶宛			1		4	1	1	3									1								11
卢森堡							2			1															3
中国澳门	1							1				1		1	1		1								6
马拉维					1																				1
马来西亚	2	3	5	4	7	9	6	4	8	6	14	5	7	10	7	4	2	3	9	10	3	10	10	4	152
墨西哥	3	5	2	9	4	1	4	1	4	3	1	2	2		5	5	3	3	6	3	6	3	3	3	81
摩尔多瓦						2	1							1										2	6
莫桑比克			1																						1
尼泊尔							2														1				3
荷兰	6	1	5	3	2	3	4	1		2					1	1			2	1	3		1		36
新西兰	1	1			2		3	1					1	1	1										11
尼加拉瓜		1																							1
尼日利亚									1																1
北马其顿	1		1	1	1		2	1				1						1						1	10
挪威		1				1	1	1		1				1		1				1			2		10
阿曼							1								1	2	2	1		2	2		1		12
巴基斯坦		2	1		1		1	2	2		1				1	1	1	2	1	4	1	2	2	1	26

续 表

被调查国／地区	1995	1996	1997	1998	1999	2000	2001	2002	2003	2004	2005	2006	2007	2008	2009	2010	2011	2012	2013	2014	2015	2016	2017	2018	合计
巴拉圭			1												1										2
秘鲁	1					1								2					2		1	2	1	3	13
菲律宾	2					1	1	1	1	2		3		1					2	2	1	1		1	19
波兰	2	3	3	5	3	5	1	4	1	2						1	2		1			2	2	1	38
葡萄牙		2		2		1	1									1			2	1	2	1			13
卡塔尔							1														1	1			3
罗马尼亚	1	2	1	5	4	4	5	8	2		2			2		1	1	1			2				41
俄罗斯	2	7	7	13	18	12	9	20	2	8	4	5	6	2	4	2	3	3	5	4	7	12	7	5	167
沙特阿拉伯		1		3	2	3	1	1	2		1	1		4	2	2	1	2	5	2		2	2	3	40
塞尔维亚																		1				1			2
塞尔维亚和黑山					1		1				1														3
新加坡	2		4		5		12	9	1	1	1	6	2		1	1		2	1	5		2	2		57
斯洛伐克		1	1	1	3	1	2	1		1											1			1	13
斯洛文尼亚	1			1																					2
南非	2	6	4	5	4	6	9	10	4		2	2	1	3	1	1	1	2	3	2		3	6	1	78
西班牙	2	4	7	7	5	6	4	2	4	1			1	1		2	1		4	3	1	5	5	1	66
斯里兰卡										1			1	2			1			1				2	8
瑞典	1	2	5		1		2	1		1	1	1		1		1	1		3	1			1	2	25
瑞士		2	1		1				1			1			1	1		1		1			1		11
中国台北	4	9	16	10	21	14	19	16	13	21	13	13	6	11	12	5	9	22	17	13	10	10	12	6	302
泰国	8	9	5	2	19	12	17	12	7	9	12	8	9	13	8	5	8	10	14	9	3	10	12	9	230
特立尼达和多巴哥			2				1													1				1	5
突尼斯																							1		1
土耳其	2	3	1	2	6	7	5	4	4	1		2	3	4	2	4	4	5	5	8	6	7	8	5	98
乌克兰	2	3	4	9	9	7	6	8	3	2	4	4	1	2	3	2		3	3	4	3	7	3	1	93
阿联酋			1			2	2		3	2			3		1	4	3	1	3	3	2	2	2	3	37
英国	6	4	6	4	2	9	6	2		1	1			3					3		2	1	1		51
美国	12	21	15	16	14	13	15	11	21	14	12	11	7	8	14	19	10	9	13	11	5	5	7	7	290
乌拉圭	1				1					1			1						2						6
乌兹别克斯坦	2									1															3
委内瑞拉		1	1	4	2	2	4	3	1								2		2						22
越南			1		1	1		3		7	3	2	2	3	3	1	3	8	3	5	12	7	7	6	78
南斯拉夫	1	1			1																				3
津巴布韦	1			1																					2
合计	157	226	247	264	357	296	372	311	234	221	198	203	165	218	217	173	165	208	287	236	229	298	249	194	5725

注：调查类型：最初；自 1995 年 1 月 1 日至 2018 年 12 月 31 日。

资料来源：http://www.wto.org/english/tratop_e/adp_e/adp_e.htm，访问日期 2019 年 6 月 1 日。

表 14 全球发起反倾销调查案件数（按发起调查的成员）

发起调查的成员	1995	1996	1997	1998	1999	2000	2001	2002	2003	2004	2005	2006	2007	2008	2009	2010	2011	2012	2013	2014	2015	2016	2017	2018	合计
阿根廷	27	22	15	6	22	41	28	10	1	12	9	10	7	19	28	14	7	12	19	6	6	23	8	16	368
亚美尼亚[1]																					1*	1*	1*	6*	*
澳大利亚	5	17	44	13	24	15	24	16	8	9	7	11	2	6	9	7	18	12	20	22	10	17	16	12	344
巴林[2]																					1*		4*		*
博茨瓦纳[3]	16*	34*	23*	41*	16*	21*	6*	4*	8*	6*	23*	3*	5*	3*	3*		4*	1*	10*	2*				2*	*
巴西	5	18	11	18	16	11	17	8	4	8	6	12	13	24	9	37	16	47	54	35	23	11	7	7	417
保加利亚[4]								1																	1
加拿大	11	5	14	8	18	21	25	5	15	11	1	7	1	3	6	2	2	11	17	13	3	14	14	14	241
智利	4	3		2		5						1	1	1	1	1	1	1	4		2	1	1	2	31
中国				3	2	11	14	30	22	27	24	10	4	14	17	8	5	9	11	7	11	5	24	16	274
哥伦比亚	4	1	1	6	2	3	6			2	2	9	1	6	5	2	4	2	11	6	7	1	8	3	92
哥斯达黎加		4	1	1							1	1			2						1	1			12
捷克[5]				2	1																				3
多米尼加																1			2			1		1	5
厄瓜多尔				1												2									3
埃及			7	14	7	3	7	3	1		12	9	2		2	1	2	1	2	9	4	14		1	101
萨尔瓦多																						1	1		2
埃斯瓦蒂尼[3]	16*	34*	23*	41*	16*	21*	6*	4*	8*	6*	23*	3*	5*	3*	3*		4*	1*	10*	2*				2*	*
欧盟[6]	33	25	41	22	65	32	28	20	7	30	24	35	9	19	15	15	17	13	4	14	11	14	9	8	510
危地马拉		1																		1					2
洪都拉斯																3									3
印度	6	21	13	28	64	41	79	81	46	21	28	31	47	55	31	41	19	21	29	38	30	69	49	31	919
印度尼西亚		11	5	8	8	3	4	4	12	5		5	1	7	7	3	6	7	14	12	6	7	1		136
以色列	5	6	3	7		1	4			1	4			1	6	6	1	2	1		1	1	3		53
牙买加						1	1	1	1						1	1									6
日本							2						4					1		1	2	1	2		13
约旦												1													1
哈萨克斯坦[7]																	10*	1*	1*	7*	1*	1*	1*	6*	*
韩国	4	13	15	3	6	2	4	9	18	3	4	7	15	5		3		2	8	6	4	4	7	5	147
科威特[2]																					1*		4*		*
吉尔吉斯斯坦[8]																					1*	1*	1*	6*	*
拉脱维亚[5]							1	6																	7
莱索托[3]	16*	34*	23*	41*	16*	21*	6*	4*	8*	6*	23*	3*	5*	3*	3*		4*	1*	10*	2*				2*	*
立陶宛[5]					1	6																			7
马来西亚	3	2	8	1	2		1	5	6	3	4	8						11	8	8	14		4	2	90
墨西哥	4	4	6	12	11	6	6	10	14	6	6	6	3	1	2	2	6	4	6	14	9	6	8	3	155
摩洛哥																	1	2	3	1	2	4	1		14
纳米比亚[3]	16*	34*	23*	41*	16*	21*	6*	4*	8*	6*	23*	3*	5*	3*	3*		4*	1*	10*	2*				2*	*

续 表

发起调查的成员	1995	1996	1997	1998	1999	2000	2001	2002	2003	2004	2005	2006	2007	2008	2009	2010	2011	2012	2013	2014	2015	2016	2017	2018	合计
新西兰	10	4	5	1	4	9	1	2	5	5		1	6			1	2		1				2	2	61
尼加拉瓜			1	2																					3
阿曼[2]																					1*		4*		*
巴基斯坦								1	3	3	13	4		3	26	11	7	5	6		12	24	3	8	129
巴拿马				2											4										6
巴拉圭					1					1												1			3
秘鲁	2	8	2	3	8	1	8	13	4	7	4	3	2		4		1	1	1		1		3		76
菲律宾	1	1	2	3	6	2		1	1						1				1			1			20
波兰[5]			1		7			3	1																12
卡塔尔[2]																					1*		4*		*
俄罗斯[9]										1	1	4	1	4	8		10	1	1	7	1	1	1	6	47
沙特阿拉伯[10]																					1		4		5
斯洛文尼亚[5]					1																				1
南非[11]	16	34	23	41	16	21	6	4	8	6	23	3	5	3	3		4	1	10	2				2	231
中国台北			1	6		4	3		2			5			1	2		9	3			8		2	46
泰国		1	3				3	21	3	3		3	2	1	1	2	13	5			7	10	3	1	82
特立尼达和多巴哥		1		4	3	1	1		2											1					13
土耳其			4	1	8	7	15	18	11	25	12	8	6	23	6	2	2	14	6	12	16	17	8	6	227
乌克兰							2	3	2	6	2	1	5	7	2	2	6	3	2	2	2	1	7	10	65
阿拉伯联合酋长国																					1*		4*		*
美国	14	22	15	36	47	47	77	35	37	26	11	8	28	16	20	3	15	11	39	19	42	37	55	34	694
乌拉圭						1	4									1					1				7
委内瑞拉	3	2	6	10	7	1	1	1																	31
越南																			4			3		2	9
合计	157	226	247	264	357	296	372	311	234	221	198	203	165	218	217	173	165	208	287	236	229	298	249	194	5725

1：为了避免重复计算，亚美尼亚于 2015 年 1 月 2 日成为欧亚经济联盟成员国，该成员的行记录带有星号的数字，表明截至目前其反倾销行动与俄罗斯的反倾销行动相同，是在欧亚经济联盟层面进行。

2：巴林、科威特、阿曼、卡塔尔、阿联酋：为了避免重复计算，这些成员的行记录是带有星号的数字，因为它所通报的反倾销行动与沙特阿拉伯的反倾销行动相同，并且是在海湾合作委员会层面进行操作。

3：博茨瓦纳、埃斯瓦蒂尼、纳米比亚、莱索托：为了避免重复计算，该成员所在的行记录是带有星号的数字，因为它通报的反倾销行动与在南非确认的行动相同，并在南部非洲关税联盟这一层面进行的。

4：保加利亚于 2007 年 1 月 1 日成为欧盟成员。到今天为止，以前采取的国家行动已不再适用，取而代之的是全欧盟的行动。由于欧盟代表其所有成员国通报相关行动，因此欧盟的数字并未在此行中另外报告。

5：捷克、拉脱维亚、立陶宛、波兰和斯洛文尼亚于 2004 年 5 月 1 日成为欧盟成员。到今天为止，以前采取的国家行动已不再适用，取而代之的是全欧盟的行动。由于欧盟代表其所有成员国通报了相关行动，因此欧盟的数字并未在此行中另外报告。

6：欧盟发出的所有反倾销调查通知均在全欧盟范围内进行，即就所有欧盟成员国不会单独通报。

7：哈萨克斯坦：为了避免重复计算，该成员的行记录是带有星号的数字，因为它所指出的反倾销行动与俄罗斯联邦是一致的，2011—2014 年是在欧亚经济共同体的关税同盟层面进行的，2015 年是在欧亚经济联盟层面进行的。

8：吉尔吉斯斯坦于 2015 年 8 月 12 日成为欧亚经济联盟成员国。为了避免重复计算，该成员的行记是带有星号的数字，因此迄今为止，反倾销行动与俄罗斯联邦所确定的反倾销行动相同，在欧亚经济联盟层面进行。

9：俄罗斯（于 2012 年 8 月 22 日成为世贸组织成员）在 2011—2014 年的所有反倾销行动都是在欧亚经济共同体关税联盟层面上进行的，也就是白俄罗斯和哈萨克斯坦（当时是非世贸组织成员）。2015 年俄罗斯的所有行动是在欧亚经济联盟层面采取的，也包括亚美尼亚、吉尔吉斯共和国、哈萨克斯坦（2015 年 11 月 30 日成为世贸组织成员）和白俄罗斯（非世贸组织成员）。

10：所有沙特阿拉伯采取的反倾销行动均是在南部非洲关税同盟层面进行的，还包括巴林、科威特、阿曼、卡塔尔和阿联酋。

11：南非通报的所有反倾销行动均在南部非洲关税同盟层面进行的，还包括博茨瓦纳、埃斯瓦蒂尼、纳米比亚和莱索托。

注：调查类型：最初；自 1995 年 1 月 1 日至 2018 年 12 月 31 日。

资料来源：http://www.wto.org/english/tratop_e/adp_e/adp_e.htm，访问日期 2018 年 8 月 1 日。

表 15　　全球发起反倾销调查案件数（按产品类别）

HS 编码	1995	1996	1997	1998	1999	2000	2001	2002	2003	2004	2005	2006	2007	2008	2009	2010	2011	2012	2013	2014	2015	2016	2017	2018	合计
I. 活动物，动物产品	1	2	2	6	8	3	2	10	2	10			1	1	3		2		4	1			2		60
II. 植物产品		5	2	4	1	7	8	3	1	6	3	3	1	5	1	1	1	1	2	4	2			2	63
III. 动、植物油、脂、蜡							4	2	2	1	2	3								1					15
IV. 食品；饮料，酒及醋；烟草	13	6	4	8	2	3	2	3		1	2	7			2	1	5		6	1	6	3	5		80
V. 矿产品	1	4	3	4	9	9	15	8	5	1		2	2	2	1	4	2	2		1	2	8	3	4	92
VI. 化学工业及其相关产品	31	42	21	24	74	63	67	96	73	49	37	39	56	34	47	44	29	34	48	53	38	51	64	31	1145
VII. 树脂、塑料及其制品；橡胶及其制品	20	26	36	33	40	24	56	40	27	44	37	24	16	21	31	24	13	40	41	45	23	37	28	29	755
VIII. 生皮、毛皮及制品；马具和旅行用品		3									2														5
IX. 木材，软木制品；篮筐	1	4	11	3	1	5	4		11	11	3	2	1	9	7	5	13	1	5	1	3	2	4		107
X. 纸、纸板及其制品	3	14	36	7	18	5	7	7	20	8	6	17	19	2	8	21	11	6	12	3	8	18	11	12	279
XI. 纺织原料及纺织制品	1	23	8	28	36	17	27	7	11	21	26	17	12	39	20	6	2	12	21	7	9	16	26	12	404
XII. 鞋、帽；羽毛，人造花，风扇	6	1		4	2	3	2	3			4	3		1	3						3				35
XIII. 石料、石膏的制品；陶瓷产品；玻璃	3	11	12	12	8	6	6	11	11	8	10	12	3	4	11	12	14	13	23	5	12	16	6	5	234
XIV. 珠宝，贵金属和金属，硬币							1																		1
XV. 贱金属及其制品	43	39	64	111	109	109	138	96	53	39	38	31	23	70	52	43	58	76	97	89	105	129	81	81	1774

续 表

HS 编码	1995	1996	1997	1998	1999	2000	2001	2002	2003	2004	2005	2006	2007	2008	2009	2010	2011	2012	2013	2014	2015	2016	2017	2018	合计
XVI. 机器和电气设备	24	33	34	10	30	30	24	9	12	16	16	30	28	16	22	10	8	18	22	17	7	14	7	8	445
XVII. 车辆、航空器和船舶	3	3	1		4	5		2	2	2	4	2	1	3	3	1	6	4		5	2	2	2	7	64
XVIII. 仪器，钟表，录音机和复读机	1	5	9	5	2		3	3	2	1	1	5		6	3	1	1		1	2	7		4	2	64
XX. 杂项制品	6	5	4	5	13	7	6	11	2	3	7	6	2	5	3			1	5	1	2	2	6	1	103
总计	157	226	247	264	357	296	372	311	234	221	198	203	165	218	217	173	165	208	287	236	229	298	249	194	5725

注： 调查类型：最初；自 1995 年 1 月 1 日至 2018 年 12 月 31 日。

资料来源： http://www.wto.org/english/tratop_e/adp_e/adp_e.htm，访问日期 2019 年 6 月 1 日。

表 16　　全球实施反倾销措施案件数（按被调查国 / 地区）

被调查国 / 地区	1995	1996	1997	1998	1999	2000	2001	2002	2003	2004	2005	2006	2007	2008	2009	2010	2011	2012	2013	2014	2015	2016	2017	2018	合计
阿尔及利亚						1			1																2
阿根廷	3				1	1	3	1	1		2	1	2		1	1	2	1	1			2		1	24
亚美尼亚															1										1
澳大利亚			1	1	2	2			1	2				2		1					1	3			16
奥地利	1			3		2							1		2			1					1		11
孟加拉国							1							1								1	2	1	6
白俄罗斯		1				3	4	3	1	1	1			1	1			2					2	1	21
比利时		1		4	5			2	2		1				1		1	1					2	2	22
波黑		1															1								2
巴西	9	10	7	6	5	8	2	6	4	3	5	5	2	2	3	4	2		3	3	1	4	7	4	105
保加利亚	2		1		2	1	1	2		1		1	1			1		1							14
加拿大	1			3	1			4	4	1			1	2	1			1		2		1	1	1	24
智利		1	1	3			4	4	1	1		1	1				1		2	1				1	22
中国	27	16	33	24	21	30	31	36	41	44	42	37	46	54	57	56	37	36	52	40	61	46	58	61	986
哥伦比亚	1				1																1			1	4
克罗地亚		2				1		1			1														5
古巴						1																			1
捷克	1	1	1		1	4	1	3	1	1					1										15
丹麦	1			1		1	1													2					6
多米尼加								1																	1
厄瓜多尔	1								1		1														3
埃及			2		2									1						1	2	1			9
爱沙尼亚					1			1	1																3
欧盟			1	1	4	4	8	6	7	6	3	3	1	3	1	4	4	8	4	6	4	5	4	3	90
法罗群岛										1															1

续 表

被调查国/地区	1995	1996	1997	1998	1999	2000	2001	2002	2003	2004	2005	2006	2007	2008	2009	2010	2011	2012	2013	2014	2015	2016	2017	2018	合计
芬兰				1	1	2			1	2	2	1		1				2	1	1				2	17
法国	1	1	2	5	7	3	4	1	1		2				2		1				3	1	2	1	37
格鲁吉亚									1														1		2
德国	4	2	2	7	5	7	1	6	4			2		3	4			1	3	2	7	1	2	3	66
希腊				2				1	1						1				1				1	1	8
危地马拉									1																1
洪都拉斯					1																				1
中国香港		3	1	1	1	1	1	2	2				1	1	2	3		1			1		1		22
匈牙利		1			2	2		2	1								1								9
印度	4	1	5	7	9	7	6	6	7	10	2	12	3	6	4	2	3	3	6	6	7	9	5	9	139
印度尼西亚		2	4	7	4	11	5	9	12	2	7	10	3	6	7	8	4	2	7	4	5	6	5	8	138
伊朗						1	2		1	2	1				1			2	1			1	5	2	19
爱尔兰					2							1													3
以色列	1				1		1	1	1							1		2			3				11
意大利	2	2	1	7	5	1	2	4	2		1				1		2		3	2	2	2	2	3	44
日本	5	6	5	9	11	22	9	5	11	6	7	8	4	3		2	3	5	5	8	5	7	6	8	160
约旦								1																	1
哈萨克斯坦			2	2	4		1	2	7				1	1											20
肯尼亚																		1							1
韩国	4	6	3	15	15	23	12	13	22	13	8	10	6	8	7	4	4	10	18	12	12	16	21	17	279
科威特																1									1
吉尔吉斯斯坦																					1				1
拉脱维亚				1	1		4		1																7
利比亚								1																	1
列支敦士登			1																						1
立陶宛					1	1		1																	3
中国澳门														1		2		1							4
马拉维							1																		1
马来西亚	3	3	3	4	3	4	1	4	3	6	3	6	5	2	7	3	5	2	1	5	5	5	6	6	95
墨西哥		3	4	1	3	4	1	4		3	2	1	2	1	1	2		2	3	6	2	3	4	1	53
摩尔多瓦	1						2	1																	4
尼泊尔								2															1		3
荷兰	2		1	2	1	3	1	2	2		1				1	1					1	1	1	1	21
新西兰				1			1		1							1									4
尼日利亚										1															1
北马其顿		1			1		1		1					1											5
挪威			1							1		1					1				1				5
阿曼								1								1		1	1		1	2			7

续 表

被调查国/地区	1995	1996	1997	1998	1999	2000	2001	2002	2003	2004	2005	2006	2007	2008	2009	2010	2011	2012	2013	2014	2015	2016	2017	2018	合计
巴基斯坦	1		1				1		1	2								1		2	1	1	2		13
巴拉圭	1				1											1									3
秘鲁															1										1
菲律宾			1			1		1	1			3									2	1	1		11
波兰	1	1	3	2	4	2	4	1	1	1	1							1					1	1	24
葡萄牙			1	1	1			1												1		2	1		8
卡塔尔								1															1		2
罗马尼亚	2	1	1	2	2	4	1	4	5	2	1	1			1		1		1			1			30
俄罗斯	8	3	9	5	16	8	8	4	13	5	6	3	1	6		3	1	3	3	1	4	5	6	5	126
沙特阿拉伯				1	1	1	1	1			1		1		1	2			1	2	1			1	15
塞尔维亚																			1						1
塞尔维亚和黑山						1	1					1													3
新加坡				3		3		7	7	1		2	4	3		1		1	1		3	2	1	2	41
斯洛伐克			1		2	1		2	1		1														8
斯洛文尼亚		1																							1
南非	2	3	2	2	3	4	3	7	8					4		2	1		2	2	1	2	2	4	54
西班牙	3			4	4	3	3	3		1	1			1	1		1			2	1	2	3	4	37
斯里兰卡										1					1				1						3
瑞典				4	1	1			1		1	1		1	1			1		2	1			1	16
瑞士				1						1			1								1			1	5
中国台北	2	2	7	12	8	16	8	13	11	10	8	7	7	9	7	8	5	9	12	11	11	7	7	11	208
泰国	5	8	2	5	1	12	8	8	8	6	6	8	3	4	10	7	7	3	9	8	9	2	6	12	157
特立尼达和多巴哥			1	1				1																	3
土耳其	1	1	1	2	4	3	3	3	2	2				3		1	2	2	3	2	4	6	4	5	54
乌克兰	5	1	3	5	7	8	7	5	6		1	3	2	1	1	1	1	2	1	3	2	5	6	2	78
阿拉伯联合酋长国							1	1		1	1	1		1	1		1	3	2	2	2	1		2	20
英国	3	1	2	3	3	1	2	5	1			1			2	1					2	2		1	30
美国	8	4	9	12	8	13	4	10	6	10	13	9	4	7	5	7	7	9	5	12	7	8	4	6	187
乌拉圭							1				1			1											3
乌兹别克斯坦										1															1
委内瑞拉	4	1		1		2		1	2	1									1						13
越南				1		1	1		1	2	4	2	2	2	4	2			6	6	3	7	7	7	58
南斯拉夫		1																							1
津巴布韦			1																						1
合计	120	92	127	185	190	236	169	218	224	154	138	142	105	143	143	134	99	121	161	157	181	171	192	203	3805

注：自 1995 年 1 月 1 日至 2018 年 12 月 31 日。

资料来源：http://www.wto.org/english/tratop_e/adp_e/adp_e.htm，访问日期 2019 年 6 月 1 日。

表 17　　全球实施反倾销措施案件数（按发起调查成员）

发起调查的成员	1995	1996	1997	1998	1999	2000	2001	2002	2003	2004	2005	2006	2007	2008	2009	2010	2011	2012	2013	2014	2015	2016	2017	2018	合计
阿根廷	13	20	11	13	9	14	14	22	19	1	8	4	8	5	16	15	8	9	9	9	11	1	2	13	254
亚美尼亚[1]																					5*	4*	1*		*
澳大利亚	1	1	1	20	6	5	11	9	10	4	3	5	1	3	2	2	5	10	9	14	10	5	14	5	156
巴林[2]																							1*		*
博茨瓦纳[3]		8*	18*	13*	36*	13*	5*	15*	1*	4*		7*	1*	3*	3*	1*		1*	2*	1*	5*				*
巴西	3	6	2	14	5	9	13	5	2	5	3		9	11	16	5	13	14	30	32	31	13	10	9	260
加拿大	7		7	10	10	14	19		5	8	4		3	3	2	3	1	10	7	6	13	3	10	7	152
智利	2		2	2									1		1	1		1				1	2		13
中国				3	2	5		5	33	14	16	24	12	4	12	15	6	5	8	12	5	11	5	23	220
哥伦比亚	1	1	1		6	2				1	1	1	7		3			1	6	4	2	1	1	8	47
哥斯达黎加									1				2										1		4
捷克[4]						1																			1
多米尼加																	1			1			1		3
埃及				5	14	1	2	7	4	1		12	2	3		1	1		1		1	4	6		65
萨尔瓦多																								1	1
埃斯瓦蒂尼[3]		8*	18*	13*	36*	13*	5*	15*	1*	4*		7*	1*	3*	3*	1*		1*	2*	1*	5*				*
欧盟[5]	15	23	23	28	18	41	13	25	2	10	20	12	12	16	9	5	11	3	12	1	10	5	11	3	328
危地马拉			1																						1
印度	7	2	8	22	23	55	38	64	52	29	18	16	24	31	30	32	26	30	12	15	38	37	47	37	693
印度尼西亚			4	2	7		1		1	8	4	2		5	1	5	2	4	5	3	6		3	1	64
以色列	1			6	4		1	2		1		3	1			2	1		1			1			24
牙买加							1	2		1															4
日本	1							2						4							1	2	1	2	13
哈萨克斯坦[6]																	1*	4*	6*		5*	4*	1*		*
韩国		5	10	8		5		1	4	10	3	8		12	4		2		5	5	3	3	4	7	99
科威特[2]																							1*		*
吉尔吉斯斯坦[7]																					5*	4*	1*		*
拉脱维亚[4]								1	1																2
莱索托[3]		8*	18*	13*	36*	13*	5*	15*	1*	4*		7*	1*	3*	3*	1*		1*	2*	1*	5*				*
立陶宛[4]							7																		7
马来西亚		2	2	4	1	1		1	7		7								11	2	5	5		4	52
墨西哥	16	4	7	7	7	6	3	4	7	7	8	5			1	2	1	4	2	8	9	12	2	7	129
摩洛哥																		1	1	4	1		2	3	12
纳米比亚[3]		8*	18*	13*	36*	13*	5*	15*	1*	4*		7*	1*	3*	3*	1*		1*	2*	1*	5*				*
新西兰	3	4		1			2	1		2	4	2	3				2								24
尼加拉瓜					1																				1
阿曼[2]																							1*		*
巴基斯坦								1	2	4	1	7	4		6	5	7	6	7		1	2	12	19	84

续　表

发起调查的成员	1995	1996	1997	1998	1999	2000	2001	2002	2003	2004	2005	2006	2007	2008	2009	2010	2011	2012	2013	2014	2015	2016	2017	2018	合计
巴拉圭					1					1															2
秘鲁	2	2	3		3	4	1	7	7	8	3	4	1		2	1	1		1		1	1		1	53
菲律宾		2	1	1	3	4															1		1		13
波兰[4]				1		6			2																9
卡塔尔[2]																							1*		*
俄罗斯[8]												1	1	4	1	10	1	4	6		5	4	1		38
沙特阿拉伯[9]																							1		1
新加坡	2																								2
南非[10]		8	18	13	36	13	5	15	1	4		7	1	3	3	1		1	2	1	5				137
中国台北			1	5	1	1		2				1	1			2	1		2			8			25
泰国			1	2				1	20	1	2		1		3		3	2	7	4		5	7		59
特立尼达和多巴哥				2		1	2		1	1												1			8
土耳其	11				1	8	2	11	28	16	9	21	6	11	9	10	2	1	8	9	7	9	10	10	199
乌克兰							1	2	2	2	6	2	1	5	7			7	2	1	1	2	2	2	45
阿拉伯联合酋长国[2]																							1*		*
美国	33	12	20	16	24	31	33	27	13	14	18	5	4	23	15	17	4	7	7	22	14	35	33	41	468
乌拉圭																		1							1
委内瑞拉	2		4		8	9		1		1															25
越南																				4			3		7
合计	120	92	127	185	190	236	169	218	224	154	138	142	105	143	143	134	99	121	161	157	181	171	192	203	3805

1：为了避免重复计算，亚美尼亚于 2015 年 1 月 2 日成为欧亚经济联盟成员国，该成员的行记录是带有星号的数字，表明截至目前其反倾销行动与俄罗斯的反倾销行动相同，在欧亚经济联盟层面进行。

2：巴林、科威特、阿曼、卡塔尔、阿联酋：为了避免重复计算，这些成员的行记录是带有星号的数字，因为它所通知的反倾销行动与沙特阿拉伯的反倾销行动相同，并且是在海湾合作委员会层面进行操作。

3：博茨瓦纳、埃斯瓦蒂尼、纳米比亚、莱索托：为了避免重复计算，该成员所在的行记录是带有星号的数字，因为它通报的反倾销行动与在南非确认的行动相同，并在南部非洲关税联盟这一层面进行的。

4：捷克、拉脱维亚、立陶宛、波兰和斯洛文尼亚于 2004 年 5 月 1 日成为欧盟成员国。到今天为止，以前采取的国家行动已不再适用，取而代之的是全欧盟的行动。由于欧盟代表其所有成员国通知相关行动，因此欧盟的数字并未在此行中另外报告。

5：欧盟发出的所有反倾销调查通知均在全欧盟范围内进行，即就所有欧盟成员国不会单独通报。

6：哈萨克斯坦：为了避免重复计算，该成员的行记录是带有星号的数字，因为它所指出的反倾销行动与俄罗斯联邦是一致的，2011—2014 年是在欧亚经济共同体的关税同盟层面进行的，2015 年是在欧亚经济联盟层面进行的。

7：吉尔吉斯斯坦于 2015 年 8 月 12 日成为欧亚经济联盟成员国。为了避免重复计算，该成员的行记录是带有星号的数字，因此迄今为止，反倾销行动与俄罗斯联邦所确定的反倾销行动相同，在欧亚经济联盟层面进行。

8：俄罗斯（于 2012 年 8 月 22 日成为世贸组织成员）在 2011—2014 年的所有反倾销行动都是在欧亚经济共同体关税联盟层面上进行的，也就是白俄罗斯和哈萨克斯坦（当时是非世贸组织成员）。2015 年俄罗斯的所有行动是在欧亚经济联盟层面采取的，也包括亚美尼亚、吉尔吉斯共和国、哈萨克斯坦（2015 年 11 月 30 日成为世贸组织成员）和白俄罗斯（非世贸组织成员）。

9：所有沙特阿拉伯采取的反倾销行动均是在南部非洲关税同盟层面进行的，还包括巴林、科威特、阿曼、卡塔尔和阿联酋。

10：南非通报的所有反倾销行动均在南部非洲关税同盟层面进行的，还包括博茨瓦纳、埃斯瓦蒂尼、纳米比亚和莱索托。

注：自 1995 年 1 月 1 日至 2018 年 12 月 31 日。

资料来源：http://www.wto.org/english/tratop_e/adp_e/adp_e.htm，访问日期 2019 年 6 月 1 日。

表 18 全球实施反倾销措施案件数（按产品类别）

HS 编码	1995	1996	1997	1998	1999	2000	2001	2002	2003	2004	2005	2006	2007	2008	2009	2010	2011	2012	2013	2014	2015	2016	2017	2018
I. 活动物，动物产品	2		1	2	1	3	7		1	2	6	1				1		1			3			
II. 植物产品	4	1	1	4	3	1	3	3	1		2	4	3	1	2	2		1			1	1		
III. 动、植物油、脂、蜡								1			1											1		
IV. 食品；饮料、酒及醋，烟草	6	6	1	3	1	1	4	1	1			6	3				2			2			7	5
V. 矿产品		1	2	3	1	5	10	8	2	7			1	1	2		3		3		1	2		
VI. 化学工业及其相关工业的产品	19	12	22	15	15	49	39	56	68	46	31	27	28	46	18	32	28	36	22	31	50	39	28	53
VII. 树脂、塑料及其制品；橡胶及其制品	10	11	13	14	27	26	11	25	48	25	23	28	7	25	13	15	12	8	30	21	26	12	24	17
VIII. 生皮、毛皮及其制品；马具和旅行用品			1									1												
IX. 木材，软木制品；篮筐	1		1	6	7	1		3		4	5	5		3	6		2	1	5	1	2	3		6
X. 纸、纸板及其制品	2		2	29	5	10	2	6	10	4	10	7	4	11		2	4	14	1	4	2	8	8	16
XI. 纺织原料及纺织制品	4	8	9	2	21	26	9	30	2	11	13	23	16	10	30	17	2	2	5	8	4	8	10	13
XII. 鞋、帽；羽毛，人造花，风扇	1		3	3		7	2	1				2	1		1	2								
XIII. 石料、石膏的制品；陶瓷产品；玻璃	3	3	1	6	5	7	1	2	10	4	5	7	5	4	4	5	13	8	11	19	6	4	11	11
XV. 贱金属及其制品	49	24	46	64	85	81	65	60	66	39	24	16	11	29	29	40	21	41	69	61	57	80	95	70
XVI. 机器和电气设备	9	17	16	30	4	14	11	15	8	6	12	9	15	12	27	14	7	7	11	8	19	6	6	7
XVII. 车辆、航空器和船舶	1	5	1	1	1		1		2	2	1		5		1	2	2	1	3		6	3	1	1
XVIII. 仪器，钟表，录音机和复读机	2	1			11		1		1	1	3		4		5	1	3	1		1		4	1	
XX. 杂项制品	7	3	7	3	3	5	3	7	4	3	2	6	2	1	5	1			1	1	4		1	4
合计	120	92	127	185	190	236	169	218	224	154	138	142	105	143	143	134	99	121	161	157	181	171	192	203

注： 自 1995 年 1 月 1 日至 2018 年 12 月 31 日。

资料来源： http://www.wto.org/english/tratop_e/adp_e/adp_e.htm，访问日期 2019 年 6 月 1 日。

4. 保障措施委员会

保障措施委员会 2018 年年度报告考察期为 2017 年 10 月 23 日至 2018 年 10 月 22 日。报告调查期内，保障措施委员会分别于 2018 年 4 月 23 日和 2017 年 10 月 22 日举行了两次常规会议。2018 年 6 月 20 日和 9 月 14 日举行了两次非正式会议。

2018 年 4 月会议上，委员会选举了 Hyouk woo Kwon 先生为委员会主席，选举了 Katherine Dellar 女士为副主席。

截至 2018 年 10 月 22 日，共有 136 个 WTO 成员对其国内的保障措施的立法和规章做了通报。此外，还有 20 个成员未尽到通报义务。

表 19　　全球发起保障措施调查案件数

发起调查的成员	1995	1996	1997	1998	1999	2000	2001	2002	2003	2004	2005	2006	2007	2008	2009	2010	2011	2012	2013	2014	2015	2016	2017	2018	合计
阿根廷	0	0	1	1	0	1	1	0	0	1	0	1	0	0	0	0	0	0	0	0	0	0	0	0	6
澳大利亚	0	0	0	1	0	0	0	0	0	0	0	0	1	0	0	0	0	0	2	0	0	0	0	0	4
巴西	0	1	0	0	0	0	1	0	0	0	0	0	0	1	0	0	0	1	0	0	0	0	0	0	4
保加利亚 *	0	0	0	0	0	1	1	3	1	0	0	0	0	0	0	0	0	0	0	0	0	0	0	0	6
加拿大	0	0	0	0	0	0	0	1	0	0	2	0	0	0	0	0	0	0	0	0	0	0	0	1	4
智利	0	0	0	0	2	3	2	2	0	1	0	1	0	0	1	0	0	1	2	0	4	0	0	1	20
中国	0	0	0	0	0	0	0	1	0	0	0	0	0	0	0	0	0	0	0	0	0	1	0	0	2
哥伦比亚	0	0	0	0	1	0	0	0	0	2	0	0	0	0	0	0	0	0	4	0	0	0	0	0	7
哥斯达黎加	0	0	0	0	0	0	0	1	0	0	0	0	0	0	0	0	0	1	0	1	0	0	0	1	4
克罗地亚 *	0	0	0	0	0	0	0	0	0	0	0	0	0	0	1	0	0	0	0	0	0	0	0	0	1
捷克 *	0	0	0	0	1	2	1	5	0	0	0	0	0	0	0	0	0	0	0	0	0	0	0	0	9
多米尼加	0	0	0	0	0	0	0	0	0	0	0	0	0	0	3	2	0	0	0	0	0	0	0	0	5
厄瓜多尔	0	0	0	0	2	0	0	1	4	0	0	0	0	0	0	1	0	0	0	1	0	0	0	0	9
埃及	0	0	0	1	1	1	0	0	0	0	0	0	0	1	0	0	1	4	0	2	2	0	0	0	13
萨尔瓦多	0	0	0	0	0	3	0	0	0	0	0	0	0	0	0	0	0	0	0	0	0	0	0	0	3
爱沙尼亚 *	0	0	0	0	0	0	0	0	1	0	0	0	0	0	0	0	0	0	0	0	0	0	0	0	1
欧盟 *	0	0	0	0	0	0	0	1	1	1	1	0	0	0	0	1	0	0	0	0	0	0	0	1	6
匈牙利 *	0	0	0	0	0	0	0	1	2	0	0	0	0	0	0	0	0	0	0	0	0	0	0	0	3
印度	0	0	1	5	3	2	0	2	1	1	0	0	0	1	10	1	1	1	3	7	2	1	1	0	43
印度尼西亚	0	0	0	0	0	0	0	0	0	1	1	1	0	2	0	7	4	7	0	3	1	0	0	2	29
以色列	0	0	0	0	0	0	0	0	0	0	0	0	0	0	1	0	1	0	0	0	0	0	0	0	2
牙买加	0	0	0	0	0	0	0	0	1	0	0	0	0	0	0	0	0	0	0	0	0	0	0	0	1
日本	0	0	0	0	0	1	0	0	0	0	0	0	0	0	0	0	0	0	0	0	0	0	0	0	1
约旦	0	0	0	0	0	1	0	8	0	0	1	1	1	2	0	1	0	1	0	1	0	1	0	0	18
韩国	1	2	0	0	1	0	0	0	0	0	0	0	0	0	0	0	0	0	0	0	0	0	0	0	4
吉尔吉斯斯坦 **	0	0	0	0	0	0	0	0	0	0	0	0	0	0	2	1	0	0	1	0	0	0	0	0	4
拉脱维亚 *	0	0	0	0	1	0	0	1	0	0	0	0	0	0	0	0	0	0	0	0	0	0	0	0	2
立陶宛 *	0	0	0	0	0	0	1	0	0	0	0	0	0	0	0	0	0	0	0	0	0	0	0	0	1
马达加斯加	0	0	0	0	0	0	0	0	0	0	0	0	0	0	0	0	0	0	0	0	0	0	0	3	3
马来西亚	0	0	0	0	0	0	0	0	0	0	0	0	0	0	0	0	1	0	0	1	1	2	0	0	5
墨西哥	0	0	0	0	0	0	0	1	0	0	0	0	0	0	0	1	0	0	0	0	0	0	0	0	2
摩尔多瓦	0	0	0	0	0	0	0	0	1	1	0	0	0	0	0	0	0	0	0	0	0	0	0	0	2

续 表

发起调查的成员	1995	1996	1997	1998	1999	2000	2001	2002	2003	2004	2005	2006	2007	2008	2009	2010	2011	2012	2013	2014	2015	2016	2017	2018	合计
摩洛哥	0	0	0	0	0	2	0	0	0	0	1	0	0	0	1	1	0	1	0	1	1	0	0	1	9
巴基斯坦	0	0	0	0	0	0	0	0	0	0	1	0	0	0	0	0	0	0	0	0	0	0	0	0	1
巴拿马	0	0	0	0	0	0	0	0	0	0	0	1	0	0	0	0	0	0	0	0	0	0	0	0	1
秘鲁	0	0	0	0	0	0	0	0	0	1	0	0	0	0	1	0	0	0	0	0	0	0	0	0	2
菲律宾	0	0	0	0	0	0	3	0	3	0	0	1	0	1	1	0	0	0	2	0	0	0	0	2	13
波兰 *	0	0	0	0	0	1	0	4	0	0	0	0	0	0	0	0	0	0	0	0	0	0	0	0	5
俄罗斯 **	0	0	0	0	0	0	0	0	0	0	0	0	0	0	0	0	1	3	0	0	0	0	0	1	5
沙特阿拉伯 ***	0	0	0	0	0	0	0	0	0	0	0	0	0	0	0	0	0	0	0	0	0	2	1	0	3
斯洛伐克 *	0	0	0	0	1	1	0	1	0	0	0	0	0	0	0	0	0	0	0	0	0	0	0	0	3
斯洛文尼亚 *	0	0	0	1	0	0	0	0	0	0	0	0	0	0	0	0	0	0	0	0	0	0	0	0	1
南非 ****	0	0	0	0	0	0	0	0	0	0	0	0	1	0	0	0	0	1	1	0	0	2	0	1	6
中国台北	0	0	0	0	0	0	0	0	0	0	0	0	0	0	0	0	0	0	1	0	0	0	0	0	1
泰国	0	0	0	0	0	0	0	0	0	0	0	0	0	0	0	1	0	2	0	1	0	1	0	0	5
突尼斯	0	0	0	0	0	0	0	0	0	0	0	2	0	0	0	0	0	0	0	2	1	0	0	0	5
土耳其	0	0	0	0	0	0	0	0	0	5	0	5	3	1	1	0	1	0	1	3	1	0	2	2	25
乌克兰	0	0	0	0	0	0	0	0	0	0	0	0	2	1	2	3	2	0	1	0	1	0	1	0	13
美国	1	2	1	1	2	2	1	0	0	0	0	0	0	0	0	0	0	0	0	0	0	0	2	0	12
委内瑞拉	0	0	0	0	0	4	1	1	0	0	0	0	0	0	0	0	0	0	0	0	0	0	0	0	6
越南	0	0	0	0	0	0	0	0	0	0	0	0	0	0	1	0	0	1	0	0	2	1	1	0	6
赞比亚	0	0	0	0	0	0	0	0	0	0	0	0	0	0	0	0	0	0	0	0	1	0	0	0	1
合计	2	5	3	10	15	25	12	34	15	14	7	13	8	10	25	20	12	24	18	23	17	11	8	16	347

注：自 1995 年 1 月 1 日至 2018 年 12 月 31 日。

* 欧共体 2004 年 5 月 1 日、2007 年 1 月 1 日和 2013 年 7 月 1 日东扩。所有新加入的国家加入前作为 WTO 成员统计数字仍有效。欧盟整体的数字：(a) 1995 年 1 月 1 日至 2004 年 4 月 30 日以 15 国为准；(b) 2004 年 5 月 1 日至 2006 年 12 月 31 日以 25 国为准；(c) 2007 年 1 月 1 日至 2013 年 6 月 30 日以 27 国为准；(d) 2013 年 7 月 1 日后以 28 国为准。

** 欧亚经济联盟作为一个整体的经济行为在俄罗斯项下显示。欧亚经济联盟的成员包括：亚美尼亚、白俄罗斯、哈萨克斯坦、吉尔吉斯斯坦和俄罗斯。除了吉尔吉斯斯坦外，欧亚经济联盟的其他单个经济体的活动并未在本表中体现。而吉尔吉斯斯坦的数字主要为其加入欧亚经济联盟之前的行为。

*** 海湾合作委员会作为一个整体的经济行为在沙特阿拉伯项下显示。海湾经济合作委员会的成员包括：巴林、科威特、阿曼、卡塔尔、沙特阿拉伯和阿拉伯联合酋长国。海湾经济合作委员会中单个经济体的活动并未在本表中体现。

**** 南非关税同盟作为一个整体的经济行为在南非项下体现。南非关税同盟的成员包括：博茨瓦纳、莱索托、纳米比亚、南非和埃斯瓦蒂尼。南非关税同盟中单个经济体的活动并未在本表中体现。

资料来源：http://www.wto.org/english/tratop_e/safeg_e/safeg_e.htm，访问日期 2019 年 6 月 1 日。

表 20　　全球发起保障措施调查案件数（按产品类别）

HS 编码	1995	1996	1997	1998	1999	2000	2001	2002	2003	2004	2005	2006	2007	2008	2009	2010	2011	2012	2013	2014	2015	2016	2017	2018	合计
Ⅰ	0	1	0	3	2	3	0	1	1	1	0	1	1	0	2	1	0	1	1	0	0	0	0	1	20
Ⅱ	1	1	1	0	2	3	2	1	0	2	1	0	0	0	1	0	0	3	2	1	0	0	0	0	21
Ⅲ	1	0	0	0	0	1	0	1	0	0	0	0	0	0	0	0	0	1	0	0	0	0	0	0	4
Ⅳ	0	0	0	0	1	4	3	3	3	0	1	0	0	1	1	0	0	3	3	0	2	1	0	1	27
Ⅴ	0	0	0	0	0	0	1	0	1	0	0	1	0	1	0	1	1	0	0	0	0	0	0	0	6
Ⅵ	0	0	1	3	4	5	0	8	2	2	1	1	1	2	6	2	1	3	3	3	1	0	3	1	53
Ⅶ	0	0	0	2	1	3	0	0	1	0	0	1	1	0	1	0	3	1	1	1	2	0	1	0	19
Ⅷ	0	0	0	0	0	0	0	0	0	0	0	0	1	0	0	0	0	0	0	0	0	0	0	0	1
Ⅸ	0	0	0	1	0	0	0	2	0	0	0	0	0	0	1	0	0	0	0	2	0	0	0	1	7
Ⅹ	0	0	0	0	0	1	0	0	1	0	0	0	0	0	4	1	0	0	1	4	1	0	0	0	13
Ⅺ	0	0	0	0	0	1	0	0	0	1	0	0	0	2	3	4	2	3	0	1	0	0	0	2	19
Ⅻ	0	0	1	0	1	1	0	1	0	0	1	2	0	0	0	0	0	0	0	0	0	0	0	0	7
XⅢ	0	0	0	0	0	0	1	2	5	3	1	2	1	1	3	2	1	1	1	1	2	0	0	3	30
XV	0	0	0	0	2	2	4	12	1	0	0	0	1	2	3	7	3	6	6	8	9	10	0	7	83
XⅥ	0	0	0	0	1	0	0	3	0	3	0	4	1	1	0	1	0	1	0	2	0	0	3	0	20
XⅦ	0	1	0	0	1	1	0	0	0	0	1	1	0	0	0	1	1	0	0	0	0	0	0	0	7
XⅧ	0	0	0	0	0	0	0	0	0	2	0	0	1	0	0	0	0	1	0	0	0	0	0	0	4
XX	0	2	0	1	0	0	1	0	0	0	1	0	0	0	0	0	0	0	0	0	0	0	1	0	6
合计	2	5	3	10	15	25	12	34	15	14	7	13	8	10	25	20	12	24	18	23	17	11	8	16	347

注： 自 1995 年 1 月 1 日至 2018 年 12 月 31 日。

资料来源： http://www.wto.org/english/tratop_e/safeg_e/safeg_e.htm，访问日期 2019 年 6 月 1 日。

表 21　　全球实施保障措施案件数

发起调查的成员	1996	1997	1998	1999	2000	2001	2002	2003	2004	2005	2006	2007	2008	2009	2010	2011	2012	2013	2014	2015	2016	2017	2018	合计
阿根廷	0	1	0	0	0	2	0	0	0	0	0	1	0	0	0	0	0	0	0	0	0	0	0	4
巴西	0	1	0	0	0	0	1	0	0	0	0	0	0	0	0	0	0	0	0	0	0	0	0	2
保加利亚 *	0	0	0	0	0	0	2	0	0	0	0	0	0	0	0	0	0	0	0	0	0	0	0	2
智利	0	0	0	0	2	1	2	0	0	1	1	0	0	0	0	0	1	0	0	0	1	0	0	9
中国	0	0	0	0	0	0	1	0	0	0	0	0	0	0	0	0	0	0	0	0	0	1	0	2
哥伦比亚	0	0	0	0	0	0	0	0	0	0	0	0	0	0	0	0	0	0	1	0	0	0	0	1
哥斯达黎加	0	0	0	0	0	0	0	0	0	0	0	0	0	0	0	0	0	0	0	1	0	0	0	1
克罗地亚 *	0	0	0	0	0	0	0	0	0	0	0	0	0	1	0	0	0	0	0	0	0	0	0	1
捷克 *	0	0	0	1	0	1	1	2	0	0	0	0	0	0	0	0	0	0	0	0	0	0	0	5
多米尼加	0	0	0	0	0	0	0	0	0	0	0	0	0	0	2	0	0	0	0	0	0	0	0	2
厄瓜多尔	0	0	0	0	0	1	0	1	1	0	0	0	0	0	1	0	0	0	0	1	0	0	0	5
埃及	0	0	0	1	1	1	0	0	0	0	0	0	1	0	0	0	1	0	0	1	0	0	0	6
欧盟 *	0	0	0	0	0	0	1	0	1	1	0	0	0	0	0	0	0	0	0	0	0	0	0	3
匈牙利 *	0	0	0	0	0	0	0	3	0	0	0	0	0	0	0	0	0	0	0	0	0	0	0	3

续 表

发起调查的成员	1996	1997	1998	1999	2000	2001	2002	2003	2004	2005	2006	2007	2008	2009	2010	2011	2012	2013	2014	2015	2016	2017	2018	合计
印度	0	0	4	1	1	0	2	0	0	1	0	0	0	3	0	1	2	0	4	0	2	0	1	22
印度尼西亚	0	0	0	0	0	0	0	0	0	0	1	0	0	2	0	7	1	1	2	3	0	0	1	18
约旦	0	0	0	0	0	1	1	2	0	1	0	1	0	0	1	0	0	1	0	0	0	1	0	9
韩国	0	1	0	0	1	0	0	0	0	0	0	0	0	0	0	0	0	0	0	0	0	0	0	2
吉尔吉斯斯坦 **	0	0	0	0	0	0	0	0	0	0	0	0	0	1	0	0	0	1	0	0	0	0	0	2
拉脱维亚 *	0	0	0	1	0	0	0	1	0	0	0	0	0	0	0	0	0	0	0	0	0	0	0	2
立陶宛 *	0	0	0	0	0	0	1	0	0	0	0	0	0	0	0	0	0	0	0	0	0	0	0	1
马来西亚	0	0	0	0	0	0	0	0	0	0	0	0	0	0	0	0	0	0	0	1	0	2	0	3
摩尔多瓦	0	0	0	0	0	0	0	0	1	0	0	0	0	0	0	0	0	0	0	0	0	0	0	1
摩洛哥	0	0	0	0	0	1	0	0	0	0	1	0	0	0	0	0	0	1	0	1	0	1	0	5
巴拿马	0	0	0	0	0	0	0	0	0	0	0	1	0	0	0	0	0	0	0	0	0	0	0	1
菲律宾	0	0	0	0	0	0	1	1	3	0	0	0	0	1	0	1	0	0	0	1	0	0	0	8
波兰 *	0	0	0	0	0	0	0	4	0	0	0	0	0	0	0	0	0	0	0	0	0	0	0	4
俄罗斯 **	0	0	0	0	0	0	0	0	0	0	0	0	0	0	0	0	1	1	1	0	0	0	0	3
沙特阿拉伯 ***	0	0	0	0	0	0	0	0	0	0	0	0	0	0	0	0	0	0	0	0	0	0	1	1
斯洛伐克 *	0	0	0	0	0	1	0	1	0	0	0	0	0	0	0	0	0	0	0	0	0	0	0	2
南非 ****	0	0	0	0	0	0	0	0	0	0	0	1	0	0	0	0	0	0	1	0	0	1	0	3
泰国	0	0	0	0	0	0	0	0	0	0	0	0	0	0	0	1	0	1	0	1	0	1	0	4
土耳其	0	0	0	0	0	0	0	0	0	2	4	1	4	1	0	1	0	0	1	1	0	1	0	16
乌克兰	0	0	0	0	0	0	0	0	0	0	0	0	1	1	0	0	0	1	1	0	1	0	1	6
美国	1	0	1	1	2	0	1	0	0	0	0	0	0	0	0	0	0	0	0	0	0	0	2	8
越南	0	0	0	0	0	0	0	0	0	0	0	0	0	0	0	0	0	1	0	0	2	1	1	5
合计	1	3	5	5	7	9	14	15	6	6	7	5	6	10	4	11	6	8	11	11	6	9	7	172

注：自 1995 年 1 月 1 日至 2018 年 12 月 31 日。

* 欧共体 2004 年 5 月 1 日、2007 年 1 月 1 日和 2013 年 7 月 1 日东扩。所有新加入的国家加入前作为 WTO 成员统计数字仍有效。欧盟整体的数字：(a) 1995 年 1 月 1 日至 2004 年 4 月 30 日以 15 国为准；(b) 2004 年 5 月 1 日至 2006 年 12 月 31 日以 25 国为准；(c) 2007 年 1 月 1 日至 2013 年 6 月 30 日以 27 国为准；(d) 2013 年 7 月 1 日后以 28 国为准。

** 欧亚经济联盟作为一个整体的经济行为在俄罗斯项下显示。欧亚经济联盟的成员包括：亚美尼亚、白俄罗斯、哈萨克斯坦、吉尔吉斯斯坦和俄罗斯。除了吉尔吉斯斯坦外，欧亚经济联盟的其他单个经济体的活动并未在本表中体现。而吉尔吉斯斯坦的数字主要为其加入欧亚经济联盟之前的行为。

*** 海湾合作委员会作为一个整体的经济行为在沙特阿拉伯项下显示。海湾经济合作委员会的成员包括：巴林、科威特、阿曼、卡塔尔、沙特阿拉伯和阿拉伯联合酋长国。海湾经济合作委员会中单个经济体的活动并未在本表中体现。

**** 南非关税同盟作为一个整体的经济行为在南非项下体现。南非关税同盟的成员包括：博茨瓦纳、莱索托、纳米比亚、南非和斯威士兰。南非关税同盟中单个经济体的活动并未在本表中体现。

资料来源：http://www.wto.org/english/tratop_e/safeg_e/safeg_e.htm，访问日期 2019 年 6 月 1 日。

表 22　　全球实施保障措施案件数（按产品类别）

HS 编码	1996	1997	1998	1999	2000	2001	2002	2003	2004	2005	2006	2007	2008	2009	2010	2011	2012	2013	2014	2015	2016	2017	合计
Ⅰ	0	1	0	2	0	2	0	1	0	1	1	0	0	1	0	0	0	0	0	0	0	0	9
Ⅱ	0	0	1	0	2	2	1	0	0	2	0	0	0	1	0	0	1	1	1	1	0	0	13
Ⅲ	0	0	0	0	0	0	0	0	0	0	0	0	0	0	0	0	0	1	0	0	0	0	1
Ⅳ	0	0	0	1	0	3	3	2	2	0	0	0	0	1	0	0	0	0	1	0	0	1	14
Ⅴ	0	0	0	0	0	0	0	1	0	0	1	0	0	0	0	0	0	0	0	0	0	0	2
Ⅵ	0	0	3	2	1	1	3	5	0	2	0	1	0	5	0	1	2	0	4	0	1	0	31
Ⅶ	0	0	1	0	0	0	0	0	0	0	0	1	0	0	0	1	0	0	0	0	1	0	4
Ⅷ	0	0	0	0	0	0	0	0	0	0	0	0	1	0	0	0	0	0	0	0	0	0	1
Ⅸ	0	0	0	0	0	0	0	1	0	0	0	0	0	0	0	0	0	0	0	1	0	0	2
Ⅹ	0	0	0	0	0	0	0	0	0	0	0	0	0	0	0	1	0	0	0	3	0	1	5
Ⅺ	0	0	0	0	1	0	0	0	0	0	0	0	2	0	2	3	1	0	0	0	0	0	9
Ⅻ	0	1	0	0	0	0	0	0	0	0	1	1	0	0	0	0	0	0	0	0	0	0	3
XⅢ	0	0	0	0	0	0	1	1	4	0	2	0	0	0	2	1	0	1	1	0	0	0	13
XV	0	0	0	0	2	0	5	3	0	0	0	0	1	2	0	4	2	4	3	6	4	7	43
XⅥ	0	0	0	0	1	0	1	1	0	0	2	1	1	0	0	0	0	0	1	0	0	0	8
XⅦ	0	0	0	0	0	1	0	0	0	0	0	1	0	0	0	0	0	1	0	0	0	0	3
XⅧ	0	0	0	0	0	0	0	0	0	1	0	0	1	0	0	0	0	0	0	0	0	0	2
XX	1	1	0	0	0	0	0	0	0	0	0	0	0	0	0	0	0	0	0	0	0	1	3
合计	1	3	5	5	7	9	14	15	6	6	7	5	6	10	4	11	6	8	11	11	6	10	166

注：自 1995 年 1 月 1 日至 2017 年 12 月 31 日。

资料来源：http://www.wto.org/english/tratop_e/safeg_e/safeg_e.htm，访问日期 2018 年 6 月 1 日。

3. 服务贸易理事会

服务贸易理事会于 2018 年 3 月 2 日、5 月 30 日和 10 月 12 日，共举行了 3 次正式会议。重点审议和解决了下列问题：（1）审议成员方根据《服务贸易总协定》第 3 条第 3 款、第 5 条第 7 款和第 7 条第 4 款所通报的服务贸易措施；（2）通知现有区域贸易协定变化的模板；（3）最不发达国家服务豁免的实施；（4）有关电子商务的工作计划；（5）关于乌克兰所采取的与 WTO 不相符的措施；（6）评估模式 4 的准入壁垒；（7）中国的网络安全措施；（8）越南的网络安全措施；（9）服务贸易统计的最新发展；（10）附属机构的工作。

服务贸易理事会下属委员会和工作组活动如下：

（1）金融服务贸易委员会

年度报告期内，金融服务贸易委员会未举行任何会议。

（2）特定承诺委员会

年度报告期内，特定承诺委员会未举行任何会议。

（3）国内规制工作组

自 2017 年度报告以来，国内规制工作组于 2017 年 11 月 7 日和 8 日举行了 1 次正式会议。工作组会议重点讨论了一组成员[①]有关“国内规制纪律”的文件，以及俄罗斯提交的文件。

（4）GATS 规则工作组

自 2017 年度报告以来，GATS 规则工作组没有举行任何会议。

4. 知识产权理事会

自 2017 年度报告以来，知识产权理事会举行

① 阿尔巴尼亚、阿根廷、澳大利亚、加拿大、智利、哥伦比亚、哥斯达黎加、欧盟、中国香港、冰岛、以色列、日本、哈萨克斯坦、韩国、列支敦士登、墨西哥、摩尔多瓦、黑山、新西兰、挪威、秘鲁、俄罗斯联邦、瑞士、台澎金马单独关税区、土耳其、乌克兰和乌拉圭。

了 3 次正式会议，分别为 2018 年 2 月 27 日、6 月 5 至 6 日和 11 月 8 至 9 日。这些会议内容可见文件 IP/C/M/88 和 IP/C/M/88/Add.1, IP/C/M/89 和 IP/C/M/89/Add.1 和 IP/C/M/90 IP/C/M/90/Add. 1。

其中 2 月的会议由来自中国香港的 Irene Young 女士主持，6 月的会议由德国大使 Walter Werner 先生主持。

这些会议向所有的 WTO 成员、其他政府和观察员以及具有该理事会观察员地位的某些国际政府间组织开放。理事会继续讨论了：①《与贸易有关的知识产权协定》要求的通报；②成员国内相关法律框架的审议；③对第 27.3（B）条的审议，《与贸易有关的知识产权协定》与《生物多样性公约》的关系以及对传统知识和历史传说的保护；④非违反之诉和情势之诉；⑤根据第 71 条 TRIPS 的实施问题；⑥根据第 24.2 条对地理标志条款的审议；⑦审议特定的强制许可制度；⑧第 66.2 条的实施；⑨技术合作和能力建设问题；⑩知识产权和创新[①]；⑪知识产权和公共利益[②]等。

① 2017 年包容性创新与中小微企业（MSMES）主题综述：合作、增长与贸易；2018 年知识产权与创新主题：知识产权在新经济中的社会价值：知识产权与新业务，知识产权改善生活。

② 监管审查的例外；通过竞争法和竞争政策促进公共健康。

● 多哈回合谈判进展（2018）

2018 多哈谈判的整体概况

• 2018 年，世贸组织成员试图推动贸易谈判向前发展。 贸易谈判委员会主席，总干事罗伯托•阿泽维多警告说，这次不能像往常一样进行。他呼吁保持紧迫感。

• 农业和渔业补贴是两个活跃的领域。

• 该倡议的共同召集人和协调员说：在第十一届部长级会议上发起的各种联合倡议下的探索性讨论是积极、互动和富有成果的。

• 世贸组织的改革或现代化的可能方法成为下半年讨论的共同主题。

谈判

2018 年，世贸组织成员以务实和建设性方式推进贸易谈判。贸易谈判委员会 (TNC) 主席、总干事罗伯托•阿泽维多说，如果成员们想要取得实质性成果，就不能像往常一样进行谈判。成员们需要以积极的方式进行反思。不同的谈判小组将有不同的需要和结果，由各成员与各自的主席确定适当的途径。重要的是，对该系统的支持承诺必须与行动相匹配。

贸易谈判委员会主席说：发展中国家特别是最不发达国家（LDC）的前景，必须始终是 WTO 成员工作的核心。他强调，在所有工作领域，灵活性都是关键。这可以通过体制允许的不同方法来实现。确实在实质内容上具有灵活性，例如《贸易便利化协定》在结构上具有灵活性，一些诸边倡议如《政府采购协议》或《信息技术协议》等具有灵活性，在向所有成员开放的联合倡议中的探索性讨论具有新的灵活性。

在 2018 年 5 月、7 月、10 月和 12 月举行的贸易谈判委员会非正式会议和代表团团长会议上，农业、渔业补贴、服务、发展和争端解决谅解谈判等积极谈判小组的主席报告了各自领域的工作。12 月，农业和渔业补贴谈判主席强调了他们 2019 年上半年的工作计划 / 议案。

虽然成员们积极开会和参与谈判，但贸易谈判委员会主席要求有一种紧迫感，特别是在有具体期限的领域，例如渔业补贴和落后于预定时间的领域，例如为食品安全进行的公共储备。虽然在布宜诺斯艾利斯取得了重要进展，但 2017 年 12 月举行的第 11 届部长级会议也暴露出世贸组织成员在实质内容和程序上存在一些根本性分歧。主席指出，如果各成员要解决这些挑战并取得进展，他们就必须提出可能导致趋同的新思路。他说，一些领域出现了一些早期的温和迹象。

贸易谈判委员会主席说，随着全球贸易紧张局势不断升级，其中一个风险就是世贸组织成员忽视了他们的谈判工作。他呼吁成员抵制这种诱惑。许多成员指出了渔业补贴方面的密集工作，并注意到 7 月总理事会决定将 2019 年 12 月作为达成协议的最后期限。但结果不会轻易出现，所有成员都必须做好努力工作的准备。他们还必须努力推进其他重要的长期问题，如农业、公共储备、服务和发展以及谈判的所有其他领域。

有关联合倡议的工作

许多支持者强调，成员集体于 2017 年 12 月在布宜诺斯艾利斯发起的联合倡议对于确保贸易政策与当今全球经济相关并提供包容性机遇具有重要意义。总干事强调，它们不应背离多边主义，而应是帮助和支持多边主义的一种方式。他说，令人鼓舞的是，支持者明确表示，这些举措将向所有人开放，包括包容性和透明性。 他还强调，不会强迫任何成员加入任何此类倡议。

电子商务、促进发展的投资便利化、中小微企业和妇女经济赋能联合倡议的联合召集人和协调员在代表团团长会议上向世贸组织成员提供了透明度报告。他们都强调其工作的包容性和透明度。联合召集人及协调员表示，这些措施下的探索性讨论是积极、互动和富有成效的，显示了与会者对推动探索性工作的浓厚兴趣。今年下半年，他们已经做好了在 2019 年采取下一步行动的准备，其中包括进行一些谈判。

参与这些倡议的世贸组织成员表示，他们对所取得的进展感到鼓舞，特别是在电子商务、促进发展的投资便利化和中小微企业方面。有几个代表团还提到服务业的国内管制。他们说，他们从分享有关具体问题的经验、最佳做法和见解中学到了很多，这些经验和见解可以为今后制定规则奠定可能的框架。许多代表团重申，这些进程应继续保持包容和透明，并以多边成果为目标。其他代表团重申，发展中国家的发展以及对发展中国家的特殊和差别待遇应仍然是这些工作的核心。

然而，世界贸易组织的一些其他成员继续对联合倡议表示保留，宁愿通过多边途径进行工作。

体制问题和关注事项

世贸组织成员指出，2018 年国际贸易和多边贸易体制面临诸多重大挑战。WTO 面临着前所未有的挑战，这些挑战正使 WTO 体制变得紧张，包括：在贸易紧张局势不断升级之际采取单边贸易行动和应对措施；保护主义情绪上升，包括进口限制措施达到新高，增加了不确定性；世贸组织争端解决机制，特别是上诉机构的僵局；在众多争端中援引贸易规则中的国家安全例外；以及对组织的基本原则的质疑。

一些成员表示，WTO 陷入当前困境的原因有很多，比如技术发展的速度、经济增长的好处没有得到公平分配的看法，以及决策中的政治发展。尽管如此，成员们表示，通过对话和采取必要行动来维护多边贸易体制来应对这些挑战是很重要的。

WTO 改革

下半年的讨论开始集中在可能的改革或现代化上。这种现代化的努力被认为是缓解一些成员所发现的贸易问题和处理已经摆在桌面上的问题的一种方式。

许多 WTO 成员表示，他们也同意，WTO 的体制需要更高效更有效，并能对当前的挑战作出反应。

关于什么是优先事项，已经提出了几个观点。这些观点包括：更迅速和有效地解决争端和达成协议；处理现有规则未涵盖或部分涵盖的各种扭曲贸易的做法；避免保护主义和单边措施；持续推进正在进行的工作；改进通报和透明度。

世贸组织的一些成员指出，这些努力必须务实、现实和包容，并反映所有成员的观点。

然而，另外一些 WTO 成员并不认为有必要进行改革。总干事说，他的印象是，没有人谈论制定新的一揽子计划或新一轮谈判。讨论的重点似乎是在必要时设法解决一些具体问题，以帮助该系统更好地工作。

总干事阿泽维多敦促世贸组织成员表达他们的观点，因为世贸组织的现状是每个成员都有感兴趣的问题。然而，他警告说，这些讨论不应排挤其他工作。该体制必须在不忽视现有问题的情况下应对 21 世纪的新挑战。

农业谈判情况

• 在新任委员会主席圭亚那大使约翰•迪普•福特（John Deep Ford）的领导下，世贸组织成员进行了一轮密集的磋商和会议，以确定下一届部长级会议的可能选择。

• 该委员会批准了一项 2019 年初的工作计划，七个专题工作组将重点放在关键议题上，这是一个旨在推进谈判的新议程。

来自圭亚那的约翰•迪普•福特大使于 2018 年 4 月接任农业委员会和棉花小组委员会特别会议主席，共举行了 11 次向所有世贸组织成员开放的会议，并与成员和成员集团进行了多次磋商。主席请各代表团集中关注谈判中的关键问题，并提出各种备选办法，以打破现有的僵局，确定并提供对谈判有用的最新数据。

2018 年下半年，成员根据世贸组织成员提交的文件和简报，就各个议题进行了专题讨论。在这些讨论的基础上，成员于 12 月批准了主席提交的 2019 年第一季度工作计划，该计划包括七个专题工作组。

这些由代表协调的小组将集中讨论农业谈判的所有领域：国内支持（补贴）、以粮食安全为目的的公共储备、棉花、市场准入、特别保障机制、出口竞争和出口限制。会议主席说，会议的目的是“加强和深化讨论”，使农业谈判进入“解决问题”阶段。

粮食安全的公共储备

关于为粮食安全而进行公共储备的讨论继续在专门会议上进行。争论的焦点是按管理（官方设定）价格购买的公共粮食储备。一些人认为，如果没有有效的控制，这些计划可能导致生产过剩和价格下跌，从而影响到全世界的农民。

印度尼西亚代表 G33 集团（一个发展中国家联盟）强调了发展中国家小农的大量人数，他们的脆弱性以及农村地区普遍存在的贫困。印尼代表说，考虑到错过了实现永久解决方案的第 11 届部长级会议的最后期限，各成员应力争在 2020 年 6 月努尔苏丹部长级会议上达成协议。该集团正在寻求一种不会强加繁重的透明度义务的解决办法。

在承认许多发展中国家面临挑战的同时，一些成员表示坚决反对无限制地支持扭曲贸易的做法。有人指出，所谓的“绿箱”农业支持（这种支持是不受限制的，因为它不会扭曲贸易，或者最多只会造成最小的扭曲）已经为解决粮食安全挑战提供了一系列政策选择。对许多成员来说，有效的保障和提高透明度的规定仍然是任何永久解决办法的关键组成部分。

国内支持

世贸组织成员在这一年中发表了许多意见和报告，强调了对农业谈判国内支持的重视。凯恩斯农业出口国集团为农业贸易自由化进行游说，提出了技术性意见，旨在加深对按支持类别、成员和主要产品分类的国内支持的趋势和演变的了解。

一些成员坚持认为，谈判应首先着眼于综合支持量（AMS）权利，该权利应使某些成员超过其根据《农业协定》所规定的最低标准（即使扭曲贸易也可以允许的最小国内支持量）。他们认为这是最扭曲贸易的国内支持，而另一些人则认为应在谈判中审查扭曲贸易的所有组成部分。成员们继续强调有必要进一步限制扭曲贸易的国内支持，但在方式上存在很大分歧。

许多发展中国家强调需要特殊和差别待遇，并指出了它们所面临的具体挑战，包括农村贫困和粮食安全。

此外，还提到了最不发达国家（LDCs）、小型脆弱经济体 (SVEs) 和粮食净进口发展中国家的具体需求。一些成员建议，有必要解决所谓的“移箱”问题。当成员改革其补贴方案时，如果国内支助的特点 / 形式有所改变，则分类可能改变。

棉花议题

棉花 4 国即马里、乍得、贝宁、布基纳法索(以及 2018 年 11 月以来一直担任观察员的科特迪瓦）强调，必须在下届部长级会议上就棉花补贴达成一项结果，以履行世贸组织成员关于“雄心、迅速、特别是在农业谈判中解决棉花问题”的承诺。许多成员表示支持这一目标，但他们在推进这一议题的工作方面存在着明显的分歧。

美国向 23 个参与棉花生产和贸易的世贸组织成员提交了其第一份关于棉花的文件，其中包含有关棉花市场准入、国内支持和出口补贴的数据。棉花 4 国向一些选定的世贸组织成员分发了一份问卷，要求提供有关棉花生产、价格、生产价值和棉花国内支持等方面的数据。有人指出，世贸组织秘书处可以协助汇编一套共同的数据，以便为谈判提供资料。

WTO 成员分别于 2018 年 6 月和 11 月举行了 WTO“棉花日”，包括对与贸易有关的发展的讨论以及总干事关于棉花发展援助的磋商机制。WTO 成员、合作伙伴和私营部门代表讨论了从最近的棉花援助项目中吸取的教训，以及新棉花项目的关键目标和优先事项。WTO 副总干事艾伦 • 沃尔夫（Alan Wolff）强调了捐助者提供的针对棉花的发展援助水平有所提高。

世贸组织成员在 11 月的会议上批准了一项关于棉花副产品的新的联合倡议。其目标是在当地加工水平上增加除棉纤维以外的其他商业用途的棉花部分的附加值，以增加农民和小型企业的收入。世界贸易组织和国际贸易中心数据库中所有与棉花有关的信息都汇集在棉花门户网站上，该网站已经更新升级。

市场准入

世贸组织成员就市场准入（主要是关税）进行了实质性技术讨论。美国提交的两份文件和巴拉圭和乌拉圭联合提交的一份文件提供了关于若干主题的讨论。其中包括成员实际征收的应用关税与约束关税之间的巨大差异。约束关税是一个成员根据其承诺表所允许的最高限额。根据美国提交的文件，这种“约束性过剩”在所有农产品集团中都很普遍。农产品的平均约束税率为 54.7%，而平均适用税率为 14. 5%。

许多成员表示欢迎美国的文件，认为它有助于未来可能的市场准入谈判，尽管有些成员对其所使用的方法提出了质疑。三名成员列举了具体的例子，其中约束关税与适用关税之间的巨大差距导致最近对某些农产品进口关税的突然的急剧变化，损害了这些农产品的生产者。

此外还讨论了新加入成员的承诺和优惠的减少。后者是关于降低关税税率可能对发展中国家在优惠关税制度下获得的好处产生影响的关切。1995年以后加入世界贸易组织的成员指出，原《关税及贸易总协定》(GATT) 缔约方的平均农业关税是新成员的四倍。一些成员强调，如果在国内支助和工业产品和服务贸易的市场准入方面没有进展，市场准入谈判就不可能取得进展。

特殊保障机制

按照第十届部长级会议的指示，世贸组织成员继续讨论一种特殊保障机制。G33 集团的报告强调了发展中国家农业的社会经济背景以及与国际贸易有关的价格波动风险。特殊保障机制将允许发展中国家能够暂时提高关税，以应对进口激增或价格下跌的情况。一些成员仅在市场准入改革的背景下设想了这种机制，而支持者则认为没有必要的联系。

出口禁止和限制

新加坡提交了一份关于禁止出口或限制联合国世界粮食计划署 (World Food Programme) 为非商业人道主义目的采购食品的影响的文件，称其导致了人道主义食品援助运送的显著低效。日本、以色列、韩国、新加坡、瑞士和中国台北提供了出口限制的概述。

日本表示，出口限制影响了市场，并通过减少供应使市场更加动荡。许多成员提到了 2017 年布宜诺斯艾利斯部长级会议之前所做的工作，并重申支持就该主题取得成果，同时一些发展中国家对新要求或限制可能会限制其政策空间表示关注。

出口竞争

加拿大在发言中强调了在出口融资、出口国营贸易企业 (STEs) 和国际粮食援助等领域可能进一步探讨的问题，以落实 2015 年消除农业出口补贴的部长级决议。

几位成员表示有兴趣继续寻找方法，以改进内罗毕部长们商定的具有同等效力的出口措施规则。许多成员强调指出，在出口融资、出口国营贸易企业、粮食援助的出口方面仍存在持续的数据缺口，并强调有必要填补这些缺口，以便更好地评估可能改进当前规则的方式。但是，一些成员指出，出口竞争不是农业谈判中的优先事项。

非农产品市场准入的谈判情况

• 2018 年，市场准入谈判小组没有收到任何文件或建议，也没有举行会议。

谈判组主席于 2018 年 4 月与提案方（澳大利亚、加拿大、欧盟、中国香港、日本、新西兰、韩国、新加坡和台澎金马单独关税区）举行了“关于货物贸易监管措施透明度的部长决议”的磋商，讨论了可以采取的进一步措施。有人认为，最好在其他场所或背景下探讨管制措施的透明度问题。

服务谈判的情况

• 世贸组织成员集中讨论了关于市场准入的探索性讨论的提案。

• 印度散发了一项关于国内管制与自然人流动有关的规则的提案。

负责监督谈判的服务贸易理事会特别会议的讨论集中在智利、墨西哥、新西兰和巴拿马提出的关于探索性地讨论市场准入的提案。该提案建议世贸组织成员在不影响谈判的情况下，在近期经济和政策发展的背景下，就其当前的市场准入利益交换意见。

2018 年 4 月接任阿根廷大使马塞洛•西玛 (Marcelo Cima) 的哈萨克斯坦大使扎纳尔•艾特扎诺娃 (Zhanar Aitzhanova) 与世贸组织成员进行磋商后，鼓励成员提交有关部门或感兴趣问题的文件，以便在 2019 年启动讨论。主席注意到大多数成员的服务承诺已有二十多年的历史，他鼓励成员进行积极的反思和建设性的讨论。

国内监管

关于国内管制的谈判由工作组进行，工作组的任务是制定任何必要的纪律，以确保许可和资格要求以及程序不构成不必要的服务贸易壁垒。

尽管 2017 年已就涵盖一般条款到透明度和性别平等等问题的提案进行了深入讨论，但 WTO 成员未能在 2017 年底在布宜诺斯艾利斯举行的第 11 届部长级会议上就前进的方向达成协议。结果，由 60 个 WTO 成员组成的小组在会议上发表了部长级联合声明，重申了他们致力于推进会谈的决心，并呼吁所有成员加强工作，以期在下届部长级会议之前就国内法规纪律进行谈判。下届部长级会议将于2020年6月举行。该小组正在工作组之外组织其工作。有鉴于此，没有成员表示有兴趣在工作组面前提出任何问题，直到印度在2018年11月散发了一项关于国内管制与自然人流动有关的规则的提案（《服务贸易总协定》模式四）。

该提案于2018年12月在国内监管工作组的正式会议上进行了讨论。该提案建议增加透明度，简化许可和资格要求的程序，并采取适当的程序来确保允许在成员领土之外获得资格的个人向其他成员提供服务。

与贸易有关的知识产权问题的谈判情况

• 主席与谈判中最活跃的成员就地理标志注册进行了两次非正式磋商。

地理标识注册的谈判

TRIPS理事会特别会议主席洪都拉斯大使达西奥·卡斯蒂略（Dacio Castillo）于7月和11月召开了两次非正式磋商，与谈判中最活跃的成员就多边地理标识注册进行了磋商。世贸组织成员重申了对地理标识注册的重视，并确认了世贸组织是进行这些谈判的正确论坛的观点。

地理标识注册旨在为葡萄酒和烈酒的保护提供便利。这些标识（包括地名或有时与地方相关的其他条件或体征）用于识别产品的位置，以确认或区分其特定品质，声誉或其他特性。

但是，协商尚未转化为在特别会议上恢复实质性接触。贸易谈判委员会一直被告知事态的发展。

地理标识注册的法律效果，以及是否要向所有WTO成员适用或仅仅向签字方适用，这个问题至今仍有分歧。在产品的覆盖范围上分歧也存在，以及如谈判的任务所显示的注册应该限于葡萄酒和烈酒或者是否应适用于其他产品，如食品和农产品。关于是否应该在地理标识注册谈判和其他与之相关的执行问题之间建立联系也存在分歧。

贸易与发展的谈判情况

• 主席与世贸组织成员就发展中国家的特殊和差别待遇（S & D）谈判的新方法进行了磋商。

• 主席发现了“另一种值得进一步探讨的对话”。

贸易和发展委员会特别会议主席、新加坡大使Tan Yee Woan与世贸组织成员举行了磋商，目的是为发展中国家的特殊和差别待遇谈判找到新的途径。

尽管在2017年12月于布宜诺斯艾利斯举行的第11届部长级会议上未就90国集团（G90）发展中国家的提案达成任何具体成果，但部长们还是借此机会就贸易与发展问题进行了坦率开放的讨论。会议提出了许多想法和建议，包括呼吁世贸组织成员提供可以帮助取得进展的新方法。 在布宜诺斯艾利斯，部长们强调发展对世贸组织工作至关重要。

这些磋商帮助主席认识到需要探讨的两大类意见。它们是：考虑基于个案研究方法的方法；考虑旨在解决缺乏差异化问题的建议——即不应给予处于不同发展水平的WTO成员相同的灵活性、豁免和让步。后者包括一些发展中国家可能自愿放弃某些规定。一些成员质疑，根据战略与发展的具体情况或自愿选择退出的原则，是否可以适用于目前的世贸组织贸易规则。会议没有就这些办法达成协商一致意见。

由于个案研究方法将需要事实、数据和其他种类的详细准备和参与，一些世贸组织成员将需要自愿成为这种研究的对象。

在2018年晚些时候的磋商中产生的一个想法是，作为一个测试案例，90国集团可以确定一两个协议的具体提案，以便更深入地探讨个案研究方法的可行性。对已确定的提案进行的工作也将有助于指导和确定是否可以对其余的提案重复这一做法。

一个具体国家的以问题为基础的办法可以利用贸易政策审议知识库和解决争端判例中的具体例子。可以从其他政府间组织，例如世界银行、国际货币基金组织和其他世贸组织委员会的工作和经验中吸取教训。然而，一些世贸组织成员重申，需要的不是新的方法，而是在90国集团具体协议建议上取得进展的意愿。另一些人则支持采用一种新的方式，他们说，在特别会议上反复讨论旧的方式让人有一种强烈的疲劳感。

一些发展中国家重申了它们的观点，即个案处理方法背离了所有发展中国家成员的战略与发展对话的原则。一些发达国家认为，在解决差异化问题之前，战略与发展的讨论不会取得任何进展。

在10月份提交给贸易谈判委员会的报告中，主席表示："我相信我们正在开始一场不同的对话，值得进一步探讨。"但她也表示，讨论仍处于一般性和探索性的层面，提出的新方法需要更多的探索。

贸易和环境的谈判情况

• 贸易和环境委员会特别会议主席就谈判情况进行了双边磋商。

• 在此议题下，未提交任何新的提案。

贸易和环境委员会特别会议主席 Syed Tauqir Shah 大使（巴基斯坦）在2018年5月主持了自2017年12月在布宜诺斯艾利斯举行第11届部长级会议以来关于环境谈判状况的一轮双边磋商。

部长级会议主席苏珊娜·马尔科拉（Susana Malcorra）在布宜诺斯艾利斯的闭幕词中指出，世贸组织成员致力于推进包括贸易和环境在内的所有领域的谈判。

与前几次一样，世贸组织成员重申了环境问题以及在世贸组织内讨论贸易和环境问题的重要性。但是，没有提出在特别会议上恢复谈判的新想法。

WTO规则的谈判情况

• 渔业补贴仍是谈判小组2018年工作的重点。

• 2018年渔业补贴谈判工作方案包括双边磋商、技术会议、主题讨论和集思广益过程，以产生能克服持久分歧的新思路。

• 世贸组织成员根据为2017年12月第十一次部长级会议准备的文件完成了基于案文的讨论和精简，以将所有谈判立场合并为一个文件。

• 成员们商定了2019年1月至7月的工作方案，旨在就渔业补贴达成协议，以期在2019年底部长级会议截止日期之前完成工作。

• 在2018年期间，除了渔业补贴外，谈判组没有就任何规则问题开展活动。

2018年，渔业补贴仍然是规则谈判小组的主要工作重点，该小组由罗伯托·扎帕塔（Roberto Zapata）大使（墨西哥）主持，他于3月接替韦恩·麦库克（Wayne McCook）大使（牙买加）。谈判小组按两个商定的工作计划开展工作，包括5至7月和9至12月。2018年12月，成员同意在2019年前七个月实施一项工作计划，旨在以让成员进入全面谈判模式。

在2017年12月于布宜诺斯艾利斯举行的第11届部长级会议上，部长们决定继续进行渔业补贴谈判，以期在2019年底之前达成协议。目标是设置纪律，禁止某些导致产能过剩和过度捕捞的渔业补贴，并消除对非法、未报告和无管制捕捞的补贴，并为发展中国家提供适当和有效的特殊和差别待遇，这是谈判的组成部分。部长们还再次承诺履行有关渔业补贴的现有通报义务。

5至7月的工作计划包括三个星期的会议。每个小组都包括技术会议、外部专家参加的讲习班，供世贸组织成员分享信息和经验的会议，各代表团之间可以进行双边磋商并就正在谈判的问题进行专题讨论。

世贸组织成员还根据第十一届部长级会议前期准备的文件，继续精简程序。此过程是对文档的复杂而深入的检查，以确定可以合并和简化文本的某些部分。

技术会议和专题讨论放在9月至12月的工作计划期间继续进行。此外，世贸组织成员开始进行讨论，主要是通过"孵化器小组"的头脑风暴，寻找可能的新思路和方法，弥合立场上的长期分歧。这一进程包括在小组代表之间进行非正式讨论。为确保透明度，每个孵化器小组都要向整个谈判小组全面汇报其工作。

在同一时期，世贸组织成员完成了第二次精简程序，创建了一个统一的文本，并进行了基于文本的讨论。其结果包括对第11届部长级会议《关于渔业补贴的部长级决定》中提到的文件进行若干修订。最新的精简文件仍包含关于所处理问题的许多备选案文，以文本为基础的讨论产生了进一步的变化。

应成员的要求，WTO秘书处发布了六份事实文件以及主题讨论的摘要文件，孵化器小组报告的汇编以及在此过程中讨论的观点的摘要。

2019年1至7月的新工作计划是六组会议，包括每周一次向所有成员开放磋商的会议，并为代表团安排自己的会议留出了时间。此外，该计划还包括任命四位协调人，以在各个领域协助主席的工作。近期目标是在2019年底之前制定简化的谈判文本，减少选项，作为成员最终决策的基础。

2018 年期间，除了渔业补贴，谈判小组没有就任何规则问题开展任何活动。

《关于争端解决规则与程序的谅解》（DSU）谈判情况

• 世贸组织成员在其讨论的 12 个问题方面继续取得进展。

争端解决机构在塞内加尔大使科利•塞克（Coly Seck）的主持下，于 2018 年举行了约 15 次会议。特别会议自 2016 年底以来一直在进行，其工作重点是成员在谈判初期提交的提案。

这些提案被归类为世贸组织成员同意进行谈判的 12 个议题（发展中国家利益、有效遵守、灵活性和成员控制、相互同意的解决方案、专家组组成、报复、发回重审、排序、严格保密的信息、第三方权利、时间表、透明度和法庭之友陈述）。

2018 年，特别会议继续就重点开展工作，旨在获取世贸组织成员就单个问题的渐进成果或涵盖若干或全部 12 个问题的全面成果达成协议的潜力的最新情况。 在某些情况下，很明显的是，由于时间的流逝和争端解决方面的发展，达成一致的程度比以前小。

2018 年完成工作的问题涵盖了技术上困难的问题，以及成员过去意见分歧的问题（报复、透明度和法庭之友陈述、时间表和发回重审）。2018 年底，争端解决机构在特别会议上剩下四个问题需要在 2019 年讨论（专家组组成、灵活性和成员控制、有效合规，以及发展中国家利益）。 一些成员表示有兴趣加快完成其余工作，以便迅速评估涵盖所有 12 个问题的进展。

到 2018 年底，一些成员提出了关于 WTO 改革的建议，其中一些还涵盖了争端解决体制的各个方面。 世贸组织总理事会对这些建议进行了初步讨论。

联合倡议

电子商务

•《电子商务联合声明》成员们开始探讨世贸组织就电子商务与贸易相关方面进行谈判的可能性，他们在 2018 年举行了 9 次会议。

• 来自 76 个 WTO 成员的部长们在 2019 年 1 月宣布了启动谈判的意向。

• 他们强调，谈判对所有人开放，并继续鼓励所有世贸组织成员参加。

《电子商务联合声明》的成员开始探讨世贸组织就电子商务与贸易有关方面进行谈判的可能性，他们在 2018 年举行了 9 次会议，邀请所有世贸组织成员参加。会议由澳大利亚、日本和新加坡共同召开，由澳大利亚主持。

在 2017 年 12 月于布宜诺斯艾利斯举行的第 11 届部长级会议上，71 位部长发表了一份联合声明，表示他们同意“共同努力，为未来世贸组织在电子商务与贸易相关方面的谈判进行探索”。他们强调，探索将向所有世贸组织成员开放，并将不损害参与者对未来谈判的立场。

在 2018 年 3 月的第一次会议上，副总干事易小准赞扬了将讨论保持在 WTO 范围内并向所有人开放的倡议的支持者。他在代表总干事的讲话中说：“联合声明是由众多不同的世贸组织成员签署的，包括最不发达国家、发展中成员和发达成员。令人鼓舞的是，处于不同发展水平的成员都采取了有意义的步骤，以进行更深入的讨论和对电子商务问题的更广泛理解。”

在 3 月的会议上，各代表团被敦促提交文件，以确定 WTO 成员关心的问题。 根据提出的问题，讨论分为四个主要议题进行：①促进数字贸易 / 电子商务；②开放性和数字贸易 / 电子商务；③信任和数字贸易 / 电子商务；④跨领域问题，包括发展、透明度和合作。

在启用数字贸易的过程中，与会的世贸组织成员讨论了与海关和物流有关的贸易便利化措施，以及促进电子交易的措施。例如与在线交易解决方案的贸易有关的方面，电子认证、电子签名和电子合同。 关于开放性，他们探索了与电子商务和跨境信息流中与贸易有关的方面相关的商品和服务市场准入。

在信任问题上，世贸组织成员讨论了在电子贸易中培育消费者和企业信任的必要性。诸如，在消费者和个人数据保护、行业数据保护、源代码和算法、知识产权和网络安全等方面采取措施。最后，他们讨论了与电子商务有关的法律和规章的发布和可及性有关的各种交叉问题；解决数字鸿沟的方法，包括提供技术援助、更长的实施时间框架和相关的市场准入承诺；以及世贸组织成员监管机构、公共和私营部门以及相关国际组织之间合作的重要性。

代表团针对每个议题介绍了他们的提案，分享了他们的国家经验，并从其区域贸易协定中提供了文字示例，在这些协定中，电子商务的涵盖范围通常比多边贸易要全面。一些背景文件也被整理出来以帮助指导讨论。

在 7 月份的一次盘点会议上，联合召集人提交了一份“简要”文件，强调了已完成的工作、世贸组织成员提出的建议以及接下来的步骤。7 月后的工作继续在四个议题领域的基础上进行，各代表团介绍了各种文本示例和处理每个专题的方法。

2019 年 1 月在瑞士达沃斯世界经济论坛 (World Economic Forum) 会议间隙举行的一次会议上，来自 76 个 WTO 成员 (占全球贸易的 90%) 的部长们宣布，他们有意就电子商务贸易相关方面启动 WTO 谈判。在联合声明中，他们表示，他们将“寻求在现有世贸组织协议和框架的基础上，在尽可能多的世贸组织成员的参与下，取得高标准的成果”。

该声明表示，76 个成员认识到并“将考虑包括发展中国家和最不发达国家在内的成员以及中小微企业 (MSMEs) 在电子商务方面面临的独特机遇和挑战”。他们继续鼓励所有世贸组织成员参加谈判。

为发展而促进投资便利化

- 该倡议认识到贸易、投资与发展之间的联系，旨在确定和发掘更有利于投资、透明、可预测和有效的商业环境的要素。
- 根据 2017 年 12 月发布的联合部长声明，该倡议不涉及市场准入、投资保护以及投资者与国家之间的争端解决。
- 该倡议在增强参与者对问题的理解方面取得了进展，包括关于投资便利化的多边框架如何支持世贸组织成员促进投资的努力。
- 促进发展中国家和最不发达国家更多地参与全球投资流动是讨论的核心。

2018 年，由 70 个世贸组织成员发起的投资便利化谈判取得了实质性进展。

平均而言，有 70 多名成员参加了八次会议，其中有发达成员、发展中成员和最不发达的成员。包括 2017 年 12 月在布宜诺斯艾利斯举行的第 11 届部长级会议上发布的《关于投资便利化的联合部长声明》的签署方和未签署方。2018 年 12 月举行了一次总结会议。参加会议并不影响成员对该倡议的立场。

2017 年 12 月的部长级联合声明呼吁“开始结构化的讨论，以期建立投资便利化的多边框架”。这些讨论旨在确定和发掘促进外国直接投资框架的要素。联合声明明确指出，讨论将不涉及市场准入、投资保护以及投资者与国家之间的争端解决。声明鼓励所有 WTO 成员积极参与该倡议。

与世贸组织通过其 2017 年《贸易便利化协定》帮助促进全球贸易的方式一样，越来越多的成员认为世贸组织可以帮助促进全球投资。

根据联合国贸易和发展会议（UNCTAD）的数据，发展中国家每年需要追加 2.5 万亿美元的投资才能实现联合国 2030 年可持续发展目标，外国直接投资（FDI）仍然是发展中经济体最大最稳定的外部融资来源。外国直接投资对最不发达国家尤其重要。

投资并不是多边贸易体系的新课题。 世贸组织成员已经在乌拉圭回合中作出了与投资有关的重要承诺，特别是在《服务贸易总协定》《与贸易有关的投资措施协定》《政府采购协议》中。服务贸易总协定包含直接适用于某些投资措施的要素。

结构化讨论

与会者按议题组织会议，并依照联合声明，讨论了多边框架的元素，这些要素将提高投资措施的透明度和可预测性，简化和加快行政程序和要求，并加强国际合作、信息共享、交换最佳实践以及与利益相关方的关系，包括纠纷预防。

发展是讨论的核心。会议得益于来自 WTO 成员和国际组织的专家们所做的介绍，以及有关每个相关议题的背景“非书面文件”，这些文件主要研究了 WTO 的现有规定以及这些规定与投资便利化的关系。所有文件均已分发给所有 WTO 成员。协调员哥伦比亚大使胡安•卡洛斯•冈萨雷斯（Juan-Carlos González）应要求向世贸组织全体成员以及各个国家集团做定期汇报。

在 2018 年 12 月的盘点会议上，与会者一致认为，该讨论已成功确定了投资便利化多边框架的可能内容。 协调员根据自己的职责编制了成员提出的问题清单。 大家普遍同意，从 2019 年开始的工作将以清单为参考，着重于发掘可能的要素。在协调员的职责下准备的 2019 年上半年会议拟议时间表已分发给所有成员。

中小微企业

• 中小微企业非正式工作组举行了第一次专题会议。当亚美尼亚在年底加入时，其成员增加到了 89 个。

• 非正式小组在其五个专题会议上讨论了一系列贯穿各领域的主题，从获取信息到贸易便利化和贸易融资等。

• 该小组任命乌拉圭为 2018 年的总协调员，并任命了由 8 个 WTO 成员组成的协调委员会。

2017 年 12 月，由 88 个世贸组织成员成立的中小微企业非正式工作组任命乌拉圭为 2018 年总协调员，并成立了由八名成员组成的协调委员会：巴林、科特迪瓦、萨尔瓦多、中国香港、尼日利亚、巴基斯坦、菲律宾和瑞士。该工作组向所有 WTO 成员开放，旨在解决中小微企业（MSME）参与国际贸易的障碍。该小组的成员占世界出口的 78%，该小组于一年内举行了五次专题会议，讨论跨领域问题，包括获取信息、贸易融资、贸易成本和贸易便利化、技术援助和能力建设，以及作为进入全球市场工具的互联网。

专题会议

瑞士于 3 月主办了第一届专题会议，主题是关于充分获取信息的重要性。在布宜诺斯艾利斯举行的世贸组织第 11 届部长级会议上，向各成员介绍了一个名为“全球贸易服务台”(HelpMeTrade.org) 的信息平台，这是国际贸易中心、联合国贸发会议和世贸组织（ITC-UNCTAD-WTO）联合开展的一个项目。世界贸易组织和国际贸易中心等进行的许多研究表明，缺乏透明度和难以获得有关分销渠道、出口市场和适用程序的资料是中小微企业参与国际贸易的主要障碍。

讨论的重点是：中小微企业需要以自己的语言接收信息，各国政府有责任向中小微企业通报诸如全球贸易服务台等举措，以及建立国家联络点以提供政策更新和帮助收集信息的重要性。该小组呼吁世贸组织成员支持服务台。

5 月的一次后续会议讨论了各成员为支持该项目可采取的行动，包括分发国家调查以绘制信息源图和设立国家联络点。11 月，世贸组织、国际贸易中心和联合国贸发会议同意进一步发展该平台。作为协议的一部分，他们将向发展中国家提供技术援助，帮助它们在服务台中保持最新信息，并将提高中小微企业对于如何利用这些贸易信息的认识。

科特迪瓦于 6 月举办了第二届专题会议，讨论中小微企业的贸易融资缺口问题。与会者分享了他们国家的经验，并表示有兴趣制定国家和区域方案，以支持中小微企业获得贸易融资。该小组还听取了关于法人实体标识符 (LEI) 的介绍。LEI 是一种免费的 20 位字母数字代码，用于描述“谁是谁”和“谁拥有什么”。它被用于确定参与国际金融交易的企业，并可使中小微企业受益。

在 6 月 27 日的世界 MSME 日，巴基斯坦主办了一场关于影响中小微企业的贸易成本和贸易便利化问题的会议。与会者表示有兴趣进一步研究贸易便利化措施，例如如何标准化进出口单证，包括原产地证书。WTO 总干事阿泽维多在会上强调，世贸组织的《贸易便利化协定》将通过降低贸易成本和减轻行政负担，使小企业更容易参与全球市场。

在 2018 年公共论坛上，萨尔瓦多和菲律宾举办了一次工作会议，主题是“促进全球中小微企业：技术援助和能力建设倡议如何考虑中小微企业的贸易需求和挑战”。会议的结论是，技术援助和能力建设应该侧重于获得信息、获得资金和进入市场的渠道。

本年度最后一次专题会议重点讨论了作为进入全球市场工具的互联网。与会者强调有必要就如何使用互联网广泛交流经验和知识。他们注意到发展水平和数字素养基础的多样性，所有这些都导致了不同的需求和挑战。

在 11 月的最后一次会议上，乌拉圭表达了该集团 2019 年的三个关键目标：实现具体成果，扩大小组成员，争取在 2020 年发表部长级宣言。会议期间，亚美尼亚受到欢迎，成为该小组的第 89 名成员。

贸易和妇女赋权

• 根据《布宜诺斯艾利斯 2017 宣言》，世贸组织成员就贸易如何促进妇女经济权力举行了三次研讨会。

• 讨论的重点是基于性别的贸易分析的重要性，以及政府采购市场和全球价值链促进妇女融入贸易的方式。

• 一些成员利用其贸易政策审查来强调他们正在采取的促进性别平等的措施。

2018 年，一组 WTO 成员举办了六场研讨会中的前三场，旨在以 2017 年《布宜诺斯艾利斯贸易和妇女经济赋权宣言》为基础。该宣言在第十一届部长级会议上启动，得到 120 多个 WTO 成员的认可，旨在消除阻碍妇女获得经济赋权的障碍，并促进妇女融入世界贸易。该宣言认为交流政策和方案信息以及收集相关经济数据是关键步骤。

这三个研讨会先后于 3 月、6 月和 10 月举行，分别关注于贸易、政府采购市场中基于性别分析的重要性及其对包容性经济发展的重要性，以及全球价值链如何促进赋予妇女的经济权力。其余三个讲习班将在 2019 年举行，讨论情况将反映在 2020 年第十二届部长级会议的报告中。

2018 年 3 月，经济学家和政策制定者分享了他们收集和研究有关性别与贸易如何相互影响的数据的方法——从女性作为企业家和工人的参与到她们作为消费者的角色。许多报告指出了这样一个事实，一般来说，妇女拥有的企业出口少于男性拥有的企业。

2018 年 6 月的研讨会讨论了妇女拥有的企业和贸易商参与政府采购市场的问题，并将该领域的专家、国际组织的代表、世贸组织成员和专家召集在一起。发言者强调指出，妇女拥有的企业获得的公共采购业务份额很小，国际贸易中心（ITC）估计约为 1%。

WTO 总干事阿泽维多在研讨会上说：“提高妇女进入这一部门的机会将为女企业家释放许多机会，并将直接影响她们的经济福祉。全球公共采购市场的庞大规模凸显了这一潜力。”该讲习班是由摩尔多瓦、世贸组织、国际贸易中心和欧洲复兴开发银行共同组织的。

第三次研讨会的重点是妇女在融入全球价值链方面所面临的挑战。它着重介绍了全球价值链中各个参与者的观点，世贸组织成员的最佳做法和经验。

世贸组织贸易与性别问题协调中心的阿努什•德博格西安（Anoush der Boghossian）女士说：“如今，世界贸易中有 70% 以上通过全球价值链传递。如果我们想使贸易对妇女有利，并通过全球价值链扩大妇女对贸易的参与，世贸组织可以提供一些解决方案。通过标准领域的能力建设，《贸易便利化协定》的实施，贸易援助以及促进有针对性的贸易政策，世贸组织可以帮助赋予妇女权力。”

贸易和性别问题协调中心于 2017 年 6 月成立，负责协调各部门在性别问题上的工作，评估世界贸易组织正在做的工作，并考虑开展进一步工作和提出新倡议的机会。

一些世贸组织成员利用其贸易政策审议来强调有助于性别平等的政策发展。在《布宜诺斯艾利斯宣言》中贸易政策审议被确定为成员可以用来共享信息的进程之一。2018 年，六个 WTO 成员（欧盟、冰岛、冈比亚、黑山、菲律宾和哥伦比亚）报告了旨在增强妇女赋权的贸易政策。接受审议的成员还收到了有关其赋予妇女权力的政策的提问，目的是澄清政策并收集更多信息。

关于服务贸易国内监管的联合声明

• 参加《服务贸易国内监管联合倡议》的代表举行了首次会议，并就新规进行了讨论。

• 工作将继续进行，以期在 2020 年 6 月举行的下届部长级会议之前取得成果。

根据 2017 年 12 月在布宜诺斯艾利斯举行的第 11 届部长级会议上发表的联合部长声明所达成的共识，2018 年，由 60 个成员组成的小组召开了向所有 WTO 成员开放的会议，以推动基于文本的服务贸易国内监管的讨论。这项工作基于由 57 名成员向部长级会议提交的一份文本提案。该小组在这一年共举行了八次会议。

这项工作是在国内法规工作组之外组织的，该工作组有权制定任何必要的规则，以确保成员有关许可、资格和技术标准的法规不会对服务贸易构成不必要的障碍。

服务贸易理事会附属机构工作组在第十一届部长级会议召开之前和会议期间进行的深入讨论未能就结束谈判的建议达成协议。

讨论的核心是由 57 个 WTO 成员（欧盟单独计数）提交的一份合并提案。拟议的规则包括一般规定、措施的管理、独立性、透明度、技术标准、措施的制定、男女之间的非歧视、必要性和发展。

在大会上，60 个成员发表了联合部长声明，重申其致力于推进谈判的承诺，并呼吁所有 WTO 成员加紧在这一领域的工作。他们说，这样做的目的是实现“多边成果”。该小组将继续与“所有成员”合作，“决定于 2020 年 6 月在努尔苏丹举行下一次部长级会议之前”结束有关规则的谈判。

来自巴西的会议主席费利佩·赫斯（Felipe Hees）先生在 2018 年底指出，尽管大多数提案内容仍在审议中，但与会者对大多数拟议的实质性义务没有悬而未决的问题。主席指出，2019 年需要在某些方面做进一步的工作。

● 向争端解决机构请求磋商的案件（2018）

美国——对越南鱼片的反倾销措施：越南请求磋商

此文件自2018年1月8日起，在越南代表团和美国代表团以及争端解决机构主席间进行沟通，现根据DSU第4条第4款的规定予以散发。

根据我方当局的指示，特此请求根据《关于争端解决规则与程序的谅解》（DSU）第4条，《1994年关税与货物贸易总协定》（GATT 1994）第22条，和《关于执行〈1994年关税与货物贸易总协定〉第六条的协议》（《反倾销协议》）的第17.2和17.3条，与美国进行磋商。该请求涉及：

（1）根据美国商务部（以下简称“USDOC”）对2007年8月1日到2008年7月31日越南某些冷冻鱼片类的第5次行政审查最终结果，征收的反倾销税和现金存款要求：反倾销税行政审查和新出口商复审的最终决定，联邦公报第75卷12726（2010年3月17日）；

（2）根据美国商务部（以下简称“USDOC”）对2008年8月1日到2009年7月31日越南某些冷冻鱼片类的第6次行政审查最终结果，征收的反倾销税和现金存款要求：第6次反倾销税行政审查和第6次新出口商复审的最终决定，联邦公报第76卷15941（2011年3月22日）；

（3）根据美国商务部（以下简称“USDOC”）对2009年8月1日到2010年7月31日越南某些冷冻鱼片类的第7次行政审查最终结果，征收的反倾销税和现金存款要求：第7次反倾销税行政审查的最终和部分解除，联邦公报第77卷15039（2012年3月14日）；

（4）上文提到的对越南社会主义共和国某些冷冻鱼片的第7次行政审查，因为它没有撤销对符合和要求撤销的某些答复者的反倾销税令；

（5）任何其他正在进行或将来的反倾销行政审查及其初步和最终结果，涉及从越南社会主义共和国进口某些冷冻鱼片（DOC案例A-552-801）以及任何评估，根据此类审查发布的指示，现金存款要求和撤销决定；

（6）《乌拉圭回合协定法案》（“URAA”）第129条，19 U.S.C. §3538，正如URAA附带的行政行动声明中所阐述的那样，并由美国有关当局实施；

（7）其他法律机构的措施，它们被美国称为遵守WTO对于实施129程序之前进入美国的未结算的部分的规定。

关于这些措施，越南想咨询美国关于对某些法律、规定和措施的实施情况，包括以下内容：

(1) 修正后的1930年的关税法案，在731，751、752、771（7）、771（35）（A）、771（35）（B）和777A(d)的章节；

（2）《乌拉圭回合协定法案》（URAA）第129节，被编写在《美国法典》（U.S.C.）第19篇§3538；

（3）协同《乌拉圭回合协定法案》的《美国行政行动声明》，众议院法案文件（H.R.）第1卷No.1 03-316；

(4) 美国商务部（USDOC）实施条例，《联邦法规汇编》第19编第351节，特别的《联邦法规汇编》第19编第351.218条和第351.414条；

（5）《进口管理反倾销手册》（2009年版），包括其中提及的电脑程序内容；

（6）美国在行政审查中确定倾销幅度的方法；

（7）在有关越南生产商的原始调查和定期审查中要求提交单独费率的申请或证明，以符合所有其他费率或“单独费率”的做法；

（8）基于对未被单独调查的被访者的不利事实，由于他们不能提交单独费率申请或者不能提供缺乏政府管理的证明，而施行所谓的越南实体税率申请程序；

（9）根据《乌拉圭回合协定法案》（URAA）第 129 条或其他法律机构实施不利争端解决机构裁决的做法，在第 129 条确定之日前进入或退出仓库以供消费的未清算条目仍然需要进行关税评估，该评估根据最初的反倾销税确定或高于 WTO 的一致税率。

越南不仅要就美国贸易委员会在上述（1）至（4）所列决定中采取的“按适用”原则采取的行动与美国进行磋商，而且还想与美国协商实践中的做法，例如：（1）根据其所谓的差别定价方法在初始调查和审查中不当使用归零方法；（2）根据 USDOC 的“单独费率”做法，在调查对国家范围的实体使用不当的评估率，以及定期审查应用不同于其他的评估率；（3）要求非个人调查的受访者回答关于独立于政府控制的调查问卷，以符合所有其他费率；（4）根据 URAA 第 129 条或美国法律规定的其他权力机构关于美国反倾销措施行为和有关措施的不当执行，这些措施是不利于争端解决机构裁决的措施。

越南政府在磋商过程中想提出的问题包括但不限于以下方面：

（1）在第 7 次行政复议中拒绝 Vinh Hoan 的撤销请求，而该复议的最终裁定要到撤销请求后 330 天才会发生；

（2）在第 7 次行政复议中拒绝 Vinh Hoan 的撤销请求，而 USDOC 为此类请求指定的日期是在先前审查的最终裁定日期之前；

（3）美国继续进行不符合 WTO 的归零做法，包括影响 Vinh Hoan 撤销资格的审查；

（4）尽管发现这种做法不符合世界贸易组织规定，但美国继续进行其涉及越南案件的单独税率做法；

（5）美国未能给予符合世界贸易组织关于执行不利裁决的权利，这些裁决要求返还在执行前即已进入美国的实体的未结算的关税。

越南认为，上述法律、法规、行政程序，行为和方法在上述决定中是这样和/或适用的，并且是在继续使用选定做法的基础上，不符合美国根据《建立世界贸易组织马拉喀什协定》（《建立 WTO 协定》）及其所附协议下的义务。这些措施似乎与以下规定不符，包括但不限于：

（1）GATT 1994 的第 1 条第 1 款，第 6 条第 1 款和第 2 款，第 X 条第 3（a）款；

（2）《反倾销协议》第 1 条，第 2.1 条，第 2.4 条，第 2.4.2 条，第 6 条，第 9 条，第 11 条，第 17.6（i）条和附件二；

（3）WTO 协定第 16 条第 4 款；

（4）DSU 第 3.7 条，第 19.1 条，第 21.1 条，第 21.3 条和第 21.5 条；

（5）越南加入世贸组织议定书。

越南保留在磋商过程中提出进一步索赔和法律事务的权利。

越南期待收到对此请求的答复，并根据 DSU 第 4.3 条，选择双方均可接受的磋商日期。欢迎美国就磋商的可能日期和地点提出建议。

（付佳伟译，邓晓虹校）

加拿大——出售酒类的管理措施：澳大利亚请求磋商

此文件自 2018 年 1 月 12 日起，在澳大利亚代表团和加拿大代表团及争端解决机构主席间进行沟通，现根据 DSU 第 4 条第 4 款的规定予以散发。

受我方政府授权，根据 DSU 第 1 条和第 4 条，GATT 1994 第 22 条第 1 款，就加拿大和加拿大不列颠哥伦比亚省（“BC”）、安大略省、魁北克省和新斯科舍省管理酒类销售的措施，我代表团请求与加拿大进行磋商。

有证据显示，在联邦和省级适用的一系列分销、许可和销售措施，如产品加价、市场准入和上市政策，以及对酒类的关税和税收，可能直接或间接歧视进口酒类。特别是：

• 不列颠哥伦比亚省的酒类销售措施通过授权在杂货店货架上的排他性的零售渠道为 BC 酒类提供优势。不列颠哥伦比亚省的措施似乎只允许 BC 酒类定期出售，从而歧视进口酒类。进口的酒类只能通过所谓的“商店内的商店”在杂货店出售。不列颠哥伦比亚省的酒类措施还通过单独的进口酒类分销系统以及适用于卑诗省的另一个系统为 BC 酒类提供优势。进口酒类受到各种加价、费用和税收的限制，而 BC 酒类生产企业则允许向消费者“直接送达”。该系统为 BC 酒类提供了实质性的好处。

• 安大略省的酒类销售措施规定了通过安大略省酒类控制委员会（LCBO）（一家国营贸易企业）

在杂货店销售酒类及其供应的情况。安大略省的措施似乎有利于加拿大本土产品，而可能限制进口产品的展示和销售。安大略省的酒类似乎通过允许安大略省酒类企业代表LCBO直接向安大略省的许可企业提供酒类来使安大略酒类具有优势。

• 魁北克酒类销售措施为魁北克小规模酒类生产商提供了直接进入杂货店和便利店的机会。魁北克酒类销售措施似乎简化了加拿大酒类加价的最佳选择，同时保持了进口酒类进入的障碍。

• 新斯科舍省的酒类措施通过供应商竞争和价格为当地生产商提供减少的产品加价和优惠。

这些措施反映在法律和政策工具和具体做法中，包括但不限于以下规定，它们可能是以单独或互相结合的方式运作的：

1. 1985年联邦进口酒类法；

2. 2001年联邦消费税法；

3. 不列颠哥伦比亚省酒类管制和许可证处发布的第15-01号政策指令：酒类政策审查建议# 19和20：2015年2月26日分阶段实施的杂货店白酒管理措施；

4. 不列颠哥伦比亚省酒类管制和许可法案（[SBC 2015]第19章），用以替代不列颠哥伦比亚省酒类管制和许可法案（[RSBC 1996]第267章）；

5. BC Reg.42/2015，2015年3月17日交存，修订不列颠哥伦比亚省酒类控制和许可条例，BC Reg.244/2002；理事会第121/2015号命令，2015年3月16日批准和命令；不列颠哥伦比亚省公报，第II部分，第58卷，第6期（2015年3月24日）；

6. BC酒类控制和许可法规，B.C Reg.241/2016，于2016年10月20日提交，自2017年1月23日起生效，用于替代BC省酒类控制和许可法规，B.C Reg.444/2002；

7. “酒类商店条款和条件”，BC酒类控制和许可分支出版物，2017年8月更新；

8. 2015年特别酒类商店许可拍卖法和规定[SBC 2015]第20章（不列颠哥伦比亚省）；

9. 不列颠哥伦比亚省酒类商店手册，2017年1月；

10. “制造商条款和条件”，BC酒类控制和许可分支出版物，2017年12月；

11. 不列颠哥伦比亚省Vinters质量联盟系统，包括不列颠哥伦比亚省标记酒类质量法规和创建“BC VQA”原产地名称；

12. “不列颠哥伦比亚省酒类分配法”[RSBC 1996]第268章；

13. 通过不列颠哥伦比亚省酒类分销处的加价、费用和税费；

14. 安大略省酒牌法[R.S.O. 1990，L.19]和法规；

15. 安大略省酒类管制法[R.S.O. 1990，第L.18章]和条例；

16. 安大略省第232/16号条例，关于根据“酒类管制法”在政府商店出售酒类；

17. 安大略省酒精和博彩规则和公共保护法，1996年，S.O 1996年，第26章；

18. 通过安大略省酒类控制委员会和安大略省酒精和博彩委员会（包括2016年安大略省预算中列出的那些）的加价、费用和税费；

19. 第P-9.1章关于酒类许可证（魁北克）和法规的法案，包括：

• P-9.1章，第6章关于与酒精饮料有关的促销、广告和教育计划的规定；

20. 魁北克省法律和法规的法案，包括：

• 第S-13章，第5条规则，关于根据魁北克省酒业公司法案的法律规定的关税和费用；

• S-13章，第7章关于酒类制造商许可证持有人制造或装瓶的酒类和其他酒精饮料的规定；魁北克省法律协会的法令（S-13章，第30和37章）；以及

• 第S-13章，第6节关于魁北克省酒业公司法案中食品杂货许可证持有人销售酒精饮料的规定；

21. 根据第88号法案颁布的立法和法规：关于小规模酒精饮料行业发展的法案（魁北克省）；

22. 魁北克销售税和关于魁北克销售税的法规的法案；

23. 通过魁北克省酒业公司（Société des alcools du Québec）标记费用和税费；

24. 新斯科舍省的酒类控制法和条例；

25. 通过新斯科舍省酒业公司的加价、费用和税费；

以及任何修改、替换或实施的措施。

这些措施似乎与加拿大根据GATT 1994第3条、第17条和第17条第12款规定的义务不一致。这些措施违反了：

• GATT 1994 第 3 条第 1 款和 2 款，因为它们是对进口到加拿大的产品适用的、任何种类的内部税或其他内部费用，超过了适用于加拿大本土产品的税费，以便为这些加拿大原产地的产品提供保护。

• GATT 1994 第 3 条第 4 款，因为它们是影响内部销售、提供出售、购买或分销酒类的法律、法规或要求，并且不符合进口到加拿大的产品的待遇，不得低于同等条件的原产地为加拿大的产品。

• GATT 1994 第 17 条第 1 款，因为不列颠哥伦比亚省、安大略省、新斯科舍省和魁北克省的省级酒类控制委员会作为国营贸易企业，其行为不符合 GATT 1994 中关于影响私营贸易商进口的政府措施中的非歧视性待遇的一般原则。

• GATT 1994 第 24 条第 12 款，因为加拿大没有采取合理措施确保其领土内的区域和地方政府及当局遵守 GATT 1994 的规定。

澳大利亚期待收到加拿大对本请求的答复，并确定双方方便的磋商日期。

（刘海明译，邓晓虹校）

巴基斯坦——对来自阿联酋的双向拉伸聚丙烯薄膜实施反倾销措施：阿联酋请求磋商

此文件自 2018 年 1 月 24 日起，在巴基斯坦代表团和阿联酋代表团以及争端解决机构主席间进行沟通，现根据 DSU 第 4 条第 4 款的规定予以散发。

受我方政府授权，根据 DSU 第 1 条和第 4 条，GATT 1994 第 22 条第 1 款，《反倾销协议》第 17.2 条和第 17.3 条，请求与巴基斯坦政府进行磋商。关于巴基斯坦 2015 年 4 月 9 日对从阿联酋进口的双向拉伸聚丙烯（BOPP）薄膜采取反倾销措施，征收最终反倾销税，对该措施进行任何修订或延期，以及任何相关措施，包括 2016 年 12 月 1 日在官方公报上公布的《日落复审决定》，通过该决定延长了反倾销措施。

这项措施似乎不符合巴基斯坦在 GATT 1994 和《反倾销协议》某些条款下的义务。

特别需要指出的是，阿联酋认为针对双向拉伸聚丙烯薄膜的反倾销措施至少存在与以下规定不一致的行为：

1.《反倾销协议》第 5.2 条、第 5.3 条和第 5.8 条，因为没有足够准确和充分的证据证明发起反倾销调查是正当的，因此该申请应被驳回；

2.《反倾销协议》第 1 条、第 2.1 条、第 3.1 条、第 9 条和第 11.1 条，因为确定倾销和由此产生的损害并非基于相关的"肯定的"证据，这些证据能够证明在本应的时间点采取反倾销措施是正当的，也因为没有证据表明对造成损害的倾销行为进行抵制的必要性；

3.《反倾销协议》第 5.10 条，因为调查在启动后 18 个月内未结束；

4.《反倾销协议》第 6.8 条和附件二，因为调查机关不适当地利用现有的事实，而且拒绝可核实的、适时提交的高成本信息，这些信息由出口商尽其所能及时提供。同时因为当局从未给出其结论的理由或解释其结论的依据，即此类信息不能在调查中使用，并且未给予出口商在这方面提供进一步解释的机会；

5.《反倾销协议》第 2.2.1.1 条和第 2.2.2 条，因为正常价值是依靠没有合理反映与被考虑产品的生产和销售相关的成本数据确定的，同时因为管理、销售和一般成本的金额并非基于与同类产品的生产和销售有关的实际数据；

6.《反倾销协议》第 2.2 条和第 2.2.1 条，由于不适当地拒绝和替换可核实的成本数据，导致无根据地发现某些销售并非在正常贸易过程中进行，进而导致基于膨胀的成本信息的正常价值构建错误；

7.《反倾销协议》第 2.4 条，由于未能适当考虑为确保出口价格与正常价值之间的公平比较所需的贸易水平差异；

8.《反倾销协议》第 3.1 条，因未能根据确凿证据以及客观审查作出损害裁定；

9.《反倾销协议》第 3.2 条，由于没有适当考虑从绝对值看或相对于国内生产或消费，倾销进口产品的数量是否大幅增加；

10.《反倾销协议》第 3.2 条，因未适当考虑是否存在重大的价格削减，也没有考虑这种影响是否会在很大程度上压低产品价格；

11.《反倾销协议》第 3.4 条，由于未能正确评估影响国内产业状况的所有相关经济因素和指标，包括倾销幅度，并对进口产品对国内生产者的后续影响进行客观审查；

12.《反倾销协议》第 3.5 条，由于被指控倾销的进口产品与国内产业之间没有建立实质的因果关系，包括没有确保其他因素造成的损害不属于倾销进口产品造成的损害；

13.《反倾销协议》第6.2条和第6.4条，因为未向被申请人阿联酋出口商提供充分机会捍卫其利益，也未能及时提供机会查看与其案件陈述相关的、不应视为保密的所有信息，并根据该信息准备陈述；

14.《反倾销协议》第6.5条和第6.5.1条，因为调查机关：(a)无正当理由将利害关系方提供的信息视为机密；(b)未要求申请人提供其非机密摘要；以及(c)提供了这些摘要，但这些摘要不够详细，无法合理理解秘密提交的信息的实质；

15.《反倾销协议》第6.9条，因为调查机关没有将正在审议的基本事实通知有关当事人，此审议是构成决定采取最终反倾销措施的基础；

16.《反倾销协议》第11.1条、第11.2条和第11.3条，因为反倾销措施是在日落复审的基础上延长的，而日落复审没有建立在充分的事实基础上。因此，维持这一措施似乎与反倾销税的义务不一致，即反倾销税仅在抵消造成损害的倾销所必需的时间和范围内保持有效。特别是看起来：

• 巴基斯坦未能根据充分证据启动日落复审，证明终止反倾销税措施可能导致倾销继续或再次发生，违反了反倾销第11.1条和第11.2条的程序和证据要求。

• 巴基斯坦对倾销和损害继续或再次发生的可能性的确定误用了"可能性"标准，缺乏充分的事实依据，而且是基于有利于维持职权的不当假设，违反了《反倾销协议》第2条、第11.1条和第11.3条的规定。

17.《反倾销协议》第11.4条，因为第6条关于证据和程序的规定，包括反倾销协议第6.2条、第6.4条、第6.5条、第6.7条和第6.8条的要求，在日落复审中没有得到遵守。并且由于日落审查没有迅速进行，在开始审查之日起12个月内没有结束；

18.《反倾销协议》第12.1条、第12.2条和第12.3条，由于巴基斯坦未能提供足够详细的调查结果和就所有事实和法律问题得出的结论，调查当局认为这些调查结果和结论是重要的，以及关于事实和法律事项的所有相关信息，以及导致实施最终措施和因日落复审而继续履行职责的原因；

19.由于明显违反上述反倾销协议，巴基斯坦对被调查进口产品的反倾销措施似乎也与《反倾销协议》第1条和第18.1条以及GATT 1994第6.1条和第6.2条不一致。

阿联酋认为，上述措施似乎也会使阿联酋根据所引用协议直接或间接获得的利益无效或受损。

阿联酋保留提出其他事实和法律问题的权利，并在磋商过程中以及在任何设立专家组的请求中，处理与上述事项有关的其他措施和索赔。

阿联酋期待收到巴基斯坦对这一请求的答复，并确定一个双方可接受的磋商日期和地点。

（潘彤译，孙靓莹校）

美国——对某些产品征收反倾销和反补贴税及现有事实的使用：韩国请求磋商

此文件自2018年2月14日起，在美国代表团和韩国代表团以及争端解决机构主席间进行沟通，现根据DSU第4条第4款的规定予以散发。

受我方政府授权，根据DSU第1条、第4条，GATT 1994第22条第1款，《反倾销协议》第17.2条和第17.3条，《补贴与反补贴措施协议》(简称SCM协议)第30条，就涉及：(a)对韩国产品实行某些反倾销和反补贴税措施；(b)美国立法中关于使用现有事实的某些规定；和(c)美国在反倾销和反补贴税调查和审查中的持续行为以及利用不利事实作为一般和潜在适用规则或规范的做法，请求与美国政府进行协商。

这些措施似乎不符合GATT 1994、《反倾销协议》、SCM协议和《建立WTO协定》项下美国所应承担的义务。

在以下各节中，韩国确定了有争议的具体措施，并指出了其申诉的法律依据。

I. 措施的确定

就本磋商请求的目的而言，所讨论的措施包括但不限于以下三套措施：

A. 某些明确的反倾销和反补贴税措施

本请求涉及美国根据其颁布的初步和最终反倾销和反补贴税决定和命令所采取的明确的反倾销和反补贴税措施。这些调查包括进行这些调查的行为、在这些调查中颁布的任何初步或最终的反倾销和反补贴税确定、因这些调查而征收的任何最终反倾销税和反补贴税，以及美国就这些反倾销和反补贴税措施发布的任何通知、附件、决定备忘录、命令、修正案或其他文书：

1. 对源自韩国的某些耐腐蚀钢产品征收反倾销税（USDOC 调查编号 A-580-878）（耐腐蚀钢反倾销措施），其中包括：

•《关于低于公允价值出售的最终裁定》和《关于危急情况的最终肯定裁定》，联邦储备委员会第 81 号报告书第 35303 号决议（2016 年 6 月 2 日）；

• 关于韩国某些耐腐蚀钢产品反倾销税调查最终肯定性裁定的问题和决定备忘录（2016 年 5 月 24 日）；

•《反倾销税令》，联邦储备委员会第 81 号报告书第 48390 号决议（2016 年 7 月 25 日）。

2. 对源自韩国的某些冷轧钢板产品征收反倾销税（USDOC 调查编号 A-580-881）（冷轧钢反倾销措施），其中包括：

•《关于低于公允价值出售的最终裁定》，联邦储备委员会第 81 号报告书第 49953 号决议（2016 年 7 月 29 日）；

• 关于韩国某些冷轧钢板产品反倾销税调查最终肯定性裁定的问题和决定备忘录（2016 年 7 月 20 日）；

•《反倾销税令》，联邦储备委员会第 81 号报告书第 64432 号决议（2016 年 9 月 20 日）。

3. 对源自韩国的某些冷轧钢板产品征收反补贴税（USDOC 调查编号 C-580-882）（冷轧钢反补贴措施），其中包括：

• 最终肯定性裁决，联邦储备委员会第 81 号报告书第 49943 号决议（2016 年 7 月 29 日）；

• 关于韩国某些冷轧钢板产品反补贴税调查最终裁定的问题和决定备忘录（2016 年 7 月 20 日）；

•《反补贴税令》，联邦储备委员会第 81 号报告书第 64436 号决议（2016 年 9 月 20 日）。

4. 对源自韩国的某些热轧钢板产品征收反倾销税（USDOC 调查编号 A-580-883）（热轧钢材反倾销措施），其中包括：

•《关于低于公允价值出售的最终裁定》，联邦储备委员会第 81 号报告书第 53419 号决议（2016 年 8 月 12 日）；

• 关于韩国某些热轧钢板产品反倾销税调查最终肯定性裁定的问题和决定备忘录（2016 年 8 月 4 日）；

•《反倾销税令》，联邦储备委员会第 81 号报告书第 67962 号决议（2016 年 10 月 3 日）。

5. 对源自韩国的某些热轧钢板产品征收反补贴税（USDOC 调查编号 C-580-884）（热轧钢反补贴措施），其中包括：

• 最终肯定性裁决，联邦储备委员会第 81 号报告书第 53439 号决议（2016 年 8 月 12 日）；

• 关于韩国某些热轧钢板产品反补贴税调查最终裁定的问题和决定备忘录（2016 年 8 月 4 日）；

•《反补贴税令》，联邦储备委员会第 81 号报告书第 67960 号决议（2016 年 10 月 3 日）。

6. 对源自韩国的大型电力变压器征收反倾销税（USDOC 调查编号 A-580-867）（大型电力变压器反倾销措施），其中包括：

•《关于低于公允价值出售的最终裁定》，联邦储备委员会第 77 号报告书第 40857 号决议（2012 年 7 月 11 日）；

•《反倾销税令》，联邦储备委员会第 77 号报告书第 53177 号决议（2012 年 8 月 31 日）。

• 审查决定和相关措施，包括：

—ABB 公司诉美国康索尔，根据法院发回重审的最终结果。法院第 16-00054 号，附文第 17-138 段（2018 年 2 月 7 日）。

—反倾销税行政审查的最终结果；2014—2015（联邦储备委员会第 82 号报告书第 13432 号决议，2017 年 3 月 13 日，第三次行政审查）

对源自韩国的大型电力变压器反倾销税令行政复议最后结果的问题和决定备忘录；2014—2015（2017 年 3 月 6 日）

—反倾销税行政审查初步结果：2015—2016（联邦储备委员会第 82 号报告书第 42289 号决议，2017 年 9 月 7 日，第四次行政审查）

反倾销关税行政审查初步结果决定备忘录：源自韩国的大型电力变压器；2015—2016（2017 年 8 月 31 日）

—反倾销关税令第一轮快速审查的最终结果，联邦储备委员会第 82 号报告书第 51604 号决议，（2017 年 11 月 7 日）：

对源自韩国的大型电力变压器反倾销税令第一次快速审查的问题和决定备忘录（2017 年 10 月 31 日）。

本请求还涉及对上述确定的反倾销和反补贴税措施的任何修改、审查、替换或修正，以及任何紧密相连的后续措施，以确定倾销幅度或补贴金额，或相关反倾销税或反补贴税税率。

B. 1930 年《关税法》(19U.S.C. § 1677e) 第 776 节，经 2015 年《贸易优惠延伸法》第 502 条修订，及其实施条例

这项要求还涉及美国法律中关于美国商务部在某些情况下根据国家法律使用现有事实和得出不利推论的若干规定，包括：

•《2015 年贸易优惠延长法》第 502 节，Pub. L. 编号 114-27；

• 1930 年《关税法》第 776 节，编入《美国法典》第 19 编第 1677e 条；

•《联邦法规》第 19 章第 351 条中美国商务部的实施条例，特别是第 308 条；以及

• 使反倾销和反补贴税调查、行政审查和此类诉讼的其他部分能够执行利用现有事实的任何其他相关、后续措施。

C. 将现有不利事实作为正在进行的行为或一般适用的规则或规范

这项请求还涉及美国商务部的现行行为或做法，即如果发现一个生产商或出口商未能尽其最大能力进行合作时，则将“现有的不利事实”作为一般和未来适用的规则或规范。根据这一现行行为或规范，只要美国商务部认定某一生产者或出口商未能尽其所能进行合作，就采用不利推论，并在确定该生产者或出口商的税率时，从记录中选择不利于该生产者或出口商利益的事实，而并不确保这种推论可以被合理地推断出，而且这些事实是特定情况下的“现有最佳信息”[①]。

II. 法律依据

韩国感到关切的是，上述措施不符合美国的世贸组织义务，其中包括《反倾销协议》第 6.8 条和附件二以及 SCM 协议第 12.7 条规定的义务。

美国在对倾销和补贴作出初步和最终决定时，未能履行其与使用现有事实有关的义务，这对调查或审查的其他方面产生直接影响，这些方面涉及倾销或补贴的确定、确定倾销或补贴进口产品的损害、征收和维持反倾销或反补贴税以及此类关税的水平。

此外，韩国关切的是，在导致通过和维持上述所列反倾销和反补贴税措施的具体调查和审查中，美国没有遵守《反倾销协议》和 SCM 协议规定的若干程序和实质性义务，如下所述：

A. 对某些明确的反倾销和反补贴税措施的适用质疑

关于本申请第一节 A 列出的反倾销和反补贴税措施，美国商务部似乎没有对事实进行恰当客观的评估，认为受影响的韩国生产商和出口商未能发挥其最大的能力，未能在提供确定倾销幅度或补贴数额所必需的信息方面进行合作。因此，似乎没有一个有效的基础来相信美国商务部利用现有事实的方式。

此外，在诉诸现有事实时，美国商务部采取了“不利”推论，没有考虑到记录中所有经证实的事实以及所有可核实和及时、适当提交的证据。在每一项措施中，美国商务部都是根据假设或推测来确定相关生产商或出口商的倾销，以期得出不利于这些生产者或出口商利益的结果，而不是试图以现有的最佳信息取代缺失的信息，忽视韩国生产者或出口商尽其所能提交的其他信息。美国商务部在导致采取或继续采取这些措施的调查和审查中作出的决定没有反映出一个合理的推理和评估过程。韩国关切的是，在根据上述措施中的现有事实确定倾销和补贴时，美国商务部以惩罚性的方式使用了现有事实。

因此，韩国认为，美国商务部似乎违反了美国在《反倾销协议》第 6.8 条和附件二下的义务，特别是附件二第 1 款、第 3 款、第 5 款、第 6 款和第 7 款以及 SCM 协议关于利用现有事实的第 12.7 条。

此外，由于在确定倾销和（或）补贴时对现有事实的不当使用，这些措施似乎不符合《反倾销协议》和 SCM 协议中有关确定倾销或补贴、确定损害和因果关系、确定征收的关税数额，以及维持关税的若干条款，例如《反倾销协议》第 1 条、第 2.1 条、第 2.2 条、第 2.3 条、第 2.4 条、第 3.1 条、第 3.2 条、第 3.4 条、第 3.5 条、第 5.8 条、第 9.2 条、第

---

① 美国商务部一贯采用现有的不利事实，并根据以下规定采取行动：
•《2015 年贸易优惠延长法》第 502 节，Pub. L. 编号 114-27；
• 1930 年《关税法》第 776 节，编入《美国法典》第 19 编第 1677e 条；
•《联邦法规》第 19 章第 351 条中美国商务部的实施条例，特别是第 308 条。
例如，在本请求第一节 A 所述措施中使用现有事实的方式也证明了这一点。

9.3 条、第 9.4 条、第 9.5 条、第 11.1 条、第 11.3 条、第 11.4 条和第 18.1 条,《补贴与反补贴措施协议》第 1 条、第 10 条、第 11.2 条、第 11.3 条、第 11.9 条、第 14 条、第 15.1 条、第 15.2 条、第 15.4 条、第 15.5 条、第 19.1 条、第 19.3 条、第 19.4 条、第 21.1 条、第 21.3 条和第 32.1 条，以及 GATT 1994 第六条第 1 款、第 2 款和第 3 款。

此外，韩国关切的是，当诉诸这些在反倾销和反补贴税措施范围内的现有事实时，美国没有遵守下列规定，其中包括：

a.《反倾销协议》第 6.1 条和 SCM 协议第 12.1 条，因为美国商务部没有通知它所要求的资料，也没有给利害关系方提供充分机会以书面形式提出他们认为与调查有关的所有证据；

b.《反倾销协议》第 6.2 条和 SCM 协议第 12.2 条，因为美国商务部未能为利害关系方提供充分的维护其利益的机会；

c.《反倾销协议》第 6.6 条和 SCM 协议第 12.5 条，因为美国商务部未能确定其调查结果所依据的利害关系方提供的信息的准确性；

d.《反倾销协议》第 6.7 条和附件一以及 SCM 协议第 12.6 条和附件六，因为美国商务部未能核实所提供的资料或获得进一步的细节，也没有向所涉公司提供核查结果或予以披露；

e.《反倾销协议》6.9 条和 SCM 协议第 12.8 条，因为美国商务部没有向所有有关各方通报所审议的基本事实，这些事实构成了决定采取最终措施的依据；

f.《反倾销协议》第 6.10 条，因为美国商务部未能适当确定每个已知生产者或出口商的倾销幅度；

g.《反倾销协议》第 9.4 条，因为在抽样情况下[①]，美国商务部确定了一个所有其他税率，该税率不忽略在第 6.8 条情况下确定的税率；

h. SCM 协议第 11.2 条、第 11.3 条和第 11.6 条，因为美国商务部要求提供调查所依据的申请中未包括的“任何其他形式的协助”方面的信息，并在发现未根据这一请求提供的信息时适用现有事实，但不审查所获得或发现的信息是否足以启动调查；以及

i.《反倾销协议》第 11.4 条和 SCM 协议第 21.4 条，因为美国商务部没有按照上述有关审查中所述的证据和程序规定行事。

上述违法行为影响本请求第一节 A 所述的所有具体反倾销和反补贴税措施。

B. 因此，对经 2015 年《贸易优惠延伸法》第 502 节修正的 1930 年《关税法》(“美国法典” 第 19 编第 1677 e 节）第 776 条及其实施条例提出质疑

关于经 2015 年《贸易优惠延伸法》第 502 节修正的 1930 年《关税法》(“美国法典” 第 19 编第 1677e 节）第 776 节，以及上述美国国家立法中关于使用现有事实的相关法律规定，韩国关切的是，这些规定不符合美国根据《反倾销协议》第 6.8 条和附件二以及 SCM 协议第 12.7 条承担的义务。

2015 年《贸易优惠延长法》第 502 节修订了 1930 年《关税法》第 776 节（《美国法典》第 19 章第 1677e 节），规定如果当局发现利害关系方未能尽其最大努力遵守信息请求而进行合作，则当局在从其他现有事实中进行选择时，可以使用不利于该方利益的推论。特别是，它规定，当局不需要根据有关当事方如果遵守提供资料的要求就有关资料作出的任何假设来确定或调整可抵消补贴率或加权平均倾销幅度。第 502 条赋予当局充分的自由裁量权，使其在可获得的倾销幅度或反补贴率中适用最高的税率或幅度，而无须证实这一幅度，并规定当局无须估计反倾销幅度的大小。如果被发现未能合作的利害关系方进行了合作，或证明管理当局所使用的反补贴税率或倾销幅度反映了利害关系方所声称的商业现实，则当局无须估计反补贴税率或倾销幅度是多少。

韩国认为，这些法律规定不适当地允许美国调查当局，特别是美国商务部，不仅替换丢失的必要信息，而且无视生产者或出口商适当提交的可核实的相关的信息。它们明确免除了当局在某些情况下以特别谨慎的方式使用最佳现有信息的要求，并给予当局充分的自由裁量权，故意采用最高利率，甚至无须考虑这一比率在有关生产者或出口商的商业现实中是否有根据，或有无与有关生产者或出口商有关的现有其他资料作为佐证。因此，依据这些规定，当局没有义务遵守第 6.8 条以及《反倾销协议》

① 例如，“大型电力变压器反倾销措施” 第四次行政审查就是如此。

附件二第 1 条、第 3 条、第 5 条、第 6 条和第 7 条以及 SCM 协议第 12.7 条规定的使用事实的义务。这些规定不适当地免除了调查当局的义务，即利用现有的事实合理地取代丢失的“必要信息”，以期得出准确的裁定。

此外，韩国认为，给予当局以这种方式行事的不受限制的自由裁量权不符合美国根据《反倾销协议》第 18.4 条和 SCM 协议第 32.5 条以及《建立 WTO 协定》第 16 条第 4 款承担的义务：建立世贸组织以确保其法律法规和行政程序符合《反倾销协议》第 6.8 条和附件二以及 SCM 协议第 12.7 条的规定。

C. 对美国商务部将不利事实作为一种持续行为及规则或一般适用规范的质疑

最后，关于美国商务部使用现有不利事实，韩国关切的是，根据这一持续行为或规范，美国商务部会从不利于外国生产者或出口商利益的记录中选择事实，而不论不利推论能否被合理地得出，而且这些事实是在特定情况下“可获得的最佳信息”。韩国认为，美国商务部现行行为或准则似乎不符合美国在使用现有事实方面的义务，因为除此之外，美国无视生产者或出口商适当提交的可核查的相关信息，在将其调查结果建立在第二来源的信息基础上时，没有采取特别谨慎的行动，因此未能使用“现有的最佳信息”。

韩国认为，美国商务部按规定应利用现有信息合理地取代丢失的“必要信息”，以便作出准确的裁定，然而无论何时，商务部在发现不合作时使用不利事实的现行行为或准则，与调查机构在选择现有事实进行推理和评估的义务不一致，因此这似乎违反了《反倾销协议》第 6.8 条和附件二，特别是附件二第 1 条、第 3 条、第 5 条、第 6 条和第 7 条以及 SCM 协议第 12.7 条。

III. 结论

总之，韩国关切的是，上述清单所列的反倾销和反补贴税措施以及上述法律规定和现行的一般和潜在适用行为或规则，似乎不符合美国在 GATT 1994、《反倾销协议》、SCM 协议以及《建立 WTO 协定》下承担的相关义务。

美国的措施似乎取消或损害了根据上述协定直接或间接为韩国带来的利益。

韩国保留在磋商过程以及任何设立专家组的请求中提出更多的事实和法律问题，并就上述事项提出额外措施和要求的权利。

韩国期待收到美国对这一请求的答复，并确定一个双方都能接受的磋商日期。

（张文凤译，孙靓莹校）

美国——关于鲶鱼海产品的某些进口措施：越南请求磋商

此文件自 2018 年 2 月 22 日起，在越南代表团和美国代表团以及争端解决机构主席间进行沟通，现根据 DSU 第 4 条第 4 款的规定予以散发。

受我方政府授权，根据 DSU 第 1 条和第 4 条，《实施卫生与植物卫生措施协议》(简称 SPS 协议）第 11 条以及 GATT 1994 第 22 条，越南请求与美国就美方以卫生与植物卫生措施问题为理由，颁布、通过、实施以及用其他方式采取的影响自越南进口鲶鱼海产品进入美国市场的某些措施进行磋商。

越南鲶鱼属鲇形目鱼类，它包括两个科。其中一个科是叉尾鮰科（北美鲶科）鱼类，原产于北美洲，通过水产养殖的方式进行生产，作为“鲶鱼”对外出售。另外一个科是巨鲶科鱼类，主要是在越南和东南亚其他一些地方发现。其中，类属于鲇形目第二个科巨鲶科的越南鲶鱼的销售品种包括巴沙、特拉和苏瓦伊，它们也是此次磋商请求所涉及的争议产品。

从越南运往美国的鲶鱼海产品长期以来受到美国同类产品生产商出于贸易限制目的的不公平针对。越南生产商的这些出口行为目前受到美国的法律、规则和行政惯例的制约，毫无充分的科学依据可言。美国的相关行动限制了该产品的贸易，况且该贸易活动对越南经济有着重大意义，同时该产品作为食物和蛋白质健康、充足的来源，为美国消费者提供了实质性利益。

该请求是针对影响越南鲶鱼海产品在美国的进口、分销和销售的某些措施提出的，包括但不限于以下措施：

• 2008 年的《食品、环境保护和能源法案》（又称“2008 年农场法案”）[《公共法案》第 110-246 卷第 10016（b）款］对《联邦肉类检验法》（“FMIA”，《美国法典》第 21 篇 601 条）进行了修订，规定“由农业部部长所定义的鲶鱼”是一种

“应检疫的物种”，因此受美国农业部（USDA）食品安全检查局（FSIS）管辖，并接受其检查。[《美国法典》第 21 篇 601(w)（2）条]

•《2014 年农业法案》（又称“2014 年农场法案”）（《公共法案》第 113-79 卷第 12106 款），对《联邦肉类检验法》第 1（w）款进行了修订，将“由部长所定义的鲶鱼”一词删除，并修改为“所有鲇形目鱼类”，从而将鲇形目鱼类纳入应受食品安全检查局负责管辖并检查的应检疫物种之中。[《美国法典》第 21 篇 606 (a) and (b) 条]

•《美国联邦法规》第 9 篇、第 F 分篇、第Ⅲ章、第 530-551 部分，规定“强制检查鲇形目鱼类以及由该鱼类衍生产出的鱼制品”，2015 年 12 月 2 日食品安全检查局发布了“最终规则”。（《联邦公告》第 80 卷第 75589 条）

•《2008 年农场法案》第 10016（b）款和《2014 年农场法案》第 12106 款的行政申请，由终局规则执行。

•《美国联邦法规》第 9 篇第 541 部分规定，“产品和包装的标志、营销和标签”（包括鱼类和鱼制品）引用了第 317 部分关于“标签、标记设备、容器”的要求。

•《美国联邦法规》第 9 篇第 541 部分的行政申请包括但不限于引用自第 317 部分的要求。

这些措施似乎与美国根据 GATT 1994 和 SPS 协议所承担的义务不一致，包括但不限于以下规定：

（1）SPS 协议第 2.2 条

美国采取的行动似乎与 SPS 协议第 2.2 条规定的义务不一致，即违反了“仅在必要的范围内”将这些措施用于健康保护，并确保其措施“基于科学原则”，以及“在没有足够的科学依据的情况下不予以维持”的义务。

（2）SPS 协议第 2.3 条第 1 句

美国的行为似乎不符合 SPS 协议第 2.3 条第 1 句规定的义务，即违反了确保这些措施不会导致“任意”或“不合理”的歧视的义务。

（3）SPS 协议第 2.3 条第 2 句

美国似乎采取了与 SPS 协议第 2.3 条第 2 句中规定的义务不一致的行动，即存在以“变相限制国际贸易”的方式实施这些措施，违反了 SPS 协议第 2.3 条第 2 句规定的适用情况。

（4）SPS 协议第 4.1 条

在实施这些措施时，美国似乎采取了与 SPS 协议第 4.1 条规定的义务不一致的行动，不接受越南的卫生与植物卫生措施作为同等措施，尽管越南“客观地证明”其措施达到了美国确立的卫生与植物卫生措施保护的合理水平。

（5）SPS 协议第 5.1 条

美国的行为似乎与 SPS 协议第 5.1 条规定的将这些措施建立在风险评估基础上的义务不一致，即违反了 SPS 协议第 5.1 条规定的适用情况。

（6）SPS 协议第 5.3 条

在这些措施中，美国的行为似乎与 SPS 协议第 5.3 条规定的义务不一致，即违反了“考虑”作为相关经济因素的“限制风险替代方法的相对成本效益”的义务。

（7）SPS 协议第 5.6 条和脚注 3

美国的行为似乎不符合其根据 SPS 协议第 5.6 条和脚注 3 所承担的义务，因为考虑到技术和经济上的可行性，这些措施相对于实现其适当保护水平的要求而言更具贸易限制性，即违反了 SPS 协议第 5.6 条和脚注 3 规定的适用情况。

（8）SPS 协议第 8 条和附件 C(1)(a)

美国在实施这些措施时，似乎不符合其在 SPS 协议第 8 条和附件 C(1)(a) 中规定的义务，因为它在完成其控制、检查和批准程序时“无故拖延”。

（9）GATT 1994 第 1 条第 1 款

美国在实施这些措施时，似乎与 GATT 1994 第 1 条第 1 款所规定的义务不一致，因为按照规定，这些措施的规则和手续会立即无条件地给予其他 WTO 成员产品优势，但是越南的同类产品却并未得到如此优势。

（10）GATT 1994 第 11 条第 1 款

美国的行为似乎与 GATT 1994 第 11 条第 1 款规定的义务不一致，因为这些措施对进口构成了“限制”，即违反了 GATT 1994 第 11 条第 1 款承诺的适用情况。

该项协商请求涉及本请求中所列诉的美国措施，以及这些措施中的任何修正、补充、延期、替换、更新、实施和其他任何形式的变更，还有根据这些措施或与之相关而采取的任何行动，包括但不限于任何一方在本请求引起的磋商期间提及的任何此类措施。

越南保留在磋商过程中根据与此事项有关的适用协议的其他规定提出补充事实和法律索赔的权利。

越南期待收到美国对这一请求的答复，并确定一个双方均便于进行磋商的日期。越南欢迎美国就磋商的具体时间和地点提出建议。

（罗慧译，邓晓虹校）

印度——相关出口措施：美国请求磋商

此文件自 2018 年 3 月 14 日起，在美国代表团和印度代表团以及争端解决机构主席之间进行沟通，现根据 DSU 第 4 条第 4 款的规定予以散发。

根据 DSU 第 1 条和第 4 条，SCM 协议第 4 条和第 30 条中与出口补贴措施相关的规定，美国请求与印度进行磋商。

有证据表明，印度通过以下途径提供出口补贴：（1）出口导向单位计划，以及具体产业的计划（如电子硬件技术园计划等）；（2）印度商品出口计划；（3）资本货物出口促进计划；（4）特别经济区；（5）免税进口用于生产出口商品的计划。

通过这些途径提供的出口补贴反映在下列单独或共同运行的法律文件中，以及它们的修订版、替换版文件和执行措施中：

I. 出口导向单位计划以及特定产业计划（如电子硬件技术园计划等）

1.《外贸政策（2015.4.1-2020.3.31）》（商业和工业部，2015—2020 年第 1 号通知，2015 年 4 月 1 日），于《外贸政策（2015.4.1-2020.3.31）中期审查》中修订，更新至 2017 年 12 月 5 日。（商业和工业部，2015—2020 年第 41 号通知，2017 年 12 月 5 日）

2.《外贸政策（2015—2020）》附件和表单，2015 年 4 月 1 日至 2020 年 3 月 31 日（商业和工业部更新）

3.《程序手册（2015.4.1-2020.3.31）》（商业和工业部，2015—2020 年第 1 号公告，2015 年 4 月 1 日），更新至 2017 年 12 月 5 日（商业和工业部，2015—2020 年第 43 号公告，2017 年 12 月 5 日）

4. 2015—2020 年第 31 号公告，《2015—2020 五年外贸政策》中附件 6B 的第（7）段的修订。（商业和工业部，2015 年 8 月 26 日）

5. 2015—2020 年第 25 号公告，出口型企业、软件技术园区、电子硬件技术园区等强制性仓储要求的取消。修订于（1）《程序手册（2015—2020）》第 6.06 段，6.20 段，6.40 段；（2）《外贸政策（2015—2020）》的附件 6E、6G、6H、6M、5C 和表单 6A、6B（商业和工业部，2016 年 8 月 13 日）

II. 印度商品出口计划

6. 文件 1-5

7. 2015—2020 年第 2 号公告，主题：印度商品出口计划——国家组安排表，在附件 3B 之下的有回报率商品的海关编码顺序列表。（商业和工业部，2015 年 4 月 1 日）

8. 2015—2020 年第 27 号公告，主题：印度商品出口计划——附件 3B 中表 1（包括国家组列表）和表 2（包括有回报率商品的海关编码顺序列表）的补充和修改。（商业和工业部，2015 年 7 月 14 日）

9. 2015—2020 年第 61 号公告附件 3B 的表 2（合并统一版）。（商业和工业部，2017 年 3 月 7 日）

10. 2015—2020 年第 1 号公告，主题：印度商品出口计划附件 3B 的表 2 中关于产品描述的修改。（商业和工业部，2017 年 4 月 13 日）

11. 2015—2020 年第 17 号公告，主题：用海关编码规范附件 3B 中印度商品出口计划安排表（表 2）。（商业和工业部，2017 年 8 月 22 日）

12. 2015—2020 年第 22 号公告，主题：更正和修改《外贸政策（2015—2020）》附件 3B 中的表 2。（商业和工业部，2017 年 8 月 31 日）

13. 2015—2020 年第 42 号公告，主题：修改《外贸政策（2015—2020）》附件 3B。（商业和工业部，2017 年 11 月 24 日）

14. 2015—2020 年第 44 号公告，主题：修改《外贸政策（2015—2020）》附件 3B。（商业和工业部，2017 年 12 月 5 日）

15. 2015—2020 年第 60 号公告，主题：更正和修改《外贸政策（2015—2020）》附件 3B 中的表 2。（商业和工业部，2018 年 2 月 15 日）

III. 出口促进资本货物计划

16. 文件 1-5

17. 2015—2020 年第 4 号公告，主题：包含以卢比支付的服务列表的新附件 5D 的通知，可以被计入在“出口促进资本货物计划”（EPCG）之下出口义务的免除中（商业和工业部，2016 年 5 月 3 日）

18. 2015—2020 年第 8 号公告主题：附件 5A

的修改（EPCG 授权发行的申请）；附件 5B 的修改（EPCG 授权赎回的申请）；和附件 5C 的修改。包含于《外贸政策（2015—2020）》中的附件和表单中。（商业和工业部，2016 年 5 月 6 日）

19. 2015—2020 年第 3 号政策通知，主题：《外贸政策（2015—2020）程序手册》中的第 5.19 段反映出的平均出口义务的减轻。（商业和工业部，2017 年 11 月 21 日）

20. 2015—2020 年第 47 号公告修订了附件 5E 和 5F。（商业和工业部，2017 年 12 月 6 日）

Ⅳ. 特别经济区

21.《特别经济区法案》（2005 年第 28 号），于 2005 年 6 月 23 日发行，《印度公报》，第一部分第二板块。（司法部）

22.《特别经济区规则》（更新到 2010 年 7 月）。（商业和工业部，2006 年 2 月 10 日）

23.《特别经济区（修订版）规则》，2010 年。（商业和工业部，2010 年 6 月 14 日）

24.《特别经济区（修订版）规则》，2017 年。（商业和工业部，2010 年 6 月 12 日）

25. 2017 年第 15 号通知——综合税（税率）。（财政部税收司，2017 年 6 月 30 日）

26.《收入税法案》，1961 年修订。

Ⅴ. 免税进口用于生产出口商品的计划

27. 海关 2017 年第 50 号公告（财政部税收司，2017 年 6 月 30 日），包括第 10、21、28、32、33、36、60、61、101 种条件。

同 SCM 协议附件 7 一致，印度适用于 SCM 协议第 3.1（a）条所规定的义务，因为印度的人均国民生产总值已经达到每年 1000 美元。正如上述文件所反映的，印度在每个计划中根据出口情况来提供补贴。其措施与 SCM 协议第 3.1（a）条不相符，且有迹象表明印度的行为有违 SCM 协议第 3.2 条。

根据 SCM 协议第 4.2 条，本磋商请求随附一份“关于已有证据的说明”。

美国期盼收到印度对本请求的回复，并安排一个方便的日期供美印双方磋商。

关于已有证据的说明

1.《外贸政策（2015—2020）中期评估》的重点（2017 年 12 月）（商业和工业部）

2.《外贸政策（2015—2020）中期评估》的发布——年度奖励增长 2%，相当于劳动密集型产业和小规模产业超过 800 亿卢比。（商业和工业部，2017 年 12 月 5 日）

3.《外贸政策（2015—2020）》（商业和工业部，2015—2020 第 1 号公告），2015 年 4 月 1 日，修改于《外贸政策（2015—2020）中期评估》，更新至 2017 年 12 月 5 日。（商业和工业部，2015—2020 年第 41 号通知，2017 年 12 月 5 日）

4.《外贸政策（2015—2020）》的附件和和表单，2015 年 4 月 1 日至 2020 年 3 月 31 日（商业和工业部更新）

5.《外贸政策（2015—2020）程序手册》（商业和工业部，2015—2020 年第 1 号公告），2015 年 4 月 1 日发布，更新至 2017 年 12 月 5 日。（商业和工业部，2017 年 12 月 5 日）

6. 2015—2020 年第 31 号公告，修改《外贸政策（2015—2020）》附件 6B 中的第（7）段（商业和工业部，2015 年 8 月 26 日）

7. 2015—2020 年第 25 号公告，出口型企业、软件技术园区、电子硬件技术园区等强制性仓储要求的取消。修订于（1）《程序手册（2015—2020）》第 6.06 段，6.20 段，6.40 段；（2）《外贸政策（2015—2020）》的附件 6E、6G、6H、6M、5C 和表单 6A、6B。（商业和工业部，2016 年 8 月 13 日）

8. 2015—2020 年第 2 号公告，主题：印度商品出口计划（MEIS）——国家组安排表，在附件 3B 之下的有回报率商品的海关编码顺序列表。（商业和工业部，2015 年 4 月 1 日）

9. 2015—2020 年第 27 号公告，主题：印度商品出口计划（MEIS）——附件 3B 中表 1（包括国家组列表）和表 2（包括有回报率商品的海关编码顺序列表）的补充和修改。（商业和工业部，2015 年 7 月 14 日）

10. 2015—2020 年第 61 号公告附件 3B 的表 2（合并版）（商业和工业部，2017 年 3 月 7 日）

11. 2015—2020 年第 1 号公告，主题：MEIS 附件 3B 中的表 2 中关于产品描述的修改（商业和工业部，2017 年 4 月 13 日）

12. 2015—2020 年第 17 号公告，主题：用海关编码规范附件 3 B 中 MEIS 计划表（表 2），2017 年（商业和工业部，2017 年 8 月 22 日）

13. 2015—2020 年第 22 号公告，主题：更正

和修改《外贸政策(2015—2020)》附件3B中的表2(商业和工业部，2017年8月31日)

14. 2015—2020年第42号公告，主题：修改《外贸政策(2015—2020)》附件3B(商业和工业部，2017年11月24日)

15. 2015—2020年第44号公告，主题：修改《外贸政策(2015—2020)》附件3B(商业和工业部，2017年12月5日)

16. 2015—2020年第60号公告，主题：更正和修改《外贸政策(2015—2020)》附件3B中的表2(商业和工业部，2017年2月15日)

17. 2015—2020年第4号公告，主题：包含以卢比支付的服务列表的新附件5D的通知，被计入在出口促进资本货物计划(EPCG)之下出口义务的免除中(商业和工业部，2016年5月3日)

18. 2015—2020年第8号公告，主题：附件5A的修改(EPCG授权发行的申请)；附件5B的修改(EPCG授权赎回的申请)；附件5C的修改，包含于《外贸政策(2015—2020)》中的附件和表单中。(商业和工业部，2016年5月6日)

19. 2015—2020年第3号政策通知，主题:《外贸政策(2015—2020)程序手册》中的第5.19段反映出的平均出口义务的减轻。(商业和工业部，2016年11月21日)

20. 2015—2020年第47号公告修订了附件5E和5F(商业和工业部，2017年12月6日)

21.《特别经济区法案》(2005年第28号)，于2005年6月23日发行,《印度公报》，第一部分第二板块。(司法部)

22.《特别经济区规则》(更新到2010年7月)(商业和工业部，2006年2月10日)

23.《特别经济区(修订版)规则》，2010年(商业和工业部，2010年6月14日)

24.《特别经济区(修订版)规则》，2017年(商业和工业部，2010年6月12日)

25. 2017年第15号通知——综合税(税率)(财政部税收司，2017年6月30日)

26.《收入税法案》，1961年修订。

27. 2017年第50号通知——海关(财政部税收司，2017年6月30日)

(赵怡方译，杨凤鸣校)

中国——有关知识产权保护的某些措施：美国请求磋商

此文件自2018年3月23日，在美国代表团和中国代表团以及争端解决机构主席之间沟通，现根据DSU第4条第4款的规定予以散发。

受我方政府授权，根据DSU第1条和第4条以及《与贸易有关的知识产权协定》(TRIPS协定)第64条(一定程度上适用GATT 1994第22条)，我方代表请求就中国保护知识产权的某些措施与中方磋商：

在技术转让合同终止后，中国拒绝外国专利持有人对中国合资方实施其专利权。中国还强制规定了歧视和不利于进口外国技术的不利合同条款。因此，中国剥夺了外国知识产权持有人在中国保护其知识产权的能力，也剥夺了他们在许可证和其他技术相关合同中自由谈判市场条款的能力。

中国实施这些措施的法律文书包括下列单独或集体实施的法律文书：

•《中华人民共和国对外贸易法》[1994年5月12日第七届全国人民代表大会常务委员会第八次会议通过(第22号行政令)，1994年7月1日起施行，2004年4月6日第十届全国人民代表大会常务委员会第八次会议修正(第15号行政令)，2004年7月1日生效；2016年11月7日进一步修订(第57号行政令)]；

•《中华人民共和国技术进出口管理条例》[2001年12月10日发布(国务院第331号令)，2002年1月1日起施行，2011年1月8日修订(国务院第588号令)]；

•《中华人民共和国中外合资经营企业法》[1979年7月1日第五届全国人民代表大会第二次会议通过，1979年7月8日起施行(常委会第7号主席令)1990年4月4日修正(第27号行政令)，2001年3月15日(第48号行政令)和2016年9月3日(第51号行政令)进一步修正]；

•《中华人民共和国中外合资经营企业法实施条例》[国务院(国发〔1983〕148号)1983年9月20日发布，1983年9月20日起施行，1986年1月15日修订(国发〔1986〕6号)1987年12月21日进一步修订(国发〔1987〕110号)2001年7月22日(国务院第311号令)2011年1月8日(国务院第588号令)2014年2月19日(国务院第648号令)]；

•《中华人民共和国合同法》[1999 年 3 月 15 日第九届全国人民代表大会第二次会议通过，1999 年 10 月 1 日起施行（第 15 号行政令）]；

以及任何修改、继承、替换或实施措施。

当《中华人民共和国技术进出口管理条例》单独或与所列其他文书并用时，似乎与 TRIPS 协定第 3 条（国民待遇）不一致，这是因为：

•《条例》第 24 条对外国知识产权持有人的优惠待遇不如中国知识产权持有人。例如，第 24 条要求进口技术合同的许可方赔偿被许可方因使用转让技术而产生的侵权责任。

•《条例》第 27 条对外国知识产权持有人的优惠待遇不如中国知识产权持有人。例如，第 27 条要求进口技术的任何改进都属于改进方。

•《条例》第 29 条对外国知识产权持有人的优惠待遇不如中国知识产权持有人。例如，第 29（3）条禁止进口技术许可合同限制中方改进技术或使用改进技术。

《中华人民共和国中外合资经营企业法实施条例》单独或者与其他上市工具一起实施，单独或者与 TRIPS 协定第 3 条（国民待遇）相抵触，或与 TRIPS 协定第 28.1 条（a）、（b）项或第 28.2 条相抵触 TRIPS 协定，因为：

•《条例》第 43 条对外国知识产权持有人的优惠待遇不如中国知识产权持有人。例如，第 43 条第（4）项规定，中国合营方有权在合同期满后继续使用根据技术转让合同转让的技术。

《中华人民共和国中外合资经营企业法实施条例》单独或与其他上市工具一起实施，似乎与 TRIPS 协定第 28.1（a）项、第 28.1（b）项不一致，因为：

•《条例》第 43 条剥夺外国专利权人的专有权，包括防止未经外国专利权人同意的第三方从事 TRIPS 协定第 28.1 条（a）、（b）项所列行为。例如，第 43 条第（4）项规定，中国合营方有权在合同期满后继续使用根据技术转让合同转让的技术。

我方期待收到中方对本请求的答复，并建议确定一个彼此方便的日期进行磋商。

（宋懿达译，邓晓虹校）

美国——对来自中国的某些商品采取的关税措施：中国请求磋商

此文件自 2018 年 4 月 4 日起，在中国代表团和美国代表团以及解决争端机构主席之间进行沟通，现根据 DSU 第 4 条第 4 款的规定予以散发。

受我方政府授权，根据 GATT 1994 第 23 条，DSU 第 4 条，就美国对源自中国的机械、电子等各个部门的某些商品所征收的关税措施与美国政府进行磋商。

2018 年 3 月 22 日，美国公布了对中国的“301 调查”的相关文件。4 月 3 日，美国公布了一份中国产品清单，如“关于根据第 301 条提出的确定行动和征询公众意见公告的确定”的附件所述，对其征收 25% 的从价税，并建议加以执行。拟议的职责仅适用于中国的产品，并且超过 GATT 1994 附件中的特许权和承诺减让表中美国的约束税率。

美国实施其采取的关税措施的法律文件包括：

1. 经修正的 1974 年《贸易法》第 301-310 条，（19 U.S.C.，第 2411-2420 段）；

2. 根据 1974 年 3 月 22 日《贸易法》第 301 条规定，对中国与技术转让、知识产权和创新相关的行为、政策和惯例的日期为 2018 年 3 月 22 日的调查结果；

3. 美国的行动与日期为 2018 年 3 月 22 日对中国与技术转让、知识产权和创新相关的法律、政策、惯例或行动的调查相关；

4. 根据 301 条款：日期为 2018 年 4 月 3 日的中国与技术转让、知识产权和创新相关的行为、政策和惯例的决议和征询公众意见的通知。

此磋商请求还涉及对上述措施的任何修订或相关的继承、替换或实施措施。

这些措施看起来与 WTO 所涵盖的协议的相关条款并不一致，包括：

1.GATT 1994 第 1 条第 1 款，美国给予的关于征收任何形式的关税和收费的“优势、优惠、特权或豁免”与“进口源自其他成员国的产品”有关，因此有争议的措施未能立即无条件地延伸到中国。

2.GATT 1994 第 2 条第 1 款（a）和（b）项，有争议的措施不符合上述文件中确定的来自中国的产品的待遇不低于美国附表所规定的待遇和 GATT 1994 附件中的让步和承诺。

3.DSU 第 23 条，当美国寻求纠正违反义务或其他无效或损害的福利时，有争议的措施无法诉诸和遵守 DSU 的规则和程序协议或任何妨碍实现目标的所涵盖协议。

此外，由于上述原因，有争议的措施似乎直接或间接地损害了中国根据引用的协议产生的利益。

中国就上述措施在磋商过程中保留提出额外索赔和法律事宜的权利。

中国期待收到美国对本磋商请求的答复，并安排双方方便的磋商日期。

（甄洋译，李雪峰校）

美国——对钢铝产品采取的特定措施：中国请求磋商

此文件自 2018 年 4 月 5 日起，在中国代表团和美国代表团及争端解决机构主席间进行沟通，现根据 DSU 第 4 条第 4 款规定予以散发。

受我方政府授权，根据 DSU 第 4 条、GATT 1994 第 22 条和《保障措施协议》第 14 条的规定，就美国为调整钢铝进口采取的某些措施，包括但不限于对钢铝产品征收额外的从价计征进口税并对特定被挑选的世界贸易组织成员豁免实施该措施，我代表团请求与美国政府进行磋商。

I. 争议措施

美国对来自除加拿大、墨西哥、澳大利亚、阿根廷、韩国、巴西和欧盟以外的所有国家的钢铝产品分别加征 25% 和 10% 的进口税，该措施自 2018 年 3 月 23 日起生效。有迹象表明，美国总统将会考虑进一步调整加征的进口税、替代方式或实施配额。

本（磋商）请求中的争议措施包括但不限于：

—《调整对美国的钢材进口》，以及其附件《修改美国协调关税表第 99 章》（《总统公告 9705 号》，2018 年 3 月 8 日发布）；①

—《调整对美国的铝进口》，以及其附件《修改美国协调关税表第 99 章》（《总统公告 9704 号》，2018 年 3 月 8 日发布）；②

—《调整对美国的钢材进口》（《总统公告 9711 号》，2018 年 3 月 22 日发布）；③

—《调整对美国的铝进口》（《总统公告 9710 号》，2018 年 3 月 22 日发布）；④

—《提交申请免除总统公告中调整对美钢铝产品进口的补救办法的要求；和对已提交的钢铝产品免除申请的反对意见的提交》（美国商务部）；⑤

—《对钢铝征收的 232 措施税，根据 <1962 年贸易扩展法 > 第 232 节对进口钢铝制品征收的附加税》（美国海关和边境保护局）；⑥

—《1962 年贸易扩展法》第 232 节，已修订（《美国法典》第 19 卷第 1832 节），在上述总统公告中引用以授权美国总统采取行动；

—《钢材进口对国家安全的影响》，根据《1962 年贸易扩展法》第 232 节进行的调查，已修订（美国商务部，2018 年 1 月 11 日）；

—《铝进口对国家安全的影响》，根据《1962 年贸易扩展法》第 232 节进行的调查，已修订（美国商务部，2018 年 1 月 17 日）；

以及任何修订或继承、替换或实施措施。

II. 诉求的法律依据

争议措施，单独或合并在一起看，似乎与美国在以下条款项下的义务不符：

—GATT 1994 第 19 条第 1 款第 1 项和第 19 条第 2 款，《保障措施协议》第 2 条第 1 款和第 2 款、第 4 条第 1 款和第 2 款、第 5 条第 1 款、第 7 条、第 11 条第 1 款第 1 项、第 12 条第 1 款、第 2 款以及第 3 款。这是因为对于实质上构成保障措施的争议措施，美国未能就“不能遇见的情况”、进口“数量增加如此之大”且“情况如此严重”与“对国内生产者造成严重损害和严重损害威胁”作出适当决定和提供合理充分的解释；也因为美国并未遵守适当的程序要求，这些程序要求包括诸如通知和磋商等程序；还因为美国并未以适当的方式适用这些措施，例如这些措施的适用应不考虑供应来源并且仅应在必要时期内适用。

—GATT 1994 第 2 条第 1 款第 1 项和第 2 项。这是因为美国对某些钢铝产品征收的进口关税超过了 GATT 1994 所附《美国关税减让承诺表》中规定的关税；对于受到争议措施约束的中国产品，美国未能让这些中国产品免征超过 GATT 1994 所附《美国关税减让承诺表》中所定的普通关税的部分，也未能让这些中国产品免征超过 GATT 1994 订立之日或超过该日期在美国已实施的法律直接或强制要求的所有其他税费。

---

① 83 FR 11625-11630, March 15, 2018

② 83 FR 11619-11624, March 15, 2018

③ 83 FR 13361-13365, March 28, 2018

④ 83 FR 13355-13359, March 28, 2018

⑤ 83 FR 12106-12112, March 19, 2018

⑥ https://www.cbp.gov/trade/programs-administration/entry-summary/232-tariffs-aluminum-and-steel

—GATT 1994 第 1 条第 1 款。这是因为美国有选择地对源自不同成员的某些钢铝制品征收额外进口税，包括提供豁免或适用替代方法，这些在对源自其他成员境内产品的进口“所征收的关税和任何费用方面”，以及“在征收此类关税和费用的方法方面”和“在有关进口的规章手续方面”由美国授予的（优惠待遇）[①]，并未立即无条件地给予中国。

—GATT 1994 第 10 条第 3 款第 1 项。这是因为美国未能以统一、公正和合理的方式管理与争议措施有关的法律、法规、判决和裁定。

由于上述原因，争议措施似乎使中国在所引协定项下直接或间接获得的利益丧失或减损。

中国保留在磋商过程中以及今后任何起诉请求程序中提出有关上述措施的其他事实与法律请求和事项的权利。

中国期待收到美国对本请求的答复，并期待确定一个彼此方便的磋商日期和地点。

（梁意译，李雪峰校）

美国——晶体硅光伏产品进口保障措施：韩国请求磋商

此文件自 2018 年 5 月 14 日起，在韩国代表团和美国代表团以及争端解决机构主席之间进行沟通，现根据 DSU 第 4 条第 4 款的规定予以散发。

受我国政府指示，根据 DSU 第 1 条和第 4 条，GATT 1994 第 22 条第 1 款，《保障措施协议》第 14 条，关于美国对某些晶体硅光伏电池的进口实施的最终保障措施，请求与美国进行磋商。无论这些电池是否部分或全部组装成其他产品（包括但不限于模块、层压板、面板和建筑集成材料）(晶硅光伏产品）。

美国根据“2018 年 1 月 23 日第 9693 号公告——促进对部分晶体硅光伏电池（无论是否部分或完全组装到其他产品中）和其他用途的进口竞争的积极调整”对晶体硅光伏产品的进口实施了最终保障措施（第 83 号《美国联邦公报》第 3541 页）。

本请求还涉及对最终保障措施的任何修改、审查、替换或修正，包括任何密切相关的、影响保障补救措施的形式和金额的后续措施，以及保障措施相关的所附报告、备忘录和其他文件。

韩国注意到，根据《保障措施协议》第 11.1(a) 条，成员不得对 GATT 1994 第 19 条规定的特定产品的进口采取或寻求采取任何紧急行动，除非该行动符合《保障措施协议》该条款适用的规定。在这方面，韩国表示关切，美国对晶体硅光伏产品实施的保障措施不符合 GATT 1994 和《保障措施协议》规定的美国应承担的义务。特别是，韩国认为美国采取的保障措施违反了（包括但不限于）以下规定：

a. GATT 1994 第 19 条第 1 款（a）项和《保障措施协议》第 1 条和第 3.1 条，因为美国未能作出适当的决定，且没有对任何不可预见的事态发展以及《GATT 1994》规定的义务的影响提供合理和充分的解释，据称这导致进口量增加，对国内产业造成了严重伤害；

b.《保障措施协议》第 2.1 条和第 3.1 条，因为美国没有作出适当的决定，包括一个合理和充分的解释，即该主体的进口量“在这样的数量和条件下”增加，对国内产业造成了严重伤害；

c.《保障措施协议》第 2.1 条、第 3.1 条、第 4.1 条和第 4.2 条，因为美国没有作出适当的决定，也没有对国内工业的地位出现重大全面损害作出合理和充分的解释，以支持其结论，即国内工业正在遭受“严重损害或严重损害威胁”；

d.《保障措施协议》第 2.1 条、第 3.1 条和第 4.2 条，因为保障措施没有得到有关进口产品对国内工业“造成或威胁造成”严重损害的合理和充分解释的支持，而且美国未能妥善进行非归因分析，以分离和区分造成或威胁造成损害的“其他因素”的影响；

e.《保障措施协议》第 2.1 条、第 3.1 条、第 4.1(c) 条和第 4.2 条，因为美国没有适当界定国内工业，由于它没有将标的物进口的范围仅限于生产“同类或直接竞争产品”的生产商；

f.《保障措施协议》第 3.1 条和第 3.2 条，因为美国没有向利害关系方提供充分的机会参与调查，包括未能遵守给予保密处理的要求和提供充分的非机密摘要，以及美国未能在公布的报告中阐明相关事实和法律问题的调查结果和合理结论，包括实施措施的条件、实际措施的性质和水平以及排除某些来源的理由；

g.《保障措施协议》第 5.1 条和第 7.4 条，因为美国未能仅对“必要范围”给予救济，并将此类救

① 此处为译者的补译。

济限制在由于实施措施时以及逐步自由化阶段进口增加而造成的严重损害上；

h.《保障措施协议》第 7.1 条，因为美国未能只给予“防止和补救严重损害以及促进调整所必要的一段时间内”的救济；

i.《保障措施协议》第 8.1 条，美国未能按照《保障措施协议》第 12.3 条规定，努力将美国和韩国在 GATT 1994 下的减让和其他义务维持在实质相等的水平；

j.《保障措施协议》第 12.1 条、第 12.2 条和第 12.3 条，因为美国没有立即向韩国提供所有相关信息，也没有向韩国提供充分的事先磋商的机会；

k. GATT 1994 第 10 条第 3 款，因为该措施并非基于对美国相关法律法规的统一、公正和合理管理；以及

l. GATT 1994 第 13 条和《保障措施协议》第 5.2 条，因为该措施与关税配额分配不一致；

总之，韩国关切晶体硅光伏产品进口的保障措施不符合美国根据 GATT 1994 和《保障措施协议》所承担的相关义务。美国的措施似乎使韩国根据上述协定直接或间接获得的利益无效或遭受损害。

韩国保留在磋商过程中以及在任何设立专家组的请求中提出其他事实和法律问题以及就上述事项提出其他措施和索赔的权利。

韩国期待收到美国对这一请求的答复，并确定一个双方都能接受的磋商日期和地点。

（方婉如译，李雪峰校）

美国——对进口大型家用洗衣机的保障措施：韩国磋商

此文件自 2018 年 5 月 14 日起，在韩国代表团和美国代表团以及争端解决机构主席间进行沟通，现根据 DSU 第 4 条第 4 款的规定予以散发。

受我方政府授权，根据 DSU 第 1 条和第 4 条，GATT 1994 第 22 条第 1 款，《保障措施协议》第 14 条，关于美国对大型家用洗衣机进口的最终保障措施，我代表团请求与美国进行磋商。

根据“2018 年 1 月 23 日公告 9694——促进对进口大型家用洗衣机的竞争的积极调整”，美国对进口大型家用洗衣机实施了最终保障措施（83 FR 3553）。

本磋商请求还涉及对大型家用洗衣机的最终保障措施的任何修改、审查、替换或修订，包括任何紧密相关的后续措施，以确定保障措施的形式和金额，以及支持保障措施的基本报告、备忘录和其他文件。

韩国指出，根据《保障措施协议》第 11.1 条 (a) 的规定，成员不得对 GATT 1994 第 19 条规定的特定产品的进口采取或寻求任何紧急行动，除非该行动符合该条款的规定。在这方面，韩国感到关切的是，保障措施不符合美国根据 GATT 1994 和《保障措施协议》所承担的义务。韩国尤其认为，美国对大型家用洗衣机实施的保障措施不符合但不限于以下规定：

a. GATT 1994 第 19 条第 1 款 (a) 项和《保障措施协议》第 1 条和第 3.1 条，因为美国未能就：(i) 存在导致进口增加的不可预见的事态发展，和 (ii) GATT 1994 所承担义务的影响作出决定；

b.《保障措施协议》第 2.1 条和第 3.1 条，因为美国未能作出适当的决定，包括作出合理和充分的解释，说明有关进口“在这种数量和条件下”增加，对国内工业造成严重损害；

c.《保障措施协议》第 2.1 条、3.1 条、4.1 条和 4.2 条，美国未能作出适当的决定以及对国内产业的重大整体损害作出合理和充分的解释，以支持其结论，即国内工业受到“严重伤害或严重伤害威胁”，包括该措施所涵盖的所有产品；

d.《保障措施协议》第 2.1 条、第 3.1 条和第 4.2 条，因为保障措施不能得到合理和充分的解释，说明该主体如何进口“导致或威胁”对国内产业造成严重伤害，而且美国未能正确地进行非归因分析，以分离和区分导致或可能造成伤害的“其他因素”的影响；

e.《保障措施协议》第 2.1 条、第 3.1 条、第 4.1 条（c）和第 4.2 条，因为美国没有适当地界定调查范围和国内产业，没有将国内产业的范围仅限于那些生产“类似或直接竞争产品”，对主体进口和包括在检查国内工业产品的损害，明确排除在调查范围之外；

f.《保障措施协议》第 2.1 条、第 2.2 条和第 4.2 条，因为美国没有尊重调查范围与保障措施范围平行的要求；

g.《保障措施协议》第 3.1 条和第 3.2 条，因为美国没有向有关各方提供足够的参与机会，包括由

于未遵守给予保密待遇的要求以及提供足够信息的非保密信息摘要，以及美国未能在公布的报告中提出关于事实和法律的所有相关问题的调查结果和合理结论，包括实施措施的条件，实际措施的性质和水平，以及排除某些来源的理由；

h.《保障措施协议》第 5.1 条和第 7.4 条，因为美国未能仅在“必要的范围内”给予救济，并将这种救济限制在逐步自由化的阶段采取措施时增加进口造成的严重伤害；

i.《保障措施协议》第 7.1 条，因为美国未能“在预防或补救严重伤害和便利调整所需的时间内”给予救济；

j.《保障措施协议》第 8.1 条，美国未按照《保障措施协议》第 12.3 条的规定努力维持美国和韩国之间 GATT 1994 下的特许权和其他义务；

k.《保障措施协议》第 12.1 条、第 12.2 条和第 12.3 条，因为美国未能立即通知所有相关信息，也未能为韩国提供充分的机会开始事先磋商；

l. GATT 1994 第 10 条第 3 款，因为该措施不是以统一、公正和合理地执行美国有关法律和条例为基础的；

m. GATT 1994 第 1 条第 1 款，因为保障措施对源自韩国的产品和源自其他世贸组织成员的同类产品有歧视；以及

n. GATT 1994 第 2 条，因为保障措施相当于在 GATT 1994 第十九条、《保障措施协议》或《建立 WTO 协定》的任何其他规定下无理由撤回或修改美国的特许权。

总而言之，韩国感到关切的是，对大型家用洗衣机采取的保障措施不符合美国根据 GATT 11994 和《保障措施协议》所承担的有关义务。美国的措施似乎使韩国根据上述协定直接或间接获得的利益无效或受到损害。

韩国保留在磋商过程中以及任何设立专家组的请求中提出其他事实和法律问题的权利，并处理有关上述事项的其他措施和索赔。

韩国期待收到美国对这一要求的答复，并期待确定双方可接受的磋商日期和地点。

（李金东译，黄满盈校）

美国——对钢铝产品采取的特定措施：印度请求磋商

此文件自 2018 年 5 月 18 日起，在印度代表团和美国代表团以及争端解决机构主席之间沟通，现根据 DSU 第 4 条第 4 款的规定予以散发。

受我方政府委托，根据 DSU 第 1 条和第 4 条、GATT 1994 第 22 条第 1 款和《保障措施协议》第 14 条，就美国为调整钢铝产品进口而采取的某些措施进行磋商，这些措施包括但不限于美国实施的针对特定钢铝产品的额外从价进口税并选择性地豁免一些世界贸易组织成员，我方代表团请求与美国进行磋商。

I. 争议措施

美国对来自除加拿大、墨西哥、澳大利亚、阿根廷、韩国①、巴西和欧盟以外的所有国家的特定进口钢铝产品分别加征 25% 和 10% 的额外进口关税。该措施自 2018 年 3 月 23 日起生效。

本请求涵盖的争议措施包括但不限于：

•《调整对美国的钢材进口》，包括其附件《修改美国协调关税表第 99 章》(《总统公告 9705》，2018 年 3 月 8 日发布)；②

•《调整对美国的铝进口》，包括其附件《修改美国协调关税表第 99 章》(《总统公告 9704 号》，2018 年 3 月 8 日发布)；③

•《调整对美国的钢材进口》(总统公告 9711 号，2018 年 3 月 22 日发布)；④

•《调整对美国的钢材进口》(总统公告 9740 号，2018 年 4 月 30 日发布)；⑤

•《调整对美国的铝进口》(总统公告 9710 号，2018 年 3 月 22 日发布)；⑥

•《调整对美国的铝进口》(总统公告 9739 号，2018 年 4 月 30 日发布)；⑦

•《提交申请免除总统公告中调整对美国钢铝进口的补救方法的要求》；和《对已经提交的钢铝产

① 来自韩国的只有进口钢铁而不包括进口铝可以从美国的争议措施豁免。
② 参见 2018 年 3 月 15 日美国联邦公报，83 FR 11625-11630。
③ 参见 2018 年 3 月 15 日美国联邦公报，83 FR 11619-11624。
④ 参见 2018 年 3 月 28 日美国联邦公报，83 FR 13361-13365。
⑤ 参见 2018 年 5 月 7 日美国联邦公报，83 FR 20683-20705。
⑥ 参见 2018 年 3 月 28 日美国联邦公报，83 FR 13355-13359。
⑦ 参见 2018 年 5 月 7 日美国联邦公报，83 FR 20677-20682。

品免除申请反对意见的提交》(美国商务部);①

•《对钢铝征收的232措施税，根据〈1962年贸易扩展法〉第232节对进口钢铝产品征收的附加税》(美国海关和边境保护局);②

•《1962年贸易扩展法》第232节，已修订(《美国法典》第19卷第1862节)，为上述总统公告中所援引授权美国总统采取公告中的行动;

•《钢材进口对国家安全的影响》，根据《1962年贸易扩展法》第232节进行的调查，已修订(美国商务部，2018年1月11日);③

•《铝进口对国家安全的影响》，根据《1962年贸易扩展法》第232节进行的调查，已修订(美国商务部，2018年1月17日)④;

以及任何修订、承继、替代或者实施措施。

II. 申诉的法律理由

争议措施，单独或合并在一起来看，似违反了美国在以下条款中的义务:

• GATT 1994第19条第1款第1项、第19条第2款和《保障措施协议》第2条第1款和第2款，第3条第1款，第4条第1款和第2款，第5条第1款，第7条，第9条第1款，第11条第1款第1项，第12条第1款，第2款和第3款。这是因为争议措施实际上和实质上是保障措施，而美国已经采取和实施了与GATT 1994及《保障措施协议》的上述规定所确定的实质性和程序性义务不一致的措施。

•《保障措施协议》第11条第1款第2项和GATT 1994第11条第1款，因为美国通过采取争议措施，在出口或者进口端进行自愿的出口限制、有序的市场安排或者其他相似的措施。

—GATT 1994第2条第1款第1项和第2项，因为美国对于特定钢铁和铝产品施加的进口关税超过了附在GATT 1994的美国承诺减让表第一部分规定的限额。

—GATT 1994第1条第1款，因为美国的措施未能针对所有的特定进口到美国的钢铁和铝产品统一适用而不管其来源，因此争议措施就给予被挑选的成员国的利益、有优势、特权和豁免而言，对来自印度的上述进口钢铁和铝产品给予了歧视。

—GATT 1994第11条第1款，因为这些措施暗中以配额的形式引入了限制，因为上述措施使得进口钢铁和铝产品比实施这些措施之前的水平降低。

—GATT 1994第10条第3款第1项，因为美国未能以统一、公正、合理的方式管理其与争议措施相关的法律、法规、判决和裁定。

这些不一致使印度在上述援引条款下的利益丧失或者受到损害。除了多次如上所述违反WTO义务之外，我们认为印度根据GATT 1994直接或间接获得的利益由于上述措施的采用而减损和丧失，如GATT 1994第23条第1款第2项规定。

印度保留在磋商中以及未来设立专家组的程序中提出有关上述措施的其他事实和法律请求以及事项的权利。

印度期待收到美国对本请求的答复，并确定一个双方方便的日期和地点进行磋商。

(郭浩译，黄满盈校)

美国——对钢铝产品采取的特定措施：欧盟请求磋商

此文件自2018年6月1日起，在欧盟代表团和美国代表团及争端解决机构主席间进行沟通，现根据DSU第4条第4款的规定予以散发。

我方政府授权，根据DSU第1条和第4条、GATT 1994第22条第1款、《保障措施协议》第14条请求与美国政府就美国最近采取的以额外进口税为形式的针对钢铝产品的进口调整措施进行磋商。这些措施不利地损害了这些产品从欧盟到美国的出口。

就特定钢铁产品而言，争议措施是以额外进口税为形式针对特定钢铁产品的进口调整措施。它们由下列文件单独或者以任何方式组合构成且被证实:

• 2018年3月8日总统公告9705号，《调整对美国的钢材进口》，包括其附件《修改美国协调关税表第99章》;⑤

① 参见2018年3月19日美国联邦公报，83 FR 12106-12112。

② 参见https://www.cbp.gov/trade/programs-administration/entry-summary/232-tariffs-aluminum-and-steel.

③ 参见https://www.commerce.gov/sites/commerce.gov/files/the_effect_of_imports_of_steel_on_the_national_ security_-_with_redactions_-_20180111.pdf

④ 参见https://www.commerce.gov/sites/commerce.gov/files/the_effect_of_imports_of_aluminum_on_the_national_ security_ -_with_redactions_20180117.pdf

⑤ 参见2018年3月15日美国联邦公报，第83卷，第51号，第11625-11630页。

• 2018 年 3 月 22 日总统公告 9711 号，《调整对美国的钢材进口》，修订 2018 年 3 月 8 日第 9705 号公告；①

• 2018 年 4 月 30 日总统公告 9740 号，《调整对美国的钢材进口》，由 2018 年 3 月 22 日第 9711 号公告修订的 2018 年 3 月 8 日第 9705 号公告修订而来；②

• 2018 年 5 月 31 日总统公告，《调整对美国的钢材进口》，由 2018 年 3 月 22 日第 9711 号公告和 2018 年 4 月 30 日第 9740 号公告修订的 2018 年 3 月 8 日第 9705 号公告修订而来；③

•《钢材进口对国家安全的影响》，根据经修订的《1962 年贸易扩展法》第 232 节进行的调查,(《美国法典》第 19 卷第 1862 节），美国商务部、工业和安全局、技术评估办公室，2018 年 1 月 11 日。④

2018 年 3 月 23 日，美国通过这些措施对从加拿大、墨西哥、澳大利亚、阿根廷、韩国、巴西和欧盟以外国家进口的钢制品征收 25% 从价的额外进口关税并在《美国统协调关税表》（HTS）中把以下商品指定为 6 位数水平：7206.10 至 7216.50、7216.99 至 7301.10、7302.10、7302.40 至 7302.90、以及 7304.10 至 7306.90，包括对这些 HTS 分类的任何后续修订。2018 年 6 月 1 日，美国通过这些措施对从加拿大、墨西哥和欧盟进口的这些钢制品也征收了 25% 的额外从价进口关税（澳大利亚、阿根廷、巴西和韩国继续豁免）。对于韩国，美国于 2018 年 5 月 1 日开始实行限制，从 2018 年开始每个日历年限制进口钢制品的数量。2018 年 6 月 1 日，美国也对阿根廷和巴西实施了按重量计算的从 2018 年起按照每个日历年度计算的限制进口钢制品数量的配额制度。

就特定铝制品而言，争议措施是以额外进口关税为形式针对特定铝产品的进口调整措施。它们由下列文件单独或者以任何方式组合构成且被证实：

• 2018 年 3 月 8 日总统公告 9704 号，《调整对美国进口的铝》，包括其附件《修改美国协调关税表第 99 章》；⑤

• 2018 年 3 月 22 日总统公告 9710 号，《调整对美国进口的铝》，由 2018 年 3 月 8 日第 9704 号公告修订而来；⑥

• 2018 年 4 月 30 日总统公告 9739 号，《调整对美国进口的铝》，由 2018 年 3 月 22 日第 9710 号公告修订的 2018 年 3 月 8 日第 9704 号公告修订而来；⑦

• 2018 年 5 月 31 日总统公告，《调整对美国进口的铝》，由 2018 年 3 月 22 日第 9710 号公告和 2018 年 4 月 30 日第 9739 号公告修订的 2018 年 3 月 8 日第 9704 号公告修订而来；⑧

•《铝进口对国家安全的影响》，根据经修订的《1962 年贸易扩展法》第 232 节进行的调查（《美国法典》第 19 卷第 1862 节），美国商务部、工业和安全局、技术评估办公室，2018 年 1 月 18 日。⑨

2018 年 3 月 23 日，美国通过这些措施对从加拿大、墨西哥、澳大利亚、阿根廷、韩国、巴西和欧盟以外的国家进口的铝制品征收 10% 的额外从价进口关税并在《美国协调关税表》（HTS）中把这些商品指定为 6 位数水平：（1）未加工的铝（HTS7601）；（2）铝条、棒、铝型材（HTS7604）；（3）铝丝（HTS7605）；（4）铝板、铝片、铝带和铝箔（扁钢产品）（HTS7606 至 7607）；（5）铝管和铝管道和其管件（HTS7608 至 7609）；以及（6）铝铸件和锻件（HTS 7616.99.51.60 和 7616.99.51.70），包括对这些 HTS 的任何后续修订。2018 年 5 月 1 日，美国通过这些措施对来自韩国的进口铝制品也开始征收 10% 的从价额外进口关税（阿根廷、澳大利亚、巴西、加拿大、墨西哥和欧盟继续豁免）。2018 年 6 月 1 日，美国通过这些措施对于来自巴西、加拿大、墨西哥和欧盟的进口铝制品也开始征收 10% 的从价额外进口关税（澳大利亚和阿根廷继续豁免）。对于阿根廷，美国从 6 月 1 日起实施按重量计算的

① 参见 2018 年 3 月 28 日美国联邦公报，第 83 卷，第 60 号，第 13361-13365 页。

② 参见 2018 年 5 月 7 日美国联邦公报，第 83 卷，第 88 号，第 20683-20705 页。

③ 参见 https://www.whitehouse.gov/presidential-actions/presidential-proclamation-adjusting-imports-steel-united-states-4/.

④ 参见 https://www.commerce.gov/sites/commerce.gov/files/the_effect_of_imports_of_steel_on_the_national _security_-_with_redactions_-_20180111.pdf.

⑤ 参见 2018 年 3 月 15 日美国联邦公报，第 83 卷，第 51 号，第 11619-11624 页。

⑥ 参见 2018 年 3 月 28 日美国联邦公报，第 83 卷，第 60 号，第 13355-13359 页。

⑦ 参见 2018 年 5 月 7 日美国联邦公报，第 83 卷，第 88 号，第 20677-20682 页。

⑧ 参见 https://www.whitehouse.gov/presidential-actions/presidential-proclamation-adjusting-imports-aluminum-united-states-4/.

⑨ 参见 https://www.commerce.gov/sites/commerce.gov/files/the_effect_of_imports_of_aluminium_on_the_national_security_-_ with_redactions_-_20180117.pdf.

限制进口铝制品数量的配额制度，该配额从2018年起按照每个日历年度计算。

对于上述各项措施，本请求还包括任何进一步的修订、补充、替换、延期、实施措施或其他相关措施，包括关税、关税配额或配额之间的任何调整。

这些措施看起来与美国在所涵盖协议项下的下述义务不相符合，具体包括：

• GATT 1994第1条第1款，因为美国在对进口或者与进口有关的关税和税费方面，以及所有与进口有关的规则和手续方面，未能把授予特定国家的利益、优惠、特权和豁免立即无条件地授予其他成员国的相似产品；

• GATT 1994第2条第1款第1项和第2项，因为这些措施没有对包括欧盟在内的大部分成员给予不低于美国承诺表中相应部分规定的待遇。它们没能使从包括欧盟在内的大部分成员进口的产品豁免于高于美国承诺表和GATT 1994的普通关税和其他任何类型针对进口或者与进口相关的税收和费用；

• GATT 1994第10条第3款第1项，因为美国未能以统一、公正、合理的方式管理其与争议措施相关的法律、法规、判决和裁定；

• GATT 1994第19条第1款第1项，因为争议产品并没有以这样的数量增加和这样的情形进口到美国的领土，以至于并没有预见到的发展和在GATT 1994项下承担的义务对国内类似产品或者直接竞争的产品生产商造成或者威胁造成严重损害，但美国还是中止了其关税承诺；

• GATT 1994第19条第2款，因为美国未能尽可能提前书面通知WTO并给予缔约方全体和与相关产品有实质利害关系的出口缔约方就所提出的措施进行磋商的机会；

•《保障措施协议》第2条第1款，因为美国在对争议产品采取保障措施时没有根据保障措施条款嗣后认定，该产品输入至其境内的绝对或相对数量大为增加，且对国内生产同类或直接竞争产品的产业造成严重损害或重要损害威胁；

•《保障措施协议》第2条第2款，因为美国未能对进口产品适用措施而不管其来源；

•《保障措施协议》第3条第1款，因为美国在实施其措施时，未能进行调查并公布一份报告来阐明其调查发现和就全部有关的事实和法律问题所得出的合理结论；

•《保障措施协议》第4条第1款，因为美国未能适当地认定国内产业存在严重损害，或者严重损害威胁；

•《保障措施协议》第4条第2款，因为美国未能适当地评估与该产业状况相关的所有相关因素；未能展现有关进口产品的增加与严重损害或者严重损害威胁之间存在因果关系，包括没有把损害归因于进口增加以外的因素；未能公布其结论的具体分析和展现；

•《保障措施协议》第5条第1款，因为美国采取的措施超过了防止或者救济严重损害和便利调整的必要的程度；

•《保障措施协议》第7条，因为美国未能在实施其措施时规定只在防止和救济严重损害和便利调整所需要的一段时期内适用，没有4年时间限制，也没有规定在特定的时间间隔逐步放开；

•《保障措施协议》第9条，因为美国正在这样的发展中国家采取措施，即单个发展中国成员的产品在有关进口产品中的份额不超过3%而且占份额不足3%的所有发展中国家成员的总体份额不超过有关产品进口的9%；

•《保障措施协议》第11条第1款第1项，因为美国对特定产品采取了GATT 1994第19条规定的紧急行动，但是根据本条款该行动并不符合那个条款的规定；

•《保障措施协议》第12条第1、2和3款，因为美国未能遵守这些条款中规定的通知和磋商的义务；

• GATT 1994第1条第1款、第2条第1款第1项和第2项、第11条第1款，因为上述每一项所述是对GATT 1994第19条和《保障措施协议》的违反。

而且欧盟认为，《1962年贸易扩展法》第232节（《美国法典》第19卷第1862节），经过美国行政和司法机构的反复解释，本身已经违反美国在WTO协议下承担的义务和权利。经过解释的232条款，允许美国商务部的秘书长和总统由于表面上是一项对美国国家安全的控诉而决定采取附加的进口关税或者相似的措施，因为特定产品的进口（例如钢铁和铝）以特别的数量和/或特别的价格造成或者威胁造成对国内商业生产设施的损害，而这些可以因为这些措施而得到保护而免于遭遇来自进口的竞争，进而保证它们可以以比较实惠的方式获得。232 条款被解释成如此本身，已经不符合 WTO 协议下权利和义务的平衡，特别是上面提及的条款，而且该条款未能确保美国的法律法规和行政程序与美国在 WTO 项下的义务相一致，这违反了 WTO 协议的第 16 条第 4 款。

这些措施导致欧盟在所提及协议下直接或者间接享有的利益受损或者丧失。

欧盟保留在磋商过程中解决其他措施和关于上述措施的基于涵盖协议的其他条款的请求的权利。

（郭浩译，邓晓虹校）

中国技术转让的若干措施——欧盟请求磋商

此文件自 2018 年 6 月 1 日，在中国代表团和欧盟代表团以及争端解决机构主席之间沟通，现根据 DSU 第 4 条第 4 款的规定予以散发。

受我方政府授权，根据 DSU 第 1 条和第 4 条，GATT 1994 第 22 条和 TRIPS 协定第 64 条（一定程度上适用 GATT 1994 第 22 条），我方代表请求就某些与外国技术向中国转让有关的中国措施与中国政府协商。这些措施严重影响了向中国转让技术的外国公司的知识产权保护。

通过其国内立法，中国对技术进口实施了一套不同的规则，包括工业产权、其他知识产权和未披露信息（“知识产权”），而不是适用于中国公司之间发生的技术转让的规则。中国的有关措施似乎是：（一）歧视外国知识产权持有人，（二）限制外国权利持有人在中国保护某些知识产权的能力，这违反了中国的世贸组织义务。

中国对外国知识产权权利人在向中国转让技术的许可和其他技术合同中就市场化合同条款自由谈判的权利加以限制。值得注意的是，中国对与技术进口有关的合同规定了强制性的合同条款，这些条款对外国知识产权持有人有歧视，也不太有利。这些强制性合同条款除了具有歧视性外，似乎还限制了向中国进口技术的知识产权权利人在中国保护知识产权的能力。

此外，在与中国合作伙伴建立合资企业的情况下，中国实施的强制性合同条款歧视外国知识产权持有人，对外国知识产权持有人不利，也限制了外国知识产权持有人在中国保护其知识产权的能力。

中国实施和管理这些措施的法律文书包括下列单独或集体实施的法律文书：

•《中华人民共和国对外贸易法》[1994 年 5 月 12 日第七届全国人民代表大会常务委员会第八次会议通过，1994 年 7 月 1 日起施行（第 22 号行政令），2004 年 4 月 6 日第十届全国人民代表大会常务委员会第八次会议修正，2004 年 7 月 1 日生效（第 15 号行政令），2016 年 11 月 7 日进一步修订（第 57 号行政令）]；

•《中华人民共和国技术进出口管理条例》[（国务院第 331 号令）2001 年 12 月 10 日发布，2002 年 1 月 1 日起施行，2011 年 1 月 8 日修订，（国务院第 588 号令）]；

•《中华人民共和国技术进出口合同登记管理办法》[（中华人民共和国商务部令〔2009〕3 号）2009 年 2 月 1 日公布，自公布之日起 30 日后施行。同时废止《技术进出口合同登记管理办法》（2001 年对外贸易经济合作部第 17 号令）]；

•《知识产权对外转让工作办法（试行）》（国务院国办发〔2018〕19 号，2018 年 3 月 18 日发布，2018 年 3 月 29 日起施行）；

•《中华人民共和国中外合资经营企业法》[1979 年 7 月 1 日第五届全国人民代表大会第二次会议通过，1979 年 7 月 8 日起施行，常委会第 7 号主席令，1990 年 4 月 4 日修正，第 27 号行政令，2001 年 3 月 15 日（第 48 号行政命令）和 2016 年 9 月 3 日（第 51 号行政令）进一步修正）]；

•《中华人民共和国中外合资经营企业法实施条例》[国务院（国发〔1983〕148 号）1983 年 9 月 20 日发布，1983 年 9 月 20 日起施行，1986 年 1 月 15 日修订（国发〔1986〕6 号）1987 年 12 月 21 日进一步修订，国发〔1987〕110 号，2001 年 7 月 22 日（国务院第 311 号令）2011 年 1 月 8 日（国务院第 588 号令）2014 年 2 月 19 日（国务院第 648 号令）]；

•《中华人民共和国合同法》[1999 年 3 月 15 日第九届全国人民代表大会第二次会议通过，1999 年 10 月 1 日起施行（第 15 号行政令）]；

•《最高人民法院关于审理技术合同纠纷案件适用法律若干问题的解释》（最高人民法院 2004 年 12 月 16 日颁布，2005 年 1 月 1 日起施行）；

•《中华人民共和国反不正当竞争法》[（中华人民共和国第 77 号主席令）2017 年 11 月 4 日通过，2018 年 1 月 1 日起施行]；

•《反垄断法》[（中华人民共和国第 68 号主席令），2007 年 8 月 30 日通过，2008 年 8 月 1 日起施行]；

•2010 年 12 月 31 日《工商行政管理机关禁止滥用市场支配地位条例》[（国家工商行政管理总局第 54 号令）2010 年 12 月 31 日通过，自 2011 年 2 月 1 日起施行]；

•《禁止滥用知识产权消除或限制竞争行为条例》[（国家工商行政管理总局 2015 年 4 月 7 日第 74 号令）2015 年 4 月 7 日通过，2015 年 8 月 1 日起施行]；

•《国务院关于印发〈中国制造业 2025〉的通知》（国务院国发〔2015〕28 号，2015 年 5 月 8 日发布，2015 年 5 月 8 日起施行）；

•《中华人民共和国科学技术进步法》[（中华人民共和国第 82 号主席令）2007 年 12 月 29 日第十届全国人民代表大会常务委员会第三十一次会议修订通过，2008 年 7 月 1 日起施行]；

•《关于鼓励技术引进和创新促进贸易增长方式转变的意见》，2006 年 7 月 14 日；

•《国务院关于促进科学技术服务业发展的若干意见》（中华人民共和国国务院 2014 年 10 月 28 日第 49 号令发布）；

•关于《中华人民共和国技术进出口管理条例》的问答，国务院法制办金融法司，2002 年 4 月；

•中国实施和管理上述限制的未公布措施；

•以及任何修正、补充、延期、替换措施、更新措施、相关措施或实施措施。

特别地：

—《中华人民共和国技术进出口管理条例》（以下简称“技术进出口管理条例”）单独或与其他所列文书一起实施，似乎与 TRIPS 协定第 3 条（国民待遇）不符，单独或与第 28.1 条（a）、（b）项、第 28.2 条以及 TRIPS 第 39.1 条和第 39.2 条分别是因为中国对外国知识产权权利人的权利施加了限制，特别是限制他们在向中国进口技术的许可和其他技术相关合同中自由谈判和商定市场合同条款的权利。例如：

•根据第 18 条至第 21 条的规定，外国技术转让人须承担某些行政负担。值得注意的是，所有技术进口合同必须通知中国政府并由中国政府登记，并且必须提供合同副本。如果合同随后被修改或终止，这些手续也同样适用。

•第 24 条第 2 款要求进口技术的许可方赔偿被许可方因使用转让技术而产生的侵权责任。

•第 27 条第（一）款要求进口技术的任何改进均属于改进方

•第 29 条似乎通过禁止进口技术转让合同中的若干条款来限制进口技术合同的条款。第二十九条第三款特别规定，技术进口合同不得含有限制受让人改进提供方提供的技术或者限制接受方使用改进后的技术的条款。

在国内技术交易中，国内知识产权持有人不受此类限制。因此，通过上述措施，中国似乎对外国知识产权持有人的待遇不如中国知识产权持有人，这违反了 TRIPS 协定第 3 条。此外，这似乎限制了非中国专利持有人的专有权，违反了 TRIPS 协定第 28.1 条（a）项和（b）项。这似乎也限制了非中国专利持有人通过继承专利进行转让或转让以及订立许可合同的权利，这违反了 TRIPS 协定第 28.2 条。最后，由于这些限制，中国似乎也没有确保有效保护外国知识产权持有人的未披露信息，这违反了《与贸易有关的知识产权协定》第 39.1 条和第 39.2 条规定的义务。

—《中华人民共和国中外合资经营企业法实施条例》（“合资企业条例”）单独或与其他上市工具一起实施，似乎与 TRIPS 协定第 3 条（国民待遇）、第 28.1（a）和（b）条、第 28.2 条不符，TRIPS 协定第 33 条、第 39.1 条和第 39.2 条（每一条单独或与其他条款一起），因为中国对外国知识产权权利人的权利施加了限制，特别是，在向中国进口技术的许可和其他技术相关合同中自由谈判和商定市场的同条款的权利。例如：

•《合资企业条例》第 43 条第一款规定了合资企业签订的任何技术转让协议的一般审批要求；

•《合资企业条例》第 43 条第 2 款第（3）项规定，技术转让协议的期限一般不超过 10 年；

•《合资企业条例》第 43 条第 2 款第（4）项规定，技术引进方保留在技术转让协议期满后继续使用转让技术的权利。

因此，与中国知识产权持有人相比，中国似乎对外国知识产权持有人给予的待遇较低，这违反了TRIPS协定第3条。就外国专利权人而言，中国似乎违反了TRIPS第33条，根据该条，专利保护期应至少为20年，并违反TRIPS协定第28.1条（a）、（b）项，限制了外国专利权人的专有权。此外，中国似乎违反TRIPS协定第28条第2款，限制外国专利权人通过继承专利转让或转让以及订立许可合同的权利。此外，由于这些限制，中国似乎也没有确保有效保护外国知识产权持有人的未披露信息，这违反了TRIPS协定第39.1条和第39.2条规定的义务。

—最后，中国似乎在适用和管理其有关技术转让的法律、法规和其他措施，以期诱导外国技术转让到中国，这违反了中国根据GATT 1994第10.3条（a）项和《中华人民共和国加入世贸组织议定书》第2条（a）2项承担的义务，因为这不构成对其法律、法规和其他措施的公正合理的适用和管理。

中国的措施似乎对欧盟企业向中国出口包括知识产权在内的技术产生了不利影响，也似乎取消或损害了欧盟及其成员国根据上述协定直接或间接获得的利益。

欧盟保留在协商过程中的事实提出额外问题或法律诉讼的权利，提出与上述事项相关的其他措施和诉求的权利，包括成立专家组的要求。

（宋懿达译，邓晓虹校）

美国——对钢铝产品采取的特定措施：加拿大请求磋商

此文件自2018年6月1日起，在加拿大代表团和美国代表团及争端解决机构主席间进行沟通，现根据DSU第4条第4款的规定予以散发。

经我方政府授权，根据DSU第1条和第4条、GATT 1994第22条第1款、《保障措施协议》第14条，就美国最近采取的以额外进口税为形式的针对钢铝产品的进口调整措施，包括对特定钢铝产品进口征收额外的从价税率，并在措施中选择性地豁免某些世界贸易组织成员，我方代表团请求与美国进行磋商。

I. 实施措施

在2018年3月8日，美国对来自除加拿大、墨西哥、澳大利亚、阿根廷、韩国、巴西和欧盟以外的所有国家进口的某些钢铁产品征收25%的额外进口关税，对某些进口铝产品征收10%的额外进口关税，这些措施自2018年3月23日开始生效。在2018年的4月30日，一则由美国总统发布的宣告称将对来自韩国、阿根廷、澳大利亚和巴西的进口豁免该项额外进口关税。对于加拿大、墨西哥和欧盟，美国也把该豁免延长到2018年5月31日。该豁免于5月31日失效后，美国对包括加拿大在内的成员国开始征收额外的进口关税。而且，美国的这项措施可能被进一步调整，在此基础上继续加征关税额或者辅以实施配额制度。

本磋商请求涉及的争议措施包括：

1.《调整对美国的钢材进口》，包括其附件《修改美国协调关税表第99章》（2018年3月8日发布的总统公告9705号）。①

2.《调整对美国的铝进口》，包括其附件《修改美国协调关税表第99章》（2018年3月8日发布的总统公告9704号）。②

3.《调整对美国的钢材进口》，包括其附件《修改美国协调关税表第99章》（2018年3月22日发布的总统公告9711号）。③

4.《调整对美国的铝进口》，包括其附件《修改美国统一关税表第99章进行修订》（2018年3月22日发布的总统公告9710号）。④

5.《提交申请免除总统公告中调整对美钢铝产品进口的补救办法的要求》和《对已提交的钢铝产品免除申请的反对意见的提交》（美国商务部）。⑤

6. 经过修订的《1962年贸易扩展法》第232节（《美国法典》第19卷第1862条），该条款在上述总统公告中被援引，以授权美国总统采取所规定的行动。

7.《钢材进口对国家安全的影响》，根据经修订的《1962年贸易扩展法》第232节进行调查（美国

① 参见美国联邦公报2018年3月15日，83 FR 11625-11630
② 参见美国联邦公报2018年3月15日，83 FR 11619-11624
③ 参见美国联邦公报2018年3月28日，83 FR 13361-13365
④ 参见美国联邦公报2018年3月28日，83 FR 13355-13359
⑤ 参见美国联邦公报2018年3月19日，83 FR 12106-12112

商务部，2018年1月11日)。[1]

8.《铝进口对国家安全的影响》，根据经修订的《1962年贸易扩展法》第232节进行调查(美国商务部，2018年1月17日)。[2]

9.《联邦法规汇编》第705条，《进口物项对国家安全的影响》(联邦法规汇编第15卷第705条)[3]

10.《调整对美国的钢材进口》，包括其附件《修改美国协调关税表第99章》(2018年5月31日发布的总统公告9740号)。[4]

11.《调整对美国的铝进口》，包括其附件《修改美国协调关税表第99章》(2018年4月30日发布的总统公告9739号)。[5]

12.《调整对美国的钢材进口》，包括其任何附件(2018年5月31日发布的总统公告)。[6]

13.《调整对美国的铝进口》，包括其任何附件(2018年5月31日发布的总统公告)。[7]

还包括任何修正案、后继措施、替代措施或者实施措施以及任何所适用的豁免。

这些争议措施，或分别或共同起作用，与美国在以下条款中的义务不相一致：

1. GATT 1994第2条第1款第1项和第2项，因为美国针对某些钢铁和铝产品征收的进口关税超过了美国在GATT 1994所附的减让表中规定的关税值，而且美国未能豁免受争议措施约束的加拿大产品所被征收的高于减让表承诺的普通关税，也没有豁免加拿大产品所有高于GATT 1994达成之时所征收的或者当时有效的法律所直接强制要求征收的所有其他税收或者费用。

2. GATT 1994第19条第1款和第2款，《保障措施协议》第2条第1款和第2款，第3条第1款，第4条第1款和第2款，第5条第1款，第7条，第8条第1款，第11条第1款第1项，第12条第1款，第2款和第3款，以及第12条第5款，因为争议措施构成了或者相当于紧急措施或者保障措施，其采用和实施的方式违反了《保障措施协议》和GATT 1994的实体和程序上的义务。

3.《保障措施协议》第11条第1款第2项，美国通过争议措施寻求自愿的出口管制、有序的市场安排以及任何其他对出口侧或进口侧的类似措施。

4. GATT 1994的第1条第1款，因为美国选择性地对来自不同的成员的钢铁和铝产品适用额外的进口关税，包括对特定国家提供豁免待遇或者实施替代性措施，而未能立即无条件地把美国所授予的“利益、优惠、特权或者豁免”授予加拿大，包括对来自其他成员国的进口和对其他成员国的出口征收的或有关的任何关税和费用，收取这些关税和费用的方法，以及进口相关的规章手续方面。

5. GATT 1994第11条第1款，因为争议措施作为一个对美国进口钢铁和铝产品的数量限制措施运转，基于例如限制进口到美国的钢铁和铝产品的数量的配额制度这样的替代性措施豁免特定成员国的额外进口关税。

6. GATT 1994第10条第3款第1项，因为美国未能以统一、公正、合理的方式管理与争议措施相关的法律、规章、判决和裁定。

II. 持续的行为措施

此外，1962年《贸易扩张法》第232节及其相关法规[8]本身违反了GATT 1994第1条第1款和第2条第1款，而且不能被GATT 1994第21条第2项所正当化，因为该法案要求美国考虑经济福利以及其他并非国家重要的安全利益所必需的因素，这违反了《建立WTO协定》第16条第4款。

即使不是这样，美国也基于经济福利和其他为重要国家安全所不必的因素实施了1962年《贸易扩张法》第232节及其相关法规，这违反了GATT 1994第1条第1款和第2条第1款，而且不能因GATT 1994第21条第2项而正当化。该措施，特别是被上述第一节所指出的措施所证实，而且先前所进行的基于经济考量开展的232调查也可以进一步确证，包括近期启动的对包括越野车、面包车、

① 参见https://www.commerce.gov/sites/commerce.gov/files/the_effect_of_imports_of_steel_on_the_national_security_-_with_redactions_-_20180111.pdf

② 参见https://www.commerce.gov/sites/commerce.gov/files/the_effect_of_imports_of_aluminum_on_the_national_security_-with_redactions_-_20180117.pdf

③ 参见美国联邦公报，47 FR 14693

④ 参见美国联邦公报2018年5月7日，83 FR 20683-20705

⑤ 参见美国联邦公报2018年5月7日，83 FR 20677-20682

⑥ 参加https://www.whitehouse.gov/presidential-actions/presidential-proclamation-adjusting-imports-steel-united-states-4/

⑦ 参见https://www.whitehouse.gov/presidential-actions/presidential-proclamation-adjusting-imports-aluminum-united-states-4/

⑧ 包括联邦法规法典第705节，进口产品对国家安全的影响(15 CFR 705)，47 FR 16493

轻卡车和汽车零部件在内的进口汽车产品的影响的调查。

由上述所指和描述的内容构成的这个措施可以归于美国正在发生而且很可能在未来继续以不符合 GATT 1994 第 1 条第 1 款和第 2 条第 1 款且不能因 GATT 1994 第 21 条第 2 项而正当化的方式存续。即使不是这样，它构成了不符合美国 WTO 义务的持续行为或者一般或预期适用的规则或者规范。

美国的上述措施导致加拿大在所提及的协议下直接或者间接的利益丧失或者减损。

加拿大保留在磋商中和未来请求专家组程序中解决上述措施以外的措施、提出上述事实和法律主张之外的主张的权利。

加拿大期待美国对本请求的答复，并确定一个双方都方便的磋商日期。

（郭浩译，邓晓虹校）

美国——对钢铝产品采取的特定措施：墨西哥请求磋商

此文件自 2018 年 6 月 5 日起，在墨西哥代表团和美国代表团及争端解决机构主席间进行沟通，现根据 DSU 第 4 条第 4 款的规定予以散发。

受我方政府授权，根据 DSU 第 1 条及第 4 条、GATT 1994 第 22 条第 1 款和《保障措施协议》第 14 条的规定，就美国为调整钢铝产品进口采取的某些措施，包括但不限于对钢铝产品征收额外的从价进口税并对特定被挑选的世界贸易组织成员豁免实施该措施，我方代表团请求与美国政府进行磋商。

I. 争议措施

2018 年 3 月 8 日，美国总统颁布了总统公告 9704 号与总统公告 9705 号，对来自除加拿大、墨西哥、澳大利亚、阿根廷、韩国、巴西和欧盟以外的所有国家的钢铝产品分别加征 25% 和 10% 的进口税。该措施自 2018 年 3 月 23 日起生效。随后在 2018 年 4 月 30 日，美国总统颁布新的公告对来自韩国、阿根廷、澳大利亚和巴西的出口免征额外进口税。直至 2018 年 5 月 31 日，美国还为来自加拿大、墨西哥和欧盟的钢铝产品扩大其额外进口税的豁免。该豁免于 5 月 31 日到期，导致对墨西哥在内的有关成员加征附加关税。

自 2018 年 6 月 1 日开始，美国对原产于墨西哥的钢铝产品分别加征 25% 和 10% 的附加关税。这一系列措施表明了美国进一步调整加征的进口税或实施配额的可能性。显然，实行额外进口税是为了保护美国产业免受进口的经济影响。

与此同时，这些措施未以统一方式实施，因为就钢产品来说，阿根廷、澳大利亚、巴西和韩国被豁免；而就铝产品来说，阿根廷和澳大利亚被豁免；并且，就钢进口对阿根廷、巴西和韩国实施配额，就铝进口对阿根廷实施配额。[①]

本（磋商）请求中的争议措施包括但不限于：

- 2018 年 3 月 8 日总统公告 9705 号，《调整对美国的钢材进口》83 Fed. Reg. 11625（2018 年 3 月 15 日），及其附件；
- 2018 年 3 月 8 日总统公告 9704 号，《调整对美国的铝进口》83 Fed. Reg. 11619（2018 年 3 月 15 日），及其附件；
- 2018 年 3 月 22 日总统公告 9711 号，《调整对美国的钢材进口》83 Fed. Reg. 13361（2018 年 3 月 15 日）；
- 2018 年 3 月 22 日总统公告 9710 号，《调整对美国的铝进口》83 Fed. Reg. 13355（2018 年 3 月 28 日）；
- 2018 年 4 月 30 日总统公告 9740 号，《调整对美国的钢材进口》83 Fed. Reg. 20683（2018 年 5 月 7 日），及其附件；
- 2018 年 5 月 31 日总统公告 9739 号，《调整对美国的铝进口》83 Fed. Reg. 20677（2018 年 5 月 7 日），及其附件；
- 2018 年 4 月 30 日总统公告 9758 号，《调整对美国的铝进口》83 Fed. Reg. 25849（2018 年 6 月 5 日），及其附件；
- 2018 年 5 月 31 日总统公告 9759 号，《调整对美国的钢材进口》83 Fed. Reg. 25857（2018 年 6 月 5 日），及其附件；
- 《提交申请免除总统公告中调整对美钢铝产品进口的补救办法的要求；和对已提交的钢铝产品免除申请的反对意见的提交》（《暂行最终条例》）（美国商务部，2018 年 3 月 19 日发布）；
- 《货物系统信息服务 #18 000372：根据 <1962

① https://www.cbp.gov/trade/programs administration/entry summary/232 tariffs aluminum and steel (updated on 31 May 2018).

年贸易扩展法 > 第 232 节对进口钢铝制品征收的附加税》（美国海关和边境保护局，2018 年 5 月 31 日发布）；①

•《1962 年贸易扩展法》第 232 节，经修订的（《美国法典》第 19 卷第 1862 节）；

•《钢材进口对国家安全的影响》（美国商务部，2018 年 1 月 11 日发布）；②

•《铝进口对国家安全的影响》（美国商务部，2018 年 1 月 17 日发布）；③

•《美国联邦法规》第 15 卷第 705 节，《进口产品对国家安全的影响》。

以及任何修订、取代、更新或替换的额外措施。

II. 诉求的法律依据

争议措施，单独或合并在一起看似乎与美国在以下条款项下的义务不符：

• 由于争议措施，事实上和实质上构成了保障措施，违反了 GATT 1994 第 19 条第 1 款第 1 项和第 19 条第 2 款，以及《保障措施协议》第 2 条第 1 款和第 2 款，第 3 条第 1 款，第 4 条第 1 款，第 5 条第 1 款，第 7 条，第 11 条第 1 款第 1 项，第 12 条第 1 款，第 2 款以及第 3 款，以及第 12 条第 5 款。美国未满足采取保障措施的实体要求，包括，尤其是一份对于“不能预见的情况”和所承担义务的影响、绝对或相对的进口数量增加、对美国国内产业的严重损害或严重损害威胁的存在以及二者之间的因果关系的及时充分的说明。同样地，美国在调查、通知程序、提供磋商机会以维持同等水平的减让或就赔偿达成一致、实施期限和逐渐放宽保障措施、在便利调整所必需的期限内实施保障措施方面，没有满足实施保障措施或保证实施的措施与《保障措施协议》项下的义务相一致的程序性要求。

•《保障措施协议》第 9 条，因为美国对来自进口份额不超过 3% 的一发展中国家成员的产品实施保障措施，并且进口份额不超过 3% 的发展中国家成员份额总计不超过有关产品总进口的 9%。

•《保障措施协议》第 11 条第 1 款第 2 项，因为美国通过争议措施寻求或采取的任何自愿出口限制、有序销售安排或其他任何进出口方面的类似措施的限度，与《保障措施协议》的条款相违背。

• GATT 1994 第 2 条第 1 款第 1 项和第 2 项。这是因为美国给予的待遇低于其《关税减让表》规定的待遇，且其对特定钢铝产品征收超过 GATT 1994 所附《美国关税减让承诺表》中所规定的关税。

• GATT 1994 第 1 条第 1 款。这是因为美国给予来自其他世界贸易组织成员钢铝产品进口的利益、优惠、特权或豁免没有立即无条件地给予来自墨西哥的同类产品。这些利益包括提供豁免或适用替代方法。

• GATT 1994 第 11 条第 1 款。因为美国通过实施这些措施减少或限制钢铝产品达到措施采取之前的贸易水平，从而实际上达到了配额形式的限制效果，或阻碍其增长潜力。如此，通过这些措施，美国建立起对钢铝产品进口的有效限制。以上表述是显而易见的，因为美国对其他成员维持特定的替代性措施，例如配额形式的数量限制或限制进口的同等措施。

• GATT 1994 第 10 条第 3 款第 1 项。因为美国未能以统一、公正和合理的方式管理与争议措施有关的法律、法规、判决和裁定。

•《建立 WTO 协定》第 16 条第 4 款。因为美国未能确保其法律、法规和行政程序与此协定所附协议定中的义务相一致。

另外，墨西哥认为已修订的《1962 年贸易扩展法》（19 U.S.C. § 1862）第 232 节包括其法规，可能与上述援引的条文不符。此措施构成了未来适用的一般规则且可能以一种与世界贸易组织协定项下的美国义务不符的方式在未来持续被适用。

最后，墨西哥认为争议措施无法通过 GATT 1994 第 21 条第 2 款被合法化，因为除其他方面以外，争议措施要求美国考虑经济福利和其他非保护其重要安全利益所必需的因素。

所提及的违反措施导致墨西哥在上述援引的

---

① https://csms.cbp.gov/viewmssg.asp?Recid=23571&page=&srch_argv=18-000372&srchtype=&btype=edi&sortby=&sby=

② https://www.commerce.gov/sites/commerce.gov/files/the_effect_of_imports_of_steel_on_the_national_security_-_with_redactions_-_20180111.pdf

③ https://www.commerce.gov/sites/commerce.gov/files/the_effect_of_imports_of_aluminum_on_the_national_security_-_with_redactions_-_20180117.pdf

世界贸易组织条文项下的利益丧失或减损。除了上述对世界贸易组织义务的多项违反行为之外，因上述措施的实施，在 GATT 1994 第 23 条第 1 款第 2 项下，墨西哥直接或间接获得的利益正在丧失或减损。

墨西哥保留在磋商过程中以及今后任何起诉请求程序中提出有关上述措施的其他事实、法律请求和事项的权利。

墨西哥期待收到美国对本请求的答复，并期待确定一个彼此方便的磋商日期。

（王晔琼译，戴臻校）

美国——对钢铝产品采取的特定措施：挪威请求磋商

此文件自 2018 年 6 月 12 日起，在挪威代表团和美国代表团及争端解决机构主席间进行沟通，现根据 DSU 第 4 条第 4 款的规定予以散发。

受我方政府授权，根据 DSU 第 1 条及第 4 条、GATT 1994 第 22 条第 1 款和《保障措施协议》第 14 条的规定，就美国为调整钢铝进口采取的某些措施，包括但不限于对钢铝产品征收额外的从价进口税并对特定被挑选的世界贸易组织成员豁免实施该措施，我方代表团请求与美国政府进行磋商。

I. 针对有关钢铝产品美国争议措施的诉求

美国对除来自加拿大、墨西哥、澳大利亚、阿根廷、韩国、巴西以及欧盟以外的所有国家的特定钢铝产品分别加征 25% 和 10% 的进口税，措施自 2018 年 3 月 23 日生效。这些措施自 2018 年 3 月 23 日开始已经限制了挪威对美国钢铝产品的出口。

美国总统于 2018 年 4 月 30 日发布公告对进口自韩国、阿根廷、澳大利亚和巴西的特定钢产品免除加征进口税的义务。并且，4 月 30 日签署了另一份总统公告以对进口自阿根廷、澳大利亚和巴西的特定铝产品免除加征进口税的义务，但对进口自韩国的特定铝产品仍加征进口税。截至 2018 年 5 月 31 日美国还为加拿大、墨西哥和欧盟延长豁免名单。该豁免于 5 月 31 日到期，也即意味着对这些成员国也开始加征进口税。2018 年 6 月 1 日，美国开始对进口自巴西的铝产品加征 10% 的从价进口税。对于韩国，美国在 2018 年 5 月 1 日采用配额制以根据重量限制从 2018 年开始每日历年钢产品的进口数量。2018 年 6 月 1 日，美国同样采用配额制以根据重量限制从 2018 年开始每日历年从阿根廷和巴西进口的钢产品的数量。对于阿根廷，美国于 2018 年 6 月 1 日 采用配额制以根据重量限制从 2018 年开始每日历年铝产品的进口数量。

本（磋商）请求中的争议措施包括但不限于：

- 《调整对美国的钢材进口》，及其附件《修改美国协调关税表第 99 章》（总统公告 9705 号，2018 年 3 月 8 日发布）①；
- 《调整对美国的铝进口》，及其附件《修改美国协调关税表第 99 章》（总统公告 9704 号，2018 年 3 月 8 日发布）②；
- 《调整对美国的钢材进口》，及其附件《修改美国协调关税表第 99 章》（总统公告 9711 号，2018 年 3 月 22 日发布）③；
- 《调整对美国的铝进口》，及其附件《修改美国协调关税表第 99 章》（总统公告 9710 号，2018 年 3 月 22 日发布）④；
- 《调整对美国的钢材进口》，及其附件《修改美国协调关税表第 99 章》（总统公告 9740 号，2018 年 4 月 30 日发布）⑤；
- 《调整对美国的铝进口》，及其附件《修改美国协调关税表第 99 章》（总统公告 9739 号，2018 年 4 月 30 日发布）⑥；
- 《调整对美国的铝进口》，及其附件（总统公告 9758 号，2018 年 5 月 31 日发布）⑦；
- 《调整对美国的钢材进口》，及其附件（总统公告 9759 号，2018 年 5 月 31 日发布）⑧；
- 《钢材进口对国家安全的影响》，根据《1962 年贸易扩展法》第 232 节进行的调查，已修订（美国商务部，2018 年 1 月 11 日）⑨；
- 《铝进口对国家安全的影响》，根据《1962 年贸易扩展法》第 232 节进行的调查，已修订（美国

① 83 FR 11625-11630, March 15, 2018.
② 83 FR 11619-11624, March 15, 2018.
③ 83 FR 13361-13365, March 28, 2018.
④ 83 FR 13355-13359, March 28, 2018.
⑤ 83 FR 20683-20705, May 7, 2018.
⑥ 83 FR 20677-20682, May 7, 2018.
⑦ 83 FR 25849-25855, June 5, 2018.
⑧ 83 FR 25857-25877, June 5 2018.
⑨ https://www.commerce.gov/sites/commerce.gov/files/the_effect_of_imports_of_steel_on_the_national_security_-_with_redactions_-_20180111.pdf.

商务部，2018 年 1 月 17 日）[①]；

以及任何修订或继承、替换或实施措施。

挪威认为美国实施的这些措施与 GATT 1994 及《保障措施协议》某些条款项下的义务不符，特别是但不限于：

• GATT 1994 第 1 条第 1 款。因为，在对进口或有关进口所征收的关税和费用方面和有关进口的全部规章手续方面，美国未将给予特定其他国家的利益、优惠、特权或豁免立即无条件地给予来自其他缔约方领土的同类产品。

• GATT 1994 第 2 条第 1 款第 1 项和第 2 项。因为美国对特定钢铝产品征收进口税超过 GATT 1994 所附《美国关税减让承诺表》中规定的关税，并且未对挪威产品免征超过 GATT 1994 所附《美国关税减让承诺表》规定的普通关税的部分以及超过 GATT 1994 订立之日征收的或超过该日期在美国已实施的法律直接或强制要求在随后征收的任何种类的所有其他税费的部分。

• GATT 1994 第 10 条第 3 款第 1 项。因为美国未能以统一、公正和合理的方式来管理与争议措施有关的法律、法规、判决和裁定。

• GATT 1994 第 11 条第 1 款。因为美国通过配额对进口自其他成员领土的产品设立了除关税、国内税或其他费用外的限制。

• GATT 1994 第 19 条第 1 款第 1 项。在因不能预见的情况和 GATT 1994 项下承担的义务的影响，进口至美国的争议产品数量增加如此之大且情况如此严重，以致对美国同类产品或直接竞争产品的国内生产者造成严重损害或严重损害威胁的情形尚未发生的情况下，美国已经中止其关税减让。

• GATT 1994 第 19 条第 2 款。因为美国未能尽可能提前书面通知缔约方全体，且未给予缔约方全体和与有关产品有实质利害关系的出口缔约方就拟议的行动进行磋商的机会。

•《保障措施协议》第 2 条第 1 款。因为美国在未根据《保障措施协议》后续条款事先确定正在进口至其领土的争议产品的数量与国内生产相比绝对或相对增加，且对生产同类产品或直接竞争产品的国内产业造成严重损害或严重损害威胁的情况下，对争议产品采取了保障措施。

•《保障措施协议》第 2 条第 2 款。因为美国在针对进口产品实施保障措施时并非不考虑其来源。

•《保障措施协议》第 3 条第 1 款。因为美国未首先合理进行调查且未公布一份报告列出其对所有有关事实和法律问题的调查结果和理由充分的结论，就对争议产品采取了保障措施。

•《保障措施协议》第 4 条第 1 款。因为美国未合理确定国内产业是否遭受严重损害或严重损害威胁。

•《保障措施协议》第 4 条第 2 款。因为美国未合理评估影响该国内产业状况的所有相关因素、未能证明增加的进口与严重损害或严重损害威胁之间存在因果关系，包括不将损害归因于增加的进口以外的因素、且未能公布一份详细分析与结论说明。

•《保障措施协议》第 5 条第 1 款。因为美国采取的保障措施超过了为防止或补救严重损害并便利调整所必须的限度。

•《保障措施协议》第 7 条。因为美国在未提供防止或补救严重损害和便利调整所必需的实施期限、无 4 年期限限制以及未按固定时间间隔逐渐放宽保障措施的情形下实施了保障措施。

•《保障措施协议》第 11 条第 1 款第 1 项。因为美国采取了 GATT 1994 第 19 条列出的对特定产品进口的紧急行动，而此类行动不符合依照保障措施协议实施的该条的规定。

•《保障措施协议》第 11 条第 1 款第 2 项。因为美国通过实施争议措施，寻求或采取自愿出口限制、有序销售安排或其他任何进出口方面的类似措施。

•《保障措施协议》第 12 条第 1 款、第 2 款以及第 3 款。因为美国未履行这些条款中所列的任何通知与磋商义务。

• GATT 1994 第 1 条第 1 款、第 2 条第 1 款第 1 项和第 2 项、第 10 条第 3 款第 1 项，以及 11 条第 1 款，作为上述与 GATT 1994 第 19 条和《保障措施协议》不符的结果。

II. 针对美国为保护其产业免受进口竞争实施的争议措施的诉求

挪威同时认为，被美国行政和司法当局在上述及其他措施中反复解释的已修订的《1962 年贸易

① https://www.commerce.gov/sites/commerce.gov/files/the_effect_of_imports_of_aluminum_on_the_national_security_-_with_redactions_-_20180117.pdf.

扩展法》第 232 节[①]与美国在世界贸易组织协定项下的权利义务不符。表面上因为对美国的国家安全利益产生了所谓的威胁，第 232 节规定由美国商务部和总统决定通过对一些或所有来源的产品实施额外进口税、配额或类似限制办法使得美国生产特定产品（例如汽车、车床零件、钢或铝）的国内产业（或其部分）被保护免受进口竞争以确保美国产业持续的经济可行性，因为这些进口产品在数量或价格上对美国国内产业尤其是美国工业生产设备造成了经济损害或损害威胁。第 232 节与所涵盖协定项下的义务不符，尤其是上述章节中所列义务，且未能确保按《建立 WTO 协定》第 16 条第 4 款规定的方式使得美国的法律、法规和行政程序与《建立 WTO 协定》项下美国的义务相一致。

另外，挪威认为此非个例且归因于美国的、具有上述段落描述的内涵的措施已被实施、在持续且将来仍可能实施。这一措施与上述协定所列的义务不符。

在上述两节中描述的美国措施造成了挪威在被援引协定项下的直接或间接获得利益丧失或减损。

挪威政府保留在磋商过程中以及今后任何起诉请求程序中提出有关上述措施的其他事实、法律请求和事项的权利。

挪威政府同时保留寻求世界贸易组织协定项下的权利与救济的全部权利。

挪威期待收到美国对本请求的答复，并确定一个双方均可接受的磋商日期。若条件允许，挪威建议根据 DSU 第 4 条将这些磋商与其他世界贸易组织成员针对美国实施的相同措施提出的磋商请求合并进行。

（王晔琼译，戴臻校）

韩国——关于不锈钢棒反倾销税的日落复审：日本请求磋商

此文件自 2018 年 6 月 18 日起，在日本代表团和韩国代表团及争端解决机构主席间进行沟通，现根据 DSU 第 4 条第 4 款的规定予以散发。

受我方政府授权，根据 DSU 第 1 条及第 4 条、GATT 1994 第 22 条第 1 款和《反倾销协议》第 17.2 条和第 17.3 条，请求与韩国进行磋商。

上述磋商是就韩国将继续对日本的不锈钢棒（“SSB”）征收反倾销税这一决定作为韩国贸易委员会（“KTC”）所规定的第三次日落审查的决议所进行的。关于对日本、印度和西班牙不锈钢棒反倾销税的日落审查的最终裁决决议（最终决议）及贸易调查办公室关于日本、印度和西班牙不锈钢棒反倾销税的日落审查的最终报告（最终报告），涉及的是 2017 年 3 月 20 日的贸易救济调查，包括其所有附件及其修正案。

上述有争议的措施似乎与韩国在 GATT 1994 和《反倾销协议》下，承担的义务不一致，特别是但不限于：

1.《反倾销协议》第 11.3 条

由于韩国未能正确确定对来自日本的进口产品征收反倾销税的依据，即关税的到期可能会导致继续或再次发生损害的这一依据。具体而言，韩国未能证明关税到期与继续或再次发生损害之间的关系，同时未能遵守基本要求，即该决定不仅应基于充足的事实依据，同时应基于其得出的关于继续或再次发生损害的明确可能性的结论。具体来说：

（1）韩国根据其对从日本、印度和西班牙进口的影响的累积评估来确定关税到期是否会导致损害的继续或再次发生。然而，这种累积评估并非基于正面的证据和客观的检查。例如，韩国在未经审查的情况下累积评估了从日本、印度和西班牙进口带来的影响，以确定是否有继续征收日本进口关税的必要。在此次评估中，韩国在忽略进口产品之间的竞争条件以及日本进口产品与韩国国内同类型产品之间的竞争条件的情况下，便得出结论：从日本进口，加上从印度和西班牙的进口，将对国内产业造成损害，即使在审查期间从日本进口的 SSB 的绝大多数型号、类型或等级均不同于从印度进口的 SSB 及国内的同类型产品。

（2）当确定关税到期可能导致损害的继续或再次发生后，韩国再次不适当地将损害的继续或再次发生的可能性归咎于从日本进口的货物，即使这种损害是由除了被审查的进口产品之外的其他特定因素造成的，同时无论关税是否到期，这些因素都可能对国内产业造成损害。这些因素包括：（i）从中国、中国台湾和意大利等第三国（地区）进口的 SSB 的数量和市场份额不断增长；（ii）材料成本不断下降；以及（iii）国内需求增长缓慢。由于

① 包括《美国联邦法规》第 705 节，《进口产品对国家安全的影响》（15 CFR 705）47 FR 14693.

上述三个因素，韩国国内产业的盈利能力在审查期间未能充分恢复。

（3）韩国方关于关税到期可能导致伤害继续或再次发生的这一决议是基于日本的 SSB 产业具备足够的额外出口的生产能力。正如下文第 2 段所述，在该调查结果中，韩国在无任何合理理由的情况下未能妥善考量由日本出口商提交的每个日本出口商的实际生产能力数据，甚至拒绝接受这一数据，反而是根据既不准确又不相关的二手资料来评估日本 SSB 产业的生产能力。因此，韩国方在关于日本生产商有能力增加其对韩国的生产和出口的这一分析既非来源于正面证据，又非基于客观审查；

（4）除此之外，韩国关于关税到期可能导致损害持续或再次发生的决议也基于以下调查结果：关税到期会导致处于审查中的日本进口产品数量的增加。然而韩国并没有拿出任何合理的证据来预期，在关税到期后，从日本进口的、从日本以外国家进口的或由韩国国内工业生产的型号、类型或等级一样或具有可比性的 SSB 数量将增加。因此，韩国未能根据正面证据及客观审查来证明所谓从日本进口的 SSB 的增加将如何影响从日本以外国家进口 SSB 及国内工业的 SSB 的生产。

特别是但不限于上述（1）至（4）项这四项理由，有关措施似乎也与韩国在 GATT 1994 第六条第 6 款（a）项下所承担的义务不一致。虽然韩国正在征收反倾销税，但韩国并未确定倾销是否会对已建立的国内产业造成威胁或导致实质性损害。

2.《反倾销协议》第 11.4 条和第 6.8 条以及附件二第 3 段和第 7 段

因为韩国使用了关于日本出口商生产能力的第三方数据，因此诉诸现有事实，除此之外，（1）韩国没有考量每个日本出口商提交的实际生产能力，即使韩国及时得到了这些资料，同时这些资料在调查中也可以随时提供并随时进行核实，（2）韩国未经过详细审查便采纳二手资料所提供的关于日本出口商生产能力的信息，更具体地说，韩国未将二手资料中的信息与日本出口商提供的信息进行比较来检验其准确性。

3.《反倾销协议》第 11.4 条第 6.5 条和第 6.5.1 条

韩国（1）在没有正当理由的情况下将申请人提供的信息视为机密信息；（2）没有要求申请人提供其非机密摘要；（3）如果已提供非机密摘要，则未要求此类摘要足够详细，以便能够合理地理解所提交信息的实质内容。

4.《反倾销协议》第 11.4 条和第 6.9 条

因为韩国没有通知所有利益相关方其正在考量的构成延长反倾销税这一决定的相关事实。具体而言，韩国只是告知了日本出口商最终决议和最终报告，以及贸易调查办公室“关于日本、印度和西班牙不锈钢棒反倾销税日落审查的初步报告”（公开听证会后修订），在其内容与最终报告不矛盾的情况下，构成了上述基本事实。然而，最终决议、最终报告和初步报告均未能充分披露倾销和损害会继续或再次发生（特别是在被审查的进口产品的累积评估影响方面），同时上述报告也未能确定关税到期与倾销及损害的继续或再次发生之间的关系。

5.《反倾销协议》第 12.3 条，第 12.2 条和第 12.2.2 条

因为韩国未能详细提供调查当局所要求的相关事实及法律的调查结果，以及关于韩国决定日落审查的原因，除此之外，韩国也未能证明其根据进口产品之间的竞争条件及进口产品与国内同类产品之间的竞争条件来对所审查的进口产品的影响进行累积评估这一做法是合理的。

由于违反上述《反倾销协议》，韩国决定继续对日本的 SSB 征收反倾销税，这似乎也不符合《反倾销协议》第 1 条和 GATT 1994 第 6 条。

韩国的措施似乎也使日本在上述协定下直接或间接获得的利益无效或受到了损害。

日本在磋商过程中会根据《建立 WTO 协定》的其他条款就上述事项保留进一步处理事实索赔和法律问题的权利。

日本期待及时收到韩国对当前请求的答复。日方愿同韩方共同议定一下双方均方便的磋商日期及地点。

（牛倩译，邓兴华校）

美国——对钢铝产品采取的特定措施：俄罗斯请求磋商

此文件自 2018 年 6 月 29 日起，在俄罗斯代表团和美国代表团及争端解决机构主席间进行沟通，现根据 DSU 第 4 条第 4 款的规定予以散发。

受我方政府授权，根据 DSU 第 1 条及第 4 条、GATT 1994 第 22 条第 1 款和《保障措施协议》第

14 条的规定，就美国为调整钢铝进口采取的某些措施，包括对特定钢铝产品征收额外的从价进口税并对特定世界贸易组织成员豁免实施此类措施，请求与美国进行磋商。这些措施对俄罗斯向美国出口该类产品产生了不利影响。

2018 年 3 月 23 日，美国对从除加拿大、墨西哥、澳大利亚、阿根廷、韩国、巴西和欧盟以外的所有国家进口的钢铁和钢铁产品额外征收 25% 的从价进口关税，涉及的钢铁和钢铁产品在《美国协调关税表》（HTS）中的六位数字编码为：7206.10 到 7216.50，7216.99 到 7301.10，7302.10，7302.40 到 7302.90，以及 7304.10 到 7306.90，包括对这些 HTS 分类的任何后续修订。

2018 年 6 月 1 日，美国对从加拿大、墨西哥和欧盟进口的此类钢铁和钢铁产品也额外征收了 25% 的从价进口关税。至此，澳大利亚、阿根廷、巴西和韩国仍然免受这些关税的影响。2018 年 5 月 1 日，美国对韩国实行配额，从 2018 年开始按重量对每个年度从韩国进口的钢铁和钢铁产品实施数量限制。2018 年 6 月 1 日，美国也对阿根廷和巴西实行配额，从 2018 年开始按重量对每个年度从该两国进口的钢铁和钢铁产品实施数量限制。

2018 年 3 月 23 日，美国对从除加拿大、墨西哥、澳大利亚、阿根廷、韩国、巴西和欧盟以外的所有国家进口的铝产品额外征收 10% 的从价进口关税，涉及的铝产品在《美国协调关税表》（HTS）中被定义为：（1）未锻造的铝（HTS 7601）；（2）铝棒、铝杆和型材（HTS 7604）；（3）铝线（HTS 7605）；（4）铝板、铝片、铝带和铝箔（平轧产品）（HTS 7606 和 7607）；（5）铝制管材及管件（HTS 7608 和 7609）；以及（6）铝铸件和铝锻件（HTS 7616.99.51.60 和 7616.99.51.70），包括对这些 HTS 分类的任何后续修订。

2018 年 5 月 1 日，美国对从韩国进口的此类铝产品也额外征收了 10% 的从价进口关税。至此，阿根廷、澳大利亚、巴西、加拿大、墨西哥和欧盟仍然免受这些关税的影响。2018 年 6 月 1 日，美国对从巴西、加拿大、墨西哥和欧盟进口的此类铝产品也额外征收了 10% 的从价进口关税。至此，澳大利亚和阿根廷仍然免受这些关税的影响。2018 年 6 月 1 日，美国对阿根廷实行配额，从 2018 年开始按重量对每个年度从该国进口的铝产品实施数量限制。

争议措施包括但不限于：

• 2018 年 3 月 8 日总统公告 9705 号，《调整对美国的钢材进口》，及其附件《修改美国协调关税表第 99 章》[①]；

• 2018 年 3 月 8 日总统公告 9704 号，《调整对美国的铝进口》，及其附件《修改美国协调关税表第 99 章》[②]；

• 2018 年 3 月 22 日总统公告 9711 号，《调整对美国的钢材进口》，及其附件《对 2018 年 3 月 8 日第 9705 号公告进行修订》[③]；

• 2018 年 3 月 22 日总统公告 9710 号，《调整对美国的铝进口》，及其附件《对 2018 年 3 月 8 日第 9704 号公告进行修订》[④]；

• 2018 年 4 月 30 日总统公告 9740 号，《调整美国的钢铁进口》，及其附件《修改美国协调关税表第 99 章》，同 2018 年 3 月 22 日第 9711 号公告一样，对 2018 年 3 月 8 日第 9705 号公告进行了修订[⑤]；

• 2018 年 4 月 30 日总统公告 9739 号，《调整美国的铝进口》，及其附件《修改美国协调关税表第 99 章》，同 2018 年 3 月 22 日第 9710 号公告一样，对 2018 年 3 月 8 日第 9704 号公告进行了修订[⑥]；

• 2018 年 5 月 31 日总统公告 9759 号，《调整美国的钢铁进口》（包括附件），同 2018 年 3 月 22 日的 9711 号公告以及 2018 年 4 月 30 日的 9740 号公告一样，对 2018 年 3 月 8 日的 9705 号公告进行了修订[⑦]；

• 2018 年 5 月 31 日总统公告 9758 号，《调整美国的铝进口》，及其附件《修改美国协调关税表第 99 章》，同 2018 年 3 月 22 日第 9710 号公告和

---

① Federal Register Vol. 83, No. 51, 11625-11630, March 15, 2018.
② Federal Register Vol. 83, No. 51, 11619-11624, March 15, 2018.
③ Federal Register Vol. 83, No. 60, 13361-13365, March 28, 2018.
④ Federal Register Vol. 83, No. 60, 13355-13359, March 28, 2018.
⑤ Federal Register Vol. 83, No. 88, 20683-20705, May 7, 2018.
⑥ Federal Register Vol. 83, No. 88, 20677-20682, May 7, 2018.
⑦ Federal Register Vol. 83, No. 108, 25857-25877, June 5, 2018.

2018 年 4 月 30 日第 9739 号公告一样，对 2018 年 3 月 8 日第 9704 号公告进行了修订[①]；

•《提交申请免除总统公告中调整美国钢铁和铝进口的补救办法的要求》和《对已提交的钢铁和铝免除申请的反对意见的提交》(美国商务部)[②]；

•《钢铁进口对国家安全的影响》，一项根据 1962 年《贸易扩展法》第 232 节进行的调查（经修订，美国商务部工业和安全局技术评估办公室，2018 年 1 月 11 日）[③]；

•《铝进口对国家安全的影响》，一项根据 1962 年《贸易扩展法》第 232 节进行的调查（经修订，美国商务部工业和安全局技术评估办公室，2018 年 1 月 17 日）[④]；

• 经修订的 1962 年《贸易扩展法》第 232 节（《美国法典》第 19 编第 1862 节）；

•《美国联邦法典》第 15 编第 705 节，"进口物品对国家安全的影响"。

对于上述每种措施，此请求还涵盖任何进一步的修订、增补、替换、延伸、执行措施、更新措施或其他相关措施，包括对关税、关税配额或配额的任何调整。

单独或合并来看，争议措施似与美国在相关协定项下的义务不符，尤其是：

• GATT 1994 第 1 条第 1 款，因为对于就进口征收关税或与进口有关的任何关税和费用，以及与进口有关的所有规则和手续，美国未将其给予某些特定国家的任何利益、优惠、特权或豁免立即无条件地授予来自所有其他成员方的同类产品；

• GATT 1994 第 2 条第 1 款第 1 项和第 2 项，因为这些措施未给予包括俄罗斯联邦在内的大多数其他 WTO 成员方不低于 GATT 1994 所附《美国关税减让承诺表》相应部分所规定的标准的贸易待遇。美国并未对从俄罗斯联邦在内的大多数其他 WTO 成员方进口的争议产品免除超出 GATT 1994 所附《美国关税减让承诺表》所规定的就进口征收一般关税或与进口有关的所有其他任何种类的关税或费用；

• GATT 1994 第 10 条第 3 款第 1 项，因为美国未能以统一、公正和合理的方式来管理与争议措施有关的法律、法规、判决和裁定；

• GATT 1994 第 11 条第 1 款，因为美国通过实施配额对从 WTO 其他成员方进口的产品施加了除关税、税收或其他费用之外的限制；

• GATT 1994 第 19 条第 1 款第 1 项，因为美国在争议产品并未以数量急剧增加和对美国同类产品或直接竞争产品的国内生产者造成严重损害或严重损害威胁的方式进口到美国的情况下，以不能预见的情况及对 GATT 1994 下义务的影响为由暂停了关税减让；

• GATT 1994 第 19 条第 2 款，因为美国未能就拟议的行动尽可能早地向 WTO 发出书面通知，并且未能给予 WTO 及作为有关产品出口方而与该措施有实质性利益关联的 WTO 成员方进行磋商的机会；

•《保障措施协议》第 2 条第 1 款，因为美国对争议产品采取保障措施，但并未根据《保障措施协议》的相关规定事先确定正在进口至其领土的此类产品的数量与国内生产相比绝对或相对增加，且对生产同类产品或直接竞争产品的国内产业造成严重损害或严重损害威胁；

•《保障措施协议》第 2 条第 2 款，因为美国在对进口产品采取保障措施时并非不考虑其来源；

•《保障措施协议》第 3 条第 1 款，因为美国对争议产品采取保障措施，而没有首先进行适当的调查并发布报告，陈述其对所有有关事实和法律问题的调查结果和理由充分的结论；

•《保障措施协议》第 4 条第 1 款，因为美国尚未适当地确定存在对国内产业的严重损害或严重损害威胁；

•《保障措施协议》第 4 条第 2 款，因为美国未能适当评估与国内产业状况有关的所有相关因素；未能证明进口增加与严重损害或严重损害威胁之间存在因果关系，包括未能对进口增加以外的因素造成的损害进行合理归因，未能发表对其结论的详细

① Federal Register Vol. 83, No. 108, 25849-25855, June 5, 2018.

② Federal Register Vol. 83, No. 53, 12106-12112, March 19, 2018.

③ http://www.commerce.gov/sites/commerce.gov/files/the_effect_of_imports_of_steel_on_the_national_security_-_with_redactions_-_20180111.pdf.

④ https://www.commerce.gov/sites/commerce.gov/files/the_effect_of_imports_of_aluminum_on_the_national_security_-_with_redactions_-_20180117.pdf.

分析和论证；

•《保障措施协议》第 5 条第 1 款，因为美国采取的保障措施超过了防止或补救严重损害并促进调整的必要限度；

•《保障措施协议》第 7 条，因为美国适用保障措施而未能规定适用期限仅限于防止或补救严重损害和促进调整所必需的期限，未规定适用期限不得超过 4 年，也未规定按固定的时间间隔逐步放宽保障措施；

•《保障措施协议》第 8 条第 1 款，因为美国并未努力在它与可能受该措施影响的出口成员方之间维持与在 GATT 1994 项下存在的水平实质相等的减让水平和其他义务。

•《保障措施协议》第 11 条第 1 款第 1 项，因为美国已根据 GATT 1994 第 19 条的规定对特定产品的进口采取了紧急行动，但该行动不符合依照《保障措施协议》实施该条的规定；

•《保障措施协议》第 11 条第 1 款第 2 项，因为美国通过实施争议措施，在出口或进口方面寻求任何自愿出口限制、有序销售安排或其他任何类似措施；

•《保障措施协议》第 12 条第 1 款、第 2 款和第 3 款，因为美国未遵守这些规定中列明的任何通知和磋商义务；以及

• GATT 1994 第 1 条第 1 款、第 2 条第 1 款第 1 项和第 2 项、第 10 条第 3 款第 1 项以及第 11 条第 1 款，因为上述所列各项与 GATT 1994 第 19 条和《保障措施协议》的规定有不一致之处。

上述美国的这些措施使得俄罗斯在所引协定项下直接或间接获得的利益丧失或减损。

俄罗斯保留在磋商过程中以及未来任何请求启动专家组程序的过程中，依据相关协定的其他条款来处理与上述事宜有关的附加措施和请求的权利。

俄罗斯期待及时收到美国对本磋商请求的答复，并确定一个双方都可以接受的磋商日期。

（许天舒译，邓兴华校）

摩洛哥——对来自突尼斯的学校练习册实施临时反倾销措施：突尼斯请求磋商

此文件自 2018 年 7 月 5 日起，在突尼斯代表团和摩洛哥代表团及争端解决机构主席间进行沟通，现根据 DSU 第 4 条第 4 款的规定予以散发。

受我方政府授权，根据 GATT 1994 第 23 条第 1 款、《反倾销协议》第 17.3 条、DSU 第 4 条规定，就摩洛哥对从突尼斯进口的学校练习册实施临时反倾销措施，请求与摩洛哥进行磋商。

摩洛哥于 2018 年 5 月 10 日通过海关总署第 5789/211 号通知征收了临时反倾销税。临时反倾销税是根据工业、投资、贸易和数字经济部于 2018 年 3 月 6 日发布的第 03/18 号公告以及国家对外贸易秘书处贸易防务和管制局关于倾销、损害和因果关系的初步裁定的报告而征收的。①

突尼斯认为，第 5789/211 号通知，包括其附件和上述其他文书，对来自突尼斯的学校练习册征收临时反倾销税，与摩洛哥在《反倾销协议》和 GATT 1994 规定下的下列义务不一致：

1.《反倾销协议》第 5.2 条、第 5.3 条和第 5.8 条，因为申请中没有关于倾销、损害和因果关系的充分证据，而且调查当局没有对申请书提供的证据的准确性和充分性进行令人满意的审查；

2.《反倾销协议》第 1 条、第 2.1 条、第 3.1 条和第 9 条，因为倾销和由此造成的损害的确定不是根据相关和“肯定”证据，证明在通过临时措施时有理由实施临时措施；

3.《反倾销协议》第 2.1 条、第 2.2.1 条和第 2.2.2 条，因为调查当局：(a) 没有根据被调查的突尼斯生产商在调查期间保存的记录计算费用，即使这些记录是根据普遍接受的会计原则，合理反映与所涉产品的生产和销售相关的成本；(b) 没有根据调查期间正常贸易过程中类似产品的生产和销售数据确定行政、销售和一般费用或利润；(c) 在普通贸易过程中任意排除销售，尽管不存在特定的市场情况；

4.《反倾销协议》第 2.4 条，因为调查当局没有特别考虑到影响价格可比性的所有物理特征，并比较了正常价值和为不同价格确定的出口价格；

5.《反倾销协议》第 3.1 条，因为损害的确定不是以积极证据为依据，也不涉及客观审查。特别是，为调查伤害而选择的调查期限和因果关系不允许客观地审查情况；

6.《反倾销协议》第 3.2 条，因为未能正确客

① Report AD-11.17.CAHIER.TUN

观地考虑倾销进口的数量，从绝对值和相对于本国生产或消费，以及原产于突尼斯相对于国内生产的价格。尤其是根据与国内行业业绩不相符的目标销售价格计算的削减幅度；

7.《反倾销协议》第 3.4 条，因为未能适当评估对国内工业状况有影响的所有相关经济因素和指数，以及进口产品对国内生产商影响的表现。在调查期间，大多数因素包括销售、产出、市场份额、生产率、就业、工资和投资，都发生了积极变化；

8.《反倾销协议》第 3.5 条，因为在所指称的倾销进口与对国内产业的损害之间未能建立真正实质性的因果关系。贸易防范和监管局也没有审查来自突尼斯的进口产品以外的伤害原因，特别是摩洛哥生产商之间的竞争和非正规市场的重要性。所指称的损害，未能确保其他因素造成的伤害不归咎于原产于突尼斯的进口产品；

9.《反倾销协议》第 4.1 条（与第 3.1 条合并考虑），因为国内产业仅限于申请人；

10.第 5.10 条，无特殊情况下，调查没有在一年内结束；

11.《反倾销协议》第 6.5 条和第 6.5.1 条，因为调查当局：(a) 在无正当理由的情况下，将利害关系方提供的信息视为机密信息；(b) 未能要求申请人提供非机密摘要；(c) 在提供了此类摘要的情况下，这些摘要不够详细，无法合理理解秘密提交的资料的实质内容；

12.《反倾销协议》第 6.1 条、第 6.2 条和第 6.4 条，因为利害关系方没有充分的机会提交资料和发表意见；

13.《反倾销协议》第 7.1 条，因为暂定反倾销税的必要性尚未确定；

14.《反倾销协议》第 12.2 条和第 12.2.2 条，因为摩洛哥没有充分详细地提供调查当局认为实质性的所有事实和法律问题的调查结果和结论，以及所有导致实施临时措施的事实和法律事项和原因的相关资料。

突尼斯保留在磋商过程中和在审理程序的任何请求中提出与上述措施有关的其他事实或法律要点的权利。

突尼斯期待着在适当时候收到摩洛哥对这一请求的答复。突尼斯愿意考虑与摩洛哥在彼此方便的一个日期举行磋商。

（李婷译，孙靓莹校）

美国——对钢铝产品采取的特定措施：瑞士请求磋商

此文件自 2018 年 7 月 9 日起，在瑞士代表团和美国代表团及争端解决机构主席间进行沟通，现根据 DSU 第 4 条第 4 款的规定予以散发。

受我方政府授权，根据 DSU 第 1 条及第 4 条、GATT 1994 第 22 条第 1 款和《保障措施协议》第 14 条的规定，就美国为调整钢铝进口采取的某些措施，包括但不限于对钢铝产品征收额外的从价进口税并对特定被挑选的世界贸易组织成员豁免实施该措施，我方代表团请求与美国政府进行磋商。这些措施对瑞士向美国出口该类产品产生了不利影响。

I. 关于与钢铁和铝产品有关的措施的主张

2018 年 3 月 8 日，美国对从除墨西哥、澳大利亚、阿根廷、巴西、加拿大、欧盟和韩国以外的所有国家进口的某些钢铁产品征收 25% 的额外进口关税，对从除墨西哥、澳大利亚、阿根廷、巴西、加拿大、欧盟和韩国以外的所有国家进口的某些铝产品征收 10% 的额外进口关税，该措施于 2018 年 3 月 23 日生效。美国总统于 2018 年 4 月 30 日发布总统公告，对从阿根廷、澳大利亚、巴西和韩国进口的某些钢铁产品免征附加关税，同时对从阿根廷、澳大利亚和巴西进口的某些铝产品免征附加关税。美国对额外进口关税的豁免也适用于加拿大、欧盟和墨西哥，直至 2018 年 5 月 31 日止。2018 年 6 月 1 日起，对特定钢铁产品的附加关税适用于除阿根廷、澳大利亚、巴西和韩国外的所有原产国，对特定铝产品的附加关税适用于除阿根廷和澳大利亚外的所有原产国。对于从阿根廷、巴西和韩国进口的钢铁和从阿根廷进口的铝实施了配额。

有争议的措施是对特定钢铁产品和特定铝产品的进口调整措施。单独或任意组合来看，这些措施由下列文件组成并被下列文件所证明：

（1）2018 年 3 月 8 日总统公告 9705 号，《调整对美国的钢材进口》，及其附件《修改美国协调关

税表第 99 章》；①

（2）2018 年 3 月 8 日总统公告 9704 号,《调整美国的铝进口》，及其附件《修改美国协调关税表第 99 章》；②

（3）2018 年 3 月 22 日总统公告 9711 号,《调整美国的钢铁进口》，及其附件《修改美国协调关税表第 99 章》；③

（4）2018 年 3 月 22 日总统公告 9710 号,《调整美国的铝进口》，及其附件《修改美国协调关税表第 99 章》；④

（5）2018 年 4 月 30 日总统公告 9740 号,《调整美国的钢铁进口》，及其附件《修改美国协调关税表第 99 章》；⑤

（6）2018 年 4 月 30 日总统公告 9739 号,《调整美国的铝进口》，及其附件《修改美国协调关税表第 99 章》；⑥

（7）2018 年 5 月 31 日总统公告 9795 号,《调整美国的钢铁进口》，包括附件；⑦

（8）2018 年 5 月 31 日总统公告 9758 号,《调整美国的铝进口》，包括附件；⑧

（9）《钢铁进口对国家安全的影响》，一项根据 1962 年《贸易扩展法》第 232 节进行的调查，经修订（美国商务部，2018 年 1 月 11 日）；⑨

（10）《铝进口对国家安全的影响》，一项根据 1962 年《贸易扩展法》第 232 节进行的调查，经修订（美国商务部，2018 年 1 月 17 日）；⑩

该请求还涵盖对上述措施进行修改、取代、补充、更新、扩展、替换或实施的任何附加措施，以及适用的任何豁免或排除措施。

争议措施似乎与美国在 GATT 1994 及《保障措施协议》的若干条款项下承担的义务不符，尤其是但不限于：

• GATT 1994 第 1 条第 1 款，因为通过有选择地对原产于不同成员方的某些钢铁和铝产品征收额外的进口关税，包括对特定国家进行豁免或适用替代性手段。美国对于就进口征收或与进口有关的任何关税和费用，以及与进口有关的所有规则和手续，未将其给予原产于其他国家的产品的任何利益、优惠、特权或豁免立即无条件地授予原产于瑞士的同类产品；

• GATT 1994 第 2 条第 1 款第 1 项和第 2 项，因为通过争议措施，美国未能给予包括瑞士在内的大多数其他 WTO 成员方不低于《美国关税减让承诺表》相应部分所规定的标准的贸易待遇，且未能对包括瑞士在内的大多数 WTO 成员方的产品免除超出《美国关税减让承诺表》所明确的一般关税及所有其他超过 GATT 1994 生效之日施加的或当时有效的美国立法在其后直接并强制要求施加的关税或费用；

• GATT 1994 第 10 条第 3 款第 1 项，因为美国未能以统一、公正和合理的方式管理与争议措施有关的法律、法规、判决和裁定；

• GATT 1994 第 11 条第 1 款，因为美国通过争议措施，运用配额对从 WTO 其他成员方进口的产品设置了除关税、税收或其他费用之外的限制；

• GATT 1994 第 19 条第 1 款第 2 项，因为美国在争议产品并未以数量急剧增加和对美国同类产品或直接竞争产品的国内生产者造成严重损害或严重损害威胁的方式进口到美国的情况下，以不能预见的情况及 GATT 1994 下义务的影响为由暂停了关税减让；

•《保障措施协议》第 2 条第 1 款，因为美国对争议产品采取保障措施，但并未根据《保障措施协议》的相关规定事先确定正在进口至其境内的此类产品的数量与国内生产相比绝对或相对增加，且对生产同类产品或直接竞争产品的国内产业造成了严重损害或严重损害威胁；

《保障措施协议》第 2 条第 2 款，因为美国在

① Federal Register Volume 83, Issue 51 (March 15, 2018), pp. 11625-11630.
② Federal Register Volume 83, Issue 51 (March 15, 2018), pp. 11619-11624.
③ Federal Register Volume 83, Issue 60 (March 28, 2018), pp. 13361-13365.
④ Federal Register Volume 83, Issue 60 (March 28, 2018), pp. 13355-13359.
⑤ Federal Register Volume 83, Issue 88 (May 7, 2018), pp. 20683-20705.
⑥ Federal Register Volume 83, Issue 88 (May 7, 2018), pp. 20677-20682.
⑦ Federal Register Volume 83, Issue 108 (June 5, 2018), pp. 25857-25877.
⑧ Federal Register Volume 83, Issue 108 (June 5, 2018), pp. 25849-25855.
⑨ https://www.commerce.gov/sites/commerce.gov/files/the_effect_of_imports_of_steel_on_the_national_security_-_with_redactions_-_20180111.pdf
⑩ https://www.commerce.gov/sites/commerce.gov/files/the_effect_of_imports_of_aluminum_on_the_national_security_-_with_redactions_-_20180117.pdf

对进口产品采取保障措施时没有不考虑其来源；

《保障措施协议》第3条第1款，因为美国对争议产品采取保障措施，而没有首先进行适当的调查并发布报告，陈述其对所有有关事实和法律问题的调查结果和理由充分的结论；

《保障措施协议》第4条第1款，因为美国尚未适当地确定存在该条所规定的对国内产业的严重损害或严重损害威胁；

《保障措施协议》第4条第2款，因为美国未能适当评估与国内产业状况有关的所有相关因素；未能证明进口增加与严重损害或严重损害威胁之间存在因果关系；未能确保由进口增加以外的因素造成的损害不被归因于进口增加；也未能发表对其结论的详细分析和论证；

《保障措施协议》第5条第1款，因为美国采取的保障措施超过了为防止或补救严重损害并便利调整所必须的限度；

《保障措施协议》第7条，因为美国适用保障措施但未规定适用期限仅限于防止或补救严重损害和促进调整所必需的期限，未规定适用期限不得超过4年，也未规定按固定的时间间隔逐步放宽保障措施；

《保障措施协议》第11条第1款第1项，因为美国已根据GATT 1994第19条的规定对特定产品的进口采取了紧急行动，但该行动不符合依照《保障措施协议》实施该条的规定；

《保障措施协议》第12条第1款、第2款和第3款，以及GATT 1994第19条第2款，因为美国未遵守这些规定中列明的任何通知和磋商义务。

II. 关于保护美国国内产业免受进口竞争的措施的主张

此外，经修订的1962年《贸易扩展法》第232节（《美国法典》第19编第1862节）包含在上述以及其他措施[①]的语境中，经美国政府解释，似与WTO涵盖的协定所规定的条款不一致，尤其是在上述第1节中提及的条款，也与《建立WTO协定》第16条第4款的规定不符。

经美国政府解释的第232节规定，基于其宣称的对国家安全的威胁，可实施措施（如额外进口关税或配额）限制从其他WTO成员方的进口以保护美国的国内生产免受外国产品的竞争，这与GATT 1994及《保障措施协议》的规定不符。

换言之，瑞士认为，美国政府持续运用第232节，基于其宣称的对国家安全的威胁，通过限制从其他WTO成员方的进口来为国内生产提供保护，这一做法与美国在WTO涵盖的协定项下的义务是不符的，尤其与上述第1节中列明的条款不一致。

上述提及的措施似乎使得瑞士在WTO涵盖的协定项下直接或间接获得的利益丧失或减损。

除上述列出的对WTO义务的多重违反外，瑞士认为，由于实施了争议措施，瑞士在GATT 1994项下获得的利益正遭受丧失或减损，且在GATT 1994第23条第1款第2项的含义内，GATT 1994目标的达成正受到阻碍。

瑞士保留在磋商过程中以及未来任何请求建立专家组的程序中，依据WTO协定所涵盖的其他条款就上述事宜提出额外的事实主张和法律问题的权利。

瑞士期待收到美国对本磋商请求的答复，并期待确定一个彼此方便的磋商日期。

（许天舒译，邓兴华校）

加拿大——对美国某些产品征收附加关税：美国请求磋商

此文件自2018年7月16日起，在美国代表团和加拿大代表团及争端解决机构主席间进行沟通，现根据DSU第4条第4款的规定予以散发。

受我方政府授权，根据DSU第4条、GATT 1994第23条，就加拿大对源自美国的某些产品征收更多关税（附加关税措施），请求与加拿大进行磋商。

该附加关税措施并未对源自任何其他WTO成员的同类产品征收更多关税，因此似乎与GATT 1994第1条中最惠国待遇的义务不一致。附加关税导致针对美国的关税税率高于加拿大让步时间表所列的税率，因而与GATT 1994第2条不符。

加拿大实施附加关税措施的法律文书包括以下内容，这些法律条文是单独或共同运作的：

• 海关通知18-08，对源自美国和加拿大边境服务区的某些产品征收附加税，这是2018年6月29

① 包括《美国联邦法典》第705节，进口物品对国家安全的影响（15 CFR 705）47 FR 14693.

日生效的；

• 应对加拿大钢铁和铝产品不合理关税的对策，加拿大财政部新闻稿，2018 年 6 月 29 日；

• 意图对加拿大钢铁和铝产品不合理关税采取应对对策的通知，加拿大财政部新闻稿，2018 年 5 月 31 日发布；

以及任何修订、替换这些条文的相关措施或正在实施的措施。

征收附加关税的措施似乎与以下内容不一致：

• GATT 1994 第 1 条第 1 款，因为加拿大没有向源自美国的产品提供与源自其他成员国进口的产品相一致的，在进口关税、税费或与进口有关的要价方面的优惠、特权或豁免权。

• GATT 1994 第 2 条第 1（a）款和第 1（b）款，因为它对来自美国产品的待遇不如加拿大让步时间表所规定的优惠待遇。

对美国产品征收附加关税的措施似乎使美国在 GATT1994 下直接或间接享有的利益无效或受到损害。

美国期待收到加拿大对本请求的答复，并确定一个双方都方便的日期进行磋商。

（刘海明译，黄满盈校）

中国——对美国某些产品的附加关税：美国请求磋商

此文件自 2018 年 7 月 16 日起，在美国代表团和中国代表团以及争端解决机构主席间进行沟通，现根据 DSU 第 4 条第 4 款的规定予以散发。

受美国政府授权，根据 DSU 第 4 条，GATT 1994 第 23 条，就中国对源自美国的某些产品征收附加关税（“附加关税措施”），我方代表团请求与中国进行磋商。

附加关税措施不对源自任何其他 WTO 成员的同类产品征收附加关税，因此与 GATT 1994 第 1 条中的最惠国待遇的义务不一致。附加关税导致税率大于中国关税减让表所列的税率，因而与 GATT 1994 第 2 条不符。

中国独立发挥或者集体发挥作用的关于附加关税措施的法律文件包括以下内容：

•《商务部关于就美国进口钢铁和铝产品 232 措施及中方应对措施公开征求意见的通知》（商务部，2018 年 3 月 23 日发布）；

•《国务院关税税则委员会对原产于美国的部分进口商品中止关税减让义务的通知》（国务院关税税则委员会，税委会 [2018] 第 13 号，2018 年 4 月 1 日发布，自 2018 年 4 月 2 日起生效）；

以及任何关于上述法律文件的修正案、取代上述法律法规的法律文件、上述法律文件的相关措施或实施措施。

附加关税措施似乎与以下规定不一致：

• GATT 1994 第 1 条第 1 款，因为中国没有向美国产品提供中国对源自其他成员国的产品所征收的或与之相关的关税和收费方面的便利、优惠、特权或豁免权；和

• GATT 1994 第 2 条第 1 款（a）和（b）项，因为对源自美国的产品的待遇低于中国关税减让表所规定的优惠待遇。

附加关税措施使美国在 GATT 1994 下直接或间接享有的利益无效或受到损害。

美国期待收到中国对本请求的答复，并确定一个彼此都方便的日期进行磋商。

（朱新玥译，杨凤鸣校）

欧盟——对美国某些产品征收附加关税：美国请求磋商

此文件自 2018 年 7 月 16 日起，在美国代表团和欧盟代表团以及争端解决机构主席间进行沟通，现根据 DSU 第 4 条第 4 款的规定予以散发。

受美国政府授权，根据 DSU 第 4 条，GATT 1994 第 23 条，就欧盟对源自美国的某些产品征收附加关税（“附加关税措施”），我方代表团请求与欧盟进行磋商。

该附加关税措施不对源自任何其他 WTO 成员的同类产品征收附加关税，因此与 GATT 1994 第 1 条中的最惠国待遇的义务不一致。附加关税导致税率大于欧盟关税减让表所列的税率，因而与 GATT 1994 第 2 条不符。

欧盟采取附加关税措施的法律文书包括下列单独或集体运作的文书：

• 欧盟委员会实施条例 (EU) 2018 年 6 月 20 日第 2018/886 号，对源自美国的某些产品采取的某些商业政策措施，以及修订实施条例 (EU) 2018/724 号，欧盟官方期刊，2018 年 6 月 21 日；

• 欧盟委员会实施条例 (EU)2018 年 5 月 16 日

第2018/724号，对源自美国的某些产品采取的某些商业政策措施，欧盟官方期刊，2018年5月17日；

以及任何修正、替换、相关的措施或实施措施。

附加关税措施似乎不符合：

• GATT 1994第1条第1款，因为它没有把对美国产品中关于关税以及任何形式强加的或源自其他成员国境内产品进口相关的费用的利益、优惠、特权或豁免也给予欧盟；以及

• GATT 1994第2条第1款(a)项和(b)项，因为它对源自美国的产品给予的优惠待遇不如欧盟减让表所规定的。

附加关税措施似乎无效化或损害了美国在GATT 1994中直接或间接享有的利益。

美国期待收到美国对此请求的答复，并确定一个双方都方便的磋商日期。

（尉亚宁译，戴臻校）

墨西哥——对美国某些产品征收附加关税：美国请求磋商

此文件自2018年7月16日起，在美国代表团和墨西哥代表团以及争端解决机构主席间进行沟通，现根据DSU第4条第4款的规定予以散发。

受美国政府授权，根据DSU第4条，GATT 1994第23条，就墨西哥对源自美国的某些产品征收附加关税（“附加关税措施”），我方代表团请求与墨西哥进行磋商。

附加关税措施不对源自任何其他WTO成员的同类产品征收附加关税，因此与GATT 1994第1条中最惠国待遇的义务不一致。

墨西哥实施附加关税措施的法律文书包括：

•《一般进出口税法》关税表修改法令、《关于确定2003年适用于北美货物的一般进口税率的法令》，以及《关于建立各部门促进方案的法令》（2018年6月5日颁布，2018年6月5日生效）；

以及任何修订、替换或实施相关措施。

附加关税措施似乎不符合GATT 1994第1条第1款，因为它没有向美国的产品提供墨西哥在进口原产于其他成员领土上的产品在关税和收费方面所给予的好处、优惠、特权或豁免。

附加关税措施似乎抵消或损害了美国在GATT 1994下直接或间接产生的利益。

美国期待收到墨西哥对于本请求的答复，并确定一个双方都方便的日期进行磋商。

（马小涵译，戴臻校）

土耳其——对美国某些产品征收附加关税：美国请求磋商

此文件自2018年7月16日起，在美国代表团和土耳其代表团以及争端解决机构主席间进行沟通，现根据DSU第4条第4款的规定予以散发。

受美国政府授权，根据DSU第4条，GATT 1994第23条，就土耳其对源自美国的某些产品征收附加关税（“附加关税措施”），我方代表团请求与土耳其进行磋商。

附加关税措施不对源自任何其他WTO成员的同类产品征收附加关税，因此与GATT 1994第1条中的最惠国待遇的义务不一致。

附加关税措施导致税率高于土耳其特减让表所列的税率，因此似乎与GATT 1994第二条不一致。

土耳其实施附加关税措施的法律文书包括：

•《关于实施来自美国的某些产品的额外财务义务的决定》，部长理事会第11973/2018号决定，官方公报第30459号，2018年6月25日；

以及任何修订，替换，相关措施或实施措施。

附加关税措施似乎与以下内容不一致：

• GATT 1994第1条第1款，因为土耳其在进口或与进口有关的任何形式的关税和收费方面给予美国产品和来自其他会员国的产品同样的优惠、特权或豁免权。

• GATT 1994第2条第1款第（a）项和（b）项，因为它对来自美国的产品的待遇不如土耳其减让表中所承诺的待遇。

附加关税措施似乎无效化或者损害了美国在GATT 1994下直接或间接享受的利益。

美国期待收到土耳其对本请求的答复，并确定一个双方都方便的日期进行磋商。

（张涛译，李淼校）

美国——晶体硅光伏产品进口保障措施：中国请求磋商

此文件自2018年8月14日起，在中国代表团和美国代表团以及争端解决机构主席之间进行沟通，现根据DSU第4条第4款的规定予以散发。

受中国政府指示，根据DSU第1条和第4条、GATT 1994第22条第1款、《保障措施协议》第

14 条，关于美国对某些晶体硅光伏电池的进口实施的最终保障措施，请求与美国进行磋商。无论这些电池是否部分或全部组装成其他产品（包括但不限于模块、层压板、面板和建筑集成材料）。

该请求在第一部分指出了具有争议的措施，并在第二部分指出了中国上诉的法律基础。

I. 争议措施

根据 2018 年 1 月 23 日的公告 9693，为了促进晶体硅光伏电池（无论是否部分或完全组装入其他产品）进口的竞争以及其他目的（83 FR 3541），美国对晶体硅光伏产品采取的最终保障措施。

对晶体硅采取的最终保障措施的根据是 2017 年 9 月 22 日美国国际贸易委员会的损害认定、2017 年 11 月 13 日向总统提交的一份与编号为 TA-201-75① 的调查相关的报告以及一份补充报告，这份补充报告涉及美国国际贸易委员会于 2017 年 12 月 27 日发布的“非预期发展”里面的相关内容②。

该请求还涉及包括影响保障措施的形式和数量的密切相关的后续措施在内的任何对最终保障措施的修改、审查、更换或修订，以及美国贸易代表办公室随后对某些产品免于采取保障措施的决定，支持保障措施的基础报告、备忘录和其他文件。

II. 上诉的法律基础

中国认为，美国对晶体硅光伏产品实施的保障措施不符合美国对 GATT 1994 和《保障措施协议》所承诺的义务。 特别是，中国认为美国采取的保障措施不符合以下条款：

a. GATT 1994 第 19 条第 1 款（a）项和《保障措施协议》第 3 条第 1 款，因为美国在采取措施之前未能确定进口的增加和争议措施所涵盖产品的进口条件是由“未预期发展”和 GATT 1994 下美国所承诺义务影响的结果；

b.《保障措施协议》第 2 条第 1 款和第 3 条第 1 款，因为美国未能作出适当的认定，如对该物品的进口，“在这样的数量和条件下”会对国内产业造成严重伤害的充分合理的解释；

c.《保障措施协议》第 2 条第 1 款、第 3 条第 1 款、第 4 条第 1 款和第 2 款，因为美国未能对国内产业地位的整体重大损害作出适当的认定以及合理充分的解释，以支持其国内产业遭受“严重伤害或严重伤害威胁”的结论；

d.《保障措施协议》第 2 条第 1 款、第 3 条第 1 款、第 4 条第 1 款和第 2 款，因为美国未对进口如何对国内产业“造成严重损害或严重损害威胁”作出合理充分的解释；

e.《保障措施协议》第 2 条第 1 款、第 3 条第 1 款、第 4 条第 1 款（c）项和第 4 条第 2 款，因为美国没有正确界定“国内产业”，即它没有将范围限定于那些与进口产品“相似或产生直接竞争”的产品的生产者；

f.《保障措施协议》第 3 条第 1 款和第 2 款，因为美国没有向有关各方提供足够的机会参与调查，包括由于未能遵守授予保密处理的要求和提供足够信息的非机密摘要，此外，美国也未能在公布的报告中阐述关于事实和法律的所有相关问题的调查结果和合理结论，包括实施措施的条件、实际措施的性质和水平，以及排除某些来源的理由；

g.《保障措施协议》第 5 条第 1 款、第 7 条第 4 款，因为美国未能限于“必要的范围”给予救济，并且在措施实施时和逐步自由化阶段，美国也未将这种救济限制于由于进口增加遭受巨大损失的行业。

h.《保障措施协议》第 2 条第 1 款和第 2 款、第 4 条第 2 款，因为美国将某些产品排除在其保障措施的适用范围之外；

i.《保障措施协议》第 7 条第 1 款，因为美国未能“在预防或补救严重伤害和促进调整所需的时间内”给予救济；

j.《保障措施协议》第 8 条第 1 款，在某种程度上，美国未能按照“保障措施协议”第 12.3 条的规定，努力在美国和中国之间保持 GATT 1994 下的特许权和其他义务；

k. GATT 1994 第 19 条第 2 款,《保障措施协议》第 12 条第 1 款、第 2 款和第 3 款，因为美国未能立即通知所有相关信息，未能为中国提供充分的机会进行事先磋商；

l. GATT 1994 第 10 条第 3 款，因为该措施没有一致、公正以及合理的实施美国相关法律法规，

① 参见公开报告——晶体硅光伏电池（无论是否部分或完全组装入其他产品），编号． TA-201-75，美国国际贸易委员会出版，4739 期（2017 年 11 月）。相关摘要于 2017 年 11 月 21 日在美国联邦纪事上发表，引用“82 FR 55393”。

② 关于“未预期发展”的补充报告参见 2018 年 1 月 23 日第 9693 号公告第 4 段——促进对某些结晶硅光伏电池（无论是否部分或完全组装入其他产品）和其他产品的竞争的积极调整目的。 请参阅 https://www.federalregister.gov/d/2018-01592/p-4。

m. GATT 1994 第 13 条，因为该措施不符合关税配额分配的义务。

根据上述协议，中国担心，对晶体硅光伏产品进口的保障措施似乎使中国的直接或间接利益无效或受到损害。

中国保留在磋商过程中和在成立专家组的请求中提出任何其他事实和法律问题的权利，及发表有关上述事项的其他措施和主张。

中国期待收到美国对本请求的答复，并确定一个双方都可接受的磋商日期和地点。

（崔建筑译，戴臻校）

美国——与可再生能源有关的某些措施：中国请求磋商

此文件自 2018 年 8 月 14 日起，在中国代表团和美国代表团以及争端解决机构主席之间进行沟通，现根据 DSU 第 4 条第 4 款的规定予以散发。

受中国政府指示，根据 DSU 第 1 条和第 4 条，GATT 1994 第 2 条第 2 款，《与贸易有关的投资措施协议》（TRIMS 协议）第 8 条，SCM 协议第 4 条和第 30 条，就美国某些州和市政府能源部门的补贴和 / 或国内含量要求采取和维持的某些措施，请求与美国进行磋商。

该请求的第一部分为涉及的争议措施，第二部分指出了中国申诉的法律依据。

I. 争议措施

A. 华盛顿州的可再生能源成本回收激励支付计划（RECIP）

RECIP 由修订后的华盛顿法典（RCW）的第 82.16.110 章至第 82.16.180 章的法定权力维护，并通过华盛顿行政法（WAC）第 458-20-273 节进一步实施。

根据 RCW 第 82.16.120 章，轻型和电力业务的合格用户由其电力业务部门提供投资成本回收激励计划，用于从用户生成电力可再生能源系统发电。同样，RCW 第 82.16.165 章授权合格用户从相关公用事业公司获得可再生能源系统产生的每千瓦时电力的年度生产激励。

如 RCW 第 82.16.120 和 82.16.165 章节所述，在可再生能源系统使用华盛顿州制造的特定部件的某些情况下，激励支付率会增加。然后将激励支付率乘以系统产生的总千瓦时，以确定激励支付。向合格客户提供激励的轻型电力企业和公用事业公司可以获得奖励，以支付激励金和各种相关费用，但须符合特定的限制。

B. 加利福尼亚州的自我激励计划（SGIP）

SGIP 由加利福尼亚州公用事业法典第 360-380 节、加利福尼亚州宪法第十二条和加利福尼亚公用事业法授予加利福尼亚州公用事业委员会（“CPUC”）的法定权力下维护的。SGIP 通过 2017 年 SGIP 手册和一系列 CPUC 决定（包括但不限于 CPUC 第 17-04-017 号决定）进一步实施。

SGIP 为安装可再生能源分布式发电技术的用户提供财政奖励，这些技术的安装是为了满足设施的全部或部分电能需求。根据“公用事业规则”第 379.6 节，在管理 SGIP 时，还为安装在加利福尼亚州制造的合格分布式发电资源提供了额外奖励。

C. 洛杉矶水电局（LADWP）实施的太阳能光伏激励计划（SIP）

SIP 是一项基于绩效的激励计划，由 LADWP 根据加利福尼亚州公用事业法规第 2854 条规定的加州太阳能计划的授权维护，并由 LADWP 发布的计划指南管理。①

根据 SIP，LADWP 为购买 / 租赁和安装太阳能光伏系统的客户提供一次性奖励。根据 LADWP 指南第 8.1 节，向洛杉矶市制造的合格和获得批准的光伏设备提供额外的信贷奖励，称为洛杉矶制造信贷（“LAMC”）。

D. 密歇根州的可再生能源信贷（REC）要求

REC 要求在密歇根州“清洁和可再生能源和能源减少废物法”（CREEWRA）中规定，在密歇根州编制法律公共公用事业第 460 章（MCL）中编纂，并通过密歇根公共服务委员会（MPSC）的命令实施。密歇根州可再生能源认证系统根据密歇根州可再生能源认证系统操作程序的规定收集、发布和追踪可再生能源信用额度。

MCL 第 460 章第 1039 节规定，在某些条件下，可以给予可再生能源系统的所有者一次可再生能源信贷。MCL 第 460 章第 1028 节要求密歇根州的电力供应商实现可再生能源信贷组合，其中包括一部

① 例如，见网络，2015 年 12 月 4 日的能源计量和太阳能光伏激励计划指南。

分可再生能源信贷，这些信贷随着时间的推移而增加，到 2021 年达到 15%。密歇根电力供应商可通过发电或购买可再生能源信贷来满足这一标准。

根据 MCL 第 460 章第 1039 节，对密歇根州公共服务委员会（MPSC）确定的使用密歇根州制造的设备建造的可再生能源系统所产生的电力授予额外的 REC，称为“密歇根州激励可再生能源信用额度”。

E. 消费者能源公司提出并经密歇根公共服务委员会（MPSC）批准的实验性高级可再生计划（EARP）

如第 MCL 章第 460 章所述，EARP 由密歇根州最大的公用事业提供商 Consumers Energy 根据上文 D 部分确定的 CREEWRA 第 460 节进行管理。EARP 在案例编号 U-15805 中由 MPSC 批准，EARP 的扩展和 / 或修改已得到 MPSC 发布的后续指令的批准①。EARP 进一步纳入消费者能源电价服务费率表（“价值手册”）C10.3 部分，其版本（包括但不限于案例编号 U-15805，U -16543，U-16581，U-17301 和 U-17709）已经由 MPSC 批准。

根据费率册 C10.3 部分，参与 EARP 的客户需要安装和运行符合条件的光伏太阳能发电系统，该系统使用密歇根州的劳动力或使用密歇根州制造的设备建造。 客户必须将符合条件的可再生能源设备产生的所有能量传输给消费者能源公司，消费者能源公司应拥有并使用由此创建的 REC。作为回报，消费者能源公司为从客户传输电力提供固定费率。此外，还为 2011 年 10 月 1 日之后建造的符合密歇根州劳工和密歇根州材料要求的发电系统的客户提供了额外奖励。

除了上文 A 至 E 小节中确定的措施外，这项磋商请求还涉及任何或相关的、后续的、替代的或实施的措施修正案，以及与上述方案密切相关的任何后续措施，例如提供补贴和 / 或能源部门规定的国内含量要求。

II. 投诉的法律依据

中国认为，有争议的各项措施都不符合 WTO 所涵盖协议的以下规定：

• GATT 1994 第 3 条第 4 款，因为有争议的措施似乎体现了影响内部销售，为与美国本土产品相比不利的进口产品进入美国提供了销售、购买、运输、分销或使用方面的法律法规和 / 或要求；

• TRIMs 协议第 2.1 条，因为有争议的措施似乎是与货物贸易有关的投资措施，与 GATT 1994 第 3 条第 4 款不一致；

• TRIMs 协议第 2.2 条，因为所涉及的措施似乎是与货物贸易有关的投资措施，这些措施是国内法或行政裁决强制执行或可强制执行的和 / 或为了获得优势而必须遵守的，以及根据 TRIMs 协议附件第 1（a）段的规定要求企业购买或使用美国产品的措施；

• SCM 协议第 3.1（b）和 3.2 条，因为这些措施似乎是根据是否使用国内进口货物而给予和维持补贴。

由于上述原因，有争议的措施似乎使得上述 WTO 所涵盖的协议直接或间接给中国带来的利益无效或遭受损害。

根据 SCM 协议第 4.2 条，中国向该请求提供了与有争议的措施有关的目前中国可得到的证据清单。 中国保留在磋商过程中以及未来任何诉讼请求中提出其他事实和 / 或法律索赔的权利。

中国期待收到美国对当前请求的答复，并确定一个双方可接受的磋商日期和地点。

III. 可用证据

A. 华盛顿州的可再生能源成本回收激励支付计划（RECIP）

1. 华盛顿修订法典 § § 82.16.110-180

2. 全权代表参议院法案 5939，华盛顿州，第 65 届立法机构（2017 年）。

3. 华盛顿行政法典 § 458-20-273

4. 华盛顿修订法典，能源独立法案，第 19-285 章 RCW（2007 年）。

5. 华盛顿行政法典，能源独立法案，第 194-37 章 WAC（2008 年）。

6. 华盛顿行政法典、制造、处理、出租、制造，WAC 458-20-136（2005）。

7. 华盛顿州登记、紧急规定、规则制定令 - 收

① 当 CREEWRA 的前身法规《清洁、可再生和高效能源法案》（CREEA）仍然生效时，MPSC 批准了消费者能源公司建立和扩大 EARP 的可再生能源计划。 根据 CREEWRA 第 460.1022 节的规定，CREEA 批准的并在 CREEWRA 生效之日（2017 年 4 月 20 日）生效的所有可再生能源计划仍然生效，但须在 CREEWRA 生效之日起一年内进行审查和修订。

入部，WSR 12-16-046（2012 年 7 月 27 日）。

8. 参议院法案 5101，华盛顿州，第 59 届立法机关（2005 年）。

9. 全权代表参议院法案第 6170 号，华盛顿州，第 61 届立法机关（2009 年）。

10. 全权代表参议院法案 6658，华盛顿州，第 61 届立法机构（2010 年）。

11. 参议院第 5526 号法案，华盛顿州，第 62 届立法机关（2011 年）。

12. 参议院第 5128 号法案，华盛顿州，第 65 届立法机关（2017 年）。

13. 全面第二代表议院法案 1301，修订 RCW 82.16.110，RCW 82.16.120，RCW 82.16.130（2013）。

14. 华盛顿州税务局，可再生能源系统成本回收 - 年度奖励支付申请，REV 41 0100e（2011）。

15. 华盛顿州税务局，社区太阳能项目可再生能源系统成本回收—年度奖励支付申请，REV 41 0111e（2015）。

16. 华盛顿州税务局，可再生能源系统成本回收认证，82.16 RCW，REV 41 0094（2015）。

17. 华盛顿州税务局，社区太阳能项目可再生能源系统成本回收认证，REV 41 0110（2015）。

18. 华盛顿州税务局，特别通告，在华盛顿制造的太阳能斯特林转换器增加了可再生能源成本回收激励支付计划（2011 年 8 月 30 日）。

19. 华盛顿州税务局，可再生能源成本回收计划的增长（2016 年 10 月）。

20. 华盛顿州税务局，税收激励评估 - 可再生能源系统分析计划：向立法机构提交的报告（2009 年 12 月）。

21. 华盛顿州税务局，特别通知 - 可再生能源成本回收激励计划 - 计划修改（2010 年 5 月）。

22. 华盛顿州税务局，华盛顿制造商设备批准"华盛顿制造"可再生能源系统成本回收激励支付（2016 年 9 月 28 日）。

23. 美国能源部，科学和技术信息办公室，2011 年风能技术市场报告，DOE/GO-102012-3472（2012 年 8 月）。

24. 海岸线社区学院总统办公室，意向通知，致西雅图城市之光监督（2009 年 8 月 12 日）。

25. 梅森县 PUD 第 1 号，可再生能源发展项目的国家生产激励计划概述，国家文件＃1（2013 年 12 月）。

26. 美国可再生能源理事会，华盛顿可再生能源（2014 年 9 月）。

27. 华盛顿州税务局，2009 年税收立法摘要（2009 年 5 月）。

28. 美国能源信息管理局，华盛顿州电力概况（2014 年）。

29. 美国能源信息管理局，华盛顿州电力概况（2017 年）。

30. 美国能源信息管理局，华盛顿州能源概况（2015 年）。

31. 美国能源信息管理局，华盛顿州能源概况（2016 年）。

32. 美国能源信息管理局，华盛顿州可再生电力概况（2012 年）。

33. 克拉克公用事业，参与华盛顿州可再生能源生产激励计划生产计量协议的步骤。

34. 华盛顿州税务局，特别通告，可再生能源系统成本回收计划— 生产激励（2009 年 9 月 23 日）。

B. 加利福尼亚州的自我激励计划（SGIP）

1. 加利福尼亚州《公用事业法》，第Ⅰ部分，第Ⅱ部分第 2.3 章第 6 条。

2. 加利福尼亚州宪法第十二条公用事业单位。

3. 加利福尼亚州议会 970 号法案，除其他外，修订《公用事业法》第 372 条（2000 年 9 月 7 日）。

4. 加利福尼亚州议会 2267 号法案，除其他外，修订《公用事业法》第 379.6 节（2008 年 9 月 28 日）。

5. 参议院 412 号法案，除其他外，修订《公用事业法》第 379.6 节"电力法"第 182 章（2009 年 10 月 11 日）。

6. 参议院 861 号法案，除其他外，修订《公用事业法》第 379.6 节（2014 年 6 月 20 日）。

7. 加利福尼亚州大会 1478 号法案，除其他外，修订《公用事业法》第 379.6 节（2014 年 9 月 27 日）。

8. 加利福尼亚州大会 1637 号法案，除其他外，修订《公用事业法》（2016 年 9 月 26 日）第 379.6 节。

9. 加州公用事业委员会 01-03-073 号决定，临时意见：公用事业法实施条例，第 399.15（b）条，第 4-7 段；负载控制和分布式发电计划（2001 年 3 月 27 日）。

10. 加州公用事业委员会 08-11-044 号决定，在自发电激励计划（SGIP）下解决合格技术并修改评估 SGIP 计划变更请求的过程高级存储技术决策（2008 年 11 月 21 日）。

11. 加州公用事业委员会 11-09-015 号决定，修改自发激励计划和实施参议院法案 412 的决定（2011 年 9 月 8 日）。

12. 加州公用事业委员会 11-12-030 号决定，决定采用 SGIP 2012 年、2013 年和 2014 年年度预算（2011 年 12 月 15 日）。

13. 加州公用事业委员会 14-12-033 号决定，决定根据参议院法案 861 和修订的《公用事业法》第 379.6 节规定授权太平洋天然气和电力公司，南加州爱迪生公司，圣地亚哥天然气和爱迪生公司，圣地亚哥天然气和电力公司以及南加州天然气公司继续为自我激励计划融资（2014 年 12 月 8 日）。

14. 加州公用事业委员会 15-12-027 号决定，决定部分暂停 2016 年计划年度资金的支付和接受自我激励计划的新申请（2015 年 12 月 17 日）。

15. 加州公用事业委员会 16-06-055 号决定，根据参议院第 861 号法案，第 1478 号议事法案和其他正在实施的修改自发激励计划的变更决定（2016 年 6 月 23 日）。

16. 加州公用事业委员会 E-4824 号决议，根据第 16-06-055 号决定通过修订的自发激励计划（2017 年 2 月 9 日）。

17. 加州公用事业委员会第 17-04-017 号决定，根据议会第 1637 号法案和授予能源行业协会请愿书修订自发电奖励计划的决定（2017 年 4 月 6 日）。

18. 南加州爱迪生公司、太平洋天然气和电力公司、南加州天然气公司和可持续发展中心的建议书，根据 E-4824 号决议修订自发激励计划手册（2017 年 2 月 23 日）

19. 南加州爱迪生公司、太平洋天然气和电力公司、南加州天然气公司和可持续发展中心的建议书，根据第 17-04-017 号决定实施议会法案 1637 和自由代理激励计划手册的修订授予加州太阳能产业协会修改第 16-06-055 号决定的申请（2017 年 5 月 17 日）

20. 加州公用事业委员会 E-4887 号决议，根据第 16-06-055 号决定和 SGIP 手册的其他修订通过修订的自发激励计划开发人员定义（2017 年 10 月 12 日）。

21. 加州公用事业委员会第 17-10-004 号决定，关于建立自发激励计划的股权预算的决定（2017 年 10 月 13 日）。

22. 2016 年自发激励计划手册（2016 年 2 月 8 日）。

23. 2017 年自发激励计划手册（2017 年 2 月 23 日）。

24. 加州公用事业委员会官方网站，2016 年 SGIP 合格技术的奖励率。

25. 加州公用事业委员会，SGIP 框架下的加州供应商申请状态。

26. 加州公用事业委员会，加利福尼亚制造商申请表。

27. 加州公用事业委员会，SGIP 批准的加利福尼亚供应商名单（2016 年）。

28. 太平洋天然气和电力公司网站提供的申请表，第 2 版（2015）。

29. 申请表格可在南加州天然气公司网站上获得，SGIP 奖励申请表，第 3 版（2015 年）。

30. 申请表格可在加利福尼亚州可持续能源中心网站上获得，SGIP 奖励申请表，第 3 版（2015 年）。

31. 申请表格可在南加州爱迪生网站上获得，SGIP 奖励申请表，第 3 版（2015 年）。

32. 加州公用事业委员会，自发电激励计划修改指南（PMG）（2006 年 7 月 1 日）。

33. 加州公用事业委员会，2012 年 SGIP 影响评估计划展望（2014 年 2 月）。

34. 加州公用事业委员会官方网站，历史与组织结构。

35. Itron，最终报告：2014—2015 SGIP 影响评估（2016 年 11 月 4 日）。

36. 美国可再生能源理事会，加州可再生能源（2014 年 9 月）。

37. 美国能源信息管理局，加利福尼亚州电力概况（2015 年）。

38. 美国能源信息管理局，加利福尼亚州电力概况（2017 年）。

39. 美国能源信息管理局，加利福尼亚州可再生电力概况（2012 年 3 月）。

C. 洛杉矶水电局（LADWP）实施的太阳能光伏激励计划（SIP）

1. 参议院法案1，第132章-电力：太阳能：净计量（2006年批准并编入加州公共资源法典，第25780-25783节和加州公用事业法典，第2851-2854节）。

2. 加利福尼亚州议会2227号法案，一项修订和重新编号的法案，除其他外，加利福尼亚州公用事业法典第2854条（2012年9月27日）。

3. 洛杉矶水电部，净能量计量和太阳能光伏激励计划指南（2015年12月4日）。

4. 洛杉矶水电部，太阳能光伏激励计划指南（2017年1月1日）。

5. 加州能源委员会，加州太阳能电力激励计划指南，第五版（2013年1月）。

6. 洛杉矶水电部-太阳能激励计划信息，energy.gov。

7. 洛杉矶水电局，水电委员会成员。

8. 洛杉矶水电局，水电委员会规则。

9. 洛杉矶水电局，使用Powerclerk的客户指南（2015年12月4日）。

10. 洛杉矶水电部，LADWP太阳能激励计划计算器用户指南（2011年10月）。

11. 洛杉矶水电部，PV初步审查信息表，LADWP-PR（2013年2月）。

12. 洛杉矶水电部，太阳能检查协议，LADWP-SA（2012年9月）。

13. 洛杉矶水电部，住宅公开协议，LADWP-RD（2012年9月）和非住宅公开协议，LADWP-ND（2012年9月）。

14. 洛杉矶水电部，要求预订付款，LADWP-PF（2016年4月）。

15. 洛杉矶水电局，Powerclerk用户账户申请表，LADWP-（2013年7月）。

16. 洛杉矶水电部，太阳能激励计划报告（2015年4月）。

17. 加州公用事业委员会第06-01-024号决定，“加利福尼亚太阳能倡议采取政策和资金的临时命令”（2006年1月12日）。

D. 密歇根州的可再生能源积分（REC）要求

1. 清洁和可再生能源和能源减少法案，密歇根州法律§§460.1001-460.1099（2017年）。

2. 密歇根州法律§460.1191（2009年）。

3. 参议院第438号法案，密歇根州，第98届立法机构（2016年12月21日）

4. 密歇根州可再生能源认证体系运作程序。

5. 密歇根州公共服务委员会，案例编号为U-15800的临时命令（2008年12月4日）。

6. 密歇根州公共服务委员会，关于颁布可再生能源计划和能源优化计划管理规则的听证会通知案例编号U-15900（2010年4月27日）。

7. 密歇根州公共服务委员会，案件编号为U-15900（2010年4月27日）

E. 消费者能源公司提出并经密歇根公共服务委员会（“MPSC”）批准的实验性高级可再生计划（“EARP”）

1. M.P.S.C.第13号-电气，消费者能源公司，电力服务费率表。

2. 密歇根州公共服务委员会，案件编号U-15805，U-15889，2009年5月26日。

3. 密歇根州公共服务委员会，案件编号U-16543，2011年5月10日。

4. 密歇根州公共服务委员会，案件编号U-16543，2011年5月26日。

5. 密歇根州公务员委员会，案件编号U-16543，2011年7月26日。

6. 密歇根州公务员委员会，案件编号U-16581，2012年5月1日。

7. 密歇根州公务员委员会，案件编号U-17301，2014年6月19日。

8. 密歇根州公共服务委员会，案例编号U-17709，2014年11月6日。

9. 密歇根州公务员委员会，案件编号U-17301，2015年2月。

10. 密歇根州公务员委员会，案件编号U-17752，2015年5月14日。

11. 密歇根公共服务委员会，案例编号U-17771，2015年12月22日。

12. 密歇根州公共服务委员会，订单号为U-17792，2016年3月29日。

13. 消费者能源-实验性高级可再生项目信息，energy.gov。

14. 消费者能源，公司概况。

15. 消费者能源，实验性高级可再生能源计划手册。

16. 消费者能源，关于实验性高级可再生能源计划的常见问题。

17. 消费者能源，实验性高级可再生能源计划非住宅应用和说明。

18. 消费者能源，实验性高级可再生能源计划住宅申请和指示。

（范雪晴译，邓兴华校）

美国——对钢铝产品采取的特定措施：土耳其请求磋商

此文件自 2018 年 5 月 18 日起，在土耳其代表团和美国代表团以及争端解决机构主席之间沟通，现根据 DSU 第 4 条第 4 款的规定予以散发。

受土耳其政府委托，根据DSU第1条和第4条、GATT 1994 第 22 条第 1 款和《保障措施协议》第 14 条，就美国为调整钢铝产品进口而采取的某些措施进行磋商，这些措施包括但不限于美国实施的针对特定钢铝产品的额外从价进口税并选择性地豁免一些世界贸易组织成员，我方代表团请求与美国进行磋商。

I. 争议的背景

有关措施的发生经过和事实背景如下所述。在 2018 年 3 月 8 日和 22 日的两项总统令中，美国总统宣布对除澳大利亚、阿根廷、巴西、加拿大、欧盟、韩国和墨西哥外的所有国家的某些钢铁产品征收 25% 的额外进口关税、对某些铝制品征收 10% 的额外进口关税。这些措施于 2018 年 3 月 23 日生效。

随后，美国总统于 2018 年 4 月 30 日再次发布两项总统令，免除从阿根廷、澳大利亚、巴西和韩国进口某些钢铁产品的附加关税，并免除从阿根廷、澳大利亚和巴西的进口某些铝制品的附加关税。这些豁免似乎是无限期适用的。直至 2018 年 5 月 31 日，美国总统又豁免了对加拿大、欧盟和墨西哥加征的进口关税。

截至 2018 年 6 月 1 日，对某些钢铁产品征收的附加关税似乎适用于除阿根廷、澳大利亚、巴西和韩国外的所有原产国；对某些铝产品征收的附加关税似乎适用于除阿根廷和澳大利亚以外的所有原产国。从阿根廷、巴西和韩国进口的钢铁以及从阿根廷进口的铝，似乎已经引入了配额。

2018 年 8 月 10 日，美国总统修改了适用于土耳其的某些钢铁产品的附加关税，将其从 25% 增加到了 50%，该税率自 2018 年 8 月 13 日起生效。此外，2018 年 8 月 10 日，美国总统宣布将修改适用于土耳其的某些铝产品的附加关税，将其由 10% 增加至 20%。

这些措施似乎是根据《1962 年美国贸易扩展法》的第 232 节进行的，之后由美国商务部根据该条款及《美国联邦法规》第 15 编第 705 节的规定分别对钢铁和铝制品进行了两次调查。在这两项调查中，美国商务部确定钢铁和铝进口的现有数量和情况正在削弱美国的内部经济，并有可能损害第 232 节所定义的国家安全。

II. 对关于钢、铝措施的主张

就土耳其的第一组主张而言，争议措施是指与某些钢铁产品和某些铝产品有关的进口措施。无论是单独还是任意组合，这些措施或是由下列文件构成，或是通过下列文件实施，或是反映在下列文件中，或是以下列文件为基础：

- 《调整对美国的钢材进口》，及其附件《修改美国协调关税表第 99 章》（总统公告 9705 号，2018 年 3 月 8 日发布）；①
- 《调整对美国的铝进口》，及其附件《修改美国协调关税表第 99 章》（总统公告 9704 号，2018 年 3 月 8 日发布）；②
- 《调整对美国的钢材进口》，及其附件《修改美国协调关税表第 99 章》（总统公告 9711 号，2018 年 3 月 22 日发布）；③
- 《调整对美国的铝进口》，及其附件《修改美国协调关税表第 99 章》（总统公告 9710 号，2018 年 3 月 8 日发布）；④
- 《调整对美国的钢材进口》，及其附件《修改美国协调关税表第 99 章》（总统公告 9740 号，2018 年 4 月 30 日发布）；⑤
- 《调整对美国的铝进口》，及其附件《修改美国协调关税表第 99 章》（总统公告 9739 号，2018

---

① 《联邦公报》第 83 卷，第 51 期（2018 年 3 月 15 日），第 11625-11630 页。
② 《联邦公报》第 83 卷，第 51 期（2018 年 3 月 15 日），第 11619-11624 页。
③ 《联邦公报》第 83 卷，第 60 期（2018 年 3 月 28 日），第 13361-13365 页。
④ 《联邦公报》第 83 卷，第 60 期（2018 年 3 月 28 日），第 13355-13359 页。
⑤ 《联邦公报》第 83 卷，第 88 期（2018 年 5 月 7 日），第 20683-20705 页。

年 4 月 30 日发布）[①]

•《调整对美国的钢材进口》，及其附件（总统公告 9759 号，2018 年 5 月 31 日发布）；[②]

•《调整对美国的铝进口》，及其附件（总统公告 9758 号，2018 年 5 月 31 日发布）[③]

•《调整对美国的钢材进口》，及其附件（总统公告 9772 号，2018 年 8 月 10 日发布）[④]

•《钢铁进口对国家安全的影响》，根据《1962 年贸易扩展法》第 232 节进行的调查，已修订（美国商务部，2018 年 1 月 11 日）；[⑤]

•《铝进口对国家安全的影响》，根据《1962 年贸易扩展法》第 232 节进行的调查，已修订（美国商务部，2018 年 1 月 17 日）；[⑥]

•《1962 年贸易扩展法》第 232 节，已修订；[⑦]

•《进口物品对国家安全的影响》，《美国联邦法规》，第 15 编，第 705 节；[⑧] 以及

•《提交申请免除总统公告中调整对美钢铝产品进口的补救办法的要求》和《对已提交的钢铝产品免除申请的反对意见的提交》（美国商务部）。[⑨]

该请求同样涉及可以单独或以任意组合修改、取代、补充、增加、更新、延伸、替换或实施上述措施的任何额外措施，以及这些措施的任何排除或豁免。这尤其包括了任何总统令或其他法律文件，修正并 / 或增加适用于土耳其的某些铝产品的附加关税，比如美国总统于 2018 年 8 月 10 日宣布的总统令。[⑩]

争议措施似乎与美国在 GATT 1994 和《保障措施协议》的若干条款下的义务不一致，尤其是以下几项：

• GATT 1994 第 1 条第 1 款，因为美国未能立即无条件地给予土耳其的类似产品以其赋予源自其他国家的产品的关于关税、报关费、进口数量限制以及关于进口的相关规则和程序的任何有利条件、偏好、特别待遇或豁免。具体而言，美国有选择地对源自不同成员的某些钢铁和铝制品征收额外进口关税，并向某些国家提供豁免或采取替代措施。美国进一步违反此款规定的行为表现为，它对土耳其征收的关税高于对任何其他 WTO 成员；

• GATT 1994 第 2 条第 1 款第 1 项和第 2 项，因为美国未能给予包括土耳其在内的大多数其他 WTO 成员的商业贸易以不低于《美国关税减让承诺表》相关部分规定的待遇。美国也未能为包括土耳其在内的大多数世贸组织成员的产品免除超过《美国关税减让承诺表》中规定的普通关税，以及超出 GATT 1994 签订时或此后美国现行立法直接强制要求的所有其他关税或费用。

• GATT 1994 第 10 条第 3 款第 1 项，因为美国至今未能通过统一、公正且合理的措施来执行与争议措施有关的法律、法规、决定和规则；

• GATT 1994 第 11 条第 1 款和第 13 条第 1 款，因为通过实施上述措施，特别是上述配额，除了关税、税收或其他费用以外，美国的行为已经对某些 WTO 成员的产品构成了进口限制，并且未同样限制从其他成员国进口类似产品。

土耳其还认为，美国的措施构成了 GATT 1994 第 19 条和《保障措施协议》所指的“紧急保障措施”。就此点而言，美国的行为与以下条款不一致：

• GATT 1994 第 19 条第 1 款第 1 项，由于美国已经中止了关税减让和其他义务，进口到美国的产品的绝对数量或相对于国内生产数量的增长却并没有造成或可能造成对类似产品或直接竞争产品的严重损害，这样的增长情况应当不是不可预期的发展结果和 GATT 1994 下的义务招致的结果；

•《保障措施协议》第 2 条第 1 款，因为美国对争议产品采取保障措施，但未首先确定有进口到其境内的此类产品的绝对数量或相对于国内生产数量的增长并对产生类似或直接竞争产品的国内产业造成或可能造成严重损害的情况发生；

---

① 《联邦公报》第 83 卷，第 88 期（2018 年 5 月 7 日），第 20677-20682 页。
② 《联邦公报》第 83 卷，第 108 期（2018 年 5 月 7 日），第 25857-25877 页。
③ 《联邦公报》第 83 卷，第 108 期（2018 年 5 月 7 日），第 25849-25855 页。
④ 《联邦公报》第 83 卷，第 158 期（2018 年 8 月 15 日），第 40429-40432 页。
⑤ https://www.commerce.gov/sites/commerce.gov/files/the_effect_of_imports_of_steel_on_the_national_security_-_with_redactions_-_20180111.pdf
⑥ https://www.commerce.gov/sites/commerce.gov/files/the_effect_of_imports_of_aluminum_on_the_national_security_-_with_redactions_-_20180117.pdf
⑦ 《美国法典》第 19 编第 1862 条。
⑧ 《美国联邦法规》，第 15 编，第 705 节（《联邦公报》第 47 编，第 14693 条）。
⑨ 《联邦公报》第 83 编第 12106-12112 页，2018 年 3 月 19 日。
⑩ 参见 https://www.bbc.co.uk/news/world-us-canada-45123607。（访问时间 2018 年 8 月 15 日）

•《保障措施协议》第 2 条第 2 款，因为美国即将采取的保障措施没有做到不区分产品来源；

•《保障措施协议》第 3 条第 1 款，因为美国对有关产品采取了保障措施，却未事先调查并发布报告，对所有相关的事实和法律问题阐述调查结果并得出结论；

•《保障措施协议》第 4 条第 1 款，因为美国没有恰当地确定存在该条款所指的对其国内产业造成或可能造成严重损害的情形出现；

•《保障措施协议》第 4 条第 2 款，因为美国未能恰当地评估所有与其国内产业状况有关的因素，亦未能正确阐述进口量增长与“严重损害”的发生或可能发生之间的因果关系，同样不能确保非由进口增长导致的损害没有被不恰当地归咎于进口增长。最后，美国也没有为其结论提供必要的详尽的分析和阐述；

•《保障措施协议》第 5 条第 1 款，因为美国采取的保障措施，超出了预防或补救“严重损害”并促进调整的必要范围；

•《保障措施协议》第 7 条，因为美国实施了保障措施，却没有提供其预防或救济“严重损害”并促进调整所需要的必要时长，既没有提供 4 年的时限，也没有作出定期逐渐放宽的规定。

•《保障措施协议》第 8 条第 1 款，因为美国没有尽力维持一个与 GATT 1994 下的义务实质对等的减让水平和与减让有关的其他规定，这些义务存在于美国与包括土耳其在内的其他受争议措施影响的 WTO 出口国之间。

•《保障措施协议》第 9 条第 1 款，因为美国对其进口份额不超过 3% 的发展中国家成员的产品也适用该保障措施，而进口份额低于 3% 的所有发展中国家成员对其出口总量并未超过该产品进口总量的 9%；

•《保障措施协议》第 11 条第 1 款第 1 项，因为美国对特定产品的进口采取了 GATT 1994 第 19 条规定的紧急行动，但该行为不符合第 19 条要求的根据《保障措施协议》适用紧急行动的规定；

•《保障措施协议》第 11 条第 1 款第 2 项，依据是美国在争议措施中寻求或者已经寻求的任何自行出口限制、有秩序的市场安排或任何其他类似进出口措施的程度；以及

•《保障措施协议》第 12 条第 1 款、第 2 款和第 3 款以及 GATT 1994 第 19 条第 2 款，因为美国没有遵守这些条款中规定的任何通知和磋商义务。

除了违反上述 GATT 1994 和《保障措施协议》规定的义务外，土耳其还认为，争议措施的实施导致土耳其根据 GATT 1994 获得的利益被废弃和损害，这同时也阻碍了 GATT 1994 第 23 条第 1 款 b 项和 DSU 第 26 条第 1 款意义内的 GATT 1994 的目标的达成。

III. 关于《1962 年贸易扩展法》第 232 节的主张

除了上述违规行为外，土耳其还认为，无论是与《美国联邦法规》第 705 节执行条款分开考虑还是结合起来考虑（《进口物品对国家安全的影响》，15 CFR 705，《联邦公报》第 47 期第 14693 页），在美方当局反复解释的同时，在结合上述和其他措施的语境下，《1962 年美国贸易扩展法案》第 232 节（已修订）（《美国法典》第 19 编，第 1862 条）似乎与 GATT 1994 的规定以及《保障措施协议》列举在之前条款中的规定并不一致，同样地，也不符合《建立 WTO 协定》的第 14 条第 4 款的规定。

这是因为，第 232 节，根据美国当局的解释，施加了限制贸易的措施（比如附加关税和进口配额），这些措施限制了美国从其他 WTO 成员的进口，其目的是保护美国的国内产业，用一种不符合 GATT 1994 和《保障措施协议》规则的方式以所谓的“威胁美国国家安全”使其免于竞争。

换句话说，美国当局对第 232 节的继续使用，以“威胁国家安全”的理由通过限制进口的方式为美国本土生产提供了保护，这与前一条所述其在 GATT 1994 以及《保障措施协议》下的义务不相符合，亦与《建立 WTO 协定》第 16 条第 4 款不相符合。

除了上述的美国违反 GATT 1994 和《保障措施协议》下的各种义务以外，被美国当局解释、适用并继续使用的第 232 节使土耳其在 GATT 1994 规则下的利益正在丧失和减损，并阻碍了与土耳其有关的，在 GATT 1994 第 23 条第 1 款第 2 项和 DSU 第 26 条第 1 款的意义下 GATT 1994 的目标的实现。

土耳其保留就上述事项在磋商过程中在相关条约的其他规定下提起额外事实和法律主张，并实施额外措施的权利。

土耳其期待收到美国对本请求的答复，并期待

确定一个彼此方便的磋商日期。

（葛正译，黄满盈）

美国——对来自中国的某些商品采取的关税措施：中国请求磋商

此文件自 2018 年 8 月 23 日起，在中国代表团和美国代表团以及解决争端机构主席之间进行沟通，现根据 DSU 第 4 条第 4 款的规定予以散发。

受中国政府授权，根据 DSU 第 4 条，GATT 1994 第 23 条，就美国对源自中国的估计贸易价值约为 160 亿美元的某些商品所采取的关税措施，请求与美国进行磋商。

2018 年 8 月 16 日，美国在《联邦公报》发布了《依据 301 条款的行动通知：中国与技术转移、知识产权和创新的相关法律、政策以及实践》①，根据此通知，美国将于 2018 年 8 月 23 日起对原产地为中国的进口商品征收 25% 的从价关税。附加关税仅适用于中国的产品，并超过 GATT 1994 附件中的特许权和承诺减让表中的美国约束税率。

美国实施附加关税措施的法律文件包括：

1.《1974 年贸易法》第 301-310 条款，经修正（19 U.S.C.，第 2411-2420 段）；

2. 根据《1974 年贸易法》第 301 条款对中国与技术转让、知识产权和创新相关的行为、政策和实践进行调查的调查结果 ②；

3. 美国对中国与技术转让、知识产权和创新相关的行为、政策和实践进行 301 调查所采取的行动 ③；

4. 根据第 301 条款提议的行动决定的决定和征求公众意见的通知：中国与技术转让、知识产权和创新有关的行为、政策以及实践 ④

5. 根据第 301 条款采取的行动通知：中国在技术转让、知识产权和创新方面的行为、政策以及实践 ⑤；

协商请求还涉及对上述措施的任何修改、替换或修正，以及任何密切相关的后续的或实施的措施。

这些措施似乎不符合世贸组织所涉协定的有关规定，包括：

1. GATT 1994 第 1.1 条，因为所涉措施没有无条件地立即给予源自中国的商品在“所征收的关税和费用方面”美国给予原产于其他成员方领土产品进口的“利益、优惠、特权或豁免”。

2.GATT 1994 第 2 条第 1 款第（a）和（b）项，因为所涉措施没有给予上述文件中指出的原产于中国的产品获得不低于 GATT 1994 所附美国减让表 K 承诺所给予的待遇。

3. DSU 第 23 条，因为美国没有根据 DSU 诉诸争端解决机制就作出了一个违反义务的决定，同时当美国在寻求解决涵盖协定下违反义务或其他利益丧失或减损或对达成涵盖协定目标的阻碍时，相关措施没有遵守 DSU 的规则和程序。

此外，由于上述原因，所涉措施似乎使中国根据所述协定直接或间接获得的利益丧失或受到损害。

中方保留在磋商过程中就上述措施提出附加要求和法律问题的权利。

中方期待收到美国对当前磋商请求的答复，并安排一个双方都方便的磋商日期。

（邓利静译，李雪峰校）

俄罗斯——对美国某些产品征收附加关税：美国请求磋商

此文件自 2018 年 8 月 27 日起，在美国代表团和俄罗斯代表团及争端解决机构主席间进行沟通，现根据 DSU 第 4 条第 4 款的规定予以散发。

受美国政府授权，根据 DSU 第 4 条、GATT 1994 第 23 条，就俄罗斯对源自美国的某些产品征收更多关税（附加关税措施），请求与加拿大进行磋商。

俄罗斯并没有对进口自其他 WTO 成员的类似商品追加关税。相较于俄罗斯关税减让表的关税率，俄罗斯似乎对美国进口产品加征了附加税率。

---

① 《联邦公报》，2018 年 8 月 16 日，星期四，通知 /83（159）https://ustr.gov/sites/default/files/enforcement/301Investigations/2018-17709.pdf

② https://ustr.gov/sites/default/files/Section%20301%20FINAL.PDF

③ https://www.whitehouse.gov/presidential-actions/presidential-memorandum-actions-united-states-related-section-301-investigation/

④ 《联邦公报》，2018 年 6 月 20 日，星期三，通知 [USTR-2018-0018] https://ustr.gov/sites/default/files/2018-13248.pdf

⑤ 《联邦公报》，2018 年 8 月 16 日，星期四，通知 /83（159）https://ustr.gov/sites/default/files/enforcement/301Investigations/2018-17709.pdf

俄罗斯通过法律手段实施的附加关税包括：

• 2018 年 7 月 6 日对从美国进口的单个商品批准了进口关税税率的俄罗斯联邦政府的法令 788；

包括一切修订、更改、相关措施或者实施措施。

该附加关税的措施与下列文本不符合：

• GATT 1994 第 1 条，因为俄罗斯在对从其他成员进口的商品征收与进口相关的关税及收费过程中，给予了利益、优惠、特权或者豁免权，而对自美国进口商品，却未给予应有的待遇；以及

• GATT 1994 第 1 条第（a）款和第（b）款，因为相较于俄罗斯关税减让表中提供的优惠待遇，俄罗斯对从美国进口的产品给予了较少的优惠待遇。

俄罗斯的附加关税使美国在 GATT 1994 的框架下直接或者间接享有的利益丧失或者受到损害。

美国期待收到俄罗斯对当前磋商请求的答复，并安排双方方便的磋商日期。

（王思静译，杨凤鸣校）

沙特阿拉伯——知识产权保护措施：卡塔尔请求磋商

此文件自 2018 年 10 月 1 日起，在卡塔尔代表团和沙特阿拉伯代表团及争端解决机构主席间进行沟通，现根据 DSU 第 4 条第 4 款的规定予以散发。

受卡塔尔政府授权，根据 DSU 第 4 条、《与贸易有关的知识产权协定》（TRIPS 协定）第 64.1 条，就沙特阿拉伯未能对知识产权，特别是设在卡塔尔的实体所持有（或申请）的知识产权提供充分保护，请求与沙特阿拉伯进行磋商。

本请求 A 节为争议措施，B 节说明了卡塔尔提出申诉的法律依据。

A. 争议措施

本请求中所述措施包括导致沙特阿拉伯未能保护知识产权的所有书面和非书面、已公布和未公布的措施（包括遗漏），包括由塔尔实体或卡塔尔个人持有（或申请）的知识产权。这些措施单独或共同地影响到与贸易有关的知识产权。

2017 年 6 月，沙特阿拉伯对卡塔尔实施了外交、政治和经济措施。这些措施影响了卡塔尔国民在沙特阿拉伯保护知识产权的能力。

这些措施严重影响了多家卡塔尔公司，包括 beIN（贝因）传媒集团有限责任公司及其附属公司。沙特阿拉伯禁止贝因（beIN）在沙特播放其内容。

在沙特阿拉伯的诸多措施中包括 2017 年 6 月 19 日由沙特文化和信息部与视听媒体总委员会发布的一条通知，该通知指出，在沙特阿拉伯境内传播 beIN（贝因）媒体内容并收取相关费用“将导致罚款和罚款，并丧失保护任何相关知识产权的合法权利……”。

不久之后的 2017 年 8 月初，一个名为 beoutQ 的复杂的广播盗版实体出现，未经授权，盗取贝因（beIN）的受版权保护的媒体内容（以及 beIN 的商标），并通过互联网和卫星广播在 beoutQ 平台上允许进行访问。beoutQ 未经授权的卫星广播内容通过沙特阿拉伯卫星通信组织（arabsat）的卫星传送给 beoutQ 的用户。为了能够接收卫星广播，beoutQ（一家总部位于沙特阿拉伯的实体）在沙特阿拉伯各地销售机顶盒解码器。因此，beoutQ 通过互联网和卫星广播的 beIN 的内容（该内容未经授权）已经形成商业规模。

尽管有大量证据表明，沙特国民、实体和设施参与了在沙特阿拉伯全境（及以外地区）传播 beoutQ，但沙特当局拒绝对 beoutQ 采取任何有效行动。相反，沙特阿拉伯政府（包括中央政府和市政府）支持 beoutQ，沙特政府谴责 beIN 要求调查和防止盗版未经授权的广播，并且通过播放 beoutQ 未经授权的广播来促进公众集会。

沙特当局对 beoutQ 的支持措施中还包括限制 beIN 在沙特法院提起民事诉讼的能力，或其他妨碍 beIN 在沙特法院提起民事诉讼的行为或不作为的行为。通过各种手段，包括阻止沙特独立法律顾问在沙特法庭上代表 beIN，沙特当局阻止 beIN 进入针对侵犯其知识产权的法律程序。

beoutQ 在未经授权的情况下广播的受版权保护的材料中，不仅包括 beIN 自己创作的作品，还包括来自世界各地（包括美国、欧盟和瑞士）的内容提供商创作的作品，他们授予了 beIN 在沙特阿拉伯市场的独家许可证。

B. 申诉的法律依据

卡塔尔关切的问题是，如本请求 A 节所述和下文进一步详述的，沙特阿拉伯所采取措施以及可归因于沙特阿拉伯的措施不符合沙特阿拉伯在《与贸

易有关的知识产权协定》下所应承担的义务。

具体而言，某些措施似乎违反了：

（a）TRIPS 协定第 3.1 条，因为它为卡塔尔国民（包括但不限于 BEIN）制造了沙特国民没有遇到的障碍，妨碍或阻碍了他们在沙特阿拉伯领土内保护知识产权（包括版权、广播权、贸易）的能力（商标和其他形式的知识产权），沙特阿拉伯在保护知识产权方面没有给予卡塔尔国民不低于给予沙特阿拉伯本国国民的待遇。

（b）TRIPS 协定第 4 条，因为它为卡塔尔国民（包括但不限于 beIN）制造了其他国家国民没有遇到的障碍，妨碍或阻碍了他们在沙特阿拉伯领土内保护知识产权（包括版权、广播设备）的能力（商标和其他形式的知识产权），在知识产权保护方面，沙特阿拉伯没有立即无条件地给予卡塔尔国民如同给予其他国家国民的好处、优惠、特权和豁免。

（c）TRIPS 协定第 9 条，因为沙特阿拉伯没有按照《伯尔尼公约》（纳入《涉贸知识产权协定》的《伯尔尼保护文学和艺术作品公约》，1971 年，包括《伯尔尼公约》第 9、11、11 之二和 11 之三款）的要求，向作品作者授权其作品的复制、广播、重播、公开表演或公开朗诵的独家权利。

（d）TRIPS 协定第 14.3 条，因为沙特阿拉伯没有向广播组织（以及广播主题的版权所有者）提供权利，禁止未经授权的录制、复制录制和通过无线广播手段转播。

（e）TRIPS 协定第 16.1 条，因为沙特阿拉伯没有向注册商标所有人（特别包括卡塔尔商标注册所有人）提供专有权，以防止未经所有人同意的任何第三方在贸易过程中使用与注册商标相同或相似的商品或服务的标志（使用这些标志可能导致混淆）。

（f）TRIPS 协定第 41.1 条，因为通过限制知识产权持有人（包括卡塔尔知识产权持有人）在沙特法院提起民事诉讼（或以其他方式妨碍其提起民事诉讼的能力），沙特阿拉伯未能确保执行程序可对侵犯知识产权的行为采取有效行动，包括迅速采取补救措施防止侵权行为，并采取补救措施阻止进一步侵权。

（g）TRIPS 协定第 42 条，因为沙特阿拉伯通过阻止知识产权持有人（包括卡塔尔权利持有人）对侵犯其知识产权的行为提起执法程序（或以其他方式阻碍其这样做的能力），未能向权利持有人提供与执行《与贸易有关的知识产权协定》所涵盖的知识产权有关的民事司法程序。

（h）TRIPS 协定第 61 条，因为在侵犯卡塔尔拥有的知识产权这一方面，沙特阿拉伯没有规定在故意假冒商标或盗版达到商业规模的情况下适用刑事程序和处罚。

本磋商请求还涉及对上述措施的任何修改、替换或修正，以及任何密切相关的后续措施。

卡塔尔保留在磋商期间和今后任何诉讼请求中提出其他相关事项的权利。

按照 DSU 第 4.3 条的规定，卡塔尔期待沙特阿拉伯在收到本请求后 10 天内给予答复，并确定一个双方都接受的磋商日期。

（李秋静译，戴臻校）

中国——关于进口食糖的某些措施：巴西请求磋商

此文件自 2018 年 10 月 16 日起，在巴西代表团和中国代表团及争端解决机构主席之间沟通，现根据 DSU 第 4 条第 4 款的规定予以散发。

受巴西政府授权，根据 DSU 第 1 条和第 4 条、GATT 1994 第 22 条第 1 款、《保障措施协议》第 14 条，《进口许可程序协议》第 6 条和《农业协定》第 19 条，就以下事项，我方代表团请求与中国进行磋商：

（1）2017年5月22日中国对进口食糖的保障措施；

（2）中国对食糖的关税配额（“TRQ”）的管理；以及

（3）中国用于配额外的食糖的所谓“自动进口许可”制度。

下文将进一步确定这些争议措施，并阐述申诉所涉及的法律依据。

I. 中国的保障措施

A. 争议措施

2016 年 9 月 22 日，中华人民共和国商务部（“商务部”）对进口食糖进行了保障调查。该调查于同日通报世贸组织保障监督委员会（“委员会”）。调查涵盖了原食糖和精制食糖。

2017 年 4 月 26 日，中国向委员会通报了针对食糖的“进口增加造成严重伤害或其威胁的调查结果”。

2017 年 5 月 22 日，商务部公布了对进口食糖保障措施调查的终裁决定（“决定”）。同日，中国向委员会通报了“决定”中规定的保障措施。

保障措施采取对关税配额外进口食糖征收保障措施关税的方式：第一年（2017 年 5 月 22 日至 2018 年 5 月 21 日）关税为 45%，第二年（2018 年 5 月 22 日至 2019 年 5 月 21 日）为 40%，第三年（2019 年 5 月 22 日至 2020 年 5 月 21 日）为 35%。

保障措施关税适用于现有的食糖业关税配额以外的进口。中国于 2001 年加入世界贸易组织时，允许每年按 15% 关税进口 194 万吨配额糖，包括原食糖和精制食糖。这种食糖的配额内税率为 15%，配额外的税率为 50%。但随着对食糖的保障措施的实施，配额外的税率显著增加。因此，这三年的保障措施适用如下：

持续时间	额外的保障措施关税	超配额食糖的总关税
2017 年 5 月 22 日至 2018 年 5 月 21 日	45%	95%
2018 年 5 月 22 日至 2019 年 5 月 21 日	40%	90%
2019 年 5 月 22 日至 2020 年 5 月 21 日	35%	85%

中国向委员会发出的通报中还包括一系列免于保障措施的发展中国家，因为“这些国家（地区）的进口份额合计约为 2.48%”。

2018 年 7 月 17 日，中国向委员会通报，“免于保障措施的发展中国家（地区）名单应予以撤销”，保障措施“将适用于所有发展中国家（地区）自 2018 年 8 月 1 日的食糖进口”。

这部分磋商要求涉及中国对食糖的保障措施，包括上述中国的所有决定和通知；任何相关或实施的措施；当局就本次调查和/或实施保障措施采取的任何关于上述法律文件的修正案、取代上述法律法规的法律文件、上述法律文件的相关措施或实施措施。有争议的措施在下文称为“中国的保障措施”。

B. 申诉的法律依据

中国的保障措施似乎与中国在 GATT 1994 和《保障措施协议》下的义务不一致，包括但不限于下列规定。特别是，中国的行为似乎与以下规定不一致：

a. GATT 1994 第 19 条第 1 款（a）项，因为中国未能就所谓的不可预见的事态发展，以及所谓的不可预见的事态发展如何导致中国的保障措施下增加的食糖产品进口量，作出与该条款一致的决定。

b. GATT 1994 第 19 条第 1 款（a）项，因为中国未能就中国在 GATT 1994 下承担的义务的影响以及这种影响如何导致所谓的“增加正在调查的食糖产品的进口”，作出与该条款相一致的决定。

c.《保障措施协议》第 2.1 条、第 3.1 条和第 4.2（a）条以及 GATT 1994 第 1 条第 1 款（a）项，因为中国未能就据称正在调查的食糖产品的进口增加作出与这些规定一致的决定。

d.《保障措施协议》第 2.1 条、第 4.1（a）条、第 4.1（c）条、第 4.2（a）条和（b）条以及 GATT 1994 第 1 条第 1 款（a）项，因为中国未能确定国内符合这些规定的工业以及排除类似生产者或直接竞争产品，未能确保国内产业仅限于那些与主体进口产品相似或直接竞争的产品生产商的原因，也没有对所谓的增加的进口是否对相关的国内产业造成严重伤害作出适当的决定。

e.《保障措施协议》第 2.1 条、第 4.1（a）条和（c）条，第 4.2（a）条和（b）条以及 GATT 1994 第 1 条第 1 款（a）项，因为中国未能就关于存在据称对国内产业造成的严重伤害作出与这些规定一致的决定。

f.《保障措施协议》第 2.1 条、第 4.2（a）条和（b）条以及 GATT 1994 第 1 条第 1 款（a）项，因为中国未能确定所称增加的进口与据称对国内产业造成严重伤害之间存在因果关系，并且未能确定因进口增加以外的其他因素造成的严重伤害并未导致进口增加。

g.《保障措施协议》第 5.1 条和第 7.1 条以及 GATT 1994 第 1 条第 1 款（a）项，因为中国的保障措施并非仅在必要的范围内实施，以防止或补救所谓的严重损害并促进调整。

h.《保障措施协议》第 3.1 条和第 4.2（c）条以及 GATT 1994 第 1 条第 1 款（a）项，因为中国没有就所有相关的事实和法律问题提出充分合理的结论，没有对调查案件进行详细分析，也未证明所审查因素的相关性。

i.《保障措施协议》第 8.1 条，因为中国并未努力维持其与巴西之间在GATT 1994下现有的特许权和其他义务。

j.《保障措施协议》第12.3条，因为中国未能提供足够的机会与巴西进行事先磋商，而巴西在保障措施之前作为中国主要的食糖出口国之一具有重大利益。

k.《保障措施协议》第11.1（a）条，因为中国所实施的保障措施违反了《保障措施协议》第2.1条、第3.1条、第4.1（a）条和（c）条，第4.2（a）条、（b）条和（c）条，第5.1条、第7.1条、第8.1条和第12.3条，以及GATT 1994第19条第1款（a）项。

l. GATT 1994第2条第1款（a）和（b）项，因为在实施其保障措施时，中国未能给予巴西的食糖产品不低于中国减让表适当部分规定的待遇。

因此，中国的保障措施弃置或损害了巴西根据《保障措施协议》和GATT 1994直接或间接享有的利益。

II. 中国对食糖的关税配额管理

A. 争议措施

中国的关税减让表和承诺表规定了关税配额，允许以较低的配额税率进口特定数量的食糖。然而，中国对食糖进行的关税管理与世界贸易组织义务不一致的。特别是，中国对食糖的关税配额管理不符合《中国加入议定书》（WT/L/432）（《加入议定书》）第一部分第1.2段规定的承诺，该承诺纳入了《中国加入工作组报告》[WT/MIN（01）/3]（《工作组报告》）第116段，以及GATT 1994第10条第3款（a）项、第11条第1款、第13条第2款和第13条第3款（b）项。

中国关于食糖的独立发挥或者集体发挥作用的关税配额的法律文书包括但不限于以下：

•《中华人民共和国对外贸易法》（1994年5月12日第八届全国人民代表大会常务委员会第七次会议通过，2004年4月6日第十届全国人民代表大会常务委员会第八次会议修订，根据2016年11月7日第十二届全国人民代表大会常务委员会第二十四次会议通过的“关于修改《中华人民共和国对外贸易法》等十二部法律的决定”进行修改）；

•《中华人民共和国海关法》（1987年1月22日第六届全国人民代表大会常务委员会第19次会议通过，2017年11月4日第十二届全国人民代表大会常务委员会第三十次会议修改）；

•《中华人民共和国货物进出口管理条例》（国务院令第332号，2001年10月31日国务院第46次常务会议通过，自2002年1月1日起施行）；

•《中华人民共和国进出口关税条例》（国务院令第392号，2003年10月29日国务院第26次常务会议通过，2017年3月1日修订，第676号法令）。

中国管理食糖业的独立发挥或者集体发挥作用的关税配额的法律文书包括但不限于以下：

•《进口国营贸易企业名录》（商务部于2003年1月17日发布）；

•《农产品进口关税配额管理暂行办法》（商务部、国家发展和改革委员会令〔2003〕第4号，2003年9月27日颁布，2003年9月27日生效）；

•《农产品进口关税配额授权机构》（商务部、国家发展和改革委员会〔2003〕第54号公告，2003年10月15日）；

•《2018年食糖进口关税配额申请和分配细则》（商务部2017年第59号公告，2017年9月30日）；

•《关于公示2018年食糖进口关税配额申请企业名单的通知》（2017年11月29日商务部公布）；和

•《2018年农产品进口关税配额再分配公告》（商务部、国家发展和改革委员会〔2018〕第8号公告，2018年8月8日）。

这部分咨询请求涉及中国对食糖的关税配额管理，包括上述中国的所有措施、决定和通知；任何相关措施或实施措施；当局就中国食糖业TRQ管理采取的任何关于上述法律文件的修正案、取代上述法律法规的法律文件、上述法律文件的相关措施或实施措施。

B. 申诉的法律依据

中国对食糖的关税配额管理与似乎中国在《加入议定书》和GATT 1994下的义务不一致，包括但不限于下列规定。特别是，中国的行为似乎与以下规定不一致：

a.《加入议定书》第一部分第1.2段，其中载有工作组报告第116段中的承诺，因为：

• 中国未能确保以透明、可预测、统一、公平和非歧视的方式管理其食糖业关税配额。

• 中国未能确保其使用明确规定的可以提供有效进口机会并反映消费者偏好和最终用户需求的时间框架、行政程序和要求来管理其食糖业关税配额。

• 中国未能确保其使用不会妨碍关税配额填补的行政程序和要求来管理其食糖业关税配额。

• 中国未能完全按照 WTO 规则和原则以及中国关税减让表中的规定来运用其食糖业关税配额。

b. GATT 1994 第 10 条第 3 款（a）项，因为中国未能以统一、公正和合理的方式管理其食糖业关税配额。

c. GATT 1994 第 11 条第 1 款，因为中国制定或维持对进口食糖的限制，包括通过配额生效的限制。

d. GATT 1994 第 13 条第 2 款，因为中国没有以尽可能接近世贸组织各成员在没有这种限制的情况下可能获得的份额来分配食糖的贸易。

e. GATT 1994 第 13 条第 3 款（b）项，因为中国未能公布在特定未来时期内允许进口的食糖的总量或价值以及该数量或价值的任何变化。

因此，中国对其食糖配额的管理弃置或损害了巴西根据《加入议定书》和 GATT 1994 直接或间接所享有的利益。

III. 中国食糖业自动进口许可证制度

A. 争议措施

对于进口配额所未涵盖的进口食糖，商务部要求进口商和精炼商获得进口许可证，中国将其标为“自动”进口许可证。但是，在进口许可证申请之前，商务部向进口商和精炼商提供口头指示，告知他们在进口关税配额之外允许进口的最大食糖量。进口商和精炼商根据这些说明提出进口要求，并且他们不要求进口食糖超过预定数量的授权。

不考虑这项制度的名称，适用于超过配额的进口的自动进口许可证（AIL）并不是“自动的”，只有达到商务部审批的最高标准才能获得批准。中国通过进口许可证使这一限制生效，但只有在进口商提出的要求不超过商务部规定数额的情况下才能批准。此外，根据 AIL 制度，如果进口增长过快，商务部可以随时减少或停止发放进口食糖的许可证。因此，中国对超配额的食糖采取了限制措施。

受到质疑的措施包括 AIL 制度和中国在其 AIL 制度中强加的要求，该要求限制了进口商和精炼商可能要求的进口许可证的食糖量。相关法律规定包括本请求第（二）A 部分中确定的规定，以及实施 AIL 制度的规定：

•《中华人民共和国行政许可法》（2003 年 8 月 27 日第十届全国人民代表大会常务委员会第四次会议通过，2004 年 7 月 1 日生效）；

•《货物自动进口许可管理办法》（商务部、海关总署令〔2004〕第 26 号，2004 年 11 月 10 日，自 2005 年 1 月 1 日起生效）；

•《进出口商品许可证发证机构管理办法》（商务部令〔2010〕第 3 号，2010 年 9 月 12 日发布，2010 年 9 月 12 日生效）；

•《进出口许可证证书管理规定》（商务部令〔2012〕2012年2月4日第1号，2012年3月5日生效）；

•《纳入自动进口许可管理货物目录》（食糖）（商务部、海关总署公告〔2014〕第 71 号 2014 年 10 月 13 日，2014 年 11 月 1 日生效）；

•《外商投资企业自动进口许可管理实施细则》（对外贸易经济合作部、海关总署令，〔2002〕2002 年 2 月 8 日第 4 号，法令经修改，商务部〔2015〕第2号 2015年10月28日，2015年10月28日生效）；

•《2018 年自动进口许可管理货物目录》（商务部、海关总署、国家质量监督检验检疫总局，〔2017〕87 号，2017 年 12 月 10 日，2018 年 1 月 1 日生效）；

•《2018年关税调整方案》（税委会〔2017〕27号，2017 年 12 月 12 日发布，2018 年 1 月 1 日起生效）。

以及任何关于上述法律文件的修正案、取代上述法律法规的法律文件、上述法律文件的相关措施或实施措施。

B. 申诉的法律依据

中国的 AIL 制度，如上所述的非自动进口许可证制度，似乎与中国在 GATT 1994,《进口许可程序协议》《农业协定》和《加入议定书》下的义务不一致。这些措施似乎与下列具体条款不一致：

a. GATT 1994 第 10 条第 1 款，因为中国未能及时公布这项措施，使政府和贸易商能够熟悉这一措施。

b. GATT 1994 第 10 条第 2 款，因为中国在公布之前已执行了这项措施。

c. GATT 1994 第 10 条第 3 款（a）项，因为中国未能以统一、公正和合理的方式管理这项措施。

d. GATT 1994 第 11 条第 1 款，因为中国制定或维持对食糖进口的限制，包括通过进口许可证生效的食糖。

e. GATT 1994 第 13 条第 2 款，因为中国没有以尽可能接近世贸组织各成员国在没有这种限制的情况下可能获得的份额来分配食糖的贸易。

f. GATT 1994 第 13 条第 3 款（a）项，因为在颁发与进口限制有关的进口许可证时，中国未能提供有关限制管理的所有相关信息。

g.《进口许可程序协议》第 1.2 条，因为中国未能确保其用于实施该进口许可制度的行政程序符合 GATT 1994 的有关规定。

h.《进口许可程序协议》第 1.3 条，因为中国未能确保这些进口许可程序的规则在申请中是中立的，并以公平和公正的方式管理。

i.《进口许可程序协议》第 2.2（a）条，因为中国未能确保自动许可程序的管理方式不会对受自动许可的进口产生限制，以及 AIL 制度是否应被视为自动进口许可的一种形式。

j.《进口许可程序协议》第 3.2 条，因为中国未能确保非自动许可对进口产品不具有贸易限制或贸易扭曲影响，而不是由于实施限制造成的影响。

k.《进口许可程序协议》第 3.3 条，因为中国未能确保在实施数量限制以外的目的的许可要求的情况下，已向其他成员和贸易商公布了充分的信息以了解其依据授予和/或分配许可证。

l.《农业协定》第 4.2 条和脚注 1，因为中国未能确保不维持、诉诸或恢复某些必须转换为普通关税的措施，包括定量进口限制和自由进口许可。

m.《加入议定书》第一部分第 1.2 段，因为中国未能确保其遵守工作组报告第 120 段、第 122 段、第 127 段和第 136 段中的承诺以及《加入议定书》第 2（C）段和第 8（1）（a）段。

因此，根据 GATT 1994、《进口许可程序协议》《农业协定》和《加入议定书》，自动进口许可证制度直接或间接地使巴西的利益丧失或受到损害。

巴西保留在磋商过程中提出更多涉案措施和增加诉求的权利。

巴西期待中国对这一磋商请求的回复，并期待确立一个彼此都方便的日期展开磋商。

（朱新玥译，李雪峰校）

亚美尼亚——关于钢管的反倾销措施：乌克兰请求磋商

此文件自 2018 年 10 月 17 日起，在乌克兰代表团和亚美尼亚代表团及争端解决机构主席之间沟通，现根据 DSU 第 4 条第 4 款的规定予以散发。

受乌克兰政府授权，根据 DSU 第 1 条和第 4 条、GATT 1994 第 23 条第 1 款、《反倾销协议》第 17.2 条和第 17.3 条，我方代表团请求与亚美尼亚进行磋商。

A. 背景

本磋商请求是关于亚美尼亚境内某些类型的钢管根据日落复审结果采取的反倾销措施，该审查结果适用了不合理的水平，该水平超过了规定的倾销幅度，因为欧洲经济共同体（EEC）迄今为止通过了一项决定，即根据情况的变化，在中期复审中执行调查机关的调查结果。

现行措施是根据 2016 年 6 月 2 日欧洲经济共同体（EEC）第 48 号委员会决定适用，该决定对原产于乌克兰并在欧洲经济共同体关税区进口的某些类型钢管的反倾销措施进行了日落复审。这些措施并非是必要的，是有失偏颇的，并且是基于与《反倾销协议》有关的裁决、程序和规定的不足之处，因为调查当局在审查倾销和损害可能继续或再次发生时未能按照下列规定进行调查：

- 依据与调查开始之日尽可能接近的时期有关的信息；
- 就倾销进口产品的数量以及倾销进口产品对国内同类产品价格的影响，积极评估证据，提供客观的审查；
- 评估相关的经济因素和指标，以及同时对国内产业造成损害的其他因素；
- 审查申诉的准确性和充分性，并以申诉为基础展开日落复审，申诉表明没有证据证明关税期满可能导致倾销和损害的继续或再次发生。
- 向出口商提供不接受乌克兰生产商提交的承诺的理由，并向乌克兰出口商提供就此发表意见的机会；以及
- 考虑乌克兰出口商提交的可核实的适当资料，以便在调查中使用这些信息，而不致造成不必要的困难，并按时提供这些信息等。

此外，于 2016 年 10 月 17 日启动了中期复查，以便根据情况变化修订个别反倾销税的水平。作为中期复审的结果，调查机构发布了一份报告，随后进行了计算，并有证据表明应减少反倾销税。然而，欧共体迄今仍未能在规定的中期复审时限内通

过一项决定，以执行调查机构在报告中所载的调查结果。

B. 争议措施

争议措施如下：

• 2016 年 6 月 2 日欧共体第 48 号决议“关于延长对源自乌克兰并进口到欧亚经济联盟关税领土的某些类型钢管的反倾销措施”的决定[①]；

• 欧共体内部市场防御部在报告中的调查结果（2017 年 10 月 4 日第 2017/89/AD1R3 号通知）“关于对原产于乌克兰的某些类型钢管的反倾销税进行中期复审的结果，以期根据情况变化审查个别反倾销税的水平”[②]。

乌克兰认为，对原产于乌克兰的某些类型钢管采取的现行反倾销措施，以及欧洲经济共同体未能遵守程序要求，与 GATT 1994 第 6 条和《反倾销协议》不一致。

此外，本磋商请求还包括：对本节所述措施的任何修订、补充或延长，任何替代、更新或实施，以及与本节所述措施有关的任何措施。

C. 申诉的法律依据

乌克兰认为上述第二节提到的措施不符合亚美尼亚共和国在世贸组织下的若干义务，包括但不限于：

1.《反倾销协议》第 9.1 条，因为目前实施的反倾销税超过了可以消除国内产业损害的适当水平；

2.《反倾销协议》第 9.3 条和 GATT 1994 第 6 条第 2 款，因为现行的反倾销税超过了欧共体内部市场防卫部在中期复审时确定的倾销幅度；

3.《反倾销协议》第 11.1 条，因为反倾销税仍然有效，超过了抵消造成损害的倾销所需的关税水平，尽管欧共体内部市场防卫部在其 2017 年 10 月 4 日中期复审结果的报告中证明，应当减少反倾销税。

4.《反倾销协议》第 11.2 条，因为尽管欧共体内部市场防卫部在中期复审中认为应减少反倾销税，但这项已不再合理的措施却仍然有效；

5.《反倾销协议》第 11.4 条，因为欧共体未能迅速完成中期复审，且已经进行了近 24 个月的审查；

6.《反倾销协议》第 12.2.2 条，因为决定尚未通过，欧共体未能就中期复审的结束或中止发出公告；

7. GATT 1994 第 6 条，违反上述《反倾销协议》的后果。

这些违规行为似乎使得乌克兰根据所述协定直接或间接获得的利益丧失或受到损害。

乌克兰保留在磋商过程中以及今后任何诉讼请求中提出额外索赔和法律事务的权利。

乌克兰期待收到亚美尼亚对此磋商请求的答复，并确定一个双方都方便的磋商日期。

（马小涵译，戴臻校）

吉尔吉斯斯坦——关于钢管的反倾销措施：乌克兰请求磋商

此文件自 2018 年 10 月 17 日起，在乌克兰代表团和吉尔吉斯斯坦代表团及争端解决机构主席之间沟通，现根据 DSU 第 4 条第 4 款的规定予以散发。

受乌克兰政府授权，根据 DSU 第 1 条和第 4 条，GATT 1994 第 23 条第 1 款，《反倾销协议》第 17.2 条和第 17.3 条，我方代表团请求与吉尔吉斯斯坦进行磋商。

A. 背景

本请求是关于吉尔吉斯斯坦关境内某些类型的钢管根据日落审查的结果采取的反倾销措施，日落审查适用于无正当理由超过规定倾销幅度的水平。欧亚经济委员会（EEC）迄今未能通过一项决定，即根据情况的变化，在临时审查中执行调查机关的调查结果。

针对原产于乌克兰并在欧亚经济联盟关税区进口的某些类型钢管的反倾销措施进行了日落审查，根据欧洲经济共同体第 48 号决定（2016 年 6 月 2 日）实施的现行措施高于与反倾销协议有关的不完善的裁定、程序和规定，因为调查机关在审查倾销和损害持续或再次发生的可能性时未能：

• 根据与调查开始日期尽可能接近的时期有关的信息；

• 对倾销进口产品的数量和倾销进口产品对国内同类产品价格的影响进行肯定性评价和客观审查；

① https://docs.eaeunion.org/docs/ru-ru/01410363/clcd_03062016_48

② http://www.eurasiancommission.org/ru/act/trade/podm/investigations/PublicDocuments/AD1R3_report.pdf

• 评估相关的经济因素和指标，以及同时对国内产业造成损害的其他因素；

• 审查申诉的准确性和充分性，并在没有证据表明关税期满可能导致倾销和损害的继续或再次发生的申诉的基础上发起日落复审；

• 向出口商提供不接受乌克兰生产商提交的承诺的理由，并给予乌克兰出口商就此发表评论的机会；

• 考虑乌克兰出口商适当提交的可核实的信息，以便在调查中使用这些信息，不致造成不必要的困难，并按时提供这些信息等。

此外，2016 年 10 月 17 日发起了一项临时审查①，以期根据情况的变化修订欧共体反倾销税的水平。根据临时审查的结果，调查机关发布了一份报告，随后进行了计算，并有证据表明应减少反倾销税。然而，欧洲经济共同体迄今仍未能在规定的中期审查时限内通过一项决定，以执行调查机关在其报告中所载的调查结果。

B. 争议措施

争议措施如下：

• 2016 年 6 月 2 日欧洲经济共同体第 48 号决议“关于延长对原产于乌克兰并进口至欧亚经济联盟关税区的某些类型钢管的反倾销措施的决定”②；

• 欧洲经济共同体内部市场防御部在报告中的调查结果（2017 年 10 月 4 日第 2017/89/AD1R3 号通知），“关于对原产于乌克兰的某些类型钢管征收反倾销税的临时审查结果，以期根据情况变化审查个别反倾销税的水平”。③

乌克兰认为，对原产于乌克兰的某些类型钢管采取的现行反倾销措施以及欧洲经济共同体未能遵守程序要求，与 GATT 1994 第 6 条和《反倾销协议》不一致。

此外，本次磋商请求还包括：对本节所述措施的任何修订、补充或扩展，对本节所述措施的任何替代、更新或实施，以及与本节所述措施有关的任何措施。

C. 法律依据

乌克兰认为，上述第二节所述措施与吉尔吉斯共和国的世贸组织义务不一致，包括但不限于：

1.《反倾销协议》第 9.1 条，因为目前已实施的反倾销税超过了足以消除对国内产业损害的适当水平；

2.《反倾销协议》第 9.3 条和 GATT 1994 第 6 条第 2 款，因为目前已实施的反倾销税超过了欧洲经济共同体内部市场防御部在临时审查期间确定的倾销幅度；

3.《反倾销协议》第 11.1 条，尽管有欧洲经济共同体内部市场防御部在临时审查中的调查结果，在其 2017 年 10 月 4 日的报告中已证明应减少反倾销税，但是反倾销税的数额仍超过了消除造成损害的倾销所需的关税水平。

4.《反倾销协议》第 11.2 条，尽管欧洲经济共同体内部市场防御部在临时审查中发现应减少反倾销税，但该项不再合理的措施却仍然有效；

5.《反倾销协议》第 11.4 条，因为欧共体未能迅速结束临时审查，并已进行了近 24 个月的审查；

6.《反倾销协议》第 12.2.2 条，由于该决定尚未通过，欧共体未能发出结束或暂停临时审查的公告；

7. GATT 1994 第 6 条，违反上述《反倾销协议》的后果。

这些违反行为似乎使乌克兰直接或间接获得的利益丧失或受到损害。

乌克兰保留在协商过程中以及在今后任何诉讼请求中提出额外索赔和法律事项的权利。

乌克兰期待收到吉尔吉斯斯坦对这一请求的答复，并确定一个双方都方便的磋商日期。

（潘彤译，戴臻校）

韩国——影响商船贸易的措施：日本请求磋商

此文件自 2018 年 11 月 6 日起，在日本代表团和韩国代表团以及争端解决机构主席间进行沟通，现根据 DSU 第 4 条第 4 款的规定予以散发。

受日本政府授权，根据 DSU 第 1 条和第 4 条，GATT 1994 第 16 条第 1 款和第 22 条第 1 款，以及 SCM 协议第 4 条、第 7 条和第 30 条，就影响商船贸易的若干措施，我方代表团请求与韩国进行

① 2016 年 10 月 17 日开始临时审查的通知 http://www.eurasiancommission.org/ru/act/trade/podm/investigations/PublicDocuments/AD1R3_notice_initiation.pdf

② https://docs.eaeunion.org/docs/ru-ru/01410363/clcd_03062016_48

③ http://www.eurasiancommission.org/ru/act/trade/podm/investigations/PublicDocuments/AD1R3_report.pdf

磋商。

韩国制定和实施了一系列旨在向其造船商提供财政支持的措施。这些措施包括提供“生产者支持”，例如直接向韩国造船商提供直接融资，使它们能够继续在市场上存在，并使它们能够长期维持本不可持续的低价，以及为韩国造船商及其客户提供“销售支持”，旨在刺激韩国造船商的销售，包括在需求相对较低的时期。

日本认为，韩国所采取的某些措施所提供的补贴不符合其根据 SCM 协议和 GATT 1994 所承担的义务。有关措施涉及商业船舶的开发、生产、营销和/或销售或购买，包括用于运输原油、天然气(LNG) 和海运集装箱的船舶。这些措施包括但不一定限于以下所述的措施：

Ⅰ. 支持韩国造船企业的企业重组措施

日本密切关注韩国直接和(或)通过由韩国政府拥有、控制、委托和(或)指导的公共和私营机构提供非商业性的公司重组措施以支持韩国造船商。其中包括：(ⅰ)韩国产业银行 (KDB) 提供的措施，包括根据《韩国产业银行法》第三章第 18 条第 1 款第 5 和 6 项规定的措施，这些条款声明，为了达到法案的目的，韩国产业银行应该为韩国企业和产业提供资金，以支持它们进入外国市场，促进产业发展，并进行企业重组；(ⅱ)韩国进出口银行(“KEXIM”)提供的措施，包括根据《韩国进出口银行法》(“KEXIM 法”)第三章第 18 条第 1 款第 1 项、第 2 款第 9 项。即，为了达到法案的目的，韩国进出口银行应向其董事会认为对促进国家经济交流具有重要意义的企业提供资金；(ⅲ)韩国贸易保险公司 (K-Sure) 根据《贸易保险法》提供的措施；(ⅳ)韩国采取的综合措施，包括建立海洋金融中心以“加强海洋和航运金融”；(ⅴ)韩国海洋商事公司 (KOBC) 根据《韩国海洋商事公司法》提供的措施。

这些措施的形式，包括低于市场利率的贷款、认股和注销股份、购买永久债券和可转债，它们包括但不限于以下内容：

1. 自 2015 年起，韩国所有与大宇造船海洋株式会社(“DSME”)重组相关的措施，包括但不限于：

(1)大宇造船 2015 年重组时为该公司提供的所有支持，包括但不限于以下方面：

a. 韩国产业银行在 2016 年 12 月前提供 2.1 万亿韩元的短期和长期贷款；

b. 2015 年，韩国产业银行以 3800 亿韩元收购大宇造船公司新发行的 7600 万股股票；

c. 2015 年，韩国进出口银行承诺增加 1.6 万亿韩元的短期和长期贷款，以促进资本扩张，并在随后又提供此类贷款。

(2)大宇造船 2016 年重组时为该公司提供的所有支持，包括但不限于以下方面：

a. 韩国产业银行同意在 2016 年注销 6000 万股大宇造船公司的股票，并在无须赔偿的情况下将其在重组计划之前持有的 7500 万股大宇公司股票价值减少 10 倍；

b. 2016 年韩国产业银行的 1.8 万亿韩元可转债；

c. 2016 年，韩国进出口银行购买了大宇造船公司发行的 1 万亿韩元的永久债券。

(3)大宇造船 2017 年重组时为该公司提供的所有支持，包括但不限于以下方面：

a. 韩国产业银行在 2017 年 6 月和 8 月为所有涉及大宇造船公司的无担保债权进行了 3200 亿韩元的债转股；

b. 2017 年，韩国进出口银行购买了大宇造船公司发行的 1.3 万亿韩元的永久债券；

c. 韩国产业银行于 2017 年以 15 亿韩元从大宇造船公司手中收购大韩造船有限公司 15 万股股份；

d. 韩国产业银行承诺在 2017 年提供 1.5 万亿韩元的额外贷款；

e. 韩国进出口银行在 2017 年承诺提供 1.5 万亿韩元的额外贷款。

(4)自 2015 年起公司重组时向大宇造船公司提供的任何其他支持。

2. 自 2007 年以来，除大宇造船公司外，韩国所有与韩国造船商重组有关的措施，包括对韩国城东造船公司(Sungdong)、STX 海洋造船公司(STX)和大韩造船公司的重组。

Ⅱ. 与韩国造船商签订的商业船舶订单相关的担保和其他融资保险

日本密切关注韩国直接和(或)通过韩国政府拥有、控制、委托和(或)指导的公共和私营机构，就特定销售付款或非商业融资提供的担保或其他类型的保险。韩国政府通过其拥有、控制、委托和/或指示的公共和私营机构，为与韩国商船订单有关的付款和/或融资提供担保或其他保险，以支持韩国造船商或者客户未按照有关商船购买协议履行义务的船舶建造商。这种支持包括《韩国进出口银行法》第 18 条提供的退款保证。还包括退款保证和担保 / 保险，涵盖由韩国政府拥有、控制、委托和 / 或指示的一些韩国公共和私营机构为造船企业提供的出口融资，包括韩国进出口银行、韩国产业银行以及韩国信用保证基金，为发放退款保证的金融机构提供担保。这些措施包括但不限于以下内容：

1. 韩国采取的所有措施包括：韩国贸易保险公司为韩国造船商的出口订单提供出口债券保险，韩国贸易保险公司为金融机构的损失提供出口基础保险，这些金融机构向航运公司提供资金，帮助它们向韩国造船商购买船舶；

2. 韩国采取的所有措施包括：提供中期和长期出口信用保险，韩国贸易保险公司为韩国造船商的预付款提供退款担保；

3. 韩国产业银行或韩国进出口银行向中小造船商提供的所有退款担保，用于向这些造船商支付客户的预付款，并通过韩国信用保证基金对这些退款保证提供担保；

4. 韩国进出口银行为客户向韩国造船商预付货款提供退款保证的所有措施，包括但不限于以下内容：

韩国进出口银行为城东造船公司（Sungdong）于 2017 年 7 月接受的一家希腊船运公司的 5 艘油轮订单出具了退款保证。

5. 韩国所有向大宇造船公司提供退款保证的措施，包括但不限于：

i. 韩国大宇造船公司 2015 年重组时，韩国产业银行、韩国进出口银行和韩国贸易保险公司同意为大宇造船公司下的订单提供预付款退款保证；

ii. 韩国产业银行于 2015 年 7 月 21 日批准了一项关于集装箱船预付款的退款保证，该船是由韩国大宇公司根据马士基集团（Maersk）的订单生产；

6. 韩国为向韩国造船商下出口订单的航运公司贷款提供担保的所有措施，包括但不限于：

• 韩国贸易保险公司为向韩进重工（Hanjin Heavy Industries）下出口订单的航运公司的贷款提供担保。

7. 韩国与韩国造船商的商船订单有关的付款和 / 或融资的退款保证以及其他担保 / 保险的任何其他措施。

III. 装运前贷款，通过新造船计划采取的措施，以及为韩国造船商下的商业船舶订单的其他融资

日本密切关注韩国直接和（或）通过韩国政府拥有、控制、委托和（或）指导的公共和私营机构向韩国造船商或其客户提供装运前贷款和其他非商业性销售融资。这种融资包括：①为韩国造船企业生产或客户购买商用船舶提供贷款；②购买债券来为客户购买韩国造船企业生产的商船提供资金；③为客户购买韩国造船商生产的商用船注入资金。这种融资是由韩国政府拥有、控制、委托和 / 或指导的一系列韩国公共和私营机构提供的，包括韩国进出口银行。

如《造船业发展战略》和《海运重建五年计划(2018—2022 年)》政策文件所示，韩国正在制订和执行一项计划，通过向韩国造船商购买商业船只提供资金支持，来支持造船商和船运公司。此外，由韩国政府拥有、控制、委托和 / 或指示的韩国公共和私营机构将通过包括提供融资在内的手段，支持船舶下水并确保航运公司的资金流动性。

这些措施包括但不限于以下内容：

1. 韩国进出口银行向韩国造船商实施提供出口基金贷款的所有措施，用于生产出口订单的商船；

2. 韩国向韩国造船商提供装船前贷款的措施；

3. 韩国根据新造船计划，为购买商业船只提供足够的报酬和 / 或贷款及以低于市场利率租赁商业船只提供支持的所有措施，包括但不限于下列各项：

（1）韩国海洋商事公司、韩国资产管理公司（KAMCO）、韩国贸易保险公司、韩国产业银行和韩国进出口银行提供贷款和其他融资，总额约 2.95 万亿韩元，包括现代商船在 2017 年与大宇造船公司签的 7 艘集装箱运输船订单、与三星重工签的 5 艘集装箱运输船，以及与现代重工签的 8 艘集装箱运输船。

（2）韩国产业银行、韩国进出口银行、韩国资产管理公司、韩国产业银行投资公司和韩国贸易保险公司提供的总额约为 2500 亿韩元的贷款和其他融资，包括北极星航运 2016 年通过新造船计划向现代重工订购的 3 艘超大型矿石船 (VLOCs)。

（3）向现代商船公司提供融资，以帮助其从大宇造船公司购买 5 艘超大型油轮 (VLCCs)。

4. 韩国进出口银行单独或共同与韩国贸易保险公司对购买韩国造船厂的产值提供资助，包括但不限于：

（1）韩国进出口银行和韩国贸易保险公司分别为希腊 Oceanbulk 海运公司 6.8 亿美元的订单提供 1.7 亿美元的融资；

（2）韩国进出口银行和韩国贸易保险公司分别为多里安液化石油气公司的 13.6 亿美元订单提供了 4 亿美元 (2.05 亿美元的贷款和 1.95 亿美元的海外贷款担保) 和 1 亿美元的融资；

（3）韩国进出口银行提供了 7700 万美元的融资，并为 1.74 亿美元的集装箱承运订单从商业银行获得的 1000 万美元贷款提供担保。

5. 韩国所有由韩国政府拥有、控制、委托和 / 或指示的韩国公私机构向已向韩国造船商下订单或将向其下订单的航运公司和 / 或船东提供支持的措施，包括但不限于：

• 售后回租安排、注资、购买永久债券和其他融资方式；

6. 韩国通过提供优惠贷款、购买债券、注资、以高于市场的价格购买商用船和以低于市场的价格租回商用船或任何其他优惠融资方式向造船商或航运公司提供财政援助的任何其他措施。

Ⅳ. 环保船舶置换补贴

日本密切关注韩国直接和 / 或通过韩国政府拥有、控制、委托和 / 或指示的公共和私营机构，向购买韩国造船商生产的商船的买主提供非商业性的财政援助，包括提供价格支持 (即，支付一部分费用)，支持其向韩国造船商购买符合某些环保标准的商业船只。

2017 年，韩国政府下属的韩国海洋与渔业部宣布计划实施一项制度，当以“生态船”或高能效船取代旧船时，会为购买新建船舶提供价格支持。根据《造船业发展战略》和《海运重建五年计划 (2018—2022 年)》，韩国正在持续努力来鼓励和支持用生态船舶替代现有的商业船舶。根据《生态船舶更换补贴措施》，如果买方更换的是一艘旧船，韩国政府将提供现金支付，以支付一艘符合一定环境要求的新船订单价格的 10%~20%。此外，韩国直接和 / 或通过韩国政府拥有、控制、委托和 / 或指示的公共和私营机构，向根据生态装运措施为项目提供融资的金融机构提供利率支持。

这些措施包括但不限于以下内容：

1. 根据《海运重建五年计划》，到 2022 年，韩国将支持建设 50 艘商业船只，包括但不限于：

为长锦商船（Sinokor）从现代米波（Mipo）造船厂购买一艘新的 1800 TEU 集装箱船 (Bangkok Max) 提供资金。

2. 向符合既定环境标准、由韩国造船商生产的船舶的购买者提供融资的其他韩国措施。

Ⅴ. 韩国对商船购买的其他支持

日本密切关注韩国直接和 / 或通过韩国政府拥有、控制、委托和 / 或指示的公共和私营机构，向韩国造船商和 / 或韩国造船商生产的商船的买方、出租人、承租人和 / 或经营人提供非商业性的财政援助。详细的政策文件，如《海运重建五年计划 (2018—2022 年)》。韩国正在开发和执行一项计划以支持造船公司和航运公司，包括从韩国造船企业直接采购，或促进购买商船。具体而言，这些措施包括但不限于：

1. 所有旨在“增加签约和公共订单……依照《海运重建五年计划》”的措施，如《造船业发展战略》所述；

2. 韩国海洋商事公司投资新商船和为韩国造船商生产新船提供融资的所有措施，包括但不限于：

拟对 40 艘以下船舶按建造成本的 30% 进行股权投资。

3. 韩国政府为支持造船和航运业，向韩国造船商购买商业船只提出的其他措施。

Ⅵ. 修正案；其他措施

这种磋商请求适用于上述措施的任何修订、修订、实施或相关措施，以及上述措施所依据的或反映或构成的法律和惯例。

此外，本次磋商请求还涉及韩国提供财政捐助的任何其他措施，这些捐助直接或间接地使韩国造船商和 / 或韩国造船商生产的商船的出租人、承租人、船东和 / 或经营人受益。

Ⅶ. 法律基础

日本密切关注上文第 1 节至第 6 节韩国未依照 SCM 协议各项规定所承担的所有义务。尤其是，这些措施似乎对日本的利益造成不利影响，如下：

1. SCM 协议第 1.1 条，因为在该种情况下，补贴是一种财政贡献，并因此使被补贴企业获得利益。

2. SCM 协议第 2 条，因为在该种情况下，补贴都是明确的。

3. SCM 协议第 5 条（a）(c）款和第 6.3 条（a）(b)(c）款，因为这些措施是 SCM 协议第 1 条和第 2 条所指的明确补贴，对日本国内造船业利益产生负面影响，包括通过转移和阻碍日本同类产品进入韩国和第三国市场，大幅度降价、抑制价格、价格洼地，以及在同一市场或多个市场损失销售额。

日本还密切关注上述第 1 节至第 6 节所述的措施似乎是不符合 SCM 协议第 3.1 (a) 和 3.2 条的出口补贴。

日本还感到关切的是，前述第 3 至 6 节所述的措施似乎是使用国内货物而非进口货物，这不符合 SCM 协议第 3.1（b）条和第 3.2 条的规定，而且似乎也未能按照 GATT 1994 第 3 条第 4 款的规定，给予进口到韩国的产品不低于给予原产于韩国的同类产品的待遇。

根据 SCM 协议第 4 条第 2 款和第 7 条第 2 款，日本附上了一份声明，是有关补贴的存在和性质以及对国内产业造成的损害和 / 或对日本利益造成的严重损害的证据，这些均列在附件中。

日本保留要求韩国就有关措施提供进一步资料和文件，提供上述各项措施和潜在违法行为的进一步证据，提出其他措施的进一步事实和索赔，以及在磋商过程中处理其他措施的权利。

日本期待收到韩国对这一磋商请求的答复，并确定一个双方都可接受的磋商日期。

附 件
现有证据的声明

日本在 2018 年 11 月 6 日的磋商请求中确定了本次磋商请求涉及的补贴项目。

下文所载的证据是目前日本可以得到的关于这些补贴的存在和性质以及对国内工业造成的损害和 / 或对日本利益造成的严重损害的证据。日本保留今后根据需要补充或修改本清单的权利。某些证据可能表明存在不止一种补贴或措施。然而，为了简单起见，所有的证据来源只列出一次。

目前日本所能获得的证据包括以下内容：

概 述

• 针对所有相关部委和政府机构，战略与财政部，《船舶工业三大创新发展战略——成本、技术和制度创新》(2018 年 4 月 5 日），https://www.gov.kr/portal/ntnadmNews/1413013.

• 针对所有相关部委和政府机构，战略与财政部，《海洋运输产业五年重建规划 (2018-2022)》(2018 年 4 月 5 日），http://www.mosf.go.kr/com/synap/synapView.do?atchFileId=ATCH_000000000007840&fileSn=3.

• 针对所有相关部委和政府机构，战略与财政部，提升造船业竞争力的计划 (2016 年 10 月 31 日） http://www.moef.go.kr/com/synap/synapView.do?atchFileId=ATCH_000000000003180&fileSn=1

• 国家事务委员会、国民议会秘书处，第 344 届国民议会第一次国家事务委员会会议纪要（2016 年 8 月 8 日），

http://likms.assembly.go.kr/record/mhs-40-010.do#none.

• 国家事务委员会、国民议会秘书处，第 343 届国民议会第六次国务委员会会议纪要（2016 年 7 月 11 日） http://likms.assembly.go.kr/record/mhs-40-010.do#none

• 英国简氏集团提供的信息列表（IHS Markit），https://maritime.ihs.com/.

• 克拉克森研究公司的研究（Clarksons Research），https://sin.clarksons.net/.

支持韩国造船企业的企业重组措施

• 工业金融司，金融服务委员会，韩国产业银行法，第 14122 号法（2016 年 9 月 30 日），第三章第 18.5 条，http://www.law.go.kr/lsInfoP.do?lsiSeq=182121&lsId=001548&chrClsCd=010202&urlMode=engLsInfoR&viewCls=engLsInfoR&efYd=&vSct=%EC%82%B0%EC%97%85%EC%9D%80%ED%96%89#0000.

• 国际经济事务局战略与财政部，《韩国进出口银行法》，第 14100 号法（2016 年 6 月 30 日）第 3 章第 18.5 条 http://www.law.go.kr/engLsSc.do?tabMenuId=tab45&query=%ED%95%9C%EA%B5%AD%EC%88%98%EC%B6%9C%EC%9E%85%EC%9D%80%ED%96%89%EB%B2%95#.

• 进出口司贸易、工业和能源部，《贸易保险法》，第 14667 号法（2017 年 9 月 22 日），http://www.law.go.kr/lsInfoP.do?lsiSeq=192507&lsId=001465&chrClsCd=&urlMode=engLsInfoR&viewCls=engLsInfoR&efYd=&vSct=%EB%AC%B4%EC%97%AD%EB%

B3%B4%ED%97%98%EB%B2%95.

• 航运政策司海洋和渔业部,《韩国海洋商业公司法》第 15359 号法(2018 年 7 月 1 日),http://www.law.go.kr/lsEfInfoP.do?lsiSeq=201185#.

• 韩国投资者服务，韩国产业银行提供 2.1 万亿韩元，韩国进出口银行承诺短期和长期贷款的形式提供 1.6 万亿韩元的 (2016 年 12 月 27 日), 链接不可用，但可以通过 http://www.kisrating.com/search.do. 搜索“대우조선해양㈜ 자본확충에도 신용등급 하향검토 유지”。

• 韩国贸易保险公司，韩国贸易保险公司章程 (2015 年 1 月 1 日),https://www.ksure.or.kr/english/jsp/about/Articles%20of%20association.pdf.

• 韩国大宇公司更正通知(报告)(2017 年 10 月 19 日),http://dart.fss.or.kr/dsaf001/main.do? rcpNo=20171019000325.

• Yeol-Jung Kim，韩国大宇公司半年度报告 (2016 年 8 月 16 日),韩国产业银行，韩国产业银行和主要债权银行对韩国大宇公司的对策 (2015 年 7 月 21 日),链接不可用，但可以通过 https://wbiz.kdb.co.kr/wb/simpleJsp.do#. 搜索“産銀，대우조선해양(주) 관련 주채권은행 대응방안”。

• Crystal Chan，韩国大宇公司的债权银行：一切照旧，公平竞争 (2015 年 7 月 23 日),https://dev.fairplay.ihs.com/article/18716/business-usual-say-dsme-creditor-banks.

• Kim Yeol-Jung, 韩国大宇公司主要事项报告 / 强制兑换报告 (2015 年 12 月 22 日),http://dart.fss.or.kr/dsaf001/main.do?rcpNo=20151222000132.

• 韩国产业银行,《大宗持股状况报告》(2015 年 12 月 24 日),http://dart.fss.or.kr/dsaf001/main.do?rcpNo=20151228000228.

• Yeol-Jung Kim，韩国大宇公司，主要事项报告 / 强制交换报告 (2016 年 11 月 10 日),http://dart.fss.or.kr/dsaf001/main.do?rcpNo=20161110000227.

• Yeol-Jung Kim，DEME，主要事项报告 / 强制交换报告 (2016 年 12 月 12 日),http://dart.fss.or.kr/dsaf001/main.do?rcpNo=20161212000458.

• 韩国大宇公司更正通知(报告)(2017 年 6 月 28 日),http://dart.fss.or.kr/dsaf001/main.do?rcpNo=20170628000198.

• Yeol-Jung Kim，DEME，证券发行业绩报告 (2017 年 6 月 28 日),https://dart.fss.or.kr/dsaf001/main.do?rcpNo=20170628000184.

• 韩国大宇公司更正通知(报告)(2017 年 8 月 11 日),https://dart.fss.or.kr/dsaf001/main.do?rcpNo=20170811000870.

• 韩国投资者服务、韩国产业银行和韩国进出口银行承诺在 2017 年提供 1.45 万亿韩元的额外贷款 (2017 年 3 月 24 日), 链接不可用，但可以通过 http://www.kisrating.com/search.do. 搜索“대우조선해양 구조조정 추진방안에 따른 금융기관 손실부담 점검 - 자율적 구조조정：신용도 영향 제한적 . 단, P-Plan 실행여부 모니터링 필요”。

• 大韩造船有限公司，中大股东持股变动及其他持股情况 (2017 年 1 月 17 日),http://dart.fss.or.kr/dsaf001/main.do?rcpNo=20170117000302.

• 韩国进出口银行，大股东持股状况报告 (2017 年 7 月 5 日),http://dart.fss.or.kr/dsaf001/main.do? rcpNo=20170705000289.

• 韩国产业银行，大股东持股状况报告 (2017 年 8 月 12 日),http://dart.fss.or.kr/dsaf001/main.do?rcpNo=20170818000019.

• Yeol-Jung Kim，韩国大宇公司，主要事项报告 / 强制交换报告 (2017 年 6 月 28 日),http://dart.fss.or.kr/dsaf001/main.do?rcpNo=20170628000199.

• 韩国大宇公司，投资手册 (2016 年 12 月 28 日),https://dart.fss.or.kr/dsaf001/main.do?rcpNo=20161228000006.

• 劳动和就业部地方产业就业政策司本地工业就业政策部,《船舶制造业新增就业和就业支持政策进展报告》(2017 年 2 月 28 日),http://www.moel.go.kr/info/publict/publictDataView.do?bbs_seq=1491888311244.

• Yeun-Jung Kim, Dong-Hyun Kim,“韩国三大造船公司完成了 40% 的重组计划，现代重工以 56% 的比例领先”，韩国联合通讯社 (2016 年 12 月 26 日),http://www.yonhapnews.co.kr/bulletin/2016/12/26/0200000000AKR20161226080951003.HTML.

• 金融服务委员会工业融资部，“已执行计划以重组政策融资的作用，以提高政策融资能力，以支持创意经济和基于消费者的经济”(2013 年 8 月 27 日),http://www.fsc.go.kr/info/ntc_news_view.jsp?menu=7210100&bbsid=BBS0030&no=29319.

• 韩国进出口银行、海洋金融枢纽、海洋金融中心开放(2014 年 11 月 10 日),https://www.koreaexim.go.kr/site/program/board/basicboard/view?currentpage=32&menuid=001005005001&pagesize=10&boardtypeid=36&boardid=50426.

• SamKyeong 会计公司,《城东造船公司财务报告审计报告》(2018 年 3 月 20 日),http://dart.fss.or.kr/dsaf001/main.do?rcpNo=20180412000689.

• Shin-Yeong Park, Ji-Eun Jung,"注入 4 万亿和……城东造船公司最终进入法院接管程序",HanKyung(2018 年 3 月 9 日),http://news.hankyung.com/article/2018030877501.

• Young-Mok Park, STX 公司, 商业报告(2018 年 3 月 29 日),http://dart.fss.or.kr/dsaf001/main.do?rcpNo=20180329000183.

• Tae-Sub Byun,"失败后将责任推卸给政府……城东造船公司和 STX 公司成为重组失败的教科书示例",Hankookilbo,(2018 年 3 月 8 日),http://hankookilbo.com/v/f972171924af46d4b527cf6f2f252dc4.

• Ji-Hoon Moon,STX 公司,申请法院接管……法院将在评估恢复能力后决定重组,Global Views(2016 年 5 月 27 日),http://www.ajunews.com/view/20160527215316018.

• DongMyung 会计师事务所,《DHSC 财务报告审计报告》(2018 年 3 月 2 日),http://dart.fss.or.kr/dsaf001/main.do?rcpNo=20180323000922.

与韩国造船商签订的商业船舶订单相关的担保和其他融资保险

• 针对所有相关部委和政府机构,战略与财政部,鼓励中小造船企业接受订单的 RG 发行的措施(2017 年 8 月 24 日),https://www.fsc.go.kr/downManager?bbsid=BBS0030&no=119211.

• 韩国贸易保险公司,"中长期出口信用保险"(Buyer Credit),https://www.ksure.or.kr/en/product/product_02_03.do

• 韩国贸易保险公司,"出口债券保险",(2018 年 7 月 30 日),https://www.ksure.or.kr/en/product/product_02_09.do

• 韩国贸易保险公司,"出口基础保险",https://www. ksure.or.kr/insur/export_baseins01.do(最后一次访问 2018 年 8 月 7 日)。

• MFC,"韩国贸易保险公司海洋金融业务介绍 ",http://www.mfcenter.or.kr/kor/support/ksure_info.php(最后一次访问 2018 年 10 月 24 日)。

• 工业财务司,金融服务委员会,《信用担保基金法》,第 14839 号法案(2017 年 7 月 26 日),第一章第 3 条,http://elaw.klri.re.kr/kor_service/lawView.do?hseq=44431&lang=ENG.

• 中央日报(JoongAng Ilbo),"韩国总理表示,我们必须在尽可能短的时间内完成对大宇造船的调查"(2016 年 7 月 5 日),http://japanese.joins.com/article/879/217879.html.

• Hyung-Min Kim,"韩国 STX 公司再次卷入低成本竞标争议,韩国产业银行重新进行尽职调查",ChosunBiz(2017 年 7 月 20 日上午 10:13),http://biz.chosun.com/site/data/html_dir/2017/07/20/2017072001061.html

• 韩国贸易保险公司,"韩国贸易保险公司采用船舶融资保险,以增加国内造船企业接到的订单"(2013 年 8 月 22 日),https://www.ksure.or.kr/news/press_l.do

• 韩国贸易保险公司,"韩国贸易保险公司为 8 艘高附加值 LNG 船向希腊出口订单提供 9 亿美元贸易保险支持"(2014 年 6 月 26 日),https://www.ksure.or.kr/news/press_l.do.

• 韩国贸易保险公司,"韩国贸易保险公司首次为国内造船厂出口法国的 3 艘集装箱船提供出口债券保险"(2014 年 12 月 23 日),https://www.ksure.or.kr/news/press_l.do.

• Sang-Hyun Kim, MFC,"向韩进重工提供出口协议资金",韩国联合通讯社(Yonhap News)(2015 年 1 月 14 日上午 9:53),http://www.yonhapnews.co.kr/bulletin/2015/01/14/0200000000AKR20150114046600051.HTML?input=1195m.

装运前贷款、通过新造船计划采取的措施,以及向韩国造船商下的商业船舶订单的其他融资

• 针对所有相关部委和政府机构,战略与财政部,"产业结构调整的现状和未来计划"(2015 年 12 月 30 日),https://www.fsc.go.kr/downManager?bbsid=BBS0029&no=101893.

• MFC,韩国进出口银行:"国内船厂支持制度 ",http://www.mfcenter.or.kr/kor/support/exim01_1.php

• 韩国进出口银行，新闻发布，"上个月在釜山开设了第一家海洋金融中心"（2014 年 10 月 16 日），https://www.koreaexim.go.kr/site/program/board/basicboard/view?boardtext2=&menuid=001005005001&searchselect=all&searchword=%EC%98%A4%EC%85%98%EB%B2%8C%ED%81%AC&pagesize=10&boardtypeid=36&boardid=50415.

• 韩国进出口银行，MFC："为国内外航运公司和国内船厂提供全面的金融服务"，http://www.mfcenter.or.kr/kor/support/exim.php

• MFC，韩国进出口银行，"出口业绩融资"（原制造业融资、合作融资），http://www.mfcenter.or.kr/kor/support/exim01_2.php

• 针对所有相关部委、政府机构、战略与财政部，《海运业金融支持计划实施进展及未来规划》(2017 年 3 月 3 日），http://www.moef.go.kr/nw/nes/detailNesDtaView.do?searchBbsId1=MOSFBBS_000000000028&searchNttId1=MOSF_000000000008280&menuNo=4010100.

• 韩国产业银行与 5 家主要政策性银行就新造船项目签署了谅解备忘录 (2016 年 3 月 21 日），只有在韩国产业银行拥有登录信息的人才能访问。

• DK Kim，18 家造船企业、36 艘船舶申请"造船新工程"…1.2 万亿韩元规模，Yonhap News（2018 年 6 月 3 日 11:00AM），http://www.yonhapnews.co.kr/bulletin/2018/06/01/0200000000AKR20180601169600003.HTML.

• Da-Hee Gwon，"韩国产业银行和其他 5 家政策性金融机构将造船基金翻倍至 2.4 美元"，Yonhap News (2016 年 12 月 30 日），http://www.yonhapnews.co.kr/bulletin/2016/12/30/0200000000AKR20161230049000002.HTML.

• MFC，"韩国产业银行：韩国发展的金融引擎，全球韩国产业银行，企业融资"，http://www.mfcenter.or.kr/kor/support/kdb01.php.

• Seul-Ki Kim，韩国进出口银行，"MFC 成立后提供第一造船基金"，ChoiceNews（2014 年 10 月 17 日上午 09 点 42 分），http://www.choicenews.co.kr/news/articleView.html?idxno=13026.

• Chong-Hee Jang，"MFC，成立后第二次联合支持"，《Leaders Economy Daily》（2014 年 12 月 25 日），http://leaders.asiae.co.kr/news/articleView.html?idxno=13458.

• kim Hyung-Min，韩国产业银行、韩国海洋商事公司，韩国进出口银行、韩国贸易保险公司和韩国资产管理公司全面发力下，现代商船集团订购价值 3 万亿韩元的 20 艘船，ChosunBiz.com(2018 年 9 月 30 日），https://news.naver.com/main/read.nhn?mode=LSD&mid=sec&sid1=101&oid=366&aid=0000416419.

• Hwang Jun-Ik，"北极星航运，通过新造船项目获得的 VLOC 融资"，EBN Industry News (2018 年 7 月 30 日），http://www.ebn.co.kr/news/view/950312.

• 韩国进出口银行，"韩国进出口银行和韩国釜山银行向集装箱承运集团提供 8700 万美元贷款"，（2015 年 8 月 24 日），https://www.koreaexim.go.kr/site/program/board/basicboard/view?boardtext2=&menuid=001005005001&searchselect=all&searchword=%EC%BB%A8%ED%85%8C%EC%9D%B4%EB%84%88%EC%BA%90%EB%A6%AC%EC%96%B4%EC%8A%A4&pagesize=10&boardtypeid=36&boardid=50542.

• Jong-Guk Byun，现代商船集团"向三大造船商订购 20 艘船"，Dong-A News (2018 年 6 月 5 日），http://news.donga.com/Economy/more29/3/all/20180604/90404356/1.

• 韩国《韩国海事新闻》报道，韩国现代商船集团与韩国海运公司签署协议，支持建设 5 个新的超大型集装箱码头。(2018 年 3 月 25 日下午 1 点 34 分）http://www.haesanews.com/news/articleView.html?idxno=80976.

• K-SMART，"投资业务"，http://www.ko-smart.co.kr/business/business02.php.

• Min-Hee Lim，韩国进出口银行和釜山银行向集装箱运输公司提供 8700 万美元的船舶融资，EBN Industry News (2015 年 8 月 24 日 11:08 AM)，http://www.ebn.co.kr/news/view/783974.

• Hye-Min Kim，"船舶金融中心提供第一艘船舶融资"，Asia Economy (2014 年 10 月 15 日 2:08 PM)，http://view.asiae.co.kr/news/view.htm?idxno=2014101514000131430.

• Suk-Joo Lee，海洋金融中心提供 5 亿美元支持国内造船企业获得液化石油气船舶订单，Kookje News，(2014 年 12 月 24 日 晚 上 8 点 26 分），

http://www.kookje.co.kr/news2011/asp/newsbody.asp?code=0200&key=20141225.22014201507.

环保船舶置换补贴

• 海洋和渔业部，“通过振兴海洋和渔业，集中增长投资于创新，提高生活质量”(2018 年 8 月 27 日)。(2018 年 8 月 27 日)，http://www.mof.go.kr/iframe/article/view.do?articleKey=23257&boardKey=10&menuKey=376¤tPageNo=1.

• 海洋与渔业部，“2019 年生态设施改善第二维护业务”(2018 年 10 月 5 日)，https://www.kobc.or.kr/kor/CMS/Board/Board.do?mCode=MN052&mode=view&mgr_seq=10&board_seq=38.

• Ji-Ung Kim，长锦商船（Sinokor Merchant Marine）、韩国海运公司、Chun Kyung 海运有限公司，韩国造船企业将向韩国造船企业订购船舶，EBN Industry News，2018 年 4 月 23 日下午 4 点 39 分，http://www.ebn.co.kr/news/view/938859。

• Ji-Ung Kim，韩国海运公司，Chun Kyung 海运有限公司放弃对新环保船舶订单的补贴，EBN Industry News，(2018 年 4 月 26 日下午 3 点 20 分)，http://www.ebn.co.kr/news/view/939347

• Gwi Dong Cho，“价值 5.5 万亿韩元的公共船只订单将持续到明年”，ChosunBiz.com（2018 年 4 月 5 日），http://biz.chosun.com/site/data/html_dir/2018/04/05/2018040501885.html.

韩国对商船购买的其他支持

• 区域工业司贸易、工业和能源部，“关于加强船舶工业竞争力和船厂地区经济振兴战略的十月宣言”(2016 年 10 月 6 日)，http://www.motie.go.kr/motie/ne/presse/press2/bbs/bbsView.do?bbs_seq_n=158663&bbs_cd_n=81¤tPage=1&search_key_n=&search_val_v=&cate_n=&dept_v=&from_brf=brf&brf_code_v=3.

• “韩国海洋商业株式会社发起支持韩国航运业”，Safety4Seas，(2018 年 4 月 7 日)，https://safety4sea.com/korea-ocean-business-corporation-launched-to-support-koreas-shipping-industry/.

• 国际航运新闻，韩国海洋商业公司将于 7 月 5 日成立，Hellenic Shipping News，(2018 年 4 月 7 日)，https://www.hellenicshippingnews.com/korea-ocean-business-corporation-to-be-launched-on-july-5/.

（安宁译，邓兴华校）

秘鲁——对阿根廷生物柴油的反倾销、反补贴措施：阿根廷请求磋商

此文件自 2018 年 11 月 29 日起，在阿根廷代表团和秘鲁代表团以及争端解决机构主席间进行沟通，现根据 DSU 第 4 条第 4 款的规定予以散发。

受阿根廷政府授权，根据 DSU 第 1 条和第 4 条，GATT 1994 第 23 条第 1 款，SCM 协议第 30 条以及《反倾销协议》第 17 条第 3 款，就秘鲁根据 2016 年 10 月 19 日第 189-2016/CDB-INDECOPI 号决议和 2016 年 1 月 25 日第 011-2016/CDB-INDECOPI 决议对阿根廷的进口生物柴油（B100）征收反倾销税和反补贴税的措施，以及相关调查及其各自立案公告，我方代表团请求与秘鲁共和国进行磋商。秘鲁的措施似乎不符合秘鲁根据 GATT 1994、《反倾销协议》和 SCM 协议的下列规定所承担的义务：

1.《反倾销协议》第 5.2 条，因为秘鲁发起了反倾销调查，但其国内产业提出的申请中却并无证据表明存在倾销行为；

2.《反倾销协议》第 5.3 条，因为秘鲁似乎未能审查申请书中所提供证据的准确性和充分性，因而不足以保证反倾销调查的合理性；

3.《反倾销协议》第 5.8 条，因为秘鲁未能反对根据第 1 条提出的申请，未能立即终止调查，也没有足够的倾销证据证明进行调查的合理性；

4.《反倾销协议》第 6.5 条和 SCM 协议第 12.4 条，因为秘鲁未能对机密信息和/或由当事方以机密方式提供的信息进行同样处理，且未经当事方特别许可就予以披露；

5.《反倾销协议》第 2.2 条，因为秘鲁未能通过将原产国的生产成本加上合理的行政成本、销售成本和一般成本，再与利润进行比较来确定倾销幅度；

6.《反倾销协议》第 2.2.1.1 条第一句，因为秘鲁计算原产国生产成本时，并未排除与所考虑产品生产销售无关的成本。《反倾销协议》第 2.2.1.1 条第二句，因为秘鲁计算行政成本、销售成本和一般成本时，未能考虑所有关于适当费用分配的有效证据；

7.《反倾销协议》第 2.2.2（iii）条和 GATT 1994 第 6 条第 1（b）(ii）款，因为秘鲁未能使用

合理的方法来计算利润额；

8. GATT 1994 第 6 条第 1（b）（ii）款中解释的《反倾销协议》第 2.2 条、第 2.2.2（iii）条，因为秘鲁未能确保为利润确定的利润率并未超过其他出口商或生产商在原产国的国内市场上销售相同类别产品通常获得的利润；

9. GATT 1994 第 6 条第 2 款和《反倾销协议》第 9.3 条，因为秘鲁征收的反倾销税超过了其应根据《反倾销协议》第 2 条设立的倾销幅度；

10.《反倾销协议》第 18.1 条，因为秘鲁对所控倾销措施采取了一定行动，但该行动不符合《反倾销协议》解释的 GATT 1994 规定；

11. SCM 协议第 1.1（a）（1）（iii）条和（iv）条、SCM 协议第 1.1（b）条所解释的 SCM 协议第 14（d）条，考虑到阿根廷共和国委托私人机构应以高于应得报酬的价格进行购买行为，以及 SCM 协定第 19.4 条和 GATT 1994 第 6 条第 3 款，因此征收了超过所控补贴的反补贴税；

12.《反倾销协议》第 3.1 条、第 3.4 条和 SCM 协议第 15.1 条、第 15.4 条，因为秘鲁未能根据确凿证据及客观审查来确定损害赔偿；

13.SCM 协议第 15.1 条、第 15.5 条和《反倾销协议》第 3.1 条、第 3.5 条，因为秘鲁未能根据确凿证据对可能会损害国内产业的其他因素进行客观审查，并因此将该损害归因于所控补贴和倾销进口产品；

14.SCM 协议第 10 条、第 19.1 条、第 32.1 条，因为秘鲁未能根据上述协定征收反补贴税；

15.《建立 WTO 协定》第 16 条第 4 款，SCM 协议第 32.5 条和《反倾销协议》第 18.4 条，因为秘鲁未能采取一切必要措施以确保对阿根廷的进口生物柴油（B100）所征收的反补贴税和反倾销税符合上述协议；

16. GATT 1994 第 6 条第 5 款，因为秘鲁对同一产品同时征收反倾销税和反补贴税，以弥补同样的所控倾销和补贴情况。

根据所引用协定，秘鲁的该项措施似乎直接或间接地对阿根廷的利益造成了不利的影响。

根据《建立 WTO 协定》中的其他规定，阿根廷就上述事项保留在磋商过程中提出更多涉案措施和增加诉求的权利，包括任何修正、替代、扩展、执行措施或其他相关措施。

阿根廷期待收到秘鲁对这一磋商请求的答复，并确定一个彼此方便的磋商日期和地点。

（安宁译，杨凤鸣校）

土耳其——对泰国进口空调机加收关税：泰国请求磋商

此文件自 2018 年 12 月 5 日起，在泰国代表团和土耳其代表团以及争端解决机构主席间进行沟通，现根据 DSU 第 4 条第 4 款的规定予以散发。

受泰国政府授权，根据 DSU 第 1 条和第 4 条，GATT 1994 第 22 条第 1 款，《保障措施协议》第 14 条，就土耳其对泰国进口空调机加收关税，代表泰国请求与土耳其进行磋商。

A. 具体措施

土耳其根据 HS 编码 8415.10 对从泰国进口的空调机征收 9.27% 的额外关税（“附加关税”）。[①]

2017 年 8 月 3 日，土耳其通知货物贸易理事会和保障措施委员会加收关税，建议中止《保障措施协议》第 8 条第 2 款规定的优惠和其他义务。[②] 加收关税自 2017 年 9 月 5 日起生效，有效期为三年。

土耳其的通知明确指出，加收关税适用于“空调机（窗式、壁式、置于天花板或地板上的独立式或分体式）”[③]。（以下简称“空调机”）

土耳其仅对从泰国进口的空调机加收关税。

B. 背景

据称，土耳其加收关税是为了应对泰国对非合金热轧卷材及非卷材（“钢铁产品”）保障措施的延长。[④]

作为临时措施，泰国于 2014 年 6 月 7 日通过了对钢铁产品的保障措施。[⑤] 2015 年 1 月 13 日，泰国通知委员会决定对钢铁产品实施为期三年的确定性保障措施。[⑥]

① G/L/1183-G/SG/N/12/TUR 5.
② G/L/1183-G/SG/N/12/TUR 5.
③ G/L/1183-G/SG/N/12/TUR 5.
④ G/L/1183-G/SG/N/12/TUR 5.
⑤ G/SG/N/7/THA/3/Suppl. 1-G/SG/N/11/THA/3/Suppl. 1.
⑥ G/SG/N/8/THA/3-G/SG/N/10/THA/3-G/SG/N/11/THA/4.

2017 年 6 月 19 日，泰国通知委员会决定扩大对钢铁产品的保障措施。[①] 泰国的延长保障措施正以以下形式实施，即从 2017 年 6 月 7 日至 2020 年 6 月 6 日对这些产品实施为期三年的关税提高：[②]

延长期限	提高保障关税
2017 年 6 月 7 日至 2018 年 6 月 6 日	到岸价的 21.00%
2018 年 6 月 7 日至 2019 年 6 月 6 日	到岸价的 20.87%
2019 年 6 月 7 日至 2020 年 6 月 6 日	到岸价的 20.74%

因此，钢铁产品这三年的平均保障税为 20.87%。

2014 年泰国进口的钢铁产品中，土耳其所占份额为 5.14%。

土耳其于 2017 年 8 月 3 日发出的《附加关税通知》称，基于 2013 年 3100 万美元的出口额来计算，泰国对钢铁产品加收 21% 的关税这一举措导致泰国将从土耳其的这些出口产品中征收 650 万美元的关税。[③]

土耳其认为，为维持 GATT 1994 同等水平的优惠和其他义务，土耳其有权对从泰国进口的空调机征收 9.27% 的附加关税。并解释说，根据 2013 年的进口额来计算，这一举措将作用在价值 7010 万美元的泰国进口空调机上，并将使得土耳其征收 650 万美元的关税。[④]

2013 年进口激增而导致泰国对钢铁产品实施保障措施，因此土耳其依据的是 2013 年的进口数据，而非此前三年的平均进口价值。根据 2011 年 6 月至 2014 年 5 月期间的平均进口价值，泰国这项针对钢铁产品实施的为期三年、平均 20.87% 的保障税，仅会对这些土耳其出口产品征收 320 万美元的关税，不到土耳其决定的优惠水平 650 万美元的一半。

此外，尽管泰国对钢铁产品的延长保障措施将于 2020 年 6 月 6 日到期，土耳其的《额外关税》也将持续到 2020 年 9 月 4 日。

C. 申诉的法律依据

加收关税似乎与土耳其在 GATT 1994 和《保障措施协议》下所承担的义务不一致，包括但不限于以下内容：

a. 土耳其不是在钢铁产品的保障措施下“重大利益”“受影响”的世界贸易组织成员，因此无权通过对来自泰国的空调机加收关税来中止 GATT 1994 规定的实质优惠或其他义务。土耳其违反了《保障措施协议》第 8 条第 2 款和第 12 条第 3 款以及 GATT 1994 第 19 条第 3 款和 19 条第 2 款规定，因为只有受影响的出口成员有权自由中止总体上等量的优惠。

b. 附加关税超过了“总体上等量”的优惠，因此无论如何土耳其都违反了《保障措施协议》第 8 条第 2 款和 GATT 1994 第 19 条第 3 款。

c. 土耳其违反 GATT 1994 第 1 条第 1 款，区别对待泰国进口空调机和世界贸易组织其他成员国类似产品，仅对从泰国进口的产品加征额外关税。

d. 土耳其没有确保泰国空调机免除一般关税和其他任何与进口空调机有关的关税，这违反了 GATT 1994 第 2 条第 1 款（a）与（b）规定。

因此，加收关税似乎使得泰国依照 GATT 1994 和《保障措施协议》获得的收益直接或间接地受到损害。

该请求还涉及对附加关税的所有修改、审查、替换或修正，以及与附加关税有关的任何基础报告、备忘录和其他文件。

泰国保留在磋商以及任何请求成立专家组的过程中提出其他事实和法律问题，并就上述问题提出额外的措施和主张的权利。

泰国期待收到土耳其对这一请求的答复，并确定双方都可接受的磋商日期和地点。

（安宁译，杨凤鸣校）

美国——对货物和服务贸易采取的特定措施：委内瑞拉请求磋商

此文件自 2018 年 12 月 28 日起，在委内瑞拉代表团和美国代表团及争端解决机构间进行沟通，现根据 DSU 第 4 条第 4 款规定予以散发。

受委内瑞拉政府授权，根据 DSU 第 4 条、GATT 1994 第 23 条和《服务贸易总协定》（GATS

---

① G/SG/N/8/THA/3/Suppl.2-G/SG/N/10/THA/3/Suppl.2.
② G/SG/N/8/THA/3/Suppl.2-G/SG/N/10/THA/3/Suppl.2.
③ G/L/1183-G/SG/N/12/TUR 5
④ G/L/1183-G/SG/N/12/TUR 5.

）第 23 条的规定，就美国仅对与委内瑞拉之间的货物和服务贸易采取的某些措施，我方代表团请求与美国政府进行磋商。

根据 DSU 第 4 条第 4 款，提出此次（磋商）请求的争议措施和诉求的法律依据详见下文。

为对委内瑞拉实行经济孤立，美国对委内瑞拉采取某些强制性贸易限制措施。委内瑞拉特别指出此类贸易限制措施，根据此类措施，美国行政部门将人员列入“特别指定国民名单”（SDN 名单），即美国的黑名单。美国对委内瑞拉采取的包括单方、强制性贸易限制措施在内的争议措施包括但不限于以下法案、规定和行政命令：

（1）《2014 年捍卫委内瑞拉人权及公民社会法案》；

（2）《国际紧急经济权力法案》，《美国法典》第 50 卷第 1701-1706 节；和

（3）《国家紧急状态法案》，《美国法典》第 50 卷第 1601-1651 节。

（4）《美国联邦法规》第 31 章第 591 节 -《委内瑞拉制裁规则》

（5）《对委内瑞拉局势相关责任人员实行暂停入境、冻结财产》（行政命令 13692 号，2015 年 3 月 9 日发布）；

（6）《对委内瑞拉局势实施额外制裁》（行政命令 13808 号，2017 年 8 月 24 日发布）；

（7）《采取进一步措施解决委内瑞拉局势》（行政命令 13827 号，2018 年 3 月 19 日发布）；

（8）《禁止与委内瑞拉进行特定额外交易》（行政命令 13835 号，2018 年 5 月 21 日发布）；和

（9）《冻结造成委内瑞拉局势的人员财产》（行政命令 13850 号，2018 年 11 月 1 日发布）

本规章制度规定：

（1）列入黑名单；

（2）关于主权债务市场的强制性贸易限制措施；以及

（3）关于数字货币的强制性贸易限制措施。

正如本文说明，美国对委内瑞拉单方采取的强制性贸易限制措施违反了美国在 GATT 1994 第 1 条第 1 款、第 2 条第 1 款、第 3 条第 4 款、第 5 条第 2 款、第 10 条第 3 款、第 11 条第 1 款及第 13 条第 1 款项下的义务。美国采取强制性贸易限制措施亦违背了美国依据《服务贸易总协定》第 2 条第 1 款、第 16 条第 2 款及第 17 条第 1 款所做的承诺。

I. 针对来自委内瑞拉的商品采取的歧视性措施

依据《2014 年捍卫委内瑞拉人权和公民社会法案》《国家紧急经济权力法案》、行政命令 13692 号以及《委内瑞拉制裁规则》采取的措施违反了：

（1）GATT 1994 第 1 条第 1 款。这是因为美国给予来自委内瑞拉产品的待遇低于美国给予不受强制性贸易限制措施约束的成员国产品的待遇。更确切地说，与不受强制性贸易措施约束的成员国产品相比，受制于此类措施，委内瑞拉产品在输入时面临更大的监管负担，委内瑞拉产品进口商受到更多的限制，不公平的市场从产品输入开始时便存在。这些措施使得委内瑞拉产品丧失了依据 GATT 1994 第 1 条第 1 款享有的平等机会。

（2）GATT 1994 第 3 条第 4 款。这是因为美国给予来自委内瑞拉产品的待遇低于美国给予其本国产品的待遇优惠。与原产于美国的产品相比，强制性贸易限制措施使得委内瑞拉产品受到更大监管负担和享有不平等的市场机会。

（3）GATT 1994 第 5 条第 2 款。这是因为美国要求扣押和没收通过美国领土运输到另一成员国领土的某些产品。

（4）GATT 1994 第 11 条第 1 款。这是因为美国禁止与委内瑞拉之间产品的进出口，这构成对一个成员国产品的输入或向其他成员国领土输出的数量限制。

即使美国对委内瑞拉采取的强制性贸易限制措施作为数量限制不被禁止，由于此类来源于第三方成员国的产品并未受到同等禁止，此类措施也违反 GATT 1994 第 13 条第 1 款。

II. 根据行政命令 13850 号对委内瑞拉黄金采取的歧视性措施

根据行政命令 13850 号的规定，美国对委内瑞拉黄金采取歧视性、强制性贸易限制措施，禁止委内瑞拉黄金在美国境内和美国公民之间交易。争议措施似乎与美国在 GATT 1994 各项规定下的义务不符，特别是但不限于：

（5）GATT 1994 第 1 条第 1 款。这是因为美国允许以低于对不受强制性贸易限制措施约束的成员国黄金的价格收购委内瑞拉黄金。

（6）GATT 1994 第 2 条第 1 款第 1 项和第 2 项。这是因为美国给予委内瑞拉贸易的优惠低于美国在

《美国关税减让承诺表》中有关部分所列的待遇。

（7）GATT 1994第3条第4款。这是因为美国给予委内瑞拉黄金的优惠低于美国同类产品所享有的待遇。

（8）GATT 1994第10条第3款第1项。这是因为美国未能以统一、公正和合理的方式管理与争议措施有关的法律、规章、判决和裁定。

（9）GATT 1994第11条第1款。除征收税捐或其他费用外，美国通过争议措施禁止和限制原产于委内瑞拉产品的输入。

III. 根据行政命令13808号、13827号和13835号采取的关于委内瑞拉债务流动性的歧视性、强制性贸易限制措施

（10）鉴于美国已在其附表中承诺开放金融服务领域，美国不能维持或采取GATS第16条第1款第1项至6项所述的有关金融服务措施，除非美国在其附表中保留这样做的权利。即使美国在其附表中保留了在某些特定供应模式下采取此类措施的权利，美国并未保留在所有供应模式下采取此类措施的权利。由于美国的强制性贸易限制措施在所有供应模式下都构成了GATS第16条第2款1项和2项规定的禁止措施，它们违反了GATS第16条第2款。

IV. 根据行政命令13808号、13827号和13835号采取的关于委内瑞拉数字货币交易的歧视性、强制性贸易限制措施。

（11）美国对委内瑞拉金融服务和金融服务供应商采取强制性贸易限制措施，根据这些措施，委内瑞拉金融供应商所获得的待遇低于美国给予不受贸易限制的成员国的同类服务和服务供应商的待遇，因此违反了GATS第2条第1款。此外，由于原产于美国的数字货币不受与委内瑞拉数字货币相同的禁令限制，美国给予委内瑞拉金融服务和服务供应商的待遇低于给予本国同等服务和服务供应商的待遇，因此违反了GATS第17条第1款。

V. 根据《2014年捍卫委内瑞拉人权及公民社会法案》《国际紧急经济权力法案》《委内瑞拉制裁规则》对特定委内瑞拉人员的贸易所采取的歧视性、强制性措施限制，禁止此类人员提供和接受服务，此举违反GATS第2条第1款，这是因为它们给予委内瑞拉服务和服务供应商较低的待遇

本磋商请求包含上述争议措施的任何修订、替换、继承、实施措施以及与其密切相关的措施。

争议措施似乎使得委内瑞拉在所引协定下直接或间接获得的利益丧失或减损。

除上述多种违反世界贸易组织义务的行为外，委内瑞拉认为，在GATT 1994第23条第1款（2）项标意义下，上述争议措施阻止GATT 1994目标的实现。此外，有关措施似乎使委内瑞拉根据GATS第23条第3款规定的美国在GATS项下的具体承诺，本可合理预期给委内瑞拉带来的利益丧失或受到减损。

委内瑞拉保留在磋商过程中以及今后起诉请求程序中提出有关上述措施的其他事实以及法律请求和事项的权利。

委内瑞拉期待收到美国对本请求的答复，并期待确定一个彼此方便的磋商日期。

（郑亦君译，杨凤鸣校）

附录 1：1995—2018 年争端解决机构受理的案件 ①

第 一 部 分

请求磋商；成立专家组；达成解决方案

序号	案　件	请求磋商	收到磋商请求（日 - 月 - 年）	加入磋商请求	请求成立专家组（日 - 月 - 年）	专家组成立（日 - 月 - 年）	双边达成解决方案（日 - 月 - 年）
1	马来西亚—聚乙烯和聚丙烯进口禁令	新加坡 WT/DS1/1	10-01-1995		17-03-1995 新加坡 WT/DS1/2 WT/DSB/M/6 （请求撤回）		19-07-1995 撤诉
2	美国—精炼汽油及传统汽油标准	委内瑞拉 WT/DS2/1	24-01-1995		27-03-1995 委内瑞拉 WT/DS2/2	10-04-1995 WT/DSB/M/3	
3	韩国—对于农业产品检测及检验措施	美国 WT/DS3/1	04-04-1995	日本 WT/DS3/2			
4	美国—精炼汽油及传统汽油标准	巴西 WT/DS4/1	10-04-1995		22-05-1995 巴西 WT/DS4/2	31-05-1995 WT/DSB/M/5	
5	韩国—韩国产品保质期措施	美国 WT/DS5/1	03-05-1995	加拿大 WT/DS5/2 日本 WT/DS5/4			31-07-1995 WT/DS5/5 和 Corr.1 24-11-1995 Add.1 22-04-1996 Add.1/Rev.1 22-04-1996 Add.2 22-04-1996 Add.3 19-07-1996 Add.4 20-09-1996 Add.5
6	美国—在 1974 年贸易法第 301 节及 304 节中来自日本汽车征收进口税	日本 WT/DS6/1	17-05-1995	欧共体 WT/DS6/2 澳大利亚 WT/DS6/3			19-07-1995 WT/DSB/M/6

① 此统计截至 2018 年 12 月 31 日。案件可分为五个部分：第一部分包括从最初提出磋商请求到成立专家组，再到争议各方形成双方满意的解决方法的案件；第二部分包括从成立专家组到通过专家组报告，再到提起上诉和通过上诉机构报告的案件；第三部分包括从通过专家组/上诉机构报告到执行争端解决机构建议和裁决的案件；第四、第五部分分别包括援引《关于争端解决规则与程序的谅解》第 21.5 条和第 22 条再次提请申诉的案件。

续 表

序号	案 件	请求磋商	收到磋商请求（日 - 月 - 年）	加入磋商请求	请求成立专家组（日 - 月 - 年）	专家组成立（日 - 月 - 年）	双边达成解决方案（日 - 月 - 年）
7	欧共体—扇贝的贸易描述	加拿大 WT/DS7/1	19-05-1995	智利 WT/DS7/2 爱尔兰 WT/DS7/3 日本 WT/DS7/4 秘鲁 WT/DS7/5	10-07-1995 加拿大 WT/DS7/7 和 Corr.1	19-07-1995 WT/DSB/M/6	19-07-1996 WT/DS7/12
8	日本—对酒精饮料征税	欧共体 WT/DS8/1	21-06-1995	美国 WT/DS8/2 加拿大 WT/DS8/3	15-09-1995 欧共体 WT/DS8/5	27-09-1995 WT/DSB/M/7	
9	欧共体—谷类进口税	加拿大 WT/DS9/1	30-06-1995		15-09-1995 加拿大 WT/DS9/2	11-10-1995 WT/DSB/M/8	
10	日本—对酒精饮料征税	加拿大 WT/DS10/1	07-07-1995	美国 WT/DS10/2 欧共体 WT/DS10/3	15-09-1995 加拿大 WT/DS10/5	27-09-1995 WT/DSB/M/7	
11	日本—对酒精饮料征税	美国 WT/DS11/1	07-07-1995		15-09-1995 美国 WT/DS11/2 和 Corr.1	27-09-1995 WT/DSB/M/7	
12	欧共体—扇贝的贸易描述	秘鲁 WT/DS12/1	18-07-1995	加拿大 WT/DS12/3 智利 WT/DS12/2 和 Rev.1 日本 WT/DS12/5	15-09-1995 秘鲁 WT/DS12/6 附录 22-09-1995 秘鲁 WT/DS12/7	11-10-1995 WT/DSB/M/8	19-07-1996 WT/DS12/12
13	欧共体—对谷物征收进口税	美国 WT/DS13/1	19-07-1995		29-09-1995 美国 WT/DS13/2 22-11-1996 WT/DS13/2/ Add.1 13-02-1997 WT/DS13/5 27-03-1997 WT/DS13/6		02-05-1997 WTDS13/8（请求撤回）
14	欧共体—扇贝的贸易描述	智利 WT/DS14/1	24-07-1995	加拿大 WT/DS14/2 秘鲁 WT/DS14/3 日本 WT/DS14/4	15-09-1995 智利 WT/DS14/5 附录 27-09-1995 智利 WT/DS14/6 附录	11-10-1995 WT/DSB/M/8	19-07-1996 WT/DS14/11

续 表

序号	案 件	请求磋商	收到磋商请求（日-月-年）	加入磋商请求	请求成立专家组（日-月-年）	专家组成立（日-月-年）	双边达成解决方案（日-月-年）
15	日本—影响电信设备购买措施	欧共体 WT/DS15/1	18-08-1995	美国 WT/DS15/2			
16	欧共体—对于香蕉进口、销售及分销的规定	危地马拉 洪都拉斯 墨西哥 美国 WT/DS16/1	28-09-1995	圣卢西亚 WT/DS16/2 哥伦比亚 WT/DS16/3 多米尼加 WT/DS16/4 委内瑞拉 WT/DS16/5 尼加拉瓜 WT/DS16/6 哥斯达黎加 WT/DS16/7			08-11-2012 WT/DS16/8
17	欧共体—稻米进口征税	泰国 WT/DS17/1	05-10-1995				
18	澳大利亚—影响鲑鱼进口措施	加拿大 WT/DS18/1	05-10-1995		10-03-1997 WT/DS18/2	10-04-1997 WT/DSB/M/31	
19	波兰—汽车进口管理体制	印度 WT/DS19/1	28-09-1995				11-09-1996 WT/DS19/2
20	韩国—罐装水措施	加拿大 WT/DS20/1	08-11-1995	美国 WT/DS20/2 欧共体 WT/DS20/4			24-04-1996 WT/DS20/6
21	澳大利亚—影响鲑鱼进口措施	美国 WT/DS21/1	20-11-1995	加拿大 WT/DS21/2	11-05-1999 美国 WT/DS21/4	16-06-1999 WT/DSB/M/64	27-10-2000 WT/DS21/10
22	巴西—影响可可粉措施	菲律宾 WT/DS22/1	30-11-1995		08-02-1996 菲律宾 WT/DS22/5	05-03-1996 WT/DSB/M/12	
23	委内瑞拉—对工业用管材的反倾销调查	墨西哥 WT/DS23/1	05-12-1995				26-05-1997 WT/DS23/3（调查终止）
24	美国—对棉质及人造纤维质内衣进口的限制	哥斯达黎加 WT/DS24/1	22-12-1995		27-02-1996 哥斯达黎加 WT/DS24/2	05-03-1996 WT/DSB/M/12	
25	欧共体—乌拉圭回合稻米协议实施	乌拉圭 WT/DS25/1	14-12-1995				
26	欧共体—与肉及肉类制品相关措施（荷尔蒙）	美国 WT/DS26/1	26-01-1996	新西兰 WT/DS26/2 澳大利亚 WT/DS26/3 加拿大 WT/DS26/4	25-04-1996 美国 WT/DS26/6	20-05-1996 WT/DSB/M/17	17-04-2014 WT/DS26/29

序号	案 件	请求磋商	收到磋商请求（日-月-年）	加入磋商请求	请求成立专家组（日-月-年）	专家组成立（日-月-年）	双边达成解决方案（日-月-年）
27	欧共体—对于香蕉进口、销售及分销的规定	厄瓜多尔 危地马拉 洪都拉斯 墨西哥 美国 WT/DS27/1	05-02-1996	多米尼加 WT/DS27/2 圣卢西亚 WT/DS27/3 尼加拉瓜 WT/DS27/4 牙买加 WT/DS/27/5	12-04-1996 厄瓜多尔 危地马拉 洪都拉斯 墨西哥 美国 WT/DS27/6	08-05-1996 WT/DSB/M/16	08-11-2012 WT/DS27/98
28	日本—关于音像制品措施	美国 WT/DS28/1	09-02-1996	欧共体 WT/DS28/2			24-01-1997 WT/DS28/4
29	土耳其—对于纺织品和服装限制措施	香港 WT/DS29/1	12-02-1996	欧共体 WT/DS29/2 马来西亚 菲律宾 泰国 WT/DS29/3 秘鲁 WT/DS29/4 印度 WT/DS29/5 巴西 WT/DS29/7 加拿大 WT/DS29/8			
30	巴西—对来自斯里兰卡的可可粉和可可奶进口征收补贴税	斯里兰卡 WT/DS30/1	23-02-1996				
31	加拿大—关于杂志的特定措施	美国 WT/DS31/1	11-03-1996		24-05-1996 美国 WT/DS31/2	19-06-1996 WT/DSB/M/19	
32	美国—影响女士及女童羊毛外套进口措施				15-03-1996 印度 WT/DS32/1	17-04-1996 WT/DSB/M/14	30-04-1996 WT/DS32/2 （根据争端解决机构 1996 年 4 月 17 日决定终止进一步行动）
33	美国—影响羊毛衬衫及女上衣进口的措施				15-03-1996 印度 WT/DS33/1 和 Corr.1	17-04-1996 WT/DSB/M/14	
34	土耳其—对于纺织品及服装进口的限制	印度 WT/DS34/1	21-03-1996		02-02-1998 WT/DS34/2	13-03-1998 WT/DSB/M/43	06-07-2001 WT/DS34/14

续 表

序号	案　件	请求磋商	收到磋商请求（日-月-年）	加入磋商请求	请求成立专家组（日-月-年）	专家组成立（日-月-年）	双边达成解决方案（日-月-年）
35	匈牙利—对于农产品出口补贴	阿根廷 澳大利亚 加拿大 新西兰 泰国 美国 WT/DS35/1	27-03-1996	日本 WT/DS35/2	10-01-1997 澳大利亚 WT/DS35/4 10-01-1997 新西兰 WT/DS/35/5 10-01-1997 美国 WT/DS35/6 10-01-1997 阿根廷 WT/DS35/7	25-02-1997 WT/DSB/M/29	30-07-1997 WT/DSB/M/36
36	巴基斯坦—制药及农业化学产品的专利保护	美国 WT/DS36/1	30-04-1996	欧共体 WT/DS36/2	04-07-1996 美国 WT/DS36/3		07-03-1997 WT/DS36/4
37	葡萄牙—工业产权法案专利权保护	美国 WT/DS37/1	30-04-1996				15-10-1996 WT/DS37/2 和 Corr.1
38	美国—古巴自由民主团结法	欧共体 WT/DS38/1	03-05-1996		08-10-1996 欧共体 WT/DS38/2 14-10-1996 Corr.1	20-11-1996 WT/DSB/M/26 根据 DSU 第 12.12 条 1998 年 4 月 22 日专家组解散	
39	美国—对来自欧共体的产品提高关税	欧共体 WT/DS39/1	18-04-1996		24-06-1996 欧共体 WT/DS39/2		
40	韩国—电信采购部门的法律、法规及实践	欧共体 WT/DS40/1	09-05-1996				29-10-1997 WT/DS40/2
41	韩国—关于农产品检验措施	美国 WT/DS41/1	24-05-1996				
42	日本—音像制品相关措施	欧共体 WT/DS42/1	28-05-1996	美国 WT/DS42/2			7-11-1997 WT/DS42/4
43	土耳其—对外国电影收入征税	美国 WT/DS43/1	12-06-1996		10-01-1997 美国 WT/DS43/2	25-02-1997 WT/DSB/M/29	24-07-1997 WT/DS43/3
44	日本—影响消费者照相软片及相纸的措施	美国 WT/DS44/1	13-06-1996		20-09-1996 美国 WT/DS44/2	16-10-1996 WT/DSB/M/24	
45	日本—影响分销服务的措施	美国 WT/DS45/1 和 Add.1	13-06-1996				

序号	案　件	请求磋商	收到磋商请求（日-月-年）	加入磋商请求	请求成立专家组（日-月-年）	专家组成立（日-月-年）	双边达成解决方案（日-月-年）
46	巴西—航空器出口融资计划	加拿大 WT/DS46/1	19-06-1996		17-09-1996 加拿大 WT/DS46/2 04-10-1996 WT/DS46/4 13-07-1998 WT/DS46/5	23-07-1998 WT/DSB/M/47	
47	土耳其—对于纺织品及服装进口的限制	泰国 WT/DS47/1	20-06-1996				
48	欧共体—影响家畜及肉类措施（荷尔蒙）	加拿大 WT/DS48/1	28-06-1996	澳大利亚 WT/DS48/2 美国 WT/DS48/3 新西兰 WT/DS48/4	17-09-1996 加拿大 WT/DS48/5	16-10-1996 WT/DSB/M/24	17-03-2011 WT/DS48/26 03-10-2017 WT/DS48/27
49	美国—对来自墨西哥的新鲜或冷藏西红柿的反倾销调查	墨西哥 WT/DS49/1	01-07-1996				
50	印度—对于药物及农业化学产品专利权保护	美国 WT/DS50/1 美国 WT/DS50/11	02-07-1996	欧共体 WT/DS50/2 欧共体 WT/DS50/12	08-11-1996 美国 WT/DS50/4	20-11-1996 WT/DSB/M/26	
51	巴西—特定汽车投资措施	日本 WT/DS51/1	30-07-1996	韩国 WT/DS51/2 欧共体 WT/DS51/3 美国 WT/DS51/4 加拿大 WT/DS51/6			
52	巴西—影响汽车部门贸易及投资措施	美国 WT/DS52/1	09-08-1996	加拿大 WT/DS52/2 日本 WT/DS52/3 韩国 WT/DS52/4 欧共体 WT/DS52/5			
53	墨西哥—进口海关估价	欧共体 WT/DS53/1	27-08-1996	挪威 WT/DS53/2 瑞士 WT/DS53/3			

续 表

序号	案 件	请求磋商	收到磋商请求（日-月-年）	加入磋商请求	请求成立专家组（日-月-年）	专家组成立（日-月-年）	双边达成解决方案（日-月-年）
54	印尼—影响汽车工业特定措施	欧共体 WT/DS54/1	03-10-1996	美国 WT/DS54/2 日本 WT/DS54/3 韩国 WT/DS54/4 加拿大 WT/DS54/5	12-05-1997 欧共体 WT/DS54/6	12-06-1997 欧共体 WT/DSB/M/34	
55	印尼—影响汽车工业特定措施	日本 WT/DS55/1	04-10-1996	美国 WT/DS55/2 欧共体 WT/DS55/3 韩国 WT/DS55/4 加拿大 WT/DS55/5	18-04-1997 日本 WT/DS55/6 WT/DS64/4	12-06-1997 WT/DSB/M/34	
56	阿根廷—影响鞋类、纺织品、服装和其他项目进口的措施	美国 WT/DS56/1	04-10-1996	匈牙利 WT/DS56/2 欧共体 WT/DS56/3	10-01-1997 美国 WT/DS56/5	25-02-1997 WT/DSB/M/29	
57	澳大利亚—纺织品、服装及鞋类进口信贷计划	美国 WT/DS57/1	07-10-1996				
58	美国—对特定虾类及虾类产品进口限制	印度、马来西亚、巴基斯坦、泰国 WT/DS58/1	08-10-1996	香港 WT/DS58/2 欧共体 WT/DS58/3 日本 WT/DS58/4 澳大利亚 WT/DS58/5	10-01-1997 马来西亚 泰国 WT/DS58/6 07-02-1997 巴基斯坦 WT/DS58/7 04-03-1997 印度 WT/DS58/8	25-02-1997 WT/DSB/M/29 马来西亚、泰国、巴基斯坦 10-04-1997 WT/DSB/M/31 印度	
59	印尼—影响汽车工业的特定措施	美国 WT/DS59/1	08-10-1996	日本 WT/DS59/2 欧共体 WT/DS59/3 韩国 WT/DS59/4 加拿大 WT/DS59/5	13-06-1997 美国 WT/DS59/6	30-07-1997 WT/DSB/M/36	
60	危地马拉—对来自墨西哥的波兰特水泥的反倾销调查	墨西哥 WT/DS60/1	17-10-1996		13-02-1997 墨西哥 WT/DS60/2	20-03-1997 WT/DSB/M/30	
61	美国—对特定虾类及虾类产品进口限制	菲律宾 WT/DS61/1	25-10-1996	澳大利亚 WT/DS61/2 日本 WT/DS61/3			

序号	案 件	请求磋商	收到磋商请求（日-月-年）	加入磋商请求	请求成立专家组（日-月-年）	专家组成立（日-月-年）	双边达成解决方案（日-月-年）
62	欧共体—对某些计算机设备的海关分类	美国 WT/DS62/1	08-11-1996	韩国 WT/DS62/2 加拿大 WT/DS62/3	13-02-1997 美国 WT/DS62/4	25-02-1997 WT/DSB/M/29	
63	美国—对于前民主德国的尿素进口采取反倾销措施	欧共体 WT/DS63/1	28-11-1996				
64	印尼—影响汽车工业的特定措施	日本 WT/DS64/1	29-11-1996	美国 WT/DS64/2 欧共体 WT/DS64/3	18-04-1997 日本 WT/DS55/6 WT/DS64/4	12-06-1997 WT/DSB/M/34	
65	巴西—影响汽车部门贸易及投资措施	美国 WT/DS65/1	10-01-1997				
66	日本—影响猪肉进口措施	欧共体 WT/DS66/1	15-01-1997	加拿大 WT/DS66/2			
67	英国—对某些计算机设备的海关分类	美国 WT/DS67/1	14-02-1997	韩国 WT/DS67/2	10-03-1997 美国 WT/DS67/3	20-03-1997 争端解决机构决定此问题交由1997年2月25日成立的专家组决定 WT/DSB/M/30	
68	爱尔兰—对某些计算机设备的海关分类	美国 WT/DS68/1	14-02-1997		10-03-1997 美国 WT/DS68/2	20-03-1997 争端解决机构决定此问题交由1997年2月25日成立的专家组决定 WT/DSB/M/30	
69	欧共体—影响特定家禽产品进口的措施	巴西 WT/DS69/1	24-02-1997		12-06-1997 巴西 WT/DS69/2	30-07-1997 WT/DSB/M/36	
70	加拿大—影响民用航空器出口的措施	巴西 WT/DS70/1	10-03-1997		13-07-1998 巴西 WT/DS70/2	23-07-1998 WT/DSB/M/47	
71	加拿大—影响民用航空器出口的措施	巴西 WT/DS71/1	10-03-1997				
72	欧共体—影响黄油产品的措施	新西兰 WT/DS72/1	24-03-1997		7-11-1997 新西兰 WT/DS72/2	18-11-1997 WT/DSB/M/39	11-11-1999 WT/DS72/7
73	日本—导航卫星政府采购	欧共体 WT/DS73/1	26-03-1997	美国 WT/DS73/2			19-02-1998 WT/DS73/5
74	菲律宾—影响猪肉及家禽措施	美国 WT/DS74/1	01-04-1997	欧共体 WT/DS74/2 加拿大 WT/DS74/3			13-03-1998 WT/DS74/5 WT/DS102/6

续 表

序号	案 件	请求磋商	收到磋商请求（日-月-年）	加入磋商请求	请求成立专家组（日-月-年）	专家组成立（日-月-年）	双边达成解决方案（日-月-年）
75	韩国—对酒精类饮料征税	欧共体 WT/DS75/1	02-04-1997	美国 WT/DS75/2 加拿大 WT/DS75/3	15-09-1997 欧共体 WT/DS75/6	16-10-1997 WT/DSB/M/38	
76	日本—影响农产品措施	美国 WT/DS76/1	07-04-1997		06-10-1997 美国 WT/DS76/2	18-11-1997 WT/DSB/M/39	23-08-2001 WT/DS76/12
77	阿根廷—影响纺织品及服装措施	欧共体 WT/DS77/1	21-04-1997	美国 WT/DS77/2	15-09-1997 欧共体 WT/DS77/3 06-10-1997 Rev.1 16-10-1997 Rev.1/Corr.1	16-10-1997 WT/DSB/M/38 29-07-1998 WT/DS77/5 专家组暂停其程序	
78	美国—扫帚进口的保障措施	哥伦比亚 WT/DS78/1	28-04-1997				
79	印度—对于药物及农业化学产品专利权保护	欧共体 WT/DS79/1	28-04-1997		15-09-1997 欧共体 WT/DS79/2	16-10-1997 WT/DSB/M/38	
80	比利时—影响商业电话目录服务的措施	美国 WT/DS80/1	02-05-1997				
81	巴西—影响汽车部门贸易及投资措施	欧共体 WT/DS81/1	07-05-1997				
82	爱尔兰—影响版权及邻接权的措施	美国 WT/DS82/1	14-05-1997		12-01-1998 美国 WT/DS82/2		06-11-2000 WT/DS82/3
83	丹麦—影响知识产权实施的措施	美国 WT/DS83/1	14-05-1997				07-06-2001 WT/DS83/2
84	韩国—对酒精饮料征税	美国 WT/DS84/1	23-05-1997	加拿大 WT/DS/84/2 欧共体 WT/DS84/3	15-09-1997 美国 WT/DS84/4	16-10-1997 WT/DSB/M/38	
85	美国—影响纺织品及服装产品的措施	欧共体 WT/DS85/1	22-05-1997	瑞士 WT/DS85/2 洪都拉斯 WT/DS85/3 香港 WT/DS85/4 巴基斯坦 WT/DS85/5 印度 WT/DS85/6 日本 WT/DS85/7 多米尼加 WT/DS85/8			11-02-1998 WT/DS85/9

续 表

序号	案 件	请求磋商	收到磋商请求（日-月-年）	加入磋商请求	请求成立专家组（日-月-年）	专家组成立（日-月-年）	双边达成解决方案（日-月-年）
86	瑞典—影响知识产权实施的措施	美国 WT/DS86/1	28-05-1997				02-12-1998 WT/DS86/2
87	智利—对酒精饮料征税	欧共体 WT/DS87/1	04-06-1997	秘鲁 WT/DS87/2 美国 WT/DS87/3 墨西哥 WT/DS87/4	06-10-1997 欧共体 WT/DS87/5	18-11-1997 WT/DSB/M/39	
88	美国—影响政府采购措施	欧共体 WT/DS88/1	20-06-1997	日本 WT/DS88/2	09-09-1998 欧共体 WT/DS88/3	21-10-1998 WT/DSB/M/49 14-02-00 WT/DS88/6 专家组建立的授权取消	
89	美国—对于来自韩国彩色电视接收机进口征收反倾销税	韩国 WT/DS89/1 和 Corr.1	10-07-1997	墨西哥 WT/DS89/2 泰国 WT/DS89/3 日本 WT/DS89/4 中国香港 WT/DS89/5 欧共体 WT/DS89/6	07-11-1997 韩国 WT/DS89/7 28-11-1997 WT/DS89/7/ Corr.1		05-01-1998 WT/DS89/8 18-09-1998 WT/DS89/9 （请求撤回）
90	印度—对于农产品、纺织品及工业品的数量限制	美国 WT/DS90/1	15-07-1997	日本 WT/DS90/2 欧共体 WT/DS90/3 加拿大 WT/DS90/4 澳大利亚 WT/DS90/5 瑞士 WT/DS90/6 新西兰 WT/DS90/7	06-10-1997 美国 WT/DS90/8 07-11-1997 WT/DS90/8/ Corr.1	18-11-1997 WT/DSB/M/39	
91	印度—对于农产品、纺织品及工业品的数量限制	澳大利亚 WT/DS91/1	16-07-1997	日本 WT/DS91/2 美国 WT/DS91/3 欧共体 WT/DS91/4 加拿大 WT/DS91/5 瑞士 WT/DS91/6 新西兰 WT/DS91/7			17-03-1998 WT/DS91/8 17-08-1998 WT/DS91/8 Corr.1

续 表

序号	案　件	请求磋商	收到磋商请求（日-月-年）	加入磋商请求	请求成立专家组（日-月-年）	专家组成立（日-月-年）	双边达成解决方案（日-月-年）
92	印度—对于农产品、纺织品及工业品的数量限制	加拿大 WT/DS92/1	16-07-1997	日本 WT/DS92/2 美国 WT/DS92/3 欧共体 WT/DS92/4 澳大利亚 WT/DS92/5 瑞士 WT/DS92/6 新西兰 WT/DS92/7			18-03-1998 WT/DS92/8 25-09-1998 WT/DS92/8/ Corr.1
93	印度—对于农产品、纺织品及工业品的数量限制	新西兰 WT/DS93/1	16-07-1997	日本 WT/DS93/2 美国 WT/DS93/3 欧共体 WT/DS93/4 加拿大 WT/DS93/5 澳大利亚 WT/DS93/6 瑞士 WT/DS93/7			01-12-1998 WT/DS93/8
94	印度—对于农产品、纺织品及工业品的数量限制	瑞士 WT/DS94/1 和 Corr.1	17-07-1997	日本 WT/DS94/2 美国 WT/DS94/3 欧共体 WT/DS94/4 加拿大 WT/DS94/5 澳大利亚 WT/DS94/6 新西兰 WT/DS94/7			23-02-1998 WT/DS94/9 18-09-1998 WT/DS94/9/ Corr.1
95	美国—影响政府采购措施	日本 WT/DS95/1	18-07-1997	欧共体 WT/DS95/2	09-09-1998 日本 WT/DS95/3	21-10-1998 WT/DSB/M/49 14-02-2000 WT/DS95/6 建立专家组的授权取消	
96	印度—对于农产品、纺织品及工业品的数量限制	欧共体 WT/DS96/1	18-07-1997	日本 WT/DS96/2 美国 WT/DS96/3 加拿大 WT/DS96/4 澳大利亚 WT/DS96/5 瑞士 WT/DS96/6 新西兰 WT/DS96/7			07-04-1998 WT/DS96/8 28-09-1998 WT/DS96/8/ Corr.1

续 表

序号	案 件	请求磋商	收到磋商请求（日-月-年）	加入磋商请求	请求成立专家组（日-月-年）	专家组成立（日-月-年）	双边达成解决方案（日-月-年）
97	美国—对来自智利的鳟鱼进口实施反补贴税调查	智利 WT/DS97/1	05-08-1997				
98	韩国—对于特定奶制品进口保障措施	欧共体 WT/DS/98/1	12-08-1997	澳大利亚 WT/DS98/2	12-01-1998 欧共体 WT/DS98/4	23-07-1998 WT/DSB/M/47	
99	美国—对来自韩国1兆或以上的计算机动态随机存取存储器芯片征收反倾销税	韩国 WT/DS99/1 和 Corr.1&2	14-08-1997		07-11-1997 韩国 WT/DS99/2	16-01-1998 WT/DSB/M/40	25-10-2000 WT/DS99/12
100	美国—影响家禽产品进口措施	欧共体 WT/DS100/1	18-08-1997				
101	墨西哥—对来自美国的高果糖玉米糖浆开展反倾销调查	美国 WT/DS101/1	04-09-1997				
102	菲律宾—影响猪肉及家禽产品措施	美国 WT/DS102/1	07-10-1997	加拿大 WT/DS102/3 欧共体 WT/DS102/4			13-03-1998 WT/DS74/5 WT/DS102/6
103	加拿大—影响牛奶进口及奶制品出口的措施	美国 WT/DS103/1	08-10-1997	日本 WT/DS103/2 澳大利亚 WT/DS103/3	03-02-1998 WT/DS103/4	25-03-1998 WT/DSB/M/44	09-05-2003 WT/DS103/33
104	欧共体—影响融化干酪出口的措施	美国 WT/DS104/1	08-10-1997	日本 WT/DS104/2 澳大利亚 WT/DS104/3 加拿大 WT/DS104/4			
105	欧共体—对于香蕉进口、销售及分销区域的规定	巴拿马 WT/DS105/1 和 Add.1&2	24-10-1997	哥伦比亚 WT/DS105/2 和 Add.1 危地马拉 WT/DS105/3 多米尼加 WT/DS105/4 墨西哥 WT/DS105/5 哥斯达黎加 WT/DS105/6 洪都拉斯 WT/DS105/7 和 Add.1 厄瓜多尔 WT/DS105/8 美国 WT/DS105/9 科特迪瓦 WT/DS105/10			08-11-2012 WT/DS105/11

续 表

序号	案 件	请求磋商	收到磋商请求（日 - 月 - 年）	加入磋商请求	请求成立专家组（日 - 月 - 年）	专家组成立（日 - 月 - 年）	双边达成解决方案（日 - 月 - 年）
106	澳大利亚—对汽车皮革生产和采购补助	美国 WT/DS106/1	10-11-1997		12-01-1998 美国 WT/DS106/2	22-01-1998 WT/DSB/M/41	11-06-1998 WT/DS126/2（专家组要求撤销）
107	巴基斯坦—影响皮革出口措施	欧共体 WT/DS107/1	07-11-1997				
108	美国—“海外销售公司”的税收	欧共体 WT/DS108/1 和 Add.1	18-11-1997		09-07-1998 欧共体 WT/DS108/2	22-09-1998 WT/DSB/M/48	
109	智利—对酒精饮料征税	美国 WT/DS109/1 和 Corr.1	11-12-1997	秘鲁 WT/DS109/2 墨西哥 WT/DS/109/3			
110	智利—对酒精饮料征税	欧共体 WT/DS110/1	15-12-1997	美国 WT/DS110/2 墨西哥 WT/DS110/3	13-03-1998 WT/DS110/4	25-03-1998 WT/DSB/M/44	
111	美国—落花生进口关税率配额	阿根廷 WT/DS111/1	19-12-1997	加拿大 WT/DS111/2 日本 WT/DS111/3			
112	秘鲁—对来自巴西的公交车进口的反补贴税调查	巴西 WT/DS112/1	23-12-1997				
113	加拿大—影响奶制品出口措施	新西兰 WT/DS113/1	29-12-1997	美国 WT/DS113/2 日本 WT/DS113/3	12-03-1998 WT/DS113/4	25-03-1998 WT/DSB/M/44	09-05-2003 WT/DS113/33
114	加拿大—药物产品专利权保护	欧共体 WT/DS114/1	19-12-1997	美国 WT/DS114/2 澳大利亚 WT/DS114/3 瑞士 WT/DS114/4	12-11-1998 WT/DS114/5	01-02-1999 WT/DSB/M/54	
115	欧共体—影响版权及邻接权的措施	美国 WT/DS115/1	06-01-1998		12-01-1998 美国 WT/DS115/2		06-11-2000 WT/DS115/3
116	巴西—影响进口付款条件的措施	欧共体 WT/DS116/1	08-01-1998	瑞士 WT/DS116/2 日本 WT/DS116/3 澳大利亚 WT/DS116/4 美国 WT/DS116/5 韩国 WT/DS116/6			

续 表

序号	案 件	请求磋商	收到磋商请求（日-月-年）	加入磋商请求	请求成立专家组（日-月-年）	专家组成立（日-月-年）	双边达成解决方案（日-月-年）
117	加拿大—影响企业分销服务的措施	欧共体 WT/DS117/1	20-01-1998				
118	美国—港口维护税	欧共体 WT/DS118/1	06-02-1998	加拿大 WT/DS118/2 日本 WT/DS118/3 挪威 WT/DS118/4			
119	澳大利亚—涂层非木纸反倾销措施	瑞士 WT/DS119/1	20-02-1998	日本 WT/DS119/2 欧共体 WT/DS119/3			13-05-1998 WT/DS119/4
120	印度—影响特定商品出口措施	欧共体 WT/DS120/1	11-03-1998		13-10-2000 欧共体 WT/DS120/2		
121	阿根廷—鞋类产品进口保障措施	欧共体 WT/DS121/1	06-04-1998	美国 WT/DS121/2	11-06-1998 欧共体 WT/DS121/3	23-07-1998 WT/DSB/M/47	
122	泰国—对波兰出口的铁或非合金钢的角铁、型材、轧材及工字梁的反倾销税案	波兰 WT/DS122/1	06-04-1998		15-10-1999 波兰 WT/DS122/2	19-11-1999 WT/DSB/M/71	
123	阿根廷—鞋类产品进口保障措施	印尼 WT/DS123/1	22-04-1998	美国 WT/DS123/2	16-04-1999 WT/DS123/3 10-05-1999 印尼要求从争端解决机构议程中撤回上诉，并保留其在以后的争端解决机构会议上作出上诉的权利 (WT/DS123/4)		
124	欧共体—动画片及电视节目知识产权保护的实施	美国 WT/DS124/1	30-04-1998				20-03-2001 WT/DS124/2
125	希腊—动画片及电视节目知识产权保护的实施	美国 WT/DS125/1	04-05-1998				20-03-2001 WT/DS125/2
126	澳大利亚—汽车皮革生产和出口的补贴	美国 WT/DS126/1	04-05-1998		11-04-1998 美国 WT/DS126/2	22-06-1998 WT/DSB/M/46	24-07-2000 WT/DS126/11
127	比利时—构成补贴的特定进口税	美国 WT/DS127/1	05-05-1998				

续 表

序号	案 件	请求磋商	收到磋商请求（日-月-年）	加入磋商请求	请求成立专家组（日-月-年）	专家组成立（日-月-年）	双边达成解决方案（日-月-年）
128	荷兰—构成补贴的特定进口税	美国 WT/DS128/1	05-05-1998				
129	希腊—构成补贴的特定进口税	美国 WT/DS129/1	05-05-1998				
130	爱尔兰—构成补贴的特定进口税	美国 WT/DS130/1	05-05-1998				
131	法国—构成补贴的特定进口税	美国 WT/DS131/1	05-05-1998				
132	墨西哥—对来自美国的高果糖玉米糖浆开展反倾销调查	美国 WT/DS132/1	08-05-1998		14-10-1998 美国 WT/DS132/2	25-11-1998 WT/DSB/M/51	
133	斯洛伐克—关于牛的运输及奶制品进口的措施	瑞士 WT/DS133/1	07-05-1998	美国 WT/DS133/2			
134	欧共体—对于稻米的特定进口税的限制	印度 WT/DS134/1 和 Corr.1	27-05-1998				
135	欧共体—影响石棉及石棉产品的措施	加拿大 WT/DS135/1	28-05-1998	巴西 WT/DS135/2	09-10-1998 加拿大 WT/DS135/3	25-11-1998 WT/DSB/M/51	
136	美国—1916 年反倾销法案	欧共体 WT/DS136/1	04-06-1998		12-11-1998 欧共体 WT/DS136/2	01-02-1999 WT/DSB/M/54	
137	欧共体—影响从加拿大进口松木的措施	加拿大 WT/DS137/1	17-06-1998				
138	美国—对来自英国的热轧铅铋碳钢产品征收反补贴税	欧共体 WT/DS138/1	12-06-1998	加拿大 WT/DS138/2	14-01-1999 WT/DS138/3 25-01-1999 WT/DS138/3 和 Corr.1	17-02-1999 WT/DSB/M/55 和 Corr.1	
139	加拿大—特定汽车工业措施	日本 WT/DS139/1	03-07-1998		13-11-1998 WT/DS139/2	01-02-1999 WT/DSB/M/54	
140	欧共体—对来自印度未漂平纹棉布进行反倾销调查	印度 WT/DS140/1	03-08-1998	巴基斯坦 WT/DS140/2			
141	欧共体—对来自印度棉布床单进口征收反倾销税	印度 WT/DS141/1	03-08-1998	巴基斯坦 WT/DS141/2	08-09-1999 印度 WT/DS141/3	27-10-1999 WT/DSB/M/70	

续 表

序号	案 件	请求磋商	收到磋商请求（日 - 月 - 年）	加入磋商请求	请求成立专家组（日 - 月 - 年）	专家组成立（日 - 月 - 年）	双边达成解决方案（日 - 月 - 年）
142	加拿大—特定汽车工业措施	欧共体 WT/DS142/1	17-08-1998		14-01-1999 WT/DS142/2	01-02-1999 WT/DSB/M/54	
143	斯洛伐克—影响从匈牙利小麦进口关税的措施	匈牙利 WT/DS143/1	18-09-1998 (20 天)		09-10-1998 匈牙利 WT/DS143/2		
144	美国—影响从加拿大进口牛、羊和谷物的特定措施	加拿大 WT/DS144/1	25-09-1998				
145	阿根廷—对来自欧共体的面筋征收反补贴税	欧共体 WT/DS145/1 和 Rev.1	23-09-1998				
146	印度—影响汽车部门的措施	欧共体 WT/DS146/1 和 Corr.1	06-10-1998	日本 WT/DS146/2 美国 WT/DS146/3	13-10-2000 欧共体 WT/DS146/4	17-11-2000 WT/DSB/M/92	
147	日本—影响皮革的关税配额及补贴	欧共体 WT/DS147/1	08-10-1998				
148	捷克—影响从匈牙利小麦进口关税的措施	匈牙利 WT/DS148/1	12-10-1998 (20 天)				
149	印度—进口限制	欧共体 WT/DS149/1	28-10-1998	美国 WT/DS149/2 日本 WT/DS149/3 瑞士 WT/DS149/4 澳大利亚 WT/DS149/5			
150	印度—影响关税措施	欧共体 WT/DS150/1	31-10-1998	美国 WT/DS150/2 加拿大 WT/DS150/3 日本 WT/DS150/4 瑞士 WT/DS150/5 澳大利亚 WT/DS150/6			

续 表

序号	案 件	请求磋商	收到磋商请求（日-月-年）	加入磋商请求	请求成立专家组（日-月-年）	专家组成立（日-月-年）	双边达成解决方案（日-月-年）
151	美国—影响纺织品及服装产品的措施(II)	欧共体 WT/DS151/1	19-11-1998	多米尼加 WT/DS151/2 中国香港 WT/DS151/3 巴基斯坦 WT/DS151/4 洪都拉斯 WT/DS151/5 日本 WT/DS151/6 瑞士 WT/DS151/7 萨尔瓦多 WT/DS151/8 印度 WT/DS151/9			24-07-2000 WT/DS151/10
152	美国—1974 年贸易法案第 301—310 部分	欧共体 WT/DS152/1	25-11-1998	多米尼加 WT/DS152/2 巴拿马 WT/DS152/3 危地马拉 WT/DS152/4 墨西哥 WT/DS152/5 牙买加 WT/DS152/6 洪都拉斯 WT/DS152/7 日本 WT/DS152/8 哥伦比亚 WT/DS152/9 厄瓜多尔 WT/DS152/10	02-02-1999 欧共体 WT/DS152/11	02-03-1999 WT/DSB/M/56	
153	欧共体—制药及农业化学产品的专利保护	加拿大 WT/DS153/1	02-12-1998	美国 WT/DS153/2 澳大利亚 WT/DS153/3 瑞士 WT/DS153/4			
154	欧共体—影响咖啡差别及优惠待遇的措施	巴西 WT/DS154/1	07-12-1998	哥伦比亚 WT/DS154/2 秘鲁 WT/DS154/3 哥斯达黎加 WT/DS154/4 玻利维亚 WT/DS154/5			

续 表

序号	案 件	请求磋商	收到磋商请求（日-月-年）	加入磋商请求	请求成立专家组（日-月-年）	专家组成立（日-月-年）	双边达成解决方案（日-月-年）
155	阿根廷—影响牛皮出口及成皮进口的措施	欧共体 WT/DS155/1	23-12-1998		04-06-1999 欧共体 WT/DS155/2	26-07-1999 WT/DSB/M/65	
156	危地马拉—对来自墨西哥的波兰特水泥的反倾销措施	墨西哥 WT/DS156/1 和 Corr.1&2	05-01-1999		15-07-1999 墨西哥 WT/DS156/2 05-08-1999 WT/DS156/2 和 Corr.1	22-09-1999 WT/DSB/M/68	
157	阿根廷—从意大利进口钻头的采取反倾销措施	欧共体 WT/DS157/1	14-01-1999				
158	欧共体—对于香蕉进口、销售及分销的规定	危地马拉、洪都拉斯、墨西哥、巴拿马 和 美国 WT/DS158/1	20-01-1999	厄瓜多尔 WT/DS158/2 伯利兹 WT/DS158/3			08-11-2012 WT/DS158/4
159	匈牙利—对来自捷克的钢铁产品进口的保障措施	捷克 WT/DS159/1	21-01-1999				
160	美国—美国版权法第 110(5) 节	欧共体 WT/DS160/1	26-01-1999	澳大利亚 WT/DS160/2 加拿大 WT/DS160/3 瑞士 WT/DS160/4	16-04-1999 欧共体 WT/DS160/5	26-05-1999 WT/DSB/M/62	
161	韩国—影响新鲜、冷藏、冷冻牛肉进口措施	美国 WT/DS161/1	01-02-1999	新西兰 WT/DS161/2 澳大利亚 WT/DS161/3 加拿大 WT/DS161/4	16-04-1999 美国 WT/DS161/5	26-05-1999 WT/DSB/M/62	
162	美国—1916 年反倾销法案	日本 WT/DS162/1	10-02-1999	欧共体 WT/DS162/2	04-06-1999 日本 WT/DS162/3	26-07-1999 WT/DSB/M/65	
163	韩国—影响政府采购措施	美国 WT/DS163/1	16-02-1999	欧共体 WT/DS163/2 日本 WT/DS163/3	11-05-1999 美国 WT/DS163/4	16-06-1999 WT/DSB/M/64	
164	阿根廷—影响鞋类进口措施	美国 WT/DS164/1	01-03-1999	欧共体 WT/DS164/2	20-05-1999 美国 WT/DS164/3 15-07-1999 WT/DS164/4	26-07-1999 WT/DSB/M/65	

续 表

序号	案 件	请求磋商	收到磋商请求（日-月-年）	加入磋商请求	请求成立专家组（日-月-年）	专家组成立（日-月-年）	双边达成解决方案（日-月-年）
165	美国—对来自欧共体特定产品的进口措施	欧共体 WT/DS165/1	04-03-1999	多米尼加 WT/DS165/2 日本 WT/DS165/3 洪都拉斯 WT/DS165/4 危地马拉 WT/DS165/5 厄瓜多尔 WT/DS165/6 巴拿马 WT/DS165/7 和 Corr.1	11-05-1999 欧共体 WT/DS165/8	16-06-1999 WT/DSB/M/64	
166	美国—对来自欧共体面筋进口的保障措施	欧共体 WT/DS166/1	17-03-1999	澳大利亚 WT/DS166/2	04-06-1999 欧共体 WT/DS166/3	26-07-1999 WT/DSB/M/65	
167	美国—对来自加拿大活牛的反补贴税调查	加拿大 WT/DS167/1	19-03-1999	墨西哥 WT/DS167/2			
168	南非—对来自印度某些药品征收反倾销税	印度 WT/DS168/1	01-04-1999				
169	韩国—影响新鲜、冷藏及冷冻牛肉进口的措施	澳大利亚 WT/DS169/1	13-04-1999	新西兰 WT/DS169/2 美国 WT/DS169/3 加拿大 WT/DS169/4 和 Corr.1	15-07-1999 澳大利亚 WT/DS169/5	26-07-1999 WT/DSB/M/65	
170	加拿大—专利保护条款	美国 WT/DS170/1	06-05-1999		15-07-1999 美国 WT/DS170/2	22-09-1999 WT/DSB/M/68	
171	阿根廷—对药品的专利权保护及对农业化学品测试数据保护	美国 WT/DS171/1	06-05-1999	瑞士 WT/DS171/2			31-05-2002 WT/DS171/3
172	欧共体—航班管理系统开发有关措施	美国 WT/DS172/1	21-05-1999				
173	法国—航班管理系统开发有关措施	美国 WT/DS173/1	21-05-1999				

续 表

序号	案 件	请求磋商	收到磋商请求（日-月-年）	加入磋商请求	请求成立专家组（日-月-年）	专家组成立（日-月-年）	双边达成解决方案（日-月-年）
174	欧共体—农产品和食品的商标及地理标识保护	美国 WT/DS174/1 和 Add.1	01-06-1999 04-04-2003	加拿大 WT/DS174/3 澳大利亚 WT/DS174/4 墨西哥 WT/DS174/5 新西兰 WT/DS174/6 斯里兰卡 WT/DS174/7 印度 WT/DS174/8 阿根廷 WT/DS174/9 匈牙利 WT/DS174/10 马耳他 WT/DS174/11 保加利亚 WT/DS174/12 捷克 WT/DS174/13 塞浦路斯 WT/DS174/14 斯洛文尼亚 WT/DS174/15 土耳其 WT/DS174/16 罗马尼亚 WT/DS174/17 斯洛伐克 WT/DS174/18	18-08-2003 美国 WT/DS174/20	02-10-2003 WT/DSB/M/156	
175	印度—影响汽车部门投资和贸易的措施	美国 WT/DS175/1	02-06-1999	日本 WT/DS175/2 欧共体 WT/DS175/3	18-05-2000 美国 WT/DS175/4	27-07-2000 WT/DSB/M/86	
176	美国—1998 年全面拨款法第 211 部分	欧共体 WT/DS176/1	08-07-1999		07-07-2000 欧共体 WT/DS176/2	26-09-2000 WT/DSB/M/89	
177	美国—对来自新西兰的新鲜、冷藏及冷冻羔羊肉采取保障措施	新西兰 WT/DS177/1	16-07-1999	澳大利亚 WT/DS177/2 加拿大 WT/DS177/3	15-10-1999 新西兰 WT/DS177/4	19-11-1999 WT/DSB/M/71	
178	美国—对来自澳大利亚羔羊肉进口的保障措施	澳大利亚 WT/DS178/1 和 Corr.1	23-07-1999	新西兰 WT/DS178/2 和 Corr.1 欧共体 WT/DS178/3 加拿大 WT/DS178/4	15-10-1999 澳大利亚 WT/DS178/5 和 Corr.1	19-11-1999 WT/DSB/M/71	

续 表

序号	案 件	请求磋商	收到磋商请求（日-月-年）	加入磋商请求	请求成立专家组（日-月-年）	专家组成立（日-月-年）	双边达成解决方案（日-月-年）
179	美国—来自韩国的不锈钢卷板和不锈钢条的反倾销措	韩国 WT/DS179/1	30-07-1999		15-10-1999 韩国 WT/DS179/2	19-11-1999 WT/DSB/M/71	
180	美国—特定糖浆税则归类	加拿大 WT/DS180/1	06-09-1999				
181	哥伦比亚—对来自泰国的纯聚酯长丝布进口的保障措施				08-09-1999 泰国 WT/DS181/1 撤销请求 27-10-1999 WT/DSB/M/70		
182	厄瓜多尔—对来自墨西哥的灰水泥的反倾销措施	墨西哥 WT/DS182/1 和 Corr.1	05-10-1999				
183	巴西—对于进口许可证及最低进口价格的措施	欧共体 WT/DS183/1	14-10-1999	美国 WT/DS183/2			
184	美国—对来自日本的热轧薄板卷产品征收反倾销税	日本 WT/DS184/1	18-11-1999		11-02-2000 日本 WT/DS184/2	20-03-2000 WT/DSB/M/77	
185	特立尼达和多巴哥—影响从哥斯达黎加进口的意大利面的措施	哥斯达黎加 WT/DS185/1	18-11-1999				
186	美国—1930 关税法及修正第 337 部分	欧共体 WT/DS186/1	12-01-2000	加拿大 WT/DS186/2 日本 WT/DS186/3			
187	特立尼达和多巴哥—对来自哥斯达黎加的通心粉和意大利面进口的临时反倾销措施	哥斯达黎加 WT/DS187/1	17-01-2000				
188	尼加拉瓜—洪都拉斯和哥伦比亚进口措施	哥伦比亚 WT/DS188/1	17-01-2000		28-03-2000 哥伦比亚 WT/DS188/1 和 Corr.1	18-05-2000 WT/DSB/M/80	
189	阿根廷—对从德国进口动画板和意大利进口的瓷砖采取明确反倾销措施	欧共体 WT/DS189/1	26-01-2000		15-09-2000 欧共体 WT/DS189/2 07-11-2000 WT/DS189/3	17-11-2000 WT/DSB/M/92	

续 表

序号	案 件	请求磋商	收到磋商请求（日-月-年）	加入磋商请求	请求成立专家组（日-月-年）	专家组成立（日-月-年）	双边达成解决方案（日-月-年）
190	阿根廷—对于原产巴西的特定机织棉布的过渡期保障措施				11-02-2000 巴西 WT/DS190/1	20-03-2000 WT/DSB/M/77	27-06-2000 WT/DS190/2
191	厄瓜多尔—来自墨西哥水泥的明确反倾销措施	墨西哥 WT/DS191/1	15-03-2000				
192	美国—对来自巴基斯坦精梳棉纱线的过渡期保障措施	N.A.	N.A.	N.A.	03-04-2000 巴基斯坦 WT/DS192/1	19-06-2000 WT/DSB/M/84	
193	智利—影响剑鱼的运输及进口措施	欧共体 WT/DS193/1	19-04-2000		06-11-2000 欧共体 WT/DS193/2	12-12-2000 WT/DSB/M/94 23-03-01 WT/DS193/3 终止成立专家组	
194	美国—作为出口限制的补贴	加拿大 WT/DS194/1	19-05-2000		24-07-2000 加拿大 WT/DS194/2	11-09-2000 WT/DSB/M/88	
195	菲律宾—影响汽车部门投资和贸易的措施	美国 WT/DS195/1	23-05-2000		13-10-2000 美国 WT/DS195/3	17-11-2000 WT/DSB/M/92	
196	阿根廷—对于专利及测试数据的特定保护措施	美国 WT/DS196/1	30-05-2000	欧共体 WT/DS196/2 瑞士 WT/DS196/3			31-05-2002 WT/DS196/4
197	巴西—最低进口价格措施	美国 WT/DS197/1	30-05-2000	欧共体 WT/DS197/2			
198	罗马尼亚—最低进口价格措施	美国 WT/DS198/1	30-05-2000				26-09-2001 WT/DS198/2
199	巴西—影响专利保护措施	美国 WT/DS199/1	30-05-2000	欧共体 WT/DS/199/2	08-01-2001 美国 WT/DS199/3	01-02-2001 WT/DSB/M/98	05-07-2001 WT/DS199/4

续 表

序号	案 件	请求磋商	收到磋商请求（日-月-年）	加入磋商请求	请求成立专家组（日-月-年）	专家组成立（日-月-年）	双边达成解决方案（日-月-年）
200	美国—1974 年贸易法案及修正案第 306 节	欧共体 WT/DS200/1	05-06-2000	厄瓜多尔 W/DS200/2 牙买加 WT/DS200/3 日本 WT/DS200/4 多米尼加 WT/DS200/5 洪都拉斯 WT/DS200/6 危地马拉 WT/DS200/7 加拿大 WT/DS200/8 巴拿马 WT/DS200/9 澳大利亚 WT/DS200/10 圣卢西亚 WT/DS200/11			
201	尼加拉瓜—影响从洪都拉斯和哥伦比亚进口的措施	洪都拉斯 WT/DS201/1	06-06-2000	欧共体 WT/DS201/2			
202	美国—自韩国进口的圆焊碳质条形管的保障措施	韩国 WT/DS202/1	13-06-2000	欧共体 WT/DS202/2 日本 WT/DS202/3	15-09-2000 韩国 WT/DS202/4	23-10-2000 WT/DSB/M/91	
203	墨西哥—影响活猪贸易的措施	美国 WT/DS203/1	10-07-2000				
204	墨西哥—影响电信服务的措施	美国 WT/DS204/1 和 Add.1	17-08-2000		10-11-2000 美国 WT/DS204/2 18-02-2002 WT/DS204/3	17-04-2002 WT/DSB/M/123	
205	埃及—豆油罐装金枪鱼进口限令	泰国 WT/DS205/1	22-09-2000				
206	美国—对来自印度钢板的反倾销及反补贴措施	印度 WT/DS206/1	04-10-2000		07-06-2001 印度 WT/DS206/2	24-07-2001 WT/DSB/M/107	
207	智利—对特定农产品的综合价格制度及保障措施	阿根廷 WT/DS207/1	05-10-2000		19-01-2001 阿根廷 WT/DS207/2	12-03-2001 WT/DSB/M/101	
208	土耳其—对于钢铁管配件征收反倾销税	巴西 WT/DS208/1	09-10-2000				

续 表

序号	案 件	请求磋商	收到磋商请求（日-月-年）	加入磋商请求	请求成立专家组（日-月-年）	专家组成立（日-月-年）	双边达成解决方案（日-月-年）
209	欧共体—影响速溶咖啡措施	巴西 WT/DS209/1	12-10-2000	厄瓜多尔 WT/DS209/2			
210	比利时—建立稻米海关税的管理办法	美国 WT/DS210/1	12-10-2000		19-01-2001 美国 WT/DS210/2 01-03-2001 WT/DS201/2/Rev.1	12-03-2001 WT/DSB/M/101	18-12-2001 WT/DS210/6
211	埃及—对来自土耳其钢筋采取反倾销措施	土耳其 WT/DS211/1	06-11-2000		04-05-2001 土耳其 WT/DS211/2 11-05-2001 WT/DS/211/2/Corr.1	20-06-2001 WT/DSB/M/106	
212	美国—对于特定来自欧共体产品的反补贴措施	欧共体 WT/DS212/1 和 Add.1	10-11-2000	巴西 WT/DS212/2 和 Add.1 以色列 WT/DS212/3	10-08-2001 欧共体 WT/DS212/4	10-09-2001 WT/DSB/M/109	
213	美国—对特定来自德国的耐腐蚀扁钢征收反补贴税	欧共体 WT/DS213/1 和 Add.1	10-11-2000	印度 WT/DS213/2	10-08-2001 欧共体 WT/DS213/3	10-09-2001 WT/DSB/M/109	
214	美国—对钢盘条和圆缝碳质钢管的保障措施	欧共体 WT/DS214/1	01-12-2000	加拿大 WT/DS214/2 印度 WT/DS214/3	10-08-2001 WT/DS214/4	10-09-2001 WT/DSB/M/109	
215	菲律宾—对来自韩国的聚乙烯树脂采取反倾销措施	韩国 WT/DS215/1	15-12-2000				
216	墨西哥—对电力传输器采取临时反倾销措施	巴西 WT/DS216/1	20-12-2000	欧共体 WT/DS216/2 美国 WT/DS216/3			
217	美国—2000 年持续性倾销及补贴补偿法	澳大利亚、巴西、智利、欧共体、印度、印尼、日本、韩国和泰国 WT/DS217/1	21-12-2000	阿根廷 WT/DS217/2 加拿大 WT/DS217/3 墨西哥 WT/DS217/4 和 Add.1	13-07-2001 澳大利亚、巴西、智利、欧共体、印度、印尼、日本、韩国和泰国 WT/DS217/5	23-08-2001 WT/DSB/M/108	
218	美国—对来自巴西的特定碳钢制品的反补贴税	巴西 WT/DS218/1	21-12-2000	欧共体 WT/DS218/2			

续 表

序号	案 件	请求磋商	收到磋商请求（日-月-年）	加入磋商请求	请求成立专家组（日-月-年）	专家组成立（日-月-年）	双边达成解决方案（日-月-年）
219	欧共体—对来自巴西的可锻铸铁管接头征收反倾销税	巴西 WT/DS219/1	21-12-2000		08-06-2001 巴西 WT/DS219/2	24-07-2001 WT/DSB/M/107	
220	智利—对特定农产品相关的综合价格制度及保障措施	危地马拉 WT/DS220/1	05-01-2001				
221	美国—乌拉圭回合协议第129(C)(1)节	加拿大 WT/DS221/1	17-01-2001	印度 WT/DS221/2 欧共体 WT/DS221/3	13-07-2001 加拿大 WT/DS221/4	23-08-2001 WT/DSB/M/108	
222	加拿大—地区航空器的出口信贷保证	巴西 WT/DS222/1	22-01-2001		01-03-2001 巴西 WT/DS222/2	12-03-2001 WT/DSB/M/101	
223	欧共体—来自美国的玉米黄浆饲料的关税率配额	美国 WT/DS223/1	25-01-2001				
224	美国—美国专利权	巴西 WT/DS224/1	31-01-2001	印度 WT/DS224/2			
225	美国—对从意大利进口无缝管征收反倾销税	欧共体 WT/DS225/1	05-02-2001	日本 WT/DS225/2			
226	智利—对食用油混合物的临时保障措施	阿根廷 WT/DS226/1	19-02-2002				
227	秘鲁—对香烟征税	智利 WT/DS227/1 和 Corr.1&2	01-03-2001		03-05-2001 智利 WT/DS227/2 此上诉于 2001 年 7 月 12 日被正式撤回 WT/DS227/3	20-06-2001 WT/DSB/M/106	
228	智利—对糖类的保障措施	哥伦比亚 WT/DS228/1	15- 03-2001	古巴 WT/DS228/2 危地马拉 WT/DS228/3 尼加拉瓜 WT/DS228/4 哥斯达黎加 WT/DS228/5 萨尔瓦多 WT/DS228/6			
229	巴西—对来自印度的麻袋征收反倾销税	印度 WT/DS229/1	09-04-2001				

续 表

序号	案 件	请求磋商	收到磋商请求（日-月-年）	加入磋商请求	请求成立专家组（日-月-年）	专家组成立（日-月-年）	双边达成解决方案（日-月-年）
230	智利—关于糖类的保障措施和程序修改	哥伦比亚 WT/DS230/1	17-04-2001	危地马拉 WT/DS230/2 哥斯达黎加 WT/DS230/3 古巴 WT/DS230/4 尼加拉瓜 WT/DS230/5			
231	欧共体—沙丁鱼贸易描述	秘鲁 WT/DS231/1	20-03-2001	委内瑞拉 WT/DS231/2 智利 WT/DS231/3 美国 WT/DS231/4 厄瓜多尔 WT/DS231/5	07-06-2001 秘鲁 WT/DS231/6	24-07-2001 WT/DSB/M/107	25-07-2003 WT/DS231/18
232	墨西哥—影响火柴的进口措施	智利 WT/DS232/1 要求磋商的申请撤回 WT/DS232/3 (02-02-04)	17-05-2001	欧共体 WT/DS232/2			
233	阿根廷—影响药类产品进口的措施	印度 WT/DS233/1	25-05-2001				
234	美国—2000年持续性倾销及补贴补偿法案	加拿大和墨西哥 WT/DS234/1	21-05-2001	日本 WT/DS234/2 欧共体 WT/DS234/3 巴西 WT/DS234/4 印尼 WT/DS234/5 韩国 WT/DS234/6 印度 WT/DS234/7 危地马拉 WT/DS234/8 泰国 WT/DS234/9 澳大利亚 WT/DS234/10 智利 WT/DS234/11	10-08-2001 加拿大 WT/DS234/12 10-08-2001 墨西哥 WT/DS234/13	10-09-2001 争端解决机构决定于2001年8月23日成立专家组，应澳大利亚、巴西、智利、欧共体、印度、印尼、日本、韩国和泰国的要求。此案件也可参见加拿大和墨西哥申请 WT/DSB/M/109	

续 表

序号	案 件	请求磋商	收到磋商请求（日-月-年）	加入磋商请求	请求成立专家组（日-月-年）	专家组成立（日-月-年）	双边达成解决方案（日-月-年）
235	斯洛伐克—糖类进口的保障措施	波兰 WT/DS235/1	11-07-2001				11-01-2002 WT/DS235/2
236	美国—对来自加拿大的特定软木的初步判决	加拿大 WT/DS236/1	21-08-2001		26-10-2001 加拿大 WT/DS236/2	05-12-2001 WT/DSB/M/114	12-10-2006 WT/DS236/5/ Add.1
237	土耳其—新鲜水果的特定进口程序	厄瓜多尔 WT/DS237/1	31-08-2001	欧共体 WT/DS237/2	14-06-2002 厄瓜多尔 WT/DS237/3	29-07-2002 WT/DSB/M/130	22-11-2002 WT/DS237/4
238	阿根廷—桃脯进口的保障措施	智利 WT/DS238/1	14-09-2001		06-12-2002 智利 WT/DS238/2	18-01-2002 WT/DSB/M/117	
239	美国—对从巴西进口硅金属征收反倾销税	巴西 WT/DS239/1 和 Rev.1	18-09-2001 01-11-2001	泰国 WT/DS239/2 欧共体 WT/DS239/3			
240	罗马尼亚—小麦及小麦粉进口禁令	匈牙利 WT/DS240/1 WT/DS240/1/ Add.1	18-10-2001 30-10-2001		28-11-2001 匈牙利 WT/DS240/2 2001 年 12 月 20 日，撤销建立专家组请求 WT/DS240/3		
241	阿根廷—对来自巴西家禽征收反倾销税	巴西 WT/DS241/1	07-11-2001	欧共体 WT/DS241/2	26-02-2002 巴西 WT/DS241/3	17-04-2002 WT/DSB/M/123	
242	欧共体—普惠制	泰国 WT/DS242/1	07-12-2001	哥斯达黎加 WT/DS242/2 危地马拉 WT/DS242/3 尼加拉瓜 WT/DS242/4 洪都拉斯 WT/DS242/5 哥伦比亚 WT/DS242/6			
243	美国—纺织品及服装原产地证明	印度 WT/DS243/1	11-01-2002	孟加拉国 WT/DS243/2 欧共体 WT/DS243/3	08-05-2002 印度 WT/DS243/5 07-06-2002 WT/DS243/5/ Rev.1	24-06-2002 WT/DSB/M/128	
244	美国—对来自日本的耐腐蚀钢板反倾销税日落复审	日本 WT/DS244/1	30-01-2002	欧共体 WT/DS244/2 印度 WT/DS244/3	05-04-2002 日本 WT/DS244/4	22-05-2002 WT/DSB/M/124 和 Corr.1	

续 表

序号	案 件	请求磋商	收到磋商请求（日 - 月 - 年）	加入磋商请求	请求成立专家组（日 - 月 - 年）	专家组成立（日 - 月 - 年）	双边达成解决方案（日 - 月 - 年）
245	日本—影响苹果进口措施	美国 WT/DS245/1	01-03-2002		08-05-2002 美国 WT/DS245/2	03-06-2002 WT/DSB/M/125	30-08-2005 WT/DS245/21
246	欧共体—给予发展中国家的优惠关税条件	印度 WT/DS246/1	05-03-2002	委内瑞拉 WT/DS246/2 哥伦比亚 WT/DS246/3	06-12-2002 印度 WT/DS246/4	27-01-2003 WT/DSB/M/142	
247	美国—对来自加拿大的软木进口的临时反倾销措施	加拿大 WT/DS247/1	06-03-2002				12-10-2006 WT/DS247/2 23-02-2007 WT/DS247/2/Add.1
248	美国—对于特定钢铁制品进口的保障措施	欧共体 WT/DS248/1	07-03-2002	日本 WT/DS248/2 瑞士 WT/DS248/3 韩国 WT/DS248/4 挪威 WT/DS248/5 委内瑞拉 WT/DS248/6 加拿大 WT/DS248/7 墨西哥 WT/DS248/8 中国 WT/DS248/9 新西兰 WT/DS248/10	08-05-2002 欧共体 WT/DS248/12	03-06-2002 WT/DSB/M/125	
249	美国—对于特定钢铁产品的保障措施	日本 WT/DS249/1	20-03-2002	挪威 WT/DS249/2 新西兰 WT/DS249/3 墨西哥 WT/DS249/4	24-05-2002 日本 WT/DS249/6	14-06-2002 争端解决机构同意在 2002 年 6 月 3 日成立专家组来调查欧共体提请的上诉，同时也就日本提请的类似案件上诉做相应调查 WT/DSB/M/127	
250	美国—美国佛罗里达州对橙、柚加工产品的补贴性特许权税	巴西 WT/DS250/1	20-03-2002		19-08-2002 巴西 WT/DS250/2	01-10-2002 WT/DSB/M/133	28-05-2004 WT/DS250/3

续 表

序号	案 件	请求磋商	收到磋商请求（日-月-年）	加入磋商请求	请求成立专家组（日-月-年）	专家组成立（日-月-年）	双边达成解决方案（日-月-年）
251	美国—对于特定钢铁产品进口的保障措施	韩国 WT/DS251/1	20-03-2002	挪威 WT/DS251/2 日本 WT/DS251/3 新西兰 WT/DS251/4 墨西哥 WT/DS251/5	24-05-2002 韩国 WT/DS251/7	14-06-2002 争端解决机构同意在 2002 年 6 月 3 日成立专家组来调查欧共体提请的上诉，同时也就韩国提请的类似案件上诉做相应调查 WT/DSB/M/127	
252	美国—对于特定钢铁产品进口的保障措施	中国 WT/DS252/1	26-03-2002	日本 WT/DS252/2 新西兰 WT/DS252/3	27-05-2002 中国 WT/DS252/5	24-06-2002 争端解决机构同意在 2002 年 6 月 3 日成立专家组来调查欧共体提请的上诉，同时也就中国提请的类似案件上诉作相应调查 WT/DSB/M/128	
253	美国—对于特定钢铁产品进口的保障措施	瑞士 WT/DS253/1	03-04-2002	新西兰 WT/DS253/2 日本 WT/DS253/3	04-06-2002 瑞士 WT/DS253/5	24-06-2002 争端解决机构同意在 2002 年 6 月 3 日成立专家组来调查欧共体提请的上诉，同时也就瑞士提请的类似案件上诉作相应调查 WT/DSB/M/128	
254	美国—对于特定钢铁产品进口的保障措施	挪威 WT/DS254/1	04-04-2002	新西兰 WT/DS254/2 日本 WT/DS254/3	04-06-2002 挪威 WT/DS254/5	24-06-2002 争端解决机构 同意在 2002 年 6 月 3 日成立专家组来调查欧共体提请的上诉，同时也就挪威提请的类似案件上诉作相应调查 WT/DSB/M/128	
255	秘鲁—对特定进口产品的税收措施	智利 WT/DS255/1	22-04-2002	美国 WT/DS255/2	14-06-2002 智利 WT/DS255/3 25-09-2002 WT/DS255/5（此事件撤回）		

续 表

序号	案　件	请求磋商	收到磋商请求（日-月-年）	加入磋商请求	请求成立专家组（日-月-年）	专家组成立（日-月-年）	双边达成解决方案（日-月-年）
256	土耳其—对来自匈牙利的宠物食品进口禁令	匈牙利 WT/DS256/1	03-05-2002				
257	美国—对来自加拿大的特定软木的最终反补贴税决定	加拿大 WT/DS257/1	03-05-2002		19-07-2002 加拿大 WT/DS257/2 19-08-2002 WT/DS257/3	01-10-2002 WT/DSB/M/133	12-10-2006 WT/DS257/26 23-02-2007 WT/DS257/26/Add.1
258	美国—对于特定钢铁产品进口的保障措施	新西兰 WT/DS258/1	14-05-2002	欧共体 WT/DS258/2 日本 WT/DS258/3 韩国 WT/DS258/4 挪威 WT/DS258/5 中国 WT/DS258/6 墨西哥 WT/DS258/7	28-06-2002 新西兰 WT/DS258/9	08-07-2002 争端解决机构同意在2002年6月3日成立专家组来调查欧共体提请的上诉，同时也就新西兰提请的类似案件上诉做相应调查 WT/DSB/M/129	
259	美国—对特定钢铁产品进口采取保障措施	巴西 WT/DS259/1	21-05-2002	欧共体 WT/DS259/2 日本 WT/DS259/3 韩国 WT/DS259/4 挪威 WT/DS259/5 中国 WT/DS259/6 墨西哥 WT/DS259/7	22-07-2002 巴西 WT/DS259/10	29-07-2002 争端解决机构同意在2002年6月3日成立专家组来调查欧共体提请的上诉，同时也就巴西提请的类似案件上诉做相应调查 WT/DSB/M/130	
260	欧共体—对于特定钢铁产品进口的临时保障措施	美国 WT/DS260/1	30-05-2002	日本 WT/DS260/2	19-08-2002 美国 WT/DS260/4	16-09-2002 WT/DSB/M/132	
261	乌拉圭—特定产品的税收待遇	智利 WT/DS261/1	18-06-2002	欧共体 WT/DS261/2 墨西哥 WT/DS261/3	03-04-2003 智利 WT/DS261/4	19-05-2003 WT/DSB/M/150	08-01-2004 WT/DS261/7
262	美国—对来自德国和法国的特定钢铁产品的反倾销和反补贴税的日落复审	欧共体 WT/DS262/1	25-07-2002	加拿大 WT/DS262/2 日本 WT/DS262/3			
263	欧共体—影响酒类进口的措施	阿根廷 WT/DS263/1	04-09-2002				

续 表

序号	案 件	请求磋商	收到磋商请求（日-月-年）	加入磋商请求	请求成立专家组（日-月-年）	专家组成立（日-月-年）	双边达成解决方案（日-月-年）
264	美国—对来自加拿大木材的最终倾销决定	加拿大 WT/DS264/1	13-09-2002		06-12-2002 加拿大 WT/DS264/2	08-01-2003 WT/DSB/M/140	12-10-2006 WT/DS264/29 23-02-2007 Add.1
265	欧共体—糖类出口补贴	澳大利亚 WT/DS265/1	27-09-2002	毛里求斯 WT/DS265/2 巴西 WT/DS265/3 瑞士 WT/DS265/4 斐济 WT/DS265/5 圭亚那 WT/DS265/6 伯利兹 WT/DS265/7 牙买加 WT/DS265/8 印度 WT/DS265/9 津巴布韦 WT/DS265/10	09-07-2003 澳大利亚 WT/DS265/21	29-08-2003 WT/DSB/M/155	
				马拉维 WT/DS265/11 加拿大 WT/DS265/12 肯尼亚 WT/DS265/13 巴巴多斯 WT/DS265/14 科特迪瓦 WT/DS265/15 刚果 WT/DS265/16 马达加斯加 WT/DS265/17 哥伦比亚 WT/DS265/18 圣基茨和尼维斯 WT/DS265/19			

续 表

序号	案 件	请求磋商	收到磋商请求（日-月-年）	加入磋商请求	请求成立专家组（日-月-年）	专家组成立（日-月-年）	双边达成解决方案（日-月-年）
266	欧共体—糖类出口补贴	巴西 WT/DS266/1	27-09-2002	澳大利亚 WT/DS266/2 毛里求斯 WT/DS266/3 印度 WT/DS266/4 瑞士 WT/DS266/5 斐济 WT/DS266/6 圭亚那 WT/DS266/7 伯利兹 WT/DS266/8 牙买加 WT/DS266/9 津巴布韦 WT/DS266/10 马拉维 WT/DS266/11 加拿大 WT/DS266/12 肯尼亚 WT/DS266/13 巴巴多斯 WT/DS266/14 科特迪瓦 WT/DS266/15 刚果 WT/DS266/16 马达加斯加 WT/DS266/17 哥伦比亚 WT/DS266/18 圣基茨和尼维斯 WT/DS266/19	09-07-2003 巴西 WT/DS266/21	29-08-2003 WT/DSB/M/155	
267	美国—陆地棉补贴	巴西 WT/DS267/1	27-09-2002	津巴布韦 WT/DS267/2 印度 WT/DS267/3 阿根廷 WT/DS267/4 加拿大 WT/DS267/5	06-02-2003 巴西 WT/DS267/7	18-03-2003 WT/DSB/M/145	16-10-2014 WT/DS267/46
268	美国—对来自阿根廷的石油管材的反倾销措施日落复审	阿根廷 WT/DS268/1	07-10-2002		03-04-2003 阿根廷 WT/DS268/2	19-05-2003 WT/DSB/M/150	

续 表

序号	案 件	请求磋商	收到磋商请求（日-月-年）	加入磋商请求	请求成立专家组（日-月-年）	专家组成立（日-月-年）	双边达成解决方案（日-月-年）
269	欧共体—对冷冻无骨鸡块的关税分类	巴西 WT/DS269/1	11-10-2002	美国 WT/DS269/2	19-09-2003 巴西 WT/DS269/3	07-11-2003 WT/DSB/M/157	
270	澳大利亚—影响新鲜水果和蔬菜进口的特定措施	菲律宾 WT/DS270/1	18-10-2002	欧共体 WT/DS270/2 泰国 WT/DS270/3	07-07-2003 菲律宾 WT/DS270/5/Rev.1	29-08-2003 WT/DSB/M/155	
271	澳大利亚—影响菠萝进口的措施	菲律宾 WT/DS271/1	18-10-2002	欧共体 WT/DS271/2 泰国 WT/DS271/3			
272	秘鲁—对来自阿根廷的植物油征收临时	阿根廷 WT/DS272/1	21-10-2002				
273	韩国—影响商船贸易的措施	欧共体 WT/DS273/1	21-10-2002		11-06-2003 欧共体 WT/DS273/2	21-07-2003 WT/DSB/M/153	
274	美国—对于特定钢铁产品进口的保障措施	台、澎、金、马单独关税区 WT/DS274/1	01-11-2002	日本 WT/DS274/2			
275	委内瑞拉—对特定农产品进口许可证措施	美国 WT/DS275/1	07-11-2002	欧共体 WT/DS275/2 加拿大 WT/DS275/3 新西兰 WT/DS275/4 阿根廷 WT/DS275/5 哥伦比亚 WT/DS275/6 智利 WT/DS275/7			
276	加拿大—对于小麦出口措施和谷物进口待遇	美国 WT/DS276/1	17-12-2002	日本 WT/DS276/2 墨西哥 WT/DS276/3 欧共体 WT/DS276/4 澳大利亚 WT/DS276/5	06-03-2003 美国 WT/DS276/6 30-06-2003 美国 WT/DS276/9	31-03-2003 WT/DSB/M/146 11-07-2003 WT/DSB/M/152	
277	美国—对来自加拿大软木的国际贸易商会调查	加拿大 WT/DS277/1	20-12-2002		03-04-2003 加拿大 WT/DS277/2	07-05-2003 WT/DSB/M/149	12-10-2006 WT/DS277/20

续 表

序号	案 件	请求磋商	收到磋商请求（日-月-年）	加入磋商请求	请求成立专家组（日-月-年）	专家组成立（日-月-年）	双边达成解决方案（日-月-年）
278	智利—果糖进口的保障措施	阿根廷 WT/DS278/1	20-12-2002				
279	印度—2002至2007年进出口政策中进口限制的持续	欧共体 WT/DS279/1	23-12-2002	美国 WT/DS279/2			
280	美国—对来自墨西哥钢板的反补贴税	墨西哥 WT/DS280/1	21-01-2003		04-08-2003 墨西哥 WT/DS280/2	29-08-2003 WT/DSB/M/155	
281	美国—对来自墨西哥水泥的反倾销措施	墨西哥 WT/DS281/1	31-01-2003		29-07-2003 墨西哥 WT/DS281/2	29-08-2003 WT/DSB/M/155	16-05-2007 WT/DS281/8
282	美国—对来自墨西哥石油工业用管材的反倾销措施	墨西哥 WT/DS282/1	18-02-2003		29-07-2003 墨西哥 WT/DS282/2	29-08-2003 WT/DSB/M/155	
283	欧共体—糖类出口补贴	泰国 WT/DS283/1	14-03-2003		09-07-2003 泰国 WT/DS283/2	29-08-2003 WT/DSB/M/155	
284	墨西哥—阻碍来自尼加拉瓜黑豆进口的特定措施	尼加拉瓜 WT/DS284/1	17-03-2003	美国 WT/DS284/2 加拿大 WT/DS284/3			
285	美国—影响博彩业跨境提供的措施	安提瓜和巴布达 WT/DS285/1 和 WT/DS285/1/Add.1	13-03-2003 01-04-2003		12-06-2003 安提瓜和巴布达 WT/DS285/2	21-07-2003 WT/DSB/M/153	
286	欧共体—冷冻无骨鸡的关税分类	泰国 WT/DS286/1	25-03-2003	巴西 WT/DS286/2 美国 WT/DS286/3	27-10-2003 泰国 WT/DS286/5	21-11-2003 争端解决机构同意在11月7日成立专家组对巴西(WT/DS269/3)作出的上诉进行调查，同时也调查泰国（WT/DSB/M/15）就同一事件提出的起诉	
287	澳大利亚—进口检疫制度	欧共体 WT/DS287/1	03-04-2003	智利 WT/DS287/2 加拿大 WT/DS287/3 印度 WT/DS287/4 菲律宾 WT/DS287/5	29-08-2003 欧共体 WT/DS287/7 和 14-10-2003 WT/DS287/7/Rev.1		09-03-2007 WT/DS287/8

续 表

序号	案 件	请求磋商	收到磋商请求（日-月-年）	加入磋商请求	请求成立专家组（日-月-年）	专家组成立（日-月-年）	双边达成解决方案（日-月-年）
288	南非—对来自土耳其毛毯的反倾销措施	土耳其 WT/DS288/1	09-04-2003				
289	捷克—对来自波兰的猪肉进口的格外关税	波兰 WT/DS289/1	16-04-2003				
290	欧共体—农产品和食品的商标及地理标识保护	澳大利亚 WT/DS290/1	17-04-2003	马耳他 WT/DS290/2 保加利亚 WT/DS290/3 捷克 WT/DS290/4 塞浦路斯 WT/DS290/5 美国 WT/DS290/6 斯洛文尼亚 WT/DS290/7 新西兰 WT/DS290/8 土耳其 WT/DS290/9 墨西哥 WT/DS290/10 阿根廷 WT/DS290/11 匈牙利 WT/DS290/12 哥伦比亚 WT/DS290/13 罗马尼亚 WT/DS290/14 斯洛伐克 WT/DS290/15 台、澎、金、马单独关税区 WT/DS290/16	18-08-2003 澳大利亚 WT/DS290/18	02-10-2003 WT/DSB/M/156	

续 表

序号	案 件	请求磋商	收到磋商请求（日-月-年）	加入磋商请求	请求成立专家组（日-月-年）	专家组成立（日-月-年）	双边达成解决方案（日-月-年）
291	欧共体—影响生物科技产品审批及营销的措施	美国 WT/DS291/1	13-05-2003	秘鲁 WT/DS291/2 哥伦比亚 WT/DS291/3 墨西哥 WT/DS291/4 澳大利亚 WT/DS291/5 新西兰 WT/DS291/6 阿根廷 WT/DS291/7 巴西 WT/DS291/8 加拿大 WT/DS291/9 印度 WT/DS291/10 智利 WT/DS291/11	07-08-2003 WT/DS291/23	29-08-2003 WT/DSB/M/155	
292	欧共体—影响生物科技产品审批及营销的措施	加拿大 WT/DS292/1	13-05-2003	墨西哥 WT/DS292/2 美国 WT/DS292/3 澳大利亚 WT/DS292/4 阿根廷 WT/DS292/5 巴西 WT/DS292/6 印度 WT/DS292/7 新西兰 WT/DS292/8	07-08-2003 WT/DS292/17	29-08-2003 WT/DSB/M/155	15-07-2009 WT/DS292/40
293	欧共体—影响生物科技产品批准及营销的措施	阿根廷 WT/DS293/1	14-05-2003	墨西哥 WT/DS293/2 美国 WT/DS293/3 澳大利亚 WT/DS293/4 巴西 WT/DS293/5 加拿大 WT/DS293/6 印度 WT/DS293/7 新西兰 WT/DS293/8	07-08-2003 阿根廷 WT/DS293/17	29-08-2003 WT/DSB/M/155	19-03-2010 WT/DS293/41

续 表

序号	案 件	请求磋商	收到磋商请求（日-月-年）	加入磋商请求	请求成立专家组（日-月-年）	专家组成立（日-月-年）	双边达成解决方案（日-月-年）
294	美国—计算倾销差额（归零法）的法律、规则及方法	欧共体 WT/DS294/1 和 WT/DS294/1/Add.1	12-06-2003 08-09-2003	印度 WT/DS294/2 韩国 WT/DS294/3 日本 WT/DS294/4 墨西哥 WT/DS294/5 和 WT/DS294/6	05-02-2004 欧共体 WT/DS294/7	19-03-2004 WT/DSB/M/166	
295	墨西哥—对于牛肉及稻米反倾销措施	美国 WT/DS295/1	16-06-2003		19-09-2003 美国 WT/DS295/2	13-02-2004	
296	美国—对于来自韩国的可计算机动态随机存取存储器芯片 (DRAMS) 征收反补贴税调查	韩国 WT/DS296/1 和 WT/DS296/1/Add.1	30-06-2003 18-08-2003		19-11-2003 韩国 WT/DS296/2	23-01-2004 WT/DSB/M/163	
297	克罗地亚—影响活体动物及肉产品进口的措施	匈牙利 WT/DS297/1	09-07-2003				30-01-2009 WT/DS297/2
298	墨西哥—对于海关估价及其他特定用途的定价方法	危地马拉 WT/DS298/1 撤销要求磋商的请求 WT/DS298/2 (29-08-05)	22 07 2003				
299	欧共体—对来自韩国的计算机动态随机存取存储器芯片采取反补贴措施	韩国 WT/DS299/1 和 WT/DS299/1/Rev.1/Add.1	25-07-2003 25-08-2003		19-11-2003 韩国 WT/DS299/2	23-01-2004 WT/DSB/M/163	
300	多米尼加—影响香烟进口的措施	洪都拉斯 WT/DS300/1	28-08-2003				
301	欧共体—影响商船贸易的措施	韩国 WT/DS301/1	03-09-2003	中国 WT/DS301/2	05-02-2004 韩国 WT/DS301/3	19-03-2004 WT/DSB/M/163	
302	多米尼加—影响香烟进口和国内销售的措施	洪都拉斯 WT/DS302/1	08-10-2003	危地马拉 WT/DS302/2 尼加拉瓜 WT/DS302/3	08-12-2003 洪都拉斯 WT/DS302/5	09-01-2004 WT/DSB/M/162	
303	厄瓜多尔—对中密度板进口的保障措施	智利 WT/DS303/1	24-11-2003				

续 表

序号	案 件	请求磋商	收到磋商请求（日-月-年）	加入磋商请求	请求成立专家组（日-月-年）	专家组成立（日-月-年）	双边达成解决方案（日-月-年）
304	印度—对来自欧共体的特定产品进口的反倾销措施	欧共体 WT/DS304/1 和 Corr.1	08-12-2003	土耳其 WT/DS304/2 台、澎、金、马单独关税区 WT/DS304/3			
305	埃及—影响纺织品及服装进口措施	美国 WT/DS305/1	23-12-2003	欧共体 WT/DS305/2			20-05-2005 WT/DS305/4
306	印度—对来自孟加拉国电池采取反倾销措施	孟加拉国 WT/DS306/1	28-01-2004	欧共体 WT/DS306/2			20-02-2006 WT/DS306/3
307	欧共体—对商船的补贴	韩国 WT/DS307/1	13-02-2004				
308	墨西哥—对于非酒精饮料及其他饮料征税	美国 WT/DS308/1	16-03-2004	加拿大 WT/DS308/2	10-06-2004 美国 WT/DS308/4	06-07-2004 WT/DSB/M/172	
309	中国—对集成电路的增值税	美国 WT/DS309/1	18-03-2004	欧共体 WT/DS309/2 日本 WT/DS309/3 墨西哥 WT/DS309/4 台、澎、金、马单独关税区 WT/DS309/5			05-10-2005 WT/DS309/8
310	美国—国际贸易委员会对来自加拿大的硬粒赤春小麦的决定	加拿大 WT/DS310/1	08-04-2004		10-06-2004 加拿大 WT/DS310/2 20-07-2004 加拿大 请求将成立专家组的要求从争端解决机构议程中撤出，保留其在未来会议中对该项请求的权利(WT/DSB/M/173)		
311	美国—对来自加拿大软木的反补贴税复审	加拿大 WT/DS311/1	14-04-2004				12-10-2006 WT/DS311/2 23-02-2007 WT/DS311/2/Add.1
312	韩国—对来自印尼特定纸张征收反倾销税	印尼 WT/DS312/1	04-06-2004		16-08-2004 印尼 WT/DS312/2	27-09-2004 WT/DSB/M/176	

续 表

序号	案 件	请求磋商	收到磋商请求（日-月-年）	加入磋商请求	请求成立专家组（日-月-年）	专家组成立（日-月-年）	双边达成解决方案（日-月-年）
313	欧共体—对来自印度的扁钢和非合金钢产品采取反倾销措施	印度 WT/DS313/1	05-07-2004				22-10-2004 WT/DS313/2
314	墨西哥—对来自欧共体的橄榄油采取临时反补贴措施	欧共体 WT/DS314/1	18-08-2004				
315	欧共体—特定海关措施	美国 WT/DS315/1	21-09-2004	澳大利亚 WT/DS315/2 日本 WT/DS315/3 巴西 WT/DS315/4 阿根廷 WT/DS315/5 台、澎、金、马单独关税区 WT/DS315/6 印度 WT/DS315/7	13-01-2005 美国 WT/DS315/8	21-03-2005 WT/DSB/M/186	
316	欧共体及其某些成员国—影响大型民用航空器贸易的措施	美国 WT/DS316/1 WT/DS316/1/Add.1	06-10-2004 31-01-2006		31-05-2005 美国 WT/DS316/2 11-04-2006 美国 WT/DS316/6	20-07-2005 WT/DSB/M/194 09-05-2006 WT/DSB/M/211 和 Corr.1	
317	美国—影响大型民用航空器贸易的措施	欧共体 WT/DS317/1 WT/DS317/1/Add.1	06-10-2004 27-06-2005		31-05-2005 欧共体 WT/DS317/2 20-01-2006 欧共体 WT/DS317/5	20-07-2005 WT/DSB/M/194 17-02-2006 WT/DSB/M/205	
318	印度—对来自台、澎、金、马单独关税区特定产品的反倾销措施	台、澎、金、马单独关税区 WT/DS318/1	28-10-2004				
319	美国—1930 年关税法案第 776 节	欧共体 WT/DS319/1	05-11-2004				
320	美国—继续中止在荷尔蒙案件中的义务	欧共体 WT/DS320/1	08-11-2004	加拿大 WT/DS320/2 澳大利亚 WT/DS320/3 墨西哥 WT/DS320/4	13-01-2005 欧共体 WT/DS320/6	17-02-2005 WT/DSB/M/183	

续 表

序号	案 件	请求磋商	收到磋商请求（日-月-年）	加入磋商请求	请求成立专家组（日-月-年）	专家组成立（日-月-年）	双边达成解决方案（日-月-年）
321	加拿大—欧共体继续中止在荷尔蒙案件中义务	欧共体 WT/DS321/1	08-11-2004	澳大利亚 WT/DS321/2 墨西哥 WT/DS321/3 美国 WT/DS321/4	13-01-2005 欧共体 WT/DS321/6	17-02-2005 WT/DSB/M/183	
322	美国—与归零法及日落复审相关的措施	日本 WT/DS322/1	24-11-2004	印度 WT/DS322/2 挪威 WT/DS322/3 阿根廷 WT/DS322/4 台、澎、金、马单独关税区 WT/DS322/5 欧共体 WT/DS322/6 墨西哥 WT/DS322/7	04-02-2005 日本 WT/DS322/8	28-02-2005 WT/DSB/M/185	
323	日本—干紫菜和味付化紫菜进口配额	韩国 WT/DS323/1	01-12-2004		04-02-2005 韩国 WT/DS323/2	21-03-2005 WT/DSB/M/186	23-01-2006 WT/DS323/5
324	美国—对来自泰国虾的临时反倾销措施	泰国 WT/DS324/1	09-12-2004	日本 WT/DS324/2 巴西 WT/DS324/3 欧共体 WT/DS324/4 中国 WT/DS324/5 印度 WT/DS324/6 厄瓜多尔 WT/DS324/7			
325	美国—对来自墨西哥的不锈钢的反倾销措施	墨西哥 WT/DS325/1	05-01-2005	日本 WT/DS325/2 欧共体 WT/DS325/3			
326	欧共体—对于鲑鱼的保障措施	智利 WT/DS326/1 撤回磋商请求 WT/DS326/4 (12-05-05)	08-02-2005	挪威 WT/DS326/2			

续 表

序号	案 件	请求磋商	收到磋商请求（日-月-年）	加入磋商请求	请求成立专家组（日-月-年）	专家组成立（日-月-年）	双边达成解决方案（日-月-年）
327	埃及—对来自巴基斯坦的火柴的反倾销措施	巴基斯坦 WT/DS327/1	21-02-2005		09-06-2005 巴基斯坦 WT/DS327/2	20-07-2005 WT/DSB/M/194	27-03-2006 WT/DS327/3
328	欧共体—对于鲑鱼的保障措施	挪威 WT/DS328/1	01-03-2005	智利 WT/DS328/2			
329	巴拿马—对于特定奶类产品的关税分类	墨西哥 WT/DS329/1	16-03-2005				20-09-2005 WT/DS329/2
330	阿根廷—对于橄榄油，面筋及桃子的反补贴税	欧共体 WT/DS330/1	29-04-2005				
331	墨西哥—对来自危地马拉的钢管征收反倾销税	危地马拉 WT/DS331/1	17-06-2005		06-02-2006 危地马拉 WT/DS331/2	17-03-2006 WT/DSB/M/207	
332	巴西—影响翻新轮胎进口的措施	欧共体 WT/DS332/1	20-06-2005	阿根廷 WT/DS332/2	17-11-2005 欧共体 WT/DS332/4	20-01-2006 WT/DSB/M/203	
333	多米尼加—影响自哥斯达黎加进口的外汇费用	哥斯达黎加 WT/DS333/1	12-09-2005	危地马拉 WT/DS333/2 萨尔瓦多 WT/DS333/3			
334	土耳其—影响稻米进口的措施	美国 WT/DS334/1	02-11-2005	澳大利亚 WT/DS334/2 泰国 WT/DS334/3	06-02-2006 美国 WT/DS334/4	17-03-2006 WT/DSB/M/207	
335	美国—对来自厄瓜多尔的虾的反倾销措施	厄瓜多尔 WT/DS335/1	17-11-2005	欧共体 WT/DS335/2 印度 WT/DS335/3 巴西 WT/DS335/4 泰国 WT/DS335/5	08-06-2006 厄瓜多尔 WT/DS335/6	19-07-2006 WT/DSB/M/217	
336	日本—对来自韩国的计算机动态随机存取存储器芯片的反补贴措施	韩国 WT/DS336/1	14-03-2006	美国 WT/DS336/2 欧共体 WT/DS336/3	18-05-2006 韩国 WT/DS336/5	19-06-2006 WT/DSB/M/215	
337	欧共体—对来自挪威的养殖鲑鱼的反倾销措施	挪威 WT/DS337/1 和 WT/DS337/1/Add.1	17-03-2006 27-03-2006		29-05-2006 挪威 WT/DS337/2	22-06-2006 WT/DSB/M/216	

续 表

序号	案 件	请求磋商	收到磋商请求（日-月-年）	加入磋商请求	请求成立专家组（日-月-年）	专家组成立（日-月-年）	双边达成解决方案（日-月-年）
338	加拿大—对来自美国的谷物玉米征收临时的反倾销税和反补贴税	美国 WT/DS338/1	17-03-2006				
339	中国—影响汽车零部件进口的措施	欧共体 WT/DS339/1	30-03-2006	美国 WT/DS339/2 日本 WT/DS339/3 澳大利亚 WT/DS339/4 墨西哥 WT/DS339/5 加拿大 WT/DS339/6	15-09-2006 欧共体 WT/DS339/8	26-10-2006 WT/DSB/M/221	
340	中国—影响汽车零部件进口的措施	美国 WT/DS340/1	30-03-2006	日本 WT/DS340/2 欧共体 WT/DS340/3 澳大利亚 WT/DS340/4 墨西哥 WT/DS340/5 加拿大 WT/DS340/6	15-09-2006 美国 WT/DS340/8	26-10-2006 WT/DSB/M/221	
341	墨西哥—对来自欧共体的橄榄油采取反补贴措施	欧共体 WT/DS341/1	31-03-2006		07-12-2006 欧共体 WT/DS341/2	23-01-2007 WT/DSB/M/225	
342	中国—影响汽车零部件进口的措施	加拿大 WT/DS342/1	13-04-2006	美国 WT/DS342/2 澳大利亚 WT/DS342/3 日本 WT/DS342/4 欧共体 WT/DS342/5 墨西哥 WT/DS342/6	15-09-2006 加拿大 WT/DS342/8	26-10-2006 WT/DSB/M/221	
343	美国—影响来自泰国虾的措施	泰国 WT/DS343/1 和 Corr.2	24-04-2006	印度 WT/DS343/2 日本 WT/DS343/3 巴西 WT/DS343/4 中国 WT/DS343/5	15-09-2006 泰国 WT/DS343/7	26-10-2006 WT/DSB/M/221	

续 表

序号	案　件	请求磋商	收到磋商请求（日-月-年）	加入磋商请求	请求成立专家组（日-月-年）	专家组成立（日-月-年）	双边达成解决方案（日-月-年）
344	美国—对来自墨西哥不锈钢的反倾销措施	墨西哥 WT/DS344/1	26-05-2006	日本 WT/DS344/2	12-10-2006 墨西哥 WT/DS344/4	26-10-2006 WT/DSB/M/221	08-04-2013 WT/DS344/26
345	美国—涉及反倾销及反补贴税的商品海关保证金	印度 WT/DS345/1	06-06-2006	泰国 WT/DS345/2 中国 WT/DS345/3 巴西 WT/DS345/4	13-10-2006 印度 WT/DS345/6	21-11-2006 WT/DSB/M/222	
346	美国—对来自阿根廷的工业用管材的反倾销行政复审	阿根廷 WT/DS346/1	20-06-2006				
347	欧共体及其某些成员国—影响大型民用航空器贸易的措施（二诉）	美国 WT/DS347/1	31-01-2006		11-04-2006 美国 WT/DS347/3	09-05-2006 WT/DSB/M/211 和 Corr.1 根据 DSU 第 12.12 条 2007 年 10 月 7 日专家组解散	
348	哥伦比亚—来自巴拿马特定产品进口的海关措施	巴拿马 WT/DS348/1	20-07-2006	危地马拉 WT/DS348/2 中国 WT/DS348/3 菲律宾 WT/DS348/4 中国香港 WT/DS348/5 巴基斯坦 WT/DS348/6 WT/DS348/7 泰国 WT/DS348/8			01-12-2006 WT/DS348/10
349	欧共体—影响新鲜及冷藏大蒜的关税配额措施	阿根廷 WT/DS349/1	06-09-2006				
350	美国—继续使用归零法	欧共体 WT/DS350/1 和 WT/DS350/1/Add.1	02-10-2006 09-10-2006	日本 WT/DS350/2 泰国 WT/DS350/3 巴西 WT/DS350/4 印度 WT/DS350/5	10-05-2007 欧共体 WT/DS350/6	04-06-2007 WT/DSB/M/233	

续 表

序号	案 件	请求磋商	收到磋商请求（日-月-年）	加入磋商请求	请求成立专家组（日-月-年）	专家组成立（日-月-年）	双边达成解决方案（日-月-年）
351	智利—对于特定奶制品的临时保障措施	阿根廷 WT/DS351/1	25-10-2006		8-03-2007 阿根廷 WT/DS351/2 WT/DS356/2	24-04-2007 WT/DSB/M/230	
352	印度—影响来自欧共体的葡萄酒和烈性酒的进口和销售措施	欧共体 WT/DS352/1	20-11-2006	美国 WT/DS352/2 澳大利亚 WT/DS352/3	23-03-2007 欧共体 WT/DS352/4	24-04-2007 WT/DSB/M/230 17-07-2008 建立专家组的授权取消 (WT/DS352/7)	
353	美国—影响大型民用航空器贸易的措施（二诉）	欧共体 WT/DS353/1 WT/DS317/1/Add.2	27-06-2005		20-01-2006 欧共体 WT/DS353/2/Corr.1 WT/DS317/5/Add.1/Corr.1	04-12-2006 WT/DS353/3/ WT/DS353/3/Corr.1	
354	加拿大—对葡萄酒和啤酒的税收减免	欧共体 WT/DS354/1	29-11-2006				17-12-2008 WT/DS354/2
355	巴西—对产自阿根廷的特定树脂征收反倾销税	阿根廷 WT/DS355/1	26-12-2006		07-06-2007 阿根廷 WT/DS355/2	24-07-2007 WT/DSB/M/236 05-02-2009 建立专家组的授权取消 WT/DS355/6	
356	智利—对特定奶制品实施保障措施	阿根廷 WT/DS356/1	28-12-2006		8-03-2007 阿根廷 WT/DS351/2 WT/DS356/2	24-04-2007 WT/DSB/M/230	
357	美国—对玉米和其他农产品的补贴和国内支持	加拿大 WT/DS357/1	08-01-2007	澳大利亚 WT/DS357/2 危地马拉 WT/DS357/3 巴西 WT/DS357/4 阿根廷 WT/DS357/5 欧共体 WT/DS357/6 乌拉圭 WT/DS357/7 尼加拉瓜 WT/DS357/8 泰国 WT/DS357/9	07-06-2007 加拿大 WT/DS357/11 15-11-2007 撤回请求 WT/DS357/13 08-11-2007 加拿大 WT/DS357/12 和 Corr.1	17-12-2007 WT/DSB/M/243	

续 表

序号	案 件	请求磋商	收到磋商请求（日 - 月 - 年）	加入磋商请求	请求成立专家组（日 - 月 - 年）	专家组成立（日 - 月 - 年）	双边达成解决方案（日 - 月 - 年）
358	中国—国内税收和其他支付的退还、抵免、减免措施	美国 WT/DS358/1 WT/DS358/1/Add.1	02-02-2007 27-04-2007	欧共体 WT/DS358/2 澳大利亚 WT/DS358/3 日本 WT/DS358/4 墨西哥 WT/DS358/5 墨西哥 WT/DS358/7 欧共体 WT/DS358/8 澳大利亚 WT/DS358/9 日本 WT/DS358/10 加拿大 WT/DS358/11	12-07-2007 美国 WT/DS358/13	31-08-2007 WT/DSB/M/238	19-12-2008 WT/DS358/14 （请求撤回）
359	中国—国内税收和其他支付的退还、抵免、减免措施	墨西哥 WT/DS359/1 WT/DS359/1/Add.1	26-02-2007 04-05-2007	欧共体 WT/DS359/2 澳大利亚 WT/DS359/3 日本 WT/DS359/4 美国 WT/DS359/5 澳大利亚 WT/DS359/7 欧共体 WT/DS359/8 加拿大 WT/DS359/9 日本 WT/DS359/10 美国 WT/DS359/11	12-07-2007 墨西哥 WT/DS359/13	31-08-2007 WT/DSB/M/238	07-01-2008 WT/DS359/14
360	印度—对来自美国的进口产品征收"附加税"和"超额附加税"	美国 WT/DS360/1	06-03-2007	欧共体 WT/DS360/2 澳大利亚 WT/DS360/3	24-05-2007 美国 WT/DS360/5	20-06-2007 WT/DSB/M/234	
361	欧共体—香蕉进口制度	哥伦比亚 WT/DS361/1	21-03-2007				08-11-2012 WT/DS361/3
362	中国—影响知识产权保护和执法的措施	美国 WT/DS362/1	10-04-2007	日本 WT/DS362/2 欧共体 WT/DS362/3 加拿大 WT/DS362/4 墨西哥 WT/DS362/5	21-08-2007 美国 WT/DS362/7	25-09-2007 WT/DSB/M/239	

续 表

序号	案 件	请求磋商	收到磋商请求（日-月-年）	加入磋商请求	请求成立专家组（日-月-年）	专家组成立（日-月-年）	双边达成解决方案（日-月-年）
363	中国—影响某些出版物和视听娱乐产品贸易权和分销权的措施	美国 WT/DS363/1 WT/DS363/1/Add.1	10-04-2007 10-07-2007	欧共体 WT/DS363/2 欧共体 WT/DS363/4	10-10-2007 美国 WT/DS363/5	27-11-2007 WT/DSB/M/242	
364	欧共体—香蕉进口制度	巴拿马 WT/DS364/1	22-06-2007				08-11-2012 WT/DS364/3
365	美国—对农产品的国内支持和出口信贷担保	巴西 WT/DS365/1	11-07-2007	加拿大 WT/DS365/2 危地马拉 WT/DS365/3 哥斯达黎加 WT/DS365/4 欧共体 WT/DS365/5 墨西哥 WT/DS365/6 澳大利亚 WT/DS365/7 阿根廷 WT/DS365/8 泰国 WT/DS365/9 印度 WT/DS365/10 尼加拉瓜 WT/DS365/11	08-11-2007 巴西 WT/DS365/13	17-12-2007 WT/DSB/M/243	
366	哥伦比亚—指示性价格和入境港口的限制	巴拿马 WT/DS366/1	12-07-2007	危地马拉 WT/DS366/2 洪都拉斯 WT/DS366/3 台、澎、金、马单独关税区 WT/DS366/4	14-09-2007 巴拿马 WT/DS366/6	22-10-2007 WT/DSB/M/241	
367	澳大利亚—影响新西兰苹果进口的措施	新西兰 WT/DS367/1	31-08-2007	欧共体 WT/DS367/2 美国 WT/DS367/3	06-12-2007 新西兰 WT/DS367/5	21-01-2008 WT/DSB/M/245	
368	美国—对来自中国的铜版纸征收临时反倾销和反补贴税	中国 WT/DS368/1	14-09-2007				
369	欧共体—禁止海豹产品进口和销售的措施	加拿大 WT/DS369/1	25-09-2007		11-02-2011 加拿大 WT/DS369/2	25-03-2011 WT/DSB/M/294	01-12-2014 WT/DS369/3

续 表

序号	案　件	请求磋商	收到磋商请求（日-月-年）	加入磋商请求	请求成立专家组（日-月-年）	专家组成立（日-月-年）	双边达成解决方案（日-月-年）
370	泰国—对来自欧共体特定商品的海关估价制度	欧共体 WT/DS370/1	25-01-2008	菲律宾 WT/DS370/2 美国 WT/DS370/3			
371	泰国—对来自菲律宾烟草所采取的海关和财政措施	菲律宾 WT/DS371/1	07-02-2008	欧共体 WT/DS371/2	29-09-2008 菲律宾 WT/DS371/3	17-11-2008 WT/DSB/M/259	
372	中国—影响金融信息服务和外资金融信息服务提供商的措施	欧共体 WT/DS372/1	03-03-2008	美国 WT/DS372/2			04-12-2008 WT/DS372/4
373	中国—影响金融信息服务和外资金融信息服务提供商的措施	美国 WT/DS373/1	03-03-2008	欧共体 WT/DS373/2			04-12-2008 WT/DS373/4
374	南非—对无涂层纸采取反倾销措施	印尼 WT/DS374/1 撤回磋商请求 WT/DS374/2 (2008 年 11 月 20 日）	09-05-2008				20-11-2008 04-12-2008 WT/DS374/2
375	欧共体及其成员国—对特定信息技术产品的关税措施	美国 WT/DS375/1	28-05-2008	泰国 WT/DS375/2 日本 WT/DS375/3 新加坡 WT/DS375/4 菲律宾 WT/DS375/5 台、澎、金、马单独关税区 WT/DS375/6 中国 WT/DS375/7	18-08-2008 美国 WT/DS375/8 WT/DS376/8 WT/DS377/6	23-09-2008 WT/DSB/M/256	
376	欧共体及其成员国—对特定信息技术产品的关税措施	日本 WT/DS376/1	28-05-2008	泰国 WT/DS376/2 台、澎、金、马单独关税区 WT/DS376/3 新加坡 WT/DS376/4 菲律宾 WT/DS376/5 美国 WT/DS376/6 中国 WT/DS376/7	18-08-2008 日本 WT/D376/8 WT/DS375/8 WT/DS377/6	23-09-2008 WT/DSB/M/256	

续 表

序号	案 件	请求磋商	收到磋商请求（日-月-年）	加入磋商请求	请求成立专家组（日-月-年）	专家组成立（日-月-年）	双边达成解决方案（日-月-年）
377	欧共体及其成员国—对特定信息技术产品的关税措施	台、澎、金、马单独关税区 WT/DS377/1	12-06-2008	美国 WT/DS377/2 中国 WT/DS377/3 日本 WT/DS377/4	18-08-2008 台、澎、金、马单独关税区 WT/DS377/6 WT/DS375/8 WT/DS376/8	23-09-2008 WT/DSB/M/256	
378	中国—影响金融信息服务和外资金融信息服务提供商的措施	加拿大 WT/DS378/1	20-06-2008	美国 WT/DS378/2			04-12-2008 WT/DS378/3
379	美国—对来自中国的特定产品征收反倾销税和反补贴税	中国 WT/DS379/1	19-09-2008		09-12-2008 中国 WT/DS379/2	20-01-2009 WT/DSB/M/263	
380	印度—对进口葡萄酒与烈酒采取的某些税收和其他措施	欧共体 WT/DS380/1 WT/DS380/1/Add.1 WT/DS380/1/Add.2	22-09-2008 15-12-2008 04-05-2009	澳大利亚 WT/DS380/2 美国 WT/DS380/3 美国 WT/DS380/4 美国 WT/DS380/5 美国 WT/DS380/6			
381	美国—对金枪鱼和金枪鱼产品的进口、营销和销售采取的措施	墨西哥 WT/DS381/1	24-10-2008	欧共体 WT/DS381/2 澳大利亚 WT/DS381/3	09-03-2009 墨西哥 WT/DS381/4	20-04-2009 WT/DSB/M/267	
382	美国—对从巴西进口的特定橙汁采取的反倾销行政复审和其他措施	巴西 WT/DS382/1 WT/DS382/1/Add.1	27-11-2008 22-05-2009	日本 WT/DS382/2 日本 WT/DS382/3	20-08-2009 巴西 WT/DS382/4	25-09-2009 WT/DSB/M/274	14-02-2013 WT/DS382/12（双方达成满意的解决方案）
383	美国—对从泰国进口的聚乙烯包装袋采取的反倾销措施	泰国 WT/DS383/1	26-11-2008		09-03-2009 泰国 WT/DS383/2	20-03-2009 WT/DSB/M/266	
384	美国—对特定国家原产地标签要求	加拿大 WT/DS384/1 WT/DS384/1/Add.1	01-12-2008 07-05-2009	尼加拉瓜 WT/DS384/2 墨西哥 WT/DS384/3 墨西哥 WT/DS384/5 秘鲁 WT/DS384/6	07-10-2009 加拿大 WT/DS384/8	19-11-2009 WT/DSB/M276	

续 表

序号	案 件	请求磋商	收到磋商请求（日-月-年）	加入磋商请求	请求成立专家组（日-月-年）	专家组成立（日-月-年）	双边达成解决方案（日-月-年）
385	欧共体—对从印度进口的聚对苯二甲酸乙二醇酯（PET）征收反倾销和反补贴税的期终复审	印度 WT/DS385/1	04-12-2008				
386	美国—对特定国家原产地标志要求	墨西哥 WT/DS386/1 WT/DS386/1/Add.1	17-12-2008 07-05-2009	加拿大 WT/DS386/2 加拿大 WT/DS386/4 秘鲁 WT/DS386/5	13-10-2009 墨西哥 WT/DS386/7 和 Corr.1	19-11-2009 WT/DSB/M/276	
387	中国—援助、贷款和其他鼓励措施	美国 WT/DS387/1	19-12-2008	墨西哥 WT/DS387/2 欧共体 WT/DS387/3 加拿大 WT/DS387/4 澳大利亚 WT/DS387/5 土耳其 WT/DS387/6 哥伦比亚 WT/DS387/7 危地马拉 WT/DS387/8 厄瓜多尔 WT/DS387/9 新西兰 WT/DS387/10			
388	中国—援助、贷款和其他鼓励措施	墨西哥 WT/DS388/1	19-12-2008	欧共体 WT/DS388/2 加拿大 WT/DS388/3 澳大利亚 WT/DS388/4 土耳其 WT/DS388/5 美国 WT/DS388/6 哥伦比亚 WT/DS388/7 危地马拉 WT/DS388/8 厄瓜多尔 WT/DS388/9 新西兰 WT/DS388/10			

续 表

序号	案 件	请求磋商	收到磋商请求（日-月-年）	加入磋商请求	请求成立专家组（日-月-年）	专家组成立（日-月-年）	双边达成解决方案（日-月-年）
389	欧共体—对从美国进口的鸡肉及其产品采取的特定措施	美国 WT/DS389/1	16-01-2009	澳大利亚 WT/DS389/2	08-10-2009 美国 WT/DS389/4	19-11-2009 WT/DSB/M/276	
390	中国—援助、贷款和其他鼓励措施	危地马拉 WT/DS390/1	19-01-2009	欧共体 WT/DS390/2 澳大利亚 WT/DS390/3 墨西哥 WT/DS390/4 美国 WT/DS390/5 土耳其 WT/DS390/6 厄瓜多尔 WT/DS390/7 哥伦比亚 WT/DS390/8 加拿大 WT/DS390/9 新西兰 WT/DS390/10			
391	韩国—对从加拿大进口牛肉及其产品采取的措施	加拿大 WT/DS391/1	09-04-2009	欧共体 WT/DS391/2	09-07-2009 加拿大 WT/DS391/3	31-08-2009 WT/DSB/M/273	19-06-2012 WT/DS391/9
392	美国—对从中国进口的鸡肉采取的特定措施	中国 WT/DS392/1	17-04-2009		23-06-2009 中国 WT/DS392/2	31-07-2009 WT/DSB/M/272	
393	智利—对从阿根廷进口面粉采取的反倾销措施	阿根廷 WT/DS393/1	14-05-2009				
394	中国—与限制原材料出口有关的措施	美国 WT/DS394/1	23-06-2009	欧共体 WT/DS394/2 土耳其 WT/DS394/3 加拿大 WT/DS394/4 墨西哥 WT/DS394/5	04-11-2009 美国 WT/DS394/7	21-12-2009 WT/DSB/M/277	
395	中国—与限制原材料出口有关的措施	欧共体 WT/DS395/1	23-06-2009	土耳其 WT/DS395/2 美国 WT/DS395/3 加拿大 WT/DS395/4 墨西哥 WT/DS395/5	04-11-2009 欧共体 WT/DS395/7	21-12-2009 WT/DSB/M/277	

续 表

序号	案 件	请求磋商	收到磋商请求（日-月-年）	加入磋商请求	请求成立专家组（日-月-年）	专家组成立（日-月-年）	双边达成解决方案（日-月-年）
396	菲律宾—对蒸馏酒征收国内税	欧共体 WT/DS396/1	29-07-2009	美国 WT/DS396/2	10-12-2009 欧盟 WT/DS396/4	19-01-2010 WT/DSB/M/278	
397	欧共体—对从中国进口的钢铁紧固件采取最终反倾销措施	中国 WT/DS397/1	31-07-2009		12-10-2009 中国 WT/DS397/3	23-10-2009 WT/DSB/M/275	
398	中国—与限制原材料出口有关的措施	墨西哥 WT/DS398/1	21-08-2009	欧共体 WT/DS398/2 美国 WT/DS398/3 哥伦比亚 WT/DS398/4 加拿大 WT/DS398/5	04-11-2009 墨西哥 WT/DS398/6	21-12-2009 WT/DSB/M/277	
399	美国—对从中国进口汽车轮胎采取的限制措施	中国 WT/DS399/1	14-09-2009		09-12-2009 中国 WT/DS399/2	19-01-2010 WT/DSB/M/278	
400	欧共体—限制海豹产品进口及营销的限制措施	加拿大 WT/DS400/1 WT/DS400/1/Add.1	02-11-2009 18-10-2010	冰岛 WT/DS400/2 挪威 WT/DS400/3	11-02-2011 加拿大 WT/DS400/4	25-03-2011 WT/DSB/M/294	
401	欧共体—限制海豹产品进口及营销的限制措施	挪威 WT/DS401/1 WT/DS401/1/Add.1	05-11-2009 19-10-2010	冰岛 WT/DS401/2 加拿大 WT/DS401/3 加拿大 WT/DS401/4	14-03-2011 挪威 WT/DS401/5	21-04-2011 争端解决机构同意在 2011 年 3 月 25 日会议上设立专家组以调查加拿大的投诉 (WT/DS400/4) 和挪威的投诉 WT/DSB/M/295	
402	美国—对韩国产品的反倾销措施适用归零法	韩国 WT/DS402/1	24-11-2009	日本 WT/DS402/2	08-04-2010 韩国 WT/DS402/3	18-05-2010 WT/DSB/M/283	
403	菲律宾—对蒸馏酒精征税	美国 WT/DS403/1	14-01-2010	欧盟 WT/DS403/2	26-03-2010 美国 WT/DS403/4	20-04-2010 争端解决机构同意在 2010 年 1 月 19 日会议上成立专家组来调查欧盟提请的上诉，同时也就美国提请的类似案件上诉做相应调查 WT/DSB/M/282	

续 表

序号	案 件	请求磋商	收到磋商请求（日 - 月 - 年）	加入磋商请求	请求成立专家组（日 - 月 - 年）	专家组成立（日 - 月 - 年）	双边达成解决方案（日 - 月 - 年）
404	美国—对自越南进口的虾采取反倾销措施	越南 WT/DS404/1	01-02-2010	日本 WT/DS404/2 欧盟 WT/DS404/3 泰国 WT/DS404/4	07-04-2010 越南 WT/DS404/5	18-05-2010 WT/DSB/M/283	18-07-2016 双方达成一致解决方案 WT/DS404/12
405	欧盟—对自中国进口的鞋采取反倾销措施	中国 WT/DS405/1	04-02-2010		08-04-2010 中国 WT/DS405/2	18-05-2010 WT/DSB/M/283	
406	美国—影响丁香香烟生产和销售的措施	印尼 WT/DS406/1	07-04-2010		09-06-2010 印尼 WT/DS406/2	20-07-2010 WT/DSB/M/285	03-10-2014 WT/DS406/17
407	中国—对自欧盟的钢铁坚固件征收临时反倾销税	欧盟 WT/DS407/1	07-05-2010				
408	欧盟及其成员—运输中的癫痫仿制药	印度 WT/DS408/1	11-05-2010	加拿大 WT/DS408/2 巴西 WT/DS408/3 厄瓜多尔 WT/DS408/4 土耳其 WT/DS408/5 中国 WT/DS408/6 日本 WT/DS408/7			
409	欧盟及其成员—运输中的癫痫仿制药	巴西 WT/DS409/1	12-05-2010	加拿大 WT/DS409/2 厄瓜多尔 WT/DS409/3 印度 WT/DS409/4 土耳其 WT/DS409/5 中国 WT/DS409/6 日本 WT/DS409/7			
410	阿根廷—对来自秘鲁的紧固件及链条实施反倾销措施	秘鲁 WT/DS410/1	19-05-2010				
411	亚美尼亚—影响香烟和酒精输入和进口的措施	乌克兰 WT/DS411/1	20-07-2010		06-10-2010 乌克兰 WT/DS411/2/Rev.1		

续 表

序号	案　件	请求磋商	收到磋商请求（日-月-年）	加入磋商请求	请求成立专家组（日-月-年）	专家组成立（日-月-年）	双边达成解决方案（日-月-年）
412	加拿大—影响再生能源部门的措施	日本 WT/DS412/1	13-09-2010	美国 WT/DS412/2 欧盟 WT/DS412/3	01-06-2011 日本 WT/DS412/5	20-07-2011 WT/DSB/M/300	
413	中国—影响电子支付服务的措施	美国 WT/DS413/1	15-09-2010		11-02-2011 美国 WT/DS413/2	25-03-2011 WT/DSB/M/294	
414	中国—对自美国进口的取向电工钢征收反补贴税和反倾销税	美国 WT/DS414/1	15-09-2010		11-02-2011 美国 WT/DS414/2	25-03-2011 WT/DSB/M/294	
415	多米尼加—聚丙烯管状织物包装袋进口的保障措施	哥斯达黎加 WT/DS415/1	15-10-2010	巴拿马 WT/DS415/2 萨尔瓦多 WT/DS415/3 洪都拉斯 WT/DS415/4 危地马拉 WT/DS415/5	15-12-2010 哥斯达黎加 WT/DS415/7	07-02-2011 WT/DSB/M/292	
416	多米尼加—聚丙烯管状织物包装袋进口的保障措施	危地马拉 WT/DS416/1	15-10-2010	巴拿马 WT/DS416/2 哥斯达黎加 WT/DS416/3 厄瓜多尔 WT/DS416/4 洪都拉斯 WT/DS416/5	15-12-2010 危地马拉 WT/DS416/7	07-02-2011 WT/DSB/M/292	
417	多米尼加—聚丙烯管状织物包装袋进口的保障措施	洪都拉斯 WT/DS417/1	18-10-2010	巴拿马 WT/DS417/2 和 Corr.1 哥斯达黎加 WT/DS417/3 萨尔瓦多 WT/DS417/4 危地马拉 WT/DS417/5	20-12-2010 洪都拉斯 WT/DS417/7	07-02-2011 WT/DSB/M/292	
418	多米尼加—聚丙烯管状织物包装袋进口的保障措施	萨尔瓦多 WT/DS418/1	19-10-2010	巴拿马 WT/DS418/2 哥斯达黎加 WT/DS418/3 洪都拉斯 WT/DS418/4 危地马拉 WT/DS418/5	20-12-2010 萨尔瓦多 WT/DS418/7	07-02-2011 WT/DSB/M/292	

续 表

序号	案 件	请求磋商	收到磋商请求（日 - 月 - 年）	加入磋商请求	请求成立专家组（日 - 月 - 年）	专家组成立（日 - 月 - 年）	双边达成解决方案（日 - 月 - 年）
419	中国—有关风能设备的措施	美国 WT/DS419/1	22-12-2010	欧盟 WT/DS419/2 日本 WT/DS419/3			
420	美国—对自韩国进口的耐腐蚀碳钢板采取反倾销措施	韩国 WT/DS420/1	31-01-2011	日本 WT/DS420/2 墨西哥 WT/DS420/3	15-09-2011 韩国 WT/DS420/4 09-02-2012 韩国 WT/DS420/5	22-02-2012 WT/DSB/M/312	
421	摩尔多瓦—影响货物进口及国内销售的措施（环保税）	乌克兰 WT/DS421/1	17-02-2011	欧盟 WT/DS421/2	12-05-2011 乌克兰 WT/DS421/4	17-06-2011 WT/DSB/M/298	
422	美国—对自中国进口的冷冻暖水虾采取反倾销措施	中国 WT/DS422/1 WT/DS422/1/Add.1	28-02-2011 27-07-2011	日本 WT/DS422/2	13-10-2011 中国 WT/DS422/3	25-10-2011 WT/DSB/M/305	
423	乌克兰—对蒸馏酒征税	摩尔多瓦 WT/DS423/1	02-03-2011	欧盟 WT/DS423/2	01-06-2011 摩尔多瓦 WT/DS423/4	20-07-2011 WT/DSB/M/300	
424	美国—对自意大利进口的不锈钢薄板和卷材采取反倾销措施	欧盟 WT/DS424/1	01-04-2011	日本 WT/DS424/2			
425	中国—对从欧盟进口的 X 射线安全检查设备征收最终反倾销税	欧盟 WT/DS425/1	25-07-2011		08-12-2011 欧盟 WT/DS425/2	20-01-2012 WT/DSB/M/311	
426	加拿大—上网电价补贴计划相关措施	欧盟 WT/DS426/1 WT/DS426/1/Add.1	11-08-2011 22-08-2011	美国 WT/DS426/2 日本 WT/DS426/3	09-01-2012 欧盟 WT/DS426/5	20-01-2012 WT/DSB/M/311	
427	中国—对自美国的白羽肉鸡产品采取反倾销和反补贴措施	美国 WT/DS427/1	20-09-2011		08-12-2011 美国 WT/DS427/2	20-01-2012 WT/DSB/M/311	
428	土耳其—对来自印度的进口棉纱（不包括缝纫线）采取保障措施	印度 WT/DS428/1	13-02-2012				
429	美国—对源自越南的某些暖水虾的反倾销措施	越南 WT/DS429/1	22-02-2012		17-01-2013 越南 WT/DS429/2/Rev.1 和 Corr.2	27-02-2013 WT/DSB/M/329	18-07-2016 WT/DS429/16

续 表

序号	案 件	请求磋商	收到磋商请求（日-月-年）	加入磋商请求	请求成立专家组（日-月-年）	专家组成立（日-月-年）	双边达成解决方案（日-月-年）
430	印度—影响某些农产品进口的措施	美国 WT/DS430/1	06-03-2012	哥伦比亚 WT/DS430/2	11-05-2012 美国 WT/DS430/3	25-06-2012 WT/DSB/M/318	
431	中国—影响稀土、钨、钼出口的措施	美国 WT/DS431/1	13-03-2012	欧盟 WT/DS431/2 日本 WT/DS431/3 加拿大 WT/DS431/4	27-06-2012 美国 WT/DS431/6	23-07-2012 WT/DSB/M/320	
432	中国—影响稀土、钨、钼出口的措施	欧盟 WT/DS432/1	13-03-2012	日本 WT/DS432/2 美国 WT/DS432/3 加拿大 WT/DS432/4	27-06-2012 欧盟 WT/DS432/6	23-07-2012 WT/DSB/M/320	
433	中国—影响稀土、钨、钼出口的措施	日本 WT/DS433/1	13-03-2012	欧盟 WT/DS433/2 美国 WT/DS433/3 加拿大 WT/DS433/4	27-06-2012 日本 WT/DS433/6	23-07-2012 WT/DSB/M/320	
434	澳大利亚—影响烟草制品包装使用商标及其他简单包装要求的措施	乌克兰 WT/DS434/1	13-03-2012	危地马拉 WT/DS434/2 乌拉圭 WT/DS434/3 巴西 WT/DS434/4 挪威 WT/DS434/5 欧盟 WT/DS434/6 新西兰 WT/DS434/7 加拿大 WT/DS434/8 尼加拉瓜 WT/DS434/9	14-08-2012 乌克兰 WT/DS434/11	28-09-2012 WT/DSB/M/322	

续 表

序号	案 件	请求磋商	收到磋商请求（日-月-年）	加入磋商请求	请求成立专家组（日-月-年）	专家组成立（日-月-年）	双边达成解决方案（日-月-年）
435	澳大利亚—影响烟草制品包装使用商标及其他简单包装要求的措施	洪都拉斯 WT/DS435/1 Corr.1	04-04-2012	巴西 WT/DS435/2 Corr.1 津巴布韦 WT/DS435/3 Corr.1 新西兰 WT/DS435/4 Corr.1 尼加拉瓜 WT/DS435/5 Corr.1 危地马拉 WT/DS435/6 Corr.1 乌拉圭 WT/DS435/7 Corr.1 欧盟 WT/DS435/8 Corr.1 乌克兰 WT/DS435/9 Corr.1 加拿大 WT/DS435/10 Corr.1 萨尔瓦多 WT/DS435/11 Corr.1 挪威 WT/DS435/12 Corr.1 菲律宾 WT/DS435/13 Corr.1 印度尼西亚 WT/DS435/14 Corr.1	15-10-2012 洪都拉斯 WT/DS435/16	25-09-2013 WT/DSB/M/337	
436	美国—对源自印度的某些热轧碳钢产品的反补贴措施	印度 WT/DS436/1 Rev-1	12-04-2012 24-04-2012	加拿大 WT/DS436/2	12-07-2012 印度 WT/DS436/3	31-08-2012 WT/DSB/M/321	
437	美国—对来自中国的某些产品的反补贴税的措施	中国 WT/DS437/1	25-05-2012		20-08-2012 中国 WT/DS437/2	28-09-2012 WT/DSB/M/322	

续 表

序号	案 件	请求磋商	收到磋商请求（日-月-年）	加入磋商请求	请求成立专家组（日-月-年）	专家组成立（日-月-年）	双边达成解决方案（日-月-年）
438	阿根廷—影响货物进口的措施	欧盟 WT/DS438/1	25-05-2012	土耳其 WT/DS438/2 美国 WT/DS438/3 乌克兰 WT/DS438/4 日本 WT/DS438/5 加拿大 WT/DS438/6 危地马拉 WT/DS438/7 澳大利亚 WT/DS438/8 墨西哥 WT/DS438/9	06-12-2012 欧盟 WT/DS438/11	28-01-2013 WT/DSB/M/328	
439	南非—对来自巴西的冷冻鸡征收反倾销税	巴西 WT/DS439/1	21-06-2012				
440	中国—对美部分进口汽车实施反倾销和反补贴措施	美国 WT/DS440/1	05-07-2012		17-09-2012 美国 WT/DS440/2	23-10-2012 WT/DSB/M/323	
441	澳大利亚—影响烟草制品包装使用商标、地理标志及其他简单包装要求的措施	多米尼加 WT/DS441/1	18-07-2012	乌拉圭 WT/DS441/2 新西兰 WT/DS441/3 洪都拉斯 WT/DS441/4 尼加拉瓜 WT/DS441/5 危地马拉 WT/DS441/6 萨尔瓦多 WT/DS441/7 欧盟 WT/DS441/8 巴西 WT/DS441/9 乌克兰 WT/DS441/10 南非 WT/DS441/11 加拿大 WT/DS441/12 挪威 WT/DS441/13	09-11-2012 多米尼加 WT/DS441/15	25-04-2014 WT/DSB/M/344	
442	欧盟—对印度尼西亚脂肪醇的进口反倾销措施	印度尼西亚 WT/DS442/1	27-07-2012		01-05-2013 印度尼西亚 WT/DS442/2	25-06-2013 WT/DSB/M/333	

续 表

序号	案 件	请求磋商	收到磋商请求（日-月-年）	加入磋商请求	请求成立专家组（日-月-年）	专家组成立（日-月-年）	双边达成解决方案（日-月-年）
443	欧盟及其成员国—生物柴油进口的某些措施	阿根廷 WT/DS443/1	17-08-2012	澳大利亚 WT/DS443/2 印度尼西亚 WT/DS443/3	06-12-2012 阿根廷 WT/DS443/5		
444	阿根廷—影响货物进口的措施	美国 WT/DS444/1	21-08-2012	墨西哥 WT/DS444/2 土耳其 WT/DS444/3 欧盟 WT/DS444/4 澳大利亚 WT/DS444/5 日本 WT/DS444/6 加拿大 WT/DS444/7 危地马拉 WT/DS444/8	06-12-2012 美国 WT/DS444/10	28-01-2013 WT/DSB/M/328	
445	阿根廷—影响货物进口的措施	日本 WT/DS445/1	21-08-2012	墨西哥 WT/DS445/2 土耳其 WT/DS445/3 欧盟 WT/DS445/4 澳大利亚 WT/DS445/5 加拿大 WT/DS445/6 危地马拉 WT/DS445/7 美国 WT/DS445/8	06-12-2012 日本 WT/DS445/10	28-01-2013 WT/DSB/M/328	
446	阿根廷—影响货物进口的措施	墨西哥 WT/DS446/1	24-08-2012	土耳其 WT/DS446/2 澳大利亚 WT/DS446/3 日本 WT/DS446/4 加拿大 WT/DS446/5 欧盟 WT/DS446/6 危地马拉 WT/DS446/7 美国 WT/DS446/8	21-11-2012 墨西哥 WT/DS446/10		
447	美国—影响源自阿根廷的动物、肉类和其他动物制品进口的措施	阿根廷 WT/DS447/1 Corr.1	30-08-2012		06-12-2012 阿根廷 WT/DS447/2	28-01-2013 WT/DSB/M/328	

续 表

序号	案 件	请求磋商	收到磋商请求（日-月-年）	加入磋商请求	请求成立专家组（日-月-年）	专家组成立（日-月-年）	双边达成解决方案（日-月-年）
448	美国—影响新鲜柠檬进口的措施	阿根廷 WT/DS448/1 Corr.1	03-09-2012		06-12-2012 阿根廷 WT/DS448/2		
449	美国—对来自中国的某些产品的反补贴和反倾销措施	中国 WT/DS449/1	17-09-2012		19-11-2012 中国 WT/DS449/2	17-12-2012 WT/DSB/M/327	
450	中国—影响汽车与汽车零部件产业的若干措施	美国 WT/DS450/1	17-09-2012	欧盟 WT/DS450/2			
451	中国—影响纺织品服装产品生产与出口的措施	墨西哥 WT/DS451/1	15-10-2012	欧盟 WT/DS451/2 危地马拉 WT/DS451/3 澳大利亚 WT/DS451/4 美国 WT/DS451/5 巴西 WT/DS451/6 秘鲁 WT/DS451/7 洪都拉斯 WT/DS451/8 哥伦比亚 WT/DS451/9			
452	欧盟及其成员国—影响可再生能源生产部门的措施	中国 WT/DS452/1	05-11-2012	日本 WT/DS452/2 澳大利亚 WT/DS452/3 阿根廷 WT/DS452/4			
453	阿根廷—与货物和服务贸易相关的措施	巴拿马 WT/DS453/1	12-12-2012	美国 WT/DS453/2 欧盟 WT/DS453/3	13-05-2013 巴拿马 WT/DS453/4	25-06-2013 WT/DSB/M/333	
454	中国—对从日本进口的高性能不锈钢无缝钢管 (HP-SSST) 征收反倾销税	日本 WT/DS454/1	20-12-2012	欧盟 WT/DS454/2	11-04-2013 日本 WT/DS454/4	24-05-2013 WT/DSB/M/332	
455	印度尼西亚—园艺产品、动物及动物产品进口	美国 WT/DS455/1	10-01-2013	欧盟 WT/DS455/2 加拿大 WT/DS455/3 澳大利亚 WT/DS455/4	14-03-2013 美国 WT/DS455/7	24-04-2013 WT/DSB/M/331	

续 表

序号	案 件	请求磋商	收到磋商请求（日-月-年）	加入磋商请求	请求成立专家组（日-月-年）	专家组成立（日-月-年）	双边达成解决方案（日-月-年）
456	印度—有关太阳能电池和太阳能模块的相关措施	美国 WT/DS456/1	06-02-2013	日本 WT/DS456/2 澳大利亚 WT/DS456/3	14-04-2014 美国 WT/DS456/5	23-05-2014 WT/DSB/M/345	
457	秘鲁—某些农产品进口的附加税	危地马拉 WT/DS457/1	12-04-2013		13-06-2013 危地马拉 WT/DS457/2	23-07-2013 WT/DSB/M/334	
458	澳大利亚—关于烟草制品和包装的商标、地理标志和其他简单包装的措施	古巴 WT/DS458/1	03-05-2013	加拿大 WT/DS458/2 新西兰 WT/DS458/3 挪威 WT/DS458/4 乌克兰 WT/DS458/5 洪都拉斯 WT/DS458/6 欧盟 WT/DS458/7 多米尼加 WT/DS458/8 乌拉圭 WT/DS458/9 巴西 WT/DS458/10 危地马拉 WT/DS458/11 尼加拉瓜 WT/DS458/12	04-04-2014 古巴 WT/DS458/14	25-04-2014 WT/DSB/M/344	
459	欧盟及部分成员国—对生物柴油进口营销采取的部分措施及支持生物柴油产业的措施	阿根廷 WT/DS459/1	15-05-2013				
460	中国—对欧盟高性能不锈钢无缝钢管（HP-SSST）征收反倾销税	欧盟 WT/DS460/1	13-06-2013	日本 WT/DS460/2	16-08-2013 欧盟 WT/DS460/4	30-08-2013 WT/DSB/M/336	
461	哥伦比亚—与纺织品、服装和鞋类产品进口有关的措施	巴拿马 WT/DS461/1	18-06-2013	危地马拉 WT/DS461/2	19-08-2013 巴拿马 WT/DS461/3	25-09-2013 WT/DSB/M/337	

续 表

序号	案 件	请求磋商	收到磋商请求（日-月-年）	加入磋商请求	请求成立专家组（日-月-年）	专家组成立（日-月-年）	双边达成解决方案（日-月-年）
462	俄罗斯—机动车的回收费	欧盟 WT/DS462/1	09-07-2013	美国 WT/DS462/2 日本 WT/DS462/3 中国 WT/DS462/4 土耳其 WT/DS462/5 乌克兰 WT/DS462/6	10-10-2013 欧盟 WT/DS462/8	25-11-2013 WT/DSB/M/339	
463	俄罗斯—对机动车征收回收费	日本 WT/DS463/1	24-07-2013	美国 WT/DS463/2 土耳其 WT/DS463/3 欧盟 WT/DS463/4 乌克兰 WT/DS463/5 中国 WT/DS463/6			
464	美国—对韩国产大型家用洗衣机采取的反倾销和反补贴措施	韩国 WT/DS464/1	29-08-2013	中国 WT/DS464/2 日本 WT/DS464/3	05-12-2013 韩国 WT/DS464/4	22-01-2014 WT/DSB/M/341	
465	印度尼西亚—园艺产品、动物及动物产品的进口	美国 WT/DS465/1	30-08-2013	新西兰 WT/DS465/2 加拿大 WT/DS465/3 欧盟 WT/DS465/4 泰国 WT/DS465/5 澳大利亚 WT/DS465/6			
466	印度尼西亚—园艺产品、动物及动物产品进口	新西兰 WT/DS466/1	30-08-2013	美国 WT/DS466/2 加拿大 WT/DS466/3 欧盟 WT/DS466/4 泰国 WT/DS466/5 澳大利亚 WT/DS466/6			

续 表

序号	案 件	请求磋商	收到磋商请求（日-月-年）	加入磋商请求	请求成立专家组（日-月-年）	专家组成立（日-月-年）	双边达成解决方案（日-月-年）
467	澳大利亚—关于烟草制品和包装的商标、地理标志和其他简单包装措施	印度尼西亚 WT/DS467/1	20-09-2013	危地马拉 WT/DS467/2 尼加拉瓜 WT/DS467/3 新西兰 WT/DS467/4 乌拉圭 WT/DS467/5 欧盟 WT/DS467/6 挪威 WT/DS467/7 加拿大 WT/DS467/8 多米尼加 WT/DS467/9 巴西 WT/DS467/10 洪都拉斯 WT/DS467/11 乌克兰 WT/DS467/12 古巴 WT/DS467/13	03-03-2014 印度尼西亚 WT/DS467/15	26-03-2014 WT/DSB/M/343	
468	乌克兰—有关小轿车的最终保障措施	日本 WT/DS468/1	30-10-2013	欧盟 WT/DS468/2 俄罗斯 WT/DS468/3	13-02-2014 日本 WT/DS468/5	26-03-2014 WT/DSB/M/343	
469	欧盟—针对亚特兰大斯坎迪亚鲱鱼的措施	丹麦代表法罗群岛 WT/DS469/1	04-11-2013		08-01-2014 丹麦代表法罗群岛 WT/DS469/2	26-02-2014 WT/DSB/M/343	21-08-2014 WT/DS469/3（联合通讯解决）
470	巴基斯坦—对产自印度尼西亚的部分纸制品的反倾销和反补贴措施	印度尼西亚 WT/DS470/1	27-11-2013		12-05-2014 印度尼西亚 WT/DS470/2		
471	美国—部分方法及其在涉及中国的反倾销诉讼中的运用	中国 WT/DS471/1	03-12-2013	日本 WT/DS471/2 俄罗斯 WT/DS471/3 乌克兰 WT/DS471/4	13-02-2014 中国 WT/DS471/5 和 Corr.1	26-03-2014 WT/DSB/M/343	
472	巴西—关于税收和收费的部分措施	欧盟 WT/DS472/1	19-12-2013	日本 WT/DS472/2 阿根廷 WT/DS472/3 美国 WT/DS472/4	31-10-2014 欧盟 WT/DS472/5	13-02-2015 WT/DSB/M/353	

续 表

序号	案 件	请求磋商	收到磋商请求（日-月-年）	加入磋商请求	请求成立专家组（日-月-年）	专家组成立（日-月-年）	双边达成解决方案（日-月-年）
473	欧盟—对产自阿根廷的生物柴油的反倾销措施	阿根廷 WT/DS473/1	19-12-2013	俄罗斯 WT/DS473/2 印度尼西亚 WT/DS473/3	13-03-2014 阿根廷 WT/DS473/5	25-04-2014 WT/DSB/M/344	
474	欧盟—成本调整方法论和部分对产自俄罗斯的进口品的反倾销措施	俄罗斯 WT/DS474/1	23-12-2013	中国 WT/DS474/2 印度尼西亚 WT/DS474/3	04-06-2014 俄罗斯 WT/DS474/4	22-07-2014 WT/DSB/M/348	
475	俄罗斯—影响自欧盟进口的生猪、猪肉及其他猪产品的措施	欧盟 WT/DS475/1	08-04-2014		27-06-2014 欧盟 WT/DS475/2	22-07-2014 WT/DSB/M/348	
476	欧盟及其成员国—对能源部门采取的某些措施	俄罗斯 WT/DS476/1	30-04-2014		28-05-2015 俄罗斯 WT/DS476/2	20-07-2016	
477	印度尼西亚—涉及园艺产品、动物和动物产品的进口措施	新西兰 WT/DS477/1	08-05-2014	美国 WT/DS477/2 泰国 WT/DS477/3 欧盟 WT/DS477/4 加拿大 WT/DS477/5 台、澎、金、马单独关税区 WT/DS477/6 澳大利亚 WT/DS477/7	18-03-2015 新西兰 WT/DS477/9	20-05-2015 WT/DSB/M/361	
478	印度尼西亚—园艺产品、动物和动物产品的进口措施	美国 WT/DS478/1	08-05-2014	新西兰 WT/DS478/2 泰国 WT/DS478/3 欧盟 WT/DS478/4 加拿大 WT/DS478/5 台、澎、金、马单独关税区 WT/DS478/6 澳大利亚 WT/DS478/7	18-03-2015 美国 WT/DS478/9	20-05-2015 WT/DSB/M/361	
479	俄罗斯—对自德国和意大利进口的轻型商用车采取反倾销措施	欧盟 WT/DS479/1	21-05-2014		15-09-2014 WT/DS479/2	20-10-2014 WT/DSB/M/351	

续 表

序号	案 件	请求磋商	收到磋商请求（日-月-年）	加入磋商请求	请求成立专家组（日-月-年）	专家组成立（日-月-年）	双边达成解决方案（日-月-年）
480	欧盟—对源自印度尼西亚的生物柴油实施反倾销措施	印度尼西亚 WT/DS480/1	10-06-2014		08-07-2015 WT/DS480/2	04-11-2015 WT/DS480/3	
481	印度尼西亚—在“美国丁香烟案”中援引DSU第22条第2款	欧盟 WT/DS481/1	13-06-2014	澳大利亚 WT/DS481/2 巴西 WT/DS481/3			06-05-2015 WT/DS481/5
482	加拿大—对自台、澎、金、马单独关税区进口的加拿大碳钢焊接管采取反倾销措施	台、澎、金、马单独关税区 WT/DS482/1	25-06-2014		27-01-2015 WT/DS482/2	13-05-2015 WT/DS482/3	
483	中国—对自加拿大进口的纤维素纸浆采取的反倾销措施	加拿大 WT/DS483/1	15-10-2014		13-02-2015 WT/DS483/2	28-04-2015 WT/DS483/3	
484	印度尼西亚—与鸡肉和鸡肉产品进口相关的措施	巴西 WT/DS484/1	16-10-2014	美国 WT/DS484/2 新西兰 WT/DS484/3 台、澎、金、马单独关税区 WT/DS484/4 澳大利亚 WT/DS484/5 欧盟 WT/DS484/6	21-10-2015 WT/DS484/7 和 Corr.1	05-12-2015 WT/DSB/M/371	
485	俄罗斯—对某些农产品和制造成品之关税待遇	欧盟 WT/DS485/1	31-10-2014		26-02-2015 WT/DS485/6	25-05-2015	
486	欧盟—对自巴基斯坦进口的聚对苯二甲酸乙二醇酯采取的反补贴措施	巴基斯坦 WT/DS486/1	28-10-2014		13-02-2015 WT/DS486/2	18-05-2015 WT/DS486/3	
487	美国—对大型民用航空器采取的有条件税收优惠	欧盟 WT/DS487/1	19-12-2014		13-02-2015 WT/DS487/2	23-04-2015 WT/DS487/3	
488	美国—对自韩国进口的石油工业用管材采取的反倾销措施	韩国 WT/DS488/1	22-12-2014	土耳其 WT/DS488/2 乌克兰 WT/DS488/3 俄罗斯 WT/DS488/4	26-02-2015 韩国 WT/DS488/5	14-07-2015 WT/DS488/6	
489	中国—与示范基地和公众服务平台方案有关的措施	美国 WT/DS489/1	11-02-2015	欧盟 WT/DS489/2 日本 WT/DS489/3 巴西 WT/DS489/4	09-04-2015 WT/DS489/6	22-04-2015 WT/DSB/M/360	

续 表

序号	案 件	请求磋商	收到磋商请求（日-月-年）	加入磋商请求	请求成立专家组（日-月-年）	专家组成立（日-月-年）	双边达成解决方案（日-月-年）
490	印度尼西亚—特定铁或钢产品保障措施	台、澎、金、马单独关税区 WT/DS490/1	12-02-2015		21-08-2015 WT/DS490/2	23-11-2015 WT/DSB/M/368	
491	美国—对某些铜版纸的反倾销和反补贴措施	印度尼西亚 WT/DS491/1	13-03-2015		10-07-2015 WT/DS491/2 21-08-2015 WT/DS491/3	05-02-2016 WT/DS491/4	
492	欧盟—影响禽肉产品关税减让的措施	中国 WT/DS492/1	08-04-2015		09-06-2015 WT/DS492/2 12-06-2015 WT/DS492/2/Corr.1	08-06-2015 WT/DSB/M/365	05-06-2019 WT/DS492/9
493	乌克兰—对硝酸铵的反倾销措施	俄罗斯 WT/DS493/1	07-05-2015		10-03-2016 WT/DS493/2	14-06-2016 WT/DSB/M/377	
494	欧盟—影响欧盟对自俄罗斯进口的部分产品的成本调整方法和对应的反倾销措施	俄罗斯 WT/DS494/1	07-05-2015	乌克兰 WT/DS494/2	11-11-2016 WT/DS494/4	16-12-2016 WT/DSB/M/390	
495	韩国—对放射性核素的进口禁令和测试及认证要求	日本 WT/DS495/1	21-05-2015	中国台北 WT/DS495/2	21-08-2015 WT/DS495/3	28-09-2015 WT/DSB/M/368	
496	印度尼西亚—钢铁产品保障措施	越南 WT/DS496/1	01-06-2015	中国台北 WT/DS496/2	18-09-2015 WT/DS496/3	28-09-2015 WT/DSB/M/368	
497	巴西—涉及税收和收费的若干措施	日本 WT/DS497/1	02-07-2015	欧盟 WT/DS497/2	18-09-2015 WT/DS497/3	28-09-2015 WT/DSB/M/368	
498	印度—对源自台、澎、金、马单独关税区的USB闪存驱动器的反倾销关税	台、澎、金、马单独关税区 WT/DS498/1	24-09-2015				
499	俄罗斯—影响铁路设备及零部件进口的措施	乌克兰 WT/DS499/1	21-10-2015		10-11-2016 WT/DS499/2	16-12-2017 WT/DS499/3	
500	南非—对波兰特水泥征收临时反倾销税	巴基斯坦 WT/DS500/1	09-11-2015				
501	中国—关于某些国产飞机的税收豁免措施	美国 WT/DS501/1	08-12-2015	加拿大 WT/DS501/2 欧盟 WT/DS501/3 日本 WT/DS501/4			

续 表

序号	案 件	请求磋商	收到磋商请求（日-月-年）	加入磋商请求	请求成立专家组（日-月-年）	专家组成立（日-月-年）	双边达成解决方案（日-月-年）
502	哥伦比亚—烈酒进口的措施	欧盟 WT/DS502/1	13-01-2016	美国 WT/DS502/2 加拿大 WT/DS502/3 巴拿马 WT/DS502/4 哥伦比亚 WT/DS502/5	23-08-2016 WT/DS502/6	26-09-2016 WT/DSB/M/385	
503	美国—影响自关于非移民签证的措施	印度 WT/DS503/1 WT/DS503/1/Ad.1	03-03-2016	萨尔瓦多 WT/DS503/2			
504	韩国—对日本气动阀门征收反倾销税	日本 WT/DS504/1	15-03-2016		10-06-2016 WT/DS504/2	30-08-2016 WT/DSB/M/381	
505	美国—影响自加拿大超级压光纸的反补贴措施	加拿大 WT/DS505/1	30-03-2016		10-06-2016 WT/DS505/2	21-07-2016 WT/DSB/M/383	
506	印度尼西亚—对进口牛肉采取措施	巴西 WT/DS506/1	04-04-2016	欧盟 WT/DS506/2 澳大利亚 WT/DS506/3 新西兰 WT/DS506/4 美国 WT/DS506/5 中国台北 WT/DS506/6 印度尼西亚 WT/DS506/7			
507	泰国—对糖的补贴措施	巴西 WT/DS507/1	04-04-2016	欧盟 WT/DS507/2 危地马拉 WT/DS507/3			
508	中国—关于某些原材料的出口关税	美国 WT/DS508/1 WT/DS507/1/Add.1	13-07-2016	墨西哥 WT/DS507/2 欧盟 WT/DS507/3 加拿大 WT/DS507/4	14-10-2016 WT/DS507/6	13-10-2016 WT/DSB/M/388	
509	中国—关于某些原材料的出口关税	欧盟 WT/DS509/1	19-07-2016	加拿大 WT/DS509/2 美国 WT/DS509/3 墨西哥 WT/DS509/4	27-10-2016 WT/DS509/6	23-11-2016 WT/DSB/M/389	

续 表

序号	案 件	请求磋商	收到磋商请求（日-月-年）	加入磋商请求	请求成立专家组（日-月-年）	专家组成立（日-月-年）	双边达成解决方案（日-月-年）
510	美国—关于印度的与可再生能源部门有关的某些措施	印度 WT/DS510/1	09-09-2016		24-01-2017 WT/DS510/2	21-03-2017 WT/DSB/M/394	
511	中国—对农业生产者的国内支持措施	美国 WT/DS511/1	13-09-2016	澳大利亚 WT/DS511/2 加拿大 WT/DS511/3 泰国 WT/DS511/4 菲律宾 WT/DS511/5 欧盟 WT/DS511/6	06-12-2016 WT/DS511/8	25-01-2017 WT/DSB/M/391	
512	俄罗斯—关于乌克兰商品过境运输的措施	乌克兰 WT/DS512/1	14-09-2016	欧盟 WT/DS512/2	10-02-2017 WT/DS512/3	21-03-2017 WT/DSB/M/394	
513	摩洛哥—对来自土耳其的热轧钢的某些反倾销措施	摩洛哥 WT/DS513/1	03-10-2016		13-01-2017 WT/DS513/2	20-02-2017 WT/DSB/M/392	
514	美国—对巴西冷轧和热轧钢板产品的反补贴措施	巴西 WT/DS514/1	11-11-2016				
515	美国—与价格比较法有关的措施	中国 WT/DS515/1 和 Add.1	12-12-2016	越南 WT/DS514/2 加拿大 WT/DS514/3 澳大利亚 WT/DS514/4 日本 WT/DS514/5 俄罗斯 WT/DS514/6 墨西哥 WT/DS514/7 欧盟 WT/DS514/8 加拿大 WT/DS514/10 日本 WT/DS514/11 欧盟 WT/DS514/12 墨西哥 WT/DS514/13 澳大利亚 WT/DS514/14			

续 表

序号	案件	请求磋商	收到磋商请求（日-月-年）	加入磋商请求	请求成立专家组（日-月-年）	专家组成立（日-月-年）	双边达成解决方案（日-月-年）
516	欧盟—与价格比较法有关的措施	中国 WT/DS516/1	12-12-2016	越南 WT/DS516/2 加拿大 WT/DS516/3 澳大利亚 WT/DS516/4 日本 WT/DS516/5 俄罗斯 WT/DS516/6 美国 WT/DS516/7 墨西哥 WT/DS516/8	10-03-2017 WT/DS516/9	03-04-2017 WT/DSB/M/395	
517	中国—某些农产品的关税配额	美国 WT/DS517/1	15-12-2016	澳大利亚 WT/DS517/2 欧盟 WT/DS517/3 加拿大 WT/DS517/4 泰国 WT/DS517/5	21-08-2017 WT/DS517/6	22-09-2017 WT/DSB/M/401	
518	印度—关于钢铁产品的若干进口措施	日本 WT/DS518/1	20-12-2016	中国台北 WT/DS517/2 俄罗斯 WT/DS517/3 乌克兰 WT/DS517/4	10-03-2017 WT/DS517/5	03-04-2017 WT/DSB/M/395	
519	中国—对原铝生产商的补贴	美国 WT/DS519/1	12-01-2017	日本 WT/DS518/2 加拿大 WT/DS518/3 俄罗斯 WT/DS518/4 欧盟 WT/DS518/5			
520	加拿大—在杂货店出售葡萄酒的措施	美国 WT/DS520/1	18-01-2017	新西兰 WT/DS520/2 欧盟 WT/DS520/3 阿根廷 WT/DS520/4 澳大利亚 WT/DS520/5			
521	欧盟—对俄罗斯某些冷轧扁钢产品的反倾销措施	俄罗斯 WT/DS521/1	27-01-2017				

续 表

序号	案 件	请求磋商	收到磋商请求（日-月-年）	加入磋商请求	请求成立专家组（日-月-年）	专家组成立（日-月-年）	双边达成解决方案（日-月-年）
522	加拿大—关于商用飞机贸易的措施	巴西 WT/DS522/1	08-02-2017	日本 WT/DS521/2 美国 WT/DS521/3 欧盟 WT/DS521/4	21-08-2017 WT/DS521/6	29-09-2017 WT/DSB/M/402	
523	美国—对土耳其某些管材产品的反补贴措施	土耳其 WT/DS523/1	08-03-2017		12-05-2017 WT/DS523/2	19-06-2017 WT/DSB/M/398	
524	哥斯达黎加—关于从墨西哥进口新鲜鳄梨的措施	墨西哥 WT/DS524/1	08-03-2017		22-11-2018 WT/DS524/2	18-12-2018 WT/DSB/M/423	
525	乌克兰—与货物和服务贸易有关的措施	俄罗斯 WT/DS525/1	19-05-2017				
526	阿拉伯联合酋长国—有关货物和服务贸易以及与贸易有关的知识产权方面的措施	卡塔尔 WT/DS526/1	31-07-2017		12-10-2017 WT/DS526/2	22-11-2017 WT/DSB/M/404	
527	巴林—有关货物和服务贸易以及与贸易有关的知识产权方面的措施	卡塔尔 WT/DS527/1	31-07-2017				
528	沙特阿拉伯—有关货物和服务贸易以及与贸易有关的知识产权方面的措施	卡塔尔 WT/DS528/1	31-07-2017				
529	澳大利亚—对A4复印纸的反倾销措施	印度尼西亚 WT/DS529/1	01-09-2017	中国 WT/DS529/2 美国 WT/DS529/3 欧盟 WT/DS529/4	14-03-2018 WT/DS529/6	27-04-2018 WT/DSB/M/412	
530	哈萨克斯坦—对钢管的反倾销措施	乌克兰 WT/DS530/1	19-09-2017	俄罗斯 WT/DS530/2			
531	加拿大—在杂货店销售葡萄酒的措施（二诉）	美国 WT/DS531/1	28-09-2017	澳大利亚 WT/DS531/2 新西兰 WT/DS531/3 阿根廷 WT/DS531/4 欧盟 WT/DS531/5	25-05-2018 WT/DS531/7	20-07-2018 WT/DSB/M/415	

续 表

序号	案　件	请求磋商	收到磋商请求（日 - 月 - 年）	加入磋商请求	请求成立专家组（日 - 月 - 年）	专家组成立（日 - 月 - 年）	双边达成解决方案（日 - 月 - 年）
532	俄罗斯—关于某些乌克兰产品进口和过境的措施	乌克兰 WT/DS532/1	13-10-2017				
533	美国—对自加拿大进口的软木木材的反补贴措施	加拿大 WT/DS533/1	28-11-2017		15-03-2018 WT/DS533/2	09-04-2018 WT/DSB/M/411	
534	美国—对加拿大软木木材采用差别定价方法的反倾销措施	加拿大 WT/DS534/1	28-11-2017		15-03-2018 WT/DS534/2	09-04-2018 WT/DSB/M/411	
535	美国—实施的某些系统性贸易救济措施	加拿大 WT/DS535/1	20-12-2017	阿根廷 WT/DS535/2			
536	美国—对源自越南的鱼片实施反倾销措施	越南 WT/DS536/1	08-01-2018		08-06-2018 WT/DS536/2	20-07-2018 WT/DSB/M/415	
537	加拿大—葡萄酒销售管理办法	澳大利亚 WT/DS537/1	16-01-2018	新西兰 WT/DS537/2 美国 WT/DS537/3 欧盟 WT/DS537/4 阿根廷 WT/DS537/5 智利 WT/DS537/6	16-08-2018 WT/DS537/8		
538	巴基斯坦—对源自阿联酋的双轴取向聚丙烯薄膜采取反倾销措施	阿联酋 WT/DS538/1	24-01-2018		15-05-2018 WT/DS538/2		
539	美国—对某些产品的反倾销和反补贴税以及现有事实的使用	韩国 WT/DS539/1	14-02-2018	哈萨克斯坦 WT/DS539/2 欧盟 WT/DS539/3 俄罗斯 WT/DS539/4	16-04-2018 WT/DS539/6	28-05-2018 WT/DSB/M/413	
540	美国—对源自越南的 Pangasius 海鲜产品的某些措施	越南 WT/DS540/1	22-02-2018	中国 WT/DS540/2			
541	印度—出口相关措施	美国 WT/DS541/1	14-03-2018	欧盟 WT/DS541/2 加拿大 WT/DS541/3	17-05-2018 WT/DS541/5	28-05-2018 WT/DSB/M/413	

续 表

序号	案 件	请求磋商	收到磋商请求（日-月-年）	加入磋商请求	请求成立专家组（日-月-年）	专家组成立（日-月-年）	双边达成解决方案（日-月-年）
542	中国—关于知识产权保护的相关措施	美国 WT/DS542/1	23-03-2018	日本 WT/DS542/2 欧盟 WT/DS542/3 乌克兰 WT/DS542/4 台、澎、金、马单独关税区 WT/DS542/5 沙特阿拉伯 WT/DS542/6	18-10-2018 WT/DS542/8	21-11-2018 WT/DSB/M/421	
543	美国—对源自中国的产品采取的部分关税措施	中国 WT/DS543/1 和 Add.1, Add.2, Add.3	04-04-2018		06-12-2018 WT/DS542/7	28-01-2019 WT/DSB/M/425	
544	美国—关于钢铝产品的部分措施	中国 WT/DS544/1 和 Corr.1	05-04-2018	印度 WT/DS544/3 俄罗斯 WT/DS544/4 泰国 WT/DS544/5 中国香港 WT/DS544/6 欧盟 WT/DS544/7	18-10-2018 WT/DS544/8	21-11-2018 WT/DSB/M/421	
545	美国—晶体硅光伏产品进口保障措施	韩国 WT/DS545/1	14-05-2018	中国 WT/DS545/2 泰国 WT/DS545/3 马来西亚 WT/DS545/4 欧盟 WT/DS545/5	14-08-2018 WT/DS545/7	26-09-2018 WT/DSB/M/419	
546	美国—关于洗衣机的保障措施	韩国 WT/DS546/1	14-05-2018	泰国 WT/DS546/2	14-08-2018 WT/DS546/4	26-09-2018 WT/DSB/M/419	
547	美国—关于钢铝产品的部分措施	印度 WT/DS547/1	18-05-2018	中国 WT/DS547/2 俄罗斯 WT/DS547/3 欧盟 WT/DS547/4 泰国 WT/DS547/5 中国香港 WT/DS547/6	08-11-2018 WT/DS547/8	04-12-2018 WT/DSB/M/422	

续 表

序号	案 件	请求磋商	收到磋商请求（日-月-年）	加入磋商请求	请求成立专家组（日-月-年）	专家组成立（日-月-年）	双边达成解决方案（日-月-年）
548	美国—关于钢铝产品的部分措施	欧盟 WT/DS548/1	01-06-2018	日本 WT/DS548/2 中国 WT/DS548/3 土耳其 WT/DS548/4 泰国 WT/DS548/5 加拿大 WT/DS548/6 中国香港 WT/DS548/7 俄罗斯 WT/DS548/8 印度 WT/DS548/9 挪威 WT/DS548/10 墨西哥 WT/DS548/11 加拿大 WT/DS548/12	18-10-2018 WT/DS548/14	21-11-2018 WT/DSB/M/421	
549	中国—关于技术转让的措施	欧盟 WT/DS549/1 和 Add.1	06-01-2018	日本 WT/DS549/2 美国 WT/DS549/3 台、澎、金、马单独关税区 WT/DS549/4 中国台北 WT/DS549/5 日本 WT/DS549/6 美国 WT/DS549/7			
550	美国—关于钢铝产品的部分措施	加拿大 WT/DS550/1 和 Corr.1	01-06-2018	日本 WT/DS550/2 中国 WT/DS550/3 泰国 WT/DS550/4 俄罗斯 WT/DS550/5 欧盟 WT/DS550/6 印度 WT/DS550/7 挪威 WT/DS550/8 墨西哥 WT/DS550/9	18-10-2018 WT/DS550/11	21-11-2018 WT/DSB/M/421	

续 表

序号	案 件	请求磋商	收到磋商请求（日-月-年）	加入磋商请求	请求成立专家组（日-月-年）	专家组成立（日-月-年）	双边达成解决方案（日-月-年）
551	美国—关于钢铝产品的部分措施	墨西哥 WT/DS551/1 和 Corr.1	05-06-2018	日本 WT/DS551/2 中国 WT/DS551/3 泰国 WT/DS551/4 加拿大 WT/DS551/5 俄罗斯 WT/DS551/6 欧盟 WT/DS551/7 印度 WT/DS551/8 挪威 WT/DS551/9	18-10-2018 WT/DS551/11	21-11-2018 WT/DSB/M/421	
552	美国—关于钢铝产品的部分措施	挪威 WT/DS552/1 和 Corr.1	12-06-2018	欧盟 WT/DS552/2 加拿大 WT/DS552/3 墨西哥 WT/DS552/4 泰国 WT/DS552/5 俄罗斯 WT/DS552/6 印度 WT/DS552/7 中国 WT/DS552/8	18-10-2018 WT/DS552/10	21-11-2018 WT/DSB/M/421	
553	韩国—关于不锈钢棒材的反倾销税日落复审	日本 WT/DS553/1	18-16-2018		13-09-2018 WT/DS553/2	12-10-2018 WT/DSB/M/420	
554	美国—关于钢铝产品的部分措施	俄罗斯 WT/DS554/1	29-06-2018	墨西哥 WT/DS554/3 加拿大 WT/DS554/4 泰国 WT/DS554/5 挪威 WT/DS554/6 欧盟 WT/DS554/7 中国 WT/DS554/8 印度 WT/DS554/9	18-10-2018 WT/DS554/17	21-11-2018 WT/DSB/M/421	

续 表

序号	案 件	请求磋商	收到磋商请求（日-月-年）	加入磋商请求	请求成立专家组（日-月-年）	专家组成立（日-月-年）	双边达成解决方案（日-月-年）
555	摩洛哥—对进口自突尼斯的学生练习簿的临时反倾销措施	突尼斯 WT/DS555/1 和 Corr.1	05-07-2018				
556	美国—关于钢铝产品的部分措施	瑞士 WT/DS556/1	09-07-2018	泰国 WT/DS556/2 加拿大 WT/DS556/3 中国 WT/DS556/5 墨西哥 WT/DS556/6 俄罗斯 WT/DS556/7 欧盟 WT/DS556/8	08-11-2018 WT/DS556/15	04-12-2018 WT/DSB/M/422	
557	加拿大—对进口自美国的产品征收附加税	美国 WT/DS557/1	16-07-2018		18-10-2018 WT/DS557/2	21-11-2018 WT/DSB/M/421	
558	中国—对进口自美国的产品征收附加税	美国 WT/DS558/1	16-07-2018		18-10-2018 WT/DS558/2	21-11-2018 WT/DSB/M/421	
559	欧盟—对进口自美国的产品征收附加税	美国 WT/DS559/1	16-07-2018		18-10-2018 WT/DS559/2	21-11-2018 WT/DSB/M/421	
560	墨西哥—对进口自美国的产品征收附加税	美国 WT/DS560/1	16-07-2018		18-10-2018 WT/DS560/2	21-11-2018 WT/DSB/M/421	
561	土耳其—对进口自美国的产品征收附加税	美国 WT/DS561/1 和 Add.1	16-07-2018		21-11-2018 WT/DS561/2	28-01-2019 WT/DSB/M/425	
562	美国—进口晶体硅光伏产品的保障措施	中国 WT/DS562/1	14-08-2018	欧盟 WT/DS562/3 泰国 WT/DS562/4			
563	美国—关于可再生能源的部分措施	中国 WT/DS563/1	14-08-2018	欧盟 WT/DS563/3			
564	美国—关于钢铝产品的部分措施	土耳其 WT/DS564/1	15-08-2018	欧盟 WT/DS564/3 俄罗斯 WT/DS564/4 泰国 WT/DS564/5 中国 WT/DS564/6 加拿大 WT/DS564/7 墨西哥 WT/DS564/8	18-10-2018 WT/DS564/15	21-11-2018 WT/DSB/M/421	

续 表

序号	案　件	请求磋商	收到磋商请求（日-月-年）	加入磋商请求	请求成立专家组（日-月-年）	专家组成立（日-月-年）	双边达成解决方案（日-月-年）
565	美国—对进口自中国的产品采取的关税措施Ⅱ	中国 WT/DS565/1	23-08-2018		18-10-2018		
566	俄罗斯—对进口自美国的部分产品征收附加税	美国 WT/DS566/1	27-08-2018		22-11-2018 WT/DS566/2	18-12-2018 WT/DSB/M/423	
567	沙特阿拉伯—关于知识产权保护的措施	卡塔尔 WT/DS567/1	01-10-2018	俄罗斯 WT/DS567/2	09-11-2018 WT/DS567/3	18-12-2018 WT/DSB/M/423	
568	中国—关于糖类进口的部分措施	巴西 WT/DS568/1	16-10-2018	欧盟 WT/DS568/2 泰国 WT/DS568/3 危地马拉 WT/DS568/4			
569	亚美尼亚—铜管反倾销措施	乌克兰 WT/DS569/1	17-10-2018				
570	吉尔吉斯斯坦—钢管反倾销措施	乌克兰 WT/DS570/1	17-10-2018				
571	韩国—影响商船贸易的措施	日本 WT/DS571/1	06-11-2018	欧盟 WT/DS571/2 中国台北 WT/DS571/3			
572	秘鲁—对进口自阿根廷的生物柴油的反倾销和反补贴措施	阿根廷 WT/DS572/1	29-11-2018				
573	土耳其—对进口自泰国的空调征收附加税	泰国 WT/DS573/1	10-12-2018				
574	美国—关于货物和服务贸易的措施	委内瑞拉 WT/DS574/1	28-10-2018				

第二部分
散发及通过专家组及上诉机构报告

序号	案 件	专家组成立（日-月-年）	散发专家组报告（日-月-年）	通知上诉（日-月-年）	通过专家组报告（日-月-年）	散发上诉机构报告（日-月-年）	通过上诉机构报告（日-月-年）
1	美国—精炼及传统汽油标准	10-04-1995 委内瑞拉 WT/DS2 31-05-1995 巴西 WT/DS4	29-01-1996 WT/DS2/R	21-02-1996 美国 WT/DS2/6	20-05-1996 WT/DS2/9	29-04-1996 WT/DS2/AB/R	20-05-1996 WT/DS2/9
2	日本—对酒精饮料征税	27-09-1995 欧共体 WT/DS8 加拿大 WT/DS10 美国 WT/DS11	11-07-1996 WT/DS8/R WT/DS10/R WT/DS11/R	08-08-1996 日本 WT/DS8/9 WT/DS10/9 WT/DS11/6	01-11-1996 WT/DS8/11 WT/DS10/11 WT/DS11/8	04-10-1996 WT/DS8/AB/R WT/DS10/AB/R WT/DS11/AB/R	01-11-1996 WT/DS8/11 WT/DS10/11 WT/DS11/8
3	欧共体—扇贝的贸易描述	19-07-1995 加拿大 WT/DS7	05-08-1996 WT/DS7/R	N.A.	N.A.	N.A.	N.A.
4	欧共体—扇贝的贸易描述	11-10-1995 秘鲁 WT/DS12 智利 WT/DS14	05-08-1996 WT/DS12/R WT/DS14/R	N.A.	N.A.	N.A.	N.A.
5	巴西—影响可可粉的措施	05-03-1996 菲律宾 WT/DS22	17-10-1996 WT/DS22/R	16-12-1996 菲律宾 WT/DS22/8	20-03-1997 WT/DS22/11/ Rev.2	21-02-1997 WT/DS22/AB/R	20-03-1997 WT/DS22/11/ Rev.2
6	美国—对于棉质及人造纤维内衣的进口限制	05-03-1996 哥斯达黎加 WT/DS24	08-11-1996 WT/DS24/R	11-11-1996 哥斯达黎加 WT/DS24/5	25-02-1997 WT/DS24/8	10-02-1997 WT/DS24/AB/R	25-02-1997 WT/DS24/8
7	美国—影响从印度进口羊毛衬衫和女上衣的措施	17-04-1996 印度 WT/DS33	06-01-1997 WT/DS33/R	24-02-1997 印度 WT/DS33/3	23-05-1997 WT/DS33/5	25-04-1997 WT/DS33/AB/R 和 Corr.1	23-05-1997 WT/DS33/5
8	加拿大—关于杂志的特定措施	19-06-1996 美国 WT/DS31	14-03-1997 WT/DS31/R 和 Corr.1	29-04-1997 加拿大 WT/DS31/5	30-07-1997 WT/DS31/7	30-06-1997 WT/DS31/AB/R	30-07-1997 WT/DS31/7
9	欧共体—香蕉进口、销售和分销	08-05-1996 厄瓜多尔 危地马拉 洪都拉斯 墨西哥 美国 WT/DS27	22-05-1997 WT/DS27/R/ ECU WT/DS27/R/ GTM WT/DS27/R/ HND WT/DS27/R/ MEX WT/DS27/R/ 美国 A	11-06-1997 欧共体 WT/DS27/9	25-09-1997 WT/DS27/12	09-09-1997 WT/DS27/AB/R	25-09-1997 WT/DS27/12

续 表

序号	案 件	专家组成立（日-月-年）	散发专家组报告（日-月-年）	通知上诉（日-月-年）	通过专家组报告（日-月-年）	散发上诉机构报告（日-月-年）	通过上诉机构报告（日-月-年）
10	欧共体—关于肉类及肉制品措施（荷尔蒙）	20-05-1996 美国 WT/DS26 16-10-1996 加拿大 WT/DS48	18-08-1997 WT/DS26/R/ 美国 WT/DS48/R/ 加拿大	24-09-1997 欧共体 WT/DS26/9 WT/DS48/7	13-02-1998 WT/DS26/13 WT/DS48/11	16-01-1998 WT/DS26/AB/R WT/DS48/AB/R	13-02-1998 WT/DS26/13 WT/DS48/11
11	印度—对于药品及农业化学品的专利权保护	20-11-1996 美国 WT/DS50	05-09-1997 WT/DS50/R	15-10-1997 印度 WT/DS50/6	16-01-1998 WT/DS50/9	19-12-1997 WT/DS50/AB/R	16-01-1998 WT/DS50/9
12	阿根廷—影响鞋类、纺织品、服装和其他项目的进口措施，	25-02-1997 美国 WT/DS56	25-11-1997 WT/DS56/R	21-01-1998 阿根廷 WT/DS56/8	22-04-1998 WT/DS56/11	27-03-1998 WT/DS56/AB/R 20-04-1998 WT/DS56/AB/R/ Corr.1	22-04-1998 WT/DS56/11
13	欧共体—特定计算机设备的海关分类	25-02-1997 美国 WT/DS62 30-03-1997 WT/DS67 WT/DS68	05-02-1998 WT/DS62/R WT/DS67/R WT/DS68/R	24-03-1998 欧共体 WT/DS62/8 WT/DS67/6 WT/DS68/5	22-06-1998 WT/DS62/11 WT/DS64/9 WT/DS68/8	05-06-1998 WT/DS62/AB/R WT/DS67/AB/R WT/DS68/AB/R	22-06-1998 WT/DS62/11 WT/DS67/9 WT/DS68/10
14	欧共体—影响特定家禽产品进口的措施	30-07-1997 巴西 WT/DS69	12-03-1998 WT/DS69/R	29-04-1998 巴西 WT/DS69/4	23-07-1998 WT/DS69/7	13-07-1998 WT/DS69/AB/R	23-07-1998 WT/DS69/7
15	日本—对进口胶卷相纸的限制	16-10-1996 美国 WT/DS44	31-03-1998 WT/DS44/R	N.A.	22-04-1998 WT/DS44/5	N.A.	N.A.
16	美国—对特定虾及虾类产品进口限制	25-02-1997 马来西亚、 泰国、 巴基斯坦 10-04-1997 印度 WT/DS58	15-05-1998 WT/DS58/R 09-11-1998 WT/DS58/R/ Corr.1	13-07-1998 美国 WT/DS58/11	06-11-1998 WT/DS58/14	12-10-1998 WT/DS58/AB/R	06-11-1998 WT/DS58/14
17	澳大利亚—影响鲑鱼进口的措施	10-04-1997 加拿大 WT/DS18	12-06-1998 WT/DS18/R 13-07-1998 WT/DS18/R/ Corr.1	22-07-1998 澳大利亚 WT/DS18/5	06-11-1998 WT/DS18/11	20-10-1998 WT/DS18/AB/R	06-11-1998 WT/DS18/11
18	危地马拉—对来自墨西哥的波兰特水泥的反倾销调查	20-09-1997 墨西哥 WT/DS60	19-06-1998 WT/DS60/R	04-08-1998 危地马拉 WT/DS60/9	25-11-1998 WT/DS60/12	02-11-1998 WT/DS60/AB/R	25-11-1998 WT/DS60/12
19	印尼—影响汽车工业的特定措施	12-06-1998 日本 WT/DS55 WT/DS64 欧共体 WT/DS54 30-06-1997 美国 WT/DS59	02-07-1998 WT/DS54/R WT/DS55/R WT/DS59/R WT/DS64/R 和 Corr.2	N.A.	23-07-1998 WT/DS54/10 WT/DS55/10 WT/DS59/9 WT/DS64/8	N.A.	N.A.

续 表

序号	案 件	专家组成立（日-月-年）	散发专家组报告（日-月-年）	通知上诉（日-月-年）	通过专家组报告（日-月-年）	散发上诉机构报告（日-月-年）	通过上诉机构报告（日-月-年）
20	印度—对于药品及农业化学品的专利权保护	16-10-1997 欧共体 WT/DS79	24-08-1998 WT/DS79/R	N.A.	22-09-1998 WT/DS79/5 和 Corr.1	N.A.	N.A.
21	韩国—对酒精饮料征税	16-10-1997 欧共体 WT/DS75 美国 WT/DS84	17-09-1998 WT/DS75/R WT/DS84/R	20-10-1998 韩国 WT/DS75/9 WT/DS84/7	17-02-1999 WT/DS75/12 WT/DS84/10	18-01-1999 WT/DS75/AB/R WT/DS84/AB/R	17-02-1999 WT/DS75/12 WT/DS84/10
22	日本—影响农产品的措施	18-11-1997 美国 WT/DS76	27-10-1998 WT/DS76/R	24-11-1998 日本 WT/DS76/5	19-03-1999 WT/DS76/8	22-02-1999 WT/DS76/AB/R	19-03-1999 WT/DS76/8
23	美国—对来自韩国的1兆及以上的计算机动态随机存取存储器芯片征收反倾销税	16-01-1998 韩国 WT/DS99	29-01-1999 WT/DS99/R	N.A.	19-03-1999 WT/DS99/5	N.A.	N.A.
24	印度—对于农产品、纺织品和工业产品进口的数量限制	18-11-1997 美国 WT/DS90	06-04-1999 WT/DS90/R	25-05-1999 印度 WT/DS90/11	22-09-1999 WT/DS90/14	23-08-1999 WT/DS90/AB/R	22-09-1999 WT/DS90/14
25	巴西—对于航空器出口融资	23-07-1998 加拿大 WT/DS46	14-04-1999 WT/DS46/R	03-05-1999 巴西 WT/DS46/8	20-08-1999 WT/DS46/10	02-08-1999 WT/DS46/AB/R	20-08-1999 WT/DS46/10
26	加拿大—影响民用航空器措施	23-07-1998 巴西 WT/DS70	14-04-1999 WT/DS70/R	03-05-1999 加拿大 WT/DS70/4	20-08-1999 WT/DS70/6	02-08-1999 WT/DS70/AB/R	20-08-1999 WT/DS70/6
27	加拿大—影响牛奶进口及奶制品出口的措施	25-03-1998 美国 WT/DS103 新西兰 WT/DS113	17-05-1999 WT/DS103/R WT/DS113/R	15-07-1999 加拿大 WT/DS103/6 WT/DS113/6	27-10-1999 WT/DS103/11 WT/DS113/11	13-10-1999 WT/DS103/AB/R WT/DS113/AB/R	27-10-1999 WT/DS103/11 WT/DS113/11
28	澳大利亚—对于汽车皮革制造商和生产商提供的补贴	22-06-1998 美国 WT/DS126	25-05-1999 WT/DS126/R	N.A.	16-06-1999 WT/DS126/5	N.A.	N.A.
29	土耳其—对于纺织品和服装进口的限制	13-03-1998 印度 WT/DS34	31-05-1999 WT/DS34/R	26-07-1999 土耳其 WT/DS34/6	19-11-1999 WT/DS34/11	22-10-1999 WT/DS34/AB/R	19-11-1999 WT/DS34/11
30	智利—对酒精饮料征税	18-11-1997 欧共体 WT/DS87 25-03-1998 欧共体 WT/DS110	15-06-1999 WT/DS87/R WT/DS110/R	13-09-1999 智利 WT/DS87/8 WT/DS110/7	12-01-00 WT/DS87/12 WT/DS110/11	13-12-1999 WT/DS87/AB/R WT/DS110/AB/R	12-01-2000 WT/DS87/12 WT/DS110/11

续 表

序号	案 件	专家组成立（日-月-年）	散发专家组报告（日-月-年）	通知上诉（日-月-年）	通过专家组报告（日-月-年）	散发上诉机构报告（日-月-年）	通过上诉机构报告（日-月-年）
31	韩国—对于特定奶制品进口的保障措施	22-07-1998 欧共体 WT/DS98	21-06-1999 WT/DS98/R	15-09-1999 韩国 WT/DS98/7	12-01-2000 WT/DS98/10	14-12-1999 WT/DS98/AB/R	12-01-2000 WT/DS98/10
32	阿根廷—对鞋类产品进口的保障措施	23-07-1998 欧共体 WT/DS121	25-06-1999 WT/DS121/R	15-09-1999 阿根廷 WT/DS121/6 和 Corr.1	12-01-2000 WT/DS121/9	14-12-1999 WT/DS121/AB/R	12-01-2000 WT/DS121/9
33	欧共体—影响黄油产品的措施	18-11-1997 新西兰 WT/DS72	24-11-1999 WT/DS72/R	N.A.	N.A.	N.A.	N.A.
34	美国—“海外销售公司”税收待遇	22-09-1998 欧共体 WT/DS108	08-10-1999 WT/DS108/R	26-11-1999 美国 WT/DS108/7	20-03-2000 WT/DS108/10	24-02-2000 WT/DS108/AB/R	20-03-2000 WT/DS108/10
35	美 国 —1974 年贸易法第 301—310 节	02-03-1999 欧共体 WT/DS152	22-12-1999 WT/DS152/R	N.A.	27-01-2000 WT/DS152/14	N.A.	N.A.
36	美国—对来自英国的热轧铅铋碳钢产品征收反补贴税	17-02-1999 欧共体 WT/DS138	23-12-1999 WT/DS138/R	27-01-2000 美国 WT/DS138/5	07-06-2000 WT/DS138/9 和 Corr.1	10-05-2000 WT/DS138/AB/R	07-06-2000 WT/DS138/9 和 Corr.1
37	墨西哥—对来自美国的高果糖玉米浆进行反倾销调查	25-11-1998 美国 WT/DS132 和 Corr.1	28-01-2000 WT/DS132/R	N.A.	24-02-2000 WT/DS132/4 和 Corr.1	N.A.	N.A.
38	加拿大—影响汽车工业的特定措施	01-02-1999 日本 WT/DS139 01-02-1999 欧共体 WT/DS142	11-02-2000 WT/DS139/R WT/DS142/R	02-03-2000 加拿大 WT/DS139/5 WT/DS142/5	19-06-2000 WT/DS139/8 WT/DS142/8	31-05-2000 WT/DS139/R WT/DS142/R	19-06-2000 WT/DS139/8 WT/DS142/8
39	加拿大—药品的专利权保护	04-02-1999 欧共体 WT/DS114	17-03-2000 WT/DS114/R	N.A.	07-04-2000 WT/DS114/9	N.A.	N.A.
40	美 国 —1916 年反倾销法	01-02-1999 欧共体 WT/DS136	31-03-2000 WT/DS136/R 和 Corr.1	29-05-2000 美国 WT/DS136/5	26-09-2000 WT/DS136/8	28-08-2000 WT/DS136/AB/R	26-09-2000 WT/DS136/8
41	韩国—影响政府采购措施	16-06-1999 美国 WT/DS163	01-05-2000 WT/DS163/R	N.A.	19-06-2000 WT/DS163/7	N.A.	N.A.
42	加拿大—专利保护条款	22-09-1999 美国 WT/DS170	05-05-2000 WT/DS170/R	19-06-2000 加拿大 WT/DS170/4	12-10-2000 WT/DS170/7	18-09-2000 WT/DS170/AB/R	12-10-2000 WT/DS170/7

续 表

序号	案 件	专家组成立（日 - 月 - 年）	散发专家组报告（日 - 月 - 年）	通知上诉（日 - 月 - 年）	通过专家组报告（日 - 月 - 年）	散发上诉机构报告（日 - 月 - 年）	通过上诉机构报告（日 - 月 - 年）
43	美国—1916 年反倾销法	26-07-1999 日本 WT/DS162	29-05-2000 WT/DS162/R 和 25-09-2000 Add.1	29-05-2000 美国 WT/DS162/6	26-09-2000 WT/DS162/11	28-08-2000 WT/DS162/AB/R	26-09-2000 WT/DS162/11
44	美国—美国版权法 第 110（5）节	26-05-1999 欧共体 WT/DS160	15-06-2000 WT/DS160/R	N.A.	27-07-2000 WT/DS160/8	N.A.	N.A.
45	美国—对来自欧共体特定产品的进口措施	16-06-1999 欧共体 WT/DS165	17-07-2000 WT/DS165/R 和 Add.1	12-09-2000 欧共体 WT/DS165/10	10-01-2001 WT/DS165/13	11-12-2000 WT/DS165/AB/R	10-01-2001 WT/DS165/13
46	韩国—影响新鲜、冷藏及冷冻牛肉进口的措施	26-05-1999 美国 WT/DS161 26-07-1999 澳大利亚 WT/DS169	31-07-2000 WT/DS161/R WT/DS169/R	11-09-2000 韩国 WT/DS161/8 WT/DS169/8	10-01-2001 WT/DS161/11 WT/DS169/11	11-12-2000 WT/DS161/AB/R WT/DS169/AB/R	10-01-2001 WT/DS161/11 WT/DS169/11
47	美国—对来自欧共体面筋的进口保障措施	26-07-1999 欧共体 WT/DS166	31-07-2000 WT/DS166/R	26-09-2000 美国 WT/DS166/7	19-01-2001 WT/DS166/10	22-12-2000 WT/DS166/AB/R	19-01-2001 WT/DS166/10
48	欧共体—影响石棉及含石棉产品的措施	25-11-1998 加拿大 WT/DS135	18-09-2000 WT/DS135/R 和 Add.1	23-10-2000 加拿大 WT/DS135/8	05-04-2001 WT/DS135/12	12-03-2001 WT/DS135/AB/R	05-04-2001 WT/DS135/12
49	危地马拉—对来自墨西哥的灰波兰特水泥采取反倾销措施	22-09-1999 墨西哥 WT/DS156	24-10-2000 WT/DS156/R	N.A.	17-11-2000 WT/DS156/4	N.A.	N.A.
50	美国—对来自韩国的不锈钢卷板和不锈钢条采取反倾销措施	19-11-1999 韩国 WT/DS179	22-12-2000 WT/DS179/R	N.A.	01-02-2001 WT/DS179/4	N.A.	N.A.
51	阿根廷—影响牛皮出口和成皮进口的措施	26-07-1999 欧共体 WT/DS155	19-12-2000 WT/DS155/R 和 Corr.1	N.A.	16-02-2001 WT/DS155/5	N.A.	N.A.
52	欧共体—对来自印度的棉质床单进口征收反倾销税	27-10-1999 印度 WT/DS141	30-10-2000 WT/DS141/R	01-12-2000 欧共体 WT/DS141/6	12-03-2001 WT/DS141/9	01-03-2001 WT/DS141/AB/R	12-03-2001 WT/DS141/9

续 表

序号	案 件	专家组成立（日-月-年）	散发专家组报告（日-月-年）	通知上诉（日-月-年）	通过专家组报告（日-月-年）	散发上诉机构报告（日-月-年）	通过上诉机构报告（日-月-年）
53	泰国—对波兰出口的铁或非合金钢的角铁、型材、轧材及工字梁的反倾销税案	19-11-1999 波兰 WT/DS122	28-09-2000 WT/DS122/R	23-10-2000 泰国 WT/DS122/4	05-04-2001 WT/DS122/7	12-03-2001 WT/DS122/AB/R	05-04-2001 WT/DS122/7
54	美国—对来自新西兰和澳大利亚的新鲜、冷藏和冷冻羔羊肉采取进口保障措施	19-11-1999 新西兰 WT/DS177 澳大利亚 WT/DS178	21-12-2000 WT/DS177/R WT/DS178/R	31-01-2001 美国 WT/DS177/7 WT/DS178/8	16-05-2001 WT/DS177/10 WT/DS178/11	01-05-2001 WT/DS177/AB/R WT/DS178/AB/R	16-05-2001 WT/DS177/10 WT/DS178/11
55	美国—对来自日本的某些热轧钢产品采取反倾销措施	20-03-2000 日本 WT/DS184	28-02-2001 WT/DS184/R	25-04-2001 美国 WT/DS184/5	23-08-2001 WT/DS184/8	24-07-2001 WT/DS184/AB/R	23-08-2001 WT/DS184/8
56	美国—对来自巴基斯坦棉纱采取过渡性保障措施	19-06-2000 巴基斯坦 WT/DS192	31-05-2001 WT/DS192/R	09-07-2001 美国 WT/DS192/4	05-11-2001 WT/DS192/7	08-10-2001 WT/DS192/AB/R	05-11-2001 WT/DS192/7
57	美国—关于出口限制的补贴措施	11-09-2000 加拿大 WT/DS194	29-06-2001 WT/DS194/R	N.A.	23-08-2001 WT/DS194/4	N.A.	N.A.
58	美国—1998 年全面拨款法第 211 节	26-09-2000 欧共体 WT/DS176	06-08-2001 WT/DS176/R	04-10-2001 欧共体 WT/DS176/5	01-02-2002 WT/DS176/9	02-01-2002 WT/DS176/AB/R	01-02-2002 WT/DS176/9
59	阿根廷—影响从意大利进口地板砖的措施	17-11-2000 欧共体 WT/DS189	28-09-2001 WT/DS189/R	N.A.	05-11-2001 WT/DS189/6	N.A.	N.A.
60	美国—自韩国进口的圆焊碳质条形管的保障措施	23-10-2000 韩国 WT/DS202	29-10-2001 WT/DS202/R	19-11-2001 美国 WT/DS202/9	08-03-2002 WT/DS202/13	15-02-2002 WT/DS202/AB/R	08-03-2002 WT/DS202/13
61	印度—影响汽车部门的措施	27-07-2000 美国 WT/DS175 17-11-2000 欧共体 WT/DS146	21-12-2001 WT/DS146/R 和 Corr.1 WT/DS175/R 和 Corr.1	31-01-2002 印度 WT/DS146/8 WT/DS175/8	05-04-2002 WT/DS146/11 WT/DS175/11	19-03-2002 WT/DS146/AB/R WT/DS175/AB/R	05-04-2002 WT/DS146/11 WT/DS175/11
62	加拿大—地区性航空器的出口信贷保证	12-03-2001 巴西 WT/DS222	28-01-2002 WT/DS222/R 和 Corr.1	N.A.	19-02-2002 WT/DS222/6	N.A.	N.A.
63	智利—与特定农产品相关的综合价格制度及保障措施	12-03-2001 阿根廷 WT/DS207	03-05-2002 WT/DS207/R	24-06-2002 智利 WT/DS207/5	23-10-2002 WT/DS207/8	23-09-2002 WT/DS207/AB/R	23-10-2002 WT/DS207/8

续 表

序号	案 件	专家组成立（日-月-年）	散发专家组报告（日-月-年）	通知上诉（日-月-年）	通过专家组报告（日-月-年）	散发上诉机构报告（日-月-年）	通过上诉机构报告（日-月-年）
64	欧共体—沙丁鱼贸易描述	24-07-2001 秘鲁 WT/DS231	29-05-2002 WT/DS231/R 和 Corr.1	28-06-2002 欧共体 WT/DS231/11	23-10-2002 WT/DS231/15	26-09-02	23-10-2002 WT/DS231/15
65	美国—对来自印度的钢板采取反倾销及反补贴措施	24-07-2001 印度 WT/DS206	28-06-2002 WT/DS206/R 和 Corr.1	N.A.	29-07-2002 WT/DS206/5	N.A.	N.A.
66	美国—对来自德国的某些耐腐蚀碳钢板产品征收反补贴税	10-09-2001 欧共体 WT/DS213	03-07-2002 WT/DS213/R 和 Corr.1	30-08-2002 美国 WT/DS213/6	19-12-2002 WT/DS213/9	28-11-2002 WT/DS213/AB/R 和 Corr.1	19-12-2002 WT/DS213/9
67	美国—乌拉圭回合协议法案第129（c）（1）节	23-08-2001 加拿大 WT/DS221	15-07-2002 WT/DS221/R 和 Corr.1	N.A.	30-08-2002 WT/DS221/7	N.A.	N.A.
68	美国—对来自欧共体的某些产品采取反补贴措施	10-09-2001 欧共体 WT/DS212	31-07-2002 WT/DS212/R	09-09-2002 美国 WT/DS212/7	08-01-2003 WT/DS212/11	09-12-2002 WT/DS212/AB/R	08-01-2003 WT/DS212/11
69	埃及—对来自土耳其的钢筋采取反倾销措施	20-06-2001 土耳其 WT/DS211	08-08-2002 WT/DS211/R	N.A.	01-10-2002 WT/DS211/5	N.A.	N.A.
70	美国—2000年持续性倾销及补贴补偿法案	23-08-2001 澳大利亚 巴西 智利 欧共体 印度 印尼 日本 韩国 泰国 WT/DS217 10-09-2001 加拿大 墨西哥 WT/DS234	16-09-2002 WT/DS217/R WT/DS234/R	18-10-2002 美国 WT/DS217/8 WT/DS234/16	27-01-2003 WT/DS217/11 WT/DS234/19	16-01-2003	27-01-2003 WT/DS217/11 WT/DS234/19
71	美国—对来自加拿大的特定软木的初步决定	05-12-2001 加拿大 WT/DS236	27-09-2002 WT/DS236/R	N.A.	01-11-2002 WT/DS236/4	N.A.	N.A.
72	阿根廷—对于桃脯进口的保障措施	18-01-2002 智利 WT/DS238	14-02-2003 WT/DS238/R	N.A.	15-04-2003 WT/DS238/5	N.A.	N.A.
73	欧共体—对来自巴西的可锻铸铁管接头征收反倾销税	24-07-2001 巴西 WT/DS219	07-03-2003 WT/DS219/R	23-04-2003 巴西 WT/DS219/7	18-08-2003 WT/DS219/10	22-07-2003 WT/DS219/AB/R	18-08-2003 WT/DS219/10

续 表

序号	案 件	专家组成立（日-月-年）	散发专家组报告（日-月-年）	通知上诉（日-月-年）	通过专家组报告（日-月-年）	散发上诉机构报告（日-月-年）	通过上诉机构报告（日-月-年）
74	阿根廷—对来自巴西的家禽征收反倾销税	17-04-2002 巴西 WT/DS241	22-04-2003 WT/DS241/R	N.A.	19-05-2003 WT/DS241/6	N.A.	N.A.
75	美国—纺织品及服装原产地证明	24-06-2002 印度 WT/DS243	20-06-2003 WT/DS243/R 和 Corr.1	N.A.	21-07-2003 WT/DS243/8	N.A.	N.A.
76	美国—对特定钢铁产品进口采取保障措施	03-06-2002 欧共体 WT/DS248 14-06-2002 日本 WT/DS249 14-06-2002 韩国 WT/DS251 24-06-2002 中国 WT/DS252 24-06-2002 瑞士 WT/DS253 24-06-2002 挪威 WT/DS254 08-07-2002 新西兰 WT/DS258 29-07-2002 巴西 WT/DS259	11-07-2003 WT/DS248/R 和 Corr.1 WT/DS249/R 和 Corr.1 WT/DS251 和 Corr.1 WT/DS252 和 Corr.1 WT/DS253 和 Corr.1 WT/DS254 和 Corr.1 WT/DS254 和 Corr.1 WT/DS258 和 Corr.1 WT/DS259 和 Corr.1	11-08-2003 美国 WT/DS248/17 WT/DS249/11 WT/DS251/12 WT/DS252/10 WT/DS253/10 WT/DS254/10 WT/DS258/14 WT/DS259/13	10-12-2003 WT/DS248/20 WT/DS249/14 WT/DS251/15 WT/DS252/13 WT/DS253/13 WT/DS254/13 WT/DS258/17 WT/DS259/16	10-11-2003 WT/DS248/AB/R WT/DS249/AB/R WT/DS251/AB/R WT/DS252/AB/R WT/DS253/AB/R WT/DS254/AB/R WT/DS258/AB/R WT/DS259/AB/R	10-12-2003 WT/DS248/20 WT/DS249/14 WT/DS251/15 WT/DS252/13 WT/DS253/13 WT/DS254/13 WT/DS258/17 WT/DS259/16
77	日本—影响苹果进口的措施	03-06-2002 美国 WT/DS245	15-07-2003 WT/DS245/R	28-08-2003 日本 WT/DS245/5	10-12-2003 WT/DS245/8	26-11-2003 WT/DS245/AB/R	10-12-2003 WT/DS245/8
78	美国—对来自日本的耐腐蚀碳钢板产品的反倾销税日落复审	22-05-2002 日本 WT/DS244	14-08-2003 WT/DS244/R	15-09-2003 日本 WT/DS244/7	09-01-2004 WT/DS244/10	15-12-2003 WT/DS244/AB/R	09-01-2004 WT/DS244/10
79	美国—对来自加拿大的软木的最终反补贴税决定	01-10-2002 加拿大 WT/DS257	29-08-2003 WT/DS257/R 和 Corr.1	21-10-2003 美国 WT/DS257/8	17-02-2004 WT/DS257/11	19-01-2004 WT/DS257/AB/R	17-02-2004 WT/DS257/11
80	欧共体—发展中国家优惠关税授予条件	27-01-2003 印度 WT/DS246	01-12-2003 WT/DS246/R	08-01-2004 欧共体 WT/DS246/7	20-04-2004 WT/DS246/10	07-04-2004 WT/DS246/AB/R	20-04-2004 WT/DS246/10
81	美国—对加拿大软木的国际贸易委员会调查	07-05-2003 加拿大 WT/DS277	22-03-2004 WT/DS277/R	N.A.	26-04-2004 WT/DS277/5	N.A.	N.A.

续 表

序号	案 件	专家组成立（日-月-年）	散发专家组报告（日-月-年）	通知上诉（日-月-年）	通过专家组报告（日-月-年）	散发上诉机构报告（日-月-年）	通过上诉机构报告（日-月-年）
82	墨西哥—影响电信服务的措施	17-04-2002 美国 WT/DS204	02-04-2004 WT/DS204/R	N.A.	01-06-2004 WT/DS204/8	N.A.	N.A.
83	美国—对加拿大软木的最终倾销决定	08-01-2003 加拿大 WT/DS264	13-04-2004 WT/DS264/R	13-05-2004 美国 WT/DS264/6	31-08-2004 WT/DS264/9	11-08-2004 WT/DS264/AB/R	31-08-2004 WT/DS264/9
84	加拿大—关于小麦出口和谷物进口的措施	31-03-2003 美国 WT/DS276	06-04-2004 WT/DS276/R	01-06-2004 美国 WT/DS276/15	27-09-2004 WT/DS276/18	30-08-2004 WT/DS276/AB/R	27-09-2004 WT/DS276/18
85	美国—对来自阿根廷石油工业用管材的反倾销措施日落复审	19-05-2003 阿根廷 WT/DS268	16-07-2004 WT/DS268/R	31-08-2004 美国 WT/DS268/5	17-12-2004 WT/DS268/8	29-11-2004 WT/DS268/AB/R	17-12-2004 WT/DS268/8
86	美国—陆地棉补贴	18-03-2003 巴西 WT/DS267	08-09-2004 WT/DS267/R 和 Corr.1	18-10-2004 美国 WT/DS267/17	21-03-2005 WT/DS267/20	03-03-2005 WT/DS267/AB/R	21-03-2005 WT/DS267/20
87	韩国—影响商船贸易的措施	21-07-2003 欧共体 WT/DS273	07-03-2005 WT/DS273/R	N.A.	11-04-2005 WT/DS273/8	N.A.	N.A.
88	欧共体—农产品和食品的商标及地理标识保护	02-10-2003 美国 WT/DS174 澳大利亚 WT/DS290	15-03-2005 WT/DS174/R 和 Add.1, 2 & 3 WT/DS290/R 和 Add.1, 2 & 3	N.A.	20-04-2005 WT/DS174/23 WT/DS290/21	N.A.	N.A.
89	美国—影响博彩业跨境交付的措施	21-07-2003 安提瓜和巴布达 WT/DS285	10-11-2004 WT/DS285/R	07-01-2005 美国 WT/DS285/6	20-04-2005 WT/DS285/10	07-04-2005 WT/DS285/AB/R	20-04-2005 WT/DS285/10
90	欧共体—糖类出口补贴	29-08-2003 澳大利亚 WT/DS265 巴西 WT/DS266 泰国 WT/DS283	15-10-2004 WT/DS265/R WT/DS266/R WT/DS283/R	13-01-2005 欧共体 WT/DS265/25 WT/DS266/25 WT/DS283/6	19-05-2005 WT/DS265/29 WT/DS266/29 WT/DS283/10	28-04-2005 WT/DS265/AB/R WT/DS266/AB/R WT/DS283/AB/R	19-05-2005 WT/DS265/29 WT/DS266/29 WT/DS283/10
91	多米尼加—影响香烟进口和国内销售的措施	09-01-2004 洪都拉斯 WT/DS302	26-11-2004 WT/DS302/R	24-01-2004 多米尼加 WT/DS302/8	19-05-2005 WT/DS302/12	25-04-2005 WT/DS302/AB/R	19-05-2005 WT/DS302/12
92	欧共体—影响商船贸易的措施	19-03-2004 韩国 WT/DS301	22-04-2005 WT/DS301/R	N.A.	20-06-2005 WT/DS301/6	N.A.	N.A.
93	美国—对来自韩国的计算机动态随机存取存储器芯片进行反补贴税调查	19-11-2003 韩国 WT/DS296	21-02-2005 WT/DS296/R	29-03-2005 美国 WT/DS296/5	20-07-2005 WT/DS296/10	27-06-2005 WT/DS296/AB/R	20-07-2005 WT/DS296/10

续 表

序号	案 件	专家组成立（日 - 月 - 年）	散发专家组报告（日 - 月 - 年）	通知上诉（日 - 月 - 年）	通过专家组报告（日 - 月 - 年）	散发上诉机构报告（日 - 月 - 年）	通过上诉机构报告（日 - 月 - 年）
94	欧共体—对于来自韩国的计算机动态随机存取存储器芯片采取补贴措施	23-01-2004 韩国 WT/DS299	17-06-2005 WT/DS299/R	N.A.	03-08-2005 WT/DS299/6	N.A.	N.A.
95	欧共体—冷冻无骨鸡的关税分类	07-11-2003 巴西 WT/DS269 21-11-2003 泰国 WT/DS286	30-05-2005 WT/DS269/R WT/DS286/R	13-06-2005 欧共体 WT/DS269/6 WT/DS286/8	27-09-2005 WT/DS269/10 WT/DS286/12	12-09-2005 WT/DS269/AB/R WT/DS286/AB/R	27-09-2005 WT/DS269/10 WT/DS286/12
96	墨西哥—对于牛肉和稻米的反倾销措施：针对稻米的上诉	07-11-2003 美国 WT/DS295	06-06-2005 WT/DS295/R	20-07-2005 墨西哥 WT/DS295/6	20-12-2005 WT/DS295/9	29-11-2005 WT/DS295/AB/R	20-12-2005 WT/DS295/9
97	美国—对来自墨西哥的石油工业用管材反倾销措施	29-08-2003 墨西哥 WT/DS282	20-06-2005 WT/DS282/R	04-08-2005 墨西哥 WT/DS282/6	28-11-2005 WT/DS282/10	02-11-2005 WT/DS282/AB/R	28-11-2005 WT/DS282/10
98	韩国—对来自印尼的特定纸张征收进口反倾销税	27-09-2004 印尼 WT/DS312	28-10-2005 WT/DS312/R	N.A.	28-11-2005 WT/DS312/5	N.A.	N.A.
99	墨西哥—对非酒精饮料及其他饮料征税	06-07-2004 美国 WT/DS308	07-10-2005 WT/DS308/R	06-12-2005 墨西哥 WT/DS308/10	24-03-2006 WT/DS308/13	06-03-2006 WT/DS308/AB/R	24-03-2006 WT/DS308/13
100	美国—计算倾销差额（归零法）的法律、规则及方法	19-03-2004 欧共体 WT/DS294	31-10-2005 WT/DS294/R	17-01-2006 欧共体 WT/DS294/12	09-05-2006 WT/DS294/17	18-04-2006 WT/DS294/AB/R	09-05-2006 WT/DS294/17
101	日本—干紫菜和味付紫菜进口配额	21-03-2005 韩国 WT/DS323	01-02-2006 WT/DS323/R	N.A.	N.A.	N.A.	N.A.
102	欧共体—特定海关措施	21-03-2005 美国 WT/DS315	16-06-2006 WT/DS315/R	14-08-2006 美国 WT/DS315/11	11-12-2006 WT/DS315/15	13-11-2006 WT/DS315/AB/R	11-12-2006 WT/DS315/15
103	美国—关于归零法及日落复审措施	28-02-2005 日本 WT/DS322	20-09-2006 WT/DS322/R	11-10-2006 日本 WT/DS322/12	23-01-2007 WT/DS322/15	09-01-2007 WT/DS322/AB/R	23-01-2007 WT/DS322/15

续表

序号	案件	专家组成立（日-月-年）	散发专家组报告（日-月-年）	通知上诉（日-月-年）	通过专家组报告（日-月-年）	散发上诉机构报告（日-月-年）	通过上诉机构报告（日-月-年）
104	欧共体—影响生物科技产品审批及营销的措施	29-08-2003 美国 WT/DS291 加拿大 WT/DS292 阿根廷 WT/DS293	29/09-2006 WT/DS291/R WT/DS292/R WT/DS293/R		21-11-2006 WT/DS291/33 WT/DS292/27 WT/DS293/27	N.A.	N.A.
105	美国—对来自厄瓜多尔的虾的反倾销措施	19-07-2006 厄瓜多尔 WT/DS335	30-01-2007 WT/DS335/R	N.A.	20-02-2007 WT/DS335/9	N.A.	N.A.
106	墨西哥—对来自危地马拉的钢管征收反倾销税	17-03-2006 危地马拉 WT/DS331	08-06-2007 wt/ds331/r	N.A.	24-07-2007 WT/DS331/5	N.A.	N.A.
107	巴西—影响翻新轮胎进口的措施	20-01-2006 欧共体 WT/DS332	12-06-2007 WT/DS332/R	03-09-2007 欧共体 WT/DS332/9	17-12-2007 WT/DS332/12	03-12-2007 WT/DS332/AB/R	17-12-2007 WT/DS332/12
108	日本—对来自韩国的计算机动态随机存取存储器芯片的反补贴措施	19-06-2006 韩国 WT/DS336	13-07-2007 WT/DS336/R	30-08-2007 日本 WT/DS336/8	17-12-2007 WT/DS336/12	28-11-2007 WT/DS336/AB/R 和 Corr.1	17-12-2007 WT/DS336/12
109	土耳其—影响稻米进口的措施	17-03-2006 美国 WT/DS334/4	21-09-2007 WT/DS334/R	N.A.	22-10-2007 WT/DS334/8	N.A.	N.A.
110	欧共体—对产自挪威的养殖鲑鱼采取反倾销措施	22-06-2006 挪威 WT/DS337	16-11-2007 WT/DS337/R	N.A.	15-01-2008 WT/DS337/6	N.A.	N.A.
111	美国—对来自墨西哥的不锈钢采取最终反倾销措施	21-10-2006 墨西哥 WT/DS344	20-12-2007 WT/DS344/R	31-01-2008 墨西哥 WT/DS344/7	20-05-2008 WT/DS344/10	30-04-2008 WT/DS344/AB/R	20-05-2008 WT/DS344/10
112	美国—对来自泰国的虾采取的措施	26-10-2006 泰国 WT/DS343	29-02-2008 WT/DS343/R	17-04-2008 泰国 WT/DS343/10	01-08-2008 WT/DS343/14	16-07-2008 WT/DS343/AB/R	01-08-2008 WT/DS343/14
113	美国—海关保税指令	21-11-2006 印度 WT/DS345	29-02-2008 WT/DS345/R	17-04-2008 印度 WT/DS345/9	01-08-2008 WT/DS345/13	16-07-2008 WT/DS345/AB/R	01-08-2008 WT/DS345/13
114	美国—欧共体要求取消报复措施：荷尔蒙争端	17-02-2005 欧共体 WT/DS320	31-03-2008 WT/DS320/R	29-05-2008 欧共体 WT/DS320/12	14-11-2008 WT/DS320/18	16-10-2008 WT/DS320/AB/R	14-11-2008 WT/DS320/18

续 表

序号	案 件	专家组成立（日-月-年）	散发专家组报告（日-月-年）	通知上诉（日-月-年）	通过专家组报告（日-月-年）	散发上诉机构报告（日-月-年）	通过上诉机构报告（日-月-年）
115	加拿大—欧共体要求取消报复措施：荷尔蒙争端	17-02-05 欧共体 WT/DS321	31-03-2008 WT/DS321/R	29-05-2008 欧共体 WT/DS321/12	14-11-2008 WT/DS321/16	16-10-2008 WT/DS321/AB/R	14-11-2008 WT/DS321/16
116	印度—对来自美国的进口产品征收“附加税”和“超额附加税”	20-06-2007 美国 WT/DS360	09-06-2008 WT/DS360/R	01-08-2008 美国 WT/DS360/8	17-11-2008 WT/DS360/12	30-10-2008 WT/DS360/AB/R	17-11-2008 WT/DS360/12
117	中国—影响汽车零部件进口的措施	26-10-06 欧共体 WT/DS339 美国 WT/DS340 加拿大 WT/DS342	18-07-2008 WT/DS339/R WT/DS340/R WT/DS342/R 和 Add.1 & 2	15-09-2008 中国 WT/DS339/12 WT/DS340/12 WT/DS342/12	12.01.09 WT/DS339/14 WT/DS340/14 WT/DS342/14	15.12.08 WT/DS339/AB/R WT/DS340/AB/R WT/DS342/AB/R	12.01.09 WT/DS339/14 WT/DS340/14 WT/DS342/14
118	墨西哥—对来自欧共体的橄榄油采取反补贴措施	23-01-2007 欧共体 WT/DS341	04-09-2008 WT/DS341/R	N.A.	21-10-2008 WT/DS341/5	N.A.	N.A.
119	美国—与归零法和日落复审相关的措施	04-06-2007 欧共体 WT/DS350	01-10-2008 WT/DS350/R	06-11-2008 欧共体 WT/DS350/11	19-02-2009 WT/DS350/15	04-02-2009 WT/DS350/AB/R	19-02-2009 WT/DS350/15
120	中国—影响知识产权保护和执法的措施	25-09-2007 美国 WT/DS362	26-01-2009 WT/DS362/R	N.A.	20-03-2009 WT/DS362/10	N.A.	N.A.
121	哥伦比亚—对港口入境的价格限制要求	22-10-2007 巴拿马 WT/DS366	27-04-2009 WT/DS366/R 和 Corr.1	N.A.	20-05-2009 WT/DS366/9	N.A.	N.A.
122	中国—影响知识产权保护和执法的措施	27-11-2007 美国 WT/DS363	12-08-2009 WT/DS363/R 和 Corr.1	22-09-2009 WT/DS363/10	19-01-2010 WT/DS363/14	21-12-2009 WT/DS363/AB/R	19-01-2010 WT/DS363/14
123	美国—对自泰国的 PE 塑胶购物袋采取反倾销措施	20-03-2009 泰国 WT/DS383	22-01-2010 WT/DS383/R	N.A.	18-02-2010 WT/DS383/5	N.A.	N.A.
124	欧共体及其部分成员—影响大型民用飞机贸易的措施	20-07-05 美国 WT/DS316	30-06-2010 WT/DS316/R	21-07-2010 欧盟 WT/DS316/12	01-06-2011 WT/DS316/16	18-05-2011 WT/DS316/AB/R	01-06-2011 WT/DS316/16
125	澳大利亚—影响自新西兰进口苹果的措施	21-01-2008 新西兰 WT/DS367	09-08-2010 WT/DS367/R	31-08-2010 澳大利亚 WT/DS367/13	05-01-2011 WT/DS367/17	29-11-2010 WT/DS367/AB/R	05-01-2011 WT/DS367/17

续 表

序号	案 件	专家组成立（日 - 月 - 年）	散发专家组报告（日 - 月 - 年）	通知上诉（日 - 月 - 年）	通过专家组报告（日 - 月 - 年）	散发上诉机构报告（日 - 月 - 年）	通过上诉机构报告（日 - 月 - 年）
126	欧共体及其成员国—部分信息技术产品的关税待遇	23-09-2008 美国 WT/DS375 日本 WT/DS376 台、澎、金、马单独关税区 WT/DS377	16-08-2010 WT/DS375/R WT/DS376/R WT/DS377/R	N.A.	21-09-2010 WT/DS375/13 WT/DS376/13 WT/DS377/11	N.A.	N.A.
127	美国—影响自中国进口家禽的措施	31-07-2009 中国 WT/DS392	29-09-2010 WT/DS392/R	N.A.	25-10-2010 WT/DS392/5	N.A.	N.A.
128	美国—对自中国进口的产品征收确定性反倾销税和反补贴税	20-01-2009 中国 WT/DS379	22-10-2010 WT/DS379/R	01.12.10 中国 WT/DS379/6	25-03-2011 WT/DS379/9	11-03-2011 WT/DS379/AB/R	25-03-2011 WT/DS379/9
129	泰国—对自菲律宾进口香烟的关税和财政措施	17-11-2008 菲律宾 WT/DS371	15-11-2010 WT/DS371/R	22-02-2011 泰国 WT/DS371/8	15-07-2011 WT/DS371/11	17-06-2011 WT/DS371/AB/R	15-07-2011 WT/DS371/11
130	欧共体—对从中国进口的钢铁紧固件采取最终反倾销措施	23-10-2009 中国 WT/DS397	03-12-2010 WT/DS397/R	25-03-2011 欧盟 WT/DS397/7	28-07-2011 WT/DS397/11	15-07-2011 WT/DS397/AB/R	28-07-2011 WT/DS397/11
131	美国—对从中国进口的汽车轮胎采取的限制措施	19-01-2010 中国 WT/DS399	13-12-2010 WT/DS399/R	24-05-2011 中国 WT/DS399/6	05-10-2011 WT/DS399/9	05-09-2011 WT/DS399/AB/R	05-10-2011 WT/DS399/9
132	美国—对自韩国产品的反倾销措施适用归零法	18-05-2010 韩国 WT/DS402	18-01-2011 WT/DS402/R	N.A.	24-02-2011 WT/DS402/5	N.A.	N.A.
133	美国—对从巴西进口的特定橙汁采取的反倾销行政复审和其他措施	25-09-2009 巴西 WT/DS382	25-03-2011 WT/DS382/R	N.A.	17-06-2011 WT/DS382/8	N.A.	N.A.
134	美国—影响大型民用航空器贸易的措施（二诉）	17-02-06 欧共体 WT/DS353	31-03-2011 WT/DS353/R	01-04-2011 欧盟 WT/DS353/8	23-03-2012 WT/DS353/13	12-03-2012 WT/DS353/AB/R	23-03-2012 WT/DS353/13
135	中国—与限制原材料出口有关的措施	21-12-2009 美国 WT/DS394 欧共体 WT/DS395 墨西哥 WT/DS398	05-07-2011 WT/DS394/R WT/DS395/R WT/DS398/R	31-08-2011 中国 WT/DS394/11 WT/DS395/11 WT/DS398/10	22-02-2012 WT/DS394/16 WT/DS395/15 WT/DS398/14	30-01-2012 WT/DS394/AB/R WT/DS395/AB/R WT/DS398/AB/R	22-02-2012 WT/DS394/16 WT/DS395/15 WT/DS398/14
136	美国—对自越南进口的虾采取反倾销措施	18-05-2010 越南 WT/DS404	11-07-2011 WT/DS404/R	N.A.	02-09-2011 WT/DS404/9	N.A.	N.A.

续 表

序号	案 件	专家组成立（日-月-年）	散发专家组报告（日-月-年）	通知上诉（日-月-年）	通过专家组报告（日-月-年）	散发上诉机构报告（日-月-年）	通过上诉机构报告（日-月-年）
137	菲律宾—对蒸馏酒精征税	19-01-2010 欧盟 WT/DS396 20-04-2010 美国 WT/DS403	15-08-2011 WT/DS396/R WT/DS403/R	23-09-2011 菲律宾 WT/DS396/7 WT/DS403/7	20-01-2012 WT/DS396/11 WT/DS403/11	21-12-2011 WT/DS396/AB/R WT/DS403/AB/R	20-01-2012 WT/DS396/11 WT/DS403/11
138	美国—影响丁香香烟生产和销售的措施	20-07-2010 印尼 WT/DS406	02-09-2011 WT/DS406/R	05-01-2012 美国 WT/DS406/6	24-04-2012 WT/DS406/9	04-04-2012 WT/DS406/AB/R	24-04-2012 WT/DS406/9
139	美国—对金枪鱼和金枪鱼产品的进口、营销和销售采取的措施	20-04-2009 墨西哥 WT/DS381	15-09-2011 WT/DS381/R	20-01-2012 美国 WT/DS381/10	13-06-2012 WT/DS381/15	16-05-2012 WT/DS381/AB/R	13-06-2012 WT/DS381/15
140	欧盟—对自中国进口的鞋采取反倾销措施	18-05-2010 中国 WT/DS405	28-10-2011 WT/DS405/R	N.A.	22-02-2012 WT/DS405/6	N.A.	N.A.
141	多米尼加—聚丙烯管状织物包装袋进口的保障措施	07-02-2011 哥斯达黎加 WT/DS415 危地马拉 WT/DS416 洪都拉斯 WT/DS417 萨尔瓦多 WT/DS418	31-01-2012 WT/DS415/R WT/DS416/R WT/DS417/R WT/DS418/R Add.1	N.A.	22-02-2012 WT/DS415/11 WT/DS416/11 WT/DS417/11 WT/DS418/11	N.A.	N.A.
142	美国—对特定国家原产地标签要求	19-11-2009 加拿大 WT/DS384 墨西哥 WT/DS386	18-11-2011 WT/DS384/R WT/DS386/R	23-03-2012 美国 WT/DS384/12 WT/DS386/11	23-07-2012 WT/DS384/18 WT/DS386/17	29-06-2012 WT/DS384/AB/R WT/DS386/AB/R	23-07-2012 WT/DS384/18 WT/DS386/17
143	美国—对自中国进口的冷冻暖水虾采取反倾销措施	25-10-2011 WT/DS422	08-06-2012 WT/DS422/R Add.1	N.A.	23-07-2012 WT/DS422/6	N.A.	N.A.
144	中国—对自美国进口的取向电工钢征收反补贴税和反倾销税	25-03-2011 WT/DS414	15-06-2012 WT/DS414/R Add.1	20-07-2012 中国 WT/DS414/5	16-11-2012 WT/DS414/8	18-10-2012 WT/DS414/AB/R	16-11-2012 WT/DS414/8
145	中国—影响电子支付服务的措施	25-03-2011 WT/DS413	16-07-2012 WT/DS413/R Add.1	N.A.	31-08-2012 WT/DS413/6	N.A.	N.A.
146	中国—对从欧盟进口的 X 射线安全检查设备征收最终反倾销税	20-01-2012 欧盟 WT/DS425	26-02-2013 WT/DS425/R 和 Add.1	N.A.	24-04-2013 WT/DS425/6	N.A.	N.A.

续 表

序号	案 件	专家组成立（日-月-年）	散发专家组报告（日-月-年）	通知上诉（日-月-年）	通过专家组报告（日-月-年）	散发上诉机构报告（日-月-年）	通过上诉机构报告（日-月-年）
147	加拿大—影响再生能源部门的措施/加拿大—上网电价补贴计划相关措施	20-07-2011 日本 WT/DS412 20-01-2012 欧盟 WT/DS426	19-12-2012 WT/DS412/R WT/DS426/R 和Add.1	05-02-2013 加拿大 WT/DS412/10 WT/DS426/9	24-05-2013 WT/DS412/14 WT/DS426/13	06-05-2013 WT/DS412/AB/R WT/DS426/AB/R	24-05-2013 WT/DS412/14 WT/DS426/13
148	中国—对自美国的白羽肉鸡产品采取反倾销和反补贴措施	20-01-2012 美国 WT/DS427	02-08-2013 WT/DS427/R 和Add.1	N.A.	25-09-2013 WT/DS427/5	N.A.	N.A.
149	欧共体—限制海豹产品进口及营销的限制措施	25-03-2011 加拿大 WT/DS400 21-04-2011 挪威 WT/DS401	25-11-2013 WT/DS400/R WT/DS401/R 和Add.1	24-01-2014 加拿大 WT/DS400/8 挪威 WT/DS401/9	18-06-2014 WT/DS400/13 WT/DS401/14	22-05-2014 WT/DS400/AB/R WT/DS401/AB/R	18-06-2014 WT/DS400/13 WT/DS401/14
150	中国—对美部分进口汽车实施反倾销和反补贴措施	23-10-2012 美国 WT/DS440	23-05-2014 WT/DS440/R 和Add.1	N.A.	18-06-2014 WT/DS440/5	N.A.	N.A.
151	美国—对来自中国的某些产品的反补贴和反倾销措施	17-12-2012 中国 WT/DS449	27-03-2014 WT/DS449/R Add-1	08-04-2014 中国 WT/DS449/6	22-07-2014 WT/DS449/10	07-07-2014 WT/DS449/AB/R 和Corr.1	22-07-2014 WT/DS449/10
152	中国—影响稀土、钨、钼出口的措施	23-07-2012 美国 WT/DS431 欧盟 WT/DS432 日本 WT/DS433	26-03-2014 WT/DS431/R WT/DS432/R WT/DS433/R 和Add.1	08-04-2014 美国 WT/DS431/9 25-04-2014 中国 WT/DS432/9 WT/DS433/9	29-08-2014 WT/DS431/14 WT/DS432/12 WT/DS433/12	07-08-2014 WT/DS431/AB/R WT/DS432/AB/R WT/DS433/AB/R	29-08-2014 WT/DS431/14 WT/DS432/12 WT/DS433/12
153	澳大利亚—对于适用于烟草制品和包装的商标、地理标识和其他普通包装要求的一些措施	05-05-2014 洪都拉斯 WT/DS435 多米尼加 WT/DS441 古巴 WT/DS458 印度尼西亚 WT/DS467	28-06-18 WT/DS436/R WT/DS441/R WT/DS458/R WT/DS467/R 和Add.1 和Suppl.1		28-06-18 27-08-18 古巴 印度尼西亚		
154	美国—对源自印度的某些热轧碳钢产品的反补贴措施	31-08-2012 印度 WT/DS436	14-07-2014 WT/DS436/R 和Add-1	15-08-2014 印度 WT/DS436/6 18-08-2014 美国 WT/DS436/7		08-10-2014 WT/DS436/8 10-12-2014 WT/DS436/10	08/12/2014 WT/DS436/AB/R

续 表

序号	案 件	专家组成立（日-月-年）	散发专家组报告（日-月-年）	通知上诉（日-月-年）	通过专家组报告（日-月-年）	散发上诉机构报告（日-月-年）	通过上诉机构报告（日-月-年）
155	美国—对来自中国的某些产品的反补贴税的措施	28-09-2012 中国 WT/DS437	14-07-2014 WT/DS437/R 和 Add.1	22-08-2014 中国 WT/DS437/7		18-12-2014 WT/DS437/AB/R	16-01-2015 WT/DS437/11 WT/DS437/11/ Corr.1
156	阿根廷—影响货物进口的措施	28-01-2013 欧盟 WT/DS438 美国 WT/DS444 日本 WT/DS445	22-08-2014 WT/DS438/R WT/DS444/R WT/DS445/R 和 Add.1	26-09-2014 阿根廷 WT/DS438/15 WT/DS444/14 WT/DS445/14 02-10-2014 日本 WT/DS445/15	26-01-2015 WT/DS438/20 WT/DS445/21	15-01-2015 欧盟 WT/DS438/AB/R 美国 WT/DS444/AB/R 日本 WT/DS445/ AB/R	26-01-2015 WT/DS438/20 WT/DS445/21
157	印度—影响某些农产品进口的措施	25-06-2012 美国 WT/DS430	14-10-2014 WT/DS430/R 和 Add.1	02-02-2015 WT/DS430/8		04-06-2015 WT/DS430/AB/R	19-06-2015 WT/DS430/11
158	欧盟—对印度尼西亚脂肪醇的进口反倾销措施	19-12-2014 印度尼西亚 WT/DS442	16-12-2016 WT/DS442/R 和 Add.1	14-02-2017 印度尼西亚 WT/DS442/5 21-02-2017 欧盟 WT/DS442/6	02-10-2017 WT/DS442/10	05-09-2017 WT/DS442/AB/R 和 Add.1	02-10-2017 WT/DS442/10
159	美国—影响源自阿根廷的动物、肉类和其他动物制品进口的措施	09-08-2013 阿根廷 WT/DS447	24-07-2015 WT/DS447/R 和 Add.1		31-08-2015 WT/DS447/5		31-08-2015
160	阿根廷—与货物和服务贸易相关的措施	25-06-2013 巴拿马 WT/DS453	30-09-2015 WT/DS453/R 和 Add.1	30-10-2015 WT/DS453/7	09-05-2016 WT/DS453/12	14-04-2016 WT/DS453/AB/R 和 Add.1	09-05-2016 WT/DS453/12
161	中国—对日本进口的高性能不锈钢无缝钢管(HP-SSST)征收反倾销税	12-04-2013 日本 WT/DS454 欧盟 WT/DS460	14-02-2015 WT/DS454/R WT/DS460/R 和 Add.1	22-05-2015 WT/DS454/7	28-10-2015 WT/DS460/12	14-10-2015 WT/DS454/AB/R WT/DS460/AB/R 和 Add.1	28-10-2015 WT/DS460/12
162	印度—有关太阳能电池和太阳能模块的相关措施	29-09-2014 美国 WT/DS456	24-02-2016 WT/DS456/R 和 Add.1	25-04-2016 WT/DS456/9	17-10-2016 WT/DS456/13 和 Corr.1	16-09-2016 WT/DS456/AB/R 和 Add.1	17-10-2016 WT/DS456/13 和 Corr.1
163	秘鲁—某些农产品进口的附加税	23-07-2013 危地马拉 WT/DS457	27-11-2014 WT/DS457/R 和 Add.1	01-04-2015 WT/DS457/7 WT/DS457/8	31-07-2015 WT/DS457/11	20-07-2015 WT/DS457/AB/R 和 Add.1	31-07-2015 WT/DS457/11
164	哥伦比亚—与纺织品、服装和鞋类产品进口有关的措施	16-01-2014 巴拿马 WT/DS461	27-11-2015 WT/DS461/R 和 Add.1	27-01-2016 WT/DS461/6	22-06-2016 WT/DS461/10	07-06-2016 WT/DS461/AB/R 和 Add.1	22-06-2016 WT/DS461/10

续 表

序号	案 件	专家组成立（日-月-年）	散发专家组报告（日-月-年）	通知上诉（日-月-年）	通过专家组报告（日-月-年）	散发上诉机构报告（日-月-年）	通过上诉机构报告（日-月-年）
165	美国—对韩国产大型家用洗衣机采取反倾销和反补贴措施	23-06-2014 韩国 WT/DS464	11-03-2016 WT/DS464/R 和 Add.1	22-04-2016 美国 WT/DS464/7 28-04-2016 WT/DS464/8	27-09-2016 WT/DS464/12	07-09-2016 WT/DS464/AB/R 和 Add.1	27-09-2016 WT/DS464/12
166	乌克兰—有关小轿车的最终保障措施	26-03-2014 日本 WT/DS468	26-06-2015 WT/DS468/R 和 Add.1		20-07-2015 WT/DS468/8		
167	美国—部分方法及其在涉及中国的反倾销诉讼中的运用	29-08-2014 中国 WT/DS471	19-10-2016 WT/DS471/R 和 Add.1	28-11-26 WT/DS471/8	19-10-2016 WT/DS471/R	11-05-2017 WT/DS471/AB/R 和 Add.1	23-05-2017 WT/DS471/12
168	巴西—关于税收和收费的部分措施	27-03-2015 欧盟 WT/DS472 日本 WT/DS497	30-08-2017 WT/DS472/R 和 Add.1 WT/DS497/R 和 Add.1	06-10-2017 欧盟 WT/DS472/8 巴西 WT/DS472/9 WT/DS497/6		13-12-2018 WT/DS472/AB/R 和 Add.1 WT/DS497/AB/R 和 Add.1	
169	欧盟—对产自阿根廷的生物柴油的反倾销措施	23-26-2014 阿根廷 WT/DS473	09-03-2016 WT/DS473/R 和 Add.1	26-05-2016 WT/DS473/10 31-05-2016 WT/DS473/11	26-10-2016 WT/DS473/15	06-10-2016 WT/DS473/AB/R 和 Add.1	26-10-2016 WT/DS473/15
170	俄罗斯—影响自欧盟进口的生猪、猪肉及其他猪产品的措施	23-10-2014 欧盟 WT/DS475	19-08-2016 WT/DS475/R 和 Add.1	28-09-2016 WT/DS475/8 30-09-2016 WT/DS475/9		23-02-2017 WT/DS475/AB/R 和 Add.1	22-03-2017 WT/DS475/13
171	欧盟及其成员国—关于能源部门的部分措施	07-06-2016 俄罗斯 WT/DS476	10-08-2018 WT/DS476/R 和 Add.1 和 Corr.1	25-09-2018 欧盟 WT/DS476/6 28-09-2018 俄罗斯 WT/DS476/7			
172	印度尼西亚—涉及园艺产品、动物和动物产品的进口措施	09-10-2015 新西兰 WT/DS477 美国 WT/DS478	22-12-2016 WT/DS477/R 和 Add.1 WT/DS478/R 和 Add.1 08-02-2017 WT/DS477/R/Corr.1 WT/DS478/R/Corr.1	21-02-2017 新西兰 WT/DS477/11 美国 WT/DS478/11		09-11-2017 WT/DS477/AB/R 和 Add.1 WT/DS478/AB/R 和 Add.1	23-11-2017 WT/DS477/15 WT/DS478/15

续 表

序号	案 件	专家组成立（日-月-年）	散发专家组报告（日-月-年）	通知上诉（日-月-年）	通过专家组报告（日-月-年）	散发上诉机构报告（日-月-年）	通过上诉机构报告（日-月-年）
173	俄罗斯—对从德国和意大利进口的轻型商用车采取反倾销措施	20-10-2014 欧盟 WT/DS479	27-01-2017 WT/DS479/R 和 Add.1	22-02-2017 俄罗斯 WT/DS479/6 02-03-2017 欧盟 WT/DS479/7	09-04-2018 WT/DS479/11	22-03-2018 WT/DS479/AB/R 和 Add.1	09-04-2018 WT/DS479/11
174	欧盟—对源自印度尼西亚的生物柴油实施反倾销措施	04-11-2015 印度尼西亚 WT/DS480	25-01-2018 WT/DS480/R 和 Add.1		28-02-2018		
175	加拿大—对自台、澎、金、马单独关税区进口的加拿大碳钢焊接管采取反倾销措施	20-04-2015 台澎金马单独关税区 WT/DS482	21-12-2016 WT/DS482/R 和 Add.1				
176	中国—对从加拿大进口的纤维素纸浆采取的反倾销措施	28-04-2015 加拿大 WT/DS483	25-04-2017 WT/DS483/R 和 Add.1		23-05-2017 WT/DS483/5		
177	印度尼西亚—与鸡肉和鸡肉产品进口相关的措施	04-03-2016 巴西 WT/DS484		17-10-2017 巴西 WT/DS484/R 和 Add.1	23-11-2017 WT/DS484/12		
178	俄罗斯—对某些农产品和制成品的关税待遇	18-06-2015 欧盟 WT/DS485	12-08-2016 WT/DS485/R 和 Add.1 26-08-2016 WT/DS485/R/ Corr.1 13-09-2016 WT/DS485/R/ Corr.2		26-09-2016		
179	欧盟—对从巴基斯坦进口的聚对苯二甲酸乙二醇酯采取的反补贴措施	18-05-2015 巴基斯坦 WT/DS486	06-07-2017 WT/DS486/R 和 Add.1 20-07-2017 WT/DS486/R/ Corr.1	31-08-2017 欧盟 WT/DS486/6 05-09-2017 巴基斯坦 WT/DS486/7	25-05-18	16-05-2018 WT/DS486/AB/R 和 Add.1	25-05-2018 WT/DS486/11
180	美国—对大型民用航空器采取的有条件税收优惠	23-04-2015 欧盟 WT/DS487	28-11-2016 WT/DS487/R 和 Add.1	21-12-2016 美国 WT/DS487/6 20-02-2017 欧盟 WT/DS487/7	26-09-2017 WT/DS487/11	04-09-2017 WT/DS487/AB/R 和 Add.1	26-09-2017 WT/DS487/11

续　表

序号	案　件	专家组成立（日-月-年）	散发专家组报告（日-月-年）	通知上诉（日-月-年）	通过专家组报告（日-月-年）	散发上诉机构报告（日-月-年）	通过上诉机构报告（日-月-年）
181	美国—对某些铜版纸的反倾销和反补贴措施	04-02-2016 印度尼西亚 WT/DS491	06-12-2017 WT/DS491/R 和 Add.1		22-01-2018		
182	欧盟—影响禽肉产品关税减让的措施	04-12-2015 中国 WT/DS492	28-03-2017 WT/DS492/R 和 Add.1		19-05-2017 WT/DS492/5		
183	乌克兰—对硝酸铵的反倾销措施	02-02-2017 俄罗斯 WT/DS493	20-07-2018 WT/DS493/R 和 Add.1 和 Corr.1	27-08-2018 乌克兰 WT/DS493/6			
184	印度尼西亚—钢铁产品保障措施	09-12-2015 台、澎、金、马单独关税区 WT/DS490 越南 WT/D-496	18-08-2017 WT/DS490/R 和 Add.1 WT/DS496/R 和 Add.1	29-09-2017 印度尼西亚 WT/DS490/5 WT/DS496/6 越南 WT/DS496/7	27-08-18	15-08-2018 WT/DS490/AB/R 和 Add.1 WT/DS496/AB/R 和 Add.1	27-08-2018
185	韩国—对放射性核素的进口禁令和测试及认证要求	08-02-2016 日本 WT/DS495	22-02-2018 WT/DS495/R 和 Add.1	12-04-2018 韩国 WT/DS495/8 日本 WT/DS495/9			
186	俄罗斯—影响铁路设备及零部件进口的措施	02-03-2017 乌克兰 WT/DS499	30-07-2018 WT/DS499/R 和 Add.1	27-08-2018 WT/DS499/6			
187	韩国—对日本气动阀门征收反倾销税	29-08-2016 日本 WT/DS504	12-04-2018 WT/DS504/R 和 Add.1	31-05-2018 日本 WT/DS504/5 06-06-2018 韩国 WT/DS504/6			
188	美国—影响来自加拿大的超级压光纸的反补贴措施	31-08-2016 加拿大 WT/DS505	05-07-2018 WT/DS505/R 和 Add.1	29-08-2018 WT/DS505/6			
189	摩洛哥—关于来自土耳其的热轧钢的某些反倾销措施	17-05-2017 摩洛哥 WT/DS513	31-01-2018 WT/DS5/R 和 Add.1	20-11-2018 WT/DS513/5			
190	印度—关于钢铁产品的若干进口措施	23-06-2017 日本 WT/DS518	06-11-2018 WT/DS518/R 和 Add.1	14-12-2018 印度 WT/DS518/8			
191	美国—对土耳其某些管材产品的反补贴措施	14-09-2017 土耳其 WT/DS523	18-12-2018 WT/DS523/R 和 Add.1				

第三部分
执行争端解决机构建议

序号	案件	通过专家组及上诉机构报告（日-月-年）	通知执行争端解决机构建议的意向（日-月-年）	确定合理时限（日-月-年）	根据 DSU 第 21.3 条确定的合理期限	根据 DSU 第 21.6 条争端解决机构对执行的监督
1	美国—精炼及传统汽油标准	20-05-1996 WT/DS2/9	19-06-1996 WT/DSB/M/19	03-12-1996 WT/DSB/M/27	20-05-1996 至 20-08-1997 （15 个月）	WT/DS2/10 和 Add.1 - Add.7
2	日本—对酒精饮料征税	01-11-1996 WT/DS8/11 WT/DS10/11 WT/DS11/8	20-11-1996 WT/DSB/M/26	14-02-1997 WT/DS8/15 WT/DS10/15 WT/DS11/13 （通过仲裁）	14-02-1997 至 14-05-1998 （15 个月）	WT/DS8/18 WT/DS10/18 WT/DS11/16 和 Add.1 - Add.2
3	美国—对于棉质及人造纤维内衣的进口限制	25-02-1997 WT/DS24/8	20-03-1997 WT/DSB/M/30	N.A.	N.A.	此措施于 1997 年 3 月 28 日到期 WT/DSB/M/31
4	巴西—影响可可粉的措施	20-03-1997 WT/DS22/11/ Rev-2	N.A.	N.A.	N.A.	N.A.
5	美国—影响从印度进口的羊毛衬衫和女上衣的措施	23-05-1997 WT/DS33/5	N.A.	N.A.	N.A.	该限制于 1996 年 12 月 3 日废除 WT/DSB/M/33
6	加拿大—关于杂志的特定措施	30-07-1997 WT/DS31/7	29-08-1997 WT/DS31/8	15-09-1997	30-07-1997 至 30-10-1998 （15 个月）	WT/DS31/9 和 Add.1 - Add.5
7	欧共体—香蕉进口、销售和分销	25-09-1997 WT/DS27/12	16-10-1997 WT/DSB/M/38	07-01-1998 WT/DS27/15 （通过仲裁）	25-09-1997 至 01-01-1999 (15 个月零 1 周）	WT/DS27/17 和 Add.1 - Add.3 WT/DS27/51 和 Add.1 - Add.25
8	印度—对于药品及农业化学品的专利权保护	16-01-1998 WT/DS50/9	13-02-1998 WT/DSB/M/42	21-04-1998 WT/DSB/M/45	16-01-1998 至 19-04-1999 （15 个月）	WT/DS50/10 和 Add.1 - Add.4
9	欧共体—关于肉及肉制品措施（荷尔蒙）	13-02-1998 WT/DS26/13 WT/DS48/11	13-03-1998 WT/DSB/M/43	29-05-1998 WT/DS26/15 WT/DS48/13 （通过仲裁）	13-02-1998 至 13-05-1999 （15 个月）	WT/DS26/17 WT/DS48/15 和 Add.1 - Add.4
10	阿根廷—影响鞋类、纺织品、服装和其他项目的进口措施	22-04-1998 WT/DS56/11	08-05-1998 WT/DS56/12	15-06-1998 WT/DSB/M/46	22-04-1998 至 19-10-1998 （有 180 天的调查期限来决定纺织品和服装的特殊税） 22-04-1998 至 01-01-1999 （有 242 天的调查期限决定统计税）	WT/DS56/15 和 Add.1 - Add.4
11	日本—对进口胶卷相纸的限制	22-04-1998 WT/DS44/5	N.A.	N.A.	N.A.	N.A.

续 表

序号	案 件	通过专家组及上诉机构报告（日 - 月 - 年）	通知执行争端解决机构建议的意向（日 - 月 - 年）	确定合理时限（日 - 月 - 年）	根据 DSU 第 21.3 条确定的合理期限	根据 DSU 第 21.6 条争端解决机构对执行的监督
12	欧共体—特定计算机设备的海关分类	22-06-1998 WT/DS62/11 WT/DS67/9 WT/DS68/8	N.A.	N.A.	N.A.	N.A.
13	欧共体—影响特定家禽产品进口的措施	23-07-1998 WT/DS69/7	27-08-1998 WT/DS69/8	20-10-1998 WT/DS69/9	直至 31-03-1999	
14	印尼—影响汽车工业的特定措施	23-07-1998 WT/DS54/10 WT/DS55/10 WT/DS59/9 WT/DS64/8	21-08-1998 WT/DS54/12 WT/DS55/11 WT/DS59/10 WT/DS64/9	07-12-1998 WT/DS54/15 WT/DS55/14 WT/DS59/13 WT/DS64/12 （通过仲裁）	23-07-1998 至 23-07-1999 (12 个月）	WT/DS54/17 WT/DS55/16 WT/DS59/15 WT/DS64/14 和 Add.1
15	印度—对于药品及农业化学品的专利权保护	22-09-1998 WT/DS79/5 和 Corr.1	21-10-1998 WT/DSB/M/49	24-11-1998 WT/DSB/M/51	直至 19-04-1999	WT/DS79/6
16	美国—对特定虾及虾类产品进口限制	06-11-1998 WT/DS58/14	25-11-1998 WT/DSB/M/51	21-01-1999 WT/DSB/M/54	06-11-1998 至 06-12-1999 (13 个月）	WT/DS58/15
17	澳大利亚—影响鲑鱼进口的措施	06-11-1998 WT/DS18/11	25-11-1998 WT/DSB/M/51	23-02-1999 WT/DS18/9 （通过仲裁）	06-11-1998 至 06-07-1999 (8 个月）	（见第四部分）
18	危地马拉—对来自墨西哥的波兰特水泥的反倾销调查	25-11-1998 WT/DS60/12	N.A.	N.A.	N.A.	N.A.
19	韩国—对酒精饮料征税	17-02-1999 WT/DS75/12 WT/DS84/10	19-03-1999 WT/DSB/M/57	04-06-1999 WT/DS75/16 WT/DS84/14 （通过仲裁）	17-02-1999 至 31-01-2000 (11 个月 零 2 周）	WT/DS75/18 WT/DS84/16
20	日本—影响农产品的措施	19-03-1999 WT/DS76/8	15-04-1999 WT/DSB/M/58	15-06-1999 WT/DS76/9	19-03-1999 至 31-12-1999 (9 个月零 12 天）	WT/DS76/11 和 Add.1 - Add.16 日本和美国已通知争端解决机构，他们已达成双方满意的解决方案 WT/DS76/12
21	美国—对来自韩国的 1 兆或以上的计算机动态随机存取存储器芯片征收反倾销税	19-03-1999 WT/DS99/5	15-04-1999 WT/DSB/M/58	19-05-1999 WT/DSB/M/65	19-03-1999 至 19-11-1999 (8 个月）	WT/DS99/6
22	澳大利亚—对于汽车皮革制造商和生产商提供的补贴	16-06-1999 WT/DS126/5	06-07-1999 WT/DS126/6		根据《补贴与反补贴措施协议》第 4.7 条，专家组建议于报告批准日起 90 天内撤销此措施	WT/DS126/7 （见第四部分）

续 表

序号	案 件	通过专家组及上诉机构报告（日 - 月 - 年）	通知执行争端解决机构建议的意向（日 - 月 - 年）	确定合理时限（日 - 月 - 年）	根据 DSU 第 21.3 条确定的合理期限	根据 DSU 第 21.6 条争端解决机构对执行的监督
23	巴西—关于航空器出口资金融通	20-08-1999 WT/DS46/10	13-09-1999 WT/DS46/11		根据《补贴与反补贴措施协议》第 4.7 条，专家组建议于报告批准日起 90 天内撤销此措施	WT/DS46/12 （见第四部分）
24	加拿大—影响民用航空器措施	20-08-1999 WT/DS70/6	06-09-1999 WT/DS70/1		根据《补贴与反补贴措施协议》第 4.7 条，专家组建议于报告批准日起 90 天内撤销此措施	WT/DS70/8 （见第四部分）
25	印度—对于农产品、纺织品和工业产品进口的数量限制	22-09-1999 WT/DS90/14	14-10-1999 WT/DSB/M/69	28-12-1999 WT/DS90/15	直至 01-04-2000 及 01-04-2001	WT/DS90/16 和 Add.1 - Add.7
26	加拿大—影响牛奶进口及奶制品出口的措施	27-10-1999 WT/DS103/11 WT/DS113/11	19-11-1999 WT/DSB/M/71	22-12-1999 WT/DS103/10 WT/DS113/10	此实施阶段最迟不迟于 2000 年 12 月 31 日	WT/DS103/12 – WT/DS113/12 和 Add.1 - Add.6 （见第四部分）
27	土耳其—对于纺织品和服装进口的限制	19-11-1999 WT/DS34/11	15-12-1999 WT/DS34/9	07-01-2000 WT/DS34/10	19-02-2001	WT/DS34/12 和 Add.1 - Add.8 就土耳其所采取的措施达成一致的通知 WT/DS34/14
28	智利—对酒精饮料征税	12-01-2000 WT/DS87/12 WT/DS110/11	11-02-2000 WT/DSB/M/75	23-05-2000 WT/DS87/15 WT/DS110/4 （通过仲裁）	12-01-2000 至 21-03-2001 （14 个月零 9 天）	WT/DS87/17 和 Add.1 & 2
29	韩国—对于特定奶制品进口的保障措施	12-01-2000 WT/DS98/10	11-02-2000 WT/DSB/M/75	21-03-2000 WT/DS98/11	直至 20-05-2000	WT/DS98/12
30	阿根廷—对鞋类产品进口的保障措施	12-01-2000 WT/DS121/9	11-02-2000 WT/DSB/M/75	N.A.	N.A.	N.A.
31	美国—1974 年贸易法第 301-310 部分	27-01-2000 WT/DS152/14	N.A.	N.A.	N.A.	N.A.
32	墨西哥—对来自美国的高果糖玉米浆进行反倾销调查	24-02-2000 WT/DS132/4 和 Corr.1	20-03-2000 WT/DSB/M/77	10-04-2000 WT/DS132/5	24-02-2000 至 22-09-2000 (6 个月零 29 天）	（见第四部分）
33	美国—“海外销售公司”税收待遇	20-03-2000 WT/DS108/10	07-04-2000 WT/DSB/M/78	20-03-2000 （报告批准）	直至 01-10-2000 相应时间延至 01-11-2000	（见第四部分）
34	加拿大—药品的专利权保护	07-04-2000 WT/DS114/9	25-04-2000 WT/DSB/M/79	18-08-2000 WT/DS114/13 （通过仲裁）	直至 07-10-2000	相关规定于 07-10-2000 公布
35	美国—对来自英国的热轧铅铋碳钢产品征收反补贴税	07-06-2000 WT/DS138/9 和 Corr.1	05-07-2000 WT/DSB/M/85	N.A.	N.A.	N.A.

续 表

序号	案 件	通过专家组及上诉机构报告（日-月-年）	通知执行争端解决机构建议的意向（日-月-年）	确定合理时限（日-月-年）	根据 DSU 第 21.3 条确定的合理期限	根据 DSU 第 21.6 条争端解决机构对执行的监督
36	加拿大—影响汽车工业的特定措施	19-06-2000 WT/DS139/8 WT/DS142/8	27-07-2000 WT/DSB/M/86	04-10-2000 WT/DS139/12 WT/DS142/12 （通过仲裁）	直至 19-02-2001	此措施于 18-02-2001 废止 WT/DSB/M/101
37	韩国—影响政府采购的措施	19-06-2000 WT/DS163/7	N.A.	N.A.	N.A.	N.A.
38	美国—美国版权法第 110（5）节	27-07-2000 WT/DS160/8	24-08-2000 WT/DS160/9	15-01-2001 WT/DS160/12 （通过仲裁）	直至 27-07-2001 相应时间顺延直至美国国会结束或 31-12-2001 (WT/DS160/14)	WT/DS160/18 和 Add.1 - Add.16 （见第四部分） 在 23-06-2003 各方达成了相互满意的临时性协议 (WT/DS160/23) 相应地现状报告重新开始 WT/DS160/24 和 Add.1 - Add.22
39	美国—1916 年反倾销法	26-09-2000 WT/DS136/8 WT/DS162/11	23-10-2000 WT/DSB/M/91	28-02-2001 WT/DS136/11 WT/DS162/14 （通过仲裁）	直至 26-07-2001 相应时间顺延直至美国国会结束或 31-12-2001 (WT/DS136/13 WT/DS162/16)	WT/DS136/14 WT/DS162/17 和 Add.1 - Add.31 （见第四部分）
40	加拿大—专利保护条款	12-10-2000 WT/DS170/7	23-10-2000 WT/DSB/M/91	28-02-2001 WT/DS170/10 （通过仲裁）	直至 12-08-2001	加拿大宣布执行建议至 12-08-2001 止 WT/DSB/M/107
41	危地马拉—对来自墨西哥的灰波兰特水泥采取反倾销措施	17-11-2000 WT/DS156/4	12-12-2000 WT/DSB/M/94	N.A.	N.A.	反倾销税至 02-10-2000 止 WT/DSB/M/94
42	韩国—影响新鲜、冷藏及冷冻牛肉进口的措施	10-01-2001 WT/DS161/11 WT/DS169/11	01-02-2001 WT/DSB/M/98	19-04-2001 WT/DS161/12 WT/DS169/12	直至 10-09-2001	韩国宣布执行建议至 10-09-2001 止 WT/DSB/M/110
43	美国—对来自欧共体的面筋进口的保障措施	19-01-2001 WT/DS166/10	03-04-2001 WT/DSB/M/99	04-04-2001 WT/DS166/12	直至 02-06-2001	
44	美国—来自韩国的不锈钢卷板和不锈钢条的反倾销措施	01-02-2001 WT/DS179/4	01-03-2001 WT/DSB/M/100	26-04-2001 WT/DS179/5	直至 01-09-2001	美国宣布执行建议至 01-09-2001 止 WT/DSB/M/109
45	阿根廷—影响牛皮出口和成皮进口的措施	16-02-2001 WT/DS155/5	12-03-2001 WT/DSB/M/101	31-08-2001 WT/DS155/10 （通过仲裁）	直至 28-02-2002	WT/DS155/12 争端解决机构注意到欧共体和阿根廷之间根据《关于争端解决规则与程序的谅解》第 21 和 22 条达成的协议 WT/DSB/M/121
46	欧共体—对来自印度的棉质床单进口征收反倾销税	12-03-2001 WT/DS141/9	05-04-2001 WT/DSB/M/103	26-04-2001 WT/DS141/10	直至 14-08-2001	见第四部分

续 表

序号	案 件	通过专家组及上诉机构报告（日-月-年）	通知执行争端解决机构建议的意向（日-月-年）	确定合理时限（日-月-年）	根据 DSU 第 21.3 条确定的合理期限	根据 DSU 第 21.6 条争端解决机构对执行的监督
47	泰国—对波兰出口的铁或非合金钢的角铁、型材、轧材及工字梁的反倾销税案	05-04-2001 WT/DS122/7	26-04-2001 WT/DSB/M/104	25-05-2001 WT/DS122/8	直至 20-10-2001	WT/DS122/9 WT/DS122/11 （双方达成协议，此项不再出现在争端解决机构的日程中）
48	欧共体—影响石棉及含石棉产品的措施	05-04-2001 WT/DS135/12	N.A.	N.A.	N.A.	N.A.
49	美国—对来自新西兰和澳大利亚的新鲜、冷藏和冷冻羔羊肉进口采取保障措施	16-05-2001 WT/DS177/10 WT/DS178/11	20-06-2001 WT/DS177/11 WT/DS178/12	31-08-2001 决定于 15-11-2001 停止该措施 WT/DS177/12 WT/DS178/13	直至 15-11-2001	14-11-2001 美国宣布已完成必要的法律步骤来实施 8 月 31 日的决定 WT/DSB/M/113
50	美国—对来自日本的某些热轧钢产品采取反倾销措施	23-08-2001 WT/DS184/8	10-09-2001 WT/DSB/M/109	19-02-2002 WT/DS184/13 （通过仲裁）	23-08-2001 至 23-11-2002 (15 个月) 相应的，时间顺延直至 31-12-2003 或直至美国国会休会日，选两者较前者 (WT/DS184/16) 相应地，时间被修改于 31-07-2004 到期 (WT/DS184/17) 相应地，时间被修改于 31-07-2005 到期 (WT/DS184/18)	WT/DS184/15 和 Add.1 - Add.47
51	美国—对于作为出口限制的补贴措施	23-08-2001 WT/DS194/4	N.A.	N.A.	N.A.	N.A.
52	美国—对来自巴基斯坦棉纱采取过渡性保障措施	05-11-2001 WT/DS192/7	21-11-2001 WT/DSB/M/113	N.A.	N.A.	美国宣布此措施于 01-11-2001 被废除 WT/DSB/M/113
53	阿根廷—对来自意大利的地板砖进口的反倾销措施	05-11-2001 WT/DS189/6	05-12-2001 WT/DSB/M/114	18-12-2001 WT/DS189/7	05-11-2001 至 05-04-2002 WT/DS189/7	WT/DS189/8
54	美国—1998 年全面拨款法第 211 节	01-02-2002 WT/DS176/9	19-02-2002 WT/DSB/M/120	28-03-2002 WT/DS176/10	直至 31-12-2002 或美国国会休会日，不迟于 03-01-2003 相应地，时间被修改于 30-06-2003 到期 (WT/DS176/12) 时间再次被修改为到 31-12-2003 到期 (WT/DS176/13) 相应地，时间被修改于 31-12-2004 到期 (WT/DS176/14) 相应地，时间被修改于 30-06-2005 到期 (WT/DS176/15)	WT/DS176/11 和 Add.1 - Add.47

续　表

序号	案　件	通过专家组及上诉机构报告（日 - 月 - 年）	通知执行争端解决机构建议的意向（日 - 月 - 年）	确定合理时限（日 - 月 - 年）	根据 DSU 第 21.3 条确定的合理期限	根据 DSU 第 21.6 条争端解决机构对执行的监督
55	加拿大—地区性航空器的出口信贷保证	19-02-2002 WT/DS222/6	08-03-2002 WT/DSB/M/121		专家组建议从报告通过后的 90 天内撤销此措施（截止 20-05-2002)	（见第四部分）
56	美国—对产自韩国的环状焊接碳素钢管实施保障措施	08-03-2002 WT/DS202/13	05-04-2002 WT/DSB/M/122	29-07-2002 WT/DS202/18	直至 01-09-2002	在 18-03-2003 争端解决机构会议上，美国宣布此措施已于 01-03-2003 终止 WT/DSB/M/145
57	印度—影响汽车部门的措施	05-04-2002 WT/DS146/11 WT/DS175/11	02-05-2002 WT/DS146/12 WT/DS175/12	18-07-2002 WT/DS146/13 WT/DS175/13	05-04-2002 至 05-09-2002 (5 个月）	在 11-11-2002 争端解决机构会议上，印度宣布其已执行了争端解决机构的建议 WT/DSB/M/136
58	美国—对来自印度的钢板采取反倾销及反补贴措施	29-07-2002 WT/DS206/5	27-08-2002 WT/DS206/6	01-10-2002 WT/DS206/7	20-07-2002 至 29-12-2002 (5 个月）相应地，时间被修改为 31-01-2003 到期 (WT/DS206/8)	在 19-02-2003 争端解决机构会议上，美国宣布已按争端解决机构建议来执行 WT/DSB/M/143
59	美国—乌拉圭回合协议第 129（c）(1)	30-08-2002 WT/DS221/7	N.A.	N.A.	N.A.	N.A.
60	埃及—对来自土耳其的钢筋采取反倾销措施	01-10-2002 WT/DS211/5	23-10-2002 WT/DSB/M/134	14-11-2002 WT/DS211/6	01-10-2002 至 31-07-2003 (9 个月）	WT/DS211/7 和 Add.1 - Add.3（在 29-08-2003 争端解决机构会议上，埃及宣布已按争端解决机构建议执行
61	智利—与特定农产品相关的综合价格制度及保障措施	23-10-2002 WT/DS207/8	11-11-2002 WT/DSB/M/136	17-03-2003 WT/DS207/13（通过仲裁）	23-10-2002 至 23-12-2003 (14 个月）	WT/DS207/15 和 Add.7（见第四部分）
62	欧共体—沙丁鱼贸易描述	23-10-2002 WT/DS231/15	11-11-2002 WT/DSB/M/136	19-12-2002 WT/DS231/16	23-10-2002 至 23-04-2003 相应地，时间被修改于 01-07-2003 到期 (WT/DS231/17)	WT/DS231/18（双方同意的解决方案）
63	美国—对来自加拿大特定软木的初步决定	01-11-2002 WT/DS236/4	28-11-2002 WT/DSB/M/137	N.A.	N.A.	N.A.
64	美国—对来自德国的特定耐腐蚀碳钢板征收反补贴税	19-12-2002 WT/DS213/9	17-01-2003 WT/DSB/M/141	N.A.	N.A.	在 20-04-2004 争端解决机构会议上，美国宣布已按争端解决机构建议执行 (WT/DSB/M/167)
65	美国—对于来自欧共体的特定产品的反补贴措施	08-01-2003 WT/DS212/11	27-01-2003 WT/DSB/M/142	10-04-2003 WT/DS212/12	08-01-2003 至 08-11-2003 (10 个月）	WT/DS212/13 WT/DS212/19（见第四部分）

续 表

序号	案 件	通过专家组及上诉机构报告（日-月-年）	通知执行争端解决机构建议的意向（日-月-年）	确定合理时限（日-月-年）	根据 DSU 第 21.3 条确定的合理期限	根据 DSU 第 21.6 条争端解决机构对执行的监督
66	美国—2000 年持续性倾销及补贴补偿法案	27-01-2003 WT/DS217/11 WT/DS234/19	27-01-2003 WT/DSB/M/142 19-02-2003 WT/DSB/M/143 26-02-2003 WT/DSB/M/144	13-06-2003 WT/DS217/14 WT/DS234/22 （通过仲裁）	27-01-2003 至 27-12-2003 （11 个月） 在与澳大利亚，印尼和泰国有关的争议中，实施期间按被修改，至 27-12-2004 到期 (WT/DS217/17, 18, 19) 相应地，美国就此事项分别与下列国家达成程序谅解： 澳大利亚 (WT/DS217/44), 泰国 (WT/DS217/45) 印尼 (WT/DS217/46)	WT/DS217/16 WT/DS234/24 和 Add.1 - Add.24 （见第四部分）
67	阿根廷—对于桃脯进口的保障措施	15-04-2003 WT/DS238/5	14-05-2003 WT/DS238/6 19-05-2003 WT/DSB/M/150	30-05-2003 WT/DS238/7	直至 31-12-2003	在 23-01-2004 争端解决机构会议上，阿根廷宣布已按争端解决机构建议执行 (WT/DSB/M/163)
68	阿根廷—对来自巴西的家禽征收反倾销税	19-05-2003 WT/DS241/6	N.A.	N.A.	N.A	N.A.
69	美国—纺织品及服装原产地证明	21-07-2003 WT/DS243/8	N.A.	N.A.	N.A.	N.A.
70	欧共体—对来自巴西的可锻铸铁管接头征收反倾销税	18-08-2003 WT/DS219/10	15-09-2003 WT/DS219/11 02-10-2003 WT/DSB/M/156	01-10-2003 WT/DS219/12	18-08-2003 至 19-03-2004 （7 个月）	17-03-2004, 欧共体就其执行争端解决机构建议提供信息 (WT/DS219/13)
71	日本—影响苹果进口的措施	10-12-2003 WT/DS245/8	09-01-2004 WT/DSB/M/162	30-01-2004 WT/DS245/9	10-12-2003 至 30-06-2004 (6 个月零 20 天）	（见第四部分）
72	美国—对特定钢铁产品进口采取保障措施	10-12-2003 WT/DS248/20 WT/DS249/14 WT/DS251/15 WT/DS252/13 WT/DS253/13 WT/DS254/13 WT/DS258/17 WT/DS259/16	N.A.	N.A.	N.A.	在 10-12-2003 的争端解决机构会议上，美国宣布其总统已经下令停止与此争议相关的 10 项保障措施 (WT/DSB/M/160)
73	美国—对来自日本的耐腐蚀碳钢板产品的反倾销税日落复审	09-01-2004 WT/DS244/10	N.A.	N.A.	N.A.	N.A.

续　表

序号	案　件	通过专家组及上诉机构报告（日 - 月 - 年）	通知执行争端解决机构建议的意向（日 - 月 - 年）	确定合理时限（日 - 月 - 年）	根据 DSU 第 21.3 条确定的合理期限	根据 DSU 第 21.6 条争端解决机构对执行的监督
74	美国—对来自加拿大的软木最终反补贴税决定	17-02-2004 WT/DS257/11	05-03-2004 WT/DS257/12	28-04-2004 WT/DS257/13	17-02-2004 至 17-12-2004 (10 个月）	WT/DS257/14 和 Add.1 （见第四部分）
75	欧共体—发展中国家优惠关税授予条件	20-04-2004 WT/DS246/10	19-05-2004 WT/DSB/M/169	20-09-2004 WT/DS246/14 （通过仲裁）	20-04-2004 至 01-07-2005 (14 个月 零 11 天）	WT/DS246/16 和 Add.1 - Add.3
76	美国—国际贸易委员会对加拿大软木的调查	26-04-2004 WT/DS277/R	19-05-2004 WT/DSB/M/169	01-10-2004 WT/DS277/7	26-04-2004 至 26-01-2005 (9 个月）	在 25-01-2005 的争端解决机构会议上，美国说明其已按争端解决机构在此争端中的建议执行 （见第四部分）
77	墨西哥—影响电信服务的措施	01-06-2004 WT/DS204/8	01-06-2004 WT/DS204/7	01-06-2004 WT/DS204/7	从报告通过之日起的 13 个月内；也就是说在 2005 年 7 月底前	WT/DS204/9 和 Add.1 - Add.8
78	美国—对加拿大软木的最终倾销决定	31-08-2004 WT/DS264/9	27-09-2004 WT/DSB/M/176	06-12-2004 WT/DS264/12	31-08-2004 至 15-04-2005 相应地，时间被修改于 02-05-2005 到期 (WT/DS264/15)	在 19-05-2005 的争端解决机构会议上，美国说明其已按争端解决机构的建议和规则执行 WT/DSB/M/189 （见第四部分）
79	加拿大—关于小麦出口和谷物进口的措施	27-09-2004 WT/DS276/18	18-10-2004 WT/DSB/M/177	15-11-2004 WT/DS276/19	27-09-2004 至 01-08-2005 (10 个月零 5 天）	WT/DS276/20 和 Add.1 - Add.3
80	美国—对来自阿根廷石油工业用管材的反倾销措施日落复审	17-12-2004 WT/DS268/8	14-01-2005 WT/DSB/M/181	07-06-2005 WT/DS268/12 （通过仲裁）	17-12-2004 至 17-12-2005 (12 个月）	在 20-12-2005 的争端解决机构会议上美国说明其已按争端解决机构的建议和规则执行（见第四部分）
81	美国—陆地棉补贴	21-03-2005 WT/DS/267/20	20-04-2005 WT/DSB/M/188		根据《补贴与反补贴措施协议》第 4.7 条，专家组建议此措施自报告被批准后的 6 个月内或在 2005 年 7 月 1 日之前撤销（以较早的为准）	（见第四部分）
82	韩国—影响商船贸易的措施	11-04-2005 WT/DS273/8			根据《补贴与反补贴措施协议》第 4.7 条，专家组建议此措施自报告被批准后的 90 天内撤销	

续 表

序号	案 件	通过专家组及上诉机构报告（日 - 月 - 年）	通知执行争端解决机构建议的意向（日 - 月 - 年）	确定合理时限（日 - 月 - 年）	根据 DSU 第 21.3 条确定的合理期限	根据 DSU 第 21.6 条争端解决机构对执行的监督
83	欧共体—农产品和食品的商标及地理标识保护	20-04-2005 WT/DS174/23 WT/DS290/21	19-05-2005 WT/DSB/M/189	09-06-2005 WT/DS174/24 WT/DS290/22	实施时间至 03-04-2006 为止 (11 个月零 2 周)	WT/DS174/25- WT/DS290/23 和 Add.1 - Add.3
84	美国—影响博彩业跨境交付的措施	20-04-2005 WT/DS285/10	19-05-2005 WT/DSB/M/189	19-08-2005 WT/DS285/13 （通过仲裁）	20-04-2005 至 03-04-2006 (11 个月零 2 周)	WT/DS285/15 和 Add.1 （见第四部分）
85	欧共体—糖类出口补贴	19-05-2005 WT/DS265/29 WT/DS266/29 WT/DS283/10	13-06-2005 WT/DSB/M/191	28-10-2005 WT/DS265/33 – WT/DS266/33 – WT/DS283/14 （通过仲裁）	19-05-2005 至 22-05-2006 (12 个月零 3 天)	WT/DS265/35- WT/DS266/35- WT/ DS283/16 和 Add.1
86	多米尼加—影响香烟进口和国内销售的措施	19-05-2005 WT/DS302/12	13-06-2005 WT/DSB/M/191	16-08-2005 WT/DS302/17	19-05-2005 之后的 24 个月，也就是在 19-05-2007 之前	
87	欧共体—影响商船贸易的措施	20-06-2005 WT/DS301/6	20-07-2005 WT/DSB/M/194			
88	美国—对来自韩国的计算机动态随机存取存储器芯片的反补贴税调查	20-07-2005 WT/DS296/10	03-08-2005 WT/DSB/M/195	07-11-2005 WT/DS296/11	20-07-2005 至 08-03-2006 (7 个月零 16 天)	在 14-03-2006 的争端解决机构会议上美国说明其已按争端解决机构的建议和规则执行 WT/DSB/M/206
89	欧共体—对来自韩国的计算机动态随机存取存储器芯片的反补贴措施	03-08-2005 WT/DS299/6	31-08-2005 WT/DSB/M/196	12-10-2005 WT/DS299/7	03-08-2005 至 03-04-2006 (8 个月)	WT/DS299/8 WT/DS299/9
90	欧共体—冷冻无骨鸡的关税分类	27-09-2005 WT/DS269/10 WT/DS286/12	18-10-2005 WT/DSB/M/199	20-02-2006 WT/DS269/13 – WT/DS286/15 （通过仲裁）	27-09-2005 至 27-06-2006 (9 个月)	WT/DS269/15 – WT/ DS286/17 和 Add.1
91	美国—对来自墨西哥的石油工业用管材反倾销措施	28-11-2005 WT/DS282/10	20-12-2005 WT/DSB/M/202	15-02-2006 WT/DS282/11	28-11-2005 至 28-05-2006 (6 个月)	（见第四部分）
92	韩国—对来自印尼特定纸张进口征收反倾销税	28-11-2005 WT/DS312/5	20-12-2005 WT/DSB/M/202	10-02-2006 WT/DS312/6	28-11-2005 至 28-07-2006 (8 个月)	（见第四部分）
93	墨西哥—对于牛肉和稻米的反倾销措施：对于稻米的上诉	20-12-2005 WT/DS295/9	19-01-2006 WT/DS295/10	18-05-2006 WT/DS295/12	20-12-2005 至 20-08-2006 [8 个月，考虑到专家组报告第 8.1 和 8.3 段和上诉机构报告第 350（b）和（c）段] 20-12-2005 至 20-12-2006 [12 个月，考虑到专家组报告第 8.5 段和上诉机构报告第 350（d）段]	WT/DS295/13 和 Add.1

续 表

序号	案 件	通过专家组及上诉机构报告（日 - 月 - 年）	通知执行争端解决机构建议的意向（日 - 月 - 年）	确定合理时限（日 - 月 - 年）	根据 DSU 第 21.3 条确定的合理期限	根据 DSU 第 21.6 条争端解决机构对执行的监督
94	墨西哥—对于非酒精饮料及其他饮料征税	24-03-2006 WT/DS308/13	21-04-2006 WT/DSB/M/210	03-07-2006 WT/DS308/15	24-03-2006 至 01-01-2007 (9 个月零 8 天) 或者如果墨西哥国会在 2006 年 12 月 1-31 日期间制定法律停止此措施 24-03-2006 至 31-01-2007 (10 个月零 7 天)	WT/DS308/16
95	美国—计算倾销差额（归零法）的法律、规则及方法	09-05-2006 WT/DS294/17	30-05-2006 WT/DSB/M/213	28-07-2006 WT/DS294/19	09-05-2006 至 09-04-2007 (11 个月)	WT/DS294/20 和 Add.1-Add.6 （见第四部分） WT/DS294/34 和 Add.1 - Add.6 随后的报告：WT/DS294/38 和 Add.1 - Add.20
96	欧共体—影响生物科技产品审批及营销的措施	21-11-2006 WT/DS291/33 WT/DS292/27 WT/DS293/27	19-12-2006 WT/DSB/M/224	21-06-2007 WT/DS291/35	21-11-2006 至 21-11-2007 (12 个月) 期限延长 WT/DS292/34, 35, 36, 37, 38 & 39 (Corr.1) （加拿大） 和 WT/DS293/34, 35, 36, 37, 38, 39 & 40 （阿根廷）	WT/DS291/37 和 Add.1 - Add.57 WT/DS292/31 和 Add.1 - Add.18 WT/DS293/31 和 Add.1 - Add.26 （见第四部分）
97	欧共体—特定海关措施	11-12-2006 WT/DS315/15	19-12-2006 WT/DSB/M/224			
98	美国—关于归零法及日落复审措施	23-01-2007 WT/DS322/15	20-02-2007 WT/DSB/M/226	04-05-2007 WT/DS322/20	23-01-2007 至 24-12-2007 (11 个月)	WT/DS322/22 和 Add.1 - Add.2 （见第四部分） WT/DS322/36 和 Add.1 - Add.29
99	美国—对来自厄瓜多尔的虾征收反倾销税	20-02-2007 WT/DS335/9	20-03-2007 WT/DSB/M/228	26-03-2007 WT/DS335/10	20-02-2007 至 20-08-2007 (6 个月)	2007 年 8 月，美国宣布已按争端解决机构建议和裁决执行 WT/DSB/M/238
100	墨西哥—对来自危地马拉的钢管征收反倾销税	24-07-2007 WT/DS331/5	23-08-2007 WT/DS331/6	25-09-2007 WT/DS331/7	24-07-2007 至 24-01-2008 (6 个月)	2008 年 1 月 24 日，墨西哥宣布已按争端解决机构建议和裁决执行 WT/DSB/M/248

续 表

序号	案 件	通过专家组及上诉机构报告（日 - 月 - 年）	通知执行争端解决机构建议的意向（日 - 月 - 年）	确定合理时限（日 - 月 - 年）	根据 DSU 第 21.3 条确定的合理期限	根据 DSU 第 21.6 条争端解决机构对执行的监督
101	土耳其—影响大米进口的措施	22-10-2007 WT/DS334/8	20-11-2007 WT/DS334/10	09-04-2008 WT/DS334/12	22-10-2007 至 22-04-2008 (6 个月)	WT/DS334/14
102	巴西—影响翻新轮胎进口的措施	17-12-2007 WT/DS332/12	15-01-2008 WT/DSB/M/244	29-08-2008 WT/DS332/16 （通过仲裁）	17-12-2007 至 11-12-2008 (12 个月)	WT/DS332/19 和 Add.1 - Add.6
103	日本—对来自韩国的动态随机存储器征收反补贴税	17-12-2007 WT/DS336/12	15-01-2008 WT/DSB/M/244	05-05-2008 WT/DS336/16 （通过仲裁）	17-12-2007 至 01-09-2008 (8 个月零 2 星期)	（见第四部分）
104	欧共体—对产自挪威的人工养殖鲑鱼采取反倾销措施	15-01-2008 WT/DS337/6	08-02-2008 WT/DSB/M/246	06-05-2008 WT/DS337/8	15-01-2008 至 15-11-2008 (10 个月)	争端解决机构于 2008 年 8 月 1 日开会宣布撤销该措施，于 2008 年 7 月 20 日生效 WT/DSB/M/254
105	美国—对产自墨西哥的不锈钢采取最终反倾销措施	20-05-2008 WT/DS344/10	02-06-2008 WT/DSB/M/251	31-10-2008 WT/DS344/15 （通过仲裁）	20-05-2008 至 30-04-2009 (11 个零 10 天)	（见第四部分）
106	美国—与来自泰国的虾有关的措施	01-08-2008 WT/DS343/14	29-08-2008 WT/DSB/M/255	31-10-2008 WT/DS343/16	01-08-2008 至 01-04-2009 (8 个月)	在 2009 年 4 月 20 日争端解决机构会议上，美国说明其已按争端解决机构的建议和规则执行 WT/DSB/M/267
107	美国—海关保税指令	01-08-2008 WT/DS345/13	29-08-2008 WT/DSB/M/255	31-10-2008 WT/DS345/15	01-08-2008 至 01-04-2009 (8 个月)	在 2009 年 4 月 20 日争端解决机构会议上，美国说明其已按争端解决机构的建议和规则执行 WT/DSB/M/267
108	墨西哥—对从欧共体进口的橄榄油采取最终反补贴措施	21-10-2008 WT/DS341/5	17-11-2008 WT/DSB/M/259			在 2008 年 12 月 11 日争端解决机构会议上，墨西哥说明其已按争端解决机构的建议和规则执行 WT/DSB/M/260
109	美国—欧共体继续要求中止在荷尔蒙案件中的义务	14-11-2008 WT/DS320/18	11-12-2008 WT/DSB/M/260			
110	加拿大—欧共体继续要求中止在荷尔蒙案件中的义务	14-11-2008 WT/DS321/16	11-12-2008 WT/DSB/M/260			

续 表

序号	案 件	通过专家组及上诉机构报告（日-月-年）	通知执行争端解决机构建议的意向（日-月-年）	确定合理时限（日-月-年）	根据DSU第21.3条确定的合理期限	根据DSU第21.6条争端解决机构对执行的监督
111	中国—影响汽车零部件进口的措施	12-01-2009 WT/DS339/14 WT/DS340/14 WT/DS342/14	11-02-2009 WT/DSB/M/264	27-02-2009 WT/DS339/15 WT/DS340/15 WT/DS342/15	12-01-2009 至 01-09-2009 （7个月零20天）	在2009年8月31日争端解决机构会议上，中国说明其已使其措施与争端解决机构的建议和裁决一致 WT/DSB/M/273
112	美国—继续存在和运用归零法	19-02-2009 WT/DS350/15	20-03-2009 WT/DSB/M/266	02-06-2009 WT/DS350/17	19-02-2009 至 19-12-2009 （10个月）	WT/DS350/18 和Add.1 -Add.10
113	中国—影响知识产权保护和执法的措施	20-03-2009 WT/DS362/10	20-04-2009 WT/DSB/M/267	29-06-2009 WT/DS362/13	20-03-2009 至 20-03-2010 （12个月）	WT/DS362/14 和Add.1 & Add.2 2010年4月20日争端解决机构会议上，中国说明其已使其措施与争端解决机构的建议和裁决一致 (WT/DSB/M/282)
114	哥伦比亚—对港口入境的价格限制要求	20-05-2009 WT/DS366/9	19-06-2009 WT/DSB/M/270	02-10-2009 WT/DS366/13	20-05-2009 至 04-02-2010 （8个月零15天）	WT/DS366/15
115	中国—影响出版物和视听娱乐产品的贸易权和分销服务措施	19-01-2010 WT/DS363/14	18-02-2010 WT/DSB/M/279	12-07-2010 WT/DS363/16	19-01-2010 至 19-03-2011 （14个月）	WT/DS363/17 和Add.1 - Add.15
116	美国—对来自泰国的PE塑胶购物袋采取反倾销措施	18-02-2010 WT/DS383/5	19-03-2010 WT/DSB/M/280	31-03-2010 WT/DS383/6	18-02-2010 至 18-08-2010 （6个月）	2010年8月31日争端解决机构会议上，美国说明其已使其措施与争端解决机构的建议和裁决一致 (WT/DSB/M/286)
117	欧盟及其成员国—对某些信息技术产品的关税待遇	21-09-2010 WT/DS375/13 WT/DS376/13 WT/DS377/11	13-10-2010 WT/DS375/14 WT/DS376/14 WT/DS377/12	20-12-2010 WT/DS375/16 WT/DS376/16 WT/DS377/14	21-09-2010 至 30-06-2011 （9个月零9天）	WT/DS375/18 WT/DS376/18 WT/DS377/16
118	澳大利亚—影响自新西兰进口苹果的措施	17-12-2010 WT/DS367/17	10-01-2011 WT/DS367/18	31-01-2011 WT/DS367/19	直至17-08-2011	WT/DS367/20
119	美国—对来自韩国的产品的反倾销措施适用归零法	24-02-2011 WT/DS402/5	25-03-2011 WT/DSB/M/294	17-06-2011 WT/DS402/6	①9个月，直至 24-11-2011 ②8个月，直至 24-10-2011	
120	美国—对来自中国的特定产品征收反倾销税和反补贴税	25-03-2011 WT/DS379/6	21-04-2011 WT/DSB/M/295	08-07-2011 WT/DS379/11	25-03-2011 至 25-02-2012 （11个月）	WT/DS379/12 和Add.1 - Add.7

续 表

序号	案 件	通过专家组及上诉机构报告（日 - 月 - 年）	通知执行争端解决机构建议的意向（日 - 月 - 年）	确定合理时限（日 - 月 - 年）	根据 DSU 第 21.3 条确定的合理期限	根据 DSU 第 21.6 条争端解决机构对执行的监督
121	欧共体及其某些成员国—影响大型民用航空器贸易的措施	01-06-2011 WT/DS316/16	17-06-2011 WT/DSB/M/298		根据《补贴与反补贴措施协议》第 7.9 条，此措施自报告被批准后的 6 个月内撤销 (01-12-2011)	（见第四部分）
122	美国—对从巴西进口的特定橙汁采取的反倾销行政复审和其他措施	17-06-2011 WT/DS382/8	17-06-2011 WT/DSB/M/298	17-06-2011 WT/DS382/9	17-06-2011 至 17-03-2012 (9 个月）	WT/DS382/10 和 Add.1 - Add.10
123	泰国—对来自菲律宾烟草所采取的海关和财政措施	15-07-2011 WT/DS371/11	11-08-2011 WT/DS371/12	23-09-2011 WT/DS371/14	15-07-2011 至 15-05-2012 (10 个月） 15-07-2011 至 15-10-2012 (15 个月）	WT/DS371/15 和 Add.1 - Add.6
124	欧共体—对从中国进口的钢铁紧固件采取最终反倾销措施	28-07-2011 WT/DS397/11	18-08-2011 WT/DS397/12	19-01-2012 WT/DS397/14	28-07-2011 至 12-10-2012 (14 个月零 2 周）	WT/DS397/15 和 Add.1 - Add.3
125	美国—对自越南进口的虾采取反倾销措施	02-09-2011 WT/DS404/9	27-09-2011 WT/DSB/M/303	31-10-2011 WT/DS404/10	02-09-2011 至 02-07-2012 (10 个月）	WT/DS404/11 和 Add.1 - Add.5
126	美国—对从中国进口的汽车轮胎采取的限制措施	05-10-2011 WT/DS399/9	N.A.	N.A.	N.A.	N.A.
127	菲律宾—对蒸馏酒精征税	20-01-2012 WT/DS396/11 WT/DS403/11	15-02-2012 WT/DS396/12 WT/DS403/12	20-04-2012 WT/DS396/14 WT/DS403/14	20-01-2012 至 08-03-2013 (13 个月 & 16 天）	WT/DS396/15 – WT/DS403/15
128	欧盟—对自中国进口的鞋采取反倾销措施	22-02-2012 WT/DS405/6	23-03-2012 WT/DSB/M/313	23-05-2012 WT/DS405/7	22-02-2012 至 11-10-2012 (7 个月 & 19 天）	
129	多米尼加—聚丙烯管状织物包装袋进口的保障措施	22-02-2012 WT/DS415/11 WT/DS416/11 WT/DS417/11 WT/DS418/11	23-03-2012 WT/DSB/M/313	13-04-2012 WT/DS415/12 WT/DS416/12 WT/DS417/12 WT/DS418/12	12 年 4 月 21 日结束 WT/DS415/13 WT/DS416/13 WT/DS417/13 WT/DS418/13 （保障措施 2012 年 4 月 21 日取消）	
130	中国—与限制原材料出口有关的措施	22-02-2012 WT/DS394/16 WT/DS395/15 WT/DS398/14	23-03-2012 WT/DSB/M/313	24-05-2012 WT/DS394/18 WT/DS395/17 WT/DS398/16	22-02-2012 至 31-12-2012 (10 个月 & 9 天）	WT/DS394/19 WT/DS395/18 WT/DS398/17 和 Add.1
131	美国—影响大型民用航空器贸易的措施（二诉）	23-03-2012 WT/DS353/13	13-04-2012 WT/DSB/M/314		SCM 协议相符 23-09-2012	WT/DS353/15
132	美国—影响丁香香烟生产和销售的措施	24-04-2012 WT/DS406/9	24-05-2012 WT/DSB/M/316	14-06-2012 WT/DS406/10	24-04-2012 至 24-07-2013 (15 个月）	WT/DS406/11 和 Add.1 - Add.7
133	美国—对金枪鱼和金枪鱼产品的进口、营销和销售采取的措施	13-06-2012 WT/DS381/15	25-06-2012 WT/DSB/M/318	17-09-2012 WT/DS381/17	13-06-2012 至 13-07-2013 (13 个月）	WT/DS381/18 和 Add.1 - Add.3

续 表

序号	案 件	通过专家组及上诉机构报告（日 - 月 - 年）	通知执行争端解决机构建议的意向（日 - 月 - 年）	确定合理时限（日 - 月 - 年）	根据 DSU 第 21.3 条确定的合理期限	根据 DSU 第 21.6 条争端解决机构对执行的监督
134	美国—对自中国进口的冷冻暖水虾采取反倾销措施	23-07-2012 WT/DS422/6	23-07-2012 WT/DSB/M/320	27-07-2012 WT/DS422/7	23-07-2012 至 23-03-2013 (8 个月)	WT/DS422/8 和 Add.1
135	美国—对特定国家原产地标签要求	23-07-2012 WT/DS384/18 WT/DS386/17	21-08-2012 WT/DS384/19 WT/DS386/18	04-12-2012 WT/DS384/24 – WT/DS386/23 (仲裁)	23-07-2012 至 23-05-2013 (10 个月)	24-05-2013 美国关于 DSB 建议实施声明 (WT/DSB/M/332)
136	中国—影响电子支付服务的措施	31-08-2012 WT/DS413/6	28-09-2012 WT/DSB/M/322	22-11-2012 WT/DS413/8	31-08-2012 至 31-07-2013 (11 个月)	WT/DS413/9 和 Add.1
137	中国—对自美国进口的取向电工钢征收反补贴税和反倾销税	16-11-2012 WT/DS414/8	30-11-2012 WT/DSB/M/326	03-05-2013 WT/DS414/12 (仲裁)	16-11-2012 至 31-07-2013 (8 个月 & 15 天)	30-08-2013 中国关于 DSB 建议实施声明 WT/DSB/M/336
138	中国—对从欧盟进口的 X 射线安全检查设备征收最终反倾销税	24-04-2013 WT/DS425/6	24-05-2013 WT/DSB/M/332	19-07-2013 WT/DS425/8	24-04-2013 至 19-02-2014 (9 个月 & 25 天)	WT/DS425/9
139	加拿大—影响再生能源部门的措施 加拿大—上网电价补贴计划相关措施	24-05-2013 WT/DS412/14 WT/DS426/13	20-06-2013 WT/DS412/15 WT/DS426/14 25-06-2013 WT/DSB/M/333	29-07-2013 WT/DS412/16 WT/DS426/16	24-05-2013 至 24-03-2014 (10 个月) 随后时间被延长至 05-06-2014 (WT/DS412/18) (WT/DS426/18)	WT/DS412/17 WT/DS426/17 和 Add.1- Add.3 WT/DS412/19 WT/DS426/19
140	中国—对自美国的白羽肉鸡产品采取反倾销和反补贴措施	25-09-2013 WT/DS427/5	22-10-2013 WT/DSB/M/338	19-12-2013 WT/DS427/7	25-09-2013 至 09-07-2014 (9 个月零 14 天)	WT/DS427/8
141	欧共体—限制海豹产品进口及营销的限制措施	18-06-2014 WT/DS400/13 WT/DS401/14	10-07-2014 WT/DSB/M/347	05-09-2014 WT/DS400/15 WT/DS401/16	18-06-2014 至 18-10-2015 (16 个月)	
142	美国—对自中国的某些产品的反补贴和反倾销措施	22-07-2014 WT/DS449/10	21-08-2014 WT/DS449/11 WT/DSB/M/349	27-07-2015 WT/DS449/12 WT/DS449/13	至 22-07-2015 (12 个月) 随后延长至 05-08-2015	
143	中国—影响稀土、钨、钼出口的措施	29-08-2014 WT/DS431/14 WT/DS432/12 WT/DS433/12	26-09-2014 WT/DSB/M/350	26-09-2015 WT/DS431/15 WT/DS431/16	8 个月零 3 天	
144	美国—对源自印度的某些热轧碳钢产品的反补贴措施	22-12-2014 WT/DS436/11		02-09-2015 WT/DS436/12 WT/DS436/13	至 19-03-2016 15 个月	16-10-2015 WT/DS436/14 13-11-2015 WT/DS436/14/Add.1 15-01-2016 WT/DS436/14/Add.2 16-02-2016 WT/DS436/14/Add.3 11-03-2016 WT/DS436/14/Add.4 12-04-2016 WT/DS436/14/Add.5

续 表

序号	案 件	通过专家组及上诉机构报告（日 - 月 - 年）	通知执行争端解决机构建议的意向（日 - 月 - 年）	确定合理时限（日 - 月 - 年）	根据 DSU 第 21.3 条确定的合理期限	根据 DSU 第 21.6 条争端解决机构对执行的监督
145	美国—对来自中国的某些产品的反补贴税的措施	19-01-2015 WT/DS437/11 21-01-2015 WT/DS437/11/Corr.1	15-04-2016		至 01-04-2016 （14 个月 16 天）	12-04-2016 WT/DS437/18 13-05-2016 WT/DS437/18/Add.1 10-06-2016 WT/DS437/18/Add.2
146	阿根廷—影响货物进口的措施	26-01-2015 WT/DS444/20 WT/DS445/21		13-03-2015 WT/DS444/21 WT/DS445/22 06-07-2015 WT/DS444/22 WT/DS445/23	26-01-2015 至 31-12-2015 （11 个月 5 天）	
147	中国—对日本进口的高性能不锈钢无缝钢管(HP-SSST) 征收反倾销税	28-10-2015 WT/DS454/12 WT/DS460/12			28-10-2015 至 22-08-2016 （9 个月 25 天）	
148	秘鲁—某些农产品进口的附加税	31-07-2015 WT/DS457/11		17-09-2015 W T/DS457/12 05-10-2015 WT/DS457/13 15-10-2015 WT/DS457/14	31-07-2015 至 29-03-2016 （7 个月 29 天）	
149	美国—对韩国产大型家用洗衣机采取反倾销和反补贴措施	27-09-2016 WT/DS464/12			至 26-12-2017 （15 个月）	10-11-2017 WT/DS464/17
150	乌克兰—有关小轿车的最终保障措施	26-06-2015 WT/DS468/R 和 Add.1	17-08-2015 WT/DS468/9 08-10-2015 WT/DS468/10	2016 年 9 月 30 日起撤销相关措施		
151	俄罗斯—影响自欧盟进口的生猪、猪肉及其他猪产品的措施	22-03-2017 WT/DS475/13		至 06-12-2017 （8个月15天）		
152	中国—对自加拿大进口的纤维素纸浆采取的反倾销措施	23-05-2017 WT/DS483/5		到 22-04-2018 （11 个月）		

第四部分
援引《关于争端解决规则与程序的谅解》第 21.5 条

序号	案 件	援引第 21.5 条（日 - 月 - 年）	提交原专家组（日 - 月 - 年）	散发专家组报告（日 - 月 - 年）	通知上诉（日 - 月 - 年）	散发上诉机构报告（日 - 月 - 年）	通过专家组和/或上诉机构报告（日 - 月 - 年）
1	欧共体—香蕉进口、销售和分销	15-12-1998 欧共体 WT/DS27/40 18-12-1998 厄瓜多尔 WT/DS27/41	12-01-1999 WT/DSB/M/53 欧共体、厄瓜多尔	12-04-1999 WT/DS27/RW/ECU WT/DS27/RW/EEC 和 Corr.1	N.A.	N.A.	06-05-1999 WT/DSB/M/61 (WT/DS27/RW/ECU)
2	澳大利亚—影响鲑鱼进口的措施	28-07-1999 加拿大 WT/DS18/14	28-07-1999 WT/DSB/M/66	18-02-2000 WT/DS18/RW	N.A.	N.A.	20-03-2000 WT/DSB/M/77
3	澳大利亚—对于汽车皮革制造商和生产商提供的补贴	04-10-1999 美国 WT/DS126/8	14-10-1999 WT/DSB/M/69	21-01-2000 WT/DS126/RW 和 Corr.1	N.A.	N.A.	11-02-2000 WT/DSB/M/75
4	巴西—关于航空器出口融资	26-11-1999 加拿大 WT/DS46/13	09-12-1999 WT/DSB/M/72	09-05-2000 WT/DS46/RW	22-05-2000 巴西 WT/DS46/17	21-07-2000 WT/DS46/AB/RW	04-08-2000 WT/DSB/M/87
5	加拿大—影响民用航空器措施	23-11-1999 巴西 WT/DS70/9	09-12-1999 WT/DSB/M/72	09-05-2000 WT/DS70/RW	22-05-2000 巴西 WT/DS70/12	21-07-2000 WT/DS70/AB/RW	04-08-2000 WT/DSB/M/87
6	美国—对来自韩国的计算机动态随机存取存储器芯片征收反倾销税	07-04-2000 韩国 WT/DS99/8	25-04-2000 WT/DSB/M/79	07-11-2000 WT/DS99/RW（双方达成协议）	N.A.	N.A.	N.A.
7	美国—对特定虾及虾类产品进口限制	13-10-2000 马来西亚 WT/DS58/17	23-10-2000 WT/DSB/M/91	15-06-2001 WT/DS58/RW	23-07-2001 马来西亚 WT/DS58/20	22-10-2001 WT/DS58/AB/RW	21-11-2001 WT/DSB/M/113
8	墨西哥—对来自美国的高果糖玉米浆开展反倾销调查	13-10-2000 美国 WT/DS132/6	23-10-2000 WT/DSB/M/91	22-06-2001 WT/DS132/RW	24-07-2001 墨西哥 WT/DS132/10	22-10-2001 WT/DS132/AB/RW	21-11-2001 WT/DSB/M/113
9	美国—"海外销售公司"税收待遇	07-12-2000 欧共体 WT/DS108/16	20-12-2000 WT/DSB/M/95	20-08-2001 WT/DS108/RW	15-10-2001 美国 WT/DS108/21	14-01-02 WT/DS108/AB/RW	29-01-2002 WT/DSB/M/118
10	巴西—对于航空器出口资金融通：加拿大再次援引 DSU 第 21.5 条	19-01-2001 加拿大 WT/DS46/26	16-02-2001 WT/DSB/M/99	26-07-2001 WT/DS46/RW/2	N.A.	N.A.	23-08-2001 WT/DSB/M/108
11	加拿大—影响牛奶进口及奶制品出口的措施	16-02-2001 美国 WT/DS103/16 16-02-2001 新西兰 WT/DS113/16	01-03-2001 WT/DSB/M/100	11-07-2001 WT/DS103/RW WT/DS113/RW	04-09-2001 加拿大 WT/DS103/20 WT/DS113/20	03-12-2001 WT/DS103/AB/RW WT/DS113/AB/RW	18-12-2001 WT/DSB/M/116

续 表

序号	案 件	援引第 21.5 条（日 - 月 - 年）	提交原专家组（日 - 月 - 年）	散发专家组报告（日 - 月 - 年）	通知上诉（日 - 月 - 年）	散发上诉机构报告（日 - 月 - 年）	通过专家组和 / 或上诉机构报告（日 - 月 - 年）
12	加拿大—影响牛奶进口及奶制品出口的措施：美国和新西兰再次引用第 21.5 条	06-12-2001 美国 WT/DS103/23 06-12-2001 新西兰 WT/DS113/23	18-12-2001 WT/DSB/M/116	26-07-2002 WT/DS103/RW/2 WT/DS113/RW/2	23-09-2002 加拿大 WT/DS103/28 WT/DS113/28	20-12-2002 WT/DS103/AB/RW2 WT/DS113/AB/RW2	17-01-2003 WT/DSB/M/141
13	欧共体—对于来自印度的棉质床单进口征收反倾销税	07-05-2002 印度 WT/DS141/13/Rev.1	22-05-2002 WT/DSB/M/124 和 Corr.1	29-11-2002 WT/DS141/RW	08-01-2003 印度 WT/DS141/16	08-04-2003 WT/DS141/AB/RW	24-04-2003 WT/DSB/M/148
14	美国—对来自欧共体特定产品反补贴措施	17-03-2004 欧共体 WT/DS212/14	27-09-2004 WT/DS212/15 WT/DSB/M/176	17-08-2005 WT/DS212/RW	N.A.	N.A.	27-09-2005 WT/DSB/M/198
15	智利—对特定农产品相关的综合价格制度及保障措施	19-05-2004 阿根廷 WT/DS207/17	20-01-2006 WT/DS207/18 WT/DSB/M/203	08-12-2006 WT/DS207/RW	05-02-2007 智利 WT/DS207/22	07-05-2007 WT/DS207/AB/RW	22-05-2007 WT/DSB/M/232
16	日本—影响苹果进口的措施	19-07-2004 美国 WT/DS245/11	30-07-2004 WT/DSB/M/174	23-06-2005 WT/DS245/RW	N.A.	N.A.	20-07-2005 WT/DSB/M/194
17	美国—对来自加拿大的软木的最终反补贴税决定	04-01-2005 加拿大 WT/DS257/15	14-01-2005 WT/DSB/M/181	01-08-2005 WT/DS257/RW	06-09-2005 美国 WT/DS257/22	05-12-2005 WT/DS257/AB/RW	20-12-2005 WT/DSB/M/202
18	美国—“海外销售公司”税收待遇：欧共体再次援引第 21.5 条	14-01-2005 欧共体 WT/DS108/29	17-02-2005 WT/DSB/M/183	30-09-2005 WT/DS108/RW2	16-11-2005 美国 WT/DS108/32	13-02-2006 WT/DS108/AB/RW2	14-03-2006 WT/DS108/36
19	美国—国际贸易委员会对加拿大软木的调查	15-02-2005 加拿大 WT/DS277/8	25-02-2005 WT/DSB/M/184	15-11-2005 WT/DS277/RW	13-01-2006 加拿大 WT/DS277/16	13-04-2006 WT/DS277/AB/RW	09-05-2006 WT/DS277/19
20	美国—对加拿大软木的最终倾销决定	19-05-2005 加拿大 WT/DS264/16	01-06-2005 WT/DSB/M/190	03-04-2006 WT/DS264/RW	17-05-2006 加拿大 WT/DS264/25	15-08-2006 WT/DS264/AB/RW	01-09-2006 WT/DS264/28
21	欧共体—香蕉进口制度及 ACP-EC 合作伙伴协定	30-11-2005 洪都拉斯 WT/DS27/62 30-11-2005 巴拿马 WT/DS27/63 30-11-2005 尼加拉瓜 WT/DS27/64					

续 表

序号	案 件	援引第 21.5 条（日 - 月 - 年）	提交原专家组（日 - 月 - 年）	散发专家组报告（日 - 月 - 年）	通知上诉（日 - 月 - 年）	散发上诉机构报告（日 - 月 - 年）	通过专家组和 / 或上诉机构报告（日 - 月 - 年）
22	美国—对来自阿根廷的石油工业用管材的反倾销措施日落复审	26-01-2006 阿根廷 WT/DS268/15	17-03-2006 WT/DS268/16 WT/DSB/M/207	30-11-2006 WT/DS268/RW	12-01-2007 美国 WT/DS268/19	12-04-2007 WT/DS268/AB/RW	11-05-2007 WT/DSB/M/231
23	美国—影响博彩业跨境交付的措施	08-06-2006 安提瓜和巴布达 WT/DS285/17	19-07-2006 WT/DS285/18 WT/DSB/M/217	30-03-2007 WT/DS285/RW	N.A.	N.A.	22-05-2007 WT/DSB/M/232
24	美国—陆地棉补贴	18-08-2006 巴西 WT/DS267/30	28-09-2006 WT/DSB/M/220	18-12-2007 WT/DS267/RW 和 Corr.1	12-02-2008 美国 WT/DS267/33	02-06-2008 WT/DS267/AB/RW	20-06-2008 WT/DSB/M/252
25	美国—对来自墨西哥的石油工业用管材反倾销措施	21-08-2006 墨西哥 WT/DS282/13	24-04-2007 WT/DS282/14 WT/DSB/M/230 06-07-2008 建立专家组的授权取消 WT/DS282/17				
26	韩国—对来自印尼的特定纸张进口征收反倾销税	26-10-2006 印尼 WT/DS312/8	23-01-2007 WT/DS312/9 WT/DSB/M/225	28-09-2007 WT/DS312/RW	N.A.	N.A.	22-10-2007 WT/DS312/12
27	欧共体—关于香蕉进口、销售和分销的制度	16-11-2006 厄瓜多尔 WT/DS27/65	20-03-2007 WT/DS27/80 WT/DSB/M/228	07-04-2008 WT/DS27/RW2/ECU	28-08-2008 欧共体 WT/DS27/89	26-11-2008 WT/DS27/AB/RW2/ECU	11-12-2008 WT/DSB/M/260
28	欧共体—关于香蕉进口、销售和分销的制度	29-06-2007 美国 WT/DS27/83	12-07-2007 WT/DSB/M/235	19-05-2008 WT/DS27/RW/美国 A 和 Corr.1	28-08-2008 欧共体 WT/DS27/90	26-11-2008 WT/DS27/AB/RW/ 美国 A 和 Corr.1	22-12-2008 WT/DSB/M/261
29	美国—计算倾销幅度的法律、法规和方法（“归零法”）	09-07-2007 欧共体 WT/DS294/22	25-09-2007 WT/DS294/25 WT/DSB/M/239	17-12-2008 WT/DS294/RW	13-02-2009 欧共体 WT/DS294/28	14-05-2009 WT/DS294/AB/RW 和 Corr.1	11-06-2009 WT/DSB/M/269
30	美国—与归零法和日落复审相关的措施	07-04-2008 日本 WT/DS322/27	18-04-2008 WT/DSB/M/249	24-04-2009 WT/DS322/RW	20-05-2009 美国 WT/DS322/32	18-08-2009 WT/DS322/AB/RW	31-08-2009 WT/DSB/M/273

续 表

序号	案 件	援引第 21.5 条（日 - 月 - 年）	提交原专家组（日 - 月 - 年）	散发专家组报告（日 - 月 - 年）	通知上诉（日 - 月 - 年）	散发上诉机构报告（日 - 月 - 年）	通过专家组和 / 或上诉机构报告（日 - 月 - 年）
31	日本—对来自韩国的动态随机存储器征收反补贴税	09-09-2008 韩国 WT/DS336/19	23-09-2008 WT/DSB/M/256 2009 年 3 月 4 日，韩国要求专家组中止工作 WT/DS336/22 05-03-2010 建立专家组的授权取消 WT/DS336/23				
32	欧共体—与肉及肉制品有关的措施（荷尔蒙）	22-12-2008 欧共体 WT/DS26/23					
33	欧共体—与肉及肉制品有关的措施（荷尔蒙）	22-12-2008 欧共体 WT/DS48/21					
34	美国—对从墨西哥进口的不锈钢采取最终反倾销措施	19-08-2009 墨西哥 WT/DS344/18	21-09-2010 WT/DS344/20 WT/DSB/M/287	06-05-2013 WT/DS344/RW WT/DS344/26（见第一部分）	N.A.	N.A.	N.A.
35	欧盟及其部分成员国—影响大型民用航空器贸易的措施	30-03-2012 美国 WT/DS316/23	13-04-2012 WT/DS316/23 WT/DSB/M/314	22-09-2016 WT/DS316/RW 和 Add.1	26-10-2016 WTO/DS316/30	15-05-2018 WT/DS316/AB/RW 和 Add.1	28-05-2018
36	美国—影响大型民用航空器贸易的措施（二诉）	25-09-2012 欧盟 WT/DS353/16	23-10-2012 WT/DS353/18 WT/DSB/M/323	09-06-2017 WT/DS353/RW 和 Add.1	06-07-2017 WT/DS353/27 18-09-2017 WT/DS353/28		
37	泰国—对来自菲律宾的烟草采取的海关和财政措施	12-05-2016 菲律宾 WT/DS371/17	06-07-2016 WT/DS371/18 16-03-2018 WT/DS371/22	12-11-2018 WT/DS371/RW 和 Add.1			
38	美国—对特定国家原产地标签要求	19-08-2013 加拿大 WT/DS384/26 墨西哥 WT/DS386/25	25-09-2013 WT/DSB/M/337	20-10-2014 WT/DS384/RW WT/DS386/RW 和 Add.1	02-12-2014 WT/DS384/29 WT/DS386/28 16-12-2015 WT/DS386/29	18-05-2015 WT/DS384/AB/RW WT/DS386/AB/R	
39	欧共体—对从中国进口的钢铁紧固件采取最终反倾销措施	30-10-2013 中国 WT/DS397/17	18-12-2013 WT/DS397/18 WT/DSB/M/340	07-08-2015 WT/DS397/RW 和 Add.1			

序号	案 件	援引第 21.5 条（日 - 月 - 年）	提交原专家组（日 - 月 - 年）	散发专家组报告（日 - 月 - 年）	通知上诉（日 - 月 - 年）	散发上诉机构报告（日 - 月 - 年）	通过专家组和 / 或上诉机构报告（日 - 月 - 年）
40	美国—对金枪鱼和金枪鱼产品的进口、营销和销售采取的措施	14-11-2013 墨西哥 WT/DS381/20	22-01-2014 WT/DSB/M/381	14-04-2015 WT/DS381/RW Add.1, 和 Corr.1 26-10-2017 WT/DS381/RW/ 美国和 Add.1 WT/DS381/RW2 和 Add.1	10-06-2015 墨西哥 WT/DS381/24 01-07-2015 WT/DS381/25 06-12-2017 美国 WT/DS381/45	20-11-2015 WT/DS381/AB/ RW 和 Add.1 14-12-2018 WT/DS381/ AB/RW/ 美国 和 Add.1，WT/ DS381/AB/RW2 和 Add.1	03-12-2015
41	中国—对自美国进口的取向电工钢征收反补贴税和反倾销税	13-01-2014 美国 WT/DS414/15	26-02-2014 WT/DS414/16 WT/DSB/ M/342	31-07-2015 WT/DS414/RW 和 Add.1			
42	中国—对自美国的白羽肉鸡产品采取反倾销和反补贴措施	12-05-2016 美国 WT/DS427/10	02-06-2016 WT/DS427/11	18-01-2018 WT/DS427/RW 和 Add.1			01-03-2018 WT/DS427/14
43	美国—对源自印度的某些热轧碳钢产品的反补贴措施	09-06-2017 印度 WT/DS436/17	05-04-2018 WT/DS436/18				
44	美国—对来自中国的某些产品的反补贴税的措施	23-05-2016 中国 WT/DS437/20	19-10-2018 WT/DS475/21				
45	印度—有关太阳能电池和太阳能模块的相关措施	29-01-2018 印度 WT/DS456/20					
46	哥伦比亚—与纺织品、服装和鞋类产品进口有关的措施	02-03-2017 哥伦比亚 WT/DS461/19 16-03-2017 巴拿马 WT/DS461/21	10-02-2017 哥伦比亚 WT/DS461/17 巴拿马 WT/DS461/22	05-10-2018 WT/DS461/RW 和 Add.1	22-11-2016 WT/DS461/28		
47	俄罗斯—影响自欧盟进口的生猪、猪肉及其他猪产品的措施	30-01-2018 欧盟 WT/DS475/20					

第五部分
援引《关于争端解决规则与程序的谅解》第 22 条

序号	案 件	援引第 22 条	在第 22.6 条下进行仲裁	仲裁人报告	由争端解决机构授权中止减让
1	欧共体—香蕉进口、销售和分销	14-01-1999 美国 WT/DS27/43	29-01-1999 欧共体 WT/DS27/46	09-04-1999 WT/DS27/ARB	根据美国要求 (WT/DS27/49) 于 1999 年 4 月 19 日争端解决机构会议上授权 (WT/DSB/M/59)
2	欧共体—香蕉进口、销售和分销	08-11-1999 厄瓜多尔 WT/DS27/52	19-11-1999 欧共体 WT/DS27/53	24-03-2000 WT/DS27/ARB/ECU	根据厄瓜多尔要求 (WT/DS27/54) 于 2000 年 5 月 18 日争端解决机构会议上授权 (WT/DSB/M/80)
3	欧共体—关于肉及肉制品措施（荷尔蒙）	17-05-1999 美国 WT/DS26/19 20-05-1999 加拿大 WT/DS48/17	02-06-1999 欧共体 WT/DS26/20 WT/DS48/18	12-07-1999 WT/DS26/ARB WT/DS48/ARB	根据美国要求 (WT/DS26/21) 和加拿大要求 (WT/DS48/19) 于 1999 年 7 月 26 日争端解决机构会议上授权 (WT/DSB/M/65)
4	澳大利亚—影响鲑鱼进口的措施	15-07-1999 加拿大 WT/DS18/12	27-07-1999 澳大利亚 WT/DS18/13	N.A.	N.A.
5	巴西—对于航空器出口融资	10-05-2000 加拿大 WT/DS46/16	22-05-2000 巴西 WT/DS46/18	28-08-2000 WT/DS46/ARB	根据加拿大要求 (WT/DS46/25) 于 2000 年 12 月 12 日争端解决机构会议上授权 (WT/DSB/M/94)
6	美国—“海外销售公司”税收待遇	17-11-2000 欧共体 WT/DS108/13	28-11-2000 美国 WT/DS108/17	30-08-2002 WT/DS108/ARB	根据欧共体要求 (WT/DS108/26) 于 2003 年 5 月 7 日的争端解决机构会议上授权 (WT/DSB/M/149)
7	加拿大—影响牛奶进口及奶制品出口的措施	16-02-2001 美国 WT/DS103/17 16-02-2001 新西兰 WT/DS113/17	28-02-2001 加拿大 WT/DS103/18 WT/DS113/18	双方达成一致 (WT/DS103/33, WT/DS113/33) 仲裁于 2003 年 5 月 9 日终止	
8	美国—1916 年反倾销法	07-01-2002 欧共体 WT/DS136/15 07-01-2002 日本 WT/DS162/18	17-01-2002 美国 WT/DS136/16 WT/DS162/19	24-02-2004 WT/DS136/ARB	

续 表

序号	案 件	援引第 22 条	在第 22.6 条下进行仲裁	仲裁人报告	由争端解决机构授权中止减让
9	美国—美国版权法第 110（5）节	07-01-2002 欧共体 WT/DS160/19	17-01-2002 美国 WT/DS160/20	N.A.	N.A.
10	加拿大—地区性航空器的出口信贷保证	23-05-2002 巴西 WT/DS222/7 和 Corr.1	21-06-2002 加拿大 WT/DS222/8	17-02-2003 WT/DS222/ARB	根据巴西要求 (WT/DS222/10) 于 2003 年 3 月 18 日 争端解决机构会议上授权 (WT/DSB/M/145)
11	美国—2000 年持续性倾销及补贴补偿法案	15-01-2004 巴西 WT/DS217/20 智利 WT/DS217/21 欧共体 WT/DS217/22 印度 WT/DS217/23 日本 WT/DS217/24 韩国 WT/DS217/25 加拿大 WT/DS234/25 墨西哥 WT/DS234/26 和 Corr.1	23-01-2004 美国 WT/DS217/26 WT/DS217/27 WT/DS217/28 WT/DS217/29 WT/DS217/30 WT/DS217/31 WT/DS234/27 WT/DS234/28	31-08-2004 WT/DS217/ARB/BRA WT/DS217/ARB/CHL WT/DS217/ARB/EEC WT/DS217/ARB/IND WT/DS217/ARB/JPN WT/DS217/ARB/KOR WT/DS234/ARB/CAN WT/DS234/ARB/MEX	根据巴西要求 (WT/DS217/38); 欧共体 (WT/DS217/39); 印度 (WT/DS217/40); 日本 (WT/DS217/41); 韩国 (WT/DS217/42); 加拿大 (WT/DS234/31); 墨西哥 (WT/DS234/32), 于 2004 年 11 月 26 日 在争端解决机构会议上授权 (WT/DSB/M/178) 根据智利 (WT/DS217/43) 要求，于 2004 年 12 月 17 日在争端解决机构会议上授权 (WT/DSB/M/180)
12	日本—影响苹果进口的措施	19-07-2004 美国 WT/DS245/12	29-07-2004 日本 WT/DS245/13	双方达成一致 (WT/DS245/21) 仲裁于 2005 年、8 月 30 日终止	
13	美国—对来自加拿大的软木最终反补贴税决定	04-01-2005 加拿大 WT/DS257/16	13-01-2005 美国 WT/DS257/17	双方达成一致 (WT/DS257/26) 仲裁于 2006 年 10 月 12 日终止	
14	美国—国际贸易委员会对加拿大软木的调查	15-02-2005 加拿大 WT/DS277/9	23-02-2005 美国 WT/DS277/10	双方达成一致 (WT/DS277/20) 仲裁于 2006 年 10 月 12 日终止	
15	美国—对加拿大软木的最终倾销决定	19-05-2005 加拿大 WT/DS264/17	31-05-2005 美国 WT/DS264/19	双方达成一致 (WT/DS264/29) 仲裁于 2006 年 10 月 12 日终止	

续 表

序号	案　件	援引第 22 条	在第 22.6 条下进行仲裁	仲裁人报告	由争端解决机构授权中止减让
16	美国—陆地棉补贴 (I)	05-07-2005 巴西 WT/DS267/21	14-07-2005 美国 WT/DS267/23	31-08-2009 WT/DS267/ ARB/1	根据巴西请求 (WT/DS267/41) 于 2009 年 11 月 19 日争端解决机构会议上授权 (WT/DSB/M/276)
17	美国—陆地棉补贴 (II)	06-10-2005 巴西 WT/DS267/26	17-10-2005 美国 WT/DS267/27	31-08-2009 WT/DS267/ ARB/2 和 Corr.1	根据巴西请求 (WT/DS267/42) 于 2009 年 11 月 19 日争端解决机构会议上授权 (WT/DSB/M/276)
18	美国—对来自阿根廷石油工业用管材的反倾销措施日落复审	21-05-2007 阿根廷 WT/DS268/24	01-06-2007 美国 WT/DS268/25		
19	美国—影响博彩业跨境交付的措施	21-06-2007 安提瓜和巴布达 WT/DS285/22	23-07-2007 美国 WT/DS285/23	21-12-2007 WT/DS285/ARB	根据安提瓜和巴布达请求 (WT/DS285/25) 于 2013 年 1 月 28 日争端解决机构会议上授权 (WT/DSB/M/328)
20	美国—与归零法和日落复审相关的措施	10-01-2008 日本 WT/DS322/23 10-01-08 日本 WT/DS322/24	18-01-2008 美国 WT/DS322/25		
21	欧共体—影响生物科技产品审批和营销的措施	17-01-2008 美国 WT/DS291/39	06-02-2008 欧共体 WT/DS291/40		
22	美国—计算倾销幅度的法律、法规和方法(“归零法”)	29-01-2010 欧盟 WT/DS294/35 22-06-2012 WT/DS294/45 （欧盟根据 DSU 第 22.2 条撤销）	12-02-2010 美国 WT/DS294/36		
23	欧盟及其部分成员国—影响大型民用航空器贸易的措施	09-12-2011 美国 WT/DS316/18	22-12-2011 欧盟 WT/DSB/M/309		
24	美国—影响大型民用航空器贸易的措施（二诉）	27-09-2012 欧盟 WT/DS353/17	22-10-2012 WT/DS353/19		

续 表

序号	案 件	援引第22条	在第22.6条下进行仲裁	仲裁人报告	由争端解决机构授权中止减让
25	美国—对金枪鱼和金枪鱼产品的进口、营销和销售采取的措施	11-03-2006 墨西哥 WT/DS381/29 22-03-2016 美国 WT/DS381/30		25-04-2017 WT/DS381/ARB 和 Add.1	
26	美国—对特定国家原产地标签要求	05-06-2015 墨西哥 WT/DS386/34	23-06-2015 美国 WT/DS386/36	07-12-2015 WT/DS384/ARB 和 Add.1 WT/ DS386/ARB 和 Add.1	
27	美国—影响丁香香烟生产和销售的措施	12-08-2013 印度尼西亚 WT/DS406/12 08-10-2014 WT/DS406/18 （印度尼西亚根据 DSU 第22.2条撤销）	22-08-2013 WT/DS406/13 WT/DSB/M/335 （见第一部分）		
28	印度—影响某些农产品进口的措施	08-07-2016 美国 WT/DS430/16 19-07-2016 WT/DS430/17	21-10-2018 WT/DS430/26 24-10-2018 WT/DS430/28		
29	印度—有关太阳能电池和太阳能模块的相关措施	20-12-2017 美国 WT/DS456/17 08-01-2018 印度 WT/DS456/18			
30	印度尼西亚—涉及园艺产品、动物和动物产品的进口措施	03-08-2018 美国 WT/DS478/20 15-08-2018 印度尼西亚 WT/DS478/21			

附录 2：1995—2018 上诉机构受理的案件①

1. 上诉案件数量（1995—2018 年）

年 份	数 量	最初上诉程序	第 21.5 条上诉程序
1995	0	0	0
1996	4	4	0
1997	6	6	0
1998	8	8	0
1999	9	9	0
2000	13	11	2
2001	9	5	4
2002	7	6	1
2003	6	5	1
2004	5	5	0
2005	13	11	2
2006	5	3	2
2007	4	2	2
2008	11	8	3
2009	3	1	2
2010	3	3	0
2011	9	9	0
2012	5	5	0
2013	2	2	0
2014	13	11	2
2015	8	6	2
2016	8	7	1
2017	8	6	2
2018	12	10	2
合计	170	143	28

2. 被上诉的专家组报告比率（1995—2018 年）

批准年份	所有专家组报告			非第 21.5 条专家组报告			第 21.5 条专家组报告		
	批准的专家组报告	被上诉的专家组报告	被上诉比率（%）	批准的专家组报告	被上诉的专家组报告	被上诉比率（%）	批准的专家组报告	被上诉的专家组报告	被上诉比率（%）
1996	9	6	67	9	6	67	0	0	–
1997	7	6	86	7	6	86	0	0	–
1998	16	11	69	16	11	69	0	0	–
1999	18	11	61	16	11	69	2	0	0
2000	26	15	58	22	13	59	4	2	50
2001	14	11	79	9	6	67	5	5	100

① 1995 年无专家组报告。

续　表

批准年份	所有专家组报告			非第 21.5 条专家组报告			第 21.5 条专家组报告		
	批准的专家组报告	被上诉的专家组报告	被上诉比率（%）	批准的专家组报告	被上诉的专家组报告	被上诉比率（%）	批准的专家组报告	被上诉的专家组报告	被上诉比率（%）
2002	14	10	71	12	8	67	2	2	100
2003	16	13	81	16	12	75	0	1	100
2004	11	5	45	11	5	45	0	0	–
2005	18	13	72	13	11	85	5	2	40
2006	9	5	56	6	3	50	3	2	67
2007	10	4	40	7	2	29	3	2	67
2008	13	13	100	10	10	100	3	3	100
2009	4	3	75	3	1	33	1	2	100
2010	11	3	27	11	3	27	0	0	–
2011	14	9	64	14	9	64	0	0	–
2012	10	5	50	10	5	50	0	0	–
2013	5	2	40	4	2	50	1	0	0
2014	15	13	87	13	11	85	2	2	100
2015	9	8	89	6	6	100	3	2	67
2016	12	8	67	11	7	64	1	1	100
2017	13	11	85	11	9	82	2	2	100
2018	18	12	67	14	10	71	4	2	50
合计	292	197	67	252	167	67	41	30	73

3. 上诉机构报告所涉及的 WTO 协议（1995—2017 年）[①]

年份	DSU	WTO 协议	GATT 1994	农业	SPS	ATC	TBT	TRIMs	反倾销	进口许可证	SCM	保障措施	GATS	TRIPS
1996	0	0	2	0	0	0	0	0	0	0	0	0	0	0
1997	4	1	5	1	0	2	0	0	0	1	1	0	1	1
1998	7	1	4	1	2	0	0	0	1	1	0	0	0	0
1999	7	1	6	1	1	0	0	0	0	0	2	1	0	0
2000	8	1	7	2	0	0	0	0	2	0	5	2	1	1
2001	7	1	3	1	0	1	1	0	4	0	1	2	0	0
2002	8	2	4	3	0	0	1	0	1	0	3	1	1	1
2003	4	2	3	0	1	0	0	0	4	0	1	1	0	0
2004	2	0	5	0	0	0	0	0	2	0	1	0	0	0
2005	9	0	5	2	0	0	0	0	2	0	4	0	1	0
2006	5	0	3	0	0	0	0	0	3	0	2	0	0	0
2007	5	0	2	1	0	0	0	0	2	0	1	0	0	0
2008	8	1	9	1	2	0	0	0	3	0	3	0	0	0
2009	3	0	4	0	0	0	0	0	3	0	0	0	1	0
2010	1	0	0	0	1	0	0	0	0	0	0	0	0	0
2011	7	1	6	0	0	0	0	0	1	0	2	0	0	0
2012	9	0	7	0	0	0	4	0	1	0	2	0	0	0

① 1995 年上诉。

续 表

年份	DSU	WTO协议	GATT 1994	农业	SPS	ATC	TBT	TRIMs	反倾销	进口许可证	SCM	保障措施	GATS	TRIPS
2013	0	0	2	0	0	0	0	2	0	0	2	0	0	0
2014	6	4	7	0	0	0	2	0	0	0	3	0	0	0
2015	7	0	7	1	0	0	2	0	3	1	0	0	0	0
2016	6	1	6	0	0	0	0	1	2	0	1	0	1	0
2017	6	0	2	2	1	0	0	0	2	0	1	0	0	0
2018	6	0	6	0	0	0	1	1	1	0	3	1	0	0
合计	125	16	105	16	8	3	11	4	37	3	38	8	6	3

4. 上诉案件中的参与方及第三方 (1996—2018 年)

(1) 统计概况

WTO 成员	上诉方	其他上诉方	被上诉方	第三方	合 计
安提瓜和巴布达	0	1	1	0	2
阿根廷	3	5	8	23	39
澳大利亚	2	2	6	53	63
巴林	0	0	0	1	1
巴巴多斯	0	0	0	1	1
伯利兹	0	0	0	4	4
贝宁	0	0	0	1	1
玻利维亚	0	0	0	1	1
巴西	6	7	12	46	71
喀麦隆	0	0	0	3	3
加拿大	14	10	23	39	86
乍得	0	0	0	2	2
智利	3	0	2	13	18
中国	16	5	11	60	92
哥伦比亚	1	0	0	24	25
哥斯达黎加	1	0	0	3	4
科特迪瓦	0	0	0	4	4
古巴	0	0	0	4	4
多米尼克	0	0	0	4	4
多米尼加	1	0	1	4	6
厄瓜多尔	0	2	2	20	24
埃及	0	0	0	2	2
萨尔瓦多	0	0	0	6	6
欧盟	24	24	55	77	180
斐济	0	0	0	1	1
加纳	0	0	0	2	2
格林纳达	0	0	0	1	1
危地马拉	1	2	2	14	19
圭亚那	0	0	0	1	1
洪都拉斯	0	2	2	6	10
中国香港	0	0	0	8	8
冰岛	0	0	0	2	2
印度	9	2	8	50	69

续 表

WTO成员	上诉方	其他上诉方	被上诉方	第三方	合 计
印度尼西亚	4	1	2	5	12
以色列	0	0	0	2	2
牙买加	0	0	0	5	5
日本	7	7	16	75	105
肯尼亚	0	0	0	1	1
韩国	3	5	7	46	61
科威特	0	0	0	1	1
马达加斯加	0	0	0	1	1
马来西亚	1	0	1	1	3
马拉维	0	0	0	1	1
毛里求斯	0	0	0	2	2
墨西哥	6	6	9	36	57
纳米比亚	0	0	0	1	1
新西兰	0	3	8	15	26
尼加拉瓜	0	0	0	4	4
尼日利亚	0	0	0	1	1
挪威	2	1	3	36	42
阿曼	0	0	0	4	4
巴基斯坦	0	1	3	3	7
巴拿马	1	0	2	3	6
巴拉圭	0	0	0	7	7
秘鲁	1	1	1	7	10
菲律宾	3	0	3	2	8
波兰	0	0	1	0	1
俄罗斯	2	0	2	14	18
圣卢西亚	0	0	0	4	4
沙特阿拉伯	0	0	0	18	18
塞内加尔	0	0	0	1	1
新加坡	0	0	0	3	3
南非	0	0	0	2	2
圣基茨和尼维斯	0	0	0	1	1
圣文森特和格林纳丁斯	0	0	0	3	3
苏里南	0	0	0	3	3
斯威士兰	0	0	0	1	1
瑞士	0	1	1	1	3
中国台北	0	1	1	45	47
坦桑尼亚	0	0	0	1	1
泰国	3	2	5	23	33
特立尼达和多巴哥	0	0	0	1	1
土耳其	1	0	0	22	23
乌克兰	0	0	0	4	4
美国	38	25	87	48	198
委内瑞拉	0	0	1	6	7
越南	1	1	1	9	12
合计	154	117	287	946	1507

（2）年度详细信息

1996 年

案件	上诉方	其他上诉方	被上诉方	第三方
美国—汽油 WT/DS2/AB/R	美国	—	巴西 委内瑞拉	欧共体 挪威
日本—含酒精饮料 II WT/DS8/AB/R WT/DS10/AB/R WT/DS11/AB/R	日本	美国	加拿大 欧共体 日本 美国	—

1997 年

案件	上诉方	其他上诉方	被上诉方	第三方
美国—内衣裤 WT/DS24/AB/R	哥斯达黎加	—	美国	印度
巴西—可可粉 WT/DS22/AB/R	菲律宾	巴西	巴西 菲律宾	欧共体 美国
美国—羊毛衬衫及女上衣 WT/DS33/AB/R 和 Corr.1	印度	—	美国	—
加拿大—期刊 WT/DS31/AB/R	加拿大	美国	加拿大 美国	—
欧共体—香蕉 III WT/DS27/AB/R	欧共体	厄瓜多尔 危地马拉 洪都拉斯 墨西哥 美国	厄瓜多尔 欧共体 危地马拉 洪都拉斯 墨西哥 美国	伯利兹 喀麦隆 哥伦比亚 哥斯达黎加 科特迪瓦 多米尼加 多米尼克 加纳 格林纳达 牙买加 日本 尼加拉瓜 圣卢西亚 圣文森特和格林纳丁斯 塞内加尔 苏里南 委内瑞拉
印度—专利权（美国） WT/DS50/AB/R	印度	—	美国	欧共体

1998 年

案件	上诉方	其他上诉方	被上诉方	第三方
欧共体—荷尔蒙 WT/DS26/AB/R WT/DS48/AB/R	欧共体	加拿大 美国	加拿大 欧共体 美国	澳大利亚 新西兰 挪威
阿根廷—纺织品及服装 WT/DS56/AB/R 和 Corr.1	阿根廷	—	美国	欧共体

续 表

案　件	上诉方	其他上诉方	被上诉方	第三方
欧共体—计算机设备 WT/DS62/AB/R WT/DS67/AB/R WT/DS68/AB/R	欧共体	—	美国	日本
欧共体—家禽 WT/DS69/AB/R	巴西	欧共体	巴西 欧共体	泰国 美国
美国—虾 WT/DS58/AB/R	美国	—	印度 马来西亚 巴基斯坦 泰国	澳大利亚 厄瓜多尔 欧共体 中国香港 墨西哥 尼日利亚
澳大利亚—鲑鱼 WT/DS18/AB/R	澳大利亚	加拿大	澳大利亚 加拿大	欧共体 印度 挪威 美国
危地马拉—水泥 I WT/DS60/AB/R	危地马拉	—	墨西哥	美国

1999 年

案　件	上诉方	其他上诉方	被上诉方	第三方
韩国—含酒精饮料 WT/DS75/AB/R WT/DS84/AB/R	韩国	—	欧共体 美国	墨西哥
日本—农产品 II WT/DS76/AB/R	日本	美国	日本 美国	巴西 欧共体
巴西—航行器 WT/DS46/AB/R	巴西	加拿大	巴西 加拿大	欧共体 美国
加拿大—航行器 WT/DS70/AB/R	加拿大	巴西	巴西 加拿大	欧共体 美国
印度—数量限制 WT/DS90/AB/R	印度	—	美国	—
加拿大—奶制品 WT/DS103/AB/R WT/DS113/AB/R 和 Corr.1	加拿大	—	新西兰 美国	—
土耳其—纺织品 WT/DS34/AB/R	土耳其	—	印度	中国香港 日本 菲律宾
智利—含酒精饮料 WT/DS87/AB/R WT/DS110/AB/R	智利	—	欧共体	墨西哥 美国
阿根廷—鞋类（欧共体） WT/DS121/AB/R	阿根廷	欧共体	阿根廷 欧共体	印度尼西亚 美国

续 表

案 件	上诉方	其他上诉方	被上诉方	第三方
韩国—奶制品 WT/DS98/AB/R	韩国	欧共体	韩国 欧共体	美国

2000 年

案 件	上诉人	其他上诉人	被上诉人	第三方
美国—海外销售公司 WT/DS108/AB/R	美国	欧共体	欧共体 美国	加拿大 日本
美国—热轧铅铋碳钢制品案 II WT/DS138/AB/R	美国	—	欧共体	巴西 墨西哥
加拿大—汽车 WT/DS139/AB/R	加拿大	欧共体 日本	加拿大 欧共体 日本	韩国 美国
巴西—航空器 (第 21.5 条 – 加拿大) WT/DS46/AB/RW	巴西	—	加拿大	欧共体 美国
加拿大—航空器 (第 21.5 条 – 巴西) WT/DS70/AB/RW	巴西	—	加拿大	欧共体 美国
美国—1916 年法案 WT/DS136/AB/R WT/DS162/AB/R	美国	欧共体 日本	欧共体 日本 美国	欧共体 印度 日本 墨西哥
加拿大—专利权保护 WT/DS170/AB/R	加拿大	—	美国	—
韩国—对牛肉的多种标准 WT/DS161/AB/R WT/DS169/AB/R	韩国	—	澳大利亚 美国	加拿大 新西兰
美国—特定欧共体产品 WT/DS165/AB/R	欧共体	美国	欧共体 美国	多米尼克 厄瓜多尔 印度 牙买加 日本 圣卢西亚
美国—麦麸 WT/DS166/AB/R	美国	欧共体	欧共体 美国	澳大利亚 加拿大 新西兰

2001 年

案 件	上诉方	其他上诉方	被上诉方	第三方
欧共体—棉质床单 WT/DS141/AB/R	欧共体	印度	欧共体 印度	埃及 日本 美国

续 表

案 件	上诉方	其他上诉方	被上诉方	第三方
欧共体—石棉 WT/DS135/AB/R	加拿大	欧共体	加拿大 欧共体	巴西 美国
泰国—工字梁 WT/DS122/AB/R	泰国	—	波兰	欧共体 日本 美国
美国—羔羊 WT/DS177/AB/R WT/DS178/AB/R	美国	澳大利亚 新西兰	澳大利亚 新西兰 美国	欧共体
美国—热轧钢 WT/DS184/AB/R	美国	日本	日本 美国	巴西 加拿大 智利 欧共体 韩国
美国—棉纱 WT/DS192/AB/R	美国	—	巴基斯坦	欧共体 印度
美国—虾 (第 21.5 条—马来西亚) WT/DS58/AB/RW	马来西亚	—	美国	澳大利亚 欧共体 中国香港 印度 日本 墨西哥 泰国
墨西哥—玉米浆(第 21.5 条—美国) WT/DS132/AB/RW	墨西哥	—	美国	欧共体
加拿大—奶制品 (第 21.5 条—新西兰和美国) WT/DS103/AB/RW WT/DS113/AB/RW	加拿大	—	新西兰 美国	欧共体

2002 年

案 件	上诉方	其他上诉方	被上诉方	第三方
美国—211 拨款法 WT/DS176/AB/R	欧共体	美国	欧共体 美国	—
美国—海外销售公司 (第 21.5 条—欧共体) WT/DS108/AB/RW	美国	欧共体	欧共体 美国	澳大利亚 加拿大 印度 日本
美国—直线管 WT/DS202/AB/R	美国	韩国	韩国 美国	澳大利亚 加拿大 欧共体 日本 墨西哥
印度—汽车 II WT/DS146/AB/R WT/DS175/AB/R	印度	—	欧共体 美国	韩国

续 表

案 件	上诉方	其他上诉方	被上诉方	第三方
智利—综合价格制度 WT/DS207/AB/R 和 Corr.1	智利	—	阿根廷	澳大利亚 巴西 哥伦比亚 厄瓜多尔 欧共体 巴拉圭 美国 委内瑞拉
欧共体—沙丁鱼 WT/DS231/AB/R	欧共体	—	秘鲁	加拿大 智利 厄瓜多尔 美国 委内瑞拉
美国— 碳钢 WT/DS213/AB/R 和 Corr.1	美国	欧共体	欧共体 美国	日本 挪威
美国—特定欧共体产品补偿措施 WT/DS212/AB/R	美国	—	欧共体	巴西 印度 墨西哥
加拿大—奶制品 (第 21.5 条—新西兰和美国 II)WT/ DS103/AB/RW2 WT/DS113/AB/RW2	加拿大	—	新西兰 美国	阿根廷 澳大利亚 欧共体

2003 年

案 件	上诉方	其他上诉方	被上诉方	第三方
美国—抵消法案 (伯德修正案) WT/DS217/AB/R WT/DS234/AB/R	美国	—	澳大利亚 巴西 加拿大 智利 欧共体 印度 印度尼西亚 日本 韩国 墨西哥 泰国	阿根廷 哥斯达黎加 中国香港 以色列 挪威
欧共体—棉质床单(第 21.5 条—印度) WT/DS141/AB/RW	印度	—	欧共体	日本 韩国 美国
欧共体—管道配件 WT/DS219/AB/R	巴西	—	欧共体	智利 日本 墨西哥 美国

续 表

案 件	上诉方	其他上诉方	被上诉方	第三方
美国—钢铁保障措施 WT/DS248/AB/R WT/DS249/AB/R WT/DS251/AB/R WT/DS252/AB/R WT/DS253/AB/R WT/DS254/AB/R WT/DS258/AB/R WT/DS259/AB/R	美国	巴西 中国 欧共体 日本 韩国 新西兰 挪威 瑞士	巴西 中国 欧共体 日本 韩国 新西兰 挪威 瑞士 美国	加拿大 古巴 墨西哥 中国台北 泰国 土耳其 委内瑞拉
日本—苹果 WT/DS245/AB/R	日本	美国	日本 美国	澳大利亚 巴西 欧共体 新西兰 中国台北
美国—不锈钢日落复审 WT/DS244/AB/R	日本	—	美国	巴西 智利 欧共体 印度 韩国 挪威

2004 年

案 件	上诉方	其他上诉方	被上诉方	第三方
美国—软木 IV WT/DS257/AB/R	美国	加拿大	加拿大 美国	欧共体 印度 日本
欧共体—歧视性关税 WT/DS246/AB/R	欧共体	—	印度	玻利维亚 巴西 哥伦比亚 哥斯达黎加 古巴 厄瓜多尔 圣萨尔瓦多 危地马拉 洪都拉斯 毛里求斯 尼加拉瓜 巴基斯坦 巴拿马 巴拉圭 秘鲁 美国 委内瑞拉
美国—软木 V WT/DS264/AB/R	美国	加拿大	加拿大 美国	欧共体 印度 日本

续 表

案 件	上诉方	其他上诉方	被上诉方	第三方
加拿大—小麦出口和谷物进口 WT/DS276/AB/R	美国	加拿大	加拿大 美国	澳大利亚 中国 欧共体 墨西哥 中国台北
美国—石油国家工业用管材日落复审 WT/DS268/AB/R	美国	阿根廷	阿根廷 美国	欧共体 日本 韩国 墨西哥 中国台北

2005 年

案 件	上诉方	其他上诉方	被上诉方	第三方
美国—细绒棉 WT/DS267/AB/R	美国	巴西	巴西 美国	阿根廷 澳大利亚 贝宁 加拿大 乍得 中国 欧共体 印度 新西兰 巴基斯坦 巴拉圭 中国台北 委内瑞拉
美国—博彩业 WT/DS285/AB/R 和 Corr.1	美国	安提瓜和巴布达	安提瓜和巴布达 美国	加拿大 欧共体 日本 墨西哥 中国台北
欧共体—糖类出口补贴 WT/DS265/AB/R WT/DS266/AB/R WT/DS283/AB/R	欧共体	澳大利亚 巴西 泰国	澳大利亚 巴西 欧共体 泰国	巴巴多斯 伯利兹 加拿大 中国 哥伦比亚 科特迪瓦 古巴 斐济 圭亚那 印度 牙买加 肯尼亚 马达加斯加 马拉维 毛里求斯 新西兰 巴拉圭 圣基茨和尼维斯 瑞士 坦桑尼亚 特立尼达和多巴哥 美国

续 表

案 件	上诉方	其他上诉方	被上诉方	第三方
多米尼加—烟草进口和销售 WT/DS302/AB/R	多米尼加	洪都拉斯	多米尼加 洪都拉斯	中国 萨尔瓦多 欧共体 危地马拉 美国
美国—对计算机动态随机存取存储器芯片反补贴税调查案 WT/DS296/AB/R	美国	韩国	韩国 美国	中国 欧共体 日本 中国台北
欧共体—鸡块 WT/DS269/AB/R WT/DS286/AB/R 和 Corr.1	欧共体	巴西 泰国	巴西 欧共体 泰国	中国 美国
墨西哥—稻米反倾销措施 WT/DS295/AB/R	墨西哥	—	美国	中国 欧共体
美国—石油工业用管材反倾销措施 WT/DS282/AB/R	墨西哥	美国	墨西哥 美国	阿根廷 加拿大 中国 欧共体 日本 中国台北
美国—软木 IV (第 21.5 条—加拿大) WT/DS257/AB/RW	美国	加拿大	加拿大 美国	中国 欧共体

2006 年

案 件	上诉方	其他上诉方	被上诉方	第三方
美国—海外销售公司 (第 21.5 条—欧共体 Ⅱ) WT/DS108/AB/RW2	美国	欧共体	欧共体 美国	澳大利亚 巴西 中国
墨西哥—不含酒精饮料税 WT/DS308/AB/R	墨西哥	—	美国	加拿大 中国 欧共体 危地马拉 日本
美国—软木Ⅵ (第 21.5 条—加拿大) WT/DS277/AB/RW 和 Corr.1	加拿大	—	美国	中国 欧共体
美国—归零法 (欧共体) WT/DS294/AB/R 和 Corr.1	欧共体	美国	美国 欧共体	阿根廷 巴西 中国 中国香港 印度 日本 韩国 墨西哥 挪威 中国台北

续 表

案　件	上诉方	其他上诉方	被上诉方	第三方
美国—软木 V （第 21.5 条—加拿大） WT/DS264/AB/RW	加拿大	—	美国	中国 欧共体 印度 日本 新西兰 泰国
欧共体—特定海关事项案 WT/DS315/AB/R	美国	欧共体	欧共体 美国	阿根廷 澳大利亚 巴西 中国 中国香港 印度 日本 韩国 中国台北

2007 年

案　件	上诉方	其他上诉方	被上诉方	第三方
美国—归零法（日本） WT/DS322/AB/R	日本	美国	美国 日本	阿根廷 中国 欧共体 中国香港 印度 韩国 墨西哥 新西兰 挪威 泰国
美国—石油工业用管材日落复审 （第 21.5 条—阿根廷） WT/DS268/AB/RW	美国	阿根廷	阿根廷 美国	中国 欧共体 日本 韩国 墨西哥
智利—价格综合制度 （第 21.5 条—阿根廷） WT/DS207/AB/RW	智利	阿根廷	阿根廷 智利	澳大利亚 巴西 加拿大 中国 哥伦比亚 欧共体 秘鲁 泰国 美国
日本—计算机动态随机存取存储器芯片（韩国） WT/DS336/AB/R 和 Corr.1	日本	韩国	韩国 日本	欧共体 美国

续 表

案 件	上诉方	其他上诉方	被上诉方	第三方
巴西—翻新轮胎 WT/DS332/AB/R	欧共体	—	巴西	阿根廷 澳大利亚 中国 古巴 危地马拉 日本 韩国 墨西哥 巴拉圭 中国台北 泰国 美国

2008 年

案 件	上诉方	其他上诉方	被上诉方	第三方
美国—不锈钢(墨西哥) WT/DS344/AB/R	墨西哥	—	美国	智利 中国 欧共体 日本 泰国
美国—高地棉 (第 21.5 条—巴西) WT/DS267/AB/RW	美国	巴西	巴西 美国	阿根廷 澳大利亚 加拿大 乍得 中国 欧共体 印度 日本 新西兰 泰国
美国—虾(泰国) WT/DS343/AB/R	泰国	美国	美国 泰国	巴西 智利 中国 欧共体 印度 日本 韩国 墨西哥 越南
美国—海关保税指令 WT/DS345/AB/R	印度	美国	美国 印度	巴西 中国 欧共体 日本 泰国

续 表

案 件	上诉方	其他上诉方	被上诉方	第三方
美国—要求取消报复措施 WT/DS320/AB/R	欧共体	美国	美国 欧共体	澳大利亚 巴西 中国 印度 墨西哥 新西兰 挪威 中国台北
加拿大—要求取消报复措施 WT/DS321/AB/R	欧共体	加拿大	加拿大 欧共体	澳大利亚 巴西 中国 印度 墨西哥 新西兰 挪威 中国台北
印度—进口附加税 WT/DS360/AB/R	美国	印度	印度 美国	澳大利亚 智利 欧共体 日本 越南
欧共体—香蕉Ⅲ （第 21.5 条—厄瓜多尔Ⅱ） WT/DS27/AB/RW2/ECU 和 Corr.1	欧共体	厄瓜多尔	厄瓜多尔 欧共体	伯利兹 巴西 喀麦隆 哥伦比亚 科特迪瓦 多米尼克 多米尼加 加纳 牙买加 日本 尼加拉瓜 巴拿马 圣卢西亚 圣文森特和格林纳丁斯 苏里南 美国
欧共体—香蕉Ⅲ （第 21.5 条—美国） WT/DS27/AB/RW/USA 和 Corr.1	欧共体	—	美国	伯利兹 巴西 喀麦隆 哥伦比亚 科特迪瓦 多米尼克 多米尼加 厄瓜多尔 牙买加 日本 墨西哥 尼加拉瓜 巴拿马 圣卢西亚 圣文森特和格林纳丁斯 苏里南

续　表

案　件	上诉方	其他上诉方	被上诉方	第三方
中国—汽车零部件（欧共体） WT/DS339/AB/R	中国	—	欧共体	阿根廷 澳大利亚 巴西 日本 墨西哥 中国台北 泰国
中国—汽车零部件（美国） WT/DS340/AB/R	中国	—	美国	阿根廷 澳大利亚 巴西 日本 墨西哥 中国台北 泰国
中国—汽车零部件（加拿大） WT/DS342/AB/R	中国	—	加拿大	阿根廷 澳大利亚 巴西 日本 墨西哥 中国台北 泰国

2009 年

案　件	上诉方	其他上诉方	被上诉方	第三方
美国—归零法 WT/DS350/AB/R	欧共体	美国	欧共体 美国	巴西 中国 埃及 印度 日本 韩国 墨西哥 挪威 中国台北 泰国
美国—归零法（欧共体） （第 21.5 条—欧共体） WT/DS294/AB/RW 和 Corr.1	欧共体	美国	欧共体 美国	印度 日本 韩国 墨西哥 挪威 中国台北 泰国
美国—归零法（日本） （第 21.5 条—日本） WT/DS322/AB/RW	美国	—	日本	中国 欧共体 中国香港 韩国 墨西哥 挪威 中国台北 泰国

续 表

案　件	上诉方	其他上诉方	被上诉方	第三方
中国—出版物和视听产品 WT/DS363/AB/R	中国	美国	中国 美国	澳大利亚 欧共体 日本 韩国 中国台北

2010 年

案　件	上诉方	其他上诉方	被上诉方	第三方
澳大利亚—苹果 WT/DS367/AB/R	澳大利亚	新西兰	新西兰 澳大利亚	智利 欧盟 日本 巴基斯坦 中国台北 美国

2011 年

案　件	上诉方	其他上诉方	被上诉方	第三方
美国—反倾销和反补贴税（中国） WT/DS379/AB/R	中国	—	美国	阿根廷 澳大利亚 巴林 巴西 加拿大 欧盟 印度 日本 科威特 墨西哥 挪威 沙特阿拉伯 中国台北 土耳其
欧盟及其部分成员国—大型民用航空器 WT/DS316/AB/R	欧盟	美国	美国 欧盟	澳大利亚 巴西 加拿大 中国 日本 韩国
泰国—香烟（菲律宾） WT/DS371/AB/R	泰国	—	菲律宾	澳大利亚 中国 欧盟 印度 中国台北 美国

续 表

案 件	上诉方	其他上诉方	被上诉方	第三方
欧共体—坚固件（中国） WT/DS397/AB/R	欧盟	中国	中国 欧盟	巴西 加拿大 智利 哥伦比亚 印度 日本 挪威 中国台北 泰国 土耳其 美国
美国—轮胎（中国） WT/DS399/AB/R	中国	—	美国	欧盟 日本 中国台北 土耳其 越南
菲律宾—蒸馏酒精（欧盟） WT/DS396/AB/R	菲律宾	欧盟	欧盟 菲律宾	澳大利亚 中国 印度 墨西哥 中国台北 泰国
菲律宾—蒸馏酒精（美国） WT/DS403/AB/R	菲律宾	—	美国	澳大利亚 中国 哥伦比亚 印度 墨西哥 中国台北 泰国

2012 年

案 件	上诉方	其他上诉方	被上诉方	第三方
中国—原材料（美国） WT/DS394/AB/R	中国	美国	中国 美国	阿根廷 巴西 加拿大 智利 哥伦比亚 厄瓜多尔 印度 日本 韩国 挪威 沙特阿拉伯 中国台北 土耳其

续 表

案 件	上诉方	其他上诉方	被上诉方	第三方
中国—原材料（欧盟） WT/DS395/AB/R	中国	欧盟	中国 欧盟	阿根廷 巴西 加拿大 智利 哥伦比亚 厄瓜多尔 印度 日本 韩国 挪威 沙特阿拉伯 中国台北 土耳其
中国—原材料（墨西哥） WT/DS398/AB/R	中国	墨西哥	中国 墨西哥	阿根廷 巴西 加拿大 智利 哥伦比亚 厄瓜多尔 印度 日本 韩国 挪威 沙特阿拉伯 中国台北 土耳其
美国—大型民用航空器（二诉） WT/DS353/AB/R	欧盟	美国	美国 欧盟	澳大利亚 巴西 加拿大 中国 日本 韩国
美国—丁香香烟 WT/DS406/AB/R	美国	—	印尼	巴西 哥伦比亚 多米尼加 欧盟 危地马拉 墨西哥 挪威 土耳其
美国—金枪鱼 II（墨西哥） WT/DS381/AB/R	美国	墨西哥	墨西哥 美国	阿根廷 澳大利亚 巴西 加拿大 中国 厄瓜多尔 危地马拉 日本 韩国 新西兰 中国台北 泰国 土耳其 委内瑞拉

续 表

案 件	上诉方	其他上诉方	被上诉方	第三方
美国 —原产地标签（加拿大） WT/DS384/AB/R	美国	加拿大	加拿大 美国	阿根廷 澳大利亚 巴西 中国 哥伦比亚 欧盟 危地马拉 印度 日本 韩国 新西兰 秘鲁 中国台北
美国—原产地标签（墨西哥） WT/DS386/AB/R	美国	墨西哥	墨西哥 美国	阿根廷 澳大利亚 巴西 中国 哥伦比亚 欧盟 危地马拉 印度 日本 韩国 新西兰 秘鲁 中国台北
中国—取向电工钢 WT/DS414/AB/R	中国	—	美国	阿根廷 欧盟 洪都拉斯 印度 日本 韩国 沙特阿拉伯 越南

2013 年

案 件	上诉方	其他上诉方	被上诉方	第三方
加拿大—可再生能源 WT/DS412/AB/R	加拿大	日本	日本 加拿大	澳大利亚 巴西 中国 萨尔瓦多 欧盟 洪都拉斯 印度 韩国 墨西哥 挪威 沙特阿拉伯 中国台北 美国

续 表

案 件	上诉方	其他上诉方	被上诉方	第三方
加拿大—上网电价补贴 WT/DS426/AB/R	加拿大	欧盟	欧盟 加拿大	澳大利亚 巴西 中国 萨尔瓦多 印度 日本 韩国 墨西哥 挪威 沙特阿拉伯 中国台北 土耳其 美国

2014 年

案 件	上诉方	其他上诉方	被上诉方	第三方
欧共体—海豹产品（加拿大） WT/DS400/AB/R	加拿大	欧盟	加拿大 欧盟	阿根廷 中国 哥伦比亚 厄瓜多尔 冰岛 日本 墨西哥 俄罗斯 美国
欧共体—海豹产品（挪威） WT/DS401/AB/R	挪威	欧盟	挪威 欧盟	阿根廷 中国 哥伦比亚 厄瓜多尔 冰岛 日本 墨西哥 纳米比亚 俄罗斯 美国
美国—反补贴和反倾销措施（中国） WT/DS449/AB/R 和 Corr.1	中国	美国	美国 中国	澳大利亚 加拿大 欧盟 印度 日本 俄罗斯 土耳其 越南

续 表

案 件	上诉方	其他上诉方	被上诉方	第三方
中国—稀土（美国） WT/DS431/AB/R	美国	中国	美国 中国	阿根廷 澳大利亚 巴西 加拿大 中国台北 哥伦比亚 欧盟 印度 印度尼西亚 韩国 日本 挪威 阿曼 秘鲁 俄罗斯 沙特阿拉伯 土耳其 越南
中国—稀土（欧盟） WT/DS432/AB/R	中国	—	欧盟	阿根廷 澳大利亚 巴西 加拿大 中国台北 哥伦比亚 印度 印度尼西亚 日本 韩国 挪威 阿曼 秘鲁 俄罗斯 沙特阿拉伯 土耳其 美国 越南
中国—稀土（日本） WT/DS433/AB/R	中国	—	日本	阿根廷 澳大利亚 巴西 加拿大 中国台北 哥伦比亚 印度 印度尼西亚 欧盟 韩国 挪威 阿曼 秘鲁 俄罗斯 美国

续 表

案 件	上诉方	其他上诉方	被上诉方	第三方
美国—热轧碳钢（印度） WT/DS436/AB/R	印度	美国	印度 美国	澳大利亚 加拿大 中国 欧盟 沙特阿拉伯 土耳其
美国—反补贴措施（中国） WT/DS437/AB/R	中国	美国	美国 中国	澳大利亚 巴西 加拿大 欧盟 印度 日本 韩国 挪威 俄罗斯 沙特阿拉伯 土耳其 越南

2015 年

案 件	上诉方	其他上诉方	被上诉方	第三方
阿根廷 —货物进口措施（欧盟） WT/DS438/AB/R	阿根廷	欧盟	阿根廷 欧盟	澳大利亚 加拿大 中国 厄瓜多尔 危地马拉 印度 以色列 日本 韩国 挪威 沙特阿拉伯 中国台北 泰国 土耳其 瑞士 美国
阿根廷—货物进口措施（美国） WT/DS444/AB/R	阿根廷	—	美国	澳大利亚 加拿大 中国 厄瓜多尔 欧盟 危地马拉 印度 以色列 日本 韩国 挪威 沙特阿拉伯 中国台北 泰国 土耳其 瑞士

续 表

案 件	上诉方	其他上诉方	被上诉方	第三方
阿根廷—货物进口措施（日本） WT/DS445/AB/R	阿根廷	日本	阿根廷 日本	澳大利亚 加拿大 中国 厄瓜多尔 欧盟 危地马拉 印度 以色列 韩国 挪威 沙特阿拉伯 中国台北 泰国 土耳其 瑞士 美国
美国—原产地标签 （第 21.5 条—加拿大） WT/DS384/AB/RW	美国	加拿大	加拿大 美国	澳大利亚 巴西 中国 哥伦比亚 欧盟 危地马拉 印度 日本 韩国 墨西哥 新西兰
美国—原产地标签 （第 21.5 条—墨西哥） WT/DS386/AB/RW	美国	墨西哥	墨西哥 美国	澳大利亚 巴西 加拿大 中国 哥伦比亚 欧盟 危地马拉 印度 日本 韩国 新西兰
美国—虾 Ⅱ（越南） WT/DS429/AB/R	越南	—	美国	中国 厄瓜多尔 欧盟 日本 挪威 泰国
印度—农产品 WT/DS430/AB/R	印度	—	美国	阿根廷 巴西 中国 哥伦比亚 厄瓜多尔 欧盟 危地马拉 日本

续 表

案 件	上诉方	其他上诉方	被上诉方	第三方
秘鲁— 农产品 WT/DS457/AB/R	秘鲁	危地马拉	危地马拉 秘鲁	阿根廷 巴西 中国 哥伦比亚 厄瓜多尔 萨尔瓦多 欧盟 洪都拉斯 印度 韩国 美国
中国— 高性能不锈钢无缝钢管 (HP-SSST)（日本） WT/DS454/AB/R 和 Add. 1	日本	中国	中国 日本	欧盟 印度 韩国 俄罗斯 沙特阿拉伯 土耳其 美国
中国— 高性能不锈钢无缝钢管 （HP-SSST）（欧盟） WT/DS460/AB/R 和 Add. 1	中国	欧盟	中国 欧盟	印度 日本 韩国 俄罗斯 沙特阿拉伯 土耳其 美国
美国—金枪鱼Ⅱ （第 21.5 条—墨西哥） WT/DS381/AB/RW	美国	墨西哥	墨西哥 美国	澳大利亚 加拿大 中国 欧盟 危地马拉 日本 韩国 新西兰 挪威 泰国

2016 年

案 件	上诉方	其他上诉方	被上诉方	第三方
欧共体—紧固件 WT/DS397/AB/RW	欧盟	中国	中国 欧盟	日本 美国

续 表

案 件	上诉方	其他上诉方	被上诉方	第三方
阿根廷—金融服务 WT/DS453/AB/R	巴拿马	阿根廷	阿根廷 巴拿马	澳大利亚 巴西 中国 厄瓜多尔 欧盟 危地马拉 洪都拉斯 印度 阿曼 沙特阿拉伯 新加坡 美国
哥伦比亚 —纺织品 WT/DS461/AB/R	哥伦比亚	—	巴拿马	中国 厄瓜多尔 萨尔瓦多 欧盟 危地马拉 洪都拉斯 菲律宾 美国
美国 —洗衣机 WT/DS464/AB/R	美国	韩国	韩国 美国	巴西 加拿大 中国 欧盟 印度 日本 挪威 沙特阿拉伯 泰国 土耳其 越南
印度 —太阳能电池 WT/DS456/AB/R	印度	—	美国	巴西 加拿大 中国 厄瓜多尔 欧盟 日本 韩国 马来西亚 挪威 俄罗斯 沙特阿拉伯 中国台北 土耳其
欧盟—生物柴油（阿根廷） WT/DS473/AB/R	欧盟	阿根廷	阿根廷 欧盟	澳大利亚 中国 哥伦比亚 印度尼西亚 墨西哥 挪威 俄罗斯 沙特阿拉伯 土耳其 美国

2017 年

案　件	上诉方	其他上诉方	被上诉方	第三方
俄罗斯—猪（欧盟） WT/DS475/AB/R	俄罗斯	欧盟	欧盟 俄罗斯	澳大利亚 巴西 中国 印度 日本 韩国 挪威 中国台北 南非 美国
美国—税收优惠 WT/DS487/AB/R	美国	—	欧盟	澳大利亚 巴西 加拿大 中国 日本 韩国 俄罗斯
欧盟—脂肪醇（印度尼西亚） WT/DS442/AB/R	印度尼西亚	欧盟	欧盟 印度尼西亚	韩国 美国
印度尼西亚—进口许可制 WT/DS477/AB/R	印度尼西亚	—	新西兰 美国	阿根廷 澳大利亚 巴西 加拿大 中国 欧盟 日本 韩国 挪威 巴拉圭 新加坡 中国台北
印度尼西亚—进口许可制 WT/DS478/AB/R	印度尼西亚	—	新西兰 美国	阿根廷 澳大利亚 巴西 加拿大 中国 欧盟 日本 韩国 挪威 巴拉圭 新加坡 中国台北

2018 年

案 件	上诉方	其他上诉方	被上诉方	第三方
俄罗斯—商用车 WT/DS479/AB/R	俄罗斯	欧盟	欧盟 俄罗斯	巴西 中国 日本 韩国 土耳其 乌克兰 美国
欧共体和部分成员国—大型民用航空器 WT/DS316/AB/RW	欧盟	美国	美国 欧盟	澳大利亚 巴西 加拿大 中国 日本 韩国
欧盟—PET 塑料（巴基斯坦） WT/DS486/AB/R	欧盟	巴基斯坦	巴基斯坦 欧盟	中国 美国
印度尼西亚—钢铁产品 WT/DS490/AB/R	印度尼西亚	中国台北 越南	中国台北 越南 印度尼西亚	澳大利亚 智利 中国 欧盟 印度 日本 韩国 俄罗斯 乌克兰 美国
印度尼西亚—钢铁产品 WT/DS496/AB/R	印度尼西亚	中国台北 越南	中国台北 越南 印度尼西亚	澳大利亚 智利 中国 欧盟 印度 日本 韩国 俄罗斯 乌克兰 美国
巴西 —税收 WT/DS472/AB/R	巴西	欧盟	欧盟 巴西	阿根廷 澳大利亚 加拿大 中国 哥伦比亚 印度 日本 韩国 俄罗斯 南非 中国台北 土耳其 美国

续 表

案 件	上诉方	其他上诉方	被上诉方	第三方
巴西—税收 WT/DS497/AB/R	巴西	日本	日本 巴西	阿根廷 澳大利亚 加拿大 中国 哥伦比亚 欧盟 印度 韩国 俄罗斯 新加坡 土耳其 乌克兰 美国
美国—金枪鱼Ⅱ（墨西哥） （第 21.5 条—美国）/ 美国—金枪鱼Ⅱ（墨西哥） （第 21.5 条—墨西哥Ⅱ） WT/DS381/AB/RW/USA	墨西哥	—	美国	澳大利亚 巴西 加拿大 中国 厄瓜多尔 欧盟 危地马拉 印度 日本 韩国 新西兰 挪威
美国—金枪鱼Ⅱ（墨西哥） （第 21.5 条—美国）/ 美国—金枪鱼Ⅱ（墨西哥） （第 21.5 条—墨西哥Ⅱ） WT/DS381/AB/RW/2	墨西哥	—	美国	澳大利亚 巴西 加拿大 中国 厄瓜多尔 欧盟 危地马拉 印度 日本 韩国 新西兰 挪威

5. WTO 争端解决报告及裁决（1995—2018 年）

简要标题	案件标题全称及出处
阿根廷—陶瓷	专家组报告，阿根廷—对于从意大利进口地板瓷砖的明确反倾销措施，WT/DS189/R, 2001 年 11 月 5 日通过，DSR 2001:XII, 6241
阿根廷—金融服务	上诉机构报告，阿根廷—与货物和服务贸易有关的措施，WT/DS453/AB/R 和 Add.1, 2016 年 5 月 9 日通过，DSR 2016:II, p. 431
阿根廷—金融服务	专家组报告，阿根廷—与货物和服务贸易有关的措施，WT/DS453/R 和 Add.1, 2016 年 5 月 9 日通过，上诉机构报告修正，WT/DS453/AB/R, DSR 2016:II, p. 599
阿根廷—鞋类（欧共体）	上诉机构报告，阿根廷—鞋类进口安全标准措施，WT/DS121/AB/R, 2000 年 1 月 12 日通过，DSR 2000:I, p. 515
阿根廷—鞋类（欧共体）	专家组报告，阿根廷—鞋类进口安全标准措施，WT/DS121/R, 2000 年 1 月 12 日通过，上诉机构报告修正，WT/DS121/AB/R, DSR 2000:II, p.575
阿根廷—皮革	专家组报告，阿根廷—影响牛皮出口及成皮进口措施，WT/DS155/R 和 Corr.1, 2001 年 2 月 16 日通过，DSR 2001:V, p.1779
阿根廷—皮革［第 21.3(c) 条］	仲裁决议，阿根廷—影响牛皮出口及成皮进口措施—在 DSU 第 21.3（c）条下的仲裁，WT/DS155/10, 2001 年 8 月 31 日，DSR 2001:XII, p.6013
阿根廷—进口措施	上诉机构报告，阿根廷—影响货物进口的措施，WT/DS438/AB/R/WT/DS444/AB/R/WT/DS445/AB/R，2015 年 1 月 26 日通过，DSR 2015:II,p.579
阿根廷—进口措施	专家组报告，阿根廷—影响货物进口的措施，WT/DS438/AB/R 和 Add.1/WT/DS444/AB/R 和 Add.1/WT/DS445/AB/R 和 Add.1，2015 年 1 月 26 日通过，由上诉机构报告 WT/DS438/AB/R/WT/DS444/AB/R/WT/DS445/AB/R 修正 (WT/DS438/R) 和支持 (WT/DS444/R/WT/DS445/R), DSR 2015:II,p.783
阿根廷—家禽反倾销税	专家组报告，阿根廷—对来自巴西家禽的明确反倾销措施，WT/DS241/R, 2003 年 5 月 19 日通过，DSR 2003:V, p.1727
阿根廷—桃脯	专家组报告，阿根廷—对进口桃脯的明确保障措施，WT/DS238/R, 2003 年 4 月 15 日通过，DSR 2003:III, p.1037
阿根廷—纺织品及服装	上诉机构报告，阿根廷—影响鞋类、纺织品、服装和其他项目的进口措施，WT/DS56/AB/R 和 Corr.1, 1998 年 4 月 22 日通过，DSR 1998:III, p.1003
阿根廷—纺织品及服装	专家组报告，阿根廷—影响鞋类、纺织品、服装和其他项目的进口措施，WT/DS56/R, 1998 年 4 月 22 日通过，上诉机构报告修正，WT/DS56/AB/R, DSR 1998:III, p.1033
澳大利亚—苹果	上诉机构报告，澳大利亚—影响自新西兰苹果进口的措施，WT/DS367/AB/R, 2010 年 12 月 17 日通过，DSR 2010:V, p.2175
澳大利亚—苹果	专家组报告，澳大利亚—影响自新西兰苹果进口的措施，WT/DS367/R, 2010 年 12 月 17 日通过，上诉机构报告修正，WT/DS367/AB/R, DSR 2010:VI, p.2371
澳大利亚—汽车皮革Ⅱ	专家组报告，澳大利亚—对汽车皮革生产商及出口商的补贴，WT/DS126/R,1999 年 6 月 16 日，DSR 1999:III, p.951
澳大利亚—汽车皮革Ⅱ（第 21.5 条—美国）	专家组报告，澳大利亚—对汽车皮革生产商及出口商的补贴—根据 DSU 第 21.5 条，WT/DS126/RW 和 Corr.1, 2000 年 2 月 11 日通过，DSR 2000:III,p.1189
澳大利亚—鲑鱼	上诉机构报告，澳大利亚—影响鲑鱼进口的措施，WT/DS18/AB/R, 1998 年 11 月 6 日通过，DSR 1998:VIII, p.3327
澳大利亚—鲑鱼	专家组报告，澳大利亚—影响鲑鱼进口的措施，WT/DS18/R 和 Corr.1, 1998 年 11 月 6 日通过，上诉机构报告修正，WT/DS18/AB/R, DSR 1998:VIII, p.3407
澳大利亚—鲑鱼［第 21.3（c）条］	仲裁决议，澳大利亚—影响鲑鱼进口的措施—第 21.3（c）条下的仲裁，WT/DS18/9, 1999 年 2 月 23 日，DSR 1999:I, p.267

续 表

简要标题	案件标题全称及出处
澳大利亚—鲑鱼（第 21.5 条—加拿大）	专家组报告，澳大利亚—影响鲑鱼进口的措施—根据加拿大 DSU 第 21.5 条，WT/DS18/RW, 2000 年 3 月 20 日通过，DSR 2000:IV, p.2031
澳大利亚—烟草平装（古巴）	专家组报告，澳大利亚—有关适用于烟草制品和包装的商标、地理标识和其他无装饰包装要求的相关措施，WT/DS458/R, Add.1 和 Suppl.1, 2018 年 8 月 27 日通过
澳大利亚—烟草平装（多米尼加）	专家组报告，澳大利亚—有关适用于烟草制品和包装的商标、地理标识和其他无装饰包装要求的相关措施，WT/DS441/R, Add.1 和 Suppl.1, 2018 年 6 月 28 日向 WTO 成员散发，[多米尼加于 2018 年 8 月 23 日上诉]
澳大利亚—烟草平装（洪都拉斯）	专家组报告，澳大利亚—有关适用于烟草制品和包装的商标、地理标识和其他无装饰包装要求的相关措施，WT/DS435/R, Add.1 和 Suppl.1, 2018 年 6 月 28 日向 WTO 成员散发，[洪都拉斯于 2018 年 7 月 19 日上诉]
澳大利亚—烟草平装（印度尼西亚）	专家组报告，澳大利亚—有关适用于烟草制品和包装的商标、地理标识和其他无装饰包装要求的相关措施，WT/DS467/R, Add.1 和 Suppl.1, 2018 年 8 月 27 日通过
巴西—民用航空器	上诉机构报告，巴西—民用航空器出口资助计划，WT/DS46/AB/R, 1999 年 8 月 20 日通过，DSR 1999:III, p.1161
巴西—民用航空器	专家组报告，巴西—民用航空器出口补贴计划，1999 年 8 月 20 日通过，上诉机构报告修正，WT/DS46/AB/R, DSR 1999:III, p.1221
巴西—民用航空器（第 21.5 条—加拿大）	上诉机构报告，巴西—民用航空器出口补贴计划—加拿大引用 DSU 第 21.5 条，WT/DS46/AB/RW, 2000 年 8 月 4 日通过，DSR 2000:VIII, p.4067
巴西—民用航空器（第 21.5 条—加拿大）	专家组报告，巴西—民用航空器出口补贴计划—加拿大引用 DSU 第 21.5 条，WT/DS46/RW, 2000 年 8 月 4 日上诉机构报告修正，WT/DS46/AB/RW, DSR 2000:IX, p.4093
巴西—民用航空器（第 21.5 条—加拿大 II）	专家组报告，巴西—民用航空器出口补贴计划—加拿大再次引用 DSU 第 21.5 条，WT/DS46/RW/2, 2001 年 8 月 23 日通过，DSR 2001:X, p.5481
巴西—民用航空器（第 22.6 条—巴西）	仲裁决定，巴西—民用航空器出口补贴计划—巴西根据 DSU 第 22.6 条及 SCM 协议第 4.11 条提出仲裁，WT/DS46/ARB, 2000 年 8 月 28 日通过，DSR 2002:I, p.19
巴西—可可粉	上诉机构报告，巴西—影响可可粉措施，WT/DS22/AB/R, 1997 年 3 月 20 日通过，DSR 1997:I, p.167
巴西—可可粉	专家组报告，巴西—影响可可粉措施，WT/DS22/R, 1997 年 3 月 20 日通过，得到上诉机构报告支持，WT/DS22/AB/R, DSR 1997:I, p.189
巴西—翻新轮胎	上诉机构报告，巴西—影响翻新轮胎进口的措施，WT/DS332/AB/R, 2007 年 12 月 17 日通过，DSR 2007:IV, p.1527
巴西—翻新轮胎	专家组报告，巴西—影响翻新轮胎进口的措施，WT/DS332/R, 2007 年 12 月 17 日通过，上诉机构报告修正，WT/DS332/AB/R，DSR 2007:V, p.1649
巴西—翻新轮 [第 21.3(c) 条]	仲裁决定，巴西—影响翻新轮胎进口的措施—DSU 第 21.3(c) 条下的仲裁，WT/DS332/16, 2008 年 8 月 29 日，DSR 2008:XX, p.8581
加拿大—民用航空器	上诉机构报告，加拿大—影响民用航空器出口措施，WT/DS70/AB/R, 1999 年 8 月 20 日通过，DSR 1999:III, p.1377
加拿大—民用航空器	专家组报告，加拿大—影响民用航空器出口措施，WT/DS70/R, 1999 年 8 月 20 日通过，得到上诉机构报告支持，WT/DS70/AB/R, DSR 1999:IV, p.1443
加拿大—民用航空器（第 21.5 条—巴西）	上诉机构报告，加拿大—影响民用航空器出口措施—巴西引用 DSU 第 21.5 条，WT/DS70/AB/RW, 2000 年 8 月 4 日通过，DSR 2000:IX, p.4299
加拿大—民用航空器（第 21.5 条—巴西）	专家组报告，加拿大—影响民用航空器出口措施—巴西引用 DSU 第 21.5 条，WT/DS70/RW, 2000 年 8 月 4 日通过，上诉机构报告修正，WT/DS70/AB/RW, DSR 2000:IX, p.4315

续 表

简要标题	案件标题全称及出处
加拿大—民用航空器信贷保证	专家组报告，加拿大—地区民用航空器出口信贷保证，WT/DS222/R 和 Corr.1, 2002 年 2 月 19 日，DSR 2002:III, p.849
加拿大—民用航空器信贷保证（第 22.6 条—加拿大）	仲裁决定，加拿大—地区民用航空器出口信贷保证—加拿大引用 DSU 第 22.6 条 SCM 协议第 4.11 条，WT/DS222/ARB, 2003 年 2 月 17 日，DSR 2003:III, p.1187
加拿大—汽车	上诉机构报告，加拿大—影响汽车工业特定措施，WT/DS139/AB/R, WT/DS142/AB/R, 2000 年 6 月 19 日通过，DSR 2000:VI, p.2985
加拿大—汽车	专家组报告，加拿大—影响汽车工业特定措施，WT/DS139/R, WT/DS142/R, 2000 年 6 月 19 日通过，上诉机构报告修正，WT/DS139/AB/R, WT/DS142/AB/R, DSR 2000:VII, p.3043
加拿大—汽车［第 21.3(c) 条］	仲裁决定，加拿大—影响汽车工业特定措施—DSU 第 21.3(c) 条下的仲裁，WT/DS139/12, WT/DS142/12, 2000 年 10 月 4 日，DSR 2000:X, p.5079
加拿大—要求取消报复措施	上诉机构报告，加拿大—欧共体要求取消报复措施—荷尔蒙争端，WT/DS321/AB/R, 2008 年 11 月 14 日通过，DSR 2008:XIV, p.5373
加拿大—要求取消报复措施	专家组报告，加拿大—欧共体要求取消报复措施—荷尔蒙争端，WT/DS321/AB/R 和 Add.1–Add.7, 2008 年 11 月 14 日通过，上诉机构报告修正，WT/DS321/AB/R，DSR 2008:XV, p.5757
加拿大—奶制品	上诉机构报告，加拿大—影响牛奶进口及奶制品出口的措施，WT/DS103/AB/R, WT/DS113/AB/R 及 Corr.1, 引自 1999 年 10 月 27 日 DSR 1999:V, p.2057
加拿大—奶制品	专家组报告，加拿大—影响牛奶进口及奶制品出口的措施，WT/DS103/R, WT/DS113/R, 1999 年 10 月 27 日通过，上诉机构报告修正，WT/DS103/AB/R, WT/DS113/AB/R, DSR 1999:VI, p.2097
加拿大—奶制品（第 21.5 条—新西兰和美国）	上诉机构报告，加拿大—影响牛奶进口及奶制品出口的措施—新西兰和美国引用 DSU 第 21.5 条，WT/DS103/AB/RW, WT/DS113/AB/RW, 2001 年 12 月 18 日通过，DSR 2001:XIII,p. 6829
加拿大—奶制品（第 21.5 条—新西兰和美国）	专家组报告，加拿大—影响牛奶进口及奶制品出口的措施—新西兰和美国引用 DSU 第 21.5 条，WT/DS103/RW, WT/DS113/RW, 2001 年 12 月 18 日通过，上诉机构报告驳回，WT/DS103/AB/RW, WT/DS113/AB/RW, DSR 2001:XIII, p.6865
加拿大—奶制品（第 21.5 条—新西兰和美国 II)	上诉机构报告，加拿大—影响牛奶进口及奶制品出口的措施—新西兰和美国引用 DSU 第 21.5 条，WT/DS103/AB/RW2, WT/DS113/AB/RW2, 2003 年 1 月 17 日通过，DSR 2003:I, p.213
加拿大—奶制品（第 21.5 条—新西兰和美国 II)	专家组报告，加拿大—影响牛奶进口及奶制品出口的措施—新西兰和美国引用 DSU 第 21.5 条，WT/DS103/RW2, WT/DS113/RW2, 2003 年 1 月 17 日通过，上诉机构报告修正，WT/DS103/AB/RW2, WT/DS113/AB/RW2, DSR 2003:I, p.255
加拿大—专利条款	上诉机构报告，加拿大—专利保护条款，WT/DS170/AB/R, 2000 年 10 月 12 日通过，DSR 2000:X, p.5093
加拿大—专利条款	上诉机构报告，加拿大—专利保护条款，WT/DS170/R, 2000 年 10 月 12 日通过，得到上诉机构报告的支持，WT/DS170/AB/R, DSR 2000:XI, p. 5121
加拿大—专利条款［第 21.3(c) 条］	仲裁裁决，加拿大—专利保护条款—根据 DSU 第 21.3(c) 条仲裁，WT/DS170/10, 2001 年 2 月 28 日，DSR 2001:V, p. 2031
加拿大—杂志	上诉机构报告，加拿大—相关杂志特定措施，WT/DS31/AB/R, 1997 年 7 月 30 日通过，DSR 1997:I, p.449
加拿大—杂志	专家组报告，加拿大—相关杂志特定措施，WT/DS31/R 和 Corr.1, 1997 年 7 月 30 日通过，上诉机构报告修正，WT/DS31/AB/R, DSR 1997:I, p.481

续 表

简要标题	案件标题全称及出处
加拿大—药品专利	专家组报告，加拿大—药品专利保护，WT/DS114/R, 2000 年 4 月 7 日通过，DSR 2000:V, p.2289
加拿大—药品专利［第 21.3(c) 条］	仲裁决定，加拿大—药品专利保护—根据 DSU 第 21.3(c) 进行的仲裁，WT/DS114/13, 2000 年 8 月 18 日，DSR 2002:I, p.3
加拿大—可再生能源 / 加拿大—影响上网电价补贴的措施	上诉机构报告，加拿大—影响可再生能源生产部门的措施 / 加拿大 - 影响上网电价补贴的措施，WT/DS412/R/WT/DS426/R,2013 年 5 月 24 日通过，DSR 2013:I, p. 7
加拿大—可再生能源 / 加拿大—影响上网电价补贴的措施	专家组报告，加拿大—影响可再生能源生产部门的措施 / 加拿大 - 影响上网电价补贴的措施，WT/DS412/R/ 和 Add.1/WT/DS426/R/ 和 Add.1, 2013 年 5 月 24 日通过，上诉机构报告修正，WT/DS412/AB/R/WT/DS426/AB/R，DSR 2013:I, p. 237
加拿大—碳钢焊接管	专家组报告，加拿大—对自台澎金马单独关税区进口的碳钢焊接管采取反倾销措施，WT/DS482/R 和 Add.1，2017 年 1 月 25 日会议上通过，DSR 2017:I, p. 7
加拿大—小麦出口和谷物进口	上诉机构报告，加拿大—小麦出口和谷物进口措施，WT/DS276/AB/R, 2004 年 9 月 27 日通过，DSR 2004:VI, p.2739
加拿大—小麦出口和谷物进口	专家组报告，加拿大—小麦出口和谷物进口措施，WT/DS276/R, 2004 年 9 月 27 日通过，得到上诉机构报告支持，WT/DS276/AB/R, DSR 2004:VI, p.2817
智利—酒精饮料	上诉机构报告，智利—酒精饮料税，WT/DS87/AB/R, WT/DS110/AB/R, 2000 年 1 月 12 日通过，DSR 2000:I, p.281
智利—酒精饮料	专家组报告，智利—酒精饮料税，WT/DS87/R, WT/DS110/R, 2000 年 1 月 12 日通过，上诉机构报告修正，WT/DS87/AB/R, WT/DS110/AB/R, DSR 2000:I, p.303
智利—酒精饮料［第 21.3(c) 条］	仲裁决定，智利—酒精饮料税—在 DSU 第 21.3(c) 条下仲裁，WT/DS87/15, WT/DS110/14, 2000 年 5 月 23 日，DSR 2000:V, p.2583
智利—综合价格制度	上诉机构报告，智利—与特定农产品有关的综合价格制度和保障措施，WT/DS207/AB/R, 2002 年 10 月 23 日 通 过，DSR 2002:VIII, 3045 (Corr.1, DSR 2006:XII, p.5473)
智利—综合价格制度	专家组报告，智利—与特定农产品有关的综合价格制度和保障措施，WT/DS207/R, 2002 年 10 月 23 日通过，上诉机构报告修正，WT/DS207AB/R, DSR 2002:VIII, p.3127
智利—综合价格制度［第 21.3(c) 条］	仲裁决定，智利—与特定农产品有关的综合价格制度和保障措施 —在 DSU 第 21.3(c) 条下仲裁，WT/DS207/13, 2003 年 3 月 17 日，DSR 2003:III, p.1237
智利—综合价格制度（第 21.5 条—阿根廷）	上诉机构报告，智利—与特定农产品有关的综合价格制度和保障措施—阿根廷引自 DSU 第 21.5 条，WT/DS207/RW, 2007 年 5 月 22 日通过，DSR 2007:II, p.513
智利—综合价格制度（第 21.5 条—阿根廷）	专家组报告，智利—与特定农产品有关的综合价格制度和保障措施—阿根廷引自 DSU 第 21.5 条，WT/DS207/RW 和 Corr.1, 2007 年 5 月 22 日通过，得到上诉机构报告的支持，WT/DS207/AB/RW，DSR 2007:II III, p.613
中国—汽车零部件	上诉机构报告，中国—影响汽车零部件进口的措施，T/DS339/AB/R，WT/DS340/AB/R，WT/DS342/AB/R，2009 年 1 月 12 日通过，DSR 2009:I, p.3
中国—汽车零部件	专家组报告，中国—影响汽车零部件进口的措施，WT/DS339/R, Add.1 和 Add.2/WT/DS340/R, Add.1 和 Add.2/WT/DS342/R，Add.1 和 Add.2, 2009 年 1 月 12 日通过，得到 (WT/DS339/R) 支持，由上诉机构报告 WT/DS340/AB/R/WT/DS342/AB/R 修正，WT/DS339/AB/R/WT/DS340/AB/R/WT/DS342/AB/R, DSR 2009:I, p. 119
中国—汽车（美国）	专家组报告，中国—对自美国进口的某些汽车实施反倾销和反补贴措施，WT/DS440/R 和 Add.1，2014 年 6 月 18 日通过，DSR 2014:VII, p. 2655

续 表

简要标题	案件标题全称及出处
中国—肉鸡产品	专家组报告，中国 — 对自美国的白羽肉鸡产品采取反倾销和反补贴措施，WT/DS427/R 和 Add.1，2013 年 9 月 25 日通过，DSR 2013:IV, p. 1041
中国—肉鸡产品（第 21.5 条—美国）	专家组报告，中国 —对自美国的白羽肉鸡产品采取反倾销和反补贴措施—美国根据 DSU 第 21.5 条发起，WT/DS427/RW 和 Add.1, 2018 年 2 月 28 日通过
中国—浆粕	专家组报告，中国—自加拿大进口的浆粕采取反倾销措施，WT/DS483/R 和 Add.1, 2017 年 5 月 22 日通过 , DSR 2017:IV, p. 1961
中国—电子支付服务	专家组报告 , 中国—影响电子支付服务的措施 , WT/DS413/R 和 Add.1 , 2012 年 8 月 31 日通过 , DSR 2012:X, p. 5305
中国—取向电工钢	上诉机构报告 , 中国—对自美国进口的取向电工钢征收反补贴税和反倾销税，WT/DS414/AB/R , 2012 年 11 月 16 日通过 , DSR 2012:XII, p. 6251
中国—取向电工钢	专家组报告 , 中国—对自美国进口的取向电工钢征收反补贴税和反倾销税，WT/DS414/R , 2012 年 11 月 16 日通过，上诉机构报告 WT/DS414/AB/R 支持 , DSR 2012:XII, p. 6369
中国—取向电工钢［第 21.3 (c) 条］	仲裁裁决，中国—对自美国进口的取向电工钢征收反补贴税和反倾销税—在 DSU 第 21.3(c) 条下的仲裁，WT/DS414/12，2013 年 5 月 3 日，DSR 2013:IV, p. 1495
中国—取向电工钢（第 21.5 条—美国）	专家组报告 , 中国—对自美国进口的取向电工钢征收反补贴税和反倾销税—美国根据 DSU 第 21.5 条发起，WT/DS414/RW 和 Add.1, 2015 年 8 月 31 日，DSR 2015:VII, p. 3865
中国—高性能不锈钢无缝钢管（日本）/ 中国—高性能不锈钢无缝钢管（欧盟）	上诉机构报告，中国—对日本高性能不锈钢无缝钢管（HP-SSST）征收反倾销税 / 中国—对欧盟高性能不锈钢无缝钢管（HP-SSST）征收反倾销税 , WT/DS454/AB/R 和 Add.1/WT/DS460/AB/R 和 Add.1, 2015 年 10 月 28 日通过，DSR 2015:IX, p. 4573
中国—高性能不锈钢无缝钢管（日本）/ 中国—高性能不锈钢无缝钢管（欧盟）	专家组报告，中国—对日本高性能不锈钢无缝钢管（HP-SSST）征收反倾销税 / 中国—对欧盟高性能不锈钢无缝钢管（HP-SSST）征收反倾销税 , WT/DS454/R 和 Add.1/WT/DS460/R 和 Add.1 和 Corr.1, 2015 年 10 月 28 日通过 , 上诉机构报告修正，WT/DS454/AB/R/WT/DS460/AB/R, DSR 2015:IX, p. 4789
中国—知识产权	专家组报告 , 中国—影响知识产权保护和执法的措施，WT/DS362/R， 2009 年 3 月 20 日通过，DSR 2009:V, p.2097
中国—出版物和视听产品	上诉机构报告 , 中国—影响特定出版物和视听产品贸易和分销权的措施，WT/DS363/AB/R， 2010 年 1 月 19 日通过，DSR 2010:I, p.3
中国—出版物和视听产品	专家组报告 , 中国—影响特定出版物和视听产品贸易和分销权的措施，WT/DS363/R 和 Corr.1，2010 年 1 月 19 日通过，上诉机构报告修正，WT/DS363/AB/R，DSR 2010:II,p.261
中国—稀土	上诉机构报告，中国—影响稀土、钨、钼出口的措施，WT/DS431/AB/R/WT/DS432/AB/R/WT/DS433/AB/R，2014 年 8 月 29 日通过，DSR 2014:III, p. 805
中国—稀土	专家组报告，中国—影响稀土、钨、钼出口的措施，WT/DS431/R 和 Add.1/WT/DS432/R 和 Add.1/WT/DS433/R 和 Add.1, 2014 年 8 月 29 日通过，由上诉机构报告支持 WT/DS431/AB/R/WT/DS432/AB/R/WT/DS433/AB/R, DSR 2014:IV, p. 1127
中国—原材料	上诉报告 , 中国—不同原材料的出口措施，WT/DS394/R, WT/DS395/R, WT/DS398/R，2012 年 2 月 22 日通过，DSR 2012:VII, p. 3295

续 表

简要标题	案件标题全称及出处
中国—原材料	专家组报告，中国—不同原材料的出口措施，WT/DS394/R Add.1 和 Corr.1/ WT/DS395/R Add.1 和 Corr.1/WT/DS398/R Add.1 和 Corr.1，2012 年 2 月 22 日通过，上诉机构执行修正，WT/DS394/AB/R/WT/DS395/AB/R/WT/DS398/ AB/R，DSR 2012:VII, p. 3501
中国—X 射线设备	专家组报告，中国—对从欧盟进口的 X 射线安全检查设备征收最终反倾销税，WT/DS425/R 和 Add.1, 2013 年 4 月 24 日通过 , DSR 2013:III, p. 659
哥伦比亚—港口入境	专家组报告 , 哥伦比亚—对港口入境的价格限制要求，WT/DS366/R 和 Corr.1, 2009 年 5 月 20 日通过，DSR 2009:VI,p.2535
哥伦比亚—港口入境［第 21.3(c) 条］	仲裁报告 , 哥伦比亚—对港口入境的价格限制要求—在 DSU 第 21.3(c) 条下的仲裁，WT/DS366/13, 2009 年 10 月 2 日，DSR 2009:IX, p.3819
哥伦比亚—纺织品	上诉机构报告，哥伦比亚—与纺织品、服装和鞋类产品进口有关的措施，WT/ DS461/AB/R 和 Add.1, 2016 年 6 月 22 日 , DSR 2016:III, p. 1131
哥伦比亚—纺织品	专家组报告，哥伦比亚—与纺织品、服装和鞋类产品进口有关的措施，WT/ DS461/R 和 Add.1，2016 年 6 月 22 日 , 上诉机构报告修正，WT/DS461/AB/R, DSR 2016:III, p. 1227
哥伦比亚—纺织品［第 21.3(c) 条］	仲裁裁决，哥伦比亚—与纺织品、服装和鞋类产品进口有关的措施—根据 DSU 第 21.3(c) 条裁决，WT/DS461/13, 2016 年 11 月 15 日 , DSR 2016:VI, p. 3489
哥伦比亚—纺织品（第 21.5 条—哥伦比亚）/ 哥伦比亚—纺织品（第 21.5 条—巴拿马）	专家组报告，哥伦比亚—与纺织品、服装和鞋类产品进口有关的措施—哥伦比亚根据第 21.5 条发起 / 哥伦比亚—与纺织品、服装和鞋类产品进口有关的措施—巴拿马根据第 21.5 条发起，WT/DS461/RW 和 Add.1, 2018 年 10 月 5 日向 WTO 成员散发，［巴拿马于 2018 年 11 月 20 日上诉］
多米尼加—香烟的进口和销售	上诉机构报告 , 多米尼加—影响香烟进口及国内销售的措施，WT/DS302/AB/ R, 2005 年 5 月 19 日通过，DSR 2005:XV, p.7367
多米尼加—香烟的进口和销售	专家组报告 , 多米尼加—影响香烟进口及国内销售的措施 , WT/DS302/R, 2005 年 5 月 19 日通过，上诉机构报告修正 , WT/DS302/AB/R，DSR 2005:XV, p.7425
多米尼加—香烟的进口和销售［第 21.3(c) 条］	仲裁报告 , 多米尼加—影响香烟进口及国内销售的措施—在 DSU 第 21.3(c) 条下的仲裁 WT/DS302/17, 2005 年 8 月 29 日，DSR 2005:XXIII, p.11665
多米尼加—保障措施	专家组报告 , 多米尼加—聚丙烯管状织物包装袋进口的保障措施 , WT/DS415/ R, WT/DS416/R, WT/DS417/R, WT/DS418/R 和 Add.1,2012 年 2 月 22 日通过 , DSR 2012:XIII, p. 6775
欧共体—科托努协议	仲裁决定 , 欧共体—科托努协议—根据 2001 年 11 月 14 日决定提请仲裁 , WT/ L/616, 2005 年 8 月 1 日，DSR 2005:XXIII, p.11669
欧共体—科托努协议 II	仲裁决定 , 欧共体—科托努协议—根据 2001 年 11 月 14 日决定提请仲裁 ,WT/ L/625, 2005 年 10 月 27 日，DSR 2005:XXIII, p.11703
欧共体—生物科技产品批准及营销	专家组报告 , 欧共体—影响生物科技产品批准及营销的措施，WT/DS291/R, Add.1-9 和 Corr.1/WT/DS292/R,Add.1-9 和 Corr.1/WT/DS293/R,Add.1-9 和 Corr.1, 2006 年 11 月 21 日通过，DSR 2006:III-VIII, p.847
欧共体—石棉	上诉机构报告 , 欧共体—影响石棉及含石棉产品的措施 , WT/DS135/AB/R, 2001 年 4 月 5 日通过 , DSR 2001:VII, p.3243
欧共体—石棉	专家组报告 , 欧共体—影响石棉及含石棉产品的措施 , WT/DS135/R 和 Add.1, 2001 年 4 月 5 日通过 , 上诉机构报告修正 , WT/DS135/AB/R, DSR 2001:VIII, p.3305

续 表

简要标题	案件标题全称及出处
欧共体—香蕉 III	上诉机构报告，欧共体—香蕉进口、销售及分销区域，WT/DS27/AB/R, 1997 年 9 月 25 日通过，DSR 1997:II, p.591
欧共体—香蕉 III（厄瓜多尔）	专家组报告，欧共体—香蕉进口、销售及分销区域—厄瓜多尔提出上诉，WT/DS27/R/ECU, 1997 年 9 月 25 日通过，上诉机构报告修正，WT/DS27/AB/R, DSR 1997:III, p.1085
欧共体—香蕉 III（危地马拉和 洪都拉斯）	专家组报告，欧共体—香蕉进口、销售及分销区域—危地马拉和 洪都拉斯上诉，WT/DS27/R/GTM, WT/DS27/R/HND, 1997 年 9 月 25 日通过，上诉机构报告修正，WT/DS27/AB/R, DSR 1997:II, p.695
欧共体—香蕉 III（墨西哥）	专家组报告，欧共体—香蕉进口、销售及分销区域—墨西哥上诉，WT/DS27/R/MEX, 1997 年 9 月 25 日通过，上诉机构报告修正，WT/DS27/AB/R, DSR 1997:II, p.803
欧共体—香蕉 III（美国）	专家组报告，欧共体—香蕉进口、销售及分销区域—美国上诉，WT/DS27/R/USA, 1997 年 9 月 25 日通过，上诉机构报告修正，WT/DS27/AB/R, DSR 1997:II, p.943
欧共体—香蕉 III ［第 21.3(c) 条］	仲裁决定，欧共体—香蕉进口、销售及分销区域—在 DSU 第 21.3(c) 条下仲裁，WT/DS27/15, 1998 年 1 月 7 日，DSR 1998:I, p.3
欧共体—香蕉 III （第 21.5 条—欧共体）	专家组报告，欧共体—香蕉进口、销售及分销区域—欧共体根据 DSU 第 21.5 条提出，WT/DS27/RW/EEC 和 Corr.1, 1999 年 4 月 12 日，未通过，DSR 1999:II, p.783
欧共体—香蕉 III （第 21.5 条—厄瓜多尔）	专家组报告，欧共体—香蕉进口、销售及分销区域—厄瓜多尔根据 DSU 第 21.5 条提出，WT/DS27/RW/ECU, 1999 年 5 月 6 日通过，DSR 1999:II, p.803
欧共体—香蕉 III （第 21.5 条—厄瓜多尔）/ 欧共体—香蕉 III （第 21.5 条—美国）	上诉机构报告，欧共体—香蕉进口、销售及分销区域—厄瓜多尔根据 DSU 第 21.5 条第二次提出上诉，WT/DS27/AB/RW2/ECU, 2008 年 12 月 11 日通过，和 Corr.1。/ 欧共体—香蕉进口、销售及分销区域—美国根据 DSU 第 21.5 条提出上诉，WT/DS27/AB/RW/USA 和 Corr.1, 2008 年 12 月 22 日通过，DSR 2008:XVIII, p.7165
欧共体—香蕉 III （第 21.5 条—厄瓜多尔 II)	专家组报告，欧共体—香蕉进口、销售及分销区域—厄瓜多尔根据 DSU 第 21.5 条第二次提出上诉，WT/DS27/RW2/ECU, 2008 年 12 月 11 日通过，上诉机构报告修正，WT/DS27/AB/RW2/ECU，DSR 2008:XVIII, p.7329
欧共体—香蕉 III （第 21.5 条—美国）	专家组报告，欧共体—香蕉进口、销售及分销区域—美国根据 DSU 第 21.5 条提出上诉，WT/DS27/RW/USA 和 Corr.1, 2008 年 12 月 22 日通过，得到上诉机构报告的支持，WT/DS27/AB/RW/USA，DSR 2008:XIX, p.7761
欧共体—香蕉 III（厄瓜多尔） （第 22.6 条—欧共体）	仲裁判决，欧共体—香蕉进口、销售及分销区域—欧共体根据 DSU 第 22.6 条提出仲裁，WT/DS27/ARB/ECU, 2000 年 3 月 24 日，DSR 2000:V, p.2237
欧共体—香蕉 III（美国） （第 22.6 条—欧共体）	仲裁判决，欧共体—香蕉进口、销售及分销区域—欧共体根据 DSU 第 22.6 条提出仲裁，WT/DS27/ARB, 9 4 月 1999 年，DSR 1999:II, p.725
欧共体—棉质床单	上诉机构报告，欧共体—对来自印度的进口棉质床单征收反倾销税，WT/DS141/AB/R, 2001 年 3 月 12 日通过，DSR 2001:V, p.2049
欧共体—棉质床单	专家组报告，欧共体—对来自印度的进口棉质床单征收反倾销税，WT/DS141/R, 2001 年 3 月 12 日通过，上诉机构报告修正，WT/DS141/AB/R, DSR 2001:VI, p.2077
欧共体—棉质床单 （第 21.5 条—印度）	上诉机构报告，欧共体—对来自印度的进口棉质床单征收反倾销税—由印度根据 DSU 第 21.5 条提出，WT/DS141/AB/RW, 2003 年 4 月 24 日通过，DSR 2003:III, p.965

续 表

简要标题	案件标题全称及出处
欧共体—棉质床单（第 21.5 条—印度）	专家组报告，欧共体—对来自印度的进口棉质床单征收反倾销税—印度根据 DSU 第 21.5 条提出，WT/DS141/RW, 2003 年 4 月 24 日通过，上诉机构报告修正，WT/DS141/AB/RW, DSR 2003:IV, p.1269
欧共体—黄油	专家组报告，欧共体—影响黄油产品的措施，WT/DS72/R, 1999 年 11 月 24 日，未通过
欧共体—鸡块	上诉机构报告，欧共体—冷冻无骨鸡块海关分类，WT/DS269/AB/R, WT/DS286/AB/R, 和 Corr.1, 引自 2005 年 9 月 27 日，DSR 2005:XIX, p.9157
欧共体—鸡块（巴西）	专家组报告，欧共体—冷冻无骨鸡块海关分类，巴西上诉，WT/DS269/R, 引自 2005 年 9 月 27 日，上诉机构报告修正，WT/DS269/AB/R, WT/DS286/AB/R, DSR 2005:XIX, p.9295
欧共体—鸡块（泰国）	专家组报告，欧共体—冷冻无骨鸡块海关分类，泰国上诉，WT/DS286/R, 2005 年 9 月 27 日通过，上诉机构报告修正，WT/DS269/AB/R, WT/DS286/AB/R, DSR 2005:XX, p.9721
欧共体—鸡块［第 21.3（c）条］	仲裁决定，欧共体—冷冻无骨鸡块海关分类—在 DSU 第 21.3(c) 条下仲裁，WT/DS269/13, WT/DS286/15, 2006 年 2 月 20 日
欧共体—商船	专家组报告，欧共体—影响商船贸易的措施，WT/DS301/R, 2005 年 6 月 20 日通过，DSR 2005:XV, p.7713
欧共体—计算机设备	上诉机构报告，欧共体—特定计算机设备海关分类，WT/DS62/AB/R, WT/DS67/AB/R, WT/DS68/AB/R, 1998 年 6 月 22 日通过，DSR 1998 年 :V, p.1851
欧共体—计算机设备	专家组报告，欧共体—特定计算机设备海关分类，WT/DS62/R, WT/DS67/R, WT/DS68/R, 1998 年 6 月 22 日通过，上诉机构报告修正，WT/DS62/AB/R, WT/DS67/AB/R, WT/DS68/AB/R, DSR 1998:V, p.1891
欧共体—芯片的反补贴措施	专家组报告，欧共体—对来自韩国的芯片的反补贴措施，WT/DS299/R, 2005 年 8 月 3 日通过，DSR 2005:XVIII, p.8671
欧共体—糖类出口补贴	上诉机构报告，欧共体—糖类出口补贴，WT/DS265/AB/R, WT/DS266/AB/R, WT/DS283/AB/R, 2005 年 5 月 19 日通过，DSR 2005:XIII, p.6365
欧共体—糖类出口补贴（澳大利亚）	专家组报告，欧共体—糖类出口补贴，由澳大利亚上诉 WT/DS265/R, 2005 年 5 月 19 日通过，上诉机构报告修正，WT/DS265/AB/R, WT/DS266/AB/R, WT/DS283/AB/R，DSR 2005:XIII, p.6499
欧共体—糖类出口补贴（巴西）	专家组报告，欧共体—糖类出口补贴，由巴西上诉，WT/DS266/R, 2005 年 5 月 19 日通过，上诉机构报告修正，WT/DS265/AB/R, WT/DS266/AB/R, WT/DS283/AB/R，DSR 2005:XIV, p.6793
欧共体—糖类出口补贴（泰国）	专家组报告，欧共体—糖类出口补贴，由泰国上诉，WT/DS283/R, 2005 年 5 月 19 日通过，上诉机构报告修正，WT/DS265/AB/R, WT/DS266/AB/R, WT/DS283/AB/R，DSR 2005:XIV, p.7071
欧共体—糖类出口补贴［第 21.3(c) 条］	仲裁决定，欧共体—糖类出口补贴—在 DSU 第 21.3(c) 条下仲裁，WT/DS265/33, WT/DS266/33, WT/DS283/14, 2005 年 10 月 28 日，DSR 2005:XXIII, p.11581
欧共体—紧固件（中国）	上诉机构报告，欧共体—对自中国进口的钢铁紧固件实施肯定性反倾销措施，WT/DS397/AB/R, 2011 年 7 月 28 日通过，DSR 2011:VII, p. 3995
欧共体—紧固件（中国）	专家组报告，欧共体— 对自中国进口的钢铁紧固件实施肯定性反倾销措施，WT/DS397/R 和 Corr.1，2011 年 7 月 28 日通过，上诉机构报告修正，WT/DS397/AB/R, DSR 2011:VIII, p. 4289

续 表

简要标题	案件标题全称及出处
欧共体—紧固件（第 21.5 条—中国）	上诉机构报告，欧共体—对自中国进口的钢铁紧固件实施肯定性反倾销措施—中国根据第 21.5 条发起，WT/DS397/AB/RW 和 Add.1, 2016 年 2 月 12 日通过，DSR 2016:I, p. 7
欧共体—紧固件（第 21.5 条—中国）	专家组报告，欧共体—对自中国进口的钢铁紧固件实施肯定性反倾销措施—中国根据第 21.5 条发起，WT/DS397/RW 和 Add.1, 2016 年 2 月 12 日通过，上诉机构报告修正，WT/DS397/AB/RW, DSR 2016:I, p. 195
欧共体—荷尔蒙	上诉机构报告，欧共体—肉类及肉制品措施（荷尔蒙），WT/DS26/AB/R, WT/DS48/AB/R, 1998 年 2 月 13 日通过，DSR 1998:I, p.135
欧共体—荷尔蒙（加拿大）	专家组报告，欧共体—对于肉及肉制品相关措施（荷尔蒙），由加拿大上诉，WT/DS48/R/CAN, 1998 年 2 月 13 日通过，上诉机构报告修正，WT/DS26/AB/R, WT/DS48/AB/R, DSR 1998:II, p.235
欧共体—荷尔蒙（美国）	专家组报告，欧共体—对于肉及肉制品相关措施（荷尔蒙），由美国上诉，WT/DS26/R/USA, 1998 年 2 月 13 日通过，上诉机构报告修正，WT/DS26/AB/R, WT/DS48/AB/R, DSR 1998:III, p.699
欧共体—荷尔蒙［第 21.3(c) 条］	仲裁决定，欧共体—对于肉及肉制品相关措施（荷尔蒙）—在 DSU 第 21.3(c) 条下仲裁，WT/DS26/15, WT/DS48/13, 1998 年 5 月 29 日，DSR 1998:V, p.1833
欧共体—荷尔蒙（加拿大）（第 22.6 条—欧共体）	仲裁判决，欧共体—对于肉及肉制品相关措施（荷尔蒙），最初由加拿大上诉—由欧共体根据 DSU 第 22.6 条提出，WT/DS48/ARB, 1999 年 7 月 12, 日 DSR 1999:III, p.1135
欧共体—荷尔蒙（美国）（第 22.6 条—欧共体）	仲裁判决，欧共体—对于肉及肉制品相关措施（荷尔蒙），最初由美国上诉—欧共体根据 DSU 第 22.6 条的仲裁，WT/DS26/ARB, 1999 年 7 月 12 日，DSR 1999:III, p.1105
欧共体—IT 产品	专家组报告，欧共体及其成员国—信息技术产品的关税待遇，WT/DS375/R, WT/DS376/R, WT/DS377/R, 2010 年 9 月 21 日通过，DSR 2010:III, p. 933
欧共体—家禽	上诉机构报告，欧共体—影响特定家禽产品进口的措施，WT/DS69/AB/R, 1998 年 7 月 23 日通过，DSR 1998:V, p. 2031
欧共体—家禽	专家组报告，欧共体—影响特定家禽产品进口的措施，WT/DS69/R, 1998 年 7 月 23 日通过，上诉机构报告修正，WT/DS69/AB/R, DSR 1998:V, p. 2089
欧共体—鲑鱼（挪威）	专家组报告，欧共体—对产自挪威养殖鲑鱼采取反倾销措施,WT/DS337/R 和 Corr.1, 2008 年 1 月 15 日通过，DSR 2008:I, p. 3
欧共体—沙丁鱼	上诉机构报告，欧共体—沙丁鱼贸易描述，WT/DS231/AB/R, 2002 年 10 月 23 日通过，DSR 2002:VIII, p. 3359
欧共体—沙丁鱼	专家组报告，欧共体—沙丁鱼贸易描述，WT/DS231/R 和 Corr.1, 2002 年 10 月 23 日通过，上诉机构报告修正，WT/DS231/AB/R, DSR 2002:VIII, p. 3451
欧共体—扇贝（加拿大）	专家组报告，欧共体—扇贝贸易描述—由加拿大请求，WT/DS7/R, 1996 年 8 月日，未通过，DSR 1996:I, p. 89
欧共体—扇贝（秘鲁和智利）	专家组报告，欧共体—对于扇贝的贸易描述—由秘鲁和智利申请，WT/DS12/R, WT/DS14/R, 1996 年 8 月 5 日，未通过，DSR 1996:I, p.93
欧共体—海豹产品	上诉机构报告，欧共体—限制海豹产品进口及营销的限制措施，WT/DS400/AB/R/WT/DS401/AB/R,2014 年 6 月 18 日通过，DSR 2014:I, p. 7
欧共体—海豹产品	专家组报告，欧共体—限制海豹产品进口及营销的限制措施，WT/DS400/R 和 Add.1/WT/DS401/R 和 Add.1，2014 年 6 月 18 日通过，由上诉机构报告修正 WT/DS400/AB/R/WT/DS401/AB/R，DSR 2014:II, p. 365

续 表

简要标题	案件标题全称及出处
欧共体—特定海关事项案	上诉机构报告，欧共体—客户对特殊规格要求案，WT/DS315/AB/R, 2006 年 12 月 11 日，DSR 2006:IX, p.3791
欧共体—特定海关事项案	专家组报告，欧共体—客户对特殊规格要求案，WT/DS315/R, 2006 年 12 月 11 日，上诉机构报告修正，WT/DS315/AB/R，DSR 2006:IX X, p.3915
欧共体—关税优惠	上诉机构报告，欧共体—给予发展中国家关税优惠的条件，WT/DS246/AB/R, 2004 年 4 月 20 日通过，DSR 2004:III, p.925
欧共体—关税优惠	专家组报告，欧共体—给予发展中国家关税优惠的条件，WT/DS246/R, 引自 2004 年 4 月 20 日，上诉机构报告修正，WT/DS/246/AB/R, DSR 2004:III, p.1009
欧共体—关税优惠［第 21.3（c）条］	仲裁决定，欧共体—给予发展中国家关税优惠的条件—在 DSU 第 21.3(c) 条下仲裁，WT/DS246/14, 2004 年 9 月 20 日，DSR 2004:IX, p.4313
欧共体—商标和地理标识（澳大利亚）	专家组报告，欧共体—对于农产品及粮食商标和地理标识的保护，由澳大利亚上诉，WT/DS290/R, 2005 年 4 月 20 日通过，DSR 2005:X, p.4603
欧共体—商标和地理标识（美国）	专家组报告，欧共体—对于农产品及粮食商标和地理标识的保护，由美国上诉，WT/DS174/R, 2005 年 4 月 20 日通过，DSR 2005:VIII, p.3499
欧共体—管材配件	上诉机构报告，欧共体—对来自巴西的可锻铸铁管路连接件反倾销税，WT/DS219/AB/R, 2003 年 8 月 18 日通过，DSR 2003:VI, p.2613
欧共体—管材配件	专家组报告，欧共体—对来自巴西的可锻铸铁管路连接件反倾销税，WT/DS219/R, 2003 年 8 月 18 日通过，上诉机构报告修正，WT/DS219/AB/R, DSR 2003:VII, p.2701
欧共体和其成员国—大型民用航空器	上诉机构报告，欧共体及其成员国—影响大型民用航空器贸易的措施，WT/DS316/AB/R, 2011 年 6 月 1 日通过，DSR 2011:I, p. 7
欧共体和其成员国—大型民用航空器	专家组报告，欧共体及其成员国—影响大型民用航空器贸易的措施，WT/DS316/R, 2011 年 6 月 1 日通过，上诉机构报告修正，WT/DS316/AB/R, DSR 2011:II, p. 685
欧共体和其成员国—大型民用航空器（第 21.5 条—美国）	上诉机构报告，欧共体及其成员国—影响大型民用航空器贸易的措施—美国根据第 21.5 条发起，WT/DS316/AB/RW 和 Add.1,2018 年 5 月 28 日通过
欧共体和其成员国—大型民用航空器（第 21.5 条—美国）	专家组报告，欧共体及其成员国—影响大型民用航空器贸易的措施—美国根据第 21.5 条发起，WT/DS316/RW 和 Add.1, 2018 年 5 月 28 日通过，上诉机构报告修正，WT/DS316/AB/RW
埃及—钢筋	专家组报告，埃及—对于来自土耳其的钢筋的明确反倾销措施，WT/DS211/R, 2002 年 10 月 1 日通过，DSR 2002:VII, p. 2667
欧盟—生物柴油（阿根廷）	上诉机构报告，欧盟—对产自阿根廷的生物柴油的反倾销措施，WT/DS473/AB/R 和 Add.1,2016 年 10 月 26 日通过，DSR 2016:VI, p. 2871
欧盟—生物柴油（阿根廷）	专家组报告，欧盟—对产自阿根廷的生物柴油的反倾销措施，WT/DS473/R 和 Add.1,2016 年 3 月 29 日通过；上诉机构报告修正，WT/DS473/AB/R，DSR 2016:VI, p. 3077
欧盟—生物柴油（印度尼西亚）	专家组报告，欧盟—对产自印度尼西亚的生物柴油的反倾销措施，WT/DS480/R 和 Add.1,2018 年 2 月 28 日
欧盟—能源包装	专家组报告，欧盟及其成员国—有关能源部门的一些措施，WT/DS476/R 和 Add.1，2018 年 8 月 10 日向 WTO 成员散发，［欧盟于 2018 年 9 月 21 日上诉］

续 表

简要标题	案件标题全称及出处
欧盟—脂肪醇（印度尼西亚）	上诉机构报告，欧盟—对印度尼西亚脂肪醇的进口反倾销措施，WT/DS442/AB/R 和 Add.1，2017 年 9 月 29 日通过，DSR 2017:VI, p. 2613
欧盟—脂肪醇（印度尼西亚）	欧盟—对印度尼西亚脂肪醇的进口反倾销措施，WT/DS442/R 和 Add.1, 2017 年 9 月 29 日通过，上诉报告修正， WT/DS442/AB/R, DSR 2017:VI, p. 2765
欧盟—鞋类（中国）	专家组报告，欧盟—自中国进口的部分鞋实施反倾销措施，WT/DS405/R, 2012 年 2 月 22 日通过，DSR 2012:IX, p. 4585
欧盟—PET（巴基斯坦）	上诉机构报告，欧盟—对自巴基斯坦进口的聚对苯二甲酸乙二醇酯 (PET) 的反补贴措施， WT/DS486/AB/R 和 Add.1, 2018 年 5 月 28 日通过
欧盟—PET（巴基斯坦）	专家组报告，欧盟—对自巴基斯坦进口的聚对苯二甲酸乙二醇酯 (PET) 的反补贴措施， WT/DS486/AB/R ，Add.1 和 Corr.1, 2018 年 5 月 28 日通过，上诉机构报告修正，WT/DS486/AB/R
欧盟—禽肉（中国）	专家组报告，欧盟—影响禽肉产品关税减让的措施，WT/DS492/R 和 WT/DS492/R/Add.1，2017 年 4 月 19 日通过，DSR 2017:III, p. 1067
危地马拉—水泥 I	上诉机构报告，危地马拉—对来自墨西哥的水泥进行反倾销调查，WT/DS60/AB/R, 1998 年 11 月 25 日通过，DSR 1998:IX, p.3767
危地马拉—水泥 I	专家组报告，危地马拉—对来自墨西哥的水泥进行反倾销调查，WT/DS60/R, 1998 年 11 月 25 日通过，上诉机构报告修正，WT/DS60/AB/R, DSR 1998:IX, p.3797
危地马拉—水泥 II	专家组报告，危地马拉—对来自墨西哥的水泥采取反倾销措施，WT/DS156/R, 2000 年 11 月 17 日通过，DSR 2000:XI, p.5295
印度—进口附加税	上诉机构报告，印度—对来自美国的商品征收进口附加税，WT/DS360/AB/R, 2008 年 11 月 17 日通过，DSR 2008:XX, p.8223
印度—进口附加税	专家组报告报告，印度—对来自美国的商品征收进口附加税，WT/DS360/R，2008 年 11 月 17 日通过，上诉机构报告驳回，WT/DS360/AB/R，DSR 2008:XX, p.8317
印度—农产品	上诉机构报告，印度—影响某些农产品进口的措施，WT/DS430/AB/R , 2015 年 6 月 19 日通过， DSR 2015:V, p. 2459
印度—农产品	专家组报告，印度—影响某些农产品进口的措施，WT/DS430/R 和 Add.1, 2015 年 6 月 19 日通过，上诉机构报告修正，WT/DS430/AB/R, DSR 2015:V, p. 2663
印度—汽车	上诉机构报告，印度—影响汽车部门措施，WT/DS146/AB/R, WT/DS175/AB/R, 2002 年 4 月 5 日通过，DSR 2002:V, p.1821
印度—汽车	专家组报告，印度—影响汽车部门措施，WT/DS146/R, WT/DS175/R 和 Corr.1, 2002 年 4 月 5 日通过，DSR 2002:V, p.1827
印度—钢铁产品	专家组报告，印度—有关钢铁产品进口的部分措施，WT/DS518/R 和 Add.1, 2018 年 11 月 6 日向 WTO 成员散发［印度于 2018 年 12 月 14 日上诉］
印度—专利权（欧共体）	专家组报告，印度—对于药品及农业化学产品的专利保护，由欧共体上诉，WT/DS79/R, 1998 年 9 月 22 日通过，DSR 1998:VI, p.2661
印度—专利权（美国）	上诉机构报告，印度—对于药品及农业化学产品的专利保护，WT/DS50/AB/R, 1998 年 1 月 16 日通过，DSR 1998:I, p. 9
印度—专利权（美国）	专家组报告，印度—对于药品及农业化学产品的专利保护，由美国上诉，WT/DS50/R, 1998 年 1 月 16 日通过，上诉机构报告修正，WT/DS50/AB/R, DSR 1998:I, p. 41

续 表

简要标题	案件标题全称及出处
印度—数量限制	上诉机构报告，印度—对于农产品、纺织品及工业产品进口的数量限制，WT/DS90/AB/R, 1999 年 9 月 22 日通过，DSR 1999:IV, p.1763
印度—数量限制	专家组报告，印度—对于农产品、纺织品及工业产品进口的数量限制，WT/DS90/R, 1999 年 9 月 22 日通过，得到上诉机构报告支持，WT/DS90/AB/R, DSR 1999:V, p.1799
印度—太阳能电池	上诉机构报告，印度 —有关太阳能电池和太阳能模块的相关措施，WT/DS456/AB/R 和 Add.1,2016 年 10 月 14 日通过，DSR 2016:IV, p. 1827
印度—太阳能电池	专家组报告，印度—有关太阳能电池和太阳能模块的相关措施，WT/DS456/R 和 Add.1,2016 年 10 月 14 日通过，上诉报告修正，WT/DS456/AB/R, DSR 2016:IV, p. 1941
印度尼西亚—汽车	专家组报告，印度尼西亚—影响汽车工业的特定措施，WT/DS54/R, WT/DS55/R, WT/DS59/R, WT/DS64/R 和 Corr.1, 2, 3 和 4, 1998 年 7 月 23 日通过，DSR 1998:VI, p.2201
印度尼西亚—汽车［第 21.3（c）条］	仲裁裁决，印度尼西亚—影响汽车工业的特定措施—在 DSU 第 21.3(c) 条下仲裁，WT/DS54/15, WT/DS55/14, WT/DS59/13, WT/DS64/12, 1998 年 12 月 7 日，DSR 1998:IX, p.4029
印度尼西亚—鸡肉	专家组报告，印度尼西亚—关于进口鸡肉和鸡肉产品的措施，WT/DS484/R 和 Add.1, 2017 年 11 月 22 日通过，DSR 2017:VIII, p. 3769
印度尼西亚—进口许可证体制	上诉机构报告，印度尼西亚—关于园艺产品、动物及动物产品的进口措施，WT/DS477/AB/R, WT/DS478/AB/R, 和 Add.1, 2017 年 11 月 22 日通过，DSR 2017:VII, p. 3037
印度尼西亚—进口许可证体制	专家组报告，印度尼西亚—关于园艺产品、动物及动物产品的进口措施，WT/DS477/R, WT/DS478/R, Add.1 和 Corr.1, 2017 年 11 月 22 日通过，上诉机构报告修正，WT/DS477/AB/R, WT/DS478/AB/R, DSR 2017:VII, p. 3131
印度尼西亚—钢铁产品	上机机构报告，印度尼西亚—关于钢铁产品的保障措施，WT/DS490/AB/R, WT/DS496/AB/R, 和 Add.1, 2018 年 8 月 27 日通过
印度尼西亚—钢铁产品	专家组报告，印度尼西亚—关于钢铁产品的保障措施，WT/DS490/R, WT/DS496/R, 和 Add.1，2018 年 8 月 27 日通过，上诉机构报告修正，WT/DS490/AB/R, WT/DS496/AB/R
日本—农产品 Ⅱ	上诉机构报告，日本—影响农产品措施，WT/DS76/AB/R, 1999 年 3 月 19 日通过，DSR 1999:I, p.277
日本—农产品 Ⅱ	专家组报告，日本—影响农产品措施， WT/DS76/R, 1999 年 3 月 19 日通过，上诉机构报告修正，WT/DS76/AB/R, DSR 1999:I, p.315
日本—酒精饮料 Ⅱ	上诉机构报告，日本—对酒精饮料征税 WT/DS8/AB/R, WT/DS10/AB/R, WT/DS11/AB/R, 1996 年 11 月 1 日通过，DSR 1996:I, p.97
日本—酒精饮料 Ⅱ	专家组报告，日本—对酒精饮料征税，WT/DS8/R, WT/DS10/R, WT/DS11/R, 1996 年 11 月 1 日通过，上诉机构报告修正，WT/DS8/AB/R, WT/DS10/AB/R, WT/DS11/AB/R, DSR 1996:I, p.125
日本—酒精饮料 Ⅱ［第 21.3(c) 条］	仲裁决定，日本—对酒精饮料征税—在 DSU 第 21.3(c) 条下仲裁，WT/DS8/15, WT/DS10/15, WT/DS11/13, 1997 年 2 月 14 日，DSR 1997:I, p. 3
日本—苹果	上诉机构报告，日本—影响苹果进口措施，WT/DS245/AB/R, 2003 年 12 月 10 日通过，DSR 2003:IX, p.4391
日本—苹果	专家组报告，日本—影响苹果进口措施，WT/DS245/R, 2003 年 12 月 10 日通过，得到上诉机构报告支持，WT/DS245/AB/R, DSR 2003:IX, p.4481

续 表

简要标题	案件标题全称及出处
日本—苹果（第 21.5 条—美国）	专家组报告，日本—影响苹果进口措施—由美国根据 DSU 第 21.5 条提出，WT/DS245/RW, 2005 年 7 月 20 日通过，DSR 2005:XVI, p.7911
日本—动态存储器（韩国）	上诉机构报告，日本—对产自韩国动态存储器征收反补贴税，WT/DS336/AB/R 和 Corr.1, 2007 年 12 月 17 日通过，DSR 2007:VII, p.2703
日本—动态存储器（韩国）	专家组报告，日本—对产自韩国动态存储器征收反补贴税，WT/DS336/R, 2007 年 12 月 17 日通过，上诉机构报告修正，WT/DS336/AB/R，DSR 2007:VII, p.2805
日本—动态存储器（韩国）［第 21.3(c) 条］	仲裁决定，日本—对产自韩国动态存储器征收反补贴税—DSU 第 21.3(c) 条下的仲裁，WT/DS336/16, 2008 年 5 月 5 日，DSR 2008:XX, p.8553
日本—胶卷	专家组报告，日本—影响消费冲印胶卷和纸张的措施，WT/DS44/R, 1998 年 4 月 22 日通过，DSR 1998:IV, p. 1179
日本—紫菜配额	专家组报告，日本—干紫菜和味付紫菜进口配额，WT/DS323/R, 2006 年 2 月 1 日，未通过
韩国—酒精饮料	上诉机构报告，韩国—酒精饮料征税，WT/DS75/AB/R, WT/DS84/AB/R, 1999 年 2 月 17 日通过，DSR 1999:I, p.3
韩国—酒精饮料	专家组报告，韩国—酒精饮料征税，WT/DS75/R, WT/DS84/R, 1999 年 2 月 17 日通过，上诉机构报告修正，WT/DS75/AB/R, WT/DS84/AB/R, DSR 1999:I, p.44
韩国—酒精饮料［第 21.3(c) 条］	仲裁决定，韩国—酒精饮料征税—在 DSU 第 21.3(c) 条下仲裁，WT/DS75/16, WT/DS84/14, 1999 年 6 月 4 日，DSR 1999:II, p.937
韩国—牛肉（加拿大）	专家组报告，韩国—影响自加拿大进口牛肉和肉制品的措施，WT/DS391/R, 2012 年 7 月 3 日未通过
韩国—特定纸张	专家组报告，韩国—对特定来自印度尼西亚进口产品征收反倾销税，WT/DS312/R, 2005 年 11 月 28 日通过，DSR 2005:XXII, p.10637
韩国—特定纸张（第 21.5 条—印尼）	专家组报告，韩国—对特定来自印度尼西亚进口产品征收反倾销税—由印度尼西亚根据 DSU 第 21.5 条提出，WT/DS312/RW, 2007 年 10 月 22 日通过，DSR 2007:VIII, p.3369
韩国—商船	专家组报告，韩国—影响商船贸易的措施，WT/DS273/R, 2005 年 4 月 11 日通过，DSR 2005:VII, p. 2749
韩国—奶制品	上诉机构报告，韩国—进口特定奶制品的明确保障措施，WT/DS98/AB/R, 2000 年 1 月 12 日通过，DSR 2000:I, p.3
韩国—奶制品	专家组报告，韩国—进口特定奶制品的明确保障措施，WT/DS98/R 和 Corr.1, 2000 年 1 月 12 日通过，上诉机构报告修正，WT/DS98/AB/R, DSR 2000:I, p.49
韩国—政府采购	专家组报告，韩国—影响政府采购措施，WT/DS163/R, 2000 年 6 月 19 日通过，DSR 2000:VIII, p.3541
韩国—牛肉多种措施	上诉机构报告，韩国—影响鲜肉、冷藏肉和冷冻肉的措施，WT/DS161/AB/R, WT/DS169/AB/R, 2001 年 1 月 10 日通过，DSR 2001:I, p.5
韩国—牛肉多种措施	专家组报告，韩国—影响鲜肉、冷藏肉和冷冻肉的措施，WT/DS161/R, WT/DS169/R, 2001 年 1 月 10 日通过，上诉机构报告修正，WT/DS161/AB/R, WT/DS169/AB/R, DSR 2001:I, p.59
墨西哥—稻米反倾销措施	上诉机构报告，墨西哥—对于牛肉和稻米的明确反倾销措施，对于稻米的上诉，WT/DS295/AB/R, 2005 年 12 月 20 日通过，DSR 2005:XXII, p.10853

续 表

简要标题	案件标题全称及出处
墨西哥—稻米反倾销措施	专家组报告，墨西哥—对于牛肉和稻米的明确反倾销措施，对于稻米的上诉，WT/DS295/R, 2005 年 12 月 20 日通过，上诉机构报告修正，WT/DS295/AB/R, DSR 2005:XXIII, p.11007
墨西哥—玉米糖浆	专家组报告，墨西哥—对于来自美国的高果糖玉米糖浆的反倾销调查 WT/DS132/R 和 Corr.1, 2000 年 2 月 24 日通过，DSR 2000:III, p.1345
墨西哥—玉米糖浆（第 21.5 条—美国）	上诉机构报告，墨西哥—对于来自美国的高果糖玉米糖浆的反倾销调查 —由美国根据 DSU 第 21.5 条提请，WT/DS132/AB/RW, 2001 年 11 月 21 日通过，DSR 2001:XIII, p. 6675
墨西哥—玉米糖浆（第 21.5 条—美国）	专家组报告，墨西哥—对于来自美国的高果糖玉米糖浆的反倾销调查 —由美国根据 DSU 第 21.5 条提请，WT/DS132/RW, 2001 年 11 月 21 日通过，得到上诉机构报告支持，WT/DS132/AB/RW, DSR 2001:XIII, p.6717
墨西哥—橄榄油	专家组报告，墨西哥—对来自欧共体的橄榄油征收最终反补贴税，WT/DS341/R, 2008 年 10 月 21 日通过，DSR 2008:IX, p. 3179
墨西哥—钢管	专家组报告，墨西哥—对产自危地马拉钢管征收反倾销税，WT/DS331/R, 2007 年 7 月 24 日通过，DSR 2007:IV, p. 1207
墨西哥—非酒精饮料征税	上诉机构报告，墨西哥—对于非酒精饮料及其他饮料的征税措施，WT/DS308/AB/R, 2006 年 3 月 24 日通过，DSR 2006:I, p.3
墨西哥—非酒精饮料征税	专家组报告，墨西哥—对于非酒精饮料及其他饮料的征税措施，WT/DS308/R, 2006 年 3 月 24 日通过，上诉机构报告修正，WT/DS308/AB/R，DSR 2006:I, p.43
墨西哥—电信	专家组报告，墨西哥—影响电信服务的措施，WT/DS204/R, 2004 年 6 月 1 日通过，DSR 2004:IV, p.1537
摩洛哥—热轧钢	专家组报告，摩洛哥—对进口自土耳其的热轧钢采取的反倾销措施，WT/DS513/R 和 Add.1，2018 年 10 月 31 日向 WTO 成员散发［摩洛哥于 2018 年 11 月 20 日上诉］
秘鲁—农产品	上诉机构报告，秘鲁—某些农产品进口的附加税，WT/DS457/AB/R 和 Add.1, 2015 年 7 月 31 日通过，DSR 2015:VI, p. 3403
秘鲁—农产品	专家组报告，秘鲁—某些农产品进口的附加税，WT/DS457/R 和 Add.1, 2015 年 7 月 31 日通过，上诉机构报告修正，WT/DS457/AB/R, DSR 2015:VII, p. 3567
秘鲁—农产品［第 21.3(c) 条］	仲裁裁决，秘鲁—某些农产品进口的附加税—DSU 第 21.3(c) 条下的仲裁，WT/DS457/15, 2015 年 12 月 16 日，DSR 2015:XI, p. 5845
菲律宾—蒸馏酒精	上诉机构报告，菲律宾—对蒸馏酒精征税，WT/DS396/AB/R/WT/DS403/AB/R, 2012 年 1 月 20 日通过，DSR 2012:VIII, p. 4163
菲律宾—蒸馏酒精	专家组报告，菲律宾—对蒸馏酒精征税，WT/DS396/AB/R/WT/DS403/AB/R, 2012 年 1 月 20 日通过，上诉机构报告修正，WT/DS396/AB/R/WT/DS403/AB/R, DSR 2012:VIII, p. 4271
俄罗斯—商用车	上诉机构报告，俄罗斯—对自德国和意大利进口的轻型商用车采取的反倾销措施，WT/DS479/AB/R 和 Add.1, 2018 年 4 月 9 日通过
俄罗斯—商用车	专家组报告，俄罗斯—对自德国和意大利进口的轻型商用车采取的反倾销措施，WT/DS479/R 和 Add.1, 2018 年 4 月 9 日通过，上诉机构报告修正，WT/DS479/AB/R
俄罗斯—猪（欧盟）	上诉机构报告，俄罗斯—影响自欧盟进口的生猪、猪肉及其他猪产品的措施，WT/DS475/AB/R 和 Add.1，2017 年 3 月 27 日通过，DSR 2017:I, p. 207

续 表

简要标题	案件标题全称及出处
俄罗斯—猪（欧盟）	专家组报告，俄罗斯—影响自欧盟进口的生猪、猪肉及其他猪产品的措施，WT/DS475/R 和 Add.1，2017 年 3 月 27 日通过，上诉机构报告修正，WT/DS475/AB/R, DSR 2017:II, p. 361
俄罗斯—铁路设备	专家组报告，俄罗斯—影响铁路设备及其零件进口的措施，WT/DS499/R 和 Add.1, 2018 年 7 月 30 日向 WTO 成员散发［乌克兰于 2018 年 8 月 27 日上诉］
俄罗斯—税收优惠	专家组报告，俄罗斯—关于部分农产品和制成品的税收优惠措施，WT/DS485/R, Add.1, Corr.1, 和 Corr.2, 2016 年 9 月 26 日通过，DSR 2016:IV, p. 1547
泰国—香烟（菲律宾）	上诉机构报告，泰国—对自菲律宾进口香烟的海关和行政措施，WT/DS371/AB/R, 2011 年 7 月 15 日通过，DSR 2011:IV, p. 2203
泰国—香烟（菲律宾）	专家组报告，泰国—对自菲律宾进口香烟的海关和行政措施，WT/DS371/R，2011 年 7 月 15 日通过，上诉机构报告修正，WT/DS371/AB/R, DSR 2011:IV, p. 2299
泰国—香烟（菲律宾）（第 21.5 条—菲律宾）	专家组报告，泰国—对自菲律宾进口香烟的海关和行政措施—菲律宾根据 DSU 第 21.5 条发起，WT/DS371/RW 和 Add.1, 2018 年 11 月 12 日向 WTO 成员散发
泰国—H 型钢	上诉机构报告，泰国—对波兰出口的铁或非合金钢的角铁、型材、轧材及 H 型钢的反倾销税案，WT/DS122/AB/R, 2001 年 4 月 5 日通过，DSR 2001:VII, p. 2701
泰国—H 型钢	专家组报告，泰国—对波兰出口的铁或非合金钢的角铁、型材、轧材及 H 型钢的反倾销税案，WT/DS122/R, 2001 年 4 月 5 日通过，上诉机构报告修正，WT/DS122/AB/R, DSR 2001:VII, p.2741
土耳其—大米	专家组报告，土耳其—影响大米进口的措施，WT/DS334/R, 2007 年 10 月 22 日通过，DSR 2007:VI, p. 2151
土耳其—纺织品	上诉机构报告，土耳其—对于纺织品及服装进口的限制，WT/DS34/AB/R, 1999 年 11 月 19 日通过，DSR 1999 年 :VI, p.2345
土耳其—纺织品	专家组报告，土耳其—对于纺织品及服装进口的限制，WT/DS34/R, 1999 年 11 月 19 日通过，上诉机构报告修正，WT/DS34/AB/R, DSR 1999:VI, p.2363
乌克兰—乘用车	专家组报告，乌克兰—对部分乘用车的最终保障措施，WT/DS468/R 和 Add.1, 2015 年 7 月 20 日通过，DSR 2015:VI, p. 3117
美国—1916 年法案	上诉机构报告，美国—1916 年反倾销法案，WT/DS136/AB/R, WT/DS162/AB/R, 2000 年 9 月 26 日通过，DSR 2000:X, p.4793
美国—1916 年法案（欧共体）	专家组报告，美国—1916 年反倾销法案，由欧共体上诉，WT/DS136/R 和 Corr.1, 2000 年 9 月 26 日通过，得到上诉机构报告支持，WT/DS136/AB/R, WT/DS162/AB/R, DSR 2000 年 :X, p.4593
美国—1916 年法案（日本）	专家组报告，美国—1916 年反倾销法案，由日本上诉，WT/DS162/R 和 Add.1, 2000 年 9 月 26 日通过，得到上诉机构报告支持，WT/DS136/AB/R, WT/DS162/AB/R, DSR 2000:X, p.4831
美国—1916 年法案［第 21.3(c) 条］	仲裁决定，美国—1916 年反倾销法案—在 DSU 第 21.3(c) 条下仲裁，WT/DS136/11, WT/DS162/14, 2001 年 2 月 28 日，DSR 2001:V, p.2017
美国—1916 年法案（欧共体）（第 22.6 条—美国）	仲裁判决，美国—1916 年反倾销法案，最初由欧共体上诉—由美国根据 DSU 第 22.6 条的仲裁，WT/DS136/ARB, 2004 年 2 月 24 日，DSR 2004:IX, p.4269
美国—动物产品	专家组报告，美国—影响从阿根廷进口动物、肉类及其他动物产品的措施，WT/DS447/R 和 Add.1, 2015 年 8 月 31 日通过，DSR 2015:VIII, p. 4085

续 表

简要标题	案件标题全称及出处
美国—反倾销税和反补贴税（中国）	上诉机构报告，美国—对自中国进口的产品征收肯定反倾销税和反补贴税，WT/DS379/AB/R, 2011 年 3 月 25 日，DSR 2011:V, p. 2869
美国—反倾销税和反补贴税（中国）	专家组报告，美国—对自中国进口的产品征收肯定反倾销税和反补贴税，WT/DS379/R, 2011 年 3 月 25 日，上诉机构报告修正，WT/DS379/AB/R, DSR 2011:VI, p. 3143
美国—石油国家工业用管的反倾销措施	上诉机构报告，美国—对来自墨西哥石油国家工业用管的反倾销措施，WT/DS282/AB/R, 2005 年 11 月 28 日通过，DSR 2005:XX, p.10127
美国—石油国家工业用管的反倾销措施	专家组报告，美国—对来自墨西哥石油国家工业用管的反倾销措施，WT/DS282/R, 2005 年 11 月 28 日通过，上诉机构报告修正，WT/DS282/AB/R, DSR 2005:XXI, p.10225
美国—PET 包装袋反倾销措施	专家组报告，美国—对自泰国进口的 PET 包装袋采取反倾销措施，WT/DS383/R, 2010 年 2 月 18 日通过，DSR 2010:IV, p.1841
美国—反倾销方法 （中国）	上诉机构报告，美国—对来自中国的产品采取的反倾销程序方法和应用，WT/DS471/AB/R 和 Add.1,2017 年 5 月 22 日通过，DSR 2017:III, p. 1423
美国—反倾销方法 （中国）	专家组报告，美国—对来自中国的产品采取的反倾销程序方法和应用，WT/DS471/R 和 Add.1, 2017 年 5 月 22 日通过，上诉机构报告修正，WT/DS471/AB/R, DSR 2017:IV, p. 1589
美国—反倾销方法（中国） ［第 21.3(c) 条］	仲裁裁决，美国—对来自中国的产品采取的反倾销程序方法和应用—根据 DSU 第 21.3(c) 条的裁决，WT/DS471/RPT, 2018 年 1 月 19 日
美国—碳钢	上诉机构报告，美国—对于来自德国的特殊耐腐蚀碳钢板的反补贴税，WT/DS213/AB/R 和 Corr.1, 2002 年 12 月 19 日通过，DSR 2002:IX, p.3779
美国—碳钢	专家组报告，美国—对于来自德国的特殊耐腐蚀碳钢板的反补贴税，WT/DS213/R 和 Corr.1, 2002 年 12 月 19 日通过，上诉机构报告修正，WT/DS213/AB/R 和 Corr.1, DSR 2002:IX, p.3833
美国—碳钢（印度）	上诉机构报告，美国—对源自印度的某些热轧碳钢产品的反补贴措施，WT/DS436/AB/R, 2014 年 12 月 19 日通过，DSR 2014:V, p. 1727
美国—碳钢（印度）	专家组报告，美国—对源自印度的某些热轧碳钢产品的反补贴措施，WT/DS436/R 和 Add.1, 2014 年 12 月 19 日通过，由上诉机构报告 WT/DS436/AB/R 修正，DSR 2014:VI, p. 2189
美国—特定欧共体产品	上诉机构报告，美国—特定从欧共体产品的进口措施，WT/DS165/AB/R, 2001 年 1 月 10 日通过，DSR 2001:I, p.373
美国—特定欧共体产品	专家组报告，美国—特定从欧共体产品的进口措施，WT/DS165/R 和 Add.1, 2001 年 1 月 10 通过，上诉机构报告修正，WT/DS165/AB/R, DSR 2001:II, p.413
美国—丁香香烟	上诉机构报告，美国—影响丁香香烟生产和销售的措施，WT/DS406/AB/R, 2012 年 4 月 24 日通过，DSR 2012: XI, p. 5751
美国—丁香香烟	专家组报告，美国—影响丁香香烟生产和销售的措施，WT/DS406/R, 2012 年 4 月 24 日通过，上诉机构报告修正，WT/DS406/AB/R, DSR 2012: XI, p. 5865
美国—铜版纸 （印度尼西亚）	专家组报告，美国—对源自印度尼西亚的若干铜版纸实施反倾销及反补贴措施，WT/DS491/R 和 Add.1, 2018 年 1 月 22 日通过
美国—要求取消报复措施	上诉机构报告，美国—欧共体要求取消报复措施—荷尔蒙争端，WT/DS320/AB/R, 2008 年 11 月 14 日通过，DSR 2008:X, p.3507
美国—要求取消报复措施	专家组报告，美国—欧共体要求取消报复措施—荷尔蒙争端，WT/DS320/R 和 Add.1–Add.7, 2008 年 11 月 14 日通过，上诉机构报告修正，WT/DS320/AB/R, DSR 2008:XI, 3891

续 表

简要标题	案件标题全称及出处
美国—归零法	上诉机构报告，美国—继续采用归零法则，WT/DS350/AB/R, 2009 年 2 月 19 日通过，DSR 2009:III, p.1291
美国—归零法	专家组报告，美国—继续采用归零法则，WT/DS350/R，2009 年 2 月 19 日通过，上诉机构报告修正，WT/DS350/AB/R，DSR 2009:III, p.1481
美国—原产地标签	专家组报告，美国—部分原产地标签规定，WT/DS384/R/WT/DS384/AB/R/WT/DS386/AB/R, 2012 年 7 月 23 日通过，DSR 2012:V, p. 2449
美国—原产地标签	专家组报告，美国—部分原产地标签规定，WT/DS384/R/WT/DS384/AB/R/WT/DS386/AB/R, 2012 年 7 月 23 日通过，上诉机构报告修正，WT/DS384/AB/R/WT/DS386/AB/R，DSR 2012:VI, p. 2745
美国—原产地标签［第 21.3(c) 条］	专家组报告，美国—部分原产地标签规定—在 DSU 第 21.3(c) 条下仲裁，WT/DS384/24, WT/DS386/23, 2012 年 12 月 4 日，DSR 2012:XIII, p. 7173
美国—原产地标签（第 21.5 条—加拿大和墨西哥）	上诉机构报告，美国—部分原产地标签规定—加拿大和墨西哥根据 DSU 第 21.5 条起诉，WT/DS384/AB/RW/WT/DS386/AB/RW, 2015 年 5 月 29 日通过，DSR 2015:IV, p. 1725
美国—原产地标签（第 21.5 条—加拿大和墨西哥）	专家组报告，美国—部分原产地标签规定—加拿大和墨西哥根据 DSU 第 21.5 条起诉，WT/DS384/RW 和 Add.1/WT/DS386/RW 和 Add.1, 2015 年 5 月 29 日通过，上诉机构报告修正，WT/DS384/AB/RW/WT/DS386/AB/RW，DSR 2015:IV, p.2019
美国—原产地标签（第 22.6 条—美国）	仲裁决议，美国—部分原产地标签规定—美国根据 DSU 第 22.6 条发起，WT/DS384/ARB 和 Add.1/WT/DS386/ARB 和 Add.1, 2015 年 12 月 7 日向 WTO 成员散发，DSR 2015:XI, p. 5877
美国—不锈钢日落复审	上诉机构报告，美国—对于来自日本的特殊耐腐蚀碳钢板反倾销税的日落复审，WT/DS244/AB/R, 2004 年 1 月 9 日通过，DSR 2004:I, p.3
美国—不锈钢日落复审	专家组报告，美国—对于来自日本的特殊耐腐蚀碳钢板反倾销税的日落复审，WT/DS244/R, 2004 年 1 月 9 日通过，上诉机构报告修正，WTDS244/AB/R, DSR 2004:I, p. 85
美国—棉纱	上诉机构报告，美国—对来自巴基斯坦的棉纱的过渡期保障措施，WT/DS192/AB/R, 2001 年 11 月 5 日通过，DSR 2001:XII, p. 6027
美国—棉纱	专家组报告，美国—对来自巴基斯坦的棉纱的过渡期保障措施，WT/DS192/R, 2001 年 11 月 5 日通过，上诉机构报告修正，WT/DS192/AB/R, DSR 2001:XII, p. 6067
美国—反补贴和反倾销措施（中国）	上诉机构报告，美国—对自中国的某些产品的反补贴和反倾销措施，WT/DS449/AB/R 和 Corr.1,2014 年 7 月 22 日通过，DSR 2014:VIII, p. 3027
美国—反补贴和反倾销措施（中国）	专家组报告，美国—对自中国的某些产品的反补贴和反倾销措施，WT/DS449/R 和 Add.1, 2014 年 7 月 22 日通过，由上诉机构报告修正 WT/DS449/AB/R, DSR 2014:VIII, p. 3175
美国—对计算机动态随机存取存储器芯片进行反补贴税调查	上诉机构报告，美国—对来自韩国的计算机动态随机存取存储器芯片进行反补贴税调查，WT/DS296/AB/R, 2005 年 7 月 20 日通过，DSR 2005:XVI, p.8131
美国—对计算机动态随机存取存储器芯片进行反补贴税调查	专家组报告，美国—对来自韩国的计算机动态随机存取存储器芯片进行反补贴税调查，WT/DS296/R, 2005 年 7 月 20 日通过，上诉机构报告修正，WT/DS296/AB/R，DSR 2005:XVII, p.8243
美国—反补贴措施（中国）	上诉机构报告，美国—对来自中国的某些产品的反补贴税的措施，WT/DS437/AB/R,2015 年 1 月 16 日通过，DSR 2015:I, p. 7

续 表

简要标题	案件标题全称及出处
美国—反补贴措施（中国）	专家组报告，美国—对来自中国的某些产品的反补贴税的措施，WT/DS437/R and Add.1, 2015 年 1 月 16 日通过，由上诉机构报告修正 WT/DS437/AB/R, DSR 2015:I, p. 183
美国—反补贴措施（中国）［第 21.3(c) 条］	仲裁裁决，美国—对来自中国的某些产品的反补贴税的措施—在 DSU 第 21.3(C) 条下的仲裁，WT/DS437/16, 2015 年 10 月 9 日，DSR 2015:XI, p. 5775
美国—对特定欧共体产品贴税措施	上诉机构报告，美国—对特定欧共体产品贴税措施，WT/DS212/AB/R, 2003 年 1 月 8 日通过，DSR 2003:I, p.5
美国—对特定欧共体产品贴税措施	专家组报告，美国—对特定欧共体产品贴税措施，WT/DS212/R, 2003 年 1 月 8 日通过，上诉机构报告修正，WT/DS212/AB/R, DSR 2003:I, p.73
美国—对特定欧共体产品贴税措施（第 21.5 条—欧共体）	专家组报告，美国—对特定欧共体产品贴税措施—由欧共体根据 DSU 第 21.5 条提出，WT/DS212/RW, 2005 年 9 月 27 日通过，DSR 2005:XVIII, p. 8950
美国—海关保税指令	专家组报告，美国—对征收反倾销和反补贴产品实行海关保税，WT/DS345/R, 2008 年 8 月 1 日通过，上诉机构报告修正，WT/DS343/AB/R, WT/DS345/AB/R, DSR 2008:VIII, p.2925
美国—计算机动态随机存取存储器芯片	专家组报告，美国—对来自韩国 1 兆或以上的计算机动态随机存取存储器芯片征收反倾销税，WT/DS99/R, 1999 年 3 月 19 日通过，DSR 1999:II, p.521
美国—计算机动态随机存取存储器芯片（第 21.5 条—韩国）	专家组报告，美国—对来自韩国 1 兆或以上的计算机动态随机存取存储器芯片征收反倾销税—韩国根据 DSU 第 21.5 条，W 提出 T/DS99/RW, 2000 年 11 月 7 日，未通过
美国—出口限制	专家组报告，美国—作为补贴的出口限制措施，WT/DS194/R 和 Corr.2, 2001 年 8 月 23 日通过，DSR 2001:XI, p. 5767
美国—海外销售公司	上诉机构报告，美国—“海外销售公司”税收待遇，WT/DS108/AB/R, 2000 年 3 月 20 日通过，DSR 2000:III, p. 1619
美国—海外销售公司	专家组报告，美国—“海外销售公司”税收待遇，WT/DS108/R, 2000 年 3 月 20 日，上诉机构报告修正，WT/DS108/AB/R, DSR 2000:IV, p.1675
美国—海外销售公司（第 21.5 条—欧共体）	上诉机构报告，美国—“海外销售公司”税收待遇—由欧共体根据 DSU 第 21.5 条提出，WT/DS108/AB/RW, 2002 年 1 月 29 日通过，DSR 2002:I, p.55
美国—海外销售公司（第 21.5 条—欧共体）	专家组报告，美国—“海外销售公司”税收待遇—由欧共体根据 DSU 第 21.5 条提出，WT/DS108/RW, 2002 年 1 月 29 日通过，上诉机构报告修正，WT/DS108/AB/RW, DSR 2002:I, p.119
美国—海外销售公司（第 21.5 条—欧共体 II)	上诉机构报告，美国—“海外销售公司”税收待遇—由欧共体根据 DSU 第 21.5 条提出，WT/DS108/AB/RW2, 2006 年 3 月 14 日通过，DSR 2006:XI, p.4721
美国—海外销售公司（第 21.5 条—欧共体 II)	专家组报告，美国—“海外销售公司”税收待遇—由欧共体根据 DSU 第 21.5 条提出，WT/DS108/RW2, 2006 年 3 月 14 日通过，得到上诉机构报告支持，WT/DS108/AB/RW2，DSR 2006:XI, p.4761
美国—海外销售公司（第 22.6 条—美国）	仲裁结论，美国—美国“海外销售公司”税收待遇—美国根据 DSU 第 22.6 条和 SCM 协议第 4.11 条作出的仲裁，WT/DS108/ARB, 2002 年 8 月 30 日，DSR 2002:VI, p.2517
美国—博彩业	上诉机构报告，美国—影响博彩业跨境提供服务的措施，WT/DS285/AB/R, 2005 年 4 月 20 日通过，DSR 2005:XII, 5663 (Corr.1, DSR 2006:XII, p.5475)
美国—博彩业	专家组报告，美国—影响博彩业跨境提供服务的措施，WT/DS285/R, 2005 年 4 月 20 日通过，上诉机构报告修正，WT/DS285/AB/R，DSR 2005:XII, p.5797

续 表

简要标题	案件标题全称及出处
美国—博彩业 [第21.3（c）条]	仲裁决定，美国—影响博彩业跨境提供服务的措施—在DSU第21.3(c)条下仲裁，WT/DS285/13, 2005年8月19日，DSR 2005:XXIII, p.11639
美国—博彩业 （第21.5条—安提瓜和巴布达）	专家组报告，美国—影响博彩业跨境提供服务的措施—由安提瓜和巴布达根据第21.5条提出，WT/DS285/RW, 2007年5月22日通过，DSR 2007:VIII, p.3105
美国—博彩业（第22.6条—美国）	仲裁决定，美国—影响博彩业跨境提供服务的措施—由美国根据DSU第22.6条提交仲裁，WT/DS285/ARB, 2007年12月21日，DSR 2007:X, p.4163
美国—汽油	上诉机构报告，美国—精炼汽油及传统汽油标准，WT/DS2/AB/R, 1996年5月20日通过，DSR 1996:I, p.3
美国—汽油	专家组报告，美国—精炼汽油及传统汽油标准，WT/DS2/R, 1996年5月20日通过，上诉机构报告修正，WT/DS2/AB/R, DSR 1996:I, p.29
美国—热轧钢	上诉机构报告，美国—对来自日本的热轧薄板卷产品征收反倾销税，WT/DS184/AB/R, 2001年8月23日通过，DSR 2001:X, p.4697
美国—热轧钢	专家组报告，美国—对来自日本的热轧薄板卷产品征收反倾销税，WT/DS184/R, 2001年8月23日通过，上诉机构报告修正，WT/DS184/AB/R, DSR 2001:X, p.4769
美国—热轧钢 [第21.3（c）条]	仲裁决定，美国—对来自日本的热轧薄板卷产品征收反倾销税—在DSU第21.3©条下仲裁，WT/DS184/13, 2002年2月19日，DSR 2002:IV, p.1389
美国—羔羊	上诉机构报告，美国—对来自新西兰和澳大利亚的新鲜、冷藏和冷冻羔羊肉进口保障措施，WT/DS177/AB/R, WT/DS178/AB/R, 2001年5月16日通过，DSR 2001:IX, p.4051
美国—羔羊	专家组报告，美国—对来自新西兰和澳大利亚的新鲜、冷藏和冷冻羔羊肉进口保障措施，WT/DS177/R, WT/DS178/R, 2001年5月16日通过，上诉机构报告修正，WT/DS177/AB/R, WT/DS178/AB/R, DSR 2001:IX, p.4107
美国—大型民用航空器（第2次起诉）	上诉机构报告，美国—影响大型民用航空器贸易的措施（第2次起诉），WT/DS353/AB/R, 2012年3月23日通过，DSR 2012:I, p. 7
美国—大型民用航空器（第2次起诉）	专家组报告，美国—影响大型民用航空器贸易的措施（第2次起诉），WT/DS353/R, 2012年3月23日通过，上诉机构报告修正，WT/DS353/AB/R, DSR 2012:II, p. 649
美国—热轧铅铋碳钢制品案II	上诉机构报告，美国—对于原产于英国的某些热轧铅铋碳钢制品进行反补贴税，WT/DS138/AB/R, 2000年6月7日通过，DSR 2000:V, p.2595
美国—热轧铅铋碳钢制品案II	专家组报告，美国—对于原产于英国的某些热轧铅铋碳钢制品进行反补贴税，WT/DS138/R 和 Corr.2, 2000年6月7日通过，得到上诉机构报告支持，WT/DS138/AB/R, DSR 2000:VI, p.2623
美国—直线管	上诉机构报告，美国—对来自韩国的圆焊碳质条形管进口的保障措施，WT/DS202/AB/R, 2002年3月8日通过，DSR 2002:IV, p.1403
美国—直线管	专家组报告，美国—对来自韩国的圆焊碳质条形管进口的保障措施，WT/DS202/R, 2002年3月8日通过，上诉机构报告修正，WT/DS202/AB/, DSR 2002:IV, p.1473
美国—直线管 [第21.3(c)条]	仲裁员报告，美国—对来自韩国的圆焊碳质条形管进口的保障措施—在DSU第21.3(c)条下仲裁，WT/DS202/17, 2002年7月26日，DSR 2002:V, p.2061
美国—OCTG （韩国）	专家组报告，美国—对源自韩国的若干石油国家管状货物的反倾销措施，WT/DS488/R 和 Add.1, 2018年1月12日通过

续 表

简要标题	案件标题全称及出处
美国—补偿法案 （勃德修正案）	上诉机构报告，美国—2000 年对持续倾销和补贴的补偿法案，WT/DS217/AB/R, WT/DS234/AB/R, 2003 年 1 月 27 日通过，DSR 2003:I, p.375
美国—补偿法案 （勃德修正案）	专家组报告，美国—2000 年对持续倾销和补贴的补偿法案，WT/DS217/R, WT/DS234/R, 2003 年 1 月 27 日通过，上诉机构报告修正，WT/DS217/AB/R, WT/DS234/AB/R, DSR 2003:II, p. 489
美国—补偿法案 （勃德修正案） ［第 21.3(c) 条］	仲裁决定，美国—2000 年对持续倾销和补贴的补偿法案—在 DSU 第 21.3(c) 条下仲裁，WT/DS217/14, WT/DS234/22, 2003 年 6 月 13 日，DSR 2003:III, p. 1163
美国—补偿法案 （伯德修正案）（巴西） （第 22.6 条—美国）	仲裁决定，美国—2000 年对持续倾销和补贴的补偿法案，最初由巴西上诉—美国根据 DSU 第 22.6 条仲裁，WT/DS217/ARB/BRA, 2004 年 8 月 31 日，DSR 2004:IX, p.4341
美国—补偿法案 （伯德修正案）（加拿大） （第 22.6 条—美国）	仲裁决定，美国—2000 年对持续倾销和补贴的补偿法案，由加拿大上诉—美国根据 DSU 第 22.6 条仲裁，WT/DS234/ARB/CAN, 2004 年 8 月 31 日，DSR 2004:IX, p.4425
美国—补偿法案 （伯德修正案）（智利） （第 22.6 条—美国）	仲裁决定，美国—2000 年对持续倾销和补贴的补偿法案，由智利上诉—美国根据 DSU 第 22.6 条仲裁，WT/DS217/ARB/CHL, 2004 年 8 月 31 日，DSR 2004 年 :IX, p.4511
美国—补偿法案 （伯德修正案）（欧共体） （第 22.6 条—美国）	仲裁决定，美国—2000 年对持续倾销和补贴的补偿法案，由欧共体上诉—美国根据 DSU 第 22.6 条仲裁，WT/DS217/ARB/EEC, 2004 年 8 月 31 日，DSR 2004:IX, p.4591
美国—补偿法案 （伯德修正案）（印度） （第 22.6 条—美国）	仲裁决定，美国—2000 年对持续倾销和补贴的补偿法案最初由印度上诉—美国根据 DSU 第 22.6 条仲裁 WT/DS217/ARB/IND, 2004 年 8 月 31 日，DSR 2004:X, p.4691
美国—补偿法案 （伯德修正案）（日本） （第 22.6 条—美国）	仲裁决定，美国—2000 年对持续倾销和补贴的补偿法案最初由日本上诉—美国根据 DSU 第 22.6 条仲裁 WT/DS217/ARB/JPN, 2004 年 8 月 31 日，DSR 2004:X, p.4771
美国—补偿法案 （伯德修正案）（韩国） （第 22.6 条—美国）	仲裁决定，美国—2000 年对持续倾销和补贴的补偿法案最初由韩国上诉—美国根据 DSU 第 22.6 条仲裁，WT/DS217/ARB/KOR, 2004 年 8 月 31 日，DSR 2004:X, p.4851
美国—补偿法案 （伯德修正案）（墨西哥） （第 22.6 条—美国）	仲裁决定，美国—2000 年对持续倾销和补贴的补偿法案最初由墨西哥上诉—美国根据 DSU 第 22.6 条仲裁，WT/DS234/ARB/MEX, 2004 年 8 月 31 日，DSR 2004:X, p.4931
美国—石油工业用管材日落复审	上诉机构报告，美国—对来自阿根廷石油工业用管材反倾销措施日落复审，WT/DS268/AB/R, 2004 年 12 月 17 日通过，DSR 2004:VII, p.3257
美国—石油工业用管材日落复审	专家组报告，美国—对来自阿根廷石油工业用管材反倾销措施日落复审 WT/DS268/R 和 Corr.1, 2004 年 12 月 17 日通过，上诉机构报告修正，W/DS/268/AB/R, DSR 2004:VIII, p.3421
美国—石油工业用管材日落复审 ［第 21.3(c) 条］	仲裁决定，美国—对来自阿根廷石油工业用管材反倾销措施日落复审—在 DSU 第 21.3(c) 条下仲裁，WT/DS268/12, 2005 年 6 月 7 日，DSR 2005:XXIII, p.11619
美国—石油工业用管材日落复审 （第 21.5 条—阿根廷）	专家组报告，美国—对来自阿根廷石油工业用管材反倾销措施日落复审—由阿根廷根据 DSU 第 21.5 条提出，WT/DS268/RW, 2007 年 5 月 11 日通过，DSR 2007:IX, p.3523

续 表

简要标题	案件标题全称及出处
美国—石油工业用管材日落复审（第 21.5 条—阿根廷）	专家组报告，美国—对来自阿根廷石油工业用管材反倾销措施日落复审—由阿根廷根据 DSU 第 21.5 条提出，WT/DS268/RW, 2007 年 5 月 11 日通过，上诉机构报告修正，WT/DS268/AB/RW，DSR 2007:IX X, p.3609
美国—果汁（巴西）	专家组报告，美国—对自巴西进口的果汁采取反倾销行政复审及其他措施，WT/DS382/R, 2011 年 6 月 17 日报告，DSR 2011:VII, p. 3753
美国—钢管产品（土耳其）	专家组报告，美国—对来自土耳其的钢管产品实施反补贴措施，WT/DS523/R 和 Add.1, 2018 年 12 月 18 日向 WTO 成员散发
美国—家禽（中国）	专家组报告，美国— 影响自中国进口家禽的措施，WT/DS392/R, 2010 年 10 月 25 日通过，DSR 2010:V, p.1909
美国—美国版权法第 110 节第 5 段	专家组报告，美国— 美国版权法第 110 节第 5 段，WT/DS160/R, 2000 年 7 月 27 日通过，DSR 2000:VIII, p.3769
美国—美国版权法第 110 节第 5 段［第 21.3(c) 条］	仲裁决定，美国—美国版权法第 110 节第 5 段—在 DSU 第 21.3(c) 条下仲裁，WT/DS160/12, 2001 年 1 月 15 日 DSR 2001:II, p.657
美国—美国版权法第 110 节第 5 段（第 25 条）	仲裁决定，美国—美国版权法第 110 节第 5 段—在 DSU 第 25 条下仲裁，WT/DS160/ARB25/1, 2001 年 11 月 9 日，DSR 2001:II, p. 667
美国—乌拉圭回合农业协议第 129(c) 节 (1) 段	专家组报告，美国—乌拉圭回合农业协议第 129(c) 节 (1) 段，WT/DS221/R, 引自 2002 年，8 月 30 日 DSR 2002:VII, p.2581
美国—综合拨款法第 211 节	上诉机构报告，美国—1998 年综合拨款法第 211 节，WT/DS176/AB/R, 2002 年 2 月 1 日通过，DSR 2002:II, p.589
美国—综合拨款法第 211 节	专家组报告，美国—1998 年综合拨款法第 211 节，WT/DS176/R, 2002 年 2 月 1 日通过，上诉机构报告修正，WT/DS176/AB/R, DSR 2002:II, p.683
美国—贸易法的 301 条款	专家组报告，美国—1974 年综合拨款法第 211 节，WT/DS152/R, 2000 年 1 月 27 日通过，DSR 2000:II, p.815
美国—虾	上诉机构报告，美国—特定虾及虾类产品进口限制，WT/DS58/AB/R, 1998 年 11 月 6 日通过，DSR 1998 年 :VII, p.2755
美国—虾	专家组报告，美国—特定虾及虾类产品进口限制，WT/DS58/R 和 Corr.1, 1998 年 11 月 6 日通过，上诉机构报告修正，WT/DS58/AB/R, DSR 1998:VII, p.2821
美国—虾（第 21.5 条—马来西亚）	上诉机构报告，美国—特定虾，及虾类产品进口限制—由马来西亚根据 DSU 第 21.5 条提出，WT/DS58/AB/RW, 2001 年 11 月 21 日通过，DSR 2001:XIII, p.6481
美国—虾（第 21.5 条—马来西亚）	专家组报告，美国—特定虾及虾类产品进口限制—由马来西亚根据 DSU 第 21.5 条提出，WT/DS58/RW, 2001 年 11 月 21 日通过，得到上诉机构报告支持，WT/DS58/AB/RW, DSR 2001:XIII, p.6529
美国—虾（厄瓜多尔）	专家组报告，美国—对产自厄瓜多尔虾采取反倾销，WT/DS335/R, 2007 年 2 月 20 日通过，DSR 2007:II, p.425
美国—虾（泰国）/美国—海关保税指令	上诉机构报告，美国—与从泰国进口虾有关的措施 / 美国—对征收反倾销和反补贴的商品实行海关保税指令，WT/DS343/AB/R, WT/DS345/AB/R, 2008 年 8 月 1 日通过，DSR 2008:VII, 2385/DSR 2008:VIII, p.2773
美国—虾（泰国）	专家组报告，美国—与从泰国进口虾有关的措施，WT/DS343/R, 2008 年 8 月 1 日通过，上诉机构报告修正，WT/DS343/AB/R, WT/DS345/AB/R，DSR 2008:VII, p.2539
美国—虾（越南）	专家组报告，美国—对源自越南的某些暖水虾的反倾销措施，WT/DS404/R, 2011 年 9 月 2 日通过，DSR 2011:X, p. 5301

续 表

简要标题	案件标题全称及出处
美国—虾 II （越南）	上诉机构报告，美国—对源自越南的某些暖水虾的反倾销措施，WT/DS429/AB/R 和 Corr.1, 2015 年 4 月 22 日通过，DSR 2015:III, p. 1271
美国—虾 II （越南）	专家组报告，美国—对自越南进口虾实施反倾销措施，WT/DS404/R, 2015 年 4 月 22 日通过，上诉机构报告支持，WT/DS429/AB/R, DSR 2015:III, p. 1341
美国—虾 II（越南） ［第 21.3(c) 条］	仲裁裁决，美国—对自越南进口虾实施反倾销措施—DSU 第 21.3(c) 条下的仲裁，WT/DS429/12, 2015 年 12 月 15 日，DSR 2015:XI, p. 5811
美国—虾和金刚石锯片	专家组报告，美国—对进口自中国的虾和金刚石锯片采取的反倾销措施，WT/DS422/R 和 Add.1, 2012 年 7 月 23 日，DSR 2012:XIII, p. 7109
美国—软木 III	专家组报告，美国—对来自加拿大的特定软木产品的初步裁定，WT/DS236/R, 2002 年 11 月 1 日通过，DSR 2002:IX, p. 3597
美国—软木 IV	上诉机构报告，美国—对来自加拿大的特定软木的最后反补贴税决定，WT/DS257/AB/R, 2004 年 2 月 17 日通过，DSR 2004 年 :II, p. 571
美国—软木 IV	专家组报告，美国—对来自加拿大的特定软木的最后反补贴税决定，WT/DS257/R 和 Corr.1, 2004 年 2 月 17 日通过，上诉机构报告修正，WT/DS257/AB/R, DSR 2004:II, p.641
美国—软木 IV （第 21.5 条—加拿大）	上诉机构报告，美国—对来自加拿大的特定软木的最后反补贴税决定—由加拿大根据 DSU 第 21.5 条提出，WT/DS257/AB/RW, 2005 年 12 月 20 日通过，DSR 2005:XXIII, p. 11357
美国—软木 IV （第 21.5 条—加拿大）	专家组报告，美国—美国对来自加拿大的特定软木的最后反补贴税决定—由加拿大根据 DSU 第 21.5 条提出，WT/DS257/RW, 2005 年 12 月 20 日通过，上诉机构报告驳回，WT/DS257/AB/RW，DSR 2005:XXIII, p. 11401
美国—软木 V	上诉机构报告，美国—对来自加拿大软木的最终倾销判决，WT/DS264/AB/R, 2004 年 8 月 31 日通过，DSR 2004:V, p.1875
美国—软木 V	专家组报告，美国—对来自加拿大软木的最终倾销判决，WT/DS264/R, 2004 年 8 月 31 日通过，上诉机构报告修正，WT/DS264/AB/R, DSR 2004:V, p.1937
美国—软木 V ［第 21.3(c) 条］	仲裁员报告，美国—对来自加拿大软木的最终倾销判决—在 DSU 第 21.3(c) 条下仲裁，WT/DS264/13, 2004 年 12 月 13 日，DSR 2004:X, p.5011
美国—软木 V （第 21.5 条—加拿大）	上诉机构报告，美国—对来自加拿大软木的最终倾销判决—由加拿大根据 DSU 第 21.5 条提出，WT/DS264/AB/RW, 2006 年 9 月 1 日通过，DSR 2006:XII, p.5087
美国—软木 V （第 21.5 条—加拿大）	专家组报告，美国—对来自加拿大软木的最终倾销判决—由加拿大根据 DSU 第 21.5 条提出，WT/DS264/RW, 2006 年 9 月 1 日通过，得到上诉机构报告支持，WT/DS264/AB/RW，DSR 2006:XII, p.5147
美国—软木 VI	专家组报告，美国—国际贸易委员会对来自加拿大软木的调查，WT/DS277/R, 2004 年 4 月 26 日通过，DSR 2004:VI, p.2485
美国—软木 VI （第 21.5 条—加拿大）	上诉机构报告，美国—国际贸易委员会对来自加拿大软木的调查—由加拿大根据 DSU 第 21.5 条提出，WT/DS277/AB/RW, 2006 年 5 月 9 日通过，和 Corr.1, DSR 2006:XI, p.4865
美国—软木 VI （第 21.5 条—加拿大）	专家组报告，美国—国际贸易委员会对来自加拿大软木的调查—由加拿大根据 DSU 第 21.5 条提出，WT/DS277/RW, 2006 年 5 月 9 日通过，上诉机构报告修正，WT/DS277/AB/RW，DSR 2006:XI, p.4935
美国—不锈钢（韩国）	专家组报告，美国—来自韩国的不锈钢卷板和不锈钢条的反倾销措施，WT/DS179/R, 2001 年 2 月 1 日 通过，DSR 2001:IV, p.1295

续 表

简要标题	案件标题全称及出处
美国—不锈钢（墨西哥）	上诉机构报告，美国—来自墨西哥的不锈钢采取最终反倾销措施，WT/DS344/AB/R, 2008 年 5 月 20 日通过，DSR 2008:II, p. 513
美国—不锈钢（墨西哥）	专家组报告，美国—来自墨西哥的不锈钢采取最终反倾销措施，WT/DS344/R, 2008 年 5 月 20 日通过，上诉机构报告修正，WT/DS344/AB/R，DSR 2008:II, p. 599
美国—不锈钢（墨西哥）［第 21.3(c) 条］	仲裁决定，美国—来自墨西哥的不锈钢采取最终反倾销措施—第 DSU 21.3(c) 条下的仲裁，WT/DS344/15, 2008 年 10 月 31 日，DSR 2008:XX, p.8619
美国—不锈钢（墨西哥）（第 21.5 条）	专家组报告，美国—来自墨西哥的不锈钢采取最终反倾销措施，墨西哥诉诸 DSU 第 21.5 条，WT/DS344/RW, 2013 年 5 月 6 日，未通过
美国—钢板	专家组报告，美国—对来自印度钢板的反倾销及反补贴措施，WT/DS206/R 和 Corr.1, 2002 年 7 月 29 日通过，DSR 2002:VI, p.2073
美国—钢铁保障措施	上诉机构报告，美国—对于特定钢制品进口的保障措施，WT/DS248/AB/R, WT/DS249/AB/R, WT/DS251/AB/R, WT/DS252/AB/R, WT/DS253/AB/R, WT/DS254/AB/R, WT/DS258/AB/R, WT/DS259/AB/R, 2003 年 12 月 10 日通过，DSR 2003:VII, p.3117
美国—钢铁保障措施	专家组报告，美国—对于特定钢制品进口的保障措施，WT/DS248/R 和 Corr.1/WT/DS249/R 和 Corr.1/WT/DS251/R 和 Corr.1/WT/DS252/R 和 Corr.1/WT/DS253/R 和 Corr.1/WT/DS254/R 和 Corr.1/WT/DS258/R 和 Corr.1/WT/DS259/R 和 Corr.1, 2003 年 12 月 10 日通过，上诉机构报告修正，WT/DS248/AB/R, WT/DS249/AB/R, WT/DS251/AB/R, WT/DS252/AB/R, WT/DS253/AB/R, WT/DS254/AB/R, WT/DS258/AB/R, WT/DS259/AB/R, DSR 2003:VIII, p.3273
美国—超级研光纸	专家组报告，美国—对进口自加拿大的超级研光纸采取的反补贴措施，WT/DS505/R 和 Add.1, 2018 年 7 月 5 日向 WTO 成员散发，［美国于 2018 年 8 月 27 日上诉］
美国—税收优惠	上诉机构报告，美国—对大型民用飞机实行有条件的税收优惠，WT/DS487/AB/R 和 Add.1, 2017 年 9 月 22 日通过，DSR 2017:V, p. 2199
美国—税收优惠	专家组报告，美国—对大型民用飞机实行有条件的税收优惠，WT/DS487/R 和 Add.1，2017 年 9 月 22 日通过，上诉机构报告修正，WT/DS487/AB/R, DSR 2017:V, p. 2305
美国—纺织品原产地规则	专家组报告，美国—纺织品及服装产品原产地规则，WT/DS243/R 和 Corr.1, 2003 年 7 月 23 日通过，DSR 2003:VI, p. 2309
美国—金枪鱼 II（墨西哥）	上诉机构报告，美国—有关金枪鱼及其产品进口、市场和销售的措施，WT/DS381/AB/R,2012 年 6 月 13 日通过，DSR 2012:IV, p. 1837
美国—金枪鱼 II（墨西哥）	专家组报告，美国—有关金枪鱼及其产品进口、市场和销售的措施，WT/DS381/R, 2012 年 6 月 13 日通过，由上诉机构报告修正 WT/DS381/AB/R, DSR 2012:IV, p. 2013
美国—金枪鱼 II（墨西哥）（第 21.5 条—墨西哥）	上诉机构报告，美国—有关金枪鱼及其产品进口、市场和销售的措施—墨西哥根据 DSU 第 21.5 条发起，WT/DS381/AB/RW 和 Add.1,2015 年 12 月 3 日通过，DSR 2015:X, p. 5133
美国—金枪鱼 II（墨西哥）（第 21.5 条—墨西哥）	专家组报告，美国—有关金枪鱼及其产品进口、市场和销售的措施—墨西哥根据 DSU 第 21.5 条发起，WT/DS381/RW, Add.1 和 Corr.1, 2015 年 12 月 3 日通过，上诉机构报告修正，WT/DS381/AB/RW, DSR 2015:X, p. 5409 和 DSR 2015:XI, p. 5653

续 表

简要标题	案件标题全称及出处
美国—金枪鱼 II（墨西哥）（第 22.6 条—美国）	仲裁决议，美国—有关金枪鱼及其产品进口、市场和销售的措施—美国根据 DSU 第 22.6 条发起，WT/DS381/ARB, 2017 年 4 月 25 日，DSR 2017:VIII, p. 4129
美国—轮胎（中国）	上诉机构报告，美国—影响自中国进口的客车和轻卡车轮胎的措施，WT/DS399/AB/R, 2011 年 10 月 5 日通过，DSR 2011:IX, p. 4811
美国—轮胎（中国）	专家组报告，美国—影响自中国进口的客车和轻卡车轮胎的措施，WT/DS399/R, 2011 年 10 月 5 日通过，上诉机构报告支持 WT/DS399/AB/R, DSR 2011:IX, p. 4945
美国—内衣	上诉机构报告，美国—对于棉质及人造纤维内衣进口的限制，WT/DS24/AB/R, 1997 年 2 月 25 日通过，DSR 1997:I, p.11
美国—内衣	专家组报告，美国—对于棉质及人造纤维内衣进口的限制，WT/DS24/R, 1997 年 2 月 25 日通过，上诉机构报告修正，WT/DS24/AB/R, DSR 1997:I, p.31
美国—棉花	上诉机构报告，美国—对于棉花的补贴，WT/DS267/AB/R, 2005 年 3 月 21 日通过，DSR 2005:I, p. 3
美国—棉花	专家组报告，美国—对于棉花的补贴，WT/DS267/R, 和 Corr.1, 2005 年 3 月 21 日通过，上诉机构报告修正，WT/DS267/AB/R，DSR 2005:II, p.299
美国—棉花（第 21.5 条—巴西）	专家组报告，美国—对于棉花的补贴—由巴西根据 DSU 第 21.5 条提出，WT/DS267/RW 和 Corr.1, 2008 年 6 月 20 日通过，DSR 2008:III, p.809
美国—棉花（第 21.5 条—巴西）	上诉机构报告，美国—对于棉花的补贴—由巴西根据 DSU 第 21.5 条提出，WT/DS267/AB/RW 和 Corr.1, 2008 年 6 月 20 日通过，上诉机构报告修正，WT/DS267/AB/RW, DSR 2008:III, p.997
美国—棉花（第 22.6 条—美国 I)	仲裁决定，美国—对于棉花的补贴—由美国根据 DSU 第 22.6 条和《补贴和反补贴协议》第 4.11 条提出，WT/DS267/ARB/1, 2009 年 8 月 31 日通过，DSR 2009:IX, p.3871
美国—棉花（第 22.6 条—美国 II)	仲裁决定，美国—对于棉花的补贴—由美国根据 DSU 第 22.6 条和《补贴和反补贴协议》第 7.10 条提交仲裁，WT/DS267/ARB/2 和 Corr.1, 2009 年 8 月 31 日通过，DSR 2009:IX, p.4083
美国—洗衣机	上诉机构报告，美国—对来自韩国的大型家用洗衣机实施反倾销和反补贴措施，WT/DS464/AB/R 和 Add.1, 2016 年 9 月 26 日通过，DSR 2016:V, p. 2275
美国—洗衣机	专家组报告，美国—对来自韩国的大型家用洗衣机实施反倾销和反补贴措施，WT/DS464/R 和 Add.1, 2016 年 9 月 26 日通过，上诉机构报告修正，WT/DS464/AB/R, DSR 2016:V, p. 2505
美国—洗衣机（第 21.3(c) 条）	仲裁裁决，美国—对来自韩国的大型家用洗衣机实施反倾销和反补贴措施—DSU 第 21.3(c) 条下的仲裁，WT/DS464/RPT, 2017 年 4 月 13 日，DSR 2017:VIII, p. 4309
美国—面筋粉	上诉机构报告，美国—对来自欧共体的面筋粉进口的明确保障措施，WT/DS166/AB/R, 2001 年 1 月 19 日通过，DSR 2001:II, p.717
美国—面筋粉	专家组报告，美国—对来自欧共体的面筋粉进口的明确保障措施，WT/DS166/R, 2001 年 1 月 19 日通过，上诉机构报告修正，WT/DS166/AB/R, DSR 2001:III, p.779
美国—羊毛衬衫及女上衣	上诉机构报告，美国—影响从印度进口的羊毛恤衫及衬衫措施，WT/DS33/AB/R 和 Corr.1, 1997 年 5 月 23 日通过，DSR 1997:I, p.323
美国—羊毛衬衫及女上衣	专家组报告，美国—影响从印度进口的羊毛恤衫及衬衫措施，, WT/DS33/R, 1997 年 5 月 23 日通过，得到上诉机构报告支持，WT/DS33/AB/R, DSR 1997:I, p. 343

续 表

简要标题	案件标题全称及出处
美国—归零法(欧共体)	上诉机构报告，美国—计算倾销差额（归零法）的法律、规则及方法，WT/DS294/AB/R, 2006年5月9日通过，和Corr.1, DSR 2006:II, p.417
美国—归零法(欧共体)	专家组报告，美国—计算倾销差额（归零法）的法律、规则及方法，WT/DS294/R, 引自2006年5月9日，上诉机构报告修正，WT/DS294/AB/R，DSR 2006:II, p.521
美国—归零法(欧共体)(第21.5条—欧共体)	上诉机构报告，美国—计算倾销差额（归零法）的法律、规则及方法—由欧共体根据第21.5条提出上诉，WT/DS294/AB/RW和Corr.1, 2009年6月11日通过，DSR 2009:VII, p.2911
美国—归零法(欧共体)(第21.5条—欧共体)	专家组报告，美国—计算倾销差额（归零法）的法律，规则及方法—由欧共体根据第21.5条提出上诉，WT/DS294/RW, 2009年6月11日通过，上诉机构报告修正，WT/DS294/AB/RW，DSR 2009:VII, p.3117
美国—归零法(日本)	上诉机构报告，美国—与归零法有关的措施及日落复审，WT/DS322/AB/R, 2007年1月23日通过，DSR 2007:I, p.3
美国—归零法(日本)	专家组报告，美国—与归零法有关的措施及日落复审，WT/DS322/R, 2007年1月23日通过，上诉机构报告修正，WT/DS322/AB/R，DSR 2007:I, p.97
美国—归零法(日本)[第21.3(c)条]	仲裁报告，美国—与归零法有关的措施及日落复审，WT/DS322/21，2007年5月11日，DSR 2007:X, p.4160
美国—归零法(日本)(第21.5条—日本)	上诉机构报告，美国—与归零法和日落复审有关的措施—由日本根据第21.5条提出上诉，WT/DS322/AB/RW，2009年8月31日通过，DSR 2009:VIII, p.3441
美国—归零法(日本)(第21.5条—日本)	专家组报告，美国—与归零法和日落复审有关的措施—由日本根据第21.5条提出上诉，WT/DS322/RW, 2009年8月31日通过，得到上诉机构报告支持，WT/DS322/AB/RW，DSR 2009:VIII, p. 3553
美国—归零法（韩国）	专家组报告，美国—对自韩国进口的产品实施反倾销使用归零法，WT/DS402/R, 2011年2月24日通过，DSR 2011:X, p. 5239

● 贸易政策审议（2018）

冈比亚贸易政策审议

自 2010 年上一次贸易政策审议以来，冈比亚一直保持着全面开放的贸易和投资体制。其采取的主要贸易政策改革是自 2017 年 1 月 1 日起实行的西非国家经济共同体（ECOWAS）共同对外关税（CET），共分为五个档次。

冈比亚是非洲大陆上最小的国家，也是世界上最贫穷的国家之一，人均收入不足 500 美元，200 万人口中约有一半生活在贫困线以下（每天 1.25 美元）。

冈比亚相对顺利地经受住了全球金融危机的冲击，在 2007 年至 2010 年期间实现了稳健的经济增长（平均增长率超过 5.6%）。然而，由于公共财政管理不善和由外部冲击引发的不断增加的公共债务，实际 GDP 增速明显放缓，2010—2016 年平均增长率为 2.9%。

冈比亚新政府正面临一系列经济挑战，特别是在公共财政领域。国家继续在经济中发挥重要作用；事实上，所有国有企业都陷入了财务困境。高额的政府借款加上紧缩的货币政策条件，致使利率水平居高不下，从而将私营部门挤出了市场。尽管冈比亚对外国投资开放，但因商业环境的缺陷，包括复杂的税收体系和基础设施瓶颈等限制，一直阻碍着经济增长。流入冈比亚的外国直接投资（FDI）波动很大，远远低于全球金融危机之前的水平。

冈比亚的经济主要依赖于服务业（2016 年占 GDP 总额的 66%）作为经济增长的主要驱动力，以及不稳定的易受干旱影响的农业部门（2016 年约占 GDP 总额的 21%）。汇款和国际援助在维持经济方面发挥着重要作用。在服务业方面，旅游业贡献了大约 16%~20% 的 GDP，并且一直是最大的外汇收入来源，即使在困难的环境下（由于邻国爆发了埃博拉疫情）。批发和零售贸易也是其经济的一个主要服务部门（约占 GDP 总额的 25%），反映了转口贸易（主要是纺织品）的贡献，近年来转口贸易约占出口总额的 70%~80%。制造业（约占 GDP 的 5%~6%）主要为国内小型市场服务。渔业部门占 GDP 的 2% 左右。2017 年 5 月，工业渔业的暂停禁令解除。

冈比亚的商品进口量远远超过出口量。冈比亚出口基数很小（2015 年为 1910 万美元），主要出口产品为花生和鱼类。出口的主要贸易伙伴是欧盟、越南、印度和中国；进口主要来自欧盟、西非（科特迪瓦和塞内加尔）、巴西和中国。

冈比亚于 2017 年 7 月 11 日交存了《贸易便利化协定》接受书。冈比亚是最不发达国家（LDC）之一，还是非洲、加勒比和太平洋集团（非加太集团）成员、非洲集团成员、G-90 成员和“W52”赞助国。在本报告所述期间，冈比亚向世贸组织提交了约 20 项通报，尽管还有一些通报（例如农业的国内支助）尚未提交。

世界贸易组织和西非国家经济共同体（ECOWAS）的贸易制度为冈比亚的贸易政策提供了基本参数。贸易、工业、区域一体化和就业部（MOTIE）负责制定和协调贸易政策。一些贸易政策方案和计划，包括关于农业政策的方案和计划已经过期，或可能受益于对政策方向的审议。

2017 年 1 月，冈比亚实施了延期两年的新的西非共同体共同对外关税（CET），该关税制度为五档税制，除了西非共同体贸易自由化计划（ETLS）所涵盖的免税货物外，冈比亚目前对其所有贸易伙伴（包括其他西非经共同体成员）均适用 CET，未根据西非国家经济共同体规定设置任何例外或补充性保护措施。所有进口货物均须缴纳西非国家经济共同体税和非洲联盟税。

对冈比亚来说，从国家关税（2010 年）改为西非国家经济共同体的共同关税（CET）是一项重大的关税制度改革，全部税种中有将近三分之二（4000 种）的关税税率需要调整。西非经济共同体共同对外关税分类包括：基本社会商品（免税）；基本商品、原材料、资本商品（税率 5%）；中间商品（税率 10%）；消费品（税率 20%）；经济发展所需的特定商品（税率 35%）。总的来说，新的西非经济共同体共同对外关税的实施意味着冈比亚经济实行了小幅的关税削减。西非经济共同体共同对外关税平均适用的最惠国税率为 12.3%，低于 2010 年冈比亚 14.1% 的平均关税水平，更广泛的产品被归类为投入品（基本商品、原材料和资本商品），其关税已降至 5%。最高的平均关税适用于活体动物和肉类（从 15.2% 上升到 24.1%）以及服装（20%）。但是，从竞争力和粮食安全的角度看，西非经济共同体共同对外关税在很多部门中存在着问题。

西非经济共同体共同对外关税税率均未超过冈比亚的约束关税，但平均约束汇率（103.4%）与平均适用最惠国税率（12.3%）之间存在较大差距。大多数农产品的关税上限为 110%（约占全部农业关税细目的 90%），而非农业关税的约束覆盖率较低（占全部非农业关税细目的 0.7%）。这降低了关税制度的可预测性，尽管在实践中，西非经济共同体共同对外关税实际上是冈比亚的约束性关税，并承诺在最惠国基础上适用这些税率。

冈比亚海关在海关估价、原产地原则和过境方面的程序受西非经济共同体规则管辖。冈比亚已通报世贸组织，其法律、法规和行政程序符合世贸组织《海关估价协议》的规定。西非经济共同体国家间公路过境计划于 2013 年 7 月在冈比亚境内实施。冈比亚采用 ASYCUDA++ 作为其海关管理系统。

大多数产品可以不受任何限制地进行交易。虽然很难详尽地列出冈比亚实施的所有非关税措施，但出于国家安全、维护社会公共道德以及确保遵守国际承诺等因素考虑，一些进口禁令和限制仍在实施。尽管如此，冈比亚已经通报世贸组织，不会保留进口许可制度。冈比亚从未使用过贸易应急措施。

一般来说，出口程序与进口程序十分类似。除了贵金属废料和废弃物，冈比亚不对其他出口产品征收出口税。冈比亚经常对木材实施出口禁令。

冈比亚投资和出口促进局（GIEPA）负责推动投资和促进出口，管理特别出资证书计划和班珠尔国家机场附近的出口加工区。特别出资证书提供了一系列激励措施（优先部门和领域的外国直接投资至少达到 25 万美元）。

关税、消费税和增值税是政府的主要收入来源。由于国内工业基础很小，因此税收主要来源于进口，用于转口的进口货物也要缴纳关税和进口税。2013 年 1 月开始实行增值税制度（代替营业税），适用于所有应税商品和服务，标准税率为 15%。但是，为了保障经济的竞争力，冈比亚对资本和中间产品的进口给予了大幅的进口税豁免。

特定产品和服务需要纳税。冈比亚针对进口货物和国产货物的税收制度不同。“消费税”适用于某些本地生产的产品和电信服务，其税率为从价税。进口产品须缴纳“消费税”；某些产品的税率是固定的，另一些产品则是按照从价税原则缴税。进口产品和国产产品是否有差别待遇，取决于产品的价格。不过，针对二手汽车似乎有所不同。

冈比亚在标准和技术要求方面取得了进展。冈比亚标准局（TGSB）于 2011 年开始运作，此后颁布了 33 项标准，其中大多数直接采用国际标准。冈比亚标准局参与西非经济共同体标准协调进程（ECOSHAM）。目前还没有实施技术法规。关于卫生与植物卫生措施（SPS），冈比亚制定了一项新的《食品安全和质量法》并从 2011 年开始实施，随后成立了食品安全及质量管理局。另一方面，冈比亚的动物和植物保护制度似乎已过时，需要在国际援助下进行调整以实现现代化。

冈比亚的竞争规则受《2007 年竞争法》制约，冈比亚竞争和消费者保护委员会（GCCPC）是执行机构。冈比亚竞争和消费者保护委员会一直在发挥更积极的作用进行调查，然后采取补救措施，进行市场调研，特别是在大米和糖市场。

冈比亚当局表示，冈比亚已根据国际最佳实践改革了政府采购制度。2014 年修订了《公共采购权力法》，并成立了一个独立的投诉审议委员会来处理争端。采购门槛保持不变；除非事先获得管理局的批准，否则不得开展价值高于采购门槛的采购。

价值超过 1000 万达拉西的项目需要提到主投标委员会批准。只有在不以竞争性价格和条件从冈比亚的至少三家供应商处获得产品、工程或服务时，才可以进行国际竞争招标。

冈比亚于 2015 年修订了《工业财产法》，将专利保护期从 15 年延长至 20 年；提出了确保在商标国际注册方面符合《关于商标国际注册的马德里议定书》的规定；加大了对侵权行为的惩罚力度。非洲区域知识产权组织是专利和实用新型申请的实质性审议机构。地理标志作为集体标志受到保护。

冈比亚当局表示，就服务业的发展情况而言，银行具有高流动性和很强的盈利能力。然而，银行往往过度暴露政府债务，长远来看可能会增加风险。大多数银行都是外资银行。包括清算系统和结算基础设施在内的支付系统，已通过技术改进实现现代化。随着 2012 年非洲海岸至欧洲海底电缆登陆站和 2015 年全国光纤骨干网络的建成，电信基础设施得以大幅提升。冈比亚已通过了新的《2017—2025 年国家信息和通信基础设施政策》，该政策旨在建立起技术中立的监管环境并在全国提供更廉价的宽带接入。四家移动运营商中的两家都是外资企业。

大约一半的冈比亚人依靠农业自给自足，并依赖一些经济作物（主要是花生）维持生计。然而，冈比亚很大程度上属于一个粮食净进口国，容易受到干旱和其他自然灾害的影响。农业部门也受到投资不足和生产力低下等问题的困扰。冈比亚对大米（主食）的需求是通过进口得以满足的，但政府有雄心勃勃的计划，旨在提高产量，实现大米的自给自足。

（王思静译，杨凤鸣校）

马来西亚贸易政策审议

经济环境

马来西亚是一个经济多元化的中等收入国家。商品和服务的进出口额相当于国内生产总值的 130% 左右，所以贸易对其非常重要。尽管存在外部和国内的一些冲击，包括全球商品价格和金融市场动荡、外部需求疲软以及国内政治纷争，马来西亚过去四年的实际 GDP 仍维持了近 5% 增长率。增长基于国内需求，并得益于多样化的生产和出口基础、灵活的汇率，以及反应迅速的宏观经济政策和强劲的金融市场。

从 2013 年至 2016 年，马来西亚的货物贸易结构发生了一些变化。以美元计算，出口额和进口额均有所下降，这主要是由于大宗商品价格的下降。在出口方面，燃料和棕榈油出口额下降，办公机器和电信设备出口额增加。其他亚洲国家尤其是其他东盟国家，成为马来西亚主要的进口来源地和出口目的地。

马来西亚的《2020 年远景规划》制定了长期经济政策，其中包括到 2020 年实现成为高等收入国家地位的目标，尤其是通过大力发展劳动生产力。此外，第十一个马来西亚计划和行业计划如国家农产品政策 2011—2020 和国家商品政策 2011—2020，均强调了生产力、创新和贸易在实现经济增长中的重要性。

贸易政策框架

自 2014 年以来，负责制定贸易政策的机构没有发生重大变化。审议期间生效的与贸易和投资有关的新的法律包括：(1)《公司法》，该法引入了简化公司成立流程、降低经营成本以及改革公司破产机制的规定；该法还引入了征收商品和服务税，以取代营业税；(2)《马来西亚航空委员会法案》，根据该法成立马来西亚航空委员会；以及（3）对食品法规的各种修订。

作为世贸组织的积极成员，马来西亚已在若干领域向世贸组织提交了通报。但是，截至 2017 年 10 月底，有几项通报尚未完成，包括：农业（国内支持）；数量限制；以及海关估价。在审议期间，马来西亚没有作为投诉人或被投诉人参与任何新的 WTO 争端解决案件，仅作为第三方参与了四起案件。

作为东盟的成员国，马来西亚还与澳大利亚、新西兰、中国、印度、日本和韩国达成了贸易协定。在审议期间，东盟—印度协定将服务贸易包括进来。马来西亚还与澳大利亚、智利、印度、日本、新西兰、巴基斯坦和土耳其签订了双边自由贸易区协定。马来西亚—土耳其自由贸易协定（MTFTA）于 2015 年生效。2015 年 12 月 31 日，东盟经济共同体 (AEC) 2015 年蓝图完成，东盟领导人随后又启动了 2025 年蓝图。

对外国投资的限制仍然存在于渔业、能源、电信、金融和运输服务领域，外国参与公私合营项目的上限为股本的 25%。一些支持马来族裔社区（马来西亚土著）的政策，包括在某些部门的最低股权参与，有可能会影响外国直接投资。但马来西亚政府继续放宽外商投资限制。目前，除了投资银行的上限为 70% 外，资本市场没有外国股权限制。

马来西亚政府一直在努力使马来西亚的商业许可证制度现代化，允许在网上审核和获取许可证。马来西亚生产力公司（MPC）进行了行业监管审议，以减轻对企业施加不必要的监管负担。

贸易政策发展

审议期间海关程序没有发生重大变化。马来西亚于 2015 年 5 月批准了世界贸易组织《贸易便利化协定》(TFA)，并通报称，除某些例外情况外，马来西亚其余所有贸易条款均根据 A 类制定。马来西亚的跨境贸易便利性在全球范围内排名靠前。

尽管关税收入占总税收的比重很低（1.7%），但关税仍然是主要的贸易政策工具。由于命名法（HS 12 至 HS 17）的变化以及其他技术原因，平均适用的最惠国关税从 2013 年的 5.6% 增加到 2017 年的 7.5%，尽管只有单一税则的关税增长（10 位数税则号）。几乎所有税率（99% 的关税税目）都是增值税，而免税税率占所有关税税目的 56.2%。不同税率的数量从 2013 年的 19 个增加到 2017 年的 25 个。

工业品的增值关税税率为 0% 至 60% 不等，农产品的增值税税率为 0% 至 90% 不等。在不同的产品组中，运输设备的平均关税最高（2017 年的简单平均关税税率为 21.5%）。这些平均值不包括主要适用于烟草和酒精产品的非增值税为 1% 的税目，某些烟草制成品的从价税等值在 0.2% 到 465% 之间。所有优惠安排下的简单平均税率均低于简单平均最惠国税率，尽管不同优惠条件下的平均税率从 0.1% 到 7.4% 不等。

马来西亚适用 9 个关税配额，影响 27 个 HS 10 位数的关税细目。据马来西亚当局称，这是为了满足国内小生产者的要求。 国内外制药企业如经营原材料和商品生产元件的出口，或非本国生产的直接用于生产过程的机器和设备，可享受免征进口税的优惠。此外，有 16 个进口产品类别需要进口许可证。

审议期间，反倾销调查启动次数在 2015 年达到峰值，最终反倾销措施数量在 2016 年达到峰值。来自 9 个成员国的进口受到影响，反倾销税主要适用于双向拉伸聚丙烯薄膜和钢丝杆。2014 年至 2017 年期间，马来西亚启动了四项保障措施调查，均涉及钢铁产品。

2017 年出口关税从 5% 到 30% 不等，适用于 217 个关税细目（主要是原油、棕榈油和木材）。征收出口关税的关税细目的数量相比 2014 年的 482 个有所下降，部分反映了在转产过程中关税细目的合并。

马来西亚税收结构的一个重大变化是用 6% 的商品和服务税（GST）（从 2015 年 4 月 1 日起）取代营业税，这本质上是一种增值税类型体系。2016 年，商品和服务税收入占总税收的 24%。石油所得税占总税收的比重从 2013 年的 19% 下降到 2016 年的 5%，反映了油价的下跌。

马来西亚的本地或外国资本注册公司均有资格获得税收激励。税收优惠主要通过新兴工业地位和投资税负抵减来执行。直接税收激励政策允许在特定时期内收入所得税部分或全部减免，间接税的激励措施包括免征进口关税和消费税。此外，马来西亚还以法定所得税免税的形式，根据出口增加的价值向制造商提供支持。此外，马来西亚还支持免除以出口额增长为基础的生产者的法定收入所得税。在某些特定的服务行业，公司可以享受免除相当于出口价值增长部分 50% 等额的法定收入所得税。

在标准方面，马来西亚国家标准化和认证机构——马来西亚标准局——致力于建立对公众（包括行业）有重大影响的标准，而不是仅关注标准的数量。因此，马来西亚拥有标准的数量从 2012 年的 6381 个降至 2017 年的 5284 个。马来西亚继续使其标准与国际标准保持一致：2017 年，马来西亚 60% 的标准与国际标准保持一致，略高于 2014 年的 59.8%；54% 的标准维持原状，低于 2014 年的 57.5%。2017 年，所有马来西亚标准中有 510 个是强制性标准，占标准总额的 9.7%（2012 年底为 6.5%）。

国家参与的经济活动规模庞大，与政府有关的投资公司涉及石油、电力、电信、邮政服务、航空运输、公共交通和金融服务等领域。马来西亚通报世界贸易组织，巴伊比利亚国家有限公司（Padiberas Nasional Berhad，BERNAS）是一家大米进口国营贸易企业。通用面粉、食用油和液化石油气（LPG）受价格控制，并提供补贴以支持最高价格。

自上次审议以来，有关竞争政策的法律和制度框架没有发生重大变化。政府采购制度仍然是一个分权制度，并继续为本地企业提供支持。马来西亚不允许外国供应商参与国内投标，只有在没有国内生产或服务的供应的情况下才会允许国际投标。马来西亚是世贸组织《政府采购协议》的观察员。

在审议期间，马来西亚的知识产权制度没有发生重大变化。尽管执法工作有所改善，但执法仍是一个值得关注的领域。马来西亚于 2015 年 12 月通过了修改公共卫生方面《与贸易有关的知识产权协定》的议定书。

行业政策发展

马来西亚拥有二元农业结构，其中大型种植园以棕榈油生产为主，小型生产者在其他部门占主导地位。几个有国际业务的大公司占据了棕榈油的大部分生产和加工份额。虽然橡胶树占用的面积与 2000 年中期相比有所下降，橡胶仍是农业生产和工业输入的重要产品，国内生产的橡胶和进口的天然橡胶均得到利用。虽然稻米产量占农业生产总值的比重相对较小，马来西亚政府却一直推动稻米的主导地位，通过满足小规模生产者自给自足（也适用于水果、蔬菜和家畜）的目标、设立最低价格、投入补贴和对生产者的直接支付，让小规模生产者主导了稻米的生产。总而言之，小型生产者的趋势是获得政府支持，而大型种植园的趋势是被征税。

石油和天然气对经济仍然很重要，2016 年此二者对国内生产总值的贡献率约为 10.5%，对政府收入的贡献率约为 14%。该行业由国有企业马来西亚国家石油公司（PETRONAS）主导，该公司拥有开发马来西亚所有陆地和海洋石油和天然气的唯一所有权，以及勘探和生产的专属权，并负责石油和天然气计划和规划及上游活动的管理。石油公司和 PETRONAS 的子公司签订共同生产合同或风险服务合同，共同进行石油和天然气的勘探、开发和开采。PETRONAS 的另一家子公司 MISC Bhd 是一家拥有一批油轮和液化天然气船队的大型能源运输公司。除了生产原油，马来西亚还进口用于精炼的原油。尽管在过去几年里石油和天然气产品的进出口额有所下降，交易量却大幅增加，投资也持续不断，使马来西亚向成为亚太地区主要的石油和天然气枢纽的目标又迈进了一步。2014 年底，尽管二者的价格继续受到政府控制，政府取消了对石油和汽油的补贴。电力行业的液化石油补贴和天然气的管控价格都在上涨。

根据第十一个马来西亚计划，2012 年对 18 个服务分部门进行了自由化改革，现在允许高达 100% 的外国股权参与批发和零售贸易、医疗保健、专业服务、环境服务、快递和教育等分部门。此后，尽管 2014 年和 2017 年分别取消了对单位信托管理公司和信用评级机构的外国股权限制，但开放进程仍然缓慢。然而，包括电信、运输和投资银行在内的几个领域的外资参股的限制并没有取消。

根据 2015 年《马来西亚航空委员会法》，马来西亚航空委员会成立，分担了交通部的部分职责，包括经济监管、空中交通权的分配和管理、监控机位分配、航空服务、地勤和机场运营商许可。除马来西亚的两个机场外，所有机场均归国家所有，政府关联公司马来西亚机场有限公司（Malaysia Airports Bhd）管理六个国际机场中的五个。

经过多年的整合兼并，马来西亚现在拥有一个完整并且成熟的金融部门。由银行、保险和资本市场组成的金融部门在 2016 年为国内生产总值贡献了 6.4%，跨境金融活动水平不断提高。此外，马来西亚处于全球伊斯兰金融业的前沿，拥有高度发达的伊斯兰金融业。伊斯兰金融机构与传统金融机构并行运作，既提供全方位的金融产品和服务，又经常使用相同的基础设施。伊斯兰银行业在过去十年中迅速发展，其市场份额从 2007 年的 12% 增长到 2016 年底的 28%。此外，马来西亚发行的伊斯兰债券占全球伊斯兰债券总额的 54% 以上。

马来西亚多元化的经济基础和广泛的贸易开放使其经济在大宗商品价格低迷的困难时期里继续保持增长，大宗商品价格走低影响到几个行业，特别是石油、天然气和棕榈油行业。政府采取的浮动汇率政策，使得马来西亚林吉特贬值，由此维持了经济增长。尽管来源于石油的收入下降，2015 年实施的货物和服务税支撑了政府的收入。另一方面，马来西亚政府通过以政府为背景的公司及其子公司参与经济活动，并对某些领域设立投资限制。但随着投资限制的放宽，贸易和投资政策越来越自由化，马来西亚也已扩大了贸易协定网络——无论是通过东盟还是以它自己的名义。鉴于马来西亚自然资源丰富、地理位置优越、政策务实，经济增长应向着 2020 年成为高收入国家的目标继续迈进。

（邱俊洁译，杨凤鸣校）

埃及贸易政策审议

虽然在 2011 年政治动荡之后，埃及的经济增长速度开始减慢，但是在 2005/06-2016/17 年期间，埃及的实际国内生产总值以年均 4.5% 的速度增长。其中 2010/11-2015/16 年期间，年平均国内生产总值增长速度放缓至 3.2%，但是最近几年，基于导致强劲消费和投资支出的扩张性财政政策以及旨在促进增长的经济改革方案，埃及的年平均国内生产总值已经出现了加速增长。人均国内生产总值从 2005/06 年度的 1514 美元增加到 2015/16 年度的 3462 美元，尽管由于埃及镑的贬值，人均国内生产总值在 2016/17 年度预计又下降至 2508 美元。尽管最近几年经济加速增长，但是埃及的失业率仍然保持在 12% 左右，其中年轻人和女性的失业率更高。此外，尽管人均收入有所增加，但生活在贫困线以下的人口比例在过去几年中有所增加，扶贫仍然是埃及面临的主要挑战之一。

埃及的经济呈现多元化的特征。就国内生产总值占比（2015/16 年度为 55.3%）、吸纳就业和出口创收方面而言，服务业是埃及的经济支柱。虽然农业对于就业和商品出口创收仍然很重要，但是在过去几十年中农业在国内生产总值中的份额一直在下降，在 2015/16 年度达到 11.9%（2010/11 年度为 14.5%）；而制造业占 2015/16 年度国内生产总值的 17.1%（2010/11 年度为 16. 5%）。

2014 年，政府开始实施旨在刺激经济增长和改善商业环境的改革方案。第一轮改革重点是重新平衡宏观经济形势，包括各种财政、货币和汇率政策措施：2016 年 9 月，埃及实行增值税（VAT），税率为 13%（从 2017 年 7 月提高到 14%）；2016 年 11 月汇率制度由盯住美元汇率转变为埃及镑完全浮动汇率；扩大税基；减少能源补贴；以及遏制公共部门的工资增长。目前正在进行的第二轮改革目的是改善治理和投资环境。埃及的经济计划得到了国际货币基金组织的支持：2016 年 11 月，国际货币基金组织向埃及提供了一笔为期三年的中期贷款（EFF），贷款金额为 120 亿美元，目的是帮助埃及恢复宏观经济稳定，纠正外部和财政失衡问题，以恢复其竞争力。

由于实施扩张性财政政策，自 2010/11 财年以来埃及的财政赤字已超过国内生产总值的 10%。在 2015/16 年度财政赤字达到国内生产总值的 12.5%，促使当局从 2016/17 财年开始实施一项为期三年的财政整顿计划，目的是到 2018/19 年度将预算赤字降低至国内生产总值的 8% 至 8.5% 之间。由于各种财政整顿工作，包括通过减少补贴包括公共工资账单来精简支出，以及通过用增值税（VAT）代替 10% 的一般销售税来增加收入，财政赤字在 2016/17 年度下降到国内生产总值的 10. 8%。

国家在经济中的表现仍然很强劲。埃及经济的生产结构仍是以大型公共部门企业为主，这种偏向有时可能会导致资源的次优分配。在这方面，埃及可采用更加市场化的经济政策实施方式并从中受益。当局已经认识到这一点，因此私营部门在经济中起到更具参与性的作用成为埃及可持续发展战略（SDS）即“埃及 2030 年愿景”的目标之一。“埃及 2030 年愿景”是 2015 年 3 月推出的一项全面发展计划，旨在促进国内生产总值增长、增加就业以及逐步减少预算赤字。

海外埃及人的汇款（2015/16 年度为 171 亿美元）以及旅游业和苏伊士运河的收入对埃及经济来说一直至关重要。灵活汇率的引入导致资本和资金流入增加，尤其是外国直接投资，这部分地抵消了转移支出的减少和商品贸易逆差的增长。尽管如此，经常账户赤字从前一年占国内生产总值的 3.6% 扩大到 2015/16 年度的 5.9%，这反映了出口量下降但进口需求旺盛，服务业出口减弱，尤其是旅游业，苏伊士运河因全球贸易疲弱而收入增长受限，以及汇款减少。 虽然以美元计价下降，但是由于埃及镑贬值，2016/17 年度经常账户赤字占国内生产总值的比重增加至 6. 7%。

在审议期间，埃及的出口变得更加多样化：燃料产品的出口份额从 2005 年占出口总额的 43% 下降到 2016 年占 14.3%；尽管如此，燃料仍然是埃及最重要的出口产品。其次是蔬菜（占 2016 年商品出口总额的 12.5%，2011 年度为 8.7%），宝石和金属（11.8%），化学品（11.3%），以及纺织品（11.2%）。

埃及的商品出口在2011年至2016年期间以美元计价下降至225亿美元。2016年，欧盟是埃及的主要出口目的地，其次是阿拉伯联合酋长国、沙特阿拉伯和土耳其。商品进口(c.i.f.)在2016年达到581亿美元。机械和电气设备是最重要的进口产品，占2016年商品进口总额的16.1%，其次是矿物燃料（14.2%）和贱金属（11.4%）。2016年，埃及商品进口的32.4%来自欧盟，中国和其他亚洲国家占埃及进口的27.3%。

在审议期间，埃及宪法经过多次修订。现行宪法于2014年1月获得批准，规定了行政机关、立法机关和司法机关之间的权力分立原则，并对立法部门进行了一院制改革。下一届总统选举定于2018年5月举行。

埃及的贸易政策目标体现在《2016—2020年工业发展战略》（IDS）中，符合埃及可持续发展战略（SDS）“埃及2030年愿景”的精神。其目的是帮助埃及成为中东和北非地区的主要工业经济体，并在2025年之前成为中等技术制成品的主要出口中心。《工业发展战略》（IDS）涵盖以下领域：中小微企业的工业发展(MSMEs)；出口促进和进口合理化；创新促进；节能减排；职业技术教育的发展，以及商业环境的改善。这些政策的主要目标是加速工业增长，增加中小微企业对国内生产总值的贡献，刺激出口增长以及创造生产性就业机会。

在世界贸易组织的日常工作以及多哈发展议程谈判中，埃及都积极参与。它向所有的WTO成员提供至少不低于最惠国的待遇。埃及是《民用航空器贸易协议》和《信息技术协议》（ITA）的缔约方，但不是《政府采购协议》（GPA）的缔约方。2017年6月，埃及在国内批准了《贸易便利化协定》（TFA），但仍未向WTO提交其接受该协议的文书。埃及于2015年1月向WTO通报其“A”类承诺，当局目前正在就“B”类和“C”类承诺开展工作。在本报告所述期间，埃及向世界贸易组织提交了许多通报。在审议过程中，埃及向WTO提交了一些滞后通报，例如农业方面的相关通报。根据世界贸易组织争端解决机制，埃及在审议期间作为应诉人参与了四起贸易争端，作为第三方参与了七起贸易争端。这是埃及的第四次贸易政策审议，上次审议是在2005年进行的。

埃及参与了若干个优惠贸易协定，这些贸易协定在其贸易政策中发挥着越来越重要的作用。除了与欧盟、欧洲自由贸易联盟（EFTA）、土耳其和南方共同市场（MERCOSUR）的特惠贸易协定外，埃及还是《泛阿拉伯自由贸易协定》（PAFTA）、东部和南部非洲共同市场（COMESA）以及《阿加迪尔协定》的缔约方。埃及受益于若干个国家的普遍优惠制（GSP）计划。另一方面，埃及为最不发达国家（LDCs）提供了更好的市场准入。埃及还参加了《伊斯兰合作组织（TPS-OIC）的贸易优惠制度框架协议》，该协议尚未生效。

自从上一次2005年贸易政策审议以来，埃及的投资制度发生了重大变化。在2017年5月，新的投资法即第72/2017号法律生效。新法律规定的投资激励措施包括扣减应税利润和优惠进口税率。这部新法还规定了自商业注册后长达5年内的时间内免交印花税及公证费和登记费的措施。2017年10月，实施该法律的实施条例获得批准并在《国家公报》上公布。新的法律和实施条例旨在创新埃及的投资制度和激励机制，以吸引更多投资。在2013—2016年间，埃及的外国直接投资（FDI）流入量每年平均约为60亿美元，低于2005—2007年间的年均90亿美元。欧盟是埃及的主要外国投资者，其次是美国和一些阿拉伯国家。

在本报告所述期间，埃及通过减少进出口程序所需的文件数量以及允许以电子方式提交，继续其改革进程，以期提高海关管理的效率和透明度。目前，埃及的海关制度仍以1963年的海关法及其修正案为依据，尽管埃及目前正审议其新立海关法草案，以便纳入实施TFA和《京都公约》所需的修正案。但是，埃及目前已实施一些旨在推动贸易便利化的变革，如启动了经认证经营者制度、在大多数海关启用了X光设备，以便利海关管制和缩短放行时间，实施了航空货物电子进出口制度等。此外，埃及还成立了一个贸易便利化部级指导委员会，以创建自己的国家单一窗口体系（ENSW）。

埃及的简单平均适用最惠国关税税率在2017年为19.1%，略低于2005年的20%，但高于2012年的16.5%。所有关税税目中约有三分之二的税率为10%或更低。农业的平均关税为51.6%，这反映了酒精和烟草的关税高峰，可高达3000%。埃及已经约束了99.3%的关税税目；简单平均约束关税为37.2%。在2017年，约有46个税目超过了其约束税率水平。

尽管最近进行了改革，埃及的关税制度仍然有些复杂，包括一些豁免、扣除和减让。除 21 个税目外，所有关税税率均适用从价税。除关税外，现在进口还要征收 14% 的增值税，这也适用于国内生产的商品；出口货物免收增值税，服务出口适用零税率。除一般增值税税率外，埃及还对某些产品征收消费税。

由于经济、环境、健康、宗教、安全、卫生与植物卫生措施的原因，埃及采用进口禁令和限制措施。这些禁令和限制平等适用于所有贸易合作伙伴。其中，进口禁令适用于鸡杂碎和鸡腿鸡脚、家禽肝脏、携带宗教敏感标志的产品、各种危险化学品和杀虫剂等产品。进口二手产品也有限制，这类产品的进口必须满足某些条件。许多产品在进口时都要接受质量控制检查。此外，进口相对大量的物品需遵守“特殊条件”，并且需要许可证，这些产品包括乘用车、鞋子、服装、家用纺织品、毛毯、汽车零部件、家用电器、眼镜和手表、石油产品、牛奶和奶制品、油和油脂、面团和肥皂。某些产品的进口需要办理具体的行政手续，因而需要政府批准，例如小麦谷物、饲料工业用玉米和用于榨油的大豆就属于这类产品。目前，埃及尚未就其进口许可证制度向世界贸易世贸组织提交任何通报。

埃及是贸易救济措施的相对积极的实施者；在 2005 年 1 月至 2017 年 6 月 30 日期间，埃及发起了 31 起反倾销调查，其中 16 起最终征收了反倾销税。而且 3 项反倾销措施进行了延期。在同一时期，埃及启动了 14 项保障措施调查，其中对 3 种产品的实施了所有和最终保障措施的临时措施：毯子、钢筋以及棉花和混合纱线。尽管采取的最终措施很少，但临时措施的实施可能会对贸易产生遏制作用。目前，埃及没有正在实施的反补贴措施。

埃及对许多产品征收了出口税，包括糖、废塑料、某些化肥、鱼、沙、某些皮革、大理石以及未加工的花岗岩等。自 2017 年 3 月末起，埃及开始对食糖无限期征收出口税，其税率高达每吨 3000 埃及镑。据当局称，在任何情况下，所有出口税的征收理由是确保这些产品的国内供应充足。自 2016 年 8 月起，埃及禁止出口任何种类的大米；这项措施具有无限期的有效性，其适用依据是缺乏水资源。此外，埃及还禁止生皮和鞣制皮、湿皮毛或湿皮革的出口。为满足国内需求或保护环境，政府可随时禁止或限制出口。

第 72/2017 号法律就自由区的设立作出了新规定。自由区提供的激励措施主要是为了吸引投资，为埃及人提供就业机会，以及鼓励出口。埃及有两种类型的自由区：公共自由区和私人自由区。公共自由区是为了多个项目而建立的，而私人自由区仅限于一个特定的项目或公司，并且必须满足某些条件，特别是最低资本（1000 万美元）和出口方面（出口额不得低于总产值的 80%）。自由区内的企业可享受完全免征进口关税、所得税和增值税的权利，但需要缴纳 1% 或 2% 的费用作为替代税。在缴纳相关关税后，自由区投资者可以在埃及市场上出售其全部或部分产品。目前埃及有 9 个公共自由区在运作。此外，埃及还有一个经济特区，该特区享有特殊和简化的海关程序，其进口的物资和设备免缴关税，同时适用较低税率。

埃及实施了一系列激励项目，这些项目可能是普遍性的，也可能是针对具体部门的。还有区域支持项目和中小微企业项目，其中包括支持其以优惠条件获得贷款的便利措施。目前有 13 个从事各个领域的投资区；这些投资区享有自由区那样的许可证发放便利，但不享有税收豁免。埃及在 2017 年成立了一个新的政府机构，为中小微企业提供支持；2017 年，为此目的的预算约为 50 亿埃及镑。根据新的投资法，埃及还以应税净利润折减的形式提供区域激励措施，具体取决于所属区域。

埃及已接受世界贸易组织《关于制定、采用和实施标准的良好行为规范》。埃及的技术法规由不同部委发布。截至 2016 年 12 月，埃及已经制定了约 860 项技术法规，涉及五个部门，其中与工程和化学产品、食品、纺织品和计量产品有关的法规数量最多。所有符合技术法规的进口货物均经过检验，以验证是否符合各项法规。埃及认证委员会（EGAC）是埃及合格评定机构和实验室评估和认证的唯一国家机构，负责对产品、系统和人员进行测试和校准、检查和认证活动。埃及于 1997 年提交了第一份 TBT 通报；随后直到 2017 年 10 月下旬，共提交了 221 份通报，包括附录和勘误表。

食品、活体动物和动植物产品的进口有各种控制和检验程序。这些程序由相应负责机构实施。植物的进口商必须在进口前获得进口许可证，并且必须通知出口贸易伙伴相应的进口监管要求，须告知的具体法规要求取决于病虫害潜在风险。进口活体动物需要获得中央兽医检疫局的进口许可。肉类产品和鸡肉的进口商必须在产品被接受之前提供一些证书，包括证明动物是按照伊斯兰仪式（清真）屠宰的屠宰证书、兽医证书和原产地证书。埃及于 2005 年 9 月第一次提交了 SPS 通报；然后直至 2017 年 11 月期间，它向世界贸易组织提交了 80 份通报。

在本报告所述期间，埃及竞争政策的法律框架发生了深远的变化。竞争政策主要受 2014 年颁布的新宪法、2005 年埃及《竞争法》及其执行条例和修正案的制约。竞争法规定了滥用支配地位的禁令，并列出了一份包含九种不同的被禁止行为的清单。此外，《竞争法》还禁止任何人与其供应商或客户之间订立旨在限制竞争的垂直协议或合同。该法适用于从事经济活动的任何人或企业，无论其是公有还是私有，包括国有企业，但由国家直接管理的公用事业除外。最近对竞争法的修订使埃及竞争管理局（ECA）有权提起刑事诉讼并与违法者达成和解，并且总体上加强了埃及竞争管理局的执法权力。自 2006 年颁布至 2017 年 4 月，埃及竞争管理局完成了 109 项调查，37 项研究和 13 项咨询意见。在此期间，埃及竞争管理局证实有 36 起违法行为，其中 28 起发生在 2012 年至 2016 年期间。

埃及不是《政府采购协议》（GPA）的缔约方。在埃及公共采购商品和服务的两个主要方法是公开招标和公开反向拍卖。这两种采购方法都向埃及和外国供应商开放，并且必须至少在两份主流日报上刊登公告。在所有政府采购中，埃及产品享有 15% 的价格优惠。外国公司的埃及子公司可从这种优惠中受益。此外，中小微企业在任何招标中都享有 10% 的额外价格优惠。在埃及，国企的存在对经济而言十分重要，埃及有大约 150 家国有企业，这些企业在石油、交通运输、电信、邮政和工业等部门从事经济活动。此外，3 家埃及国有银行拥有全国银行业约 40% 的资产。

埃及是大多数知识产权国际条约的成员。埃及向世界贸易组织通报，该国正式接受了《TRIPS 协定修正议定书》。埃及的第 82/2002 号法律即《知识产权法》是一部覆盖 TRIPS 协定所指主要领域的统一法律。埃及的知识产权立法中没有明确允许或禁止平行进口的规定。据当局称，埃及的知识产权政策认识到知识产权保护作为经济增长和发展的关键因素的重要性；通过知识产权政策，政府的目标是促进知识产权制度的有效实施、充分利用发明以及吸引外国直接投资。知识产权立法的执行由各种专门机构负责，其中一些机构有权依职权对知识产权犯罪采取行动。边境措施可适用于所有形式的知识产权。

埃及农业政策的主要目的是以合理的价格满足其国民日益增长的粮食需求；为此，埃及为水果和蔬菜等具有相对比较优势的作物提供了更多的土地，并采取了补贴措施。埃及不鼓励大量使用水的作物生产，例如棉花和食糖之类。虽然埃及为农产品的生产和消费提供国家支持，但是直接农业支持的实际支出远远低于粮食补贴的支出。渔业对作为鱼和鱼产品净进口国的埃及仍具有中等重要性，尽管水产养殖目前仍属于成长型行业。

制造业对埃及经济而言仍然具有相当重要的意义，而且该行业已相对多元化。在本报告所述期间，制造业（不包括石油）对埃及国内生产总值的贡献率平均约为 17%，约占就业人数的 30%。国家继续在埃及的制造业中发挥重要作用。食品、纺织、水泥和基础冶金是主要的次级部门。

目前，埃及政府正大力通过提高电力生产和销售能力的方式解决其电力供应危机，而提高电力生产和销售能力的措施则是，增加投资和实施监管改革，放开并部分解绑该行业。埃及采取了一系列措施来推动可再生能源并促成其中的公私合作。埃及最近还采取措施减少对消费者的能源补贴，从而大幅减轻了政府的预算负担。

埃及的金融服务业受到良好监督并且是开放的。埃及拥有庞大的银行业，但是在本报告所述期间，由于自 2009 年以来埃及没有提供任何新的银行执照，银行数量有所下降。所有银行无论是国内银行还是外资银行都必须在埃及中央银行注册并获得许可证。在注册之前必须满足一系列条件，其中包括本国银行 5 亿埃及镑和外国银行分行 5000 万美元的最低资本要求。可颁发许可的数量并没有任何法律限制，但有一个强化现有银行的政策。银行业许可是无限期的。埃及拥有一个相当发达的保险行业，尽管其渗透率相当低。保险公司必须采取股份公司的形式，最低资本要求为 6000 万埃及镑。在埃及申请保险从业许可证的外国公司首先必须在其本国获得许可证。外国保险公司的分支机构在埃及是不被允许存在的。

鉴于人口规模庞大，埃及是电信服务的重要市场。目前，固定电信服务的渗透率仍相对较低，但移动电话的数量已超过其人口数——这是当前审议期间实现的一大成果。互联网的使用率也在上升，达到了总人口的三分之一。移动电信服务是向外商投资开放的，尽管国家所有权在四大许可证持有人中的两大持有人中仍然存在。自 2009 年起，固定线路服务已逐渐放开，但这种放开的影响目前尚未显现。

埃及的航空政策相当自由，几乎没有限制。所有国内航空公司都是私营企业，外国投资在其中一些航空公司中发挥着重要作用。除了两份管理合同外，机场仍然是公有的，由政府管理，不允许第三方加入。海上运输是埃及国际贸易的主要交通工具。海运中的国内运输权仅保留给悬挂本国国旗的承运人使用。但是，如果埃及船舶发生故障并且供应商终止其服务时，政府可放弃这种权利，而将其授予外国船只。2015 年，埃及批准了三项此类豁免。埃及签署的双边和多边协议未给予任何合作伙伴国在载货配额方面的任何互惠性优惠待遇。国内海运活动和辅助服务的开展没有任何限制，但海运代理服务除外。货物装卸 / 海运码头活动和专门港口没有对外国所有权的限制。在使用港口和港口服务方面，埃及没有赋予悬挂本国国旗的船只以任何优惠待遇。苏伊士运河对埃及经济具有至关重要的意义。2015—2016 财年，这条运河就为埃及政府创造了 51.2 亿美元的收入，占该国对外账户收入的 9.8%。苏伊士运河的扩建是当前审议期间埃及在内陆水运领域的最重大的建设项目。

尽管受到过去几年事件的严重影响，旅游业仍然是埃及的一项重要服务，因为它直接和间接地雇用了该国全部劳动力的 12.6%，并且是埃及主要的外汇收入来源之一。该部门基本上对外国投资开放，并且当局正试图通过新投资法中的激励措施来促进该部门的发展。

（吕凯慧译，薛艳校）

菲律宾贸易政策审议

自2012年开展最近一次贸易政策审议以来，菲律宾经济年均增长率约为6%，增长主要是通过消费和基础设施投资来推动。2016年的人均国内生产总值约为2950美元，高于2012年的2580美元；贫困率从2012年的25.2%下降到2015年的21.6%。从占国内生产总值的比率来看，服务业是最重要的行业，也是增长最快的出口行业。菲律宾2017年至2022年发展计划的重点是提高经济竞争力，以健全的监管做法和竞争政策为基础，开放服务市场。

机械是菲律宾的主要商品出口类别。审议期间，电子和电气产品出口数量显著增长，从2011年占出口总额的9.6%上升至占2016年出口总额的25.6%。服务出口和汇款收入也呈快速增长态势。制成品进口量显著增加，从2011年占进口总额的50%增加到2016年的76%。制成品进口的激增，特别是资本货物和消费品的进口激增，可归因于基础设施投资的增加和生活水平的提高。美国、欧盟、日本、中国和东盟国家均为菲律宾的主要贸易伙伴。

在审议期间，政府采取了保守的财政政策，旨在增强政策弹性和建立财政缓冲。因此，政府债务总额占国内生产总值的比率从2012年的41%降至2016年的35%。为了找到更快的增长路径，政府大力增加了基础设施支出幅度，该项资金从2013年占国内生产总值的2.7%增加到2016年的5%，主要用于岛屿间连接、道路连通和解决马尼拉大城市及其他城市地区的拥堵。目前，预算赤字目标定为国内生产总值的3%。

在货币政策方面，菲律宾央行坚持通货膨胀目标政策，当前目标设定为3%。在审议期间，菲律宾从汇款和和证券投资中获得了大量资本流入，造成了流动资金过剩。为改善政策传导效应，中央银行自2016年6月起实行利率走廊制度，缩小了政策利率与市场利率之间的利差。

在审议期间，菲律宾接纳了强劲的外国直接投资（FDI），此项资金从2011年的19亿美元增加到2016年的79亿美元。荷兰、澳大利亚、美国、日本和新加坡是外国直接投资的主要来源国。超过60%的外国直接投资投入到制造业。基础设施问题和外资所有权限制等是阻碍进一步吸引外国直接投资的因素。

贸易政策的体制框架基本上保持不变，但确实发生了一些体制变化，特别是在卫生与植物卫生措施和农业领域。贸易和工业部仍负责贸易和投资政策的实施和协调，以及推动促进贸易和投资。

菲律宾给予所有世贸组织成员不低于最惠国待遇的贸易条件，并已与15个伙伴签订了优惠贸易协定，这15个伙伴包括东盟的其他九个缔约方，以及与东盟达成谈判协议的六个国家（澳大利亚、新西兰、中国、印度、日本和韩国）。菲律宾与欧洲自由贸易联盟成员国签署了一项协议，但尚未获批。与欧洲联盟之间的自由贸易协定正在谈判之中。

在审议期间，菲律宾向世贸组织提供了300多份通报（包括200多份卫生与植物卫生措施通报）。尽管如此，仍有一些通报尚未完成，特别是在农业领域。菲律宾目前作为申诉人参与了一个世贸组织争端解决程序；在审议期间，菲律宾未卷入作为被告的任何争端解决案件。

菲律宾的外国投资制度受1987年《宪法》和1991年《外国投资法》管辖。1991年《外国投资法》涵盖了除金融服务以外的所有活动，根据该法，菲律宾（每两年）制定一份外国投资负面清单，列出外国直接投资受到限制的活动。菲律宾继续限制外国对若干活动（包括农业、渔业、电信服务和公用事业）进行投资，但也采取了一些自由化措施。因此，取消了对专业服务（除某些例外和互惠外）的各种外国直接投资限制，也取消了银行服务。不允许外国拥有土地，但外国投资者最多可租赁土地长达75年。

2016年菲律宾《海关现代化和关税法》旨在使海关规则现代化，加快海关程序，减少腐败机会，改善海关服务的提供。所有散装或散货必须进行装运前检验。所有货物都按风险分类。高风险货物（约占所有货物的50%）的清关时间为一至两天，而中等风险货物的清关时间约为四小时。菲律宾于2016年10月27日接受了《贸易便利化协定》，并提交了关于其A类承诺的通报。

菲律宾关税由 10813 行组成（2011 年为 8299 行），按照 HS 八位数的海关编码标准，菲律宾 2017 年的关税海关编码包含 10813 个关税细目（2011 年为 8299 个），税率从 0 到 65% 不等，所有关税均为从价税。平均适用最惠国关税为 7.6%，高于 2011 年的 6.4%。平均关税的增加主要是由于 2017 年海关编码的转移和高关税项目的分割。关税配额适用于 77 个关税细目。65% 的关税细目（包括所有农业项目）均具有约束力。简单平均约束税率为 25.7%。根据具体法律，规定了广泛的关税和税收豁免。关税和税收优惠下豁免的税收相当可观，其中，2016 年关税为 5490 亿菲律宾比索，增值税为 3010 亿菲律宾比索。

大多数进口商品，如同国内生产的商品，都要缴纳 12% 的标准税率的增值税。食品和农业投入品免征增值税。对酒精饮料、烟草制品、汽车、石油产品、矿物、香水和珠宝征收消费税。大量货物在进口时均须提供许可证或执照，某些产品则需要多个许可证或执照，商业界报告了非正规付款情况。

2016 年，菲律宾根据《海关现代化和关税法》合并了其贸易应急措施监管框架。截至 2017 年底，菲律宾对三种产品（土耳其的小麦粉、中国的透明浮法玻璃和青铜色浮法玻璃）实施了反倾销措施，并对三种产品（角钢、衬板和新闻纸）实施了保障措施。此外，对禽肉还设有特殊的农业保障措施。

出口商的注册和文件要求与进口商类似，只有注册公司才允许出口。除了种植原木的出口税外菲律宾不征收出口税，种植原木的出口税为 20%。玉米和大米的最低出口价格已不再适用。出口许可证适用于各种产品。大米、玉米和糖的出口仍然受到限制，只在有盈余的情况下才允许出口。一些税收优惠取决于出口表现。

经济区是菲律宾促进出口的重要工具。激励措施包括企业和所得税减免、增值税和关税豁免以及简化的进出口手续。截至 2017 年 10 月，共有 376 个经济区，总就业超过 130 万人。菲律宾国有企业的出口还也通过菲律宾进出口信贷机构提供的公共贷款、担保和保险来促进。

菲律宾大约 80% 的标准符合国际标准。菲律宾共有 72 项强制性技术法规，涵盖范围广泛。菲律宾认证局已认证 243 个合格评定机构。菲律宾已根据“从农场到餐桌”的做法改革其食品安全制度，以加强食品安全。2013 年，菲律宾颁布了一项新的《食品安全法》，并于 2015 年实施立法。但菲律宾卫生与植物卫生措施相关的对进口食品要求似乎很复杂，基本保持不变。审议期间，菲律宾共提交了 46 份技术性贸易壁垒通知和 200 多份卫生与植物卫生措施通知。成员国没有就其卫生与植物卫生措施和技术性贸易壁垒措施提出任何具体的贸易关注。

菲律宾于 2015 年通过了第一部《竞争法》，并于 2016 年设立了竞争管理机构，但许多行业的整体竞争环境仍然不佳。国有企业继续在菲律宾经济中发挥重要作用，特别是在交通、基础设施和住房等方面。菲律宾已发布通报，宣布国家食品管理局（NFA）为国营贸易企业，拥有进口大米、玉米和其他谷物的独家权限。关于公共采购的新立法于 2016 年生效。对投标人的国籍要求继续限制着外国拥有的实体企业参与公共采购。菲律宾既不是《政府采购协议》的签约方，也不是该协议的观察员。

菲律宾知识产权法律框架基本保持不变。菲律宾版权局成立于 2013 年，负责提高对知识产权的认识，并对收取版税的组织进行认证。在审议期间，大多数类型的知识产权的申请和注册都有了强劲增长。

农业和林业大约占国内生产总值的 10%。菲律宾是世界上香蕉、椰子、菠萝和大米的主要生产国之一。世界贸易组织允许菲律宾推迟对大米数量限制（QR）关税化的豁免已于 2017 年 6 月到期。截至 2017 年 12 月，一项关于数量限制关税化的法案仍在议会待决。与此同时，菲律宾延长了与世贸组织有关的大米及其他商品的关税减让，因此截至 2017 年 12 月，菲律宾大米进口制度仍处于现状。确保粮食安全仍然是农业政策的最重要目标。该类农业政策包括为农民提供的信贷计划，还包括牲畜、乳制品和家禽计划以及政府对高价值作物的出口营销活动。

菲律宾是能源的净进口国。菲律宾政府已颁布一项可再生能源国家计划，鼓励发展可再生能源。当地含量要求适用于生物乙醇：生产必须首先使用国内原料，然后才能使用任何进口来。能源成本仍然很高，阻碍了其他行业的发展。

制造业对国内生产总值的贡献约为 25%，雇用了约 8% 的劳动力。强劲增长的行业主要包括：食品和饮料、家具和装修、电子、化工、石油精炼和机动车辆。大多数行业主要供应国内市场，但电子行业的产品主要用于出口。

服务业对国内生产总值的贡献率约为51%；在审议期间，金融服务业所占份额仍占国内生产总值的10%左右。自2014年6月以来，外资银行最多可持有100%的股份。外资银行及其分支机构也可以参与止赎程序，并在一定限制条件下占有抵押财产。自2013年年中《保险法》修订以来，在监管要求方面，国民待遇一直适用于外资保险公司。

在交通运输方面，菲菲律宾为本国运输公司保留了航空和海运两方面的沿海航行特权。大多数菲律宾双边航空服务协定涵盖了第三和第四项自由。自2015年7月起，海运中已允许国际中继：外国船舶可以载运在国内岛屿港口之间进行国际贸易的货物。国际中继货物必须自另一艘外国船只卸货，且该船在前往最终目的港的途中停靠在该港口。

菲律宾的电信行业的运营方主要为私营公司，现由两家公司主导。外资在电信业的持股比例不得超过40%。服务提供商必须在开始业务前从国会获得特许经营权。2017年，菲律宾政府发布了国家宽带计划，旨在改善电信基础设施，促进开放网络接入。

旅游业被认为是菲律宾社会和经济发展的核心部门：2016年，旅游业对国内生产总值的贡献率为8.6%，对就业的贡献率为12.8%。在审议期间，政府采取了一些签证便利化措施，以促进游客入境；还采取措施解决影响该部门的基础设施问题。在旅游业的各个领域，对外资所有权的限制仍然存在。虽然酒店允许100%的外资所有权，但对于餐厅仍适用至少40%的菲律宾所有权。

（金铭译，薛艳校）

黑山贸易政策审议

自 2012 年 4 月加入世界贸易组织以来，黑山依赖于进口和服务导向型的小规模开放型经济一直处于波动的增长态势上。黑山政府通过采取财政整顿和改革措施来应对若干经济挑战。在审议期间，黑山的 GDP 年增长率在 -2.7%（2012 年）至 3.5%（2013 年）之间；2012—2016 年的年均增长率为 1.8%，与 2001—2011 年的 3.4% 相比有所放缓。继 2016 年财政政策有所放松后，旨在刺激经济复苏的改革也得以实施，包括财政整顿计划（2016 年 12 月）、财政整顿战略（2017 年 6 月）和 2017—2019 年经济改革方案。黑山的区域和国际竞争力的发展受与生产力有关的挑战和其他挑战的影响，其中一些挑战正在得到解决。消费物价通胀率已从 2012 年的 4.1% 的峰值降至 2015 年的 1.5%，包括两年的通货紧缩。2012—2016 年 CPI 均值为 1.4%，失业率逐渐下降，但仍维持在相对较高的水平，平均值为 18.5%。

审议期间，政府在税收管理、竞争政策和劳动力市场等领域进行了一些贸易及与贸易相关的结构性改革，旨在促进生产力增长的改革——以应对黑山持续不断的生产多样化和国际竞争力挑战——正在几个领域展开（如公共财政管理、能源、运输和电信、商业环境、减少非正规经济、对外贸易和投资便利化）。财政赤字一直在上升，以适应重大公路建设项目、社会福利费用（给予母亲福利和养老金）和公共部门工资增长等有关的额外政府支出。

黑山没有独立的货币政策。由于缺乏本国货币，这在某种程度上限制了其吸收外部冲击的能力。黑山于 2002 年采用欧元作为本国货币，使外国直接投资（FDI）流入、对外贸易和国内生产总值整体增长受益。自 2007 年以来，持续停滞的生产力、不断上升的劳动力成本和持续的经常账户赤字导致了实际有效汇率的升值；欧元贬值以及欧洲央行的量化宽松缓解了这种升值。黑山的经常账户持续出现赤字，占 2012—2015 年均国内生产总值的 15.4%，2016 年由于货物出口持续下降，以及大型基础设施项目的建筑相关商品进口稳步增长，使经常项目赤字出现大幅增长，达到国内生产总值的 19%。外债总额从 2012 年占 GDP 的 155.9% 降至 2015 年的 152.1%。由于欧元区的负利率，外汇储备稳步增加。

黑山经济对国际贸易的开放性及其融入世界经济的目标继续反映在其商品和服务贸易（出口加进口）占国内生产总值的比率上，2016 年为 103.4%，已从 2012 年 111.8% 的峰值逐步下降。国际贸易和外国直接投资趋势反映了欧洲持续作为黑山主要区域市场和供应商的重要性，欧盟仍然是其主要贸易伙伴和外国投资直接伙伴。此外，区域贸易协定（RTA）下的贸易继续占其对外贸易总额的 80% 以上。黑山对外国投资直接开放；它唯一的外国直接投资限制与边境线和农业用地一公里范围内的土地及资产所有权有关。它积极通过各种非歧视性的计划激励投资。国际排名的提高反映出其为改善商业环境所做的努力，但似乎尚未体现在该国的竞争力上。

自加入世贸组织以来，黑山通过了宪法修正案以加强司法独立，并进行了体制和立法改革以打击腐败。正如其 2017—2019 年经济改革方案所述，黑山的贸易和贸易相关政策目标的重点是加强服务出口的竞争力，使货物出口多样化，增加出口导向型生产的增值。

尽管该国支持多边主义，但黑山当局认为，其地理和经济特点使地区主义成为其法律和制度发展的重要推动力。自加入世贸组织以来，黑山在政府采购和贸易便利化方面作出了承诺；它还接受了《TRIPS 协定修正议定书》。黑山从未以申诉人、被申诉人或第三方身份参与世贸组织争端解决案件。虽然黑山已向世贸组织提交了大多数领域的通报，但仍有一些尚未完成；预计将在 2018 年期间处理未决通报（例如关于进口许可的卫生与动植物检疫、技术性贸易壁垒和生产支持的通报）。

黑山参与了 5 个区域贸易协定，涉及 41 个经济体。它是中欧自由贸易协定（CEFTA）的创始成员国，是欧盟—黑山稳定与联盟协定的缔约国，与欧洲自由贸易协会（EFTA）、土耳其、乌克兰和俄罗斯联邦有区域自由贸易协定。只有与欧盟和乌克兰的 RTA 才包含服务方面的具体承诺。在审议期间，与 EFTA 和乌克兰的 RTA 开始生效。在 CEFTA 一级，在贸易便利化、原产地规则和服务贸易方面取得了进展。对欧盟的加入谈判于 2011 年启动并正在进行中；截至 2017 年底，已就 28 个政策章节展开谈判。

在审议期间，新的和/或修订的与贸易和投资有关的法律法规已全面出台。许多立法改革都是由使相关立法与欧盟并购共同体保持一致的要求推动的。黑山政府已经采取了各种举措来减少繁文缛节，让利益相关方参与制定政策。例如：黑山在制定法律的过程中引入了利益相关者协商的新准则；继续实施"监管断头台项目"以简化行政程序；为所有主要和次要立法建立了强制性监管影响评估程序。作为法律起草过程的一部分，制定了一个公开听证的框架。

关税是黑山主要的贸易政策工具之一，尽管在下降，但它是一个重要的税收来源（2016 年占总税收的 2.4%）。尽管大多数关税是从价计征的，因此是透明的，但由于欧盟的一致性，关税的复杂性增加了。2017 年，它涉及多种税率（55 种从价关税和 29 种复合关税）。由于关税等级数量和免税税目数量（包括信息技术项目）的增加以及复合税率覆盖范围的减少，简单平均的最惠国适用税率从 2012 年的 6% 略微下降到 2017 年的 5.1%。各部门之间的关税保护差异很大，2017 年农产品的平均税率为 12.3%，非农产品的平均税率为 3.1%（世贸组织定义）。关税税率从零到 30%（从价税）或 50%（复合税率上限，西红柿）均有分布；接近 89%（2012 年为 86.8%）的税率为 10% 或以下。所有关税线均按从价税原则进行约束，其余少数承诺将于 2022 年完成执行。虽然复合费率的所有从价上限似乎与限定水平一致，但适用于至少 56 个 8 位 HS 项目（如肉类、鱼类、办公设备、电气设备、电话和仪器）的最惠国税率在 2017 年似乎超过了限定水平；相关部门从 2018 年 1 月 1 日起采取措施纠正这种情况。简单的平均最惠国待遇和约束税率之间的微小差距（1.4 个百分点）确保了市场准入条件的可预测性和稳定性。黑山双边和区域自由贸易协定的扩大意味着其从优惠来源进口产品的简单平均关税率仍然大大低于最惠国平均关税率；根据其与欧盟和土耳其的区域贸易协定，黑山将关税配额应用于 149 种农产品。

在审议期间，贸易便利化的发展包含了 2016 年批准世贸组织《贸易便利化协定》（TFA）、实施经授权的经济经营者计划的步骤、建立国家贸易便利化委员会以解决这一领域的瓶颈问题，以及参与中欧自由贸易协定层面的贸易促进倡议。关于海关估价，交易价值是最常用的方法，没有参考或最低价格或固定估价表。

涵盖约 356 个 10 位海关编码关税商品或所有关税细目 3.6%［2011 年为 240 个或所有关税细目的 2.6%（HS07）］的进口许可要求有诸多原因，包括保护国家安全，保护公众、动物或植物的生命或健康，以及遵循国际承诺等。根据国际公约，药品和医疗器械进口许可证的费用以进口总值为基础，与药品和精神药物进出口/过境有关的费用占进口总值的 1%。标准协调和完全融入欧洲和国际标准化体系仍然是黑山工业政策的重要组成部分。在审议期间，黑山标准增加了一倍多，2017 年强制性技术法规中采用的标准占所有采用标准的 40.7%；98.8% 的现行标准与欧洲标准相同，其余标准与国际标准相同。似乎只有两个纯粹的黑山标准。在审议期间，对卫生与植物卫生措施的全面监管和体制框架进行了修改和更新，除此之外，确保在许多领域遵守欧盟的协定；为遵守动植物卫生检疫措施的协议，对某些不同来源的进口产品实行禁令或管制。2018 年将引入转基因生物的可追溯系统。尽管该领域存在监管和制度框架，但迄今为止还没有采取应急措施。

黑山不适用任何出口税。黑山临时（2017—2019 年）禁止出口某些木材和木制品。在资源严重短缺的情况下或为了保护可耗尽的自然资源，可以对出口实施定量限制，但迄今为止还没有这样的情况。自由贸易试验区和仓库计划为已建立的公司提供税收和非税收优惠；目前在黑山只有一个自由贸易区。

赠款、税收优惠、担保、优惠贷款、债务减记和重新安排继续支持投资、生产和贸易，特别是鼓励中小微企业、研发与生产、竞争力提升、集群发展、区域发展、创业和创造就业机会。它们的期限是从一年到一个项目的完成时间。对农业、渔业、能源和加工活动提供特定的行业支持。根据支持计划，企业免税和其他类型的支持不适用于农产品的初级生产、渔业、钢铁造船厂、运输、国防工业和博彩活动。

政府对包括贸易在内的经济参与似乎有限，并且主要针对当前具有战略重要性的领域（如能源、广播、运输和旅游）。国家或国家基金持有 60 家公司的股份，国有企业的内部债务最近有所下降。私有化计划每年都在制定，私有化进程似乎已经进入最后阶段。为使政府采购立法符合欧盟的《采购协定》和世贸组织《政府采购协议》（GPA），黑山于 2015 年 7 月成为该协定的成员，对政府采购立法进行了重大修改。虽然授予外国供应商的合同价值比 2013 至 2016 年增长了四倍多，但这相当于合同总价值的 14% 左右，约占合同总数量的 6%。参与政府采购业务的国内供应商和中小企业不享受优惠。公共采购仍然是分散的，尽管是由一个机构进行监督和促进；政府正在进行的举措包括提高采购效率和监督，此外还包括引入电子采购工具。

黑山的知识产权立法得到了广泛和全面的修正或通过新法律得以加强。随着国际承诺的扩大，保护得到进一步加强。尽管如此，执行仍然面临挑战，特别是资源限制。审议期间，在竞争政策和消费者保护框架下进行了几项立法和体制改革；在某些领域（如汽车备件和维修、保险和公路 / 铁路 / 海上交通）执行了促进竞争的协议，但不适用竞争规则。政府正在解决与有限的财政、人力资源和专业知识有关的竞争政策和消费者保护执法困难；与现有消费者保护立法和法规的零散性质有关的困难是显而易见的。对某些药品、石油衍生物和电价的价格控制已经到位。

2016 年，农业（不包括农产品加工）、林业和渔业占 GDP 的 9%；据估计，黑山约 8.3% 的适龄工作人口从事农业。该行业的特点是生产力低，竞争力受到以下因素的阻碍：地块分散（平均农场面积为 4.3 公顷）；机械化陈旧；信贷条件不利；农村基础设施不发达。认识到黑山无法大规模生产之外，重点是帮助农民生产可通过旅游销售的高质量产品。黑山的主要农业活动是畜牧业，主要畜种是牛和羊。黑山是农产品净进口国。只有少数出口产品（如葡萄酒、肉类、面包制品和啤酒）占农产品和农产品出口的绝大多数。除了谷物外，主要农产品的生产还得到了相当程度的最惠国待遇（有时是优惠税率）关税保护。国家拥有一些农业用地，部分被出租，并拥有该国主要葡萄酒生产商的大部分股权。黑山不提供出口补贴。以下领域的国内支持力度适中，包括：市场价格政策措施；农村发展措施；农业和机构发展中的一般服务和社会转移支持以及渔业发展措施。市场价格政策包括与生产挂钩的直接支付；主要受益者是牛肉和牛奶生产部门。在加入欧盟的背景下，预计将逐步将直接支付与生产脱钩。自 2002 年以来，政府的养老和残疾保险基金为购买羊肉提供补贴，以支持最弱势群体的羔羊生产和消费。

近 70% 的黑山领土被森林或林地覆盖。近年来，由于农民放弃了农业用地，人们开始重新植树造林。锯木业是木材加工行业的主要经济活动，农村人口继续依靠木材作为能源。该国大约一半的森林是国有的，根据特许协议进行商业开发。从国有森林中采伐的木材，在出口前必须经过加工（达到初级加工水平）。在 2017 年年中，黑山对某些木材产品实施了临时出口限制，以确保在邻国阿尔巴尼亚的伐木禁令以及随后对该市场的出口激增后，能为国内市场提供充足的供应。

黑山的渔业部门不发达、开发不足，而且具有手工性质。外国渔船可获得在黑山水域作业的许可证。黑山每年都会设置一个最大允许捕获量；在审议期间，实际捕获量大大低于此阈值。黑山是鱼类产品的净进口国。关税保护范围从 0% 到 20%。渔业部门的预算支持很少。

黑山的所有矿产资源都是国有的，开采主要根据特许权合同进行；自 2012 年以来，特许费收入从 810517 欧元到 520 万欧元不等。矿业部门的关税保护水平较低；2017 年的简单平均应用关税（ISIC 定义）为 1.2%，关税税率为 0 至 8%。2016 年，矿业产品出口（主要是铝矿石和精矿、锌矿石和精矿、其他有色金属贱金属废渣、未锻造铝和铝合金）占出口总额的近 32%。

黑山的能源生产来自水力发电、煤炭和燃料林。为了满足国内需求，黑山进口其能源需求的大约 10%~15%。所有的石油目前都是进口的，除了一家在黑山经营的石油和天然气公司以外，其他公司都是私有的。海洋油气勘探正处于研究阶段。2015 年，电力市场分散化，完全开放竞争；然而，国家在发电、输电和配电领域拥有电力市场的重要所有权。输电和配电价格受管制。电价不会因子部门的类型而有所不同，但会因电压水平而有所不同；只有那些被认为是弱势客户（不属于家庭类别的家庭和小客户）的才有优惠电价。可再生能源发电通过上网电价获得支持。

2016年，制造业（包括农产品加工业）在经济中的GDP份额为4.6%，该行业就业人数占就业人口总数的6.3%。制造业生产以下述领域为主：医药制品和制剂；基本金属和金属制品；食品、饮料和烟草；其他非金属矿产品；机器和设备以及木材和软木制品。其主要出口产品是铁、钢筋和钢条、药品以及某些机械和运输设备。制造企业可以从一般和特定制造计划下的激励措施中获益。

服务业占经济活动的70%以上。黑山已在服务业分类表所列的12个部门及其80%以上的子部门履行了GATS承诺。黑山还计划在基础电信、邮政和快递服务以及港口服务领域作出一些“额外承诺”。

黑山的银行和保险业对外国投资开放。审议期间，银行业的情况有所改善，因为已成功采取措施处理严重的不良贷款问题。银行贷款已经回升，但对经济增长反弹和高流动性状况没有反应。该行业似乎过度银行化，这对盈利能力构成了挑战。在审议期间，中央银行的职责扩大到监督消费信贷和监督融资租赁、应收账款活动的保理和购买。分析表明，过去十年，保险业的集中度有所下降。只有在黑山成立的保险公司才能为黑山的财产和人员投保，但某些例外情况除外，包括再保险。

电信部门是完全私有的，外国直接投资水平很高。在固定网络基础设施领域几乎没有真正的竞争，固定电话终端价格明显高于欧洲平均水平，而移动行业则相反。在广播领域，外国和国内投资者在黑山的规章制度下受到平等对待；目前唯一的内容要求是，一般电视广播公司必须确保被视为内部制作的内容至少占其每月播出时间的10%。黑山电影中心于2017年开始运营，此外，该中心还向打算在黑山拍摄电影的国内外制片人提供奖励。

尽管主要商业港口阿德里亚港在2013年私有化，但在海运、铁路和航空业，运输业公司的国家所有权仍然占重要地位。黑山正在努力解决交通基础设施的缺陷，方法是建设一个主要公路项目的第一段，该项目最终将与塞尔维亚边境的Boljare一起加入黑山在巴尔的海港，并继续努力升级铁路轨道和滚动至东海岸。沿海运输服务只能由悬挂黑山旗帜的船舶提供。海事部门正面临来自邻国港口的竞争，导致客运和货运量下降。

旅游业仍然是黑山的主要经济活动和政府收入来源之一，并对其他部门起到刺激作用；其主要旅游产品目前与沿海活动有关，但政府仍在进行多元化努力。在黑山，没有对任何类型的旅游住宿的外国直接投资进行限制，也没有适用于旅游服务提供商的国籍要求。黑山提供了各种奖励，特别是为了刺激对高质量设施的投资。

黑山的经济增长很可能在不久的将来加速，这主要是由公路建设支出、旅游业和能源投资以及相关的高消费推动的。尽管有这些前景和现有的缓冲，但经济前景的下行风险仍然存在。由于其规模、进口依赖性和有限的多样化，经济仍然容易受到外部冲击的影响，包括依赖外国资本为大型公共融资需求和外部需求波动提供资金，以及与进口有关的内生风险、大型公共基础设施投资项目、提前退休和人口老龄化以及高失业率。未来的繁荣以及可持续和包容性增长取决于财政巩固战略的实施、金融部门的持续警惕、劳动力市场改革以及商业环境和治理的收益。这些以及促进生产力和生产多样化的结构性改革将增强黑山经济的灵活性，增强其应对日益增长的外部挑战以及进一步融入多边贸易体系的能力，从而能够继续实现其广泛的经济和福利目标，包括包容性增长和缩小财富差距。

（史佳悦译，邓兴华校）

几内亚贸易政策审议

在第四次贸易政策审议（TPR）期间，几内亚实行了一系列有助于改善其经济状况的改革。如采用一项新的《采矿法》，在农业部门实施有针对性的措施，以及恢复水力发电，都有助于振兴严重依赖采矿资源的几内亚经济。因此，2010 年不到 2% 的国内生产总值年增长率在 2011 年和 2012 年上升到 5% 以上，然后在 2015 年由于采矿业出现问题而逐渐下降到 3.5%，并且 2015 年的埃博拉疫情加剧了这一问题，严重阻碍了经济活动。随着 2016 年疫情的结束，采矿活动得到恢复，农业部门开始表现良好。

在宏观经济方面，货币政策收紧，其中包括停止中央银行预算赤字融资的决定，使通胀率从 2011 年的 21% 下降到 2016 年的 8%。这部分归功于一项预算政策，力求在消除低优先支出的同时优化税收，因此尽管几内亚原材料出口的世界价格大幅下跌，到 2016 年预算赤字几乎已经消失。然而，由于该国财富分配严重不平等，贫困水平仍然令人关切。尽管有轻微的改善，但其联合国开发计划署人类发展指数依然很低，几内亚仍旧在最不发达国家集团之列。其经济基本上依赖于采矿业，铝矾土、黄金、铁矿和钻石约占其货物和服务出口收入的 95%。

作为商品和服务的净进口国，几内亚的对外经常账户赤字从 2011 年的 17% 上升到 2016 年的 33%，商品和服务的进口额几乎是出口额的两倍。在审议期间，矿业和水电是两个主要的外国直接投资目标，随着原材料价格的暴跌和埃博拉疫情的蔓延，这些投资都大幅下降。因此，商品和服务出口在国内生产总值中所占份额在按区域标准计算为 32% 都已特别低的情况下，在 2016 年又降至约 27%，这凸显了经济多元化的重要性。与此同时，进口所占的比重由 53% 下降至 47%。进出口的相对下降导致货物和服务贸易占国内生产总值的比重从 2011 年的 85% 下降到 2016 年的 74%。然而，这一比重仍然证明了贸易对几内亚的重要性。几内亚的主要贸易伙伴仍然是欧盟（尽管在其进出口中的份额都有所下降）、中国、阿拉伯联合酋长国和瑞士。

在世贸组织内，几内亚约束了其约 40% 的关税税率，其中包括所有农产品和约 30% 的非农产品，税率从零到 75% 不等。约束税率的简单平均值为 20.4%，农产品为 39.6%，非农产品为 9.9%。作为西非国家经济共同体（ECOWAS）的成员国，自 2017 年以来，几内亚采用共同对外关税（CET），即完全按照 0、5%、10%、20% 和 35% 的税率从价计税，因此，超过 600 个关税细目的实施税率超过了几内亚的世贸组织约束税率。但总体而言，自 2011 年以来平均关税水平保持不变，约为 12%。

几内亚还征收其他社区进口关税和税收，包括西非经共体社区税和非洲联盟社区税、注册税、加工和评估费以及附加税。此外，几内亚采用共同对外关税“配合措施”（即进口调整税和附加保护税），这些措施可选用并在国内实施，进一步使边境税制复杂化。最后，几内亚还征收国内税，包括标准税率为 18% 的增值税，并对进口和当地产品征收消费税。

一般而言，为了巩固已经取得的进展，尤其是某些贸易程序的计算机化，可能需要审议某些所进出口单据的效用和成本，包括“描述性进口申报单”。几内亚正在将其海关系统从 ASYCUDA++（海关数据自动化系统 ++）转变为 ASYCUDA World 系统，显然其可以通过电子方式提交海关文件。《2015 年海关法》规定了一个经批准的经济运营商机制，该机制应在不久确立，然而在引入现代风险分析系统之前，货物主要通过红色通道进行检查，要求对单据和货物进行实地检查，包括通过扫描仪进行付款交单。装运前检查系统于 2017 年 4 月解除，并通过创建单一窗口以便于完成出口程序。然而，仍然需要一份详细的海关申报单以及一整套文件，当然还有相当多的重税和费用。

在审议期间，几内亚参加世贸组织技术援助活动的次数大幅增加。但是，根据各种协议向世贸组织提交的通报仍然很少。几内亚尚未批准 WTO《贸易便利化协定》，也未公告该协定下的措施类别。自 2011 年以来，几内亚已经进行了几项改革，以改善商业环境。交易系统的改革有助于大幅降低黑市交易溢价。几内亚颁布了新的《投资法》，希望通过建立一个单一窗口来简化和便利手续，以促进投资。它还将引入一种机制来促进公私伙伴关系。目前几内亚正在实施一项私有化战略，并实施了改革，以加强上市公司的财务监督，此改革受洲商法协调组织条约的约束。

几内亚处理贸易、卫生与植物卫生措施方面的技术壁垒得益于负责这些事务的各个机构之间较好的协调，并有助于边境的质量控制。审议期间几内亚很少使用竞争条款。政府采购制度由于其复杂的体制框架，有利于通过直接谈判授予合同：2016 年达到高峰，当时超过 92% 的合同是通过这种方法授予的。同时，几内亚尚未将其知识产权立法通知世贸组织，尚未批准《TRIPS 协定修正议定书》，这使其更容易获得低成本药品，也没有根据《与贸易有关的知识产权协定》第 69 条指定联络点。几内亚尚未通报任何反倾销、反补贴或保障措施，或者任何其他出口支持措施。

几内亚在农业、渔业和水产养殖方面的发展潜力相当大。以少数产品为主的农产品出口在引导和激励措施出台后大幅增加。几内亚广泛的水道也导致它开始开采水力发电的特殊资产。进一步的深化改革可能使几内亚成为一个重要的区域电力出口国。另一方面，自 2011 年上一次贸易政策审议以来，由于过度捕捞若干鱼类、结构性问题以及对可持续渔业的投资不足，渔业对国民经济的贡献大幅减少。

在其他国家实施非精炼铝土矿出口禁令后，对其主要出口产品铝土矿的外部需求不断增长。几内亚新的采矿立法反映了当局欲提高合同的透明度，增加国家从该国的采矿资源中获得的收入，并找到该部门为国民经济作出贡献的其他方式的决心。根据这项政策，每个项目的 30% 的成本应该由能够为矿业公司提供服务的当地企业承担。此外，从原材料到加工产品，采矿税也在递减。2014 年，几内亚被宣布符合《采掘业透明度倡议》的标准。

自有关规定得到改进以来，电信服务出现了激增。另一方面，需要对交通基础设施进行投资，以便更好地发挥运输服务在国家发展中的作用。《2017 年公私伙伴关系法》（PPP）实施案文通过后，可为科纳克里港有形基础设施的现代化和管理提供更多的资金，因为科纳克里港的陈旧设施和管理已对国际和区域贸易产生了直接影响，此法也有助于进一步加强道路基础设施建设。

金融服务对外国公司是开放的，资金来源不受限制，前提是这些公司须根据国内法设立。几内亚在一些领域引入了新的规定，包括基于风险的监督、银行保险和小额保险、控制洗钱和打击恐怖主义。由于几内亚迄今没有出现安全问题，旅游业成为具有发展潜力的服务之一。它的自由旅游政策及其特殊的国家资产还可以在公私伙伴关系框架内加以利用。

（贾莉译，戴臻校）

毛里塔尼亚贸易政策审议

自2011年第二次贸易政策审议以来，受其主要出口产品（主要是铁矿石）国际价格高企、新机场大规模公共投资、努瓦克肖特港口扩建以及道路基础设施建设等影响，毛里塔尼亚出现了连续五年的经济稳定增长，年增长率为5%~6%。人均收入持续大幅增长，2014年接近1500美元。但是，该国财富分配不公，意味着经济形势向好对其430万人口的整体贫困水平影响不大。据联合国统计，毛里塔尼亚仍然是人类发展指数较低的最不发达国家之一。

尽管铁矿石国际价格下跌导致其出口收入下降，财政收入相应下降，贸易差额和预算赤字加剧，但毛里塔尼亚仍尽力维持一定的宏观经济稳定性。为控制预算赤字，毛里塔尼亚取消了大部分的柴油、丁烷气以及电力消费补贴，取消了政府工资，并使免税合理化。因此，预算赤字（含拨款）从2014年最高占GDP的3.4%降到2016年占GDP的0.5%。毛里塔尼亚的货币供应紧缩政策以及预算改革和其他遏制央行预算赤字融资等措施共同使2016—2017年的通胀率降至1.6%~2.5%，不到2011年的一半水平。

鱼类出口的增长不足以弥补矿业出口的下降，因此其出口占GDP的比重从2011年的51%下降到2016年的35%。同时，其进口在国内生产总值中所占的比重也有所下降，从53%降至50%，结构变化不大。进口产品仍然以食品（18%）和石油产品（19%）为主，毛里塔尼亚的燃料供应完全依赖进口。欧盟、中国、阿拉伯联合酋长国和瑞士仍然是毛里塔尼亚的主要贸易伙伴，尽管欧盟的份额有所下降。虽然区域贸易基本上都不正式且无记录，但最近对西非地区，特别是科特迪瓦和尼日利亚的鱼类出口激增。

第三次贸易政策审议期间（2011—2016年），毛里塔尼亚参与世贸组织的活动有限。截至2018年3月，毛里塔尼亚尚未批准《贸易便利化协定》或《TRIPS协定修正议定书》。在大量提交世贸组织通报，尤其是有关国营贸易企业、技术性贸易壁垒、卫生与植物卫生措施和知识产权的通报方面，仍然存在不足。世贸组织对毛里塔尼亚的技术援助因其未支付费用而受阻。

2011年以来，毛里塔尼亚对货物进出口机制进行了现代化和简化处理。2016年1月采用自动海关系统ASYCUDA WORLD后缩短了进口清关时间。2014年废除了强制性装运前检验计划。通过采取上述措施，进出口所需文件可能会减少；总体而言，程序得到了简化。但是，海关没有可发布适用法律法规（如2017年《海关法》）的官方网站。

2016年进出口银行注册手续也得到简化。据报道，毛里塔尼亚汇率制度将在国际货币基金组织的帮助下进行改革。然而，某些公司被免除了将出口收入汇回本国的义务，因此可以持有国外银行账户以将其在毛里塔尼亚经济活动中获得的收入存入本国，比其他公司更具优势，这一事实导致毛里塔尼亚的经济内部出现分裂。

由于在国际贸易交易中缺乏竞争力，依据区域标准，毛里塔尼亚的产品价格仍保持在较高水平。因此，有必要确保正确实施《商法典》（2015年修订）中有关竞争的规定，特别是有关若干经济部门中垄断出口或进口的国有企业的规定。2011年6月，毛里塔尼亚出台了新法规，让政府采购更加透明。

在世贸组织中，毛里塔尼亚限制了41%的关税细目，即所有农产品和31%的非农产品的从价税率在0到75%不等。所有这些产品的约束税率简单平均值为20.4%，农产品为38.5%，非农产品为11%。大部分农产品（所有农业关税细目的85%）的约束税率为25%、30%和50%。其中咖啡、茶、马黛茶、香料、谷物、酒精和非酒精饮料以及烟草制品的约束税率较高（75%）。另一方面，所采用的最惠国关税，即所有细目的从价税包括四个税率（0、5%、13%和20%），其中2017年的平均税率为12.1%（几乎与2010年相同）。最高关税税率（20%）适用于约39%的关税细目，主要涵盖最终消费品。

毛里塔尼亚约11%关税细目采用的税率超过了世贸组织的约束税率。此外，毛里塔尼亚实施西共体共同关税将增加约39%的农业关税细目，特别是水果、蔬菜、植物和动物产品。2019年1月，在作为与欧盟达成经济伙伴协定第一阶段而缔结的自由贸易协定中将制定西共体共同关税。

仅征收进口税提高了一些产品的所谓消费税。标准增值税税率也提高到了16%。外国货车进入或从毛里塔尼亚过境也要缴税。除此之外，还征收新的服务进口税。最后，审议期间某些出口税有所上涨。事实上出口税仍然很高，包括2%的最低单一税率、1%的统计费以及对兽皮、毛皮、皮革、渔产品和矿产品征税。

毛里塔尼亚不适用任何反倾销、反补贴或保障措施。出口企业受益于税收和关税减让。鱼类出口的推广得益于自2013年3月即符合国际要求的国家渔业和水产养殖产品卫生检验局的实验室现代服务。另一方面，针对动物产品的其他卫生立法可追溯到20世纪60年代。与国际标准接轨有助于确保产品安全，促进肉类和兽皮、毛皮、皮革贸易。这些都是毛里塔尼亚的明显比较优势。

在行业层面上，尤其是在与欧盟和中国签订的协议框架内，毛里塔尼亚向外资企业出售捕捞许可证已获得了部分预算收入（约占公共收入的8%）。在努瓦迪布自由贸易区成立且享受税收、关税和汇率优惠的大约100家冰冻或新鲜鱼类加工厂目前处于出口垄断地位，其出口税在审议期间有所增加。

采矿业和碳氢化合物行业现行法规的目的在于提高毛里塔尼亚的资源开采效益。因此，毛里塔尼亚在有关企业的资本中引入最低限度的无偿国有股，在所有建筑、供应或服务提供的相关合同中采取国家优惠条款。随着唯一在产油田的枯竭，预计从2017年开始将不再出口原油。石油产品的进口和储存仍被垄断，同时采取价格管制措施。

国家工业矿业公司（SNIM）的78%为国有，主要生产铁矿石，并以磁铁精矿形式出口。该公司仍是毛里塔尼亚最大的行业企业，享受所有关税和税收减让。主要通过开采协议，通常是与SNIM达成合作，外国资本可参与矿业活动，特别是铜和黄金的开采。2017年，约60家运营商取得了64份勘探许可证进行作业。目前，毛里塔尼亚的电力依靠热电，且整个发电、输电和配电都由国家垄断，电力短缺是实现工业化的障碍，也阻碍了矿产资源等国家资源的开发。

许多有关农业和畜牧业发展的计划不足以满足农业政策规定的优先级目标，即在削减进口额的同时增加国内食品产量并保障食品安全。不过，水稻生产方面取得了巨大进步，表明农民能够对适当措施迅速作出响应。2018年初，负责为低收入人群进口必需食物的国营企业SONIMEX停业清盘。

自2011年以来，毛里塔尼亚一直致力于改善国家的服务基础设施，并从一定程度上对相关规定进行了改革。努瓦克肖特港口的扩建增加了其吞吐量。经过几次尝试之后，毛里塔尼亚于2011年再次建立了一家新的大型国有航空公司，享有各种贸易利益。

新的《电信法》已经颁布，旨在加强竞争、巩固监管当局的作用。同时，首个连接毛里塔尼亚与欧洲的非洲海岸—欧洲（ACE）海底电缆连接项目已投入运营。拨打到毛里塔尼亚的国际电话终端费率为每分钟0.22欧元，其中0.08欧元归国家所有。在金融领域，为改善银行（非保险公司）的外部和内部审计，引入了新的书面性规定，进而采纳了巴塞尔协议的偿付标准，以打击洗钱活动。

（王千译，李雪峰校）

哥伦比亚贸易政策审议

这是对哥伦比亚贸易政策和实践的第五次审议。在审议期间，从 2012 年初到 2017 年底，哥伦比亚的 GDP 年均增长率为 3.3%，国内生产总值的增长主要受国内需求的推动。在 2012 年到 2014 年，GDP 年增长率均超过 4% 的情况下，增长速度从 2015 年开始有所减缓。2017 年，GDP 预计增长 1.8%。GDP 增速放缓是以石油和其他原材料为代表的出口减少的结果，也是国内需求增长放缓的结果。预计 2018 年经济增长将会提高。政府启动了经济改革计划以刺激经济，包括：税收优惠、减免关税和其他税收、投资体制改革以及增加基础设施投资。虽然经济增长和通货预期呈现良好态势，但包括促进经济多样化和减少贫困在内的一些结构性问题仍然是巨大的挑战。

虽然哥伦比亚的财政政策旨在到 2022 年将公共部门赤字降低到 GDP 的 1% 以下，但在审议期间的大部分时间内财政赤字徘徊在 GDP 的 2% 至 4% 之间，而且事实已证明赤字不会下降。2016 年底，哥伦比亚推出了一项税收改革法，其中包含一系列改善税收的措施，并同时规定到 2019 年将利润税逐步降低至 33%。

哥伦比亚引入了通货膨胀目标体系，旨在保持较低且稳定的通货膨胀率，并实现接近其长期发展潜力的 GDP 增长率。审议期间，通货膨胀率仍然相对较低并保持稳定，且在中央银行（共和国银行）设定的范围内。哥伦比亚汇率制度灵活。由于油价下跌（部分原因），哥伦比亚比索在 2012 年至 2015 年期间实际贬值近 30%，之后比索又实现了实质升值，然后进入一段稳定时期。

2012 年至 2016 年期间，由于石油和其他矿产出口价值大幅下降以及进口大幅萎缩，哥伦比亚对外贸易额也出现大幅下降。尽管哥伦比亚出口了 4800 多种不同的产品，但该国对石油和石油产品出口的依赖程度依然很高。2017 年，石油产品约占出口总额的 40%，其次是煤炭、化工产品、咖啡和鲜花。哥伦比亚目前正在实施一项战略，让出口基础变得多元化，以减少对原材料的依赖。鉴于此，哥伦比亚正在努力提高服务业和非传统制成品出口。哥伦比亚的主要贸易伙伴是美国、欧盟、中国、墨西哥和巴西。

哥伦比亚的经常账户收支传统上处于赤字状态，主要原因是服务和收入账户的净流出。造成收入赤字的部分原因是矿区土地使用费以及与矿山能源部门有关的其他费用流向海外。2016 年，经常账户赤字占 GDP 的 4.3%，2017 年为 3.3%，这种改善在一定程度上是进口商品的减少带来的。

审议期间，哥伦比亚通过颁布单一监管法令，包括将各部门的所有现行管理法令进行汇编的方法精简并协调了其规管架构。迄今为止，已发布了 24 项单一监管法令，包括大部分贸易法规的汇编版。但是，尽管作出了这些努力，法律和规管架构的执行仍然因为经常进行添加的修正案而变得复杂。由于哥伦比亚制度的某些特点，执行这些修正案的过程可能很耗时间。

哥伦比亚的贸易政策目标已在国家发展计划（PND）中列举。自 2012 年以来，哥伦比亚继续执行一项更大程度地融入世界经济的政策，为其出口寻求更好的市场准入条件，并为进口提供最好的供应商，同时努力降低生产成本。许多机构都参与了贸易政策的监控。2017 年，哥伦比亚颁布了一项新法律，规定对区域贸易协定的执行情况及其对不同经济部门的影响实行监控。

哥伦比亚是世界贸易组织的创始成员，并签署了《服务贸易总协定》的附件：电信和金融服务议定书。它还参与修订了《与贸易有关的知识产权协定》的议定书，并签署了《信息技术协议》。另一方面，哥伦比亚不是任何 WTO 诸边协定的缔约方。截至 2018 年 3 月，哥伦比亚仍处在批准《贸易便利化协定》的进程之中，该协定当时已提交宪法法院。自 2012 年上一次贸易政策审议以来，哥伦比亚已向世贸组织通报了其采取的贸易措施，例如，该协定当时已提交宪法法院。2018 年 3 月，哥伦比亚大量通报了在农业、服务和进口许可等领域已通过的措施。审议期间，在争端解决体系下，人们对哥伦比亚贸易惯例有两类不满。虽然哥伦比亚自身未提出任何申诉，但作为第三方参与了若干争端解决案件。

自 2012 年以来，哥伦比亚已经实施了新的区域贸易协定，涵盖了与太平洋联盟、哥斯达黎加、韩国、美国和欧盟的商品和服务贸易。哥伦比亚在太平洋联盟框架内开放了贸易，正寻求深化与智利、墨西哥和秘鲁的业已存在的贸易关系。同样，哥伦比亚在 2012 年与委内瑞拉玻利瓦尔共和国达成了一项新的拉美一体化协会部分范围协定。与欧洲自由贸易协会（EFTA）签署的自由贸易协定于 2011 年对瑞士和列支敦士登生效，于 2014 年对冰岛和挪威生效。哥伦比亚还参加了涉及服务贸易协定（TISA）的谈判。

哥伦比亚拥有开放的投资体制，允许外国私人投资可以进入除了出于安全考虑而禁止进入的领域以外的所有领域。外国投资者可以通过商业公司创业，也可以在该国设立分支机构。一般来说，除了采矿、碳氢化合物部门和金融部门，在哥伦比亚投资无须事先获得授权。外国投资登记是强制性要求。2017 年，哥伦比亚简化了合同安排下外国直接投资的登记程序。尽管金融稳定合同在 2012 年底因成本过高而被取消，但在此之前签署的合同在期满之前仍然有效。

哥伦比亚实际上一直在寻求开放其贸易体制，自 2012 年上一次审议以来，哥伦比亚已采取了一系列措施使法律框架现代化以促进贸易发展。例如，哥伦比亚改进了海关系统，加强对外贸易单一窗口（VUCE）以及引入风险管理系统，这意味着检查次数和清关时间的减少。2016 年，哥伦比亚还通过了一项新的关税法令，使得其规章制度更加现代化和简化，并使其与最佳国际惯例相协调。主要的变化包括：风险管理系统和外汇管理机构均已更新，在转型期后取消必须使用报关代理人/经纪人的要求，可以执行早期决策请求，精简了通关流程，采用电子支付，以及完善了保障制度，等等。新的海关法规规定了分阶段实施，而且只有在计算机系统发展状况允许的情况下才会实施一些措施。在海关当局和申报者之间就申报价值产生争议的情况下，哥伦比亚继续将参考价格作为管制工具。

审议期间，哥伦比亚仍在继续执行于 2011 年就开始实施的结构性关税改革（REA），以减少关税分散和解决负有效保护问题。2017 年，根据 2017 海关 HS 十位数编码，哥伦比亚关税包含了 7708 条从价税细目。2017 年适用最惠国平均关税税率为 7.1%（如果包含安第斯价格体系下的关税，则平均关税为 7.9%）。哥伦比亚使用了 13 种不同的关税税率，税率从 0% 到 98% 不等。约 49.7% 的细目享受零关税，只有 6.2% 的细目关税超过 15%。2017 年农产品平均关税（根据 WTO 定义）为 15.4%，而非农产品的平均关税为 5.8%。世界贸易组织制定的最高平均关税继续适用于乳制品、服装、动物和动物产品，平均关税分别为 55.1%、40% 和 20.3%。哥伦比亚为下列两种情况提供关税减免：第一种是基于出口或进口部门的情况；第二种是促进哥伦比亚特定经济部门发展的情况。为此，2011 年至 2017 年期间，汽车行业、一般性工业部门、农业和畜牧业部门以及政府部门享受了关税减免。

哥伦比亚采用了安第斯价格体系（SAFP），该体系包含了根据周期性固定参考价格计算的可变关税。SAFP 适用于棕榈油、豆油、白米、白糖、原糖、猪肉、大麦、全脂牛奶、黄玉米、白玉米、黄豆、小麦、切块鸡肉的进口。哥伦比亚目前暂时使用世贸组织对鞋类和服装施行的约束关税，前提是这类商品的入关价格低于或等于相应关税类别规定的阈值。此外，哥伦比亚还采取措施防止和控制影响服装、纤维、纱线和梭织织物以及鞋类进口的海关欺诈行为，无论进口商品的原产国和/或来源地是哪里，这类进口商品已申报的离岸价格低于或等于法令规定的阈值。

除关税外，进口货物还需缴纳增值税（VAT），其税率与国内商品和进口商品缴纳的税率相同。进口非哥伦比亚生产的某些型号的机器和设备，根据特别进出口项目而进口的产品，以及从 2017 年 1 月起通过快递寄送的价格不超过 200 美元的商品，均无须缴纳增值税。某些产品，无论是国内生产的还是进口的，都要缴纳特许权税。2016 年 12 月，管理白酒和葡萄酒特许权税的机构进行了一项改革。此前，相比酒精浓度较低的饮料（如国产的渣酿白兰地酒），酒精浓度超过 35° 的饮料（大多数为进口商品）会缴纳更高的税。改革之后，这个事实上存在的歧视消除了。

对于大多数关税细目，哥伦比亚实行进口登记和许可要求。哥伦比亚采用一种自动许可体系（自由进口），要求对受管理部门实施的许可证和授权制度约束的商品实行预进口登记（超过 6000 种关税细目)。此外，哥伦比亚对 180 个关税细目实行非自动许可制度，即这些细目在进口之前必须获得许可证。注册和获得进口许可可通过 VUCE 在网上进行。

审议期间，哥伦比亚采取了反倾销措施。从 2012 年到 2017 年，哥伦比亚发起了 45 项反倾销调查，而 2006 年至 2011 年期间仅为 25 起。哥伦比亚实施了 29 种最终关税和 13 种临时关税，并进行了 15 次日落复审，其中 14 次复审导致关税增加。2017 年 12 月底，哥伦比亚对来自五个贸易伙伴的进口产品继续实施 17 种反倾销最终关税，产品包括餐具、厨具、钢铁和铝产品以及塑料和化工产品。同一时期，哥伦比亚正采取 12 起行动，包括新的调查项目和 5 年期审议项目。2012 年至 2017 年期间，哥伦比亚启动了四项保障调查，引发两项临时措施和一项最终措施的实施，但没有征收反补贴税，也没有发起任何补贴调查。

一般来说，除某些产品根据法律或国际协议规定受到授权、证书或事先许可限制外，哥伦比亚没有施加任何出口限制。这些要求都是由 VUCE 处理的。虽然出口商品不会缴纳增值税，但对淡咖啡、天然翡翠和煤炭的出口提供广义上的财政支持将有助于促进这些行业的发展。

前一份报告中提到的出口支持方案仍然有效，不过其中一些方案尚未使用。2016 年，为了统一和简化规则以及促进政府服务便利化，哥伦比亚政府修订了免税区制度。为了在免税区内从事商业活动，申请人必须满足最低的投资、公平和提供就业岗位的要求，以获取税收优惠和海关手续简化优惠。向国家海关辖境销售免税区内生产的货物或提供免税区服务，只需就免税区外生产的部件支付相应的关税和其他税。2017 年 6 月，免税区创造了约 17.5 万个直接和间接就业机会。国际贸易公司(CI)管理部门允许对 6 个月内出口的货物免征增值税。到 2017 年底将有 265 个经授权成立的国际贸易公司。哥伦比亚还没有制定出正式的出口保险计划。

哥伦比亚实施了一系列的税收、信贷和促进支持的激励措施，用于吸引国内外投资和促进特定部门发展。在信贷激励方面，哥伦比亚出口银行(Bancoldex)以及哥伦比亚商业发展和外贸银行向哥伦比亚企业提供金融类和非金融类的产品和服务，以满足出口国和非出口国的信贷需求。审议期间，哥伦比亚政府继续致力于促进中小微型企业(MSME)的发展，这些企业受益于哥伦比亚中小微型企业现代化和技术发展基金组织提供的特别税收制度和融资支持。中小微型企业国家支持系统为这类企业提供了财务和非财务支持。哥伦比亚通过对从事创新或技术发展活动的个人或企业提供税收优惠来支持科学和技术发展。

哥伦比亚继续实行 Vallejo 计划，该计划也称作特殊进出口体系(SEIEX)。在该体系下，进口商品可临时性全部或部分免征或暂不征收关税和其他税，或推迟缴纳或免于缴纳增值税。该计划适用于生产供出口商品或提供与生产或出口该商品或服务直接相关的服务所需的投入物、原材料、中间产品、资本货物和备件。该体系带来的好处包括享受出口相关税收优惠的进口配额。哥伦比亚最近决定，非哥伦比亚生产的资本货物和原材料的关税将永久降低至 0%，这大大削弱了 SEIEX 的优惠属性。

哥伦比亚的技术规章并非集中制定，而是由各机构负责制定，主要是各部、管理委员会和获得下放权力的机构。然而，哥伦比亚在实践中也采用了类似的程序：2017 年引进综合管理系统(SIG)后，哥伦比亚政府经商议决定采取一项程序，以便编写和发布技术条例，这些技术条例汇编了技术法规中对最佳实践的建议。技术法规以法令和决议(尤其是法律)的形式颁布。2012 年 1 月至 2017 年底，哥伦比亚向世贸组织信息中心提交了 62 份实质性通知(如果纳入增编和修正版内容则是 126 份)。2017 年 12 月，哥伦比亚实施了 105 项技术法规，所涵盖的产品包括食品、燃料、药品、化工产品、集装箱、肥料以及对环境有影响的产品。同样在 2017 年 12 月，有 27 家机构被授权进行产品认证。自 2015 年以来，技术法规必须接受监管机构审议，以确定这些法规是继续执行，还是需要进行修改或废除，审议至少每五年进行一次。如果条件改变，也可提前审议。

哥伦比亚卫生与植物卫生措施检疫措施协议(SPS)的拟订和实施属于卫生与植物卫生措施系统内各部门或机构的职权范围，这些部门或机构根据协调各领域政策这一原则开展工作。虽然各个特定领域的风险评估机构都采用了 SPS 措施，但负责发布 SPS 措施的机构遵循某些共同准则，包括与该领域的参考机构使用的国际准则进行协调。拟议的

SPS 措施必须包含技术上的根本依据，并须征求公众意见。审议期间发布了 47 条通知，其中 12 条涉及动物健康，12 条涉及植物，23 条主要涉及食品、兽医药品和肥料等领域。2017 年 12 月 31 日，哥伦比亚已有 496 条 SPS 措施生效。一些措施已经实施了数年，虽然因部分条款已被废除，这些措施在某些情况下仅实施了一部分。

哥伦比亚通用的竞争保护制度涵盖了所有部门和一切经济活动。然而，在某些被认为属于根本利益的领域如农业领域，为确保农业部门稳定，特别引入了反竞争协定。2012 年到 2017 年之间，哥伦比亚还没有批准过此类协议。审议期间，哥伦比亚针对企业兼并通告和预先评估发布了新规定，特别是设置了评估决定和举报方案的最长时限。2012 年至 2017 年期间，负责施行竞争规则的国家工业和贸易监督管理局（SIC）进行了 92 起调查，并对其中 72 起调查所涉及的单位进行了处罚。在同一时期，哥伦比亚政府采取措施加强了对竞争保护制度的执行，包括编撰 SIC 行政法规、规章制度和法理学依据，同时增加了 SIC 人手。哥伦比亚对药品和医疗器械、农用化学品、牛奶、汽油、天然气、液化石油气、饮用水、卫生产品和电力实行价格管制。

哥伦比亚的领土分支机构，被称为领土部门，对白酒垄断享有自主权，可自行决定收入分配。2016 年，哥伦比亚颁布了一项法律，用以对白酒进口和分销许可权，以及领土部门实施垄断所依赖的生产合同实施监管。该法律规定，垄断必须符合零歧视、自由竞争和市场准入原则，并禁止设置可进口的白酒的最大量和最小量以及最低销售价格。针对国有企业，哥伦比亚采取了一项旨在改进相关管制框架和公司治理体系的政策，以使这些国有企业能够创造更多价值。

政府采购占 GDP 的 15% 以上。哥伦比亚不是世贸组织《政府采购协议》的缔约方，而只是该委员会的观察员。审议期间，哥伦比亚继续努力使政府采购制度现代化、更有效率和更透明。主要的变化包括：建立国家政府采购机构 Colombia Compra Eficiente；编纂采购最佳实践文本；施行框架协议；让采购过程计算机化；对监管框架进行修改。与此同时，哥伦比亚继续使用政府采购制度，主要通过优惠政策来促进国内工业发展和提高就业率。此外，大多数合同仍采用单一招标方式达成。通过这种方法达成的合同总价值超过了通过其他所有的采购方法达成的合同总价值。

审议期间，哥伦比亚正采取措施加强其知识产权体系并使其适应技术发展并履行作出的国际承诺。对该体系的重点调整内容包括：调整规则；优化知识产权（IPR）管理；简化登记手续；加强与国际机构的协调；加强执行力度。在这方面，主管知识产权的部门被授予了管辖权，可以处理与知识产权侵权有关的一审民事诉讼。与此同时，与商标权有关的执法能力得以加强，制定了通用执法策略，并授权海关部门在货物的版权或商标权受到侵犯的时候暂停进口、出口或转运货物。尽管在这些方面取得了进展，但挑战仍然存在。例如在本国提高知识产权意识和知识产权利用，加强对假冒伪劣产品和盗版（包括在数字领域）的打击力度，加强制度能力建设和合作力度以加强执法方面。

在农业领域，哥伦比亚享有高度的粮食自给自足率，据估计国内生产的粮食满足了 85% 的国内需求。与此同时，农业出口市场继续呈现集中化趋势。2016 年农业出口的 68.3% 由三种产品组成：咖啡、鲜花和香蕉。审议期间，哥伦比亚播种计划（Colombia Siembra）得以实施，以增加农业供应，保证国家粮食安全，扩大生产面积和产量，提高生产者收入，加强农业技术发展和农业部门服务水平。在促进农业供应方面，该计划制定了增加种植面积的年度目标，旨在扩大可用于生产包括改良玉米、林业产品、大米、大麦、橡胶、大豆、油棕和可可在内的农产品的土地面积。哥伦比亚推广使用价格稳定基金（FEP），以应对某些农产品在全球的价格波动。基金的资金来自广泛意义上的财政收入，主要是对那些在国家预算之外的生产者征收的费用，以及私营部门对促成其成立的活动带来利益的项目的再投资。2017 年，棉花、糖、可可、肉类、牛奶、棕榈油和其他相关产品均从 FEP 中受益。

私营部门可以通过采矿权和油气勘探和生产（E&P）合同进行勘探和开采活动，向国家支付相应的特许权使用费和其他关税。为了促进对碳氢化合物的勘探和生产的私人投资，哥伦比亚于 2017 年采用了一种授予 E&P 合约的新方案，即“永久竞争”方案。根据该方案，国家可全年向新区域授予 E&P 合约，无须遵循固定周期。到 2018 年初，相关规定尚未出台。此外，为了刺激投资，政府在

2017 年通过并实施了退税凭证，可用于纳税。从 2015 年开始，为了使能源组成多样化，使用非常规能源的项目可能会享受税收或关税优惠，同时继续对天然气和电这样的每月基本生活消费提供补贴；从 2014 年开始，增加了对液化石油气的补贴。

在金融服务领域，外资银行和保险公司可以在哥伦比亚设立分支机构。自 2013 年起，它们还可以设立子公司。2013 年以来，还允许开展保险领域跨境贸易。审议期间，哥伦比亚加强了金融系统监管框架。《金融集团与金融机构决议机制法》于 2017 年颁布，加强了哥伦比亚金融监管机构对金融集团的监管。此外，审慎规则也作出进一步改进，以确保哥伦比亚金融体系内的机构采用最佳国际惯例，这就促成了最低偿付能力比率的制定。金融包容性得以增强，一种新型的金融机构也得以创立，以促进电子存折和电子支付的应用。

审议期间，哥伦比亚加强了电信体制框架，给予通信管理委员会在决策过程中更多的自治权。努力提升竞争力度，使更好的产品能够出现在移动服务市场。例如，精简虚拟移动运营商的运营规则，禁止最低期限条款，强制性提供全国漫游服务。电信行业的关税继续受到监管，尤其是在移动语音市场，因为该市场中某家运营商仍占主导地位。除广播行业外，电信业对私人投资不设限。

沿海运输服务仅提供给哥伦比亚船只或飞机。然而实践中也有例外，即近海运输服务可提供给悬挂哥伦比亚旗或外国旗的船只。哥伦比亚继续放松对提供空中运输服务的限制。自 2012 年以来，哥伦比亚已签署了 13 项新协议，并修订了 15 项协议，使运营更加灵活。机场和港口可外包给私营部门经营。希望在哥伦比亚提供旅游服务的公司必须进行全国旅游注册登记。旅游服务行业的企业有资格获得税收优惠，并可按优惠条件进行融资。

（于济民译，戴臻校）

挪威贸易政策审议

挪威经济发达，2017年人均GDP为621400挪威克朗（75200美元），位居世界前列。贸易对经济而言具有重要意义，商品和服务进出口额相当于2017年GDP的63%。以美元计的出口价值从1610亿美元（2012年）下降到了1020亿美元（2017年），但这反映的是石油和天然气价格的下跌，而不是出口量的变化。石油价格下跌导致该部门对GDP的贡献出现下降，从2012年占GDP的近四分之一下降到2017年的不到16%，而服务业的贡献率则从58%上升到64%。

多年来，挪威在主权财富基金（政府养老基金—全球）中积累了大量石油收入。该基金完全在挪威境外投资，截至2017年底，其资产价值超过1万亿美元。基金规模为当局提供了一些余地，以缓解经济衰退和应对外部冲击。因此，2008—2009年的全球金融危机仅对挪威产生了短暂的影响，挪威经济迅速重回历史增长轨道，2012年GDP增速达2.7%。然而，2014年中期以来石油和天然气价格的大幅下跌使挪威面临着比早先的全球经济低迷更为严峻的挑战。离岸相关行业和供给服务业的萎缩以失业率上升和收入下降的形式对当地社区产生了影响。但是，在扩张性财政政策和货币政策的共同作用下，国民经济受到的影响得到了抑制，GDP继续保持增长，虽然2016年的增幅仅为1%。此外，挪威克朗的显著贬值也有助于恢复挪威企业的竞争力——在高油价时期，这些企业的竞争力有规律地受到了侵蚀。2017年GDP的实际增幅为1.8%，经济复苏迹象有所增强，挪威经济目前的前景是乐观的。

尽管最近面临诸多挑战，但挪威仍然是一个开放的经济体，其贸易政策自2012年上次贸易政策审议以来未发生根本性的变化。这些政策的坚实基础包括与欧盟之间的《欧洲经济区协定》；挪威的欧洲自由贸易联盟成员身份（挪威以该身份与世界各地的合作伙伴签订了广泛的自由贸易协定）；以及挪威对世贸组织事务的积极参与。

自2012年以来，挪威接受了《贸易便利化协定》，实施了修订后的《信息技术协议》和医药产品范围，完成了修订后的《政府采购协议》的通过手续，并承诺逐步取消所有剩余的农产品出口补贴。挪威在履行通报义务方面成绩斐然。它是82个争端解决案件中的第三方，从未成为被告，并四次提起上诉，其中最近一次为欧共体海豹产品案（DS401），上诉机构的裁决报告于2014年5月散发。

作为欧洲经济区的成员，挪威连同冰岛、列支敦士登以及各欧盟成员国都是单一市场的一部分，（除农业和渔业外）商品、服务、人员和资本可自由流动，奉行非歧视性和平等的竞争规则，并开展了许多其他领域的合作。由欧洲经济区、欧洲自由贸易联盟以及欧盟成员国代表组成的欧洲经济区联合委员会通过一致决议将相关欧盟法案纳入《欧洲经济区协定》。欧洲自由贸易联盟监察委员会和欧洲自由贸易联盟法院负责对这些法案转变为国家立法的过程以及这些修正案在《欧洲经济区协定》中的应用实施监督。

除少数例外情况外，挪威没有任何法律限制欧洲经济区以外的投资，而欧洲经济区内的投资则是资本自由流动的一部分。不同的部门法律中都有对外国直接投资产生影响的规定，且多年来仅签订了数量相对较少的双边投资协议。挪威投资署是一个成立于2013年的新的投资促进机构，旨在协调政府为吸引外资而付出的努力。

挪威的投资体制总体上开放和自由的，但国家所有制仍占据重要地位，2016年全部或部分归国家所有企业的员工人数（28.1万名）占拥有劳动人口总数的约11%。与此同时，国家持有的上市公司市值总计为7150亿挪威克朗。国家还是未上市企业的主要所有者。近年来，政府不愿通过收购来扩大国家所有制的范围，并表示愿意随着时间的推移降低国有的程度。议会原则上批准了一些企业的撤资计划，但这些授权只能在商业上出现恰当时机时才能进行。尽管如此，政府还是通过成立新的国有企业来加快推进高速公路和主要公路的建设，这一措施同时也是铁路部门正在进行的改革的一部分。

绝大多数税号（85%）的产品免税，但不免税产品的关税可能会达到很高水平，关税超过100%

在很多农业子行业并不罕见。非从价关税税率也很普遍，占农产品税号的约 50%。简单平均关税税率（包括非从价税率的从价税等值）在审议期间从 7.5% 略微下降至 6.9%（与平均 30.4% 的约束税率相比），其原因主要是 114 个农业税号产品的主动开放。根据挪威的优惠计划，最不发达国家享有所有商品免税和免配额待遇，而其他计划则对某些农产品征收大量关税。

挪威的消费税相当高。标准的增值税税率为 25%，某些产品和服务适用更低的税率（例如食品为 15%，运输为 12%），出口商品适用零税率，而某些服务免税。消费税作为从量税适用于包括饮料、烟草、糖和某些含糖食品、电力、道路车辆燃料、汽车以及航空旅客在内的产品。这些消费税通过定期修订来应对通货膨胀。尤其是，巧克力和糖制品的关税在 2018 年 1 月上涨了 83%。消费税同等适用于进口和国内生产的商品。

挪威的进口禁令、限制和许可在审议期间基本保持未变，但关于防止外来生物引入和传播的新法规提出了新的措施。挪威正在通过制定新的《濒危野生动植物种国际贸易公约》法规来扩大《公约》范围并在《公约》的范围以外作出某些规定。

自世贸组织成立以来，挪威从未采取过任何应急措施。此外，尽管《海关法案》载有反倾销、反补贴和保障措施条款，但目前并无使这些条款生效的细则，也无适用这些细则的指定机构。

许多政府机构都参与提供出口融资、担保和信贷。为提供所有新的官方支持的出口贷款，挪威于 2012 年 7 月成立了一家新的出口信贷机构（挪威出口信贷，Eksportkreditt Norge），而传统的出口融资机构 Eksportfinans ASA 正在被淘汰。挪威的出口信用担保机构（GIEK）继续代表政府签发担保并于近年来开发了一些新产品，如出口相关投资的新的买方信用担保以及一项新的船舶担保计划。

技术要求以及卫生与植物卫生措施在很大程度上适用于欧洲经济区内部，挪威的措施在大多数情况下都与整个单一市场适用的措施相同。2012 年以来实施的主要变革涉及国家与欧盟立法的一致性，其中包括执行欧盟有关食品、农药残留以及粮食中某些污染物的官方控制的规定。

大部分关于知识产权的欧盟法被认为具有欧洲经济区相关性，并被纳入《欧洲经济区协定》和挪威的国家立法，其中包括欧盟商标指令、欧洲设计指令、专利指令（关于合法保护生物技术发明的指令）以及关于药品和植物保护产品补充保护证书的欧盟指令。挪威是《欧洲专利公约》的缔约方，因此是欧洲专利组织的成员。尽管欧洲经济区国家不在欧盟的商标和共同体设计的计划范围之内，挪威于 2010 年通过了新的《商标法案》，特别是要将欧洲经济区的区域性权利用尽原则编入法规。欧洲经济区的区域性权利用尽原则适用于版权、商标、专利、工业品外观设计、集成电路布图设计（拓扑图）以及植物育种者的权利。2013 年 7 月 1 日，经过修订的《工业产权法》生效，其中包括关于损害赔偿、补救措施和加强刑事制裁的新规定。

审议期间，农业部门的支持水平和支持手段未发生重大变化，但针对牛奶和家禽生产制订的措施变得更加灵活。农产品进口制度与挪威生产的关键商品的国内市场监管密切相关。对于活体动物、肉类、奶制品和谷类食品而言，超过 100% 的高实施关税通过多种物品的关税配额和行政关税减让来管制市场。挪威 2010 年通过将液态奶和奶油的从量进口关税改为从价进口关税而加强了边境保护，并于 2013 年再次将某些硬质奶酪、牛肉（牛排和菲力）以及羔羊肉的从量进口关税改为从价进口关税。在同时考虑到挪威消费者与贸易伙伴利益的情况下，现政府表示没有进一步改变定量 / 从价税率结构的计划。根据 2015 年 12 月在世贸组织部长级会议上通过的内罗毕一揽子计划，挪威已制定法律，计划到 2020 年底消除对农业出口的补贴。虽然出口额一直在下降，奶酪出口额仍然吸收了约 8% 的挪威产原料乳。

2016 年，渔业部门出口量占出口总量的 12%。在审议期内，水产养殖业的增长优于野生捕捞产业，尤其是鲑鱼生产，2016 年占生产总量的 78%，出口总量的 68%。鲑鱼产值的增加值主要得益于价格上涨而非交易量的增加。政府政策的重点领域是水产养殖业，尤其是其管理环节，对产量增长实施管理并在签发新生产许可证时会考虑到环境问题。挪威一直积极参与世贸组织关于禁止渔业补贴的谈判，并且在缔结联合国粮食与农业组织《关于预防、制止和消除非法、不报告、不管制捕鱼的港口国措施协定》方面发挥了关键推动作用。

林业部门持续推动了国内经济、就业和贸易的发展，近年来产值不断增加。多项政策的实施改善了挪威林业部门的发展可持续性，包括推出了旨在增加碳储量和森林密度的激励性气候政策措施。虽然该行业保持了一般性增长势头，但该行业在审议期内发生了一些结构性变化，由于下游行业（主要是纸浆和造纸行业）发展低迷，挪威从原木净出口国转变成为原木净进口国。

在占 GDP 三分之二以上的服务行业中，完全或主要由公共部门提供的公共行政和其他服务占服务行业增加值的一半以上。房地产行业、金融和保险行业以及批发和零售行业则占服务行业增加值的其余大部分。

由于《金融机构法案》（2015 年）的通过，挪威的金融机构法律框架得到更新与合并，并在 2016 年推出了一项合并法规。新法规并没有从根本上改变金融机构在挪威经营所适用的条件。挪威依然采用 2013 年通过的适用于银行和信贷机构的更严格的资本充足率要求，并根据欧盟偿付能力监管 II 号指令推出了适用于保险公司的新的资本充足率要求。自 2016 年起，挪威的金融监管当局效仿欧盟成员国当局，以同样的方式加入欧洲银行业管理局、欧洲证券及市场管理局以及欧洲保险和职业养老金管理局，但没有投票权。目前正在着手将金融市场领域约 300 项欧盟指令和法规纳入欧洲经济区协定中。但是，在大多数情况下，挪威并没有等待欧洲经济区委员会推出正式决定，而是提前通过了体现欧盟新要求的实质内容的国家性立法。

挪威是世界第三大天然气出口国，并继续成为原油的主要生产国和出口国。尽管离岸开采通常需要投入大量资金，并且盈利能力因而对未来石油价格的变化较为敏感，但自 2014 年以来的成本削减已经显著降低了进行中的主要项目的盈亏平衡点。挪威国内能源市场的特点是可再生能源的使用程度较高，主要以水电为主，面向高能耗工业、家庭和其他用户提供。关于禁止使用矿物油进行建筑物（包括住宅）供暖的禁止令将于 2020 年 1 月 1 日起生效。国内政策鼓励使用电动汽车，试点项目侧重于使用电能为公共交通（包括沿海运输）提供动力。通过预算转移和电力税收来保障资金供应的一家国有企业（Enova）为能源效率和能源转型活动提供了投资支持和咨询服务。挪威采用与欧盟国家相同的 2030 年目标来提高能源使用效率并减少温室气体排放。不过，挪威的 2020 年可再生能源目标要高得多（67.5%），这表示挪威有不同的出发点。该目标已在 2014 年超额达成。

得益于规模庞大的主权财富基金以及金融部门保守的审慎监管，挪威安然渡过了始于 2008 年的全球金融危机，并且克服了 2014 年石油和天然气价格下跌带来的更大挑战。2017 年的经济加快复苏也受益于挪威克朗相对于挪威主要贸易伙伴国货币的汇率下降。此外，在具有挑战性的环境下，欧洲经济区的成员资格始终是一个稳定因素，而具有统一监管要求的单一货物和服务市场则加速了挪威进军欧盟市场。此外，除农业以外，挪威为所有贸易伙伴国提供几乎适用所有货物的进口免税待遇，而类似的优惠待遇已扩大到服务和投资行业。

（张涛译，杨凤鸣校）

乌拉圭贸易政策审议

在本报告所述期间，乌拉圭执行了维护宏观经济稳定的政策。2011 年至 2017 年，乌拉圭经济增长率与潜在增长率保持一致，实际 GDP 年均增长约 3%。2011 年至 2014 年，强劲的国内需求以及良好的外部经济环境（以国际农产品原材料价格较高为特征）支撑了 GDP 增长。2015 年和 2016 年，国内需求下降导致国内生产总值增长乏力，而国内需求下降的部分原因是乌拉圭比索贬值导致的人口购买力下降。净出口的增长仅在一定程度上补偿了国内需求的下降。2017 年，国内生产总值开始复苏，这主要得益于货物（大豆、肉类、大米）出口的增长和服务（旅游）出口的增长。

乌拉圭是拉丁美洲人均 GDP 最高的国家之一：2017 年已接近 17000 美元，收入分配相对公平。近年来，乌拉圭贫困率从 2010 年的 18.5% 下降到 2016 年的 9.4%。然而，尽管在审议期间经济有所增长，但失业率却从 2011 年的 6.3% 上升到 2017 年第三季度的 8.1%。一是因为就业人口比率上升，二是因为过去几年中经济最具活力的部门也是劳动密集度最低的部门。

在审议期的大部分期间，乌拉圭持续实施扩张性财政政策。尽管低优先级领域的经常性支出得到了控制，但在教育、卫生和社会保障等关键领域的支出却有所增加。虽然制定财政目标的目的是为了逐步减少财政赤字，但目前的状况已经背离了这些既定目标。2016 年，公共部门综合赤字占到了 GDP 的 3.9%；在收入增长的情况下，2017 年该数值下降至 3.5%。有关当局对于 2016 年实行更高商业和个人所得税会导致收入进一步增加的预期结果持有信心，这将有助于 2019 年的财政赤字占 GDP 的比重降至 2.5%。在 2017 年 12 月 31 日，公共部门综合债务总额占 GDP 的比重为 65%，但由于公共部门拥有的资产比率较高，因此债务净额占国内生产总值的比重仅为 28%。

乌拉圭货币政策的主要目标是保持物价稳定。为此，乌拉圭采取了通货膨胀控制机制，目前消费者价格指数（CPI）的范围定为 3% 至 7%。尽管通胀率大部分时间略高于目标区间上限，但 2017 年为 6.6%，仍在区间内。乌拉圭实行浮动汇率政策，干预市场以缓和波动。在本报告所述期间，乌拉圭比索在名义和实际价值方面都有所贬值——在实际价值方面，从 2011 年初到 2016 年底，货币贬值了约 27%。尽管如此，2017 年，乌拉圭比索较上年同期水平升值 1.5%。

乌拉圭的国际收支在 2015 年之前一直存在经常账户赤字。由于货物贸易顺差较大，2016 年和 2017 年的顺差分别占国内生产总值的 0.8% 和 1.6%。在整个审议期间，货物和服务贸易处于顺差状态。

国际贸易对乌拉圭极为重要，尽管在本报告所述期间，乌拉圭的总贸易额占国内生产总值的比重有所下降。2017 年商品进出口总额相当于国内生产总值的 30.8%，而 2011 年为 38.9%。乌拉圭的出口种类依然主要由商品组成，主要为食品、木材和农业原材料。牛肉和油籽仍然是主要的出口商品，分别占 2017 年出口总额的 21.4% 和 15.6%。制造业在总出口中的份额从 2011 年的 31% 下降到 2017 年的 27%。进口方面，在本报告所述期间，制成品所占份额有所增加，而矿产品进口有所下降。2017 年主要进口项目为机电产品（占 18.9%）、化工产品（14.3%）、矿产品（13.0%）和运输设备（10.8%）。

在本报告所述期间，乌拉圭对南部共同市场（Mercusor）的出口额有所下降，与 2011 年的 30% 相比，2017 年出口额仅占总出口额的 23.7%。2017 年，中国超过巴西成为乌拉圭的主要出口目的地，占出口总额的 18.8%，而巴西为 16.5%。对欧盟的出口份额从 2011 年的 15% 下降到 2017 年的 11%，而对美国的出口份额从 2011 年的 3.3% 增加到 2017 年的 5.7%。进口方面，巴西和阿根廷的市场份额有所下降，分别占乌拉圭 2017 年进口额的 19.5% 和 12.6%，而 2011 年分别为 19.4% 和 18.7%。美国在进口总额中所占份额略有增长，而来自欧洲和中国的进口额有所增加，2017 年分别占进口总额的 17.2% 和 20.0%。

乌拉圭的贸易政策与其参加南方共同市场密切相关。其贸易政策的主要目标之一是确保稳定和可预测的市场准入。当局认为，应通过双边、区域和多边贸易谈判，同时解决乌拉圭融入国际市场的问题。乌拉圭认为，要成功融入国际市场，就必须提高本国经济的竞争力，这也是乌拉圭寻求改革其生产体系，促进具有更高附加值和更大国内技术含量的创新发展的原因。

乌拉圭是世贸组织的创始成员，在本报告所述期间，乌拉圭继续积极参与世贸组织。2014年7月，乌拉圭通知世贸组织，它接受了《与贸易有关的知识产权协定（TRIPS）的修订草案》。同样，2016年1月，乌拉圭通知世贸组织服务贸易理事会，它给予最不发达国家的服务和服务供应商优惠待遇。乌拉圭于2016年8月递交了《贸易便利化协定》批准书。它既不是WTO《政府采购协议》和《民用航空器贸易协议》的缔约方，不是观察员，也不是《信息技术协议》（ITA）的缔约方。在审议期间，乌拉圭没有作为申诉人或被告卷入任何争端，仅作为第三方参与了六起争端。

乌拉圭以及南方共同市场其他成员国与智利、埃及和南非关税同盟签署了若干贸易协定，这些协定在审议期间生效，这些协定已通知了世贸组织。此外，在本报告所述期间，乌拉圭作为南方共同市场成员国与巴勒斯坦（2011年）和哥伦比亚（2017年）签署了另外两项协定，这些协定尚未生效。

乌拉圭开放的投资制度规定了对外国投资的国民待遇，但也有少数例外，例如提供无线电和广播服务、空中和海上航行以及在其领海内捕鱼。在乌拉圭投资不需要事先授权或注册。外国公司可以通过分支机构或以国内法规定的任何形式的公司结构在乌拉圭经营。国家保障投资者享有的豁免、福利和权利的法律稳定性，以及与投资有关的资本、利润和其他收益的自由转让。2012年，根据投资法（1998年第16.906号法律）给予的税收优惠扩大到建筑、可再生能源生产、生物技术和旅游业等新领域。

在本报告所述期间，乌拉圭采取了一系列促进贸易便利化的措施。这些措施包括：以电子方式缴纳关税和税款；使用数字化单一海关文件（DUA）；引进外贸单一窗口（VUCE）；蒙得维的亚港的进出口自动化控制；海运和空运电子舱单；以及授权的经济运营商（AEO）项目。

乌拉圭的关税是以南共市共同对外关税为基础，但也有一些例外。乌拉圭只适用从价关税。其适用关税在0%至30%之间，而其约束关税在6%至55%之间波动。乌拉圭约14%的税目为零税率。2017年，最惠国关税的简单平均数为9.4%，与2011年持平。2017年，农产品（按世贸组织定义）的平均关税为9.6%，仅略高于非农产品的平均关税（9.4%）。平均关税最高的产品是服装，关税为20%；其次是乳制品（17.9%）、糖和糖果（17.2%）、纺织品（16.1%）以及皮革、橡胶和鞋类（15.3%）。乌拉圭不在世贸组织框架内使用关税配额，但在其优惠贸易协定下保留了一些配额。

乌拉圭只对进口商品征收某些关税和费用，如：领事费、报关员和港务局的费用以及进口新闻纸的单一税。2018年，乌拉圭将领事费从2%提高到5%。进口货物以及乌拉圭生产的货物也要缴纳增值税（VAT）、特别国内税（IMESI）和农产品销售税（IMEBA）。

为了保护国家安全、公共卫生、动植物健康和环境，乌拉圭实施进口限制和禁令。在审议期间，受禁止的产品数量从2012年的652件减少到2017年的323件。乌拉圭使用自动和非自动进口许可证。自动许可证用于统计目的（纺织品、鞋类和油类）、向第三方提供关税优惠（出版用纸、车辆）或监测进口价格。非自动许可证用于向国内生产商（糖、柴油发动机及套件）和人类保健品（醋酸）授予关税豁免。2017年，HS2017下的378个十位数税目需要进口许可证，其中371个是自动许可证。

乌拉圭很少使用贸易救济措施。在审议期间，它只发起了两项反倾销调查，其中一项导致实施措施，另一项导致征收从价税。在此期间，它没有发起任何反补贴或保障调查，也没有采取任何相关措施。

与进口货物一样，乌拉圭保证货物的自由出口，但有可能影响公共卫生、国家安全、环境保护、卫生条件或消费者保护的货物除外。乌拉圭还可以采取措施，确保满足国内对基本必需品的需求以及在乌拉圭签署的各项国际协定范围内履行承诺。

乌拉圭继续实施特别出口促进程序。在乌拉圭经营的主要流程包括临时许可、股权置换，以及使出口商获得政府法令规定的一定比例的出口完税价值（VAE）的退税与间接退税程序。根据不同部门面临的困难情况和出口市场的非关税限制，比例有所不同。在审议期间，这一比例从 2012 年的 2% 增至 2017 年的最高 6%。2013 年，乌拉圭向世贸组织通报了两项与汽车和服装业补贴有关的计划。乌拉圭还对所有或某些特定部门的投资给予其他税收优惠，例如林业部门、资本品、零部件、造船业、电子工业、生物技术、旅游业、建筑业和可再生能源。

乌拉圭的技术规范发布机构均遵循自己的流程起草、制定规范。可以根据职权范围或应第三方的要求编制技术规范。对于技术规范的修订没有强制性程序；修改后符合实际情况的变化即可。修订可以是出于工作职责，也可以是应利害关系方的要求。乌拉圭通过的技术条例中有一部分涉及通过南方共同市场在区域一级颁布的条例。在 2012 年 1 月至 2017 年 12 月期间，乌拉圭向世贸组织技术性贸易壁垒委员会提交了 15 份技术性法规通报。大多数已公布的法规涉及食品、标识和标签以及家用清洁产品。在此期间，委员会没有就乌拉圭采取的措施提出任何问题。

2012—2017 年期间，乌拉圭向卫生与植物卫生措施委员会提交了 13 份通报。大多数措施是以国际标准为基础的；只有两种情况下，乌拉圭表示没有相关的国际标准，或偏离了国际规则。这些措施适用于乌拉圭的所有贸易伙伴。向委员会通报的某些措施是为了保护动物健康而采取，但大多数措施都有多种目的，既包括保护食品安全，也包括保护动物健康和乌拉圭领土不受害虫的侵害。在本报告所述期间，委员会没有就乌拉圭采取的措施提出任何问题。

根据促进和保护竞争的法律，在乌拉圭地区从事经济活动的本国公民或国外的公共、私有自然人或法人必须遵守自由竞争的原则。促进和保护竞争委员会负责在各经济部门执行该法律，有监管机构专门履行该职责的部门除外，如金融业、通讯业、能源和水资源部门。2012 至 2017 年期间，乌拉圭共向委员会提交了 46 起反竞争措施投诉，投诉涉及的实践活动包括合谋定价、捆绑销售、掠夺性定价和限制服务提供。调查范围既涉及商品市场（牲畜、肉类、牛奶、啤酒和建筑材料），也涉及服务市场（金融、港口和分销服务）。在 2018 年 3 月结束的 40 项调查中，28 例投诉中涉嫌的反竞争行为未获得证实；委员会针对 6 例投诉提出了相关建议；针对 5 例投诉，委员会下令停止此类做法并制裁了违规行为；针对 1 例投诉，委员会没有进行调查。

乌拉圭的物价水平一般是由市场行情决定的。但某些商品和服务（例如燃料和指定的港口服务）则受最高限价的限制。电力、水资源、管道煤气供应和固定电话服务应缴纳关税。同样，经济财政部依法行使行政管制权，管理私营企业商品和服务定价，但根据市场行情确定的农业和渔业产品价格除外。审议期间，价格管理适用于以无公害包装形式向大众出售的巴氏杀菌液态奶。医疗服务、公共交通和出租车费收入以及通行费和机场使用费也受价格上限调整政策的控制。

国有企业继续在乌拉圭经济中发挥重要作用，在金融服务、运输、电信和邮政、电力、水和卫生等部门开展业务。自 2012 年以来，国有企业的数量没有明显变化，因为没有新的国有企业成立，只有一家航空公司普兰航空（Plua E.A.）被清算。2013 年，乌拉圭通知世贸组织，1994 年关贸总协定第十七条规定所涵盖的唯一国有企业是酒精燃料和波特兰水泥国家管理局（ANCAP），该局拥有进口和精炼原油及其副产品以及进出口液体、半液体和气体燃料，而本国生产的汽油至少占全国汽油消费量的 50%。

乌拉圭没有签署 WTO《政府采购协议》，也没有作为观察员参加政府采购委员会。除了偶尔的例外情况，政府采购制度基本上是分散的，尽管在《国家会计和财务管理法》的统一文本中提出了一些共同准则。外国人可以在没有任何具体要求的情况下自由参加政府采购程序。该法给予国内产业 4% 至 16% 的优惠幅度。货物、服务或工作被认定为乌拉圭国内成分至少应为 35%。就货物而言，还要求将最终产品归类于与用于生产这些产品的投入品所分配的税目不同的税目，如果不是这样，则货物的当地含量至少为 50%。在本报告所述期间，乌拉圭继续进行 2011 年政府采购制度的改革，以期精简采购程序，提高整个制度的透明度。虽然公开招标是普遍采用的方法，但总承包合同在数量和程序对象方面为管理者提供了大量的例外。

乌拉圭是世界知识产权组织（WIPO）的成员，是该组织管理的一系列国际协定的缔约方。2014 年乌拉圭批准了《马拉喀什条约》。该专利商标法规定了应适用国际权利用尽原则。尽管近年来有所改善，但授予专利的平均时间仍然很长（10 年）。乌拉圭根据《商标法》的不同条款保护商品的地理标志、来源标志和产地名称。为了享受无限期保护，必须对原产地名称进行注册，而无限期来源标志保护无须注册即可享受。为了获得 20 至 25 年期限的保护，植物品种必须被列入国家品种登记册。对于侵犯知识产权的行为，乌拉圭法律规定了民事和刑事制裁措施。国家海关总署有责任监督知识产权法的执行，海关总署实施了一项新程序，即商标持有人可以就可能流入国内的假冒伪劣产品向海关当局提出预防性投诉，并要求暂停其清关手续。国家海关总署将保留货物扣押记录。

农业部门对乌拉圭至关重要。2017 年，农产品（按世贸组织定义）约占总出口的三分之二，主要出口产品为肉类和大豆，其次是乳制品和谷物。乌拉圭的农业政策正在寻求提高竞争力，以实现可持续发展，同时考虑到社会融合和环境保护。其理念是创造有别于传统商品市场的高价值细分市场，并通过在初级加工中使用新技术改进出口产品。2017 年农产品平均关税（世贸组织定义）为 9.6%，与 2012 年持平。自然状态下的农产品实行暂停增值税制度（零税率）。乌拉圭通知世贸组织，2012—2015 年期间向农业提供的国内支持包括：研究、推广和咨询服务；虫害和疾病控制项目；营销和推广服务；以及与环境有关的项目。

乌拉圭目前没有任何原油或天然气储量，但正在进行勘探。虽然乌拉圭国家石油公司在油气勘探、原油及相关制品的进口与精炼方面占据垄断地位，但私营部门也可以参与燃料的分销过程。合同将通过招标程序授予第三方。2012 年乌拉圭举行了国际招标，并根据招标结果签署了油气勘探开发合同。另一项国际招标于 2018 年初举行。国营企业继续在电力市场中占据主导地位。国家发电厂和输电管理局（UTE）继续垄断国内电力的传输和分配。但私营企业参与电力生产的数量已大大增加，特别是在可再生能源发电方面。对风力发电场的持续投资有助于乌拉圭实现能源独立，出口盈余的产生使其能够在中期成为净电力输出国。

乌拉圭实施开放的金融体系：没有资本流动限制，银行的保密性也得以维持，尽管是以一种灵活的方式。希望在乌拉圭开展金融中介业务的公司必须事先获得政府以及中央银行的授权。在业务或设立要求方面，国内和国外银行之间没有区别。希望在乌拉圭成立的银行，其组织形式必须是乌拉圭注册的股份有限公司或者外资银行的分支机构。乌拉圭银行体系由 11 家银行（9 家民营银行和 2 家国有银行）组成，资本状况良好，流动性高，不良贷款水平低。乌拉圭金融机构的偿付能力仍然很高，不良贷款整体水平一直较低。两家国有银行在乌拉圭银行体系中的份额很大，其资产约占银行总资产的一半。民营银行由外资银行全资控股，或者控制多数股份。

在乌拉圭设立的保险公司必须是拥有注册股份和专用目的的股份有限公司。在符合各分支业务最低资本要求的情况下，可以同时运作各类保险分支业务，包括一般保险和人寿保险。对外国参与者在新的或现有的公司中设立有限公司并无限制。在乌拉圭设立公司后，外资公司可享受国民待遇，但不得为在乌拉圭开展保险活动而设立分公司或代表处。乌拉圭领土范围内的风险不得包含在国外保险费中。

除固定电话和固定数据（包括光纤）传输部分外，电信服务一般向私人资本参与开放，固定电话和固定数据（包括光纤）传输部分继续由国有公司 ANTEL 垄断经营。私营公司可以自行确定在竞争激烈的市场上提供服务的价格。在运输服务方面，外国公司可以通过在互惠基础上获得特许权提供国内航空服务。对于所有其他航空服务，运营商必须申请授权。目前有 16 家航空公司经营往返乌拉圭的国际航班。对于外国参与者而言，往来乌拉圭的海运市场一般都是开放的。客货两用船的运输权是为悬挂乌拉圭国旗的船只保留的，但当局可在没有乌拉圭船只时授权外国参与。

在本报告所述期间，旅游业年均产值约占国内生产总值的 7%，在创汇和吸引投资方面都很活跃。2014 年，该部门引入了一个新的法律框架。旅游服务由私营部门提供，国家只在必要时介入。为提供旅游服务，外国公司必须在乌拉圭注册，并在相应部门登记注册。旅游行业对国内外投资者都有其特定的税收优惠制度。

（李秋静译，薛艳校）

中国贸易政策审议

在审议期间，中国经济持续成为全球经济增长的主要驱动力。然而随着中国经济调整至“新常态”，实际GDP增速一直在放缓。“新常态”意味着在可预见的未来，中国经济将以每年7%左右的速度稳定增长（尽管增速较低）。从投资到消费、从外部需求到内部需求、从制造业到服务业实现增长再平衡。2016年实际GDP增速为6.7%，并且2017年这一增速有望达到大约6.8%。在审议期间消费为经济增长贡献大约2/3。2015年GDP中的服务占比首次超过了50%。在服务业中，电子商务销售额和旅游业服务进口尤其重要。与此相反，商品贸易在GDP中的份额有所下降。收入不平等和贫困水平有所下降。近些年来，某些能源和制造业部门的产能过剩，国有企业的隐形援助有所增长。

政府一直致力于通过关注增长质量和持续性而不是增长数量来解决这些问题。根据“十三五”规划（2016—2020），中国政府试图继续推进结构性经济改革进程，这一进程包括推动私营部门参与经济，改革国有企业从而保证公有制的优势，计划中提到的其他措施包括：鼓励竞争、财政改革、金融部门改革以增加私人资本参与银行业和扩大金融服务提供，并使汇率和利率更加市场化。改革已经在许多领域取得进展，包括采取措施减少产能过剩，加强地方政府借贷框架，以及解决金融部门的风险。

在2016年，中国人民银行（PBOC）采取了更加市场化的货币政策。新的措施包括通过扩大回购（或反向回购协议）和贷款等工具，更加密切地管理银行体系的流动性，以更好地促进资本配置，并引导市场利率更接近中国央行的目标。在新体系下，中国央行使用走廊或者利率区间，上限由其7天和1月隔夜贷款工具设定，而利率下限是中国央行对超额存款准备金支付的利息。中国以一篮子货币为参考，实行有管理的浮动汇率制度。在本报告所述期间，中国人民银行继续提高汇率灵活性，还将一个反周期因素引入汇率决定，以更好地反映中国经济的基本面、国际外汇市场的变化，以及抵消经济周期性波动，减轻外汇市场“羊群效应”。2016年，以消费价格指数衡量的通货膨胀率上升到2%，这在中国人民银行所期望的2%~3%的范围内。2017年，通货膨胀率为1.6%。

审议期间，以供给侧结构性改革和适应“新常态”为指导，中国继续实施积极的财政政策。2016年，财政赤字占国内生产总值的比重从2015年的3.4%上升到3.8%。增加的原因是税收占GDP的比重下降，这可以归因于增值税试点改革在全国范围内的实施，这大大减少了间接税收入。

审议期间，中国经常账户盈余收缩。2016年，中国经常账户盈余总额为2022亿美元，占国内生产总值的1.8%。顺差减少在很大程度上是由于商品贸易顺差减少，而商品贸易顺差的下降源于出口的下降。2017年，经常账户盈余相当于GDP的1.3%。在审议期间，服务贸易逆差持续扩大。

商品贸易（进口加上出口）占GDP的比重从2015年的33.5%下降到2016年的31.2%，进口、出口均有所下降。出口仍以制造业为主，2016年制造业占商品出口总额的93.7%。制造业也是最大的进口类别，约占进口总额的65%。2017年，商品贸易占国内生产总值的比重达32.3%。2016年（可获得的最新数据年份）商品出口的主要目的地是美国、欧盟、中国香港、日本和韩国。这几个目的地加起来约占出口总额的60%。中国进口的主要来源是欧盟、韩国、美国、台澎金马特别关税区（中国台北）、日本和东盟国家。

中国仍然是世界上最大的外国直接投资接受国之一。多年来，外商直接投资流入一直在增长，2016年这一趋势仍在继续。中国香港是中国最大的投资方，占外商直接投资流入的80%以上，其次是英属维尔京群岛、新加坡和开曼群岛。投资流入的主要领域是制造业、房地产、租赁和商业服务以及批发和零售贸易。中国是一个重要的海外投资者。多年来，对外直接投资也一直呈上升趋势；然而，这种增长并不像外商直接投资流入那样明显。对外直接投资的主要目的地为：中国香港、美国、开曼群岛以及英属维尔京群岛。主要投资领域为租赁和商业服务、银行业、制造业和批发零售贸易。

中国是世界贸易组织的积极成员。中国是政府采购委员会的观察员，目前正就加入《政府采购协议》进行谈判。中国还是《民用航空器贸易协议》的观察员，并作为《信息技术协议》(ITA）参与者，已同意进行扩围谈判。审议期间，中国参与了世贸组织争端解决机制下的7起案件，其中5起作为应诉方，2起为起诉方。中国还作为第三方参与了向争端解决机构提交的10起案件。审议期间，中国向世贸组织提交了多项通报；尽管如此，包括国有贸易企业、国内支持和中央政府补贴在内的一些通报仍然悬而未决。

本报告所述期间，中国与马尔代夫和格鲁吉亚签署了两项新协议，扩大了区域贸易协定网，总数达到17个。自由贸易协定所覆盖的中国贸易额仍然很小；如果正在进行的一些关于新协定和修订现有协定的谈判取得成功，由于这些协定涉及主要贸易伙伴，未来自由贸易协定覆盖的中国贸易额可能会大大提高。中国持续向最不发达国家提供单边贸易优惠。截至2017年12月，对最不发达国家97%的关税税目给予免税待遇。

定期修订的《外商投资指导产业目录》(以下简称《投资目录》）仍然是指导中国外商直接投资的主要工具。《投资目录》于2017年修订。在该目录中，外商投资项目被划分为鼓励类目录和负面清单。负面清单包括一系列限制或禁止外商投资的行业。不属于负面清单的项目需要备案。属于鼓励类目录的项目有资格享受优惠待遇，例如对设备进口免征关税。2017年修订的《投资目录》鼓励外商直接投资投向先进制造业、高新技术、节能环保产业和现代服务业等领域。据有关部门表示，没有对外国投资要求技术转让。在本报告所述期间，受益于优惠政策，中国继续鼓励外国直接投资流向中西部地区。涉及投资中国国内企业的外商直接投资，如果涉及国防或者被认为对国家安全有影响，可能会受到国家安全审议。在中国的外国投资项目须经批准或备案。须经批准的项目列在具体目录中，未列入该目录的项目大多需备案。批准需要对投资项目进行审议，必须符合若干条件。

2013年，中国（上海）自由贸易试验区成立，启动了外商投资体制改革试点。审议期间，自由贸易区试点扩大至11个。外国直接投资基于负面清单进入这些地区。对于未列入负面清单的行业，外国投资者在设立和审批要求及流程上应享受与国内企业类似的待遇。除公司法规定的合并程序外，外国投资者不需经政府批准，只需备案。当局认为，适用于自由贸易试验区的负面清单比适用于全国的投资目录更加开放。自由贸易试验区已成为促进投资、扩大出口的重要工具。设在自由贸易试验区的企业可以在保税区生产，也可以在非保税区生产。设在保税区的公司暂停缴纳关税，只有当最终产品销往中国其他地区时才生效。2017年，中国（上海）自由贸易试验区进口总额为8000亿元人民币，出口总额为6000亿元人民币。

中国继续努力改革和协调海关手续。现在大约三分之一的进口是通过单一窗口申报的。2017年进口通关时间由2016年的22小时以上缩短至平均16.7小时。2015年9月，中国接受了《贸易便利化协定》。2014年6月，国务院通报了涵盖大部分措施的A类承诺目录，2017年6月通报了B类承诺目录。中国没有任何C类承诺。大多数B类承诺的指导性实施日期是2020年2月。

截至2017年12月，适用的最惠国简单平均税率为9.3%，略低于2013年和2015年。2017年12月实施的关税改革降低了约200种消费品的最惠国关税。几乎所有（99.6%）的关税细目都是从价计征的。农产品（WTO定义）的平均关税为14.6%，非农业产品的关税为8.5%。大约10%的关税细目是免税的。关税配额适用于47个关税细目。中国所有的关税都是有约束的。

与国内生产的商品一样，进口商品也要缴纳增值税。货物增值税有两种税率：11%（由2017年7月的13%下调）和17%。中国对危害人体健康、社会秩序和环境的产品，奢侈品，高耗能消费品，高端产品，以及不可再生、不可替代的石油产品征收消费税。税率因产品而异，可以是从价税、特定税或复合税。自2015年以来，化妆品和豪华车的消费税有所提高。

自上次审议以来，进口许可证的申请程序和条款没有发生重大变化。每年都会发布《自动进口许可和非自动进口许可商品目录》。2017年，中国实施了498项8位数关税自动进口许可，89项非自动进口许可。自2018年1月起，中国禁止进口24种固体废物。

审议期间，有关贸易紧急措施的法律框架保持不变。截至 2017 年年中，中国共实施 91 项反倾销措施、1 项保障措施和 5 项反补贴措施。在审议期间，措施和调查的总数保持相对稳定。反倾销措施主要针对日本、美国、欧盟和韩国。2013—2017 年，化工产品和树脂占了大部分。

在本报告所述期间，出口通关时间进一步缩短，2017 年全国平均通关时间为 1.1 小时。出口税主要适用于金属和矿石。截至 2017 年 10 月，对 102 个税目（HS 8 位税目）征收法定出口关税。与 2015 年相同，179 个税目征收临时关税，低于 2015 年的 314 个税目。受出口许可证管制的税目为 524 项。2017 年，全球出口配额申请 100 个关税额度。有关部门表示，在审议期间，中国没有维持或引入任何农产品出口补贴。出口商享有增值税退税，退税金额通常低于所缴纳的增值税。

为促进出口，中国商务部贸易发展局（TDB）在新兴市场举办展览，并提供以出口为导向的培训活动。同时，TDB 还维护中国贸易促进网站，并通过各种服务平台提供国外市场的背景信息。

中国进出口银行提供公共出口融资，中国出口信用保险公司提供公共出口信用保险。外资企业也有资格享受中国进出口银行（China Eximbank）和中信保 (SINOSURE) 的服务。在审议期间，这两个机构的支出都有所增加。

截至 2014 年，中国向世贸组织提交了多项补贴通报。然而，大多数项目没有提供补贴总额的信息，也没有通报 2015 年至 2017 年期间的情况。此外，当局没有提供任何关于超出其通报范围的补贴的资料。从其他渠道获得的信息表明，中国继续在智能制造、先进技术、新能源汽车和渔业等领域提供大量支持。据报告，这些补贴的开支相当大。

2017 年标准法修正案允许商会或科技组织等协会采用标准。自 2016 年以来，已经取消了 1301 项被认为是不必要的标准。修订后的《食品安全法》于 2015 年 10 月生效。在本报告所述期间，中国提交了 94 份 TBT 和 21 份 SPS 通报。WTO 成员针对中国实施的技术性贸易壁垒措施，提出了 22 项具体的贸易关切，对中国实施的 SPS 措施提出了 8 项具体的贸易关切。

自上次审议以来，中国在竞争政策领域取得了一个值得关注的立法进展，那就是自 2018 年 1 月 1 日起生效的《反不正当竞争法》修正案。新的法律消除了与《反垄断法》的重叠内容，除此之外，还删除了禁止公用事业企业、垄断企业要求消费者购买指定产品的规定和关于串谋招标的规定。此外，新法律还引入了关于防止恶意干扰等通过技术手段在互联网上进行不正当竞争活动的规定。

对于被认为对国民经济和人民生活有直接影响的商品和服务，中国在中央层面和省级层面实行价格管制。实行价格管制的商品和服务列入中央定价目录和地方定价目录。2017 年 1 月，对易爆物品、烟叶、药品、部分建设项目等取消了价格管制。

国家对经济的干预仍然相当大。根据 2015 年提交的一份通报，有关的国营贸易领域包括：粮食、糖、烟草、大米、玉米、棉花、煤炭、原油、成品油、化肥、钨、茶叶、丝绸、锑和白银。除了 100 家最大的上市公司中的一家外，其他所有公司的多数股权都由国家持有。没有关于国有企业公共财政支持的信息。

审议期间，关于政府采购的立法和管理制度基本上没有改变。2015 年和 2016 年，政府采购总额分别占国内生产总值的 3.1% 和 4.2%。这一相对较低的比重可能反映了国有企业实施的重要基础设施项目不受政府采购法管辖的事实。大部分采购工作是在中央以下一级进行的。

自上次审议以来，中国有关知识产权的主要法律基本保持不变。实施知识产权仍然是中国面临的一个重大挑战。中国继续在行政执法和司法执法方面加强知识产权保护的实施。审议期间，有关部门发布了各种通知和措施，以加强中国保护和实施知识产权的能力，最高人民法院在各个城市增设了 11 个知识产权专门法院。

2013 年至 2017 年期间，农业、畜牧业、林业和渔业部门的产值有所增长，尽管增速低于其他部门。该行业就业继续从 2013 年的 31.4% 下降至 2017 年的 27.0%。中国仍然是农产品的净进口国。农产品进口占 2017 年商品进口总额的 6.3%，在 2013 年至 2016 年期间有所下降，2017 年农产品出口有所增长。

中国最新的农业战略旨在通过改善结构、促进“绿色”生产、延伸产业链和价值链、推动创新，来巩固农村发展，深化供给侧结构性改革。中国还计划深化改革主要农产品的价格定价机制，以加强市场机制的作用；同时，在试点的基础上，改革土地管理系统以放松土地使用权管制，同时坚持集体土地所有权的原则。在审议期间，农产品的进出口制度保持稳定。直接支持制度并非如此，它正在进行复杂的结构改革。中国尚未完成将支持方案重新组合成大型方案，或修改和下放其支付程序（所谓"大专项＋任务清单管理模式"）；各区域正在试验许多有针对性的方案。中国的价格支持机制也在进行改革，有些计划在地域范围或支持价格方面受到抑制或减少。一些产品的库存开始减少。在本报告所述期间，中国对农业的总体支持水平继续提高。

在矿业方面，2015年至2017年，《投资目录》禁止类项目的内容保持不变；它包括钨、钼、锡、锑、萤石、稀土和放射性矿物的勘探和开发。与采矿有关的鼓励类别和限制类别已做了一些改变。采矿新技术的使用特别是对石油和天然气行业属于鼓励类；勘探和开发的特殊和罕见类型的煤和石墨以及冶炼和分离稀土和钨冶炼属于限制类。

中国是世界上最大的能源消费国。中国能源消费总量的16%到18%来自进口。能源出口仍然微不足道。煤炭是当地丰富且相对廉价的资源。在中国主要能源组合中，煤炭的比重下降但仍占其中很大一部分（2016年为62%）。中国出于环境和产能过剩考虑的政策已经实施，以降低这一比重。短期目标是，到2020年，非化石能源占主要能源消费比重的15%左右；天然气消费比重达到10%；国内生产总值单位二氧化碳排放比2005年下降40%~45%。

鼓励外商投资勘探开发各类石油，仅限于中外合资经营企业或其他形式的中外合作经营。在2017年的投资目录中，对油页岩和油砂的这些限制已经被取消。允许外商投资炼油和石油分销。在2017年投资目录中，页岩气和煤层气领域的外商直接投资已经放开。在天然气的进口和分销领域也允许外国投资。电力方面，输配网络建设和运营属于2017年投资目录的限制范畴。中国正在进行电力市场改革，为符合条件的用户放开电价，设立贸易机构，放开零售分销，放开发电配送。

政府近年来推动中国制造业发展的主要举措包括2015年5月发布的《中国制造2025》。为了实施该计划，中国打算在城市和"国家示范区"设立试点项目。有关部门表示，该计划将平等适用于所有在中国设立的企业。为促进诸如新能源汽车、集成电路和机器人技术等领域的发展，政府出台了各种特定行业的政策。中国政府指出，他们认识到钢铁等制造业部门产能过剩的问题，并在近年来致力于降低产能。

在电信领域，中国于2016年11月出台了新的网络安全法，旨在"保障网络安全，维护网络空间主权、国家安全和社会公共利益"。这项法律对"网络经营者"（包括网络用户）以及对"关键网络设备和专用网络安全产品"的认证或者检验，规定了若干安全保护责任。该法还包括对关键信息基础设施运营商的附加义务，以及数据本地化要求。中国还加强了对禁止（个人）或限制（外国公司）使用虚拟专用网（VPN）接入互联网的现行法律的实施。中国还继续扩大移动虚拟网络运营商（MVNO）试点计划，部署LTE第四代移动网络。

在金融服务方面，2016年6月和2017年6月，中国颁布了两则关于境外银行卡清算机构许可的实施条例。2017年3月，中国放宽了外资银行在华提供某些投资银行服务和投资国内银行机构的审批要求。中国还在2017年7月部分放开了评级机构服务，并在2017年11月宣布，将取消单一外国投资者在中资银行持股比例不得超过20%的限制，和外资所有权在任何银行机构的持股比例不得超过25%的限制。在审议期间，中国向国内外保险公司开放了互联网保险市场，允许外国保险公司在上海自由贸易试验区从事再保险业务。中国还进一步开放了银行间债券市场。

外国公司在中国的法律服务实践仅限于设立代表处，不得从事包括中国法律事务的活动，外国公司不得聘用中国执业律师，除非他们放弃专业资格。外国人不能参加中国的律师资格考试。目前共有287个外国律师事务所的驻华代表处，分布在中国11个省。

在中国，会计服务只能以合伙制或有限责任公司的形式进行，必须由中国有关部门授权的注册会计师设立和经营。外国人可以参加中国国家会计从业资格考试。允许外国会计师事务所与中国会计师事务所结成联合所，并与其在其他WTO成员中的联合所订立合作合同。会计师事务所可以从事税务和管理咨询服务。

允许外商独资企业在中国从事工程服务。外国供应商应为注册建筑师/工程师，或是在其母国从事建筑/工程/城市规划服务的企业。勘察设计工程师考试不对外国人开放。中国尚未与其他国家或地区签订工程设计资质互认协议，也未自主取得其他国家或地区的工程设计资质。

中国的油气管道主干管网大部分属于三家国有企业，它们在中国香港上市，并拥有外国股东。允许外资参与。2017 年投资目录将管道列为“鼓励性产业”，允许外商独资管道，但需接受国家安全审议。第三方准入试点制度于 2014 年建立，测试时长为期 5 年。

（邓利静译，薛艳校）

以色列贸易政策审议

自 2012 年最近一次以色列贸易政策审议以来，以色列的平均经济增长率为 3.3%，2017 年，以色列的人均 GDP 增长至 4 万美元以上。以色列经济增长的主要推动要素是私人消费和国内投资，尽管贸易对于以色列经济非常重要，但贸易（商品和服务）占 GDP 的比重已从 2012 年的 72% 下降至 2017 年的 57%。尽管 2012—2016 年的货物进出口总值有所下降，但由于服务的出口量强劲增长，服务的进口量适度增长，因此名义上贸易（商品和服务）的总值呈增长态势。在货币升值的背景下，以色列的外部地位依然很高，在每年的审议期间，以色列都有经常项目顺差，各项储备也很充足。2017 年，以色列的失业率降低至历史低点 4.2%，但以色列仍然面临的挑战是在阿以（阿拉伯—以色列）社区和极端正统派社区中提高劳动力市场的参与率。

2011 年，在公众抗议生活费用过高后，政府任命 Trajtenberg 委员会对社会经济问题展开调查，并提出改革建议。根据该委员会和其他委员会的建议，以色列降低了关税，引入了自主关税配额，并采取了相关措施来加强金融、电信、航空和海运等多个行业的竞争。此外，改革仍在继续，其中包括正在实施的一项计划，旨在降低行政成本和进口监管要求（包括食品和零部件进口）。

审议期间的另一项重大进展是，Tamar 气田从 2013 年起开始生产天然气，同时大型的 Leviathan 气田预计将在 2019 年投产。以色列正在建立一个主权财富基金，旨在保障天然气开采产生的税收收入。该基金将由以色列银行负责管理，预计将于 2020 年投入运营。

以色列国内天然气产量的增加导致燃料进口总量和总值的下降，从 2012 年占进口商品总值的 22% 降低至 2016 年的 9%。钻石在进口和出口中起到了重要作用：2016 年，约有十分之一的进口商品和四分之一的出口商品是钻石，并且以色列还是主要的钻石贸易和加工中心。以色列的主要贸易伙伴是美国和欧盟：2016 年，超过一半的以色列商品出口到美国和欧盟，而来自欧盟的进口商品就占 42%。以色列主要的出口服务是计算机服务和研发服务。

对内投资和对外投资对于以色列而言至关重要，在 2012—2016 年期间，以色列每年的对内投资平均总值达 100 亿美元，对外投资平均总值达 70 亿美元。对以色列的投资主要采用房地产和收购的方式，包括通过风险投资基金对以色列的初创企业进行投资。外商直接投资的主要接收方是制造业、电信、计算机编程和信息服务、研究与开发以及金融服务（保险和养老基金除外）。以色列并未出台针对外国投资的具体法律，但在少数领域，以色列仍保有对外资所有权的限制，如航空和海洋运输、电信和广播，以及能源行业，这主要是出于公共利益的考虑和能源安全的原因。

以色列已执行了修订的世界贸易组织《信息技术协议》及修订的《政府采购协议》，接受了《贸易便利化协定》，提交了有关 A 类承诺的通报，接受了《与贸易有关的知识产权协定》（TRIPS）修订案，并根据内罗毕部长级会议的决策，提交了一份通报。根据该通报，自 2023 年 1 月 1 日起，以色列将停止对农产品提供出口补贴。1995 年至 2017 年末，以色列在 8 起争端解决案件中为第三方，在 2012—2017 年期间，在 4 个争端解决案件中为第三方。

以色列适用的平均最惠国关税税率从 2012 年的 7.6% 下降到 2018 年的 5.2%。这主要是由于 2011 年的抗议活动导致其单方面取消了对一系列产品征收进口关税。在所有的关税细目中，约 67% 的细目是免关税，仅 3.7% 的细目税率高于 20%。关税占以色列总税收的 1%。在审议期间，以色列还将其优惠措施表中的 1996 年协调关税制度（HS）改为 HS 2012。目前，以色列正尝试引入 HS 2017 的税号变更。

以色列向非农产品征收的平均最惠国关税税率相对较低（3%，2012 年的税率为 4.2%），而向农产品（世贸组织定义）征收的最惠国关税税率平均为 19.1%（与 2012 年的 27.7% 相比有所下降）。以色列对乳制品的关税保护尤其显著（平均税率为 65.6%）。此外，许多农产品关税包含了从量关税、复合关税和混合关税。在农产品之外，最高的关税税率通常为 12%，但鱼类和水产品（最高为 146.3%）、纺织品

(最高为 22%)、矿产品和金属材料(最高为 16.9%)除外。

在以色列的关税细目中，约有四分之三的细目是受到约束的。以色列的平均约束税率是 20.6%，比平均最惠国关税税率高出了 15.4 个百分点。农产品的约束税率较高，平均税率达 78.1%，而非农产品的平均约束税率是 9.6%。有 18 种关税细目的最惠国实际税率高于其约束税率，这些产品包括机械部件和配件。某些关税细目的最惠国实际税率与约束税率的差距高达 12 个百分点。

以色列的自由贸易协定(FTA)涵盖了加拿大、欧洲自由贸易区(EFTA)、欧盟、约旦、南美共同市场、墨西哥、土耳其和美国。自上次审议以来，以色列已与哥伦比亚和巴拿马签订了自由贸易协定，但目前尚未生效。

自上次贸易政策审议以来，以色列海关制度的立法框架和制度框架未发生重大变化。不过，以色列批准了 2017 年 12 月 8 日生效的《贸易便利化协定》。另一方面，出于各种原因，以色列仍对一系列产品保有非自动的进口许可程序，前述原因包括健康、安全、安保和关税配额管理原因。发布最新通报将有助于提高此类进口程序的透明度。

2014 年，以色列实施了酒精饮料的税收改革，取消了 TAMA(项进口附加费，金额约等于国内批发价格)，代之以进口产品和类似国内产品的从量税。在以色列的税收收入中，增值税占比约 30%；以色列向进口商品和服务以及国内商品和服务征收增值税。增值税的标准税率从 2012 年的 16%~17% 增长至 2013 年的 18%。2015 年 10 月，以色列增值税的标准税率降低至 17%(这是以牺牲政府收入为代价，政府因此损失的收入约为 GDP 的 0.4%)。水果、蔬菜等许多产品均是零税率。同时，以色列向酒精饮料、香烟和燃料征收消费税。

自 2012 年对以色列进行最近一次审议以来，以色列关于贸易应急措施的法律框架一直保持不变。2012—2017 年，以色列启动了 10 项反倾销程序；目前，其中 1 项反倾销措施已生效。在审议期间，以色列并未采取任何反补贴措施或保护措施。

出于各种原因，以色列仍保有对选定产品的出口签证和批准(许可)计划，前述原因包括国际协议承诺、质量控制和保护等，但以色列并未征收出口税或课税。在审议期间，以色列向农产品提供了出口补贴。这是因为活跃在花生行业的一家出口国营贸易企业。

在审议期间，以色列取消了向世贸组织委员会通报的有关补贴和反补贴措施的六项方案：设计产品方案、新媒体支持方案、市场营销教程方案、联合体方案、“二百乘以二”，以及温室气体减排方案，并且以支出金额类似的其他方案代替了其中的三个方案(市场营销教程、联合体、二百乘以二)。

以色列的经济主要是高科技产品和服务的开发和生产，并得到了世界上最高水平的民用研发工作(2015 年，约占 GDP 的 4.3%)的支持。成立于 2015 年的以色列创新局，通过向工业、旅游业和房地产领域的投资者提供一系列激励措施和利益，来鼓励国内投资和外商投资。大多数激励方案均通过有条件的贷款来提供开发过程中相关风险的参与机会。

2012—2017 年期间，以色列向 TBT 委员会提交了 453 份通报，大部分通报均是关于修订技术条例或采用国际标准。以色列致力于在 2019 年 8 月之前，将其所有标准与国际标准接轨。最近通过的修订法例要求采用国际标准和地区标准来代替以色列标准，同时还规定了在 2019 年 8 月之前对所有技术条例进行重新评估的时间表。2016 年 1 月，监管影响分析成为一项强制性要求。

不同的政府机构负责不同的卫生与植物卫生措施，但国家食品局整体负责经采摘、屠宰或加工之后的水产品、进口食品和国内生产的食品，而兽医服务与动物健康局以及植物保护与检查局负责未经加工的食品、活畜及其屠宰事宜。自 2011 年起，以色列尚未发出有关 SPS 措施的通报，但自此之后提交的某些 TBT 通报可能提及了 SPS 相关的问题。2015 年公共卫生(食品)保护法旨在通过减轻进口产品的监管负担，来增加食品营销方面的竞争力。进口非“敏感”食品(根据风险评估将食品划分为“敏感”食品)不再需要获得进口所需的事先核准，仅需提供一份符合以色列规定的声明，而非制造商的证明文件。除肉制品外，无任何法律规定食品产品需获得洁食认证。但据报道，这通常是一项实际的市场要求，因为许多酒店和商店并不贮存非洁食产品。

为了提高企业的生产力，促进 GDP 增长，改善消费者福利，以色列对竞争体制实施了一些重大改革。值得注意的是，以色列反垄断局(IAA)局长现在可对违反竞争法的行为（包括卡特尔违法行为、滥用主体地位，或在未获得IAA批准的情况下进行合并）处以罚款。此外，反垄断专员现在可向集中式集团的成员发出指示，以防止对竞争或公众造成损害，或改变竞争环境。以色列已对某些受保护的行业（比如电信和金融服务业）进行了一系列改革，以提高其竞争力和效率。此外，以色列在2013年制定了《促进竞争与减少集中法》，以降低大型、复杂和杠杆化的商业集团（即金字塔式企业）带来的风险。

国有企业（SOE）继续在以色列经济中发挥着重要作用，在电力、水务、交通、港口和国防行业中尤其如此。根据《限制性贸易惯例法》，至少有两家国有企业是垄断企业：即以色列电力公司和Mekorot水务公司。2014年，以色列启动了一项新的三年期私有化计划及一系列部分私有化措施（电力、水务和国防领域），涉及的产值相当于GDP的1.75%，从而对一些国有企业实施撤资，此类国有企业包括港口和邮政企业。

以色列是《政府采购协议》(GPA)的签署方，也是首批接受经修订的《政府采购协议》的国家之一。以色列已经作出了一系列的市场准入承诺，增加了外国公司在政府采购方面的竞争机会。以色列还将逐步降低目前20%的抵消水平，并将在以色列实施经修订的《政府采购协议》（2014年4月6日）的15年之后，完全消除抵消交易。五年之后，以色列还将着手减少采用抵消交易的实体数量。根据以色列的投标规定，本国供应商可享有最高15%的价格优惠，但国内成分含量至少应达到35%。价格优惠不适用于需遵守《政府采购协议》规定的合同。

凭借高科技经济，以色列的知识产权制度发展完善。在审议期间，以色列对以色列专利局（ILPO）审议程序的行政运作部分进行了额外投资，并对知识产权立法的进一步现代化进行了额外投资，尤其是对专利和设计领域进行了投资。这反映了一个高度创新并具有竞争力的行业，许多初创企业会使用并执行其知识产权，以色列法院经常受理知识产权诉讼，包括以色列最高法院在内。自2012年起，以色列最高法院已发布了一系列的相关规定和意见。在审议期间，知识产权领域的数字环境所带来的挑战体现在审议期间的若干项发展中。其中包括最高法院对2007年版权法法规变更相关的版权豁免范围的判决，即允许在线销售电视广播信号。以色列是世界知识产权组织（WIPO）的成员，签署了大部分的WIPO协定，以色列是《WIPO版权条约》和《WIPO表演与录音制品条约》的签署方，但这些公约尚未得到批准，并且以色列未签署《专利法条约》。

以色列大部分土地均是公有土地，由以色列土地管理局管理，大部分农产品均产自kibbutzim和moshavim合作社向以色列土地管理局租用的土地。但是，kibbutzim和moshavim合作社的大部分成员现在均从事非农业工作，这是因为农场越来越大，农业生产更具专业性。由于气候干旱，灌溉对于农业生产至关重要，虽然大部分灌溉用水均是经过处理的污水或海水，而非淡水。尽管以色列的农业受到了相对较高的关税保护，并且以色列将继续提供出口补贴（预计将在2023年1月1日停止补贴），但以色列仍是净进口国，并且采取了提高市场准入的多项措施，包括降低关税及采用自主关税配额。以色列向一些行业征收很高很复杂的关税，对乳制品、动物及其产品尤其如此，乳制品和鸡蛋行业则受到严格的生产配额管制，并且采用了最低价格或目标价格。正如向世贸组织上报的那样，大部分国内支持均来自黄箱政策，并且集中在牛奶和鸡蛋产品上（仅这两种产品超出当前产值10%的最低限制）。2011年至2014年，以色列的当前综合支持总量超出了5.6898亿美元的综合支持量总承诺水平，不过根据2015年和2016年的通报（最新通报），以色列的当前综合支持总量在相关年度的承诺水平之下。

服务业占以色列GDP的80%左右。以色列是服务的净出口国，计算机服务和研发服务尤为显著。在审议期间，为增强金融中介机构的竞争和效率，以色列对金融服务制度进行了重大改革：以色列要求两家最大的银行在2020—2021年之前出售其信用卡子公司；主要金融公司和非金融公司之间的交叉持股被认定为违法行为；新型市场主体出现，消费信贷扩张，传统的银行中介机构已经让位于更大程度使用的非银行信贷，这在企业业务中比较常见。近半个世纪以来，以色列尚未建立新的银行。资本市场、保险与储蓄局现在是保险业务、养老基金和储蓄业务的独立监管机构。

以色列的电信部门已进一步自由化。相关改革包括：实施网络和频率共用政策，使运营商能够共享其网站和无线电接入网络；发放多个第四代移动国际服务许可证；在固定市场，实施一项新的批发法规，旨在促进电信市场的竞争；对现有运营商的本地回路实施分类计价，改善宽带互联网市场的竞争。目前，以色列政府仍在考虑建立一个独立的电信监管机构。

以色列有三个海港，其中两个港口主要由国有企业经营，而 Eilat 港口公司在 2013 年 1 月实现了私有化。以色列进出口总量的 99% 都经由这三个港口。自上次审议以来，以色列继续执行于 2010 年 10 月推出的港口用户收费计划，其目的是终止进口，有效地交叉补贴出口，并根据成本收取相关费用。外资所有权仍仅限于 49% 的以色列国旗船，并且向国际航运开放的港口服务需在以色列国民的过半数控制权之下。以色列与哥伦比亚、欧盟、新西兰、土耳其和美国签署了领空开放协议。在审议期间，以色列反垄断局限制了对特定海运和空运部门的豁免措施，这是竞争法的最后一项部门除外条款。

自 2012 年进行最近一次审议以来，以色列已采取了一系列的措施来实现贸易自由化、加强竞争。这些措施是在民众对高昂的生活费用提出抗议之后采取的，其结果有助于改善贸易和投资机会。尽管进口商品的价值有所下降，但这主要是由国内天然气产量增加、燃料价格和进口量下降导致的。然而挑战依然存在，在农业领域的某些部门受到高度监管和保护的同时，其他传统行业则面临着进一步落后于高科技产品和服务行业的风险。

（刘洪岩译，杨凤鸣校）

中国台北贸易政策审议

自2014年的贸易政策审议以来，台湾、澎湖、金门和马祖单独关税区（简称中国台北）基本面相对较强，外向型经济发展良好，有助于维持宏观金融稳定，确保出口导向型经济的弹性。审议期间，国内生产总值年增长率在0.8%（2015年）至4%（2014年）之间，2014—2017年间年平均增长率为2.3%，与以往的表现相比出现了较大的放缓（2002—2013年间年平均增长率为4.3%）。货币和财政刺激措施正被用来刺激经济复苏。尽管存在一些创新和劳动相关的担忧，但中国台北在世界上最具竞争力的经济体中仍然保持着自己的地位，生活水平较高的同时收入不平等现象略有下降。一些领域的弱点通过正在进行的改革加以解决。虽然通货膨胀呈周期性发展（2017年为0.6%），但失业率逐渐下降（2017年为3.8%）。

审议期间，进行了贸易和与贸易有关的结构改革（例如在贸易便利化、税收、竞争政策和知识产权等领域）。继2015年放缓后，2016—2017年的劳动生产率和全要素生产率都有所提高，这主要是由于总产量的增加以及工作时间的减少，从而提高了中国台北的国际竞争力。自2014年以来，宽松的货币政策，包括四项政策利率从1.875%下调至1.375%，为经济增长提供了货币刺激，有助于营造稳定的金融环境。

中国台北的有管理的浮动汇率制度允许汇率的灵活性和外汇干预，从而有助于减少或防止投机性冲击。审议期间，名义汇率贬值（2017年除外），实际有效汇率也贬值，部分原因是美元升值。经常账户的总体盈余较大，2014—2017年平均占GDP的13.5%，而2010—2013年为8.6%，尤其是反映了国内需求疲软和全球油价下跌。外汇储备稳步增长，主要是由于管理收益。外债总额从2014年占国内生产总值的33.5%降至2016年的32.5%。

中国台北经济对国际贸易的开放性，以及其融入世界经济和全球价值链的程度，继续表现为其商品和服务贸易（出口加进口）与国内生产总值的比重稳步上升。2017年这一比重为117.7%，但低于2014年的比重，部分原因是全球需求疲软。国际贸易和直接投资流入趋势反映了亚太地区作为中国台北主要市场和供应商的持续重要性，中国、日本、美国和欧盟仍然是其主要的贸易伙伴，而其主要直接投资流入合作伙伴是欧盟、中国香港和日本。中国台北继续通过激励和便利化措施鼓励投资，为经济增长提供新的引擎。2018年，中国台北负面清单（包含投资禁令和限制）进行了修订，对允许海外投资船舶租赁服务和种植某些作物。中国台北正在考虑取消投资前审议要求，代之以投资登记机制。

自2014年以来，中国台北市行政、立法和司法机关的整体结构和职能基本保持不变。然而，行政部门正在进行重组和精简，以提高其灵活性和效力；这包括建立一个负责规划和监督发展政策的发展理事会。除了中国台北2017—2020年发展计划外，目前正在实施的推动创新、促进区域合作和满足长期基础设施需求的关键经济战略分别是：5+2工业创新计划、新的南下政策和前瞻性基础设施发展方案。

中国台北的贸易政策继续以贸易开放、全球和区域互联互通、经济增长和绩效、生活水平和创新紧密相连为前提，继续奉行单边、双边、区域和多边相结合的贸易政策方针。中国台北目前与九个经济体签有区域贸易协定，审议期间生效的是它与新加坡和新西兰的区域贸易协定（涉及商品和服务），以及与巴拉圭的合作协议。它继续向所有最不发达国家提供非互惠的优惠。从2014年开始，中国台北作为申诉方参加了三个新的世贸组织争端解决案件并保留了22个案件中的第三方权利。

中国台北一直保持着向世贸组织提交通报的良好记录，尽管关于其对农业支持的最新通报仍未提交。已采取的新措施是通过建立在线公共政策平台和引入公共部门在限定期内对利益相关者评论作出回应的政策，以促进公众对政策制定的参与度和透明度。努力改善商业环境，即根据已经排名很高的世界银行的指标，包括已颁布或计划的法律改革：放宽海外专业人才招聘限制；支持中小企业；为初创企业和企业家打造更友好的环境。

审议期间，中国台北贸易政策的总体推动力仍然保持不变。关税仍然是主要的贸易政策工具之一和主要的税收来源（2016 年占总税收的 5.2%）。尽管超过 98% 的关税是从价税且是透明的，但关税涉及多种税率（92 种从价税 42 种替代关税和 16 种特定关税），与 2013 年相同，但分配比例不同。由于平均从价税等值（aves）率的降低，《信息技术协议》扩围谈判成果的实施，和关税税则目录的变化，中国台北适用的简单平均最惠国税率从 2013 年的 7.8% 略降低到 2018 年的 7.2%。各部门之间的关税保护差异很大，2018 年农产品平均为 17.8%，工业产品平均为 5.1%（按世贸组织定义）。最高税率继续适用于农业，范围从零到 1059.6%（槟榔）；截至 2013 年，大多数税率（81.2%）为 10% 或以下。按照其多边农业市场准入承诺，中国台北实行关税配额，实际上，配额外税率使得某些进口几乎被禁止；在审议期间，配额的平均范围从 2015 年的 47.1% 到 2016 年的 56.5%。为加快工业发展，适应国内供求，工业原材料、大宗商品和日用品继续享受减免关税待遇。所有关税税率 / 额度均受约束，与 ITA 扩围有关的约束性承诺将在 2021 年前全面落实；适用的最惠国税率与约束税率之间的平均差距为 0.3 个百分点，表明关税具有很高的可预测性。扩大区域贸易协定的努力有助于将简单平均优惠税率从最惠国平均适用税率的一半降低到不足二分之一。

审议期间，中国台北的贸易便利化发展包括 2015 年批准《贸易便利化协定》，通过修正案明确相关立法（海关法），通过海关口岸贸易单一窗口加强网上业务，便利化原产地证书的交换，以及引进快速通关服务。海关估价制度及其主要使用方法即交易价值，保持不变；自 2016 年起，非优惠原产地规则预裁决制度开始实施。除其他费用外，对进出口商品继续收取 0.04% 的贸易促进服务费；海外航线的港口费仍然比国内航线高 60%。

除其他外，用以保护公共道德、人类生命或健康，并执行国际协定项下的义务的进口禁令、限制和许可仍然有效。进口禁令的范围从 70 个十位数的 HS 项目（2013 年）上升到 91 个（2018 年）；进口范围许可证增加到 131 项（2014 年为 126 项）。在审议期间，立法框架对部分地区的反倾销和反补贴措施进行了调整，反倾销行动相对稳定。中国台北继续使用反倾销规定，主要针对大部分原产于亚洲的碳钢板的进口；启动了 11 项反倾销调查（2013—2016 年），截至 2017 年底，共有 19 项最终措施生效。虽然目前尚未采取反补贴措施，但 2018 年 4 月，中国台北启动了针对中国某些钢铁产品的反补贴税调查，并已针对几种类别的农产品进口采取价格或数量引发的特殊保障措施（SSG）行动。

中国台北继续不对出口商品征税。审议期间，扩大了出口禁令的范围；许可和批准的范围仍然相对重要。对出口时支付的进口原材料的关税和国内税继续进行政策性退还。对出口加工区和自由贸易区的企业间接税收优惠继续保留。优惠条件下的出口融资、担保和信用保险有助于制造商按照“新南向政策”目标扩大对东盟、南亚、澳大利亚和新西兰市场的出口。

涉及各种税收和非税收优惠的措施，如赠款和低息贷款继续支持某些农业、渔业、石油和天然气的生产和贸易，以及制造业活动，特别是鼓励中小企业、研发、科学活动、企业的合理运营、私人参与基础设施项目和区域发展。中国台北相对复杂的间接税结构保持不变，并提高了一定的税率（如营业税、烟草税和营利性企业所得税）。自 2017 年起，对本地消费者提供网上销售服务的海外公司被要求在中国台北注册企业，获得税务识别号并申报增值税。

审议期间，中国台北标准的数量有所减少，技术法规（强制性）中采用的标准占所有标准的 2.1%（2017 年）；99% 的标准仍然相当于国际标准。对 SPS 的监管框架和包括检疫在内的几个领域的相关措施进行了修订。进出口动物、植物、小麦、大麦、玉米和大豆的检疫费继续从价计收，一种地方农产品可追溯性标签系统被引进。审议期间，中国台北受到三个与技术贸易壁垒相关的具体贸易问题的影响。

由于私有化仍遭到广泛反对，公共部门继续参与经济。公共部门的参与继续扩散到包括大米、糖、烟草和白酒、石油、航空航天、造船、电力、供水、银行和金融、工程和邮政服务在内的多个活动中，垄断电力、水资源供应和邮政服务市场。中国台北是世界贸易组织《政府采购协议》(GPA) 的成员，并继续利用非 GPA 覆盖的公共采购来支持中小企业、环保产品、本土供应商和残疾人；据有关部门称，对于不受 GPA 承诺约束的合同，当地供应商可享受的价格优惠从未得到应用。修改了主要公共采购立法，采购仍然是分散采购模式。非本地供应商在授予总价值中所占的份额有所不同，在2017年达到峰值25.5%，而在授予合同数量中所占的份额相对稳定。就价值而言，公开招标仍是目前最常用的采购方法（79.6%），其次是有限招标（14.2%）。

竞争政策监管框架涵盖了除行业特定法律之外的所有活动和企业（包括国有企业），自其生效以来经历了范围最广、规模最大、影响最大的改革。其中包括：公平贸易委员会的机构独立性和独家执行责任；自由竞争问题与公平竞争问题的区别；垄断企业定义的门槛；修订合并条例和调查规则；以及设立反托拉斯基金。2015年年中，因滥用垄断地位被处以有史以来最大额的罚款。能源产品、建筑材料、大宗商品、药品和电信服务的价格监测和/或稳定措施仍然有效。消费者权益在消费者保护法修正后得到了普遍加强。

中国台北的知识产权立法得到了加强，对专利、商标和版权等领域进行了修订，包括与国际规定的某些一致性，而其他领域的工作正在进行中。专利和商标的电子存档减少了复杂性和延迟。通过具体协议加强了与某些海外知识产权办公室的合作。总的来说，中国台北知识产权执法系统被认为是该地区最高效的，将继续确保对权利持有人的保护。

农业部门继续占国内生产总值（1.7%）和就业（4.9%）的一小部分，大部分食品是进口的。中国台北40%食品自给自足的总体目标由于气候条件在2015年遭受了挫折。各种农产品的生产仍然受到高关税（最高达1059.6%）、社会保障和各种支持机制的保护。当局继续使用缓解和救灾方案。当局称，尽管方案继续鼓励作物多样化和进口替代，但新的农业政策的目标旨在建立一个多功能农业部门，而不仅仅是像过去那样提供补贴。中国台北为稻农提供了一项环境补偿方案，鼓励他们放弃对大米的价格支持，不再以担保价格购买烟草。还可通过向该部门引进新技术的新方案提供提高生产率的援助。政府不再提供出口补贴。中国台北农业部门面临的主要挑战包括农场的碎片化和农民的老龄化，以及该部门的低收入和受自然灾害影响的脆弱性。

超过60%的地表面积被森林覆盖，在过去几十年中，这是重新造林的努力成果。绝大多数森林是公有的，政府采取措施打击非法采伐，促进当地生产的木材的利用。公共部门对渔业的支持包括向渔民提供赠款以减少其捕捞能力，以及提供保险单。鱼类进口关税平均为20.4%。审议期内，中国台北有几项立法、监管和制度的发展，主要是为了加强防止非法、未报告和无管制捕捞的框架。农民从免费水资源中受益，农民和渔民都有资格享受价格低廉的汽油和柴油。

采矿业和采石业对中国台北GDP和就业的贡献相对较小。所有矿产资源都是公有的，开采是根据特许协议进行的。中国台北继续进口其近98%的能源供应，因此仍然容易受到全球大宗商品价格变动的影响。此外有一项雄心勃勃的改革计划，旨在将本地生产的可再生能源在总能源结构中的份额提高到20%，过渡到使用清洁能源，到2025年结束核能发电。《电力法》最近的一项修正案首次放开了可再生能源发电的电力销售市场，目前正在提供激励措施，主要是通过上网电价，鼓励可再生能源发电。电价公式和价格稳定基金旨在缓解短期内电力价格波动的影响。国有企业继续在该行业中发挥重要作用。

制造业仍然是中国台北的经济支柱，约占国内生产总值的30%，就业的27%，商品出口的90%以上。主要出口是电子集成电路和微型组件以及各种化工和基础金属产品。中国台北设想其产业未来将以跨行业技术整合为特征，并正在实施支持策略。制成品关税从零到30%不等；最高费率适用于特定的大型乘用车、商用车、车辆配件和摩托车。企业可以获得广泛的一般性和行业特定的激励措施（财政和非财政）。

审议期间，服务业在国内生产总值中的份额及其在总就业中的份额保持相对稳定，2017年分别为60%和59.3%。尽管服务贸易逆差大幅下降，中国台北在服务贸易上是净进口。公共部门对银行业的参与仍然很重要。审议期间，银行业的监管改革包括改善银行的流动性风险状况，遵守国际规范，以及加强打击洗钱和恐怖主义融资的框架。法律改革的主要目的是加强对保险业的监督，打击违法行为。

中国台北的移动电话和移动宽带普及率仍然很高。对某些类型的电信公司的海外投资仍有限制。一家部分上市的电信公司继续在几个细分市场保持主导地位。

公共部门对运输业的参与仍然很重要；所有机场都是公有和公有资本管理的，中国台北保留了一家航空公司和一家航运公司的股权。对在当地注册的航空公司和船舶的所有权实施入境投资限制，只有在当地注册的船舶和航空公司才可以提供沿海运输服务，对某些道路运输业务的入境投资限制仍然存在。

中国台北旅游业继续快速发展。中国台北正在努力使其海外游客的市场多样化，并改善和多样化本地的旅游产品。该行业仍对海外投资开放。新推出的资助计划，鼓励邮轮和飞航邮轮部门的发展，并鼓励海外奖励旅游团的参观。

据预测，中国台北的实际国内生产总值将在获得中期增长势头之前放缓。尽管基本面稳定，但经济前景仍存在下行风险。尽管存在缓冲，但经济仍然容易受到外部风险的影响，诸如与全球经济展望和国际贸易发展以及区域地缘政治发展有关的风险。未来的繁荣和可持续增长取决于实施提高全要素生产率的结构改革，特别是那些旨在支持经济从工业向服务业持续转移的、更注重提高质量和增加附加值的部门。这些以及相关的改革，包括税收、私有化、劳动力市场和持续的监管改革，将提高中国台北经济的灵活性，增强其应对日益增长的外部竞争的能力，从而能够继续实现其经济和福利目标，包括包容性增长和贫富差距更小。

（范雪晴译，薛艳校）

瓦努阿图贸易政策审议

自 2012 年瓦努阿图加入世贸组织以来，其经济年平均增长率保持在 2.3% 左右。目前，其人均国内生产总值约为 2900 美元。瓦努阿图大多数人口生活在农村地区，自给的农业、渔业以及卡瓦胡椒、椰子和可可等经济作物种植是主要的经济支柱。然而，强劲的人口增长和快速的城市化进程正给土地和其他自然资源带来越来越大的压力。当局预计瓦努阿图将在几年内摆脱最不发达国家的地位。

瓦努阿图遭受自然灾害的风险很高，特别是飓风、地震、火山爆发和海啸。2015 年，该国大部分地区遭到了 5 级风暴“帕姆”的破坏。岛屿之间的基础设施和运输连接仍然是一个挑战。

审议期间，瓦努阿图年均通胀率约为 2%。近年来，由于“帕姆”风暴造成支出增加和收入水平的下降，政府债务大幅增加，占 GDP 的比重从 2015 年底的约 26% 上升至 2017 年的 51%。瓦努阿图的经常性账户赤字达到 GDP 的 10% 左右。

贸易对瓦努阿图的经济非常重要。2016 年进出口总值约占国内生产总值的 106%，高于 2011 年的 93%。旅游、牲畜和原木是主要的出口产品（或服务）。瓦努阿图的主要贸易伙伴包括澳大利亚、斐济和新西兰。外国直接投资占很大比重，主要的分部门是旅游业、电信业、食品业和木材加工业。瓦努阿图容易遭受自然灾害，同时基础设施薄弱，这是它在吸引更多投资方面所面临的挑战。

外交、国际合作和对外贸易部负责制定和协调瓦努阿图的国际贸易政策。该部门同时负责其双边、区域和多边的贸易和投资谈判。瓦努阿图的贸易政策框架于 2012 年编制，目前正在不断更新。其目标特别包括将贸易纳入瓦努阿图国家发展战略的主流，并通过增加货物和服务出口促进贸易发展。其政策文件“2030 年展望”提出的目标是到 2030 年实现国家的稳定、可持续和繁荣发展。主要的途径包括增加贸易和投资机会、减少壁垒、扩大出口市场准入等，同时要求所有新的贸易协定都符合国家的切实利益，并有助于经济多元化发展。

瓦努阿图于 2012 年 8 月 24 日加入世贸组织，目前正在日内瓦设立常驻代表团，以促进其参与世贸组织事务。在加入 WTO 时，瓦努阿图承诺提交通报。它向世贸组织提交的通报不多，截至 2017 年 12 月 31 日，对涉及以下领域的通报尚不完整：农业（出口补贴）、知识产权（第 69 条以及 1995 年贸易有关的知识产权理事会的决定）、与贸易有关的投资措施协议、进口许可程序、数量限制、海关估价、原产地规则、2016 年进口综合数据库、补贴和反补贴措施、国有贸易企业和服务贸易总协定。虽然瓦努阿图尚未批准《贸易便利化协定》，但它已向世贸组织通报了其 A、B 和 C 类承诺。截至目前尚未参与任何争端解决案件。

瓦努阿图至少向其所有贸易伙伴提供最惠国待遇。它是若干重叠区域协定的缔约国。除了《美拉尼西亚先锋集团（MSG）贸易协定》,《太平洋岛国贸易协定》（PICTA）和《太平洋紧密经济关系协定》（PACER），它还与南太平洋其他国家和地区签订了优惠贸易协定。瓦努阿图还受益于一些非互惠的优惠贸易安排，包括一些世贸组织成员提供的普惠制度。根据《南太平区域贸易和经济合作协定》（SPARTECA），澳大利亚和新西兰对瓦努阿图出口商提供免关税免配额的市场准入。而欧盟则向瓦努阿图提供除武器以外的所有商品的免税免配额市场准入。

根据商业许可证法，外国投资者在申请营业执照之前，必须获得瓦努阿图投资促进局的许可。大多数商业活动都对外国投资开放。对于旅游、零售、沿海航运和某些专业或商业服务活动，只要经营达到有关法律规定的最低门槛，就允许外国投资。有些经营活动是只为瓦努阿图公民保留的，其中包括从事檀香木和卡瓦胡椒出口的企业；手工艺品和工艺品制造商；卡瓦酒吧、公路运输、住宅建筑和商业文化节日的服务供应商；近岸水域的商业捕鱼；以及锯木的小规模生产。

2013 年，瓦努阿图通过了实施世贸组织《海关估价协议》的立法。2017 年维拉港的平均通关时间为 3 天零 7 小时。当局表示，随着 2018 年新泊位的启用，这一通关时间将大大缩短。

瓦努阿图的简单平均适用最惠国关税从 2012

年的 9.2% 上升至 2018 年的 9.3%，小幅增加主要是由于 HS 命名法的变化。除两个税目外，其他所有关税税目都是从价税。最高税率分别为 75%、55% 和 40%，适用于 56 项关税项目，包括烟草产品和酒精及非酒精饮料。26% 的关税细目是免税的。瓦努阿图没有任何关税配额或季节性关税。瓦努阿图的所有关税细目都是约束税率。其中 3 个关税税目的适用税率超过了约束税率。

除了免税或零税率的商品和服务外，所有商品和服务均适用 15% 的增值税。消费税适用于烟草产品和含酒精饮料。2013 年颁布了贸易应急措施法，但尚未采取任何措施。进口禁令特别适用于某些特定的农产品。对于酒精、特定药品和食品、右驾机动车和某些威士忌产品，都需要进口许可证。

出口商必须在海关数据自动化系统注册。对于原木或者粗锯角材，出口关税为 5% 加上每立方米 3000 瓦图（VT）的增值税。出口牲畜、可可豆、可可、椰干、薰衣草油和茶树油均需要许可证。瓦努阿图不提供任何出口补贴。它没有任何针对出口商的公共财政、保险或担保计划。此外，出口禁令适用于某些海洋动物。

瓦努阿图没有任何重大的激励机制，因为它不对个人或公司征收所得税。用于旅游服务、制造或加工以及矿产勘探的材料免征进口关税。2017 年 8 月成立的标准局负责监督标准的制定和采用。动植物卫生检疫措施协议由几项立法构成，由瓦努阿图生物安全局监督。目前尚未向世贸组织提交技术性贸易壁垒或卫生与植物卫生措施通报。相关标准的制定处于发展的早期阶段，对瓦努阿图的技术性贸易壁垒或卫生与植物卫生措施没有提出具体的贸易问题。当局表示正在起草《竞争和消费者保护法》，其中包括关于价格控制的规定。

各种国有企业主导着广播、邮政、运输等部门。近年来，其经营活动约占国内生产总值的 2%。这些企业经营业绩的下滑加剧了政府的成本。根据立法，不允许歧视外商参与，约 60% 的政府采购由外国供应商提供。瓦努阿图不是政府采购协议的缔约方。中央招标委员会处理的公共采购有一半以上是通过公开招标进行的。瓦努阿图的知识产权立法涵盖了 TRIPS 协议的主要领域。瓦努阿图知识产权局成立于 2012 年，是负责保护知识产权的机构；几年前成立了商标部门，目前正在设立专利部门和设计部门。边境的知识产权执法由海关负责，要求进口商证明其货物的真实性。瓦努阿图的知识产权制度正处于发展的早期阶段。当局认为需要更多的技术培训来完善知识产权保护。

农业在瓦努阿图经济中发挥着关键作用，大约 80% 的人口依赖于自给农业。农业部门（包括渔业和林业）占国内生产总值的比重超过 20%，涵盖几乎所有商品出口。农业关税细目（按 WTO 定义）的简单平均适用最惠国关税税率为 16.9%，高于非农业关税税目平均税率（8%）。禁止进口源自欧洲的牛肉和椰肉干。主要的出口农产品是椰干、卡瓦、椰子油、可可和牛肉，而主要的农产进口品是大米、糕点、鸡肉、小麦粉、饮料和香烟。除其他外，农业发展主要受到融资缺乏和土地纠纷的制约。2015 年至 2030 年期间的农业政策建议使用税收激励措施来降低成本。根据瓦努阿图向世界贸易组织提交的通报，其所有支持措施都属于“绿箱”措施，其中大多数是关于作物扩散、病虫害防治和培训。

商业捕鱼需要许可证，而许可证费是政府收入的重要来源，外国船只的许可证费用要高于当地船只。渔业部门面临的困难包括缺乏数据、渔民获得银行贷款和保险的困难，以及岛屿之间缺乏基础设施和运输联系。瓦努阿图目前没有鱼类加工厂，鱼类的出口很少。鱼类进口主要来自澳大利亚和新西兰。捕捞和交易海参、绿色蜗牛以及出口椰子蟹、龙虾都是被禁止的。直到 2017 年，向渔船提供的燃料都是免税的。

瓦努阿图商业发展的一个重要限制因素是电力和其他公用事业的可得性、成本和可靠性。83% 的农村家庭缺乏电力供应，而城市家庭则为 20%。主要能源来自柴油燃烧，占总发电量的 80% 左右，而其余部分主要来自风力、水力和太阳能发电。公用事业监管局（URA）负责管理瓦努阿图的电力供应。电费由市建局审核或制订。由于来自大型商业客户的交叉补贴，小客户的收费明显低于区域平均水平，而大型商业客户支付的费用远高于地区平均水平。

服务业约占瓦努阿图国内生产总值的三分之二，是外汇净收入来源。2017 年，服务出口占瓦努阿图（货物和服务）出口总额的 87%。瓦努阿图在 10 个服务部门作出了具体承诺，并计划对所有 10

个部门的商业存在和自然人流动作出水平承诺。

金融服务部门由瓦努阿图储备银行（中央银行）监管。根据金融机构法，适用于本地银行与适用于外资银行的资本要求之间没有差异。在瓦努阿图经营的四家商业银行中有三家是外资企业。“帕姆”飓风之后，它们的业绩表现一直在改善，主要原因是瓦努阿图储备银行在飓风过后表现出的宽松立场，当时它降低了法定存款准备金率和流动资产要求。审议期间，利率仍然高居不下，大幅度利差持续存在，这反映了信贷由于规模小、易受冲击和地域分散而产生的高成本和高风险。保险业规模仍然很小。

电信服务行业发展迅速，用户规模和市场收入均大幅增加。移动通信普及率从2007年的12%增加到2017年的85%。而同期固定电话普及率从4.6%下降至1.6%。不管是本地人还是外国人都可以申请由行业监管机构——电信和无线电通信监管机构（TRR）发布的电信许可证。负责提供固定线路、移动和互联网服务的两家企业均由外商投资。

为了促进瓦努阿图的信息通信技术发展，应对因为人口分布在众多岛屿而面临的地理和地形方面的挑战，政府推出了一项普遍接入政策，旨在到2018年为98%的人口提供信息通信技术。当局表示，这一目标已经达到，因为目前98.8%的人口可以使用信息和通信技术。

运输服务仍然是瓦努阿图经济发展的主要制约因素。瓦努阿图机场有限公司(AVL)是一家国有公司，在瓦努阿图经营着三个国际机场。其他26个国内机场由瓦努阿图的民航管理局监管。瓦努阿图航空公司是一家国有企业，提供连接瓦努阿图群岛的航空服务。对于提供普遍运输服务所产生的费用，政府向瓦努阿图航空公司提供贷款和担保，以帮助弥补其损失。如果瓦努阿图与外国航空公司的原籍国之间的航空服务协定（ASA）作出了相关规定，则允许外国人参与沿海航行。

海运对瓦努阿图至关重要，因为瓦努阿图由83个分散的岛屿组成。根据2017年生效的2016年《第26号海洋部门管理法》，瓦努阿图设立了海事监管机构办公室（OMR），负责管理国内船舶注册。瓦努阿图海事服务有限公司（VMSL）是一家国内私营公司，由政府承包，负责国际航运登记管理。只有当船舶的承载能力超过80吨时，才允许外国投资沿海航运（不包括专门为外国游客提供运输的船只）。瓦努阿图没有关于沿海航行的立法；实际上，除了自然灾害等特殊时期外，外国船只在瓦努阿图不享有沿海航行权。

旅游业是瓦努阿图的经济支柱，也是外汇收入的主要来源。主要的游客群体来自澳大利亚、新喀里多尼亚和新西兰。自2015年游客数量受“帕姆”飓风影响大幅下降后，近几年开始有所恢复。某些类型的旅游服务（如旅行社、旅游经营者、商业文化节、宾馆、平房、酒店和汽车旅馆）是专门留给瓦努阿图公民经营的。如果年营业额超过一定的门槛，则允许外国投资。旅游行业以外国投资为主，本地投资者多处在规模较小、资本密集度较低的业务中。对于当地居民来说，获得资本支持是建立或扩大其所拥有的企业的一个重要制约因素。政府制定了“2014—2018年瓦努阿图战略旅游行动计划”，以此作为发展旅游服务的指导方针。

（李雪华译，戴臻校）

亚美尼亚贸易政策审议

自2010年亚美尼亚贸易政策审议以来，尽管增长幅度差异很大，从2013年的0.2%到2017年的7%以上，其经济增长仍保持在平均每年4%。在某种程度上，经济增长可归因于健全的宏观经济管理和部门改革，而增长波动主要是由于商品价格和外部因素的变化。由于商品和服务的出口基础狭窄，以及在国外工作的亚美尼亚人的外汇水平很高，该国面临外部冲击的风险，特别是在大部分出口产品流向欧盟和俄罗斯的情况下，其大部分外汇来自俄罗斯。

由于商品和服务贸易相当于GDP的87%左右，侨民汇款相当于GDP的13%，贸易对亚美尼亚的经济起着举足轻重的作用。在2010年至2017年期间，其货物出口价值翻了一倍多，达到20多亿美元。虽然主要出口产品仍是矿产品，特别是铜矿石和精矿，但非货币黄金和农产品的出口增长甚至更快。农产品出口增加的主要原因是卷烟出口在此期间从不到1%的商品出口占比增长到11%以上。货物进口以一种不稳定的方式有所增加，2017年价值39亿美元，仅略高于2010年。就贸易伙伴而言，俄罗斯已取代欧盟成为亚美尼亚最大的进口来源地，并且也是仅次于欧盟的亚美尼亚第二大出口目的地。

亚美尼亚于2015年加入欧亚经济联盟（EAEU），欧亚经济委员会（EEC）负责EAEU成员国的对外贸易政策和监管，包括关税、过境贸易、应急措施、技术法规和SPS措施。为加入EAEU，亚美尼亚需要将本国关税与共同对外关税协调一致。已经有近1000条关税税目临时豁免，但协调工作将于2022年完成。根据《亚美尼亚加入EAEU条约》，这些货物可以进口到亚美尼亚，但不能在不支付亚美尼亚本国关税和EAEU共同对外关税（CET）之间的差额的情况下再出口到其他成员国。

加入EAEU导致许多关税细目的关税增加，并且亚美尼亚目前正在依据《关贸总协定》第24和第28条规定与其他世贸组织成员谈判，重新谈判的关税细目超过6500个。与2009年相比，应用平均关税从2.7%增加到7.5%，非从价关税的百分比从0.5%增加到13%。农产品的平均关税为12%，是非农产品平均价格的两倍；而在农业中，动物及其产品的平均关税为26%，并且糖和糖果平均关税为15%，受到特别高度的保护。

通过EAEU，亚美尼亚与越南达成了自由贸易协定，该协议于2016年10月生效。EAEU还与中国就经贸合作框架协议并与伊朗就自由贸易协定临时协议进行了谈判。这两项协议于2018年5月17日在哈萨克斯坦签署，预计年底生效。EAEU正在与其他几个国家谈判自由贸易协定。此外，亚美尼亚与前苏联的其他一些国家签署了8项双边自由贸易协定，是独联体其他成员国贸易条约的签署国，并于2017年11月，与欧盟签署了全面和增强的经济合作协议。

亚美尼亚海关法在2015年被海关联盟海关法取代，然后在2018年由EAEU海关法取代。根据EAEU海关法，几乎所有海关申报和清关程序都应使用单一窗口系统以电子方式完成，根据到货前提交报关和自动放货的有关规定，这个过程通常在注册后四小时内完成。电子申报系统将于2018年4月开始实施试点项目，并将于2020年完成。

除关税外，进口商还必须支付海关手续费和其他费用，但EAEU海关法规定海关费用不应超过海关当局的评估费用。除少数例外情况，所有进口产品均需缴纳增值税，酒精饮料、烟草制品和燃料还需缴纳消费税。根据2016年的估计，即最近一年，征收的增值税占税收总额的33%，相当于GDP的6.7%，从进口中收取的增值税占增值税总收入的60%左右。

虽然大多数进口产品没有禁令、配额或许可要求，但出于健康、安全或环境原因依然存在限制。这些限制包括进口某些产品，如医药产品和药品、植物保护化学品、武器以及生产武器所用的部件时，需要进行审批。

贸易救济措施（反倾销、反补贴和保障措施）的主要法律依据是EAEU条约的附件8，欧洲经济共同体负责贸易救济调查，并由代表各成员政府的部长组成欧洲经济共同体理事会，由理事会作出最终决定。自2012年以来，欧洲经济共同体完成了

27 项贸易救济调查，其中 19 项是反倾销调查。受影响最严重的国家是中国（9 项）和乌克兰（8 项）。

除对 EAEU 成员国以外，亚美尼亚出口的所有货物均需报关。由于与其他 EAEU 成员国没有边界，亚美尼亚与其他 EAEU 成员国之间的陆路和海上运输是通过海关过境程序进行的。货物可以在其所在的海关申报。

EAEU 成员国已经签订了关于出口关税的单独协议，根据该协议，EAEU 的每个成员国都建立了可适用关税的货物清单。就亚美尼亚而言，在审议期间，所有货物的适用出口税率均为零。由于增值税，出口货物和辅助服务实行增值税零税率。出口货物也免征消费税。 据当局称，亚美尼亚不提供视出口业绩而定的补贴。

2011 年 6 月，亚美尼亚通过了《自由经济区法》，并在该年年底制定了若干条例，通过各种激励措施吸引外国投资进入自由经济区（例如法人实体的利润免税；作为自由经济区居民的独资经营者不征收所得税；在自由经济区内居民拥有或租赁的公共和工业建筑物不征收财产税；对“自由海关区”程序下发布的货物不征收海关费用以及不采取非关税措施）。目前三个自由经济区正在运作。

标准、技术法规和合格评定的法律框架是 EAEU 条约和国家立法。迄今为止，EAEU 已采用了约 46 项技术法规。为了满足技术法规的要求，亚美尼亚使用了欧亚标准委员会制定和采用的洲际标准以及 EAEU 成员国的国家标准。欧洲经济共同体目前列出了约 5000 项标准，以支持 EAEU 现行的技术法规。据当局称，其中约 60% 与国际标准相协调。截至 2018 年 5 月底，亚美尼亚向世贸组织提交了 92 份关于技术性贸易壁垒措施的通报。其他 WTO 成员对亚美尼亚采取的 TBT 措施没有提出具体异议。

EAEU 条约为 EAEU 成员国制定了一项协调的 SPS 政策，该政策也保留了实施临时 SPS 措施的权利，例如在特定进口货物的合理风险的情况下。亚美尼亚加入 EAEU 后，SPS 标准化要求似乎变得更加严格，以符合 EAEU 要求。截至 2018 年 5 月底，亚美尼亚向世贸组织提交了 27 份关于 SPS 措施的通报。

审议期间，竞争政策方面引入了若干改革。《经济竞争保护法（2000 年）》在 2011、2013、2017、2018 年进行了修订。根据亚美尼亚共和国新宪法的要求和国际标准，包括 EAEU 的规则和原则以及与欧盟的 CEPA，2018 年 3 月的修正案使该法更加现代化。

根据竞争管理机构的说法，亚美尼亚的大多数产品市场都是自由化的。自然垄断仍然存在于天然气、电力和水部门，并且在某些情况下，国家以特许权的形式转让了特殊权利。与此同时，即使在大公司占据主导地位的市场中，也有数十家中小型公司参与了这些市场，从而促进了竞争。

1996 年至 2005 年期间，私有化进程更为活跃，因为亚美尼亚向市场经济过渡，而且当时在许多经济部门有更多的国有企业在活动。现行的私有化法（第五个）是《2017—2020 年国家财产私有化规划法》，共列出了 47 个私有化实体，其中 24 个是新增的，23 个是早期法律中没有私有化的。截至 2018 年 1 月 1 日，共有 156 家商业实体拥有超过 50% 的国家所有权（不包括私有化名单中的那些），其中 92 家是医疗保健公司。据当局称，国有企业没有税收优惠，并且无论地位如何，税收立法也适用于包括国企在内的其他所有企业。

近年来，政府采购约占 GDP 的 4%~7%，约占政府支出的 30%。亚美尼亚于 2011 年 9 月成为世贸组织《政府采购协议》（GPA）的成员。在重新谈判 GPA 之后，亚美尼亚于 2015 年 5 月提交了接受修订《政府采购协议》的议定书的文书，修订后的协定于当年在亚美尼亚生效。亚美尼亚已将 GPA 和 EAEU 条约纳入其中，其立法旨在满足条约和其他相关国际标准的要求，例如 CEPA 与欧盟制定的标准。

虽然据报道亚美尼亚拥有强大的知识产权保护框架，但知识产权的概念仍未得到部分当地人的认可，知识产权投诉责任仍属于被侵犯的一方。大多数案件似乎是通过庭外诉讼来解决的。虽然政府在知识产权问题上取得了一些进展，但仍有必要加强执法机制。根据该国立法，海关当局只是暂停进口假冒商品，但并不对这些商品进行针对性处理。虽然允许 EAEU 成员国维持其关于知识产权的国内立法，但 EAEU 条约旨在建立一个保护知识产权的共同制度，包括防止在联盟内部违反知识产权，并为协调统一提供合作。

农业继续在支持经济增长方面发挥重要作用，占就业和农村收入的很大一部分，并作为扩大出口的来源。然而，气候、地形和许多农场的小规模分布对其造成了重大挑战。虽然农产品出口（按世贸组织定义）大幅增加，但这主要是由于卷烟出口增加。农业政策载于若干文件，包括《2014—2025年亚美尼亚发展战略》和《2010—2020年农村和农业可持续发展战略》，该战略强调农业的重要性和潜力。虽然有几个政府计划支持农业，但是支持的价值相对于生产的价值是很低的，如绿箱措施占生产价值的1%，黄箱措施占生产价值的0.5%。

虽然采矿和采石业仅占GDP的3.5%，但该部门对其经济非常重要，因为它在2017年提供了47%的出口（包括非货币黄金出口）。亚美尼亚2012年引入了新的《采矿守则》，审议期间还引入了若干其他立法法案或修正案，并将在2019年底之前通过一项发展战略。开采金属矿和生产金属精矿、冶炼产品的企业应当缴纳矿区使用费，并向自然与环境保护基金缴纳费用。对于精矿，特许权使用费基数是按购买协议中的总产量和价格计算的总收入。对于冶炼产品，特许权使用费基于伦敦金属交易所的产量和价格。

亚美尼亚的主要能源需求大部分依赖进口，并且大部分根据政府间协议形式，从俄罗斯联邦进口天然气。根据天然气换电协议，亚美尼亚也从伊朗进口天然气。亚美尼亚拥有并经营天然气输配网络。其来自生物燃料和废物的能源也在大幅增加，从2012年的最低水平到2016年占初级能源供应总量的近5%。目前，亚美尼亚有一个单一的购买模式、一个单一的输电系统，并拥有一个公私合营发电厂、一个私营运营商负责分销和零售，其他国有公司负责系统运营。公共服务监管委员会（PSRC）作为一个监管机构，负责范围广泛，包括设定关税、颁发许可证、制定标准等。正在进行的改革包括修订《能源法》，亚美尼亚将从单一购买模式转变为更加自由的体系，独立供应商、贸易商和大量电力用户将有更好的机会进入电力市场。

银行业主导着金融服务业。2010年以来经历了一些整合，因为亚美尼亚中央银行（CBA）在2017年初将最低资本要求从50亿德拉姆（AMD）增加到300亿德拉姆（AMD）。因此，截至该年底，该部门的资本充足率上升至18.6%。此外，不良贷款从2016年底占贷款总额的近10%下降至2017年底的约5.5%，其贷款在逾期一天后被归类为不良贷款。然而，银行系统仍然面临着一些挑战，包括高度美元化，63%的存款和64%的贷款都是以美元计价。亚美尼亚中央银行（CBA）负责金融部门的监管。2017年10月，国民议会修订了《银行和银行法》，赋予其中央银行（CBA）更大的权力来管理具有系统重要性的银行。2017年12月，中央银行（CBA）采用了基于风险的监管手册。该手册对外国参与、投资或银行所有权没有任何限制。

作为一个内陆国家，亚美尼亚的大多数货物出口必须陆运到国外市场，其中超过84%的货物按重量通过公路运输。交通、通信和信息技术部负责立法和公共政策，其目前的工作重点是改善区域互联互通、道路安全和能力发展。埃里温（Zvartnots）机场是客运和货运的主要空中通道，并且二者都大幅增加。2017年，近250万名乘客和22000多吨货物通过机场。外国航空运输服务投资限制在49%。继2013年阿马维亚破产后，亚美尼亚实行了一项开放天空政策，该政策设想全面修订体系、法律和监管基础，以建立具有竞争力和可持续性的航空运输系统。亚美尼亚是40项双边航空服务协议的缔约国，并于2017年11月草签了欧盟——亚美尼亚共同航空协定，该协议预计将改善航空公司的市场准入，改善连通性并降低乘客的票价。

2017年，预计旅游业占亚美尼亚国内生产总值的比重接近16%，占总就业人数的14%，占出口总额的29%。与2010年相比，亚美尼亚2017年的游客人数增加了一倍多，达到150万人。亚美尼亚已经向国民议会提交了一份旅游法草案，其目的是为旅游相关服务引入资格标准，保护消费者权利和确保服务质量。亚美尼亚对外国投资旅游业没有限制，且与18个国家签订了旅游协议。

自2010年审议贸易政策以来，亚美尼亚经济已从92.6亿美元增长到115.36亿美元，货物、服务和经常账户赤字随着出口增长快于进口而下降。在同一时期，外国直接投资一直大于对外直接投资，这表明亚美尼亚是一个有吸引力的投资目的地。然而，亚美尼亚仍然存在一些挑战，例如出口品类狭窄，并依赖于有限的几个出口目的地，特别是外籍人员的汇款是否增加。此外，虽然亚美尼亚加入EAEU意味着它可以免税进入其他成员国并刺激海关程序的改善，但它也导致关税的总体增加以及较其他国家更复杂的关税结构。

（崔建筑译 戴臻校）

中国香港贸易政策审议

2014 至 2017 年间，中国香港经济年均增长率为 2.8%，由内需和出口拉动，主要来自中国大陆。服务业特别是贸易和金融仍然是经济支柱，占国内生产总值的 92%，总就业的 88%，反映了香港作为全球贸易及金融中心的地位。香港仍然是世界上最开放的经济体之一，贸易与国内生产总值比率为 375%，并仍保持开放的投资体制。

香港经济拥有雄厚的财政和金融基础。在审议期间，中国香港的大量财政盈余使公共开支得以增加，主要用于基础设施建设和社会福利；在加强监管的同时，银行业已积累了庞大的资本及流动资金储备。货币政策的重点是货币稳定，这是通过盯住美元的汇率来实现的。尽管政策利率上升（在美国利率上升之后），但较低的融资成本和政府为恢复房地产市场平衡而采取的措施，帮助维持了金融稳定。在本报告所述期间，香港特别行政区的经常账户盈余有所增加，主要原因是基本收入净流入和服务贸易顺差为正。2017 年，外汇储备相当于 36.7 个月的货物进口留存量。中国内地是香港的主要贸易伙伴，2017 年香港的再出口量占 55.3%，提供了 44.6% 的进口量，与上次审议相比基本没有变化。

尽管香港拥有强劲的宏观经济基础和良好表现，但其持续的经济增长仍面临一些外部和内部挑战，包括国际市场波动加剧、贸易保护主义抬头、房价持续居高不下、面对人口老龄化需要保持的财政可持续性以及收入差距。

香港是第一个在 2014 年 12 月接受《贸易便利化协定》的成员，并指定其在 A 类下的所有条款立即实施。香港是经修订的 WTO《政府采购协议》（GPA）和《信息技术协议》（ITA）及其扩围协议的签署国。香港在向世贸组织提供通报方面有着良好的记录，自上次审议以来，香港已与东盟、格鲁吉亚和中国澳门签署自由贸易协定。香港还继续加强与中国内地的经济和金融联系，特别是通过与 CEPA 达成的四项附属协议。

自上次审议以来，香港的开放贸易制度大体上保持不变。所有适用的关税税率均为零。然而，减让表中超过一半未受约束。消费税适用于四种类别的商品（酒类、烟草、碳氢油和甲醇），无论是本地生产还是进口。香港拥有一个高效率的海关系统，与其他大多数经济体相比，香港海关的程序更快捷、成本更低。在审议期间，香港采取措施进一步简化海关手续，并加强其作为过境枢纽的作用，包括推行自由贸易协定转运便利计划；加强基于信息技术的公路货运跟踪系统；全面实施授权经济运营商（AEO）计划并完成若干 AEO 互认安排；以及对进出口报关费用设定上限。目前，香港正在建立一个完整的贸易单一窗口，使得贸易商需要提供 50 多份电子文件，以满足货物进出口的监管要求。

香港很少有适用于进口的贸易限制或禁令，主要是出于安全、健康和环境方面的考虑，或为了遵守国际公约。自上次审议以来，进口管制制度基本保持不变。2014 年 11 月 21 日取消了对纺织品进口的许可和通报要求。在反倾销、反补贴和保障措施方面没有相关立法。香港特区的 TBT 和 SPS 系统保持透明，相对简单。在审议期间，TBT 或 SPS 委员会没有就审议期间香港采取的措施提出具体的贸易问题。政府积极支持测试和认证行业的发展，因为他们认为该行业具有明显的竞争优势。

香港对出口商品不征收任何关税或其他税项。如果货物用于出口，将退还消费税。除粉末配方，冷冻和冷藏肉类和家禽以及活体动植物外，出口管制基本上反映了对进口产品的控制。纺织品出口不再受许可要求或通知的约束。政府主要通过出口信贷保险计划，以及为出口推广及市场推广活动提供资金，来支援香港的出口商。政府提供多项税务优惠，包括电动车辆及环保商用车辆的首次登记税优惠、因购买知识产权所产生的资本支出的利得税减免，以及若干其他利得税减免。非税优惠主要以贷款和现金补助的形式提供，以支持中小企业、研发活动和专业服务。在过去几年中，政府推出了多项新计划，主要是支持创新和技术等相关活动。

2015 年 12 月，竞争委员会发布了一系列执行指南、指导说明和执法政策文件后，《竞争条例》全面生效。该条例适用于所有经济部门，并管制各种反竞争行为。然而，合并管制仍然局限于电信部门，大多数法定机构不受其规定的约束。在不久的将来，政府还会审议该条例的适用范围。

在本报告所述期间，香港对政府采购制度进行了一些修改，以使法规与 2014 年 4 月 6 日生效的修订后的《政府采购协议》保持一致。此外，还简化了招标程序，通过简化财务审查要求，促进供应商，特别是中小型企业的参与；并促进绿色采购。

自上次审议以来，香港的知识产权制度大体上维持不变，但政府制定了《2016 年专利（修订）条例》，该条例为向香港引入“原授专利”（OGP）制度提供了法律基础，该条例尚未生效。政府还计划提出修订《版权条例》的法案，以使有关条款与《马拉喀什条约》中的盲人和视障者的规定保持一致。在审议期间，香港加大力度解决数字环境中的知识产权侵权活动，包括在 2017 年推出“大数据分析系统”，该系统通过分析互联网平台上的大量信息，来甄别侵权行为。

农渔业部门规模很小，占国内生产总值和总就业人数的比重不到 0.1%。2016 年，政府宣布了一项新的农业政策，旨在促进当地农业的现代化和可持续发展。香港是一个净能源进口国。香港通过与中国内地相连的电网进口电力，并在较小程度上出口电力。香港天然气公司还通过连接中国内地的管道进口天然气。制造业规模也很小，约占 GDP 的 1.1% 和就业的 2.5%。自上一次审议以来，香港没有采取任何有关制造业的新政策措施。

服务业仍然是香港经济的支柱，在 2016 年，服务业占国内生产总值的 92%，就业总量的 88%。在电信领域，审议期间的政策发展包括：签署三项新的自贸协定，其中包括关于电信服务的承诺；重新分配现有移动业务的频谱；以及对运营商许可证许可条件的审议。

在金融服务方面，监管制度发生了一些变化，包括 2017 年 6 月 26 日成立了一个新的保险业监督管理机构，负责监管和许可证的发放。金融服务的市场准入制度没有发生重大变化，自上次审议以来采取的大多数措施都具有国内监管和审慎性质。

中国香港在其 GATS 附表或与其贸易伙伴的自由贸易协定中并没有就法律服务作出任何相关承诺，但在与中国内地签订的 CEPA 中，中国香港承诺不会对中国内地的法律服务和服务供应商实施任何新的歧视性措施。如果外国律师只为其雇主企业或公司提供法律服务，他们可以在企业或公司担任外国法律顾问。如果符合《海外律师（认证资格）规则》及《大律师（认许及实习资格）规则》所订明的规定，海外法律专业人士亦可成为香港律师公会的律师或大律师。

（马小涵译，李雪峰校）

尼泊尔贸易政策审议

自 2012 年尼泊尔上次的贸易政策审议以来，该国经济年均增长率为 4.4%，尽管 2015—2016 财年（当时该国经历了两次地震，对基础设施和生产造成了严重损害）的 GDP 增长仅为 0.4%。在季风、地震后的良好重建和更高的政府开支的推动下，经济增长在几年内便恢复了。但是，如果尼泊尔要实现它到 2030 年成为中等收入国家的目标，其每年的 GDP 增长需要超过 7%。

虽然人均 GDP 已从 2012—2013 财年的 708 美元增加到 2017—2018 财年的 1004 美元，但减贫仍然是一个重大挑战，有近 600 万尼泊尔人生活在贫困之中。在 2015 年地震发生后，45% 的总人口中很大一部分被认为是弱势群体，可能也已经重新陷入贫困状态。 据估计，有 800 万人受到地震的影响，损失约为 70 亿美元。

近年来，尼泊尔通过加强税收管理，包括海关管理，实现了政府收入的强劲增长。然而，政府支出超过了政府收入，部分原因是向地震灾区家庭提供住房补助，以及政府工资和养老金的增加。在对税收制度进行审议之后，政府目前正在起草新的单一税码，以改进、巩固和协调国内主要税种。

尼泊尔的经常账户盈余在 2016—2017 财年转为赤字，主要原因是商品和服务的进口，尽管贸易逆差在一定程度上被强劲的汇款所抵消（约占 2017—2018 财年 GDP 的四分之一）。地震的影响、与印度的贸易中断以及实际汇率的升值影响了其出口的竞争力。此外，作为一个内陆国家，货物通过印度（主要是加尔各答港）转运到国际市场，给尼泊尔的出口商造成了巨大的运输费用和时间延误。尼泊尔的商品出口篮子主要集中在纺织品、服装和农产品，而不同种类商品的进口结构多样性要大得多。商品贸易主要与印度进行（2017 年占其进口的 65%，占其出口的 57%）。

2017 年，外商直接投资（FDI）的流入存量占 GDP 的 6.9%，但仍然是该区域最低的水平。本土和国外的私人投资受到若干因素的抑制，特别是政府不稳定、官僚负担、基础设施不足和限制性劳工条例。为解决这些问题以吸引更多的外商直接投资流入、改善商业环境，尼泊尔已经实施了若干措施，包括改进海关程序、制定 2014 年外商投资政策以及立法，诸如 2016 年《工业企业法》、2017 年《劳动法》和 2016 年《经济特区（SEZ）管理局法》。除了对家禽、渔业咨询服务和乡村旅游在内的 21 个行业的负面清单外，对外国投资没有限制。

截至 2018 年初政治的不稳定意味着，在某些地区，六年前也就是上届贸易政策审议时制定的新法律还未提交到议会（包括一项保障措施法案，反倾销以及反补贴措施）；在其他情况下，法律可能已经通过，但执行条例仍在起草中。此外，有些领域在有法律以及机构的情况下却缺乏执行的数据，例如与知识产权、政府采购和竞争政策相关的法律。

2015 年的新宪法（取代了 2007 年的临时宪法）和 2018 年以压倒性多数组成的新政府可能会创造政治稳定局面，尽管向联邦政府体制的转变还需要必要的制度变迁，需要（联邦）政府对一些部门的数量和权力进行修改。

尽管在体制和监管安排方面发生了重大变化，但主要发展目标仍与 2012 年基本相同。在第十四次国家发展规划中，贸易被认为是实现经济长期包容、可持续增长的关键因素，同时也是国家/服务贸易集成战略（NTIS）2016 强调的重点（其中 NTIS 2016 是 NTIS 2010 的更新）。2015 年贸易政策的目标是促进货物、服务和知识产权进入区域和国际市场。它还旨在补充包括 NTIS 在内的其他政策，以及执行 WTO 的决定。

尼泊尔继续参加两项重叠的区域协定：南亚自由贸易区（SAFTA）和孟加拉湾多部门技术和经济合作倡议（BIMSTEC）自由贸易协定框架协议。此外，尼泊尔还与 17 个国家签署了双边贸易协定，包括过境条约、贸易协定、铁路服务协定和与印度协议合作的控制未授权贸易的协定。自 2016 年起，过境条约允许尼泊尔通过加尔各答/哈尔迪亚港口、维萨卡帕特南与其他国家进行贸易。 对于 WTO，尼泊尔批准了《贸易便利化协定》和《修改 TRIPS 协定的议定书》。 但它不是《信息技术协议》的参与者，也不是《政府采购协议》或其修订版的缔约方。尽管努力满足世贸组织的通报要求，但有许多仍未完成，包括一些与补贴、国内农业支持、服务、海关估价和进口许可程序有关的问题。

自上次贸易政策审议以来，海关程序不断改进。尼泊尔目前正在实施一系列第五次海关改革和现代化战略和行动计划（CRMSAP），以及电子海关总体规划，旨在利用世界海关数据自动化系统（ASYCUDA）和尼泊尔海关自动化系统（NECAS）中的单一行政管理文件建立一个基于网络的无纸化通关系统。在 2018 年 8 月底，NECAS 已在 12 个海关办事处实施，覆盖了尼泊尔 95% 的贸易。

关税是尼泊尔主要的贸易政策工具之一，收取的关税是政府收入的重要来源。几乎所有关税均以从价为基础，51 个关税细目受特定税率限制。2018—2019 财年的简单平均适用最惠国关税为 12%，略低于 2011—2012 财年的 12.2%。农产品平均关税（12.6%）高于非农产品（11.9%）。最高从价税率 80% 适用于与烟草相关的一个关税税目，以及一些汽车、武器和弹药产品。特定关税适用于某些酒类、烟草、水泥和石油关税税目。一般而言，对武器和弹药的关税保护程度特别高，在熟食和运输设备上的保护程度相对更低。大约 1.5% 的农产品和 4% 的非农业关税税目是免税的。

在加入世界贸易组织时，尼泊尔除了 54 个关税细目外，约束了其他所有 HS 8 位编码的关税细目，并且一般来说，实施关税远远低于约束税率，平均最惠国税率和平均约束税率之间的差距为 14.6 个百分点。但是，在 2018—2019 财年，在总共 5572 个关税细目中，有 38 个关税细目的适用关税超过了约束税率。此外，在少数情况下，约束的关税细目随后被分成若干单独的关税细目，其中一些新的关税细目（总共 8 个）承担的适用关税超过了约束关税。还有 12 个关税细目受特定关税限制，可能超过限制从价税率。

尼泊尔对某些货物实行进口禁令或限制进口，其理由包括国家安全、生命或健康保护以及国家财富保护。其他某些货物，如麻醉品、武器弹药以及一些通讯信备也需要进口许可证或许可证。尼泊尔还禁止出口某些商品以实现各种政策目标，约有 100 种产品以环境保护、粮食安全以及阻止贸易转移为由需承担出口关税。

尼泊尔在边境收取的进口关税和其他税收是重要的收入来源，进口税、进口增值税和进口消费税分别占税收总额的 18%、19% 和 7%。出口的增值税为 0，且免征消费税。公司税制非常复杂，根据活动类型和对不同的行业、地点和 / 或社会目标有着不同的退税、减税和免税规定，包括 2016 年的经济特区管理局法案。消费税制也很复杂，约有 600 种产品，包括酒精和烟草制品以及汽车。似乎苹果酒和葡萄酒这两种国内产品的消费税低于进口产品。

尼泊尔标准委员会以及尼泊尔标准和计量局是负责制定和批准标准、技术法规的主要机构。在大约 900 个国家标准中（其中 51 个是自 2012 年以来制定的），有 11 个是强制性的，即技术法规（其中 4 个是自 2012 年起强制执行的，并通知了 WTO）。尼泊尔还是南亚区域标准组织（SARSO）的成员，该组织为南亚区域合作联盟（SAARC）制定标准。据当局称，大多数标准都是基于国际组织或知名国家标准机构制定的标准。

一些政府机构根据各种法律、规则和条例负责 SPS 措施，包括 2013 年引入并制定了有害生物风险分析框架的国家植物检疫措施标准。但是一些立法已经过时，根据农业发展战略（ADS），当局打算制定有关食品的新立法，建立独立的食品管理局，并提高其他机构的能力。向 WTO 提交的 13 份 SPS 通报中包括有害生物风险分析框架，以及苹果、柑橘、马铃薯、生姜、大蒜、香蕉和咖啡的有害生物检疫清单。

2007 年的《竞争促进和市场保护法》及其 2010 年的实施条例禁止以限制贸易、串通投标和其他反竞争活动为目的的反竞争协议、滥用优势地位、合并和合并。任何个人或企业都可以向指定的市场保护官员或竞争促进和市场保护委员会提供与反竞争相关的信息。虽然法律和制度框架已经到位，但该法案从未被用于起诉案件，尽管其他约 30 个与竞争有关的案件使用了其他法律。

自 2008 年以来，大约有 40 家国有企业一直没有采取任何私有化行动计划。在审查期间，国有企业已开始获利，主要是因为改革影响了两个最大的公司——尼泊尔石油公司（NOC）和尼泊尔电力局。对进口、运输、储存和分销石油产品拥有唯一权利的尼泊尔石油公司来说，引入自动石油定价机制可以调整价格。

虽然尼泊尔既不是《政府采购协议》的观察员

也不是缔约方，但它有一个由《公共采购法》管理并由公共采购监督办公室监督的采购系统。采购方法取决于阈值。当局表示，自2007年开始实施电子招标后，该系统现在更加透明，适用于超过500万挪威克朗的商品合同以及超过1000万欧元的合同。

虽然在审议期间关于知识产权的立法没有变化，但新宪法现已明确将知识产权纳入所有权的定义。在边境执法是海关的责任，但海关只能在知识产权持有人投诉之后采取行动。虽然没有关于边境执法的数据，但工业部共收到679起涉及商标侵权的案件，其中209起在法院上诉。

农业生产占国内生产总值的四分之一，其就业人数占总体的三分之二。尼泊尔多样化的地形创造了生产各种产品的潜力，但它作为内陆最不发达国家也面临许多挑战，如基础设施薄弱、农业规模小、生产力低、自然灾害风险高（据估计2015年地震对农业造成了283亿尼泊尔卢比的损失）。目前的农业政策载于ADS 2015—2035和若干产品特定政策文件中。ADS包括一系列旨在提高应对气候变化和灾害的效率、可持续性和适应能力的计划。最大的计划是灌溉计划（10年内超过95亿尼泊尔卢比），所有计划的10年总成本约为5020亿尼泊尔卢比，其中约11%来自捐助者。ADS还制定了一些目标，重点在于扩大农产品贸易顺差、提高可持续性和竞争力、减少贫困。WTO关于国内补贴的最新通报是在2010年和2011年，表明所有补贴都在绿箱政策的框架内，并且不到生产价值的1%。审议期间政府支出数据显示，政府计划的重点是对投入品和基础设施给予支持、研究和利率补贴。一些农产品的出口符合出口现金奖励（CISE）2070的会给予出口补贴，2018—2019财年的预算拨款为540万美元。

采矿和采石业（2017—2018年占国内生产总值的0.6%）正在逐步发展。根据2017年国家矿产资源政策，尼泊尔的主要政策目标包括通过使用新的创新技术使该部门更有竞争力、可持续性和环境友好性；并通过提供奖励和设备吸引更多的私营部门投资。

2016—2026年期间被宣布为“缓解国家能源危机、促进电力发展十年”（能源紧急十年）。尼泊尔认识到必须加快开发其丰富的水电潜能，这是降低贫困和刺激经济增长的重要一步。水电开发将提供清洁能源，这会促进农村和城市地区的经济和社会发展，并使尼泊尔能够向邻国出口过剩能源从而获利。尼泊尔的目标是到2019年实现零停电并确保能源安全。

在过去几十年中，制造业对国内生产总值的贡献稳步下降，2017—2018年为5.4%。这种总体下降趋势背后的原因包括劳动生产率低、运输成本高、停电造成的停产以及劳资关系不良导致的罢工。为促进工业活动以及增加对国内生产总值的贡献，尼泊尔颁布了2016年《经济特区管理局法》和2016年《工业企业法》（实施条例仍在起草中）。两项法案都规定了制造业和出口导向型产业的各种激励措施。

服务业越来越成为国内生产总值的最大贡献行业，2017—2018年的份额接近60%。根据与旅游相关的收入统计，尼泊尔在审议期间成为服务净出口国。旅游业是尼泊尔社会和经济发展的核心，政府的目标是到2020年使旅游人数增加一倍、为该部门增加100万个就业岗位并使其成为创造就业岗位最多的部门，同时使旅游业到2025年对国内生产总值的贡献接近翻两番。

尼泊尔正在发展其尚未大力开发的金融服务市场。在过去几年中，获得金融服务和金融深化的机会不断增加，金融健全指标也有所改善。尽管最近金融机构的监管框架发生了变化，但金融部门仍需要加快改革。通过采纳各种政策文件和法规（包括2015年国家宽带政策、2015年国家信息和通信技术政策、2016年频谱政策和2017年电信基础设施服务条例），尼泊尔电信部门在审议期间进一步实现了自由化。

根据其国家运输政策，尼泊尔将在未来五年内投资80多亿美元用于道路基础设施、铁路连接和运输部门管理。政府的目标是连接尼泊尔的所有地区，建立一个可靠、划算、安全、以设施为导向的可持续的运输系统。公路运输是尼泊尔的主要交通方式，占乘客和货物流动的90%。

审议期间，尼泊尔采取了若干措施改善贸易和商业环境，包括正在进行的进口程序和政府采购电子系统的构建。政治稳定还会使政府有机会制定新的和/或更新的立法。但是，从某些方面来看，在尼泊尔开展业务仍然很复杂、昂贵且耗时，例如纳税和创业，简化它们可能有助于改善投资、贸易和商业环境。

（尉亚宁译，薛艳校）

美国贸易政策审议

这是美国的第 14 次贸易政策审议。自 2016 年审议以来，美国贸易政策的重点已转向采取旨在支持其国家安全和加强经济的政策。这些优先事项反映在总统的 2018 年贸易政策议程中，该议程还呼吁谈判更好的贸易协议，在现有贸易协定下实施美国贸易法和加强美国权利，以及改革多边贸易体制。

美国经济规模连续第九年扩大。2017 年，实际 GDP 年平均增长率为 2.2%，高于 2016 年的 1.6%。在 2018 年第一季度，实际 GDP 的年增长率为 2.2%，之后在第二季度上升至 4. 1%。

2018 年财政政策转为顺周期性，随着 2017 年的《减税和就业法案》、2018 年的《两党预算法案》和《合并拨款法案》的颁布，企业和个人的税率降低，最高企业税率从 35% 降至 21%，税制从全球性变为区域性。预计联邦预算赤字将继续增加，从 2018 年的 4.2% 增加到 2022 年的 5. 1%。

审议期间，美联储采取了紧缩的货币政策。经济活动的持续增长，劳动力市场的持续增长和通货膨胀的加剧导致联邦基金利率自 2015 年以来适度上升。在 2018 年上半年，利率上升两倍，使其达到 1.75%~2.0%。在整个审议期间，通过个人消费支出平减（PCE）指数的 12 个月百分比变化衡量的通货膨胀率一直保持在 2% 左右的目标。

美国经常账户赤字自 2013 年以来一直在增加，2017 年达到 4691 亿美元（占 GDP 的 2.4%），反映了国民储蓄总额与总投资之间的差距在扩大。 2017 年商品出口总额为 1.55 万亿美元，而进口额为 2.35 万亿美元。 2017 年商品贸易逆差达到 8075 亿美元（占 GDP 的 4.2%）。另一方面，服务和初次收入差额在 2017 年显示出重要盈余。

美国是世界上最大的出口国之一，拥有多元化的出口基础。最大的出口类别是机械和机械设备，占商品出口的近四分之一，其次是车辆和化学品；在审议期间，它们在出口总额中的份额没有大的差异。 2014 至 2016 年，矿产品的份额急剧下降，然后在 2017 年再次上升。这种行为可归因于油价下跌及其随后在 2017 年的经济复苏。美国也是世界主要进口国之一。美国的进口是多样化的：大的类别包括机械和机械设备、车辆、矿物产品和化学品。机械和机械设备、车辆和化学品在进口总量中的份额有所增加，反映了 GDP 的持续增长；相比之下，矿产品的份额有所下降。欧盟 28 国、中国、日本、加拿大和墨西哥是美国的主要贸易伙伴。美国仍然是世界上外国直接投资（FDI）的主要接收国。外国直接投资的主要来源是：欧盟 28 国（2017 年占其外国直接投资存量的 59%），日本（占 12%），加拿大（占 11%）和瑞士（占 8%）。

美国国会对贸易问题拥有立法和监督权；国会与行政部门合作，后者负责谈判和实施贸易协定。负责贸易政策制定的主要执行机构仍然是美国贸易代表办公室（USTR），该办公室是总统执行办公室的一部分。

如上所述，贸易政策的主旨在审议期间发生了变化。总统的 2018 年贸易政策议程旨在实现“自由、公平和互惠”的贸易关系，这对于美国的国家安全政策至关重要。它还侧重于重新谈判和修订贸易协议。在改革多边贸易体制方面，议程倡导“对世贸组织进行合理和公平的改革”。它指出，美国仍然致力于与所有认同美国目标——公平和互惠贸易协议的世贸组织成员合作。

美国是世贸组织的原始成员。它是《政府采购协议》（GPA）的缔约方，是《信息技术协议》（ITA）及其扩围谈判的参与者，也是《民用航空器贸易协议》的签署方。美国于 2015 年 1 月向世贸组织交存了接受《贸易便利化协定》（TFA）的文书。在本报告所述期间，美国提交了许多通报，涉及农业、反倾销、补贴和反补贴措施、卫生与植物卫生措施、技术性贸易壁垒和进口许可等领域。在审议期间，美国作为被申诉方涉及 21 起争端解决案件，作为申诉方涉及 13 起。

与上次审议时的情况一样，美国与 20 个国家签署了 14 项自由贸易协定。除了与以色列的自由贸易协定（仅限商品）外，其中大部分都涵盖商品和服务。美国已向 WTO 通报其所有自由贸易协定。在本报告完成时，美国正在重新谈判北美自由贸易协定，目的是使协定现代化，并减少美国与北美自由贸易协定伙伴的贸易逆差。2018 年 8 月，美国和墨西哥原则上达成了修改北美自由贸易协定的协议；10 月，宣布与加拿大达成协议。美国—韩国自由贸易协定（KORUS）也已经重新谈判，修订后的协议于 2018 年 9 月 24 日签署。美国已于 2017 年退出拟议的《跨太平洋伙伴关系协定》（TPP）。与欧盟拟议的《跨大西洋贸易和投资伙伴关系协定》（T-TIP）于 2016 年底暂停。目前，美国有四个主要的单边优惠方案：非洲增长与机会法（AGOA）、普惠制（GSP）、加勒比盆地倡议（CBI）/ 加勒比盆地贸易伙伴关系法（CBTPA）和尼泊尔贸易优惠方案（NTPP）。

在审议期间，美国的外国投资制度保持不变。投资制度基本上是开放的，有一些针对具体部门的限制，以及对少数行业（包括航空公司和核能工业）的外国投资审查程序。此外，美国有一个国家安全审查程序，适用于可能影响国家安全利益的外国投资。自由贸易协定中的国际投资协定和投资章节被美国用于促进外国投资。

美国外国投资委员会（CFIUS）继续监督外国投资对国家安全的影响。CFIUS 根据双方提交的自愿通知审查投资交易，如果认为交易是一项受管辖交易并可能引起国家安全问题，则 CFIUS 会主动进行审查。每项交易都根据个别事实和情况逐案审核。如果在审查期间发现国家安全问题，CFIUS 可以对交易附加条件，CFIUS 与交易方也可以协商缓解协议，以解决任何国家安全问题。如果 CFIUS 确定无法解决国家安全问题且各方未撤回或放弃交易，委员会将建议总统禁止交易。

美国于 2015 年 1 月正式接受了 WTO《贸易便利化协定》（TFA），并于 2017 年 6 月提供了关于透明度、单一窗口操作、报关行使用措施和 TFA 联络点的通报。2018 年 2 月，美国海关与边境保护局（CBP）宣布其自动商业环境（ACE）已经完成。进口商和出口商可以使用电子门户网站来申报货物，获得许可证以及访问交易和交易数据。在 CBP 内部，已经建立了十个卓越中心（COE），专门从事几个领域中海关处理的各个方面。

美国实施了若干促进贸易的方案，同时也将国家安全问题作为公私伙伴关系来解决。在这些计划中，海关贸易商反恐伙伴关系（C-TPAT）涵盖整个供应链，涉及加强安全措施和最佳做法；进口商自我评估计划（ISA）以 C-TPAT 为基础，达到更高合规水平；自由和安全贸易（FAST）计划加快了从加拿大或墨西哥运达的低风险货物的清关速度。运往美国的海运货物根据集装箱安全倡议（CSI）在外国港口进行预先筛选。CBP 与其他 11 个海关当局签订了以安全为基础的安排，并签署了与六个国家相互承认的联合工作计划。

最惠国关税制度的特点一般是稳定的，而且大部分是低关税或无关税。总的来说，4.8% 的简单平均关税基本不变。所有税目中 37.5% 提供免税进口，另外 30.4% 的税目面临 5% 或以下的进口税。最高关税有时超过 100%，适用于某些农产品（如烟草和花生）。在农业之外，高于平均水平的实施税率主要存在于纺织品、服装和鞋类中。

美国仍然是反倾销税（CVD）的积极使用者。在 2015 年至 2017 年期间，反倾销调查启动数量增加了 133 个。截至 2018 年 7 月底，共有 340 个反倾销命令，而 2016 年 6 月 30 日为 269 个。受这些措施影响最大的贸易伙伴是中国、中国台北、欧盟、印度、日本和韩国。审议期间开展的调查主要集中在钢铁行业。在截至 2018 年 7 月底的 109 项反补贴税措施中，约有 50.5% 适用于钢铁产品。在 2016 年 1 月 1 日至 2018 年 6 月底期间，反倾销命令的日落复查启动次数为 123 次。同期有 8 次撤销，而 104 份命令仍在继续。在 2016 年 1 月 1 日至 2018 年 4 月底期间，CVD 命令的日落复查启动了 52 次。同期，对 CVD 命令进行了 27 次日落复查；有 6 次撤销，而其余的命令仍在继续进行。

在 2016 年至 2018 年期间，美国根据《1974 年贸易法》第 201-204 节进行了两项新的保障措施调查（晶体硅光伏电池和大型家用洗衣机）。这两项调查均已通知世贸组织。针对这两项调查，美国国际贸易委员会（USITC）都作出了严重损害裁决，总统对两者都实施了保障措施。

《2015 年执行和保护法案》（EAPA）于 2016 年生效，旨在防止规避应急措施，为 CBP 调查反倾销、反补贴令的规避指控创建了新框架。在 2016 年 8 月至 2018 年 7 月 1 日期间，启动了 19 起因涉嫌逃税而进行的调查。除了其中 1 项调查外，其他所有调查均采取了临时措施。截至 2018 年 7 月，已对 12 项调查作出最终决定。补救措施通常涉及在特定日期之后中止对任何进口货物的清算，并要求进口商在进口货物放行前存入现金作为保证金。

在审议期间，美国恢复 1962 年《贸易扩展法》第 232 条调查，以确定任何进口物品对国家安全的影响，并向总统建议对策，包括提高关税。自 1980 年以来，商务部已经进行了 18 次 232 调查，其中 14 次是在 2001 年或 2014 年之前完成的。2018 年，开展了四项新的调查，针对钢铁、铝、汽车和铀进口。截至 2018 年 9 月，前两项调查公布了进口附加费。此公告之后，其贸易伙伴采取了应对措施。

2017 年 8 月，根据《1974 年贸易法》第 301 条，调查了中国在技术转让、知识产权和创新方面的行为、政策和做法。2018 年 6 月 15 日，美国贸易代表办公室发布了一份产品清单，涵盖 1102 个单独的关税细目，价值约 500 亿美元，其附加从价税率为 25%。该措施于 7 月 6 日生效，共计 818 条细目，涵盖从中国进口的价值约 340 亿美元的商品；政府就 284 条关税税目的关税适用问题和涉及约 160 亿美元的进口税征求了公众意见。中国通过对从美国进口的商品征收更多关税来回应最初的行动。作为回应，USTR 建议采取进一步行动，对 6031 个关税子目中的中国产品征收 10% 的从价税，年贸易额约为 2000 亿美元。根据《1974 年贸易法》新的第 306（c）节，USTR 可以根据业界的书面请求恢复先前终止的 301 条款，以便行使 WTO 授权的暂停贸易特许权。2016 年 12 月出现了一起涉及 1999 年与欧盟的牛肉纠纷的案件；截至 2018 年中期，美国尚未采取任何行动。

美国财政部外国资产管制办公室（OFAC）管理着近 30 项涉及经济和贸易制裁的计划。总的来说，这些措施旨在打击恐怖主义、跨国犯罪组织、与网络有关的犯罪、毒品贩运、侵犯人权、腐败、毛坯钻石贸易以及大规模毁灭性武器的扩散。许多措施针对个人或实体而非管辖区。在本报告所述期间，针对朝鲜、伊朗和古巴的国别制裁措施已经收紧，而与缅甸和科特迪瓦有关的方案已于 2016 年终止。

在本报告所述期间，出口促进和出口融资框架基本保持不变。美国没有总体法律框架来管理联邦或联邦次一级的部门或行业。传统上，联邦援助计划的形式包括赠款、税收优惠、贷款担保和直接付款；这些都列在联邦家庭援助目录（CFDA）中，主要涉及公共健康和安全、环境、教育、基础设施、社区援助和研发。

在审议期间，制定和采用标准和技术法规的基本法律框架没有改变。联邦法律明确禁止任何政府机构从事任何对美国对外贸易造成不必要障碍的相关标准活动，联邦机构有义务确保进口货物的待遇不低于国内产品的待遇。

在卫生与植物卫生措施领域，继续开展 2011 年《食品安全现代化法》实施的某些与贸易有关的工作，包括基于风险的供应商识别、外国食品生产实体的认证，以及推出自愿合格进口计划（VQIP），加快食品审查和入境计划。由于向第三方审计师颁发认证的流程仍在进行中，因此未在今年截止日期前收到加入自愿合格进口计划（VQIP）的申请。

美国联邦反垄断法适用于在美国具有实质性和预期效果的国内和国外行为。除非法规另有明确规定，否则政府机构包括从事商业活动的机构，均可豁免于联邦反垄断立法的规定，除非法令明确规定。有限的豁免权也适用于农业、渔业、航运和保险的特定方面。在审议期间，美国当局投入大量资源进行刑事反垄断诉讼中的起诉和判决；因此，美国司法部获得了约 4 亿美元的刑事罚款，主要涉及汽车零部件、房地产和外币兑换。审核期间有关并购的审核数量有所增加：2017 财年审核了 2052 笔交易，比 2016 财年增长 12.0%。

美国是 WTO《政府采购协议》的缔约方。修订《政府采购协议》的议定书于 2014 年 4 月对美国生效。自 2016 年上次审议以来，政府采购方面没有重大的机构或法律变化。联邦层面的采购将权力下放至各执行机构的采购系统。州一级的采购也如此下放权力。美国政府采购政策鼓励小企业参与，包括归退伍军人、女性所有的企业和弱势的小企业。为此，当市场调查得出结论认为小企业可用并能够执行工作或提供政府采购的产品时，政府出台了修复退耕计划影响的政策。《购买美国货法案》（BAA）和《贸易协定法》（TAA）仍然是有关政府采购的主要法律。《购买美国货法案》要求联邦政府购买国内商品，而《贸易协定法》则授权总统放弃购买要求，例如《购买美国货法案》中包含的要求。对于《政府采购协议》参与者，与美国签订了涵盖采购的自由贸易协定的贸易伙伴以及偏好的受益人，可以免除这些要求。

美国仍然是包含知识产权（IP）商品和服务的

主要生产国和出口国之一。大约60%的美国出口商品包含知识产权，知识产权密集型产业占美国国内生产总值的三分之一以上。自2016年上次审议以来，知识产权立法方面没有发生重大变化。知识产权保护和执法仍然是美国政府的贸易政策优先事项，因为知识产权对经济增长至关重要。其目标是减少国内和国际供应链中的假冒和侵权货物，并查明对假冒或侵权货物的融资、生产、贩运或销售采取有效执法行动的不正当障碍。

在知识产权执法工具中，USTR根据“特殊301”条款对全球美国贸易伙伴的知识产权保护和执法状况进行年度审查。通过这些审查，USTR指出了未提供足够和有效的知识产权保护的贸易伙伴，或者拒绝向需要知识产权保护的美国人提供公平公正的市场准入的贸易伙伴。在2018年4月30日发布的2018年特别301报告中，36个贸易伙伴被确定为未能提供充分有效的知识产权保护。根据1930年“关税法”第337条，对侵犯某些法定知识产权和针对其他形式的进口贸易不正当竞争的指控进行了调查。2016年1月初至2018年5月底期间，进行了137项337调查。其中大多数涉及专利侵权，其余部分涉及版权、商业秘密和商标，或同时涉及多项知识产权。调查涉及37个贸易伙伴和美国的产品。

对农业的支持主要由《农业法》授权，即涵盖各种农业和粮食计划的多年综合立法。虽然有些计划具有永久授权（例如作物保险），但其他计划仅在农场法案的有效期内获得授权。根据2014年农业法案，大多数计划的授权将于2018年9月30日到期。根据预期和实际支出，2014年农业法案由补充营养援助计划（SNAP）主导，为低收入家庭提供粮食援助，占预计支出的近80%。由于2018年“两党预算法案”的通过，2014年农业法案于2018年初修订，为籽棉提供补助，使利润保护计划对中小型奶牛场更具吸引力，并提供额外的灾难救济。2018年3月，一项补助轧棉的计划作为临时措施重新引入。2018年农业法案的立法程序正在进行中。

美国是重要能源的主要生产国和消费国，在过去十年中，国内页岩油和天然气生产技术的突破对全球能源市场产生了深远的影响。2018年7月美国原油日产量达到每天1100万桶，这是历史首次。美国现在已是石油产品和天然气的净出口国。在需求方面，随着经济变得更加节能，美国的一次能源消耗趋于稳定。天然气已取代煤炭成为发电的主要资源，但燃煤发电厂仍然可以提供30%的电力。2017年美国约17%的电力来自可再生能源。美国没有可再生能源的国家目标或明确的联邦支持机制。然而，29个州和哥伦比亚特区采用了“可再生能源组合标准”或类似的约束性目标，另有8个州（和一个特区）制定了非约束性目标。各州采取了许多措施来促进可再生能源的开发和利用。

2018年5月颁布的《经济增长、监管救济和消费者保护法》对金融服务监管提出了若干修正案，包括监管救济、消费者获得抵押贷款以及对银行控股公司的监管。最值得注意的变化包括：允许拥有500亿至2500亿美元资产的银行以较少的监管监督运作；从沃尔克规则中豁免低于100亿美元的银行（禁止银行从事自营交易）；要求美联储根据银行规模制定法规，而不是“一刀切”；允许大型外资银行以某种方式清点其美国资产，使其低于2500亿美元的门槛，从而避免监管。

2017年12月发布了一项新的电信监管令，包括禁止不公正、不合理的做法或不合理的歧视。该令取消了宽带互联网接入服务提供商遵守适用于普通运营商的一些相同规则的先前要求。2017年《恢复互联网自由秩序》推翻了该行业的政策，并恢复了之前的轻量级框架。该框架结束了互联网的效用型监管，有利于市场化政策，恢复了宽带互联网接入服务的信息服务分类，取消了某些报告要求，并恢复了联邦贸易委员会（FTC）的权威，以便对互联网服务提供商（ISP）的隐私行为进行监管。

邮政和快递服务是开放竞争的，但为美国邮政局（USPS）保留的服务除外，后者是通用服务的指定运营商。私营承运人可以接受和交付任何不属于保留类别的物品，包括不被视为信件的物品，如商品、报纸和期刊。但是，根据“邮箱规则”，必须通过不涉及访问USPS零售单位邮箱或邮局邮箱的方式进行交付，除非私人携带物品附有邮资。美国邮政管理委员会负责管理美国邮政服务，而非私营部门的邮政服务活动；该委员会负责制定美国邮政服务费率和收费标准。

除一些联邦之下的、地方性的对酒精和枪支销售的非歧视性限制外，适用的分销服务制度不包含任何市场准入或国民待遇限制。没有管理特许经营的联邦法律；但是，有联邦法规和州法律对其进行管理。各州法律各不相同。特许经营由联邦贸易委员会和各国家机构监管。

建筑不受联邦管制，但建筑的安全问题受到联邦管制。有关建筑业的安全规定由联邦级的职业安全和健康管理局或同等级别的州机构执行。所有州都要求承包商提供工伤赔偿保险。还有一些与环境有关的法律，包括与石棉、铅和工业废料有关的法律。建筑业的经济进入壁垒几乎没有，对资本或利润的汇回没有限制。市场准入条件的不同取决于项目是公共还是私有。私人建筑活动对外国人开放，几乎没有限制，而公共建筑活动则受《购买美国货法案》《政府采购协议》和《贸易协定法》的限制。

在本报告所述期间，海运和空运服务的监管框架没有改变，对沿海运输的限制仍然存在。在海上运输方面，悬挂美国国旗的船只享有优先权，以鼓励私营的悬挂美国国旗的商船。美国有两个与国防有关的海上运输计划：海事安全计划（MSP）和自愿联运海运协议（VISA）。在港口和港口设施的使用方面，没有给予国内优惠待遇。维持最惠国待遇豁免，既限制悬挂外国国旗的外国船只的船员进行沿岸作业，同样也限制悬挂美国国旗的美国船只的船员进行沿岸作业。

只有美国制造的船只才有资格获得国内服务；美国获得GATT规则的豁免，在本国水域或专属经济区水域之间的商业应用中禁止使用、出售或租赁外国制造或外国重建的船舶。对美国造船厂或船舶维修设施的外国投资没有限制，但只有美国公民所有的浮动干船坞才有资格获得联邦船舶融资计划下的贷款担保。

旅游服务市场是开放的；美国对模式一、模式二、模式三实行全面市场准入的GATS承诺，并为所有四个部门的所有四种模式提供了全面的国民待遇承诺。国家旅游办公室（NTTO）隶属于美国商务部，通过旅游政策委员会协调联邦机构的旅游政策和计划，并致力于提高旅游业的国际竞争力并增加旅游业出口。

美国没有一般的电子商务法；但是，电子商务受到联邦和州的一系列措施的影响，这些措施涉及各个方面。两个联邦机构即联邦贸易委员会（FTC）和联邦通信委员会（FCC）监督电子商务的不同方面。联邦贸易委员会有权对电子商务的各个方面的不公平和欺诈行为进行监管，并可对此类行为采取强制措施；联邦通信委员会监管电子商务的通信方面。电子合同受《2000年全球和国家商务电子签名法》（电子签名法，ESIGN）以及符合ESIGN要求的州法律管辖。

（李妙晨译，孙靓莹校）

第三篇　中国与 WTO

● 中国参与世贸组织事务综述（2018）

2018 年，世界经济格局深刻调整，单边主义和保护主义抬头，多边贸易体制受到严重冲击。中国坚定维护以规则为基础、非歧视、开放、透明、包容的多边贸易体制，全面参与世贸组织日常工作，支持对世贸组织进行必要改革，推动贸易投资自由化便利化，为完善全球经济治理发出中国声音、提出中国方案，展现了发展中大国的责任担当。

一、积极参与世贸组织改革

在单边主义和保护主义抬头、世贸规则落伍于国际贸易发展需要的背景下，世贸组织改革成为成员日渐关心的问题。中国国家主席习近平在首届中国国际进口博览会开幕式主旨演讲中提出，中国支持对世界贸易组织进行必要改革，共同捍卫多边贸易体制。随后，中国发布《中国关于世贸组织改革的立场文件》，提出关于世贸组织改革的三项基本原则和五点具体主张，得到广大成员特别是发展中成员的认同和支持。

中国主动加强与其他成员的合作。在 2018 年 6 月举行的第 7 次中欧经贸高层对话和当年 7 月举行的第 20 次中欧领导人会晤上，中欧同意建立世贸组织改革副部级联合工作组。此后，中欧双方先后于 2018 年 10 月和 12 月举行联合工作组第一次会议和第二次会议，就广泛的世贸组织改革议题交换意见。

中国积极通过二十国集团、亚太经合组织、金砖国家等国际治理平台，与各方就世贸组织改革进行讨论。在二十国集团布宜诺斯艾利斯峰会期间，中国与各方共同努力，就支持对世贸组织进行必要改革达成共识。金砖国家领导人在二十国集团领导人峰会期间发布联合公报，发出了坚定支持多边贸易体制的共同声音。

二、发表《中国与世界贸易组织》白皮书

2001 年中国加入世界贸易组织，是中国深度参与经济全球化的里程碑，标志着中国改革开放进入历史新阶段。2018 年 6 月，中国发表《中国与世界贸易组织》白皮书，这是中国首次就中国与世贸组织的关系问题发表白皮书。白皮书全面、客观地介绍了中国切实履行加入世贸组织承诺的实践，阐述了中国坚定支持多边贸易体制的立场和主张，阐明了中国坚定不移推进更高水平对外开放的愿景和行动。商务部钟山部长在《人民日报》发表署名文章，王受文副部长兼国际贸易谈判副代表出席国务院新闻办发布会，在日内瓦举行中外媒体宣介会并接受彭博新闻社专访。中国还举办专场宣介会，邀请 60 多个外国驻华使馆参会。

三、努力推进各项议题谈判

中国积极参加在达沃斯、新德里、巴黎等城市举行的世贸组织小型部长会议，呼吁各方维护多边贸易体制、推动贸易投资自由化便利化。

中国建设性参与渔业补贴谈判，在争议水域排除、争端解决等领域提出中国方案、阐述中国立场。深入参与农业议题谈判，与印度等成员提交关于农业国内支持的提案。

中国积极参与新议题有关讨论。在投资便利化议题上，中国积极参与投资便利化议题结构化讨论，举办投资便利化与发展部级研讨班，帮助其他发展中成员更好地理解投资便利化的好处。在电子商务议题上，中国主动分享立法监管经验，与相关成员交流沟通，举办电子商务发展与多边贸易体制研修班。

中国高度重视加入《政府采购协议》谈判工作，在已提交出价基础上认真研究改进出价，为推进加入谈判作出积极努力。

四、妥善处理与成员的贸易争端

中国积极推动解决世贸组织上诉机构停摆危机，研究提出世贸组织上诉机构改革方案，与欧盟等部分世贸成员共同提出上诉机构改革联合案文，在世贸组织总理事会上积极发声。

中国将美国、欧盟违反《中华人民共和国加入议定书》第15条、美国钢铝232措施、美国301措施等诉诸世贸组织。与欧盟就禽肉关税配额案签署执行协议，欧盟将对中国开放万余吨禽肉配额。在第一起诉美国执行之诉——诉美国反补贴措施案中，专家组认定美国11起反补贴措施违反世贸规则。第一次向世贸组织申请贸易报复授权，就美国不执行反倾销措施案裁决向世贸组织申请70亿美元贸易报复授权。妥善应对针对中国的诉讼6起。

中国认真参与世贸组织总理事会及下属机构会议，就美国滥用国家安全措施和长臂管辖措施、澳大利亚禁止采购中国5G设备等贸易限制措施提出关注，跟踪多项对中国企业出口有较大影响的技术性贸易壁垒措施和卫生与植物卫生措施。针对外方对中方《出口管制法》《网络安全法》等关注作出解释和澄清。

五、积极参与审议和通报工作

中国顺利完成世贸组织第七次对华贸易政策审议。此次审议中，中国共收到42个成员1963个问题，70个成员大使和代表发言，创世贸组织审议新纪录。中国介绍了审议期内经贸政策的积极变化，阐述了进一步扩大开放、支持多边贸易体制的重要举措。绝大多数成员对审议期内中国经贸政策走向和发展成就给予高度评价，并赞赏中国对多边贸易体制作出的贡献。

中国认真参与贸易政策审议机构工作，在世贸组织对美国、挪威、哥伦比亚等成员的贸易政策审议中，提出贸易政策关注，维护产业利益。中国重视贸易政策透明度，向世贸组织提交中国各级政府补贴政策通报，首次实现省级行政区域全覆盖。完成2011—2016年农业国内支持通报和《贸易便利化协定》通报。认真履行TBT措施TBT和SPS措施通报，编写更新《技术法规和标准工作通讯》和《出口商品技术指南》，全年向世贸组织通报TBT措施4766项、SPS措施53项。

六、加强与世贸组织秘书处的合作

中国加强与世贸组织秘书处的合作。中国与世贸组织秘书处就举办中国国际进口博览会确立合作伙伴关系。世贸组织在首届中国国际进口博览会期间设立国家展展台，世贸组织总干事出席开幕式并致辞。中国与世贸组织联合发布《2018年世界贸易报告》中文版。邀请世贸组织总干事出席李克强总理第三次“1+6”圆桌对话会，就全球经济治理热点问题交换意见。中国继续响应世贸组织促贸援助倡议，推动世贸组织在哈萨克斯坦举办第七届“中国项目”圆桌会，帮助最不发达国家加入世贸组织。

（商务部世界贸易组织司）

中国参与货物贸易理事会和相关会议情况

世贸组织货物贸易领域相关会议包括货物贸易理事会（CTG）、进口许可委员会（CIL）、市场准入委员会（CMA）、反倾销措施委员会（CADA）、补贴与反补贴措施委员会（CSCM）、保障措施委员会（CSG）、原产地规则委员会（CRO）、海关估价委员会（CVA）、贸易与环境委员会（CTE）、国际收支委员会（CBOP）、信息技术协议委员会（CITA）等 11 个。2018 年，以上理事会及委员会共召开 20 余次会议。

货物贸易理事会及下属委员会是成员表达关注的重要平台。中国在各相关会议上积极维护产业企业利益，就重大经贸利益议题，如华为 5G、英国脱欧等与其他成员进行交涉，同时，有理、有利、有节、有针对性地答复其他成员关注。

一、维护产业企业利益，就重大经贸利益议题进行交涉

中国对成员的重点关注包括美《确保信息和通信技术及服务供应链安全》行政命令、美联邦通讯委员会禁止采购华为设备、美将中国相关企业纳入出口管制实体清单、美 232 钢铝进口配额措施、美对民航安检设备限制措施、澳大利亚对中国 5G 设备限制措施、英国脱欧与欧盟关税配额减让表的修改、印度对部分信息通信技术产品加征关税措施等。

中国要求相关成员履行透明度义务、遵守最惠国待遇、国民待遇等世贸组织原则，不要对贸易造成不必要的障碍。

二、对成员关注进行有针对性的答复

中国就成员的重点关注积极进行了回应和澄清，包括固体废物限制进口措施、集成电路产品关税、《出口管制法（草案）》、钢铁产能过剩、政府引导资金等补贴政策、最不发达成员双免优惠利用率低问题、最不发达成员优惠原产地进口统计数据不一致等问题。

三、其他重点议题

货物贸易理事会及相关会议还有一些值得关注的议题，中国一直跟踪并参与讨论，包括亚美尼亚和吉尔吉斯斯坦补偿谈判进展情况、突尼斯进口限制措施、欧盟农产品非关税壁垒措施、瑞士非优惠原产地提案、沙特阿拉伯等成员选择性关税措施、印度尼西亚进出口限制措施、埃及生产登记系统措施、蒙古国对特定农产品进口数量限制和禁止、欧盟进口补贴和倾销保护法案修正案等。

（商务部世界贸易组织司）

中国参与服务贸易理事会会议情况

2018 年，服务贸易理事会共召开四次会议，主要围绕最不发达国家（LDC）服务豁免实施、电子商务工作计划、成员具体关注等议题展开讨论。长期以来，中国努力做好服务贸易理事会相关参会工作，依托服务贸易理事会平台，积极宣介中国服务贸易领域发展成就，建设性回应外方关注，增进理解互信，起到了良好的沟通效果。

一、支持最不发达国家服务豁免实施

中国依据向世贸组织提交的对最不发达国家（LDC）提供优惠待遇具体承诺的通报（S/C/N/809），多次在会上介绍中国在支持 LDC 融入全球贸易，特别是在服务贸易领域开展的工作。2018 年，中国通过举办官员研修班、技术培训班和学历学位教育项目等活动，在经贸、商务服务、交通运输和物流、计算机电子信息等领域，向阿富汗、尼泊尔、刚果（金）、柬埔寨、贝宁、乍得、老挝、吉布提、孟加拉国、冈比亚等 LDC 提供能力建设。未来，中国还将继续在上述领域加大面向 LDC 服务贸易从业人员的培训力度，促进其相关领域能力建设和发展。

二、积极推动电子商务议题讨论

中国在多边电子商务议题讨论中发挥了重要作用。2018 年，中国多次在服务贸易理事会上分享中国电子商务发展经验信息。特别是，2018 年 5 月，中国邀请了来自 15 个发展中成员的副部级和司局级官员、驻世贸组织大使和高级外交官共 25 名代表来华参加“电子商务发展与多边贸易体制研修班”。在服务贸易理事会上，中国详细介绍了研修班活动开展情况。巴基斯坦、尼日利亚、印度、巴西、阿根廷、墨西哥、贝宁、乍得等 8 个成员发言对中国举办研修班表示感谢和支持，认为中国举办本次研修班是促进多边工作的重要组成部分，有助于发展中成员加深对电子商务相关问题的理解和认识。部分代表特别指出，中国发展经验证明了电子商务对促进经济发展的积极作用，特别是在帮助农村、中小微企业等弱势群体融入全球贸易方面效果明显；中国面对地区发展不平衡等困难，抓住机遇，实现电子商务发展，促进经济增长，为其他发展中成员提供了如何将劣势转化为动力进而产生乘数效应的启示，呼吁有关成员组织类似活动，推动世贸组织电子商务议题讨论。

三、妥善回应成员对华关注

美国、日本继续在服务贸易理事会上就中国《网络安全法》等相关措施提出关注。中国对外方关注进行了具体回应，重申中国为确保网络安全和信息安全有权制定必要的监管措施，且该措施不针对特定国家和地区，对中国境内的内外资企业同等适用，不存在任何歧视问题；在立法过程中，中国广泛征求各方意见，充分履行了透明度原则。

（商务部世界贸易组织司）

● 中国参与与贸易有关的知识产权理事会会议情况

2018年，世贸组织（WTO）与贸易有关的知识产权（TRIPS）理事会分别在2018年2月、6月、11月召开三次正式会议。中国代表团参加了上述会议，并就TRIPS与《生物多样性公约》（CBD）关系、非违反之诉和情景之诉、知识产权与创新、知识产权与公共利益等议题进行发言。主要情况如下：

一、成员通报情况

根据《TRIPS协定》透明度规则，2018年，墨西哥、美国、柬埔寨、乌克兰、欧盟等成员向TRIPS理事会通报了与《TRIPS协定》相关的法律法规。

二、TRIPS/CBD关系议题

《TRIPS协定》与CBD关系议题是TRIPS理事会中的一项重要议题。在2018年三次TRIPS理事会会议中，南非、印度、巴西、孟加拉国等多个发展中成员和最不发达成员发言，要求加强对生物遗传资源的保护力度，确保专利申请人向提供遗传资源的成员履行事前知情同意、惠益共享义务。要求利用生物遗传资源的专利申请，应披露遗传资源来源，提交履行事先知情同意和惠益共享证据，保障发展中成员和最不发达成员利益。同时，上述成员支持WTO秘书处尽快更新关于该议题讨论情况，并支持TRIPS理事会邀请CBD秘书处在TRIPS理事会会议中介绍《名古屋议定书》。美国、日本、加拿大、澳大利亚等成员反对修改《TRIPS协定》，强调世界知识产权组织政府间委员会才是讨论生物遗传资源、传统知识等内容的合适场所。美国反对邀请CBD秘书处介绍《名古屋议定书》，反对WTO秘书处更新关于该议题讨论情况。

中国是生物遗传资源丰富的成员，时常发生未经中国同意被其他成员利用生物资源的情况。加强对生物遗传资源的保护力度，构建合理平衡的国际规则，有利于促进生物遗传资源的可持续利用，有效平衡生物遗传资源保护方和使用方双方利益。中国支持《TRIPS协定》与CBD的相互对接，支持WTO秘书处尽快更新关于该议题讨论情况，支持TRIPS理事会邀请CBD秘书处在TRIPS会议中介绍《名古屋议定书》。

三、非违反之诉和情景之诉议题

根据2016年布宜诺斯艾利斯部长会议授权，TRIPS理事会在2018年例会中继续讨论《TRIPS协定》下适用非违反之诉和情景之诉的模式和范围问题。在三次例会上，包括欧盟、加拿大、印度、巴西、南非、非洲集团在内的大部分成员反对在《TRIPS协定》项下适用非违反之诉和情景之诉，认为如将非违反之诉和情景之诉适用《TRIPS协定》，会影响成员利用协定灵活性条款实现公共利益，影响协定权利和义务的平衡。美国、瑞士则支持非违反之诉和情景之诉在《TRIPS协定》项下适用，认为非违反之诉和情景之诉的适用不会影响成员利用协定灵活性条款。中国支持多数成员看法，强调不应在《TRIPS协定》项下适用非违反之诉和情景之诉。

四、知识产权与公共利益议题

在2018年2月召开的TRIPS理事会例会上，巴西、南非等成员共同提出了知识产权与公共利益系列提案，并在2018年的三次例会上讨论知识产权与公共利益相关问题。中国、印度、玻利维亚、智利等成员发言支持并联署了部分提案。印度尼西亚、世界卫生组织等代表介绍了利用《TRIPS协定》灵活性条款保护公共健康的案例。

美国、日本等部分发达成员认为，对于公共利益的讨论，不应忽视知识产权保护的重要性。如果不能对此问题进行全面和细致地讨论，可能影响成员追求完善和有力的知识产权保护制度，从而影响对创新的保护，导致在根本上影响公共利益的实现。

中国表示，知识产权保护应当在权利人和公众利益之间保持适当平衡，在保护知识产权的同时充分利用《TRIPS协定》的灵活性条款保障公共利益。认为知识产权与公共利益讨论应是开放和包容的，各成员均可就如何更好地利用包括竞争法律政策在内的灵活性条款交流看法和经验。

五、知识产权与创新议题

2018年，澳大利亚、加拿大、欧盟、日本、新加坡、瑞士、中国台北、美国等成员继续提出知识产权与创新议题。讨论重点由中小企业转换为新经济中知识产权的社会价值。在三次会议上，上述成员分享了各自创新改变生活的具体案例，并就各自通过促进知识产权创新、提高知识产权转化率，并推动贸易发展所取得的成果进行了互动交流。

南非、印度等成员发言，表示量化知识产权对社会发展的贡献十分困难，需要考虑到支持社会发展的各种因素。联合国贸易与发展会议的代表发言指出，发达成员和发展中成员在创新能力和水平上存在差异。发展中成员创新能力有限，需要通过有效的技术转让制度，实现双赢。

中国在会上分享了关于促进中小企业知识产权能力提升和发展的政策性文件《关于全面组织实施中小企业知识产权战略推进工程的指导意见》，介绍了中小企业信息推送系统、专利保险制度、加大知识产权保护力度等七方面的推进措施。同时，中国也强调发展中成员面临的创新困境以及与发达成员存在的差距，请成员予以重视并探讨有效的解决方案。

六、其他事项

在2018年TRIPS理事会三次例会中，成员还就向最不发达成员转让技术、电子商务工作计划、国际组织观察员地位等议题进行了讨论。在11月的例会上，成员一致同意正式授予海湾阿拉伯国家合作委员会永久性观察员地位。

（商务部世界贸易组织司）

● 贸易争端与救济措施

中国参与世贸组织争端解决情况

2018年，世贸组织成员新发起争端解决案件共计40起。其中，中国起诉案件5起，被诉案件4起，占新发起案件近1/4。以下就2018年中国作为当事方参与的世贸组织争端解决案件情况做一简要介绍。

一、中国作为起诉方参与世贸组织争端解决案件新情况

（一）中国诉美国反补贴措施案（DS437）

1. 涉案措施与主要诉求

本案涉案措施包括：（1）美国对中国22类输美产品发起的反补贴调查；（2）美国商务部认定"公共机构"时适用的"可反驳推定"，即美国商务部认为，一家企业所有权的多数由政府持有这一事实即足以认定该企业为《补贴与反补贴措施协议》（《补贴协定》）第1.1条意义上的"公共机构"，除非一方能够证明政府持有多数所有权并不导致对企业的"控制"。

中国认为，美国下列措施违反了《1994年关贸总协定》和《补贴协定》有关条款：

（1）美国声称中国通过国有企业以低于充分回报的价格提供原材料产品，而将其视为补贴并发起反补贴调查，违反《补贴协定》第1.1条、第2条、第11.1条至第11.3条和第14条（d）项。

（2）美国声称中国以低于充分回报的价格提供土地使用权，而将其认定为补贴，违反《补贴协定》第2条。

（3）美国声称中国维持出口限制，而将其视为补贴并发起反补贴调查，违反《补贴协定》第1.1条（a）项（1）以及第11.1条至第11.3条。

（4）美国使用"可获得不利事实"作出不利推断，违反《补贴协定》第12.7条。

（5）美国适用"可反驳推定"认定"公共机构"，违反《补贴协定》第1.1条、第10条和第32.1条以及《1994年关贸总协定》第6条。

2. 争端进程

2012年5月25日，中国就涉案措施对美国提起世贸组织争端解决机制项下的磋商请求。2012年9月28日，世贸组织争端解决机构正式设立了专家组，澳大利亚、巴西、加拿大、欧盟、印度、日本、韩国、挪威、俄罗斯、土耳其、越南和沙特阿拉伯等12个世贸组织成员保留各自的第三方权利。

2014年7月14日，世贸组织公布专家组报告。2014年8月22日，中国提起上诉。2014年8月27日，美国提起交叉上诉。上诉机构报告于2014年12月18日发布，2015年1月16日通过。6月26日，中方请求就合理执行期进行仲裁。10月9日，仲裁员裁决合理执行期为14个月16天，至2016年4月1日止。2016年5月13日，中国提出执行之诉磋商请求，7月8日，提出设立专家组请求。2018年3月21日，执行之诉专家组报告正式对外散发。4月27日，美国提出上诉。5月2日，中国提出交叉上诉。2019年7月16日，上诉机构向世贸成员散发了上诉机构报告。8月15日，世贸组织争端解决机构（DSB）通过了执行之诉专家组报告与上诉机构报告。10月17日，中方向DSB请求对美报复授权。10月25日，美方提出报复水平仲裁。

3. 执行专家组主要裁决

（1）关于公共机构问题。执行专家组认为，中国未能证明美国商务部在环形焊接压力管等11起

反补贴案件第 129 节程序中的公共机构裁决违反了《补贴协定》第 1.1(a)(1) 条。在法律标准方面，执行专家组未支持中方主张。执行专家组认为，《补贴协定》第 1.1(a)(1) 条并不要求在政府职权与某项财政资助之间建立联系。

（2）关于补贴比较基准问题。执行专家组认为，美国商务部在环形焊接压力管等 4 起案件第 129 节程序中的利益基准裁定违反了《补贴协定》第 1.1(b) 条和第 14(d) 条。

（3）关于专向性问题。执行专家组认为，美国商务部在 11 起案件第 129 节程序中的原材料事实专向性裁决违反了《补贴协定》第 2.1(c) 条。

4. 执行上诉机构主要裁决

（1）关于公共机构。上诉机构讨论了公共机构的法律标准，指出：根据以往案例所确立的标准，某一实体是否构成公共机构应在个案基础上考虑多重证据确定，任何一种证据都不具有决定性。上诉机构进一步指出，认定公共机构的重点在于授予了财政资助的相关实体、该实体的核心特征，以及与政府的联系，而非涉案的具体财政资助行为。事实上，如果某一实体被认定为公共机构，则其从事的所有行为均可被归于该实体。据此，上诉机构认为专家组对《补贴协定》第 1.1(a) 条的法律解释不存在错误，并维持专家组关于中国未能证明涉案第 129 节程序的公共机构认定违反《补贴协定》第 1.1(a) 条的裁决。

（2）关于利益基准。上诉机构认为，专家组正确地认定了美国商务部未能就政府干预如何导致涉案原材料价格扭曲提供解释，并且未在考虑到在案件证据的基础上充分解释其拒绝国内价格的裁决，对第 1.1(b) 条和第 1.1(d) 条的适用并不存在错误。

（3）关于专向性。上诉机构认为，专家组正确地解释了"补贴计划"的概念。正如专家组在裁决中解释的，一系列"系统性行为"可以证明存在一项不成文的"补贴计划"，但是某些企业被授予了财政资助这一事实并不足以证明存在一项补贴计划。上诉机构还强调，虽然一系列提供"授予了利益的财政资助"的系统性行为可作为存在补贴计划的证据，但调查机关应当特别关注此类行为是否具有足够的"系统性"，从而可以证明补贴是基于一项"计划"或"方案"提供的。上游生产者向下游重复提供原材料的行为本身并不能证明存在补贴计划。因此，上诉机构认为专家组裁定美国商务部在相关第 129 节调查中的原材料专向性裁决未能证明存在一项"补贴计划"因而违反第 2.1(c) 条不存在错误。

在本案中，一名上诉机构成员就多数成员关于公共机构、利益基准和原材料专向性的裁决匿名提出了异议。

（二）中国诉美国反倾销措施案（DS471）

1. 涉案措施与主要诉求

本案的涉案措施为美国对中国铝型材、铜版纸、非公路用轮胎、石油管材、金刚石锯片等 13 种产品采取的反倾销措施。

中国认为，美国上述措施违反了《1994 年关贸总协定》和《反倾销协定》有关条款：

（1）美国在某些涉及"目标倾销"指控的反倾销调查中，为确定产品整体的倾销幅度，将每笔交易计算的加权平均正常价格与交易价格的比较结果进行叠加，并采用"归零法"（以下简称目标倾销方法）；同时，扩大目标倾销方法的适用范围，违反《反倾销协定》第 2.4.2 条。

（2）在行政复审中使用目标倾销方法，违反《反倾销协定》第 9.3 条和《1994 年关贸总协定》第 6.2 条。

（3）在与进口丁被美国认为是非市场经济国家的产品有关的反倾销程序中，美国推定所有生产商和出口商构成一个受该国政府普遍控制的单一实体，并对该实体裁定一个单一的倾销幅度或一个单一的反倾销税率，违反《反倾销协定》第 6.10 条、第 9.2 条、第 9.4 条。

（4）美国在计算单一倾销幅度或反倾销税率中，未要求生产商和出口商提供必要信息，未提供抗辩权，并在此基础上使用可获得事实，违反《反倾销协定》第 6.1 条、第 6.8 条、第 9.4 条和附件 2 相关规定。

（5）美国在反倾销调查中使用可获得不利事实，违反《反倾销协定》第 6.8 条和附件 2 相关规定。

2. 争端进程

2013 年 12 月 3 日，中国就涉案措施对美国提起世贸组织争端解决机制项下的磋商请求。2014 年 1 月，中美双方在日内瓦进行了磋商。2014 年 3 月 26 日，世贸组织争端解决机构设立了专家组。2016 年 10 月 19 日，世贸组织公布专家组报告。11 月

18日，中方提起上诉。2017年5月11日，上诉机构发布报告。5月22日，世贸组织争端解决机构（DSB）通过了本案专家组报告和上诉机构报告。本案合理执行期至2018年8月22日止。9月9日，中方提出授权报复请求。9月28日，美方提出报复水平仲裁请求。2019年11月1日，仲裁员裁决发布。

3. 专家组主要裁决

专家组报告在目标倾销归零（对特定类别产品倾销幅度计算方法）、分别税率（拒绝给予中国出口企业分别税率的歧视性做法）等中方核心关注问题上支持了中方诉请，裁定美方全部涉案措施违反世贸规则；但专家组在美调查机关滥用不利事实（任意依据对我不利事实计算高额反倾销税率）等问题上，未能支持中方主张。

4. 上诉机构主要裁决

上诉机构报告，推翻了专家组裁决，裁定美方滥用不利事实做法构成一项普遍适用的措施，并澄清了有关世贸规则，中方获得了有利的规则解释。但由于上诉机构仅对法律问题进行审查，而本案专家组未对滥用不利事实做法本身进行充分全面的评估，上诉机构因缺乏相关在案事实，未能进一步完成该措施是否违反世贸规则的法律分析。

5. 报复水平仲裁主要裁决

2019年11月1日，世贸组织正式公布了本案贸易报复水平仲裁报告，裁决中方对美方贸易报复额为每年35.79亿美元。

（三）中国诉欧盟禽肉关税配额措施案（DS492）

1. 涉案措施与主要诉求

本案涉案措施为欧盟对禽肉产品的关税减让修改和配额分配措施。

2006年6月7日，欧盟对世贸组织成员方发出通告，表示将对021099 39、1602 31和1602 3219三个税号的禽肉产品的关税减让进行修改。随后，欧盟依据《1994年关贸总协定》第28条，与巴西、泰国进行了谈判，并于2006年底达成协议。欧盟将绝大部分关税配额分配给巴西、泰国，而包括中国在内的其他世贸成员方只能分享很少量的关税配额，配额外税率远远超过修改前的约束税率。

2009年6月11日，欧盟再次对世贸组织成员方发出通告，表示将对1602 2010等八个税号的禽肉产品的关税减让进行修改。随后，欧盟依据《1994年关贸总协定》第28条，与巴西、泰国进行了谈判，并于2012年6月达成协议。欧盟再次将绝大部分关税配额分配给巴西、泰国，而包括中国在内的其他世贸成员方只能分享很少量的关税配额，配额外税率远远超过修改前的约束税率。

欧盟认为中国在两次谈判中均不具有主要或实质供应利益，未与中国进行谈判。

中方认为，上述措施违反了《1994年关贸总协定》第1.1条、2.1条、2.2条、13条及28条。

2. 争端进程

2015年4月8日，中国就涉案措施对欧盟提起世贸组织争端解决机制项下的磋商请求。5月26日，中欧双方举行磋商，但未能实现和解。6月8日，中方向世贸组织争端解决机构提交了设立专家组的请求。7月20日，专家组正式设立。2016年12月2日，专家组向当事方散发最终报告。2017年4月19日，世贸组织争端解决机构（DSB）通过了本案专家组报告。2018年11月30日，中欧双方达成裁决执行协议。2019年4月1日，裁决执行协议生效。

3. 专家组主要裁决

专家组认为，欧盟对我方出口的鸭肉产品的关税配额分配违反了《1994年关贸总协定》有关数量限制的非歧视管理规定。此外，谈判达成的关税配额分配不能永久固化，如出口利益达到一定程度、占到重大市场份额的成员提出请求，进口成员应考虑重新分配的可能。但是，专家组在欧盟对鸡肉产品的关税配额分配上，未能支持中方主张。

（四）中国诉美301征税措施案（DS543）

1. 涉案措施与主要诉求

此案主要涉及美国对来自中国的总额约2340亿美元的进口产品征收额外从价关税，此关税措施基于美国贸易代表根据《1974年贸易法》第301条（b）项、第301条（c）项、第304条（a）项对中国与技术转让、知识产权、创新相关的法律、政策及做法采取的《1974年贸易法》第301条调查，以及总统声明中的指令而采取。中方法律诉求主要包括：

（1）美方301征税措施违反《1994年关贸总协定》第1条第1款规定的“最惠国待遇”规定。美国对本案所涉2340亿美元进口产品征收额外关税，该关税措施仅针对中国产品，美国未能将给予其他世贸组织成员同类产品进口的或有关进口的“所征收的关税和费用方面”的“利益、优惠、特权或豁免”立即无条件给予来自中国并进口至美国的产品。

（2）美方 301 征税措施违反《1994 年关贸总协定》第 2 条第 1 款（a）项和（b）项“约束税率”义务。美国对来自中国的 2340 亿美元进口产品征收额外关税，采取征税措施后的进口关税水平超过了美国在《1994 年关贸总协定》所附减让表及承诺中规定的约束税率水平。因此，美国未能给予来自中国的进口产品不低于《1994 年关贸总协定》所附的美国减让表及承诺的待遇。

此外，中国在磋商请求和专家组请求中还提及：美国根据 301 调查报告中的结果和决定采取单方行动，对自中国进口的产品征收额外关税。美国征税措施涉嫌违反《争端解决谅解》第 23 条第 1 款和第 2 款（a）项、（b）项和（c）项禁止单边行动的规定。

2. 争端进程

2018 年 4 月 4 日，中国就涉案措施对美国提起世贸组织争端解决机制项下的磋商请求。由于在中国首次提出磋商请求后，美国进一步扩大了对中国出口至美国的货物额外征收的关税，中国分别于 2018 年 7 月 6 日、7 月 16 日以及 9 月 18 日提交了补充磋商请求。8 月 28 日，中美双方进行了磋商。10 月 22 日，中美双方进行了补充磋商。12 月 6 日，中方提出设立专家组请求。2019 年 1 月 28 日，世贸组织争端解决机构设立专家组。

（五）中国诉美国钢铝 232 措施案（DS544）

1. 涉案措施与主要诉求

本案的涉案措施为美国调整钢产品进口和铝产品进口的措施，包括但不限于对进口的某些钢产品和铝产品实施附加从价关税以及选择性地豁免部分世贸成员的做法。

中国认为，美国上述措施违反了《1994 年关贸总协定》和《保障措施协定》有关条款：

（1）《1994 年关贸总协定》第 19.1(a) 条、第 19.2 条以及《保障措施协定》第 2.1 条、第 2.2 条、第 4.1 条、第 4.2 条、第 5.1 条、第 7 条、第 11.1(a) 条、第 12.1 条、第 12.2 条和第 12.3 条，因为相关措施本质上构成保障措施，美国没有就“不能预见的情况”、进口“数量增长如此之大”和“情况如此严重”以及“对国内生产者造成严重损害或严重损害威胁”作出适当决定并提供合理和适当的解释，且美国没有遵守适当的程序要求，例如通知和磋商等，且没有以适当方式实施措施，例如不考虑供应来源和仅在必要期限内实施等。

（2）《1994 年关贸总协定》第 2.1(a) 和 (b) 条，因为美国对某些钢和铝产品实施的进口关税超出了《1994 年关贸总协定》所附的美国的减让和承诺表中所列和所规定的关税，并没有对相关措施涵盖的中国产品免征超过《1994 年关贸总协定》所附的美国的减让和承诺表中所列和所规定的普通关税，及免征超过《1994 年关贸总协定》订立之日征收的或在该日期美国已实施法律直接或强制要求征收的所有其他税费。

（3）《1994 年关贸总协定》第 1.1 条，鉴于美国针对原产于不同成员的某些钢和铝产品选择性地实施附加关税，包括提供豁免或实施替代措施，美国就原产于其他成员的产品进口“所征收的或相关的任何种类的关税和费用”以及关于“征收此类关税和费用的方法”和“关于进口的规章和手续”方面所提供的“利益、优惠、特权或豁免”未能立即无条件地给予中国。

（4）《1994 年关贸总协定》第 10.3(a) 条，因为美国没有以统一、公正和合理的方式管理与相关措施有关的法律、法规、决定和裁定。

由于以上情况，相关措施导致了中国在引用的协定项下直接或间接获得的利益的丧失或减损。

2. 争端进程

2018 年 4 月 5 日，中国就涉案措施对美国提起世贸组织争端解决机制项下的磋商请求。7 月 19 日，中美双方在日内瓦进行了磋商。11 月 21 日，世贸组织争端解决机构设立了专家组。

（六）中国诉美国光伏保障措施案（DS562）

1. 涉案措施与主要诉求

本案涉案措施是美国对多晶硅光伏电池单元（光伏电池产品）实施的保障措施。中方法律诉求主要包括：中国认为美国对光伏电池产品实施的保障措施违反了美国在 GATT 1994 和《保障措施协定》项下的义务。具体而言，中国认为美国涉案保障措施未能遵守包括以下条款在内的条约义务：

（1）GATT 1994 第 19 条第 1 款（a）项以及《保障措施协定》第 3.1 条，因为美国未能在采取措施之前证明进口产品的增加和涉案措施所涵盖产品的进口情况，是由“不能预见的情况”以及美国在

GATT 1994 项下“负担义务的影响”所导致的。

（2）《保障措施协定》第 2.1 条、第 3.1 条和第 4.2(b) 条，因为美国未能证明进口增加与其认定的严重损害之间存在“因果关系”。

（3）《保障措施协定》第 2.1 条、第 3.1 条和第 4.2(b) 条，因为美国未能确保其他因素造成的损害不被归因至进口产品数量的增加。

（4）《保障措施协定》第 3.1 条和第 3.2 条，因为美国未能向利益相关方提供充分机会参与调查，包括未能遵守给予保密待遇和保证信息充分的非保密摘要可获得性的要求。美国未能在公开报告中阐述对于所有相关事实和法律问题的认定和经合理论证得出的结论，包括采取保障措施的条件、实际实施的保障措施的性质和水平，以及排除相关来源产品的理由。

2. 争端进程

2018 年 8 月 14 日，中国就涉案措施对美国提起世贸组织争端解决机制项下的磋商请求。10 月 22 日，中美双方在日内瓦进行了磋商。2019 年 7 月 22 日，世贸组织争端解决机构设立专家组。

（七）中国诉美国可再生能源补贴措施案（DS563）。

1. 涉案措施与主要诉求

本案涉及美国某些州在可再生能源领域采取的禁止性补贴措施。美国一些州对使用州内设备制造或由州内劳动力生产的可再生能源系统发放额外补贴，从而鼓励用户购买本地设备，以此歧视进口产品，使美国国内的可再生能源产业获得了不正当的竞争优势。这些措施包括美国华盛顿州、加利福尼亚州以及密歇根州发放的补贴项目。中方主要法律诉求包括：

（1）美国措施涉嫌违反 GATT 1994 国民待遇规定。GATT 1994 第 3.4 条，因为涉案措施似乎包含了影响产品国内销售、标价出售、购买、运输、分销或使用的法律、法规或规定，该等法律、法规或规定给予中国进口产品低于产自美国的同类产品所享受的待遇。

（2）美国措施涉嫌违反《与贸易有关的投资措施协定》第 2.1 条，因为涉案措施似乎是违反 GATT 1994 第 3.4 条的与货物贸易有关的投资措施。

（3）美国措施涉嫌违反《与贸易有关的投资措施协定》第 2.2 条，因为涉案措施似乎是《与贸易有关的投资措施协定》附件第 1 条（a）款所指的根据国内法律或根据行政裁定属强制性或可执行的，以及 / 或者是为获得一项利益而必须遵守的与货物贸易有关的投资措施，该等措施要求企业购买或使用原产于美国的产品。

（4）美国措施涉嫌违反禁止性进口替代补贴。《补贴与反补贴措施协议》第 3.1 条（b）款和第 3.2 条，因为其似乎视使用国产货物而非进口货物的情况为条件而给予并维持补贴。

2. 争端进程

2018 年 8 月 14 日，中国就涉案措施对美国提起世贸组织争端解决机制项下的磋商请求。10 月 23 日，中美双方在日内瓦进行了磋商。目前，本案处于磋商阶段。

（八）中国诉美 301 征税措施案（DS565）

1. 涉案措施与主要诉求

此案主要涉及美国对来自中国的总额约 160 亿美元的进口产品征收额外从价关税，此关税措施基于美国贸易代表根据《1974 年贸易法》第 301 条（b）项、第 301 条（c）项、第 304 条（a）项对中国与技术转让、知识产权、创新相关的法律、政策及做法采取的《1974 年贸易法》第 301 条调查，以及总统声明中的指令而采取。中方法律诉求主要包括：

（1）美方上述征税措施违反《1994 年关贸总协定》第 1 条第 1 款规定的“最惠国待遇”规定。美国对本案所涉 2340 亿美元进口产品征收额外关税，该关税措施仅针对中国产品，美国未能将给予其他世贸组织成员同类产品进口的或有关进口的“所征收的关税和费用方面”的“利益、优惠、特权或豁免”立即无条件地给予来自中国并进口至美国的产品。

（2）美方上述征税措施违反《1994 年关贸总协定》第 2 条第 1 款（a）项和（b）项“约束税率”义务。美国对来自中国的 2340 亿美元进口产品征收额外关税，采取征税措施后的进口关税水平超过了美国在《1994 年关贸总协定》所附减让表及承诺中规定的约束税率水平。因此，美国未能给予来自中国的进口产品不低于《1994 年关贸总协定》所附的美国减让表及承诺的待遇。

此外，中国在磋商请求和专家组请求中还提及：美国根据 301 调查报告中的结果和决定采取单方行动，对自中国进口产品征收额外关税。美国征税措施涉嫌违反《争端解决谅解》第 23 条第 1 款和第 2 款（a）项、（b）项和（c）项禁止单边行动的规定。

2. 争端进程

2018 年 8 月 23 日，中国就涉案措施对美国提起世贸组织争端解决机制项下的磋商请求。10 月 22 日，中美双方在日内瓦进行了磋商。目前，本案处于磋商阶段。

二、中国作为被诉方参与世贸组织争端解决案件新情况

（一）美国诉我白羽肉鸡反倾销和反补贴措施案（DS427）

1. 执行之诉涉案措施与主要诉求

本案涉案措施为中国对原产于美国的白羽肉鸡继续征收反倾销税和反补贴税的措施（商务部 2014 年第 44 号公告及其附件）。

美方认为，中国上述措施违反了《1994 年关贸总协定》《反倾销协定》和《补贴协定》的有关条款：

（1）《反倾销协定》第 3.1 条和第 3.2 条，以及《补贴与反补贴措施协议》第 15.1 条和 15.2 条，因为中国商务部对被调查进口产品的价格影响分析没有基于对案件材料的客观审查，并且不是建立在肯定性证据的基础上。

（2）《反倾销协定》第 3.1 条和第 3.4 条，以及《补贴与反补贴措施协议》第 15.1 条和 15.4 条，因为中国商务部没有对所有相关经济指标和有关该产业状况的指标进行客观评估，就作出被调查进口产品对国内产业造成不利影响的裁定。

（3）《反倾销协定》第 3.1 条和第 3.5 条，以及《补贴与反补贴措施协议》第 15.1 条和 15.5 条，因为中国商务部对被调查进口产品对国内产业造成损害的认定并不是建立在对所有相关证据审查的基础上，包括被调查进口产品的数量并没有替代国内产业而增长，大部分被调查进口产品由未造成损害的产品构成，以及该认定是建立在中国商务部的有瑕疵的价格和影响分析的基础上的。

（4）《反倾销协定》第 6.4 条和第 6.5 条，以及《补贴与反补贴措施协议》第 12.3 条和 12.4 条，因为再调查过程中，中国商务部没有及时向利害关系方提供所有与其案件相关的所有非保密信息，且调查机关使用了这些信息，以及中国商务部对信息的保密缺乏正当理由。

（5）《反倾销协定》第 6.1 条，以及《补贴与反补贴措施协议》第 12.1 条，因为再调查过程中，中国商务部没有就所要求的信息进行通告，也没有给予利害关系方充分机会以书面形式提出其认为相关的所有证据。

（6）《反倾销协定》第 6.9 条，以及《补贴与反补贴措施协议》第 12.8 条，因为中国商务部没有将所考虑的、构成实施最终措施决定所依据的基本事实通告利害成员国和利害关系方。

（7）《反倾销协定》第 12.2 条和 12.2.2 条，以及《补贴与反补贴措施协议》第 22.3 条和 22.5 条，因为中国商务部没有详细提供其认为重要的、有关所有事实和法律问题所得出的裁定和结论，没有详细提供所有导致最终措施的事实问题、法律问题及理由的相关信息，以及接受或拒绝相关抗辩或请求的理由。

（8）《反倾销协定》第 2.2 条和 2.2.1.1 条，因为中国商务部不适当地计算了美国生产商的生产成本，没有以美国被调查生产商保存的记录为基础计算成本，且没有考虑有关成本适当分摊的所有可获得证据。

（9）《反倾销协定》第 9.4 条，因为中国商务部对未被抽样的生产商和出口商的进口产品征收的反倾销税，超过了被抽样的出口商或生产商所确定的加权平均倾销幅度。

（10）《反倾销协定》第 6.8 条及附件二（包括但不限于第 3 段、第 5 段和第 6 段），因为中国商务部在可获得事实的基础上作出其裁定，拒绝了再调查过程中出口商或生产商适当提交的可证实的事实，且没有解释拒绝这些出口商或生产商提交的证据或信息的理由。

（11）由于违反了《反倾销协定》的上述条款，因此违反了《反倾销协定》第 1 条。

（12）由于违反了《补贴与反补贴措施协议》的上述条款，因此违反了《补贴与反补贴措施协议》第 10 条。

（13）由于违反了《反倾销协定》和《补贴与反补贴措施协议》的上述条款，因此违反了《1994 年关贸总协定》第 6 条。

2. 争端进程

2011 年 9 月 20 日，美国就中国对原产于美国的白羽肉鸡征收反倾销税和反补贴税的措施对中国提出世贸组织争端解决机制下的磋商请求。2012 年 1 月 20 日，专家组设立。专家组报告于 2013 年 8 月 2 日公布，9 月 25 日通过。合理执行期为 9 个月 14 天，至 2014 年 7 月 9 日止。7 月 9 日，中国公布了再调查裁决公告。

美国于 2016 年 5 月 10 日按照《关于争端解决规则与程序的谅解》(DSU) 第 21.5 条的规定将中方执行措施起诉至世贸组织。6 月 22 日，执行专家组设立。2018 年 2 月 28 日，世贸组织争端解决机构（DSB）通过了执行专家组报告。中方已撤销涉案措施。

3. 执行专家组主要裁决

专家组裁定，中方在解释成本分摊方法、价格影响分析、损害和因果关系认定、向利害关系方提供通知和评论机会等方面，违反世贸规则。同时，驳回美方部分诉讼请求，裁定中方关于倾销幅度披露、利用可获得事实确定所有其他生产商税率的做法，均不违反世贸规则，美方其他个别诉讼请求不属于专家组审理范围。专家组还裁定，调查机关可以在调查的不同阶段采用不同的成本分摊方法，中方关于库存等损害评估指标和进口增加对国内产业的影响等因果关系审查因素的分析，不违反世贸规则。

（二）加拿大诉我浆粕反倾销措施案（DS483）

1. 涉案措施与主要诉求

本案涉案措施是中国对原产于加拿大的浆粕实施的反倾销措施。

加拿大认为，中国涉案措施与《1994 年关贸总协定》和《反倾销协定》下列条款项下的义务不符：

（1）《反倾销协定》第 3.1 条和第 3.2 条，因为中国对损害的确定未能依据肯定性证据进行，也未能对倾销进口产品的数量和倾销进口产品对国内市场同类产品价格的影响进行客观审查。中国没有适当地考虑是否存在以下情形：

a. 倾销进口商品是否大幅增加；

b. 与国内同类产品的价格相比，倾销进口产品是否大幅削低价格，或此类进口产品的影响是否是大幅压低价格，或是否是在很大程度上抑制在其他情况下本应发生的价格增加。

（2）《反倾销协定》第 3.1 条和第 3.4 条，因为中国对损害的确定未能依据肯定性证据进行，未能对倾销进口产品对国内同类产品生产商产生的影响进行客观审查，并且未能适当评估所有影响产业状况的有关经济因素和指标。

（3）《反倾销协定》第 3.1 条和第 3.5 条，因为中国未能：

a. 通过依据肯定性证据进行的客观审查证明倾销进产品与对国内产业损害之间存在因果关系；

b. 依据肯定性证据客观审查除倾销进口产品外的、同时正在损害国内产业的任何其他已知因素，并且不恰当地将这些其他因素造成的损害归因于倾销进口产品。

（4）《反倾销协定》第 3.1 条和第 4.1 条，因为中国作出的损害裁定不恰当地界定了国内产业，导致未能在依据肯定性证据对生产同类产品的国内产业进行客观审查的基础上作出裁定。

（5）中国对原产于加拿大的浆粕实施的反倾销措施由于违反了上述《反倾销协定》条款，进而违反了《反倾销协定》第 1 条和《1994 年关贸总协定》第 6 条。

2. 争端进程

2014 年 10 月 15 日，加拿大就涉案措施对中国提起世贸组织争端解决机制项下的磋商请求。2015 年 2 月 12 日，加拿大提出设立专家组请求。3 月 10 日，世贸组织争端解决机构宣布设立专家组。2016 年 12 月 16 日，专家组向当事方散发最终报告。2017 年 5 月 22 日，世贸组织争端解决机构（DSB）通过了本案专家组报告。本案合理执行期至 2018 年 4 月 22 日。2018 年 9 月 11 日，加拿大就中方执行措施对中国提起世贸组织争端解决机制项下的磋商请求。中方已终止涉案措施。

3. 专家组主要裁决

专家组认为，中方在价格影响分析中，没有对平行价格趋势及其与倾销进口数量增长相结合如何压低国内同类产品价格作出适当解释；在因果关系分析中，对倾销进口和国内产业损害的因果关系以及除倾销进口之外的因素造成的损害等非归因分析违反了损害认定的相关规定。但是，专家组在中方对倾销进口产品的数量影响及其对国内产业影响的客观审查问题上完全支持了中方主张，在价格影响分析中有关倾销进口市场份额变化、对定价文件的考虑问题上部分支持了中方主张。

（三）美国诉我粮食补贴案（DS511）

1. 涉案措施与主要诉求

本案涉案措施为中国对农业生产者提供的支持政策，中国提供国内支持似乎超过其第 152 号减让表第 4 部分第 1 节所做“零”水平承诺。例如，中国对小麦、籼稻、粳稻和玉米提供的国内支持超过其对特定产品 8.5% 的微量免除水平承诺。

美国认为，中国对上述农产品提供的国内支持涉嫌违反《农业协定》第 3.2 条、第 6.3 条和第 7.2 条（b）款所承担的义务，因为中国提供的国内支持水平超过中国在其第 152 号减让表第 4 部分第 1 节所做“零”水平承诺。特别是中国对农产品的支持，根据其目前《综合支持总量》（AMS），似乎超过其 2012 年、2013 年、2014 年和 2015 年提供给小麦、籼稻、粳稻和玉米的国内支持的约束承诺水平。在上述每一年份，中国提供的国内支持超过对特定产品 8.5% 的微量免除水平承诺。

2. 争端进程

2016 年 9 月 13 日，美国就涉案措施对中国提起世贸组织争端解决机制项下的磋商请求。12 月 5 日，美国提出设立专家组请求。2017 年 1 月 25 日，世贸组织争端解决机构宣布设立专家组。2019 年 2 月 28 日，世贸组织发布专家组报告。4 月 26 日，DSB 会议通过专家组报告。本案合理执行期至 2020 年 3 月 31 日止。

3. 专家组主要裁决

（1）专家组驳回了美方关于玉米临时收储政策的诉请，认为美国未能证明玉米新政是玉米临储政策的延续。玉米临储政策已经不再实施。没有必要对玉米临储政策作出裁决或建议。

（2）关于小麦、稻谷最低收购价政策。专家组认为应适用中国加入世贸组织支持文件中的“1996—1998 年”作为固定外部参考价的基期，支持中方关于稻谷出米率的主张，认为本案中的适格产量即为扣除等外品数量后的主产区产量。

专家组在对小麦、稻谷的市场价格支持水平进行计算时，使用了以下公式：国内价格支持水平 = AMS/ 总产值 =[(适用管理价格 – 固定外部参考价格)* 适格产量]/ 总产值。

根据专家组的认定，上述公式中的参数应参照如下方式确定：

a. 适用管理价格：公布的稻谷、小麦最低收购价；

b. 固定外部参考价格：我加入世贸组织支持文件中使用的特定农产品固定外部参考价；

c. 适格产量：最低收购价措施中所列明的主产区总产量 – 等外品产量

d. 产值：生产者价格 * 全国总产量

据此计算出的小麦和稻谷最低收购价补贴水平超出中国加入世贸组织时承诺的 8.5% 的微量免除水平。

（四）美国诉我农产品关税配额案（DS517）

1. 涉案措施与主要诉求

本案涉案措施为中国对包括小麦、中短粒米、长粒米、玉米采取的关税配额措施。

美国认为，中国上述措施与《议定书》第 1 节第 1.2 段项下的承诺不符，第 1.2 段纳入了中国在《报告书》第 116 段作出的承诺；该措施似乎也不符合《1994 年关贸总协定》第 10 条 3（a）项、第 11 条第 1 款和第 13 条第 3（b）项。

2. 争端进程

2016 年 12 月 15 日，美国就涉案措施对中国提起世贸组织争端解决机制项下的磋商请求。2017 年 8 月 18 日，美国提出设立专家组请求。9 月 22 日，世贸组织争端解决机构宣布设立专家组。2019 年 4 月 18 日，世贸组织发布专家组报告。5 月 28 日，DSB 通过专家组报告。本案合理执行期至 2019 年 12 月 31 日止。

3. 专家组主要裁决

（1）中国在对小麦、大米、玉米的进口关税配额管理中所适用的基本申领条件、分配原则、再分配程序、公共评论程序、国营贸易和非国营贸易进口关税配额的管理以及进口小麦和进口玉米的自用要求与其在《加入世贸组织工作组报告书》第 116 段承诺的透明、可预期、公平的基础上管理进口关税配额的义务不符。

（2）美国未能证明，中国对小麦、大米、玉米进口关税配额的分配、退还和再分配的公示范围与中国应在透明和可预期的基础上管理进口关税配额的义务不符，也未能证明此种做法与中国应以不抑制每种配额使用的方式管理进口关税配额的义务不符。

（3）美国针对 GATT 1994 第 13.3(b) 条所提出的主张，美国未能证明中国对小麦、大米、玉米的进口关税配额管理与该条款不符。

（五）美国诉我技术许可措施案（DS542）

1. 涉案措施与主要诉求

本案涉案措施为中国某些与知识产权保护相关的措施。

美国认为，中方上述措施中《中华人民共和国技术进出口管理条例》（下称《条例》）与其他列明的法律文件分别或共同违反了《与贸易有关的知识产权协定》第 3 条（国民待遇），或同时违反了《与贸易有关的知识产权协定》第 28.2 条，这是由于：

（1）《条例》第 24 条给予外国知识产权持有人的待遇低于中国知识产权持有人。例如，第 24 条要求技术进口合同的让与方承担受让方使用转让技术造成的侵权责任。

（2）《条例》第 27 条给予外国知识产权持有人的待遇低于中国知识产权持有人。例如，第 27 条要求任何进口技术的改进成果都属于改进方。

（3）《条例》第 29 条给予外国知识产权持有人的待遇低于中国知识产权持有人。例如，第 29.3 条规定技术进口许可合同不得限制中方改进技术或使用所改进的技术。

此外，《中华人民共和国中外合资经营企业法实施条例》与其他列明的法律文件分别或共同违反了《与贸易有关的知识产权协定》第 3 条（国民待遇），或同时违反了《与贸易有关的知识产权协定》第 28.1(a)(b) 条或第 28.2 条，这是由于：

（1）第 43 条给予外国知识产权持有人的待遇低于中国知识产权持有人。例如，第 43.4 条授权中国合营企业方在技术转让合同终止后继续使用转让技术。

（2）第 43 条拒绝给予外国专利权持有人专有权，包括防止第三方未经外国专利权持有人同意实施《与贸易有关的知识产权协定》第 28.1(a)(b) 条列明的行为的权利。

2. 争端进程

2018 年 3 月 23 日，美国就涉案措施对中国提起世贸组织争端解决机制项下的磋商请求。7 月 18 日，中美双方在日内瓦进行了磋商。10 月 18 日，美国提出设立专家组请求。11 月 21 日，世贸组织争端解决机构宣布设立专家组。2019 年 6 月 12 日，专家组应美方请求，决定中止诉讼程序至 12 月 31 日。12 月 23 日，美方再次请求中止诉讼程序至 2020 年 2 月 29 日。

（六）欧盟诉我技术转让措施案（DS549）

1. 涉案措施与主要诉求

本案涉案措施为中国某些与外国向中国转让技术相关的措施，包括《中华人民共和国中外合资经营企业法》《中华人民共和国中外合资经营企业法实施条例》《中华人民共和国技术进出口管理条例》《新能源汽车生产企业及产品准入管理规定》《关于设立外商投资农作物种子企业审批和登记管理的规定》《农作物种子生产经营许可管理办法》的相关规定。

欧盟认为，中国上述措施违反了《与贸易有关的知识产权协定》第 3 条（国民待遇）、第 28.1(a) 和 (b) 条、第 28.2 条、第 33 条、第 39.1 和 39.2 条。同时，违反了中国在《1994 年关税与贸易总协定》第 10.3(a) 条和《中华人民共和国加入议定书》第 2(A)2 段项下的义务。此外，违反了中国在《中华人民共和国入世议定书》第一部分第 7.3 段、第一部分第 1.2 段中所作的承诺。

2. 争端进程

2018 年 6 月 1 日，欧盟就涉案措施对中国提起世贸组织争端解决机制项下的磋商请求。12 月 20 日，欧盟提出新的磋商请求。2019 年 2 月 19—20 日，中欧双方在日内瓦举行了磋商。目前，本案仍处于磋商阶段。

（七）美国诉我 232 反制措施案（DS558）

1. 涉案措施与主要诉求

本案涉案措施为中国对部分自美进口商品加征关税的措施。

美国认为，中国上述措施涉嫌违反《1994 年关税与贸易总协定》第 1 条最惠国待遇义务。上述加征关税的税率，超出了中国关税减让表中所规定的关税水平，涉嫌违反《1994 年关税与贸易总协定》第 2 条关税减让承诺。具体而言，

（1）《1994 年关税与贸易总协定》第 1 条，因中方未能将给予来自其他成员的产品的有关关税和费用方面的利益、优惠、特权或豁免，立即无条件地给予来自美方的同类产品。

（2）《1994 年关税与贸易总协定》第 2 条（a）、（b）款，因中方给予来自美方的产品的待遇低于中

国关税减让表中的承诺。

美国认为，上述加征关税措施构成了对美方在《1994 年关税与贸易总协定》项下直接或间接获得的利益的丧失或减损。

2. 争端进程

2018 年 7 月 16 日，美国就涉案措施对中国提起世贸组织争端解决机制项下的磋商请求。8 月 29 日，中美双方在日内瓦举行了磋商。10 月 18 日，美国提出设立专家组请求。11 月 21 日，世贸组织争端解决机构宣布设立专家组。

（八）巴西诉我食糖进口措施案（DS568）

1. 涉案措施与主要诉求

本案涉案措施为中国针对食糖进口采取的保障措施、关税配额管理制度以及自动进口许可制度这三项措施。

巴西认为，上述措施违反了《1994 年关税与贸易总协定》《保障措施协定》《农业协定》《中华人民共和国加入议定书》《中国入世工作组报告》《进口许可程序协定》等文件中的多项规定和义务。

2. 争端进程

2018 年 10 月 16 日，巴西就涉案措施对中国提起世贸组织争端解决机制项下的磋商请求。目前，本案处于磋商阶段。

（商务部条约法律司）

中国贸易救济工作概况

2018 年以来，商务部深入贯彻新发展理念，妥善应对贸易摩擦、依法开展贸易救济调查、积极参与国际交流合作、扎实做好公共服务，取得了积极成效。

一、全力应对贸易摩擦，维护出口企业权益

2018 年国际经贸环境深刻变化，经济全球化遭遇波折，多边主义受到冲击，全球贸易摩擦维持高发态势。据世贸组织统计，2017 年 10 月中旬至 2018 年 10 月中旬，世贸成员共计发起 296 起贸易救济调查，贸易救济相关措施数量达到同期全球贸易措施总量的 63%，是世贸成员普遍使用的重要贸易政策工具。调查主要集中于钢铁、机电、家具三大类产品：其中针对钢铁及其制品的案件数量超过了 50%；其次是机电产品及其零部件，占案件总数的 8.7%；列第三位的是家具、寝具、床垫和灯具，占案件总数的 8.4%。反倾销依然是最频繁使用的调查方式，但反补贴调查数量增加，仅 2018 年上半年世贸成员已发起 33 起反补贴调查，达到了 2017 年全年反补贴调查总量的 80%，延续了 2015 年以来全球反补贴调查逐年增加的态势。

中国是贸易救济措施的首要目标国，连续 24 年成为全球遭遇反倾销调查最多的国家，连续 12 年成为全球遭遇反补贴调查最多的国家。2018 年中国出口产品共遭遇 28 个国家（地区）发起的 107 起贸易救济调查，其中反倾销 61 起、反补贴 29 起、保障措施 17 起（含美国汽车及零部件、铀产品两起 232 调查）；涉案金额总计 327 亿美元。与上年同期相比，调查数量和涉案金额分别增长了 37% 和 122%。从行业来看，钢铁、化工、机电、纺织、建材是遭遇调查数量较多的行业，其中针对钢铁及其制品的调查数量接近案件总数的 50%；机电、钢铁、建材是涉案金额较大的行业，其中机电产品涉案金额约占案件总额的 60%。从国别来看，美国、印度是发起涉华调查数量较多的国家，案件数量分别为 28 起、15 起。除“两反一保”调查之外，美国还针对中国出口产品发起了 19 起 337 调查，涉案金额超过 150 亿美元。美国不仅在对华双反调查中坚持使用不合理做法，裁决出畸高倾销和补贴税率，还采取 232 调查、301 调查等非常规的调查手段和限制措施，严重损害了中国企业的出口利益。

面对挑战，商务部依托“四体联动”工作机制，与其他部委、地方、商协会和企业密切配合，针对美国依据国家安全调查（232 调查）对进口钢铁和铝产品采取加征关税的措施，及时发布对美中止减让产品清单，相应对部分美国输华商品加征关税，并将美措施起诉至世贸组织争端解决机制。

同时，统筹运用政府交涉、法律抗辩、产业对话等多种手段，互利共赢化解摩擦，在 35 起案件中取得了较好应对效果。美国聚四氟乙烯树脂反倾销、加拿大涤纶树脂双反、新西兰螺纹钢和卷板双反、埃及螺纹钢反补贴等多起案件无损害抗辩胜诉，碳钢与合金钢、LED 舞台灯、带 Wi-Fi 模块电视机等多起 337 调查胜诉，欧盟光伏双反措施如期终止，钢铁临时保障措施过半数中国产品取得豁免，印度光伏反倾销案申请人撤诉，巴西热轧钢板双反措施暂缓执行，阿根廷有机玻璃等多起反倾销案无措施结案，印尼果蔬等贸易壁垒案件应对取得良好效果。上述案件的有效应对，稳定了数千家国内企业的生产和数万产业工人就业，保住了近 150 亿美元的海外市场，也有利于遏制保护主义全球蔓延势头，维护多边贸易体制下各国产业合作发展的良好局面。

二、依法开展贸易救济调查，维护国内产业安全和发展

近年来，随着我国对外开放水平不断提高和进出口贸易日益平衡发展，进口商品的数量和种类不断增加。针对存在不公平贸易行为扰乱市场秩序、损害国内产业利益的现象，商务部高度重视增强防范和化解风险的能力，保障经济安全和产业利益。

2018 年，商务部积极开展贸易救济调查工作，进一步完善相关法律法规体系，正式发布《反倾销和反补贴调查听证会规则》等 3 部部门规章，并完成《反倾销价格承诺暂行规则》等 3 部部门规章修订稿和《反倾销期终复审规则》草案的起草工作，

规范调查做法，提高依法行政水平，充分保障包括外国政府和产业在内的各方权利。共对10个国家和地区的进口产品发起原审调查19起、复审立案25起，作出原审终裁24项、复审裁决12项，涵盖立式加工中心、卤化丁基橡胶、不锈钢钢坯、苯酚、大麦等33种产品，有力维护了先进装备、新材料、传统制造、涉农等国内产业利益。

三、积极开展多双边交流合作，推动多边贸易救济规则谈判进程

巩固和拓展双边贸易救济合作机制，与委内瑞拉新建机制，与欧盟、欧亚经济联盟、巴西、南非等9个国家和地区召开机制会议，加强调查机关之间的沟通协调，为凝聚共识、妥善化解贸易摩擦创造有利条件。发挥金砖国家贸易救济研讨会、韩国贸易救济国际论坛、世贸组织“两反一保”例会和贸易救济规则谈判特会等平台作用，积极开展多双边交流，发出中国声音，提出中国方案。稳步推进RCEP、中国—挪威等8个自贸协定贸易救济章节谈判，合理设置协议条款，同时认真落实已签署协议的执行工作。围绕世贸组织改革动向中的贸易救济相关议题积极开展技术研究，夯实谈判基础工作。

四、加强贸易救济公共信息服务和队伍能力建设

完成中国贸易救济信息网改版和应诉国外贸易救济案件管理系统的开发工作。启动建设贸易救济调查系统。完善商务部贸易救济官方网站栏目设置，新增《贸易救济调查动态》信息发布，继续做好《应对贸易摩擦动态》和《国别贸易投资环境信息》的定期编发。探索完善进出口产业损害预警体系，做好对重点进出口商品的异动监测。

在能力建设方面，举办5期境内外贸易救济业务培训班，全国近400人次参加培训，支持地方和行业组织开展培训，努力提升全国贸易救济工作队伍综合能力，更好地维护竞争秩序和服务产业发展。

（商务部贸易救济调查局局长　余本林）

● 贸易政策审议

中国参与贸易政策审议情况（2018）

贸易政策审议是与谈判、争端解决并列的世贸组织三大功能之一。根据《马拉喀什建立世界贸易组织协定》附件 3 规定，所有世贸组织成员的贸易政策和做法均应定期接受审议，以提高成员贸易政策的透明度，促进成员更好地遵守多边贸易协定和成员的承诺，促进多边贸易体制更加平稳地运行。2018 年，中国接受了世贸组织第七次对华贸易政策审议，同时深入参与了对美国、几内亚和毛里塔尼亚等 18 个世贸组织成员的贸易政策审议。

一、世贸组织第七次对华贸易政策审议

2018 年 7 月 11—13 日，世贸组织在瑞士日内瓦对中国进行了第七次贸易政策审议。商务部副部长兼国际贸易谈判副代表王受文率中国代表团与会。王受文向世贸组织成员介绍了上次审议以来特别是习近平主席博鳌论坛讲话后中国政府采取的一系列自主开放和继续全面深化改革的举措，展示了中国发展给世界经济增长带来的机遇，重申中国政府坚定支持多边贸易体制，反对单边主义和保护主义的决心。中国常驻世贸组织大使张向晨全程参加审议。

这次审议是党的十九大胜利召开、新一届中央政府成立后我国首次接受世贸组织审议，又恰逢改革开放 40 周年，成员高度关注。审议会前，共有 42 个成员向中国提交了 1963 个书面问题；审议会上，共有 70 个成员代表在会上发言，均再次刷新审议记录。成员普遍积极评价中国自主开放和继续全面深化改革的举措，充分肯定中国发展对世界经济增长的助推作用，高度赞赏中国对多边贸易体制的支持，感谢中国对最不发达成员的帮助。

同时，一些成员对中国的产业政策、补贴政策、产能过剩、国有企业的优势待遇、贸易政策透明度、知识产权保护、外商投资市场准入、网络安全政策等领域表达了关注，提出了问题和建议。中国代表团对这些问题作了详细澄清和回应。

会议主席、贝宁常驻世贸组织大使埃洛•劳鲁在总结发言中表示，此次审议会议为成员更好地了解中国的经济走向和贸易投资政策提供了平台。成员对中国的“一带一路”倡议、自主降税和大幅放宽金融等领域的外资准入举措、鼓励民营经济发展和简化外商投资管理等各项改革以及中国对多边贸易体制的贡献表示赞赏。同时，成员也期待中国在多边贸易体制中发挥更大作用。他还表示，中国代表团已书面回应了成员会前提出的全部问题，希望成员的评议有助于中国继续推动经济和贸易改革。

二、中国参与世贸组织对其他成员贸易政策审议

2018 年世贸组织对美国、几内亚和毛里塔尼亚等 18 个成员进行了贸易政策审议，中国积极参与并研提关注。

对美国审议：我向美提交 300 多个书面问题，包括要求美澄清其贸易投资领域“国家安全”的衡量标准，“232”措施和“301”等措施与世贸组织规则的一致性，将中国公司列入出口管制清单的依据以及对输美高科技产品进行国家安全审查的依据等。张向晨大使在与会成员中首先发言，对美国过去两年奉行单边主义和保护主义贸易政策提出批评；指出各方应采取恰当的国内措施，加强国际层面的协调，共同应对经济全球化带来的挑战；希望

美作为全球最大的发达国家和多边贸易体制的主要创立者，本着相互尊重、平等协商的原则，客观、理性地对待与各国经贸关系中存在的问题，回到互利共赢的合作轨道。

对几内亚和毛里塔尼亚审议：中国代表在发言中赞赏几内亚和毛里塔尼亚对多边贸易体制的贡献，指出中国与非洲国家友谊源远流长，中国将继续加强与两国在贸易投资等各领域的互利合作，帮助两国在贸易投资等各领域的互利合作，助力两国提高经济和社会可持续发展能力。中国代表指出，当前，单边主义和保护主义对世贸组织构成严峻挑战，我们呼吁所有世贸组织成员团结起来，共同维护多边贸易体制及其核心价值。

（商务部世界贸易组织司）

中国代表团团长、商务部副部长兼国际贸易谈判副代表王受文在世贸组织对中国第七次贸易政策审议首日会议上的发言

2018 年 7 月 11 日，日内瓦

主席先生、讨论引导人，

各位大使、各位代表：

很高兴再次来到日内瓦，出席世贸组织对中国第七次贸易政策审议会议。

首先，感谢 Eloi Laourou 大使和秘书处的同事们为准备此次审议所付出的努力，感谢 Didier Chambovey 大使担任此次审议引导人，感谢大家的参与以及对中国的关注。

中国政府高度重视这次审议。今天，和我一同出席会议的有来自国内 14 个部门的 30 位同事，以及中国常驻世贸组织代表团张向晨大使和他的同事。

截至目前，共有 42 个成员向中国提出了 1963 个书面问题。昨天下午，我们已全部完成 33 个成员在 6 月 28 日前提交的 1627 个问题的答复。对于成员在 6 月 28 日后提交的问题，我们将按规则在会后一个月内完成答复。

主席先生、各位大使、各位代表：

今年是中国改革开放 40 周年。在改革开放进程中，中国加入世贸组织毫无疑问是具有里程碑意义的事件。前不久，中国政府刚刚发布了《中国与世界贸易组织》白皮书，全面系统介绍了中国加入世贸组织 17 年来履行承诺的实践，系统阐明了中国进一步推进更高水平开放的政策主张。今天，我们把白皮书带到了会场，希望对大家更好地了解中国、认知中国有所帮助。

改革开放特别是加入世贸组织以来，中国与世界都发生了很多变化，但有一点始终没有改变，那就是中国始终坚持开放合作的理念，努力与各国实现互利共赢。中国在全球化中实现自身发展的同时，也为世界经济增长带来了重要机遇，给贸易投资伙伴带来了实实在在的利益。

中国为各国产品和服务提供了广阔的市场。货物贸易领域，从 2001 年加入世贸组织至 2017 年，中国货物贸易进口额年均增长 13.5%，是全球平均水平的 2 倍。2017 年，中国占全球货物贸易进口总额比重为 12.8%。服务贸易领域，2001 至 2017 年，中国服务贸易进口年均增长 16.7%，是世界平均水平的 2.7 倍。2017 年，中国占全球服务贸易进口总额的比重接近 10%，服务贸易逆差 2395 亿美元。

外资企业获得了前所未有的发展机会。2017 年，在华外资企业在中国进出口总额中所占的比重为 44.8%。其销售收入 2016 年超过 5 万亿美元，与 2001 年相比，年均增长 15.8%。

以在华美资企业为例，2001 年时，美资企业在中国市场销售额只有 450 亿美元；到 2016 年，其中国市场销售额达到了 6000 亿美元。

中国欧盟商会最新的调查也显示，2017 年欧洲企业在华经营状况持续改善，66% 的受访企业收入超过了 2016 年，93% 的欧洲企业收入实现增长。

越来越多的中国企业“走出去”，与各国谋求合作共赢。今年是习近平主席提出“一带一路”倡议五周年。五年来，中国政府秉持“共商共建共享”原则，积极推动“一带一路”建设与各国发展战略对接。截至 2017 年底，中国企业已在有关国家建设 75 个境外经贸合作区，上缴东道国税费超过 16 亿美元，为当地创造 22 万个就业岗位。

主席先生、各位代表：

上次审议以来，中国政府又采取了一系列贸易投资自由化便利化举措。

我们连续大幅自主降低进口关税税率。截至2017年底，我们调减了900多个税目产品的税率，贸易加权平均关税已降至2.4%。2018年4月习近平主席博鳌论坛讲话后，我们又在2018年5月和7月进一步下调了1695个税目产品的进口关税。其中，汽车整车最惠国税率从25%和20%降至15%，汽车零部件最惠国税率从最高25%降至6%。

我们将在今年11月举办首届中国国际进口博览会。这是一个由中国发起、100多个国家共同参与的进口平台。我愿借此机会重申对世贸组织成员的邀请，热烈欢迎大家来华参加。

我们持续不断扩大外商投资市场准入。6月28日，也就是几天前，我们刚刚发布了2018年版外商投资准入负面清单，外商投资限制措施由原来的63条减少到48条。

在金融领域，银行业已经允许外资100%持股中资银行；证券公司、基金管理公司、期货公司、寿险公司的外资股比放宽到了51%；到2021年，金融领域将允许外资100%持股，完全对外资开放。

在制造业领域，我们取消了船舶、飞机行业的外资股比限制。汽车行业已经取消了专用车、新能源汽车外资股比限制，商用车外资股比限制将在2020年取消，2022年将取消乘用车外资股比限制。

我们务实推动《贸易便利化协定》实施。目前，中国海关进口货物平均通关时间缩短至20小时以内，出口货物平均通关时间不到2小时。国际贸易“单一窗口”标准版已实现全国所有口岸全覆盖。履行协定义务方面，A类措施所占比重已达到94.5%，4项保留的B类措施，我们也将在3年过渡期后如期实施。

我们还加快了自由贸易试验区建设步伐。2017年3月，我们新设了辽宁、浙江等7个自贸试验区。2018年4月，又宣布支持海南全岛建设自贸试验区并逐步探索建立自由贸易港。2018年6月30日，我们发布了专门适用于自由贸易试验区的新版外商投资准入负面清单。与我刚才提到的在全国适用的负面清单相比，这个清单开放的领域更宽、更广。

主席先生、各位代表：

上次审议以来，中国在加快对外开放步伐的同时，继续全面深化改革。

我们废止了营业税，全面实施营业税改征增值税，简化增值税税率结构并降低了增值税税率。我们加快推进供给侧结构性改革，2016年和2017年共化解粗钢产能超过1.2亿吨，化解煤炭过剩产能超过5亿吨。

在简化政府行政审批方面，我们将外商投资负面清单以外的外商投资企业的设立由审批改为备案管理。目前，96%以上的外商投资企业设立以备案方式完成。

在知识产权保护领域，我们已经修订了《商标法》《反不正当竞争法》，正在修订《著作权法》和《专利法》，以进一步提高保护水平。我们还大力推进知识产权审判领域改革。2017年，在7个省市设立了10个跨区域的知识产权专门审判机构，并开展了外商投资企业知识产权保护行动。

可以说，我们对知识产权的保护给知识产权所有人带来了巨大的利益。2001年中国加入世贸组织时，中国对外支付的知识产权使用费只有19亿美元，2017年已达到286亿美元。中国美国商会2018年白皮书显示，在美国在华投资企业最为挑战的问题中，知识产权仅排在第12位，已经不是他们在华经营中遇到的主要困难。

主席先生、各位代表：

中国是多边贸易体制的坚定支持者。中国积极参与世贸组织各项工作，认真履行成员义务，努力确保国内相关立法和政策与世贸组织规则相一致。

在透明度方面，中国有关立法已明确要求法律、行政法规和规章草案需要公开征求公众意见。政府公报体系也不断完善。自2014年6月建立贸易政策合规工作机制以来，我们已对1700多件可能与贸易有关的政策进行了合规性评估。

在通报义务履行方面，我向大家通报，我们经过过去一年多时间的艰苦努力，终于在审议会议前完成了2015—2016年中央和地方补贴政策通报的提交工作，达到了补贴和反补贴措施委员会的要求。而且，地方补贴政策通报首次实现了省级行政区域全覆盖。

在争端解决方面，我们积极参与改进争端解决程序的谈判，支持专家组和上诉机构独立公开审理案件，努力推动尽快启动新上诉机构成员遴选程序。截至2018年4月，中国在世贸组织起诉案件17起，被诉案件41起。对每起被诉案件，中国尊重并认真执行裁决，作出了符合世贸规则的调整，无一例被起诉方申请报复的情况。

当前，多边贸易体制面临严峻挑战。我们呼吁世贸组织成员坚定捍卫最惠国待遇、国民待遇、发展中国家特殊与差别待遇等多边贸易体制的基本原则和核心价值，坚决反对贸易霸凌主义、保护主义和单边主义。我们强烈呼吁解决上诉机构成员补选所面临的僵局，解决232、301等单边主义行为对世贸组织的系统性威胁。

我们都同意，世贸组织不是完美无缺的，需要与时俱进。我们建议在坚持上述原则的基础上更新世贸组织的一些规则和内容，并体现绝大多数成员的关切。

主席先生、各位代表：

作为最大的发展中国家，中国一直向其他发展中成员提供支持，也愿意承担与自身发展水平和能力相称的国际责任。截至2017年底，我们已对36个最不发达国家实施了97%税目产品零关税，在促贸援助倡议下累计向“中国项目”捐款320万美元，向世贸组织“贸易便利化协定基金”捐款100万美元。最不发达国家加入世贸组织圆桌会2017年两次召开，一次在柬埔寨，一次在阿根廷。今年，哈萨克斯坦又将举办。我们愿和成员一道，为更多国家和地区加入世贸组织大家庭而努力。

主席先生、各位代表：

在改革开放40周年之际，中国愿意重申，将坚定不移贯彻新发展理念，全面深化改革，以更广范围、更大力度、更高水平的对外开放，与各国构建利益高度融合、彼此相互依存的命运共同体，促进共同发展。

中国将继续坚定支持多边贸易体制，与成员一起，共同承担时代责任，共同应对经济全球化进程中出现的问题，让不同经济体、不同阶层、不同人群共享经济全球化带来的机遇和好处。

我的发言就到这里。下面，我愿意倾听讨论引导人和其他成员的评论。谢谢。

（以原英文发言为准，中文译文仅供参考）

（商务部世界贸易组织司）

张向晨大使在世贸组织对美国贸易政策审议会上的发言

2018 年 12 月 17 日，日内瓦

主席女士：

很高兴在日内瓦见到美国贸易代表办公室的同事，也让我回想起当年中国加入 WTO 谈判的岁月。我那时有限的 WTO 知识，一半来自书本，一半来自作为谈判对手的美国同事。他们其中一位曾不无骄傲地对我说过，“在我们的血液里，流淌着的都是关贸总协定和 WTO 的规则”。WTO 规则体系的建立和多边贸易体制的发展离不开这些美国同事的贡献。

不久前，美国影视界的大师级人物斯坦·李先生去世了，这对全世界的漫画电影迷来说是个巨大损失。斯坦·李先生共同创作了我们耳熟能详的超级英雄，包括蜘蛛侠、X 战警和钢铁侠等。其中我最喜欢的是蜘蛛侠，而令我印象最深刻的并不是他的超凡能力，而是他的责任感。我记得蜘蛛侠在电影里说过，“伟大的力量来自伟大的责任。”蜘蛛侠做到了这一点。

力量和责任的关系不仅适用于超人，也适用于普通人和国家。斯坦·李去了，把蜘蛛侠也带走了。令人同样遗憾的是，自上次审议之后，特别是这一年来，在贸易政策领域，我们看到了另外一个美国，一个力量和责任严重不匹配的美国：

——通过“232 措施”限制钢铁和铝产品贸易，使贸易保护主义在“国家安全”的幌子下大行其道；

——通过“301 措施”大面积提高关税，令沉寂多年的单边主义怪兽再次肆虐；

——通过持续阻挠上诉机构成员遴选，让多边贸易体制的王冠明珠黯然失色。

主席女士，我们不接受对钢铁和铝征收关税是出于国家安全考虑的牵强解释，我们不相信美国不清楚采取单边“301 措施”违反了它自己在 WTO 作出的承诺，我们不认同用瘫痪上诉机构的办法能够使 WTO 争端解决机制变得更有效率。

经济全球化带来机遇，也带来挑战，对每个国家都是如此。是竞争，就不能总做赢家；是合作，就不能只占便宜；是谈判，就不能以势压人。面对挑战，我们不能筑起贸易壁垒的藩篱，正确的选择应是在国内采取恰当的政策措施，帮助陷入窘境的人群克服困难；在国际层面加强协商和协调，为各个国家的发展提供稳定的国际环境。对 WTO 也是如此。如果我们所在的这座 WTO 大厦的屋顶漏雨了，就应该齐心协力去修补，而不应该拆毁它，让大家都暴露在风雨之中。

不久前，中国和欧盟等成员共同提出了改革 WTO 上诉机构的提案，我们期待着美国建设性地参与讨论。一些成员对 WTO 的整体性改革提出了设想，中国也提出了改革的三个基本原则和五点主张。我们希望与包括美国在内的所有成员一起，通过平等协商，推动 WTO 与时俱进，进行必要改革，适应经济全球化的发展，回应国际工商界的期待。

主席女士，回到力量与责任的关系上，小到一个家庭，大到一个国际组织，是老大就该有老大的样子。不能只顾自身的狭隘利益，为所欲为，损害他人的利益。请允许我引用温斯顿·丘吉尔 1943 年在哈佛大学的讲话结束我的发言。“伟大的代价是承担责任。……如果过去已经证明了这一点，那么它在将来也是无可争议的事实。美国人不能逃避他们对世界的责任。”

谢谢主席女士。

（以原英文发言为准，中文译文仅供参考）

（商务部世界贸易组织司）

中国代表团在世贸组织对几内亚和毛里塔尼亚贸易政策审议会上的发言

2018 年 5 月 29 日，日内瓦

谢谢主席先生。

很高兴参加几内亚和毛里塔尼亚贸易政策审议。首先，热烈欢迎由 Marc YOMBOUNO 商务部长阁下率领的几内亚代表团和由商务、工业与旅游业部长 Naha MOUKNASS 阁下率领的毛里塔尼亚代表团。我们感谢两位成员撰写政府政策声明及回复成员提出的问题。我也借此机会对秘书处撰写报告，以及为本次审议所做的所有工作表示赞赏。我还要感谢讨论引导人，西班牙大使 Alberto SANZ SERRANO 阁下对两国贸易政策和措施具有洞察力的分析。

主席先生：

我们高兴地看到，几内亚经济在经历埃博拉疫情冲击后正在复苏，2016 年国内生产总值增长 6.6%，2017 年达到 6.7%。与此同时，几内亚通过实施《贸易政策行动纲领》，在诸多领域采取改革举措，推动经济增长、脱贫和增加就业。我们鼓励几内亚继续推进经济可持续发展和出口多元化。

在双边层面，中国是几内亚第二大贸易伙伴，2017 年双边贸易额达 26.7 亿美元。中国企业在几内亚累计投资约 23 亿美元，中几双方在农业、矿业、电力能源、基础设施、工业加工等领域的互利合作，对促进几内亚经济社会发展、增加就业、扩大出口作出了重要贡献。

主席先生：

我们高兴地看到，毛里塔尼亚经济在 2011–2016 年保持了 5%~6% 的增长率，政府不断采取改革举措，推动贸易自由化便利化。我们赞赏毛里塔尼亚继续实施 2016—2030 年《加速增长与分享繁荣战略》（SCAPP），推动实现经济增长和脱贫等可持续发展目标。

双边合作方面，中国是毛里塔尼亚的第二大贸易伙伴，2017 年双边贸易额达 16.5 亿美元。中国企业在毛投资累计达到 2.7 亿美元。中国愿继续扩大双方在海洋经济、轻工制造、矿业、建材等各领域的互利合作，协助毛里塔尼亚不断提升自主发展能力，发展经济、促进就业和扩大出口。

主席先生：

中国赞赏几内亚和毛里塔尼亚对多边贸易体制的贡献。特别是几内亚参与联署世贸组织第十一届部长级会议（MC11）投资便利化联合部长声明，毛里塔尼亚加入“投资促进发展之友”（FIFD）并发挥积极作用。为进一步增进了解，中国对两国贸易政策措施提出了一些问题，期待尽快得到答复。

主席先生：

中国与非洲国家的友谊源远流长。中国与几内亚和毛里塔尼亚始终是好朋友、好伙伴。我们将按照习近平主席提出的“亲、诚、惠、容”理念，继续大力加强与两国在贸易投资等各领域的互利合作，帮助两国提高经济和社会可持续发展能力。

中国将在今年 9 月举办中非合作论坛北京峰会，邀请包括几内亚和毛里塔尼亚在内的非方成员参会，共同深化中非全面战略合作伙伴关系，共建“一带一路”，打造人类命运共同体，为世界和平、稳定与发展注入正能量。

主席先生：

当前，单边主义和保护主义对世贸组织构成严峻挑战，我们呼吁所有世贸组织成员团结起来，共同维护多边贸易体制及其核心价值。

最后，预祝本次审议取得圆满成功。

谢谢主席先生。

（以原英文发言为准，中文译文仅供参考）

（商务部世界贸易组织司）

● WTO/TBT 与 SPS

2018 年 WTO/TBT、SPS 工作情况

一、2018 年 TBT 通报措施分析

（一）TBT 通报总体情况

1. 通报数量

2018 年（统计截止日期为 12 月 17 日），TBT 措施通报数量创下历史新高，有 86 个成员提交共计 3014 件 TBT 措施通报（包括 2051 件新措施通报、51 件通报修订、912 件通报补遗和勘误），与 2017 年 TBT 措施通报数量比较，同比增长了 11%。参考历年通报数量，自 TBT 协定生效以来至 2018 年，共计有 136 个成员提交 33279 份通报，并且自 2004 年以来呈现缓慢增长的趋势（参见图 1）。通报措施的增长主要有以下几方面原因：一是反映出新成员的不断加入以及各成员透明度意识的不断提高，二是反映出技术性贸易措施出台的活跃性。技术性贸易措施的通报量反映了技术性贸易措施在全球的透明化，通过分析可以看出技术性贸易措施整体的特点和规律。技术性贸易措施的公开透明为 WTO 各成员特别是发展中成员寻求贸易公平、积极开展应对、维持和扩大市场准入提供了合理机会。

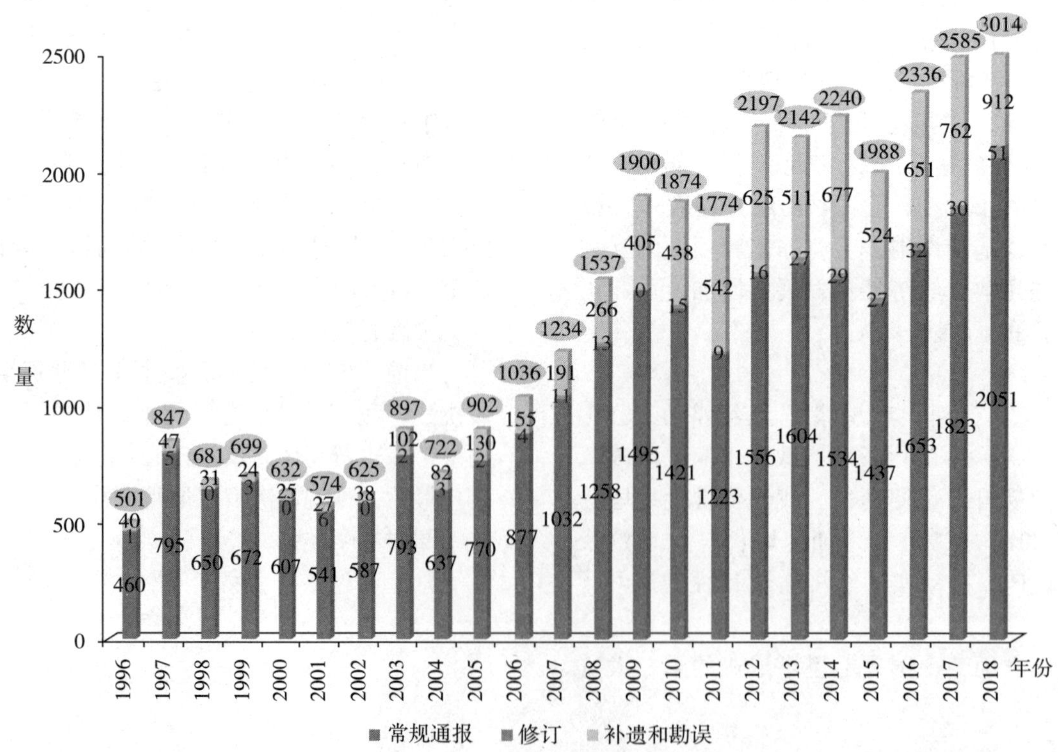

图 1　1995—2018 年 TBT 措施通报数量统计

2. 通报国家和地区

2018 年，共有 86 个成员提交了 TBT 措施通报。提交 TBT 措施通报最多的十个成员依次是：乌干达 411 件、美国 275 件、肯尼亚 173 件、巴西 154 件、墨西哥 148 件、卢旺达 137 件、欧盟 111 件、坦桑尼亚 110 件、中国台北 83 件、埃及 80 件；合计提交通报 1682 件，占全部成员通报的 56%（图 2）。发展中成员依然是实施技术性贸易措施的活跃力量。

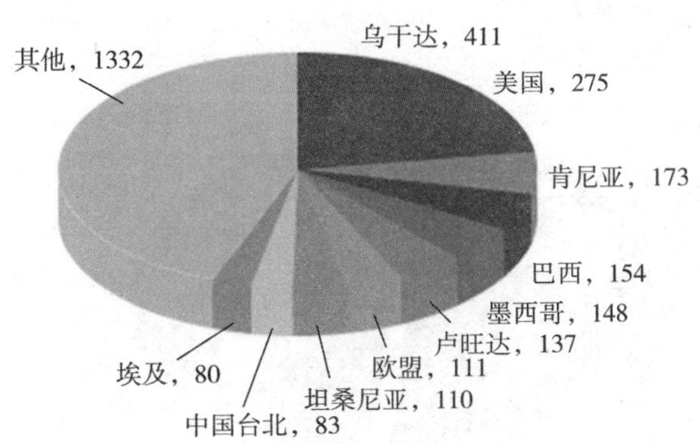

图 2 2018 年前十名通报成员

2017 年统计的排名靠前的通报成员中有多个成员并未出现在 2018 年列出的前几名通报成员榜单中，在 2018 年措施通报数量排名靠前的成员榜单中（图 3），出现了埃及、卢旺达，说明它们的通报水平高于其历史数量。

分析 2018 年排名前五的通报成员（乌干达、美国、肯尼亚、巴西、墨西哥）的通报数量发现，乌干达、肯尼亚、巴西、墨西哥通报数量有所增加，但美国相较于 2017 年通报数量有所下降（图 4）。整体表现为发展中成员和最不发达成员的通报数量有所增加，发达国家的通报数量有所下降。

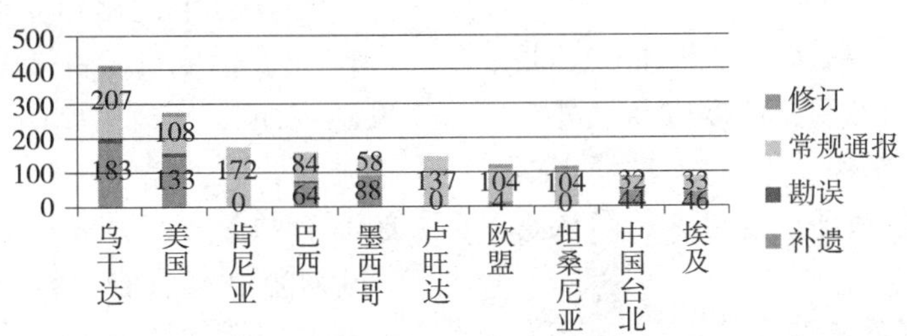

图 3 2018 年排名前十成员通报类型

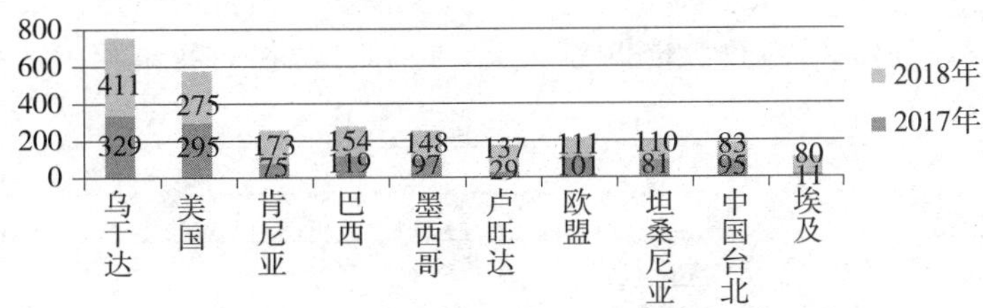

图 4 2017 与 2018 年前十个通报成员比较

3. 通报涉及的行业产品

2018 年 TBT 措施涉及最多的产品领域是食品及相关产品，计 439 件次，占通报件次的 24%。这说明在各成员的技术法规中，与食品相关的内容占很大比例，食品始终是各成员政府重点管理的产品。在通报的 TBT 措施中除食品相关热点产品外，还有石油化工技术、农产品、电气、电子、电器工程、家用和商用设备、机械、环保保健安全等领域，这几个领域一直是通报的热点，排在2018年通报措施的前几位（图5）。国外技术性贸易措施涉及行业领域的这一特点，与国家通报咨询中心近几年所开展的技术性贸易措施影响调查中农食产品和机电产品受影响最严重的情况基本一致。

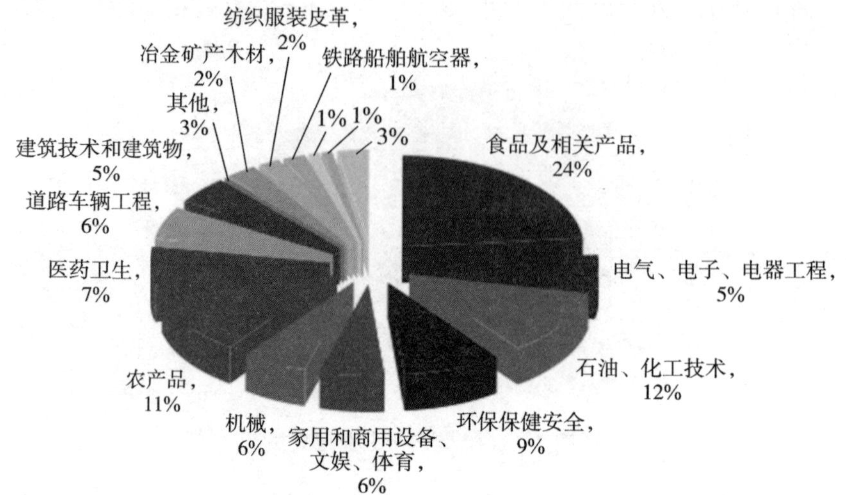

图5 2018年TBT通报涉及产品的分类

4.中国TBT通报

2018年，中国通过WTO向各成员发布TBT措施通报65件，通报数量在所有WTO成员中列第15位。截至2018年12月31日，中国的TBT通报编号已编至1310号。

通报发出后，中国TBT国家通报咨询中心收到来自美国、欧盟、日本、韩国、印度以及境外企业、行业协会的评议意见33件，涉及24项通报措施。中国政府有关部门对这些评议意见进行了认真研究考虑，并给予回复。

（二）国外TBT通报措施特点

1.发达成员通报措施数量总体减少，但影响依旧显著

2018年，美国通报技术性贸易措施数量较2017年有所下降（图6），欧盟通报措施的数量相对稳定（图7），日本、韩国通报措施的数量有所增长。但总体来看，发达成员出台技术贸易措施数量较往年在所有成员中所占比重在减小。

结合历年进出口贸易情况等因素分析，虽然2018年发达成员出台措施数量呈减少趋势，但这些发达成员是我国主要的贸易伙伴，其出台的TBT措施对我国贸易影响仍然显著。发达成员通报的措施具有数量多、涉及行业范围广、措施体系完善、系统性和操作性强等特点，且围绕能效、环保以及消费者安全领域较多，需重点关注。其中，2018年美国发布的消费品中挥发性有机化合物限量规定法规、欧盟出台的机电产品措施、韩国出台的化学品措施，都将对我国相关产品出口产生较大影响。为

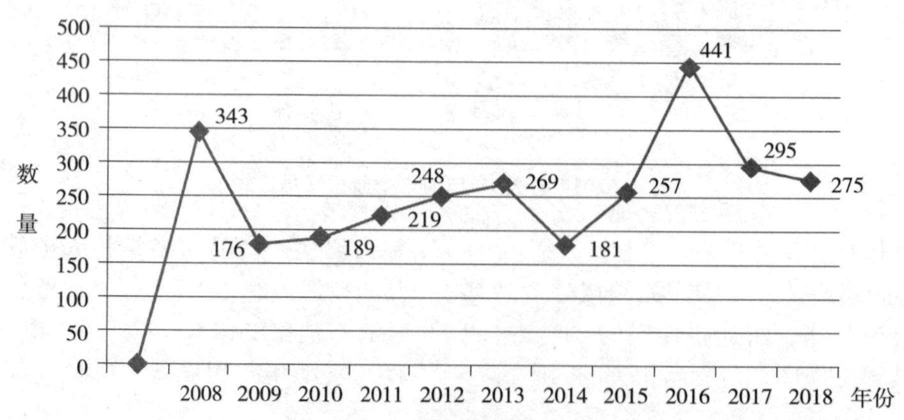

图6 美国2008—2018年通报措施的数量

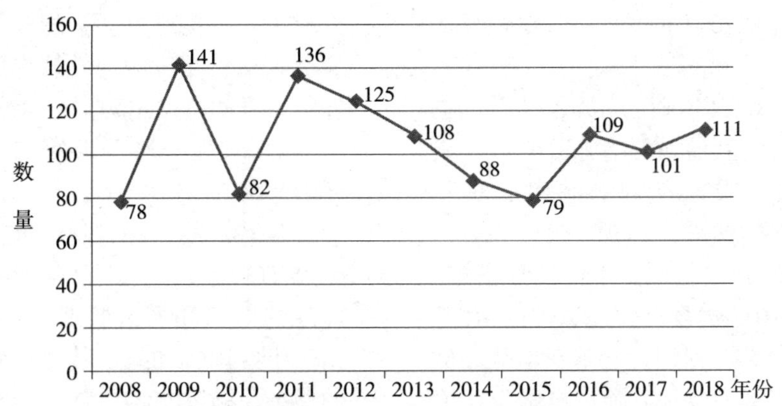

图7 欧盟2008—2018年通报措施的数量

此，国家通报咨询中心已积极组织开展评议工作，并发布相关预警提醒出口企业防范和应对。

2. 发展中成员和最不发达成员技术性贸易措施频繁出台

与发达成员对比，2018年发展中成员和最不发达成员通报措施数量继续保持增长。自2014年以来新通报的增长主要是因为发展中成员和最不发达成员提交通报数量的增加（见图8）。其中乌干达2018年通报TBT措施数量达到411件，通报数量位列首位，肯尼亚、巴西、墨西哥、卢旺达等国家通报数量同样居前列（见图9）。

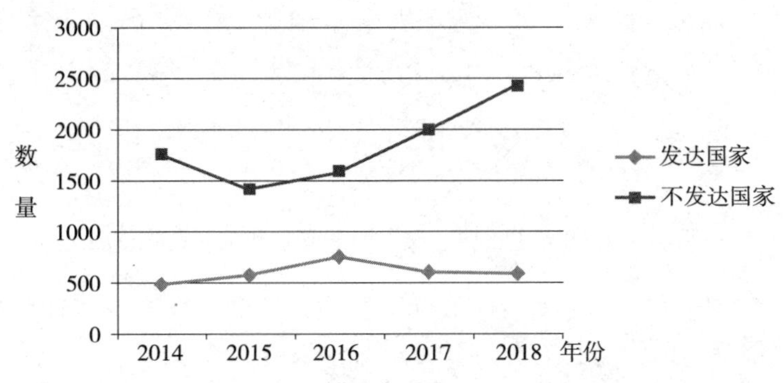

图8 2014—2018年通报数量（按发展状态）

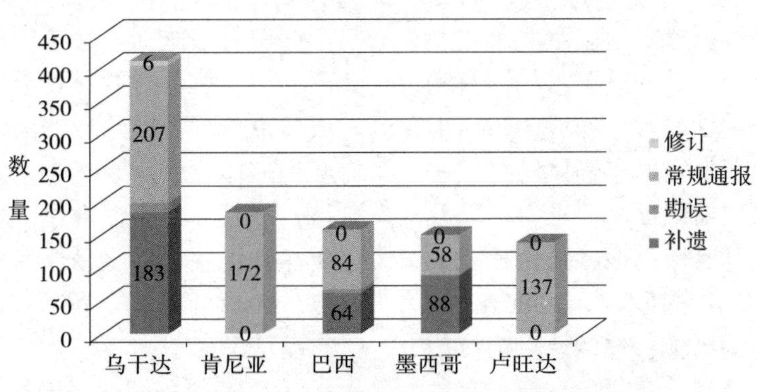

图9 2018年发展中国家排名前五成员通报类型

发展中成员与发达成员相比较，对技术性贸易措施关注点各有侧重。其中发达成员发布SPS措施较多，近几年关注点是农兽药残留等食品农产品安全类措施，美国、加拿大、日本、澳大利亚相关措施数量甚至曾经达到全部措施的三分之一。而发展中成员更加侧重TBT措施，但绝大部分措施同样与食品安全相关。以非洲地区成员为代表，由于人口增长、气候变化以及自然灾害等因素影响，食品主要依赖进口，面临食品安全重大威胁，导致与食品安全相关措施增多。

同时，发展中成员和最不发达成员还具有自主制定措施少的特点。目前其通报的措施主要参考或采纳美国、欧盟等发达成员标准及国际标准。但随着国际贸易合作和发展的加深，发展中成员和最不发达成员已经开始重视自主制定技术性贸易措施。以国家 TBT 通报咨询中心接收外方成员咨询为例，2018 年收到了蒙古、哈萨克斯坦、巴基斯坦等成员为制定本国标准提供依据而收集其他成员国家相关标准的咨询，此类咨询较以往有所增加，表明发展中成员开始逐步重视研究和制定技术性贸易措施。

鉴于上述特点，我国应逐步加强对发展中成员和最不发达成员的措施关注，同时加强合作，在外方成员制定措施方面，积极推进我国的标准被对方成员采纳；在应对国外技术贸易措施、促进本国对外贸易方面占据主动。

3.“一带一路”沿线国家和地区技术性贸易措施影响提升

“一带一路”沿线 65 个国家和地区中，大部分是 WTO 成员，官方语言多，管理部门多，对国际标准的引用和采纳差别大，研究难度大。“一带一路”沿线国家和地区技术性贸易措施通报数量提升的情况也愈演愈烈，部分沿线国家和地区技术性贸易措施活跃，以色列以及海湾七国等国家通报措施数量较多（见图 10），其中以色列发布 TBT 通报达到 68 项，海湾七国联合发布 TBT 通报达到 43 项，但目前国内关注相对较少。

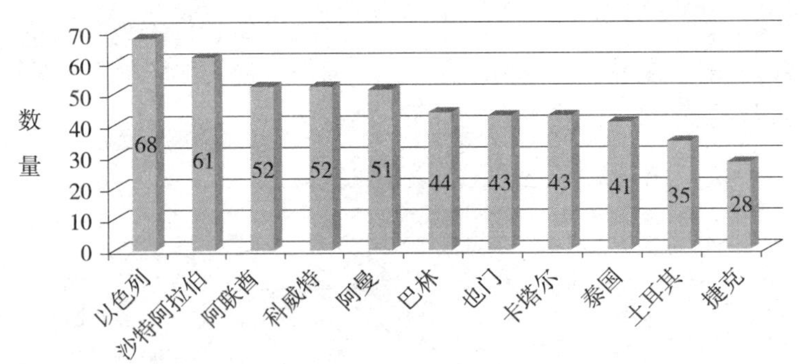

图 10　2018 年“一带一路”沿线国家和地区通报排名

“一带一路”沿线国家和地区主要为发展中成员，因此与发展中成员通报措施的情况具有相同的特点。同时，“一带一路”沿线国家和地区贸易量已经占据我国出口的四分之一，影响势必显著提升。目前“一带一路”沿线国家和地区主要采用发达国家或国际标准，部分“一带一路”沿线国家和地区的措施超过我国的强制性要求，如近年越南出台的车轮充气压力规定、菲律宾的车辆尾气排放法规、印度尼西亚婴幼儿服装纺织面料要求等，以及新兴市场印度尼西亚、土耳其、巴西、哥伦比亚的玩具措施，都对我国贸易产生了巨大影响。2018 年，部分成员通报或实施了新的措施，包括沙特阿拉伯对卫浴产品的新水效认证计划、泰国出台摩托车排放新规、智利发布燃气快速热水器能效新规、智利将对商用电冰箱执行强制认证等。我国的出口产品在上述国家都占有较大市场，对外贸易将面临新的影响，需要加强关注和应对。

4.食品农产品、机电化工产品是技术性贸易措施关注热点

一直以来，我国出口受技术性贸易措施影响的两大重点行业是农食和机电。通过对 2018 年技术性贸易措施通报覆盖的产品统计发现，在各行业产品中，机电能效、食品农产品、化学品依旧是各成员措施规范的热点产品。这也侧面反映出在全球经济一体化的今天，无论是发达成员还是发展中成员，都逐渐对生命健康、食品安全、环境保护更加关注和重视，并将是今后技术性贸易措施的长期焦点。2018 年各主要贸易国家出台措施涉及的行业和产品情况如下：

2018 年美国通报的措施中，涉及石油、化工类行业的数量较多，共计 23 件，包括化学物质、石油和天然气等产品标准；涉及医药卫生行业 18 件，主要为医疗设备产品的标准；涉及食品行业 12 件，主要为食品标签的标准；涉及环保、保健、安全行业 11 件，主要为排放标准（见图 11）。以上行业及产品需重点关注。

欧盟通报的措施中，涉及石油、化工类行业的数量较多，共计 33 件，包括生物农药产品、化学物质等产品标准，需重点关注；其次是道路车辆工程产业 15 件，包括机动车辆、道路运输车辆等产品标准；涉及食品农副产品措施 12 件，也是历年关注的重点，包括水果、蔬菜、葡萄酒等产品标准；涉及家用和商用设备的措施 8 件，其中针对电冰箱、洗衣机、洗碗机等产品能源标签的法规的第 G/TBT/N/EU/603 号、第 G/TBT/N/EU/604 号、第 G/TBT/N/EU/611 号、第 G/TBT/N/EU/612 号通报措施受到了各成员的广泛关注，对我国贸易影响也较为显著（图 12）。

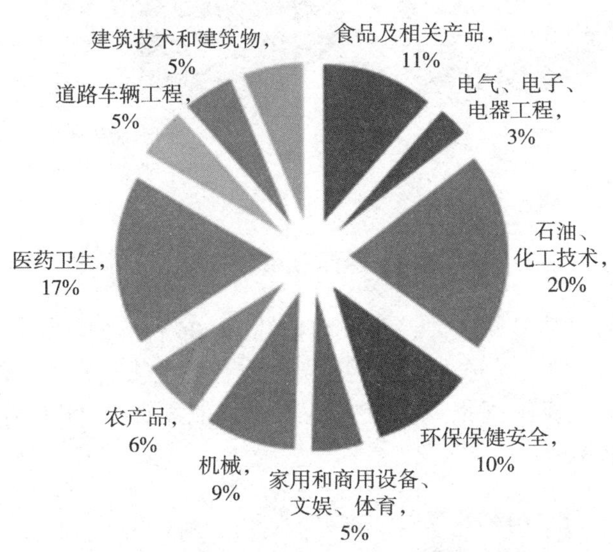

图 11　美国 TBT 通报措施涉及的行业分类

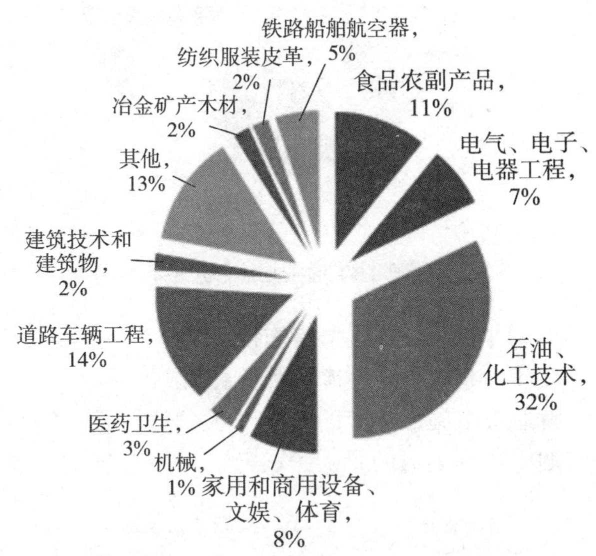

图 12　欧盟 TBT 通报措施涉及的行业分类

韩国通报措施涉及医药卫生类以及农产品、食品及相关产品的数量较多。其中涉及医药卫生类 13 件，主要为医疗器械产品标准；涉及农产品、食品及相关产品 12 件，主要包括各类食品的标准；涉及电气、电子电器工程 11 件，包括洗衣机、洗碗机等家用电产品的标准（图 13）。出于保护人类健康和安全，以及保护环境等目的，韩国出台了针对由于致癌、致突变、生殖毒性（CMR）而对人类和动物造成或可能造成伤害的化学物质的清单，涉及第 G/TBT/N/KOR/789 号、 第 G/TBT/N/KOR/790 号和第 G/TBT/N/KOR/792 号通报，受到了各成员的广泛关注，对我国贸易影响也较为显著。

二、2018 年 SPS 通报措施分析

（一）SPS 通报总体情况

1. 通报数量

2018 年，共有 69 个成员向 WTO 提交了 1636 件 SPS 通报，比上一年通报数量（1480 件）增加了 10.5%。其中发达成员通报了 341 件，发展中成员通报了 1295 件，占比分别为 20.8% 和 79.2%。排在前 10 位的成员分别是：巴西 150 件，加拿大 82 件，美国 71 件，日本 65 件，秘鲁 62 件，肯尼亚 62 件，欧盟 60 件，中国 54 件，沙特阿拉伯 52 件，乌干达 51 件（图 14）。

2018 年发布的 1636 件通报中，常规措施通报为 1204 件，占比约 73.6%；紧急措施通报 123 件，约占通报总数的 7.5%；补遗通报 288 件，约占通报总数的 17.6%（补遗通报主要用于告知法规的批准、公布、生效日期，前措施内容、范围的修改，延长通报评议期，提供通报法规全文等）；勘误通报 21 件，约占通报总数的 1.3%（图 15）。

2. 中国 SPS 通报

2018 年，中国向 WTO 发布了 54 件 SPS 通报，全部为常规措施通报。其中 23 项食品添加剂国家标准；14 项食品产品、特殊食品标准；6 项饲料添加剂国家标准，其他还有生产卫生规范、农残、污染物限量、食品接触材料标准等。这些标准的制定都没有国际标准，或与国际标准不一致。其中婴儿、较大婴儿和幼儿配方奶粉国家标准受到了美国、新西兰、欧盟以及相关企业的关注。

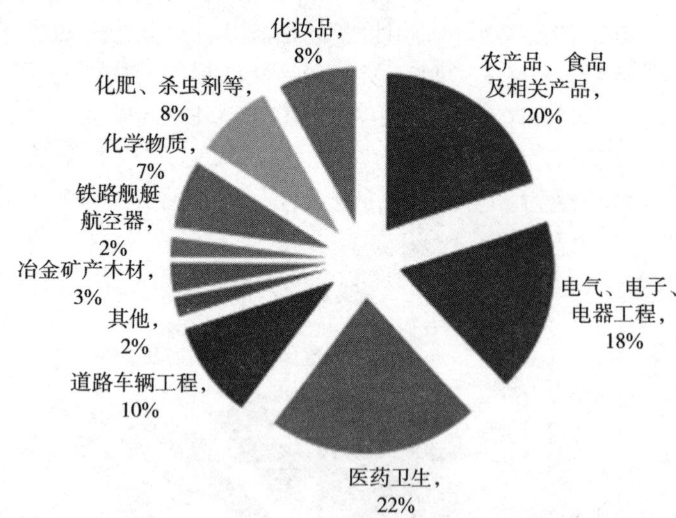

图 13 韩国 TBT 通报措施涉及的行业分类

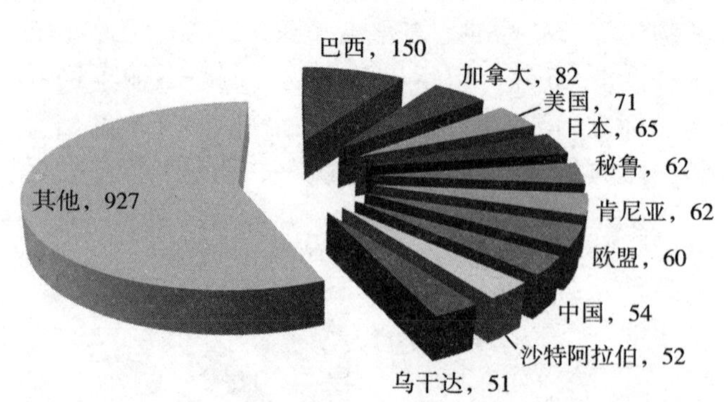

图 14 SPS 通报前十名

（二）国外 SPS 通报措施特点

1. 涉及食品安全的通报数量最多

就通报措施所涉及的 SPS 三大领域，或从发布措施期望达到的目的看，2018 年，涉及食品安全的通报数量 923 件，涉及动物健康 224 件，植物保护 223 件，保护人类免受动/植物有害生物的危害 78 件，保护国家免受有害生物的其他危害 77 件（图 16）。

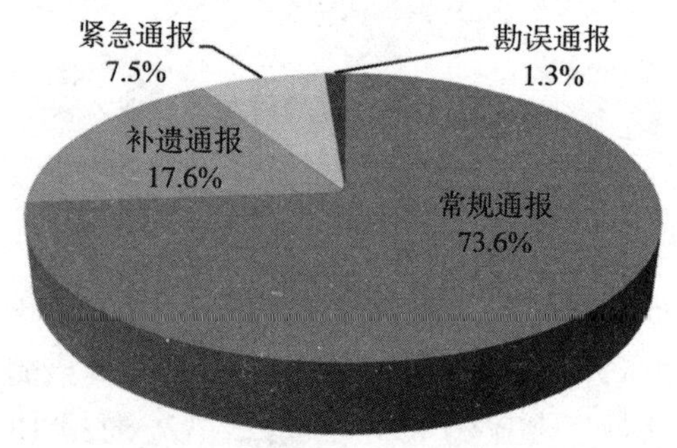

图 15 SPS 通报措施类型

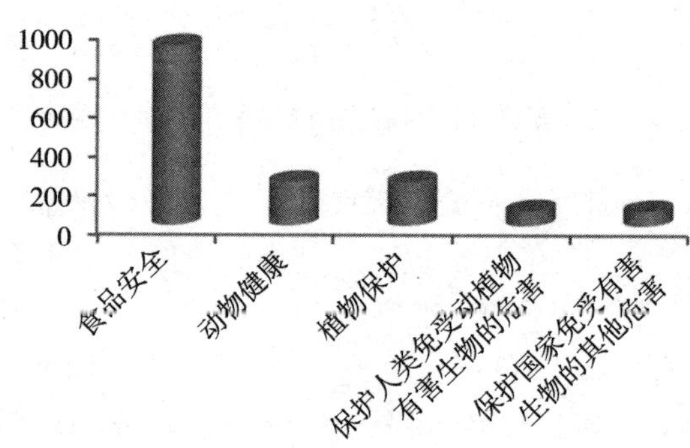

图 16 措施目的

2. 农药残留限量是 SPS 通报措施的热点

就新发布的常规通报的内容看，农药残留限量依然是通报最多的 SPS 措施。发布此通报较多的成员有巴西、加拿大、美国、日本、欧盟；其次是产品标准，包括产品的技术标准以及生产规范等，发布较多的成员有肯尼亚、中国、海湾国家联盟、乌干达、黑山共和国等；食品添加剂标准，发布较多的成员有中国、加拿大、韩国、印度、欧盟、越南等；2018 年欧盟批准了 11 种物质作为新型食品成分投放市场并修订了新型食品名单。

在涉及动物健康的通报中，最多的是活动物进口检疫要求，集中在秘鲁、哥伦比亚、乌拉圭、新西兰、黑山共和国等成员；其次是动物副产品的进口检疫要求，包括胚胎、精液等；以及饲料添加剂标准，发布较多的成员有欧盟、中国、日本、黑山共和国等。

在涉及植物保护措施的通报中，主要是以南美洲国家如秘鲁、智利、阿根廷、墨西哥以及澳大利亚、新西兰等成员发布的针对第三国的植物产品如繁殖材料、水果、谷物、作物等的进口要求。其次是针对有害生物发布的，包括有害物名单、寄主物种、防治措施等。

3. 紧急通报措施主要针对动植物疫病发布

2018 年，有 25 个成员向 WTO 提交了 123 件紧急措施通报。其中 88.6% 的措施是因动植物疫病、有害生物等而对产品采取的限制措施。包括禽流感、猪瘟、口蹄疫、马病、羊病、水生动物疫病；以及褐腐蜡、草地蛾、柑橘溃疡病、火疫病等。紧急措施仅针对特定国家而发布，仅对特定国家贸易产生影响。2018 年，哈萨克斯坦、菲律宾、老挝、沙特阿拉伯先后发布了针对中国非洲猪瘟和马鼻疽病的紧急措施，并暂时限制了相关产品的进口。因在大蒜样品中检测出洋葱黄矮病毒，约旦暂停了从中国进口大蒜。

4. 只有 30% 多的常规措施与国际标准相一致

从各成员发布的 1204 件常规措施通报与“国际标准”的关系看，有相关国际标准并且与国际标准相一致的通报措施有 411 件，占比 34.1%；没有国际标准（694 件）或者与国际标准不一致（99 件）的有 793 件，占比 65.9%。在与国际标准不一致的措施中，涉及食品法典委员会的占比达到了 94.9%，主要是各成员发布的农药残留限量与 Codex 标准的不一致性；涉及世界动物卫生组织的 3.0%；涉及国际植物保护公约的占 2.0%（图 17）。

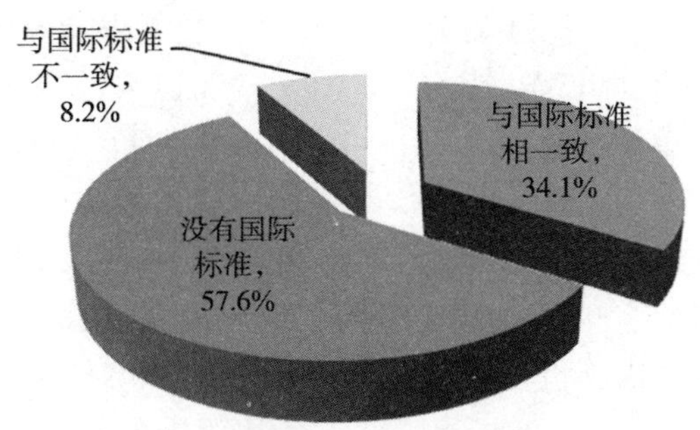

图 17　常规措施与国际标准的关系

农兽药残限量依然是 SPS 领域通报数量最多的措施。2018 年，在没有国际标准或与国际标准不一致的常规措施中，农兽药残留限量在其中的占比达到了 34.6%，而发布这些措施的成员集中在加拿大、巴西、美国、日本、欧盟、澳大利亚和新西兰等。在发布的限量标准中，加拿大、美国标准相对宽松，很多标准宽于国际标准，而欧盟、日本相对严格。根据中方对国外农兽残限量标准的评议看，日本加严的标准多严于国际标准或欧盟标准，相应地，我国食用水果、蔬菜、水产品、禽肉等产品的贸易将受到明显影响。

三、2018 年 TBT/SPS 通报评议情况

各成员接收到其他 WTO 成员通报后，在通报评议期内，对通报的措施是否合理、是否符合 WTO 要求提出评议意见；通报方对其他成员提出的评议意见和结果，应予以考虑。关注国外通报法规，对国外 TBT/SPS 通报开展评议工作，是关系到我国能否切实享受《TBT 协定》《SPS 协定》所赋予权利的关键。通报评议工作，时效性强、专业覆盖面广，需要广泛调动社会各方面的力量，共同参与研究应对。除组织海关系统的评议专家参与评议活动外，中华人民共和国 WTO/TBT 国家通报咨询中心与相关政府部门、科研院所、企业、行业协会在通报评议方面都建立了良好的沟通合作机制。

2018 年，中国跟踪其他 WTO 成员 TBT 通报措施并对其中 412 件进行了评议，最终对 92 件国外 TBT 通报发出书面评议意见。关注的范围主要集中在与中国贸易关系密切的成员所发布的 TBT 措施，涉及 23 个 WTO 成员，前三位的是美国、韩国和欧盟。评议涉及领域的重点是机电能效、食品、化学品、机动车辆、无线电通信等。

2018 年，中国跟踪其他 WTO 成员 SPS 通报措施并对其中 214 件进行了评议，最终对 96 件国外 SPS 通报发出书面评议意见。关注的范围主要集中在与中国贸易关系密切的 WTO 成员所发布的 TBT 措施，涉及 22 个 WTO 成员，排在前三位的分别是日本、韩国、巴西。评议涉及食品安全标准、农兽药残留要求、食品添加剂安全标准、污染物限量要求、动物源性产品及水产品进口检疫要求、植物繁殖材料进口检疫要求、活动物进口检疫要求等。

（海关总署）

2018 年世贸组织有关《TBT 协定》和《SPS 协定》的争端解决案件综述

自 1995 年 1 月 1 日世贸组织成立以来，截至 2019 年 10 月 1 日，世贸成员诉诸争端解决机制的案件共 590 件。其中，涉及《技术性贸易壁垒协定》(《TBT 协定》) 案件 54 件，占案件总数的 9.5%；涉及《卫生与植物卫生措施协定》(《SPS 协定》) 案件 49 件，占案件总数的 8.3%。总体而言，世贸组织有关《TBT 协定》和《SPS 协定》的争端解决案件为数不多，但具有重要地位和影响。

2018 年，世贸成员未提起涉及《TBT 协定》的争端案件，提起的涉及《SPS 协定》的争端仅 1 件，为越南诉美国鲶鱼海鲜产品进口措施世贸争端案（DS540），目前该案件处于磋商阶段。2018 年世贸组织散发涉及《TBT 协定》及《SPS 协定》的原审专家组报告 3 份和执行之诉上诉机构报告 1 份。关于洪都拉斯、多米尼加、古巴、印尼诉澳大利亚平装烟草措施案（DS435/441/458/467），世贸组织于 6 月 28 日发布专家组报告。关于日本诉韩国放射性核物质进口限制、检测和认证要求措施案（DS495），世贸组织于 2 月 22 日发布专家组报告。关于乌克兰诉俄罗斯铁路设备及零部件进口措施案（DS499），世贸组织于 7 月 30 日发布专家组报告。关于墨西哥诉美国金枪鱼和金枪鱼产品进口措施案（DS381），世贸组织于 12 月 14 日针对美国执行之诉上诉请求和墨西哥的第二次执行之诉上诉请求发布上诉机构报告。

与此同时，世贸组织专家组和上诉机构还在审理其他多起涉及《TBT 协定》和《SPS 协定》的案件。现就有关案件进展情况介绍如下：

一、欧盟诉俄罗斯联邦生猪及其遗传物质、猪肉、猪肉产品以及部分其他产品进口限制措施世贸争端案（DS475）

（一）磋商请求

2014 年 4 月 8 日，欧盟就俄罗斯影响生猪及其遗传物质、猪肉、猪肉产品以及部分其他产品从欧盟进口的相关措施，向俄罗斯提出磋商请求。欧盟指称，俄罗斯的措施不符合俄罗斯承担的世贸组织协定义务，包括:《SPS 协定》第 2.2 条、第 2.3 条、第 3.1 条、第 3.2 条、第 3.3 条、第 5.1 条、第 5.2 条、第 5.3 条、第 5.4 条、第 5.5 条、第 5.6 条、第 5.7 条、第 6.1 条、第 6.2 条、第 6.3 条、第 7 条、第 8 条、附件 B 和附件 C。

（二）专家组审理

2014 年 7 月 22 日，专家组设立。澳大利亚、中国、印度、日本、韩国、挪威、中国台北、美国、巴西、南非保留作为第三方参与案件的权利。2014 年 10 月 23 日，世贸组织总干事指定专家组成员，专家组组成。

2016 年 8 月 19 日，专家组报告散发给各成员。专家组主要裁定如下：

俄罗斯禁止从爱沙尼亚、拉脱维亚、立陶宛和波兰进口相关产品的措施，不符合相关国际标准，进而违反《SPS 协定》第 3.2 条。同时禁止进口欧盟产品的措施不是根据现有的国际标准制定，违反了《SPS 协定》第 3.1 条。

因俄罗斯认识到了非洲猪瘟在病虫害非疫区和低度流行区的概念，因此针对欧盟的禁止措施和针对欧盟成员的禁止措施不违反《SPS 协定》第 6.2 条。

因俄罗斯未保证其措施适应产品的产地特点和非洲猪瘟的特点，也没有评估产品产地的卫生与植物卫生特点，所以针对欧盟的进口禁止措施和针对爱沙尼亚、拉脱维亚、立陶宛和波兰的进口禁止措施违反《SPS 协定》第 6.1 条。

俄罗斯的批准程序所需要的信息超过了必要程度，并且有不正当的拖延，因此违反了《SPS 协定》第 8 条和附件 C（1）(a）和（c）项的规定。

俄罗斯的措施不属于《SPS 协定》第 5.7 条规定的临时措施。

俄罗斯的涉案措施未经过风险评估，不符合《SPS 协定》第 5.1 条和第 5.2 条项下的义务。

因俄罗斯未进行风险评估，未在评估非洲猪瘟的进入和传播时考虑《SPS 协定》列举的相关因素，针对欧盟的进口禁止措施和针对欧盟成员国的进口禁止措施违反《SPS 协定》第 5.3 条。

因涉案措施对贸易的限制超过了适当的保护水

平，因此实施针对欧盟的进口禁止措施和针对欧盟成员国的进口禁止措施违反了《SPS 协定》第 5.6 条的规定。

因涉案措施在相同或相似条件的成员间造成了歧视，同时对国际贸易造成了变相的限制，因此违反了《SPS 协定》第 2.3 条的第一句和第二句。

专家组对欧盟关于《SPS 协定》第 5.5 条的诉请行使了司法经济原则，同时因欧盟未对透明度诉请建立初步证据因而未对透明度问题作出裁判。

（三）上诉机构审理

2016 年 9 月 23 日，俄罗斯提出上诉。2016 年 9 月 28 日，欧盟提出交叉上诉。

俄罗斯主要上诉点为：专家组报告裁定其对欧盟的禁止措施归因于俄罗斯；且根据俄罗斯加入世贸组织文件，未就专家组审查欧盟提出的与禁止措施有关的诉请设立限制。俄罗斯还就专家组在《SPS 协定》第 6.3 条和第 6.1 条项下所做裁决提出上诉，具体包括：专家组所做欧盟已向俄罗斯提供必要证据客观证明欧盟部分地区是或有可能是非疫区的认定；以及专家组作出的俄罗斯未根据拉脱维亚境内非洲猪瘟疫情发展情况调整其进口禁止措施的认定。欧盟上诉点主要为：专家组认定俄罗斯认识到相关非洲猪瘟非疫区或低度流行区概念，并进而认定涉案措施未与《SPS 协定》第 6.2 条不符。

2017 年 2 月 23 日，世贸组织向成员散发了上诉机构报告。上诉机构裁定：

1. 关于进口禁止措施归因性。涉案措施与俄罗斯禁止涉案产品自欧盟进口的决定一致，俄罗斯对欧盟的进口禁令的根据来自俄欧间双边动物检疫证书相关约定，即欧盟整体需满足非洲猪瘟非疫区至少三年。俄罗斯法律文件中未对禁令作出规定无法改变禁止进口的行为归因于俄罗斯的结论。

2. 关于专家组审查范围。上诉机构认为，专家组不会因俄罗斯加入世贸承诺而失去就进口禁令的世贸合规性进行审查的权力。不管俄罗斯加入世贸承诺中就其与其他世贸成员之间的贸易在何种情况下应采用何种动物检疫证书做了规定，俄罗斯依然有义务根据《SPS 协定》的要求结合不同地区的动植物卫生检疫情况进行相应调整。上诉机构维持专家组就上述问题的裁决。

3. 关于《SPS 协定》第 6.3 条。上诉机构认为，该条规定出口成员主张其境内的病虫害非疫区或低度流行区，应提供必要证据向进口成员客观证明上述地区是或可能依然保持非疫区或低度流行区。关于俄罗斯主张第 6.3 条要求考虑进口成员所依赖的证据，且进口成员可设立一定期限就出口成员提供的证据进行评估核实，上诉机构驳回了该主张。上诉机构认为，第 6 条相关规定，并不要求进口成员就出口成员主张的非疫区或低度流行区所有相关证据进行评估。第 6.1 条和第 6.2 条与此类评估及进口成员实施评估的时限等问题有关，而第 6.3 条未就进口成员评估证据设定纪律，仅规定了出口成员的义务。据此，上诉机构维持专家组就 6.3 条所做裁决。

4. 关于《SPS 协定》第 6.1 条和第 6.3 条关系问题。第 6.1 条要求各成员应保证其卫生与植物卫生措施适应产品的产地和目的地的卫生与植物卫生特点。上诉机构认为，出口成员未能根据第 6.3 条提供必要证据客观证明其境内相关区域为非疫区或低度流行区的，很多情况下，第 6.1 条允许相关进口成员对这些地区的卫生与植物卫生特点进行评估并对其措施作出相应调整。专家组可以根据特定案件情况，不管出口成员是否遵守第 6.3 条，认定进口成员措施与第 6.1 条不符。但专家组此时需对在第 6.1 条项下所做不符裁决结合具体案件情况进行解释说明。由于本案专家组未提供此种解释说明，上诉机构对专家组裁决做了修改。同时，上诉机构表示其注意到，专家组作出的俄罗斯未根据拉脱维亚境内部分地区的卫生与植物卫生特点调整其禁令的认定未被上诉，该未被上诉认定进一步确认了专家组就俄罗斯对于拉脱维亚的进口禁令与第 6.1 条不符所做的裁决。

5. 关于《SPS 协定》第 6.2 条。该条规定各成员应认识到病虫害非疫区和低度流行区的概念。上诉机构不同意专家组所做的第 6.2 条仅要求抽象概念上的认识，认为专家组不用对第 6.2 条项下的具体认识情形或不认识情形进行分析考察的观点是错误的。上诉机构认为，第 6.2 条要求进口成员为出口成员提供有效机会提出非疫区或低度流行区相关主张，从而使上述地区的概念具有可操作性。相关世贸成员可通过提供国内相关法律规定、提供特定卫生与植物卫生措施、认识到非疫区或低度流行区的实践等进行证明，这些因素均应结合个案情况，纳入第 6.2 条合规性评估中。据此，上诉机构推翻专家组关于俄罗斯认识到非疫区和低度流行区概念的认定，并裁决涉案措施与《SPS 协定》第 6.2 条不符。

（四）执行情况

2017 年 3 月 21 日，争端解决机构通过了专家组报告和上诉机构报告。2017 年 4 月 19 日，俄罗斯在争端解决机构会议上通报了其执行裁决意向。2017 年 6 月 2 日，欧盟和俄罗斯通知争端解决机构双方就执行裁决的合理执行期达成一致，合理执行期为 8 个月 15 日，即本案合理执行期于 2017 年 12 月 6 日到期。

2017 年 12 月 8 日，俄罗斯向争端解决机构通报已在合理执行期内完成对专家组裁决的执行，具体执行措施为 2017 年 12 月 5 日发布的第 FS-NV-7/26504 号指令。俄罗斯将该措施通过世贸组织 SPS 通报提交系统向欧盟和其他世贸成员通报（通报文件编号 G/SPS/N/RUS/146）。

（五）报复阶段

2017 年 12 月 19 日，欧盟认为俄罗斯未在合理执行期内履行执行义务，根据《关于争端解决规则与程序的谅解》（DSU）第 22.2 条向争端解决机构申请报复授权。同时，欧盟表示未与俄罗斯签订顺序协议。2017 年 12 月 20 日，俄罗斯对欧盟申请的报复水平表示反对，并申请 DSU 第 22.6 条项下的仲裁。在 2018 年 1 月 3 日举行的争端解决机构会议上，报复水平事项被提交仲裁。

（六）执行之诉

1. 俄罗斯提起执行之诉。2018 年 1 月 25 日，俄罗斯基于 DSU 第 21.5 条请求与欧盟就俄罗斯采取的执行措施进行磋商。

2. 欧盟提起执行之诉。2018 年 2 月 2 日，欧盟同样基于 DSU 第 21.5 条请求与俄罗斯进行磋商，磋商内容包括俄罗斯采取的涉案进口措施以及俄罗斯是否采取了执行措施或执行措施是否符合专家组裁决。2018 年 10 月 18 日，欧盟请求设立执行之诉专家组审理本案。2018 年 11 月 21 日，争端解决机构同意在可能的情况下由原审专家组审理欧盟提起的执行之诉。澳大利亚、巴西、加拿大、中国、印度、日本、哈萨克斯坦、中国台北、乌克兰和美国保留作为第三方参与案件的权利。

2019 年 3 月 25 日，执行之诉专家组主席向争端解决机构通报，经与当事方沟通，执行之诉专家组报告预计于 2020 年第一季度发布。

二、美国诉印度农产品进口限制措施世贸争端案（DS430）

（一）磋商请求

2012 年 3 月 6 日，美国就印度对于美国各种农产品采取的进口禁令，向印度提出磋商请求。印度称该措施是为保护国内禽肉生产商免受禽流感影响而遭受损失。本案被诉措施为:《印度家畜进口法案（1898）》；若干由印度政府农业部（畜牧、制酪、渔业司）根据上述法案发布的命令，其中最新发布的命令为 S.O.1663（E）；和任何修正案、相关措施或其实施条例。美国指称，印度的措施不符合印度承担的世贸组织协定义务，包括:《SPS 协定》第 2.2 条、第 2.3 条、第 3.1 条、第 5.1 条、第 5.2 条、第 5.5 条、第 5.6 条、第 5.7 条、第 6.1 条、第 6.2 条、第 7 条和附件 B 第 2 款、第 5 款、第 6 款；以及《1994 年关贸总协定》第 1 条和第 9 条。

（二）专家组审理

2012 年 5 月 11 日，美国请求设立专家组。2012 年 6 月 25 日，世贸组织争端解决机构正式设立专家组。中国、哥伦比亚、厄瓜多尔、欧盟、危地马拉、日本、越南、阿根廷、澳大利亚和巴西保留作为第三方参与案件的权利。2013 年 2 月 18 日，世贸组织总干事指定了专家组成员。2014 年 10 月 14 日，专家组向当事方散发最终报告。

本案主要涉及印度制定的针对从需要向世界动物卫生组织报告禽流感疫情的国家进口有关农产品的限制措施，包括《印度家畜进口法案（1898）》；若干由印度政府农业部（畜牧、制酪、渔业司）根据上述法案发布的命令，其中最新发布的命令为 S.O.1663（E）；和任何修正案、相关措施或其实施条例。美国认为，印度的措施不是根据相关国际标准制定，也没有在进行科学的风险评估的基础上制定。

在专家组报告中，专家组裁定如下：

印度涉案农产品进口限制措施违反《SPS 协定》第 3.1 条，因为其既不是依据（based on）相关国际标准（即世界动物卫生组织所制定的陆生动物卫生法典第 10.4 条）制定的，也不是《SPS 协定》第 3.2 条规定的符合（conform to）相关国际标准的 SPS 措施。

印度涉案农产品进口限制措施违反《SPS协定》第5.1条、第5.2条和第2.2条，因为其没有以风险评估为基础来制定。

印度涉案农产品进口限制措施违反《SPS协定》第2.3条，因为该措施的实施在情形相同或相似的成员之间构成了任意或不合理的歧视，构成了对国际贸易的变相限制。

印度涉案农产品进口限制措施违反《SPS协定》第5.6条和第2.2条，认为该措施对贸易的限制超过了陆生动物卫生法典第10.4条规定的适当保护水平，必然超过了保护人类和动物生命和健康所必需的限度。

印度涉案农产品进口限制措施违反《SPS协定》第6.2条和6.1条，因为印度未认识到非疫区和低度流行区的概念，且没有使其措施适应这些不同区域的卫生特点。

印度违反《SPS协定》第7条、附件B（2）及附件B（5）（a）（b）（d）项，因为其未履行一系列的通知和公布义务。

因专家组已认定印度措施违反《SPS协定》的上述条款，对于美国的关于《SPS协定》第5.5条和《1994年关贸总协定》第11条的诉请，专家组行使了司法经济原则。专家组同时裁定美国未初步证明涉案措施违反《SPS协定》附件B（5）（c）项。

（三）上诉机构审理

2015年1月26日，印度提出上诉。2015年6月4日，上诉机构散发上诉机构报告，上诉机构作出了如下裁定：

1.关于《SPS协定》第2.2条、第5.1条及第5.2条。上诉机构支持了专家组关于印度相关措施违反第5.1条和第5.2条的裁定，但是上诉机构认为，由于专家组没有考虑印度提出的关于从低致病禽流感地区进口新鲜猪肉和蛋的科学依据，所以专家组错误地裁定了印度禁止从低致病禽流感区域进口相关产品的措施违反《SPS协定》第2.2条，但是上诉机构对此不能完成法律分析。

2.关于《SPS协定》第3.1条及第3.2条。上诉机构认为，专家组就陆生动物法典的含义咨询世界动物卫生组织并未违反《SPS协定》第11.2条及DSU第13.2条，驳回了印度关于认定专家组未尽DSU第11条进行客观全面审查义务的请求，并支持了专家组有关《SPS协定》第3.1条及第3.2条的裁决，即认定印度相关措施既非基于国际标准制定，也与国际标准不符。

3.关于《SPS协定》第6条。上诉机构认定专家组没有错误地解释第6.1条和第6.3条的关系，同时认可了专家组将《家畜进口法案》和S.O.1663(E)同时进行考虑。因印度措施排除了从非疫区进口相关产品的可能性，上诉机构支持了专家组对印度相关措施违反第6.1条和第6.2条的裁定。同时，驳回了印度基于DSU第11条所提出的请求。

4.关于《SPS协定》第5.6条和第2.2条。上诉机构认为专家组对美国已指明有其他替代措施达到同样的保护水平的认定没有错误，支持了专家组关于印度措施违反第5.6条的裁定，同时，认为没有必要再考察专家组关于第2.2条的裁决。

5.关于《SPS协定》第2.3条。上诉机构认定印度没有证明专家组就低致病禽流感是否对印度有害咨询有关专家或要求印度提供证据违反DSU第11条。同时，上诉机构认为印度相关措施的实施在情形相同或相似的成员之间造成了任意或不合理的歧视，支持了专家组关于印度有关措施违反《SPS协定》第2.3条第一句的裁决。

世贸组织争端解决机构在2015年6月19日例会上，正式通过了本案上诉机构报告和经上诉机构报告修改的专家组报告。

（四）执行情况与报复水平仲裁

2015年7月13日，印度在争端解决机构会议上表明了执行意向。2015年12月8日，印度和美国向争端解决机构通报其对合理执行期达成一致，即合理执行期为12个月，截至2016年6月19日。

2016年7月7日，美国认为印度未在合理执行期内履行执行义务，根据DSU第22.2条向争端解决机构申请报复授权。2016年7月18日，印度对美国申请的报复水平表示反对，并申请DSU第22.6条项下的仲裁。在2016年7月19日举行的争端解决机构会议上，报复水平事项被提交仲裁。

2016年7月18日，印度表示其已通过必要的措施履行执行义务，2016年9月22日，印度通知争端解决机构其采取了进一步的执行措施，认为自身完全履行了执行义务，并请求美国终止仲裁程序，未果。报复水平仲裁与印度提起的执行之诉平行进行。应当事双方要求，裁决结果屡次推迟。仲裁报告预计于2020年1月发布。

（五）执行之诉阶段

2017 年 3 月 2 日，印度通知争端解决机构，印方于 2017 年 2 月对其执行措施做了进一步修改，继续敦促美方终止仲裁程序。2017 年 4 月 6 日，印度请求设立执行专家组，称其已完全执行了世贸裁决，所采取的执行措施符合世贸义务。2017 年 5 月 22 日，执行专家组设立。中国、欧盟、危地马拉、日本、新加坡、哈萨克斯坦、越南、韩国、俄罗斯、加拿大、澳大利亚和巴西保留作为第三方参与案件的权利。应当事双方要求，执行专家组裁决时间屡次被推迟。专家组主席于 2019 年 11 月告知争端解决机构，专家组报告将于 2020 年 3 月底提交给当事方，并将在完成翻译后向所有成员散发。

三、墨西哥诉美国金枪鱼和金枪鱼产品进口措施案（DS381）

（一）原审和执行阶段情况

2008 年 10 月 24 日，墨西哥就下列措施请求与美国进行磋商：（1）《海豚保护消费者信息法》；（2）“海豚安全标签标准”和“东部热带太平洋海域通过大型围网渔船捕获金枪鱼的海豚安全要求”；（3）美国第九巡回上诉法院在 Earth Island Institute v. Hogarth 案中作出的判决。墨西哥认为，美国上述措施不符合《1994 年关贸总协定》第 1.1 条、第 3.4 条，以及《TBT 协定》第 2.1 条、第 2.2 条和第 2.4 条。

在磋商未果的情况下，墨西哥于 2009 年 3 月 9 日向争端解决机构请求设立专家组审理此案。2009 年 4 月 20 日，专家组正式设立。2009 年 12 月 14 日，专家组组成。阿根廷、澳大利亚、中国、厄瓜多尔、欧盟、危地马拉、日本、韩国、新西兰、中国台北、土耳其、巴西、加拿大、泰国、委内瑞拉和玻利维亚保留作为第三方参与本案的权利。

2011 年 11 月 18 日，世贸组织专家组就该案作出裁决。专家组认为美国的海豚安全标签规定构成了《TBT 协定》下的“技术法规”，但不构成对墨西哥金枪鱼产品的歧视，因此不违反《TBT 协定》第 2.1 条。因美国海豚安全标签规定对贸易的限制超过了为实现合法目标所必须的限度，因此美国海豚安全标签规定违反了《TBT 协定》第 2.2 条。因为相关国际标准不能恰当或有效地实现美国追求的目标，所以美国海豚安全标签规定未违反《TBT 协定》第 2.4 条。对于墨西哥关于《1994 关贸总协定》第 1.1 条和第 3.4 条提出的诉讼请求，专家组适用司法经济原则未予裁决。

2012 年 1 月 20 日，美国提出上诉。2012 年 1 月 25 日，墨西哥提出交叉上诉。2012 年 5 月 15 日，世贸组织发布上诉机构裁决。推翻了专家组关于美国“海豚安全”标签条款未违反《TBT 协定》第 2.1 条的裁定，也推翻了专家组关于涉案措施不符合《TBT 协定》第 2.2 条的裁定，认同专家组关于涉案措施未违反《TBT 协定》第 2.4 条的结论，但认为《国际海豚养护方案协定》框架下的“海豚安全”定义和证明不属于相关国际标准。对于专家组对《1994 年关贸总协定》第 1.1 条和第 3.4 条提出的诉讼请求适用司法经济原则，上诉机构裁定专家组违反了 DSU 第 11 条的规定。

世贸组织争端解决机构在 2012 年 6 月 13 日的例会上，正式通过了本案上诉机构报告和经上诉机构报告修订的专家组报告。

2012 年 9 月 17 日，美国和墨西哥通过协商确定的合理执行期为 13 个月，截止日期为 2013 年 7 月 13 日。2013 年 7 月 23 日，美国宣称其修改了相关海豚安全标签规则，已经完成了执行义务。

（二）执行之诉专家组

美国对原措施进行了部分修改，要求不论其被捕捉地点或捕鱼船的国籍，所有进入美国的具有海豚安全标签的金枪鱼，必须通过以下确认：（1）在金枪鱼捕获区域没有故意架设捕捉海豚的渔网；（2）在金枪鱼捕获区域没有海豚被杀死或严重受伤。但是，其他的文件和记录认证要求仍因金枪鱼捕获区域不同而有所差异。另外，通过追逐海豚获得的有海豚安全标签的金枪鱼仍然不允许进入美国。修改后的措施和原《海豚保护消费者信息法》及美国第九巡回上诉法院在 Earth Island Institute v. Hogarth 案中作出的判决，共同构成“修改后的金枪鱼措施”。

2013 年 11 月 14 日，墨西哥请求设立执行之诉专家组，指称美国未履行执行义务，新金枪鱼措施违反了《TBT 协定》第 2.1 条、《1994 年关贸总协定》第 1.1 条和第 3 条。2014 年 1 月 27 日，执行之诉专家组设立。加拿大、中国、欧盟、危地马拉、日本、韩国、挪威、泰国、澳大利亚、新西兰保留作为第三方参与案件的权利。

2015年4月14日，执行之诉专家组报告散发给各成员。专家组主要裁定如下：

1.对于不同的金枪鱼捕捞地点实行不同的认证、追踪和确认条件，违反了《TBT协定》第2.1条的规定。因为这些不同的条件实质上给墨西哥的金枪鱼和金枪鱼产品造成了更重的负担，属于歧视性待遇。

2.新金枪鱼措施对于东赤道太平洋海域的经围捕打捞的金枪鱼，如需获得海豚安全标签，施加了更多条件。因此，该措施本身违反了《1994年关贸总协定》第1.1条的规定。

3.因新金枪鱼措施改变了墨西哥金枪鱼和金枪鱼产品在美国市场上的竞争条件，因此违反了《1994年关贸总协定》第3.4条的规定。

4.因新金枪鱼措施构成了歧视，因此不满足《1994年关贸总协定》第20条帽段的要求，美国不能援引第20（g）条进行抗辩，专家组对美国20（b）条项下的诉请行使了司法经济原则。

（三）执行之诉上诉阶段

2015年6月5日，美国提出上诉。2015年6月10日，墨西哥提出交叉上诉。2015年11月20日，执行之诉上诉机构报告散发给各成员。上诉机构主要裁决如下：

1.关于《TBT协定》第2.1条，上诉机构推翻了专家组关于禁止通过追逐海豚获得的金枪鱼进入美国，对墨西哥金枪鱼产品造成了歧视，进而违反了《TBT协定》第2.1条的裁决。同时推翻了不同的认证、追踪和确认条件违反了《TBT协定》第2.1条的裁决。上诉机构进一步完成了法律分析，认为新金枪鱼措施导致了大多数墨西哥金枪鱼产品无法获得海豚安全标签，而美国和其他国家的同类产品可以附条件获得海豚安全标签，改变了墨西哥金枪鱼产品在美国市场上的竞争条件。专家组未对东赤道太平洋区域内外的海豚遭致的危险进行合理评估，因此上诉机构无法判断差异是否是由“合法的管理区分”造成的。但是，因为在东赤道太平洋区域外围网捕鱼，当符合海豚安全要求的金枪鱼被捕捞上来时，需要一个观察员来最终确定是否完全符合海豚安全要求。上诉机构注意到该“观察员最终确认”的要求未对所有高风险区域都实施，因此认为美国的政策目标无法最终达到。所以，上诉机构认定新金枪鱼措施违反《TBT协定》第2.1条的规定。

2.关于《1994年关贸总协定》第1.1条、第3.4条和第20条，上诉机构推翻了专家组关于新金枪鱼措施中的三项要求分别违反第1.1条、第3.4条和第20条帽段的规定。上诉机构进一步进行法律分析，认定新金枪鱼措施作为一个整体，改变了墨西哥金枪鱼产品的竞争条件，违反了第1.1条和第3.4条。因上诉机构认定“观察员要求”的设计导致了歧视，因此新金枪鱼措施不符合第20条帽段的要求。

2015年12月3日，争端解决机构通过了执行之诉上诉机构报告和经过修改的专家组报告。

（四）报复阶段

2016年3月10日，墨西哥根据DSU第22.2条向争端解决机构申请报复授权。2016年3月22日，美国对墨西哥提出的报复水平表示反对，并申请将此事项提交DSU第22.6条项下的仲裁。2016年3月23日，争端解决机构同意对该事项进行报复水平仲裁。

2017年4月25日，仲裁员向世贸成员散发仲裁裁决，仲裁员确定的报复水平为每年1.6323亿美元。2017年5月11日，墨西哥请求争端解决机构授权按照每年1.6323亿美元报复水平对美中止《1994年关贸总协定》项下的关税减让及其他义务。2017年5月22日，争端解决机构授权墨西哥中止对美减让和其他义务。

（五）美国提起执行之诉

2016年4月11日，美国请求设立执行之诉专家组，主张其2016年3月发布的海豚安全标签规则已符合世贸规则。2016年5月9日，执行之诉专家组设立。澳大利亚、巴西、加拿大、中国、厄瓜多尔、欧盟、危地马拉、印度、日本、韩国、新西兰、挪威保留作为第三方参与案件的权利。

（六）墨西哥提起第二次执行之诉

2016年5月13日，墨西哥提出DSU第21.5条项下的磋商请求，指称美国未完成执行义务，且2016年金枪鱼措施不符合美国在世贸组织协定项下的义务。

2016年6月22日，争端解决机构设立执行之诉专家组。澳大利亚、巴西、加拿大、中国、厄瓜多尔、欧盟、危地马拉、印度、日本、韩国、新西兰、挪威保留作为第三方参与案件的权利。2016年

7 月 11 日，执行之诉专家组设立。2016 年 11 月 18 日，专家组主席通知争端解决机构，因案件复杂程度较高，同时报复水平仲裁正在进行且执行之诉专家组成员是仲裁员，因此执行之诉专家组报告将在稍晚时间发布。

（七）美国提起的执行之诉和墨西哥提起的第二次执行之诉专家组裁决

2017 年 10 月 26 日，执行专家组就美国执行之诉和墨西哥第二次执行之诉发布专家组报告。作为上述执行之诉核心法律文件的 2016 年金枪鱼措施规定了在美国市场销售的金枪鱼产品需要具备海豚安全标签或在标签中做类似主张的要求。美国请求专家组认定其已执行世贸裁决，且 2016 年金枪鱼措施符合《TBT 协定》第 2.1 条及《1994 年关贸总协定》第 20 条。墨西哥请求专家组驳回美诉请，认定美 2016 年金枪鱼措施不符合《TBT 协定》第 2.1 条、《1994 年关贸总协定》第 1.1 条和第 3.4 条，也无法在《1994 年关贸总协定》第 20 条下获得支持。

两案的执行专家组对 2016 年金枪鱼措施是否根据不同海域使用的不同金枪鱼捕获方法对海豚产生的不同整体风险而对相关规定做了调整，即 2016 年金枪鱼措施中的资格标准、认证要求、追溯和核查要求和裁决条款等是否根据海豚整体风险的差异而作出调整。专家组强调对这些因素并非孤立进行考察，而是要关注各因素间的互相联系。

专家组对不同海域不同金枪鱼捕获方法对海豚产生的不同风险进行了详尽的事实认定，并结合上诉机构对于墨西哥第一次执行之诉专家组的批评，对相关要素及各要素之间的关系进行了全面分析，在此基础上认定 2016 年金枪鱼措施考虑了不同情况下的差异并作出了相应调整，对海豚的影响与其他金枪鱼捕获方法之间作出区分是出于“合法的管理区分”。专家组据此认定 2016 年金枪鱼措施给予墨西哥金枪鱼产品的待遇未低于其给予美国和其他成员同类产品的待遇，符合《TBT 协定》第 2.1 条，且在《1994 年关贸总协定》第 20 条下具备合理性。

（八）执行之诉上诉阶段

2017 年 12 月 1 日，墨西哥就执行之诉专家组报告提出上诉。2018 年 12 月 14 日，执行之诉上诉机构报告散发给各成员。上诉机构主要裁决如下：

首先，上诉机构认为，2016 年金枪鱼措施是否违反《TBT 协定》第 2.1 条取决于对以下因素的评估：一是在不同海域不同金枪鱼捕获方法对海豚产生危害的整体相关风险，二是措施项下关于海豚安全标签的不同条件是否根据相应风险进行了适当调整。此外，相关评估还应包含对 2016 年金枪鱼措施及其目标之间的合理关系的考量。

其次，关于墨西哥的上诉请求。墨西哥在上诉请求中诉称：（1）专家组错误地认定 2016 年金枪鱼措施中的资格标准、认证要求、追溯和核查要求根据不同海域不同金枪鱼捕获方法对海豚产生的风险进行了调整；（2）专家组错误地认定 2016 年金枪鱼措施整体上结合在不同海域不同金枪鱼捕获方法对海豚产生的风险进行了调整。上诉机构未支持墨西哥的上述诉请。

因此，上诉机构维持了专家组关于 2016 年金枪鱼措施未违反《TBT 协定》第 2.1 条的认定，进而认定专家组并未错误地依据其在《TBT 协定》第 2.1 条项下的调整分析来认定 2016 年金枪鱼措施符合《1994 年关贸总协定》第 20 条。

争端解决机构在 2019 年 1 月 11 日的例会上通过了执行之诉上诉机构报告和专家组报告。

四、乌克兰、洪都拉斯、多米尼加、古巴、印尼诉澳大利亚平装烟草措施案（DS434/435/441/458/467）

（一）磋商请求

乌克兰、洪都拉斯、多米尼加、古巴、印尼分别在 2012 年 3 月 13 日、4 月 4 日、7 月 18 日及 2013 年 5 月 3 日、9 月 20 日，就澳大利亚在烟草产品及其包装上限制使用商标以及其他平装要求的相关法律法规（TPP 措施），向澳大利亚提出磋商请求。

涉案措施为澳大利亚的《烟草平装法案（2011）》及其实施条例《烟草平装实施条例（2011）》;《商标法修正案（烟草平装）2011》；以及任何澳大利亚为了实施前述两项关键措施而进一步通过的法规、相关法案、政策或实践。起诉方指称澳大利亚的上述措施，尤其是从澳大利亚整体烟草监管制度的背景下看，不符合澳大利亚承担的世贸组织协定义务，包括:《与贸易有关的知识产权协定》(《TRIPS 协定》) 第 1 条、第 1.1 条、第 2.1 条、第 3.1 条、第 15 条、第 16 条、第 20 条和第 27 条；《TBT 协定》第 2.1 条、第 2.2 条；以及《1994 年关贸总协定》第 3.4 款。近 40 个成员保留作为第三方参与上述案件的权利。

（二）专家组审理

乌克兰、洪都拉斯、多米尼加、古巴、印尼分别在 2012 年 8 月 14 日、10 月 15 日、11 月 9 日及 2014 年 4 月 4 日、3 月 3 日请求设立专家组。2014 年 5 月 5 日，WTO 总干事指定由同一专家组审理上述案件。

2015 年 5 月 28 日，乌克兰根据 DSU 第 12.12 条请求中止 DS434 案的专家组程序。2015 年 6 月 2 日，专家组同意乌克兰中止程序的请求。2016 年 5 月 30 日，因专家组的工作已中止 12 个月，DS434 案专家组程序终止。

2018 年 6 月 28 日，专家组报告散发给各成员。专家组主要裁定如下：

起诉方未能证明澳大利亚 TPP 措施对贸易的限制程度超过为实现合法目标所必需的限度，因此相关措施未违反《TBT 协定》第 2.2 条。

起诉方未能证明 TPP 措施拒绝“像在原属国注册那样”接受商标注册申请和给予保护，因此相关措施并未违反《保护工业产权巴黎公约（1967）》第六条之五，亦即《TRIPs 协定》第 2.1 条。

起诉方未能证明 TPP 措施适用对象（即烟草产品）的性质构成对商标注册的障碍，因此相关措施未违反《TRIPs 协定》第 15.4 条。

起诉方未能证明 TPP 措施禁止了烟草注册商标所有权人阻止在未经授权的相同或类似产品上使用相同或类似的烟草商标，且此类使用会导致混淆的可能性，因此相关措施未违反《TRIPs 协定》第 16.1 条。

起诉方未能证明 TPP 措施禁止烟草商标获得“驰名”商标地位以及“驰名”商标维持其地位，因此相关措施未违反《TRIPs 协定》第 16.3 条。

起诉方未能证明 TPP 措施在贸易过程中不合理地阻碍烟草商标的使用，因此相关措施未违反《TRIPs 协定》第 20 条。

起诉方未能证明 TPP 措施强制市场主体参与禁止性的不正当竞争，也未能证明澳大利亚未给予制止不正当竞争的有效保护，因此相关措施并未违反《保护工业产权巴黎公约（1967）》第十条之二，亦即《TRIPs 协定》第 2.1 条。

起诉方未能证明 TPP 措施强制市场主体参与可能导致对产品特性造成误导性的标识或声明行为，因此相关措施并未违反《保护工业产权巴黎公约（1967）》第十条之二（3）（iii）关于地理标识的规定。

起诉方未能证明 TPP 措施降低了对 1995 年 1 月 1 日前已存在的地理标识的保护，因此相关措施未违反《TRIPs 协定》第 24.3 条。

针对古巴的一项诉请，专家组单独裁定古巴未能证明 TPP 措施不属于有关进口产品标记的法律法规，且古巴亦未能证明 TPP 措施的限制效果将导致 Habanos 标志和古巴政府防伪封条价值的实质性降低，因为相关措施未违反《1994 年关贸总协定》第 9.4 条。

专家组未对起诉方关于 TPP 措施违反《TRIPs 协定》第 2.1 条和第 3.1 条、《TBT 协定》第 2.1 条和《1994 年关贸总协定》第 3.4 条作出裁定，理由是起诉方针对上述诉请未进行具体论述。

（三）上诉机构审理

2018 年 7 月 19 日和 8 月 23 日，洪都拉斯和多米尼加分别提出上诉。2018 年 9 月 17 日，上诉机构决定将 DS435 和 DS441 两案上诉合并审理，并通报无法在 90 天内发布上诉机构报告。

五、巴西诉印度尼西亚鸡肉及鸡类产品进口限制措施案（DS484）

（一）磋商请求

2014 年 10 月 16 日，巴西就印度尼西亚对于特定家禽肉及其制品采取的进口限制措施，向印度尼西亚提出磋商请求。巴西指称印度尼西亚的涉案措施不符合其承担的世贸组织协定义务，包括：《SPS 协定》第 2.2 条、第 2.3 条、第 3.1 条、第 5.1 条、第 5.2 条、第 5.5 条、第 5.6 条、第 8 条及附件 C；《TBT 协定》第 2.1 条、第 2.2 条、第 2.4 条、第 5.1 条及第 5.2 条；《农业协定》第 4.2 条及第 14 条；《进口许可程序协定》第 1.3 条、第 3.2 条及第 3.3 条；《装运前检验协定》第 2.1 条及第 2.15 条；《1994 年关贸总协定》第 3.4 条、第 10.1 条、第 10.3 条及第 11.1 条。

（二）专家组审理

2015 年 10 月 15 日，巴西提交了设立专家组请求。2015 年 12 月 3 日，专家组设立。阿根廷、澳大利亚、加拿大、智利、中国、欧盟、印度、日本、韩国、新西兰、挪威、阿曼、巴拉圭、卡塔尔、俄罗斯、泰国、中国台北、越南和美国保留作为第三方参与案件的权利。2016 年 2 月 22 日，巴西请求总干事指定专家组成员。2016 年 3 月 3 日，专家组组成。

2017 年 10 月 17 日，世贸组织散发本案专家组报告。专家组裁决主要内容为：

1. 未将相关鸡肉产品列入可进口目录，构成一项“法律禁令”，与《1994 年关贸总协定》第 11 条不符。经反复权衡《1994 年关贸总协定》第 20 条（d）项“必要性测试”所有相关因素，认定此措施不满足第 20 条相关标准。同时，涉案措施虽终止但印尼政府颁布的后续法律文件其实施效果与原措施相同。专家组对巴西基于《农业协定》第 4.2 条诉请行使司法经济原则。

2. 对于针对某些使用目的的鸡肉和鸡制品进口禁止措施，专家组认定该措施构成《1994 年关贸总协定》第 11 条项下的进口限制且不能成功援引第 20 条。专家组基于印尼政府后续立法，相关低温储藏要求未被认定与《1994 年关贸总协定》第 3.4 条不符，但相关执行条款使得进口产品处于不利竞争地位进而违反《1994 年关贸总协定》第 3.4 条，且未在《1994 年关贸总协定》第 20 条（b）项下给出合理依据。对于巴西针对执行条款在《1994 年关贸总协定》第 11 条和第《农业协定》第 4.2 条项下诉请行使司法经济原则。

3. 关于进口许可证管理措施。专家组裁定，许可申请窗口和有效性的规定、限制进口口岸和进口产品数量的许可条款与《1994 年关贸总协定》第 11 条不符，且不能在第 20 条（d）项下获得合理性支持。对于相关可裁量进口许可，未支持巴西诉请。

4. 关于签批卫生检疫证书不合理迟延诉请，专家组认定，印尼因申请人未提交相关清真证明材料（非卫生与植物卫生信息）而搁置签批程序，造成卫生检疫证书的不合理延迟，与《SPS 协定》第 8 条及附件 C（1）（a）规定相等。

5. 关于印尼对进口鸡肉和鸡制品清真屠宰及标签事项的监管和执行、运输条件及存在不成文的一般性进口禁令，专家组未支持巴西诉请。

2017 年 11 月 22 日，争端解决机构通过专家组报告，同日印尼通知其执行意向并表示需要合理期限以执行裁决。

2018 年 3 月 15 日，巴西和印尼通报争端解决机构，双方已就合理执行期达成一致，为 8 个月，到期日为 2018 年 7 月 22 日。2018 年 7 月 27 日，双方向争端解决机构通报已就本案签订顺序协议。

（三）执行之诉

2019 年 6 月 13 日，巴西请求设立执行之诉专家组审理本案。2019 年 6 月 24 日，争端解决机构同意在可能的情况下由原审专家组审理巴西提起的执行之诉。澳大利亚、加拿大、中国、欧盟、印度、日本、韩国、新西兰、挪威、俄罗斯、沙特阿拉伯和美国保留作为第三方参与案件的权利。执行之诉专家组于 2019 年 7 月 31 日组成。

六、日本诉韩国放射性核物质进口限制、检测和认证要求措施案（DS495）

（一）磋商请求

2015 年 5 月 21 日，日本就韩国对放射性核物质的进口限制、检测和认证要求措施，向韩国提出磋商请求。日本指称韩国在 2011 年 3 月福岛核电站事故后对日本特定食品的进口禁令、对特定核物质附加的测试和认证要求以及《SPS 协定》项下的透明度义务的不作为，违反了《SPS 协定》第 2.2 条、第 2.3 条、第 4 条、第 5.1 条、第 5.2 条、第 5.5 条、第 5.6 条、第 5.7 条、第 5.8 条、第 8 条及附件 B 第 1 段和第 3 段、附件 C 第 1（a）段、第 1（c）段、第 1（e）段和第 1（g）段，及《1994 年关税与贸易总协定》第 23.1 条。

2015 年 8 月 20 日，日本请求设立专家组。2015 年 9 月 28 日，专家组设立。中国、欧盟、危地马拉、印度、新西兰、挪威、俄罗斯、中国台北和美国保留作为第三方参与案件的权利。

（二）专家组审理

2016 年 1 月 27 日，日本请求总干事指定专家组成员。2016 年 2 月 8 日，专家组组成。2016 年 8 月 5 日，专家组主席告知，本案专家组报告预计于 2017 年 6 月散发。2017 年 5 月 29 日和 9 月 28 日，专家组主席分别向争端解决机构通报，由于本案程序和事实问题复杂，需推迟散发报告日期。经与当事方协商，最终报告预计于 2017 年 10 月向当事方公布，并将在完成翻译后向所有成员散发。

2018 年 2 月 22 日，世贸组织散发本案专家组报告。专家组裁决主要内容为：

（1）涉案措施均为《SPS 协定》第 1.1 条及附

件A（1）（b）项下的措施，并裁定韩国未能证明涉案措施为《SPS协定》第5.7条项下的措施。

（2）日本未能证明韩国采取和维持2011年和2013年的附加测试要求违反了其在《SPS协定》第8条和附件C项下的义务。

（3）韩国2011年的附加测试要求和2012年特定产品进口禁令在通过时并非歧视性的，且措施必要性大于贸易限制程度。同时认定，韩国维持上述措施以及通过和维持2013年的附加测试要求违反了韩国在《SPS协定》第2.3条和第5.6条项下的义务。

（4）韩国未能公布所有涉案措施和SPS咨询点的职责，因此违反了《SPS协定》第7条及附件B关于透明度的义务。

（三）上诉机构审理

2018年4月9日，韩国提出上诉。2018年4月16日，日本提出交叉上诉。2019年4月11日，上诉机构散发上诉机构报告，上诉机构作出了如下裁定：

1. 关于《SPS协定》第5.6条。上诉机构认为，专家组在分析日本提供的替代措施时，只关注了韩国适当保护水平的数量因素。因此，上诉机构认定专家组未能考虑第5.6条项下的全部因素，驳回了专家组关于韩国的涉案措施与第5.6条不符的裁定。

2. 关于《SPS协定》第2.3条。上诉机构认定，专家组在对第2.3条进行解释时，错误地将该条项下的相关"情形"限定为"产品中呈现的风险"，进而排除其他条件（包括领土条件）对涉案产品的潜在影响。具体而言，专家组在根据第2.3条考虑食品的实际污染水平时，未能考虑相关的领土条件对食品可能造成的污染。因此，上诉机构驳回了专家组关于第2.3条的认定。

3. 关于《SPS协定》第5.7条。上诉机构认定专家组关于第5.7条的认定超出了专家组的授权审理范围，违反了DSU第7.1条和第11条，因此专家组关于第5.7条的裁定无效。

4. 关于《SPS协定》附件B（1）。上诉机构认为，世贸成员必须确保根据《SPS协定》附件B（1）公布的内容可被有利害关系的成员获得，并包含充足的信息（包括卫生与植物卫生法规的产品范围和要求），为有利害关系的成员提供渠道以便熟悉相关法规。因此，上诉机构对专家组的认定进行了修正，裁定附件B（1）项下公布的法规是否需要包含"特定原则和方法"，只能结合个案的具体情况进行认定（例如特定法规的性质、涵盖的产品范围以及涉及的风险性质等）。对于韩国在附件B（1）项下提出的其他诉请，上诉机构未予支持。

5. 关于《SPS协定》附件B（3）。上诉机构认为，咨询点某一次未能予以答复，并不自动导致违反《SPS协定》附件B（3），因而推翻了专家组的认定。

6. 关于《SPS协定》附件C（1）（a）。上诉机构虽然认为专家组在认定日本产品与韩国产品不属于"同类产品"时未能作出进一步分析，但同意专家组的上述结论。

（四）执行情况

世贸组织争端解决机构在2019年4月26日例会上，正式通过了本案上诉机构报告和经上诉机构报告修改的专家组报告。2019年5月14日，韩国向争端解决机构通报了其执行裁决意向。2019年6月4日，韩国向争端解决机构通报，已于5月30日重新发布相关措施的细则，完成了本案裁决的执行工作。

七、其他涉及《TBT协定》争端解决案件进展情况

（一）阿根廷诉欧盟生物柴油进口和销售措施案（DS459）

2013年5月15日，阿根廷就影响生物柴油进口、销售以及支持其生物柴油产业的相关措施，向欧盟及其成员国提出磋商请求，涉案措施为：欧盟为推广对可再生能源的利用，引进控制和减少温室气体排放机制的相关措施；欧盟对其生物柴油产业出台的支持计划。阿根廷指称，欧盟的措施不符合其承担的世贸组织协定义务，包括：《TBT协定》第2.1条、第2.2条、第5.1条和第5.2条；《1994年关贸总协定》第1.1条、第3.1条、第3.2条、第3.4条和第3.5条；《SCM协定》第1.1条、第2.3条、第3.1（b）条、第3.2条、第5（b）条、第5（c）条和第6.3条（a）；《TRIMs协定》第2.1条、第2.2条；《马拉喀什建立世界贸易组织协定》（《WTO协定》）第16.4条。本案目前仍在磋商阶段。

（二）日本诉俄罗斯关于机动车辆"回收费用"措施案（DS463）

2013年7月24日，日本就俄罗斯联邦关于机动车辆的"回收费用"措施，向俄罗斯提出磋商请

求。日本认为，俄罗斯对进口和国内机动车辆征收回收费用，但规定了两种征税例外：（1）在俄罗斯登记的企业生产的车辆；（2）承诺在俄罗斯进行车辆生产的企业生产的车辆，包括在俄罗斯、白俄罗斯和哈萨克斯坦领土范围内存在的某些具体生产制造业务。日本指称俄罗斯的涉案措施不符合其承担的 WTO 协定义务，包括：《1994 年关贸总协定》第 1.1 条、第 2.1（a）条、第 2.1（b）条、第 3.2 条、和第 3.4 条；《TRIMs 协定》第 2.1 条、第 2.2 条；以及《TBT 协定》第 2.1 条、第 2.2 条。

2013 年 7 月，美国、中国、日本、土耳其和乌克兰分别申请加入磋商。2013 年 10 月 11 日，欧盟提出设立专家组请求。2013 年 10 月 22 日，世贸组织争端解决机构宣布推迟设立专家组。2013 年 11 月 25 日，本案专家组正式设立，中国、印度、日本、韩国、挪威、土耳其、美国和巴西保留作为第三方参与案件的权利。

（三）乌克兰诉俄罗斯铁路设备及零部件进口措施案（DS499）

1. 磋商请求

2015 年 10 月 21 日，乌克兰就俄罗斯联邦关于铁路设备及零部件的进口措施，向俄罗斯提出磋商请求。乌克兰认为，俄罗斯的措施不符合俄罗斯承担的世贸组织协定义务，包括《1994 年关贸总协定》第 1.1 条、第 3.4 条、第 10.3(a) 条、第 11.1 条、第 13.1 条和《TBT 协定》第 2.1 条、第 2.2 条、第 2.5 条、第 5.1.1 条、第 5.2.2 条、第 5.2.3 条和第 5.2.6 条。

2. 专家组审理

2016 年 11 月 10 日，乌克兰请求设立专家组。在 2016 年 12 月 16 日，争端解决机构设立专家组。加拿大、中国、欧盟、印度、印尼、日本、新加坡和美国保留作为第三方参与案件的权利。2017 年 3 月 2 日，专家组正式组成。

2017 年 7 月 18 日，专家组主席在与当事方协商后告知争端解决机构，预计将于 2018 年 4 月向当事方散发报告。2018 年 4 月 24 日，专家组主席宣布，由于本案程序和事实问题复杂，将推迟向当事方散发报告时间至 2018 年 5 月，并将在完成翻译后向所有成员散发。2018 年 7 月 30 日，世贸组织散发本案专家组报告。专家组裁决主要内容为：

（1）关于俄罗斯的暂停指令，乌克兰未能证明俄罗斯相关措施违反《TBT 协定》第 5.1.1 条和第 5.1.2 条相关义务。但俄罗斯采取的 14 项暂停指令中的 13 项违反了《TBT 协定》第 5.2.2 条规定的第三项义务，其余 1 项未违反该义务。

（2）关于俄罗斯的驳回决定，乌克兰未能证明俄罗斯相关措施违反《TBT 协定》第 5.1.1 条，且乌克兰仅证明俄罗斯的 1 项驳回决定违反《TBT 协定》第 5.1.2 条，但未能证明其他驳回决定违反《TBT 协定》第 5.1.2 条。除俄罗斯的 3 项驳回决定之外，乌克兰证明了俄罗斯的其他驳回决定违反了《TBT 协定》第 5.2.2 条的第二项义务。乌克兰证明了俄罗斯的两项驳回决定违反了《TBT 协定》第 5.2.2 条的第三项义务，但由于俄罗斯根据暂停指令技术法规（003/2011）作出的驳回决定不属于该义务范畴，因此该项决定未被认定违反《TBT 协定》第 5.2.2 条的第三项义务。

（3）关于非认证要求，乌克兰未能证明相关措施属于《TBT 协定》第 2.1 条规定范畴，但由于该要求针对乌克兰铁路设备产品构成了歧视性待遇，因而违反《1994 年关贸总协定》第 1.1 条和第 3.4 条。此外，专机组未对非认证要求是否符合《TBT 协定》第 5.1.1 条和第 5.1.2 条作出认定。

（4）专家组对乌克兰基于《1994 年关贸总协定》第 10.3（a）条诉请行使司法经济。

（5）关于所谓俄罗斯采取针对乌克兰铁路设备产品的系统性禁止措施，由于乌克兰未能证明相关措施真实存在，因而不能认定相关措施违反《1994 年关贸总协定》第 1.1 条和第 13.1 条。

2018 年 8 月 27 日，乌克兰提出上诉。2018 年 9 月 3 日，俄罗斯提出交叉上诉。2018 年 10 月 24 日，上诉机构主席通知本案当事方无法在 90 天内散发上诉机构报告，听证会具体日期将在确定后及时向当事方和争端解决机构成员通报。

七、其他涉及《SPS 协定》争端解决案件进展情况

（一）阿根廷诉美国柠檬进口措施案（DS448）

2012 年 9 月 3 日，阿根廷就美国对阿根廷西北部地区的新鲜柠檬实施的进口限制措施，向美国提出磋商请求。本案被诉措施为：

（1）美国过去 11 年维持的一系列措施，阿根

廷认为这构成了对柑橘类水果的一项进口禁令，影响了原产于阿根廷西北部地区的新鲜柠檬的进口；

（2）美国未批准从阿根廷西北部地区进口新鲜柠檬；

（3）美国针对阿根廷西北部地区的新鲜柠檬实施的进口批准程序存在不正当的迟延。

阿根廷指称，美国的措施不符合美国承担的世贸组织协定义务，包括:《1994 年关贸总协定》第 1.1 条、第 3.4 条、第 10.1 条、第 10.3 条和第 11.1 条；《SPS 协定》第 1.1 条、第 2.2 条、第 2.3 条、第 3.1 条、第 3.3 条、第 5.1 条、第 5.2 条、第 5.4 条、第 5.6 条、第 7 条、附件 B、第 8 条、附件 C 和第 10.1 条；以及《建立世界贸易组织协定》第 16.4 条。

2012 年 12 月 6 日，阿根廷请求设立专家组。2012 年 12 月 17 日，世贸组织争端解决机构宣布推迟设立专家组。

（二）墨西哥诉哥斯达黎加鲜牛油果进口限制禁止措施世贸争端案（DS524）

2017 年 3 月 8 日，墨西哥就哥斯达黎加对于新鲜牛油果采取的进口限制或禁止措施提出磋商请求。墨西哥指称哥斯达黎加措施不符合《SPS 协定》第 2.1 条、第 2.2 条、第 2.3 条、第 3.1 条、第 5.1 条、第 5.2 条、第 5.3 条、第 5.4 条、第 5.5 条、第 5.6 条、第 5.7 条、第 5.8 条、第 6.1 条、第 6.2 条、第 7.8 条、附件 B（2）、（5）和（6）及附件 C（1），《1994 年关贸总协定》第 1.1 条、第 3.4 条、第 10 条和第 11 条。

2018 年 11 月 22 日，墨西哥提出设立专家组请求。2018 年 12 月 4 日，世贸组织争端解决机构宣布推迟设立专家组。2018 年 12 月 18 日，本案专家组正式设立，加拿大、中国、欧盟、萨尔瓦多、洪都拉斯、印度、巴拿马、俄罗斯和美国保留作为第三方参与案件的权利。2019 年 5 月 16 日，专家组组成。

（三）越南诉美国鲶鱼海鲜产品进口措施世贸争端案（DS540）

2018 年 2 月 22 日，越南就美国对于自越南进口的鲶鱼海鲜产品所采取的限制措施提出磋商请求。越南指称美国措施影响了产品进口、分配和销售，不符合《SPS 协定》第 2.2 条、第 2.3 条、第 4.1 条、第 5.1 条、第 5.3 条、第 5.6 条、第 8 条及附件 C（1）（a），《1994 年关贸总协定》第 1.1 条和第 11.1 条。目前，本案仍处于磋商阶段。

八、涉及《TBT 协定》和《SPS 协定》两个协定的争端解决案件进展情况

（一）巴西诉印度尼西亚牛肉进口措施案（DS506）

2016 年 4 月 4 日，巴西就印尼牛肉进口管理措施提出磋商请求，指称印尼措施不符合世贸组织协定义务，包括:《1994 年关贸总协定》第 1.1 条、第 2.1 条、第 3.4 条、第 3.9 条、第 8.1 条（c）款、第 8.3 条、第 10.3 条（a）款、第 11.1 条，《SPS 协定》第 2.1 条、第 2.2 条、第 2.3 条、第 3.1 条、第 3.2 条、第 3.3 条、第 5.1 条、第 5.2 条、第 5.4 条、第 5.6 条、第 5.7 条、第 6.1 条、第 6.2 条、第 6.3 条、第 7 条、第 8 条和附件 C，《TBT 协定》第 2.1 条、第 2.2 条、第 2.3 条、第 2.4 条、第 5.1 条和第 5.2 条，《农业协定》第 4.2 条和第 14 条，《进口许可程序协定》第 1.3 条、第 3.2 条、第 3.3 条、第 5.1 条和第 5.2 条。目前该案仍处于磋商阶段。

（二）俄罗斯诉乌克兰货物和服务贸易措施世贸争端案（DS525）

2017 年 5 月 19 日，俄罗斯就乌克兰对货物贸易、服务贸易及过境贸易所采取的限制、禁止及施加的相关条件和程序要求等。俄罗斯指称，乌克兰采取的措施不符合世贸组织协定义务及乌克兰加入世贸组织相关承诺，包括:《1994 年关贸总协定》第 1.1 条、第 2.1 条（a）款、第 2.1 条（b）款、第 3.4 条、第 4 条、第 5 条、第 10.1 条、第 10.2 条、第 11.1 条和第 17 条，《SPS 协定》第 2 条、第 3 条、第 5 条、第 7 条、第 8 条及附件 B 和 C，《TBT 协定》第 2 条、第 4 条和第 5 条，《进口许可程序协定》第 1.2 条、第 1.3 条、第 1.4 条（a）款、第 1.5 条、第 1.6 条、第 3.2 条、第 3.3 条、第 3.4 条、第 3.5 条、第 5.1 条和第 5.2 条，《服务贸易协定》第 2.1 条、第 2.2 条、第 3.1 条、第 3.3 条、第 11 条、第 16 条和第 17 条，《乌克兰加入世贸组织议定书》第 1 部分第 2 段（乌克兰加入世贸组织工作组报告第 24 段、第 115 段、第 165 段、第 191 段、第 192 段、第 301 段、第 303 段、第 326 段、第 327 段、第 367 段、第 491 段、第 499 段和第 500 段并入议定书的部分）、第 2 部分第 5 段及附件 1。目前该案仍处于磋商阶段。

（三）乌克兰诉俄罗斯进口和过境产品管理措施世贸争端案（DS532）

2017 年 10 月 13 日，乌克兰就俄罗斯对果汁产品、啤酒及其他酒精饮料、糖果、墙纸、墙面材料等产品过境采取的措施。乌克兰指称，俄罗斯采取的措施不符合世贸组织协定义务及俄罗斯加入世贸组织相关承诺，包括:《1994 年关贸总协定》第 1.1 条、第 5.2 条、第 5.3 条、第 5.5 条、第 5.6 条、第 10.1 条、第 10.2 条、第 10.3 条（a）款、第 10.3 条（b）款和第 11.1 条,《贸易便利化协定》第 1.1.1 条（a）款、第 1.1.1 条（f）款、第 1.1.1 条（h）款、第 1.3.1 条、第 2.1.1 条、第 2.1.2 条、第 11.1 条（a）款、第 11.1 条（b）款和第 11.8 条、《TBT 协定》第 2.1 条、第 2.2 条、第 2.4 条、第 2.5 条、第 2.11 条、第 5.1.1 条、第 5.1.2 条、第 5.2.1 条、第 5.2.2 条、第 5.2.8 条、第 6.1 条和第 10.1 条,《SPS 协定》第 2.2 条、第 2.3 条、第 5.1 条、第 5.2 条、第 5.3 条、第 5.4 条、第 5.5 条、第 5.6 条、第 7 条、第 8 条及附件 B 第 1 段和附件 C 第 1（a）段和 1（b）段，俄罗斯加入世贸组织议定书第 1 部分第 2 段（俄罗斯加入工作组报告第 714 段、第 715 段、第 719 段、第 728 段、第 745 段、第 784 段、第 799 段、第 803 段、第 804 段、第 813 段、第 926 段、第 955 段、第 1009 段、第 1031 段、第 1033 段、第 1055 段、第 1060 段、第 1062 段、第 1161 段、第 1426 段、第 1427 段和第 1428 段所做承诺并入议定书的部分）。目前该案仍处于磋商阶段。

（商务部条约法律司）

2018 年中国参与技术性贸易壁垒委员会会议情况

2018 年，中国共参加 3 次技术性贸易壁垒（TBT）委员会会议。会上，中国对其他成员提出多项具体贸易关注，针对其他成员提出的具体贸易关注进行澄清和解释；参加委员会相关议题研讨会并进行主旨发言，引导讨论。会间，中国还与多个成员就各自关心的问题进行了双边磋商，取得一定成果。

一、反映企业诉求，提出对国外技术性贸易措施的关注

通过实地调研、召开座谈会、散发调查问卷等方式，了解企业遇到的技术性贸易壁垒，中国在 TBT 会议和双边磋商中反映企业诉求，就美国运输安全管理局（TSA）民用航空安检设备资格认证、美国能源节约计划压缩机节能标准、欧盟《一般数据保护条例》（GDPR）、欧盟安全芯片领域“通用准则”认证、欧盟无线电设备指令、印度玩具进口新政等 6 项措施提出关注，要求相关成员履行透明度义务，遵守国民待遇，采用国际标准，不要对贸易造成不必要的限制。

二、释疑解惑，做好成员关注的应对工作

针对成员提出的 15 项关注，中国通过做解释说明工作，争取成员对政策目标和实施方式的理解。

外方关注的措施主要有：

1. 美国、日本、澳大利亚、新西兰、加拿大、欧盟对固体废物禁止进口目录的关注；

2. 欧盟、美国、墨西哥、危地马拉、瑞士、日本、韩国对《进口食品附随证书管理办法》的关注；

3. 欧盟、日本、新西兰对《化妆品行政许可申报受理规定》的关注；

4. 欧盟、日本、美国、澳大利亚等成员对我信息安全产品，特别是《商用密码管理条例》及其修改稿以及《信息安全等级保护管理办法》《关于应用安全可控信息技术加强银行业网络安全和信息化建设的指导意见》以及《关于印发银行业应用安全可控信息技术推进指南（2014—2015 年度）的通知》《保险机构网络安全与信息化监管规定》的关注；

5. 欧盟、韩国对《医疗器械监督管理条例》的关注；

6. 欧盟、日本对《化妆品标签管理办法（征求意见稿）》的关注；

7. 韩国、澳大利亚对《药品、医疗器械产品注册收费标准管理办法》的关注；

8. 美国、欧盟对《婴幼儿配方乳粉产品配方注册管理办法》的关注；

9. 欧盟对《木家具中挥发性有机物质及重金属迁移限量》等 3 项家具国家标准的关注；

10. 美国、欧盟、日本对《新能源汽车生产企业及产品准入管理规定》和《企业平均燃料消耗量与新能源汽车积分并行管理办法》的关注；

11. 美国、欧盟、日本、韩国、澳大利亚对《网络安全法》的关注；

12. 澳大利亚对《商品煤质量管理暂行办法》的关注；

13. 欧盟、美国、澳大利亚、加拿大对《进口可用作原料的固体废物环境保护控制标准》的关注；

14. 欧盟、日本、美国、韩国对《中华人民共和国密码法（草案）》的关注；

15. 欧盟、美国、日本、韩国对《网络产品和服务安全审查办法（试行）》的关注。

三、主动开展双边磋商，取得积极效果

在委员会会议期间，中国分别与欧盟、美国、日本、印度、韩国、印度尼西亚、墨西哥、澳大利亚、瑞士、危地马拉、越南、土耳其等 12 个成员进行 20 次磋商。主要议题包括中国网络安全系列措施、中国药品化妆品相关措施以及环保法律法规、印度进口玩具新政、欧盟安全芯片领域“通用准则”认证、欧盟降解塑料生物基含量要求、欧盟无线电设备指令、越南电子信息产品认证新规、美联邦通信管理委员会认证新法令、土耳其化妆品原料蜂花粉等。美国、欧盟等成员根据中方诉求对部分措施进行了调整，土耳其对政策措施进行解释说明，磋商取得一定效果。

四、主动宣介《标准化法》，展示中国负责任大国形象。

为更好地宣传中国标准化领域的新法律新理念，中国代表主动联系世贸组织秘书处，在 2018 年 3 月 WTO/TBT 第 75 次会议议程中增设中国介绍《标准化法》修订情况议题。会上，中国代表从法律修订的主要内容、修订过程的公开透明、后续法律法规等方面介绍了情况，特别强调新法积极鼓励企业等机构参与国际标准化活动；精简强制性标准层级；借鉴《TBT 协定》中的相关规定，明确提出强制标准制定要公正透明，按 WTO 规则进行通报等内容；以体现新法与《TBT 协定》相一致，与国际惯例相接轨。成员反应积极。通过向全体成员主动宣介，展现了中国积极履行 WTO 透明度义务的负责任大国的形象。

（商务部世界贸易组织司）

2018 年中国参与卫生与植物卫生措施委员会会议情况

2018 年，中国参加卫生与植物卫生措施（SPS）委员会共 3 次会议。会上，中国对其他成员提出多项具体贸易关注，并针对其他成员提出的具体贸易关注进行澄清和解释；同时，参加有关公共议题的讨论并在相关研讨会上发言，展现中国负责任大国形象。会间，中国还与多个成员就各自关心的问题进行了双边磋商，取得一定成果。

一、主动对其他成员的技术性贸易措施提出关注

中国在会上就美国的“水产品进口监管计划”法案，欧盟的“内分泌干扰物新政策”“动物产品决定 2002/994/EC 号，要求中国输欧禽肉、肠衣、养殖水产品和虾等产品批次提供氯霉素和硝基呋喃类代谢检测结果附加证明”“灭菌丹新定义标准”等 4 项技术性贸易措施提出具体贸易关注，要求美欧切实遵守 WTO 规则，调整相关措施，不要对贸易造成不必要的限制。

二、妥善应对其他成员对我提出的特别贸易关注

解释和回应其他成员对中国提出的 13 项具体贸易关注。外方关注的措施主要有：美国等多个成员关注中国《进口食品随附证书管理办法》；美国关注中国因高致病性禽流感限制进口其禽肉措施；美国关注中国《农业转基因生物安全评价管理办法》；欧盟关注中国因非洲猪瘟限制进口其猪肉措施。

三、积极参与公共议题讨论

根据《SPS 协定》规定，委员会应该在需要时对协定的运用和实施情况进行审议。因此，每次会议都会根据成员提出的建议，对与协定相关的公共议题进行讨论。

（一）《SPS 协定》第五次审议

2018 年度，成员对《SPS 协定》第五次审议提出提案和进行讨论。成员针对《SPS 协定》实施问题以及《SPS 协定》条款修订等提出了提案。如美国、阿根廷、巴西、澳大利亚等成员对农残限量提出联合提案；澳大利亚、加拿大、巴西就等效性问题提出提案。包括中国在内的成员结合提案内容展开了积极讨论。

（二）美国和贝宁等成员关于农残最大限量标准提案

2017 年 10 月，肯尼亚、乌干达和美国向 SPS 委员会提交了农药最大残留限量标准提案（G/SPS/W/292/Rev3），并希将提案纳入 MC11 部长决定，但由于成员对该提案未达成一致意见，提案最终未获得通过。2018 年 3 月，美国联合贝宁等成员，建议将该提案纳入第五次审议报告，继续推进 SPS 委员会中最大农残限量标准与贸易相关的工作。

（三）巴西关于 SPS 相关措施改革提案

2018 年 6 月，巴西针对 SPS 委员会的相关措施修订提出提案（G/SPS/W/301），主要包括《SPS 协定》中的科学依据和风险评估条款、等效性、适当保护水平、区域化等方面的内容。成员结合巴西的提案展开讨论，并结合世贸组织改革相关内容推进提案的完善，积极探讨 SPS 委员会相关程序和机制的改革。

（四）关于处理 SPS 议题的可用工具目录

2015 年 3 月，加拿大和肯尼亚联合提出关于“处理 SPS 事务的可用工具目录”提案。该提案汇总了《SPS 协定》有关条款、委员会有关决定、相关国际组织指南等内容，以便成员处理 SPS 事务。在第 71 次会上，成员再次对该提案进行讨论。成员争论的焦点是免责条款是否列入提案。鉴于该提案在实质性问题上已无争议，根据主席建议，在将部分成员的保留意见列入会议纪要的基础上，提案最终获得了通过。

四、有效推进双边磋商

在会议期间，中国分别与欧盟、美国、日本、巴西、印度、印度尼西亚、韩国、瑞士、加拿大、澳大利亚、摩洛哥等 10 多个成员就双方关注的议题进行了磋商，取得一定成效。如关于欧盟灭菌丹定义问题，中国代表指出欧盟关于灭菌丹的定义存在不合理性，欧盟表示其内部成员也提出该定义存

在问题，并承诺对灭菌丹的定义进行重新审查，预计于 2019 年完成。关于其他成员关注的《进口食品随附证书管理办法》，中国代表作出了细致和有效的解答，并愿与成员积极探讨区分高低风险食品的方法，得到成员的理解和赞赏。关于印度尼西亚山竹输华问题，中国与印度尼西亚签署了“印度尼西亚山竹输华植物检疫议定书”，解决了印度尼西亚山竹输华受阻问题。

五、通过研讨会开展宣传工作

2018 年 7 月 9—10 日，SPS 委员会举行“控制、检查和批准程序（附件 C）研讨会”。该研讨会主要回顾《SPS 协定》附件 C 的相关条款，CAC、OIE、IPPC 与之相关的工作，以及附件 C 实施过程中存在的问题和成员经验分享。中国代表以“建设新海关，推进便利化——中国进口食品口岸检验监管机制改革”为题分享了相关经验，收到较好的参会效果。

（商务部世界贸易组织司）

第四篇　中国大陆与港、澳、台

与香港、澳门 WTO 事务

1995 年 1 月 1 日，世界贸易组织（以下简称 WTO）成立。中国香港、中国澳门作为关贸总协定缔约方，成为其创始成员。2001 年 12 月 11 日，中国内地以国家主体身份加入了 WTO。从多边层面看，在 WTO 框架下，内地与港澳是平等的成员；从国家层面看，内地与港澳地区之间的经贸关系是国家主体与其单独关税区之间的关系。

2001 年底，在内地正式成为 WTO 成员之初，香港特区政府即提出，希望在内地与香港之间建立自由贸易区，以便香港能够充分借助中国内地“入世”后的过渡期，先行进入内地市场。2002 年 1 月，内地与香港就建立内地香港自由贸易区在北京进行了首次磋商，将两地未来的合作模式定位为更紧密经贸关系安排。

2003 年 6 月 29 日，内地与香港《关于建立更紧密经贸关系的安排》（CEPA，以下简称《安排》）及其 6 个附件在香港签署。同年 10 月，内地与澳门也签署了《安排》。2004 年 1 月 1 日，《安排》正式实施。此后的 2004—2013 年，内地分别与港澳相继签署了十个《安排》补充协议。内地与港澳《安排》的内容主要包括货物贸易、服务贸易、贸易投资便利化和加强经济技术合作。在货物贸易领域，自 2006 年 1 月 1 日起，内地对原产于港澳的产品全面实行零关税。在服务贸易领域，截至《〈安排〉补充协议十》，内地对港澳在服务贸易领域累积采取的开放措施分别达 403 和 383 项。

2014 年 12 月 18 日，内地与港澳分别签署《〈安排〉关于内地在广东与香港基本实现服务贸易自由化的协议》和《〈安排〉关于内地在广东与澳门基本实现服务贸易自由化的协议》（以下简称《广东协议》）。这是内地首次以准入前国民待遇加负面清单的方式开放服务贸易领域的自由贸易协议，由以往完全的正面清单转变为以负面清单为主、以正面清单为辅的开放模式，开放模式新，开放部门多、开放水平高。内地通过《广东协议》在广东率先与港澳基本实现服务贸易自由化。同时，也为内地进一步深化改革、通过开放促进自身体制机制改革积累了经验。

2015 年 11 月底，内地与港澳分别签署了《〈安排〉服务贸易协议》（以下简称《服贸协议》）。2016 年 6 月 1 日，《服贸协议》正式实施，在融资租赁、会议展览、建筑工程、公路运输等 62 个服务业部门对港澳实现了国民待遇，在金融、法律、会计、医疗等服务业部门进一步扩大了开放。这是内地首次在全境范围内以准入前国民待遇加负面清单为主要方式（个别领域为正面清单）全面开放服务贸易领域的自由贸易协议，标志着内地全境与港澳基本实现服务贸易自由化。《服贸协议》在总结《广东协议》先行先试经验的基础上，在内地全境进一步扩大对港澳服务业的开放，

2017 年 6 月 28 日和 12 月 18 日，内地与港澳分别签署《〈安排〉投资协议》和《〈安排〉经济技术合作协议》。这两个协议是国家“十三五”规划提出的推动《安排》升级要求的具体落实，是内地与港澳在“一国两制”框架下按照世贸组织规则作出的特殊经贸安排，充分体现了中央对港澳经济发展和长期繁荣稳定的支持，对港澳继续保持内地对外开放最高水平，为构建开放型经济新体制做了有益尝试。《投资协议》全面涵盖投资准入、投资保护和投资促进等内容，是内地首次以负面清单方式对外签署投资协议，开放程度高，保护力度大，为内地与港澳经贸交流与合作提供更加系统性的制度化保障。《经济技术合作协议》涵盖了对《安排》及其十个补充协议中有关经济技术合作的内容的全面梳理、更新，并根据内地与港澳经贸合作实际需要提出了新的合作内容，是首次在自贸协定框架下签署的独立的经济技术合作协议。

2018 年 12 月 12 日和 14 日，内地与澳门、香港分别签署了《〈安排〉货物贸易协议》，协议梳理汇总《安排》及其系列协议中关于货物贸易的内容，结合《安排》签署 15 年来内地与港澳经贸发展情况，参考国际和区域经济合作中关于货物贸易协议的最新进展和成果，在内地与港澳货物贸易已全面实现自由化的基础上，为两地贸易往来提供了更完善的制度安排。协议有以下特点：一是按照现行规则标准，新设立原产地总规则，更好地满足

业界需求。原产地规则既符合国际规则又针对港澳实际需求，采用对全税则产品统一适用的总规则与仅包含部分产品的产品特定原产地规则相结合的模式，为全税则产品制定原产地标准，增加了原产地规则的透明度，提高了针对性，更能“靶向”满足业界需求，有利于维持港澳产业稳定健康发展。二是新设立粤港澳大湾区便利化措施专章。在对现有开放、便利化措施进行梳理汇总的基础上，结合内地与港澳经济合作实际情况和发展需求，研究提出了在大湾区内实施的系列便利化措施，推动内地与港澳口岸部门监管互认、信息互换、执法互助，提升口岸通关能力和效率。特别是支持澳门发挥优势，在粤澳口岸探索率先试行“联合查验、一次放行”，“入境检验、出境监控”等更先进高效的查验模式，以提高口岸通关效率，促进大湾区内生产要素高效便捷流动。《〈安排〉货物贸易协议》的签署，标志着国家“十三五”规划提出的〈安排〉升级目标已提前实现，连同之前已经签署的《〈安排〉服务贸易协议》《〈安排〉投资协议》和《〈安排〉经济技术合作协议》，《安排》已构建成为具有“一国两制”特色，符合世贸组织规则，全面涵盖两地经贸合作的高水平自由贸易协议。

《安排》是中国国家主体与其单独关税区之间建立的具有自由贸易区性质的经贸安排，也是内地对外签署、全面实施并接受WTO审议的最早的自由贸易协议之一。《安排》的实施，逐步减少了内地与港澳在经贸交流中的体制性障碍，加速了相互间资本、货物、人员等要素的便捷流动，对内地的改革开放、港澳经济的发展以及内地与港澳的经贸交流起到了积极促进作用；推动了内地经济建设和现代服务业发展，促进了内地与港澳经济互动；有利于充分发挥“两制”的优势，推动内地与港澳共同开拓国际市场。《安排》还为内地商签其他自由贸易协议起到了示范和借鉴作用。

（商务部台港澳司）

与中国台北 WTO 事务

2001 年 12 月 11 日，中国大陆正式加入 WTO，成为其第 143 个成员。2002 年 1 月 1 日，台湾地区以“台澎金马单独关税区”（简称“中国台北”）的名义加入 WTO。两岸由此在 WTO 框架下开启了相关问题的协商与互动，台方先后六次参与了 WTO 对我方贸易政策审议，我方参与了四次 WTO 对台贸易政策审议。

2010 年 6 月 29 日，海峡两岸关系协会与台湾海峡交流基金会在重庆签署了《海峡两岸经济合作框架协议》（ECFA，以下简称《框架协议》）。《框架协议》包括序言和 5 章 16 条及 5 个附件，基本涵盖了两岸间的主要经济活动。框架协议是两岸遵循世界贸易组织规则，结合两岸经济发展的实际状况和特点，按照平等互惠原则签署的经济合作协议。它既包含一般自由贸易协议具有的要素和内容，同时也充分兼顾两岸特色，是推进两岸经济全面深入合作而作出的特殊安排，旨在减少或消除彼此间的贸易投资障碍，创造公平的贸易与投资环境，建立有利于两岸经济共同繁荣与发展的合作机制，标志着两岸经济关系进入了制度化合作的新的发展阶段。

2011 年 1 月 1 日，《框架协议》早期收获全面实施。货物贸易早期收获方面，大陆对台湾降税产品为 540 个税号，平均税率 9.5%，占当年大陆自台湾进口总额的 16.2%，包括农产品、石化、机械、汽车、纺织、轻工产品、钢铁、其他产品共 8 类。台湾对大陆降税产品为 270 个税号，平均税率 4.2%，占当年台湾自大陆进口总额的 10.8%，包括石化、机械、其他产品共 3 类。服务贸易早期收获方面，大陆对台湾开放 11 个行业类别，台湾对大陆开放 9 个行业类别。2011 年 5 月 6 日，中国大陆和台湾分别致函 WTO 秘书处，就《框架协议》向世贸组织进行了早期通告。

《框架协议》签署后，两岸陆续启动了货物贸易、服务贸易、投资保护、争端解决四个后续协议的磋商工作。

2012 年 8 月 9 日，海协会与海基会在台北签署了《海峡两岸投资保护和促进协议》（简称《投保协议》）。从实体权益看，两岸《投保协议》规定了一般投保协议通常包括的重要实体条款，包括投资定义、投资待遇、征收、损失补偿、代位、转移等，同时还就投资者人身安全保护和第三地转投资做了专门规定。从程序权利看，两岸《投保协议》为两岸投资者设计了一套行之有效的争端解决体系，这也是该协议的最大亮点之一。

2013 年 6 月 21 日，海协会与海基会在上海签署《海峡两岸服务贸易协议》（以下简称《服贸协议》），这也是《框架协议》生效后第二个完成商谈并成功签署的后续协议。《服贸协议》是两岸间签署的首个服务贸易自由化协议。服贸协议中，我方对台方开放涵盖 40 多个行业，共 80 条措施，其中 78 条（占总出价条数的 97.5%）超出我入世承诺水平。台方对我方开放共 64 条措施，其中 20 条超出其入世承诺水平，实现了自由化；23 条（占总出价条数的 36%）达到其入世承诺水平，实现了正常化；21 条低于其入世承诺水平，未实现正常化。但由于台湾岛内人为阻挠，《服贸协议》至今未通过台“立法院”审议，尚未生效实施。

《海峡两岸货物贸易协议》自 2011 年 3 月启动商谈，已进行了十余轮正式商谈。在文本部分，双方就原产地规则、海关程序、卫生与植物卫生措施专章及列为附件的原产地规则相关实施程序全部条文达成了共识。在市场开放部分，双方明确了协议总体目标、降税安排原则等问题，按税目数和贸易值计算，均达到了较高的自由化水平。2016 年 5 月 20 日台湾地区新的领导人就任，由于新当局不承认一个中国原则，货贸协议后续商谈工作暂停。

《海峡两岸争端解决协议》主要解决协议双方就 ECFA 及后续协议的解释、实施和适用过程中产生的争端，不针对一般的经贸纠纷。自 2011 年 3 月启动商谈，进行了 6 轮正式商谈，双方已就总体框架和主要条款内容基本达成一致，仅剩余几个问题待双方继续磋商。2016 年 5 月 20 日台湾地区新的领导人就任，由于新当局不承认一个中国原则，争端解决协议后续商谈工作暂停。

（商务部台港澳司）

与港、澳、台经贸关系

一、内地与港澳经贸关系

（一）内地与港澳贸易情况

1. 货物贸易

（1）内地与香港

据海关统计，2018 年，内地与香港货物贸易额 3105.6 亿美元，同比上升 8.4%，占内地对外货物贸易总额的 6.7%。其中，内地对香港出口 3020.7 亿美元，同比上升 8.2%；自香港进口 84.9 亿美元，同比上升 16.0%；贸易顺差 2935.8 亿美元，同比上升 8.0%。香港是内地第六大贸易伙伴和第四大出口市场。

（2）内地与澳门

据海关统计，2018 年，内地与澳门货物贸易额 31.6 亿美元，同比下降 3.6%。其中，内地对澳门出口 30.9 亿美元，同比下降 2.5%；自澳门进口 0.64 亿美元，同比下降 38.4%；贸易顺差 30.3 亿美元，同比下降 0. 8%。

2. 服务贸易

（1）内地与香港

据商务部统计，2018 年，内地与香港服务贸易额 1639.0 亿美元，同比上升 10.6%，香港是内地第一大服务贸易伙伴。其中，内地对香港出口 616.4 亿美元，自香港进口 1022.6 亿美元。从服务类别上看，自港进口以旅游业为主，进口金额达自港进口总额的 69.0%；对港出口以运输业、其他商业服务业和旅游业为主，出口金额分别占对港出口总额的 25.3%、23.8%、19. 1%。

（2）内地与澳门

据商务部统计，2018 年，内地与澳门服务贸易额 103.9 亿美元，同比上升 22.0%，澳门是第 17 大服务贸易伙伴。其中，内地对澳门出口 25.7 亿美元，自澳门进口 78.2 亿美元。从服务类别上看，自澳门进口以旅游业为主，进口金额达自澳门进口总额的 91.2%；对澳门出口以旅游业、加工服务业、和其他商业服务业为主，出口金额分别占对澳门出口总额的 38.5%、28.0%、16. 3%。

（二）内地吸收港澳投资情况

1. 吸收香港投资

据商务部统计，2018 年，内地共批准港资项目 39868 家，同比上升 120.7%，实际利用港资 899.2 亿美元，同比下降 4.9%，占内地利用境外投资总额的 66.6%，香港是内地最大境外投资来源地。截至 2018 年底，内地累计批准港资项目 456900 个，实际利用港资 10992 亿美元，港资占内地累计吸收境外投资总额的 54. 0%。

2018 年，从地域上看，香港企业投资地区仍集中在东部地区，前五位分别为广东、江苏、北京、上海、浙江。从行业上看，香港企业投资行业侧重于房地产业、制造业、租赁和商务服务业，三者分别占内地实际利用港资总额的 21.3%、20.3% 和 14. 9%。

2. 吸收澳门投资

据商务部统计，2018 年，内地共批准澳门投资项目 1286 家，同比上升 52.6%，实际利用澳资 12.8 亿美元，同比增长 100.8%，占内地利用境外投资总额的 0.9%。截至 2018 年底，内地累计批准澳门投资项目 17203 个，实际利用澳资 155.2 亿美元，澳资占内地累计吸收境外投资总额的 0. 8%。

2018 年，从地域上看，澳门企业投资地区仍集中在东南沿海地区，前五位分别为广东、江苏、浙江、湖北、安徽。从行业上看，澳门企业投资行业侧重于租赁和商务服务业、房地产业、信息传输软件和信息技术服务业，三者分别占内地实际利用澳资总额的 54.5%、11.0% 和 8. 8%。

（三）内地企业赴港澳投资情况

1. 赴香港投资

据商务部统计，2018 年，内地对香港非金融类直接投资 700.5 亿美元，同比增长 25.1%，占内地对外投资总额的 58.1%，香港是内地最大境外投资目的地。截至 2018 年底，内地对香港非金融类累计直接投资 6223.7 亿美元，占内地对外非金融类直接投资总额的 52. 7%。

2. 赴澳门投资

据商务部统计，2018 年，内地对澳门非金融类直接投资 1.1 亿美元，同比下降 30.8%。截至 2018 年底，内地累计对澳门非金融类直接投资 24.6 亿美元。

（四）内地在港澳工程承包与劳务合作情况

1. 内地与香港

据商务部统计，2018 年，内地在香港承包工程合同数 289 份，同比上升 30.2%；合同金额 90.2 亿美元，同比上升 1.0%；完成营业额 59.3 亿美元，同比上升 6.8%；在港劳务人数 53449 人，同比下降 7.8%。截至 2018 年底，内地在香港承包工程累计完成营业额 673.3 亿美元。

2. 内地与澳门

据商务部统计，2018 年，内地在澳门承包工程合同数 85 份，同比上升 19.7%；金额 9.5 亿美元，同比下降 55.8%；完成营业额 25.1 亿美元，同比下降 10.0%；在澳劳务人数 130919 人，同比上升 2.8%。截至 2018 年底，内地在澳门承包工程累计完成营业额 191.2 亿美元。

（五）内地与香港、澳门《关于建立更紧密经贸关系的安排》（CEPA）实施情况

1. 货物贸易

据海关统计，2018 年，CEPA 项下内地进口香港零关税货物 77.3 亿元人民币，同比增长 18.0%；关税减让 5.3 亿元人民币，同比下降 9.5%。截至 2018 年底，香港共签发 170017 份原产地证书，货物离岸价总值为 989.5 亿港元。

2018 年，CEPA 项下内地进口澳门零关税货物 8076.4 万元人民币，同比增长 13.2%；关税减让 454.2 万元人民币，同比增长 16.0%。截至 2018 年底，累计进口澳门 CEPA 项下受惠货物 1.3 亿美元，关税优惠 6225.2 万元人民币。截至 2018 年底，澳门共签发 5474 份原产地证书，其中 4873 份证书已使用，总出口额 9.6 亿澳门元。

2. 服务贸易

截至 2018 年底，香港工贸署共签发香港服务提供者证明书 3257 份。其中，运输服务及物流服务共签发证明书 1402 份，占核发总数的 43.0%。

截至 2018 年底，澳门经济局共签发澳门服务提供者证明书 631 份，主要涉及货代、运输、仓储、物流、电信及广告等领域。

3. 金融

截至 2018 年底，香港人民币存款总额 6150.0 亿元。

截至 2018 年底，澳门人民币存款总额 418.6 亿元。

4. 个人游

2018 年，内地赴港“个人游”旅客 3129.8 万人次，同比上升 23.3%，占内地赴港旅客总数的 61.3%。截至 2018 年底，内地赴港“个人游”旅客累计 2.7 亿人次。

2018 年，内地赴澳“个人游”旅客 1226.7 万人次，同比上升 15.6%，占内地赴澳旅客总数的 48.6%。截至 2018 年底，内地赴澳“个人游”旅客累计达 10489.3 万人次。

（六）内地与香港、澳门分别成立经贸合作委员会

为贯彻落实“一国两制”方针和党的十九大精神，支持港澳融入国家发展大局，全面推进内地同港澳互利合作，根据内地与港澳经贸交流与合作发展的新需要，内地与香港、澳门特区政府对两地经贸合作机制进行了优化和升级，于 2018 年 12 月 12 日和 14 日分别宣布成立内地与澳门、内地与香港经贸合作委员会并召开第一次会议。经贸合作委员会扩大了双方合作范围，丰富了合作内容，特别针对内地与港澳在“一带一路”建设、粤港澳大湾区建设、支持香港参与区域经济合作和支持澳门中葡平台建设等方面设立了专责小组，将统筹协调解决内地与港澳经贸合作领域的重大议题。

（七）支持粤港澳大湾区建设

粤港澳大湾区建设是中央作出的重大战略决策，对丰富“一国两制”内涵和实践、保持香港、澳门长期繁荣稳定具有重要意义。一直以来，商务部积极支持粤港澳大湾区建设。一是积极加强内地与香港、澳门经贸领域政策沟通与协调。内地与香港、内地与澳门经贸合作委员会均下设支持粤港澳大湾区建设经贸小组，统筹协调解决粤港澳大湾区建设领域的重大议题。二是通过 CEPA 进一步促进大湾区内货物、服务、人员、资金等要素高效便捷流动，在 2018 年 12 月内地与港澳分别签署的《CEPA 货物贸易协议》中，专门设立粤港澳大湾区贸易便利化专章，推出多项通关便利化措施，有效提高粤港澳口岸通关效率。三是在商务领域多方位支持粤港澳大湾区建设。商务部多次派团组赴广东省开展粤港澳大湾区建设调研工作，了解粤港澳大

湾区建设的政策诉求，研究制定商务领域支持粤港澳大湾区建设的政策措施。

（八）支持港澳参与“一带一路”建设

“一带一路”是习近平主席提出的新时代国际经济合作倡议，对香港、澳门来说，共建“一带一路”是新的重大机遇。一直以来，商务部积极支持香港、澳门充分发挥自身优势和特长，全面参与和助力“一带一路”建设。

一是支持港澳举办及参与“一带一路”系列活动。2018 年，部领导先后出席了香港特区政府主办的“国家所需 香港所长——共拓‘一带一路’策略机遇”论坛、第三届“一带一路”高峰论坛和在澳门举办的第九届国际基础设施投资与建设高峰论坛、第二届“‘一带一路’与澳门发展国际研讨会”等；支持驻港中联办经济部贸易处举办“一带一路”贸易投资政策与实务交流会，邀请来自我国驻“一带一路”沿线六个国家的经商参赞到会讲解，为香港业界提供更多投资环境政策讯息和投资机会。

二是连续六年与香港共同组织两地企业联合“走出去”赴“一带一路”有关国家和地区开展投资洽谈。2018 年，商务部组织两地企业赴格鲁吉亚、哈萨克斯坦、奥地利三国开拓市场，取得了良好效果。

三是组织香港企业赴白俄罗斯的中白工业园和埃塞俄比亚的东方工业园开展考察，支持香港企业参与境外经贸合作区建设。

四是加强机制性合作，支持港澳共建“一带一路”。内地与香港、内地与澳门经贸合作委员会下专门设立“一带一路”建设合作专责小组，统筹协调解决内地与香港、内地与澳门“一带一路”建设经贸领域的重大议题。支持工商界成立了内地—香港“一带一路”工商专业委员会，该委员会是两地企业和专业机构发起的层次最高、涵盖领域最广的企业间合作机制，将对推动两地企业及专业界别加强沟通、共建“一带一路”发挥积极作用。

（九）澳门中葡商贸合作服务平台建设稳步推进

2018 年是中国—葡语国家经贸合作论坛（澳门）（以下简称中葡论坛）成立 15 周年。15 年来，中葡论坛机制日益完善，中国与葡语国家经贸合作形势喜人，前景广阔。与 2003 年论坛成立之初相比，中国与葡语国家贸易额是当年的 11 倍，中国对葡语国家全行业直接投资增长 120 倍，葡语国家累计对华投资近 10 亿美元。论坛框架下合作领域从论坛成立之初的 7 个增加至目前的近 20 个，从政府间合作、贸易投资、旅游、文化、公共卫生等传统领域向海洋、环保、产能合作等新兴领域不断延伸。15 年来，商务部支持澳门以中葡论坛为依托，充分发挥自身优势，积极建设中国与葡语国家商贸合作服务平台。“中国与葡语国家双语人才、企业合作与交流互动信息共享平台”“中葡中小企业商贸服务中心”“中葡经贸合作会展中心”和“葡语国家食品集散中心”（“一个平台、三个中心”）建设取得重要进展。中葡经贸合作人才信息网和葡语国家食品展示中心实体设施形成线上线下联动效应；“葡语国家产品及服务展（澳门）”独立成展；澳门积极协助本地和内地中小企业“走出去”，共同开拓葡语国家市场。中葡论坛（澳门）培训中心研修班已培训学员近千人。中国—葡语国家企业家联合会、中葡合作发展基金总部、中葡青年创新创业交流中心等，为各方企业合作、青年交流进一步增添动力，澳门中葡平台内容不断丰富、充实，为中国与葡语国家经贸合作发挥着越来越重要的作用，也得到了各葡语国家的高度认可。

2018 年，商务部会同中葡论坛常设秘书处等部门，一方面在中国内地、澳门和相关葡语国家积极开展中葡论坛成立 15 周年系列宣传纪念活动，各方对论坛成立 15 年来取得的积极成效以及澳门平台作用表示赞赏；另一方面在中国内地、澳门和葡语国家举办形式多样的交流和促进活动，如“中国—葡语国家青年企业家论坛”、中国—葡语国家省市长圆桌会、葡语国家产品及服务展、“中国—葡语国家双语人才培养及教学研讨会”等，为中葡企业间经贸合作和人文交流搭建平台。

二、大陆与台湾经贸关系

（一）两岸贸易

1. 货物贸易

据海关统计，2018 年，大陆与台湾货物贸易额 2262.4 亿美元，同比上升 13.2%。其中，大陆对台出口 486.5 亿美元，同比上升 10.6%；自台进口 1776.0 亿美元，同比上升 13.9%；大陆对台贸易逆差 1289.5 亿美元。台湾是大陆第七大贸易伙伴和第五大进口来源地。大陆是台湾最大的贸易伙伴和贸易顺差来源地。

两岸贸易呈现两大主要特点：一是贸易方式不断优化。加工贸易比重不断下降，由21世纪初的70%，下降到2018年的45%。随着大陆内需市场不断扩大，过去台商以出口为主的经营模式，正在逐步调整为出口与内销并重的模式。二是产品结构不断优化。机电产品在两岸贸易中占比超过75%，其中大陆自台进口集成电路产品超过自台进口总额的一半，这也一定程度上反映了两岸贸易产品结构的提升和优化。

2. 服务贸易

据商务部统计，2018年，大陆与台湾服务贸易额176.1亿美元，同比下降8%，台湾是大陆第十大服务贸易伙伴。其中，大陆对台出口54亿美元，同比下降21%；自台进口122.1亿美元，同比下降0.8%。大陆对台服务贸易逆差68.1亿美元。

从服务类别上看，对台出口以旅游业、加工服务业、其他商业服务为主，出口金额分别占对台出口总额的23.3%、19.3%、17.6%；自台进口以运输业、旅游业、其他商业服务为主，进口金额分别占自台进口总额的46.5%、30.5%、11.0%。运输业是大陆对台服务贸易逆差最大的行业，贸易差额达47.7亿美元。

（二）两岸双向投资

据商务部统计，2018年，大陆共批准台商直接投资项目4911个，同比增长41.8%；实际利用台资金额13.9亿美元，同比下降21.5%。若加上台商经第三地的转投资，大陆实际利用台商投资项目5191个，同比增长39.4%，实际利用台资金额50.3亿美元，同比增长6.4%。截至2018年12月，大陆累计批准台商直接投资项目107190个，实际利用台资678.1亿美元。若加上台商经第三地的转投资，大陆累计实际利用台资超过1300亿美元。

从投资领域看，全年台商投资七成以上集中在制造业，典型项目有台塑集团投资的台化兴业（宁波）有限公司，投资额2.6亿美元；世硕电子（昆山）有限公司，投资额1亿美元等。农林牧渔等产业增势明显，全年投资项目数增长82%。服务业投资比重不断上升，金融、医疗等领域成为台商投资新热点，典型项目有湖南旺旺医院投资管理公司，投资额2272万美元；领航融资租赁有限公司，投资额2500万美元；百发（中国）投资有限公司，投资额5100万美元等。从投资地区看，东部沿海地区仍是台商投资最为集聚的区域，但中西部地区吸引力日益增强，贵州、广西、新疆、山西等地台资增幅分别达6296%、1360%、846%和380%。

据商务部统计，2018年，共有40家大陆企业（非金融类）赴台直接投资1.97亿美元。截至2018年底，经商务部批准，大陆已有444家非金融类企业赴台设立了公司或代表机构，备案金额25.7亿美元，领域涵盖批发零售、通信、餐饮、塑胶制品、旅游等多个行业，为台湾岛内创造了1.6万个就业机会。

截至2018年底，台湾共分三批开放大陆企业赴台投资项目408项，占台总投资项目的67%。总体来看，台湾向大陆企业开放的投资领域有限、开放时间不长，大陆企业对岛内投资环境也还需要一个熟悉、培育的过程。与台湾企业在大陆投资相比，大陆企业赴台投资的数量和金额差距很大。

（三）《海峡两岸经济合作框架协议》（ECFA）早期收获实施情况

1. 货物贸易

据海关统计，2018年，大陆进口享受ECFA关税优惠产品货值139.5亿美元，关税减免约61.9亿元人民币，同比增长3.5%，已保持三年连续增长；对台出口享受ECFA关税优惠产品货值23.4亿美元，减免关税约0.9亿美元，同比增长12.1%。

2. 服务贸易

共有3家台湾金融企业和289家台湾非金融类企业利用早期收获优惠政策在大陆提供服务，并核准引进2部台湾影片；共有38家大陆非金融类企业利用早期收获优惠政策在台湾提供服务，并经核准向台湾出口10部大陆电影片。

（四）两岸产业合作进一步深入

一是海峡两岸产业合作区建设扎实推进。在广西、四川设立两个“海峡两岸产业合作区”基础上，海峡两岸（湖北）产业合作区于2018年7月正式设立，为台湾企参与“一带一路”和长江经济带建设提供新的平台。

二是重点领域产业合作不断深化。冷链物流领域，浙江宁波、福建泉州等8个“两岸冷链物流产业合作城市（区）”获批设立，并举办了两岸冷链物流产业合作论坛;《两岸冷链物流产业合作报告》(2018 年版)和两岸冷链物流产业合作指数正式发布。集成电路领域，安徽合肥获批“海峡两岸集成电路产业合作试验区”，台积电南京厂正式投产运营。

三是两岸民间经贸交流密切热络。首届中国国际进口博览会台商参展踊跃，共有 72 家台湾企业参加首届中国国际进口博览会，展位面积达 2253 平方米，签约合同额 5.3 亿美元，成果超出预期。第十三届两岸经贸合作与发展论坛在厦门举办，台湾工商团体和台商参与人数创历届新高。两岸经济高质量合作与发展（昆山）研讨会、第十一届海峡两岸（泉州）农产品采购订货会、台商大陆行（成都、眉山、青岛）等活动成功举办，得到广大台商积极响应。

（商务部台港澳司）

第五篇　与 WTO 主要成员经贸关系

中国与美国的经济贸易关系

中美经贸关系是中美关系的重要组成部分。中美建交 40 年来，双边经贸合作深入发展，利益融合日益加深，给两国和两国人民带来实实在在的好处。保持中美经贸关系健康稳定发展，符合两国的共同利益。2018 年，中美经贸关系在波折中前行，美方挑起经贸摩擦，对华采取单边加征关税措施，中方不得不采取应对措施。双方同意通过对话谈判解决分歧，为此举行了四轮中美经贸问题高级别磋商。

一、美方挑起对华经贸摩擦

2018 年，特朗普政府大搞单边主义、保护主义、贸易霸凌主义，对全球多个国家采取 232、201 等单边贸易限制措施。3 月 22 日，美政府公布对华 301 调查报告，并高举关税大棒，挑起对华经贸摩擦。2018 年 7 月至 9 月，美国先后分三次对约 500 亿美元中国输美商品加征 25% 关税，对约 2000 亿美元中国输美商品加征 10% 关税，还威胁要对剩余所有中国输美商品加征关税。中国为捍卫国家尊严和人民利益，不得不反击美方的错误做法，累计对约 1100 亿美元美国输华商品加征关税。

二、中方努力通过谈判磋商解决分歧

中方始终主张，中美经贸摩擦应通过谈判磋商解决。为此我们展示了极大诚意，作出积极努力，先后与美国举行了数轮高级别经贸磋商。5 月 19 日，中美发布联合声明，达成了“双方不打贸易战”的共识，同意继续保持高层沟通，积极寻求办法解决各自关注的经贸问题。5 月 29 日，美国政府不顾国内工商界和广大民众的反对，在双方发布联合声明仅 10 天后就推翻磋商共识，对中国的经济体制、贸易政策横加指责，宣布将继续推进加征关税计划。美方出尔反尔，导致两国间的经贸摩擦快速升级。12 月 1 日，习近平主席与美国总统特朗普在阿根廷 G20 峰会期间举行会晤，同意停止相互加征新的关税，在 90 天内加紧开展磋商，朝着取消所有加征关税的方向努力。

三、双边贸易继续增长

（一）货物贸易

据中方统计，2018 年，中美贸易额 6335.2 亿美元，同比上升 8.5%，占同期中国对外贸易总额的 13.7%。其中，中国自美进口 1551 亿美元，同比上升 0.7%，占中国进口总额的 7.3%；对美出口 4784.2 亿美元，同比上升 11.3%，占中国出口总额的 19.2%。中方顺差 3233.3 亿美元，同比上升 17.2%，占中国顺差总额的 91. 9%。

据美方统计，2018 年，中美货物贸易额 6598.5 亿美元，同比上升 3.9%，占美货物贸易总额的 15.7%。其中，美自华进口额 5395 亿美元，同比上升 6.7%，占美进口总额的 21.2%；对华出口额 1203.4 亿美元，同比下降 7.4%，占美出口总额的 7.2%。美对华贸易逆差额 4191.6 亿美元，同比上升 11.6%，占美货物贸易逆差总额的 47. 7%。

2018 年，中国是美国第一大贸易伙伴，第三大出口市场，第一大进口来源地。美国是中国第二大货物贸易伙伴，第一大货物出口市场，第六大货物进口来源地。

（二）服务贸易

据中方统计，2018 年，中美服务贸易额 1253.2 亿美元，同比增长 4.4%，其中，中国自美进口 869.1 亿美元，同比下降 0.2%；对美出口 384.1 亿美元，同比增长 16.4%；中国对美服务贸易逆差 485.0 亿美元，同比下降 10. 3%。

据美方统计，2018 年，中美服务贸易额 754.8 亿美元，同比增长 2.7%。其中，美自华进口 183.4 亿美元，同比增长 5.1%；对华出口 571.4 亿美元，同比增长 2.0%。美方顺差 388.0 亿美元，同比增长 0. 6%。

2018 年，美国是中国第二大服务贸易伙伴，第二大服务出口市场及服务进口来源地。

四、美对华投资小幅增加，中国对美投资大幅下降

2018 年，中国实际使用美资金额 26.9 亿美元，比上年上升 1.5%。截至 2018 年底，美对华投资项

目累计超过 7 万个，实际投入 851.9 亿美元。

2018 年，中国企业在美非金融类直接投资 50.6 亿美元，同比下降 33.4%，连续第二年下降。截至 2018 年底，中国企业在美累计非金融类直接投资 633 亿美元。

五、中美省州和城市间经贸合作继续推进

在中美经贸摩擦持续升级的背景下，中美省州经贸合作依然保持旺盛的生命力。各工作组开展了一系列贸易投资促进活动，为两国务实经贸合作提供助力。一是完善贸易投资合作工作组机制。工作组秘书处大力加强信息工作，向双方政府、商协会、企业人员等共发送经贸信息 80 余期。强化工作组协调联络角色，广泛发动中美政府部门、商协会、金融机构等参与合作。二是保持团组互访热度。2018 年各工作组先后组织 10 余个团组互访，举办 4 场省州经贸活动。三是拓展合作项目领域。7 月 11 日，“中国市与美国芝加哥市贸易投资合作联合工作组”签署《2018—2023 五年重点产业合作计划》，探讨在医疗健康、先进制造、创新技术、金融服务、农业与食品、教育、交通、物流、批发零售、基础设施等领域开展合作。

（商务部美大司）

中国与加拿大的经济贸易关系

2018年，中国和加拿大经贸合作继续稳步发展。

一、双边贸易

据中国海关统计，2018年，中加双边贸易额635.4亿美元，同比增长22.7%。其中，中国对加拿大出口351.6亿美元，同比增长12.1%；从加拿大进口283.8亿美元，同比增长39%。中国对加拿大出口的主要商品为：电话（27.4亿美元）、自动数据处理设备（16.9亿美元）、机动车零件和附件（9.8亿美元）等；中国从加拿大进口的主要商品为：未锻造黄金（52.8亿美元）、木浆（24.5亿美元）、油菜籽（21.1亿美元）、木材（9.6亿美元）等。

二、双向投资

据中方统计，2018年，加拿大在华投资项目546个，加方实际投入金额2.8亿美元。截至2018年底，加拿大累计在华投资项目14928个，实际使用外资金额107.2亿美元。据中方统计，截至2017年底，中国对加拿大直接投资存量109.4亿美元。2018年，中国对加拿大直接投资9.8亿美元。双方投资主要领域是旅游、化工、能源开发和金融服务等。

（商务部美大司）

中国与拉美国家的经济贸易关系

经贸合作是中拉关系的重要组成部分。2018年2月初，习近平主席赴阿根廷出席二十国集团（G20）领导人第十三次峰会并对阿根廷、巴拿马进行国事访问，玻利维亚、委内瑞拉、萨尔瓦多、多米尼加、巴拿马、古巴和厄瓜多尔等拉美国家元首先后访华。在元首外交的推动下，中国同拉美国家经贸合作实现了新发展。

一、“一带一路”国际合作在拉美地区延伸

拉美国家积极响应参与共建“一带一路”。2018年1月，中拉论坛第二届部长级会议通过《“一带一路”特别声明》，双方深入探讨在“一带一路”框架内实现中拉发展战略对接。2018年内，玻利维亚、多米尼克、圭亚那、乌拉圭、哥斯达黎加、委内瑞拉、格林纳达、智利、萨尔瓦多、多米尼加、古巴和厄瓜多尔等相继与中国签署共建“一带一路”合作谅解备忘录。中国海航、国航分别开通北京至墨西哥城、北京至巴拿马城直航航线，人员往来更加便捷。

二、贸易合作再上新台阶

中国继续保持拉美第二大贸易伙伴地位，同时也是许多拉美国家的第一大贸易伙伴。2018年，中拉货物贸易额首次突破三千亿美元，达3074亿美元，其中中国出口额达1488亿美元，中国进口额达1586亿美元，同比增幅分别为19.2%，13.7%和24.9%。中国对拉美主要出口机电产品（液晶显示板、太阳能电池、汽车零配件等）、高新技术产品（计算机、通信设备等）、轻纺、钢材等，自拉美主要进口农产品、原油、矿产品、集成电路、医用仪器、飞机等。中国在拉美的前五大贸易伙伴分别是巴西、墨西哥、智利、秘鲁和哥伦比亚。电子商务、服务贸易等新业态快速发展。

三、投资合作成果丰硕

拉美是中国第二大海外投资目的地和国际产能合作重要对象。截至2017年，中国对拉美地区直接投资存量为3869亿美元。截至2018年，拉美国家在华直接投资额达2160.6亿美元。

中国共享经济领域的企业已走进拉美市场。2018年，滴滴打车收购巴西第二大出行公司99 Taxi，并同时在墨西哥上线。摩拜单车在墨西哥、智利开展业务。

四、工程承包合作蓬勃发展

截至2018年，中国在拉美工程承包签署合同额1824.6亿美元，完成营业额1249.1亿美元。中国企业签署合同额最多的前五个国家分别是委内瑞拉、巴西、阿根廷、厄瓜多尔和墨西哥。中国企业承揽的巴拿马运河第四大桥、巴西美丽山特高压输电线路二期、阿根廷圣克鲁斯省水电站等大项目启动实施。此外，第四届中拉基础设施合作论坛在澳门成功举办，800余名中外各界代表与会，在中拉基础设施合作中的平台作用凸显。

五、自贸区建设合作稳步推进

目前，中国与智利、秘鲁、哥斯达黎加双边自贸协定实施情况良好。2018年，中国与拉美国家的自贸区建设合作取得新发展，双边贸易投资自由化便利化水平进一步提高。中国与秘鲁宣布启动自贸协定升级谈判，与巴拿马自贸协定完成第五轮谈判。2019年3月1日，中智自贸协定升级议定书生效实施。

六、拉美国家积极参加首届中国国际进口博览会

拉美和加勒比地区共有21个国家参加首届中国国际进口博览会。巴西、阿根廷、乌拉圭、智利、秘鲁、玻利维亚、委内瑞拉、墨西哥、古巴、哥斯达黎加、巴拿马、萨尔瓦多、多米尼加、苏里南、特立尼达和多巴哥、巴巴多斯、牙买加、圭亚那、安提瓜和巴布达、巴哈马、格林纳达、多米尼克受邀参加了国家展。其中，巴西和墨西哥以主宾国身份参展。期间，291家拉美和加勒比国家企业参加商业企业展，展位面积达3520平方米。

（商务部美大司）

中国与智利的经济贸易关系

一、经贸关系发展迎来新局面

智利是中国在拉美地区的全面战略伙伴，在发展对华经贸关系上一直走在拉美前列。智利是第一个同我国签署关于中国加入世贸组织双边协议、第一个宣布承认我国完全市场经济地位、第一个与我国签署自贸协定、第一个设立人民币离岸结算中心和第一个完成自贸协定升级的拉美国家。

2018 年 11 月，中智两国签署了《关于共同推进丝绸之路经济带和 21 世纪海上丝绸之路建设的谅解备忘录》，开启了中智双边经贸合作新进程。

迄今，两国签有一系列政府间协议，为双边交往提供制度保障。其中经贸类协议主要有：政府贸易协定（1971 年 4 月）、关于鼓励和相互保护投资协定（1994 年 3 月）、关于中国加入世贸组织的双边协定（1999 年 11 月）、自由贸易协定（2005 年 11 月）、自由贸易协定关于服务贸易的补充协定（2008 年 4 月）、自由贸易协定关于投资的补充协定（2012 年 9 月）、避免双重征税协定（2015 年 5 月）、中智自贸区升级议定书（2017 年 11 月）等。

二、双边贸易高质量发展

中智两国贸易规模不断扩大，贸易结构不断优化，农产品贸易成为亮点，电子商务合作渐入佳境。自 2016 年 11 月中智签署《关于电子商务领域合作的谅解备忘录》以来，双方从政策交流、规则协同、能力建设、贸易促进等方面开展了务实、深入的合作。

2018 年，智利是中国在拉美的第三大贸易伙伴、第三大出口目的地国和第二大进口来源国，中国是智利在全球的第一大贸易伙伴、第一大进口来源国和第一大出口目的地国。据中国海关统计，2018 年中智货物贸易总额 427.5 亿美元，是 2006 年中智自贸协定生效时双边贸易额的 4.8 倍。其中，中国出口 158.8 亿美元，进口 268.7 亿美元。2019 年 1 至 5 月，中智货物贸易额 177.2 亿美元，同比增长 2%。其中，中国出口 58.6 亿美元，同比下降 4.8%，进口 118.5 亿美元，同比增长 5. 7%。

中国对智利主要出口机电产品、纺织品、钢材、家电等商品。中国出口商品品种多样，适销对路，深受智利消费者和企业家青睐。其中，对智出口汽车成为亮点，智利长期位居我国自主品牌汽车出口前五大目的地之列。2018 年，我国对智利出口汽车 7.5 万辆，同比增长 20%。

中国从智利主要进口铜、铜矿砂、纸浆、水果、木材和葡萄酒等商品。目前，智利是南美地区中对华出口农产品种类最多的国家。2018 年，中国自智利进口农产品 31 亿美元，同比增长 45%。智利是中国进口水果的第二大来源国、进口三文鱼的最大来源国、进口葡萄酒的第三大来源国。

三、经济合作空间广阔

（一）相互投资

智利政治环境稳定、经济持续增长、法制健全、市场开放，为投资者提供了较为稳定和可预期的营商环境。智利政府重视和欢迎中国企业对智投资。随着中智双边关系升级和自贸区建设完善，中国企业对赴智投资兴业的关注度提升，大项目增多，合作领域不断拓展。据中国对外直接投资统计公报，截至 2017 年底，中国对智利直接投资存量 5.28 亿美元。

截至 2018 年底，智利在华投资项目 215 个，实际投资 1.63 亿美元，主要集中在航运、服装、化工、建材、食品和金属加工等领域。

（二）承包工程合作

根据商务部统计，截至 2018 年底，中国企业在智利累计签订承包工程合同额 20.7 亿美元，完成营业额 16.1 亿美元，主要涉及港口码头、电站、通信等项目建设。

智利工程市场竞争颇为激烈。政府在基础设施建设上主推 PPP 特许经营模式，已形成“特许经营为主、政府投资为辅”的格局。智政府欢迎中国企业参与当地基础设施建设。目前，已有中国企业尝试参与智 PPP 特许经营项目投标。

四、自贸升级深挖合作潜力

中国—智利自由贸易协定于 2005 年 11 月签署，

2006 年 10 月开始实施。自实施以来，双边贸易快速增长，连创历史新高。2012 年以来，中国一直是智利的最大贸易伙伴。

中智自贸协定是中国对外签署的第二个自贸协定，也是中国与拉美国家签署的第一个自贸协定，是中方迄今对外签署的自由化水平最高的协定之一，到 2015 年双方已完成所有降税，中方已取消了占税目总数 97% 的产品关税，智方取消了占其税目总数 98% 的产品关税。

为进一步提升自由化水平，2015 年 5 月李克强总理访问智期间，中国商务部与智利外交部签署谅解备忘录，宣布启动中智自贸协定升级联合研究进程。2016 年 11 月习近平主席访问智期间，中国商务部与智外交部签署谅解备忘录，宣布启动中智自贸区升级谈判。2017 年 11 月 11 日，两国政府签署自贸区升级《议定书》。2019 年 3 月 1 日，中智自贸协定升级议定书正式生效。

（商务部美大司）

中国与秘鲁的经济贸易关系

秘鲁是与中国既有全面战略合作伙伴关系，又签有一揽子自贸协定的国家。同时秘鲁还是拉美地区除巴西之外，最早加入亚投行的国家。2019 年 4 月，两国签署了《关于共同推进丝绸之路经济带和 21 世纪海上丝绸之路建设的谅解备忘录》，两国经贸关系开启了新的篇章。

目前两国签署的政府间经贸类协议有：关于鼓励和相互保护投资协定（1994 年 6 月）、自由贸易协定（2009 年 4 月）等。

一、双边贸易持续增长

近年来，双边贸易持续增长。据中国海关统计，2018 年中秘双边贸易额 231.1 亿美元，同比增长 14.7%。其中，我对秘出口 80.7 亿美元，同比增长 15.9%；自秘进口 150.4 亿美元，同比增长 15.0%。目前，秘鲁是中国在拉美的第四大贸易伙伴。中国则已连续多年成为秘鲁第一大贸易伙伴。中国向秘鲁主要出口机电产品、高新技术产品、钢铁板材等产品；自秘鲁主要进口铜精矿、农产品和鱼粉等。

二、经济合作大有作为

（一）相互投资

中国对外直接投资统计公报显示，截至 2017 年底，中国对秘鲁直接投资存量 8.4 亿美元。据商务部业务统计，2018 年，中国对秘鲁全行业直接投资 5886 万美元。中国对秘鲁投资主要分布在采矿业、农林牧渔业、批发和零售业。

据商务部业务统计，截至 2018 年底，秘鲁在华投资 4377 万美元，涉及电子、房地产、汽车零部件等行业。

（二）承包工程合作

中国企业在秘鲁开展承包工程业务始于 1986 年。秘鲁是我国在拉美地区重要工程承包市场。截至 2018 年底，中国在秘鲁签署承包工程合同额 55.9 亿美元，完成营业额 49.9 亿美元。主要涉及水电、交通基础设施建设等项目。

三、自贸升级创造新机遇

《中国—秘鲁自由贸易协定》2009 年 4 月 28 日在北京签署，2010 年 3 月 1 日正式实施。中秘自贸协定覆盖货物贸易、服务贸易和投资，领域广、开放水平高，是中国与拉美国家签订的第一个全面的自贸协定。2016 年 11 月习近平主席访秘期间，双方签署备忘录决定启动自贸协定升级联合研究。经多轮磋商，两国于 2018 年 9 月完成了升级联合研究，并于 11 月启动协定升级谈判。

（商务部美大司）

中国与欧洲联盟的经济贸易关系

在习近平主席提出的中欧和平、增长、改革、文明四大伙伴关系指引下，2018 年中欧经贸合作稳步发展，为各自经济发展和人民福祉作出了积极贡献。

一、双边贸易

2018 年，中欧贸易额创历史新高，达 6821.6 亿美元，比上年增长 10.6%。其中，中国对欧出口 4086.3 亿美元，增长 9.8%；自欧进口 2735.3 亿美元，增长 11.7%。

二、双向投资

中欧互为重要的投资伙伴，双向投资潜力巨大。中欧投资协定谈判是双边经贸合作的重要事项，谈判于 2013 年 11 月正式启动，2018 年 7 月第二十次中欧领导人会晤期间，双方交换了清单出价。

据中方统计，截至 2018 年底，欧盟对华实际投资金额 1306.5 亿美元。2018 年，欧盟对华投资实际投资 104.2 亿美元，增长 25.7%。截至 2018 年底，中国对欧累计直接投资 941.2 亿美元。2018 年，中国对欧直接投资 81.1 亿美元。

三、对话机制

中欧对话机制健全，交流渠道畅通。2007 年，双方领导人达成共识，建立副总理级中欧经贸高层对话。中欧经贸高层对话是规划和指导中欧经贸关系发展，对中欧间重要贸易、投资和经济问题进行战略决策的重要平台。2018 年 6 月，第七次中欧经贸高层对话在北京举行，刘鹤副总理与欧委会副主席卡泰宁共同主持，双方在共同反对贸易保护主义、促进贸易投资自由化便利化等领域达成了诸多共识。

1979 年中欧建立正部级经贸混委会，迄今已举行 30 次会议。此外，中欧还建立了副部级的贸易与投资政策对话、世贸组织改革联合工作组、竞争政策对话、知识产权对话等机制，司局级机制包括经贸工作组、知识产权工作组、贸易救济工作组等。多层次、宽领域的对话磋商机制为双方协调立场、处理分歧、促进合作提供了重要平台。

四、重要经贸合作

（一）高层互访培育合作新亮点

2018 年，中欧高层互访频繁。习近平主席、李克强总理多次访欧。欧盟、德国、法国、英国等领导人相继访华。在双方高层推动下，中欧经贸合作不断取得新进展，合作领域得到拓宽，深度和广度不断提高。

（二）“一带一路”倡议不断取得新进展

2018 年以来，中方积极推进“一带一路”倡议在欧落地实施，合作成效良好。双方积极推动欧盟“欧亚互联互通战略”与“一带一路”倡议加强对接，中欧互联互通平台取得积极进展，中欧投资基金运行良好，双方在“一带一路”项下的各类合作不断取得新进展。

（三）中欧地方合作和企业合作态势良好

2018 年，中欧地方合作和企业合作深入推进，纵向联动、协作不断加强。成都中国—欧洲中心、中德青岛生态园、中英青岛创新产业园、中德太仓企业合作基地、中法成都生态园、沈阳生态园区等 30 个对欧产业园建设进展积极。中德经济顾问委员会，中意、中法、中西、中英企业家委员会，中芬创新企业合作委员会等企业合作平台进一步完善。

七、重要经贸往来

2018 年 6 月，第 7 次中欧经贸高层对话在京举行。

2018 年 6 月，第 10 次中欧贸易与投资政策对话在布鲁塞尔举行。

2018 年 5 月，第 21 次中欧经贸工作组会议在布鲁塞尔举行。

（商务部欧洲司）

中国与英国的经济贸易关系

英国是全球第五大、欧洲第二大经济体，支持自由贸易，是世界上投资吸引力最高的国家之一。近年来，中英高层互访频繁，双边关系发展顺利，经贸合作成果丰硕。中英建立了面向21世纪全球全面战略伙伴关系，经贸合作是双边关系重要的“压舱石”和“推进器”。

一、中英高层交往频繁

2015年习近平主席成功访英，开启中英关系“黄金时代”。2018年1月31日至2月2日，英国首相特蕾莎·梅访华并与李克强总理举行中英总理年度会晤，习近平主席会见梅首相，双方一致同意，结合两国各自发展阶段和合作需求，赋予中英关系新的时代内涵，共同打造“黄金时代”增强版。8月，中英双方在京举行经贸联委会第13次会议，双方就中英经贸关系、“一带一路”合作、中美贸易摩擦、中国国际进口博览会、未来双边经贸关系安排等议题深入交换了意见。

二、中英经贸合作务实发展

英国是中国在欧盟的第二大贸易伙伴和引资来源国，第一大直接投资目的地；中国是英国第四大贸易伙伴和重要投资来源国。2018年，中英双边贸易保持增长态势，双边贸易总额804.4亿美元，同比增长1.8%。中国对英出口565.6亿美元，下降0.3%；中国自英进口238.8亿美元，增长6.9%。双向投资快速增长，截至2018年底，英对华直接投资245.4亿美元，中国对英直接投资220.3亿美元。“一带一路”建设合作深入推进，义乌至伦敦中欧班列开通，英国成为第一个加入亚洲基础设施投资银行的西方大国，中英合作不断深化，以欣克利角C核电项目为代表的基础设施领域合作稳步推进。合作领域不断扩大，中英在金融、科技、医药、航天、创新等领域的合作全面发展，两国地方经贸合作务实推进，更多城市参与其中并取得了良好合作成效。中英企业家委员会活动丰富，双方企业为发展中英经贸关系献计献策，为服务中英地方合作添砖加瓦。

三、中英经贸合作潜力巨大

在英国脱欧背景下，中英双方将共同努力，充分利用中英经贸联委会、贸易工作组等机制，深入探讨两国未来经贸关系安排，挖掘双边未来合作潜力，迎接新时代，把握新机遇，推动中英经贸合作迈上新台阶，为中英关系“黄金时代”增强版打造更多的“黄金成果”。

（商务部欧洲司）

中国与荷兰的经济贸易关系

荷兰是全球第 17 大、欧洲第 6 大经济体，支持自由贸易，市场成熟、开放，法律法规健全，是我在欧盟内重要的贸易投资和高新技术合作伙伴之一。近年来，中荷高层互动频繁，“一带一路”建设稳步推进，贸易和投资各领域合作蓬勃发展，经贸合作压舱石和推进器的作用进一步凸显。

中荷高层交往密集，取得丰硕成果。2018 年 2 月，习近平主席会见来华访问的荷兰国王威廉 - 亚历山大，进一步引领和推动了双边关系发展。4 月荷首相吕特率史上最大规模经贸代表团访华，双方召开中荷企业家圆桌会。10 月，李克强总理访荷，出席中荷经贸论坛，双方签署近百亿美元商业协议和加强第三方市场合作的谅解备忘录，相关协议已经或正在抓紧落实。两国总理年内实现互访，为中荷开放务实的全面伙伴关系注入了新动力。

中荷经贸合作务实，实现长足发展。目前，两国经贸合作进入“快车道”，合作潜力逐步释放。一是双边货物贸易继续保持高位运行。2018 年，荷是我在欧盟内第二大贸易伙伴（仅次于德国），我是荷在欧盟外第二大贸易伙伴（仅次于美国）。据中方统计，两国货物贸易额创历史新高，达到 852 亿，同比增长 8.6%。二是跨境服务贸易稳步增长。据中方统计，2018 年两国服务贸易额 111.1 亿美元，同比增长 15.4%。我对荷出口主要包括其他商业服务、技术和贸易相关服务、通信和计算机信息服务等，自荷进口主要为其他商业服务、专业与管理咨询、交通服务等。三是双向投资持续扩大，平衡多元。荷对华投资活跃，是我在欧盟内第三大外资来源地。据中方统计，截至 2018 年底，荷在华投资项目 3486 个，实际投资 194.9 亿美元，集中在石化、电子、银行等行业。荷是我在欧盟第二大直接投资目的地，截至 2018 年底，我对荷投资 197.3 亿美元，已从传统领域拓宽至电信、机械制造、农业、金融等诸多行业。

展望未来，中荷经贸合作前景可期，大有作为。双边贸易增长空间大。随着我经济从高速增长阶段转向高质量发展阶段，我自荷进口将保持旺盛需求，荷在现代农业、食品加工、高端制造、节能环保等领域优势明显，将催生大量进口需求，特别是电子、医疗设备、乳制品、肉类等行业。双向投资仍将继续保持活跃。荷希望抓住我发展机遇，对华投资合作意愿较强，企业对在华业务充满信心，普遍认为机遇大于挑战。荷吸引我企业赴荷投资拥有众多优势，但荷政府内部保护主义势力有所抬头，对外国并购出现收紧迹象。“一带一路”框架下合作基础更加稳固，荷将成为我在西北欧地区设施联通、贸易畅通、资金融通的重要支点。目前，两国“一带一路”建设已经实现了陆海空立体互联互通，多个中国城市开通了赴荷兰的中欧班列。

（商务部欧洲司）

中国与德国的经济贸易关系

2014 年中德建立全方位战略伙伴关系以来，两国关系得到长足发展，各领域合作机制不断完善，合作广度和深度进一步拓展。2018 年，李克强总理访德并主持召开第五轮中德政府磋商；刘鹤副总理访德并出席中欧论坛汉堡峰会；德国总理默克尔、德国总统施泰因迈尔先后访华。中德高层保持频繁互访，经贸合作基础继续巩固。

一、双边贸易

目前，德国是中国在欧洲最大和全球第六大贸易伙伴。2018 年，中德贸易额为 1838.8 亿美元，同比增长 9.4%。其中，中国出口 775.5 亿美元，增长 9%；进口 1063.3 亿美元，增长 9.7%；中方逆差 287.8 亿美元。

中国对德出口商品主要包括自动数据处理设备及其部件、服装及衣着附件、文化产品、汽车零配件、电话机、纺织纱线及织物制品、家具及其零件、农产品、鞋类、灯具、照明装置及零件等；中国自德进口商品主要包括汽车、汽车零件、计量检测分析控仪器及器具、医药品、通断保护电路装置及零件、飞机及其他航空器、金属加工机床、农产品、医疗仪器及器械等。

二、德国对华投资

德国累计对华实际投资额居欧盟国家之首。据商务部统计，截至 2018 年底，德企业累计在华投资项目 10 272 个，实际投资额 333.9 亿美元。2018 年，德对华新增投资项目 491 个，增长 26.9%；德方实际投入 36.7 亿美元，增长 138.3%。德对华投资项目主要集中在制造、汽车、化工、金融、交通运输等领域。

三、中国对德投资

据商务部统计，截至 2018 年底，中国累计对德全行业投资额为 134.9 亿美元。2018 年，中国对德全行业投资额为 13.3 亿美元。中国对德投资集中在制造、金融、水利、环境和公共设施管理、电力、热力、燃气、水的生产和供应以及批发和零售业。

四、技术合作

德国是中国自欧洲引进技术最多的国家。截至 2018 年底，中国自德技术引进合同 24 476 项，合同金额 825.3 亿美元。2018 年，中国自德技术引进合同 762 项，合同金额 35.9 亿美元。项目主要涉及交通运输、通信、电子电气、机械制造、金属加工和化工制药等领域。

五、中德经济合作联委会

1979 年 10 月，中德两国政府在波恩签署经济合作协定，并据此成立中德经济合作联合委员会（正部级）。改革开放初期，中德经济合作联委会曾是中德两国经济主管部门开展政策磋商、推进大项目合作的主渠道。在联委会框架下，中德曾先后成立农业、有色金属、投资、铁路、天津工业园、法律与示范合同、贸易统计等工作小组以及经济合作和投资、职业教育等专门委员会，有力推动了双方在上述领域的合作。1980 年 8 月，联委会在京举行首次会议，迄今共召开了 16 次会议。目前，联委会下设标准化、煤炭、法律和生态园 4 个工作组。

六、中德经济顾问委员会

中德经济顾问委员会（以下简称经顾委）是中国与世界主要经济体建立的首个双边经济合作顾问机制，旨在建立领导人与经济界直接对话的渠道，为中德企业、商协会、智库等向两国领导人建言献策、共谋合作提供平台。2012 年 8 月，第二轮中德政府磋商期间，中国商务部与德国经济和技术部签署《关于建立中德经济顾问委员会的联合声明》。2013 年 5 月李克强总理访德期间，经顾委正式成立，并被李总理称为与中德政府磋商并行、旨在推动两国经贸合作的“第二轨道”。经顾委中方秘书处设在商务部欧洲司，德方秘书处设在德国经济和能源部对外经济政策司。2014 年 7 月、2015 年 10 月、2016 年 6 月、2017 年 6 月、2018 年 5 月，经顾委先后召开了五次会议，并五次与两国总理座谈。

附表：

中国入世以来中德贸易数据（中方统计）

单位：亿美元

年度	总额	中方对德出口	中方自德进口	中方顺/逆差
2001	235.3（+19.5%）	97.5（+5.1%）	137.7（+32.3%）	-40.2
2002	278.0（+18.2%）	113.7（+16.6%）	164.3（+19.3%）	-50.6
2003	418.8（+50.7%）	175.4（+54.2%）	243.4（+48.3%）	-68.0
2004	541.2（+29.7%）	237.5（+36.2%）	303.7（+25%）	-66.1
2005	632.5（+16.9%）	325.3（+36.9%）	307.2（+1.2%）	+18.1
2006	782.0（+23.6%）	403.2（+23.9%）	378.8（+23.3%）	+24.4
2007	941.1（+20.4%）	487.2（+20.8%）	453.9（+19.8%）	+33.3
2008	1150.1（+22.2%）	591.7（+21.5%）	558.4（+23.0%）	+33.3
2009	1057.3（-8.1%）	499.2（-15.7%）	558.1 (0%)	-58.9
2010	1423.9（+34.8%）	680.5（+36.3）	743.4（+33.4%）	-62.9
2011	1691.5（+18.9%）	764.3（+12.3%）	927.2（+24.9%）	-162.9
2012	1611.3（-4.7%）	692.2（-9.4%）	919.1（-0.9%）	-226.9
2013	1615.6（+0.3%）	673.6 (-2.7%)	942（+2.5%）	-269
2014	1777.5（+10.1%）	727.1（+8.0%）	1050.4（+11.5%）	-323.3
2015	1567.8（-11.8%）	691.6（-4.9%）	876.2（-16.6%）	-184.6
2016	1512.9（-3.5%）	652.1（-5.7%）	860.8（-1.8%）	-208.7
2017	1681（+11.1%）	711.4（+9%）	969.6（-12.6%）	-258.2
2018	1838.8（+9.4%）	775.5（+9%）	1063.3（+9.7%）	-287.8

（商务部欧洲司）

中国与法国的经济贸易关系

一、双边贸易

据中国海关统计，2018 年，中法双边贸易额为 629 亿美元，同比增长 15.5%；其中中国出口 306.8 亿美元，同比增长 10.9%；中国进口 322.2 亿美元，同比增长 20.2%。

中国对法国出口的主要商品包括纺织服装、鞋帽、家具、电子产品等。中国自法国进口的主要商品包括飞机及其他航空器、农产品、医药品、葡萄酒等。

二、法国对中国投资

据商务部统计，截至 2018 年底，法在华投资项目 5686 个，实际投资 175.3 亿美元。2018 年，法在华新增项目 280 个，同比增长 34%，实际投资 10.1 亿美元，同比增长 28%。法在华投资涵盖电力、汽车、航空、通信、化工、水务、医药等各大领域。

三、中国对法国投资

2018 年，中国对法非金融类直接投资 3.77 亿美元。中国对法投资主要分布在化工、电子信息、电信、物流、贸易、金融、农产品加工、旅游等领域。

四、技术合作

截至 2018 年底，中国自法引进技术 6371 项，合同金额达 254.5 亿美元。2018 年，中国自法引进技术 174 项，合同金额 6.6 亿美元。

五、工程承包

截至 2018 年，中国在法承包工程累计签订合同额 143.95 亿美元，完成营业额 115.08 亿美元。2018 年，中国在法新签工程承包合同额 14.20 亿美元，完成营业额 12.58 亿美元。

六、中法经贸混委会

中法经贸混委会是两国经贸领域重要的磋商机制，第一次会议于 1976 年 12 月在北京召开。此后会议轮流在两国举行，至今已举行了 25 次会议，为中国经济建设和中法经贸关系发展作出了历史性贡献。第 25 次中法经贸混委会于 2018 年 9 月 14 日在京举行。

七、中法企业家委员会

2018 年 1 月，法国总统马克龙来华访问期间，中法双方成立了企业家委员会，国家主席习近平和马克龙共同会见了双方企业代表并致辞。中法企业家委员会作为两国企业直接交流平台，提供了政府与企业间高效沟通的渠道。企委会下设理事会，由两国各 15 家企业代表组成，中方主席单位为中国银行，法方主席单位为施耐德电气集团。中方秘书处设在中国机电产品进出口商会，法方秘书处设在法中委员会。

八、高层互访

2018 年中国与法国的高层互访主要有：1 月，马克龙总统访华；6 月，菲利普总理访华；7 月，胡春华副总理访法；9 月，法国外长勒德里昂来华出席中法经贸混委会第二十五次会议，李克强总理、胡春华副总理、王毅国务委员兼外长分别同其会见、会谈；10 月，李克强总理在出席第十二届亚欧首脑会议期间会见法国总统马克龙；11 月，法国农业部长迪迪埃•纪尧姆率团来华出席首届中国国际进口博览会；12 月，习近平主席在出席二十国集团领导人布宜诺斯艾利斯峰会期间同马克龙总统会晤；12 月，胡春华副总理赴法主持第六次中法高级别经济财金对话。

（商务部欧洲司）

中国与意大利的经济贸易关系

2004年，中国和意大利建立了全面战略伙伴关系。近年来，中意全面战略伙伴关系深入发展，两国高层交往频繁。2018年3月，习近平主席对意大利进行国事访问；4月，意大利总理孔特来华出席第二届“一带一路”国际合作高峰论坛。在两国领导人的引领下，中意贸易、投资领域合作不断扩大，经贸合作机制不断完善，各领域合作成果丰硕。

一、双边贸易

意大利是中国在欧盟的第五大贸易伙伴。中国是意大利在亚洲的第一大贸易伙伴，也是继法国和德国之后的第三大进口来源国。

2018年，双边贸易额542.4亿美元，同比增长9.1%，其中中国出口331.7亿美元，增长13.6%；进口210.6亿美元，增长2.8%，中方顺差121.1亿美元。

二、意大利对华投资

意大利是中国在欧盟内的第五大直接投资来源国。截至2018年底，意在华直接投资项目共计6094个，实际投入73.1亿美元。2018年新增项目276个，实际投入2.3亿美元。

三、中国对意投资

截至2018年底，中国对意直接投资存量23.5亿美元。2018年，新增直接投资4.5亿美元。

四、技术引进

意大利是中国在欧盟内的第三大技术引进来源国。截至2018年底，中方自意引进技术3522项，合同金额达73亿美元。2018年，中方自意引进技术172项，合同金额4.5亿美元。

五、中意经济合作混委会

中意经济合作混委会（以下简称混委会）是两国政府在经贸领域历史最悠久、最重要的合作机制。1979年，中意两国签署《中意政府经济合作协定》，成立中意经济合作混委会。1991年5月，两国重签了上述协定；同年11月，在华举行中意经济合作混委会第一次会议。截至目前，中意经济合作混委会已经举行了13次会议。最近一次会议于2018年12月在京召开，由时任商务部国际贸易谈判代表兼副部长傅自应与时任意大利经济发展部副部长杰拉奇共同主持。双方已在混委会下成立了知识产权、中小企业、投资促进、高技术、节能环保、内贸流通和贸易强化7个工作组。

六、中意企业家委员会

2014年6月，中意企业家委员会在两国领导人见证下成立，迄今已经举行过6次会议，其中4次作为高层互访的经贸配套活动。2019年习近平主席对意大利进行国事访问期间，企委会召开第6次会议。会后，习近平主席与马塔雷拉总统共同会见了企委会理事会成员。企委会已成为加强两国企业合作，密切政企沟通的重要平台。

（商务部欧洲司）

中国与俄罗斯的经济贸易关系

一、俄罗斯经济形势

2018 年，俄罗斯经济延续企稳向好势头，全年 GDP 增长 2.3%，较 2017 年增速（1.5%）提高 0.8 个百分点，工业生产增长 2.9%，农业下降 0.8%，对外贸易、零售贸易分别增长 17.6%、2.6%，通胀率为 4.3%，财政自 2011 年来首次实现盈余，达到 2.75 万亿卢布，约占 GDP 的 2. 7%。

二、中俄经贸关系总体评价

2018 年是中俄经贸关系提质升级的关键之年。双边贸易首次突破千亿美元大关，战略大项目、投资、地方合作、展会平台、制度建设均取得重要进展。

（一）双边贸易快速增长

据中方统计，2018 年中俄贸易额创历史新高，达到 1070.6 亿美元，同比增长 27.1%。其中，中国对俄出口 479.8 亿美元，同比增长 12%；自俄进口 590.8 亿美元，同比增长 42.7%。中国连续九年保持俄第一大贸易伙伴国地位，俄罗斯在中国主要贸易伙伴中列第十位。与此同时，双边贸易结构持续优化，机电和高新技术产品贸易同比分别增长 14.6% 和 25.7%，农产品贸易超过 50 亿美元，创历史新高，增长 28.2%，中国成为俄农产品和食品主要出口目的国。中国自俄进口大豆 81.7 万吨，同比增长 64.7%，显示出较大发展潜力。跨境电商、服务贸易等新业态蓬勃发展。据俄方初步统计，2018 年中俄跨境电商贸易额超过 50 亿美元，中国是俄第一大电商贸易伙伴。据中方统计，2018 年中俄服务贸易进出口总额 175.9 亿美元，同比增长 97.1%，主要集中在运输、旅游等领域。双方还积极推动检验检疫、市场准入、运输通关、标准计量、认证认可等领域合作，贸易便利化水平持续提升。

（二）投资和战略性大项目稳步推进

2018 年，两国高层多次会晤，中俄总理定期会晤委员会等机制高效运转，指导和推动两国能源、核能、航空、航天、跨境基础设施建设等领域的战略性大项目取得积极进展，有力带动了双向投资和产业合作。双方签署核领域一揽子合作协议、月球与深空探测领域合作备忘录、卫星导航系统及空间碎片领域合作协定等文件，更新《2018—2022 年中俄航天合作大纲》，积极推进联合研制远程宽体客机和重型直升机项目，加快推动设立联合科技创新基金。中俄东线天然气管道、同江—下列宁斯阔耶铁路桥、黑河—布拉戈维申斯克公路桥建设进展顺利，将于 2019 年内陆续建成。此外，双方还积极探讨推进北极开发、数字经济等新的合作增长点。

（三）地方合作蓬勃发展

两国地方合作机制保障日益完善，政策对接持续增强。中国东北地区和俄罗斯远东及贝加尔地区政府间合作委员会、中国长江中上游和俄罗斯伏尔加河沿岸联邦区地方合作理事会等机制高效运行，成立中国东北地区和俄罗斯远东及贝加尔地区实业理事会和中俄地区合作发展投资基金，签署《中俄远东合作发展规划 (2018—2024 年)》和《中国东北和俄远东及贝加尔地区农业发展规划》，加强地方合作的顶层设计，取得积极成效。中国连续 3 年保持俄远东第一大贸易伙伴国地位，中方企业在远东跨越式发展区和自由港项目 45 个，规划总投资 26 亿美元，占全部外国投资的 75%，中国是远东第一大外资来源国。

（四）展会平台作用凸显

两国共同举办或积极支持对方举办展会论坛活动，中国国际进口博览会、中俄博览会、圣彼得堡国际经济论坛、东方经济论坛的影响力和水平不断提升，成为政策交流、项目对接、深化合作的重要平台。2018 年 7 月，第五届中俄博览会在叶卡捷琳堡举行，双方围绕电子商务、物流通关、农林开发、装备制造等领域举行了 14 场专题商务活动，活动期间签署各类合同、协议 77 项，金额约 13.2 亿美元。2018 年 11 月，俄罗斯作为主宾国参加首届中国国际进口博览会，重点展示了工业、科技、旅游等领域的发展成就，以及近年来中俄大型合作项目，俄方 40 多个州区的 107 家企业参展，主要集中在食品、日用消费品、医疗、服务贸易、人工智能等领域。

（五）制度对接取得重要突破

2018年，双方积极落实两国元首关于"一带一路"建设与欧亚经济联盟对接合作的重要共识，推动合作取得多项早期收获。5月，双方在哈萨克斯坦阿斯塔纳经济论坛期间正式签署《中国与欧亚经济联盟经贸合作协定》，这是中国和欧亚经济联盟首次达成的经贸方面重要制度性安排，标志着中国与联盟及其成员国合作从项目带动进入制度引领的新阶段，对推动"一带一路"建设与欧亚经济联盟对接合作具有里程碑意义。6月，中俄双方共同宣布完成《欧亚经济伙伴关系协定》联合可研，将择机正式启动谈判，为今后欧亚地区建立高水平经贸制度安排奠定了基础。

2018年，两国领导人继续保持密切交往，加强高层引领，就双边关系重大问题及时对话，为全面深化两国务实合作指明方向。习近平主席与普京总统先后4次会晤，并于9月赴俄罗斯符拉迪沃斯托克出席第四届东方经济论坛；11月李克强总理与梅德韦杰夫总理在北京举行中俄总理第二十三次定期会晤；2月汪洋同志与俄副总理兼总统驻远东联邦区全权代表特鲁特涅夫在哈尔滨举行中国东北地区和俄罗斯远东及贝加尔地区政府间合作委员会双方主席工作会晤，并共同出席中俄地方合作交流年开幕式；胡春华副总理与特鲁特涅夫副总理6月在北京举行会见，8月在大连共同主持召开中国东北地区和俄罗斯远东及贝加尔地区政府间合作委员会第二次会议，11月与俄副总理阿基莫夫在上海举行中俄总理定期会晤委员会第二十二次会议。

三、中俄双边贸易简况

2018年，中俄贸易大幅增长，贸易结构持续优化。具体来看，中国对俄主要出口机电、轻纺产品（服装、鞋、纱线等）、高新技术产品、农产品等，机电产品占中国对俄出口总额的"半壁江山"（53.2%），高新技术产品占比稳步提升；自俄进口商品以能源和原材料等初级产品为主，位居前列的商品为原油、锯材、煤炭、水海产品、未锻轧铜及铜材、原木、纸浆等。

四、中俄投资合作简况

（一）中国对俄投资

2018年，中国对俄全行业直接投资7.2亿美元，同比下降67.6%。投资主要分布在采矿业、农林牧渔业、制造业、批发零售业等领域。

（二）俄对华投资

2018年，中国实际使用俄直接投资5677万美元，同比增长138.13%。俄对华投资集中在制造业、建筑、交通运输等领域。

五、中俄劳务及工程承包合作简况

2018年，中俄签署工程承包合同金额30.6亿美元，同比下降60.5%，完成营业额23.5亿美元，同比增长17.9%。期末在外各类劳务人数8246人。中国对俄劳务合作集中在俄远东、西伯利亚地区，主要从事农业种植、建筑、森林采伐、木材加工、制衣、医疗及其他服务行业。

六、中俄边境贸易简况

2018年，中俄边境贸易额67亿美元，同比增长0.9%。其中，对俄出口25亿美元，同比增长8.6%；自俄进口42亿美元，同比下降3.2%。中国对俄边贸出口商品主要是轻纺、农产品和小家电等，进口以锯材、原木、农产品、化肥、纸浆等产品为主。

（商务部欧亚司）

中国与东盟的经济贸易关系

近年来，中国—东盟经贸合作持续稳定发展，成效显著。贸易投资进一步发展，中国—东盟自贸区升级谈判、区域全面经济伙伴关系（RCEP）谈判稳步推进，双方在澜沧江—湄公河、中国—东盟互联互通、中国—东盟东部增长区等框架下务实合作密切，区域经济一体化不断加深。目前双方正在“一带一路”倡议框架下开展密切合作，加强政策沟通和发展战略对接，共建“一带一路”与东盟“后 2015”经济发展、东盟经济共同体建设相结合，进一步推动中国—东盟经贸关系发展。

一、双边贸易

2018 年，中国与东盟进出口总额 5878.7 亿美元，同比增长 14.1%，占中国对外贸易总额的 12.7%。其中，出口 3192.4 亿美元，同比增长 14.2%，进口 2686.3 亿美元，同比增长 13.8%；中方顺差 506.1 亿美元。中国是东盟第一大贸易伙伴。东盟是中国第三大贸易伙伴、第三大出口市场和第二大进口来源地。

2019 年 1 至 6 月中国与东盟双边贸易额为 2918.5 亿美元，同比增长 4.2%，占中国对外贸易份额的 13.5%。东盟跃升为中国第二大贸易伙伴。其中，中国出口 1645.2 亿美元，同比增长 7.9%，进口 1273.3 亿美元，同比下降 0. 2%。

二、双向投资

中国是东盟第四大外资来源地。其中，新加坡为中国第二大外资来源地（仅次于香港），在东盟对华投资中占 91.2%。据中方统计，截至 2019 年 6 月，中国与东盟双向投资额累计达 2233.9 亿美元。其中，中国企业累计在东盟国家全行业直接投资总额 1032.7 亿美元，2019 年 1 至 6 月，新增非金融类直接投资 40.7 亿美元，同比下降 19.2%；东盟国家来华累计实际投资 1201.2 亿美元，2019 年 1 至 6 月新增直接投资 33.9 亿美元，同比增长 3. 1%。

三、承包工程与劳务合作

东盟国家是中国重要的海外承包工程市场和劳务合作市场。截至 2019 年 6 月底，中国企业累计在东盟国家签订承包工程合同总金额 4203.4 亿美元，完成营业额 2789.8 亿美元。其中，2018 年签订合同额 447.2 亿美元，同比下降 37%，完成营业额 343.8 亿美元，同比增长 2.3%；2019 年 1 至 6 月，新签合同额 232.5 亿美元，完成营业额 162.9 亿美元。2019 年 6 月末，中国在东盟国家各类技术劳务人员共约 20.8 万人。

四、中国—东盟自贸区升级

经中方倡议，2014 年 8 月，中国—东盟经贸部长会议正式宣布启动自贸区升级谈判。2015 年 11 月，双方在吉隆坡正式签署中国—东盟自贸区升级谈判成果文件——《中华人民共和国与东南亚国家联盟关于修订〈中国—东盟全面经济合作框架协议〉及项下部分协议的议定书》，内容涵盖货物贸易、服务贸易、投资、经济技术合作等领域。《议定书》已于 2018 年 11 月对中国和东盟 10 国全面生效。

五、中国—东盟博览会

中国—东盟博览会由中国商务部、东盟国家经贸主管部门和东盟秘书处共同主办，广西壮族自治区人民政府承办，从 2004 年起每年在中国南宁举办，已举办 15 届。第 15 届中国—东盟博览会于 2018 年 9 月 12 至 15 日在南宁举办，主题为“共建 21 世纪海上丝绸之路，构建中国—东盟创新共同体”。

（商务部亚洲司）

中国与新加坡的经济贸易关系

一、双边贸易

据中方统计，2018 年中新双边贸易额为 828.8 亿美元，同比增长 4.6%，其中中国出口 491.7 亿美元，同比增长 9.2%，进口 337.1 亿美元，同比下降 1.6%。2018 年，在东盟国家中，新加坡是我第四大贸易伙伴（仅次于越南、马来西亚、泰国）。

2019 年 1 至 6 月，双边贸易额为 414.4 亿美元，同比增长 0.1%，其中我出口 248 亿美元，同比增长 2.2%，进口 166.6 亿美元，同比下降 3%。

二、双向投资

中方统计，新加坡是中国在东盟最大的投资目的国。截至 2019 年 6 月底，中国企业累计对新全行业直接投资金额为 496.5 亿美元。其中，2018 年新增非金融类直接投资 35.5 亿美元，同比增长 11.1%；2019 年 1 至 6 月，新增非金融类直接投资 14.5 亿美元，同比下降 5. 9%。

截至 2019 年 6 月底，新加坡在华累计投资项目数 25410 个，累计投资金额 984.5 亿美元。其中，2018 年新增实际对华投资 52.1 亿美元，同比增加 9.4%；2019 年 1 至 6 月，新增实际对华投资 32.1 亿美元，同比增长 4.3%。2013—2018 年，新加坡连续六年成为中国最大的外资来源国（按外资来源地划分，2018 年新加坡为第二大外资来源地，仅次于香港）。

三、承包劳务

截至 2019 年 6 月底，中国企业在新累计签订承包工程合同金额 410.8 亿美元，完成营业额 390.7 亿美元。其中，2018 年新签承包工程合同额为 27.9 亿美元，完成营业额 25.8 亿美元。2019 年 1 至 6 月，新签承包工程合同额 23.5 亿美元，完成营业额 12.9 亿美元。新加坡是中国在海外第三大劳务派遣市场，目前在新各类劳务人员约 9.6 万人。

四、中新（重庆）战略性互联互通示范项目

2014 年 7 月，张高丽副总理（时任）与新加坡张志贤副总理就在中国西部地区建设中新第三个政府间项目达成重要共识，并分别指定商务部和新贸工部牵头推进相关事宜。2015 年 11 月，习近平主席访新期间，正式启动中新（重庆）战略性互联互通示范项目（简称中新互联互通项目）合作。项目主题是“现代互联互通和现代服务经济”，将形成网络，起到示范和催化作用，推动中国西部经济社会发展。项目以重庆市为运营中心，后续阶段将在双方达成一致的基础上，推进到西部其他地区。金融服务、航空、交通物流和信息通信技术为项目的四个重点合作领域。双方在启动阶段为项目赋予相关创新举措，并将视合作的开展和中国全面深化改革步伐的推进，根据项目的定位、特点和实际需要，继续就其他创新举措进行研究。

中新互联互通项目合作启动以来，两国领导人一直高度关注并多次作出指示，对项目建设发展给予高度评价，期待中新互联互通项目成为两国共建“一带一路”合作的一个亮点，发挥出以点带面的作用。根据两国政府 2015 年 11 月签署的关于建设中新互联互通项目的《框架协议》，双方成立了联合协调理事会（副总理级）、联合工作委员会（部长级，中方由商务部牵头，新方由贸工部牵头）、联合实施委员会（地方政府层面）三级合作机制。截至 2019 年 6 月底，双方企业在四大重点合作领域内共签约 169 个务实合作项目，总金额 260 多亿美元。中新互联互通项目建设合作对提升中新两国金融互联互通水平、降低融资成本、频密往来航班、提高机场商业运营管理品质、缩短物流环节、降低物流成本、加强信息通信合作等发挥了积极促进作用，助推长江上游地区金融中心、国际航空枢纽、西部互联网经济高地建设，并在打造内陆国际物流枢纽和国际陆海贸易新通道等方面开展了有益探索。

五、中新共建陆海新通道

2017 年 2 月，张高丽副总理（时任）与张志贤副总理在京共同主持召开中新互联互通项目联合协调理事会第一次会议。会议期间，张志贤副总理向张高丽副总理提出共建中新互联互通项目“南向

通道”的设想，即通过建设重庆向南经广西连通新加坡的新贸易通道，更好地将中新互联互通项目与“一带一路”紧密结合。此后，习近平主席、李克强总理在不同场合会见新加坡总理李显龙，韩正副总理与张志贤副总理共同主持召开项目联合协调理事会第二次会议，双方领导人均充分肯定了这一构想取得的阶段性进展，并就共同推进中新互联互通项目“国际陆海贸易新通道”合作达成重要共识。

2018 年 11 月李克强总理访新期间，商务部与新贸工部分别代表两国政府签署《关于中新（重庆）战略性互联互通示范项目“国际陆海贸易新通道”建设合作的谅解备忘录》，明确建设合作将以共建“一带一路”为统领，进一步发挥中新互联互通项目的辐射效应，综合利用铁路、公路、水运、航空等运输方式，打造连接中国西部与东南亚之间更短、更直接、更便捷的国际陆海贸易新通道。中新互联互通项目“国际路海贸易新通道”已成为两国共建陆海新通道的重要实践。

（商务部亚洲司）

中国与日本的经济贸易关系

2018 年是中日和平友好条约缔结 40 周年，习近平主席与日本首相安倍晋三多次会晤，李克强总理与安倍首相实现互访，中日经济高层对话时隔 8 年重启，中日关系重回正常发展轨道、呈现新的气象，两国经贸合作面临新的发展机遇。

一、双边贸易情况

（一）基本情况

据中国海关统计，2018 年，中日贸易总额 3276.6 亿美元，比上年增长 8.1%，占我外贸总额的 7.1%。其中，我对日出口 1470.8 亿美元，增长 7.2%，占我出口总额比重为 5.9%；我自日进口 1805.8 亿美元，增长 8.9%，占我进口总额比重为 8.5%。中方逆差 335.0 亿美元。按人民币计算，2018 年中日贸易总额 21 615.5 亿元，增长 5.4%。其中，我对日出口 9709.2 亿元，增长 4.4%；我自日进口 11 906.3 亿元，增长 6.2%。按国别排名，日本是我第四大贸易伙伴、第二大贸易伙伴国，第二大出口对象国和第二大进口来源国。

据日本财务省统计，2018 年日中贸易总额 35.1 万亿日元，比上年增长 5.2%，占日对外贸易总额的 21.4%。其中，日本对中国出口 15.9 万亿日元，增长 6.8%，占日本出口总额的 19.5%；日本自中国进口 19.2 万亿日元，增长 3.9%，占日本进口总额的 23.2%。日方逆差 3.357 万亿日元。按美元计算，2018 年日中贸易总额 3174.1 亿美元，增长 6.9%。其中，日本对中国出口 1439.5 亿美元，增长 8.5%；自中国进口 1734.6 亿美元，增长 5.6%。中国为日本第一大贸易伙伴、最大进口来源国和出口对象国。

（二）主要进出口商品情况

2018 年，我对日货物贸易结构进一步优化。从出口商品类别看，机电产品、高新技术产品占我对日出口总额比重分别为 52.0%、23.5%，传统大宗的轻纺类产品、农产品、化工类产品、贱金属及其制品、矿产品占比分别为 22.1%、7.7%、6.5%、6.3% 和 2.5%。我对日出口商品主要包括：服装及衣着附件出口 160.2 亿美元，比上年增长 2.0%，占比为 11.5%；自动数据处理设备及其部件 90.2 亿美元，增长 10.4%，占比为 6.5%；电话机 82.0 亿美元，增长 13.3%，占比为 5.9%；纺织纱线、织物及制品 45.7 亿美元，增长 5.6%，占比为 3.3%；汽车零配件 43.3 亿美元，增长 13.3%，占比为 3.1%；水海产品 39.8 亿美元，增长 7.4%，占比为 2.9%；文化产品 35.0 亿美元，增长 2. 5%，

占比为 2.5%；家具及其零件 29.2 亿美元，增长 4.2%，占比为 2.1%；二极管及类似半导体器件 21.6 亿美元，下降 8.9%，占比为 1.5%；太阳能电池 18.3 亿美元，下降 11.6%，占比为 1. 3%。

从进口商品类别看，机电产品、高新技术产品占我自日进口总额分别为 65.8%、31.0%，化工产品、贱金属及其制品、塑料及其制品、纺织品原料及制品、矿产品、农产品占比分别为 12.1%、9.2%、5.7%、1.7%、1.6% 和 0. 7%。

我自日进口商品主要包括：集成电路进口 107.7 亿美元，比上年增长 8.7%，占比为 7.4%；汽车零配件 97.9 亿美元，增长 15.7%，占比为 6.7%；汽车 59.1 亿美元，增长 6.0%，占比为 4.0%；计量检测分析自控仪器及器具 56.7 亿美元，增长 10.3%，占比为 3.9%；钢材 51.5 亿美元，增长 5.8%，占比为 3.5%；制造平板显示器用的机器及装置 49.5 亿美元，增长 36.1%，占比为 3.3%；初级形状的塑料 39.5 亿美元，增长 6.8%，占比为 2.7%；通断保护电路装置及零件 36.5 亿美元，下降 8.7%，占比为 2.5%；金属加工机床 30.4 亿美元，增长 20.4%，占比为 2.1%；制造半导体器件或集成电路用的机器及装置 27.6 亿美元，增长 107.2%，占比为 1.9%；二甲苯 25.9 亿美元，增长 19.5%，占比为 1.8%；非泡沫塑料的板、片、膜、箔 22.5 亿美元，增长 10.3%，占比为 1. 5%。

二、中日相互投资情况

（一）日本企业对华直接投资

2018 年，日本对华投资稳定增长。据中国商务部统计，2018 年日本在华新设企业 828 家，比上年增长 40.3%，对华投资实际使用金额 38.0 亿美元，增长 16.5%，占我实际使用外资总额的 2.8%。按国别排名，日本对华投资金额位居第四，排在新加

坡、韩国、英国之后。截至2018年底，日本累计在华投资设立企业51 834家，实际使用金额1119.8亿美元，占我实际使用外资总额的5.5%，是我累计利用外资最大来源国。

从投资地区分布看，2018年日本对我国东部、西部和中部地区实际投资额分别为34.4亿美元、2.4亿美元和1.2亿美元，比重分别为90.6%、6.3%和3.1%。从投资行业分布看，日本对华投资仍主要集中在制造业，实际到位金额为26.6亿美元，占比为70.1%；租赁和商务服务业、金融业、批发和零售业、房地产业分别为3.7亿美元、2.1亿美元、2.0亿美元、1.6亿美元，占比分别为9.8%、5.6%、5.3%、4.2%。

从投资领域看，汽车制造和服务业是亮点。2018年丰田在华销量较上年增长超14%，创历史新高。本田计划2019年在华扩大20%产能，并联手宁德时代新能源科技(CATL)合作开发电动车用新型车载电池。服务业方面，医疗养老、保险业等投资合作值得关注。日本第一大养老护理服务企业日医学馆将在华启动面向认知障碍人群的居住型护理服务。三井住友海上火灾保险公司进军中国寿险市场，出资43亿元收购交通银行旗下寿险子公司股份。

（二）中国企业对日直接投资

2018年，我对日本全行业直接投资2.5亿美元。截至2018年底，我对日本全行业直接投资存量44.5亿美元，主要涉及制造业、金融服务、电气、通信、软件等领域。

主要投资项目包括：中国远景集团收购日产汽车与日本电气（NEC）的合资汽车电池公司“汽车能源供应公司（AESC)”，同时收购NEC旗下的电池电极生产企业；爱康能源投资4805万美元，在日从事清洁能源发电业务。此外，汽车、网络平台建设、旅游服务、文化艺术品销售等行业增加对日投资。

三、技能实习生合作和中日工程承包情况

日本是我重要的海外劳务市场。2018年，我向日新派出技能实习生39 493人，比上年增长2.1%。截至2018年底，我在日技能实习生总数14.1万人，占我在外劳务人员总数的23.3%，主要分布在日本的中小企业，涉及制造业、农林牧渔和建筑业等。

2018年，我企业在日本承包工程新签合同额4.18亿美元，完成营业额3.33亿美元。截至2018年底，累计新签合同额41.3亿美元，累计完成营业额41.7亿美元。

四、中日主要经贸往来

3月20日，钟山部长会见日中投资促进机构会长丰田章一郎，高燕副部长（时任）与丰田章一郎共同出席中日投资促进机构第21次联席会议，并作主旨发言。

4月9日，高燕副部长（时任）会见以河野洋平会长为团长的2018年度日本国际贸易促进协会访华团一行，双方就加强中日经贸合作、开展“一带一路”框架下合作等交换意见。

4月14日，高燕副部长（时任）在日本东京与日本外务省山崎和之外务审议官举行会谈，就第四次中日经济高层对话筹备情况交换意见。

4月15日，钟山部长在日本东京会见日本经济产业大臣世耕弘成，就邀请日方参加首届中国国际进口博览会、中日“一带一路”框架下第三方合作、反对贸易保护主义、加强各领域务实合作等交换意见。

4月16日，王毅国务委员兼外交部长在东京与日本外务大臣河野太郎共同主持第四次中日经济高层对话，中日双方就宏观经济政策、中日经济合作与交流、中日第三方合作、东亚经济一体化与多边合作4个专题进行深入探讨。钟山部长、高燕副部长（时任）出席对话并发言。

5月8—11日，钟山部长陪同李克强总理赴日出席第七次中日韩领导人会议并访问日本。其间，在中日两国总理见证下，与日本外务大臣河野太郎、经济产业大臣世耕弘成签署《关于中日企业开展第三方市场合作的备忘录》，与日本经济产业大臣世耕弘成签署《关于加强服务贸易合作的备忘录》。

5月9日，钟山部长在日本东京会见日本经济产业大臣世耕弘成，双方就推动双边经贸关系、开展第三方市场合作、区域多边经贸合作等交换意见。

6月22日，王炳南副部长在北京会见日本贸易振兴机构副理事长赤星康，就首届中国国际进口博览会等交换意见。

6月29日—7月1日，王受文副部长兼国际贸易谈判在日本东京出席第五届区域全面经济伙伴关系协定（RCEP）部长级会议，其间分别会见有关代表团团长。

8月30日，王受文副部长兼国际贸易谈判副代表陪同韩正副总理会见日本副首相兼财务大臣麻生太郎。

8月31日，钟山部长会见由干事长二阶俊博率领的日本自民党代表团，双方就中日关系和中日经贸合作等交换意见。

9月1日，高燕副部长（时任）在新加坡出席RCEP部长级会议期间会见日本经济产业省寺泽达也经济产业审议官。

9月10日，傅自应国际贸易谈判代表兼副部长（时任）会见日中经济协会会长宗冈正二、日本商工会议所会头三村明夫率领的日本经济界代表团并举行座谈，就中国对外开放举措、中日经贸合作、反对贸易保护主义、第三方市场合作等交换意见。

9月12日，钟山部长陪同习近平主席在俄罗斯符拉迪沃斯托克会见日本首相安倍晋三。

9月25日，钱克明副部长与发展改革委副秘书长苏伟和日本首相辅佐官和泉洋人共同出席中日第三方市场合作工作机制第一次会议，双方就中日第三方市场合作方向、政策及推动具体合作项目等交换意见，确认将共同努力在华办好第一届中日第三方市场合作论坛。

10月10日，钟山部长陪同李克强总理会见来华参加第四轮中日企业家和前高官对话会的日本前首相福田康夫。

10月11日，王受文副部长会见日本经济团体联合会会长、日立公司会长中西宏明，就中日经贸合作、第三方市场合作、区域经济合作、反对贸易保护主义、中国国际进口博览会等议题交换意见。

10月18日，王炳南副部长会见日本丰田汽车公司专务上田达郎一行，就中日经贸关系、丰田汽车对华合作、首届中国国际进口博览会等交换意见。

10月19日，李成钢部长助理会见日本资生堂社长兼CEO鱼谷雅彦，就有关工作进行交流。

10月26日，钟山部长陪同习近平主席会见来访的日本首相安倍晋三，陪同李克强总理出席双边正式会谈、签字仪式等活动。其间，在两国总理见证下，与外务省、经济产业省签署《关于建立中日创新合作机制的备忘录》。

10月26日，第一届中日第三方市场合作论坛在北京举办，李克强总理、日本首相安倍晋三共同出席论坛并致辞，发展改革委何立峰主任、钟山部长及日本经济产业大臣世耕弘成陪同出席并致辞。

10月26日，钟山部长会见陪同来访的日本经济产业大臣世耕弘成，就中日经贸关系、第三方市场合作、创新合作等议题交换意见。

11月5日，王炳南副部长在沪会见来华出席首届中国国际进口博览会的日本政府代表团团长、日本经济产业副大臣矶崎仁彦，就进口博览会、中日第三方市场合作、创新合作等交换意见。

11月25日，钱克明副部长在京出席第十二届中日节能环保综合论坛并作主旨发言。

（商务部亚洲司）

中国与韩国的经济贸易关系

韩国是东北亚新兴经济体，是中国的重要经贸伙伴。1992 年 8 月，中韩两国正式建立外交关系。建交二十多年来，双边经贸关系迅速发展。2015 年 6 月 1 日，双方签署中韩自贸协定。2015 年 12 月 20 日，中韩自贸协定正式生效。2018 年双边贸易额达 3134.3 亿美元，双向投资累计超过 840 亿美元。

一、中韩双边贸易

据中国海关统计，2018 年，中韩贸易额 3134.3 亿美元，比上年增长 11.8%。其中，中国对韩出口 1087.9 亿美元，比上年增长 5.9%；自韩进口 2046.4 亿美元，比上年增长 15.3%。中国是韩国第一大贸易伙伴国、进口来源国和出口对象国，韩国是中国第三大贸易伙伴国、第一大进口来源国和第三大出口对象国。

二、韩对华投资

2018 年，韩国对华投资 1882 个项目，同比增长 15.7%，中国实际使用韩资 46.7 亿美元，比上年增长 27.1%。截至 2018 年 12 月底，韩国累计对华投资项目数 65267 个，实际投资额 770.4 亿美元。韩国是中国第二大外资来源国，中国是韩国第二大投资对象国。

三、中国对韩投资

2018 年，中国对韩直接投资 6.6 亿美元，比上年增长 57.1%。截至 2018 年底，中国累计对韩直接投资 69.8 亿美元。

四、中韩自贸区情况

2010 年 5 月，中韩正式完成历时 6 年的双边自贸协定官产学联合研究，2012 年 5 月双方正式宣布启动谈判。经过 14 轮谈判，2014 年 11 月，中韩两国领导人在北京共同宣布结束中韩自贸区实质性谈判。2015 年 6 月 1 日，双方签署中韩自贸协定。2015 年 12 月 20 日，中韩自贸协定正式生效并实施第一次降税，2016 年 1 月 1 日实施第二次降税。中韩自贸协定实现了“全面、高水平、利益大体平衡”的目标。协定范围涵盖货物贸易、服务贸易、投资和规则等共 17 个领域，包含了电子商务、竞争政策、环境等新议题。2017 年 12 月 14 日，在两国元首见证下，双方经贸部长签署了关于启动中韩自贸协定服务贸易与投资第二阶段谈判的谅解备忘录，2018 年举行了 2 轮谈判。

（商务部亚洲司）

中国与印度的经济贸易关系

2018 年，习近平主席与印度总理莫迪历史性实现四度会晤，引领中印关系健康稳定向前发展。印度是中国第十一大贸易伙伴，第七大出口市场及在南亚地区的最大贸易伙伴、主要投资市场和海外主要工程承包市场，中国是印度最大贸易伙伴、最大的进口来源和第三大出口市场，双方在贸易、投资、基础设施、信息技术、产业园区等领域的合作不断推进。

一、双边贸易

据中国海关统计，2018 年，中印贸易额 955.4 亿美元，比上年增长 13.2%，创历史新高；其中我出口 767.1 亿美元，进口 188.3 亿美元，分别比上年增长 12.7% 和 15.2%，我方顺差 578.8 亿美元，同比增长 11. 9%。

据印方统计，2017/2018 财年，印中贸易额 897.14 亿美元，比上年增长 25.6%，其中，印自我进口 763.81 亿美元，印对我出口 133.33 亿美元，同比分别增长 24.6% 和 31. 1%。

我主要出口商品为机电产品、有机化学品、纺织纱线与织物及制品、自动数据处理设备及其部件、太阳能电池等，主要进口商品为钻石、机电产品、纺织纱线与织物及制品、未锻轧钢及钢材、铁矿砂及其精矿等。

二、工程承包

据中国商务部统计，2018 年，中国企业在印新签工程承包合同额 28.9 亿美元，同比增长 12.2%；完成营业额 23.2 亿美元，同比下降 6.1%。截至 2018 年底，我在印累计签订承包工程合同额 734.8 亿美元，完成营业额 506.2 亿美元，签约项目主要集中于火力发电和通信领域。

三、中国对印投资

据中国商务部统计，2017 年，我对印直接投资 2.9 亿美元，比上年增长 222%；截至 2017 年底，我在印直接投资存量 47.47 亿美元，投资集中在重型机械、通信、汽车、电子等领域。投资规模较大的企业有特变电工、三一重工、中兴通讯和华为技术有限公司等。

据印度商工部发布的统计数据，自 2000 年 4 月至 2018 年 12 月底，我累计对印投资 21.7 亿美元，占印利用外资总额的 0.53%，在所有国家和地区中排名 18 位；这不包括香港地区对印度的投资（同期为 36.7 亿美元，排名第 12 位，占比 0.90%）。

四、印度对华投资

据中国商务部统计，2018 年，印度在华投资新设项目 328 个，同比增长 16.7%，外资实际到位金额 4754 万美元，同比下降 69.9%。截至 2018 年底，印累计来华直接投资项目 1898 个，实际投资 9 亿美元。印在华投资领域覆盖金融、软件、高等教育、制药、贸易、钢铁、化工、清洁能源等。代表性企业包括塔塔咨询、印孚瑟斯等。

五、中印边境贸易

1991 年 12 月，1993 年 9 月 和 2006 年 7 月，中印分别开通强拉（利普勒克）山口、什布奇拉山口和乃堆拉山口边境贸易通道，其中，乃堆拉边贸通道是最为重要的对印陆路边贸通道。

六、孟中印缅经济走廊

自 1999 年以来，中、印、缅、孟四国在“孟中印缅地区经济合作论坛（BCIM）”框架下开展次区域合作，并于 2011 年 BCIM 第九次会议上就推动构建“昆明—曼德勒—达卡—加尔各答经济走廊”达成共识。2013 年 5 月李克强总理访问印度期间，中印双方共同倡议建设孟中印缅经济走廊。四方于 2013 年建立孟中印缅走廊四国联合工作组，迄今已举行三次会议。

根据设想，该走廊以中国昆明为东端，印度加尔各答为西端，以缅甸曼德勒、孟加拉国达卡为中间节点，连接中国西部和西南部地区、印度东部和东北部地区、缅甸和孟加拉国全境，形成促进沿线及周边地区发展的经济带。

（商务部亚洲司）

中国与巴基斯坦的经济贸易关系

巴基斯坦是我唯一的“全天候战略合作伙伴”，我在南亚地区最重要的经贸合作伙伴之一，“一带一路”沿线重要国家，中巴经济走廊是“一带一路”建设先行先试项目。近年来，两国高层交往频繁，政治互信不断加深。习近平主席在一年内3次会见巴总理伊姆兰·汗，双方就进一步发展双边关系达成广泛共识。在两国领导人的共同关心和推动下，中巴全天候战略合作伙伴关系得到进一步巩固，两国经贸合作稳步推进。

巴基斯坦是中国在南亚地区第一大投资目的地、第二大贸易伙伴和海外主要工程承包市场，中国是巴第一大贸易伙伴、第一大进口来源地和第二大出口目的地。2019年4月第二届“一带一路”国际合作高峰论坛期间，在两国总理的见证下，中巴自贸协定第二阶段议定书正式签署，目前双方正履行报批手续。议定书实施后，双方将进一步提高自由化水平，给两国企业和人民带来更多实惠，并将进一步巩固和发展两国间的全天候战略合作伙伴关系。

一、双边贸易

据中国海关统计，2018年中巴双边贸易额190.8亿美元，下降5%；其中我出口169.1亿美元，下降7.4%，进口21.7亿美元，增长18.7%。中国对巴出口主要商品为纺织品、钢材、肥料、电话机等，自巴进口主要商品为棉纱线、农产品、铜及其制品、水海产品等。

二、对巴投资

据中国商务部统计，2017年，中国对巴新增直接投资流量9.9亿美元。截至2017年底，中国对巴基斯坦直接投资存量57.5亿美元。主要投资领域为通信、电力、矿产资源、制造业等。主要投资项目包括中国移动的巴基斯坦辛姆巴科电信公司、中冶集团的山达克铜金矿项目和杜达铅锌矿项目、三峡集团的卡洛特水电站项目和三个风电项目、中国电建的卡西姆燃煤电站项目和达沃风电项目、中国海外港口控股公司的瓜达尔港及自由区、海尔—鲁巴工业园等。

三、工程承包

据中国商务部统计，2018年，中国企业在巴新签承包工程合同额43.2亿美元，下降59.8%，完成营业额112.7亿美元，下降0.6%。截至2018年底，中国企业在巴累计签订工程承包合同额721.1亿美元，完成营业额629.5亿美元。

四、中巴经济走廊

中巴经济走廊北起中国新疆喀什，南至巴基斯坦瓜达尔港，覆盖以沿线主要城市和周边地区为关键节点的广大区域。双方将通过加快交通、能源和通信等多种方式的互联互通和产业园区建设，推动相互投资和贸易往来，扩大人文交流，以形成促进沿线地区发展的充满活力的经济带。2015年4月习近平主席访巴期间，双方确定了以中巴经济走廊为中心，以瓜达尔港、能源、交通基础设施、产业合作为重点的“1+4”合作布局。当前，走廊项下的各项合作均稳步推进，成效显著。走廊建设重点正从能源、基础设施等领域转向社会民生领域。

（商务部亚洲司）

中国与澳大利亚的经济贸易关系

《中国澳大利亚自由贸易协定》于2015年6月在堪培拉签署，2015年12月20日正式生效。2018年，中国与澳大利亚双边经贸关系发展顺利。

一、双边贸易

据中国海关统计，2018年，中澳贸易额为1527.9亿美元，同比增长12.0%。其中，中国对澳出口473.4亿美元，同比增长14.2%；中国自澳进口1054.5亿美元，同比增长11.0%。澳大利亚是中国第八大贸易伙伴、第十大出口市场和第七大进口来源地。

2018年中国对澳出口商品主要有：自动数据处理设备（34.2亿美元）、电话机传真机等设备（24.3亿美元）、石油及从沥青提取的油类（17.7亿美元）、二极管晶体管等半导体器件（13.1亿美元）以及家具（11.7亿美元）等；2018年中国从澳进口的主要商品有：铁矿石（454.9亿美元）、液化天然气（115.8亿美元）、煤炭（105.5亿美元）、黄金（105.4亿美元）和羊毛（22.8亿美元）等。

二、双向投资

据中方统计，截至2017年底，中国对澳大利亚直接投资存量为361.8亿美元。2018年全年中国企业对澳大利亚直接投资为29.4亿美元。双向投资主要领域是资源开发、房地产、钢铁和科技等。

（商务部美大司）

中国与新西兰的经济贸易关系

2018年，中国与新西兰双边经贸关系发展顺利，贸易增长较快，双向投资合作日益深化。

一、双边贸易

据中方统计，2018年中新贸易额达168.6亿美元，同比增长16.4%。其中，中国对新出口57.8亿美元，同比增长13.2%；中国自新进口110.8亿美元，同比增长18.2%。

中国对新西兰出口主要商品为电话机（2.7亿美元）、自动数据处理设备（2.6亿美元）、家具（不含坐具寝具）（1.4亿美元）等；中国自新西兰进口主要商品为乳品（39.9亿美元）、原木（24.5亿美元）、羊肉（8.1亿美元）等。

二、双向投资

据中方统计，2018年，新西兰在华设立企业79家，实际投资金额3326万美元。截至2018年底，新西兰累计在华投资设立企业2058家，累计实际使用新资14.6亿美元。截至2017年底，中国对新西兰直接投资24.9亿美元。2018年，中国对新西兰直接投资2.6亿美元。双向投资主要领域有农业、畜牧业和食品加工业等。

（商务部美大司）

中国与非洲国家的经济贸易关系

2018 年，习近平总书记访问非洲四国，中非合作论坛北京峰会暨第七届部长级会议成功召开，中非合作共识进一步凝聚，中非经贸合作借势而上，不断取得新的发展。

一、中非合作论坛北京峰会成功举办

在习近平主席的亲自主持和引领下，中非合作论坛北京峰会围绕“合作共赢，携手构建更加紧密的中非命运共同体”主题，谋划了中非关系未来发展，绘制了中非合作宏伟蓝图。习近平主席同 54 个论坛非洲成员代表与会，包括 40 位总统、10 位总理、1 位副总统以及非盟委员会主席等，出席峰会的非方领导人和代表团数量均创下历次中非峰会的记录。习近平主席在峰会开幕式上宣布，未来三年和今后一段时间，中国愿同非洲国家重点实施“八大行动”，为下一阶段中非共同发展规划了具体路径。

二、高层互访指明合作方向

习近平主席访问塞内加尔、卢旺达、南非、毛里求斯等非洲 4 国，同各国领导人共商双边关系发展，凝聚起中非友好团结的更大共识，汇聚起中非互利合作的更强动力。全国人大常委会委员长栗战书、全国政协主席汪洋、国家副主席王岐山等党和国家领导人分别访问埃塞俄比亚、莫桑比克、纳米比亚、刚果（布）、乌干达、肯尼亚、埃及等国。南非、津巴布韦、塞拉利昂、科特迪瓦、安哥拉、布基纳法索等多国元首先后访华。中非高层互访频繁，有力推动了中非经贸合作不断取得新成果，实现新发展。

三、中非贸易快速增长

2018 年，受国际大宗商品价格回升、我主动扩大自非进口等因素拉动，中非贸易总体呈快速的发展态势。全年中非贸易额达 2042 亿美元，同比增长 20%。其中我自非进口 993 亿美元，同比增长 32%；我对非出口 1049 亿美元，同比增长 11%。南非、安哥拉、尼日利亚、埃及、阿尔及利亚是我在非洲前五大贸易伙伴。对非贸易制度性安排稳步推进，并取得新的突破。我对原产于布基纳法索的 97% 税目产品实施最不发达国家零关税。我与毛里求斯于 9 月结束自贸协定谈判，下一步双方将开始相关法律审核工作，为最终签署协定做好准备。

四、投资承包稳步推进

2018 年我对非全行业直接投资额为 33.38 亿美元，其中非金融类投资额 31.6 亿美元，同比增长 3%，东非国家仍为我主要投资目的地。我在非新签承包工程合同额 784 亿美元，同比增长 2.5%，完成营业额 488 亿美元。尼日利亚、埃及、刚果（金）、阿尔及利亚、赞比亚为我在非前五大承包工程市场。总投资 5.8 亿美元的巨石埃及公司二十万吨玻璃纤维生产基地正式建成投产，成为我在海外最大及非洲唯一的玻璃纤维生产基地；由中方自主设计、自主投资、自主建设、自主运营的中国建材赞比亚工业园竣工投产，计划总投资 5 亿美元，将为当地直接或间接创造近 3000 个就业岗位；中国路桥承建的莫桑比克马普托大桥正式通车，成为非洲最大的悬索桥。

五、新兴领域合作方兴未艾

金融领域，亚投行 5 月与非洲开发银行签署备忘录，将共同资助非洲基础设施建设；江苏省六家企业共同出资设立的坦桑尼亚中华大盛银行已获得坦中央银行签发的经营牌照，成为“一带一路”首个非银行金融机构设立的海外商业银行。埃及苏伊士运河管理总局已正式接受中国船舶使用人民币支付通航费；人民银行与尼日利亚签署规模为 150 亿元人民币 /7200 亿尼日利亚奈拉的本币互换协议。航空领域，我与刚果（金）、刚果（布）分别签署民航运输协定；中航工业交付南非两架“小鹰”500 飞机，标志着该机型首次作为教练机进军非洲。电子商务领域，我与卢旺达政府签署《关于电子商务合作的谅解备忘录》，建立我与非洲国家首个电子商务合作机制，阿里巴巴与卢旺达政府宣布共同建立非洲首个世界电子贸易平台。

（商务部西亚非洲司）

第六篇　与 WTO 有关的政策与管理措施（2018）

● 法治建设与体制创新

依法行政和法治政府建设情况

党的十八大以来，党中央、国务院高度法治政府建设工作，把法治政府建设摆在全面依法治国更加重要和突出的位置加以统筹推进。党的十八大和十八届三中、四中、五中、六中全会相继对法治政府建设提出了明确要求，党的十九大和十九届三中全会进一步对建设法治政府作出了部署。2015 年 12 月，党中央、国务院印发《法治政府建设实施纲要（2015—2020 年）》，明确规划了新时期法治政府建设的总蓝图，在我国法治政府建设进程中具有重要的里程碑意义。2019 年 2 月 25 日，习近平总书记在中央全面依法治国委员会第二次会议上强调，推进全面依法治国，要坚持法治国家、法治政府、法治社会一体建设，法治政府建设是重点任务，对法治国家、法治社会建设具有示范带动作用。

2018 年，各地区各部门坚决贯彻习近平总书记关于法治政府建设的重要指示精神，认真落实党中央和国务院关于法治政府建设的一系列决策部署，法治政府建设各项工作稳步推进。

一、提高政治站位，加强党对法治政府建设的领导

各地区各部门将法治政府建设摆在工作全局的重要位置，不断加强党对法治政府建设的领导。

一是坚持高位推动、整体部署。各地区各部门党委（党组）高度重视法治政府建设工作，普遍召开会议专题研究部署法治政府建设相关问题，对贯彻落实情况强化督促检查。

二是严格执行请示报告制度。各地区各部门及时向党中央、国务院报告法治政府建设情况，坚持向本级党委（党组）请示报告立法工作计划、行政审批制度改革等重大事项。

三是抓住“关键少数”，推动提高领导干部法治思维和依法办事能力。各地区各部门全面落实《党政主要负责人履行推进法治建设第一责任人职责规定》，完善责任约束机制，普遍建立领导干部学法制度，各级领导干部运用法治思维和法治方式深化改革、推动发展、化解矛盾的能力得到提升。2018 年 6 月，中央组织部、中央党校（国家行政学院）、司法部共同举办了省部级和厅局级领导干部建设法治政府专题研讨班，41 名省部级干部、56 名厅局级干部参加了专题研讨班。

二、深化“放管服”改革，营造法治化营商环境

各地区各部门把“放管服”改革进一步推向深入，努力激发市场主体活力、增强竞争力，依法平等保护各类所有制企业合法权益。世界银行 2018 年 10 月发布的 2019 年营商环境评估报告中，我国在全球 190 个经济体中排名第 46 位，比上年大幅提升 32 位。

一是高标准创建法治化营商环境。国家发展改革委加快构建国际可比、中国特色的中国营商环境评价体系，研究制定评价实施方案，在 22 个城市开展试评价。上海市对标世界银行营商环境十项指标，做好法治保障专项工作，推出“最多跑一次清单”等营商环境改革专项行动。

二是建立健全重大行政决策程序制度。李克强总理于 2019 年 4 月 20 日签署国务院令公布《重大行政决策程序暂行条例》，于 2019 年 9 月 1 日起实施。该条例强调坚持科学民主依法决策原则，完善重大行政决策程序，合理确定公众参与、专家论证、风险评估的适用条件，明确合法性审查和集体

讨论决定的具体要求。各地区各部门不断规范优化重大行政决策程序，制定政府法律顾问工作细则，充分发挥政府法律顾问等“外脑”作用，提高决策质量。

三是持续推进简政便民，加快转变政府职能。各地区各部门深化行政审批制度改革，加大行政审批取消和调整力度，不断优化服务，大幅提高企业开办等多项工作办事效率。如江苏省印发标准化指引，推动省市县三级共 109105 项审批（服务）业务实现“不见面审批”。同时，各地区各部门大力开展证明事项清理工作，切实做到没有法律法规规定的证明事项一律取消，共取消证明事项 6000 余项。

三、坚持立改废释并举，依法行政制度体系不断健全

2018 年，国务院审议通过 32 部法律议案和行政法规，其中已制定公布行政法规 5 件，修改行政法规 32 件（含一揽子修改），废止行政法规 5 件。国务院提请全国人大常委会审议批准的条约和国务院核准的条约 16 件。各地区各部门贯彻新发展理念，坚持以高质量立法推动高质量发展，不断提高立法质量和效率。

一是加强重点领域立法，推动改革发展。各地区各部门主动适应改革和经济社会发展需要，科学确定立法项目，推动改革发展，巩固改革成果。如海南省重点围绕海南自贸区（港）建设要求，积极推动地方立法工作和国家相关立法进程。

二是坚持开门立法，广泛凝聚共识。各地区各部门严格按照法定权限和程序，积极面向社会征求立法意见建议，不断提高公众参与实效。

三是认真开展法律法规规章规范性文件专项清理。2018 年，围绕推进党和国家机构改革、“放管服”改革及其他重要改革任务，司法部分 5 批起草一揽子修改、废止法律、行政法规草案，共提出修改法律 38 部，修改行政法规 28 部、废止 5 部。各地区各部门开展“放管服”改革和制约新动能发展涉及的规章、规范性文件专项清理，废止或宣布失效规章 379 部、修改规章 284 部，废止文件 43722 件、修改文件 4398 件。

四是深入推进法规规章备案审查工作。司法部全年共备案登记各地方各部门向国务院报送备案的法规规章 1647 部，其中，地方性法规 878 部，地方政府规章 576 部，国务院部门规章 193 部。修改完善备案登记编号制度，按规定做好法规规章备案情况公开工作。

四、坚持执法为民，严格规范公正文明执法水平不断提升

2018 年，各地区各部门积极推进行政执法体制改革，建立健全权责统一、权威高效的行政执法体制机制，狠抓执法规范化建设，切实保障公民、法人和其他组织的合法权益。

一是深入推进综合执法体制改革。按照中央统一部署，各地区和有关部门积极推进市场监管、生态环境保护、文化市场、交通运输、农业五大领域综合执法改革，进一步下沉执法重心，推进执法资源向一线倾斜。

二是全面推行行政执法“三项制度”。《国务院办公厅关于全面推行行政执法公示制度执法全过程记录制度重大执法决定法制审核制度的指导意见》印发实施，在全国全面推行“三项制度”，进一步规范执法程序、提升执法能力、强化执法监督，从源头上防止和纠正执法不作为、乱作为，粗暴执法、执法扰民等问题，充分发挥“三项制度”对促进严格规范公正文明执法的基础性、整体性、突破性作用。各地区各部门积极制定“三项制度”实施方案，完善相关配套措施。

三是强化行政执法监督力度。各地区各部门通过开展专项监督检查、特邀行政执法监督员、行政执法案卷评查等方式，不断加强行政执法突出问题的监督和整治。如浙江衢州探索开展行政执法 ISO9000 标准化试点，对行政执法主体资格、职权依据和执法场所、程序、用语等进行全面规范。贵州省利用大数据产业发展优势，探索“大数据 + 行政执法”，推动形成大数据精准执法模式，努力实现行政执法数据互通共享。

五、健全完善矛盾纠纷多元化解机制，保障社会公平正义

一年来，各地区各部门深入推进矛盾纠纷多元化解机制，提高综合治理能力，维护社会和谐稳定。

一是加强行政复议工作。各级行政复议机关

2018 年共办结行政复议案件 22.4 万件，直接纠错率 15.1%。针对办案中发现的违法共性问题，制发行政复议意见书 4958 份，责令有关行政机关限期改正。全国行政复议系统部署建立季报制度，定期通报全国复议案件反映出的依法行政突出问题和典型案例。

二是完善仲裁制度提高仲裁公信力。《中共中央办公厅、国务院办公厅关于完善仲裁制度提高仲裁公信力的若干意见》印发实施，推动完善仲裁委员会内部治理结构，加大对仲裁工作的支持与监督力度。2018 年，全国 255 家仲裁机构共处理案件 54 万件，同比增长 126.5%。人力资源和社会保障部印发了第一批 14 项劳动人事争议调解仲裁基本制度目录及范本，不断提高人事争议调解仲裁工作规范化水平。

三是建立健全行政裁决制度。《中共中央办公厅、国务院办公厅关于健全行政裁决制度加强行政裁决工作的意见》印发实施，对推进行政裁决工作作出部署，进一步健全行政裁决制度、加强行政裁决工作，突出行政裁决效率高、成本低、专业性强、程序简便等特点，充分发挥行政裁决化解民事纠纷的“分流阀”作用，切实保障人民群众合法权益。

六、加大法治宣传力度，营造法治政府建设浓厚氛围

2018 年，各地区各部门广泛开展内容丰富、形式多样的法治宣传活动，在全国范围内营造浓厚的法治政府建设氛围，切实加大全民普法力度，推动“七五”普法规划各项任务落到实处。

一是开展宪法学习宣传教育活动。组织开展 2018 年“宪法宣传周”系列活动，各地区各部门累计举办各类宣传活动 66.2 万场次，现场累计参加总人数达 2.23 亿人次。多个部门制定实施“宪法进宾馆”“宪法进万家”等宪法宣传工作方案，实现了宪法宣传对公共场所和基层单位的广泛覆盖。

二是全面落实“谁执法谁普法”普法责任制。建立健全“谁执法谁普法”部际联席会议工作机制，27 家中央国家机关制定出台“谁执法谁普法”实施意见，编制并公布了第一批中央国家机关普法责任清单。

三是开展基层法治创建活动。为进一步推动基层民主法治建设，全国普法办表彰了 422 个县（市、区）为第四批“全国法治县（市、区）创建活动先进单位”；司法部、民政部联合表彰了 803 个村（社区）为第七批“全国民主法治示范村（社区）”。全国普法办确定了 8 个单位为首批全国法治宣传教育基地，积极向社会公众开展法治宣传教育。

在取得各项成绩的同时，也要看到面对新形势、新要求，法治政府建设仍然存在一些问题，在今后的工作中须引起重视并着力加以解决。

一是对法治政府建设的领导有待进一步加强。法治政府建设点多面广，具有较强的整体性、综合性、全局性，仅依靠某个地方某个部门“单兵突进”难以有效推动。但是有的地方政府未担当起法治政府建设的主体责任，存在领导弱化、责任虚化的现象。需要进一步完善法治政府建设领导机制并压实责任制，形成推进法治政府建设的强大合力。

二是人民群众在法治政府建设中的获得感、幸福感、安全感有待增强。目前，一些地方行政执法不规范、不文明、不作为等问题仍不同程度存在，粗暴执法、选择性执法、利益驱动执法等现象仍时有发生，政务服务的“最后一公里”尚待打通，距离人民群众对民主、法治、公平、正义的要求还有不小差距。

三是推进法治政府建设的抓手亟须丰富、完善。近年来，各地区各部门围绕法治政府建设考核评估进行了不少探索，取得了积极成效。但不少地方考核评估流于形式，“以评促建”效果不理想，而且考核结果运用不充分，整改工作落实不到位，工作实效改善不足。

（司法部政府法制研究中心　汤磊）

为高水平对外开放提供法治保障

2018年，是中国改革开放40周年。40年来，中国改革开放不断扩大，从未停下脚步，特别是党的十八大以来，以习近平同志为核心的党中央总揽全局，坚持对外开放基本国策，推进开放和实践创新，对外开放取得新的重大成就。站在新的历史节点，党中央、国务院以更大的决心、更强有力的举措持续推进我国对外开放不断发展。

一、党中央决策为进一步扩大对外开放指明方向

2018年4月10日，习近平总书记在博鳌论坛年会开幕式发表主旨演讲时指出：实践证明，过去40年中国经济发展是在开放条件下取得的，未来中国经济实现高质量发展也必须在更加开放条件下进行。并提出中国将采取以下重大举措进一步促进扩大对外开放：一是大幅度放宽市场准入；二是创造更有吸引力的投资环境；三是加强知识产权保护；四是主动扩大进口。2018年11月5日，习近平总书记在首届中国国际进口博览会开幕式演讲中再次提出，中国将在以下几个方面加大推进对外开放力度：一是激发进口潜力；二是持续放宽市场准入；三是营造国际一流营商环境；四是打造对外开放新高地；五是推动多边和双边合作深入发展。习近平总书记的重要讲话精神为推动我国形成新一轮高水平对外开放指明了方向，为进一步做好对外开放工作提供了根本遵循。

2018年，党中央和国务院从加强顶层制度建设、进一步放宽市场准入限制、推进自由贸易试验区建设、优化营商环境、加强知识产权保护、促进贸易平衡、构建国际合作机制等方面出台了一系列法治建设举措，为我国对外开放持续提供有效法治保障和服务。整体而言，2018年我国对外开放法治建设举措呈现以下特点：一是力度大。既涉及我国对外开放顶层法律制度的修改完善，也涉及相关领域政策的调整优化，体系化、制度化特点突出。二是范围广。法治建设举措涵盖市场准入、自由贸易试验区建设、优化营商环境、加强知识产权保护、加大侵权惩罚力度等方面，为外商投资提供全方位保护。三是举措实。推行的放宽市场准入限制、加强自由贸易试验区建设、优化营商环境建设、加强知识产权保护的举措实实在在、分量很重，将进一步有效推动我国对外开放水平提升。

二、加强法律规范的立改废释，进一步完善对外开放顶层制度建设

（一）持续推进相关法律行政法规修改工作

2018年，我国围绕市场准入、产权保护、投融资、公平竞争等关键领域，针对营商环境存在的堵点、难点问题，持续推进放管服改革、证照分离等工作，全面开展相关法律法规清理修改工作。如为进一步加强知识产权保护，对《专利代理条例》《植物新品种保护条例》进行了修订。又如为了依法推进简政放权、放管结合、优化服务改革，国务院取消行政许可项目并对制约新产业、新业态、新模式发展涉及的行政法规进行了清理，决定对《中华人民共和国计量法实施细则》《中华人民共和国河道管理条例》《中华人民共和国防治海岸工程建设项目污染损害海洋环境管理条例》《中华人民共和国知识产权海关保护条例》等18部行政法规的部分条款予以修改，对《中华人民共和国私营企业暂行条例》《中华人民共和国水污染防治法实施细则》等5部行政法规予以废止。

（二）持续做好相关重点法律的审议工作

为进一步做好对外开放法治保障工作，相关部门积极按照立法计划做好相关法律的审议工作，加大力度推动相关法律的制定和修改。如在外商投资方面，全国人大常委会立法规划和2018年立法工作计划明确提出制定《外商投资法》。2018年12月国务院将《外商投资法（草案）》提请全国人大常委会审议。12月下旬召开的十三届全国人大常委会第七次会议对《外商投资法（草案）》进行了初次审议。按照工作安排，将进一步对《外商投资法（草案）》进行审议。从《外商投资法（草案）》的内容看，我国外商投资将实行准入前国民待遇加负面清单制度、严禁行政手段强制转让技术、建立外商投资企业投诉工作机制等。又如在知识产权保护

方面，《专利法修正案（草案）》已经国务院常务会议审议通过，并于2018年12月由第十三届全国人大常委会第七次会议进行了第一次审议。本次专利法进一步完善了专利授权制度，强化了专利保护和运用，优化了专利审查制度，增加了惩罚性赔偿制度和专利开放许可制度等。

三、坚持多措并举综合施策，为推动扩大对外开放提供全方位保障

（一）放宽市场准入限制，促进外资管理制度和经济体制改革

在外资市场准入方面，我国实行负面清单管理制度，并且随着我国对外开放程度越来越高，负面清单事项呈现逐年递减趋势。2018年6月28日，发展改革委、商务部公布了《外商投资准入特别管理措施（负面清单）（2018年版）》。此次负面清单的修改，不仅是清单的长度更短，更重要的是推进重点领域开放，呈现以下主要特点：一是全方位推进开放。第一、第二、第三产业全面放宽市场准入，涉及金融、交通运输、商贸流通、专业服务、制造、基础设施、能源、资源、农业等各领域，共22项开放措施。如金融领域取消了银行业外资股比限制，将证券公司、基金管理公司、期货公司、寿险公司的外资股比放宽至51%，2021年取消金融领域所有外资股比限制。交通运输领域取消了铁路旅客运输公司、国际海上运输、国际船舶代理外资限制。商贸流通领域取消了加油站、粮食收购批发外资限制。文化领域取消了禁止投资互联网上网服务营业场所的规定，等等。二是大幅精简负面清单。2018年版负面清单保留48条特别管理措施，比2017年版63条减少了15条。清单条目少了，进一步缩小了外商投资审批范围。三是对部分领域开放作出整体安排。列出了汽车、金融领域对外开放路线图时间表，逐步加大开放力度，给予相关行业一定过渡期，增强开放的可预期性。

此外，相关部门也出台了规定，进一步放开市场准入范围，如2018年4月27日，银保监会公布了《中国银行保险监督管理委员会办公厅关于进一步放宽外资银行市场准入有关事项的通知》，明确外国银行分行可以依法开展代理发行、代理兑付、承销政府债券等业务。

（二）加强自由贸易试验区建设，打造制度开放的新高地

2018年，我国赋予自由贸易试验区更大的改革自主权，充分发挥改革开放试验田的作用，自由贸易试验区建设主要聚焦商事制度改革、贸易监管和金融开放制度创新、完善事中事后监管体系等方面，努力建立一个同国际投资和贸易通行规则相衔接的制度体系。

1.进一步加强统筹部署

为进一步全面深化改革和扩大开放，2018年11月23日，国务院公布了《国务院关于支持自由贸易试验区深化改革创新若干措施的通知》，明确提出要营造优良的投资环境，进一步提升贸易便利化水平，推动金融创新服务实体经济，大力推行人力资源领域先行先试等，为加强我国自由贸易试验区建设注入新的动力。

2.自由贸易试验区建设广度深度进一步提升

一是增设海南自由贸易试验区。2018年9月24日，国务院公布了《国务院关于同意设立（海南）自由贸易试验区的批复》。按照《批复》的要求，2018年10月16日，国务院公布了《国务院关于印发中国（海南）自由贸易试验区总体方案的通知》。《通知》从大幅放宽外资市场准入、提升贸易便利化水平、创新贸易综合监管模式、推动贸易转型升级、加快金融开放创新和加强“一带一路”国际合作等方面加快构建开放型经济新体制。

二是进一步深化既有自由贸易试验区建设。2018年国务院公布了《国务院关于印发进一步深化中国（广东）自由贸易试验区改革开放方案的通知》《国务院关于印发进一步深化中国（福建）自由贸易试验区改革开放方案的通知》《国务院关于印发进一步深化中国（天津）自由贸易试验区改革开放方案的通知》等，提出要继续解放思想、先行先试，对标国际先进规则，赋予自由贸易试验区更大改革自主权，以开放促改革、促发展、促创新，推动形成全面开放新格局。

3.为自由贸易试验区建设提供有效保障

一是实行负面清单管理。经党中央、国务院同意，商务部公布了《自由贸易试验区外商投资准入特别管理措施（负面清单）（2018年版）》，除特别管理措施外，实施内外一致管理。

二是切实为自由贸易试验区建设提供法治保障。2018 年 1 月 9 日，国务院公布了《国务院关于在自由贸易试验区暂时调整有关行政法规、国务院文件和经国务院批准的部门规章规定的决定》。《决定》提出，为保障自由贸易试验区有关改革依法顺利实施，在自由贸易试验区暂时调整《中华人民共和国船舶登记条例》等 11 部行政法规，《国务院办公厅转发国家计委关于城市轨道交通设备国产化实施意见的通知》《国务院办公厅关于加强城市快速轨道交通建设管理的通知》2 个国务院文件以及《外商投资产业指导目录（2017 年修订）》和《外商投资民用航空业规定》2 个经国务院批准的部门规章有关规定的适用。

（三）优化营商环境建设，为外商投资提供便利条件

2018 年，国务院持续深化“放管服”改革，继续削减和下放行政审批事项，在全国范围内推开“证照分离”改革，进一步开展减证便民等工作，最大程度方便企业和群众办事。与此同时，国务院及相关部门还专门针对方便跨境贸易和外商企业办事出台了相关政策，如 2018 年 10 月 29 日，《国务院办公厅关于聚焦企业关切 进一步推动优化营商环境政策落实的通知》中的“推动外商投资和贸易便利化，提高对外开放水平”部分，提出要切实保障外商投资企业公平待遇、降低进出口环节合规成本和推进通关便利化、完善出口退税政策、加快出口退税进度等，并明确了各项举措的责任单位，确保各项举措落实到位。又如 2018 年 10 月 13 日，国务院公布的《关于印发优化口岸营商环境促进跨境贸易便利化工作方案的通知》，明确提出简政放权，减少进出口环节审批监管事项；加大改革力度，提升通关效率，加强科技应用，进一步促进口岸营商环境的提升。相关部门也出台了相关配套政策，如 2018 年 8 月 28 日，商务部公布了《关于修改〈外商投资企业设立及变更备案管理暂行办法〉的决定》，明确提出在全国推行外商投资企业商务备案与工商登记“单一窗口、单一表格”受理。

（四）加强知识产权保护力度，提高违法成本

2018 年我国从进一步完善知识产权机构设置、创新知识产权执法保护方式、加大知识产权违法行为惩罚力度、优化司法审判资源等方面进一步加强知识产权保护：

（1）优化调整知识产权保护职责

随着新一轮机构改革的顺利完成，实现了商标、专利、原产地地理标志的集中统一管理，明确商标、专利执法工作由市场监管总局综合执法队伍来承担，实现了综合执法。同时，也明确了国家知识产权局负责全国知识产权保护体系的建设等，都将有力提升知识产权执法效能。

（2）创新行政执法方式

国家知识产权局会同国家发改委等 38 个部委，联合印发了《关于对知识产权（专利）领域严重失信主体开展联合惩戒的合作备忘录》，对非正常申请专利等行为的主体实施者进行联合惩戒。

（3）加大侵权行为惩罚力度

如在专利法修正草案中，明确写入了侵权惩罚性赔偿制度，对恶意侵权行为可以处以最高 5 倍的惩罚性赔偿。

（4）成立最高人民法院知识产权法庭，持续优化审判资源配置

（五）主动扩大进口，促进贸易平衡

2018 年 7 月 2 日，国务院办公厅公布了《国务院办公厅转发商务部等部门关于扩大进口促进对外贸易平衡发展意见的通知》。《通知》分别从增加进口、加强国际合作、提升贸易便利化等方面提出了具体举措，促进对外贸易平衡发展，推动实现经济高质量发展。

（六）完善制度机制建设，推动国际合作健康发展

为进一步保障和促进“一带一路”建设，公正、专业、高效解决国际商事纠纷，加强国际法治合作，中办、国办印发了《关于建立“一带一路”国际商事争端解决机制和机构的意见》。《意见》主要内容包括：设立国际商事审判机构、组建国际商事专家委员会以及构建多元化国际商事纠纷解决机制等方面。该《意见》的印发实施将有助于依法妥善化解“一带一路”建设过程中产生的商事争端，平等保护中外当事人合法权益，营造公平公正的营商环境，为推进“一带一路”建设、实行高水平贸易和投资自由化便利化政策、推动建设开放型世界经济提供更加有力的司法服务和保障。

（司法部政府法制研究中心　谭庆勇）

中国行政管理体制

行政管理体制有两层含义，一是指行政管理主体和各主体之间制度化的关系模式，二是指国家的行政管理制度。在中国，行政管理主体主要由政府和政府部门构成，其构架是纵向不同层级的政府和横向不同分工的政府部门；行政管理制度由法律和政策设定，并根据中国改革开放和经济社会发展的新形势不断进行改革与完善。2018年3月5日，中国召开第十三届全国人民代表大会，审议通过了《国务院机构改革方案》，开始了新一轮从中央到地方的政府机构改革；在行政管理制度方面，全面实施预算绩效管理、政府网站集约化建设等都是有代表性的改革与完善举措。

一、政府机构改革回顾与新一轮改革的启动

（一）政府机构改革的三个阶段与主要经验

改革开放后，我国经历了多轮机构改革，尤其是政府机构改革。政府机构的动态调整已成为一种行政规律，其目的是使政府机构的设立、调整和运行与政府职能的新变化和经济社会发展的新形势相适应。按照改革的重点任务，可以将我国改革开放后的多轮政府机构改革划分为三个阶段。

第一阶段（1982—1998年）。这一阶段政府机构改革的重点任务是改掉计划经济体制下政府机构的设立原则和工业专业经济部门，以适应社会主义市场经济体制和“政企分开”的需要。在计划经济体制下，为便利对国民经济实行自上而下的计划管理，我国政府机构按工业、农业、建筑业、商业、文化、教育、科技等国民经济部门“分工划细”设立，每一经济部门内部还可以细分，例如工业可以细分为轻工业、重工业，于是国务院部委中就有了轻工业部、纺织部、冶金部、石油部、电力部、煤炭部、化工部、机械部等工业专业经济部门。经过这一阶段的改革，工业专业经济部门有些被改成行政性公司，例如电力部改为国家电力公司；有些被改成行业协会，例如纺织部改为纺织总会等。

第二阶段（1998—2008年）。这一阶段政府机构改革的重点任务是完善宏观调控体系，加强国有资产监管和金融监管，推动流通体制改革，以适应中国加入世贸组织和进一步转变政府职能的需要。对应改革的重点任务，2003年3月10日，十届全国人大一次会议通过国务院机构改革方案，国家发展计划委员会被改组为国家发展和改革委员会，设立国有资产监督管理委员会，设立银行业监督管理委员会，组建商务部。

第三阶段（2008—2017年）。这一阶段政府机构改革的重点任务是大部制改革。通过大部制改革，将那些职能相近、业务趋同的事项相对集中，交由一个部门统一管理，以理顺部门职责关系，解决政府机构重叠、职责交叉、政出多门等弊端，提高管理效能。大部制改革的典型是大交通部的设立。改革后的大交通部整合了原交通部、铁道部、中国民用航空总局、建设部指导城市客运、国家邮政局等机构的职责，为优化交通运输布局，发挥整体优势和组合效率，加快形成便捷、通畅、高效、安全的综合运输体系奠定了组织基础。

从改革目的角度对改革开放后中国多轮政府机构改革的经验加以总结，主要经验有三：

第一，机构改革要围绕政府职能转变，有利于政府职能的履行。改革开放后，我国政府职能重心转到了经济与社会职能，而经济与社会职能的具体内容被定位为宏观调控、市场监管、社会管理、公共服务和环境保护。改革开放后历次机构改革均基于政府职能转变，力图使机构设立与政府职能转变相匹配相协调，例如发展改革、金融业监管、食品药品监管、社会保障、环境保护等机构的设立与加强等。

第二，机构改革要围绕社会主义市场经济体制的建立、运行和完善，有利于市场经济的发展。改革开放后，尤其是党的十四大提出建立社会主义市场经济体制之后，我国推行了一系列旨在建立和完善市场经济体制的改革，尤其是“政企分开”改革。围绕市场经济体制的建立和完善，政府机构改革则是“去计划经济”，一大批工业专业经济部门被撤销或者调整。

第三，机构改革要更有利于机构的精简、统一和效能，提高治理能力和执法水平。机构改革明显

减少了机构数量，据统计，截至 2013 年，国务院工作部门已从 1981 年的 100 个减少到 46 个。机构改革还缓解了政出多门、多头执法、重复执法、执法扰民等问题，有效提高了我国政府部门的执法水平。

（二）新一轮政府机构改革

2017 年 11 月，中国共产党第十九次全国代表大会召开，大会报告中提出要深化机构和行政体制改革，统筹考虑各类机构设置，科学配置党政部门及内设机构权力、明确职责；2018 年 2 月 28 日，中国共产党十九届三中全会通过《中共中央关于深化党和国家机构改革的决定》；2018 年 3 月 17 日，十三届全国人大一次会议通过《关于国务院机构改革方案的决定》。上述重要文件的发布，标志中国开启了新一轮政府机构改革。新一轮政府机构改革与以往改革的不同之处主要有三：

第一，政府机构与执政党机构统筹设置，解决党政机构权力双轨制问题。在中国现行政治体制下，党政部门基本上是权力双轨制。市场经济体制的建立以及大部制改革的推进，凸显了党政权力配置中的两个问题：一是如何实现大部制和党委制的制度整合；二是如何解决同类事务由党政分设机构实施管理的权力双轨制。解决这两个问题的根本路径是政治体制改革。从政治体制改革和机构改革的发展趋势看，大部制改革的方向和实践最终会推及党、政、人大等系统，因而需要统筹解决政府权力和党的权力如何对接这一关键问题。《中共中央关于深化党和国家机构改革的决定》，涉及党和国家机构的整合，例如监察与党的纪检部门的整合，人力资源与党的组织部门的整合，新闻出版广电与党的宣传部门的整合等。中国以往已有党的纪律检查机关和政府监察机关合署办公的实践，但新整合的党和国家机构怎样磨合、怎样顺畅运行的问题仍需在实践中进一步探索。

第二，统筹优化地方机构设置和职能配置，构建从中央到地方运行顺畅、充满活力、令行禁止的工作体系。机构改革的步骤一般是从中央到地方，国务院机构改革实施后启动地方机构改革。但是，在中央集权制下，省级及以下政府机构如何设置的问题，历次机构改革都没能很好地解决。2008 年 2 月 27 日，中国共产党十七届二中全会通过《关于深化行政管理体制改革的意见》，提出“推进地方政府机构改革，根据各层级政府的职责重点，合理调整地方政府机构设置。在中央确定的限额内，需要统一设置的机构应当上下对口，其他机构因地制宜设置”。但是，该意见并未指明哪些机构“应当上下对口”，哪些机构“因地制宜设置”，以至地方机构改革与国务院机构改革出现某些互异。互异的情形主要有两种：一种是“上动下不动”，中央改而地方未改；另一种是“下动上不动”，地方改而中央未改。这对地方工作产生了两种消极影响。首先，传统的上下对口的“圆柱形”政府组织体系被上下不对口的“倒梯形”政府组织体系取代，下级的一个机构可能对应上级的几个机构，下级机构的工作压力相应加大。其次，由于下级部门无法一一对应上级部门，下级向上级申请某些事项时，上级往往以机构不对口为由拒绝，下级为了项目、资金、奖项申请等实际需要，只得又重新挂牌，陷入机构摘牌又挂牌的怪圈。《中共中央关于深化党和国家机构改革的决定》重申“除中央有明确规定外，允许地方因地制宜设置机构和配置职能”。2018 年 5 月 11 日，“中央全面深化改革委员会”召开会议，审议通过了《关于地方机构改革有关问题的指导意见》，提出了中央和地方机构上下对口、因地制宜设置的一般原则，即省、自治区、直辖市党委职能部门和政府组成部门总体上要同中央和国家机关机构对应设置，其他部门允许地方因地制宜设置。

第三，坚持改革和法治相统一，依法管理机构和编制。管理机构和编制的法统称为行政组织法。行政组织法是规定行政机关权责、组织、人员等法律规范的总称，内容涉及行政机关的性质、地位、设立、变动、职权、正副职设置、工作制度，行政领导体制、府际关系、人员编制等。行政组织法定化不足是我国长期存在的老问题，机构改革、机构职责、内设机构、人员编制等的基本依据是“机构改革方案”“三定规定”“权责清单”等文件。这些文件在一定时期内对行政机关的组织和运行发挥了积极作用，但政策文件推动的改革成果是短期的、不稳定的。从长远看，保证行政组织精简、统一、效能的必由之路是健全和完善行政组织法。为此，《中共中央关于深化党和国家机构改革的决定》提出：加快推进机构、职能、权限、程序、责任法定化；要对机构编制实施刚性管理，加大对机构编制违纪违法行为的查处力度，坚决整治上级部门通过项目资金分配、考核督查、评比表彰等方式干预下级机构设置、职能配置和编制配备的行为；要完善机构编制同纪检监察、组织人事、审计等部门的协作联动机制，形成监督合力。可见，机构编制法定化是依法治国、依法执政、依法行政在机构编制管理上的具体化，是深化党和国家机构改革的重要保障。

二、行政管理制度的改革与完善

2018 年，在行政管理制度方面，全面实施预算绩效管理、政府网站集约化建设等是较有代表性的改革与完善举措。

（一）全面实施预算绩效管理

预算绩效管理是一种以一级政府财政预算为对象，以政府财政预算在一定时期内的总产出为内容，以促进政府透明、责任、高效履职为目的而开展的绩效管理活动。全面实施预算绩效管理是通向现代财政制度的必由之路，对于制止资金流乱象、提高资金使用效益、建立廉洁政府意义重大。

全面实施预算绩效管理中的“全面”，是指全方位、全过程、全覆盖的预算绩效管理体系。其中，全方位是指全方位预算绩效管理格局，包括政府、部门和单位、政策和项目预算绩效管理。2018 年 9 月 1 日，中共中央、国务院印发《中共中央 国务院关于全面实施预算绩效管理的意见》（以下简称《意见》），对全面实施预算绩效管理提出了总体要求。

在政府预算绩效管理方面，《意见》提出：实施政府预算绩效管理，将各级政府收支预算全面纳入绩效管理。各级政府预算收入要实事求是、积极稳妥、讲求质量，必须与经济社会发展水平相适应，严格落实各项减税降费政策，严禁脱离实际制定增长目标，严禁虚收空转、收取过头税费，严禁超出限额举借政府债务。各级政府预算支出要统筹兼顾、突出重点、量力而行，着力支持国家重大发展战略和重点领域改革，提高保障和改善民生水平，同时不得设定过高民生标准和擅自扩大保障范围，确保财政资源高效配置，增强财政可持续性。

为落实《意见》，财政部 2018 年 11 月 16 日发布《关于贯彻落实〈中共中央 国务院关于全面实施预算绩效管理的意见〉的通知》，要求各地区、各部门根据工作实际，抓好预算绩效管理全过程，包括预算编制环节的事前绩效评估，防止“拍脑袋决策”；预算执行环节的绩效监控，发现问题及时纠正；决算环节的全面绩效评价，对绩效目标未达成或目标制定明显不合理的要作出说明并提出改进措施。通知还排定了全面实施预算绩效管理时间表。

（二）政府网站集约化建设

在推进“互联网＋政务服务”的大背景下，全社会对政府信息公开力度，对政府不断提高公共服务质量和效益都提出了更高要求，以互联网为依托建立集约化政府服务网站势在必行。政府网站集约化有利于节约成本，减少资金投入，提升公共服务水平。

为推进政府网站互联互通融合发展，2018 年 10 月 27 日，国务院办公厅印发《政府网站集约化试点工作方案》，确定北京、吉林、安徽、山东、湖北、湖南、广东、广西、重庆、贵州 10 个省（区、市）和西藏自治区拉萨市作为试点地区。试点地区 2019 年 12 月底前完成政府网站集约化工作，实现本地区各级各类政府网站资源优化融合、平台整合安全、数据互认共享、管理统筹规范、服务便捷高效。

政府网站集约化试点地区的工作主要有五项：一是建设集约化平台，平台建设可以采用省级统建模式，也可以采用省级、地市级分建模式；二是编制集约化平台建设标准，形成标准规范；三是建设分类科学、集中规范、共享共用的全平台统一信息资源库；四是依托集约化平台信息数据资源，以群众喜闻乐见的形式提供一体化的信息数据服务；五是严格落实网络安全法和关键信息基础设施安全保护有关要求，加强网络安全等级保护工作。

（中国政法大学教授　郎佩娟
中国政法大学硕士研究生　徐凯旋）

中国行政审批制度改革情况

党的十八大以来，党中央、国务院大力推进“放管服”改革，将其作为提升国家治理体系和治理能力现代化的重要内容。党的十九大报告指出，要转变政府职能，深化简政放权，创新监管方式，增强政府公信力和执行力。2018年，党中央、国务院把行政审批制度改革作为全面深化改革的重要内容，持续加以推进，在取消审批项目的同时加快法律法规立改废释，确保各项改革措施于法有据。

一、大力取消、下放行政许可，以简政放权放出活力和动力

2018年，李克强总理在全国深化“放管服”改革转变政府职能电视电话会议上的讲话中提出，“放管服”改革是激发市场活力、增强内生动力、释放内需潜力的战略举措，必须坚持不懈向前推进；以简政放权放出活力和动力，对现有审批和许可事项要逐一深入论证，除关系国家安全和重大公共利益等的项目外，能取消的坚决取消，能下放的尽快下放，市场机制能有效调节的经济活动不再保留审批和许可；深化商事制度改革，并继续推进投资项目审批改革等。

为深入贯彻落实2018年李克强总理在全国深化“放管服”改革转变政府职能电视电话会议上的讲话精神，2018年7月28日，国务院发布了《国务院关于取消一批行政许可等事项的决定》（国发〔2018〕28号），决定取消企业集团核准登记、台港澳人员在内地就业许可、机动车维修经营许可、外商投资道路运输业立项审批、农业机械维修技术合格证核发、船舶进出渔港签证、国家重点保护水生野生动物及其产品进出口初审、国内企业在境外投资开办企业（金融企业除外）核准初审、设立分公司备案、营业执照作废声明以及外商投资合伙企业设立、变更、注销分支机构备案等11项行政许可等事项。该文件还规定，另有6项依据有关法律设定的行政许可事项，国务院将依照法定程序提请全国人民代表大会常务委员会修订相关法律规定。2018年8月5日，为确保会议确定的重点任务落到实处，国务院发布《国务院办公厅关于印发全国深化“放管服”改革转变政府职能电视电话会议重点任务分工方案的通知》（国办发〔2018〕79号）。该文件对精简审批和许可事项、在全国推展“证照分离”改革、深化工业产品生产许可证制度改革以及推进投资项目审批改革等重点工作做了部署分工。

各地方司法厅（局）高度重视并持续深化“放管服”改革，大力取消、下放行政许可，多措并举，成效明显。例如，上海市司法局着力减少审批项目，大力加强行政审批和变相审批的清理整顿工作，对仅由上海市司法局规范性文件设定的“审批”“备案”等涉及行政审批的条款，及时予以删除、修改；对相关“审批”“备案”行为，立即责令停止实施；对相关变相审批行为，一律责令整改。2018年为进一步加强“放管服”工作统筹协调，北京市司法局向市编办申请设立“行政审批处”，专门负责司法行政部门所有审批事项，统筹推进“放管服”改革工作。2018年，湖北省司法厅进一步加大“放管服”工作力度，按照“应减必减、该放就放”的要求，一次性将76家省直司法鉴定机构、673名鉴定人的管理事项移交属地司法行政机关管理，将24家省直律师事务所、9家省直法律服务所移交武汉市司法局管理，提请省政府对司法鉴定机构、司法鉴定人的罚款、警告、停业处罚权下放到市（州）司法行政机关，全面停止司法行政机关对法医类、物证类、声像资料、环境损害以外的司法鉴定机构及鉴定人登记管理。

2018年10月31日，世界银行发布了最新全球营商环境报告。报告认定，中国在过去一年为中小企业改善营商环境实施的改革数量创纪录，共有7项，位列2018年营商环境改善全球排名前十；总体排名从上期的第78位跃升至第46位，进入全球营商环境排名前50的经济体之列。

二、推进法律法规立改废，为改革持续破关清障

（一）及时清理修法，依法推进各项改革措施落地

一是贯彻落实有关决定，推进清理修法。为了

落实“放管服”改革要求，国务院提请全国人大常委会审议产品质量法等17部法律修正案草案，其中涉及“放管服”的劳动法、电力法、老年人权益保障法、环境噪声污染防治法、高等教育法、环境影响评价法、民办教育促进法、港口法、企业所得税法、民用航空法和职业病防治法11部法律，已分别于2018年12月29日由主席令第23号、24号予以修改。国务院还对取消行政许可项目及制约新产业、新业态、新模式发展涉及的行政法规进行了清理。2018年3月19日，公布《国务院关于修改和废止部分行政法规的决定》，对计量法实施条例等18部行政法规进行修改，废止了私营企业暂行条例等5部行政法规。同时，完成了750多部现行有效行政法规有关“放管服”内容的专项清理。

二是对“一网通办”涉及的6部行政法规进行一揽子修改。国务院对城市道路管理条例等6部行政法规进行了清理。通过对办事主体需到现场办理事项或提交纸质材料等内容的相关条款进行修改，简化了社会保险登记手续；优化了不动产登记和房地产开发企业备案、城市道路审批以及为职工办理住房公积金账户等手续；为通过网上办理网络文化经营许可扫清了法律障碍。

（二）认真做好改革发展急需的法律法规的制定、修改工作

2018年6月29日，国务院公布人力资源市场暂行条例，将原人力资源市场领域存在的3项行政许可压缩为“从事职业中介活动”1项行政许可，对经营性人力资源服务机构开展人力资源服务业务实行备案管理，降低了人力资源服务业准入门槛。条例同时规定，人力资源社会保障行政部门应当对公共人力资源服务机构进行监督管理，并对经营性人力资源服务机构综合运用信息公示、信用分类监管等事中事后监管措施。为方便劳动者求职就业，条例明确规定公共人力资源服务机构提供职业介绍、职业指导和创业开业指导等服务，不得收费。

三、把好改革措施出台前的法制关口，做好出台后的解读工作

一是严格审核各项改革措施的合法性，确保改革在法治轨道上全面推进。2018年，国务院在决定取消11项行政许可等事项前，均由有关部门从项目的设定依据、法律表述等逐一进行研究审核，确保改革于法有据。同时，工程建设项目审批制度改革、市场准入负面清单、国务院部门权责清单试点改革等改革举措，在出台前都经过了合法性审核。

二是为营造法治化、国际化、便利化的营商环境，在前期试点基础上，国务院决定在全国推开“证照分离”改革。2018年9月，国务院印发《关于在全国推开“证照分离”改革的通知》，决定自2018年11月10日起，在全国范围内对第一批106项涉企行政审批事项分别按照直接取消审批、审批改为备案、实行告知承诺、优化准入服务四种方式实施“证照分离”改革。同时，加强事中事后监管，建立部门间信息共享、协同监管和联合奖惩机制，形成全过程监管体系。

四、努力打造良好法治环境

2018年5月16日，国务院办公厅印发《关于加强行政规范性文件制定和监督管理工作的通知》，对行政规范性文件的概念、制定程序、监督管理等内容作出全面系统的规定。2018年12月4日，国务院办公厅印发了《关于全面推行行政规范性文件合法性审核机制的指导意见》，对规范性文件合法性审核的主体、程序、内容、责任全面规范，从源头上防止违法文件出台，促进行政机关严格规范公正文明执法。

五、持续推进减证便民工作

近年来，李克强总理多次研究部署“放管服”改革，要求取消各种无谓的证明和烦琐的手续，最大限度减少企业和群众跑政府的次数，不断优化办事创业和营商环境。从2018年6月开始，国务院在全国范围内全面部署证明事项清理工作，明确由司法部牵头组织。经过近一年的努力，清理工作取得显著成效。截至2019年4月底，各地区各部门共取消证明事项13592项，证明事项清理工作已基本完成。持续开展“减证便民”行动，推动了政府职能转变，深化了“放管服”改革和法治政府、服务型政府建设，优化了营商环境。

（司法部行政执法协调监督局　程程　刘帅丹）

●贸易政策与管理措施

中国海关管理制度

2018年，根据《深化党和国家机构改革方案》，“将国家质量监督检验检疫总局的出入境检验检疫管理职责和队伍划入海关总署”，海关总署按时完成机构人员转隶工作，大力推进关检全面深度融合，着力提升国门安全和风险防控水平，有效降低企业制度性交易成本，营造稳定、公平、透明、可预期的外贸营商环境。

海关总署把优化口岸营商环境作为工作的重中之重，积极发挥国务院口岸工作部际联席会议办公室作用，牵头起草并会同国家有关部门和各地方政府深入推动贯彻落实国务院出台的《优化口岸营商环境促进跨境贸易便利化工作方案》，取得了积极成效。

一是大力压缩整体通关时间。海关总署推行进出口货物“提前申报”、进口矿产品“先放后检”，推广实施关税保证保险改革，推广应用机检设备智能审图，开通农副产品快速通关“绿色通道”，会同交通运输部、地方人民政府加大港口信息化智能化建设力度，推进港口作业全流程无纸化。

2018年12月，全国进口整体通关时间42.5小时，比2017年压缩56.36%；出口整体通关时间4.77小时，比2017年压缩61.19%，超额完成2018年政府工作报告提出的压缩整体通关时间三分之一的目标任务。

二是大幅简化进出口环节监管证件。海关总署会同各证件主管部门，按照“能取消的取消、能合并的合并、能退出口岸验核的退出口岸验核”的原则，对通关环节需要保留验核证件进行简化，进出口环节监管证件数量从86种减少至46种，除4种因安全保密需要外，已全部实现联网核查自动比对。

三是推广应用国际贸易“单一窗口”标准版。“单一窗口”标准版建成12大基本功能，实现与25个部委系统对接，提供网上服务事项464项，覆盖海运、空运、公路、铁路等各种口岸类型和海关特殊监管区域、自由贸易试验区、跨境电商综合试验区等各种区域，以及报关代理、物流商务、金融保险等各类企业。累计注册用户达220万余家，累计申报业务总量超过2.7亿票，主要申报业务（货物、舱单和船舶申报）应用率达90%以上，货物申报应用率100%。

四是着力清理规范进出口环节收费。推动建立全国口岸收费监督管理协作机制，实行进出口环节收费公示制度，统一公布收费项目和收费标准等目录清单，明码标价，以信息公开倒逼规范经营服务性收费，切实降低进出口环节合规成本。

五是有效提高口岸物流信息化水平。海关总署会同交通运输部、地方政府推进口岸作业场站货物装卸、仓储理货、报关、物流运输、费用结算等环节无纸化和电子化，进出口企业在港口信息化平台（EDI）实现无纸化操作，减少单证流转环节和时间，提高口岸作业效率。

（海关总署）

中国关税政策

中国关税政策包括进出口货物、进境物品征税政策和减免税政策。2018 年，全国海关征税 19 726.7 亿元，增长 4%。其中，关税 2847.8 亿元，下降 5%；进口环节税 16 878.9 亿元，增长 5.7%。

进口关税设置最惠国税率、协定税率、特惠税率、普通税率、关税配额税率等税率。出口关税设置出口税率。对进出口货物在一定期限内可以实行暂定税率。进境物品的关税以及进口环节海关代征税合并为进境物品进口税。

对进口货物需采取反倾销、反补贴、保障措施的，按照有关法律、行政法规的规定适用其税率。另外，对国家决定征收报复性关税的进口货物，适用报复性关税税率。

有关关税政策如下：

一、履行入世承诺，约束性降税已完成

2001 年中国入世后，为履行降税承诺，经过几年的约束性降税，我国进口关税水平（最惠国税率算术平均税率）大幅降低，2007 年已降至 9.8%，2010 年全部完成了入世承诺的降税义务。

在完成约束性降税基础上，我国进一步实施自主降税，2018 年 11 月 1 日起，关税总水平降至 7.5%。

目前进口关税依据《中华人民共和国进出口税则》征收，税则共分为 21 类，97 章。2018 年税则共计 8549 个 8 位税号。

二、发挥税收调节作用，自主实施暂定税率

暂定税率是国家对部分进出口货物实行的一种临时性进出口关税税率。一般根据国民经济发展的实际需要和进出口关税税率的总体调整情况，对部分进出口货物实行暂定税率，以更有效地发挥关税在提高国内竞争力、促进企业技术进步、保障经济运行等方面的作用。2018 年 1 月 1 日起对 948 项进口商品实施暂定税率，其中 27 项信息技术产品暂定税率实施至 2018 年 6 月 30 日止。

三、促进对外经济、外交关系发展，开展多边贸易合作，实行协定税率和特惠税率

2018 年，我国实施优惠贸易安排累计享惠进口 8930 亿元，同比增长 15%；税款减让 723 亿元，增长 12%。原检验检疫的原产地签证管理职责划入海关后，海关进一步提升原产地证书申领便利水平，出口企业申领优惠原产地证书 503 万份，货值 13 486 亿元，分别增长 12% 和 20%。截至 2018 年底我国已签署并实施了 15 项自由贸易协定和亚太贸易协定、大陆对部分原产于台湾地区的农产品零关税政策、最不发达国家特别优惠关税待遇等 3 项优惠贸易安排，涉及对 26 个国家（地区）实施协定税率以及对 43 个国家实施特惠税率。

四、落实国家减税政策，提升人民群众获得感，调降进境物品进口税

我国自 2018 年 11 月 1 日起，将进境物品进口税率由 15%、30% 和 60% 三档调降为 15%、25% 和 50%，并调整《中华人民共和国进境物品归类表》和《中华人民共和国进境物品完税价格表》相关内容。降税物品涵盖纺织品、箱包、鞋靴、化妆品、家电等日常消费品。同时，为确保患者能够享受减税红利，对国家规定减按 3% 征收进口环节增值税的进口抗癌药，按货物税率征税。2018 年，全国海关征收进境物品进口税 19.2 亿元，增长 7.9%。

五、延续跨境电商零售进口政策，扩大进口商品清单管理范围

跨境电商零售进口税收政策适用于从其他国家或地区进口的、《跨境电子商务零售进口商品清单》范围内的商品。我国自 2016 年 4 月 8 日起正式实施跨境电商零售进口税收政策。对于限值以内进口的跨境电子商务零售进口商品，关税税率暂设为 0；进口环节增值税、消费税取消免征税额，暂按法定应纳税额的 70% 征收。2018 年 11 月 20 日，商品清单（2018 年版）公布，共有 1321 个税目 8 位税号商品，主要包括食品（如奶粉、蜂蜜），化妆品，洗发用品，箱包，服装，鞋靴，家用电器（如电饭锅、微波炉），手表，玩具等，自 2019 年 1 月 1 日起实施。2018 年，全国海关征收跨境电商零售进口税 95.2 亿元，增长 40.4%。

（海关总署）

中国关税政策

2018 年以来，面对严峻多变的国际政治经济形势和复杂艰巨的国内改革任务，中国关税政策仍坚持稳中求进的总基调，坚持新发展理念，以供给侧结构性改革为主线，紧紧围绕我国社会主要矛盾变化和中美经贸博弈两个大局，充分发挥关税统筹国际国内两个市场、两种资源的职能作用，既坚定不移加快改革开放步伐，又坚决捍卫国家利益、反制美国贸易霸凌，妥善应对经贸摩擦，推动多双边经贸合作。

一、坚定不移扩大对外开放，自主降低关税水平

（一）全面提高对外开放水平

坚决贯彻习近平总书记“中国开放的大门不会关闭，只会越开越大”“未来中国经济实现高质量发展必须在更加开放的条件下进行”等重要讲话精神，围绕全面深化改革、扩大高水平开放，出台一系列进出口关税措施。在进口方面，经过多步调整，将我国关税总水平由 9.8% 降至 7.5%，涉及 3000 多个税目，平均降幅达 23%，减少税负近 600 亿元。在出口方面，自 2019 年 1 月 1 日起，取消 94 项产品的出口关税。

（二）充分落实深化改革重大决策

一是调整海南离岛旅客免税购物政策。自 12 月 1 日起，将离岛旅客（包括岛内居民旅客）每人每年累计免税购物限额增加到 30 000 元，在免税商品清单中增加视力训练仪等部分家用医疗器械商品。同时，为实现政策对离岛旅客全覆盖，将乘轮船离岛旅客纳入政策适用范围。二是支持首届中国国际进口博览会。对展期内销售的合理数量的进口展品免征进口关税，进口环节增值税、消费税按应纳税额的 70% 征收。三是助推自贸试验区等区域深化改革创新，提出促进综合保税区高水平开放高质量发展的税收政策

二、妥善应对中美经贸摩擦

2018 年以来，美国政府在 301 条款项下，对中国输美商品采取加征关税措施，挑起经贸摩擦。美方做法违反了世贸组织规则，严重侵犯我方合法权益，损害了我国国家和人民利益。为捍卫我国合法权益，针对美国 301 措施，我国陆续实施了反制措施：自 2018 年 7 月 6 日起，对 545 项约 340 亿美元自美进口商品加征 25% 关税；自 2018 年 8 月 23 日起，对 333 项约 160 亿美元自美进口商品加征 25% 关税；自 2018 年 9 月 24 日起，对 5207 项约 600 亿美元自美进口商品加征 10% 或 5% 关税。

此外，美国还以维护“国家安全”为由，对自其他国家进口的钢铁和铝产品分别加征 25% 和 10% 的关税。美方做法严重违反世贸组织非歧视原则，违反其在世贸组织项下的关税减让承诺和有关保障措施的规则和纪律。为维护我国利益，平衡因美国 232 措施给我国利益造成的损失，我国自 2018 年 4 月 2 日起对原产于美国的 128 项进口商品中止关税减让义务，在现行适用关税税率基础上加征关税。

三、满足人民美好生活需要，规范完善消费品关税政策

紧紧围绕党的十九大报告作出的我国社会主要矛盾发生转化的重大战略判断，坚持以人民为中心、坚持在发展中保障和改善民生等基本方略，对药品、汽车、消费品等降低关税，增进民生福祉。

（一）较大幅度较大范围降低进口关税

2018 年将扩大进口、降低关税的重点放在与百姓生活密切相关的进口商品上，降税幅度大、范围广。一是全面降低药品关税。自 5 月 1 日起将包括抗癌药品在内的所有普通药品和具有抗癌作用的生物碱类药品、有实际进口的中成药等共 28 个税目的进口关税调整为零，同时还降低了抗癌药品进口环节增值税税负。二是相当幅度降低汽车进口关税。自 7 月 1 日起对 139 个汽车税目由 25%、20% 降为 15%，将 79 个汽车零部件税目由 8%~25% 降为 6%。三是较大范围降低日用消费品关税。自 7 月 1 日起对 1449 个税目的日用消费品实施降税，涵盖服装鞋帽、厨房用品、体育健身用品、家用电器等多个领域，平均降税幅度达 55. 9%。

（二）进一步完善跨境电商零售进口政策

以促进新业态发展为导向，制定了跨境电商零售进口政策调整方案，自 2019 年 1 月 1 日起实施。一是提高商品限额上限，将年度交易限值由每人每年 20 000 元提高至 26 000 元，今后随居民收入提高相机调高；将单次交易限值提高至 5000 元。二是明确完税价格超过单次交易限值但低于年度交易限值，且订单下仅一件商品时，可以自跨境电商零售渠道进口，按照货物税率全额征收关税和进口环节增值税、消费税；三是明确已经购买的跨境电商零售进口商品不得进入国内市场再次销售；四是扩大清单范围，增加了葡萄汽酒等近年消费需求比较旺盛的 63 个税目商品。

（三）调整行邮税政策

随着相关进口商品关税税率的调整，为便利个人自用物品通过行李、邮递渠道进境，对相关商品行邮税进行相应调整。将药品适用税率由 30% 降至 15%，降幅达 50%（其中，对国家规定减按 3% 税率征收进口环节增值税的进口抗癌药品，按货物税率征税）；将主要涉及日用消费品的税目 2、3 的税率分别由 30%、60% 调整为 25%、50%，降幅近 20%。

四、着力促进高质量发展，不断优化进口税收政策体系

（一）支持引进先进技术和重要资源，充分发挥关税杠杆作用

一是坚持立足国内发展，为适应产业升级、降低企业成本需要，促进部分国内急需的工业品进口，较大范围降低部分工业品关税。自 11 月 1 日起对 1585 个税目的机电设备、零部件及原材料等工业品实施降税；自 2019 年 1 月 1 日起，继续对 706 项国内紧缺的重要原材料、关键零部件和先进技术设备等产品实施较低的进口暂定税率。二是积极落实支持科技创新和产业发展的进口税收政策，研究制定新型显示器件、重大技术装备、科技重大专项等各项进口税收政策年度执行方案。根据国内产业发展情况，研究调整了重大技术装备进口税收政策免税产品目录。三是严格履行世贸组织信息技术协议扩围产品降税义务。自 7 月 1 日起，对扩围产品最惠国税率实施第三次降税，共涉及 280 多个税目，有利于我国信息技术产品促进出口增长，降低进口成本，提高国际竞争力。

（二）积极引导消费回流，进一步完善免税店政策

一是为进一步服务国内消费升级需求，促进口岸出境免税店健康有序发展，调整完善了口岸出境免税店政策，出台了《口岸出境免税店管理暂行办法》，将统一经营、统一组织进货、统一制定零售价格、统一制定管理规定的“四统一”管理调整为有序竞争，同时完善特许经营体制和审批管理程序，并做好新老免税店衔接问题。二是为进一步促进口岸进境免税店健康发展，实现政策初衷，在总结评估 2016 年公布的《口岸进境免税店管理暂行办法》实施情况基础上，研究制定《口岸进境免税店管理暂行办法补充规定》，指导相关口岸制定科学规范的招标评判标准，从严甄别、选取具有可持续发展能力的经营主体。三是按照切实推进引导消费回流的政策目标，在新设的大型国际航空枢纽、大型邮轮港、港珠澳大桥等地增设口岸进境免税店。

（财政部关税司）

中国海关商品归类制度

中国采用《商品名称及编码协调制度》(简称《协调制度》)作为《中华人民共和国进出口税则》(简称《进出口税则》)制定的基础。《进出口税则》中的税则号列前6位数是《协调制度》国际标准编码，第7、8两位是根据我国关税、统计和贸易管理的需要加列的本国子目。同时，中国海关还根据进口环节代征税、暂定税率和贸易管制的管理需要对部分税号增设了第9、10位附加代码。

为了适应国际贸易和现代科技发展的需要，《协调制度》每4—6年都要作一次大的转版升级。到目前为止，我国海关先后组织完成了1992年版、1996年版、2002年版、2007年版、2012年版、2017年版《协调制度》的翻译，并组织完成了我国《进出口税则》的修订转换以及1992年版、1996年版、2002年版、2007年版、2012年版、2017年版《协调制度注释》的翻译工作，极大地推动了协调制度在我国的普及和应用。

现行2017年版的《协调制度》不仅成为海关征收关税和编制海关统计的基础工具，同样也成为国家发展改革委、财政部、商务部、科技部、税务总局等部门制订相关经济和贸易政策时的一项基础政策工具。目前，中国海关已参与完成世界海关组织2022年版《协调制度》修订工作，正在推进其在我国国内实施的翻译转换等准备工作。

海关总署关税征管司主管全国海关商品归类工作，授权海关总署税收征管局（上海、广州、京津）按照商品分工为全国海关提供商品归类技术支持和具体业务指导；各直属海关关税职能部门负责本关区商品归类管理工作，指导本关区业务现场开展商品归类工作。

根据WTO《贸易便利化》实施要求，中国海关建立了预裁定管理制度并发布《中华人民共和国海关预裁定管理暂行办法》。归类预裁定取代了海关预归类，为进出口企业提供预先商品归类服务，进口货物收货人或出口货物发货人有需求的应当在货物拟进出口3个月之前向其注册地直属海关提出预裁定申请。

（海关总署）

中国海关估价制度

自中国于2001年12月11日正式成为世界贸易组织（WTO）成员以来，中国海关根据《WTO估价协定》要求，从估价理念到估价方法、程序等方面进行全方位、深层次的改革，实现了与国际惯例的接轨。

中国海关估价法律制度可以划分为3个层次：

第一个层次：《中华人民共和国海关法》。《海关法》第55条规定，“进出口货物的完税价格，由海关以该货物的成交价格为基础审查确定。成交价格不能确定时，完税价格由海关依法估定。”

第二个层次：《中华人民共和国关税条例》（以下简称《关税条例》）。《关税条例》对海关估价定义、估价方法、估价程序等，均根据《WTO估价协定》要求进行了规定。

第三个层次：《中华人民共和国海关审定进出口货物完税价格办法》（以下简称《审价办法》）。《审价办法》是《WTO估价协定》在中国的立法转换，完整、准确地体现了《WTO估价协定》的规定。

全国海关估价管理工作由海关总署关税征管司主管，海关总署税收征管局（上海、广州、京津）为全国海关提供估价技术支持；各直属海关关税职能部门负责本关区估价管理工作，指导关区业务现场开展估价管理相关工作。

根据WTO《贸易便利化协定》实施要求，中国海关制定了《中华人民共和国海关预裁定管理暂行办法》，企业可以在货物拟进口3个月之前就进口货物完税价格相关要素、估价方法向其注册地直属海关提出价格预裁定申请。海关自受理价格预裁定申请之日起60日内制发《中华人民共和国海关预裁定决定书》。

（海关总署）

中国海关原产地管理制度

我国对进出口货物原产地的管理分为非优惠原产地管理和优惠原产地管理。经过多年实践，初步形成了我国非优惠和优惠原产地管理体系。

中国非优惠原产地管理是以《中华人民共和国进出口货物原产地条例》和《关于非优惠原产地规则中实质性改变标准的规定》为基本法制框架，连同海关总署颁布的各项原产地管理规章和进出口原产地管理操作规程，形成了我国的非优惠原产地管理体系。

《原产地条例》第 2 条明确规定，实施优惠性贸易措施的进出口货物原产地规则及其管理办法，依照我国缔结或者参加的国际条约、协定的有关规定另行制定。

2018 年，我国实施的 15 项自由贸易协定和 3 项其他优惠贸易安排累计享惠进口 8930 亿元，同比（下同）大幅增长 15%，比同期我国货物贸易进口增速高 2 个百分点；税款减让 723 亿元，增长 12%。原检验检疫的原产地签证管理职责划入海关后，海关进一步提升原产地证书申领便利水平，出口企业申领优惠原产地证书 503 万份，货值 13 486 亿元，分别增长 12% 和 20%。原产地规则作为这些协定的组成部分，对确保各项优惠政策的有效实施起着不可或缺的重要作用。中国海关依据上述协定项下的原产地规则，分别制定相应的优惠原产地管理办法，并以海关总署令或海关总署公告的形式对外发布，完成从国际法向国内法的转换，作为优惠贸易项下进出口货物原产地管理的法律依据。

根据 WTO《贸易便利化协定》实施要求，中国海关制定了《中华人民共和国海关预裁定管理暂行办法》，企业可以在货物拟进口 3 个月之前就进出口货物的原产地或者原产资格向其注册地直属海关提出预裁定申请。海关自受理预裁定申请之日起 60 日内制发《中华人民共和国海关预裁定决定书》。

（海关总署）

中国货物进出口许可证制度

一、货物进出口许可证制度和国际通行做法

货物进出口许可证制度是一国基于维护国家安全，维护社会公共利益和公共道德，保护人的健康和安全，保护动植物的生命和健康，保护环境，保护自然资源，维护正常贸易秩序，保障特定产业安全，保障国际金融地位和国际收支平衡，以及履行国际条约、协定明确的权利义务等目的，对进出本国的货物实施有效管辖所形成的一整套法律制度。其中，进口许可证制度是指对外贸易经营者按照法定条件向政府主管行政机关提出申请，经审查并获得许可后，方可依法进口属于进口许可证管理货物的制度；出口许可证制度是指对外贸易经营者按照法定条件向政府主管行政机关提出申请，经审查并获得许可后，方可依法出口属于出口许可证管理货物的制度。在上述制度框架下，向有关行政机关提交申请并取得进出口许可证，是货物进出该国的先决条件。在实践中，对外贸易经营者从事进口许可证管理货物的进口或出口许可证管理货物的出口等活动时，需向海关提交进口许可证或出口许可证以完成清关程序，从而实现货物进口或出口。不按规定提交进口许可证或出口许可证的，海关不予办理进口货物或出口货物的报关验放手续。

货物进出口许可证制度源于国际法，其法理依据是国家主权原则。对进出口货物实施许可证管理，是各国在对外贸易管理实践中普遍采用的行政措施，同时也是世界贸易组织（英文简称WTO）协定允许成员方在特定条件下适用的非关税措施。由于货物进出口许可证制度具有强制性，在调节货物流向上具有显著作用，各国普遍通过立法来对这一制度进行调整和规范，形成了涵盖许可证申请、受理、审查、许可、签发、期限、变更、溢装、核销、撤销、检查、处罚等诸多环节的法律制度。这些法律制度的建立与实施，使得许可证管理具有程序规范、主体明确、规则透明等特点，并在维护国家安全、执行经贸政策、统计监测预警等方面发挥着难以替代的重要作用。

此外，基于监测进出口流向的需要，很多国家对于自由进出口的货物，也采取自动许可的办法。世界贸易组织以多边协定的方式对此予以明确，授权各成员使用自动进口许可措施，并制定了相关制度规范。按照世界贸易组织协定，“自动进口许可定义为在所有情况下均批准申请”，且“自动许可程序的管理方式不得对受自动许可管理的进口产品产生限制作用。除非符合下列条件，否则自动许可程序应被视为对贸易有限制作用：任何个人、公司或机构只要满足进口成员有关从事受自动许可管理产品的进口经营的法律要求，均有同等资格进行申请，并获得许可证；许可证申请可在货物结关前任何一工作日提交；以适当和完整的表格提交的许可证申请，在管理上可行的限度内，应在收到后立即批准，最多不超过10个工作日。”“只要不能获得其他适当程序，自动进口许可程序即可能是必要的。只要导致采用自动进口许可的情况存在，且只要其管理目的无法以更适当的方式实现，则自动许可程序即可予以维持。”按照世界贸易组织协定，自动进口许可以外的进口许可措施，被称为非自动进口许可。

二、我国的货物进出口许可证制度

自2001年12月加入世界贸易组织以来，为适应经济全球化进程，维护自由贸易和多边贸易体制，推动对外贸易持续健康发展，我国按照世界贸易组织协定和对外谈判承诺，聚焦非歧视、公平贸易和透明度等原则，完成了对涉外经济贸易法律、行政法规和规章的调整与完善，逐步形成了一套程序规范、体系完备、与世界贸易组织规则协调一致的货物进出口许可证制度。

我国的货物进出口许可证制度以《中华人民共和国对外贸易法》《中华人民共和国行政许可法》《中华人民共和国货物进出口管理条例》《消耗臭氧层物质管理条例》《中华人民共和国进出口税则》等法律、行政法规为上位法，调整相关各方在货物进出口活动中的法律关系和权利义务，确立许可证管理的制度框架。依据对外贸易法律、行政法规，出台了《货物自动进口许可管理办法》《机电产品自动进口许可实施办法》《货物进口许可证管理办法》《机

电产品进口管理办法》《重点旧机电产品进口管理办法》《货物出口许可证管理办法》《出口商品配额管理办法》《出口商品配额招标办法》等规章，以明确进出口许可证管理流程、业务规范和职责分工。

（一）我国的货物进口许可证制度

为维护国家安全和社会公共利益，保护人的健康和安全，保护动植物的生命和健康，保护环境，以及出于履行国际条约、协定等的需要，我国限制部分货物的进口。按照法律规定，对有数量限制的限制进口货物，实行配额管理；对其他限制进口货物，实行许可证管理。

2018 年，列入进口许可证管理目录的货物为 13 种（详见商务部、海关总署、质检总局公告 2017 年第 89 号），包括旧的化工设备、金属冶炼设备、工程机械、起重运输设备、造纸设备、电力电气设备、食品加工及包装设备、农业机械、印刷机械、纺织机械、船舶、硒鼓（以上货物为重点旧机电产品）及消耗臭氧层物质。进口上述货物的对外贸易经营者，需向中华人民共和国商务部（以下简称商务部）或者商务部委托的省级地方商务主管部门[①]申请取得《中华人民共和国进口许可证》(以下简称进口许可证），凭进口许可证向海关办理报关验放手续。

为进一步提升贸易便利化水平，商务部会同海关总署自 2018 年 10 月 15 日起，在全国范围内对上述货物实行进口许可证申领和通关作业无纸化。对外贸易经营者可根据自身需要，自行选择无纸或者有纸作业方式。选择无纸作业方式的，应向商务部或者商务部委托的有关机构申领进口许可证电子证书，并以通关作业无纸化方式向海关办理报关验放手续，可免于提交进口许可证纸质证书。因管理需要或其他情形需验核进口许可证纸质证书的，对外贸易经营者应补充提交纸质证书，或以有纸作业方式向海关办理报关验放手续。

（二）我国的货物出口许可证制度

出于维护国家安全和社会公共利益，保护人的健康和安全，保护动植物的生命和健康，保护环境，保护国内供应短缺或可能用竭的自然资源，维护正常贸易秩序，保障特定产业，保障国际金融地位和国际收支平衡，以及履行国际条约、协定等的需要，我国限制相关货物的出口。按照法律规定，对有数量限制的限制出口货物，实行配额管理；对其他限制出口货物，实行许可证管理。

2018 年，列入出口许可证管理目录的货物为 44 种（详见商务部、海关总署公告 2017 年第 88 号）。出口目录内列明货物的对外贸易经营者，凭商务部或者商务部委托的省级地方商务主管部门、副省级市商务主管部门[②]签发的《中华人民共和国出口许可证》(以下简称出口许可证），向海关办理报关验放手续。其中，出口目录内列明的活牛（对港澳出口）、活猪（对港澳出口）、活鸡（对香港出口）、小麦、玉米、大米、小麦粉、玉米粉、大米粉、甘草及甘草制品、蔺草及蔺草制品、磷矿石、煤炭、原油、成品油（不含润滑油、润滑脂、润滑油基础油）、锯材、棉花、白银等货物的对外贸易经营者，需先向商务部或发展改革委申请取得出口配额（全球或者地区配额），凭配额证明文件申领出口许可证；出口目录内列明的甘草及甘草制品、蔺草及蔺草制品等货物的对外贸易经营者，需先通过招标投标方式向商务部申请取得出口配额，凭配额招标中标证明文件申领出口许可证；出口目录内列明的活牛（对港澳以外市场出口）、活猪（对港澳以外市场出口）、活鸡（对香港以外市场出口）、牛肉、猪肉、鸡肉、天然砂（含标准砂）、矾土、镁砂、滑石块（粉）、氟石（萤石）、稀土、锡及锡制品、钨及钨制品、钼及钼制品、锑及锑制品、焦炭、成品油（润滑油、润滑脂、润滑油基础油）、石蜡、部分金属及制品、硫酸二钠、碳化硅、消耗臭氧层物质、柠檬酸、维生素 C、青霉素工业盐、铂金（以加工贸易方式出口）、铟及铟制品、摩托车（含全地形车）及其发动机和车架、汽车（包括成套散件）及其底盘等货物的对外贸易经营者，可按规定

① 省级地方商务主管部门，是指各省、自治区、直辖市、计划单列市及新疆生产建设兵团商务主管部门。名录如下：北京市商务局、天津市商务局、河北省商务厅、山西省商务厅、内蒙古自治区商务厅、辽宁省商务厅、吉林省商务厅、黑龙江省商务厅、上海市商务委、江苏省商务厅、浙江省商务厅、安徽省商务厅、福建省商务厅、江西省商务厅、山东省商务厅、河南省商务厅、湖北省商务厅、湖南省商务厅、广东省商务厅、广西壮族自治区商务厅、海南省商务厅、重庆市商务委、四川省商务厅、贵州省商务厅、云南省商务厅、西藏自治区商务厅、陕西省商务厅、甘肃省商务厅、青海省商务厅、宁夏回族自治区商务厅、新疆维吾尔自治区商务厅、大连市商务局、青岛市商务局、宁波市商务局、厦门市商务局、深圳市商务局、新疆生产建设兵团商务局。

② 副省级市商务主管部门，是指沈阳市商务局、长春市商务局、哈尔滨市商务局、南京市商务局、武汉市商务局、广州市商务局、成都市商务局、西安市商务局。

的条件申领出口许可证。

对矾土、镁砂、滑石块（粉）、氟石（萤石）、稀土、锡及锡制品、钨及钨制品、钼、锑及锑制品、焦炭、碳化硅、铟及铟制品等出口货物的许可证管理仅出于统计监测的需要。对外贸易经营者出口上述12种货物的，可凭货物出口合同申领出口许可证，凭出口许可证向海关办理报关验放手续。

（三）我国的货物自动进口许可证制度

出于监测进口情况的需要，我国对部分属于自由进口的货物实行自动进口许可管理。2018年，列入自动进口许可目录的货物为46种，包括牛肉、猪肉、羊肉、肉鸡、鲜奶、奶粉、木薯、大麦、高粱、大豆、油菜籽、植物油、食糖、玉米酒糟、豆粕、烟草、二醋酸纤维丝束、铜精矿、煤、铁矿石、铝土矿、原油、成品油、氧化铝、化肥、钢材、烟草机械、移动通信产品、卫星广播电视设备及关键部件、汽车产品、飞机、船舶、游戏机、汽轮机、发动机（非87章车辆用）及关键部件、水轮机及其他动力装置、化工装置、食品机械、工程机械、造纸机械、纺织机械、金属冶炼及加工设备、金属加工机床、电气设备、铁路机车、医疗设备（详见商务部、海关总署、质检总局公告2017年第87号）。进口上述货物的对外贸易经营者，可向商务部或者商务部委托的省级地方商务主管部门或有关地方、部门机电产品进出口办公室申领《中华人民共和国自动进口许可证》（以下简称自动进口许可证），凭自动进口许可证向海关办理报关验放手续。按现行法律制度，未办理自动进口许可手续的，海关不予放行。

为进一步提升贸易便利化水平，商务部会同海关总署自2018年10月15日起，在全国范围内实施自动进口许可证申领和通关作业无纸化。对外贸易经营者可根据自身需要，自行选择无纸作业或者有纸作业方式。选择无纸作业方式的，应向商务部或者商务部委托的有关机构申领自动进口许可证电子证书，并以通关作业无纸化方式向海关办理报关验放手续，可免于提交自动进口许可证纸质证书。因管理需要或其他情形需验核自动进口许可证纸质证书的，对外贸易经营者应补充提交纸质证书，或以有纸作业方式向海关办理报关验放手续。

（四）我国的货物进出口许可证管理机构

按照国务院部门职责分工，商务部是进口许可证、出口许可证和自动进口许可证的主管部门，负责制定管理办法及相关制度，监督、检查管理办法的执行情况，依法处罚违规行为。依据法律规定，进口许可证管理货物目录、出口许可证管理货物目录和自动进口许可管理货物目录由商务部会同国务院有关部门制定、调整和公布。进口许可证、出口许可证发证目录由商务部负责制定、调整和公布。

商务部配额许可证事务局（以下简称许可证局）负责对进口许可证、出口许可证和自动进口许可证的签发工作进行监督检查和指导。许可证局和商务部驻大连、天津、上海、广州、深圳、海南、南宁、南京、武汉、青岛、郑州、福州、西安、成都、杭州、昆明等地的特派员办事处（以下简称特办），各省、自治区、直辖市、计划单列市、新疆生产建设兵团、副省级市商务主管部门及有关地方、部门机电产品进出口办公室为进出口许可证发证机构，按照规定程序签发进口许可证或出口许可证、自动进口许可证。

按照规定的分工，进口许可证由许可证局和商务部委托的省级地方商务主管部门负责签发。其中，重点旧机电产品进口许可证以及国务院国资委管理企业（在京）申请的进口许可证由许可证局签发；消耗臭氧层物质进口许可证由省级地方商务主管部门签发（详见2018年进口许可证发证目录）。

按照分工，出口许可证的签发由许可证局、特办、省级地方商务主管部门、副省级市商务主管部门负责。其中，小麦、玉米、煤炭、原油、成品油（不含一般贸易方式项下出口润滑油、润滑脂及润滑油基础油）、棉花出口许可证以及国务院国资委管理企业（在京）申请的出口许可证由许可证局签发；活牛、活猪、活鸡、大米、小麦粉、玉米粉、大米粉、甘草及甘草制品、蔺草及蔺草制品、天然砂（含标准砂）、磷矿石、镁砂、滑石块（粉）、锡及锡制品、钨及钨制品、锑及锑制品、锯材、白银、铂金（以加工贸易方式出口）、铟及铟制品出口许可证由特办签发；牛肉、猪肉、鸡肉、矾土、稀土、焦炭、成品油（一般贸易方式项下出口润滑油、润滑脂及润滑油基础油）、石蜡、碳化硅、消耗臭氧层物质、部分金属及制品、钼及钼制品、柠檬酸、青霉素工业盐、维生素C、硫酸二钠、氟石（萤石）、摩托车（含全地形车）及其发动机和车架、汽车（包括成套散件）及其底盘出口许可证由省级地方商务主管部门和副省级市商务主管部门签发（详见 2018 年出口许可证发证目录）。

依据《全国人民代表大会常务委员会关于授权国务院在广东省暂时调整部分法律规定的行政审批的决定》（2012 年 12 月 28 日第十一届全国人民代表大会常务委员会第三十次会议通过）、《全国人民代表大会常务委员会关于授权国务院在广东省暂时调整部分法律规定的行政审批试行期届满后有关问题的决定》（2015 年 12 月 27 日第十二届全国人民代表大会常务委员会第十八次会议通过）和国务院有关规定，2018 年 1 月 1 日起在广东省行政区域内恢复施行《中华人民共和国对外贸易法》第十五条第一款的规定，广东省人民政府和广州市、珠海市、汕头市、佛山市、韶关市、河源市、梅州市、惠州市、汕尾市、东莞市、中山市、江门市、阳江市、湛江市、茂名市、肇庆市、清远市、潮州市、揭阳市、云浮市、佛山市顺德区人民政府不再为自动进口许可实施机关，不再签发自动进口许可证。按照分工，自动进口许可证由商务部、省级地方商务主管部门及有关地方、部门机电产品进出口办公室负责签发。其中，牛肉、猪肉、羊肉、大麦、烟草机械、移动通信产品、卫星广播电视设备及关键部件、汽车、游戏机等货物自动进口许可证由商务部签发；肉鸡、铜精矿、煤、铁矿石、铝土矿、成品油、氧化铝、化肥（除氯化钾以外）、钢材等货物自动进口许可证由省级地方商务主管部门签发；发动机及关键部件、化工装置、食品机械、工程机械、金属加工机床、铁路机车、飞机、船舶、医疗设备等货物自动进口许可证由有关地方、部门机电产品进出口办公室签发（详见 2018 年自动进口许可管理货物目录）。

三、我国货物进出口许可证制度的作用和发展趋势

（一）货物进出口许可证制度有效维护国家安全，促进经济社会发展

进出口许可证管理是保护环境安全、资源安全和经济安全的重要手段。现行属于许可证管理的限制进出口货物，既有原油、成品油、煤炭等基础性资源性商品，也有粮食、棉花等关系国计民生的大宗商品，还有事关生命安全、环境安全和公共利益的重点旧机电产品、消耗臭氧层物质等敏感商品。依法对这些商品实行许可证管理，有利于维护能源资源粮食安全，有利于保护环境和实现能源资源有效利用，也有利于维护产业和市场的安全，从总体上维护好国家利益。

进出口许可证管理也是妥善应对贸易摩擦的重要环节。我国已连续多年成为全球遭受反倾销、反补贴等贸易救济调查最多的国家。通过实行进出口许可证管理，可以及时汇总和研判监控商品的进出口动态，为政府、行业和企业共同做好贸易救济案件应对工作提供有效支持。同时，进出口许可证管理作为调节贸易流向的“总闸门”，是规范贸易秩序、维护市场安全的有效政策工具，在妥善应对国际贸易摩擦、防范化解重大风险等方面有着不可替代的重要作用。

进出口许可证管理在加强进出口监测预警、维护经济安全等方面越来越发挥重要作用。许可证管理数据早于海关统计，反映了国内外产业和企业在生产经营、市场开拓等方面的预期，是观察和了解外贸进出口宏观运行的先行指标，也是研判经济运行的重要视角。通过研究分析许可证签发数量、金额、价格和国别等数据项的变动情况，可以为宏观决策提供数据支撑。

（二）货物进出口许可证制度发展趋势

进出口许可证制度是我国对外贸易管理政策法规体系的重要组成部分。在中国特色社会主义法律体系下，进一步完善进出口许可证管理制度，对于促进外贸转型升级、结构调整和培育国际竞争新优势、推动对外贸易高质量发展，具有重要意义。

当前和今后一段时期，要在梳理总结进出口许可证管理工作经验的基础上，学习借鉴世界贸易组织成员的管理实践和经验，同时结合国内实际情况、多边贸易规则和新形势新任务新要求，不断深化“放管服”改革，推动进出口许可证制度改革与创新。推进以“双随机、一公开”为基本模式的事中事后监管，研究探索以大数据应用为基础，信用监管与行政监管、智能监管联动的“互联网＋监管”模式，发挥好许可证制度的监测预警功能，为有效应对国际经贸摩擦和强化宏观调控提供支撑。在法定条件和对外谈判承诺范围内优化流程、简化环节，进一步削减进出口环节制度性成本，依法保护各类市场主体平等参与市场竞争的合法权益，激发市场主体的活力和创造力。依托计算机网络、安

全认证、电子签名、电子印章、电子证照、电子档案等信息技术，持续打造 24 小时在线的高效便利、透明规范、安全可靠的许可证管理平台，积极推进进出口许可证件申领和通关作业无纸化，让数据多跑路，让企业少跑腿甚至“一次都不用跑”，强化“互联网＋政务”服务能力，提升贸易便利化水平，促进我国对外贸易持续健康发展。

（商务部对外贸易司）

附　录

货物进出口法律法规规章、重要文献及有关多边协定

（一）法律法规

1.《中华人民共和国对外贸易法》（1994 年 5 月 12 日第八届全国人民代表大会常务委员会第七次会议通过，2004 年 4 月 6 日第十届全国人民代表大会常务委员会第八次会议修订，2004 年 4 月 6 日中华人民共和国主席令第十五号公布，自 2004 年 7 月 1 日起施行）。链接地址：www.gov.cn/flfg/2005-06/27/content_9851.htm。

2.《全国人大常委会修改对外贸易法的决定》(2016 年 11 月 7 日第十二届全国人民代表大会常务委员会第二十四次会议通过，2016 年 11 月 7 日中华人民共和国主席令第五十七号公布，自 2016 年 11 月 7 日起施行)。链接地址：www.npc.gov.cn/zgrdw/npc/xinwen/2016-11/07/content_2001578.htm；www.npc.gov.cn/zgrdw/npc/xinwen/2016-11/07/content_2001580.htm。

3.《中华人民共和国行政许可法》（2003 年 8 月 27 日第十届全国人民代表大会常务委员会第四次会议通过，2003 年 8 月 27 日中华人民共和国主席令第七号公布，自 2004 年 7 月 1 日起施行）。链接地址：www.gov.cn/flfg/2005-06/27/content_9899.htm。

4.《中华人民共和国缔结条约程序法》（1990 年 12 月 28 日第七届全国人民代表大会常务委员会第十七次会议通过，1990 年 12 月 28 日中华人民共和国主席令第三十七号公布，自公布之日起施行）。链接地址：www.npc.gov.cn/wxzl/gongbao/2000-12/16/content_5004545.htm。

5.《中华人民共和国货物进出口管理条例》（2001 年 10 月 31 日国务院第 46 次常务会议通过，2001 年 12 月 10 日中华人民共和国国务院令第 332 号公布，自 2002 年 1 月 1 日起施行）。链接地址：www.gov.cn/gongbao/content/2002/content_61769.htm。

6.《消耗臭氧层物质管理条例》（2010 年 3 月 24 日国务院第 104 次常务会议通过，2010 年 4 月 8 日中华人民共和国国务院令第 573 号公布，自 2010 年 6 月 1 日起施行）。链接地址：www.gov.cn/zwgk/2010-04/16/content_1583769.htm。

7.《中华人民共和国进出口关税条例》（2003 年 11 月 23 日中华人民共和国国务院令第 392 号公布，自 2004 年 1 月 1 日起施行；根据 2011 年 1 月 8 日《国务院关于废止和修改部分行政法规的决定》第一次修订；根据 2013 年 12 月 7 日《国务院关于修改部分行政法规的决定》第二次修订；根据 2016 年 2 月 6 日《国务院关于修改部分行政法规的决定》第三次修订；根据 2017 年 3 月 1 日《国务院关于修改和废止部分行政法规的决定》第四次修订）。链接地址：www.gov.cn/gongbao/content/2017/content_5219152.htm。

（二）规章

8.《货物进口许可证管理办法》（2004 年 12 月 9 日商务部第 17 次部务会议通过，2004 年 12 月 10 日商务部令第 27 号公布，自 2005 年 1 月 1 日起施行）。链接地址：www.mofcom.gov.cn/article//b/e/200501/20050100327886.shtml。

9.《货物出口许可证管理办法》（2004 年 12 月 9 日商务部第 17 次部务会议通过，2004 年 12 月 10 日商务部令第 28 号公布，自 2005 年 1 月 1 日起施行；2008 年 5 月 7 日商务部第 6 次部务会议修订，2008 年 6 月 7 日商务部令第 11 号公布，自 2008 年 7 月 1 日起施行）。链接地址：www.mofcom.gov.cn/article/ b/c/200806/20080605595452.shtml。

10.《机电产品进口管理办法》（2008 年 4 月 7 日商务部、海关总署、质检总局令第 7 号公布，自 2008 年 5 月 1 日起施行；2018 年 8 月 28 日商务部第 8 次部务会议修订，自 2018 年 10 月 10 日起施行）。链接地址：www.mofcom.gov.cn/article/b/c/200804/20080405506217.shtml；www.mofcom.gov.cn/article/b/fwzl/201811/20181102804608.shtml。

11.《重点旧机电产品进口管理办法》（2008 年 4 月 7 日商务部、海关总署、质检总局令第 5 号公

布，自2008年5月1日起施行；2018年8月28日商务部第8次部务会议修订，自2018年10月10日起施行）。链接地址：www.mofcom.gov.cn/article/b/c/200804/20080405506123.shtml；www.mofcom.gov.cn/article/b/fwzl/201811/20181102804608.shtml。

12.《出口商品配额管理办法》（2001年外经贸部第9次部长办公会议通过，2001年12月20日外经贸部令第12号公布，自2002年1月1日起施行）。链接地址：www.mofcom.gov.cn/article/b/c/200401/20040100172627.shtml。

13.《机电产品进口配额管理实施细则》（2001年外经贸部第10次部长办公会议通过，2001年12月20日外经贸部令第23号公布，自2002年1月1日起施行）。链接地址：www.mofcom.gov.cn/aarticle/bh/200301/20030100063759.html。

14.《货物自动进口许可管理办法》（2004年12月9日商务部第17次部务会议通过，2004年11月10日商务部、海关总署令第26号公布，自2005年1月1日起施行；2018年8月28日商务部第8次部务会议修订，自2018年10月10日起施行）。链接地址：www.mofcom.gov.cn/article//b/e/200501/20050100327887.shtml；www.mofcom.gov.cn/article/b/fwzl/201811/20181102804608.shtml。

15.《机电产品自动进口许可实施办法》（2001年12月20日外经贸部、海关总署令第25号公布，自2002年1月1日起实施；2008年4月7日商务部、海关总署令第6号公布，自2008年5月1日起施行；2018年8月28日商务部第8次部务会议修订，自2018年10月10日起施行）。链接地址：www.mofcom.gov.cn/article/b/c/200804/20080405506182.shtml；www.mofcom.gov.cn/article/b/fwzl/201811/20181102804608.shtml。

（三）规范性文件

16.《在广东省恢复施行自动进口许可法律规定》（2018年1月1日中华人民共和国商务部、中华人民共和国海关总署、中华人民共和国国家质量监督检验检疫总局公告第1号公布，自2018年1月1日起实施）。链接地址：www.mofcom.gov.cn/article/b/c/201801/20180102703938.shtml。

17.《调整部分汽车产品自动进口许可实施机关的决定》（2018年3月29日商务部、海关总署公告第35号公布，自2018年4月1日起执行）。链接地址：www.mofcom.gov.cn/article/b/c/201804/20180402727280.shtml。

18.《实行货物进口许可证件申领和通关作业无纸化的决定》（2018年10月9日商务部 海关总署公告第82号公布，自2018年10月15日起执行）。链接地址：www.mofcom.gov.cn/article/b/e/201810/20181002794907.shtml。

19.《2018年自动进口许可管理货物目录》（2017年12月10日商务部、海关总署、质检总局公告第87号公布，自2018年1月1日起执行）。链接地址：www.mofcom.gov.cn/article/b/c/201712/20171202690183.shtml。

20.《2018年进口许可证管理货物目录》（2017年12月22日商务部、海关总署、质检总局公告第89号公布，自2018年1月1日起执行）。链接地址：www.mofcom.gov.cn/article/b/e/201712/20171202690527.shtml。

21.《2018年出口许可证管理货物目录》（2017年12月22日商务部、海关总署公告第88号公布，自2018年1月1日起执行）。链接地址：www.mofcom.gov.cn/article/b/e/201712/20171202690519.shtml。

22.《2018年工业品和农产品出口配额总量》（2017年10月30日商务部公告第68号公布，自2018年1月1日起执行）。链接地址：www.mofcom.gov.cn/article/b/e/201710/20171002662001.shtml。

23.《2018年磷矿石出口配额申报条件、申报程序及分配原则》（2017年10月23日商务部公告第64号公布，自2018年1月1日起执行）。链接地址：www.mofcom.gov.cn/article/b/e/201710/20171002657821.shtml。

24.《2018年甘草及甘草制品出口配额招标有关事项》（2017年11月27日商务部公告第82号公布，自2018年1月1日起执行）。链接地址：www.mofcom.gov.cn/article/b/e/201711/20171102676532.shtml。

25.《2018年蔺草及蔺草制品出口配额招标有关事项》（2017年12月22日商务部公告第90号公布）。链接地址：www.mofcom.gov.cn/article/b/e/201712/20171202690197.shtml。

26.《2018年货物进口许可证发证目录》（2017

年 12 月 31 日商务部公告第 96 号公布，自 2018 年 1 月 1 日起执行）。链接地址：www.mofcom.gov.cn/article/b/e/201801/20180102693327.shtml。

27.《2018 年货物出口许可证发证目录》（2017 年 12 月 31 日商务部公告第 95 号公布，自 2018 年 1 月 1 日起执行）。链接地址：www.mofcom.gov.cn/article/b/e/201801/20180102693312.shtml。

28.《调整行政审批中介服务事项》（2016 年 12 月 26 日商务部公告第 82 号公布，自 2017 年 1 月 1 日起执行）。链接地址：www.mofcom.gov.cn/article/b/e/201701/20170102494936.shtml。

29.《商务部现行有效规章及规范性文件目录》（2016 年 11 月 15 日商务部公告第 69 号公布）。链接地址：www.mofcom.gov.cn/article/b/fwzl/201612/20161202062995.shtml。

（四）重要文献

30.《中华人民共和国加入议定书批准书》（《中国加入世界贸易组法律文件》，法律出版社 2002 年 1 月第 1 版）。

（五）多边协定

31.《进口许可程序协定》（Agreement on Import Licensing Procedures）。链接地址：www.wto.org/english/docs_e/legal_e/23-lic_e.htm。

32.《中华人民共和国加入议定书》（Protocol on the Accession of the People's Republic of China，文件号为 WT/L/432）。链接地址：www.wto.org/english/thewto_e/acc_e/completeacc_e.htm。

33.《中国加入工作组报告书》（Report of the Working Party on the Accession of China，文件号 WT/ACC/CHN/49），第 15、19、20、22、71、80-84、121-136、157-165 段。链接地址：www.wto.org/english/thewto_e/acc_e/completeacc_e.htm。

中国关税配额制度

关税配额是指进口国对某一进口商品在一定时期内不实行数量限制，但设定一个数量界限，对该数量界限以内的进口产品适用较低的关税税率，对超过数量界限的进口适用较高的关税税率，这一设定的数量界限即为关税配额。按进口商品来源，关税配额可分为全球关税配额和国别关税配额。

一、我国现行关税配额管理的法律法规依据

为有效实施进口关税配额管理，建立统一、公平、公正、透明、可预见、非歧视性的进口关税配额管理体制，根据我国加入世贸组织承诺、《中华人民共和国对外贸易法》《中华人民共和国海关法》《中华人民共和国货物进出口管理条例》《中华人民共和国进出口关税条例》，我国分别于 2002 年和 2003 年制定并颁布了《化肥进口关税配额管理暂行办法》（国家经贸委、海关总署令 2002 年第 27 号）和《农产品进口关税配额管理暂行办法》（商务部、发展改革委令 2003 年第 4 号）。根据上述法律法规和部门规章，我国对小麦、玉米、大米、棉花、食糖、羊毛、毛条、化肥实施关税配额管理。

二、关税配额管理部门

小麦、玉米、大米和棉花进口关税配额由发展改革委会同商务部分配，并通过其委托机构受理企业申请、接受咨询、向经过批准的申请者发放《农产品进口关税配额证》。食糖、羊毛、毛条、化肥进口关税配额由商务部分配，并通过其委托机构受理企业申请、接受咨询、向经过批准的申请者发放《农产品进口关税配额证》和《化肥进口关税配额证明》（以下统称“配额证明”）。

三、关税配额管理的实施

（一）管理范围

我国进口关税配额除澳大利亚和新西兰羊毛、毛条配额外，其他均为全球配额。小麦、玉米、大米、棉花、食糖、羊毛、毛条、化肥所有贸易方式的进口均纳入关税配额管理范围。《农产品进口关税配额证》和《化肥进口关税配额证明》适用于一般贸易、加工贸易、易货贸易、边境小额贸易、援助、捐赠等贸易方式进口。由境外进入保税监管场所、海关特殊监管区域的产品，免予领取《农产品进口关税配额证》和《化肥进口关税配额证明》。

（二）配额申请、分配和调整

1. 进口关税配额申请期为每年 10 月 15 日至 30 日（凭合同先来先领分配方式除外）。

2. 商务部、发展改革委分别于申请期前 1 个月在官方刊物或各自网站上公布每种商品下一年度进口关税配额总量、关税配额申请条件等情况。

3. 商务部、发展改革委各自委托机构根据公布的条件，相应受理申请者提交的申请及有关资料，并于 11 月 30 日前将申请转报商务部（凭合同先来先领分配方式除外）、发展改革委。

4. 每年 1 月 1 日前，商务部、发展改革委通过各自委托机构向用户发放相应的配额证明。

5. 持有进口关税配额的最终用户当年无法将已申领到的全部配额量签订进口合同或已签订进口合同无法完成，须在 9 月 15 日前将无法完成的配额量交还原发证机构。

6. 进口关税配额再分配量的申请期为每年 9 月 1 日至 15 日（凭合同先来先领分配方式除外）。商务部、发展改革委分别于申请期前 1 个月在官方刊物或各自政府网站上公布再分配量的申请条件，并由各自委托机构受理申请者的申请。

7. 每年 9 月 30 日前，商务部、发展改革委将进口关税配额再分配量分配到最终用户。

（三）配额执行

1. 小麦、玉米、大米、食糖、棉花、化肥进口关税配额分为国营贸易配额和非国营贸易配额。国营贸易配额须通过国营贸易企业进口；非国营贸易配额通过有贸易权的企业进口，有贸易权的最终用户也可以自行进口。

2. 国营贸易配额需在相应的配额证明上注明。

3. 配额证明实行一证多批制，即最终用户需分多批进口的，凭配额证明可多次办理通关手续。最终用户须如实填写配额证明上“最终用户进口填写栏”，填满后，需持该证到原发证机构换领未办理

通关部分的配额证明。

4. 最终用户完成配额证明上标注配额量最后一批次进口报关后，于20个工作日内将海关签章的配额证明第一联（收货人办理海关手续联）原件交原发证机构。

（四）执行期限

1. 年度进口关税配额于每年1月1日开始实施，并在公历年度内有效。《农产品进口关税配额证》自每年1月1日起至当年12月31日有效，实行凭合同先来先领分配方式的《农产品进口关税配额证》《化肥进口关税配额证明》有效期，按公布的实施细则执行。

2. 当年12月31日前从始发港出运，需在下一年到货的进口关税配额产品，最终用户需持配额证明及有关证明单证到原发证机构申请延期。原发证机构审核情况属实后可予以办理延期，但延期最迟不得超过下一年2月底。

（五）罚则

1. 最终用户若在当年未能完成分配的全部进口关税配额量，截至9月15日又未将不能实现的进口配额量交还原发证机构，其下年度分配的关税配额量将按未完成的比例相应扣减。

2. 若最终用户连续两年未能完成分配的全部进口关税配额量，并在该两年内每年9月15日前将当年不能使用的关税配额量交还原发证机构的，其下年度分配的关税配额量将按其最近一年未完成的比例相应扣减。

3. 若最终用户连续两年未能完成分配的全部进口关税配额量，并未在9月15日前将当年不能使用的关税配额量交还原发证机构的，其下年度分配的关税配额量将按其最近一年未完成的比例相应扣减，且不能参与再分配。

4. 最终用户未在规定时间将海关签章的配额证明第一联（收货人办理海关手续联）原件交原发证机构的，视同未完成进口，相应扣减其下年度关税配额量。

（六）2018年进口关税配额实施细则

每年商务部、发展改革委均根据《化肥进口关税配额管理暂行办法》和《农产品进口关税配额管理暂行办法》公布年度进口关税配额申请和分配细则。2017年，商务部、发展改革委公布的需2018年实施的有关文件有:《2018年粮食进口关税配额申领条件和分配原则》《2018年棉花进口关税配额申领条件和分配原则》（国家发展和改革委员会公告2017年第14号）、《2018年食糖进口关税配额申请和分配细则的公告》（商务部公告2017年第59号）、《2018年羊毛、毛条进口关税配额管理实施细则》（商务部公告2017年第60号）、《2018年化肥进口关税配额总量、分配原则及相关程序的公告》（商务部公告2017年第69号）。

附：

2018年关税配额商品有关情况表

单位：万吨

品种	关税配额数量	关税配额税率	国营贸易比重
小麦	963.6	1%~10%不等	90%
玉米	720	1%~10%不等	60%
稻谷和大米	532	1%~9%不等	50%
食糖	194.5	15%	70%
棉花	89.4	1%	33%
羊毛	28.7	1%	--
毛条	8	3%	--
磷酸氢二铵	690	1%	51%
尿素	330	1%	90%
氮磷钾复合肥	345	1%	51%

（商务部对外贸易司）

中国与进出口有关的其他税收制度

2018 年，为了发展对外贸易，促进国内经济，完善税制和税收管理，中国在与进出口有关的其他税收制度方面采取了一系列积极措施，取得了良好效果。这里所说的与进出口有关的其他税收制度，主要包括进口环节征收的增值税、消费税（简称进口环节税），出口环节退还的增值税、消费税（简称出口退税），以及与进出口有关的增值税、企业所得税等税收和税收管理制度。

一、宏观决策和重大改革

1 月 19 日，国务院发布《关于全面加强基础科学研究的若干意见》。该文件中提出：采取政府引导、税收杠杆等方式，落实研发费用加计扣除等政策，探索共建新型研发机构、联合资助和慈善捐赠等措施，激励企业和社会力量加大基础研究投入。

2 月 28 日，中国共产党第十九届中央委员会第三次全体会议通过《中共中央关于深化党和国家机构改革的决定》。决定中提出：加强和优化政府财税职能，进一步理顺统一税制和分级财政的关系。3 月 17 日，第十三届全国人民代表大会第一次会议批准国务院机构改革方案。方案中涉及税务机构的内容是：改革国税地税征管体制。将省级和省级以下国税地税机构合并，具体承担所辖区域内各项税收、非税收入征管等职责。国税地税机构合并后，实行以国家税务总局为主与省（区、市）人民政府双重领导管理体制。3 月 19 日，中共中央发布《深化党和国家机构改革方案》，进一步提出了改革国税地税征管体制的具体要求。6 月 11 日，中共中央办公厅、国务院办公厅发布《国税地税征管体制改革方案》。6 月 15 日，各省、自治区、直辖市和计划单列市国税局、地税局合并，统一挂牌。

3 月 5 日，国务院总理李克强在十三届全国人大一次会议上所做的《政府工作报告》中提出了 2018 年税收工作的主要任务，并得到了批准。

同日，财政部提交上述会议的《关于 2017 年中央和地方预算执行情况与 2018 年中央和地方预算草案的报告》中也提出了 2018 年税收工作的要求，并得到了上述会议的批准。

4 月 11 日，中共中央、国务院发布《关于支持海南全面深化改革开放的指导意见》。意见中提出：在内外贸、投融资、财政税务、金融创新和出入境等方面探索更加灵活的政策体系、监管模式和管理体制，打造开放层次更高、营商环境更优和辐射作用更强的开放新高地。严厉打击洗钱、恐怖融资和逃税等金融犯罪活动。实施更加开放便利的离岛免税购物政策，实现离岛旅客全覆盖，提高免税购物限额。

4 月 23 日，中共中央政治局召开会议，分析研究当前经济形势和经济工作。会议提出：要继续简政放权，减税降费，降低企业融资、用能和物流成本。要更加积极主动推进改革开放，深化国企国资、财税金融等改革，尽早落实已确定的重大开放举措。

6 月 15 日，中共中央、国务院发布《关于打赢脱贫攻坚战三年行动的指导意见》，其中提出落实社会扶贫资金所得税税前扣除政策。11 月 29 日，财政部、国家税务总局为此发出《关于易地扶贫搬迁税收优惠政策的通知》，涉及个人所得税、契税、印花税和城镇土地使用税，执行期限为 2018 年至 2020 年。

6 月 16 日，中共中央、国务院发布《关于全面加强生态环境保护坚决打好污染防治攻坚战的意见》。意见中提出：完善助力绿色产业发展的价格、财税和投资等政策。落实有利于资源节约、生态环境保护的价格政策，落实相关税收优惠政策。研究对从事污染防治的第三方企业比照高新技术企业实行所得税优惠政策。

6 月 27 日，国务院发布《打赢蓝天保卫战三年行动计划》。计划中提出：加大税收政策支持力度。严格执行环境保护税法，落实购置环境保护专用设备企业所得税抵免优惠政策。

9 月 1 日，中共中央、国务院发布《关于全面实施预算绩效管理的意见》。意见中提出：按照深化财税体制改革和建立现代财政制度的总体要求，统筹谋划全面实施预算绩效管理的路径和制度体系。

9 月 18 日，国务院发布《关于推动创新创业高质量发展打造“双创”升级版的意见》。意见中提出：加大财税政策支持力度。聚焦减税降费，研究适当降低社保费率，确保总体上不增加企业负担，激发市场活力。

9 月 20 日，新华社报道，中共中央、国务院发布《关于完善促进消费体制机制进一步激发居民消费潜力的若干意见》。9 月 24 日，经国务院批准，国务院办公厅发出《完善促进消费体制机制实施方案（2018—2020 年）》。

11 月 1 日，中共中央总书记、国家主席习近平在北京主持召开民营企业座谈会。他在讲话中提出：要减轻企业税费负担。抓好供给侧结构性改革降成本行动各项工作，推进增值税等实质性减税，对小微企业、科技型初创企业可以实施普惠性税收免除，根据实际情况降低社保缴费名义费率，清理、精简行政审批事项和涉企收费。11 月 16 日，国家税务总局发出《关于实施进一步支持和服务民营经济发展若干措施的通知》。

11 月 14 日，中共中央总书记、国家主席、中央军委主席和中央全面深化改革委员会主任习近平主持召开中央全面深化改革委员会第五次会议，审议通过《关于支持海南全面深化改革开放有关财税政策的实施方案》《关于调整海南离岛旅客免税购物政策工作方案》等文件。

12 月 19 日至 21 日，中央经济工作会议在北京召开，会议提出了实施更大规模的减税降费、深化财税改革的要求。

二、重要税收政策和税收措施

2 月 11 日，根据企业所得税法及其实施条例，财政部、国家税务总局发出《关于公益性捐赠支出企业所得税税前结转扣除有关政策的通知》。通知中规定：企业通过公益性社会组织、县级以上人民政府及其组成部门和直属机构用于慈善活动、公益事业的捐赠支出，在年度利润总额 12% 以内的部分，准予在计算应纳税所得额时扣除；超过年度利润总额 12% 的部分，准予结转以后 3 年之内在计算应纳税所得额时扣除。上述规定自 2017 年起执行。

3 月 2 日，为了落实国务院 2014 年发布的《关于进一步优化企业兼并重组市场环境的意见》，继续支持企业、事业单位改制重组，财政部、国家税务总局发出《关于继续支持企业、事业单位改制重组有关契税政策的通知》，执行期限为 2018 年至 2020 年。

3 月 13 日，财政部、国家税务总局和中国证监会发出《关于支持原油等货物期货市场对外开放税收政策的通知》，自当日起执行。

3 月 28 日，财政部、国家税务总局、国家发展改革委、工业和信息化部发出《关于集成电路生产企业有关企业所得税政策问题的通知》，自当年 1 月 1 日起执行。

4 月 4 日，根据国务院的决定，财政部、国家税务总局发出《关于调整增值税税率的通知》《关于统一增值税小规模纳税人标准的通知》，均自当年 5 月 1 日起执行。

4 月 19 日，财政部、国家税务总局发出《关于延续动漫产业增值税政策的通知》。通知中规定：自 2018 年至 2020 年，动漫企业增值税一般纳税人销售其自主开发生产的动漫软件，按照法定税率征收增值税以后，其增值税实际税负超过 3% 的部分可以即征即退。动漫软件出口免征增值税。

4 月 27 日，根据国务院的决定，财政部、海关总署、国家税务总局和国家药品监督管理局发出《关于抗癌药品增值税政策的通知》。通知中规定：自当年 5 月 1 日起，增值税一般纳税人生产销售和批发、零售抗癌药品，可以选择按照简易办法依照 3% 征收率计算缴纳增值税；进口抗癌药品，减按 3% 征收进口环节增值税。

5 月 3 日，国务院发布《关于推行终身职业技能培训制度的意见》。意见中提出：通过公益性社会团体、县级以上人民政府及其部门用于职业教育的捐赠，依照税法相关规定在税前扣除。

同日，根据国务院的决定，财政部、国家税务总局发出《关于对营业账簿减免印花税的通知》。通知中规定：自当年 5 月 1 日起，按照万分之五税率贴花的资金账簿减半征收印花税，按件贴花 5 元的其他账簿免征印花税。

5 月 7 日，根据国务院的决定，财政部、国家税务总局分别联合发出《关于设备、器具扣除有关企业所得税政策的通知》《关于企业职工教育经费税前扣除政策的通知》。

5 月 16 日，财政部、国家税务总局发出《关于继续实施企业改制重组有关土地增值税政策的通知》，执行期限为 2018 年至 2020 年。

5 月 19 日，根据国务院的决定，财政部、国家税务总局、商务部、科技部和国家发改委发出《关于将服务贸易创新发展试点地区技术先进型服务企业所得税政策推广至全国实施的通知》。通知中规定：自当年1月1日起，对经认定的技术先进型服务企业（服务贸易类），减按15%的税率征收企业所得税。

5月29日，根据国务院的决定，财政部、国家税务总局和科技部发出《关于科技人员取得职务科技成果转化现金奖励有关个人所得税政策的通知》。通知中规定：自当年7月1日起，依法设立的非营利性研究开发机构、高等学校根据中国促进科技成果转化法的规定，从职务科技成果转化收入中给予科技人员的现金奖励，可以减按50%计入科技人员当月的工资、薪金所得，依法缴纳个人所得税。

6月5日，财政部、国家税务总局发出《关于延续宣传文化增值税优惠政策的通知》，执行期限为2018年至2020年，包括出版物出版环节的增值税先征后退，图书批发、零售环节免征增值税，科普单位的门票收入、县级以上党政部门和科协开展科普活动的门票收入免征增值税等规定。

6月27日，根据国务院的决定，财政部、国家税务总局发出《关于2018年退还部分行业增值税留抵税额有关税收政策的通知》，退还增值税期末留抵税额的行业包括装备制造等先进制造业、研发等现代服务业和电网企业。

7月10日，根据车船税法及其实施条例，经国务院批准，财政部、国家税务总局、工业和信息化部、交通运输部发出《关于节能、新能源车船享受车船税优惠政策的通知》。通知中规定：自当日起，节能汽车减半征收车船税，新能源汽车、船舶免征车船税。

7月11日，根据国务院的决定，财政部、国家税务总局分别联合发出《关于进一步扩大小型微利企业所得税优惠政策范围的通知》《关于延长高新技术企业和科技型中小企业亏损结转年限的通知》。

7月14日，国务院发布《关于推进国有资本投资、运营公司改革试点的实施意见》。意见中提出：严格落实国有企业重组整合涉及的资产评估增值、土地变更登记和国有资产无偿划转等方面税收优惠政策，简化工商、税务登记、变更程序。

8月31日，十三届全国人大常委会第五次会议通过《关于修改〈中华人民共和国个人所得税法〉的决定》，调整了居民个人和非居民个人的标准，实行了以综合征收为主的征税模式，增加了基本费用扣除额，增设了专项附加扣除，优化了税率结构，自2019年起实施，部分规定自2018年10月起实施。12月13日，国务院发布《个人所得税专项附加扣除暂行办法》9章32条，自2019年1月1日起施行。12月18日，国务院发布修改以后的《中华人民共和国个人所得税法实施条例》。

同日，上述会议通过《中华人民共和国电子商务法》《中华人民共和国土壤污染防治法》，其中分别作出了有关税收的规定。

9月5日，根据国务院的决定，财政部、国家税务总局发出《关于金融机构小微企业贷款利息收入免征增值税政策的通知》。通知中规定：自2018年9月1日至2020年12月31日，金融机构向小型企业、微型企业和个体工商户发放小额贷款取得的利息收入免征增值税。

9月20日，根据国务院的决定，财政部、国家税务总局和科技部发布《关于提高研究开发费用税前加计扣除比例的通知》。

9月30日，根据国务院的决定，财政部、国家税务总局发出《关于去产能和调结构房产税 城镇土地使用税政策的通知》。

10月31日，根据企业所得税法及其实施条例，国家税务总局发布公告，规定企业参加雇主责任险、公众责任险等责任保险，按照规定缴纳的保险费，准予在企业所得税税前扣除，上述规定适用于2018年度以后年度企业所得税汇算清缴。

11月1日，根据国务院的决定，财政部、国家税务总局、科技部和教育部发出《关于科技企业孵化器、大学科技园和众创空间税收政策的通知》。通知中规定：自2019年至2021年，国家级、省级科技企业孵化器、大学科技园、国家备案众创空间自用、无偿和通过出租等方式提供给在孵对象使用的房产、土地，免征房产税、城镇土地使用税；其向在孵对象提供孵化服务取得的收入，免征增值税。

12月18日，经国务院批准，国务院办公厅发布中共中央宣传部会同中央网信办、发展改革委、科技部、财政部、人力资源社会保障部、自然资源部、商务部、文化和旅游部、人民银行、税务总局、市场监管总局、广电总局等单位拟定的《文化体制改革中经营性文化事业单位转制为企业的规定》《进一步支持文化企业发展的规定》，其中作出了有关税收的规定。

12 月 29 日，经国务院批准，国务院办公厅发布《“无废城市”建设试点工作方案》。

三、进出口税收、跨国投资税收和国际税收关系

1 月 1 日，《中华人民共和国和罗马尼亚对所得消除双重征税和防止逃避税的协定》开始执行。

2 月 14 日，由国际货币基金组织、经济合作与发展组织、联合国和世界银行联合举办的第一届税收合作平台全球大会在美国纽约联合国总部召开，大会的主题是《税收与可持续发展目标》。中国国家税务总局局长王军在会上介绍了本国税务部门的有关做法和经验，并倡议协调更多组织、国家和地区开展国际税收合作，共同制定公平合理、普遍适用的国际税收规则，借助税收合作平台促进可持续发展惠及更多国家和地区。

3 月 19 日至 20 日，二十国集团（G20）财政部部长和中央银行行长会议在布宜诺斯艾利斯举行，会议的主要议题之一是国际税收。中国财政部副部长朱光耀在会议上的发言中表示：各方需要关注数字经济征税单边短期措施的外溢效应，以及可能对现行国际税收规则造成的影响，避免因短期税收利益阻碍创新和数字经济的长远发展。G20 应当继续加强协调，于 2020 年就数字经济征税长期解决方案达成共识。

4 月 27 日，国家税务总局发布《关于〈中华人民共和国政府和柬埔寨王国政府对所得避免双重征税和防止逃避税的协定〉和议定书生效执行及相关事宜的公告》。上述协定和议定书于 2018 年 1 月 26 日生效，适用于 2019 年 1 月 1 日以后取得的所得。

5 月 4 日，国务院发布《进一步深化中国（广东）自由贸易试验区改革开放方案》《进一步深化中国（天津）自由贸易试验区改革开放方案》《进一步深化中国（福建）自由贸易试验区改革开放方案》，其中包括税收管理方面的措施。

5 月 14 日至 16 日，由哈萨克斯坦国家收入委员会、中国国家税务总局、经济合作与发展组织有关机构主办的“一带一路”税收合作会议在哈萨克斯坦首都阿斯塔纳开幕，会议的主题是《共建“一带一路”：税收协调与合作》，并发布了《阿斯塔纳“一带一路”税收合作倡议》。

6 月 5 日，国家税务总局发布《关于修订〈中华人民共和国政府和瑞典王国政府关于对所得避免双重征税和防止偷漏税的协定〉的议定书生效执行的公告》。该议定书于 2018 年 4 月 4 日生效，适用于 2016 年 6 月 1 日以后取得的收入。

6 月 10 日，国务院发出《关于积极有效利用外资推动经济高质量发展若干措施的通知》。通知中规定：进一步落实企业境外所得抵免、境外投资者以境内利润直接投资和技术先进型服务企业的税收政策。

6 月 25 日，根据国务院的决定，财政部、国家税务总局和科技部发出《关于企业委托境外研究开发费用税前加计扣除有关政策问题的通知》。通知中规定：自当年起，委托境外进行研发活动所发生的费用，按照费用实际发生额的 80% 计入委托方的委托境外研发费用。委托境外研发费用不超过境内符合条件的研发费用三分之二的部分，可以按规定在企业所得税前加计扣除。

7 月 9 日，新华社播发中国国务院总理李克强和德国政府总理安格拉·默克尔的主持第五轮中德政府磋商以后发表的联合声明。声明中称：双方继续加强税收领域的合作，采取措施应对跨境逃避税。双方支持关于加强税收透明度和自动情报交换的二十国集团承诺，同意在落实二十国集团/经合组织税基侵蚀和利润转移行动计划方面加强沟通与合作，并通过多种方式帮助发展中国家，尤其是低收入国家税收能力建设。双方也将继续致力于提升税收确定性，并与经合组织一同致力于应对数字经济给税收带来的挑战。

7 月 20 日，中国和阿联酋发表《关于建立全面战略伙伴关系的联合声明》，其中提出双方重视税务领域合作。

7 月 21 日至 22 日，二十国集团财政部部长和中央银行行长会议在布宜诺斯艾利斯举行。会议重申在全球落实税基侵蚀和利润转移项目的重要性，承诺在 2020 年以前寻求以共识为基础的全球性数字经济征税解决方案，并支持经济合作与发展组织提出甄别税收透明度不合作辖区的强化标准。

7 月 26 日，新华社播发《金砖国家领导人第十次会晤约翰内斯堡宣言》。宣言赞赏五国税务部门一贯支持致力于实现公平和普遍透明的全球税收体系的所有国际倡议，将继续应对数字经济对国际税收的影响，确保国际税收体系公平，特别是防止税基侵蚀和利润转移，开展自动和基于需求的税务情

报交换，加强发展中国家亟须的能力建设。我们欢迎建立金砖国家税务部门能力合作建设机制。

8月31日，中国财政部部长刘昆和日本副首相兼财务大臣麻生太郎在北京共同主持第七次中日财长对话，双方同意继续就税制改革、预算管理制度改革和公共债务管理等问题保持常态性沟通，加强交流互鉴。

9月1日，中国国务委员兼外交部部长王毅、加蓬外交部部长雷吉斯·伊蒙戈·塔唐加尼在北京签署《中华人民共和国政府与加蓬共和国政府对所得避免双重征税和防止逃避税的协定》。

9月4日，中非合作论坛北京峰会圆桌会议通过《中非合作论坛——北京行动计划（2019—2021年）》。计划中提出：继续开展税收领域务实合作。

9月5日，《中华人民共和国政府和刚果共和国政府对所得消除双重征税和防止逃避税的协定》及议定书签署。

同日，根据国务院的决定，财政部、国家税务总局发出《关于提高机电、文化等产品出口退税率的通知》。通知中规定：自当月15日起，将多元件集成电路、非电磁干扰滤波器、书籍和报纸等产品的增值税出口退税率提高至16%，将竹刻、木扇等产品的增值税出口退税率提高至13%，将玄武岩纤维及其制品、安全别针等产品的增值税出口退税率提高至9%。

9月29日，根据国务院的决定，财政部、国家税务总局、国家发改委和商务部发出《关于扩大境外投资者以分配利润直接投资暂不征收预提所得税政策适用范围的通知》。通知中规定：自当年起，境外投资者从中国境内居民企业分配的利润，用于中国境内直接投资暂不征收预提所得税政策的适用范围，由外商投资鼓励类项目扩大至所有非禁止外商投资的项目和领域。

10月9日，《中华人民共和国和安哥拉共和国对所得消除双重征税和防止逃避税的协定》及议定书签署。

10月13日，根据国务院的决定，财政部、国家税务总局发出《关于调整部分产品出口退税率的通知》。通知中规定：自当年11月1日起，将相纸胶卷、塑料制品、竹地板、草藤编织品、钢化安全玻璃和灯具等产品的增值税出口退税率提高至16%，将润滑剂、航空器用轮胎、碳纤维和部分金属制品等产品的增值税出口退税率提高至13%，将部分农产品、砖、瓦和玻璃纤维等产品的增值税出口退税率提高至10%，取消豆粕出口退税。其余出口产品，原增值税出口退税率为15%的，提高至16%；原增值税出口退税率为9%的，提高至10%；原增值税出口退税率为5%的，提高至6%。

11月7日，新华社播发《中俄总理第二十三次定期会晤联合公报》。公报中称：双方商定，继续就债券发行、会计审计、国库系统、国际税收、财金领域多边合作等开展广泛对话。

11月7日，根据国务院的决定，财政部、国家税务总局发出《关于境外机构投资境内债券市场企业所得税、增值税政策的通知》。通知中规定：自当日至2021年11月6日，境外机构投资境内债券市场取得的债券利息收入，暂免征收企业所得税、增值税。

11月13日，第四十八届亚洲税收管理与研究组织年会在杭州开幕，会议旨在加强各成员税务部门在国际税收领域的对话和合作，围绕“税收服务‘一带一路’”“改善税收营商环境”“加强税收征管能力建设”等议题展开讨论。

12月2日，《中华人民共和国和阿根廷共和国对所得和财产消除双重征税和防止逃避税的协定》签署。

12月7日，中国国务院副总理胡春华、法国经济和财政部长布鲁诺·勒梅尔在巴黎共同主持第六轮中法高级别经济财金对话。双方同意继续保持密切合作并采取措施应对跨境逃避税，共同努力提高税收确定性，和OECD一起应对经济数字化带来的税收挑战，提高税收透明度和落实自动税收信息交换。

据财政部统计，2018年，随着中国进出口贸易的变化和进出口税制的调整，增值税、消费税进口环节的征税额从2017年的15 970.7亿元增加到16 879亿元，增长了5.7%；出口退税额则从2017年的13 870.4亿元增加到15 913.9亿元，增长了14.7%。

四、税收法制和税收管理

1月15日，为了落实国务院2014年发布的《关于促进市场公平竞争维护市场正常秩序的若干意见》、国务院办公厅2017年发布的《关于加快推进“多证合一”改革的指导意见》，国家工商总局、国家税务总局发出了《关于加强信息共享和联合监管的通知》。

3月2日，经中共中央、国务院批准，国务院办公厅发布《国务院2018年立法工作计划》。计划中提出：提请全国人大常委会审议税收征管法修订草案和车辆购置税法、耕地占用税法、资源税法草案，修订企业所得税法实施条例。

3月19日，财政部网站公布该部2018年立法工作安排。其中提出：力争年内完成契税法、资源税法、消费税法、印花税法、城市维护建设税法、个人所得税法（修订）和关税法等法律的部内起草工作，及时上报国务院。对土地增值税法、政府非税收入管理条例等法律、行政法规和企业财务通则（修订）等部门规章进行立法研究，争取尽早形成一定的立法成果。

3月30日，根据税收征收管理法及其实施细则、资源税暂行条例及其实施细则等法规，国家税务总局发布《资源税征收管理规程》，自当年7月1日起执行。

4月11日，国家税务总局、公安部、海关总署和中国人民银行在北京联合部署打击骗取出口退税和虚开增值税专用发票专项行动，安排2018年的任务。

4月27日，中国人大网公布2017年12月14日十二届全国人大常委会第一百零五次委员长会议原则通过、2018年4月17日十三届全国人大常委会第二次委员长会议修改的《全国人大常委会2018年立法工作计划》。其中，耕地占用税法、车辆购置税法和资源税法，税收征收管理法修改，列为初次审议的法律案；个人所得税法修改和消费税法、房地产税法、契税法、印花税法列为预备审议项目。

6月15日，根据国税地税征管体制改革的需要，国家税务总局公布《关于修改部分税务部门规章的决定》，发布《关于税务机构改革有关事项的公告》《关于修改部分税收规范性文件的公告》《关于公布全文失效废止和部分条款失效废止的税收规范性文件目录的公告》。

8月20日，国家税务总局、公安部、海关总署和中国人民银行在北京召开会议，共同部署打击虚开增值税发票、骗取出口退税违法犯罪两年专项行动。

9月7日，新华社播发中共中央批准的十三届全国人大常委会立法规划。其中，条件比较成熟、任期内拟提请审议的若干法律草案列为第一类项目，其中包括个人所得税法（修改）、增值税法、消费税法、资源税法、房地产税法、关税法、城市维护建设税法、耕地占用税法、车辆购置税法、契税法、印花税法和税收征收管理法（修改）。

10月19日，财政部、国家税务总局公布《中华人民共和国城市维护建设税法（征求意见稿）》，公开征求各界人士的意见。

10月26日，十三届全国人大常委会第六次会议通过《关于修改〈中华人民共和国野生动物保护法〉等十五部法律的决定》，修改的法律中包括《中华人民共和国环境保护税法》《中华人民共和国船舶吨税法》。

10月29日，经国务院批准，国务院办公厅发出《关于聚焦企业关切进一步推动优化营商环境政策落实的通知》，其中作出了税收方面的规定。

11月1日，财政部、国家税务总局公布《中华人民共和国印花税法（征求意见稿）》，征求社会各界人士的意见。

11月7日，为了落实国务院2016年发布的《关于建立完善守信联合激励和失信联合惩戒制度加快推进社会诚信建设的指导意见》，国家税务总局发布《重大税收违法失信案件信息公布办法》，自2019年起实施。

12月23日，十三届全国人大常委会第七次会议在北京召开。受国务院委托，财政部部长刘昆就国务院提请审议的资源税法草案做了说明。

12月28日，为了落实中共中央、国务院关于减证便民、优化服务的要求，国家税务总局发布《关于取消20项税务证明事项的公告》。

12月29日，十三届全国人大常委会第七次会议通过《中华人民共和国耕地占用税法》《中华人民共和国车辆购置税法》和关于修改企业所得税法的决定，分别自2019年9月1日、2019年7月1日和当日起施行。

据财政部统计，2018年全国税收收入为183 359.8亿元，比上年的172 592.8亿元增长了6.2%；税收收入占财政收入的比重为85.3%，比上年的83.6%上升了1.7个百分点。按照国家统计局初步统计的当年国内生产总值计算，当年全国税收收入占国内生产总值的比重为17.4%，比上年的17.6%下降了0.2个百分点。税收收入增速减慢和税收收入占国内生产总值比重下降的主要原因，一是经济增速减慢，二是政府采取了众多减税降费措施。

（中国法学会财税法学研究会副会长、
国家税务总局税收科研所原所长　刘佐）

中国出入境检验检疫制度

根据2018年3月中共中央印发的《深化党和国家机构改革方案》，2018年原国家质检总局的出入境检验检疫管理职责和队伍划入海关总署。

一、相关法律法规

（一）《卫生检疫法》及其实施细则

《中华人民共和国国境卫生检疫法》于1986年12月第六届全国人民代表大会常务委员会第十八次会议通过，其后，根据2007年12月第十届全国人民代表大会常务委员会第三十一次会议《关于修改〈中华人民共和国国境卫生检疫法〉的决定》第一次修正；根据2009年8月第十一届全国人民代表大会常务委员会第十次会议《关于修改部分法律的决定》第二次修正；根据2018年4月第十三届全国人民代表大会常务委员会第二次会议《关于修改〈中华人民共和国国境卫生检疫法〉等六部法律的决定》第三次修正，共6章27条。

《中华人民共和国国境卫生检疫法实施细则》于1989年2月由国务院批准，1989年3月由卫生部发布实施。其后，根据2010年4月《国务院关于修改〈中华人民共和国国境卫生检疫法实施细则〉的决定》第一次修订；根据2016年2月《国务院关于修改部分行政法规的决定》第二次修订；根据2019年3月《国务院关于修改部分行政法规的决定》第三次修订，共12章113条。

《国境卫生检疫法》及其《实施细则》是海关卫生检疫工作最基本的法律法规依据，明确了卫生检疫的目的、职责、机构、检疫对象、法律责任和国际义务等，其宗旨是为防止传染病由国外传入或者由国内传出，实施国境卫生检疫，保护人体健康。其作用是调整、规范国境卫生检疫活动，具有行为的强制性、管理的规范性、执行的技术性和工作的涉外性等特点。

（二）《动植物检疫法》及其实施条例

1991年10月30日，第七届全国人民代表大会常务委员会第二十二次会议通过《中华人民共和国进出境动植物检疫法》；2009年8月27日第十一届全国人民代表大会常务委员会第十次会议修正，共8章50条。《动植物检疫法》是海关进出境动植物检疫和监督管理的法律依据。明确规定了进出境的动植物、动植物产品和其他检疫物，装载动植物、动植物产品和其他检疫物的装载容器、包装物，以及来自动植物疫区的运输工具，必须接受检疫和监管。明确规定了输入动物、动物产品、植物种子、种苗及其他繁殖材料的，必须事先办理检疫审批手续，并在进境时接受检疫。明确规定了对来自动植物疫区的船舶、飞机、火车抵达口岸时，必须实施检疫。

（三）《食品安全法》及其实施条例

2009年2月28日，第十一届全国人大常委会第七次会议通过《中华人民共和国食品安全法》，2015年4月24日，第十二届全国人民代表大会常务委员会第十四次会议修订，共10章154条。2009年7月20日，国务院颁布《食品安全法实施条例》，共10章64条。

《食品安全法》明确规定了出入境检验检疫机构在食品进出口环节的职责。进口的食品、食品添加剂应当经出入境检验检疫机构依照进出口商品检验相关法律、行政法规的规定检验合格。向我国境内出口食品的境外出口商或者代理商、进口食品的进口商应当向国家出入境检验检疫部门备案。向我国境内出口食品的境外食品生产企业应当经国家出入境检验检疫部门注册。出口食品生产企业和出口食品原料的种植、养殖场应当向国家出入境检验检疫部门备案。国家出入境检验检疫部门可以对向我国境内出口食品的国家（地区）的食品安全管理体系和食品安全状况进行评估和审查，并根据评估和审查结果，确定相应的检验检疫要求。

（四）《商检法》及其实施条例

1989年2月21日，第七届全国人民代表大会常务委员会第六次会议通过了《中华人民共和国进出口商品检验法》。2002年4月28日第九届全国人民代表大会常务委员会第二十七次会议修订，共6章41条。2018年对《商检法》部分章节进行了两次修订，章节保持不变。

《商检法》是进出口商品检验和监督管理的法

律依据。规定国家商检部门根据保护人类健康和安全、保护动物或者植物的生命和健康、保护环境、防止欺诈行为、维护国家安全的原则，制定、调整并公布实施必须实施检验的进出口商品目录，并实施动态调整制度。对目录外的进出口商品，《商检法》规定商检机构根据国家规定实施抽查检验。

二、2018年主要工作情况

（一）卫生检疫工作方面

坚决贯彻习近平总书记“筑牢口岸检疫防线”重要指示精神，按照中央机构改革部署，大力推动关检业务整合融合；不断完善“境外、口岸、境内”三道防线，强化监管优化服务，落实中非合作论坛北京峰会健康卫生行动，派员赴赞比亚、乌干达开展霍乱、埃博拉出血热疫情防控，实现关口前移；发布鼠疫、埃博拉病毒病、中东呼吸综合征、黄热病等疫情公告或警示通报21个，加强口岸传染病疫情防控，开展出入境人员体温监测6.5亿人次，检出寨卡等各类传染病15 765例；截获活鼠等输入性病媒生物1.1万次、222.7万只，检出病原体阳性420次；实施口岸卫生监督3.9万次，发现问题3983次；开展食品快速检测样品2.1万个，检出不合格样品373个；强化国际旅行健康服务，传染病监测体检和预防接种191.1万人次；妥善应对长春长生疫苗，朝鲜坠车、泰国普吉岛沉船遇难同胞遗体归国等突发事件；圆满完成上合组织青岛峰会、中非合作论坛北京峰会、夏季达沃斯论坛、首届中国国际进口博览会等重大国际活动保障任务；积极推动自贸试验区改革发展，复制推广3项改革试点经验；不断优化口岸营商环境，口岸卫生许可时限压缩1/3，实现13项卫生检疫政务服务事项网上运行；改革特殊物品监管模式，5个工作日办结率达95%，全年进出口特殊物品13.7万批次、113.4亿美元，同比分别增长16.1%、25.3%，促进了生物医药产业发展。

（二）国门生物安全监管方面

开展5大类进出口农产品风险监控，共抽取监控样品29 729个，获得监控结果168 216个，样品总体合格率为97.39%。在全国设置17695个监测点，对检疫性实蝇等12类外来有害生物开展监测。2018年，全国口岸共截获外来有害生物4583种、68.5万种次。截获植物有害生物4583种，68.5万种次，检疫性有害生物335种、7.45万种次，全国首次截获检疫性有害生物13种。境外预检大中动物22.23万头，淘汰5.5万头，境内隔离检疫淘汰1715头。全年共检疫供港澳活猪157.71万头，同比增长1.4%，未发现重大质量安全问题。针对进境截获动植物疫情，发布警示通报21份，对外发布违规通报52份。

（三）进出口食品安全治理方面

以习近平新时代中国特色社会主义思想和党的十九大精神为指导，时刻牢记习近平总书记关于食品安全工作“最严谨的标准、最严格的监管、最严厉的处罚、最严肃的问责”的重要指示，认真贯彻落实党中央、国务院和总署党委各项决策部署，全面落实“政治建关、改革强关、依法把关、科技兴关、从严治关”建设要求，强化监管、优化服务，严守进出口食品国门安全底线，切实服务外交外贸大局，稳步推进进出口食品安全各项工作取得新成效。

一是加强源头监管。2018年，海关总署对输华食品国家（地区）开展体系评估与回顾性检查，对27个国家或地区进行31次体系评估①；持续开展对进口食品境外生产企业的注册评审，新增批准1029家生产企业注册②。

二是加强过程监管。进出口食品化妆品222.5万批，货值1501.6亿美元。其中，进口食品化妆品77.7万批，货值771.0亿美元③；共对20大类156小类进口食品化妆品的590个项目进行抽样检验④，因检出安全卫生项目不合格未准入境食品化妆品1413批⑤。

三是加强风险监测。2018年海关总署共对15大类31小类进口食品化妆品的77个无食品安全国家标准项目进行了风险监测⑥。

四是妥善处理突发事件。妥善处理了法国婴幼

① 依据《海关总署进出口食品安全局2018年度工作总结》。
② 依据海关总署官方网站公布的进口食品境外生产企业注册信息。
③ 依据《海关总署进出口食品安全局2018年度工作总结》。
④ 2018年度进出口食品化妆品安全监督抽检计划。
⑤ 依据海关总署官方网站公布的2018年1月至12月全国未准入境食品化妆品信息。
⑥ 2018年度进口食品化妆品安全风险监测计划。

儿配方乳粉沙门氏菌污染事件、西班牙警方破获假冒婴幼儿配方乳粉窝点事件、欧盟境内查获 3600 吨假冒食品问题等。2018 年进出口食品安全的整体水平保持平稳，国内未发生系统性、行业性和区域性进出口食品安全事件。

（四）进出口商品检验监管方面

提升进出口商品质量安全风险防控能力，从制度设计、经费支持、能力建设等多方面加快完善进出口商品质量安全风险预警和快速反应监管体系。强化进出口商品质量安全风险监测，对来自 67 个国家和地区的婴童服装、食品/餐具洗涤剂、电子坐便器等进口商品以及输往 78 个贸易国家或地区的节日灯串、玩具、鞋类等出口商品实施目录外抽查检验，对不合格商品依法进行处置。深化业务改革促进跨境贸易便利化。明确缺陷进口商品召回、CCC 免办等职责分工。对进口低风险矿产品实施“先验放后检测”监管模式改革，通关时长压缩，口岸周转速度加快。严格重点敏感商品监管，切实维护国门安全。全年检验进出口危险化学品 25.05 万批、1.97 亿吨，检出批次不合格率 9.88%。检验进口废物原料 13.59 万批，2275.48 万吨。检出环保项目不合格 332 批，5.28 万吨，累计对 1152 家固体废物原料国内收货人实施监督管理和跟踪验证，撤销 623 家国内收货人注册登记资格，有效防止“洋垃圾”入境。全年进出口商品检验领域未发生系统性、区域性、行业性重大质量安全事故。

（海关总署）

中国出口退税制度

2018 年，全国办理出口退（免）税 15 013.82 亿元，同比增长 9.7%，出口退（免）税增速与外贸出口增速基本一致。

一、落实完善出口退税政策

2018 年 5 月，根据国务院完善增值税制度的决策部署，对原适用 17% 税率且出口退税率为 17% 的出口货物，出口退税率调整至 16%；原适用 11% 税率且出口退税率为 11% 的出口货物、跨境应税行为，出口退税率调整至 10%。2018 年 9 月、11 月，两次提高部分产品出口退税率，促进外贸稳定增长。调整完善启运港退税政策，增加启运地港、离境港，新增停靠港，优化启运港退（免）税管理，支持上海国际航运中心建设。完善跨境电商零售出口“无票免税”等政策，鼓励贸易新业态发展。推进赋予海关特殊监管区域内企业一般纳税人资格试点扩围，支持海关特殊监管区域利用好两种资源两个市场。

二、不断加快出口退税进度

调整优化出口企业分类管理办法，积极支持外贸新业态发展，做好各项出口退（免）税服务工作，截至 2018 年底，全国税务机关审核办理正常退税的平均时间，由 13 个工作日内缩短到 9.7 个工作日内。完善外贸综合服务企业出口退税管理，明确外贸综合服务企业管理办法的新老政策过渡问题，给予相关过渡期政策，支持外贸新业态发展。

三、扩大出口退税无纸化申报试点范围

持续推行出口退税无纸化申报试点扩围，退税申报和审核进度不断加快，为出口企业“走出去”提供了有力支持。截至 2018 年 12 月底，无纸化申报试点企业户数占全部退（免）税申报企业户数的比重超过 80%，各地税务机关办理的无纸化申报退（免）税额占全部退（免）税额的比重超过 85%。

四、持续规范退税工作流程

完善升级《出口退（免）税管理工作规范》，形成 2.0 版，细化各岗位、各环节职责权限，进一步简化退税工作流程，优化表证单书，精简《增值税纳税申报表》《出口退（免）税备案表》多项涉税报送资料，大幅提升退税管理和服务的质效，在制度层面提高退税审核办理效率。

（国家税务总局货物和劳务税司　吴晓强　秦冬冬）

中国进出口信贷制度

2018 年，受全球经济增长动能减弱、保护主义盛行、发达国家货币政策收紧和国际金融市场波动加剧等因素影响，世界贸易增速持续放缓。面对错综复杂的国际环境特别是中美经贸摩擦的严峻挑战，我国始终坚持稳中求进工作总基调，以供给侧结构性改革为主线，着力深化改革扩大开放，经济运行保持在合理区间。

党中央、国务院高度重视外贸工作，积极推进互利共赢开放战略，围绕稳外贸稳外资相继出台了一系列政策措施，在稳定出口的同时进一步扩大进口，促进对外贸易平衡发展。各银行业金融机构紧密围绕服务实体经济，加大对进出口融资的支持力度，积极发挥在稳增长、调结构、促转型等方面的重要作用。2018 年，我国货物贸易进出口总额 30.5 万亿元，同比增长 9.7%。其中，出口 16.4 万亿元，增长 7.1%；进口 14.1 万亿元，增长 12.9%。全年进出口总额、出口总额、进口总额均创历史新高，继续巩固了货物贸易第一大国地位，贸易强国建设进程加快推进。

一、进出口信贷业务蓬勃开展

2018 年，银行业金融机构支持外贸发展的重点在稳规模、提质量、转动力三个方面。其中，稳规模是指落实稳外贸政策措施，为外贸经营主体营造良好的融资环境，优化国际市场布局；提质量是指重点鼓励高技术、高质量、高附加值产品出口，积极扩大进口并优化进口结构；转动力是指支持外贸企业技术创新、制度创新、管理创新，鼓励发展贸易新业态、新模式。此外，银行业金融机构进一步推动“一带一路”建设，在建设境外经贸合作区、加快发展“丝路电商”、推进自由贸易区建设等方面发挥了更大作用。

中国进出口银行聚焦服务国家战略和实体经济，将稳外贸稳外资作为工作的重中之重，竭力发挥金融导向和服务功能，政策性职能作用充分彰显。加大对外贸企业的支持力度，促进外贸转型升级。支持企业扩大新兴市场特别是“一带一路”沿线国家和地区出口，推动市场多元化。积极支持关键设备、技术、中间品等进口，促进对外贸易平衡发展。

截至 2018 年末，中国进出口银行对外贸易贷款余额 10 765.28 亿元，比年初增加 1126.77 亿元。其中，出口货物贷款余额 4807.99 亿元，比年初增加 632.36 亿元，增幅 15.14%；出口服务贷款余额 143.40 亿元，比年初增加 35.35 亿元，增幅 32.72%；进口货物贷款余额 5702.79 亿元，比年初增加 412.59 亿元，增幅 7.80%；进口服务贷款余额 111.10 亿元，比年初增加 46.47 亿元，增幅 71.90%。

二、2018 年我国的进出口信贷政策及规则

我国的进出口信贷业务遵循国家相关法律法规及我国承诺遵守的有关国际规则有序开展。国内的主要政策依据是我国有关法律法规和监管部门的管理规定，具体包括《对外贸易法》《商业银行法》等相关法律，历年国务院根据我国当年外贸形势及策略发布的促进进出口贸易的政策文件以及商务部、中国人民银行等部门发布的有关部门规章。国际层面依照世界贸易组织（WTO）框架下的《补贴与反补贴措施协议》（Agreement on Subsides and Counter-vailing Measures）等有关规定，同时参照经济合作与发展组织（Organization for Economic Co-operation and Development，简称 OECD）的《官方支持出口信贷的安排》（Arrangement on Officially Supported Export Credits）。

（一）国内进出口信贷政策

2018 年 6 月，国务院印发了《关于积极有效利用外资推动经济高质量发展若干措施的通知》（国发〔2018〕19 号，以下简称《若干措施》），明确了要进一步促进外商投资稳定增长，实现以高水平开放推动经济高质量发展。《若干措施》从提升投资自由化水平、提升投资便利化水平、提升引资质量和水平、提升投资保护水平、优化区域开放布局、推动国家级开发区创新提升等六个方面提出 23 条措施。在行业领域方面，稳步扩大金融业开放，持续推进服务业开放，深化农业、采矿业、制造业开放。在区域发展战略方面，引导外资投向中西部等

地区，鼓励政策性、开发性金融机构加大对边境经济合作区、跨境经济合作区企业的信贷支持力度。

同月，国务院对商务部提出的《深化服务贸易创新发展试点总体方案》（以下简称《方案》）作出批复，同意在北京、天津、上海、海南、深圳和河北雄安新区等省市（区域）进行为期两年的深化服务贸易创新发展试点工作。以完善管理体制、培育市场主体、创新发展模式、完善政策体系、创新监管模式等角度为切入点，加快优化营商环境，打造服务贸易创新发展高地，带动全国服务贸易高质量发展，不断培育"中国服务"核心竞争优势，推动形成全面开放新格局。《方案》指出，要充分利用现有资金渠道，积极开拓海外服务市场，鼓励新兴服务出口和重点服务进口；加大出口信用保险和出口信贷对服务贸易的支持力度；拓宽服务贸易企业融资渠道；完善外汇管理措施；加快推进人民币在服务贸易领域的跨境使用。

2018年7月，国务院办公厅转发商务部等部门《关于扩大进口促进对外贸易平衡发展意见的通知》（国发〔2018〕53号，以下简称《通知》），强调要充分发挥进口对满足人民群众消费升级需求、加快体制机制创新、推动经济结构升级、提高国际竞争力等方面的积极作用，在稳定出口的同时进一步扩大进口，促进对外贸易平衡发展，推动经济高质量发展，维护自由贸易。《通知》指出要优化进口结构，促进生产消费升级，支持关系民生的产品进口，促进生产性服务进口，增加有助于转型发展的技术装备进口，增加农产品、资源性产品进口。强调要加强"一带一路"国际合作，坚定不移支持全球贸易自由化，进一步发挥外资在引进先进技术、管理经验和优化进口结构等方面的作用，提高对外投资便利化水平。

2018年底，国务院印发《关于支持自由贸易试验区深化改革创新若干措施的通知》（国发〔2018〕38号），从营造优良投资环境、提升贸易便利化水平、推动金融创新服务实体经济等五个方面提出了53条措施，允许自贸试验区内银行业金融机构在依法合规、风险可控的前提下按相关规定为境外机构办理人民币衍生产品等业务。鼓励、支持自贸试验区内银行业金融机构基于真实需求和审慎原则向境外机构和境外项目发放人民币贷款，满足"走出去"企业的海外投资、项目建设、工程承包、大型设备出口等融资需求。

为贯彻落实《国务院关于促进外贸增长若干措施的通知》（国发〔2017〕39号），促进贸易投资便利化，营造优良营商环境，推动形成全面开放新格局，中国人民银行于2018年初印发了《关于进一步完善人民币跨境业务政策促进贸易投资便利化的通知》（银发〔2018〕3号，以下简称《通知》）。《通知》鼓励企业及个人使用人民币进行跨境结算，并为境外投资者以人民币进行直接投资以及境内企业在境外募集人民币资金后汇入境内使用提供便利。

（二）国际出口信贷规则的新变化

OECD《官方支持出口信贷的安排》，即通常所说的"君子协定"，是官方出口信贷领域最为重要、影响最大的国际规则之一。

君子协定于1978年生效，定期修订，主要是对官方支持的出口信贷适用范围、最高贷款比例、最低贷款利率、最长贷款期限等问题进行规定，旨在提高不同国家之间国际竞争的公平性，减少各自明的、暗的官方融资支持的无序竞争。君子协定虽然没有国际法上的强制性效力，但多年来，各国在实践中都自觉遵守，即便是非OECD成员国也多参照其来制定本国的出口信贷政策，其实际上已成为出口信贷领域的一项国际惯例。

2018年，君子协定一共进行了两次版本更新。1月份的第一次更新，在信息告知的表述方式上，用更为明确的"电子邮件"和"电子公告牌"替换了原有的"OLIS"（OECD On-Line Information System），并修订了适用于项目融资交易的条款。7月份的第二次更新，主要对民用航空器出口信贷的行业谅解进行了修订。

三、绿色信贷制度及发展情况

2018年以来，我国绿色金融顶层设计逐步完善，绿色金融领域呈现持续快速发展态势，绿色金融市场不断繁荣并进入蓬勃发展期。我国已建立起从政策指引、统计制度到评价机制相对完整的绿色信贷政策体系。绿色信贷占据绿色金融市场主导位置，逐步实现高质量规模化发展。

一是建立绿色信贷激励约束机制。银保监会于2018年对全国主要21家银行开展了第四次年度绿色信贷自评价工作。中国银行业协会根据此前发布的《中国银行业绿色银行评价实施方案（试行）》，在 2018 年首次开展了年度绿色银行评价工作。2018 年 6 月，人民银行决定适当扩大中期借贷便利（MLF）担保品范围，首次将绿色金融债券和优质的绿色贷款纳入担保品范围。2018 年 7 月，人民银行印发了《银行业存款类金融机构绿色信贷业绩评价方案（试行）》，规定评价结果纳入银行业存款类金融机构宏观审慎考核。

二是构建统一的绿色金融标准体系。2018 年 9 月，全国金融标准化技术委员会绿色金融标准工作组第一次全体会议在京召开，绿色金融标准制定的组织架构建立，审议通过《绿色金融标准工作组章程》。绿色金融标准工作组充分发挥作用，加快构建国内统一、国际接轨、清晰可执行的绿色金融标准体系，从制度建设、产品服务、操作流程、风险防控等角度全面系统规范绿色金融发展。

中国进出口银行一直高度重视践行环境保护和社会责任，致力于推动中国及全球的可持续发展。2018 年，中国进出口银行坚决贯彻绿色发展理念，不断完善绿色信贷制度，积极推动绿色信贷业务健康持续增长。在新出台的煤炭、化工、有色金属、火电等多个行业授信政策中，均根据国家环保政策和行业特征，提出绿色信贷要求，对国家重点调控的限制类及有重大环境和社会风险的行业实行有差别、动态的授信政策，强化对客户和项目的环境和社会风险管理，推动全行信贷结构向绿色金融发展转型。此外，中国进出口银行与金融同业积极探讨在“一带一路”沿线推进绿色经济发展的方法和实践，签署《“一带一路”绿色投资原则》，该原则纳入第二届“一带一路”国际合作高峰论坛成果清单。

四、开展出口信贷规则国际谈判，积极应对出口信贷面临的挑战

2018 年，全球范围内的贸易保护主义愈演愈烈，我国面临的形势更加复杂和严峻。全年中国共遭遇 28 个国家（地区）发起贸易救济调查 106 起，涉案金额 318 亿美元，案件数量和涉案金额同比分别上升 38% 和 104%。经积极应对，诸多大案要案得到妥善处理，35 起案件以有利方式结案。其中，应对中美贸易摩擦成为重中之重。我国全力应对美国钢铝 232 调查、汽车及零部件产品 232 调查等，发布对美中止减让产品清单，有力回击美国单边主义和保护主义做法。

鉴于在出口信贷与反补贴方面，利益争夺博弈正在越来越多地表现为规则和法律之争，我们必须合理利用 WTO 规则，参与规则谈判，争取规则利益，以更加积极的姿态参与到国际规则制定工作中。目前，我国正与美国、欧盟等其他 17 个国家共同进行出口信贷国际规则谈判，在磋商中积极发出中国声音，强调新规则应反映发展中国家利益，应较现行“君子协定”更加宽松灵活。

（中国进出口银行战略规划部）

中国政府采购制度

2018 年，政府采购围绕贯彻落实党的十九大和十九届二中、三中全会精神，按照全国政府采购工作会议总体要求深入推进各项改革工作，研究制订《深化政府采购制度改革方案》，政府采购制度改革取得突破性进展，加快加入 GPA 谈判和多双边政府采购议题谈判。

一、全面深化政府采购制度改革

2018 年，全国政府采购规模为 35 861.4 亿元，占全国财政支出和 GDP 的比重分别为 10.5% 和 4%。

（一）政府采购透明度持续提升

政府采购信息公开制度不断细化，工作机制逐步完善。基本实现政府采购项目全过程信息公开，包括采购项目公告、采购文件、采购项目预算金额、采购结果、采购合同等在内的采购项目信息以及监管处罚信息要素齐全、内容完整、发布及时。中国政府采购网地方分网已实现所辖区域全覆盖，已形成以中国政府采购网为依托的集中统一信息发布平台，多数地区还注重提升网站的服务功能和用户体验，有效提高了财政预算执行的透明度。2018 年，我部委托第三方对全国政府采购透明度开展评估工作，评估结果为良。

（二）政府采购顶层设计不断健全

一是按照加快建立现代财政制度对政府采购工作的新要求，研究制订《深化政府采购制度改革方案》，着力从机制上系统性地完善政府采购制度，提出强化采购人主体责任、建立集中采购机构竞争机制等系列改革举措，经中央深改委第五次会议审议通过。二是继续完善政府采购制度建设，印发《政府采购代理机构管理暂行办法》，对代理机构名录登记、从业管理、信用评价及监督检查等方面作出规定。研究起草《政府采购信息公告管理办法》修订草案，进一步落实政府采购信息公开等要求。

（三）政府采购政策功能进一步完善

一是完善政府绿色采购政策。继续组织做好节能清单和环保清单发布工作，进一步扩大绿色采购范围。2018 年先后两次调整节能环保清单，细化产品类别，增加产品种类。截至 2018 年底，节能清单包括 59 种产品、1173 家企业、41 万个型号 / 系列（含节水产品），环保清单包括 63 种产品、3924 家企业、39 万个型号 / 系列。节能环保产品政府采购规模占同类产品政府采购规模的比例达到 90% 以上。二是支持中小企业发展。通过向中小企业预留份额、给予评审优惠、鼓励联合体投标、鼓励分包等措施，持续提升中小企业参与政府采购活动的竞争力。积极支持中小企业政府采购合同融资，金融机构开展融资服务时可通过在中国政府采购网核对合同信息等方式确认合同真实性，原则上不得要求供应商提供担保。据统计，政府采购合同授予中小企业金额占采购总规模的比重超过 70%。

（四）政府采购领域“放管服”改革继续深化

一是继续推进进口产品“集中论证、统一批复”，提高审核效率，强化部门主体责任。二是落实中央高校和科研院所科研仪器采购简化措施，简化科研仪器审核审批流程，提高科研仪器采购自主权和效率。三是助力推进机构改革，明确相关部门办公急需设备采购简化措施，保障部门正常运转。四是推进公务机票购买管理改革，开通公务机票 APP，方便公务人员购票。五是会同国家发展改革委等 29 个部门联合签署《关于对政府采购领域严重违法失信主体开展联合惩戒的合作备忘录》，对政府采购领域严重违法失信行为开展联合惩戒。

二、加快推进政府采购市场开放谈判步伐

2018 年，财政部按照国务院的部署和安排，以加入世贸组织《政府采购协议》（GPA）为主线，统筹开展各项谈判工作，取得了阶段性进展。

（一）加快加入 GPA 谈判进程

贯彻落实习近平总书记关于“加快加入世界贸易组织《政府采购协议》进程”的指示精神，研究制定了加快推进我国加入 GPA 谈判的工作方案。三次组团赴日内瓦与有关参加方开展多双边谈判，表明中方立场，回应参加方关切。加强与主要谈判对手欧盟的谈判。9 月，刘伟副部长会见欧盟内阁办公室主任胡萨克，就中国加入 GPA 路线图达成重要共识。11 月，举办中欧政府采购对话和研讨会，

双方围绕路线图交换了意见，取得重要进展。

（二）扎实有效开展国内改进出价工作

根据机构设置、人员变动情况和工作需要，经报国务院批准，对GPA谈判工作机制做了进一步完善。会同有关方面就扩大我国加入GPA出价相关问题开展研究，重点就国有企业出价开展专题调研，为改进出价做好全面准备。同时，积极做好在自贸试验区开展GPA试点可行性研究相关工作。

（三）统筹推进多双边政府采购议题谈判

顺利完成区域全面经济伙伴关系协定（RCEP）、中新自贸协定升级谈判政府采购案文磋商，完成中国与欧亚经济联盟经贸合作协议政府采购案文审核，积极推进中挪自贸协定政府采购议题磋商。

（财政部国库司）

中国的自由贸易区建设

一、2018年中国自贸区建设新进展

加快实施自由贸易区战略是我国新一轮对外开放的重要内容。党的十八大提出加快实施自由贸易区战略，党的十八届三中、五中全会进一步要求以周边为基础加快实施自由贸易区战略，形成面向全球的高标准自由贸易区网络。2017年10月，党的十九大再次提出要促进自由贸易区建设，推动建设开放型世界经济。截至2018年底，我们已与25个国家和地区达成17个自贸协定，自贸伙伴遍及亚洲、美洲、欧洲、大洋洲和非洲。此外，我们正在推动与29个国家的13个自贸协定谈判或升级谈判，包括《区域全面经济伙伴关系协定》（RCEP）、中日韩自贸协定、中国—挪威自贸协定、中国—以色列自贸协定、中国—海合会自贸协定谈判，以及中国—秘鲁、中国—新西兰自贸协定升级谈判等。

（一）全方位推动与周边国家的自贸协定谈判

1. 推动《区域全面经济伙伴关系协定》（RCEP）谈判。2018年，RCEP共举行了1次领导人会议，5次部长级会议和4轮谈判。2018年，经过各方努力，新完成了海关程序与贸易便利化、政府采购、卫生与植物卫生措施、标准技术法规与合格评定程序、机制条款5个章节，竞争、争端解决、一般条款和例外3个章节也接近完成。货物贸易、服务贸易、投资相关规则、贸易救济、原产地规则、电子商务、知识产权等章节也在加速推进。

2. 推动中日韩自贸区谈判。2018年，中日韩自贸区谈判共举行了二轮。在2018年5月的中日韩领导人会议上，三国领导人重申将进一步加速三国自贸协定谈判，力争达成全面、高水平、互惠且具有自身价值的自由贸易协定。在2018年12月举行的中日韩自贸协定第十四轮谈判中，三方一致同意加快中日韩自贸区谈判进程，在RCEP已取得共识的基础上，进一步提升贸易投资自由化水平，推进规则议题谈判，打造RCEP+的自贸协定。

（二）"一带一路"沿线自贸区建设取得重大进展

1. 中国—新加坡自贸协定升级议定书签署。2018年11月，中国与新加坡签署《自由贸易协定升级议定书》，实现了全面、高水平、互利共赢的谈判目标。中新自贸协定升级有助于深化双方在经贸领域的务实合作，进一步增进两国企业和人民福祉。双方在协定中首次纳入"一带一路"合作，强调"一带一路"倡议对于深化双方全方位合作、实现共同发展目标、建立和强化互联互通以及促进地区和平发展的重要意义。《议定书》的签署不仅将进一步充实中新"与时俱进的全方位合作伙伴关系"的内涵，还将对深化中国与东盟的经贸关系起到积极作用。

2. 中国—格鲁吉亚自贸协定生效实施。中格自贸协定于2018年1月生效并实施。中格自贸协定是我国与欧亚地区国家签署的第一个自贸协定，也是"一带一路"倡议提出后我国启动并达成的第一个自贸协定，对推进自贸区战略和实施"一带一路"倡议具有重要意义。协定的生效实施将进一步提升双边贸易自由化、便利化水平，为企业营造更加开放、透明和稳定的贸易环境，为两国人民带来更多质优价廉的产品和服务。中格双方将以协定实施为契机，全面提升两国务实合作水平，进而扎实推进"一带一路"建设，实现共同繁荣。

3.《亚太贸易协定第二修正案》生效实施。2018年7月，《亚太贸易协定》（以下简称《协定》）第四轮关税减让成果文件——《亚太贸易协定第二修正案》（以下简称《修正案》）正式生效实施。《修正案》是《协定》各成员国历经9年谈判完成的重要成果，是对《协定》的丰富、完善、补充和提升，体现了各成员进一步深化经贸合作、实现互利共赢的现实需求与美好愿景。《修正案》的正式生效，将为《协定》各成员国经济发展提供新助力，促进各成员国之间贸易继续增长，进一步推动亚洲区域经济一体化和"一带一路"建设进程。

4. 中国—巴勒斯坦自贸协定联合可研结束并启动谈判。2018年7月，中国与巴勒斯坦完成自贸协定联合可研。同年10月，双方共同签署谅解备忘录，宣布正式启动中巴自贸协定谈判，并同意加快推进谈判进程，争取早日达成协定。

5. 中国—东盟自贸区特定原产地规则完成谈判。2018年8月，历时4年的中国—东盟自贸区特

定产品原产地规则（PSR）谈判顺利结束，将进一步提高中国—东盟自贸区货物贸易自由化水平，为中国—东盟自贸区升级实施注入活力。在中方大力协调下，柬埔寨、印尼最终完成中国—东盟自贸区升级《议定书》国内核准程序，为这份于2015年11月签署的协议实现全面生效做好了准备。

（三）面向全球的自贸区网络进一步升级扩容

1. 中国—毛里求斯自贸协定谈判结束。2018年9月，中毛双方共同签署了《关于结束中国毛里求斯自由贸易协定谈判的谅解备忘录》，宣布谈判正式结束。中毛自贸协定是我国与非洲国家商签的第一个自由贸易协定。谈判实现了“全面、高水平、互惠”的目标，范围涵盖货物贸易、服务贸易、投资、经济合作等众多领域。协定的达成不仅将为深化中毛双边经贸关系提供更加强有力的制度性保障，还将赋予中非全面战略合作伙伴关系以全新的形式和内容，推动我国与非洲国家形成更加紧密的利益共同体和命运共同体，更好促进“一带一路”倡议对接非洲经济一体化进程。

2. 中国—巴拿马自贸协定联合可研结束并启动谈判。2018年3月，中国与巴拿马完成自贸协定联合可研。2018年6月，中巴双方签署谅解备忘录，宣布正式启动中巴自贸协定谈判。

3. 中国—秘鲁自贸协定升级联合研究结束并启动升级谈判。2018年11月，中秘双方签署谅解备忘录，宣布启动中国—秘鲁自由贸易协定升级谈判。

二、自贸协定实施成效显著

（一）自贸协定扩大了我与自贸伙伴贸易规模

随着有关自贸协定的实施，关税不断降低或取消，自贸协定进一步促进我国与有关国家和地区贸易、投资和经济合作的发展。2018年，我国与19个自贸伙伴（不含港澳台）进出口总额达到5290亿美元，同比增长11.7%，比同期我国对外贸易总体增速高约2个百分点。据海关统计，2018年我国企业从自贸伙伴进口产品享受关税减免723亿元，同比增长12%。

（二）自贸协定提升了企业的国际竞争力

自贸区的建成使我国和自贸伙伴之间的市场准入条件进一步改善，贸易和投资环境也更加规范、透明。自贸区的优惠安排可以使企业获得更大的外部市场，创造更多贸易投资机会。

（三）自贸协定改善了消费者的福祉

通过自由贸易互通有无，消费者可以更低的价格购买世界各地更多更丰富的商品，提高消费水平和生活质量。例如，随着中韩、中澳自贸协定的实施，我国的消费者能够以更优惠的价格买到自韩国进口的日用化工品、家用电器和特色食品，以及从澳大利亚进口的牛羊肉、乳制品、水果、葡萄酒、保健品等，消费者的选择空间也越来越大。

下一步，我们将继续优化自贸区网络布局，提升自贸协定水平，做好自贸协定实施工作，加快构筑立足周边、辐射“一带一路”、面向全球的高标准自贸区网络。

（商务部国际司）

●投资政策与管理措施

中国外汇管理制度

一、促进贸易投资便利化，服务全面开放新格局

一是在粤港澳大湾区、上海市和浙江省开展货物贸易外汇收支便利化试点，支持审慎合规的银行在为信用优良企业办理贸易收支时，实施更加便利的措施。二是积极推动服务贸易对外付汇税务备案电子化，进一步便利企业税务备案，有效提高服务贸易便利化水平。三是支持承包工程企业集中变更境外账户收支范围，便利企业在不同账户间集中调配资金，支持优质企业参与“一带一路”建设。四是研究制定外汇管理操作指引，明确原油、铁矿石等期货实物交割货款结算规则，促进贸易新业态健康发展。五是探索优化个人用汇措施，支持银行开展“驻外中资机构中国员工外汇薪酬线上收结汇”等创新业务，制定公派出国留学奖学金境内外汇划转制度。

二、开展资本项目便利化改革，推进金融市场对外开放

一是在江苏、广东等16个地区开展资本项目收入结汇支付便利化改革试点，对部分优质企业结汇支付实施免审单，提高资本项目外汇资金使用效率。二是在福建、广东、北京等地区因地制宜开展外债注销登记下放银行办理试点，取消区内企业办理外债注销登记时间限定，有效节约企业“脚底成本”。三是取消外商直接投资（FDI）前期费用额度和有效期限制，实现FDI存量权益登记与商务部门联合年报统一办理。四是完善合格境外机构投资者（QFII）和人民币合格境外机构投资者（RQFII）外汇管理，取消QFII资金汇出20%的比例限制，取消QFII、RQFII本金锁定期要求，允许QFII、RQFII开展外汇套期保值，对冲境内投资的汇率风险，进一步便利QFII跨境证券投资。五是扩大银行不良资产跨境转让试点范围到广东省全辖，简化业务流程，支持粤港澳大湾区建设。

三、大力发展外汇市场，稳步推进对外开放

一是优化外汇市场产品，允许远期售汇到期交割方式根据实际需求选择全额或差额结算，进一步提高市场主体管理外汇风险的便利化程度。二是健全外汇市场基础设施建设，支持中国外汇交易中心完善外币对交易，开展外币对期权交易，试行外币对主经纪业务，更加便利市场主体外汇交易。三是推进外汇市场自律，指导全国外汇市场自律机制稳步推进各项工作，进一步完善政府监管和行业自律并重的外汇市场管理框架，积极参与全球外汇市场委员会工作。

四、完善跨境资金流动监管，维护外汇市场健康良性秩序

一是更新和完善国际收支统计制度和业务指引，进一步调整和明确国际收支申报的范围、原则和具体申报要求。二是落实银行卡境外大额提取现金管理政策，有效遏制境外大额提取现金行为，进一步落实反洗钱、反恐怖融资、反逃税要求。三是严查各类外汇违法违规行为，严厉打击地下钱庄、网络炒汇等违法犯罪活动。2018年共查处外汇违规案件3701起，罚没款10亿元人民币。

五、强化外汇形势政策宣传，加大主动公开力度

一是通过出席新闻发布会、答记者问、接受媒

体采访、发表解读评论文章等多种方式，权威解读外汇形势及改革思路等。二是加强平台建设，升级改版国家外汇管理局政府网站，主动公开预决算情况、政府采购信息、现行有效主要法规目录等。

六、完善外汇管理法治建设，深入推进“放管服”改革

一是加强外汇管理法规框架顶层设计，研究修订《中华人民共和国外汇管理条例》，新发布外汇管理法规 12 件，集中废止或宣布失效 17 件。二是开展外汇管理证明事项清理，提出证明事项取消方案。三是严格外汇管理窗口服务要求，着力提升外汇管理政务服务网上办理水平，推进分支机构根据当地实际实现部分行政许可事项“网上办”“最多跑一次”。四是便利跨境电子商务结算，促进支付机构外汇业务健康发展。

七、完善外汇储备经营管理，拓展多元化运用

一是全面提升投资运营能力，持续优化货币和资产结构，根据市场变化及时调整资产配置及投资策略。二是运用好股权、债权、基金等多种形式，培育新的业务条线投资能力，探索创新与国际多边开发机构的合作模式，更好推动实体经济高质量发展。

（国家外汇管理局综合司）

中国利用外资情况

一、2018 年中国出台的主要外资政策举措

（一）构建引资政策体系，提振外商投资信心

国务院印发《关于积极有效利用外资推动经济高质量发展若干措施的通知》（国发〔2018〕19 号），提出 23 项进一步积极有效利用外资政策举措，与近年出台的《关于扩大对外开放积极利用外资若干措施的通知》（国发〔2017〕5 号）、《关于促进外资增长若干措施的通知》（国发〔2017〕39 号）一道，从投资自由、投资便利、投资促进、投资保护、投资布局、投资平台六方面，搭建起新时代外资政策体系的“四梁八柱”。

（二）大幅度放宽市场准入，推进投资自由

印发《外商投资准入特别管理措施（负面清单）》（2018 年版）和《自由贸易试验区外商投资准入特别管理措施（负面清单）》（2018 年版），大幅度放宽外资市场准入。持续推进北京市服务业扩大开放综合试点工作，实施 21 项开放举措，形成 68 项开放创新成果。

（三）深化外资领域“放管服”改革，推进投资便利

将负面清单内投资总额 10 亿美元以下的外商投资企业设立及变更的审批权限下放至省级人民政府。实施外商投资企业设立商务备案与工商登记“一口办理”，优化政府服务。

（四）加强投资保护，着力优化投资环境

推动外资基础性法律制定工作，完善外商投资法律体系。召开外商投资企业投诉工作部际联席会议第一次全体会议，协调解决投诉反映的突出问题，保护外商投资企业合法权益。

（五）加强投资促进，着力优化服务体系

出台《关于扩大境外投资者以分配利润直接投资暂不征收预提所得税政策适用范围的通知》（财税〔2018〕102 号），落实相关优惠政策。协调解决项目推进中的具体问题，推动外资大项目落地。发挥双边投资促进机制作用，建设外资并购公共服务平台，促进外资增长和产业升级。

（六）高质量建设自贸试验区，发挥改革开放试验田作用

出台进一步深化广东、天津、福建自贸试验区改革开放方案和海南自贸试验区总体方案，在更广领域、更大范围进行差别化探索试验。出台《国务院关于支持自由贸易试验区深化改革创新若干措施》（国发〔2018〕38 号），赋予自贸试验区更大改革自主权。印发新一批 30 项向全国复制推广的改革试点经验，持续释放自贸试验区改革红利。

二、2018 年中国吸收外商直接投资概况

2018 年，在全球跨国直接投资持续低迷、国际引资竞争日益加剧的背景下，通过实施高水平的投资自由化便利化政策，着力优化外商投资环境，我国外资规模保持稳定增长，产业结构、区域布局持续优化。2018 年全年，全国新设立外商投资企业 60 533 家，同比增长 69.8%；实际使用外资 8856.1 亿元人民币，同比增长 0.9%（折 1349.7 亿美元，同比增长 3%，未含银行、证券、保险领域数据，下同）。截至 2018 年 12 月底，全国累计设立外商投资企业 96 万家，实际使用外资金额超过 2 万亿美元。

（一）各领域吸收外商直接投资情况

1. 农、林、牧、渔业吸收外资简况。农、林、牧、渔业新设立外商投资企业 639 家，同比增长 10.4%；实际使用外资金额 47.1 亿元，同比下降 11. 2%。

2. 制造业吸收外资简况。制造业新设立外商投资企业 6152 家，同比增长 23.4%；实际使用外资金额 2713.2 亿元，同比增长 20.1%。制造业吸收外资较多的主要有计算机、通信和其他电子设备制造业，专用设备制造业，汽车制造业，化学原料和化学制品制造业，通用设备制造业，上述五个行业占制造业吸收外商直接投资总量的 55. 1%。

3. 服务业吸收外资简况。服务业新设立外商投资企业 53 696 家，同比增长 78.6%；实际使用外资金额 6016.1 亿元，同比下降 5.7%。其中，房地产业

实际使用外资金额 1489.1 亿元，同比增长 31.4%，占服务业实际使用外资金额的 24.8%。其他服务业吸收外资主要集中在计算机应用服务业，综合技术服务业，电力、燃气及水生产和供应业，能源、材料和机械电子设备批发业等行业（参见表 1）。

表 1　2018 年外商直接投资分行业简况　单位：亿元

	新设企业数			实际使用外资金额		
行业	个数	同比%	比重%	金额	同比%	比重%
总计	60 533	69.8	100	8 856.1	0.9	100
农林牧渔业	639	10.4	1.1	47.1	–11.2	0.5
采矿业	46	76.9	0.1	79.8	–7.7	0.9
制造业	6 152	23.4	10.2	2 713.2	20.1	30.6
服务业	53 696	78.6	88.7	6 016.1	–5.7	67.9

（二）主要国别（地区）对华直接投资简况

2018 年对华实际投资金额排名前十位国家 / 地区依次为：中国香港（6341.2 亿元）、新加坡（351.2 亿元）、中国台湾（331.7 亿元）、韩国（310.2 亿元）、英国（256.4 亿元）、日本（249.3 亿元）、美国（226.3 亿元）、德国（188.20 元）、澳门（86.4 亿元）、荷兰（85.1 亿元）。前十位国家 / 地区实际投入外资金额同比增长 1%，占全国实际使用外资金额的 95.1%。其中，英国对华投资增长较快，同比增长 150.1%。（参见表 2，上述国家 / 地区对华投资数据包括这些国家 / 地区通过英属维尔京群岛、开曼群岛、萨摩亚、毛里求斯和巴巴多斯等自由港对华投资）。

表 2　2018 年对华投资前 10 位资金来源地简况　单位：亿元

国别 / 地区	企业数	同比%	实际使用外资金额	同比%
总　计	60 533	69.8	8 856.1	0.9
中国香港	40 085	118.9	6 341.2	–4.1
新加坡	1 018	39.8	351.2	8.1
中国台湾	5 191	39.4	331.7	3.5
韩　国	1 884	15.7	310.2	24.1
英　国	627	43.5	256.4	150.1
日　本	829	40.5	249.3	13.6
美　国	1 809	30.6	226.3	7.7
德　国	492	26.5	188.2	79.3
澳　门	1 287	52.1	86.4	103.6
荷　兰	176	41.9	85.1	–41.8

（三）各区域吸收外商直接投资情况

2018 年，西部地区实际使用外资 645.6 亿元，同比增长 18.5%；中部地区实际使用外资 648 亿元，同比增长 15.4%；东部地区实际使用外资 7562.6 亿元，同比下降 1.4%。东、中、西部地区占全国实际使用外资总量的比重分别为 85.4%、7.3% 和 7.3%。（参见表 3）

上海、广东、天津、福建、辽宁、浙江、河南、湖北、重庆、四川、陕西这 11 个自贸试验区新设外商投资企业 9409 家，同比增长 37.5%，实际使用外资 1073 亿元，同比增长 3.3%，占全国实际使用外资总量的比重为 12. 1%。

（四）外商投资企业主要经济指标

2018年，外商投资企业进出口总额19 681亿美元，同比增长7%，占全国进出口总额的42.6%。其中出口10 360亿美元，同比增长6%，占全国出口总值的41.7%；进口9321亿美元，同比增长8.2%，占全国进口总值的43.7%。规模以上外商投资工业企业实现利润总额16 776亿元，同比增长1.9%。外商投资企业缴纳税收30 398亿元，同比增长4.2%，占全国税收收入的比重为17. 9%。

表3　2018年外商直接投资分区域简况　单位：亿元

	新设企业数			实际使用外资金额		
区域	个数	同比%	比重%	金额	同比%	比重%
全国总计	60 533	69.8	100.0	8 856.1	0.9	100.0
东部地区	56 524	75.4	93.4	7 562.6	–1.4	85.4
中部地区	2 126	27.2	3.5	648.0	15.4	7.3
西部地区	1 883	6.9	3.1	645.6	18.5	7.3

（商务部外国投资管理司）

国资国企改革发展基本情况

2018 年，各级国资委和国有企业始终坚持以习近平新时代中国特色社会主义思想为指导，坚持稳中求进工作总基调，按照高质量发展要求，以推进供给侧结构性改革为主线，以提高质量效益和核心竞争力为中心，锐意进取、苦干实干，各项工作都取得了明显成效。

一、坚决贯彻新发展理念，高质量发展基础进一步夯实

各级国资委和国有企业按照高质量发展要求，强化形势研判、抢抓市场机遇，扎实推进供给侧结构性改革，发展质量和效益持续提升。2018 年，国资监管系统企业累计实现营业收入 54.8 万亿元，同比增长 10.3%；实现增加值 12.4 万亿元，同比增长 9.8%；实现利润总额 3.4 万亿元，同比增长 13.2%；实现净利润 2.4 万亿元，同比增长 12.1%；上交税费总额 3.8 万亿元，同比增长 8.3%。其中，中央企业累计实现营业收入 29.1 万亿元，同比增长 10.1%；实现增加值 7.1 万亿元，同比增长 8.1%；实现利润总额 1.7 万亿元，同比增长 16.7%；实现净利润 1.2 万亿元，同比增长 15.7%；上交税费总额 2.2 万亿元，同比增长 5. 7%。

（一）创新发展步伐加快

国务院国资委指导推动中央企业不断加大研发投入，强化自主创新，取得了一批重大创新成果。51 家中央企业共获得 2018 年度国家科学技术奖励 98 项，占奖项总数的 40.8%。北京、上海、山东、河南等地出台鼓励和支持科技创新措施，广西、深圳等地明确将科技研发投入视同利润考核，有效激发了企业创新活力。

（二）实业主业不断聚焦

国务院国资委加大中央企业战略规划管理力度，严控非主业投资比例，严控金融业务投资，推动企业进一步做强做优做精实业主业。河北、江苏、浙江、湖南、广西、海南等地引导企业更加专注实业发展，集中精力做好主业，企业核心竞争力明显增强。

（三）重组整合扎实推进

国务院国资委推动中核集团和中核建设集团、武汉邮科院和电信科研院实施重组，完成武警水电部队转隶移交，有序推进中国安能整编筹备。推动重组企业加快业务、管理、技术、人才、市场资源、企业文化等全面整合融合，经营业绩稳步提升。各省（区、市）国资委推动 36 组监管一级企业实施重组，有力促进了国有经济布局优化和国有资本运营效率提升。

（四）瘦身健体提质增效成效显著

中央企业持续深入推进压减工作，截至 2018 年底，90% 企业的法人层级控制在 10 级以内，管理层级最长由 8 级减少到 6 级。大力化解过剩产能，推动中央企业化解煤炭过剩产能 1265 万吨，整合内部煤炭产能 1 亿吨。深入推进“处僵治困”，纳入专项工作范围的企业比 2015 年减亏增利 2007 亿元。大力压减一般性管理费用和非生产性开支，2018 年中央工业企业成本费用增速低于收入增速 0.4 个百分点，成本费用利润率同比提高 0.6 个百分点。大力开展集中采购，中央企业全年节约采购成本 3412.6 亿元。大力压降“两金”，“两金”增幅低于收入增幅 3.4 个百分点。

（五）开放合作水平持续提高

国务院国资委组织召开推进共建“一带一路”走深走实专题会，组织中央企业积极参加博鳌亚洲论坛 2018 年年会、首届中国国际进口博览会、中非合作论坛北京峰会等重大活动，推动中央企业加快对外开放合作步伐，提升国际化经营能力水平。中央企业主动对接“一带一路”沿线国家发展规划，扎实推动重点项目稳步开展，取得实效。

（六）全力打好三大攻坚战的表率作用充分彰显

国务院国资委专门对打好三大攻坚战进行全面部署，指导督促中央企业加大工作力度，取得显著成效。在防范化解重大风险方面，专题研究部署降杠杆减负债、境外风险防控、金融业务风险防控等重点工作，印发《关于做好中央企业防范化解重大经营风险工作的几点意见》，中央企业整体风险

可控在控。在精准脱贫方面，以深度贫困地区为重点，全力推进产业扶贫、就业扶贫、消费扶贫，有力促进了贫困地区基础设施完善、特色产业发展、教育医疗改善和群众增收增富。在污染防治方面，推动中央企业大力实施清洁生产改造和超低排放改造工程，加快清洁能源发展，万元产值综合能耗比“十二五”末下降约 10.7%，超出“十三五”目标进度要求。

二、狠抓重点任务落实落地，国企改革不断向纵深推进

各级国资委和国有企业认真落实国企改革“1+N”系列文件精神，统筹推进各项改革举措落实落地，取得积极进展。

（一）中国特色现代国有企业制度建设取得重要进展

国务院国资委指导推动中央企业在集团层面全部落实“党建要求进章程”，全部实现党委（党组）书记、董事长“一肩挑”，党员总经理兼任副书记，全部配备党委（党组）专职副书记，全部实现党组织研究讨论作为董事会、经理层决策重大问题的前置程序，并积极推动向二三级子企业延伸落实，推动党组织发挥领导作用组织化、制度化、具体化。同时，印发《关于深化落实中央企业董事会职权试点工作的通知》，将中长期发展决策权、经理层成员业绩考核权、经理层成员薪酬管理权、职工工资分配管理权、重大财务事项管理权等授予 5 家试点企业董事会，研究制订《中央企业外部董事选聘和管理办法》，加强外部董事队伍建设，董事会履职能力进一步提升。

（二）改革示范工程深化拓展

中央企业兼并重组、信息公开等试点已全面完成，国有资本投资、运营公司等试点取得重要阶段性成果。组织实施国企改革“双百行动”，指导推动 398 户“双百企业”一企一策制定完善方案、开展综合性改革，“区域性国资国企综合改革试验”开局起步。明确 10 家中央企业为创建世界一流示范企业，探索培育具有全球竞争力的世界一流企业的有效途径。

（三）股权多元化和混合所有制改革稳步推进

国务院国资委紧紧围绕转换企业经营机制、提高运行效率，指导推动中央企业探索开展集团层面股权多元化改革，扎实推进重点领域混合所有制改革试点，不断优化股权结构、增强市场竞争力。截至 2018 年底，中央企业利用股票市场、产权市场引入社会资本约 1750 亿元；重点领域混合所有制改革引入资本超过 1000 亿元；中央企业及各级子企业中混合所有制企业户数占比超过 2/3。各省（区、市）国资委监管的各级企业中混合所有制企业占比已达 45.9%。

（四）三项制度改革深入实施

国务院国资委制定印发《中央企业工资总额管理办法》，改革管理方式，完善决定机制，赋予企业更大自主权。市场化选人用人和激励约束力度不断加大，在中央企业集团层面开展经理层成员契约化管理和职业经理人制度试点，企业内生活力进一步增强。员工持股试点深入推进，全国共选取了 192 户试点企业，在促进机制转换、吸引留住人才等方面取得明显成效。中长期激励进一步加强，中央企业控股的 81 户上市公司实施了股权激励，所属科技型企业 30 个股权和分红激励方案进入实施阶段，有效调动了骨干员工积极性。

（五）国有企业办社会职能分离移交取得重大突破

截至 2018 年底，全国国有企业基本完成职工家属区“三供一业”和市政社区管理等职能分离移交，教育医疗机构深化改革达 90% 以上，消防机构分类处理全面完成。中央企业职工家属区“三供一业”分离移交正式协议签订率达 99.8%，分离移交工作已完成 93.1%。中央企业培训疗养机构改革稳步推进，取得了阶段性成效。

三、持续加强和改进国资监管，监管效能不断提高

各级国资委按照以管资本为主加强国有资产监管的要求，不断改进完善监管体制机制，监管的系统性针对性有效性进一步提升。

（一）国资监管职能加快转变

国务院国资委加快推进职能转变，出台出资人监管权力和责任清单，落实深化“放管服”改革要求，精简监管事项，管资本的职能更加突出。信息化监管迈出重要步伐，国资国企在线监管系统初步建成，“三重一大”决策运行在线监管、大额资金动态监测等功能投入使用。产权管理进一步加

强，会同有关部委出台《上市公司国有股权监督管理办法》，强化上市公司管控。财务监管进一步完善，累计向中央企业委派总会计师 35 名，探索开展总审计师试点。分类考核进一步强化，全面完成中央企业及子企业功能界定与分类，根据企业类别调整完善相关考核指标。各地国资委不断完善监管方式，北京、山东、河南等地积极搭建信息化监管平台，监管效率不断提高。

（二）国有资本授权经营体制改革积极推进

国务院国资委牵头制定的《改革国有资本授权经营体制方案》通过中央深改委审议。前期纳入国有资本投资、运营公司试点的 10 家中央企业，在授权管理、组织架构、运营机制、党的建设等方面进行了大量探索实践，形成的好经验好做法正在逐步推广。新增 11 家中央企业作为国有资本投资公司试点。上海、重庆、山西、广东等地共改组组建国有资本投资、运营公司 122 家，有效促进了国有资本合理流动、优化配置。

（三）核查追责力度进一步加大

国务院国资委印发《中央企业违规经营投资责任追究实施办法（试行）》，推动中央企业建立健全违规责任追究制度和工作体系。深入开展国有资产重大损失调查及违规责任追究，全年共组织和督促中央企业开展核查追责 42 件。组织督促 36 家中央企业认真整改经济责任审计反映的问题，挽回损失、节约开支。开展中央企业以对赌模式投资并购专项核查，发现并处理了一批问题。北京、山东、江苏等 22 个省（区、市）国资委制定实施企业违规责任追究办法，有效防止国有资产流失。

（四）重点难点问题研究有效开展

各级国资委和国有企业聚焦创新发展、建设中国特色现代国有企业制度、培育具有全球竞争力的世界一流企业、加强党的领导党的建设等重大问题，组织精干力量集中开展研究，积极进行理论探索，为破解改革难题、推进高质量发展提供了有益借鉴。

四、不断加强党的领导党的建设，为中央企业改革发展提供了坚强保障

国务院国资委党委和中央企业党委（党组）坚决贯彻新时代党的建设总要求，进一步推动全国国有企业党的建设工作会议精神落实落地，在“党建工作落实年”的基础上，扎实推进“党建质量提升年”各项任务，取得了显著成效。

（一）管党治党责任进一步落实

国务院国资委组织开展中央企业党建工作责任制考评，制定中央企业党建工作责任制实施办法和考核评价暂行办法，首次对全部中央企业党建工作开展现场考核，指导推动 82 家中央企业建立党建考核机制。同时，深入推进中央企业党委（党组）落实向国资委党委报告年度党建工作、党委（党组）负责人党建述职、基层党组织书记抓党建述职评议 3 项制度。

（二）企业领导人员队伍建设进一步加强

国务院国资委认真贯彻《中央企业领导人员管理规定》，按照国有企业领导人员“20 字”标准，努力在“选育用管”上下功夫，从严选拔、教育、监督、管理企业领导人员，中央企业领导班子结构不断优化、整体功能不断增强、干部素质不断提升。

（三）党建基层基础工作进一步夯实

国务院国资委组织召开中央企业基层党建现场会，就全面深化基层党的基本组织、基本队伍、基本制度“三基建设”作出部署。研究制定中央企业基层党建“三基建设”三年行动规划和加强混合所有制企业党建工作实施意见，推动中央企业基层党的建设全面进步、全面过硬。

（四）党风廉政建设和反腐败工作进一步深入

国务院国资委和中央企业坚持把纪律规矩挺在前面，坚持不敢腐不能腐不想腐一体推进，坚持深化标本兼治，坚决整治“四风”突出问题，严肃查处违反中央八项规定精神问题，持续保持反腐败高压态势，不断深化政治巡视，营造了风清气正的良好环境。

（国务院国资委研究局）

中国对外投资合作情况及相关政策措施

党的十九大报告提出，要推动形成全面开放新格局，以“一带一路”建设为重点，坚持引进来和走出去并重，遵循共商共建共享原则，加强创新能力开放合作，形成陆海内外联动、东西双向互济的开放格局。实行高水平的贸易和投资自由化便利化政策。创新对外投资方式，促进国际产能合作，形成面向全球的贸易、投融资、生产、服务网络，加快培育国际经济合作和竞争新优势。

2018 年，商务部认真学习贯彻党的十九大精神，坚持以习近平新时代中国特色社会主义思想为引领，落实党中央、国务院关于用好两个市场、两种资源，走出去与引进来并举并重，构建人类命运共同体等相关部署，坚定不移走对外开放的道路，不断完善对外投资合作体制机制，创新对外投资合作管理政策，优化对外投资结构，支持供给侧结构性改革。支持并推动中国企业共建“一带一路”走深走实，不断提升国际化经营能力，按照共商共建共享原则与东道国互利共赢、共同发展。我国对外投资合作正在向高质量发展迈进。

一是对外投资保持平稳有序发展。2018 年，我国对外投资持续保持平稳健康发展。全行业对外直接投资 1298.3 亿美元，同比增长 4.2%，其中，非金融类对外直接投资 1205 亿美元，同比增长 0.3%。总体呈现以下特点：①行业结构持续优化。2018 年，对外投资主要流向租赁和商务服务业、制造业、批发和零售业、采矿业，占比分别为 34.4%、14.5%、8.2% 和 7.1%。流向第三产业的对外直接投资 842.5 亿美元，同比增长 3.6%，占比 64.9%。从并购行业看，制造业、交通运输 / 仓储和邮政业、电力 / 热力 / 燃气及水的生产和供应位列前三。②地方企业是主力军。2018 年，地方企业对外直接投资 834.3 亿美元，同比增长 11.3%，占同期对外非金融类直接投资总额的 69.2%。剔除收益再投资因素，非公有经济控股主体投资 554.2 亿美元，占比 57.4%，较上年提高了 8.4 个百分点；公有经济控股主体对外直接投资 410.8 亿美元，占比 42.6%。③“一带一路”成为投资重点。2018 年，我国对“一带一路”沿线的 56 个国家实现非金融类直接投资 156.4 亿美元，同比增长 8.9%，占同期总额的 13%，主要投向新加坡、老挝、越南、印度尼西亚、巴基斯坦等国家。对“一带一路”沿线国家并购 68 起，投资额 116.2 亿美元，占同期并购总额的 16. 5%。

二是国际产能合作加速提质增效。2018 年，对外承包工程新签合同额 2418 亿美元，同比下降 8.8%，完成营业额 1690.4 亿美元，同比增长 0.3%。总体呈现以下特点：①拉动出口作用明显。2018 年全年，我国对外承包工程项下带动设备材料出口 169.9 亿美元，同比增长 10.4%。②继续保持传统优势。2018 年我国对外承包工程新签合同额行业排名前四的分别是交通运输、建筑、电力工程和通信工程等传统领域。大型项目数量保持稳定，合同额超过 1 亿美元的项目达 467 个。其中，中建集团承揽的埃及新首都二期项目、上海电气集团承揽的迪拜太阳能发电园区项目合同金额均超过 30 亿美元。③大力发展“建营一体化”。2018 年以来，我国对外承包工程更加注重高附加值的规划设计、投融资和运营等环节，实现产业链向高端领域延伸。越南永新一期项目投入商业运营，是我国企业在越南首个采用 BOT 模式投资的电力项目；巴基斯坦瓜达尔港建设持续推进，东湾快速路和新国家机场等配套基础设施建设进展顺利；斯里兰卡汉班托塔港实现运营移交，港口吞吐量逐步增加，企业综合建设运营能力不断提升。

三是对外劳务合作平稳发展。2018 年，我国对外劳务合作共派出各类劳务人员 49.2 万人，较上年同期减少 3 万人。截至 2018 年底，对外劳务合作业务累计派出各类人员 951.4 万人。我国在外劳务人员主要分布在日本、中国澳门、新加坡、阿尔及利亚、中国香港等国家或地区。全年劳务人员实际收入 376 亿元人民币，对带动贫困地区经济发展、脱贫致富发挥了积极作用。

当前，我国对外投资合作进入了新时代，站在了新的历史起点上。随着共建“一带一路”走深走实，我国与世界各国投资合作不断深化，面临诸多发展机遇和有利条件。一是党中央、国务院高度重视走出去工作，为对外投资合作工作指明了方向。

二是国内经济总体平稳，产业结构深入调整，质量效益稳步提升，新旧动能接续转换，持续为经济实现高质量发展注入新动力。三是我国日益成为对外投资合作大国，走出去企业实力不断增强，中国资本、中国装备、中国技术越来越受到世界各国特别是发展中国家的欢迎。四是“一带一路”倡议赢得广泛支持，第二届“一带一路”国际合作高峰论坛成功举办，共商共建共享的全球治理观和构建人类命运共同体的理念正在得到越来越多国家的支持。

同时，我国对外投资合作也面临着诸多风险和挑战。一是部分国家投资环境恶化，英国脱欧、美国挑起贸易摩擦等使得世界经济环境不确定性增大，世界经济面临下行风险。二是全球贸易投资保护主义抬头，部分国家加严安全审查，我企业对外投资合作外部障碍增多。三是局部地区安全形势较为严峻，外部风险增多，影响企业对外投资合作安全和权益。四是走出去企业国际化经营能力有待增强，对外投资合作发展质量和效益仍需进一步提升。

2018 年以来，商务部按照党中央、国务院决策部署，扎实推进对外投资合作，围绕国际产能合作、境外基础设施互联互通、防范对外投资风险，规范企业经营行为等重点任务，推进实施一系列新思路新办法新举措。

一是加强顶层设计。为完善对外投资法律法规体系，以适应国内外新形势发展需要，进一步促进对外投资管理和服务制度建设，商务部在研究我国对外投资面临的形势、国外的管理模式、有关立法经验的基础上，起草了《对外投资条例（初稿）》，积极推动该条例的早日出台。

二是创新对外投资管理方式。商务部会同有关部门出台《对外投资备案（核准）报告暂行办法》，建立了“管理分级分类、信息统一归口、违规联合惩戒”的对外投资管理模式，同时明确境内投资主体应按照“凡备案（核准）必报告”的原则向相关主管部门报送对外投资关键环节信息。各部门依据各自职责开展对外投资管理，定期向商务部报送备案（核准）信息，商务部进行汇总后发送各部门共享共用，各部门据此开展监测报告、分析预警和有效干预等工作。

三是积极推进“放管服”改革。商务部落实党中央、国务院决策部署，取消对外承包工程资格审批和投标（议标）核准两项行政许可，极大激发市场主体的活力。下一步，商务部将推动建立“备案 + 负面清单”的管理制度，强化报告和监测机制。此外，国内企业在境外投资开办企业（金融企业除外）核准初审取消，进一步简化了企业办理对外投资核准手续，同时节约了行政成本，为企业对外投资营造更加便利的政策环境。

四是加强事中事后监管。2018 年，商务部继续开展对外投资合作“双随机、一公开”抽查，全年共抽查 65 个对外投资项目、70 个对外承包工程项目和 40 家对外劳务合作企业。发现问题督促企业及时整改直至完成，检查全程留痕，检查结果公开在“走出去”公共服务平台。同时，在全国范围内开展“双随机、一公开”抽查工作，实现全覆盖目标。

五是强化服务保障。商务部每年更新发布《对外投资合作国别（地区）指南》《中国对外投资发展报告》《中国对外直接投资统计公报》等公共服务产品，为企业提供东道国政治经济形势、法律政策、投资合作机遇和风险等信息。不断完善“走出去”公共服务平台建设，为公众用户提供一站式服务。与有关国家签署投资合作协议 18 项，为企业对外投资创造良好的外部环境。完善双边投资合作机制建设，与 16 个国家召开双边投资合作工作组会议。加强境外中资企业商（协）会建设。

（商务部合作司）

● 产业开放与管理措施

中国农业对外开放情况

一、中国农产品贸易环境变化情况

2018 年，全球农业生产保持了良好的增长态势，主要农产品价格稳定。根据联合国粮农组织（FAO）发布的数据，2017/2018 年度，全球谷物产量 27.04 亿吨，与上年相比增长 1.5%。使用量 26.55 亿吨，比上年增长 1.4%。出口量 4.21 亿吨，比上年增长 4%。谷物期末库存 8.74 亿吨，比上年增长 4.9%。库存消费比 32.6%，比上年提高了 1.2 个百分点。小麦和粗粮库存消费比分别为 37.6% 和 29.4%，均处于 21 世纪以来最高位。

表 1　**2015—2018 年世界谷物生产、消费、库存和贸易情况**　单位：百万吨，%

年份		2015/2016	2016/2017	2017/2018	2017/2018 年度比上年度增长	年份		2015/2016	2016/2017	2017/2018	2017/2018 年度比上年度增长
生产	谷物	2 587.0	2 664.2	2 703.8	1.5	出口	谷物	392.7	405.1	421.2	4.0
	小麦	736.8	761.3	759.9	–0.2		小麦	167.0	176.3	176.8	0.3
	大米	495.3	504.9	509.5	0.9		大米	41.3	48.1	47.8	–0.6
	粗粮	1 354.9	1 398.0	1 434.4	2.6		粗粮	184.3	180.7	196.6	8.8
使用	谷物	2 554.0	2 617.4	2 655.3	1.4	期末库存	谷物	790.0	833.2	873.8	4.9
	小麦	715.5	735.9	739.5	0.5		小麦	240.8	262.1	280.9	7.2
	大米	497.7	502.8	506.4	0.7		大米	169.3	169.8	174.6	2.8
	粗粮	1 340.8	1 378.7	1 409.4	2.2		粗粮	380.0	401.3	418.3	4.2

数据来源：联合国粮农组织谷物供求概况，2019 年 4 月。

根据世界银行（WB）发布的数据，2018 年，国际农产品价格与上年相比下跌 0.3%，食品价格上升 0.3%。分类看，谷物价格上升 10.2%，油料油脂价格下跌 2.9%，工业原料农产品价格下跌 3.2%。同期，国际能源价格上升 27.8%，化肥价格上升 11. 1%。

主要农产品价格走势不一。美国 1 号硬粒红小麦海湾离岸价前期大幅上涨，由 1 月份的每吨 192 美元上涨到 8 月份的年内最高的 237 美元，随后下跌到 11 月份的 204 美元，12 月份回升到 211 美元。美国 2 号黄玉米海湾离岸价起伏波动，由 1 月份的 156 美元上升到 5 月份的年内最高的 179 美元，随后波动下滑，9 月份降到年内最低的 154 美元，12 月份回升到 167 美元。泰国 5% 碎米率大米曼谷离岸价前期波动较大，后期逐渐走稳，年内最低为 7 月份的 398 美元，最高为 4 至 5 月份的 451 美元，12 月份收于 404 美元。美国大豆鹿特丹港到岸价大体上水平波动，由 1 月份的 390 美元上升到 4 月份的年内最高价 439 美元，随后下滑到 9 月份的年内最低价 357 美元，12 月份反弹到 381 美元。荷兰豆油出厂价整体呈现下滑态势，1 月份为年内最高价 871 美元，12 月为年内最低的 728 美元。反映国际棉花市场现货价格水平的棉价指数指标 CotlookA

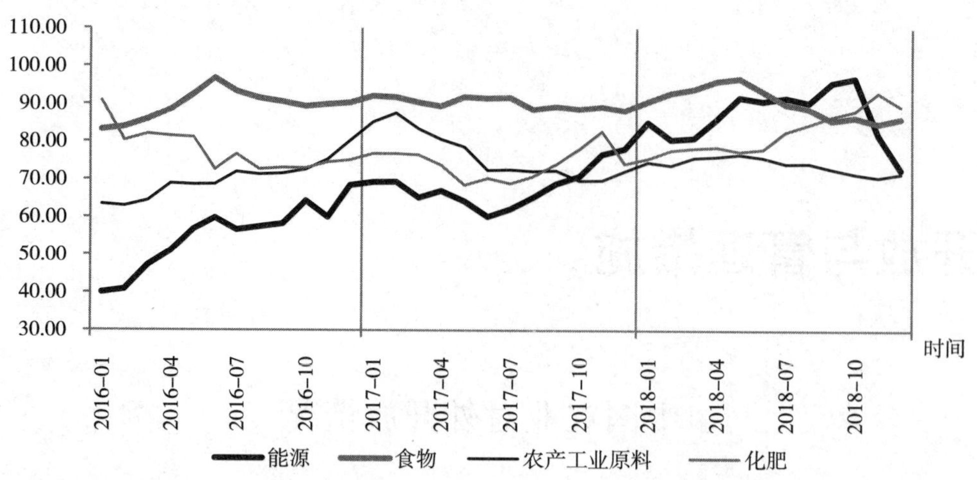

图 1　2016—2018 年国际市场初级产品价格指数变化

数据来源：世界银行（WB，2018）。价格指数以 2015 年为 100。

远东指数价格大体呈倒 U 形波动。1 月份每吨 2008 美元，6 月份上涨到年内最高的 2154 美元，随后下滑到 12 月份的 1896 美元。国际食糖价格也大体呈 U 形变化，最高为 1 月份的 311 美元，8 月份降至年内最低的 244 美元，10 月份回升到 293 美元，12 月份收于 279 美元。国际牛肉价格波动下降，1 月份为 4296 美元，3 月份上升到年内最高的 4439 美元，10 月份下降到年内最低的 3864 美元，12 月份收于 4185 美元。鸡肉价格前期上升、后期下降，2 月份为年内最低的 1984 美元，6 月份升到年内最高的 2723 美元，12 月份回落到 2088 美元。

图 2　2015—2017 年国际市场主要农产品价格指数变化

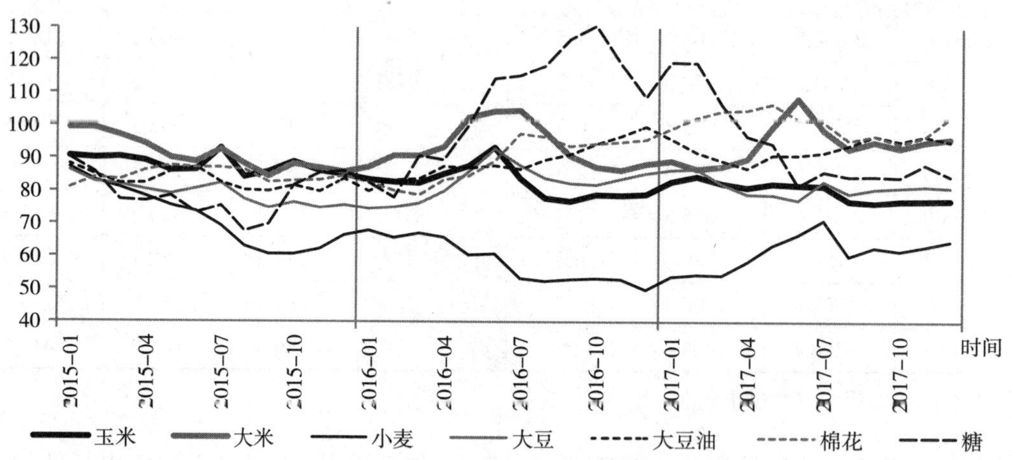

数据来源：世界银行。各商品的价格指数均以 2014 年平均价格为 100。

（一）中国农业和农村经济

2018 年，中国政府继续深入推进农业供给侧结构性改革，着手实施乡村振兴战略，大力推动农业政策工具和手段的创新和完善，加快建立新型农业支持保护政策体系，在农业生产提质增效和提高农产品国际竞争力方面取得了明显成效，维持了农业生产和农村经济的良好发展势头。

全国调减了库存较多的稻谷和玉米种植，因地制宜发展经济作物。根据国家统计局数据，稻谷、小麦和玉米三大主粮种植面积均比上年下降，全年粮食总产量 65 789 万吨，比上年减少了 371 万吨，减产 0.6%。其中，夏粮 13 878 万吨，减产 2.1%；早稻产量 2859 万吨，减产 4.3%；秋粮产量 49 052 万吨，增产 0.1%。全年谷物产量 61 019 万吨，比上年减产 0.8%。其中，稻谷产量 21 213.3 万吨，减产 0.3%；小麦产量 13 143 万吨，减产 2.2%；玉米产量25 733万吨，减产0.7%。经济作物中，棉花产量610万吨，比上年增产7.8%。油料产量3439万吨，减产1.0%。糖料产量11 976万吨，增产5.3%。茶叶产量261万吨，增产5.9%。猪牛羊禽肉产量8517万吨，比上年下降0.3%。其中，猪肉产量5404万吨，下降0.9%；牛肉产量644万吨，增长1.5%；羊肉产量475万吨，增长0.8%；禽肉产量1994万吨，增长0.6%。禽蛋产量3128万吨，增长1.0%。牛奶产量3075万吨，增长1.2%。年末生猪存栏42 817万头，下降3.0%；生猪出栏69 382万头，下降1.2%。水产品产量6469万吨，增长0.4%。其中，养殖水产品产量5018万吨，增长2.3%；捕捞水产品产量1451万吨，下降5. 7%。

农村劳动力非农就业继续保持良好增长态势。全国农民工总量28 836万人，比上年增长0.6%。其中，外出农民工17 266万人，比上年增长0.5%；本地农民工11570万人，比上年增长0.9%。全国农民工人均月收入3721元，比上年增长6.8%。农村居民人均可支配收入14 617元，比上年增长8.8%，扣除价格因素，实际增长6.6%。按照每人每年2300元（2010年不变价）的农村贫困标准计算，2018年末，全国农村贫困人口1660万人，比上年末减少1386万人；贫困发生率1.7%，比上年下降1.4个百分点。全年贫困地区农村居民人均可支配收入10 371元，比上年增长10.6%，扣除价格因素，实际增长8. 3%。

（二）中国农业贸易政策环境

1. 实施乡村振兴战略

2018年，中国政府统筹实施乡村振兴战略，强调坚持质量兴农、绿色兴农，以农业供给侧结构性改革为主线，加快构建现代农业产业体系、生产体系和经营体系，提高农业创新力、竞争力和全要素生产率，加快实现由农业大国向农业强国转变。在构建农业对外开放新格局方面，政府部署的重要工作涉及：①优化资源配置，着力提质增效，提高农产品的国际竞争力；②实施特色优势农产品出口提升行动，扩大高附加值农产品出口；③深化与重点国家、区域尤其是“一带一路”沿线国家和地区的农产品贸易关系；④强化技术引进，加强农业技术援助，积极参与全球粮食安全治理和农业贸易规则制定，促进形成更加公平合理的农业国际贸易秩序；⑤进一步加大农产品反走私综合治理力度。

2. 创新完善农业支持政策和工具

中国政府继续深化农业支持政策改革工作。在重要农产品价格形成机制方面，采取的主要措施有调整稻谷和小麦最低收购价格，推进玉米市场定价、价补分离改革，调整大豆和棉花目标价格政策。在粮食收储制度方面，改革措施涉及科学确定国家储备规模、鼓励多元市场主体入市收购、推动粮食收购由政策性收储为主向市场化收购为主转变。在农业补贴政策方面，改革着眼于提高补贴政策的指向性和精准性，重点补贴主产区、适度规模经营、农民收入、绿色生态。这些措施不仅有助于消除主要农产品的国内外价差，而且有利于提高中国农产品的国际竞争力。

3. 继续扩大农产品市场开放

中国政府按照已经对外签署生效的自由贸易协定承诺，继续履行双边扩大市场开放义务，同时单方面调减了部分进口商品的最惠国税率，或实行了较低的暂行税率，其中包括了部分农产品。

4. 稳妥应对中美贸易摩擦

美国特朗普政府上台后，把提高关税措施用做贸易工具，挑起对多个重要贸易伙伴的贸易摩擦，中国作为美国最大的贸易逆差的来源地首当其冲。中方则采取了必要的反制措施，对包括美国出口农产品在内的相关商品加征对等关税。中国是美国农产品重要出口市场，中美贸易摩擦对中美农产品贸易，尤其是美国农产品对中国出口产生明显影响，如2018年中国从美国进口的大豆仅为上年自美国进口量的一半。

5. 适时采取贸易救济措施

商务部于2019年4月17日公布了对原产于美国的进口高粱反倾销、反补贴调查的初步裁定。基于从美国进口的高粱存在倾销和补贴并且使中国高粱产业受到实质损害的情况，决定对原产于美国的进口高粱实施临时性反倾销措施。5月18日，商务部根据国内外形势变化情况，发布公告决定终止前述措施。7月16日，商务部发布公告，自8月1日起取消进口食糖保障措施不适用名单，对所有配额外食糖进口统一适用保障措施。10月9日和29日，商务部先后收到国内大麦产业代表提交的对原产于澳大利亚的进口大麦进行反倾销和反补贴调查的申请。11月19日，商务部发布公告，对原产于澳大利亚的进口大麦进行反倾销立案调查。12月21日，商务部发布公告，对原产于澳大利亚的进口大麦进行反补贴立案调查。调查期为 2017 年 10 月 1 日至 2018 年 9 月 30 日，产业损害调查期为 2014 年 1 月 1 日至 2018 年 9 月 30 日。

二、中国农产品贸易发展

（一）进出口规模和贸易收支平衡

2018 年，中国农产品进出口贸易继续保持全面增长，出口额 797.1 亿美元，比上年增长 5.5%；进口额 1371 亿美元，比上年增长 8.9%；农产品贸易逆差 573.8 亿美元，比上年增长 70.6 亿美元。分月度看，农产品出口额和进口额均有较大幅波动，其中 1 至 2 月份主要受节日因素影响，其后则在较大程度上受中美贸易摩擦影响，如 5 至 6 月份和 8 至 10 月份中美双方进出口商均抢在双方各自提高对对方产品进口关税之前进口，使得在中美相互实施提高关税措施后的 11 至 12 月份出现了进口额和出口额的双降。

图 3　2018 年中国农产品对外贸易月度变化情况

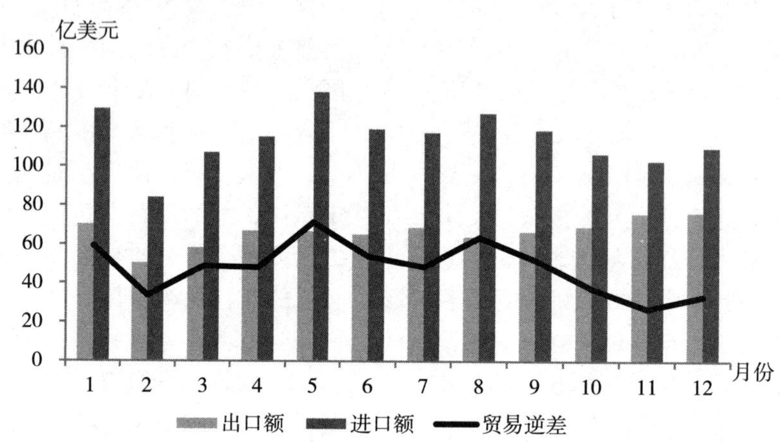

数据来源：中国海关数据库。

（二）商品结构

农产品出口额居前五位的产品依次为水产品、蔬菜、水果、畜产品和饮品类；进口额居前五位的产品依次为油籽、畜产品、水产品、水果和饮品类。

谷物贸易呈现出口增长、进口下降的局面。全年出口 254.4 万吨，比上年增长 57.4%；进口 2050.2 万吨，比上年下降 19.9%；贸易逆差 48.4 亿美元，比上年减少 7.6 亿美元。分品种看，小麦产品、稻谷产品和高粱产品呈现出口增长和进口下降的局面。玉米产品呈现出口下降和进口增长的局面。大麦产品的进出口量均下降。

食用油籽产品和植物油贸易也均呈现出口增长、进口下降的局面。食用油籽出口 119.5 万吨，比上年增长 8.7%；出口额 17.1 亿美元，比上年增长 5%；进口 9448.9 万吨，比上年下降 7.4%；进口额 417.5 亿美元，比上年减少 3%；贸易逆差 400.4 亿美元，比上年下降 13.5 亿美元，在农产品大类商品中仍居首位。食用植物油出口 29.6 万吨，进口 808.7 万吨，分别比上年增长 46.7% 和 8.9%；进口额 58.6 亿美元，贸易逆差 55.5 亿美元，略高于上年。

棉花贸易进出口双增长。出口量 5.1 万吨，比上年增长 137%；进口量 162.7 万吨，比上年增长 9.9%。由于国际市场棉花价格回升，进口额上升到 32 亿美元，比上年增长 35. 5%。

食糖贸易呈现进出口数量双增长局面。出口量 19.6 万吨，比上年增长 23.9%；进口量 279.6 万吨，比上年增长 22.1%；进口额 10.3 亿美元，比上年下降 4. 6%。

蔬菜贸易出口 152.4 亿美元，比上年略有下降；进口 8.3 亿美元，比上年增长 50%；贸易顺差 144.1 亿美元，在农产品大类商品中仍保持首位。水果出口 71.6 亿美元，比上年增长 1.2%；进口 84.2 亿美元，比上年增长 34.5%，贸易平衡首次由顺差转为逆差。坚果出口 13.1 亿美元，比上年增长 9.7%；进口 12.9 亿美元，比上年增长 42%。

畜产品进出口额双增。出口 68.6 亿美元，比上年增长 7.9%；进口 285.2 亿美元，增长 11.3%；贸易

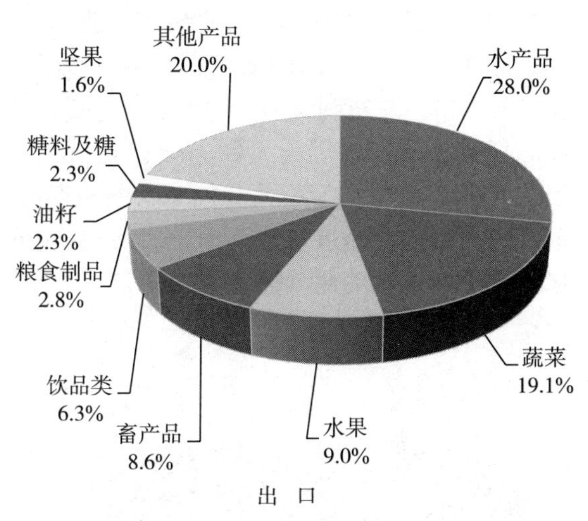

出 口

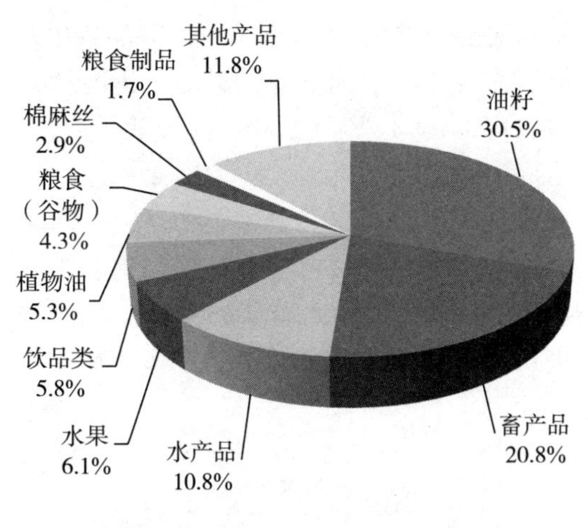

进 口

图 4 2018 年中国农产品进出口结构

数据来源：中国海关数据库。

逆差 216.6 亿美元，在农产品大类商品中居第二位。

水产品出口 223.3 亿美元，比上年增长 5.6%；进口 148.6 亿美元，比上年增长 31%；贸易顺差 74.6 亿美元，比上年减少 23.4 亿美元，居农产品大类商品第二位。

（三）进出口市场结构

中国对除南美洲外的各大洲农产品出口均比上年增长。对亚洲出口 513 亿美元，比上年增长 6%；对欧洲出口 116.1 亿美元，比上年增长 5%；对北美洲出口 104 亿美元，比上年增长 8%；对非洲出口 33.7 亿美元，比上年增长 9%；对南美洲出口 16.3 亿美元，比上年下降 6%；对大洋洲出口 14.1 亿美元，比上年增长 3. 4%。

除北美洲外，中国自各大洲农产品进口均比上年增长。从南美洲进口 429.9 亿美元，比上年增长 25%；从亚洲进口超过北美洲，比上年增长 17%，进口额 260.2 亿美元；从北美洲的进口受中美贸易摩擦产生的贸易转移效应影响，比上年下降 20%，进口额 250.7 亿美元；从欧洲进口 217.9 亿美元，比上年增长 14%；从大洋洲进口 177.1 亿美元，比上年增长 17%；从非洲进口 35.2 亿美元，比上年增长 19%。

中国农产品贸易对亚洲继续保持顺差，对其他各大洲均为逆差，其中对南美洲的逆差最大，为 413.6 亿美元；对大洋洲的逆差为 163 亿美元，首度超过北美洲；对北美洲的逆差减为 146.7 亿美元；对亚洲的顺差为 252.7 亿美元。

表 2　2018 年中国农产品贸易区域分布　　单位：亿美元、%

区域	贸易额				比上年增长		所占比重	
	进出口	出口额	进口额	差额	出口	进口	出口	进口
合计	2 168.1	797.1	1 371.0	−573.8	5.5	8.9	100.0	100.0
亚 洲	773.2	513.0	260.2	252.7	5.5	12.6	64.4	19.0
欧 洲	334.0	116.1	217.9	−101.8	4.5	14.3	14.6	15.9
北美洲	354.6	104.0	250.7	−146.7	8.2	−19.7	13.0	18.3
非 洲	68.8	33.7	35.2	−1.5	9.2	19.4	4.2	2.6
南美洲	446.2	16.3	429.9	−413.6	−5.8	24.8	2.0	31.4
大洋洲	191.2	14.1	177.1	−163.0	3.4	17.4	1.8	12.9

数据来源：中国海关数据库。

从国别（地区）贸易看，中国农产品前五大出口市场依序为日本、中国香港、美国、越南和韩国，合计占农产品出口总额的 50%。农产品前五大进口来源地依序为巴西、美国、澳大利亚、加拿大和新西兰，合计占农产品进口总额的 55%。中国从美国的农产品进口受中美贸易摩擦影响，比上年下降 33%，从巴西、澳大利亚、加拿大和新西兰四国的农产品进口增长与上年相比均超过 15%，其中从巴西进口比上年增长 37%。对中国香港、日本、韩国、越南和中国台湾的农产品贸易顺差处于前五位，净出口额分别为 97.4 亿美元、95.8 亿美元、42.2 亿美元、20.1 亿美元和 16.6 亿美元。对巴西、澳大利亚、美国、新西兰和加拿大的农产品贸易逆差处于前五位，净进口额分别为 325.9 亿美元、94.2 亿美元、78.9 亿美元、69.3 亿美元和 67.5 亿美元。

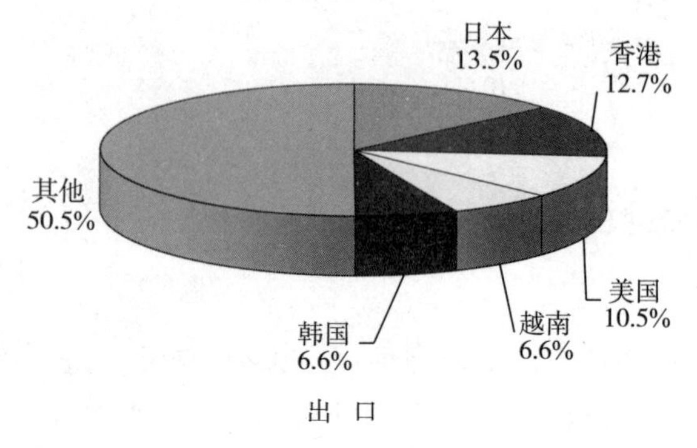

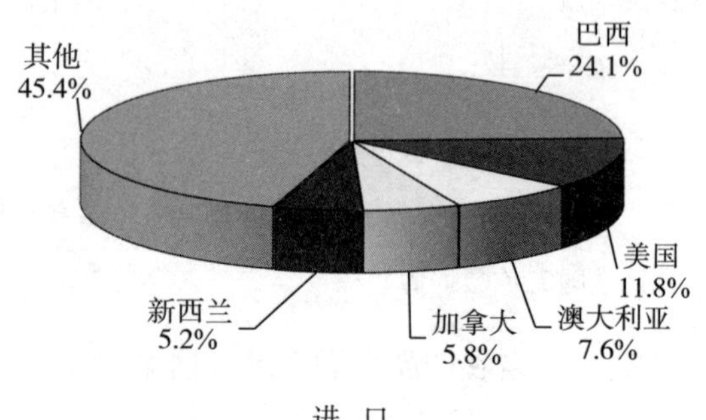

图 5 2018 年中国农产品出口市场和进口来源地结构

数据来源：中国海关数据库。

与自由贸易区伙伴间的双边农产品贸易大体呈全面增长态势。对东盟出口 170.3 亿美元，增长 7.4%；对中国香港出口 101.5 亿美元，增长 3.1%；对韩国出口 52.5 亿美元，增长 10%；对中国台湾出口 27.2 亿美元，增长 9.6%；对澳大利亚出口 10.3 亿美元，增长 2%。从东盟进口 184.3 亿美元，增长 9.8%；从澳大利亚进口 104.5 亿美元，增长 16.1%；从新西兰进口 71.4 亿美元，增长 19%；从智利进口 30.9 亿美元，增长 39.3%；从秘鲁进口 17.5 亿美元，同比基本持平。对全部自贸区伙伴农产品出口合计 376.8 亿美元，占农产品出口总额的 47.3%；从全部自贸区伙伴农产品进口合计 443.2 亿美元，占农产品进口总额 32. 3%。

（四）贸易方式

2018 年，中国农产品一般贸易出口额 658 亿美元，占农产品出口总额的 83%；进料加工贸易出口额 72.2 亿美元，占农产品出口总额的 9%。农产品一般贸易进口额 1099.7 亿美元，占农产品进口总额的 80.2%；进料加工贸易进口额 55.7 亿美元，占农产品进口总额的 4.1%；保税区仓储转口农产品货物 51.3 亿美元，占农产品进口总额的 3. 7%。

（五）国内进出口地区结构变化

农产品出口额处于前五位的省依次为山东、广东、福建、浙江和辽宁，合计占农产品出口总额的 62.2%。农产品出口额比上年增长的有 21 个省（自治区、直辖市），其中四川、黑龙江和江西等省增幅居前三位，均超过 20%；出口额比上年下降有 10 个省（自治区、直辖市），其中西藏、青海和北京的降幅超过 20%。

农产品进口额处于前五位的省（直辖市）依次为广东、江苏、山东、上海和天津，合计占农产品进口总额的 67%。进口额比上年增长的有 19 个省（自治区、直辖市），其中贵州和黑龙江的增幅均超过 75%；进口额比上年下降的有 12 个省（自治区、直辖市），其中青海、西藏和山西的降幅均超过 68%。

21 个省（自治区、直辖市）实现农产品贸易顺差，其中处于前五位的省及顺差额分别为，福建 34 亿美元，云南 31 亿美元，湖北 13 亿美元，河南 13 亿美元，山东 12 亿美元。逆差额处于前五位的省（自治区、直辖市）及逆差额分别为，广东 178 亿美元，江苏 164 亿美元，上海 152 亿美元，天津 94 亿美元，广西 44 亿美元。

（六）农产品贸易地位

2018 年，农产品进出口额分别占全国商品贸易进出口额的 6.4% 和 3.2%，比上年分别下降 0.1 个和

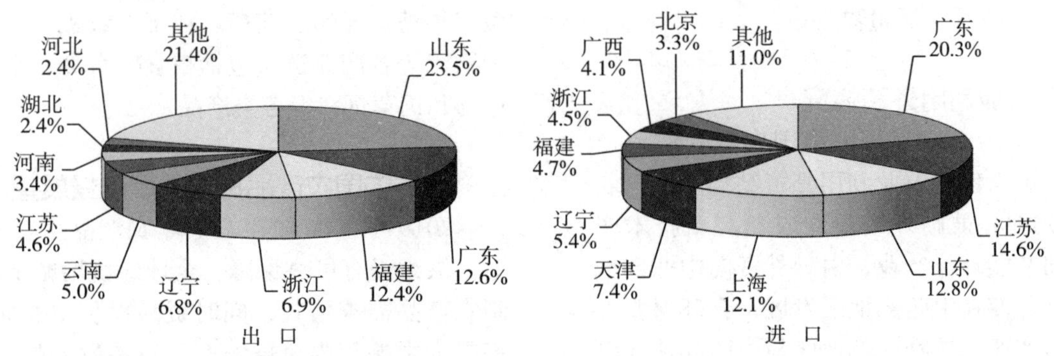

图 6 2018 年中国各省（自治区、直辖市）农产品进出口所占比重

数据来源：中国海关数据库。

0.4 个百分点。农产品进出口额与第一产业增加值比值分别为 14% 和 8.1%，与上年相比，进口额提高了 1 个百分点，出口额提高了 0.3 个百分点。

三、中国参与国际粮食和农业事务情况

近年来中国农业多边外交丰富多彩，农业日益成为中国优势的外交资源，对国际粮农事务的影响力不断增强。在联合国粮农组织（FAO）、世界动物卫生组织（OIE）、国际农业发展基金（IFAD）、世界粮食计划署（WFP）、国际农业研究磋商组织（CGIAR）、亚太经合组织（APEC）、二十国集团（G20）及金砖国家等重要平台上发挥着越来越重要的作用，在主要涉农国际组织中扮演着核心成员的角色，先后发起或主办了亚太经合组织（APEC）农业与粮食部长会议、二十国集团（G20）农业部长会议、金砖国家农业部长会议、中国与中东欧国家农业部长会议、中国与拉丁美洲和加勒比海农业部长论坛、世界农业展望大会等主要国际会议，并深入参与了世界粮食安全委员会的改革，对国际粮食安全事务享有了更高的知情权和话语权，加大了与世界动物卫生组织在非洲猪瘟、禽流感等动物疫病防控方面的合作，在国际粮农治理体系中的地位更加突出。在区域合作和新兴经济体合作中，中国加大了国际农业标准制度的参与和制定力度，为构建公平的农业发展和贸易环境贡献了积极力量。

联合国粮农组织、联合国粮食计划署和欧盟 2019 年初共同发布《全球粮食危机报告》指出，2018 年，全球面临粮食危机的人数为 1.13 亿，比 2017 年的 1.24 亿略有下降，但受影响的国家数量增长，另有 42 个国家的 1.43 亿人与重度饥饿标准仅为一步之遥；2900 万人因气候变化和自然灾害而陷入重度粮食不安全境地，粮食不安全和饥饿仍然是一项重大的国际挑战。中国政府始终致力于解决欠发达国家的粮食不安全和饥饿问题，继续加大联合国粮农组织信托基金投入，支持联合国粮农组织在粮食安全特别计划框架之下开展农业多边“南南合作”，重点工作领域包括衔接小农与市场的价值链建设，产后减损、加工和仓储管理，气候变化应对能力建设与灾害风险控制以及实现零饥饿与营养改善应对策略，加强合作理念和经验交流，提升了农业“南南合作”的影响力和感召力，目前中国政府已与联合国粮农组织合作，在 20 多个发展中国家组织实施了一批“南南合作”项目，援建了 20 多个农业技术示范中心，向非洲、亚洲、南太平洋、加勒比海等地区选送了 400 多名专家，约占“南南合作”项目派出总人数的 60%；引进了 200 多个作物品种，开展了近 300 项示范活动与 1300 场培训，近 2 万名当地农民接受了培训，6.5 万农民从项目中受益。

中国与联合国粮农组织及全球环境基金合作的“全球重要农业文化遗产系统的保护和适应性管理（GIAHS）”项目在提供粮食安全、农业生物多样性保护和独特的本土知识方面也取得了积极进展，成效显著。中国深入参与了粮农组织全球重要农业文化遗产（GIAHS）系统的发掘、保护工作，促进中国及发展中国家生态文明建设与农业可持续发展。2018 年，联合国粮农组织在第五届全球重要农业文化遗产国际论坛上对 8 个国家的 14 项新认定遗产予以授牌，中国“甘肃迭部扎尕那农林牧复合系统”“浙江湖州桑基鱼塘系统”“山东夏津黄河故道古桑树群”“中国南方山地稻作梯田系统”4 项新遗产名列其中。目前中国所获的全球重要农业文化遗

产授牌总数已达 15 项，居世界首位。

四、中国农业利用外资情况

2018 年，中国农业紧密围绕国内现代农业产业发展需要，不断优化农业利用外资结构。结合农业结构调整方向，鼓励外资投向农业高新技术产业、新能源和节能环保产业，引导外资向中西部地区转移，鼓励外商在中西部地区发展符合环保要求的劳动密集型产业，鼓励东部地区与中西部地区以市场为导向强化农业招商引资，促进农业利用外资方式多元化，提高农业利用外资质量和水平。农业“引进来”项目的实施对引进国外先进农业技术和管理理念，促进现代农业发展，提升农业粮食安全水平等具有积极作用。在中国农业通过实施一批重大联合项目，加强了与国外相关国家和地区在优异特色粮油和经济作物、特色养殖业等种质资源及优良品种、绿色农业、有机农业、食品营养等方面的合作，引进了一批农业种质资源，以及包括农业产前、产中和产后加工环节的农、牧、渔业国际先进技术，农机装备，管理经验和智力资源，缩小了中国农业科技与国际先进水平的差距，提高了农业生产效益，促进了农业绿色发展，为推动产业升级奠定了基础，助力了农业现代化发展。根据国家统计局《2018 年国民经济和社会发展统计公报》，2018 年，农、林、牧、渔业外商直接投资实际使用金额 53 亿元，比上年减少 26.4%，占全国外商直接投资总额比例处于很低水平；外商直接投资农、林、牧、渔业的企业数 741 家，比上年增长 5%。

按照国家“关于促进农业对外合作的若干意见”以及《共同推进“一带一路”建设农业合作的愿景与行动》，中国农业对外投资区域进一步向“一带一路”沿线国家聚集，初步形成了行业类别齐全、重点区域突出、投资主体多元格局，且逐步向全产业链延伸；认定首批境外农业合作示范区和农业对外开放合作实验区，初步形成高水平双向开放格局。根据国家统计局《2018 年国民经济和社会发展统计公报》，2018 年，农、林、牧、渔业对外直接投资额 18 亿美元，比上年减少 20.3%。对外投资存量超过 1800 亿元，在全球 100 多个国家和地区设立独资、合资、合作、国营、民营等多种投资模式和经营主体的农林牧渔类境外企业 1300 多家，覆盖种植、养殖、捕捞、加工、农机、农资、种业和物流等各产业链，包括粮食、畜禽、水产、经济作物和饲草饲料等各类产品。

五、中国农产品贸易发展前景展望

2019 年，综合考虑全球农产品生产及库存情况，供给仍有可靠保障。全球经济增幅下滑将会抑制农产品需求增长，同时贸易保护主义倾向趋烈，将成为影响年内全球农产品贸易发展的主导因素。世界银行 2019 年 4 月预测，2019 年全球农产品名义价格将下跌，与上年相比，全部农产品价格预计下降 2.7%，其中谷物类价格基本持平，油料油脂类价格下降 7.1%。主要农产品价格涨幅较大的有牛肉，降幅较大的有大米、豆粕、豆油、茶、禽肉、棉花。

国内农产品贸易发展将面临多种复杂的不确定因素。首先，美国政府趋于将贸易摩擦继续加码，这势必招致中国政府的反制，其效应一方面是中美双边农产品贸易将受到冲击，另一方面预计也会改变全球农产品生产布局和贸易流向。贸易摩擦是影响汇率走势的重要因素之一，汇率波动风险需要受到关注。其次，一些涉及中国主要农产品贸易伙伴的自贸区建设将可能给中国农产品出口带来较大的贸易转向效应，如 2018 年 12 月 30 日在日本、澳大利亚、加拿大、墨西哥、新西兰和新加坡六国间生效的《全面与进步跨太平洋伙伴关系协定（CPTPP）》，2019 年 2 月生效的《日欧经济合作协定（EPA）》等。日本是中国最大的农产品出口市场，日本参与的这些自贸协定成员既有低成本农产品出口国，也有高端农产品出口国，这使中国对日本农产品出口面临全方位的竞争压力，质量敏感的高价值农产品出口可能会受到较大冲击。最后，中国在控制非洲猪瘟疫情上能否尽快取得成效也是重大的不确定因素。疫情传播已经造成国内生猪和能繁母猪数量大幅减少，下半年国内市场的猪肉价格将会出现较大幅度上升，猪肉进口需求将随之增加。鉴于国际市场猪肉供给数量有限，很可能引起猪肉价格上涨，进而对其他肉类的贸易产生溢出效应。

（农业农村部农业贸易促进中心　张晓婉）

中国纺织业对外开放情况

一、2018年中国纺织行业发展概况

2018年，我国纺织行业[①]面临的外部形势总体较为复杂，发展压力有所加大。全行业坚持贯彻稳中求进的工作总基调，积极深化供给侧结构性改革，大力推动高质量发展，着力化解各种外部风险。全年，纺织行业经济运行态势基本正常，与行业所处外部环境及自身发展阶段总体相符，主要运行指标增长水平大体符合预期，企业景气情况较为平稳，高质量发展特征逐步显现。

（一）主要经济运行指标实现正增长

根据国家统计局和中国海关数据，2018年，全国限额以上服装鞋帽针纺织品零售额同比增长8%，增速较2017年提高0.2个百分点。纺织品服装出口总额[②]（50~63章）达到2767.3亿美元，同比增长3.5%，增速较上年提高2个百分点。全国3.7万户规模以上[③]纺织企业实现主营业务收入53703.5亿元，同比增长2.9%，增速较上年放缓1.3个百分点；实现利润总额2766.1亿元，同比增长8%，增速较上年加快1.1个百分点。根据统计数据推算，全行业固定资产投资完成额同比增长5%，较上年略放缓0.2个百分点。

（二）供给侧改革成效逐步显现

内需市场继续发挥首要支撑作用，网上零售增势尤为良好，2018年全国网上穿着类商品零售额同比增长22%，增速高于2017年1.7个百分点。产能利用保持较高水平，化纤业和纺织业（不含服装、纺机）产能利用率分别达到81.8%和79.8%，均高于全国工业76.5%的平均水平。企业盈利能力有所改善，规模以上纺织企业销售利润率为5.2%，同比提高0.3个百分点。产业用、家纺、服装三大终端产业全年运行态势保持平稳，化纤、纺机对全行业经济发展贡献作用增强，其中化纤行业主营业务收入、利润总额、投资完成额同比分别增长12.4%、10.3%和29%，均明显高于全行业平均水平。企业景气状况平稳，根据中国纺织工业联合会调查数据，2018年四季度，纺织行业景气指数为57.8，较三季度回升4.7个点，全年行业景气指数均处于50以上的扩张区间。

表1　　2018年纺织行业主要运行指标

指标名称	2018年累计	同 比（%）
主要经济指标（规模以上企业）		
主营业务收入	53 703.5亿元	2.9
主营业务成本	47 170.5亿元	2.6
利润总额	2 766.1亿元	8.0
资产合计	43 449.6亿元	3.4
主要产品产量		
化学纤维（全社会）	5 011.1万吨	2.7
纱（全社会）	2 958.9万吨	−7.3
布（全社会）	657.3亿米	−4.9
印染布（规模以上企业）	490.7亿米	2.6
无纺布（规模以上企业）	366.3万吨	−8.0
服装（规模以上企业）	222.7亿件	−3.4
固定资产投资指标（500万元以上项目）		
实际完成投资额	—亿元	5.0
纺织品服装贸易指标（全社会口径）		
出口总额	2 849.7亿美元	3.8
进口总额	270.8亿美元	5.7
贸易差额	2 578.9亿美元	3.6

数据来源：中国国家统计局、中国海关。

二、2018年中国纺织行业出口贸易情况

2018年，在主要发达经济体就业状况改善带动下，世界经济总体呈现回暖态势，国际市场需求

① 本文中纺织行业是广义概念，涵盖化学纤维制造、纺纱、织造、非织造、针织、染整、家用和产业用制成品、服装制造及纺织机械制造整个纺织产业链条。本文中来源于国家统计局的纺织行业统计数据包括国家统计局标准分类中的纺织业、化学纤维制造业、纺织服装服饰业以及机械制造业中的纺织机械制造业。

② 本文中纺织品服装进出口统计数据包括中国海关商品分类第50~63章中的纺织纱线、织物、制成品、服装和第94章中的寝具。

③ 规模以上企业指年主营业务收入达到2000万元及以上的工业企业。

良好，带动我国纺织行业出口增长加快。尽管中美贸易关系日益紧张，但对出口的影响 2018 年尚未显现。全年，我国累计出口纺织品服装 2849.7 亿美元，同比增长 3.8%，增速较 2017 年回升 2 个百分点。但纺织行业出口增速低于全国货物贸易出口总额增速 6.1 个百分点，占全国的比重为 11.5%，较 2017 年下降 0.6 个百分点。

表 2　　我国纺织品服装出口额及占全国的比重情况

年　份	纺织品服装出口		其　中：	
	出口额（亿美元）	占全国（%）	纺织品出口额（亿美元）	服装出口额（亿美元）
2010 年	2 120.0	13.4	825.2	1 294.8
2011 年	2 541.2	13.4	1 009.0	1 532.2
2015 年	2 911.5	12.8	1 152.6	1 758.9
2016 年	2 701.2	12.9	1 106.7	1 594.5
2017 年	2 745.1	12.1	1 157.0	1 588.1
2018 年	2 849.7	11.5	1 255.6	1 594.1

数据来源：中国海关。

（一）出口量价齐增

2018 年，我国纺织品服装出口呈现“量价齐增”态势，表明国际市场需求状况总体良好，纺织行业国际市场竞争力基本稳定。根据中国海关统计数据，2018 年，我国纺织品服装出口价格同比增长 1.9%，增速高于 2017 年 7.1 个百分点；出口数量同比 1.8%，但增速较 2017 年放缓 5.5 个百分点。

由于 2018 年人民币兑美元汇率总体较 2017 年略有升值，因此纺织品服装出口总额折合人民币后增速略有下降，全年出口额为 18809 亿元人民币，同比仅增长 1. 2%。

表 3　　我国纺织品服装出口价格、出口数量指数　　上年同期 =100

年　份	出口价格指数			出口数量指数		
	纺织品服装	纺织品	服　装	纺织品服装	纺织品	服　装
2010 年	108.0	108.8	107.6	114.6	118.1	112.4
2011 年	119.3	120.3	118.6	100.5	101.6	99.8
2015 年	98.6	97.3	99.6	96.5	100.5	94.1
2016 年	92.8	91.9	93.5	100.0	104.5	97.0
2017 年	94.8	96.1	93.8	107.3	108.8	106.2
2018 年	101.9	104.2	100.3	101.8	104.2	100.1

数据来源：中国纺织工业联合会统计中心根据中国海关统计数据整理。

（二）纺织品出口竞争力稳步提升

纺织纱线、织物和制成品国际竞争力表现稳定，随着东南亚、南亚等地服装产能和出口规模逐渐增长，向其出口上游纺织品作为服装加工配套，成为我国纺织行业出口增长的主要动力。2018 年我国纺织品出口额为 1255.6 亿美元，同比增长 8.5%，增速高于 2017 年 4 个百分点，占纺织品服装出口总额的比重由 2017 年的 42.1% 提高到 44.1%。主要产品中，纱线出口额同比增长 17.2%，较上年加快 8.9 个百分点；其中，化纤纱线出口额同比增速达到 19%。织物出口额同比增长 6.3%，增速较上年提升 6.6 个百分点；其中，化纤织物出口额同比增长 8%，麻织物和毛织物出口额同比增速分别达到 38.6% 和 13.6%。纺织制成品出口额同比增长 8.3%，较上年加快 1.8 个百分点，无纺布、地毯、工业用纺织品、针织织物等大类产品均实现 8% 以上的较快增长。

服装出口压力仍然较大。受到制造成本高企及外贸环境风险上升影响，服装加工订单及投资从我国向东南亚等海外地区转移进度有所加快，我国服装出口压力不断加大。2018 年，我国服装出口额同比仅增长 0.4%，增速较 2017 年提升 0.6 个百分点，占纺织行业出口总额的比重由 2017 年 57.9% 下调至 55.8%。针织服装扭转了前两年出口规模持续萎缩的局面，2018 年出口额为 733.3 亿美元，同比增长 2.1%。梭织服装出口则出现下降，表明国际市场需求结构有所变化，2018 年出口额为 712.9 亿美元，同比减少 2. 9%。

表 4　　2018 年我国主要纺织服装产品出口情况

主要出口产品	出口额（亿美元）	同比（%）	增速比 2017 年增减（百分点）
纺织品服装	2 849.7	3.8	2.2
纺织品	1 255.6	8.5	4.0
纺织纱线	127.7	17.2	8.9
纺织织物	372.2	6.3	6.6
纺织制成品	755.7	8.3	1.8
服装及附件	1 594.1	8.3	8.7
针织服装及附件	733.3	2.1	5.6
梭织服装及附件	712.9	–2.9	–4.7
其他衣着及附件	147.9	9.5	4.6

数据来源：中国海关。

（三）对主要市场出口增速普遍回升

纺织行业对主要市场出口普遍呈现增速回升态势，体现出各国市场需求总体呈现回暖特征。2018 年，我国对美国、欧盟、日本三大发达国家市场纺织品服装出口额同比分别增长 8.2%、1.7% 和 2.8%，增速分别高于 2017 年 6.5、2 和 2.2 个百分点。对东盟、非洲纺织品服装出口额同比分别增长 11.9% 和 3.5%，增速较 2017 年分别加快 7.4 和 1.1 个百分点。“一带一路”沿线国家在纺织行业出口市场所占比重进一步提高，2018 年出口额达到 965.2 亿美元，同比增长 5.4%，占全行业出口总额的比重达到 33.9%，较 2017 年提高 0.6 个百分点。

表 5　　2018 年我国对主要市场出口纺织品服装情况

国家和地区	出口额（亿美元）	同比（%）	增速比 2017 年增减（百分点）
欧　盟	506.9	1.7	2.0
美　国	516.0	8.2	6.5
东　盟	389.2	11.9	7.4
日　本	248.8	2.8	2.2
非　洲	109.2	3.5	1.1
中国香港	125.4	–4.8	6.6
韩　国	82.7	–1.8	–6.8
澳大利亚	55.9	6.3	5.4

数据来源：中国海关。

（四）国际竞争压力仍然突出

2018 年，我国在发达国家市场纺织品服装进口额中所占比重进一步下降，表明国际供应链分工与布局结构进一步调整。2018 年，我国在美国、欧盟、日本三大主销市场纺织品服装进口中所占份额分别为 36.6%、33.2% 和 57.8%，较 2017 年分别下降 0.1、0.6 和 3.1 个百分点。越南纺织服装产业规模进不断扩大，所占国际市场份额持续提升，2018 年在美国和日本纺织品服装进口额中所占比重已经分别达到 11.7% 和 12.6%，较 2017 年又分别提高了 0.2 和 1.4 个百分点。孟加拉国在欧盟进口市场所占份额提升速度最为突出，2018 年提升 0.6 个百分点，占比已达到 14. 3%。

表 6　美、欧、日主要纺织品服装进口来源国所占份额情况

国家	美国		欧盟		日本	
	2018 年进口额占比（%）	较 2017 年增减（百分点）	2018 年进口额占比（%）	较 2017 年增减（百分点）	2018 年进口额占比（%）	较 2017 年增减（百分点）
中国	36.6	–0.1	33.2	–0.6	57.8	–3.1
越南	11.7	0.2	3.3	0.1	12.6	1.4
孟加拉国	5.1	0.1	14.3	0.6	3.1	0.5
印度	6.9	–0.1	6.8	0.3	1.2	0.0
印尼	4.2	–0.3	1.3	–0.1	4.2	0.1

数据来源：美国商务部、欧盟统计局、日本海关。

三、2018 年中国纺织行业进口贸易情况

2018 年，我国纺织品服装进口实现平稳增长，全年进口总额为 270.8 亿美元，同比增长 5.7%，增速较 2017 年略放缓 0.3 个百分点。进口价格明显提升是进口总额增长的主要带动原因，全年纺织品服装进口价格同比提高 7%，进口数量则同比减少了 2.9%。此外，纺织产业链配套产品进口实现较快增长，2018 年进口额为 650 亿美元，同比增长 26. 9%。

表 7　我国纺织品服装进口额及占全国的比重情况

年份	纺织品服装进口		其中：纺织品进口额（亿美元）	服装进口额（亿美元）
	进口额（亿美元）	占全国（%）		
2010 年	203.2	1.5	178.1	25.2
2011 年	231.6	1.3	91.5	40.1
2015 年	265.4	1.6	186.5	78.9
2016 年	241.8	1.5	164.3	77.5
2017 年	256.2	1.4	170.0	86.2
2018 年	270.8	1.3	175.7	95.0

数据来源：中国海关。

表 8　我国纺织品服装进口价格指数　上年同期 =100

年份	进口价格指数		
	纺织品服装	纺织品	服装
2010 年	109.5	109.4	110.5
2011 年	116.7	116.3	118.7
2015 年	93.8	94.1	92.7

续表

年　份	进口价格指数		
	纺织品服装	纺织品	服　装
2016 年	96.4	99.8	88.6
2017 年	100.3	102.6	95.4
2018 年	107.0	103.2	114.6

数据来源：中国纺织工业联合会统计中心根据中国海关统计数据整理。

（一）纺织品进口增长平稳

2018 年，我国共进口纺织纱线、织物及制成品 175.7 亿美元，同比增长 3.4%，增速较 2017 年略提升 0.1 个百分点。纺织纱线和织物增长有所加快，进口额同比分别增加 6.7% 和 2.3%，分别高于 2017 年 0.5 和 5.7 个百分点。其中，棉纱进口仍然稳定增长，进口额同比增加 7.2%，增速较 2017 年加快 0.8 个百分点。毛织物是织物进口增长的主动力，2018 年进口额为 4.6 亿美元，同比增长 13.4%。纺织制成品进口略有下滑，进口额同比减少 0.2%，特种纱、特种布、针织物等大类产品出口额均有所下降。

主要进口来源国中，我国自越南的纺织品进口保持较快增长，越南继续保持我国第一大纺织品进口来源国的地位，2018 年进口额为 28.2 亿美元，同比增长 10.2%。其中，自越南棉纱线进口额达到 21.5 亿美元，同比增长 5.8%，占我国自越南纺织品进口总额的 76.2%。自越南进口的棉织物、针织织物虽然进口规模不大，但增长较快，2018 年增速分别为 1.2 倍和 17.8%。

（二）服装进口需求持续扩大

受到我国内需市场消费升级以及国际服装采购商供应链布局调整影响，近两年，我国服装进口规模持续扩大。2018 年，我国服装及衣着附件进口额为 95 亿美元，同比增长 10.3%，增速较 2017 年回落 0.9 个百分点，但仍显著高于同期上游纺织品进口增速。其中，梭织服装及附件进口额同比增长 8.9%，增速较上年加快 1.9 个百分点；针织服装及附件进口额同比增长 20.9%，较上年提高 3.4 个百分点。

国际品牌在越南的服装采购订单特别是针织服装订单持续增加，我国自越南进口的服装也持续快速增长。2018 年进口额达 14.7 亿美元，同比增长 40.5%，超过意大利和日本，跃居我国服装进口来源国首位。我国自意大利进口的高档成衣也保持较快增长，2017 年进口额同比增加 30.6%，较上年加快 17.6 个百分点。自日本进口的服装有所减少，进口额同比下降 7.3%。

表 9　　2018 年我国主要纺织服装产品进口情况

主要出口产品	进口额（亿美元）	同比（%）	增速比 2017 年增减（百分点）
纺织品服装	270.8	5.7	–0.3
纺织品	175.7	3.4	–0.1
纺织纱线	81.4	6.7	0.5
纺织织物	33.8	2.3	5.7
纺织制成品	60.6	–0.2	–4.5
服装及附件	95.0	10.3	–0.9
针织服装及附件	33.8	20.9	3.4
梭织服装及附件	41.6	8.9	1.9
其他衣着及附件	19.7	–1.9	–13.0

数据来源：中国海关。

表 10　　2018 年我国纺织品服装主要进口来源地情况

纺织品				服装			
排序	国家和地区	进口额（亿美元）	同比（%）	排序	国家	进口额（亿美元）	同比（%）
	全　球	175.7	3.4		全　球	95.0	10.3
1	越　南	28.2	10.2	1	越　南	14.7	40.5
2	日　本	22.5	0.1	2	意大利	13.9	30.6
3	中国台湾	21.9	–2.8	3	日　本	12.3	–7.3
4	韩　国	14.2	–6.7	4	孟加拉国	5.7	24.1

数据来源：中国海关。

（三）纺织产业链配套产品进口回升

受到人民币总体升值、增发棉花进口配额及部分纺织子行业增加产能等因素影响，纤维原料、装备、染化料等纺织产业链配套产品进口在 2018 年全面实现较快增长。天然纤维进口额为 74.8 亿美元，同比增长 25.1%；其中，由于国家增发棉花进口配额，2018 年共进口棉花 157.3 万吨，合计 31.7 亿美元，同比分别增长 36.2% 和 44.8%。由于化纤行业产能扩大，化纤原料及化纤装备进口也较快增长，2017 年我国共进口合成纤维单体 282.5 亿美元，同比增长 33.9%；共进口纤维素纤维原料 197.4 亿美元，同比增加 28.2%；共进口纺织机械 37.3 亿美元，同比增长 5.6%，其中化纤机械进口额同比增长 89.3%，进口机台数增加 22.6%。纺织染料及助剂保持平稳增长，2017 年进口额为 41.6 亿美元，同比增长 10.2%；其中，染料进口额为 10.8 亿美元，同比增长 21.5%，各种表面活性剂、油剂进口额为 30.8 亿美元，同比增长 6. 7%。

表 11　　2017 年我国纺织行业进口相关产品情况

产品名称	进口量		进口额	
	全年累计（万吨）	同比（%）	全年累计（亿美元）	同比（%）
天然纤维及化纤短纤	345.3	9.7	91.2	23.0
纤维素纤维原料	2 483.3	4.3	197.4	28.2
合成纤维原料	2 750.0	12.5	282.5	33.9
有机染料及助剂	7.3	12.9	41.6	10.2
纺织机械	—	—	37.3	5.6
合　计	—	—	650.0	26.9

注：本表格中天然纤维包括各种棉、麻、丝和毛纤维；纤维素纤维原料包括用于制造再生纤维素纤维的棉短绒、化学木浆等；合成纤维单体指用于制造合成纤维的对苯二甲酸、乙二醇、己内酰胺等单体原料。

数据来源：中国海关。

四、中国纺织行业利用外资和对外投资情况①

（一）三资企业出口继续下滑

2018 年，纺织行业三资企业出口仍未扭转多年持续萎缩状态，全年出口额为 543.3 亿美元，同比减少 2%，出口额占纺织全行业的比重为 19.1%，低于 2017 年 0.4 个百分点。三资企业由于较多从事加工贸易，进口规模在行业中占比仍然较高，2018 年三资企业纺织品服装进口额为 159.9 亿美元，同比增长 1.5%，占全行业进口额的比重为 59%，较 2017 年下降 0.5 个百分点。

① 由于国家统计局停止发布纺织行业实收资本、分所有制经济指标和固定资产投资数据，故无法分析相关情况。

表 13　　2018 年纺织行业三资企业对外贸易情况

指标名称	累计（亿美元）	同比（%）	占全行业比重（%）
出口总额	543.3	-2.0	19.1
进口总额	159.9	1.5	59.0
贸易差额	383.5	-0.1	14.9

数据来源：中国海关。

（二）纺织行业国际化发展稳步推进

在中美贸易摩擦升级带动贸易环境风险上升的背景下，纺织企业扩大海外投资的积极性有所提升，纺织行业国际化进程稳步推进。根据中纺联调研掌握的情况，我国纺织企业在海外投资的企业数已经过千家，年销售收入达到100亿~200亿美元。

由于国内外汇监管措施较为严格，很多企业采取境外融资、境外收益再投资等方式，避免从国内直接换汇，因此，国家通过外汇渠道统计的纺织行业对外投资额有所减少。根据商务部数据，2018年纺织行业对外投资额为9.8亿美元，同比减少16.9%。我国纺织行业对"一带一路"沿线国家和地区的投资规模持续扩大，2013—2018年，纺织行业对"一带一路"沿线国家和地区（含中国香港、中国澳门和中国台湾）投资总额达到65亿美元，占同期在全球投资总额的84.4%。澜沧江—湄公河流域的越南、缅甸、柬埔寨等国是我国纺织行业对外投资的首选区域，2018年行业对澜湄五国投资总额为5亿美元，同比增长86.5%。

表 14　　2013 年至 2018 年纺织产业对外投资额及同比增长

年份	纺织行业		纺织业		纺织服装、服饰业		化学纤维制造业	
	金额（亿美元）	同比（%）	金额（亿美元）	同比（%）	金额（亿美元）	同比（%）	金额（亿美元）	同比（%）
2013 年	5.2	-4.8	3.3	29.6	1.5	-32.1	0.4	-45.2
2014 年	9.5	83.2	5.7	72.1	2.5	63.5	1.3	260.3
2015 年	14.1	48.0	8.6	50.9	2.5	2.8	2.9	118.2
2016 年	26.6	89.3	19.3	124.1	5.3	111.5	2.0	-31.8
2017 年	11.8	-55.5	8.4	-56.4	2.6	-51.3	0.8	-60.0
2018 年	9.8	-16.9	5.0	40.9	3.8	44.3	1.1	28.7

数据来源：中国商务部。

（中国纺织工业联合会产业经济研究院　赵明霞）

中国纺织产业开放与管理措施

一、新中国纺织业发展历程及总体情况

（一）纺织业为我国经济发展、保障民生发挥了基础作用

建国初期，国家对轻纺工业不断加大投入，着力解决人民穿衣问题。改革开放以来，随着我国经济持续提速及加入世贸组织，纺织业驶入快车道，实现了跨越式发展。1978—2018 年，全国纺织工业总产值（主营业务收入）从 476 亿元提升到 5.37 万亿元，纤维加工量从 276 万吨升至 5460 万吨，人均年纤维消费量建国初期不足 1 公斤，改革开放初期增加到 4 公斤，2005 年达 13 公斤，超过世界平均水平，2015 年超过 20 公斤，接近中等发达国家水平，2018 年已达 22.4 公斤。[①]

纺织业为解决就业、出口创汇作出了巨大贡献。纺织服装业的直接就业人口达三千万，相关上下游原料、纺织机械等行业的从业人员高达一亿人。

（二）纺织业历来是我国对外贸易的支柱产业，也是我国开放程度最高的产业之一

改单廾放初期，纺织服装产品在中国对外贸易中占据重要位置，出口占比在 20 世纪 90 年代初曾一度接近 30%。

加入世贸组织之后实现飞速提升，1994 年出口额达 355.5 亿美元，跃居世界第一大纺织服装出口国；2005 年配额全面取消，出口额突破 1000 亿美元；2018 年达到 2770 亿美元，占全球纺织服装贸易总额的比重从 1980 年的 4.4% 升至 2018 年的 33.7%。

进入 21 世纪以来，伴随着产业与消费的双升级，为满足人民对美好生活的向往，中国逐步扩大纺织服装进口。自 2001 年加入世贸组织到 2018 年的近二十年间，中国纺织服装进口规模年均增长 3.8%，其中服装年均进口增幅达到 12%。

（三）中国纺织业已经形成全产业链制造体系，并逐步从纺织生产大国向纺织强国迈进

中国现已成为全球最大的纺织品生产国和出口国，是世界上为数不多的具备纺织全产业链优势的制造国，从上游原材料供应到纺纱、织布、染整，下游服装、家纺成品、产业用纺织品的生产，以及纺机及零件加工装配，供给配套齐全，竞争优势突出。

近十年来，随着国内企业生产成本的提升和外部市场环境的改变，周边东南亚、南亚的纺织业得以迅速崛起，并部分挤占我国在欧盟、美国、日本等传统市场中的份额，产业转移趋势明显。在内外压力的倒逼下，我国纺织业开始走向转型升级之路，在提质增效、工艺创新、研发设计、品牌建设等方面不断探索，力争将传统纺织业打造成智能化、高科技、绿色环保的创新型产业，从纺织大国向纺织强国推进。

二、纺织行业贸易政策环境和对外开放情况

（一）国家出台多项有利政策措施，促进制造业平稳、健康发展

1. 为体现十九大确立的“推动形成全面开放新格局”总体目标，与全球分享市场、扩大开放，国务院常务会议决定从 2018 年 7 月 1 日起，将服装鞋帽、厨房和体育健身用品等进口关税平均税率由 15.9% 降至 7.1%。在 1449 个降税的税目中，与纺织品服装相关的约有 430 个，占降税税目总数约 30%。大部分服装产品的关税从 16% 和 14% 降到 6%，降税幅度超过一半。

2. 为适应产业升级、降低企业成本和满足群众多层次消费需求，国务院确定自 2018 年 11 月 1 日起，降低部分商品的最惠国税率，涉及 1585 个税目，其中包括纺织品及纺织机械。纺织品的平均税率由 11.5% 降至 8.4%。

3. 2018 年，发改委共发布了 21 项[②]促进制造

---

① 数据来源：中国纺织工业联合会产业经济研究院《新中国成立 70 周年，纺织行业以高质量的发展成绩向祖国献礼》https://www.tnc.com.cn/info/c-001001-d-3689253.html

② 来源：中国纺织工业联合会《2018/2019 中国纺织工业发展报告》P219。

业健康发展的相关政策文件。

4. 2018年工信部发布了46项促进制造业发展的相关措施。①

5.棉花配额增发，保证进口满足生产需求。为保障纺织用棉需要，2018年6月，增发了80万吨的棉花进口滑准税配额，全部为非国营贸易配额，使当年棉花进口量大幅增加。据海关统计，2018年全国我国累计进口棉花157.3万吨，同比增长36.2%。

（二）行业组织积极推动行业可持续发展

行业组织在向政府反映企业诉求、推动企业"走出去"、应对贸易摩擦和贸易救济、帮助企业完善供应链、制定行业标准、引导企业加快转型升级等方面持续发力。2018年，作为全国最大的纺织服装进出口行业中介组织，中国纺织品进出口商会共派出80多个小组，深入地方和企业调研；多次举办大型论坛、对接会，搭建业务合作平台；并在澳大利亚、加拿大、美国等地举办大型专业展览；扩大中外业界的交流合作，考察境外投资环境；积极应对中美贸易摩擦，密切跟踪发展动向，及时向政府和企业通报。赴涉案大省召开企业座谈会，率团赴美参加听证会代表行业发声，为行业争取最大利益。

（三）转型升级成为趋势，主营纺织企业内生动力增强

在内部提质增效和外部环境倒逼的双重作用下，中国的纺织服装主营企业成长迅速，内生动力逐年增强，在国际市场上的话语权不断提升。部分大型生产企业通过加快推动"机器换人"和创建"智能工厂"，利用"大数据"进行管理，全面提高生产效率、产品质量和智能制造水平，巩固了市场竞争优势。针对国内成本上升，积极布局新投资方向，"走出去"寻找成本洼地，主动转变销售策略，开拓新兴市场，同"一带一路"沿线国家、南美洲、大洋洲等地的贸易额迅速增长。同时，积极推进新材料新产品研发、品牌建设、创建绿色环保工厂等领域建设并取得长足进展。

（四）金融等配套政策有待进一步完善

当前纺织业存在的问题，主要集中在人民币汇率波动、制造业综合成本高、环保监管严格、中小企业融资难等方面。2018年，人民币兑美元汇率波动剧烈。一季度人民币兑美元大幅升值超过3.7%；6月起开始大规模贬值，并持续到年底，中间一度冲到接近7。全年人民币兑美元中间价累计调贬3553个基点，跌幅5.18%。汇率的巨幅波动不利于企业安排生产、发货，影响企业接单和保住利润。纺织行业成本高，利润低，纺织企业普遍利润率在3%~5%之间。尽管国家频繁出台减税降费政策，但近年在生产用工、能源、原料、环保方面的成本仍大幅上升，特别是2017年后环保监管措施日趋严格，大量中小企业关停，推高下游生产成本。中小企业融资难、融资贵问题仍较突出，影响企业盈利和投资信心。纺织服装企业期盼国家能出台更多有利于实体经济转型升级的政策并加快落地进度。

三、2018年中国纺织服装对外贸易情况

2018年，纺织服装业努力化解困难风险，进一步提质增效，全年出口保持回稳向好的发展态势，继2017年之后进一步扭转了2015—2016年的出口下降局面。

全年纺织品服装贸易额达3033.3亿美元，同比（下同）增长3.5%，其中出口2771.7亿美元，增长3.2%，占全国货物贸易出口总额的11.1%；进口261.6亿美元，增长6.6%，占全国货物贸易进口总额的1.2%。贸易顺差2510.1亿美元，增长2.9%。

（一）出口贸易特点

1. 一般贸易比重持续上升的合理趋势进一步显现，民营企业活力继续提升

2018年，出口附加值较高的一般贸易方式出口219.8亿美元，占比上升到79.3%，出口增长7.1%，强力拉动出口整体实现增长。加工贸易出口下降2.1%，占比萎缩至不足一成。（见表1）

民营企业进出口活力提升，全年民营企业出口1960.2亿美元，占出口总额的比重进一步提升至71%，好于国有企业（占比10.1%，出口额下降1.8%）及三资企业（占比1.2%，出口额增长1.2%），对整体出口增长的贡献率高达98.7%；民营企业出口总数达到8.7万家，比2017年增加了6500余家。（见表2）

① 来源：中国纺织工业联合会：《2018/2019中国纺织工业发展报告》，第169页。

表 1　　2018 年中国纺织品服装主要贸易方式出口统计　　金额单位：亿美元

主要贸易方式		出口额	同比 %	占比 %
1	一般贸易	2197.7	7.08	79.29
2	加工贸易	264.5	–2.06	9.54
3	边境小额贸易	120.1	–0.16	4.33
4	其他	189.4	–22.06	6.84

数据来源：中国海关。

表 2　　2018 年中国纺织品服装企业构成出口统计　　金额单位：亿美元

	企业构成	出口额	同比 %	占比 %
1	国有及国有参股企业	279.6	–1.75	10.09
2	三资企业	526.2	1.22	18.99
3	民营企业	1960.2	4.51	70.72
4	其他	5.7	–0.14	0.2

数据来源：中国海关。

2. 对传统市场出口实现增长，但市场份额下降

在全球经济缓慢复苏、外部需求回升的情况下，2018 年我国纺织服装对四大重点市场欧盟、美国、东盟和日本的出口均实现增长，增幅各为 1.5%、7.9%、10% 和 2.7%。这四个市场合计占我出口份额的 57%。非洲、拉美、大洋洲等新兴市场在 2018 年都呈现平稳回暖态势，对其出口分别实现 3.3%、5.7% 和 6.3% 的增长，增幅都超过均值。(见表 3 和表 4)

但是，由于受到全球单边贸易主义的影响，重点传统市场 (欧盟、美国、日本) 的买家 2018 年开始寻找中国以外的替代国；中国出口商为避免风险，也主动加速产业转移，赴周边国家建厂。中国在欧盟、日本和美国市场中所占份额再次下降，且降幅进一步放大。2018 年中国产品在日本市场上的份额为 57.7%，降至 6 成以下，同比下降近 3 个百分点；在欧盟市场的份额降至 33.1%，同比下降 0.9 个百分点；在美国市场的份额降至 36%，同比下降 0.3 个百分点。其中服装下降的趋势更为明显，在美国服装市场中东盟和排名紧随其后的孟加拉国、印度合计占比已经超过了中国，东盟与中国的占比差也进一步拉近到不足 8 个百分点。(见下图)

2018年中国和东盟在纺织品服装主要出口市场中所占份额对比

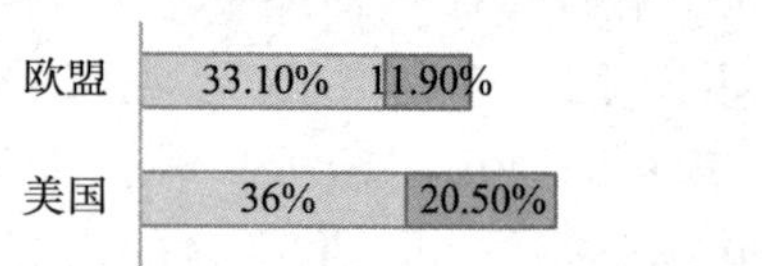

2018年中国和东盟在服装主要出口市场中所占份额对比

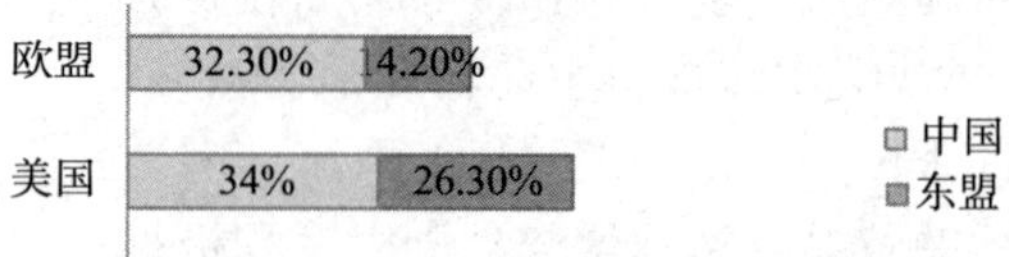

数据来源：GTA 数据。

3. 市场多元化趋势明显，“一带一路”沿线国家成为出口新增长点

近年，中国纺织服装出口加速多元化市场布局，尤以“一带一路”沿线国家为主。2018 年中国对“一带一路”沿线国家出口增长 4.1%，在中国出口总额的比重上升至 34.4%。同时，这些国家也逐步成长为我国纺织服装全球产业链布局中的重要组成部分，部分国家正逐步从竞争对手转化成合作伙伴。(见表 3)

表 3 **2018 年中国纺织品服装对各大洲出口统计（按出口金额排序）** 金额单位：亿美元

序 号	国别（地区）	出口金额	同比 %	占比 %
	全球	2771.7	3.19	100.00
	亚洲	1207.2	1.37	43.55
	东盟	382.4	10.04	13.80
	中东	172.4	-9.14	6.22
	非洲	185.5	3.28	6.69
	欧洲	607.6	1.89	21.92
	欧盟	495.9	1.49	17.89
	欧盟十五国①	433.7	-1.54	15.65
	欧盟其他②	62.2	29.28	2.24
	拉丁美洲	172.5	5.71	6.23
	南美洲	110.3	2.38	3.98
	北美洲	535.7	7.89	19.33
	大洋洲	63.2	6.32	2.28
	“一带一路”沿线国家	952.6	4.14	34.37

数据来源：中国海关。

表 4 **2018 年中国纺织品服装对单一国别（地区）出口统计（按出口金额排序前 10 位）** 金额单位：亿美元

序号	国别（地区）	出口金额	同比 %	占比 %
	全球	2771.7	3.19	100.00
1	美国	489.6	7.86	17.66
2	日本	208.7	2.70	7.53
3	越南	159.2	21.08	5.75
4	中国香港	124.2	-4.87	4.48
5	俄罗斯联邦	92.8	2.31	3.35
6	德国	84.6	2.59	3.05
7	韩国	80.6	-2.60	2.91
8	英国	75.8	-26.56	2.74
9	孟加拉国	69.1	20.78	2.49
10	菲律宾	55.6	-8.31	2.01

数据来源：中国海关。

4. 纺织品出口比重逐步提升，商品结构进一步优化

纺织服装出口商品结构持续改善，纺织品出口进一步提升。2018 年纺织品出口增长 7.8%，出口占比升至 43%，服装下降 0.1%，降至 57%，比去年再缩减 1.9 个百分点。纺织品中的大类商品纱线、面料和制成品出口全部实现增长，增幅分别为 17.3%、6.8% 和 6.6%，服装中针梭织服装合计出口下降 1.3%。（见表 5）

① 欧盟十五国：指欧盟成立时原欧共体 12 个成员国，加上瑞典、芬兰和奥地利。
② 欧盟其他：指除 15 国之外的 2004—2013 年欧盟三次扩张时加入的 13 个成员国。

表 5　　2018 年中国纺织品服装出口商品结构统计　　金额单位：亿美元

	数量单位	出口数量	同比 %	出口金额	同比 %	占比 %
合计				2 771.7	3.19	100.00
纺织品				1 191.5	7.84	42.99
纱线	公斤	5 148 578 601	8.67	137.2	17.29	4.95
面料				587.0	6.84	21.18
制成品				467.3	6.56	16.86
服装				1 580.2	–0.06	57.01
针织服装	件(套)	19 944 872 735	0.80	627.1	0.86	22.63
梭织服装	件(套)	13 952 771 633	–0.88	686.4	–3.15	24.76
毛皮革服装	件(套)	12 156 774	2.19	37.4	14.50	1.35
衣着附件				149.9	4.83	5.41
帽类				46.7	7.07	1.69
其他服装	件(套)	824 794 860	3.33	32.6	4.23	1.18

数据来源：中国海关。

(二) 进口贸易特点

在坚持进一步对外开放的大格局下，2018 年中国召开了首届中国国际进口博览会。同年中国纺织服装进口实现了 6.6% 的增长，增速超过出口。

1．进口关税下调助推服装进口提升

2018 年 7 月 1 日起，服装鞋帽进口关税平均税率下调，由 15.9% 降至 7.1%，有效带动了进口增长。2018 年服装进口 82.7 亿美元，比 2016 年和 2017 年分别增长 25.5% 和 15.3%；服装在整体进口中所占比重也首次突破 30%(见表 6)，比 2016 年和 2017 年分别提升 3.4 和 2.4 个百分点。

表 6　　2018 年中国纺织品服装进口商品结构统计　　金额单位：亿美元

	数量单位	进口数量	同比 %	进口金额	同比 %	占比 %
合计				261.6	6.56	100.00
纺织品				178.9	2.98	68.38
纱线	公斤	2 718 470 215	3.52	83.3	6.18	31.85
面料			–5.40	56.2	0.50	21.49
制成品			–26.42	39.4	0.11	15.04
服装			1.20	82.7	15.25	31.62
针织服装	件(套)	445 471 701	12.75	32.3	23.43	12.33
梭织服装	件(套)	296 553 982	–7.79	39.5	9.06	15.10
毛皮革服装	件(套)	499 980	–14.45	1.4	8.95	0.55
衣着附件			–9.17	5.6	9.99	2.13
帽类			–26.57	1.0	30.66	0.38
其他服装	件(套)	55 331 179	33.66	2.9	30.17	1.13

数据来源：中国海关。

2. 双边降税安排使东盟产品进口大幅增长，越南跃升我服装第一大来源国

随着《中国—东盟全面经济合作框架协议货物贸易协议》的签署与中国—东盟自贸区的建成，中国与东盟间纺织服装产品逐步展开双边降税，带动中国—东盟间的贸易额实现双增长，其中中国自东盟进口的增长速度尤其显著。2018 年，中国自东盟 99% 以上的纺织服装全部实现零关税进口，当年进口总额达到 68.5 亿美元，同比增长 17%。东盟产品在中国市场的份额从 2017 年的 23.9% 进一步升至 26.2%。东盟十个成员国中，越南的表现最为突出，连续三年成为我国纺织服装第一大进口单一来源国。2018 年，自越南纺织品进口增长 10.3%，占总进口的比重达到 15.8%；同年，越南首次超过意大利，跃升至中国服装进口第一来源国，服装进口占比达到 18%。（见表 7、表 8）

表 7　2018 年中国纺织品服装自各大洲进口统计（按进口金额排序）　金额单位：亿美元

序　号	国别（地区）	进口金额	同比 %	占比 %
	全球	261.6	6.56	100.00
	亚洲	204.6	3.88	78.20
	东盟	68.5	16.96	26.18
	中东	3.7	14.26	1.43
	非洲	3.1	19.35	1.20
	欧洲	44.4	19.49	16.99
	欧盟	42.6	19.34	16.29
	欧盟十五国	38.5	19.37	14.73
	欧盟其他	4.1	19.06	1.56
	拉丁美洲	1.1	30.45	0.41
	南美洲	0.3	10.73	0.12
	北美洲	8.2	5.58	3.12
	大洋洲	0.2	11.05	0.08

数据来源：中国海关。

表 8　2018 年中国纺织品服装自单一来源国（地区）进口统计（按进口金额排序前 10 位）　金额单位：亿美元

序号	国别（地区）	进口金额	同比 %	占比 %
	全球	261.6	6.56	100.00
1	越南	42.9	19.18	16.40
2	日本	24.7	0.33	9.44
3	中国台湾	24.2	–3.23	9.24
4	意大利	21.6	24.40	8.26
5	韩国	16.6	–3.11	6.36
6	印度	16.0	16.47	6.10
7	巴基斯坦	10.7	2.10	4.08
8	印度尼西亚	9.1	5.93	3.46
9	美国	7.6	1.97	2.90
10	孟加拉国	7.0	13.45	2.69

数据来源：中国海关。

四、纺织业贸易争端及应对情况

（一）中美经贸摩擦美方加税及中方反制情况

美国贸易代表办公室 2018 年 9 月 18 日宣布对从中国进口的约 2000 亿美元商品自 2018 年 9 月 24 日起加征关税税率 10%，其中涉及中国对美出口几乎全部的纺织品和少量服装产品，共计 61.6 亿美元（其中 87.6% 由浙江、江苏、山东、广东、上海和河北六省市出口），占中国当年对美出口总额的 12.6%，涉及出口企业约 1.7 万家。

由于加税始于 2018 年第三季度末，加上中国企业已提前加快了生产和出运速度，赶在加税前集中出货。因此当年对美出口尚未受到明显影响，且涉税商品出口实现 11% 的增长。但预计 2019 年中国输美纺织服装将遭受重创。

针对美方的加税决定，中方采取反制措施，6 月 16 日，经国务院批准，对自美进口的纺织原料未梳棉花 (HS 码：52010000) 在内的 659 项约 500 亿美元产品加征 25% 关税，自 2018 年 7 月 6 日起实施。

我国是全球最大的棉花消费国，中国的棉花消费约占全球的三分之一。2015 年以来，美国棉花一直位居我进口的第一位。2018 年，中国自美国棉花进口 52.9 万吨，占棉花进口总量的 33.6%。中国对美启动加征关税措施后，中国自美棉花进口大幅下降，9 至 12 月月均进口量不足 1.8 万吨，远低于全年 4.4 万吨 / 月的平均值。9 至 12 月月均进口量下降近 30%，与全年进口量增长 4.5% 形成鲜明对比。

（二）贸易救济案件有增无减，发起国自欧美蔓延至发展中国家

根据纺织商会法律部的统计，2018 年纺织服装行业贸易救济案件新增 14 起，案件数量比 2017 年增长 27.2%，其中原审案件 10 起，包括反倾销 6 起，反补贴 2 起，保障措施 2 起，涉案总金额近约 2.5 亿美元。14 起新案中，立案国除美国外，其他全部为发展中国家，包括土耳其、印度、墨西哥、埃及、阿根廷、印尼、巴西、马达加斯加等。亚洲国家立案数量较多，南美和非洲的新兴发起国还在持续发力。中国纺织服装贸易面临的外部环境进一步趋于复杂，贸易摩擦形势持续严峻。

（三）全球单边主义和贸易保护主义将对现有纺织服装贸易结构产生冲击

美国 2018 年针对中国发起贸易战，年底日本主导的“全面与进步跨太平洋伙伴关系协定”(CPTPP) 正式生效，日本、墨西哥、新加坡、加拿大、新西兰、澳大利亚 6 个签字国已经批准该协议。并拟于 2019 年初在越南生效，届时越南的纺织服装产品将享有零关税优惠出口的机会，对中国产品形成直接挑战。

2018 年 10 月由特朗普主导签署的美墨加协定（USMCA）中有条款规定：“若三国中有一国与‘非市场经济国家’签署自贸协定，则其他协议伙伴有权在 6 个月内退出 USMCA 协议。”美国力图通过设置这一“毒丸条款”阻碍加、墨与中国签署自由贸易协定，对中加、中墨双边纺织服装贸易将产生消极影响。

（中国纺织品进出口商会　朱宇星）

中国汽车业对外开放情况

一、2018 年中国汽车出口情况

（一）汽车整车商品出口总体情况

2018 年，中国汽车企业共出口 104.07 万辆，自 2012 之后出口再次超过百万辆，同比增长 16.82%，增速比上年有所减缓。

从全年汽车企业出口情况来看，1 至 8 月各月出口同比均呈快速增长，其中 1 月、4 月、5 月和 7 月增速均超过 30%。但进入 10 月后，受伊朗局势影响出口同比呈快速下降。具体数据见图 1。

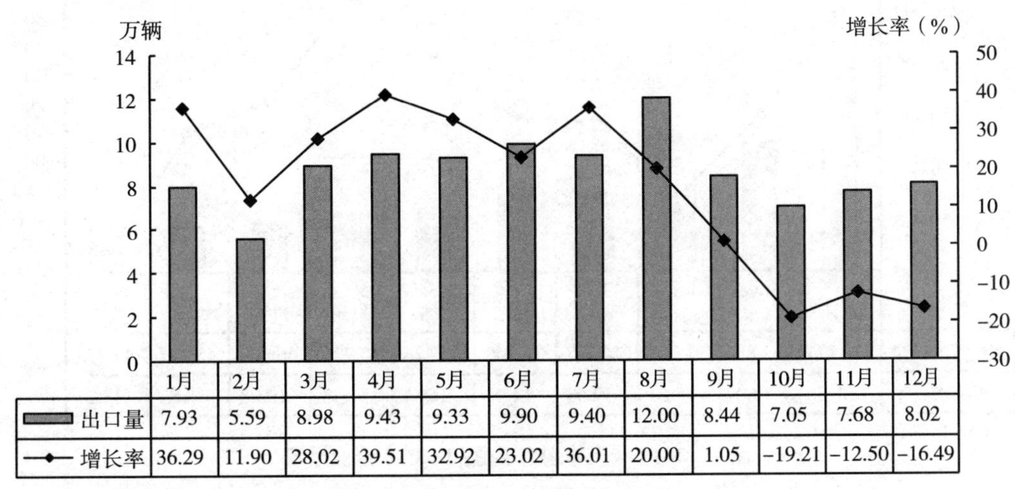

图 1　2018 年汽车企业月度出口量及同比增长率

2018 年，乘用车共出口 75.75 万辆，同比增长 18.52%，增速比上年减缓 15.45 个百分点。在四大类乘用车出口品种中，与上年相比，运动型多用途乘用车（SUV）增速最快，共出口 40.07 万辆，同比增长 51.07%，增速比上年提升 12.22 个百分点；基本型乘用车（轿车）略有下降，共出口 31.07 万辆，同比下降 1.78%；多功能乘用车（MPV）和交叉型乘用车呈明显下降，分别出口 1.48 万辆和 3.14 万辆，同比下降 25.92% 和 16.64%。

商用车出口增速比上年有所提升，共出口 28.32 万辆，同比增长 12.50%，增速比上年提升 3.61 个百分点。在商用车主要出口品种中，货车（含货车非完整车辆、半挂牵引车）保持较快增长，共出口 22.68 万辆，同比增长 14.38%；客车（含非完整车辆）共出口 5.64 万辆，同比增长 5.52%。各车型出口情况见表 2。

表 1　　2018 年汽车整车商品类别所占比重

出口车型		出口量	出口占比（%）	合计	
				出口量	出口占比（%）
乘用车	PC	310 687	30	757 525	73
	MPV	14 821	1		
	SUV	400 666	38		
	交叉型	31 351	3		
商用车	客车	56 380	5	283 188	27
	货车	226 798	22		

（二）TOP10 企业出口情况

2018 年，出口量位居前十位的企业依次为：上汽、奇瑞、北汽、江淮、东风、长安、大庆沃尔沃、长城、一汽和华晨，分别出口 23.82 万辆、12.29 万辆、7.70 万辆、7.48 万辆、7.38 万辆、6.14 万辆、5.58 万辆、4.70 万辆、4.36 万辆和 4.34 万辆。与上年相比，北汽和华晨出口量有所下降，其他企业各有增长，其中上汽、长安、大庆沃尔沃和长城增速更为明显。2018 年，上述十家企业共出口 83.78 万辆，占汽车企业出口总量的 80.50%。具体情况见图 2。

其中上汽和大庆沃尔沃主要为合资品牌车辆出口，出口增速在 50% 以上，而自主品牌出口也实现正增长，增速为 1.9%。

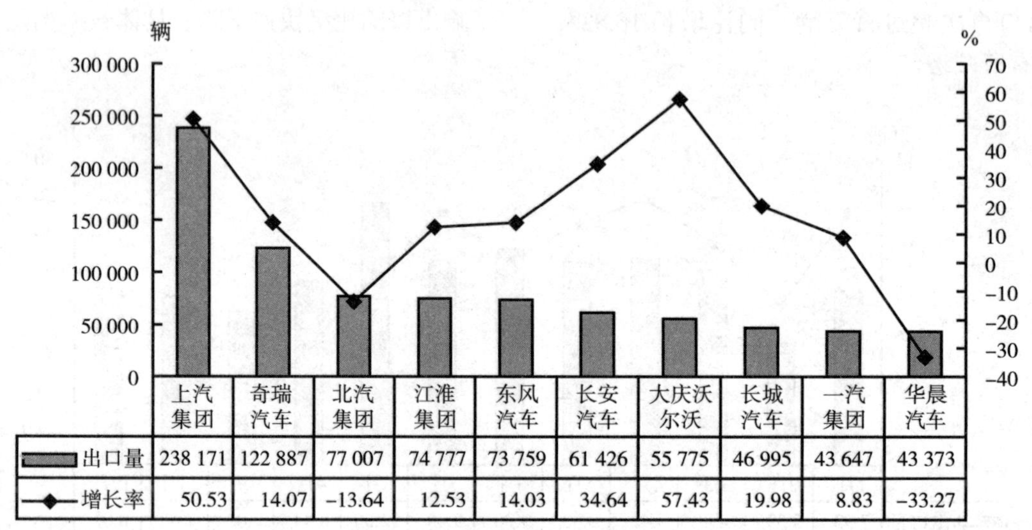

	上汽集团	奇瑞汽车	北汽集团	江淮集团	东风汽车	长安汽车	大庆沃尔沃	长城汽车	一汽集团	华晨汽车
出口量	238 171	122 887	77 007	74 777	73 759	61 426	55 775	46 995	43 647	43 373
增长率	50.53	14.07	−13.64	12.53	14.03	34.64	57.43	19.98	8.83	−33.27

图 2　2018 年汽车整车商品 TOP10 企业情况

（三）新能源出口情况

根据协会的统计数据显示，2018 年中国汽车产业共完成新能源车型（含非完整车辆）出口 10206 辆，同比增长 130.7%；其中乘用车新能源车型出口为 4571 台，同比增长 427.8%；商用车新能源车型出口为 5635 台，同比增长 58.4%。新能源车型出口，乘用车增速明显高于商用车。具体出口情况见表 2。

表 2　2018 年新能源车型出口情况表　单位：辆

类型	普通混合动力	插电式混合动力	纯电动	天然气	共计
乘用车	1	4 010	560	0	4 571
商用车	0	92	4 469	1 074	5 635

各企业新能源汽车出口情况，详见表 3。

表 3　2018 年新能源汽车整车商品出口情况　单位：辆

2018 年新能源汽车出口（不含非完整车辆）	
	出口数量
合　　计	8 661
大庆沃尔沃汽车制造有限公司	3 947
山东唐骏欧铃汽车制造有限公司	2 580
上汽大通汽车有限公司	432

续　表

2018 年新能源汽车出口（不含非完整车辆）	
	出口数量
比亚迪汽车有限公司	382
比亚迪汽车工业有限公司	330
郑州宇通集团有限公司	246
厦门金龙旅行车有限公司	163
厦门金龙联合汽车工业有限公司	66
金龙联合汽车工业（苏州）有限公司	59
扬州亚星客车股份有限公司	58
南京金龙客车制造有限公司	57
荣城华泰汽车有限公司	55
一汽轿车股份有限公司	50
上汽通用汽车有限公司	46
安徽江淮汽车集团股份有限公司	46
中通客车控股股份有限公司	43
北汽福田汽车股份有限公司	34
湖南江南汽车制造有限公司	34
上海汽车集团股份有限公司	8
安徽安凯汽车股份有限公司	8
东风汽车集团有限公司	8
北汽（常州）汽车有限公司	4
浙江吉利控股集团有限公司	2
重庆力帆汽车有限公司	2
上海申龙客车汽车有限公司	1

（四）出口目的国概况

根据中国汽车国际化联盟 16 家主要出口企业的数据和协会掌握的大庆沃尔沃出口美国的数据统计显示，2018 年，汽车整车商品 TOP10 的国家分别是伊朗、墨西哥、智利、美国、厄瓜多尔、泰国、埃及、巴西、秘鲁、俄罗斯；伊朗仍是我国汽车业在海外的第一大市场，虽然美国退出伊核协议并对伊朗实施制裁，但 2018 年影响还没有完全显现。而在美国和墨西哥的出口中，基本均为上汽集团和大庆沃尔沃的出口。中国汽车业出口国别情况见图 3。

受美国对伊朗制裁的影响，2018 年中国汽车业在伊朗的出口，同比下降 24.7%，同时在俄罗斯市场，中国汽车业也下降明显，同比下滑 37.4%，而中国汽车行业整体 2018 年，同比增长 17.0%，其主要增量市场，在墨西哥、泰国、埃及和巴西。

具体情况详见表 4。

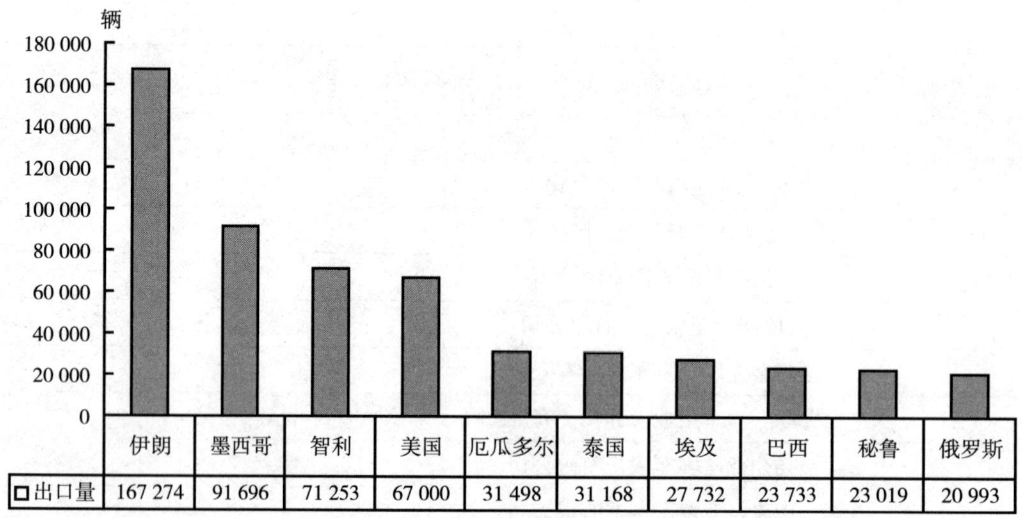

图 3 2018 年汽车整车商品 TOP10 国家状况

表 4 2018 年主要出口企业 TOP10 出口市场变化情况

排名	国家	2018 年出口量（辆）	2017 年出口量（辆）	同比增速（%）
1	伊朗	167 274	222 204	-24.70
2	墨西哥	91 696	40 429	126.80
3	智利	71 253	57 555	23.80
4	美国	67 000	51 022	31.32
5	厄瓜多尔	31 498	24 451	28.80
6	泰国	31 168	11 763	165.00
7	埃及	27 732	12 388	123.90
8	巴西	23 733	12 597	88.40
9	秘鲁	23 019	22 633	1.70
10	俄罗斯	20 993	33 546	-37.40

二、中国汽车业对外出口现状和趋势

（一）整车出口遍布全球，未来发展潜力较大

整车出口遍布全球，但多集中于发展中国家。我国汽车整车已经出口到全球 210 多个国家和地区，其中整车出口超过 195 个国家和地区，80% 以上为发展中国家。根据海关统计，2017 年前十位出口目的国为伊朗、孟加拉国、智利、墨西哥、越南、美国、印度、秘鲁、埃及、俄罗斯、厄瓜多尔，出口量占全部整车出口的 65.8%，但主要集中在亚非拉等发展中国家，与面向全球市场的欧美日韩等汽车强国相比，还有较大差距。

出口占比较低，未来大有可为。根据中汽协会统计，2017 年，全年整车出口完成 89.1 万辆，而国内产量为 2901.5 万辆，出口量仅占产量的 3.1%。2016 年德国汽车出口量占国内产量的 72.9%，日本为 47.3%，韩国为 61.6%，美国为 17.7%。相比全球汽车强国，我国汽车整车出口比例远远落后，未来发展前景广阔。

（二）零部件发展快速，全球重要地位凸显

零部件出口增长迅速，但关键领域仍以外资汽车零部件企业为主。根据海关统计，2017 年，中国汽车零部件出口总额达到 680.0 亿美元，占汽车商品出口总额的 83.1%。在汽车行业整体出口中，汽车零部件增长速度高于我国整车出口。虽然中国品牌零部件企业中已出现一批专业性较强的企业，但更多集中在低附加值零部件领域。在关键汽车零部件

制造领域，尤其在智能化、电气化、高精密型零部件领域，外资零部件企业供应仍然占据主导地位。

零部件加速融入全球化格局，出口市场主要集中在发达国家。产品性能受到认可的零部件企业，积极走出国门，参与国际市场竞争，并逐步加大国际并购，目前部分优秀零部件企业已进入欧美等发达市场，并进入主流汽车厂家的全球采购体系，对欧洲、北美、日本和韩国出口额占总出口额比例超过60%。其中美国仍是第一大出口市场。2017年，延锋、英纳法、中信戴卡、德昌电机和敏实集团等5家中国零部件企业进入全球汽车零部件企业100强，数量创下历史新高。

（三）加快企业海外设厂，实现多元化投资

加快企业境外投资设厂，进行全产业链输出。近年来，中国汽车企业加大国际市场开拓力度，出口方式由以前的出口贸易为主逐步向投资、技术、管理等输出的深度合作转变，实现产品、服务、技术、标准协同"走出去"，如上汽通用五菱印尼项目等。整车企业协同零部件企业在海外重点市场建设汽车产业园区，形成科学布局、联动发展的产业格局。

开展海外业务投资，形成多元化发展模式。根据中汽协数据，2017年我国汽车企业KD出口量，已超过出口总量的50%，随着中国汽车企业海外发展模式的转变，中国汽车企业的出口抗风险能力逐步增强。同时，在海外市场中国品牌汽车在营销体系、汽车金融、融资租赁、二手车等产业链下游积极进行布局投资，多元化的业务发展模式代表着企业在海外市场的发展正迈进新的阶段。

（四）开展国际并购，提升人才技术竞争力

国际经验表明，国际并购是企业快速获得技术、品牌、市场、销售网络的重要途径。目前，通过开展国际并购以及设立海外研发中心等方式来取得先进技术及专利，已成为我国汽车企业进一步提升国际竞争力的重要手段。我国汽车企业并购的领域涵盖了研发、检测、金融、租赁、后市场等全产业链。据不完全统计，当前我国汽车企业在海外研发中心已超过30家，建设地点主要集中于欧洲、美国和日本等地，通过聘用全球优秀研发人员，跟踪欧美日等国汽车先进技术，迅速提高了我国汽车产品的设计研发水平。

三、机遇和挑战

（一）当前的机遇

1. 国家政策鼓励汽车企业"走出去"

《中国制造2025》将发展节能与新能源汽车产业、智能网联汽车作为新兴战略产业，对汽车零部件产业的集中度、产业结构优化与升级、关键技术发展、产品质量提升和品牌竞争力提出了具体要求。此外，"一带一路"政策为中国企业走出去提供了潜在机遇，尤其是"一带一路"沿线国家对兴建公路和桥梁等基建工程的需求增强，将刺激中国商用车企业的出口，加速中国自主品牌汽车企业向海外进行产业和市场转移。

2. 中国市场具有体量优势

目前中国已经成长为全球最大的汽车市场，在中国市场上，基本汇集了全球各大汽车厂家，中国汽车企业通过在本土的开拓，占据了一定的市场份额，并已经具有了一定的国际竞争力。在这个过程中，积极利用好在中国市场的体量优势，研发等费用将会进一步被分摊，进而单车的制造成本将会得到很好的控制，如能在开拓国际市场的过程中，充分利用这一优势，将会大大有利于在海外市场的发展。

（二）面临的风险和挑战

1. 交易流程不熟悉

在海外并购交易中，中国汽车企业主要投资地区（欧洲和北美）多买家竞标交易方式较常见。中国投资者因为对竞标型的交易流程不够熟悉，容易导致交易失败。中国投资者疏于合理规划项目进度，或在早期没有认识到重要时间节点的刚性，或对卖方所需材料的具体要求等理解不够，会因为程序性原因而非报价因素导致项目流产。另外，跨境交易面临多重风险，买方对目标公司的业务盈利能力、资产质量等存在疑虑，而卖方对买方的资金实力能否通过审批存在疑虑。

2. 政治不确定性

绿地投资可能面临由地方保护所带来的政策歧视。面临蜂拥而入的海外汽车品牌，投资目标国会设立关税及非关税壁垒，或采取干涉措施，如制裁、国有化、没收和其他手段限制外国企业进入。一些国家和地区则因为面临战争、骚乱和其他影响政局稳定的因素，给中国企业海外投资带来不稳定性和安全问题。

3. 汇率波动及外汇管理问题

在国际贸易活动中，汽车及零部件的价格一般以外国货币或国际货币标价。如果外汇汇率波动频繁，企业可能面临巨大的汇兑风险。另一方面，我国企业在对外投资的过程中需要使用大量外汇，对外投资因额度不同会面临严格的境内审批及外汇审批程序，如果企业无法通过对外投资或外汇审批备案，则会影响到企业对外投资推进或海外业务正常运营。

4. 出口目的国实施贸易保护政策

近年，拉美地区等新兴市场国家抬高整车进口门槛，采用提高进口关税和原材料本地化比例等限制手段打压整车进口，保护本国汽车企业。例如，2011 年巴西政府提高进口汽车关税，只有零部件本地化比例（包括采购自巴西和南美洲共同市场）达到 65% 以上的企业才享有出口退税政策。而阿根廷政府对汽车进口实行配额限制的政策，进一步影响了外资汽车企业在当地的出口增长。

四、未来重点工作

（一）设立海外发展基金，加强对企业走出去的支持

设立中国品牌汽车海外发展基金，并建立海外投融资平台。支持中国进出口银行在业务范围内加大对汽车企业走出去的服务力度，鼓励国家开发银行增加对汽车企业的贷款投放，支持符合条件的汽车企业上市融资、发行债务融资工具。在风险可控和商业可持续的前提下，通过内保外贷、外汇及人民币贷款、债权融资、股权融资等方式，加大对汽车企业在境外投资、设立研发中心、国际收购等支持力度。探索利用产业基金、国有资本收益等渠道支持汽车企业走出去，实施国际并购。鼓励金融机构加快海外布局，提升在境外消费信贷、出口信用保险等方面为汽车企业提供金融服务能力。

（二）健全国际化服务保障体系

简化境外投资审批流程，对汽车项目实行备案为主的管理模式，做好事中事后监管工作。建立境外投资协调机制，对企业境外投资项目进行宏观协调和统一规划，避免国内企业间恶性竞争。通过出口资质管理等手段，规范企业境外经营行为，有效制约企业海外市场的不良竞争。加快企业走出去支撑服务机构建设和水平的提升，建立汽车企业境外投资公共服务平台和出口产品技术性贸易服务平台，完善应对贸易摩擦和境外投资等重大事项预警协调机制。

对涉及“一带一路”沿线国家的境外投资项目，进行政策倾斜或建立特殊通道，缩短业务流程，加速外汇进出境速度，推动人民币结算。

（三）加强国际认证合作，推动协调国内外标准互认

利用政府、行业机构等多层次合作机制，积极参与认证认可国际标准、规则制定，针对汽车产业面临的国际市场准入壁垒，加快推动国际互认，服务中国品牌汽车企业“走出去”。鼓励支持国内检验检测认证机构拓展国际业务，支持国内检验检测认证机构与国际认证机构、检测机构签订试验室产品检验结果认可协议。加快推动汽车产品在生产设计、质量安全、试验方法、排放水平等方面标准的国际互认。积极参与国际标准制定，推动优势、特色技术标准成为国际标准，提升我国在国际标准制定中的话语权和影响力。

（四）大力推进海外产业园建设

加强与亚洲基础设施投资银行、金砖国家新开发银行合作，充分发挥丝路基金作用，鼓励有实力的企业到“一带一路”沿线国家投资，共建汽车产业园区。支持整车企业联合零部件企业选择重点国家和地区布局汽车产业园和开展企业间的国际产能合作。引导中资金融、保险等企业入驻产业园区提供相关服务，形成科学布局、联动发展、跨行业支持的产业格局。

加强与投资目的地国家政府的协调沟通，推动其提供一揽子投资优惠政策，帮助企业获取当地优惠政策支持，实现部分零部件的本地化生产，提升企业海外运行本地化的保障力度。

（五）构建海外区域产业联盟，加强海外协调服务能力

组建产业海外区域联盟，为中国汽车企业的海外发展提供支持服务。建立海外区域联盟的内部协作机制，加强行业自律。协调相关机构在国际物资援助、国际工程项目等方面采用中国品牌汽车，实现中国品牌汽车与国际项目“协同出海”。

组织企业开展对“一带一路”国家和地区的重点市场在产业需求、投资政策、劳工规定、税收金融政策等方面进行深入研究，做好市场信息的收集

以及境外投资投向的引导，此外通过联盟帮助中国品牌骨干企业在2025年实现在美国、欧洲等发达国家市场的突破。

（六）推进与重点汽车出口国家签署自贸协定

积极与“一带一路”沿线及中国品牌汽车海外发展的重点国家商签双多边贸易和投资协定，推动汽车产品贸易自由化和投资自由化，为中国汽车产业海外发展创造良好条件。

（七）深化合资合作，引导合资企业出口

促进合资合作模式的深化发展，鼓励合资双方共同开拓国际、国内两个市场。鼓励合资合作企业加大研发投入，提高本地化开发车型比例。在扩展国际市场方面给予外资国民待遇，鼓励合资企业出口，引导合资企业利用中国市场的规模优势、供应链优势，以国内作为汽车制造基地，出口到世界各国，带动整个中国汽车产业的海外发展。

（八）支持零部件走出去

鼓励零部件企业与整车企业共同走出去，对零部件企业的海外发展提供资金和有关的信息服务；通过展览补贴和税收优惠等政策，支持零部件企业的国际化；健全国家汽车及零部件出口基地管理制度，鼓励零部件企业在为国内企业配套的基础上，实现为全球汽车整车制造商配套；鼓励国内中国品牌零部件企业集团，积极参与全球竞争，加大国际并购力度，通过技术引进和合作研发等方式，打造自身国际竞争力。提升企业可持续发展能力和品牌知名度，形成一批具有国际影响力的汽车零部件企业集团。

五、保障措施

（一）加强政府组织领导，完善对外合作机制

充分发挥现有多双边高层合作机制的作用，与“一带一路”沿线国家和中国品牌汽车海外发展的重点国家建立产能合作机制，加强政府间交流协调合作。与有关国家在投资保护、金融、税收、海关、人员往来等方面加强合作，为企业境外投资提供全方位支持和综合保障。

深化境外投资管理改革。推动境外投资税收体系的调整，搭建“汽车产业国际合作绿色通道”实现汽车产业境外投资便利化。推动国有汽车企业海外发展的干部考核机制改革。进一步简化和放宽海外业务人员出国审批手续。有序放开合资企业股比限制，鼓励合资企业出口。

加强对发达国家尤其是“一带一路”沿线国家和地区汽车标准、认证和检验监管等制度研究。推动汽车标准互认体系的发展，有效破解国际贸易壁垒。鼓励企业积极采用国际标准，推动汽车相关标准法规体系与国际接轨。鼓励标准组织，积极参与国际标准制定，发挥标准化组织作用，推动优势、特色技术标准成为国际标准。

（二）加大金融支持力度，完善政策保障体系

完善财税支持政策，改善公共服务，推动创新发展、品牌培育、产品和服务质量提升及国际营销网络、境外服务机构建设。建立行业协会、汽车企业与国家金融机构的联系机制，推动设立中国品牌汽车海外发展基金，建立海外投融资平台。打造多维度、市场化资金保障体系。

促进国内金融和保险机构开展跨境服务体系建设，探索在海外开展汽车消费信贷、融资租赁和相关保险业务。

（三）提升行业组织协调服务能力，形成有效引导作用

组织企业开展调研工作，总结其他国际化发展成功的国家和企业海外发展经验，避免和减少企业在海外发展中的战略失误。

在政府支持下，设立海外办事机构，牵头建立海外不同国家和地区的产能联盟或区域联盟，为企业开展信息咨询、协调沟通、品牌宣传等服务，为中国企业创造有利的舆论环境。

建设国际化服务平台。建立海外信息服务平台、中国品牌汽车传播平台、国际人才平台、法律法规和知识产权平台这四大平台，政府则以购买服务的方式对国际化支撑平台给予支持。

（中国汽车工业协会）

中国汽车产业开放和管理措施

2018 年汽车行业对外开放，主要包括逐步取消外商投资限制和下调汽车进口关税等两个方面。

一、明确汽车领域对外资开放的时间表，新能源汽车、专用车首先对外资开放，将刺激和推动跨国公司在华投资和布局

2018 年 4 月 10 日，国家主席习近平在博鳌亚洲论坛开幕式上宣布了我国扩大制造业开放的重大举措，提出“尽快放宽汽车行业等制造业外资股比限制”。2018 年 4 月 17 日，国家发展改革委明确对外表示：汽车行业将分类型实行过渡期开放，2018 年取消专用车、新能源汽车外资股比限制；2020 年取消商用车外资股比限制；2022 年取消乘用车外资股比限制，同时取消合资企业不超过两家的限制［**注：**我国《汽车产业发展政策》第四十八条规定，汽车整车、专用汽车和摩托车中外合资生产企业的中方股份比例不得低于 50%，同一家外商可在国内建立两家（含两家）以下生产同类整车产品的合资企业］。

2018 年 6 月，国家发改委、商务部联合发布《外商投资准入特别管理措施（负面清单）（2018 年版）》，明确规定“除专用车、新能源汽车外，汽车整车制造的中方股比不低于 50%，同一家外商可在国内建立两家及两家以下生产同类整车产品的合资企业。（2020 年取消商用车外资股比限制；2022 年取消乘用车外资股比限制以及合资企业不超过两家的限制）”。汽车产业对外开放时间表正式公布。

目前几乎所有的国外汽车企业集团都在华成立了中外合资汽车生产企业，主要的外资品牌均已进入中国市场；汽车合资企业的中方主要是一汽、东风、上汽、长安、北汽、广汽等国有汽车企业集团。汽车行业逐步取消外商投资的股比和合资企业数量限制，将对汽车产业发展产生深远影响。

（一）合资企业股比是由企业实力和贡献决定的，大部分乘用车合资企业面临外资控股的压力；商用车领域外资控股压力也将不断加大

主要原因是，大部分的乘用车合资企业和少数的商用车合资企业，技术和品牌都是依赖合资外方（载货车领域的合资企业基本上都是使用合资企业或合资中方的品牌和技术，但随着法规加严和市场需求升级，外方对技术和品牌的贡献度会越来越高），外方掌控了合资企业核心的经营资源。股比限制放开后，股比的调整结果取决于外资的对华战略和中外双方的谈判能力（对合资企业的贡献），但有关法律法规（如涉及国资转让的法规）、政府的态度，甚至政治因素等也会影响最后的结果。另外，对外开放后，中资、外资企业都可以通过收购现有汽车企业的方式实现扩张。

对外开放的时间表公布后，宝马成为第一个与中国合作伙伴达成控股中国汽车合资企业的外资企业。2018 年 10 月，华晨中国发布公告称，公司将应邀向宝马集团出售华晨宝马 25% 的股权，拟转让价格为 290 亿元人民币，宝马将扩大华晨宝马的股份至 75%，该事宜或将于 2022 年乘用车股比放开后正式完成。

（二）2018 年放开外商投资新能源汽车领域的限制，直接导致外资加速在华新能源汽车产业布局

在国家强有力各项政策的推动下，我国新能源汽车产销量、保有量均位居全球第一，2017 年我国新能源汽车产销分别为 79.4 万辆和 77.7 万辆，预计 2020 年新能源汽车销量有望达到 200 万辆。新能源汽车领域对外开放，在新能源汽车市场高速增长以及《乘用车企业平均燃料消耗量与新能源汽车积分并行管理办法》等一系列政策的推动下，特斯拉、福特、戴姆勒、宝马、雷诺-日产等跨国公司纷纷在华设立独资企业或新设合资企业，如特斯拉在上海建立独资新能源汽车企业，大众与江淮，福特与众泰，宝马与长城，雷诺-日产与东风，雷诺与江铃等新型合资企业陆续成立或发布合资的计划。2018 年 7 月，中国长城汽车股份有限公司与宝马（荷兰）控股公司在德国正式签署合资经营合同，合资公司命名为光束汽车有限公司，双方各持股 50%，投资总额 51 亿元。合资公司将落户江苏省，标准产能预计 16 万辆。这是宝马集团在全球范围内首个纯电动车合资项目。2018 年底，雷诺收购江铃新能源 50% 股权相关事宜已在商务部备案，通过反

垄断审查等手续后，将正式完成收购。2018 年 10 月，特斯拉（上海）有限公司以 9.73 亿元成功取得上海临港装备产业区工业用地，特斯拉超级工厂已正式开工建设。

（三）汽车产业全面进入开放竞争的新时代，市场竞争全面加剧，将深度改变汽车产业格局

当前，汽车产业发展已经进入新常态，正面临产业变革、市场增速放缓、产业政策转型等新形势，汽车产业发展将呈现盈利水平大幅下降、行业大规模整合、行业加快融合和全面创新等趋势和特点。产业结构调整加快，中国品牌企业发展将出现两极分化，数量众多的中国品牌汽车及零部件企业面临全面洗牌，同时，倒逼汽车行业的国企加快改革和调整。在开放环境和激烈竞争形势下，经过若干年的竞争和优胜劣汰，只会有少部分中国品牌汽车企业做优做强，成为在国内外市场具备很强竞争优势的跨国公司。

（四）中国汽车供应链步入全球领先水平，将逐步成长为全球性汽车出口大国

主要外资车企势必更加重视中国这一全球最大汽车市场，将更广泛更深入进入中国，加快推进在华深度本土化发展，加强汽车全产业链布局，以及对新能源、智能网联、共享出行等领域加大布局，外资在华投资的技术溢出效应将大幅增强。部分跨国公司将中国作为全球性研发、制造和出口基地。中国品牌也会有企业进入全球主流阵营，并实现全球布局，包括大规模海外销售。

二、主动下调汽车进口关税，促进汽车产业结构调整和转型升级；中美贸易摩擦直接影响中美汽车产品贸易和全球汽车供应链

（一）我国主动降低汽车产品进口关税

2018 年 4 月 10 日，习近平总书记在博鳌亚洲论坛 2018 年年会开幕式主旨演讲中宣布，今年我们将相当幅度降低汽车进口关税。李克强总理在 2018 年政府工作报告中提出下调汽车进口关税。2018 年 5 月 22 日，国务院关税税则委员会发布公告，决定自 2018 年 7 月 1 日起，降低汽车整车及零部件进口关税。将汽车整车税率为 25% 的 132 个税号和税率为 20% 的 4 个税号的税率降至 15%，车辆底盘税率分别为 8%、10%、20% 的 6 个税号的税率降至 6%，将汽车零部件税率分别为 10%、15%、25% 的共 73 个税号的税率降至 6%。财政部表示，我国维护多边贸易体制，此次降低汽车进口关税是我国进一步扩大改革开放的重大举措。降税后，我国汽车整车平均税率 13.8%，零部件平均税率 6%，符合我国汽车产业发展的实际水平。降低汽车进口关税，有利于丰富国内市场供给，引导汽车产品提质增效，推动供给侧结构性改革，促进汽车产业结构调整和转型升级，满足人民群众多样化需求。

表 1　　2018 年汽车产品降税情况简表

商品类别	MFN 税率（%）	2018 年 7 月起税率（%）
客车（8702）	25	15
乘用车（8703）	25	15
载货汽车（8704）	15~25	15
半挂车用的公路牵引车（87012000）	6	不变
特种车（8705）	3~15	不变
汽车底盘（8706）	10~20	6
汽车发动机	9~25	不变
汽车零部件（平均）	10	6

资料来源：CATARC 政研中心根据国务院关税税则委员会《2018 关税调整方案》整理。

总体上来看，我国汽车关税水平处于世界中等水平，汽车工业的主体——乘用车 15% 的关税仍大大高于主要发达国家，但也大大低于主要发展中国家。主要发达国家汽车产业早已进入成熟阶段，汽车关税长期维持在较低水平，如美国关税为 2.5%，日本 0 关税，韩国 8%，欧盟为 10%；发展中国家方面，印度为 60%，巴西为 35%，南非为 23.3%，阿根廷 35%。总的来看，我国 15% 的关税，要高于欧美

日韩等发达国家，但低于主要发展中国家。

我国已经连续多年是全球第一大汽车产销国，新车产销规模远超过美国、欧盟和日本。当前，我国国产合资乘用车大部分车型领域的价格已经低于欧美发达国家，目前进口车主要是一些国内不生产或生产很少的高端、个性化、差异化车型。总的来看，结合中国品牌发展情况、国产车特别是高端车的竞争力情况，以及我国目前仍对外商投资汽车企业（燃油车）保留股比限制的情况，15% 的关税水平符合我国产业实际。

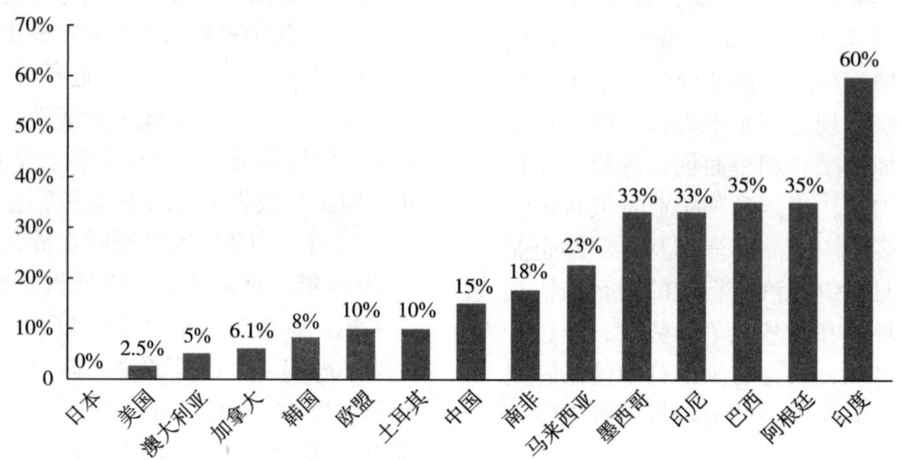

图 1　中国与主要国家的乘用车 MFN 关税对比

资料来源：WTO 网站，CATARG 政研中心整理。

进口汽车与国产汽车是互为补充、差异化竞争的关系，进口汽车更多是起到丰富和完善国内市场汽车供应品种，为消费者提供多样化的选择的作用。国内主要合资企业均已完成未来 4~5 年国产车型计划，关税下调对合资企业未来几年国产计划影响有限。但是，关税下降直接导致汽车进口成本降低，将会刺激进口，跨国公司会计算国产车和进口车的收益，也不排除对批量较小的高端车型的国产化计划进行调整的可能性。但是从长期来看，由于中国已经具备世界一流的汽车供应链，以及汽车行业"销地产"的特点，外资企业仍将主要依赖本地生产来满足国内市场需求。

（二）2018 年中美贸易摩擦双方汽车产品互相加征关税情况

2018 年 3 月以来，中美贸易摩擦和争端不断升级，为全球经济复苏和贸易增长带来很大的不确定性。中美对从对方进口的第一批约 500 亿美元商品已于 2018 年 7 月 6 日和 8 月 23 日分两个清单开始加征 25% 的关税；美对从中国进口的第二批约 2000 亿美元商品已于 9 月 24 日开始加征 10% 的关税，而中国对自美国进口的第二批约 600 亿美元商品已于 9 月 24 日开始加征 5% 或 10% 的关税。

2018 年中国对美汽车产品进口加征关税情况：2018 年 7 月 6 日开始，对部分汽车整车税号（主要的实际进口）和汽车变速器（进口量较大）加征 25% 关税。2018 年 8 月 23 日开始，对其他整车税号（实际进口很少）和少部分零部件加征 25% 关税。2018 年 9 月 24 日 12 时 01 分开始，对大部分汽车零部件加征 5% 或 10% 的关税。2019 年 1 月 1 日开始，对全部的整车和绝大部分零部件税号，暂停加征关税。

美国两批征税清单共有 388 个八位税号汽车产品，涉及乘用车、客车、货车、特种车等整车产品共 38 个税号，以及轮胎、轮毂、车身及附件、电子电器等零部件产品共 350 个税号；中国两批征税清单共有 378 个八位税号汽车产品，涉及所有整车产品（含新能源汽车）共 164 个税号，以及发动机及零部件、变速器、制动器、车身及附件、电子电器、车轮、转向系统、动力电池、导航雷达等零部件产品共 214 个税号。

中美互相加征关税，短期内，将抑制中美汽车产品进出口贸易，增加汽车及零部件生产和经营企业的成本，并将对相关的投资产生直接影响；长远看，经贸规则变化将对全球汽车和零部件及相关产品产业链和价值链产生较大影响，加剧汽车供应链的本地化、区域化发展趋势。

（三）2018 年汽车产品进口情况

2008—2018 年期间，我国汽车进口量从 41.0 万辆升至 2014 年的 142.6 万辆后，在 2015—2016 年出现第一次明显的连续两年下滑；2018 年受中美贸易摩擦影响等因素影响，进口车再次出现下滑态势，全年进口量为 113.5 万辆，下滑 8.8%。加入世贸组织以来，中国汽车工业快速发展，国产汽车竞争力不断提高，主要跨国车企一直在持续进行全产业链的布局，竭力强化和提高在华的竞争力，这导致汽车进口总量虽有增长，但市场份额长期维持在较低水平。

表 2　　2008—2018 年中国汽车进口量及市场占有率

年份	汽车进口量（万辆）	增长率（%）	进口车市场占有率（%）
2008	41.0	31	4.5
2009	42.1	3	3.1
2010	81.3	93	4.4
2011	103.9	30	5.6
2012	113.2	8.8	5.8
2013	119.5	7.3	5.3
2014	142.6	21.6	5.9
2015	110.2	–24.2	4.4
2016	107.7	–3.4	3.8
2017	124.8	15.8	4.1
2018	113.5	–8.8	4.0

注：①根据海关和中汽协会统计数据整理。②进口车市场占有率 = 进口量 ÷（产量 + 进口量 - 出口量）。

1. 小轿车和四驱越野车仍是我国进口的主要车型

从 2010 年到 2018 年，乘用车累计进口 998.4 万辆，占汽车总进口量的 98.2%。其中，小轿车和四驱越野车又占乘用车进口总量的 78.8%。

表 3　　2010—2018 年我国乘用车进口情况　　单位：万辆

序号	年份	汽车	乘用车合计	小轿车	四驱越野车
1	2010 年	81.3	79.1	34.4	35.1
2	2011 年	103.9	101.2	41.0	43.1
3	2012 年	113.2	110.9	44.7	45.6
4	2013 年	119.5	118.0	42.3	50.5
5	2014 年	142.6	141.2	47.0	58.9
6	2015 年	110.2	109.1	35.2	47.2
7	2016 年	107.7	106.3	37.7	46.6
8	2017 年	124.7	122.8	44.8	52.8
9	2018 年	113.5	109.8	46.8	44.8
总计		1 016.6	998.4	373.9	424.6

来源：根据海关数据整理。

2. 欧美日仍是我国进口汽车的主要来源地

我国进口车主要来自欧美日等发达国家，2018年日本、德国、美国、英国这前四国占比达 80%。

表 4 2018 年前十位国家汽车进口情况

序号	国别	进口数量（万辆）	进口金额（亿美元）
1	日本	32.75	100.81
2	德国	28.56	143.39
3	美国	19.96	104.22
4	英国	9.80	62.72
5	斯洛伐克	6.13	41.05
6	匈牙利	3.92	8.97
7	瑞典	1.99	10.56
8	墨西哥	1.89	3.84
9	法国	1.32	1.61
10	加拿大	1.26	3.80
总计		113.47	505.14

来源：根据海关统计数据整理。

3. 新能源汽车进口不断增加

随着节能环保法规不断加严，汽车排量结构逐步下移，新能源及节能环保车型进口增加。2018 年，我国新能源汽车进口 1.8 万辆（不含平行进口车），同比增长 6.1%。

表 5 2015—2018 年新能源汽车分车型进口情况 单位：辆

序号	品牌	动力类型	2018 年	2017 年	2016 年	2015 年
1	雷克萨斯	HV	8 809	4 939	5 627	9 234
2	特斯拉	EV	7 826	10 307	9 253	1 527
3	宝马	EV/PHV	1 037	1 451	995	1 854
4	起亚	HV/EV/PHV	284	206	—	—
5	本田	HV	—	16	97	472
6	凯迪拉克	PHV	—	—	156	620
7	法拉利	HV	—	—	9	17
8	日产	EV	—	—	8	74
9	雪佛兰	PHV	—	—	—	13
10	迈凯伦	PHV	—	—	—	31
11	保时捷	PHV	—	—	—	17
12	萨博	EV	—	—	—	182
总计			17 956	16 919	16 145	14 041

来源：根据海关统计数据整理。

4. 进口乘用车排量呈两极化发展

从数据来看，我国进口乘用车越来越主要集中在排量为 1500mL ＜排量 ≤2000mL，2500mL ＜排量 ≤3000mL 这两个区间段。其中，2018 年，这两个排量区间的进口汽车共计 79.23 万辆，占进口车总量的 70.79%。

表 6　2015—2018 年乘用车进口量（按排量）　单位：千辆

分类	2015 年	2016 年	2017 年	2018 年
排量≤ 1000mL	17.3	23.1	19.4	19.0
1000mL ＜排量≤ 1500mL	65.1	59.9	71.7	59.8
1500mL ＜排量≤ 2000mL	403.0	431.0	522.8	494.5
2000mL ＜排量≤ 2500mL	154.2	89.6	77.8	68.1
2500mL ＜排量≤ 3000mL	364.4	349.5	375.3	297.8
3000mL ＜排量≤ 4000mL	73.6	81.1	116.5	137.4
排量＞ 4000mL	11.3	15.6	19.2	19.6
其他（含电动车）	2.7	12.9	25.8	23.0
乘用车合计	1 091.5	1 062.5	1 228.3	1 119.2

来源：根据海关统计数据整理。

5. 进口车型以豪华品牌为主

随着关税下降、消费升级，豪华品牌进口需求旺盛。奔驰、宝马、雷克萨斯进口车市场份额相当，进口量位居前三位，合计占比 43.6%；前 8 大进口品牌中，豪华品牌占 6 个。

表 7　2018 年主要品牌进口情况（不含平行进口车）

序号	品牌	进口量（万辆）	占比（%）
1	奔驰	14.64	14.74
2	宝马	14.36	14.46
3	雷克萨斯	14.25	14.35
4	保时捷	7.72	7.77
5	丰田	7.39	7.44
6	路虎	6.23	6.27
7	奥迪	5.58	5.62
8	大众	3.84	3.86
9	林肯	3.80	3.82
10	MINI	2.79	2.81
11	斯巴鲁	2.63	2.65
12	沃尔沃	2.56	2.58
13	SMART	2.12	2.14
14	捷豹	1.54	1.55

续　表

序号	品牌	进口量（万辆）	占比（%）
15	英菲尼迪	1.41	1.42
16	玛莎拉蒂	1.09	1.09
17	福特	0.90	0.90
18	吉普	0.89	0.90
19	特斯拉	0.78	0.79
20	道奇	0.60	0.60

来源：根据海关统计数据整理。

（中国汽车技术研究中心　吴松泉　刘艳　秦冰洋）

中国钢铁工业对外开放情况

一、2018 年中国钢铁工业发展概况

2018 年，中国经济保持了稳中向好态势。钢铁行业认真落实党中央、国务院决策部署，提前完成了五年化解过剩产能 1 亿~1.5 亿吨的上限目标，产能严重过剩矛盾有效缓解，企业效益进一步好转。2018 年中国钢铁行业运行的主要特点包括：

1. 粗钢产量保持增长

2018 年中国粗钢产量 92826 万吨，同比增加 9653 万吨，增长 11.6%。生铁产量 77105 万吨，同比增长 3.0%。钢材产量 110552 万吨，同比增长 8.5%。随着中国粗钢产量的快速增长，中国粗钢产量占世界比重呈现快速增长趋势。1991 年时占比不到 10%，2002 年占比超过 20%，近几年占比在 50% 左右，其中 2018 年占比达到 51.3%。1991—2018 年中国粗钢产量占世界比重变化情况见图 1。

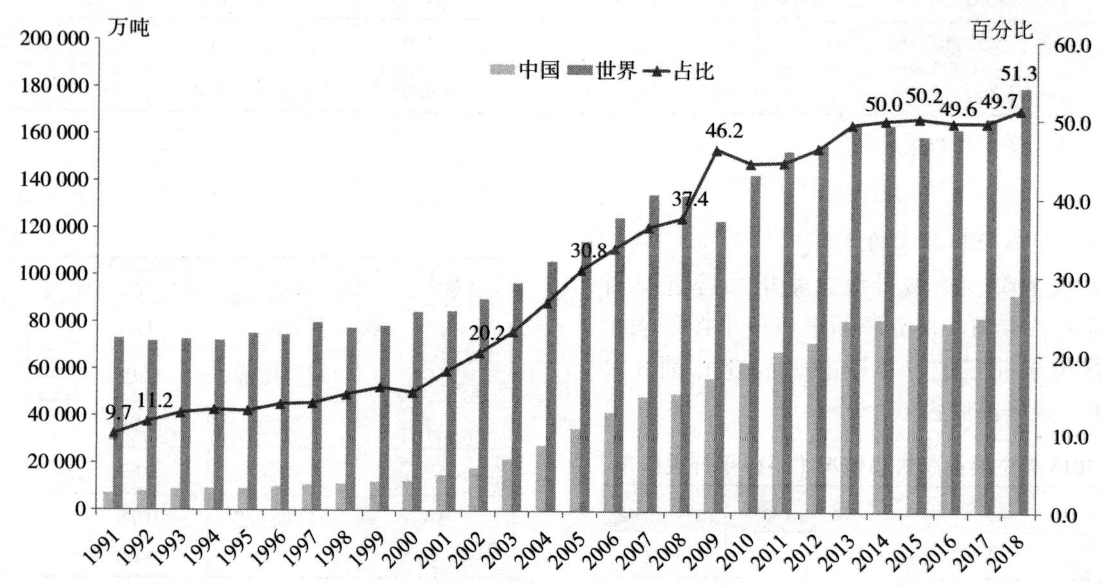

图 1 1991—2018 年中国粗钢产量占世界比重

2. 钢材价格小幅波动

2018 年，供给侧结构性改革取得阶段性成果，钢铁行业提前完成化解过剩产能五年目标，严控新增产能以及环保减产、限产，钢材市场供需基本保持平衡，钢材价格总体呈小幅波动趋势。1 至 10 月钢材价格高于上年同期，11 至 12 月则有较大程度回落且低于上年同期。

3. 企业效益进一步改善

2018 年，我国黑色金属冶炼和压延加工业主营业务收入 6.4 万亿元，同比增长 15%，实现利润 4029 亿元，同比增长 37.8%。中国钢铁工业协会统计的重点大中型企业累计实现销售收入 4.1 万亿元，同比增长 13%，实现利润 2863 亿元，同比增长 41. 1%。

二、2018 年中国钢铁工业对外贸易情况

1. 钢材进出口量

随着我国供给侧改革工作持续推进，国内钢材价格回升，2018 年我国钢材出口继续下降。全年累计出口钢材 6933.49 万吨，同比下降 8.06%，折合粗钢出口约 7224 万吨；进口钢材 1316.64 万吨，同比下降 0.99%，折合粗钢进口约 1480 万吨。钢材进出口数量趋势见图 2。

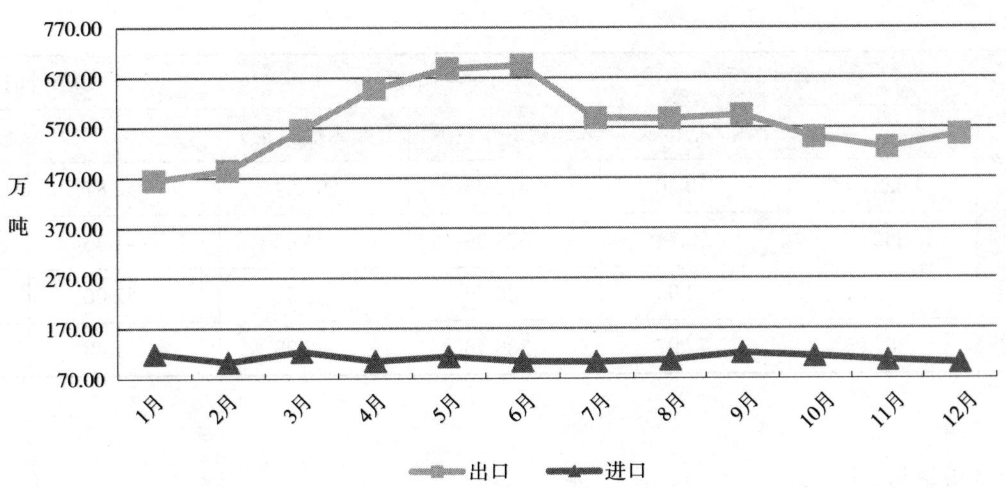

图2 2018年钢材进出口数量趋势

2. 进出口品种结构

2018年，我国进口钢材仍以板材为主，全年共进口板材1110.71万吨，同比增长0.41%；板材进口金额112.63亿美元，同比增长8.86%；进口板材占我国钢材进口总量的84.36%，总金额的68.53%。（详见表1）

表1 2018年钢材进口品种

产品名称	本年累计		去年累计		累计同比%	
	数量（万吨）	金额（亿美元）	数量（万吨）	金额（亿美元）	数量（万吨）	金额（亿美元）
钢材进口总量	1 316.63	164.35	1 329.78	151.70	–0.99	8.34
棒线材	108.89	18.87	120.72	18.11	–9.80	4.21
角型材	34.93	3.33	38.10	3.06	–8.31	8.91
板材	1 110.71	112.63	1 106.16	103.46	0.41	8.86
管材	40.60	15.39	40.57	14.21	0.07	8.32
铁道用材	1.60	0.36	1.19	0.23	34.64	52.17
其他钢材	19.90	13.77	23.05	12.64	–13.66	9.00

我国出口钢材以棒线材和板材为主，全年共出口棒线材1274.72万吨，同比下降20.70%；出口金额85.59亿美元，同比增长1.52%；全年共出口板材4022.81万吨，同比下降6.87%；出口金额319.36亿美元，同比增长8.61%。（详见表2）

表2 2018年钢材出口品种

产品名称	本年累计		去年累计		累计同比%	
	数量（万吨）	金额（亿美元）	数量（万吨）	金额（亿美元）	数量（万吨）	金额（亿美元）
钢材出口总量	6 933.49	605.96	7 541.35	545.04	–8.06	11.18
棒线材	1 274.72	85.59	1 607.49	84.30	–20.70	1.53
角型材	352.08	24.36	322.37	17.86	9.21	36.44

续 表

产品名称	本年累计		去年累计		累计同比 %	
	数量（万吨）	金额（亿美元）	数量（万吨）	金额（亿美元）	数量（万吨）	金额（亿美元）
板材	4 022.81	319.36	4 319.34	294.04	-6.87	8.61
管材	862.17	99.74	874.88	84.05	-1.45	18.67
铁道用材	40.67	3.93	30.79	2.55	32.06	54.16
其他钢材	381.05	72.97	386.46	62.25	-1.40	17.22

3. 进出口市场结构

2018 年，进口钢材主要来自日本、韩国、中国台湾和欧盟。从上述四个来源地共进口钢材 1209.76 万吨，占进口钢材总量的 91.88%；进口金额 141.41 亿美元，占进口钢材总金额的 86.04%。（详见表 3）

表 3　　2018 年中国进口钢材主要来源国地区

区域组织	本年累计		去年累计		累计同比 %	
	数量（万吨）	金额（亿美元）	数量（万吨）	金额（亿美元）	数量（万吨）	金额（亿美元）
世界合计	1 316.64	164.35	1 329.78	151.70	-0.99	8.34
日本	548.25	56.24	554.72	53.81	-1.17	4.52
韩国	383.15	37.19	416.56	37.83	-8.02	-1.69
中国台湾	141.73	14.74	151.88	15.07	-6.68	-2.20
欧盟 28 国	136.63	33.24	140.42	30.46	-2.70	9.12
其他	106.88	22.74	66.21	14.53	61.43	56.50

2018 年，我国钢材出口的前三位区域为东盟、中东地区和韩国。向上述三个地区出口钢材 3922.49 万吨，占出口总量的 56.57%，出口量同比下降 10.38%，占比下降 1.47 个百分点。

2018 年，我国钢材向东盟、非洲、南美洲、大洋洲出口增长，向其他区域出口均有不同程度下降。

三、中国钢铁工业贸易摩擦情况

在贸易救济领域，2018 年中国钢铁行业取得显著成果：在美国对中国钢铁产业发起的 337 调查中，经行业和企业艰苦抗辩，中方在商业秘密、反规避和反垄断三个诉点中取得完胜，维护了中国钢铁企业在美国乃至国际市场的声誉和中国钢铁产品的品牌形象。组织企业应对海合会对中国无缝钢管反倾销调查应对工作，最终促成无损害结案，保住了对钢管出口至关重要的中东市场。对于欧盟、加拿大、土耳其等国家和地区针对我国钢铁产品发起的保障措施调查，积极组织企业应诉，力保我国钢材产品出口份额。面对美国对钢铁产品 232 调查中，中国与其他主要产钢国都提出了反对意见。

截至 2018 年 12 月，全年累计国外对我国钢铁产品新发起贸易救济调查案件，数量达 26 起。其中，反倾销调查 9 起，反补贴调查 4 起，双反合并调查 6 起，保障措施 7 起。发起调查的国家和地区包括美国、欧盟、中国台湾、土耳其、巴西、加拿大、欧亚经济委员会、印度等。（详见表 4）

表 4　　2018 年钢铁产品贸易救济调查案件

序　号	立案公告日期	产品名称	发起国	措施种类
1	2018-2-12	大口径焊管	美国	反倾销 + 反补贴
2	2018-2-16	铸铁污水管	美国	反倾销 + 反补贴
3	2018-3-19	螺纹钢及合金钢棒	哥斯达黎加	保障措施
4	2018-3-23	瓦楞板	哥伦比亚	保障措施
5	2018-3-26	钢铁产品	欧盟	保障措施
6	2018-4-10	薄壁焊管	新西兰	反倾销 + 反补贴
7	2018-4-16	镀锌板	中国台湾	反补贴
8	2018-4-16	不锈钢冷轧板卷	中国台湾	反补贴
9	2018-4-16	热轧板卷	中国台湾	反补贴
10	2018-4-16	冷轧板卷	中国台湾	反倾销 + 反补贴
11	2018-4-16	不锈钢热轧板卷	中国台湾	反倾销 + 反补贴
12	2018-4-27	钢铁产品	土耳其	保障措施
13	2018-5-8	铸铁管	巴西	反倾销
14	2018-5-24	热轧钢板桩	欧盟	反倾销
15	2018-5-25	冷轧板卷	加拿大	反倾销 + 反补贴
16	2018-6-29	热镀锌板卷	欧亚经济委员会	反倾销
17	2018-7-25	热镀锌	马来西亚	反倾销
18	2018-7-26	耐腐蚀钢板	加拿大	反倾销
19	2018-8-7	板材	欧亚经济委员会	保障措施
20	2018-8-9	不锈钢焊管	印度	反补贴
21	2018-8-14	高速钢	印度	反倾销
22	2018-8-20	镀锡板	巴基斯坦	发倾销
23	2018-10-17	彩涂板	乌克兰	反倾销
24	2018-10-11	钢铁产品	加拿大	保障措施
25	2018-10-15	彩涂钢板	越南	反倾销
26	2018-11-3	螺纹钢	哥伦比亚	保障措施

（中国钢铁工业协会　蒋璇芳　韩勖）

附：改革开放40年间中国钢铁工业对外开放进展情况

2018年是改革开放40周年。40年来，钢铁工业为我国经济发展提供了重要的基础性原材料保障。

一、中国钢铁工业对外贸易情况

中国钢铁工业改革开放以来快速发展的40年，也是和世界钢铁工业不断融合、互动发展的40年。长期以来，中国钢铁工业进口了大量二手工艺设备，并引进工艺装备和关键技术，进口钢材、铁矿石、铁合金原料、炼焦煤等原燃料。

（一）钢材进口保持一定规模

改革开放后，中国钢材进口出现了三次高峰，即1985年的1963万吨，1993年的3026万吨和2003年的3717万吨。随着中国粗钢产量不断增长以及钢铁产业国际竞争力增强，2006年中国实现了由钢材净进口国向钢材净出口国的历史性转变。之后，钢材进口一直保持相对平稳态势。

主要呈现以下特点：

1. 钢材进口保持一定规模

中国于1996年成为全球最大产钢国。在钢铁产业迅速发展的背景下，中国维持了较大规模的钢材进口，目前仍是世界主要钢铁进口国之一。根据世界钢协统计，2017年在全球主要钢材进口国中中国排名第11位。同时，中国还是世界最主要的间接钢铁进口国之一。近年来，每年间接进口钢材超过一千万吨。2017年在全球主要间接进口钢材国家中中国排名第6位。

2. 形成了以中高端板材为主的钢材进口结构

四十年来，随着中国钢铁产业产品结构不断优化，进口钢材品种逐步由钢坯、棒材、板材、管材等为主转变为以板材为主，钢坯、棒材、管材进口量下降。1995年，板材占钢材进口总量比重为53.2%，21世纪初这一比重已超过80%提高了近三十个百分点。随着中国钢铁产业不断发展，逐步形成了以中厚板、冷轧板卷、镀层板等中高端板材为主的钢材进口结构。

3. 逐步形成了以日本、韩国、中国台湾和欧盟为主的进口钢材来源结构

20世纪90年代末至21世纪初，日本、韩国、中国台湾、俄罗斯、乌克兰、哈萨克斯坦、美国、土耳其等都是中国钢材进口重要来源地。随着中国钢铁产业的不断发展，进口钢材需求结构变化，自俄罗斯、乌克兰、哈萨克斯坦等国进口量大幅减少，形成了目前以日本、韩国、中国台湾和欧盟为主的进口钢材来源结构。

4. 外资企业在中国钢材进口中发挥重要作用

中国加入世界贸易组织后，中国对冶金产品进出口经营权实行登记和核准制，钢材进口从中国冶金进出口公司经营，转变为外商独资企业、中外合资企业、国有企业、个体企业、中外合作企业、集体企业、个体工商户等不同所有制企业，根据市场变化情况，按照企业经营需要进口的市场经济模式。受益于改革开放后中国对外资企业的一系列优惠政策，外资企业进口钢占钢材进口总量比重不断增长，2017年达到81.5%，在中国钢材进口中发挥着重要作用。

5. 形成了一般贸易和加工贸易并重的钢材进口贸易方式

改革开放四十年来，我国加工贸易经历了积极鼓励、加大监管力度、转型升级等不同的发展阶段。20世纪80至90年代，在积极鼓励加工贸易时期，以来料加工、进料加工等贸易方式进口钢材大量增加，占中国进口钢材总量比例不断上升，一度成为中国进口钢材的主要贸易方式。2005年后，为完善准入管理，推进加工贸易梯度转移，促进加工贸易企业向更高技术含量、更大增值环节和自主品牌发展，中国通过调整加工贸易禁止类目录，禁止和限制部分高能耗、高污染及加工水平低的产品加工贸易。部分钢铁初级产品成为加工贸易禁止类产品。2014年，为贯彻落实《国务院关于化解产能严重过剩矛盾的指导意见》（国发〔2013〕41号）中“落实公平税赋政策，取消加工贸易项下进口钢材保税政策”的精神，首批对国内完全能够生产、质量能够满足下游加工企业需要的进口热轧板、冷轧板等78个税号的钢材产品，取消加工贸易项下钢材保税政策。受政策调整影响，加工贸易钢材进口逐步下降，一般贸易进口增加。

（二）钢材出口成绩显著

改革开放四十年，中国钢材出口大致可分为四个发展阶段：第一阶段为 1978—1989 年，钢材出口总量较小，除 1982 年达到 110 万吨外，其他年份均不足 100 万吨。第二阶段为 1990—2003 年，钢材大量进口的同时，出口有所增长，钢材年度出口量均超过百万吨，钢坯出口大幅增加。第三阶段为 2004—2016 年，2004 年中国钢材出口首次突破千万吨。2005 年，中国基本实现钢材进出口平衡，2006 年起中国由钢材净进口国转变为钢材净出口国，并迅速成为全球第一大钢材出口国和第一大钢材净出口国。第四阶段为 2017 年后，国内化解钢铁过剩产能措施持续推进，节能环保措施不断加严，钢材出口逐步回落，但中国仍是全球最大的钢材出口国。

四十年来，中国钢材出口品种、出口市场、出口企业均发生了很大变化，中国钢铁产品在国际市场中地位显著提升，钢材出口为钢铁企业国际化经营奠定了基础。

1. 钢材出口品种向高端发展

20 世纪 90 年代中期，中国板材出口量已超过传统的棒线材产品，成为出口钢材第一大品种。一些薄规格冷轧板、涂镀板、石油管、特殊钢材等高附加值产品开始逐步打入国际市场。经过多年发展，中国出口的汽车板、特殊钢棒材、不锈钢板、马口铁、石油天然气用钢管等高附加值钢铁产品，得到国际市场的广泛认可，出口量逐步增加，在中国钢材出口总量中比重上升。

2. 钢材出口市场以亚洲为主，遍布全球

20 世纪 90 年代，中国钢材出口市场主要为亚洲国家。随着中国钢铁产业不断发展，钢铁产品质量提升，钢材出口开始向欧盟、美国等发达国家和地区市场拓展，2008 年全球金融危机后，欧美国家经济恢复缓慢，贸易保护主义抬头，针对中国钢铁产品的贸易救济调查不断增多，中国对欧盟和美国钢材出口持续下降，向一带一路沿线国家出口钢材数量出现较快增长。东盟、中东、韩国等国家和地区成为中国钢材出口的主要市场。2017 年，中国钢铁产品向 221 个国家和地区出口。

3. 钢材出口企业以生产型企业为主，多种所有制企业并重

随着中国放开冶金产品进出口贸易经营权，中国钢材出口企业不断增加，近年来，每年出口钢材企业数量超过 2 万家。出口企业中，既有生产型企业，也有贸易型企业；既有国有企业，也有民营企业、外资企业。中国钢材出口总体上形成了以生产型企业为主，多种所有制企业并重的出口企业结构。

4. 形成了以一般贸易为主的钢材出口贸易方式

20 世纪 90 年代，加工贸易出口是我国钢材出口的主要贸易方式。1995 年，全国出口钢材 593 万吨，来料加工贸易出口钢材 324 万吨，占钢材出口总量的 54.6%。随着我国钢材出口总量不断增加，钢材出口企业结构变化，加工贸易出口占我国钢材出口总量比重不断下降。2017 年，我国累计出口钢材 7541 万吨，其中一般贸易出口 7194 万吨，占当年钢材出口总量的 95.4%。一般贸易成为钢材出口的主要贸易方式。

（三）冶金技术装备国际竞争力不断增强

中国钢铁工业经过改革开放以来特别是近十多年来的发展，在粗钢产量迅速增长的同时，整体技术水平不断提升，形成了世界上最完整的现代化钢铁工业体系。鞍钢鲅鱼圈、首钢京唐、宝钢湛江等钢铁生产基地的建成投产标志着中国在钢铁工程建设、装备制造、工艺技术、生产组织、产品研发等方面已处于世界领先水平。近年来，我国钢铁冶金设备技术取得的进展主要包括以下几个方面：

1. 由出口中小型钢铁企业成套设备技术发展到开始出口大中型钢铁企业成套设备技术

中冶、中钢设备、首钢国际、山东冶金设计院等在国外承包的项目，基本是由我国专有技术带动设备出口。如在印度、土耳其、巴西、伊朗、越南等发展中国家建设的高炉、烧结、焦化、连铸、轧钢、棒线材等承包项目。相比欧美企业，我国企业承包项目的性价比很高。

2. 开始出口大中型钢铁设备生产线

中冶北方公司和毛里塔尼亚 Negoec 国际矿业公司签署采选工程总承包协议，一期规模为 400 万吨 / 年铁精矿，并考虑以后扩产到 800 万吨铁精矿的可能性。中冶长天公司总承包的巴西安赛乐米塔尔公司 198 平方米烧结机已顺利投产，年产能 220 万吨。中钢设备总公司承建的土耳其一钢厂 300 平方米烧结机投产。土耳其 Igdemiy 公司向中钢设备总公司订购了年产 520 万吨烧结矿的烧结机和年产

130 万吨焦炭的两座焦炉。

3. 开始创造名牌产品销往多国

宝钢自主设计制造的高炉冷却壁具有耐火砖镶嵌技术，冷却管防渗碳防漂移等多项独有技术达到国际领先水平。全球近期建设的九座大高炉均采用宝钢高炉冷却壁，初步统计全球 12 座 5000 立方米以上大高炉中，宝钢制造的冷却壁已占 40%。由秦皇岛秦冶重工设计制造的高炉无料钟炉顶设备，除在国内新建大高炉中得到广泛应用外，已出口韩国浦项与印度尼西亚。大型高炉热风炉阀门出口至俄罗斯、印度、韩国、美国等。陕西鼓风集团设计制造的高炉煤气余压发电机组已出口至韩国、印度、越南等国。

4. 中国自主设计制造或与发达国家知名厂家合作生产开发的部分钢铁冶金设备技术等也开始向发达国家出口

二、中国钢铁工业对外投资发展现状

改革开放以来的 40 年，中国钢铁工业的发展创出了钢铁国际产能合作的成功范例，从主要是“引进来”，大量进口钢材、冶金技术装备及铁矿石等原材料，发展到目前一些企业“走出去”积极探索，钢铁生产领域投资增加，涌现出了一批重要的海外钢铁生产项目。

（一）钢铁企业对外投资增长，对外投资目的地重点突出

钢铁企业对外投资显著增长。中国钢铁及相关企业海外投资历史上对矿产资源的投资较多，钢铁生产领域投资少。钢铁企业对外投资在 2009—2013 年发展比较迅猛，2012 年投资金额高达 75.7 亿美元，之后投资热度逐渐下降。2018 年中国钢铁企业对外投资显著增长，投资金额为 75.8 亿美元，比上年上涨 338.2%，是自 2005 年以来，钢铁企业对外投资规模最大的一年。

“一带一路”成为对外投资重点区域。钢铁企业对外投资主要集中在东亚、西亚、澳洲、南美和撒哈拉以南的非洲地区。2018 年西亚投资金额为 33 亿美元，占比最高，达到 43.5%；其次是南美洲，投资金额为 27.8 亿美元，占比 36.7%。东南亚地区以绿地建厂、延伸加工服务体系、控制资源和承建中企投资项目为主，投资的主要目的国是印尼、越南和马来西亚；南亚地区主要以绿地建厂、延伸加工服务体系和钢铁工程项目为主，主要主要目的国是印度；非洲地区主要以控制资源和承担工程建设项目为主；欧洲地区以营销渠道建设、延伸加工服务体系和承担工程建设项目等为主；南美和大洋洲地区的投资主要以控制资源为主，包括收购和参股矿业公司等。

（二）冶金行业对外工程承包竞争力增强，承接国际钢铁成套工程项目增加

随着钢铁工业的发展，我国冶金技术设备制造逐步由单体设备及部件出口走向成套设备及工程总承包，国际竞争力不断增强。中冶、中钢等企业以工艺设计为龙头，核心技术和产品制造为依托，工程项目管理和施工为手段，与欧美传统冶金技术装备企业同台竞争，以 EPC 模式赢得了一大批具有重要影响的国际钢铁成套工程项目，已经形成一定的国际影响力。中冶集团总包的台塑越南河静 700 万吨钢厂项目顺利投产，实现了千万吨级绿地钢铁总体设计和系统输出、4000 立方米级高炉技术和装备整体出口；马来西亚关丹联合钢铁（大马）350 万吨综合钢厂如期建成，成为“中国资本、中国技术、中国标准”全面走出去的国际产能合作典型；中冶南方成功获得西班牙 ACS 公司连续热镀锌机组总承包合同，实现了中国冷轧技术装备出口欧洲发达国家零的突破。

全流程设计经验不断丰富，全球影响力的样板工程不断增加。中国冶金工程建设经过长期的经验积累和项目实践，已经具备了冶金建设涉及的所有专业配置和全流程的设计经验，拥有为钢铁企业提供全产业链的服务能力，能够提供经济、高效、绿色的冶金建设整体解决方案，并拥有了一批指标先进的具有全球影响力的样板工程。

三、中国钢铁产品遭遇贸易摩擦，出口影响明显

2006 年中国由钢材净进口国转变为净出口国后，针对中国钢铁产品的贸易救济调查不断增加。2016 年对中国钢铁产品的贸易救济调查即多达 49 起，达到历史最高水平。此后，虽然钢铁贸易救济调查案件数量有所减少，但美国先后发起对钢铁产品的 337 调查和 232 调查，欧盟、加拿大先后发起对钢铁的保障措施调查。钢铁贸易救济调查的主要特点有：

（一）受影响市场分布范围广

2015年澳大利亚、巴基斯坦、巴西、哥伦比亚、加拿大、马来西亚、美国、墨西哥、欧盟、泰国、土耳其、印度、越南、赞比亚和智利15个国家和地区共对中国发起贸易救济调查37起。其中，反倾销26起，反补贴5起，保障措施6起。

2016年海合会、南部非洲关税同盟、阿根廷、埃及、澳大利亚、巴基斯坦、巴西、多米尼加、加拿大、马来西亚、美国、墨西哥、欧盟、中国台湾、泰国、土耳其、新西兰、印度、印尼、越南和智利21个国家和地区共对中国发起贸易救济调查49起。其中，反倾销32起，反补贴10起，保障措施7起。

2017年澳大利亚、智利、海合会、美国、马来西亚、巴基斯坦、韩国、新西兰、印尼、哥伦比亚和印度10个国家和地区共对中国发起贸易救济调查12起。其中，反倾销10起，反补贴2起。

2018年美国、欧盟、哥斯达黎加、哥伦比亚、新西兰、中国台湾、土耳其、巴西、加拿大、欧亚经济委员会、马来西亚、印度和乌克兰13个国家和地区累计对中国钢铁产品发起贸易救济调查29起。其中，反倾销调查13起，反补贴调查10起，保障措施调查6起。

由于部分地区所涉国家较多，如欧盟涉及28个国家和地区，海合会涉及阿联酋、阿曼、巴林、卡塔尔、科威特和沙特阿拉伯6国，南部非洲关税同盟涉及博茨瓦纳、纳米比亚、莱索托、南非和斯威士兰5国，欧亚经济委员会涉及白俄罗斯、哈萨克斯坦、俄罗斯、亚美尼亚、塔吉克斯坦和吉尔吉斯斯坦6国。在区域性组织统一发起贸易救济调查的情况下，一些缺乏国内产业的国家也被纳入贸易救济保护范围之内，从而扩大了受贸易救济调查影响的国家范围。

（二）受影响产品种类多，涉案总金额高

2015年涉及产品包括钢坯、条杆、螺纹钢、盘条、中厚板、热轧板卷、冷轧板卷、镀锌板、彩涂板、钢管等，涉案金额约56亿美元。2016年涉及产品包括螺纹钢、H型钢、盘条、中厚板、热轧板卷、冷轧板卷、镀层板、彩涂板、钢管、钢丝、钢绞线等，涉案金额约63亿美元。2017年涉及产品包括合金钢棒、无缝钢管、冷轧钢板、彩涂板、螺纹钢、型材和镀锌钢丝，涉案金额约10亿美元。2018年，美国232调查、欧盟钢铁保障措施调查、土耳其钢铁保障措施调查等案件涉案产品基本都包括所有钢铁产品。涉案总金额很高，对中国相关产品出口具有明显影响。

（三）贸易调查规则滥用，应对难度增大

当前形势下，贸易调查规则滥用分为两类：一是部分发达国家将贸易调查种类扩展，如近年来美国频繁发起的337调查、232调查、301调查等；二是各国对传统的贸易救济调查（即反倾销调查、反补贴调查和保障措施调查）规则趋严，并出现了一些滥用规则的现象，诉诸WTO争端解决的案件增加。

贸易调查的种类扩展主要体现为美国针对进口产品种类设置了繁多的调查程序。2016年5月，美国国际贸易委员会根据美国钢铁公司（US Steel, 以下简称美钢）的申请，对中国钢铁产品发起的337调查。本案中，美钢提出的三个诉点分别为：中国钢铁工业协会组织相关企业交换信息，属于垄断行为；宝钢通过黑客盗取美钢高强度汽车板的商业秘密；中国企业通过转运规避美国的贸易救济措施。其中，仅有商业秘密诉点是337调查中常见的诉点，反垄断和反规避诉点在历史上均极为罕见。在协会会长、副会长单位的共同努力下，中国在三个诉点中全面胜诉。

2017年，美国对钢铁和铝先后发起了232调查，虽然遭到本国下游行业及其他国家的强烈反对，美国总统特朗普仍于2018年3月宣布对进口钢铁产品征收25%的额外关税。目前，已有9个WTO成员基于《保障措施协定》将美国232调查诉诸争端解决机制，有待世贸组织专家组裁决。美国通过232调查对钢铁产品征收额外关税的行为严重扰乱了国际贸易秩序，欧盟、土耳其、加拿大先后以防止贸易转移的名义对钢铁产品发起保障措施调查。

2017年8月，美国贸易代表还发起了对中国知识产权及创新政策的301调查，并据此先后决定实施对原产于中国的500亿美元、2000亿美元和3000亿美元的进口产品征税。美国301调查对中国产品加征关税清单中，第一批500亿美元没有涉及钢铁产品。第二批2000亿美元清单中涉及钢铁产品税则号62个，第三批3000亿美元清单中涉及钢铁产

品税则号 303 个，主要钢铁产品基本都列入清单中。

四、国际贸易摩擦对中国钢铁业的影响

（一）钢材出口下降，出口市场转向

2016 年后，中国国内化解钢铁过剩产能工作不断推进，以及贸易救济调查的影响，钢材出口量逐年下降，2016 年至 2018 年钢材出口量分别为 10849 万吨、7541 万吨和 6934 万吨。

鉴于针对中国钢铁产品的贸易救济调查不断增多，中国对欧盟和美国钢材出口持续下降。东盟、中东、韩国等国家和地区经济增长较快，钢材需求量增加，成为中国钢材出口的主要市场。目前，中国向二百多个国家和地区出口钢铁产品，形成了以“一带一路”国家为主、遍布全球的出口市场结构。

（二）贸易救济调查对出口影响应分区域、分品种考量

美国、欧盟对我国钢铁产品发起的贸易救济调查多，涉案产品主要为板材和管材，贸易救济措施税率高，对出口影响大。

东盟各国对我国钢铁产品发起的贸易救济调查也较多，涉案产品范围广，包括长材、板材和管材。东盟各国对长材（包括螺纹钢、盘条和 H 型钢）的贸易救济调查和我国供给侧结构性改革综合作用，对我国长材出口有一定影响。印度贸易救济调查对我国钢材出口也有较大影响。

越南、马来西亚、印尼等部分东盟国家新增产能未来可能与贸易救济措施结合，对我国钢材出口产生更大影响。

（三）中国钢铁企业国际化战略风险增加

目前，全球重要的钢材消费国家和地区对中国钢铁产品采取了近 300 起贸易救济措施，以出口为目标的对外投资可能存在较大风险。在征收较高反倾销反补贴税的情况下，对外投资企业常常因原料涨价面临经营困难。下游产业遭遇贸易摩擦也将影响对外投资企业的经营状况。中国在境外投资的钢铁企业的部分产品从东道国销售至其他国家时，也可能产生新的贸易摩擦。

（中国钢铁工业协会　蒋璇芳）

中国电信业对外开放情况

一、2018年中国信息通信业发展情况

2018年，我国信息通信业保持良好发展势头。基础电信业健康平稳增长，电信业务收入突破1.3万亿元，增速回落至3%；电信业务总量同比增长137.9%，较上年增幅提升61个百分点。互联网及相关服务业保持平稳较快增长，规模以上互联网企业完成业务收入9562亿元，较上年增长20.3%。

（一）信息通信基础设施建设扎实推进

1. 网络服务能力持续提升

2018年，我国光纤宽带部署规模进一步扩大，接入网基本实现全光纤化，光纤接入端口占比提升至88%，光纤宽带覆盖水平进入全球领先行列。4G网络建设进入平稳发展期，全国城区及人口密度较大的中东部农村地区覆盖进一步完善，4G基站总规模达到372万个，网络质量和承载能力持续优化。IPv6规模部署快速推进，2018年骨干互联互通设备已全部支持IPv6，部分直联点设备已开启IPv6双栈功能，全国互联网骨干网络设备均已具备支持IPv6的能力。IDC建设全面快速增长，2018年全国IDC机架规模①预计达215万架，年增长率超过30%。IDC云化进程加快，IDC云化率②（IDC云机架数与总机架数的比值）平均水平为23.9%。国际互联网出入口带宽快速提升，总带宽达到7.8Tbps，年增幅近20%。

2. 网络提速降费年度目标提前超额完成

2018年，我国百兆宽带普及提速，4G网络覆盖和速率持续提升，宽带下载速率进入全球前列。截至年底，100M及以上固定宽带用户占比达七成，4G用户占比近75%，12月月户均移动互联网接入流量达6.3GB，同比增长1.3倍。互联网骨干直联点达到13个，网间互联带宽新扩容1950Gbps，网间通信时延平均值同比降低9.99%。固定宽带和移动宽带4G网络平均下载速率③较去年同期分别增长47.6%和21.3%。国内流量“漫游”费全面取消，推出大流量资费套餐等，移动数据流量全年平均资费已降至8.5元/GB，降幅达63%，超额完成政府工作报告所提出的年内至少降低30%的目标。基础电信运营商全年累计让利超1200亿元④。

3. 电信普遍服务提前实现“十三五”规划目标

前三批试点累计投入400多亿元，支持27个省份的13万个行政村实施宽带网络建设和升级改造，行政村通光纤和贫困村通宽带比例均超过97%。2018年我国启动第四批电信普遍服务试点申报工作，重点转向农村及偏远地区4G网络覆盖，支持行政村、边疆地区和海岛地区建设4G基站1.4万个。

4. 5G研发和产业化进程加快

5G研发和产业化进程加快。2018年，3GPP完成5G国际标准第一版本的研制和发布，5G进入商用部署的关键阶段。截至2018年12月底，我国5G技术研发试验第三阶段测试工作基本完成，5G基站与核心网设备均可支持非独立组网和独立组网模式，达到预商用水平。国内运营企业积极开展规模试验，优化产品性能，积累运营经验。

（二）电信领域改革步伐加快

1. 市场多元供给主体竞合发展

2018年，移动通信转售业务转为正式商用，截至年底，42家试点企业中已有31家获得移动转售正式商用许可。移动转售用户总规模超8000万户，占全国移动用户总数的比重达到5%。宽带接入网业务试点范围再扩，试点时间延长至2020年底。三网融合全面推进，广电企业获电信业务经营许可数量持续上升。截至2018年底，全国广电企业已发展有线宽带家庭用户近3900万户，并已获批参与5G建设。

2. 基础电信企业混改试点深入推进

2018年，中国联通混改试点向纵深推进：引BATJ（百度、阿里巴巴、腾讯、京东）在内的五位战略投资者进入董事会，完善治理结构；全面推进互联网化运营，在新零售、云计算、大数据、物联

---

①② 数据来源：中国信息通信研究院。
③ 数据来源：宽带发展联盟《中国宽带速率状况报告第22期（2018Q4）》。
④ 数据来源：国资委。

网等新经济领域与民营互联网企业持续开展合作；持续推进组织机构改革精简优化，压缩管理层级，深入挖潜，降本增效，提高企业全要素生产率。中国电信混改迈开关键步伐，旗下支付公司混改试点工作稳步推进，与民营企业传化集团成立合资公司，建设物流信息化平台。中国移动已开展子公司层面的混改研究工作。

（三）互联网进入新一轮创新周期

1. 互联网行业规模保持平稳增长

2018 年，我国上市互联网企业总营收达 1.9 万亿，同比增速近 30%。截至 2018 年 12 月 10 日，国内外上市互联网企业总市值达 1.2 万亿美元，受国际形势、政策环境等因素影响，较年初下降 27.2%。移动互联网应用程序数量缓步增长，我国市场上监测到的 APP 数量全年净增 42 万款，总量达到 449 万款，其中我国本土第三方应用商店的 APP 超过 268 万款，第三方应用商店分发累计数量超过 1.8 万亿次。

2. 新技术新业务创新高度活跃

当前互联网发展已进入“多点技术融合”驱动创新阶段，融合移动技术、新终端形态、区块链、人工智能技术形成发展合力，引领互联网产业进入智能融合的新发展周期。2018 年我国互联网全行业研发投入达 490 亿元，同比增长 19%。互联网新模式新业态频现，对传统的社交、电商等互联网基础业务产生显著影响。在社交领域，以短视频为代表的创新业态快速崛起，2018 年一季度国内短视频使用时长同比增长近 6%，与之相对，即时通信使用时长下降 4.8%；抖音海外版 Tik Tok 市场影响大幅飙升，冲击全球社交市场格局。在电商领域，以拼多多为代表的拼团农村电商迅速发展，用户下载量逼近京东，活跃度超越京东和唯品会，直追淘宝，电商业务格局正经历深刻重构。

3. 互联网初创企业持续壮大

我国独角兽企业数量由 2017 年的 120 家上升至 186 家，全年累计新增 97 家，区块链行业企业首次上榜，小米、拼多多、美团点评、腾讯音乐等 24 家企业已完成 IPO 退出榜单，7 家因与其他公司合并或经营不善退出榜单[①]。

（四）信息化融合发展不断增强

1. 工业互联网政策落地推进，加快应用探索

2018 年是我国工业互联网全面实施之年，工信部发布《工业互联网发展行动计划 (2018—2020 年)》，提出初步建成工业互联网基础设施和产业体系，初步构建工业互联网标识解析体系，推动 30 万家以上工业企业上云，培育超过 30 万个工业 APP，初步建立工业互联网安全保障体系等工作目标。年内工业互联网政策密集发布，2018 年工业互联网创新发展工程共支持 91 个项目，核定 72 个工业互联网试点示范项目。工业互联网平台发展迅猛，目前国内具备一定产业影响力的工业互联网平台数量已超过 50 个[②]，平台应用日渐繁荣，模式创新活跃，应用场景集中于资产性能监控优化与生产运营分析，垂直领域聚焦能源、高端装备制造、工程机械等重点行业。

2. 云计算、大数据与实体经济深度融合

云计算产业发展势头迅猛，服务能力大幅提升，应用范畴持续拓展，与实体经济各领域的融合渗透不断深入，已发展成为承载各行业应用的关键基础设施。2018 年 8 月工信部印发《推动企业上云实施指南 (2018—2020 年)》，强化政策保障，推动“企业上云”行动纵深发展。大数据在各行业的应用逐渐加快，进入稳步成长阶段，互联网、电信、金融、政务、交通、医疗等领域大数据应用不断深化。《中国大数据发展调查报告（2018 年）》显示，在分布于全国各地区各行业的规模各异的 1572 家被调查企业中，已有近四成应用了大数据。

二、中国电信业开放情况

（一）开放政策情况

自 2001 年加入世界贸易组织（WTO）以来，我国一直严格履行相关承诺。近年来，按照国家推动形成全面开放新格局的部署和要求，我们积极推进电信领域进一步开放。一是在全国 21 个服务外包示范城市向外资开放了离岸呼叫中心业务，不设股比限制；二是在《内地与港澳关于建立更紧密经贸关系的安排》（CEPA）框架下将全部 10 项增值电信业务对港澳资本开放，6 项不设股比限制；三

① 数据来源：胡润研究院 .《2018 胡润大中华区独角兽指数》榜单结合资本市场独角兽定义筛选出有外部融资且估值超十亿美金的优秀企业，数据截止日期为 2018 年 12 月 31 日。

② 数据来源：工信部摸底数据分析和中国信息通信研究院调研统计。

是在上海自贸区将10项增值电信业务中的8项对外资开放，6项不设股比限制；四是在全国范围内取消了在线数据处理与交易处理业务（经营类电子商务）的外资股比限制；五是移动通信转售业务正式商用并按照WTO承诺向外资开放；六是发布了《自贸区外商投资准入特别管理措施（负面清单）（2018年版）》，将上海自贸区电信领域开放政策复制推广至其他自贸区；七是支持北京市服务业扩大开放综合试点工作，在综合试点示范区和示范园区，取消了存储转发类、国内多方通信和为上网用户提供互联网接入服务三项增值电信业务的外资股比限制。

（二）2018年外商投资情况

按照中央经济工作会议关于“要推进更高水平对外开放，着力稳外贸、稳外资”等要求，持续推进我国电信市场开放，来华投资经营电信业务的外商投资企业数量进一步增加。截至2018年底，已有121家外商投资企业获批经营，同比增长39%，其中包括86家企业获得工业和信息化部增值电信业务经营许可，35家企业取得上海自贸区试点批复。从行业细分看，开展在线数据处理与交易处理、信息服务以及国内呼叫中心三项业务的企业数量较多，占全部业务许可颁发数量的81%。从国内市场布局看，企业注册地主要分布在北上广三地，占比达79%，具有明显的区域集中特点。从投资合作方式看，外商独资企业有37家，外方占比在50%至100%之间的企业有7家，其他企业外资持有股权比例多在10%~50%之间，约占总数的39%。外资直接持股的约占2/3，间接持股的约占1/3。从主体结构看，外商投资电信企业中，过半数企业的外方资本来自香港，其次是美国和日本，三者共计占总量的75%。此外，国外企业还可通过购买我国上市电信公司流通股，以深港通、沪港通等多种资本方式投资进入我国电信市场，从近年来的趋势看，此类情况正逐步增多。

与此同时，我们不断优化国内营商环境，加大“放管服”改革力度，简化外资准入审批流程，完善事中事后监管方式，为吸引外国企业来华投资兴业创造了良好条件，我国电信市场对外资的吸引力不断增强。外商投资电信企业在华发展，促进了我国电信市场的竞争和繁荣，带来更多模式创新，也为用户提供了更优质更多元化的服务。

（三）2019年：抓住机遇，迎接挑战，扩大开放

当前国际格局和秩序发生深刻变革，我国正积极维护多边贸易体制，持续扩大对外开放力度，构建全球经贸合作伙伴关系。信息通信业作为拉动经济转型升级，促进社会进步的战略性、基础性、先导性行业，已成为多双边贸易协定中各方关注的重点，也为我国电信市场积极利用外资带来了新的机遇。从产业发展态势来看，随着信息通信业与经济社会各领域深度融合和广泛渗透，我国电信技术创新不断涌现，市场潜力释放，受到越来越多国内外资本的关注，为进一步利用外资提升转型发展质量；从政策环境来看，随着《外商投资法》等重要法律的颁布，我国对外开放总体环境持续向好，法制环境不断健全，这也为外商投资我国电信市场坚定了信心。

我国电信市场的开放和发展也面临一些挑战。随着近年来信息通信技术的融合发展和资本市场运作模式创新，新技术、新业务、新模式不断涌现，外商投资主体更加多样、结构更加复杂，这些都对我国的市场监管和法制环境提出了新的要求。

（四）下一步推进思路

我国电信行业将继续深入贯彻落实国家推动形成全面开放新格局的总体要求，扩大开放范围，提升开放水平。持续推进电信业开放有关工作，一是落实最新发布的《外商投资准入特别管理措施（负面清单）（2019年版）》，在全国范围内开放存储转发类、呼叫中心、国内多方通信等业务，积极吸引外资企业来华投资和经营电信业务，并积极研究进一步开放举措；二是支持国内外商投资电信企业发展，推动其打造有竞争力的产品和服务，提升市场竞争能力；三是进一步完善外商经营电信业务管理模式，完善事中事后监管措施，为外商投资我国电信市场营造良好环境。

（工业和信息化部信息通信发展司　许明）

中国建筑业对外开放情况

2018年，建筑业以深化建筑业“放管服”改革为主线，加快推动建筑业改革发展，全面提升建筑业发展质量和效益。

一、建筑业基本情况

全国具有资质等级的总承包和专业承包建筑业企业完成建筑业总产值235085.53亿元，同比增长9.88%；签订合同额494409.05亿元，同比增长12.49%；完成房屋施工面积140.89亿平方米，同比增长6.96%；完成房屋竣工面积41.35亿平方米，同比下降1.33%。建筑业在国民经济中的支柱产业作用依然突出，全社会建筑业实现增加值61808亿元，占全年国内生产总值的6.87%；同时作为拉动就业的重要力量，建筑业从业人员5563.30万人，占全社会就业人员总数的7.17%[①]。

二、对外承包工程基本情况

我国对外承包工程业务完成营业额1.12万亿元人民币，同比下降1.7%（折合1690.40亿美元，同比增长0.3%），新签合同额1.6万亿元人民币，同比下降10.7%（折合2418亿美元，同比下降8.8%）。我国企业在“一带一路”沿线国家新签对外承包工程项目合同7721份，新签合同额1257.8亿美元，占同期我国对外承包工程新签合同额的52%，同比下降12.8%；完成营业额893.3亿美元，占同期总额的52.8%，同比增长4.4%[②]。我国对外劳务合作派出各类劳务人员49.2万人，较上年同期减少3万人；其中承包工程项下派出22.7万人，占总数量的46%，劳务合作项下派出26.5万人，占总数量的54%。年末在外各类劳务人员99.7万人，较上年同期增加1.7万人[③]。

三、市场准入开放情况

2018年，会同商务部废止《外商投资建设工程设计企业管理规定》（建设部、对外贸易经济合作部令第114号）、《〈外商投资建设工程设计企业管理规定〉的补充规定》（建设部、商务部令第122号）、《外商投资建设工程服务企业管理规定》（建设部、商务部令第155号），以及建设部、商务部《关于印发〈外商投资建设工程设计企业管理规定实施细则〉的通知》（建市〔2007〕18号）等规章制度，对外商投资设计监理企业实行准入前国民待遇，按照内外资一致原则，营造良好营商环境，推进建设工程设计和监理市场对外开放。

（住房和城乡建设部建筑市场监管司）

① 中国建筑业协会：《2018年建筑业发展统计分析》。
② 中国商务部：《2018年1-12月我国对外承包工程业务简明统计》《2018年1-12月我对“一带一路”沿线国家投资合作情况》。
③ 中国建筑业协会：《2018年建筑业发展统计分析》。

中国银行业和保险业对外开放情况

一、2018 年银行业保险业对外开放措施

在金融开放方面，习近平主席在 2018 年博鳌论坛年会宣布，“在服务业特别是金融业方面，去年底宣布的放宽银行、证券、保险行业外资股比限制的重大措施要确保落地，同时要加大开放力度，加快保险行业开放进程，放宽外资金融机构设立限制，扩大外资金融机构在华业务范围，拓宽中外金融市场合作领域。”为贯彻落实党中央、国务院关于推动形成全面开放新格局的指示精神，2018 年 4 月中国银行业和保险业推出了四方面共 15 条对外开放措施，具体是：

一是取消或放宽外资持股比例限制，包括取消对中资银行和金融资产管理公司的外资持股比例限制，实施内外一致的股权投资比例规则；对商业银行新发起设立的金融资产投资公司和理财公司，外资持股比例不设置限制；鼓励信托、金融租赁、汽车金融、货币经纪、消费金融等各类银行业金融机构引进境外专业投资者，对外资持股比例不存在限制；将外资人身险公司外方股比放宽至 51%，3 年后不再设限等。

二是放宽外资机构和业务准入条件，包括允许外国银行在中国境内同时设有子行和分行；全面取消外资银行申请人民币业务需满足开业 1 年的等待期要求；在全国范围内取消外资保险机构设立前需开设 2 年代表处的要求；允许符合条件的境外投资者来华经营保险代理业务和保险公估业务等。

三是扩大外资机构业务范围，包括允许外国银行分行从事“代理发行、代理兑付、承销政府债券”业务；降低外国银行分行吸收单笔人民币定期零售存款的门槛至 50 万元；积极拓宽外资参与处置不良资产的方式与途径；放开外资保险经纪公司业务范围，与中资机构一致等。

四是优化外资机构监管规则，包括对外国银行境内分行实施合并考核；调整外国银行分行营运资金管理要求；允许外国银行在华管理行授权符合条件的该行在华分行开办人民币和衍生产品交易业务等。

进一步扩大银行业保险业对外开放是我国经济和金融自身发展的需要，这将有利于丰富市场主体、激发市场活力，提高金融业经营管理水平和竞争能力，也有利于学习借鉴国际先进理念和经验，扩大产品与服务创新，增加金融有效供给，满足广大人民群众不断提高的金融服务需求。

二、银行业保险业对外开放措施落实情况

为确保开放措施及早落地，银保监会加快完善相关法律法规和配套制度建设，对外开放工作取得积极进展。包括：

一是 2018 年 2 月 24 日发布了关于修改《外资银行行政许可事项实施办法》的决定，明确外资法人银行开展对银行业金融机构股权投资的条件和程序，取消外资银行开办证券投资基金托管等 4 项业务的审批，并进一步统一了中外资银行市场准入标准。

二是 2018 年 4 月 27 日发布了《关于进一步放宽外资银行市场准入有关事项的通知》和《关于放开外资保险经纪公司经营范围的通知》，扩大了外资银行和外资保险经纪公司的业务范围。明确允许外资银行可以开展代理发行、代理兑付、承销政府债券业务，允许符合条件的外国银行在中国境内的管理行授权中国境内其他分行经营人民币业务和衍生产品交易业务，对外国银行在中国境内多家分行营运资金采取合并计算；放开保险经纪公司经营范围，与中资一致。

三是 2018 年 5 月 30 日就《外资保险公司管理条例》和《外资保险公司管理条例实施细则》的修订草案公开征求意见，落实全面取消外资保险机构设立前需开设 2 年代表处和放宽人身险保险公司外资持股比例至 51% 的措施。

四是 2018 年 6 月 28 日发布了《关于允许境外投资者来华经营保险代理业务的通知》和《关于允许境外投资者来华经营保险公估业务的通知》，为境外投资者来华经营保险代理和公估业务提供了法律依据。

五是 2018 年 6 月 29 日发布了《金融资产投资公司管理办法（试行）》，对境外投资者投资入股专

门从事“债转股”业务的金融资产投资公司未设置持股比例限制，这将有助于拓宽境外投资者参与境内不良资产处置的方式和途径。

六是 2018 年 8 月 23 日发布了《中国银保监会关于废止和修改部分规章的决定》，取消对中资银行和金融资产管理公司的外资持股比例限制，实施内、外资一致的股权投资比例规则。

七是 2018 年 10 月 25 日和 11 月 28 日分别就《外资银行管理条例》和《外资银行管理条例实施细则》的修订草案公开征求意见，落实放宽外资银行准入条件等开放措施。

八是 2018 年 12 月 2 日发布《商业银行理财子公司管理办法》，对境外投资者投资入股商业银行下设的理财子公司不设置持股比例限制，这有助于商业银行吸引境外成熟优秀的金融机构投资入股，引入国际先进的专业经验和管理机制。

上述开放措施旨在进一步完善金融领域的外商投资和经营环境，市场反应积极，已有多个国家和地区的金融机构表达了在华投资和开展业务的意愿，并已有多个外资准入实例获得批准，包括：批准全国首家两岸合资消费金融公司厦门金美信消费金融公司开业；批准约旦阿拉伯银行上海分行筹建和摩洛哥外贸银行上海分行开业，它们分别是约旦和摩洛哥在华设立的首家外资银行营业性机构；批准安联（中国）保险控股有限公司筹建我国首家外资保险控股公司；批准恒安标准人寿保险有限公司筹建恒安标准养老保险有限责任公司；批准美国安达集团增持华泰保险集团股份有限公司股份；批准香港友邦保险公司参与跨京津冀区域保险经营试点，等等。

三、外资银行保险机构在华发展情况

自 1978 年中国改革开放以来，特别是 2001 年中国加入世贸组织以来，中国银行业保险业对外开放不断扩大、深化，从严格限制外资机构的经营地域和业务范围到给予外资机构国民待遇，对外开放的步伐从未停止。尤其是，中国银行业保险业在全面履行加入世贸组织承诺基础上，不断自主开放，主动向世界打开大门。例如，银保监会持续放宽外资市场准入条件；允许境外金融机构投资入股中资银行业保险业机构，以开放促进中国金融业改革；允许外资设立和投资入股各类非银行金融机构，丰富外资经营业态；持续推进行政审批制度改革，提高外资营商便利度等等。

随着开放程度不断加深，外国银行业、保险业机构在华机构数量稳步增长，产品和服务体系不断丰富。

银行业方面，2018 年共批准 2 家外资法人银行和 16 家外资银行分行开业，批准 6 家外资银行分行筹建，批准外资银行增加注册资本和营运资金共计 81 亿元（人民币，下同）。截至 2018 年 12 月末，来自 54 个国家和地区的 217 家银行在华设立了 41 家外资法人银行、115 家外国银行分行和 154 家代表处，营业性机构总数 989 家（含总行、分行、支行）。其中，来自 22 个“一带一路”国家的 51 家银行在华设立了 7 家法人银行、18 家外国银行分行和 36 家代表处。截至 2018 年 12 月末，在华外资银行资产总额 3.35 万亿元，较 2002 年我国加入世贸组织之初增长了 9 倍多，年均增长 15% 以上。总体盈利能力稳步提高，2018 年全年净利润 248.2 亿元，相当于 2002 年全年净利润的 16 倍多。在华外资银行资本充足，流动性稳定，资产质量良好，整体保持了稳健经营。

保险业方面，2018 年共批准 5 家外资保险法人机构筹建，批准外资保险公司合计增加注册资本 70.82 亿元。截至 2018 年 12 月末，共有 16 个国家和地区的境外保险机构在华设立了 57 家外资保险机构，包括 28 家人身险公司、22 家财产险公司、6 家再保险公司和 1 家资产管理公司，下设各级分支机构 1800 多家。截至 2018 年 12 月末，外资保险公司总资产 1.15 万亿元，同比增长 10.87%；较入世之初增长了 75 倍多，年均增长 31.1%。2018 年全年外资保险公司原保险保费收入 2354.34 亿元，较入世之初增长了 49 倍多，年均增长 27.85%。

对外开放全面提升了中国金融业发展水平和金融机构竞争力。多层次、广覆盖、有差异的金融机构体系不断健全；银行保险机构服务能力和水平持续提高，风险管理能力显著增强；金融监管框架不断完善，监管有效性不断提升。与此同时，银行业保险业坚持“引进来”和“走出去”相结合，融入全球化进程加快。当前，我国银行业按总资产规模已居全球第一，保险业按保费收入已居全球第二，我国已经成为全球最重要的银行和保险市场。

四、中资银行保险机构海外发展情况

随着中资企业“走出去”步伐不断加快，中资银行业保险业金融机构积极拓展海外布局，不断提升国际化水平。截至2018年末，共有23家中资银行在67个国家（地区）设立了1400多家分支机构，共有12家中资保险机构在境外设立了40家保险机构。与此同时，认真落实党中央、国务院关于共建“一带一路”的部署，持续提升“一带一路”金融服务能力，取得了积极进展。

一是加快机构布局和提升服务水平。银行业方面，截至2018年末，共有11家中资银行在28个“一带一路”沿线国家设立了76家一级机构（20家子行、42家分行、14家代表处），2013年9月至2018年9月末，中资银行共参与“一带一路”建设相关项目超过4000个，累计发放贷款超过4500亿美元，主要集中于基础设施建设、经贸合作、产能合作等重点领域。保险业方面，目前有3家中资保险机构在新加坡、印尼设有5家营业性机构。截至2018年末，保险业投资“一带一路”项目资金余额约为616.48亿元。

二是积极开展金融创新。银行业方面，中资银行通过发行主题债券、投贷结合、发起和管理“一带一路”基金等方式募集资金，拓宽投融资渠道，同时积极创新信贷模式和融资方案，丰富产品体系。保险业方面。保险公司积极探索创新保险产品和服务模式，针对“走出去”企业面临的风险特点开发各类责任保险以及工程保险，为“一带一路”建设提供全方位保障和服务。此外，中资金融机构致力于加强多方合作，共同打造金融服务平台。中资政策性、开发性银行与商业银行之间、中资金融机构与国际金融机构、多边组织及发达国家金融机构之间开展多方合作，引入国际资本，实现优势互补、合作共赢。

三是践行社会责任。中资银行在“一带一路”沿线国家主动承担社会责任，促进民心相通。例如部分中资银行加大对“一带一路”沿线国家的绿色金融和普惠金融支持力度，为当地国家提供小额农业贷款；积极开展公益活动，并面向“一带一路”沿线国家举办金融交流合作研修班等，有效促进国际经贸合作和人文交流，树立了中资金融机构在外良好形象。

（中国银保监会国际部　段继宁）

中国服务贸易发展情况

2018 年以来，商务部积极推进服务贸易创新发展，各项工作取得积极成效，为决胜全面建成小康社会，推动经济转型升级和向高质量发展作出了积极贡献。

一、重点工作取得新成效

（一）政策创新激发服务贸易发展新动能

第一阶段服务贸易创新发展试点于 2018 年 2 月结束。2 年试点期间，在各部门的大力支持下，在试点地区的共同努力下，试点取得积极成效，统筹协调的管理体制和促进机制基本建立，多点发力的政策体系初具雏形，监管模式的流程再造有序推进，服务贸易新业态新模式加速培育。试点共形成 5 个方面 29 条经验，经国务院批准在全国复制推广。2018 年 5 月 23 日，国务院常务会议审议并原则通过《深化服务贸易创新发展试点总体方案》。2018 年 6 月 1 日，国务院正式批复同意深化服务贸易创新发展试点，延长试点期限 2 年，范围扩大到 17 个省（市、新区），将北京、雄安新区新增为试点地区，将哈尔滨新区调整为哈尔滨市、江北新区调整为南京市。深化试点方案提出金融、电信、旅行、专业服务等领域 6 项开放便利举措，围绕 8 项试点任务提出 34 项政策保障措施，进一步探索适应服务贸易创新发展的体制机制，最大限度激发市场活力，打造服务贸易制度创新高地。

（二）重点业务领域实现新提升

对服务外包示范城市开展综合评价，将适时对排名靠后的城市进行“黄牌警告”。深入研究推动服务外包产业转型升级政策措施。2018 年，我国服务外包保持平稳增长，全年承接离岸服务外包执行额 5867 亿元，同比增长 9.3%。为推动对外文化贸易高质量发展，提升中华文化走出去的质量和效益，商务部、中央宣传部、文化和旅游部、广电总局于 2018 年 6 月联合认定了首批 13 家国家文化出口基地。各基地所在省市积极落实工作责任，完善建设方案，整合创新政策，稳步推进国家文化出口基地建设。同时，积极研究建设数字服务出口基地和中医药服务出口基地。

（三）促进政策提升服务贸易发展新优势

税收政策方面，技术先进型服务企业所得税减按 15% 征收的优惠政策已经拓展至服务外包和服务贸易 8 个门类，并在全国推广。基金支持方面，经国务院批准，设立了 300 亿元的服务贸易创新发展引导基金，首期 100 亿元已经到位，项目库已经建立，有望带动更多的社会资本共同投资服务贸易企业。

（四）服务贸易统计体系建设取得新进展

与统计局联合发布《国际服务贸易统计监测制度》，共同研究解决重点领域的漏统问题，不断提高统计数据的准确性与全面性。健全服务贸易统计监测制度，注册的服务贸易重点联系企业大幅提升至 1.4 万家。推动地方服务贸易统计工作能力和水平进一步提升，赴全国多个省市开展服务贸易培训，培训人员超过 8000 人次。

（五）国际市场开拓取得新突破

成功举办首届进口博览会服务贸易板块、中国（北京）国际服务贸易交易会和中国（上海）国际技术进出口交易会等主要展会。加大非商业性境外办展支持力度，优化境外布局。与中东欧国家达成服务贸易合作倡议。与日本、英国、俄罗斯等 7 国签署备忘录，建立服务贸易合作机制的国别增加到 14 个。

二、发展呈现新特点

2018 年我国服务贸易规模创历史新高，结构持续优化，质量明显提升，主要呈现以下特点：

（一）服务进出口保持快速增长，规模创历史新高

2018 年，我国服务进出口总额 52402 亿元人民币，同比增长 11.5%，规模再创历史新高，连续 5 年保持世界第二位。其中，出口 17658 亿元，增长 14.6%，是 2011 年以来的最高增速；进口 34744 亿元，增长 10%。若以美元计，服务进出口、出口和进口分别为 7918.8 亿美元、2668.4 亿美元和 5250.4 亿美元，同比增长分别为 13.8%、17.0%、12. 3%。

（二）服务贸易结构持续优化，服务贸易高质量发展取得积极进展

知识密集型服务进出口16952.1亿元，增长20.7%，高于整体增速9.2个百分点，占进出口总额的比重达32.4%，比去年提升2.5个百分点；旅行、运输和建筑三大传统服务进出口33224.6亿元，增长7.8%，占进出口总额的比重为63.4%，比去年下降2.2个百分点。

（三）知识产权使用费进口增幅较大，高端生产性服务需求和出口竞争力同步增长

知识产权使用费进口2355.2亿元，增长22%；出口368亿元，增长14.4%。技术服务出口1153.5亿元，增长14.4%，进口839.2亿元，增长7.9%。以上数据表明我国对高端生产性服务需求仍然旺盛，同时高端生产性服务出口竞争力也在提升。

（四）服务贸易区域发展相对集中，东部地区进出口规模持续扩大

东部沿海11个省市服务进出口合计45037.6亿元，占全国比重约86.6%。其中上海、北京和广东服务进出口额均过万亿元，居全国前三位。中西部地区服务进出口合计6952.4亿元，增长4.8%，占全国比重为13.4%。

（五）服务贸易创新发展试点地区占比提升，引领示范作用不断增强

17个服务贸易创新发展试点地区服务进出口合计39870.1亿元，占全国的比重为76.7%，高于全国增速5.1个百分点。其中，服务出口和进口额分别为13749.9亿元和26120.2亿元，增速分别为18.1%和15.8%，均高于全国增速。以上数据表明国家出台的支持服务贸易创新发展的政策效果正在显现，对于稳预期、促增长发挥了重要作用。

三、力争实现新突破

2019年商务部将加快实施“贸易强国行动计划”，面向全球打造“中国服务”国家品牌。一是抓好平台建设。建设好“一试点、一示范、多基地”平台，深化服务贸易创新发展试点，落实好开放便利举措和政策保障措施，推动形成一批新的经验。开展服务外包示范城市综合评价和末位警示。推进13个国家文化出口基地建设，在数字服务、中医药服务等领域研究建设一批特色服务贸易基地。二是抓好政策创新。落实好服务贸易创新发展引导基金，推动扩大服务出口零税率范围，研究支持研发、设计、检测等“两头在外”新业态保税监管政策，加强出口信贷、出口信保等政策性金融对服务出口的支持力度。三是抓好市场开拓。以“一带一路”沿线国家为重点，推动建立一批新的双边合作机制。优化非商业性境外办展行业结构和地域分布，增加服务贸易类展会数量。

（商务部服务贸易和商贸服务业司）

中国资本市场对外开放情况

2018 年，中国证监会坚持稳中求进工作总基调，在国务院金融委的统一指挥协调下，进一步扩大资本市场对外开放，各项工作取得积极进展。

一、资本市场互联互通

（一）深化两地市场互联互通

自内地与香港市场互联互通机制开通以来，整体运行平稳有序，交易结算、额度控制、换汇、市场监察等各个环节运作正常。自 2018 年 5 月 1 日起，互联互通每日额度扩大 4 倍，沪股通及深股通每日额度调整为 520 亿元人民币，沪港通下的港股通及深港通下的港股通每日额度调整为 420 亿元人民币。全年互联互通成交金额 70410 亿元，沪港通、深港通成交金额分别为 41838 亿元、28572 亿元。推动完善港股通标的选取机制。研究开展 ETF 纳入沪深港通标的相关工作。与香港证监会签署有关协议，进一步加强两地股票市场互联互通机制下的信息共享。

（二）“沪伦通”准备工作基本就绪

发布《关于上海证券交易所和伦敦证券交易所存托凭证业务的监管规定》，协调交易所和登记结算机构发布配套业务规则，制度建设基本完成。与英国监管机构正式签署《沪伦通监管合作备忘录》。开展“沪伦通”项下商业银行担任存托凭证试点存托人资格的审批工作。

二、投融资跨境双向流动

（一）支持符合条件的境内企业境外上市融资

2018 年，经中国证监会核准，36 家境内企业实现境外融资约 1624 亿港元，其中境外首发融资约 1077 亿港元，境外再融资约 547 亿港元。截至 2018 年底，共有 268 家境内企业在境外上市，境内企业境外上市融资总额约 28365 亿港元。

深化境外上市制度改革顺利完成 H 股公司“全流通”试点建设。经党中央、国务院批准，中国证监会于 2017 年 12 月 29 日宣布启动试点。2018 年以来，中国证监会先后核准联想控股股份有限公司、中国航空科技工业股份有限公司和山东威高集团医用高分子制品股份有限公司 3 家 H 股公司的试点申请。在各方面的共同努力下，试点已顺利实施。

推出“新三板 + H”两地挂牌。积极支持境内企业开展“新三板 + H 股”两地挂牌。2018 年 4 月 21 日，全国股转公司与港交所签署合作谅解备忘录，明确“新三板 + H 股”两地挂牌制度安排。2018 年，中国证监会共核准 3 家新三板挂牌公司 H 股首发申请。其中，上海君实生物医药科技股份有限公司成为首家“新三板 + H 股”两地挂牌公司。

推进 D 股市场建设。积极支持符合条件的境内企业发行上市 D 股。2018 年 10 月 24 日，青岛海尔股份有限公司发行 D 股并在中欧国际交易所 D 股市场上市交易，成为首家 D 股上市公司。

（二）稳步推进期货市场国际化进程

持续推动期货市场对外开放，引入境外交易者参与境内特定品种期货交易。2018 年 3 月 26 日，我国首个国际化期货品种原油期货正式挂牌交易，并直接引入境外投资者参与交易。2018 年，以单边计，我国原油期货日均成交量 14.03 万手，日均成交金额 673.99 亿元。铁矿石、PTA 期货分别于 5 月 4 日和 11 月 30 日引入境外交易者参与交易。

（三）引进更多境外长期资金

继续稳步推进合格境外机构投资者（QFII）、人民币合格境外机构投资者（RQFII）资格审批，增加 RQFII 试点投资额度至 19400 亿元人民币，吸引更多境外长期资金投资中国资本市场。2018 年，共批准 20 家境外机构的 QFII、RQFII 资格。截至 2018 年底，共批准 309 家境外机构 QFII 资格、231 家境外机构 RQFII 资格。同时，加快推进 QFII、RQFII 规则修订工作，放宽准入条件，扩大投资范围，便利投资运作，加强持续监管。

（四）有序扩大证券期货基金服务业双向开放

发布《外商投资证券公司管理办法》，允许外资持股比例放宽至 51%，逐步放开合资证券公司业务范围。允许基金管理公司外资持股比例达到 51%。核准瑞银集团增持瑞银证券股比至 51%。核准渣打银行成为首家外商独资证券投资基金托管机构。截至 2018 年底，共有 13 家合资证券公司、44 家合资基金管理公司。

发布《证券公司和证券投资基金管理公司境外设立、收购、参股经营机构管理办法》，统一准入条件，明确监管要求，强化母公司对境外子公司管控，支持符合条件的证券基金经营机构"走出去"，有序开展境外业务，逐步提高跨境金融服务能力和国际竞争力。截至 2018 年底，共有 56 家证券基金经营机构在境外设立或收购 57 家子公司。

发布实施《外商投资期货公司管理办法》，从持股形式、高管履职、信息系统部署等方面对外商投资期货公司进行规范。做好期货公司新设境外期货类经营机构及增资事宜的备案工作，支持符合条件的期货公司深化境外布局，提升跨境服务能力。截至 2018 年底，已有 20 家期货公司在香港地区设立子公司，并延伸到美国、英国、新加坡等地拓展业务。

持续推动私募基金行业对外开放，支持更多外资机构在境内开展业务。截至 2018 年底，在基金业协会登记的外资私募证券基金管理人 16 家，备案基金产品 26 只，管理规模 36.20 亿元。从事私募股权投资和创业投资的外资管理机构（企业性质为中外合资企业、外商独资企业）共 222 家，管理基金 566 只，管理规模 3392.93 亿元。

（五）保障 A 股平稳顺利纳入 MSCI 指数，推动 A 股成功纳入富时罗素指数

积极推动 A 股纳入国际知名指数，持续完善资本市场跨境投资制度环境。2017 年明晟（MSCI）宣布 A 股纳入，首批纳入 MSCI 实施工作已于 2018 年 5 月底和 8 月底分两批完成。优化沪深港通机制、持续完善上市公司停复牌、信息披露、交易结算等基础性制度，促成富时罗素、标普道琼斯分别于 2018 年 9 月 27 日和 12 月 6 日正式宣布 A 股纳入其指数。2018 年，境外投资者（通过 QFII、RQFII、沪深港通）累计净买入 A 股 2585.38 亿元。

三、扩大对港澳台开放

（一）支持港澳融入国家发展大局，促进两岸经济文化交流合作

支持"建设粤港澳大湾区"国家战略，积极配合有关部门做好《粤港澳大湾区发展规划纲要》及配套措施的研究制定和落实工作；支持香港、澳门地区充分发挥自身优势参与和助力"一带一路"建设，支持澳门特色金融发展，开展相关政策研究。落实《关于促进两岸经济文化交流合作的若干措施》要求，指导证券、基金和期货业协会出台简化台湾同胞申请大陆从业资格程序的政策。支持台资企业在大陆资本市场直接融资，助力台资企业做大做优做强，促进两岸经济社会融合发展。2018 年，富士康工业互联网股份有限公司等台资企业成功登陆 A 股市场。

（二）稳步推进内地与香港地区基金产品互认

全年共批复北上互认基金 7 只。截至 2018 年底，17 只获批的北上互认基金中有 11 只在境内公开销售，合计销售保有净值约 87.69 亿元人民币。50 只获批的南下互认基金中有 22 只在香港地区公开销售，合计销售保有净值 3.64 亿元人民币。

四、助推"一带一路"建设

支持交易所债券市场进一步服务"一带一路"建设，促进沿线国家（地区）资金融通。沪深交易所发布《关于开展"一带一路"债券试点的通知》，截至 2018 年底，累计发行"一带一路"债券 18 单，发行金额总计 269.50 亿元。支持国内交易所加强与境外交易所在股权、技术、业务等多方面战略合作。支持沪深交易所成功竞标孟加拉国达卡交易所 25% 股权。上交所参股的阿斯塔纳国际交易所于 2018 年 7 月正式开业，实现稳步开局。积极支持私募股权投资基金服务"一带一路"建设，截至 2018 年底，投向"一带一路"沿线国家且正在运作的私募基金产品数量共 20 只，相关基金规模 324.95 亿元，私募股权投资基金投向"一带一路"相关国家项目在投本金共计 28.99 亿元。

五、国际交流与合作

（一）加强国际监管和执法合作

1. 签署双边监管合作谅解备忘录

2018 年，中国证监会与哈萨克斯坦阿斯塔纳金融服务管理局、伊朗证监会、开曼群岛金融管理局分别签署证券期货监管合作谅解备忘录，与香港证监会签署跨境衍生品监管合作谅解备忘录，与新加坡金融管理局升级《关于期货监管合作与信息交换的谅解备忘录》，与日本、法国、韩国等国监管部门更新签署双边证券市场合作、监管合作及人员交

流谅解备忘录。截至2018年底，中国证监会共与63个国家（或地区）的证券期货监管机构签署了双边监管合作谅解备忘录。

2. 积极开展跨境监管与执法协作

认真履行IOSCO多边备忘录（MMoU）下跨境监管与执法合作义务，办理境外协查请求28件（不含中国香港地区数据），为美国、法国、澳大利亚、马来西亚等国监管机构提供有效协助；依请求向香港证监会、新加坡金融管理局提供涉及期货交易所、期货公司及从业人员的相关监管信息共24件。上海国际能源交易中心和大连商品交易所在香港地区注册成为自动化交易服务提供商（ATS），上海国际能源交易中心在新加坡注册成为认可市场运营者（RMO）。夯实完善内地香港协同调查工作机制，全年新增处理各类对港跨境执法协作事项97件，加强执法合作与人员交流；支持稽查执法部门利用多边执法协作机制开展调查，发出协查请求12件，为近年最高水平。

（二）推进战略对话和投资谈判

2018年，中国证监会参加中美、中法、中日、中加等政府间双边对话磋商机制，达成多项务实成果；成功举办第三届中新证券期货监管圆桌会，深化双方在跨境衍生品监管与人员交流等方面的合作。参与中欧投资协定（BIT）、中韩自贸协定（FTA）、区域全面经济伙伴关系协定（RCEP）等双多边投资协定和自贸区谈判，全力支持自贸区建设，拓展更加务实紧密的双边合作。

（三）增进与国际组织的合作交流

1. 深入参与国际证监会组织相关工作

2018年中国证监会当选亚太地区委员会、多边备忘录监督小组、二级市场监管委员会副主席，不断提高话语权和领导力；积极参与IOSCO理事会及其下设各委员会和工作组的工作，派员加入新设立的金融科技、可持续金融等专项工作组；推动中小投资者投诉处理与权益救济项目成功立项并牵头开展相关工作，参与加密资产交易平台监管等报告的起草工作，积极引领国际最佳实践制定并宣传中国经验。加强看穿式监管的国际宣传，在国际证监会组织第二委员会工作会议上介绍沪深港通北向看穿机制。

2. 积极利用多边场合宣传我国资本市场发展成就，增信释疑

积极参与IOSCO二级市场监管原则、复杂产品分销的投资者适当性要求、货币市场基金和证券化监管等国际标准实施情况专题评估；参加国际货币基金组织（IMF）第四条款中期磋商和年度磋商、东盟和中日韩宏观经济研究办公室国别经济磋商；向世界银行中国营商环境报告组介绍中国中小投资者保护最新改革情况，推动相关指标排名大幅提升。

3. 深化与其他国际组织务实合作

落实与IMF中长期技术援助谅解备忘录，联合举办金融科技与网络安全专题培训班。与世界银行合办场外衍生品监管圆桌会议。参与金融稳定理事会（FSB）影子银行等相关工作。配合相关部委参与二十国集团（G20）、世界贸易组织（WTO）、亚太经合组织（APEC）、亚洲开发银行（ADB）、金融行动特别工作组（FATF）等多边框架下的务实合作。

（中国证券监督管理委员会国际合作部）

中国交通运输业对外开放情况

一、交通运输业发展概况

2018年，全年完成交通固定资产投资32235亿元，同比增长0.7%。其中，铁路固定资产投资8028亿元，公路建设投资21335亿元，同比增长0.4%，水运建设完成投资1191亿元，同比下降3.8%。

（一）公路

2018年底，中国公路总里程达484.65万公里，比上年末增加7.31万公里，其中，高速公路达到14.26万公里，比上年末增加0.61万公里。公路密度继续增加，路网密度达到50.48公里/百平方公里，提高0.76公里/百平方公里，通达水平进一步提高。

2018年，全社会完成营业性客运量136.72亿人、旅客周转量0.93万亿人公里，比上年分别下降6.2%和5.0%；货运量395.69亿吨、货物周转量7.1万亿吨公里，比上年分别增长7.3%和6.7%。

（二）水路

截至2018年底，全国港口拥有万吨级及以上泊位2444个，比上年末增加78个。其中，沿海港口万吨级及以上泊位2007个，增加59个；内河港口万吨级及以上泊位437个，增加19个。年末全国内河航道通航里程12.71万公里，比上年末增加108公里。其中，三级及以上航道1.35万公里，占航道总里程的10.6%，比上年提高0.8个百分点。

水路客货运输总体运行平稳。2018年，全国完成水路客运量2.80亿人、旅客周转量79.57亿人公里，比上年分别下降1.1%和增长2.5%。全国完成水路货运量70.27亿吨、货物周转量9.91万亿吨公里，比上年分别增长5.2%和0.4%。2018年，全国港口完成货物吞吐量143.51亿吨，同比增长2.5%。其中，完成外贸货物吞吐量41.89亿吨，增长2.4%。全国港口完成集装箱吞吐量2.51亿TEU，增长5.3%。

2018年底，全国拥有水上运输船舶13.7万艘，比上年末下降5.5%；净载重量2.51亿吨，下降2.1%；平均净载重量1883吨/艘，增长3.6%；集装箱箱位196.78万TEU，下降9.0%。在集装箱箱位拥有量居世界前20位的世界集装箱班轮公司中，中国中远海运集团排名第三。

二、交通运输业最新开放情况

截至2018年底，海峡两岸直航的航运企业120家，直航船舶242艘、净载重量305万吨，集装箱箱位5.1万TEU，载客量6404客位。

2018年，两岸海上运输完成货运量5022万吨，比2017年增长0.5%。其中，普通散杂货、液体化学品、液化气和油品运量分别为1478万吨、523万吨、87万吨和4.3万吨，分别比2017年增长2.0%、1.8%、7.0%和26.1%。

2018年，两岸完成集装箱运输量220万TEU，

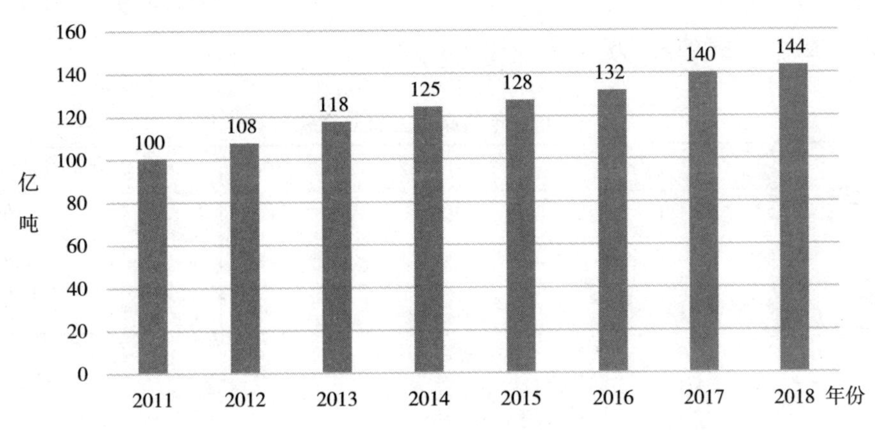

图1　2011年以来全国港口货物吞吐量变化[①]

① 数据来源：交通运输部。

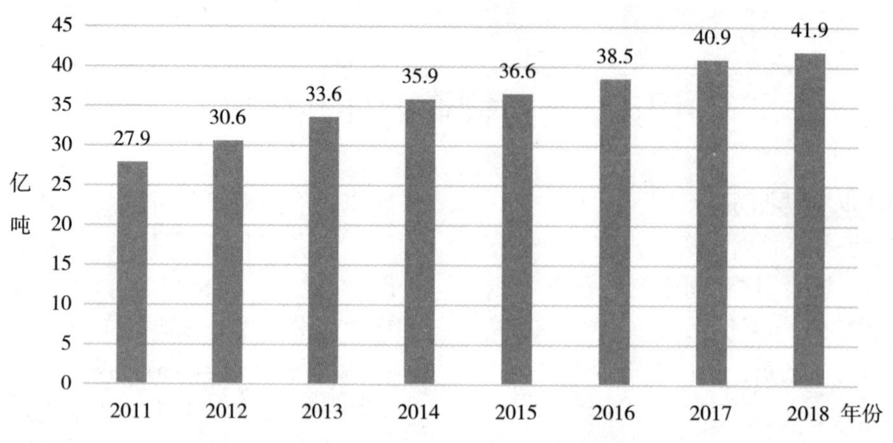

图 2　2011 年以来全国港口外贸货物吞吐量变化 ①

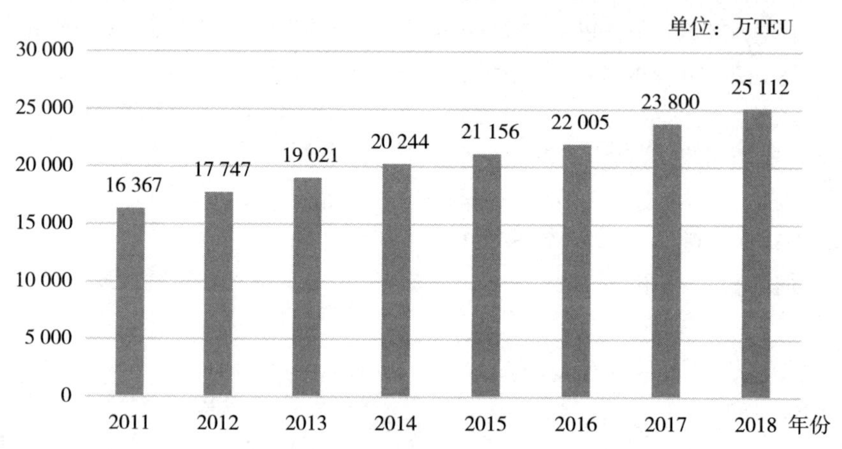

图 3　2011 年以来全国港口集装箱吞吐量变化 ②

比 2017 年下降 2.1%。12 月 26 日，上海航运交易所与厦门航运交易所联合发布的台湾海峡两岸间集装箱运价指数（TWFI）为 957.25 点，比 2017 年底增长 0.3%；2018 年指数年均值 927.35 点，比 2017 年下降 2. 9%。

2018 年，两岸完成客运量 215.4 万人次，比 2017 年增长 9.3%。大陆至台湾本岛客运量完成 18 万人次，比 2017 年增长 16.1%；福建至台湾金门、马祖、澎湖客运量完成 197.4 万人次，比 2017 年增长 8. 7%。

表 1　2018 年两岸海上直航运输统计 ③

指　标	2018 年	比 2017 年增长（%）
货运量（万吨）	5022	0.5
集装箱运量（万 TEU）	220	-2.1
客运量（万人）	215.4	9.3

① ②　数据来源：交通运输部。
③　数据来源：2018 中国航运发展报告。

（一）积极参与自由贸易试验区建设

推进自贸区航运政策实施，积极探索支持中国特色自贸港建设政策。配合完成《外商投资准入特别管理措施（负面清单）（2018年版）》，取消外商投资国际船舶运输和国际船舶代理的股比限制。制定印发《交通运输部贯彻落实〈中共中央国务院关于支持海南全面深化改革开放的指导意见〉实施方案的通知》。

（二）行业管理

加强国际航运市场监管。完成2018年国际船舶运输业年度核查和检查工作，组织在天津、深圳等5个口岸开展国际班轮运价和无船承运业务运价备案执行情况检查，完成五个批次对运价备案违规企业处罚和对违规情节严重的企业约谈。

会同九部委印发了促进我国邮轮经济发展的若干意见，协调相关部门形成了推进海南三亚等邮轮港口海上游航线试点的框架意见，在上海开展邮轮船票试点，邮轮运输保持稳定增长。

截至2018年底，我国持有国际船舶运输经营许可证的航运企业233家，比2017年减少27家。外商在华设立独资船务公司42家，与2017年持平；独资船务公司设立分公司264家，比2017年增加14家。在华开展班轮运输业务的中外航运企业135家，比2017年减少21家。

截至2018年底，中资国际船舶代理企业2813家，中外合资合作、港澳台合资独资的国际船舶代理企业154家。据中国船舶代理及无船承运人协会统计，2018年，我国国际船舶代理企业代理的国际航线进出口船舶38.1万艘次、货量27.8亿吨、集装箱量10585万TEU。2018年6月28日，国家发展改革委、商务部联合发布《外商投资准入特别管理措施（负面清单）（2018年版）》，其中第14条"水上运输业"删除了"国际船舶代理企业外资股比不超过51%"的表述，至此国际船舶代理行业已对外资全部放开。

截至2018年底，无船承运人（NVOCC）11947家，其中经上海市交通委员会审批的无船承运人3049家。选择无船承运保证金责任保险制度的无船承运人10441家，选择保证金保函制度的135家，选择保证金制度的1112家，美国联邦海事委员会（FMC）财务担保的259家。

2018年，对6个口岸开放（扩大开放）进行了验收。全年，共办理国际航行船舶临时进出非开放水域期限审批64件次，办结58件次，涉及辽宁、河北、山东等10个沿海省份，共计30个区域。

（三）优化水运营商环境

优化行政审批工作举措，大力推动压缩行政审批时间。办好民生实事，长江口深水航道利用边坡自然水深实现大型邮轮和大型集装箱船舶超宽交会。研究制定提升琼州海峡客滚运输服务能力三年行动计划。推进智慧港口建设，加快推进港口作业单证电子化。

（四）对外合作

继续执行中资方便旗船回国登记税收政策，组织审核并报送中资方便旗船回国登记申请材料。加强国际海运交流合作，与欧盟、美国、俄罗斯、日本、韩国、加拿大等国家（地区）举行双边海运会谈。利用中欧、中国—中东欧双边磋商机制，为企业经营中欧陆海快线项目创造良好外部环境。与多国（地区）开展双边海运会谈，完成《中国—巴拿马海运协定》生效手续和《中国—利比里亚海运协定》续签工作，完成中国—沙特海运协定事务级磋商，完成《中华人民共和国政府与欧洲共同体及其成员国关于修订海运协定的议定书》签署工作，议定书生效后《中欧海运协定》扩大适用于克罗地亚。继续推进《国际海运条例》修订工作。

签署《中华人民共和国政府和日本国政府海上搜寻救助合作协定》《中日海上搜救合作指南》。持续推进中国—东盟国家海上紧急救助热线项目，在中国—柬埔寨海上救助热线的基础上开通运行中国—老挝海上救助热线。筹备召开了东亚峰会海上搜救经验交流研讨会。组织开展中老缅泰澜沧江—湄公河流域应急搜救资源排查，举办首届澜沧江—湄公河流域国家海事与搜救业务培训。

2018年5月，中国海事仲裁委员会出访加拿大、美国，与温哥华海事仲裁员协会达成合作，并先后与温哥华经济委员会等单位联合举办海事仲裁座谈会等活动。2018年11月，中国海仲代表团出访新加坡和马来西亚，与新加坡海事仲裁院签署合作协议，并与两地的仲裁机构联合举行研讨会及座谈会。

（五）服务"一带一路"建设

推动"一带一路"互联互通。成功举办2018年中国航海日活动和海丝港口国际合作论坛。服务

“一带一路”建设，完成《码头结构施工规范》等4本水运工程标准外文版翻译工作，推动标准、装备、技术、服务等“走出去”。

中远海运集团不断完善全球化码头布局，2018年1月，新加坡中远—新港码头新增1个年处理能力约为100万标准箱的泊位，完成吞吐量319.9万TEU，同比增长56.5%；2018年，中远海运港口引入泽布吕赫港务局及达飞海运集团组成策略合作伙伴，先后入股集团全资控股的泽布吕赫码头；阿布扎比码头作为中远海运港口控股的第一个海外绿地项目，经过约两年的建设于2018年12月10日正式开港。2018年，中远海运集团海外地区完成集装箱吞吐量2476.8万TEU，同比增长31.5%，占本集团总吞吐量的21.1%。

招商局集团进一步细化和完善了海外发展战略，按照“亚洲有母港、欧洲有主控、非洲有发展、美洲有布点”的工作目标，谋求在全球主要枢纽港、门户港，以及市场潜力大、经济增长快、发展前景好的地区布局。2018年，集团积极推进在南亚、非洲和中南美的多个项目。2018年2月，完成收购在巴西的TCP项目90%股权；6月，完成收购在澳大利亚的Port of Newcastle项目50%股权。2018年，集团海外码头项目完成集装箱吞吐量2066万TEU，同比增长12.9%，占总量的比重达到18.9%。

三、运输服务贸易

2018年，我国运输服务贸易进出口总额为1515亿美元，同比增长16.0%，在我国服务贸易进出口总额中的占比为20.0%。2018年我国运输服务贸易逆差为669亿美元，比2017年扩大19.5%；运输服务贸易逆差占我国服务贸易总逆差的22.9%，比2017年提高了1.3个百分点。运输服务贸易在我国服务贸易逆差行业中，属于第二大逆差行业。旅游服务贸易从2012年开始，成为我国服务贸易的第一大逆差行业，2018年其逆差为2370亿美元。

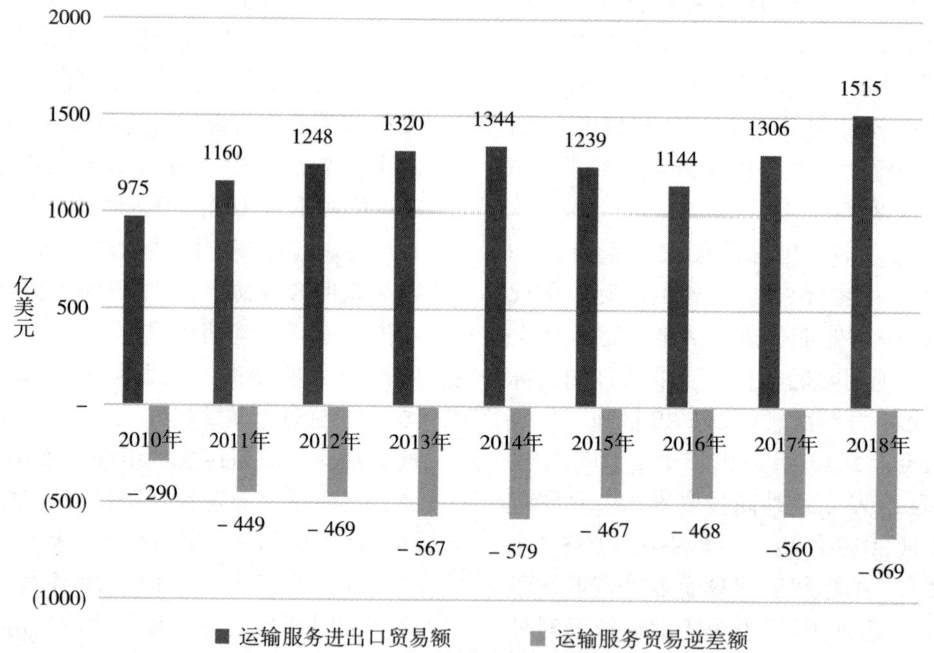

图4　2010年以来我国运输服务贸易额变化情况[①]

（交通运输部规划研究院　刘长俭）

① 数据来源：国家外汇管理局。

中国航空运输业对外开放情况

一、2018年中国民航业发展基本情况

2018年，民航全行业认真贯彻落实习总书记在接见“中国民航英雄机组”时的重要讲话及对民航工作的系列重要批示指示精神，以新发展理念为引领，坚持稳中求进总基调，坚持供给侧结构性改革，全面落实“一二三三四”民航总体工作思路，积极推进新时代民航强国建设战略进程，紧扣行业发展的主要矛盾和制约瓶颈，步步为营，攻坚克难，行业发展保持了稳中有进的良好态势。

截至2018年底，我国共有运输航空公司60家、运输飞机3639架、定期航线航班4945条、颁证运输机场235个。全行业全年完成运输总周转量1206.53亿吨公里、旅客运输量61173.77亿人次、货邮运输量738.51万吨，同比分别增长11.4%、10.9%、4.6%；其中，国际航线完成运输总周转量435.02亿吨公里，旅客运输量6367.27万人次，货邮运输量242.72万吨，同比分别增长12.0%、14.8%、9.3%。422家通航企业、18家非经营性登记单位等通用航空活动主体的2495架在册通用航空器完成通航生产飞行93.71万小时，同比增长11.9%。

截至2018年底，我国共有定期航班航线4945条，其中国内航线4096条（含港澳台航线100条），国际航线849条。定期航班国内通航城市230个（不含香港、澳门、台湾）。我国航空公司国际定期航班通航65个国家的165个城市；国内航空公司定期航班从32个内地城市通航香港，从14个内地城市通航澳门，大陆航空公司从48个大陆城市通航台湾地区。

在航班量不断增加的同时，民航安全管理水平和运行效率不断提升，航班正常率大幅提升。截至2018年底，运输航空已连续安全飞行100个月，累计安全飞行6836万小时，实现16年零8个月的空防安全零责任事故记录。2018年，全国客运航空公司平均航班正常率达80.13%，平均延误时间同比减少9分钟。

二、2018年中国民航业对外开放情况

（一）进一步放宽外资准入限制，完善负面清单制度，推动建立民航开放新格局

民航局配合国家牵头部委，完成“外商投资准入负面清单（2018年版）”和“自由贸易试验区负面清单（2018年版）”民航领域条目制定并积极贯彻执行，在保证产业安全的基础上放宽外资准入限制，激发市场活力。

全面参加《区域全面经济伙伴关系协定》（RCEP）、欧亚经济伙伴关系协定、中国—毛里求斯、中国—新西兰升级等自贸协定谈判，参与中欧投资协定民航领域谈判，推动与自贸伙伴国家民航领域的相互开放。

结合地方需求和民航实际，确定赋予自贸试验区更大改革开放自主权民航措施，确定广东、福建、天津等自贸试验区深化方案民航措施；对北京市全面推进服务业扩大开放试点方案等研究确定民航领域支持措施。确定雄安新区等17个服务贸易试点地区民航支持措施。支持国家在海南全岛建设自贸试验区，并确定民航支持措施。

（二）充分用好国际国内两个市场、两种资源，增强民航参与国际经济合作和竞争的能力

2018年，中国民航共与俄罗斯、东盟、韩国、印度等29个国家或地区举行了双边航空会谈或书面磋商，扩大了航空运输市场准入，为中外双方空运企业增开航线航班提供了航权支持。截至2018年底，与我国签署航空运输协定的国家已达126个，比上年底增加了4个（刚果布、科特迪瓦、卢旺达、多米尼加）；其中，亚洲44个（含东盟），非洲27个，欧洲37个，美洲11个，大洋洲7个。

同时，中国民航局稳步推进区域合作平台建设，不断提升“引进来”的质量和“走出去”的水平。成功举办了第二届中欧航空安全年会，持续推进中国民航对中亚、非洲和东盟民航合作平台建设，为“一带一路”沿线国家提供专业技术培训。成功举办首届亚太地区民航部长级会议，会议通过了《亚太地区民航部长级会议宣言》（简称《北京宣言》），首次将人类命运共同体写入国际民航领域文件。本次会议是中国民航历史上举办规格最高的一次国际会议，也是民航领域推动“一带一路”倡议在全球和亚太地区民航领域落地的又一重要举措。

（中国民用航空局政策法规司　刘晶晶）

中国房地产业基本情况

2018 年，住房和城乡建设部党组坚持“房子是用来住的、不是用来炒的”定位，全面落实党中央、国务院关于住房和房地产工作的决策部署，加强房地产市场分类调控和监管，一线城市和部分热点二线城市房价涨幅回落，三四线城市房价趋于稳定，房地产去库存取得明显成效。

一、房地产市场调控政策及市场运行基本情况

2018 年是我国房地产市场稳步发展的一年。在政策方面，各级政府坚持“房子是用来住的、不是用来炒的”定位，加快建立多主体供给、多渠道保障、租购并举的住房制度。

（一）坚持房地产调控目标不动摇、力度不放松

2018 年，住房和城乡建设部会同有关部门贯彻落实党中央、国务院决策部署，深入开展专题研究，下沉实地蹲点调研，广泛听取各方面意见，加快建立和完善房地产市场平稳健康发展的长效机制。坚持因城施策，加强分类指导，落实城市稳地价、稳房价、稳预期的主体责任。支持合理自住需求，坚决遏制投机炒房。调节住房供应结构，规范发展住房租赁市场。大力整顿规范市场秩序，切实维护群众合法权益。针对市场运行中出现的新情况、新问题，指导有关地方及时采取针对性措施，房地产市场总体上保持了平稳运行态势。具体如下：

2018 年 4 月 23 日，中央政治局会议指出：要推动信贷、股市、债市、楼市健康发展，及时跟进监管，消除隐患。

2018 年 7 月 31 日，中央政治局会议提出：下决心解决好房地产市场问题，坚持因城施策，促进供求平衡，合理引导预期，整治市场秩序，坚决遏制房价上涨。加快建立促进房地产市场平稳健康发展长效机制，并首次提出了“坚决遏制房价上涨”，少了以前的“过快”二字。

2018 年 12 月，中央经济工作会议提出，要构建房地产市场健康发展长效机制，坚持“房子是用来住的、不是用来炒的”定位，因城施策、分类指导，夯实城市主体责任，完善住房市场体系和住房保障体系。

2018 年 5 月 9 日，住房城乡建设部明确指出：坚持房地产市场调控目标不动摇、力度不放松；2018 年 5 月 19 日，住房城乡建设部发布《关于进一步做好房地产市场调控工作有关问题的通知》，提出全面贯彻落实党中央、国务院决策部署，切实采取有力措施，认真落实稳房价、稳租金的调控目标；要求加快制定住房发展规划，有针对性地增加有效供给，抓紧调整土地和住房供应结构，大力发展中小套型普通住房；明确加强资金管控，有效降低金融杠杆，防范市场风险；大力整顿规范市场秩序，加强预期管理和舆论引导，遏制投机炒作，支持和满足群众刚性居住需求。并就相关问题约谈了部分城市政府负责同志。

2018 年 6 月 25 日，住房城乡建设部联合七部委发布《关于在部分城市先行开展打击侵害群众利益违法违规行为治理房地产市场乱象专项行动的通知》（建房〔2018〕58 号），针对近期房地产市场乱象，通过部门开展联合执法，重点整治投机炒房行为、房地产“黑中介”违法违规行为、房地产开发企业违法违规行为和虚假房地产广告四类行为，并在北京、上海等 30 个城市先行开展。

（二）房地产市场运行

1. 商品住宅销售面积增速放缓

仅住宅销售增长，办公楼和商业营业用房销售均有所下降。根据国家统计局数据，2018 年商品房销售面积 171654 万平方米，同比增长 1.3%，增速放缓，比上年回落 6.4 个百分点。其中，住宅销售面积增长 2.2%，办公楼和商业营业用房销售面积分别下降 8.3% 和 6.8%。商品房销售额 149973 亿元，同比增长 12.2%。其中，住宅、办公楼、商业营业用房销售额分别增长 14.7%、-2.6% 和 0. 7%。

2. 住宅成交价格总体平稳

据国家统计局 70 个大中城市房价指数数据，2018 年一二线城市新建商品住宅价格涨幅比上年分别回落 9.6 个和 1.5 个百分点，三线城市与上年持平。二手住宅销售价格上涨城市变动相对较小。2018 年 12 月，70 个大中城市二手住宅销售价格月同比上涨的城市个数为 66 个，比 1 月份增加 2 个。

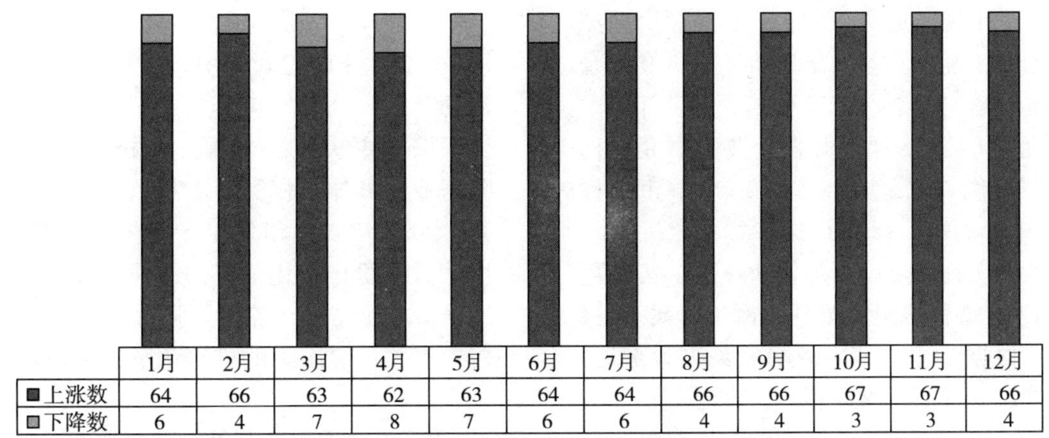

	1月	2月	3月	4月	5月	6月	7月	8月	9月	10月	11月	12月
■上涨数	64	66	63	62	63	64	64	66	66	67	67	66
□下降数	6	4	7	8	7	6	6	4	4	3	3	4

图1 2018年70个大中城市二手住宅销售价格月同比上涨、下降城市统计

3. 商品房待售面积降幅收窄

据国家统计局数据，2018年末全国商品房待售面积5.2亿平方米，同比下降11.0%，降幅比2017年末收窄4.3个百分点。其中，商品住宅2.5亿平方米，同比下降16.8%。

4. 房地产开发投资同比快速增长

据国家统计局数据，2018年全国房地产开发投资12.0万亿元，同比增长9.5%，增幅比2017年加快2.5个百分点。房屋新开工面积同比增长17.2%，增幅比2017年扩大10.2个百分点。以住宅投资为主体的趋势更甚，东部地区投资额占总投资额的一半以上。分类型来看，住宅投资85192亿元，占房地产开发投资的比重为70.8%（较上年增长2.4个百分点），同比增长13.4%；商业营业用房、办公楼投资分别占房地产开发投资总额的11.8%和5.0%，且规模同比均有10%左右的下降。分区域来看，东部地区开发投资额64355亿元，占总投资额比重达到53.5%，同比增长10.9%；中部地区、西部地区、东北地区投资额分别占总投资额比重是20.9%、21.6%、3.9%，较上年同期分别增长5.4%、8.9%、17.5%。

二、房屋交易与权属管理基本情况

（一）进一步完善住房租赁市场体系

一是加快推进住房租赁立法工作。《住房租赁条例（草案）》报送国务院后，根据党中央、国务院有关决策部署，配合司法部对其进行了修改完善。

二是开展住房租赁试点。根据住房和城乡建设部、发展改革委等9部门联合印发的《关于在人口净流入的大中城市加快发展住房租赁市场的通知》（建房〔2017〕153号），选取广州、深圳等12个城市开展住房租赁试点。截至2018年底，12个住房租赁试点城市已培育两级国有住房租赁企业138家；通过"竞自持"、配建的方式累计出让租赁住房用地271宗；通过"商改租"或城中村改造等形式盘活存量房源16.52万套；住房租赁信息服务与监管平台累计录入房源141万套。试点城市探索对承租人提供便捷的配套公共服务保障。

三是指导开展利用集体建设用地建设租赁住房试点。根据住房和城乡建设部与国土资源部联合印发的《利用集体建设用地建设租赁住房试点方案》，将北京、上海等13个城市纳入第一批集体建设用地建设租赁住房试点。福州、海口、南昌等城市积极申请第二批次试点。

四是推动中央财政支持住房租赁市场发展试点。住房和城乡建设部会同财政部研究制定《关于开展中央财政支持住房租赁市场发展试点的通知》，编制申报指南。计划用三年时间，中央财政分批支持部分人口净流入、租赁需求缺口大的大中城市发展住房租赁市场。

五是加大金融支持力度。住房和城乡建设部配合国家发展改革委研究制定租赁住房专项债券发行指引。配合人民银行研究制定《关于发展和规范住房租赁市场金融业务的意见》《房地产投资信托基金管理办法》。配合银保监会研究制定《关于金融促进消费平稳健康增长的意见》。

（二）开展治理房地产市场乱象专项行动

2018年6月，住房和城乡建设部、中宣部、公安部、司法部、税务总局、市场监管总局、银保监会联合在北京、上海等30个重点城市联合开展了为期半年的专项行动，重点治理投机炒房、房地产

“黑中介”、违法违规房地产开发企业和虚假房地产广告等房地产市场乱象。各地出动执法人员 9 万余人次，检查项目超 7 万个。住房和城乡建设部集中公开曝光三批共 64 个房地产开发企业和中介机构违法违规典型案例。北京、上海等 16 个城市共检查了 1.5 万家中介门店，查处了 1857 家中介机构。

不断加强法规制度建设。加快《住房销售管理条例》立法工作,《住房销售管理条例（草案）》报送国务院后，根据党中央、国务院有关决策部署，配合司法部对其进行了修改完善。研究起草了《关于进一步加强房地产中介行业管理的指导意见（初稿）》。指导行业学会下发了《毕业生租房风险提示与防范》。

（三）全面实行房屋交易合同网签备案制度

为贯彻落实党中央、国务院有关决策部署，全面规范和加强房屋网签备案工作，逐步构建以房屋网签备案制度为基础的房地产交易管理体系，为房地产市场调控提供决策依据和支撑，出台《住房城乡建设部关于进一步规范和加强房屋网签备案工作的指导意见》（建房〔2018〕128 号），明确实行房屋买卖、租赁、抵押合同网签备案全覆盖。

（四）全面推进房地产交易信息和涉税信息共享

为优化营商环境，简化办事流程，国家税务总局、住房和城乡建设部印发《关于加强信息共享深化业务协作的通知》（税总发〔2017〕114 号），要求加强新建商品房和二手房交易信息与涉税信息共享，税务部门可直接调用共享信息进行税源信息采集，并推行跨部门业务联办，实现交易和办税资料一窗受理、内部流转、一次办证。

三、房地产开发与房屋征收基本情况

（一）开展主题公园发展及周边房地产项目建设的专题调研

为贯彻落实中央领导同志重要指示精神，住房和城乡建设部于 2018 年 1 月与国家发展改革委共同就规范主题公园发展及周边房地产项目建设问题进行全面摸底排查和实地调研，2018 年 3 月与国家发展改革委等部委联合印发《关于规范主题公园建设发展的指导意见》（发改社会规〔2018〕400 号），指导各地进一步规范主题公园及周边的建设发展。

（二）开展应对“房地产购房业主群体维权类活动”

按照中央统一部署，积极开展应对“房地产购房业主群体维权类活动”工作，研究制定工作方案，2018 年 4 月印发了《关于开展房地产领域购房矛盾纠纷排查化解工作的通知》（建办房〔2018〕27 号），督促指导各地加强对房地产开发建设和销售中有关风险隐患的排查化解，维护购房业主的合法权益。

（三）全面落实开展扫黑除恶专项斗争

落实中央扫黑除恶专项斗争统一部署，积极参与住房城乡建设领域扫黑除恶专项斗争工作，督促各地健全房屋征收和房地产开发领域法规政策体系，加强执法检查，坚决打击房屋征收和房地产开发建设过程中采取暴力、胁迫等非法手段煽动闹事的违法违规行为。加强对违法违规行为督查督办。督促指导各地强化对征地拆迁与房地产领域矛盾纠纷的化解，加大对房地产开发领域违法违规行为的监督检查力度。

四、物业管理基本情况

（一）完善物业管理制度

研究民法典（草案）物权编中建筑物区分所有权专章和合同编中物业服务合同专章，多次与全国人大法工委交换意见。根据国务院决定，提出《物业管理条例》修改建议，废止《物业服务企业资质管理办法》。研究起草《物业服务导则》，征求地方主管部门、专家和企业意见。指导上海、深圳、河南等地修订地方性物业管理法规。

（二）规范物业服务市场

开展物业服务行业信用管理专题研究，指导深圳开展赋予业主大会统一社会信用代码试点。指导各地加强事中事后监管，建立以信用为核心的物业服务监管体系。指导物业服务标准化委员会起草《物业服务客户满意度测评》等三个国家标准，规范物业服务行为。指导上海、河南等地开展“最美物业人”评选，宣传物业服务从业人员典型事迹。

（三）加强维修资金管理

会同财政部研究维修资金会计核算相关问题，起草《维修资金会计核算办法》，赴北京、浙江、广东等地调研维修资金管理情况。指导各地创新业主表决方式，简化资金使用程序，畅通应急使用渠道，充分发挥维修资金对保障房屋住用安全、支持老旧小区改造和电梯更新改造的积极作用。

五、发展态势展望

2018年是落实十九大报告“房住不炒”定位的重要一年，房地产市场发展呈现以下几个重要特征：

（一）加快构建房地产长效机制

稳房价、稳预期，促进房地产市场平稳健康发展成为房地产市场的目标。将继续坚决防范化解房地产市场风险，切实把稳地价、稳房价、稳预期的责任落到实处。继续保持调控政策的连续性、稳定性，加强房地产市场供需双向调节，改善住房供应结构，支持合理自住需求，坚决遏制投机炒房，确保市场稳定。还将继续加大房地产市场监管力度，进一步深入开展打击侵害群众利益违法违规行为、治理房地产乱象专项行动。

（二）不断健全完善城镇住房保障体系

一方面，继续加快解决中低收入群体住房困难。继续支持人口流入量大的一线、二线城市和其他热点城市，降低准入门槛，增加公租房有效供应，因地制宜发展共有产权住房。继续推进棚户区改造，严格把握棚改范围和标准。另一方面，大力发展租赁住房，努力解决新市民住房问题。对于人口流入量大、住房价格高的特大城市和大城市将继续积极盘活存量土地，加快推进租赁住房建设，切实增加有效供应。未来，在总结前期试点经验做法基础上，指导大中城市全面培育和发展住房租赁市场。还将继续推进集体土地建设租赁住房试点工作，深化住房公积金制度改革；研究建立住宅政策性金融机构，加大对城镇中低收入家庭和新市民租房购房的支持力度，全面提高住房公积金服务效能和管理水平。

（三）房地产企业加快转型

在宏观经济环境、城镇化进程、房地产市场调控及房地产发展阶段变化等多重背景的综合影响下，房地产企业加速转型发展，调整发展定位，拓展经营领域。部分大型房地产企业弱化传统地产开发，向城市运营、生活服务、产业引导转型；为更好服务社会需求和社会民生，更加重视运营管理，重视服务提供，重视跨界融合，重视领域拓展。

（根据住房和城乡建设部房地产市场监管司提供材料整理写作，其中未标注数据来源为国家统计局）

（住房和城乡建设部政策研究中心）

中国出版业对外开放情况

2018 年是中国改革开放 40 周年，秉持着“中国开放的大门不会关闭，只会越开越大”的态度，中国出版业以习近平新时代中国特色社会主义思想为指导，全面贯彻落实党的十九大精神，充分利用两种资源、两个市场，不断扩大实物、版权等对外贸易规模，不断创新深化国际合作，通过多种方式加强中外文化交流与合作，向世界展现真实、立体、全面的中国，提高国家文化软实力和中华文化的影响力。

一、2018 年实物贸易情况

出版业实物贸易包括图书、报纸、期刊、音像制品、电子和数字出版物的进出口。2018 年全年出版物进口呈增长态势，出口因受到贸易保护主义抬头和国际贸易摩擦日益严重的影响，增长较为缓慢，规模和金额与 2017 年相比都有所下降。

（一）出版物进口情况

2018 年，全国出版物进出口经营单位累计进口图书、报纸、期刊 4088.02 万册（份）、36202.19 万美元，数量同比增长 25.57%、金额增长 13.21%。其中，图书进口 2995.39 万册、21577.06 万美元，数量同比增长 47.30%、金额增长 26.65%。期刊和报纸进口数量和金额呈现小幅度下滑。期刊进口 305.84 万册、13526.85 万美元，数量同比降低 1.89%，金额降低 0.50%。报纸进口 786.79 万份、1098.28 万美元，数量同比降低 13.57%，金额降低 18.45%。音像制品、电子出版物与数字出版物在数量大幅减少的情况下，进口金额有所增长，全年累计进口音像制品、电子出版物与数字出版物 8.84 万盒（张）、38019.93 万美元，数量降低 34.75%，金额增长 9.93%。（见图 1）

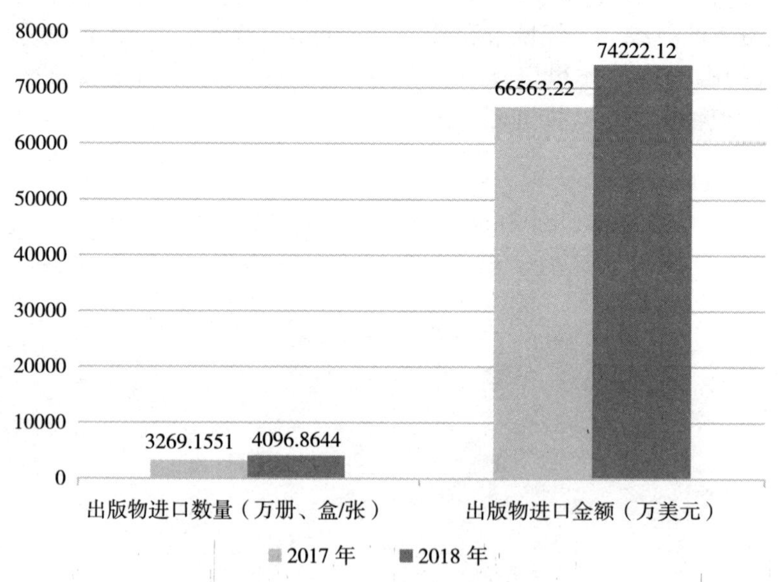

图 1 2017—2018 年出版物进口情况

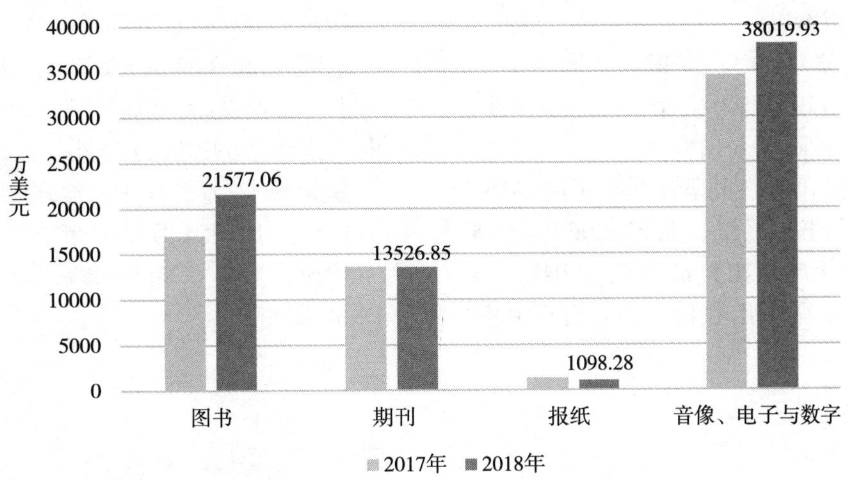

图 2　2017—2018 年各类出版物进口情况

在图书进口数量方面，少儿读物类图书进口 981.84 万册，文化、教育类 777 万册，少儿读物类和文化教育类图书进口数量占图书进口总量的 50% 以上；在金额方面，文化教育类图书进口金额占比最高，为 5390 万美元。（见图 3、图 4）

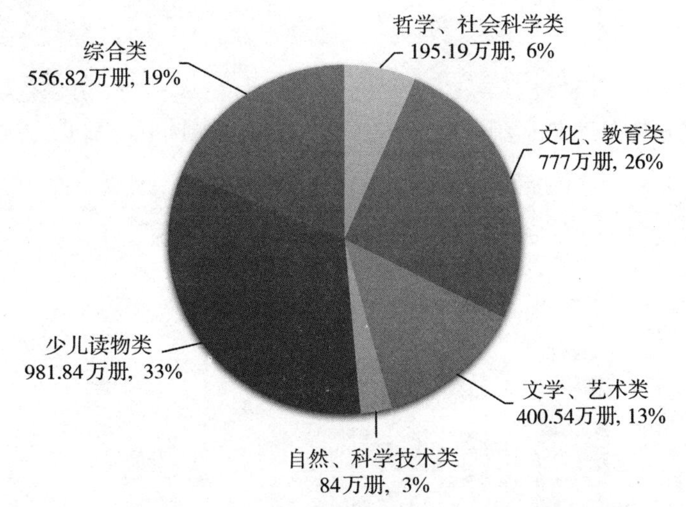

图 3　2018 年各类图书进口数量（单位：万册）

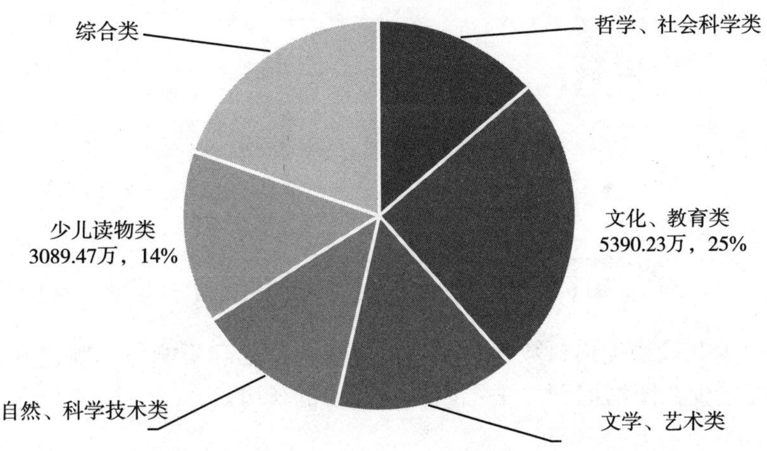

图 4　2018 年各类图书进口金额（单位：万美元）

（二）出版物出口情况

2018 年，全国累计出口图书、报纸、期刊 1696.07 万册（份）、7194.75 万美元，与上年相比，数量降低 21.91%，金额降低 8.13%。

2018 年传统书报刊出口也呈现明显下降趋势。全年全国累计出口图书、报纸、期刊 1696.07 万册（份）、7194.75 万美元，同比数量降低 21.91%，金额降低 8.13%。其中：全国出版物进出口经营单位累计出口 1478.09 万册（份）、5723 万美元，同比数量降低 20.99%，金额降低 5.01%。同年，全国累计出口音像制品、电子出版物与数字出版物 5.29 万盒（张）、2897.86 万美元，同比数量降低 17.22%，金额降低 1.20%。其中：全国出版物进出口经营单位累计出口 1.24 万盒（张）、212.20 万美元；与上年相比，数量下降 35.97%，金额增长 29.91%。（见图 5、图 6）

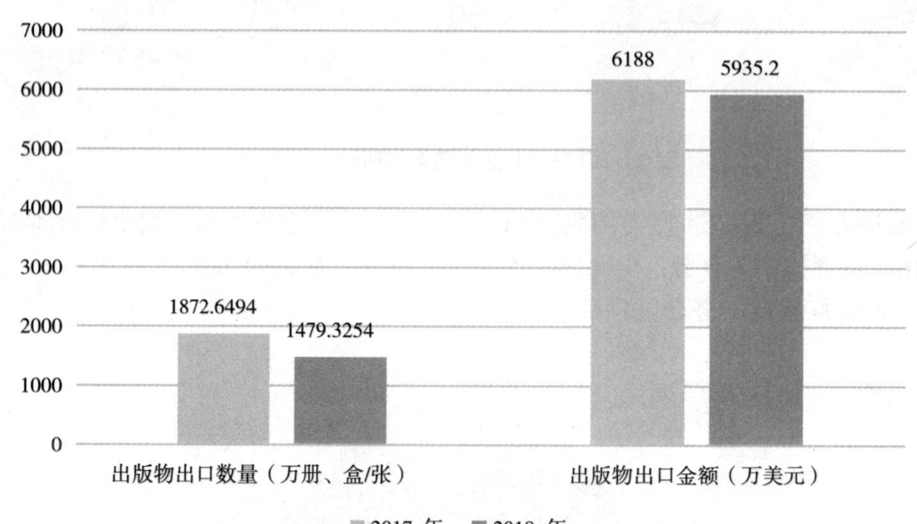

图 5　2017—2018 年出版物出口情况

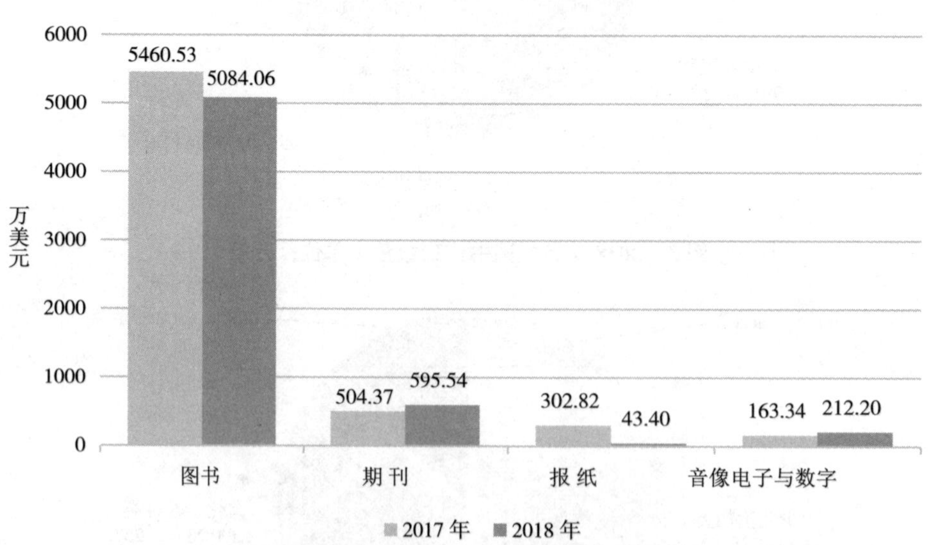

图 6　2017—2018 年各类出版物出口情况

其中，出口图书中，少儿读物类出口数量占比近 50%，这充分体现了我国少儿图书原创水平不断提高、国际影响力不断提升，受到越来越多海外读者的认可。

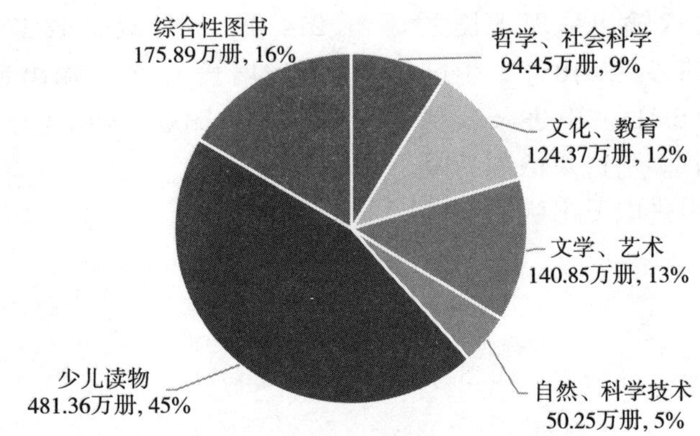

图 7　2018 年各类图书出口数量

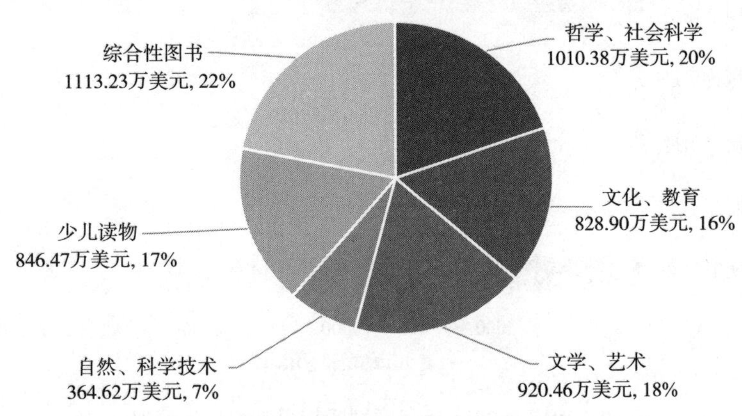

图 8　2018 年各类图书出口金额

二、2018 年版权贸易情况

版权贸易主要涉及图书、录音制品、录像制品、电子出版物等形式的内容贸易。经过多年版权贸易较快速度的发展，2018 年我国与全球主要出版市场的版权贸易活跃程度保持平稳，实际贸易量有所下降。

（一）2018 年版权引进输出情况

版权贸易受全球贸易环境的影响也较为突出。2018 年，全国共引进版权 16829 项，同比降低 7.12%；全国共输出版权 12778 项，同比降低 7.52%。

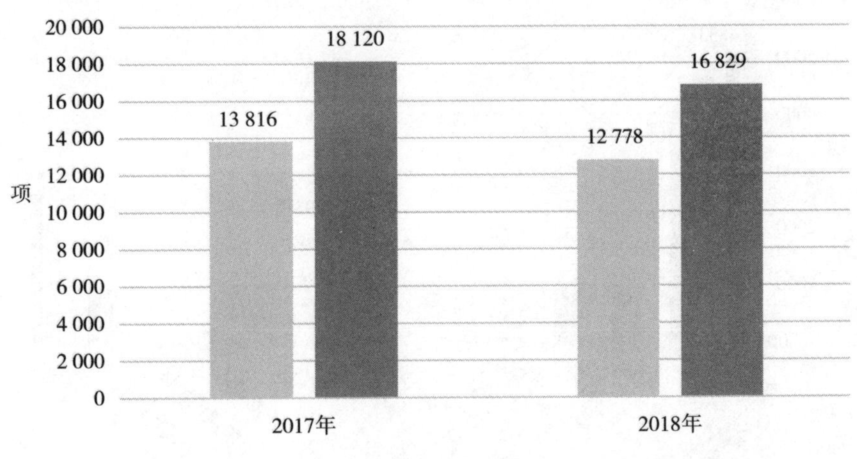

图 9　2017—2018 年全国版权引进输出情况

在细分领域，除图书的版权输出呈现增长之外，其他细分市场均呈现下降趋势。2018 年，引进图书版权 16071 项，同比减少 6.31%。引进录音制品版权 125 项，同比减少 14.97%。引进录像制品版权 192 项，同比减少 47.25%。引进电子出版物版权 214 项，同比减少 42.47%。输出图书版权 10873 项，同比增长 1.90%。输出录音制品版权 214 项，同比减少 33.54%。输出电子出版物 743 项，同比减少 52.28%。

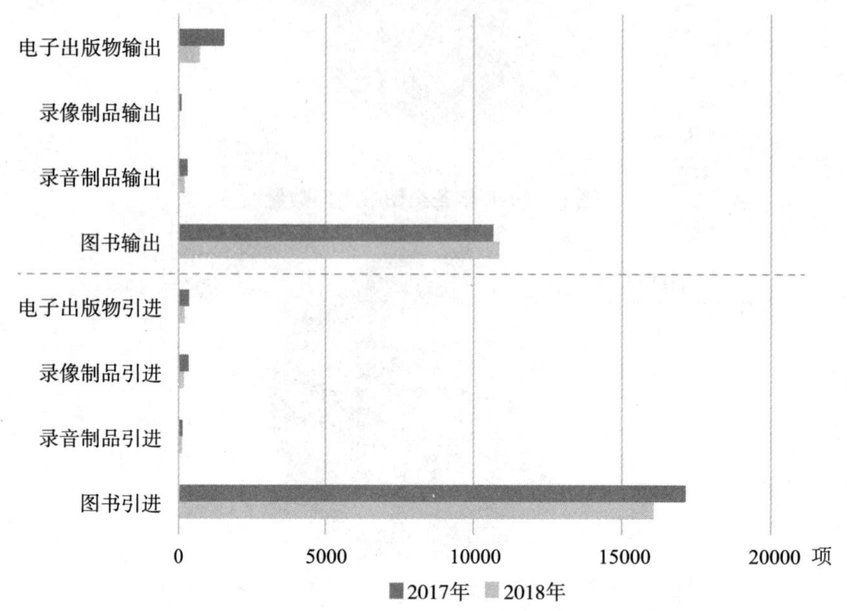

图 10　2017—2018 年各类别版权引进和输出情况

（二）图书版权引进输出情况

2018 年，全国共引进图书版权 16071 项，同比减少 6.31%；输出图书版权 10873 项，同比增长 1.90%。

从引进的国家和地区看，我国从美国、英国、德国、法国、俄罗斯、加拿大、新加坡、韩国、日本、中国台湾和中国香港引进版权近 14 000 项，占比 84.2%。其中从美国引进版权 4833 项，从英国引进 3317 项，从日本引进 1993 项。（见图 11）

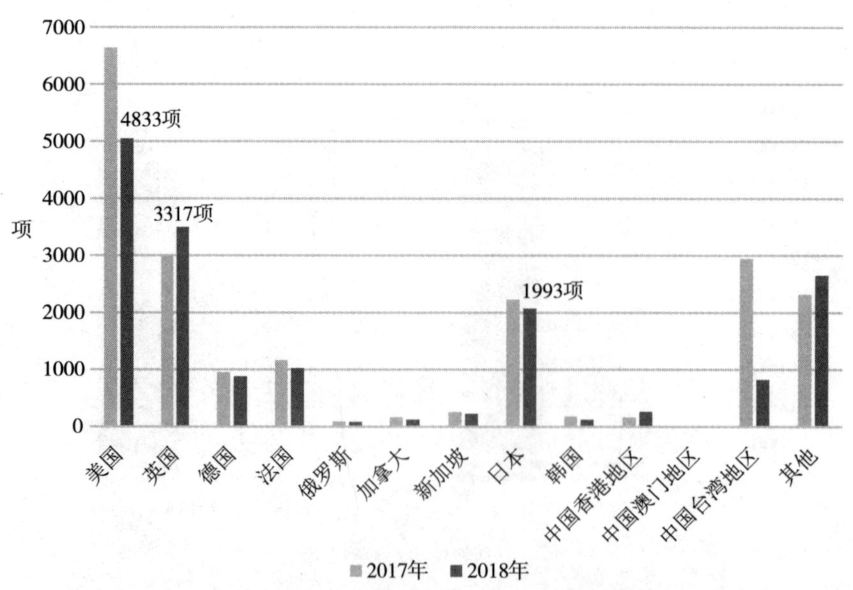

图 11　2017—2018 年图书版权引进国家和地区情况图图图

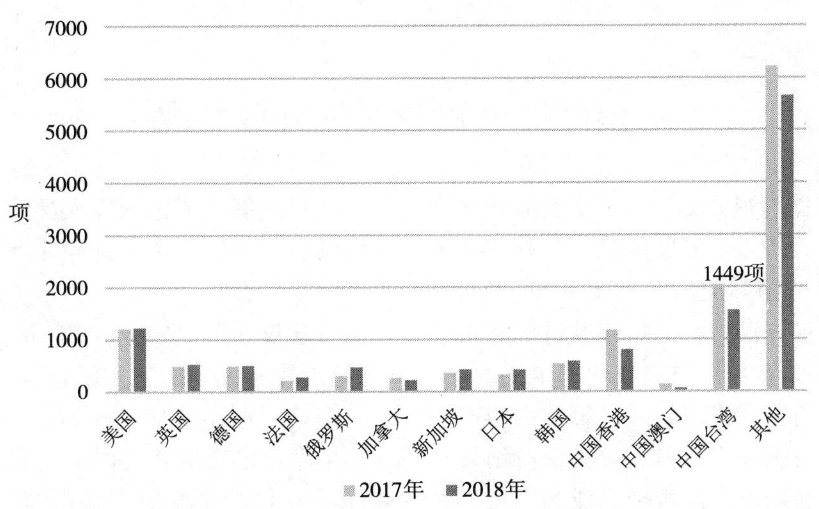

图 12　2017—2018 年图书版权输出国家和地区情况

2018 年，我国向美国、英国、德国、法国、俄罗斯、加拿大、新加坡、日本、韩国和中国港澳台地区输出版权 7000 多项，占比超过 50%；其中向台湾地区输出所版权 1449 项，向美国输出版权 912 项。（见图 12）

据统计，2018 年对“一带一路”国家和地区的版权输出数量在整体版权输出数量中已占了一半以上。版权输出所覆盖的“一带一路”国家和地区越来越广泛，其中主要集中在亚洲国家，包括越南、印度、新加坡、泰国、尼泊尔、黎巴嫩、斯里兰卡和阿联酋等。从语种来看，对“一带一路”国家和地区的版权输出，涉及 53 个语种。其中英文占比最高。

三、2018 年数字出版贸易情况

数字出版领域广泛，其中中国网络文学和原创中国民族网络游戏在全球市场产生了较大影响。中国网络文学，已经与好莱坞电影、韩剧和日本动漫并称为“世界四大文化奇观”。2018 年网络文学作品输出 1168 部，掌阅海外版已上线 14 个语种的版本，下载量达 9000 万次。原创中国民族网络游戏因其文化内涵丰富、寓教于乐，受到海外玩家的广泛欢迎。2018 年，我国自主研发的网络游戏海外收入达到 95.9 亿美元，较 2017 年增长 14.7%。

四、国际书展交流情况

北京国际图书博览会和国际书展中国主宾国活动已成展示中文优秀原创内容和国外译介中国主题图书的重要窗口，成为我国出版业进行版权贸易的重要平台。

2018 年展览总面积达 9.77 万平方米，93 个国家和地区参展，包括 24 个“一带一路”沿线国家。海内外参展商 2500 多家，其中海外展商 1520 家，占比 60%。展览精品图书 31 万种，参观人数 30 多万人次，举办了近千场出版文化活动。

本届图博会达成的中外版权贸易协议共有 5678 项，同比增长 7.9%。其中达成版权输出与合作出版协议 3610 项，输出引进比为 1.74 ：1。中国主题类、少儿类、文学类、文化教育类、经济类、哲学类图书居输出前列，向英美等国家输出数量稳步增长，向小语种国家输出数量大幅提高。

与此同时，2018 年筹办了第 27 届古巴哈瓦那国际书展、第 55 届意大利博洛尼亚国际童书展、第 23 届阿尔及利亚阿尔及尔国际书展三场中国主宾国活动，成为历史上筹办主宾国活动最多的年份。在三个主宾国活动上，集中展览展示了一批主题图书，举办了出版发展高峰论坛、“中国主题图书合作编辑部”项目签约仪式等一系列出版交流活动，《习近平讲故事》《之江新语》实现版权输出，在当地引起热烈反响，古巴、阿尔及利亚等领导人参观了中国主宾国展台，会见了代表团，促进了中古、中阿、中意出版交流合作。国内出版企业也组团参加了美国、土耳其、印度等国际书展，基本覆盖了国际影响较大的重要书展和中等规模以上书展，为推介中国主题图书进入国际市场提供了重要平台。

（中国新闻出版研究院　刘莹晨）

中国广播电视业对外开放情况

2018年，全国广播电视系统以习近平新时代中国特色社会主义思想为指导，紧紧围绕服务国家外交工作大局，着力提升国际交流合作水平与层次，统筹协调全国广播电视资源力量，协同推进国际市场开发与孵化，形成交流合作与商业化“走出去”协同发展的国际传播与国际出口格局，影视内容产品出口体系初步形成，国际出口贸易规模保持增长态势，国际影响力不断提升，影视节目成为向世界展示真实立体全面中国的重要窗口和平台，有效提升了中国文化软实力。

一、服务国家外交工作大局，广播电视国际交流合作迈上新台阶

2018年，广播电视系统不断增强服务党和国家工作大局的意识，提高工作站位，积极主动作为，以实际行动践行“兴文化、展形象”的使命任务，推动广播电视对外交流合作迈上新台阶。

（一）服务和借力国家外交工作，提升广播电视合作水平层次

一是对接国家外交工作，搭建国际交流合作平台。2018年6月，总局配合中非合作论坛北京峰会，成功举办了第四届中非媒体合作论坛，积极展示发展成就，阐释政策理念，推广合作经验，深化中非务实合作。中非政府部门、媒体机构和企业共460余名中外代表围绕“中非媒体政策”“中非媒体话语权建设”“中非媒体数字化和内容产业发展”等议题进行了深入讨论。来自45个非洲国家的正副部长、媒体机构负责人和专业技术人员出席会议，签署了《中华人民共和国国家广播电视总局与马达加斯加新闻部广播电视合作协议》等12项合作协议，通过了《第四届中非媒体合作论坛关于进一步深化交流合作的共同宣言》。

二是依托国家多边合作框架，建立媒体多边交流合作机制。为推动上合组织框架下各成员国媒体领域交流合作，在外交部指导下，总局积极倡议建立媒体合作专门机制，于2018年4月牵头主办上合组织成员国专家组会议，推动各方签署了《上海合作组织成员国政府间媒体合作协议》。

三是借力国家领导人高访，推进签署国际合作协议。在习近平主席访问非洲并出席金砖国家领导人第十次会晤期间，举办“中国与南非影视合作项目启动仪式”，中南双方签署了《院线合作备忘录》《纪录片<大国担当>联合制作意向书》《关于合作举办第二届金砖国家电视周的合作协议》。在习近平主席赴巴布亚新几内亚出席APEC会议期间，拟订《与太平洋岛国广播电视交流合作工作计划》，打开了与南太岛国务实合作新局面，推动中央广播电视总台、广东广播电视台与南太岛国开展联合制作、联合播出、共享新闻素材等多方面的合作。在习近平主席访问菲律宾、阿根廷、巴拿马等国期间，推动签署了《中菲广播电视合作谅解备忘录》《中华人民共和国国家广播电视总局与阿根廷共和国联邦公共传媒管理总局合作框架协议》和《中华人民共和国国家广播电视总局和巴拿马共和国国家广播电视总署广播电视合作备忘录》。

四是策划举办“影像中国”播映活动，打造影视公共文化外交品牌。为推动中国优秀节目内容在对象国落地播出，扩大中国影视节目国际影响力，2018年，总局策划实施了“影像中国”播映活动。2018年9月，在葡萄牙里斯本举办了“影像中国”播映活动启动仪式，在当地各界产生积极影响，有效推动了中国影视剧进入葡萄牙主流社会。2018年10月，为配合习近平主席出访，在菲律宾策划举办了“影像中国”公共外交活动，向菲律宾业界推介了一批中国优秀电视剧。2018年11月，在巴拿马举办了中国影视节目开播仪式。通过“影像中国”活动，一批优秀中国电视节目在当地主流电视媒体播出。2019年，“影像中国”播映活动更名为“视听中国”播映活动，总局拟牵头组织影视机构赴非洲、拉美国家，举办形式丰富、内容紧贴受众的宣传推广人文交流活动，进一步提升中国影视的品牌和知名度。

（二）拓展丰富中外高级别人文交流机制内涵，发挥广播电视独特优势和平台效应

在中外高级别人文机制框架下，总局继续深化与相关国家务实合作，凸显广播电视在双边和多边

人文交流的独特优势和平台效应。

一是在“2016—2017中俄媒体交流年”和“2018—2019中俄地方合作交流年”基础上，继续加强中俄媒体合作。2018年8月29日，总局与俄罗斯数字发展与通讯传媒部共同举办中俄媒体合作分委会第十一次会议，签署会议纪要和包含65个合作项目的2018—2019年度工作计划。2018年10月31日，在中俄人文合作委员会第十九次会议期间，成功举办“中俄电视艺术合作联盟成立暨中俄影视作品互播启动仪式”配套活动。2018—2019年是中俄地方合作交流年，总局积极推动地方媒体加强对俄交流合作。如，推动内蒙古电视台与俄布里亚特和平电视台签署互播影视节目合作协议，双方将互播电视节目；支持吉林广播电视台与俄罗斯符拉迪沃斯托克电台签约，合作节目“中国故事吉林之声”（俄罗斯远东地区版）实现在俄罗斯远东地区主流媒体本土化传播。

二是在中外高级别人文交流机制框架下，深化与相关国家务实合作。经过多年发展，中外人文交流机制不仅成为中国特色大国外交的有力支撑，也是广播电视文化交流合作的重要平台。总局积极发挥中外人文交流的独特作用，统筹广电系统资源，积极引导和鼓励影视机构与相关国家和地区开展交流合作，推动中外广播电视交流合作实现机制化、长效化和规模化发展。2018年，在中英高级别人文机制框架下，总局推动与英国数字文化媒体体育部牵头建立“中英创意产业政策对话平台”（部级），促进两国在产业政策、知识产权保护等领域的沟通。在中欧高级别人文机制框架下，形成与欧广联开展全面务实合作的工作计划，积极组织国内主流广电机构选送作品参加欧广联2018年“金玫瑰奖”评选，参加欧广联“创意论坛”，举办“聚焦中国”活动，向全球主流媒体和节目交易商展示和推介中国优秀影视作品和原创节目模式。在中德高级别人文交流对话机制框架下，积极参与第七届中德媒体对话会议，支持民营企业华韵尚德公司举办金树国际纪录片节。在“16+1合作”框架下，成功举办“2017中国—中东欧国家媒体年闭幕式暨2018中国—中东欧国家地方合作年开幕式”。

三是深度参与国际组织事务，探索与国际组织多样合作方式。2018年，总局积极参与亚洲—太平洋广播联盟（ABU）和亚太广播发展机构（AIBD）工作，支持AIBD开展媒体培训业务，推荐上海广播电视台、山东广播电视台和四川广播电视台成为亚广联附加正式会员，推荐新组建成立的中央广播电视总台成为亚广联正式会员，进一步提升中国广播电视机构在国际组织的话语权和影响力。参加第105届亚广联（ABU）年中理事会和第55届亚广联大会及附属会议，中广电广播电影电视设计研究院荣获“亚广联绿色广播工程奖”，中央人民广播电台《爸爸妈妈，我来啦》荣获“亚广联广播视野奖”，山东广播电视台《如果仅有人类存在，人类将在地球上生存多久》荣获“亚广联广播社区公益广告特别奖”。

（三）修订完善政策法规，为扩大深化广播电视交流合作提供制度保障

2018年，总局和部分省级广电管理机构不断完善广播电视对外交流政策法规，出台相关政策，推动广播电视交流合作。制定《境外人员参加广播电视节目制作管理规定》，加强对境外人员参与广播电视节目制作的服务和管理，将事前行政许可修改为事中事后监管，并延伸到网络视听节目领域。推动《境外视听节目引进、传播管理规定》修订工作，并向社会公开征求意见。参与制定《关于促进两岸经济文化交流合作的若干措施》，推出“两取消一放宽”政策，即取消对从业人员参与节目制作的数量限制，取消对引进影视剧数量的限制，放宽对影视剧合拍的限制。这一政策将继续推动两岸影视机构加大合作力度，促进两岸影视业的共同繁荣。地方广播电视主管部门积极制定出台政策文件，推动广播电视国际交流合作。如，北京市出台《关于贯彻落实中央〈意见〉精神推动北京影视出版对外交流的工作思路》和《北京市提升广播影视业国际传播力奖励扶持专项资金管理办法》，加强对“走出去”工作的统筹协调和奖励扶持力度，激发广播电视机构“走出去”的积极性。

二、持续实施“走出去”工程项目，有效拓展涵育国际市场

2018年，按照“深耕‘一带一路’、巩固非洲主流、开拓拉美市场、稳固周边友邻、提升对欧美影响”的工作布局，总局大力实施广播影视“走出去”工程项目，引领和带动广播电视机构“走出去”，较好地涵育孵化了新兴国际市场。

（一）持续实施“丝绸之路影视桥工程”，助力中国与沿线国家民心相通

2018 年，总局继续实施“丝绸之路影视桥工程”，统筹协调全国广播电视系统广泛参与，形成统分结合、资源共享、优势互补的工作格局。截至目前，工程已顺利实施 5 期，共申报项目 873 个，其中推进实施项目 400 多个，包括大型合作采访、精品节目制作、合作合拍、节目译制播出、境外播出平台搭建、技术交流等。目前，该工程已成为中国广播电视走进沿线国家的基础支撑。一批项目实现品牌化发展，持续推动中国影视节目在沿线国家播出，有力提高了中国节目在对象国的传播力和影响力，促进了中国与沿线国家人民的相互了解。调研显示，在“一带一路”沿线国家，中国影视作品是沿线国家人民接触中国文化的最重要因素。2018 年，总局还与教育部联合设立“中国政府广播电视高层次人才奖学金项目”，培养跨文化传播、影视创作、数字技术与新媒体研究等专业留学生，打造与“一带一路”沿线国家交流合作的新抓手。

（二）创新推进“中非影视合作创新提升工程”，涵育非洲市场

2012 年，总局开始实施“中非影视合作工程”，推动中国优秀影视节目在非洲播出。2018 年，总局对工程进行提质升级，启动实施“中非影视合作创新提升工程”，强化了中非合拍，扩大了影视节目的播出。目前，该工程已完成英语、法语、斯瓦西语、豪萨语等多种语言、近 200 多部中国影视优秀作品的配译工作，实现了在非洲 40 多个国家播出。“中非影视合作创新提升工程”在精品内容译制计划的基础上，增加了合作合拍扶持计划和非洲播映推广计划，有效巩固了前期项目的成果，并实现从电视播出到户外播映、从城市电视观众延伸到农村和偏远地区观众、从单向授权播出到合作合拍双向交流的升级。

（三）持续实施“中国当代作品翻译工程”（影视类），讲好当代中国故事

2018 年，总局继续精选反映中国当代社会主流价值观、代表中国影视制作水平的高品质影视剧，通过高质量翻译配音，突破语言障碍，进入对象国主流电视台播出，达到了良好的国际传播效果。截至目前，该工程共支持《温州一家人》《鸡毛飞上天》《欢乐颂》《小别离》《我在故宫修文物》《海上丝绸之路》《滚蛋吧！肿瘤君》《美猴王》等 85 部电视剧、电影、纪录片、动画片译制成英语、法语、西班牙语、俄语、阿拉伯语等 17 种语言，在世界多个国家和地区播出。一些作品凭借其优秀的制作、良好的口碑，实现了良好的国际传播效果，向世界展示了新时代中国的新风貌，有效推动提升了国家文化软实力。

（四）持续实施友邻传播工程，涵育巩固周边市场

周边国家尤其是东南亚市场是中国影视节目商业化“走出去”的核心市场。2018 年，总局继续实施友邻传播工程，进一步巩固并加强对周边国家市场的涵育，有效提升中国影视节目在周边国家的影响力。

一是深耕蒙古国市场，取得突破性进展。持续多年实施喀尔喀蒙语译配工程及《电视中国剧场》等项目，使中国电视剧在蒙古国的市场份额从 2014 年的不到 7% 迅速提升到当前的 20%。截至 2018 年年底，中国影视机构已与蒙古国 18 家主流电视台签订合作协议，每天至少有 5 家主流电视台播出中国电视剧。2018 年 6 月 7 日，蒙语版《小别离》在蒙古亚洲影视剧频道播出后，收视夺冠，在首都乌兰巴托收视份额达到 18.3%。2018 年国庆前夕，总局带领黄磊、海清等主创团队在蒙古国再次举办《小别离》海外观众见面会，引发蒙古观众的观影热潮。

二是深耕中亚市场，已形成一定影响力。央视俄语频道译制播出大量俄语、哈萨克语节目，在俄语频道及其官网播出，较好地向中亚地区传播中国影视节目，扩大了中国影视节目在中亚地区的影响力。例如，2018 年 6 月，哈萨克语分角色配音版 39 集电视剧《放弃我，抓紧我》在哈萨克斯坦 31 频道播出，收视率达 0.26，在同时段播出的 7 部国外引进剧中排名第三，仅次于美剧《神盾局特工》（0.43）和印度剧《天才的命运》（0.35）。

三是开展影视文化公共外交活动，孵化对象国市场。利用中柬建交 60 周年，制作专题片《中柬友谊之路》，邀请并支持柬方来华拍摄纪录片《魅力中国》，赴柬拍摄纪录片《魅力柬埔寨》，协调广西人民广播电台在柬国家电视台开办“中国剧场”“中国动漫”栏目，与柬埔寨新闻部举办第二届中柬广电合作定期会议，协调国际台于中柬建交 60 周年纪念日当天举办“中柬对画行动”等活动。

四是利用中国东盟战略合作框架，巩固东南亚市场。利用中国—东盟（10+1）人文交流支柱和“中国—东盟媒体交流年”契机，开展多样化的媒体交流合作活动。2018 年 11 月 14 日，李克强总理在新加坡召开的中国—东盟（10+1）领导人会议上，与东盟国家领导人一起对外宣布 2019 年为“中国—东盟媒体交流年”。按照“立足长远，讲求实效”的原则，2019 年“中国—东盟媒体交流年”设计策划了政策交流、大型活动、主题报道、联合制作、节目联播、译制播出、媒体培训和新兴媒体八个领域的近 50 个合作项目。

三、强化国际传播能力建设，着力提高国际话语权

2018 年，新组建的中央广播电视总台积极优化台内国际传播资源配置，加快探索建立对外宣传报道快速反应机制，打造具有较强国际影响力的外宣旗舰平台，提高国际话语权。

（一）加强频率频道落地和海外新媒体平台建设，进一步提高国际传播力

一是加强频率频道海外落地。2018 年，央视继续强化整频道落地，全年新增整频道用户 3300 万。长城平台及央视国际频道海外落地共发展全球收费用户约 4550.62 万。国际台加强国际合作与调频台落地。截至 2018 年 12 月底，全球合作媒体达到 161 家。其中，在文莱、巴拿马、巴布亚新几内亚、波兰、秘鲁等国首次实现合作落地。俄罗斯圣彼得堡落地调频台开播，实现对俄罗斯调频广播落地的突破。2018 年，国际台落地传播稿件超过 1.2 万篇，落地质量、覆盖广度和传播实效远超 2017 年。

二是加强国际视通国际合作传播。央视利用国际视频通讯社（国际视通）品牌，加强与国外媒体合作，提高国际传播力。截至 2018 年年底，国际视通签约用户覆盖全球 131 个国家和地区的 336 个媒体机构共 1954 个电视频道和 1188 个新媒体平台。中美经贸摩擦相关内容被 1600 家境外电视台、频道采用 21.13 万次，创重大持续性报道外媒采用量最高纪录。

三是加强互联网新媒体平台海外社交化传播。2018 年，央视网海外社交平台总浏览量达 81.3 亿，比 2017 年同期增长 7.08%；总视频观看量为 26.3 亿，同比增长 14.09%。外宣文化名片“熊猫频道”全球粉丝数超 2300 万，成为全球熊猫主题最大规模账号。Facebook 官方统计报告显示，2018 年 4 至 8 月，熊猫频道 Facebook 账号互动率位居全球第二，仅次于美国《赫芬顿邮报》。国际台加强多语种社交化传播，海外社交媒体账号粉丝总量 1.4 亿，境外社交媒体账号集群粉丝量 7899 万，比 2017 年年底分别增长 19% 和 39%；26 个境外社交账号粉丝量超 100 万；移动客户端下载量 5721 万，年增长 122%；第三方平台账号订阅量 4947 万，年增长 13%。2018 年受众反馈（互动）总量 5910 万，新媒体阅听总量 103 亿，年度传播规模、发稿量和舆论影响力持续提升。

四是实施综合项目提高传播力。国际台加强在缅甸、土耳其、泰国、葡萄牙、南非等重点国家的综合平台建设，取得显著成效。其中，缅甸项目缅甸国际广播频率每天制作 18 小时直播节目，社交媒体粉丝达 80 多万，手机移动端下载超过 1 万次，日均活跃用户 2000 多；影视译制项目牢牢锁定与本地最大私营电视机构的合作播出渠道，制作播出影视剧 124 集；以 MIR 为重点的新媒体项目成功打造了缅甸国际频率脸书、网站、APP 等新媒体平台，2018 年累计粉丝数 500 余万，浏览量达 2.6 亿次，互动量达 420 多万。

（二）加强新闻报道评论，有效提高国际影响力

一是做好主题主线报道。2018 年两会，国际台首次使用 40 种语言对人大开幕会进行多媒体直播；与 100 多家境外媒体合作，60 余家海外本土媒体开设专题专栏，相关报道被转发转载 4000 余次；通过广播覆盖 160 多个国家和地区，通过社交媒体覆盖 1.4 亿境内外粉丝，新媒体阅览量达 5820 万次，互动量 72 万次。上合组织青岛峰会，国际台通过俄语、英语、印地语等 11 种上合重点相关语言开展特色报道，其中“中俄头条”双语客户端推出“点赞上合”跨国线上互动活动，点阅互动量达到 1.02 亿，点赞量超过 150 万。

二是做好高访报道。国际台使用多语种海外落地调频电台和社交媒体，做好习近平主席系列高访活动的对外传播。如，2018 年 7 月，习近平主席在南非约翰内斯堡出席金砖国家领导人第十次会晤期间，国际台使用英语、俄语、阿拉伯语、法语、印地语等 10 个语种做好对外报道，自有境外新媒体及海外媒体转发总阅览量超过 2000 万，30 多个国

家的主流媒体和主要社交网站转发转引相关报道。

三是做好国际重大事件报道。CNN、BBC、半岛电视台、纽约时报等主流媒体广泛转载中国国际电视台（CGTN）新闻。2018 年，CGTN 新闻周均转载量超过 70 条，其中最高一周转载量达 111 条。针对朝韩领导人板门店历史性会晤、美朝首脑新加坡会晤、特朗普与普京首次会晤、沙特记者死亡事件、美俄对峙加剧等一系列国际局势变化，CGTN 第一时间发布消息。在巴拿马籍“桑吉”轮东海碰撞、韩国密阳医院大火等现场报道中，中国国际电视台（CGTN）时效均领先 BBC、CNN、半岛电视台等国际媒体。在朝鲜试验场拆除报道中，中国国际电视台（CGTN）成为全球最早播发爆破画面媒体之一，被国际媒体广泛引用。

四、探索建立影视产品出口体系，推动多类型节目内容“走出去”

随着国内影视产业的不断繁荣发展，以及持续多年开拓国际市场，中国影视产品出口体系初步形成，建立了覆盖传统媒体和新兴媒体的融合传播渠道平台，实现商业化“走出去”和交流合作“走出去”协同发展，出口产品类型题材不断丰富，海外市场进一步扩大，国际影响力进一步提升，出口规模持续增长。据不完全统计，2018 年全国影视内容产品（含电视剧、电视电影、动画片、纪录片和综艺专题节目，不包括电影故事片）出口总金额约 1.25 亿美元，比 2017 年略有上涨，比 2013 年的 6066 万美元翻了一番。

（一）影视节目内容出口类型题材多元化，向世界展示真实立体全面中国

中国电视剧、纪录片、原创节目模式、动画片等节目类型通过商业化方式“走出去”。其中，电视剧是“走出去”的主要节目类型，在部分国家和地区具有一定的国际竞争力；纪录片和原创节目模式已出口到欧美国家，实现在欧美主流媒体的播出。动画节目进入非洲等市场，具有一定影响力。

1. 电视剧是主要出口类型，古装剧现代剧并驾齐驱拓展国际市场

中国电视剧在东南亚等传统市场地位巩固，而且逐渐拓展到非洲、“一带一路”沿线国家、拉美地区。

古装剧保持强大国际出口能力。古装剧已拥有稳定的国际收视群体，并已形成一定的国际竞争力和品牌。2018 年，古装剧在海外发行和播出均呈现良好发展态势。《琅琊榜》译制为西班牙语后，成功在阿根廷主流媒体播出，受到当地观众喜爱，成为国剧商业化登陆阿根廷的破冰者。《如懿传》发行到全球众多国家和地区，在马来西亚是 2018 年播出最好的中国电视剧，2019 年 5 月登陆日本 WOWOW 电视台。《扶摇》在马来西亚平台上获得了收视第一的好成绩。《楚乔传》西语版 2019 年登陆拉丁美洲，并在墨西哥主流电视台 Imagen TV 黄金时间播出。

现代剧逐渐形成新品牌并实现 IP 出口。现代剧在海外表现十分靓丽。《警花与警犬》《下一站别离》等电视剧在马来西亚电视台等平台播出。越南主流电视台引进《凉生，我们可不可以不忧伤》，并实现了与国内同步跟播，并成为当地的话题剧目。2018 年，中国现实题材电视剧还实现了模式输出，实现了从成品出口到模式出口的升级。华录百纳原创作品《职场是个技术活》电视剧改编权发行到越南，预计 2021 年在越南国家电视台播出。新丽传媒的《辣妈正传》自主 IP 翻拍权已出口到印尼和日本，目前公司正帮助客户进行本地化改造。

2. 原创节目模式出口到欧美国家，网综开始“走出去”

在政府引导和市场竞争推动下，中国原创节目质量不断提升，并受到国际市场的关注。一些带有鲜明中国文化元素的节目模式进入欧美主流市场。2018 年，中央广播电视总台原创的《国家宝藏》，实现与恩德莫尚集团和 BBC 签约。其中，恩德莫尚集团与央视进行《国家宝藏》国际版合作，BBC 与央视共同制作纪录片《中国的宝藏》。《超凡魔术师》节目模式成功输入越南，越南版本《超凡魔术师》于 2018 年 5 月在越南 VTV3 频道播出，平均收视率超过 2，高于同时段其他节目。与此同时，网综也开始国际化发展，并实现出口。2018 年 10 月，优酷与福克斯传媒集团（Fox Network Group）正式签署合作协议，由福克斯传媒制作《这！就是灌篮》中国台湾版、菲律宾版，优酷则为福克斯提供模式制作手册，进行制作培训等。

3. 纪录片进入西方主流平台播出，国际影响力持续扩大

通过中外联合制作等方式，中国纪录片进入西

表1　近年来中国部分节目模式海外输出情况

时间	节目名称	版权机构	交易公司
2019	《声入人心》	湖南卫视	美国 Vainglorious 制作公司
2019	《声临其境》	湖南卫视	英国 The Story Lab
2019	《超凡魔术师》	江苏广播电视总台	越南国家电视台
2018	《燃烧吧大脑》	江苏广播电视总台	恩德莫尚 Endemol Shine 集团
2018	《我就是演员》	浙江广播电视集团	美国 IOI 公司、HMP 公司
2018	《这！就是灌篮》	浙江广播电视集团、浙江天猫技术有限公司、优酷信息技术（北京）有限公司	美国福克斯传媒集团
2018	《国家宝藏》	中央广播电视总台	恩德莫尚 Endemol Shine 集团

方主流媒体播出。2018 年，央视英语新闻频道与美国国家地理频道首次合作推出纪录片《非凡中国》在国家地理多个电视频道播出，覆盖全球 170 多个国家和地区的 3 亿用户；与美国历史频道合作推出纪录片《爱拼才会赢》，在历史频道亚洲区黄金时段播出；与印度新德里电视台等多个电视台合作推出大型体验式纪实特别节目《非常中国》，收到境外 10 家英文媒体机构的播出请求。优酷、五洲传播中心、Discovery 探索频道联合出品制作的 3 集纪录片《中国：变革故事》，在优酷与 Discovery 探索频道全球首播。纪录片《长城》(国际版）2018 年 10 月 5 日在奥地利 ORF 电视台播出，两集收视率均在当地收视平均值以上。CGTN 纪录国际频道首播率持续上升。一批优秀纪录片还获得国际奖项，国际影响力逐步提升。2018 年，中国国际电视台（CGTN）法语频道《云朵上的民族》获"亚洲旅游影视艺术周"最佳纪录片奖；阿语频道的《永远的阿克塞》获得阿拉伯电视节最佳纪录片奖。江苏广播电视总台（集团）与美国 A+E 电视网合拍的南京大屠杀题材纪录片《南京之殇》获美国电视界大奖"日间艾美奖"创意类最佳摄影奖；江苏台与英国雄狮影视联合拍摄的 6 集纪录片《你所不知道的中国》(第三季）荣获第 23 届"亚洲电视大奖"最佳纪录片奖，等等。

4. 动画片实现品牌化发展，国际影响力显著提高

华强方特推出的《熊出没》系列，已实现品牌化发展，在海外具有一定影响力和竞争力。2018 年 5 月，《熊出没》系列动画片在第 71 届戛纳电视节期间现场签约了俄罗斯等近 10 个国家；《熊出没 • 变形记》大电影现场签约韩国、中东等 10 余个国家和地区。2018 年下半年，《熊出没》3 部大电影在拉美地区的 Discovery 频道和墨西哥最大的电视台 Televisa 频道播出；《熊出没》剧集与电影也登陆北美、英国、法国等国家电视台和媒体平台。目前，《熊出没》的品牌影响力已覆盖 60 多个国家和地区，尤其是在"一带一路"沿线国家深受欢迎。此外，中国影视机构分别与捷克、俄罗斯、新西兰、南非合拍动画片《熊猫与小鼹鼠》《熊猫与开心球》《熊猫和奇异鸟》《熊猫和小跳羚》，形成了"熊猫 +"影视合拍品牌，促进了文化交流创新融合。2018 年，一批新的动画节目也开始走向国际。如《鹿精灵》第 1 季走进新加坡、新西兰、非洲等多个国家和地区，在 StarHub TV、新西兰 TV33 电视台、非洲四达时代儿童频道（StarTimes Kids TV）等平台播出。动画片《新大头儿子和小头爸爸》译制为阿拉伯语在 YouTube 及 Facebook 平台上推送后，海外独立访问用户达到 850 万人，视频观看量 248 万次，以点赞、转发、评论等方式参与互动近 8 万余人。

此外，网络剧也实现"走出去"。2018 年，优酷出品的《北京女子图鉴》《上海女子图鉴》等网剧成功出口到日本、马来西亚等国家；《假如没有遇见你》等网剧在 YouTube 平台播出。

（二）渠道平台多元融合互为补充，实现协同化"走出去"

目前，中国已建立传统媒体与新兴媒体交叉融合、商业化"走出去"与合作化"走出去"互为补充的覆盖全球的多元化渠道平台，为影视节目"走出去"提供了重要支撑。

1. 设立中国联合展台，推动影视节目商业化输出

自 2004 年设立以来，中国联合展台已成为集

影视内容产品销售、学习交流、创意孵化和人脉资源积累的综合性平台，是中国影视节目通过商业化方式“走出去”的主渠道主平台，越来越多的机构通过该平台将电视剧发行销售到世界各国。2018 年，中宣部和总局共在全球 12 个影视节展上设立了中国联合展台，累计参展单位 165 家，较 2017 年同期增加 21%；意向签约金额约 3703 万美元，同比增长 74%。其中，在 2018 年 10 月的戛纳秋季电视节上，中国作为主宾国精彩亮相，举办了 12 场主宾国活动，全方位多角度向世界展示中国动画、电视剧、纪录片、综艺等领域的最新成果，签约和意向签约金额达 2 亿元人民币，是 2017 年同期的 3 倍，为历届之最。2019 年，中国联合展台共进驻 16 个国际影视节展。

2. 建立《电视中国剧场》等中外合作栏目，有效涵育新兴市场

通过国际合作，中国影视机构与国际主流媒体建立了多种多样的合作栏目，推动中国电视节目在海外常态化播出，有效涵育了新兴市场。目前，中国共在海外开办了 30 多个《电视中国剧场》栏目，一些本土化译制电视剧播出后，在对象国创下收视新高，有效提高了中国电视剧在当地市场的影响力和传播力。五洲传播中心与国际主流媒体联合建立了《丝路时间》《神奇中国》《华彩中国》《多彩中国》等纪录片海外播出平台，推动大量中国纪录片在海外播出。其中，与“一带一路”沿线国家联合建立的《丝路时间》栏目在 20 多个国家和地区的 25 家境外本土主流电视台译制成 15 种语言播出，覆盖东南亚、中东、中亚、欧洲、南美和非洲等 40 多个国家和地区约 5 亿人口。

3. 开发国际互联网平台，加强国际传播力度

国际互联网平台是中国影视节目“走出去”的重要平台，海外收益直逼传统媒体。目前，中国电视剧主要集中在 YouTube、Viki、Netflix 等三大国际互联网平台。其中，Youtube 是中国影视机构开发利用最多的平台，一大批中国影视节目在该平台播出，一些节目在该平台的分成高达每集 1 万美元。Viki 平台是多语种字幕平台，通过该平台，中国影视节目实现广泛的国际传播。例如《楚乔传》在 Viki 上被翻译成阿拉伯语、英语、法语、越南语、西班牙语等 26 种语言，总弹幕数量达到 20 多万条。现代剧《恋爱先生》在 Viki 平台被译制成英语、法语、西班牙、葡萄牙语等 16 种语言播出。Netflix 是全球最大的付费视频网站，华策制作的《天盛长歌》《致我们单纯的小美好》等均进入该平台，实现全球传播。芒果 TV APP 国际版已覆盖 195 个国家和地区，累计下载量超百万次。

此外，一些机构还积极拓展国际航空和国际游轮等移动媒体平台，打造国际移动播出渠道平台。如，江苏广电集团将《金曲捞》《超凡魔术师》《不凡的改变》《2017 跨年演唱会》《中国文房四宝》《了不起的孩子》《无限歌谣季》《九州天空城》等节目在英国航空、汉莎航空、奥地利航空、港龙国泰、伊蒂哈德等航线以及新加坡 Images in Motion 旗下的国际游轮上落地直播。《凉生，我们可不可以不忧伤》发行到屡次入选“全球十大航空公司”之一的卡塔尔航空，在其航班上播出。

（三）市场主体日益多元壮大，实现集群化出海

随着中国影视产业的快速发展，越来越多的机构将目光投向国际市场，“走出去”主体呈现多元化、集群化、产业链合作出海态势。

一是内容制作企业布局国际市场，探索国内国外同步发行。以华策集团、华录百纳、慈文传媒为代表的影视制作机构，是中国影视“走出去”的重要主体。目前，华策每年销售 1 万多小时的节目，发行到全球 180 多个国家和地区，译制为英语、法语、西班牙语、韩语、阿拉伯语、泰语等 30 多种语言。华纳百录已将数百部优秀影视作品发行到 200 多个国家和地区。近年来，正午阳光、柠萌影业、佳平影业等也加快“走出去”步伐。其中，佳平影业开始探索国内外同步发行，从制作阶段就与国外进行同步，真正做到好剧卖出好价格。除电视剧制作机构外，纪录片、综艺、动画等各类制作机构也积极“走出去”。如江苏台、湖南台、上海台积极推进节目模式出口，华强方特积极推动动画节目出口。优酷、爱奇艺等视频网站，也加快网剧、网综出口。

二是发行机构拓展国际市场，建立全球发行播出体系。国际电视总公司是中国最大的海外发行机构，每年向海外媒体机构销售 1 万多小时影视节目。2018 年实现国际营销收入约 1 亿元人民币。华策发挥节目资源优势和海外合作资源优势，以自主办台和联合运营等方式，与全球范围内的新媒体平台联合创建华语内容海外频道“华剧场”，通过本地化

语言译制配音，在十几个国家和地区落地，形成覆盖“一带一路”沿线国家和地区的华语影视海外传播平台。如，Netflix 持续播出华策出品的电视剧，2018 年播出 5 部 270 多集约 500 个小时。华录百纳“走出去”业务已突破自产自销模式，协助兄弟公司将优秀作品推广到国际市场。捷成华视、完美世界、世纪优优等以发行为主业的民营机构也开始参与国际营销推广。2018 年，完美世界实现大约 500 集剧集的海外签约，销售额达到 600 万美元，覆盖全球多个国家与地区新媒体的渠道。

三是产业链上下游合作，实现集群出海。2017 年底，国际电视总公司发起成立了“中国影视文化走出去企业协作体”，发挥集群出海优势，推动成员单位“走出去”，2018 年实现近 500 部 1000 集节目的出口，其中 78% 在国内首播后一年内实现了海外播出，成员单位出口额同比增长 10%~47%。中国（浙江）影视产业国际合作实验区与中国电视剧制作产业协会共同组织设立了中国电视剧（网络剧）出口联盟，已有 170 多家加盟企业，建设了 16000 多小时剧目的出口片库，2018 年加盟企业出口额 2 亿元人民币。联盟还探索打造海外新媒体付费分账点播新模式，把很多海外平台沉没的中国经典剧启动起来。

四是地方广电机构积极发挥自身资源优势，积极“走出去”。江苏广电与香港电讯盈科共同运营海外频道紫金国际台，致力于打造“海外华语第一综艺频道”。2018 年，紫金国际台用户突破 300 万。2018 年，江苏广电加大热门综艺节目的播出，同步直播《创造 101》《这！就是街舞》等，受到海外观众的喜爱，推动海外用户规模的增长。河南广播电视台打造国际品牌赛事，实现广泛国际传播。其中，品牌栏目《武林风》通过举办国际赛事，实现节目的国际传播。目前，该栏目共与 60 多个国家和地区的搏击组织建立了协作关系，每年进行交流的国家和地区超过 20 个。2018 年 4 月举办的“横琴之巅·武林风中美对抗赛”总计 15 场赛事，其中 8 场比赛在河南卫视播出，同时面向全球 50 多个国家和地区进行现场直播。安徽、重庆等省市广播电视台通过与境外广播电视媒体合作，推动栏目在相关国家落地；北京、黑龙江、吉林、安徽、湖北等省市在境外举办“电视周”等活动，推广本地区影视节目，取得了一定的效果；重庆台通过与澳门广播电视台合作，实现节目“走出去”。

（国家广播电视总局广播影视发展研究中心）

中国文化产业及对外文化贸易发展情况

2018 年，中国的文化产业和对外文化贸易继续深化改革，扩大对外开放，步入转型升级新阶段。文化产品和服务逐渐参与到全球的竞争中。

一、以政策激发产业升级，用创新促进文化出口

（一）深化供给侧改革，产品内容提质升级

文化产业供给侧深化改革持续深化。2018 年 3 月底开始，游戏行业版号审批暂停；同时原文化部国产网游备案于 6 月初以“机构调整”为由开始暂停接受申请；2018 年初，图书的书号限制令下达，各出版社书号压缩 30% 到 40%；2018 年 6 月，中央宣传部、国家广播电视总局等联合印发《关于进一步加强广播电视和网络视听文艺节目管理的通知》，要求加强对影视行业天价片酬、“阴阳合同”、偷逃税等问题的治理；8 月，全国宣传思想工作会议召开，提出推动文化产业高质量发展，健全现代文化产业体系和市场体系；12 月，国家电影局印发《关于加快电影院建设，促进电影市场繁荣发展的意见》。文化产业供给侧结构性改革促进了产业健康持续发展，加快文化产业提质转型升级，增加优质文化产品供给。

（二）产业融合升级创新，文化旅游协同发展

2018 年 3 月，国务院机构改革方案得到批准，文化和旅游部正式成立，文化与旅游的产业融合升级趋势开始凸显。各地都更加重视通过提升文化内涵促进当地旅游业的转型升级，同时以旅游业带动盘活当地文化资源、推动文化的弘扬传承。5 月，文化和旅游部、工业和信息化部发布“第一批国家传统工艺振兴目录”383 项，重点选取了具备一定传承基础和发展前景，传承人群较多，有助于发挥示范带动作用，形成国家或地方品牌的传统工艺项目，并适当向老少边穷地区能够带动地方经济发展、扩大就业的项目倾斜。

（三）利用乡村优势资源，打造特色文化产业

2018 年 9 月，中共中央、国务院在《乡村振兴战略规划（2018 — 2022 年）》中首次提出“发展乡村特色文化产业”，要求挖掘培养乡土文化本土人才，建设一批特色鲜明、优势突出的农耕文化产业展示区，打造一批特色文化产业乡镇、文化产业特色村和文化产业群。11 月，文化和旅游部、国务院扶贫办、中国农业发展银行发布《关于印发全国金融支持旅游扶贫重点项目推荐名单的通知》，将河北省邢台市临城县岐山小镇项目等 57 个项目列入全国金融支持旅游扶贫重点项目推荐名单，借助特色文化资源内涵挖掘突出区域特色，开展乡村特色文化活动，实现产品转化，打造乡村特色文化产业。

（四）文化企业向好成长，出口举措密集出台

2018 年 2 月，商务部、中央宣传部、财政部、文化部、新闻出版广电总局共同评定了 2017—2018 年度国家文化出口重点企业和 2017—2018 年度国家文化出口重点项目，298 家企业和 109 个项目上榜。6 月，商务部、中宣部、文化和旅游部、国家广播电视总局共同发布全国首批国家文化出口基地，北京天竺综合保税区、上海徐汇区等 13 家基地入围，这些基地将以文化出口为导向，对于文化出口发挥影响力和带动力。

二、重点文化行业对外文化贸易发展分析

2018 年 4 月，国家统计局颁布了新修订的《文化及相关产业分类（2018）》。2018 年，我国文化产业实现增值 38737 亿元，比 2004 年增长 10.3 倍，2005—2018 年文化产业年均增长 18.9%，高于同期 GDP 年均增速 6.9 个百分点；文化产业增加值占 GDP 比重由 2004 年的 2.15%、2012 年的 3.36% 提高到 2018 年的 4.30%，在国民经济中占比逐年提高。

分产业类型看，2018 年，文化制造业营业收入 38074 亿元，比上年增长 4.0%；文化批发和零售业 16728 亿元，增长 4.5%；文化服务业 34454 亿元，增长 15.4%。分行业类别看，文化及相关产业 9 个行业中，有 7 个行业的营业收入实现增长。其中，新闻信息服务业、创意设计服务业、文化传播渠道三个部门增速超速 10%。

分区域看，东部地区规模以上文化及相关产业企业实现营业收入 68688 亿元，占全国 77.0%；中

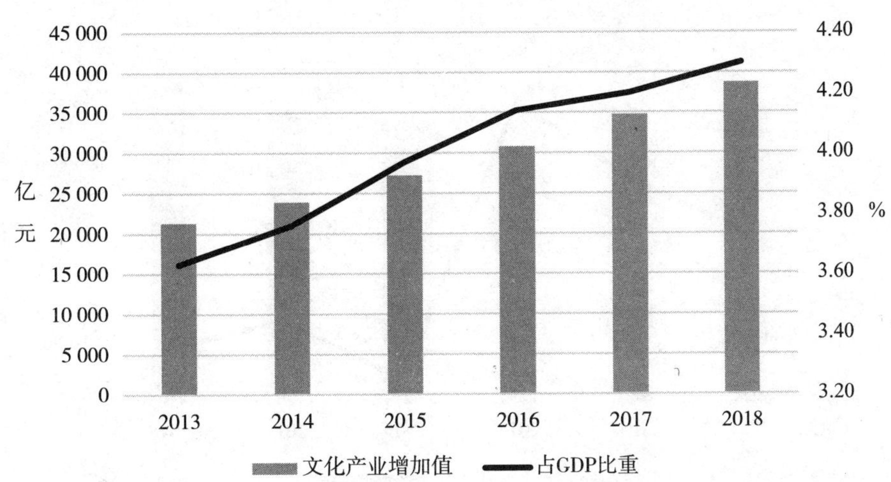

图1 2013—2018年中国文化及相关产业增加值及占GDP的比重

数据来源：根据国家统计局公布数据整理绘制。

部、西部和东北地区分别为12008亿、7618亿和943亿元，占全国比重分别为13.4%、8.5%和1.1%。从增长速度看，西部地区增长12.2%，中部地区增长9.7%，东部地区增长7.7%，东北地区下降1.3%。

与此同时，2018年，我国对外文化贸易增长快速，文化贸易结构不断优化、文化领域投资恢复性增长，文化贸易相关举措密集出台。2018年，我国文化贸易实现快速增长，进出口总额达1370.1亿美元，比2017年增长8.3%，为推动外贸高质量发展、加强国家软实力建设提供了有力支撑。

文化贸易结构不断优化。就文化产品来看，2018年文化产品出口总额925.3亿美元，进口总额98.5亿美元，顺差826.8亿美元，规模较去年同期扩大4.3%。其中，中华传统文化内涵较为丰富的工艺美术品及收藏品、出版物出口增幅较高，较去年分别增长9.9%与5.9%；文化服务进口273.4亿美元，较上年增长17.7%，其中，视听及相关产品许可费、广告服务、文化和娱乐服务成为增长较快的领域。

文化领域投资恢复性增长。受2017年对外投资规模大幅度下降、基数较小的影响，2018年我国文化、体育和娱乐业对外投资恢复性增长79.8%，达16.9亿美元，占我国对外直接投资额的1.3%，占比较2017年提升0.5个百分点。2018年我国文化、体育和娱乐业新设外商投资企业749家，实际使用外资金额5.23亿美元。其中，以并购方式设立文化、体育和娱乐业外商投资企业42家，实际使用外资金额0.14亿美元，同比增长3.9%。

（一）影视产业：影视业全面监管整改 市场运营步入规范

2018年，电影产量持续增长、类型多样，中国电影票房达到609.76亿元（约合89亿美元），同比增长9.06%，中国继续担当全球电影票房实现增长的重要推手。2016年以来，电影票房增速回归到理性阶段，连续三年保持在10%上下波动。此外，随着《关于进一步加强广播电视和网络视听文艺节目管理的通知》《关于加快电影院建设促进电影市场繁荣发展的意见》等政策的出台，电影市场进入规范化发展阶段，影视业健康发展得到有效促进。

2018年，中国共生产故事片902部，银幕总数达到60079块，城市院线观影人次达到17.16亿，国产电影票房达到378.97亿元，占全国电影票房的62.15%。无论是电影票房还是电影产量，中国电影稳居世界第二大电影市场的位置。与此同时，2018年中国电影发展迎来了前所未有的新变化与新挑战。4月，国家电影局揭牌成立，国家电影局主要职责围绕管理电影行政事务，指导监管电影制片、发行和放映工作，组织对电影内容进行审查，指导协调全国性重大电影活动，承担对外合作制片、输入输出影片的国际交流等工作展开，给中国电影带来了全新的发展契机。

2018年，内地电影票房首次迈过600亿大关，这其中，国产电影贡献379亿，创历史新高，对进口片的优势大幅拉大（进口片年度票房约231亿）。2018年上映的《我不是药神》获得31亿票房的同

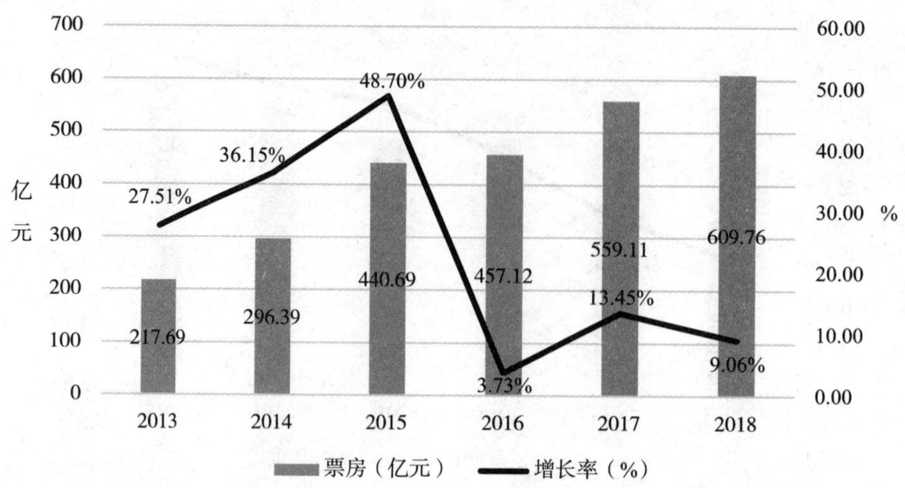

图 2 2013—2018 年中国电影票房变化情况

数据来源：根据国家统计局和公开数据整理绘制。

时，还在国际上获得了多个国际奖项，其中包括被称为澳大利亚年度“奥斯卡”的澳大利亚影视艺术学院奖（AACTA）。囿于题材、上映限制等相关原因，国产电影的海外票房还有很大的成长空间。作为 2018 年度内地票房冠军，《红海行动》北美票房仅 154 万美元（约 1042 万人民币）。2018 年度内地票房亚军《唐人街探案 2》北美票房 198 万美元（约 1340 万人民币），而这也是 2018 年国产电影取得的最好成绩。

2018 年广电总局相继出台了多份政策，诸如限古令、限薪令等。在一系列政策的限制之下，许多不符合政策规定的影视作品无法播出，造成了电视剧播出数量的减少。2018 年全国公共电视节目播出时间为 1925.03 万小时，较 2017 年增加 44.01 万小时，同比增长 2.34%。其中，电视剧播出 21.76 万部，较 2017 年减少 1.37 万部，同比下降 5.92%。同时，我国电视剧也在“一带一路”建设进程中，打造一条扩大出口的“文化丝路”，电视剧《放弃我，抓紧我》2018 年 6 月在哈萨克斯坦 31 频道播出，收视率达到 0.26，在同期播出的 7 部国外引进剧中排列第三。高出韩国的车太贤与金秀贤主演的《制作人》，也高出美剧《神盾局特工》。2017 年底，中国电视剧（网络剧）出口联盟正式成立。出口联盟依托中国（浙江）影视产业国际合作实验区的平台。2018 年，中国（浙江）影视产业国际合作实验区正式开园，其也将有效推动华语影视内容海外传播，实现中国电视剧的海外输出。

（二）演出行业：演出市场稳中有升 文旅融合成为发展亮点

《2018 中国演出市场年度报告》数据显示，2018 年各类演出市场收入均呈上升趋势。2018 年演出市场总体规模达到 514.11 亿元，较上年上升 5.03%。其中演出票房收入（含分账）182.21 亿元，同比上升 3.03%；农村演出收入 29.02 亿元，同比上升 10.22%；娱乐演出收入 78.56 亿元，同比上升 1.99%；演出衍生品及赞助收入 35.68 亿元，同比上升 5.16%。总体收入提升有部分来源于演唱会、音乐节的助力。数据显示，2018 年演唱会、音乐节演出场次 0.26 万场，较 2017 年上升 8.33%，票房收入 39.85 亿元，较 2017 年上升 5.87%。

2018 年文艺表演团体赴海外演出收入为 31.86 亿元，较 2017 年增长 6.66%；其中商业演出场次 2000 场，收入 12.97 亿元，比上年增长 4.76%。2018 年，“走出去”演出延续近几年来艺术类型多样的趋势，涵盖了民族音乐、交响乐、戏曲、杂技、曲艺以及大型歌舞剧等多种演出形式。在政府的支持下，文艺表演团体通过精品剧目海外巡演大力推动中华文化走出去，让海外观众通过舞台艺术感受中华文化的魅力。

受国家机构改革调整与文化、旅游产业深度融合的影响，各地文艺院团将地方特色文化及非物质文化遗产特色融入文艺创作。例如，四川省曲艺研究院受加中文化发展协会邀请将巴蜀文化特色的曲艺节目“蜀风雅韵”作为 2018 中加旅游年的活动之

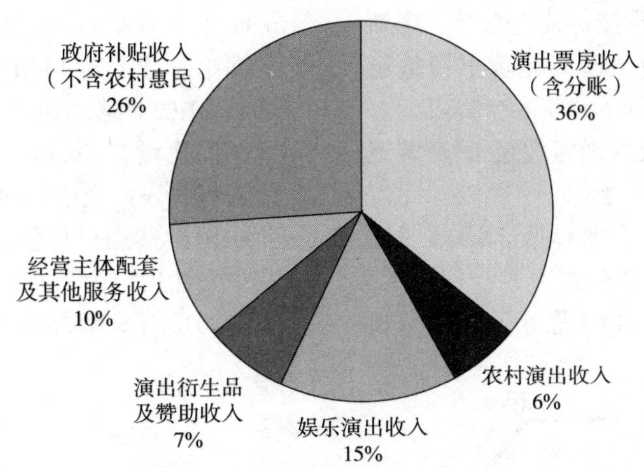

图 3 2018 年演出市场各类收入占比图

数据来源：中国演出行业协会《2018 中国演出市场年度报告》。

一亮相加拿大；在“2018 中欧旅游年”活动中，中国•乌审马头琴交响乐团为法国尼斯的观众带来了马头琴弦乐齐奏曲《贺慕日》《万马奔腾》等精彩的传统文化表演。

（三）动漫行业：行业规模持续扩大 资本投入趋于审慎

在国家政策和“全产业链”模式的双重推动下，近年来动漫行业逐渐发展，其动漫行业总产值在文化产业中的占比稳步提升，2018 年中国动漫行业总产值规模达 1712 亿元，同比增长 11.5%，预计到 2020 年将达到 2172 亿元。从“二次元”到“泛二次元”，动漫行业已经突破受众限制，2018 年中国泛二次元用户规模达到 3.5 亿人，在线动漫用户量达 2.19 亿。2015 年以来，随着二次元用户的崛起以及大量盗版作品的下架，动漫产业公司开始大量受到资本的关注，2017 年以来，资本对动漫产业的持续关注，逐渐趋于冷静，2018 年 1 至 7 月中国动漫产业领域投融资数量为 51 起，相比于 2016 年的 125 起和 2017 年的 109 起，不良项目或者企业遭到市场清理，资本对于动漫行业投资策略渐趋谨慎。

随着《文化部“一带一路”文化发展行动计划（2016—2020 年）》和《动漫游戏产业“一带一路”国际合作行动计划》深度落实，国际合作成效与示范带动效应好的动漫游戏产业合作项目得到扶持。2018 年，中国国际动漫节及动漫游戏企业频频走出国门，参加了法国安古莱姆漫画节、英国儿童媒体峰会、法国戛纳电视节、德国科隆国际游戏展、捷克 ANIFILM 国际动画电影节等知名展会。并在法

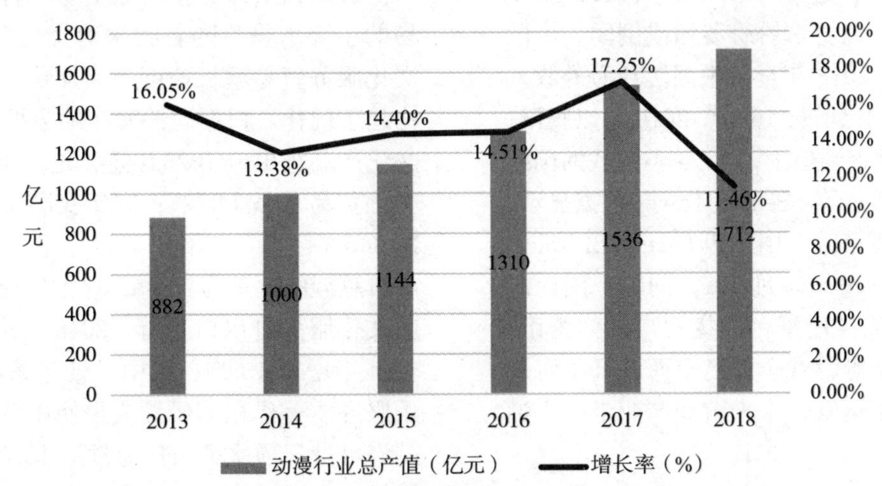

图 4 2013—2018 年中国动漫产业总产值情况

资料来源：根据公开数据整理。

国昂西国际动画节、墨西哥创意短片电影节、康斯坦丁国际动画电影节、乌克兰国际儿童电视电影节、AYIFF 国际动画电影节等单元获多个奖项。

（四）游戏行业：产业收入增幅放缓 国产游戏加速“出海”

2018 年，中国游戏产业在整体收入增幅明显放缓。据《2018 年中国游戏产业报告》数据显示，2018 年我国游戏行业收入 2144.4 亿元，同比增长 5.3% 占全球游戏市场约 23.6%。2018 年中国自主研发网络游戏市场实际销售收入达 1643.9 亿元，同比增长 17.6%。移动游戏市场实际销售收入 1339.6 亿元，同比增长 15.4%。2018 年中国移动游戏市场实际销售收入占全球移动游戏市场比重约 30.8%。2018 年中国游戏用户规模达 6.26 亿人，同比增长 7.3%，其中女性用户为 2.9 亿人，同比增长 11. 5%。

2018 年，海外游戏市场已成为中国游戏企业重要的收入来源。2016 年国家新闻出版广电总局下发《关于移动游戏出版服务管理的通知》，随后印发的《关于严格规范网络游戏市场管理的意见》等各类文件对游戏行业提出了更为严格的要求，大量游戏公司因不适这类变化和要求纷纷萎缩或倒闭，中国游戏出海成为热潮。2018 年全年中国游戏海外收入达到 95.9 亿美元，同比增长 15.8%。2018 年以腾讯、网易为首的中国厂商逐渐追上了 SLG 类游戏的国际企业，如 IGG、FunPlus 等。Sensor Tower 数据显示，2018 年上半年《王者荣耀》国际版 (Arena of Valor) 的海外市场收入同比增幅超过 50%。同时，国内游戏企业还通过收购或自建平台聚拢用户，如腾讯、三七互娱、游族网络等游戏企业已全面展开了海外布局，强化用户深度运营，未来游戏产业走出去通道还将进一步拓宽。

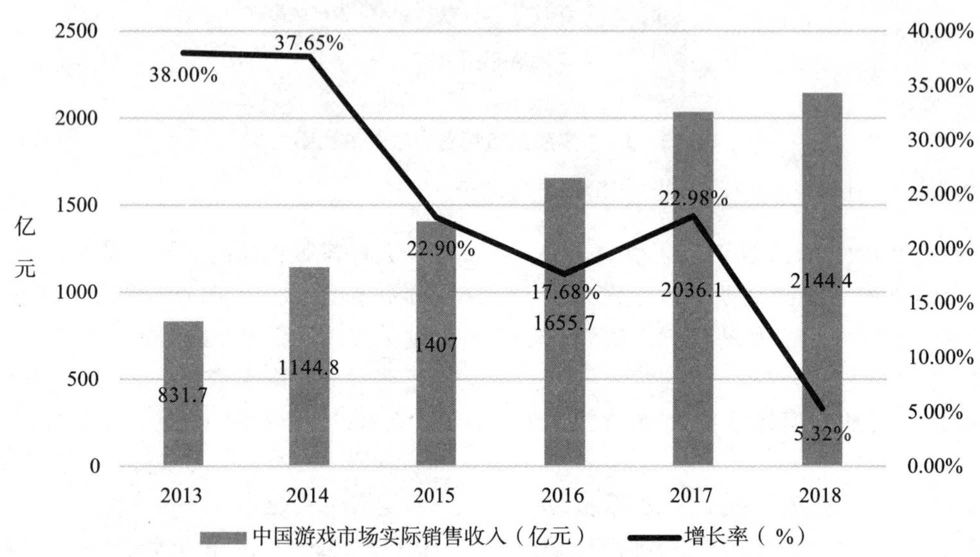

图 5　2013—2018 年中国游戏市场实际销售收入情况

资料来源：GPC、CNG、IDC。

三、我国对外文化贸易发展亮点与趋势

（一）文化贸易结构不断优化，文化服务增速更加明显

长期以来，文化产品贸易一直都是我国文化贸易的主要力量。随着我国对文化服务的不断重视，文化服务贸易增长速度不断加快。文化贸易整体结构趋于优化。根据海关发布的数据，2018 年，我国文化产品进出口 1023.8 亿美元，同比增长 5.4%，占文化贸易总额 74.72%；同年我国文化服务进出口总额 346.3 亿美元，增长 17.8%，占文化产品和服务进出口总额的比重为 25.3%，比上年提升 2.1 个百分点。就文化服务进出口来看，2018 年出口 72.9 亿美元，较上年增长 18.2%。其中，处于核心层的文化和娱乐服务、著作权等研发成果使用费、视听及相关产品许可费三项服务出口总额达 18.7 亿美元，较上年增长 21. 4%。

（二）技术革新实现多元融合，数字文化产业高速发展

随着“互联网+”的发展成熟，互联网与文化产业各行业都加速了深度融合，平台化、智能化发展成为趋势渗入传统文化产业的各个领域。直播、短视频等应用迅速崛起。数字文化产品成为年轻人的时尚消费，数字文化产业新业态的迅速发展已经成为最大亮点。

2018年，哔哩哔哩、爱奇艺、虎牙直播、映客相继在美股、港股市场上市，短视频成为所有移动互联网领域里用户和使用时长增幅最快的领域，资本市场进一步发力布局下沉市场。根据艾瑞咨询发布的《2018年中国短视频营销市场研究报告》显示，2018年短视频营销市场规模达到140.1亿元，同比增长率高达520.7%。电子游戏竞技行业，IG战队代表中国队赢得英雄联盟全球总决赛的冠军极大促进了我国电竞相关产业链发展。VR、AR、全息投影以及短视频等技术让博物馆、非遗等文化资源大放异彩。数字文化产品的崛起，以数字形态展现的文化，加强了互动性和趣味性，极大促进了数字文化产业的高速发展。

（三）多项举措联合发力，基地助推文化出口

近年来，《国务院关于加快发展对外文化贸易的意见》等政策文件先后出台。中国文化产品和文化服务出口逐渐扩大，也成为中华文化走出去的重要方式和提升中华文化软实力的重要途径。2018年6月，北京天竺综合保税区、上海徐汇区、中国（浙江）影视产业国际合作区、广东省广州天河区、四川省自贡市、云南省昆明市、西藏文化旅游创意园区、西安高新技术开发区、中国（福建）自贸试验区厦门片区等13家国家文化出口基地成立，形成了全国区域协调发展，具有集聚、引领和辐射作用的文化出口平台。2018年，全国文化产品出口集中的东部地区增长4.4%，占文化产品出口总额的92.9%；广东、浙江、江苏、山东、福建的出口居前五位，合计占比达89.4%。但与此同时，中西部地区出口增长较快，增速达14.2%，占比提升0.5个百分点至6.6%；其中，西部地区出口增长22.7%。东北地区出口下降0.1%，占比为0.5%。

（四）贸易伙伴多元发展，一带一路沿线合作紧密

近年来，“一带一路”沿线国家在文化领域的合作发展也成为中国文化产品和服务深耕新兴文化市场的重要路径。2018年，中国文化产品对中东欧国家出口分别增长18.1%和8.9%，对拉丁美洲、亚洲出口分别增长14.5%和7.5%；对“一带一路”沿线国家出口162.9亿美元，为历年最高水平。“一带一路”文化贸易拓展计划作为《“一带一路”文化发展行动计划（2016—2020年）》子计划之一也推动了与“一带一路”沿线国家的文化贸易，文化贸易与投资重点项目覆盖数字文化产业营销推广、文化创意和设计产业营销推广等七大领域。

（北京第二外国语学院　王伯港）

● 知识产权保护

中国知识产权发展情况

2018 年，国家知识产权战略深入实施，知识产权领域改革深入推进，知识产权法律法规体系进一步完善，知识产权创造、保护、运用进一步强化，国际合作交流进一步深化，知识产权强国建设步伐加快，各方面工作取得了新成效。

一、国家知识产权战略实施

进一步发挥联席会议机制作用，加大战略实施统筹协调力度。国务院知识产权战略实施工作部际联席会议在机构改革后完成调整，召开联席会议第三次全体会议，印发《2018 年深入实施国家知识产权战略 加快建设知识产权强国推进计划》，明确了六大重点任务和 109 项具体措施。完成《国家知识产权战略》实施十年评估和《“十三五”国家知识产权保护和运用规划》中期评估。评选表彰战略实施先进集体和个人，开展知识产权战略实施十年系列宣传活动。

启动国家知识产权强国战略纲要制定工作。制定实施 2018 年全国地方知识产权战略实施工作要点，继续推进专利事业发展战略、商标品牌战略和中小企业知识产权战略。加快推进知识产权强省强市强企建设，新增知识产权强市创建市及示范城市 7 个、强县试点示范县 85 个，知识产权优势示范企业达 1380 家。印发《制造业知识产权行动计划（2018—2020 年）》。

二、知识产权法律法规

2018 年，中国知识产权制度建设迈出新步伐，知识产权法律法规体系进一步完善。《专利法修正案（草案）》经国务院常务会议讨论通过，并于 2018 年底提交全国人民代表大会常务委员会进行第一次审议。《著作权法修正案（草案）》经司法部部务会审议通过。《电子商务法》经全国人民代表大会常务委员会第五次会议通过，于 2019 年 1 月 1 日起施行。修订后的《反不正当竞争法》于 2018 年 1 月 1 日起施行。《文化产业促进法草案（征求意见稿）》对知识产权保护相关内容作出了专门规定。

修订后的《专利代理条例》于 2019 年 3 月 1 日正式实施。修订后的《奥林匹克标志保护条例》于 2018 年 7 月 31 日公布实施。推动地方从法律制度上取消著名、知名商标。《植物新品种保护条例》修订工作持续推进。

推进《专利审查指南》《关于规范商标申请注册行为的若干规定》《专利代理管理办法》《专利代理师资格考试办法》《农业植物新品种侵权案件处理规定》等部门规章的制修订工作。研究起草《商标代理监管暂行办法》《商标电子和电子送达规定》。制定出台《国家级文化生态保护区管理办法》。修订《企业名称登记管理条例》《关于禁止仿冒知名商品特有的名称、包装、装潢的不正当竞争行为的若干规定》《关于禁止侵犯商业秘密行为的若干规定》《网络商品交易及有关服务行为管理暂行办法》等。研究修订《最高人民法院关于审理植物新品种纠纷案件若干问题的解释》《最高人民法院关于审理侵犯植物新品种权纠纷案件具体应用法律问题的若干规定》。

三、知识产权审批登记

2018 年，中国知识产权审批登记数量持续增长，审查质量与效率显著提高。

全年发明专利申请量 154.2 万件，同比增长 11.6%，连续 8 年居世界第一；实用新型专利申请量207.2万件，同比增长22.8%；外观设计专利申请量70.9万件，同比增长12.7%。全年审结专利申请335万件，同比增长31%。其中，审结发明专利申请80.8万件。专利审查周期保持稳定，高价值专利审查周期压减10%。全年共授权发明专利43.2万件，同比增长2.9%。截至2018年底，每万人口发明专利拥有量（不含港澳台）达到11.5件。受理依据《专利合作条约》（PCT）提出的国际申请5.5万件，同比增长9.0%。全年收到集成电路布图设计登记申请4431件，予以公告并发出证书3815件。截至2018年底，累计受理集成电路布图设计登记申请2.3万件，予以登记公告并发出证书共计2.1万件。

全年受理商标注册申请737.1万件，同比增长28.23%，连续17年居世界第一；商标注册审查量达804.3万件，同比增长89.15%。截至2018年底，商标累计申请量达3521.30万件，累计注册量2230.83万件，商标有效注册量达1956.36万件。全年国内申请人马德里商标国际注册申请6594件，同比增长37.1%，在马德里联盟中排名第三，累计有效注册量30871件。

全年著作权登记总量345.73万件，同比增长25.83%。其中，作品登记235.20万件，同比增长17.48%；计算机软件著作权登记量110.48万件，同比增长48.22%。

全年新注册地理标志集体商标、证明商标961件，同比增长80.6%。新受理地理标志产品保护申请12个，新批准保护地理标志产品67个，新核准使用地理标志产品专用标志企业223家。截至2018年底，累计注册地理标志商标4867件，累计批准地理标志产品2380个，累计核准地理专用标志使用企业8179家，相关产值逾1万亿元。全年受理特殊标志登记申请1579件，备案官方标志151个(6795件)。

全年受理农业植物新品种权申请4854件，农业植物新品种权授权量1990件。截至2018年底，累计受理植物新品种权申请26771件，授予品种权11671件。全年受理林业植物新品种权申请906件，授予品种权405件。截至2018年底，累计受理林业植物新品种权申请3717件，授予林业品种权1763件。全年受理知识产权海关保护备案申请14319件，审结13633件，核准备案11488件。

四、知识产权保护

2018年，知识产权保护执法工作进一步强化，持续推进重点领域治理，大力加强日常监管。持续加大专利行政执法力度，组织开展"护航""雷霆"专项行动，加强大型展会、电子商务等重点领域及场所的专利保护。全年专利行政执法办案总量7.73万件，同比增长15.9%。查办首起集成电路布图设计侵权纠纷案件。组织开展打击商标侵权"溯源"专项行动，切实加强对商标侵权商品源头追溯力度和全链条生产。全年共查处商标违法案件近3.12万件，同比增长3.53%。

开展打击网络侵权盗版"剑网2018"专项行动，集中整治网络转载、短视频、动漫等领域侵权盗版多发态势，全年立案查办侵权盗版案件2500余件。加强网络文化市场监管，依法查处46家违规网络表演经营单位。查处各类不正当竞争案件1.49万件。

全国行政执法机关共查处各类知识产权侵权假冒案件21.5万件，公安机关侦破各类知识产权侵权假冒案件1.9万件，抓获犯罪嫌疑人近2.79万名；检察机关起诉涉及侵犯知识产权犯罪案件4458件、8325人，审判机关审结各类知识产权案件31.9万件。

全国地方人民法院共新收知识产权民事一审案件283414件，审结273945件，同比分别增长40.97%和41.99%。全国地方人民法院共新收知识产权行政一审案件13545件，审结9786件，同比分别增长53.57%和53.15%。全国地方人民法院共新收涉及知识产权罪一审案件4319件，审结4064件，同比分别上升19.28%和11.59%。全国检察机关全年共批准逮捕涉及侵犯知识产权罪3306件、5627人。

五、知识产权运用

完善国家知识产权运营公共服务平台，知识产权运营服务体系建设试点城市达到16个。出台知识产权服务民营企业创新发展的若干措施。总结推广区域品牌建设典型经验。开展农产品商标和地理标志精准扶贫，组织地理标志精准扶贫西部宣讲。举办"第七届中国国际版权博览会"。

引导金融机构丰富和创新知识产权融资方式，拓宽知识产权密集型行业融资渠道，完善知识产权信用担保机制。加快发展技术转移转化中介机构，国家科技成果转化引导基金累计设立21支创业投资子基金。推动重点行业构建完善知识产权联盟，加强知识产权协同运用，加快推动装备制造业领域知识产权产业化推广。

实施林业知识产权转化运用项目，建设木门、木地板等 3 个林业专利联盟。组织有关中央企业开展专利导航试点工程和专利运营试点。加强中科院知识产权运营管理中心建设，探索实施专利集中管理，逐步培育高价值专利群。

专利、商标质押融资总额达到 1224 亿元，同比增长 12.3%。评选中国专利金奖和外观设计金奖 40 项，金奖获奖项目实现新增销售额 835 亿元。累计核准地理标志保护产品专用标志使用企业 8179 家，相关产值逾 1 万亿元。2016—2018 年，我国知识产权使用费出口额累计 115.1 亿美元，提前实现“十三五”专项规划目标。

六、知识产权宣传

2018 年，紧密围绕知识产权事业发展大局，统筹抓好对内对外宣传，全面展示我国知识产权事业的发展成就。国家知识产权局、中宣部等部门联合开展知识产权宣传周活动，全国范围内开展各类活动逾万项次，直接参与人数超过 300 万人次，相关新闻报道近万条。首次通过《人民日报》“脸书”“推特”官方账号向全球近 5000 万网民推送。

发布《2017 年中国知识产权发展状况报告》《2017 年全国专利实力状况报告》《中国商标品牌战略年度发展报告（2017）》《中国版权年鉴 2017》《2017 年中国网络版权保护年度报告》《2017 年软件正版化工作汇编》《2017 年植物新品种保护年度报告》《2017 中国林业知识产权年度报告》《中国林业植物授权新品种（2017）》《2017 年中国海关知识产权保护状况》等，全面反映我国知识产权事业最新进展。

发布地方运用地理标志精准扶贫典型案例及商标侵权典型案例、2017 年中国版权十件大事和 2017 年度打击侵权盗版十大案件、农业植物新品种保护十大典型案例、2017 年中国海关保护知识产权典型案例、2017 年度中国检察机关保护知识产权十大典型案例等。

制定实施《知识产权人才“十三五”规划》年度推进计划，推动知识产权专业学位建设。印发《2018 年全国知识产权人才专业能力提升培训计划》，举办培训 230 余期，培训知识产权国际化人才等紧缺人才 1.8 万余人次。印发《中国非物质文化遗产传承人群研修研习培训计划实施方案（2018—2020）》，举办培训 590 期，培训学员 2.5 万人次。全年中国知识产权培训中心共培训约 29 万人次。

打造“一网一报两微四刊”宣传主阵地，政府网站刊发政务信息近 7000 条，局政务微信公众号关注人数超过 13 万人。国家知识产权局、教育部继续推进全国中小学知识产权教育试点示范工作，组织开展首批示范学校、第四批试点学校评定工作。

七、知识产权国际合作交流

2018 年，继续广泛深入开展知识产权对外交流合作，积极构建多边、周边、小多边、双边“四边联动、协调推进”的知识产权国际合作新格局。成功举办 2018“一带一路”知识产权高级别会议，会议通过《关于进一步推进“一带一路”国家知识产权务实合作的联合声明》。截至 2018 年底，与“一带一路”沿线 40 多个国家和区域组织建立了知识产权合作关系。中国授权发明专利在柬埔寨登记生效，中国专利审查结果获得老挝认可。

积极参与世界知识产权组织框架下的多边事务，推动完善知识产权国际规则。继续加强与经贸相关的多双边知识产权谈判、双边知识产权合作磋商机制及国内立场的协调等工作。稳妥应对中美经贸摩擦，妥善解决其中涉及的知识产权议题。深化与国际植物新品种保护联盟（UPOV）等国际组织合作，与世界知识产权组织合作建设技术创新支持中心。

成功主办金砖国家、中日韩、中蒙俄知识产权局局长会议和中非知识产权高级研讨会。深入参与中美欧日韩五局合作，积极推动中国—东盟知识产权合作。加大对发展中国家技术援助，支持知识产权能力建设。专利审查高速路（PPH）合作伙伴增加到 28 个。推动《视听表演北京条约》早日生效。在首届中国国际进口博览会期间成功举办第 15 届上海知识产权国际论坛暨全球知识产权保护和创新发展大会，参与举办中国—东盟商标品牌论坛。积极参加世界海关组织、国际刑警组织开展的多边联合执法行动。

（国家知识产权局办公室秘书处处长　沙开清）

中国专利制度发展情况

2018 年，国家知识产权战略深入实施，知识产权强国建设步伐加快，中国专利制度进一步健全完善，专利事业发展战略持续推进，全面提升专利质量，严格专利保护，促进专利转化运用，提升服务能力，加强国际交流合作，各项工作取得新进展。

一、法律法规

国家知识产权局积极推进《专利法》修改，《专利法修正案（草案）》通过国务院常务会议审议，并由全国人大常委会进行了第一次审议。修订后的《专利代理条例》自 2019 年 3 月 1 日起施行。向全国人大常委会法制工作委员会提交制定知识产权基础性法律的立法规划建议，并形成知识产权基本法专家建议稿。继续推进职务发明制度调研论证。深入推进地方专利立法指导协调机制，推进地方立法进程。

加快推进《专利代理管理办法》等规章的修改工作，《国家知识产权局行政复议规程》（征求意见稿）公开征求社会公众意见。深化新领域新业态创新成果知识产权保护制度研究，继续完善现行专利制度保护措施，研究提出《专利审查指南》修改建议。

二、申请与授权

2018 年，我国发明专利申请量 154.2 万件，同比增长 11.6%；实用新型专利申请量 207.2 万件，外观设计专利申请 70.9 万件，同比分别增长 22.8% 和 12.7%。国内发明专利申请（含港澳台地区，下同）为 139.4 万件，占总量的 90.4%，同比增长 11.9%。其中，职务申请 120.2 万件，占 86.2%，同比增长 15.2%。国家知识产权局作为《专利合作条约》（PCT）受理局，全年受理 PCT 国际申请 5.5 万件，同比增长 9.0%。自 1994 年起，累计受理国际申请 31.3 万件。

2018 年，授权发明专利 43.2 万件，同比增长 2.9%。其中，国内发明专利授权 34.6 万件，占 80.1%。授权实用新型专利 147.9 万件，同比增长 52.0%。授权外观设计专利 53.6 万件，同比增长 21.1%。截至 2018 年底，经国家知识产权局授权并维持有效的发明专利 236.6 万件，较 2017 年底增长 13.5%。其中，国内 166.2 万件，占 70.2%，增长 17.6%。我国每万人口发明专利拥有量（不含港澳台）达到 11.5 件。

全年受理专利复审请求 3.8 万件，同比增长 11%；专利复审请求结案 2.8 万件。全年受理专利无效宣告请求 5235 件，同比增长 15%；专利无效宣告请求结案 4217 件。自 1985 年以来，共受理复审请求 21.5 万件、无效宣告请求 5.5 万件。截至 2018 年底，复审请求结案 18.1 万件，无效宣告请求结案 5.0 万件。全年行政相对人不服专利复审、无效案件审查机构作出的行政决定而向人民法院提起行政诉讼的案件 1486 件。

三、专利运用

推进构建知识产权运营服务体系，批复宁夏、上海、湖北、河南等地建设智能装备制造产业知识产权运营中心、知识产权国际运营、高校知识产权运营、知识产权交易运营等平台。会同财政部支持新一批 8 个重点城市开展知识产权运营服务体系建设。

印发《关于引入专利质押融资保证保险 完善专利质押融资风险补偿机制的通知》《关于抓紧落实专利质押融资有关工作的通知》《关于进一步推动知识产权金融服务工作的意见》等系列文件，加强对专利质押融资工作的引导和过程督导。探索知识产权资本化新模式，引导各地开发具有本地特色的知识产权金融产品。2018 年专利质押融资金额 885 亿元，同比增长 23%；质押项目 5408 项，同比增长 29%。

推动中国专利奖评选模式创新，完成第二十届中国专利奖评选，评出中国专利金奖 30 项，中国外观设计金奖 10 项；中国专利银奖 59 项，中国外观设计银奖 15 项；中国专利优秀奖 695 项，中国外观设计优秀奖 61 项。全国有 19 个省份设立省政府专利奖。加强对大连专交会业务指导，吸引世界各地共 1500 家单位、6100 项专利技术参展，交易合同金额近 50 亿元。

四、专利保护

2018年，先后批复建设9家知识产权保护中心，保护中心数量达到23家，服务覆盖16个产业。研究制定《知识产权保护中心建设与运行手册》，推动保护中心建设规范化。知识产权快速维权中心数量达到20家。知识产权诚信体系建设取得重要进展，38个部委联合印发《关于对知识产权（专利）领域严重失信主体开展联合惩戒的合作备忘录》，全国信用信息共享平台（二期）知识产权局子平台基本建成。国务院办公厅印发《知识产权对外转让有关工作办法（试行）》，知识产权对外转让审查工作机制建立健全。

进一步完善专利执法指导体系，制定《专利标识标注不规范案件办理指南》，发布《2017 年度专利行政执法十大典型案例》，加强对地方执法办案指导，有效增强地方执法办案的规范性和协调性。推动知识产权执法协作机制建设，开展“一带一路”沿线省区市执法协作交流活动，指导晋冀鲁豫地方执法协作。

联合农业农村部等部门印发《关于加强农村假冒伪劣食品治理的指导意见》，开展打击农村假冒伪劣食品集中专项整治行动。针对电子商务领域、全国重点展会等领域开展执法维权“雷霆”专项行动，严厉打击各类侵犯知识产权行为。2018年，全国专利行政执法办案总量 7.7 万件，同比增长 15.9%。其中，办理专利纠纷案件 3.5 万件，同比增长 22.8%；查处假冒专利案件 4.3 万件，同比增长 10.9%。

五、管理工作

制定印发 2018 年专利事业发展战略年度推进计划，加强分类指导，明确强省试点省工作目标和任务。与广东、陕西、江苏三省开展合作会商，联合印发年度工作要点。开展强省建设试点经验和典型案例凝练总结工作。开展专利导航城市质量评价工作，印发并组织实施 2018 年国家知识产权示范城市工作计划。新增知识产权强市创建市和示范城市 7 个、强县试点示范县 85 个。

推进知识产权强企建设，加强优势示范企业培育，新增国家知识产权示范企业 232 家，国家知识产权优势企业 862 家。推行企业知识产权管理国家标准，超过 3 万家企业开展贯标工作，约 1.8 万家企业通过认证审核并获得认证证书。推动中科院以及广东等地高校启动科院组织、高等学校知识产权管理规范贯标工作。联合工业和信息化部继续实施中小企业知识产权战略推进工程。

召开全国知识管理标准化技术委员会年会，审议通过地理标志分技术委员会组建方案。制定创新管理知识产权管理规范国家标准，形成专利价值分析指标体系国家标准（征求意见稿）。会同国家认监委印发《知识产权领域认证管理办法》，加强对知识产权认证机构监管。

开展专利代理行业改革试点政策评估，全面总结试点成效，研究总结问题。确定在北京等 6 省（市）52 家专利代理机构开展贯标试点工作。组织开展 2018 年专利代理人考试，2.7 万名考生参加考试。2018 年全国专利代理人资格考试报名人数 39342 人，5232 人通过考试。截至 2018 年底，全国专利代理机构达到 2195 家，执业专利代理人 18668 人，具有专利代理资格人员 42581 人。

六、宣传培训

2018 年，紧密围绕知识产权事业发展大局，统筹抓好对内对外宣传，全面展示我国知识产权事业的发展成就。紧扣庆祝改革开放 40 周年和《国家知识产权战略纲要》实施十周年主线，做好全国局长会、知识产权保护高层论坛、中国专利奖、中国国际商标节等重大活动宣传报道。联合中宣部等 20 个部门在全国范围内开展知识产权宣传周活动，组委会各成员单位单独或者联合开展活动 50 余项次，各地组织开展各类活动逾万项次，直接参与人数超过 300 万人次，相关新闻报道近万条。首次通过《人民日报》“脸书”“推特”官方账号向全球近 5000 万网民推送。继续开展“知识产权 竞争未来”主题采访活动。

坚持例行新闻发布制度，举办 5 场主题新闻发布会。打造“一网一报两微四刊”宣传主阵地，政府网站刊发政务信息近 7000 条，局政务微信公众号关注人数超过 13 万人。联合教育部继续推进全国中小学知识产权教育试点示范工作，组织开展首批示范学校、第四批试点学校评定工作，编制《全国中小学知识产权教育指南》。发布《2017 年全国知识产权发展状况报告》《2017年全国专利实力状况报告》等。

继续实施《知识产权人才“十三五”规划》，制定年度工作计划。举办高端引领人才工程系列培训班10期。推动中国特色知识产权智库体系建设。加强国家知识产权培训基地建设，全年共委托培训基地开展各类知识产权人才培训班50余期。制定印发《2018年全国知识产权人才专业能力提升培训计划》，举办培训230余期，培训1.8万余人次，其中包括培训知识产权紧缺人才6000余人次。举办首次知识产权人才国际研讨会。落实国家专业技术人才知识更新工程，培养知识产权急需紧缺人才1万余人，岗位专业技术人员5000余人。推动知识产权专业学位建设工作。举办2018年国家知识产权专家咨询委员会高级研讨班。全年中国知识产权培训中心共培训约29万人次。

七、公共服务

2018年，新一代地方专利信息服务中心检索及分析系统新增11个试点地方局，新增企业注册用户超过8000个。专利检索及分析系统整体平稳运行，功能持续优化，新增注册用户42万人。国家专利数据中心数据服务管理进一步完善，专利数据服务试验系统运行稳定，持续向社会公众提供中美欧日韩专利数据的免费更新和下载服务，全年系统注册用户1.37万人。加强专利信息传播利用工作指导，编发《全国专利信息传播利用2017》。发布年度全国专利信息传播利用工作计划。汇编《全国知识产权系统文献资源联合目录（2018）》。推进专利信息传播利用基地能力建设。加强高校知识产权信息服务中心建设。继续开展海外知识产权制度环境研究发布工作。开展知识产权军民整合试点，下放国防专利申请受理、许可备案和转让审批等事项。

国家知识产权局全年配置各类文献资源149种，包括专利资源6种和非专利资源143种。保持与31个国家（地区）或组织开展专利文献交换，向6个PCT国际检索与初审单位赠予中国专利文献。截至2018年底，累计拥有专利文献资源540种，专利文献总量近1.2亿件。全年出版发明、实用新型和外观设计专利公报文献共402.3万件。全年组织各类非专利数据库培训16次，培训4900余人次。全年举办公益讲座50余期，社会公众参加讲座直播3.2万人次。

八、国际交流合作

2018年，继续广泛深入开展知识产权对外交流合作，扎实推进“一带一路”沿线国家知识产权合作，积极构建多边、周边、小多边、双边“四边联动、协调推进”的知识产权国际合作新格局。全年共签订知识产权多双边合作协议、会议纪要、联合声明、工作计划、谅解备忘录等36份。

成功举办2018“一带一路”知识产权高级别会议，会议通过《关于进一步推进“一带一路”国家知识产权务实合作的联合声明》。截至2018年底，与“一带一路”沿线40多个国家和区域组织建立知识产权合作关系。中国授权发明专利在柬埔寨登记生效，中国专利审查结果获得老挝认可。积极参与知识产权全球治理、加强与世界知识产权组织（WIPO）的合作。加强与WIPO在技术创新支持中心方面的合作，年内确定两批19家试点单位。

成功主办第十届金砖国家知识产权局局长系列会议，金砖五局首次共同发布《关于加强知识产权领域合作的联合声明》，通过《金砖知识产权合作运行指南框架》，正式启用由国家知识产权局牵头建设的金砖国家知识产权合作网站。签署《2018—2019年度中国—东盟知识产权合作工作计划》。与欧洲专利局全面战略伙伴关系开局良好。继续深化与欧盟知识产权局的战略合作伙伴关系。中非知识产权合作内容纳入《中非合作论坛—北京行动计划（2019—2021）》。继续拓展专利审查高速路对外合作，合作伙伴增至28个。启动中美欧日韩五局PCT协作式检索和审查试点项目。

2018年度各省、自治区、直辖市发明专利申请与授权统计表

	受理量（件）	授权量（件）
北京	117 664	46 978
天津	26 661	5 626
河北	18 954	5 126

续 表

	受理量（件）	授权量（件）
山西	9 395	2 284
内蒙古	3 757	864
辽宁	25 476	7 176
吉林	10 530	2 868
黑龙江	12 017	4 309
上海	62 755	21 331
江苏	198 801	42 019
浙江	143 081	32 550
安徽	108 782	14 846
福建	37 252	9 858
江西	14 519	2 524
山东	72 764	20 338
河南	46 868	8 339
湖北	50 664	11 393
湖南	35 414	8 261
广东	216 469	53 259
广西	20 302	4 330
海南	2 127	489
重庆	22 686	6 570
四川	53 805	11 697
贵州	14 992	2 081
云南	9 606	2 297
西藏	453	73
陕西	30 888	8 884
甘肃	6 035	1 280
青海	1 278	298
宁夏	2 999	744
新疆	3 665	923
台湾	11 458	5 828
香港	1 593	496
澳门	96	20
合计	1 393 815	345 959

（国家知识产权局办公室秘书处处长　沙开清）

中国商标注册与管理发展情况

一、2018年商标工作概况

2018年，我国商标工作深入推进商标品牌战略实施，把进一步深化商标注册便利化改革、加强商标品牌依法保护和有效运用作为优化营商环境的重要举措，商标保护和运用工作成效显著。

（一）商标注册便利化改革扎实推进

2018年我国商标注册申请量继续保持增长态势，增速有所减缓，商标注册申请量737.1万件、同比增长28.23%，商标累计申请量3521.30万件，累计注册量2230.83万件，有效注册商标量1956.36万件，连续17年世界第一，平均每5.8个市场主体拥有一个有效商标。商标局围绕政府工作报告“大幅缩短商标注册周期”核心任务，制定《商标注册便利化改革三年攻坚计划》。

1.商标审查周期大幅缩短

11月9日，提前52天实现商标注册平均审查周期缩短至6个月内的年度目标，商标注册平均审查周期缩短至5个半月以内，其他各项业务审查周期压缩任务也全部按期完成。

2.商标信息化水平显著提高

积极回应社会公众需求，将网上申请的接受时间由“08:00至16:30”延长至“08:00至20:00”，并确保在法定工作日、节假日（除国庆、春节七天长假及系统维护日外）开放网上申请系统。商标网上服务系统全面上线，集网上查询、申请、发文、公告、缴费、注册证明公示6大功能为一体，为社会公众提供全方位全流程服务。商标数据库实现开放共享，向社会免费公开全部约3500万存量商标的基本信息。2018年，商标网上申请量655.5万件，占总申请量的89%，商标电子发文累计达986万件，网上服务系统用户协议的用户量为45 275个，其中代理机构17 086家，直接申请人28 189名。

3.商标图形智能检索技术取得突破

商标图形智能检索系统在6个审协中心展开全面测试，效果良好，显著提升商标审查质量和效率，标志着商标信息化建设进入由自动化向智能化过渡的新阶段，为商标注册便利化改革强化技术支撑和智能水平。

4.商标审查力量进一步增强

济南、郑州两个商标审查协作中心挂牌运行，在全国批准设立166个商标受理窗口和78个商标质权登记受理点，试点32个窗口扩大业务受理范围至24项，扩大京外中心受理大厅受理业务范围至25项，为商标注册便利化改革奠定了坚实基础。

5.商标申请手续持续简化

发布《关于简化申请材料 优化工作流程 缩短审查周期的公告》，实现申请人提交一份证明材料可同时办理多件商标业务，商标变更续展书式审查环节取消。改进商标注册证发文方式和内容版式，向商标注册申请人直接寄发商标注册证。

6.商标档案改革进展顺利

完成358万件商标档案的清理优化工作。大力提升网上申请比例，精简业务文书、减少提交材料，有效减少商标纸质档案增量。

7.打击商标囤积行为成效显著

在审查和异议环节累计驳回非正常商标申请约10万件，引起社会广泛关注和好评。同时，向社会公布典型案例，约谈代理机构，加强警示规范和正面引导，有效维护了正常的商标注册秩序。

（二）商标保护取得新进展

加强商标审查质量建设，加大对商标行政执法的指导力度，推动完善优化商标法律制度体系，全面提升商标保护水平。

1.商标审查管理体制不断完善

按照“统一任务分配、统一工作制度、统一审查标准、统一质量考核”的工作原则，召开三次商标审查工作会议总结部署工作，制定《2018年商标审查任务分配表》压实审查任务。建立跨部门督查质检机制，按季度形成审查质量评价报告，制定《关于商标变转续申请审查工作指导及质量监督管理办法》《商标国际注册后续业务审查质量管理监督办法》《集体商标和证明商标（含地理标志）提前审查或暂缓审查办法》，建设商标注册审查禁用词库。建立落实重大不良影响商标快速处理工作机制，制定实施《重大不良影响商标发现报告处置规则（试行）》，坚决依法打击涉及重大不良影响商标的恶意申请注册行为。对各商标审协中心新聘用审查员开展了10期理论与操作技能培训，组织开展商标合法性审查培训。

2. 商标专用权保护不断加强

在青海西宁召开全国工商和市场监管部门商标监管工作座谈会，部署开展2018年打击商标侵权“溯源”专项行动和打击使用未注册商标违反《商标法》禁用条款行为“净化”专项行动，收集汇总跨省案件线索4000多条，加强对地方商标行政执法的指导和培训力度。加强商标代理机构监管，召开商标代理监管座谈会，起草《商标代理监管暂行办法》。2018年，全国市场监管系统共查处商标违法案件3.12万件、同比增长3.53%，案值5.46亿元、同比增长49.33%。其中，查处商标侵权假冒案件2.84万件、同比增长5.37%，案值5.15亿元、同比增长54.47%。

3. 商标保护制度持续优化

全面停止著名商标行政认定，推动清理废止涉及著名商标的地方性法规、政府规章、规范性文件。积极推进商标法修改工作，成立修法小组，开辟修法专栏向社会公开征求意见，开展“商标法律制度重构”课题研究。配合修订《奥林匹克标志保护条例》，已于2018年7月颁布。

（三）工作成效显著

“运用地理标志精准扶贫”和“马德里国际注册”。

1. 马德里商标国际注册工作取得新突破

提高马德里商标国际注册便利化程度，正式上线运行马德里商标国际注册网上申请系统，实现了商标国际注册网上申请、电子通知、网上补正、在线支付、网上受理的全程电子化，网上申请比例升至82%。大力推广马德里国际注册体系，加大对地方的指导力度，稳步推进京外审协中心和受理窗口开展马德里商标的受理和审查工作。根据世界知识产权组织国际局统计，2018年我国申请人提交马德里商标申请6594件（一件申请多个类别指定多个马德里缔约方），同比增长25%以上，在马德里联盟中排名第三，截至2018年底，我国马德里商标国际注册有效量为31 066件。

2. 商标品牌富农和地理标志精准扶贫工作扎实推进

牵头深化商标品牌富农工作，积极指导各地深入开展运用地理标志精准扶贫工作。组织“地理标志精准扶贫”西部宣讲活动并成功完成广西、新疆和四川站宣讲，累计近万人参与活动。加强对地方地理标志和普通集体证明商标注册、运用和管理工作的培训指导，举办贫困地区地理标志运用水平提升培训班，60名基层业务骨干参加培训；应内蒙古、江苏、新疆、浙江、海南、安徽、吉林等地政府及市场监管部门、高校和京外审协邀请，共派员实地培训授课36人次。编辑发布《地理标志商标注册申请15问》，指导提高地理标志商标申请水平，助力地理标志精准扶贫和区域经济发展。2018年新核准注册地理标志商标961件，同比增长80.6%；累计注册地理标志商标4867件，与2017年底相比，增幅24.6%，其中国外地理标志商标178件，增幅95.6%。

（四）商标品牌建设持续深化

1. 深入推进国家知识产权战略实施

制定《商标局关于落实〈2018年深入实施国家知识产权战略 加快建设知识产权强国推进计划〉的分工意见》，积极参与《国家知识产权战略纲要》实施十年评估工作，配合启动知识产权强国建设纲要研究制定工作。参与“十三五”国家知识产权保护和运用规划实施中期评估工作及与重大经济科技活动知识产权评议相关政策的制定工作。

2. 稳步推进商标品牌创业创新基地建设

起草《关于建设商标品牌创业创新基地的指导意见》。指导广州按照批复的基地建设工作方案扎实推进国家商标品牌创新创业（广州）基地建设，指导广西、湖南、江苏、浙江、山东等有关地方积极筹备双创基地建设事宜，赴南宁、崇左、钦州等地开展商标品牌创业创新基地调研。注重发挥企业在商标品牌建设中的主体作用，开展《企业商标品牌战略工作指南》。

3. 不断加强产业区域品牌建设

积极参与农业、制造业、服务业、商贸流通业等产业品牌建设顶层设计，制订《含县级以上行政区划地名的普通集体商标和证明商标的审查标准》，在浙江丽水召开全国工商和市场监管部门产业集群区域品牌建设现场经验交流会，总结推广典型经验，指导地方区域品牌建设工作。积极落实《国家工商行政管理总局 广西壮族自治区人民政府关于推进广西建设商标品牌强区的合作框架协议》，参与筹备并积极参与中国—东盟商标品牌论坛，展现近年来推进商标品牌战略取得的丰硕成果。配合工信部推进“中国制造2025”系列工作，推动出台《制造业知识产权战略实施三年行动计划（2018—2020年）》等相关文件。

4.大力促进商标质押融资

全国78个商标质权登记受理点极大便利了企业运用商标融资，有效帮助企业解决“融资难，融资贵”问题。2018年共办理商标质权登记1405件，涉及担保债权339.27亿元人民币，其中地方受理点办理1067件，涉及担保债权207.34亿元人民币，分别占比75.94%和61.11%。

5.广泛开展政策研究

完成“商标大数据分析”课题研究，为深入实施商标品牌战略、深化商标便利化改革提供了理论和数据支持。完成“企业商标品牌战略工作指南”“非物质文化遗产与地理标志关系”等课题研究；组织开展“商标异议中权利冲突解决机制研究”“网络环境下商标使用对授权确权的影响”“道地药材与地理标志关系”以及“商标代理监管”课题研究。支持第三方研究机构中国人民大学中国商标品牌研究院开展商标品牌价值评价研究并发布《中国商标品牌发展报告（2017）》和《2017沪深上市公司商标品牌价值排行榜》。

（五）商标领域国际合作广泛开展

商标局继续深化国际交流合作，密切与各国商标部门及国际组织沟通联系，共同推进商标注册与保护事业发展。

1.加强多边合作、参与构建更加公平合理的国际规则

加强与世界知识产权组织合作。派员参加第58届成员国大会、商标注册商品与服务国际分类尼斯联盟专家委员会第28次会议、商标国际注册马德里体系法律发展工作组第16次会议、商标、外观设计与地理标志法律常设委员会第40次会议等。派员赴WIPO担任审查员、短期翻译。协调举办世界知识产权组织亚太地区品牌与商标保护高级别圆桌会会议并就商标议题发言，派员参加“中国—东盟”商标保护论坛、中非知识产权制度与政策高级研讨会、中蒙俄知识产权研讨会并就商标议题发言，以视频方式在意大利地理标志全球论坛发言。加强商品服务分类国际交流，积极参加商标五方会谈年会，共同举办商标五方会谈分类专家会议，向商标五方会谈共提交360项商品和服务新增提案，翻译审核1639个商品项目。

2.做好与主要国家和地区商标领域的双边合作

参加中欧地理标志保护协定谈判，就中欧、中俄、中加知识产权工作组研提意见，并派员参加中俄第二轮投资障碍贸易磋商，就商标议题阐述我国法律制度和实践，树立我国保护商标专用权的良好形象。继续加强与欧盟、日本等国家/地区商标主管机关、驻华使馆或知识产权机构的联系，回复各国商标案件来函，协助解决有关案件，妥善接待来访团组。

3.支持中国企业海外维权

举办中国企业商标海外维权论坛，起草海外维权工作指导意见，开展海外维权案件地方调研，指导企业建立商标海外侵权预警应对制度，提升海外维权服务水平。

（六）商标宣传工作进一步加强

商标局充分借助媒体力量，着力宣传商标注册便利化改革及商标业务知识，不断提高社会公众对商标工作的关注，提升全社会知识产权保护意识。

1.注重与媒体合作扩大影响力

与《中国市场监管报》（原《中国工商报》）《中国知识产权报》等媒体合作专版宣传2017年我国商标工作进展情况及地方运用地理标志精准扶贫典型案例，发布2017商标侵权十大典型案例及《中国商标品牌战略年度发展报告（2017）》。组织中央媒体跟踪报道“地理标志精准扶贫”西部宣讲；举办商标网上服务系统全面上线启动仪式，近10家中央媒体参加并进行报道。

2.积极开展形式多样的宣传活动

配合发改委举办5•10“中国品牌日”活动，参加中国品牌发展国际论坛政策对话活动。召开商标改革宣传工作座谈会，发挥新媒体作用，合力推进商标宣传工作。分别在北京、山东济南、江苏南京、浙江杭州举办商标注册便利化改革集中宣讲活

动，共有来自企业、商标代理机构以及地方市场监管（知识产权）部门的相关人员约 1300 人现场聆听宣讲，近 10 万人次观看网络直播，取得良好社会效益。组织制作“纪念改革开放 40 周年——我国商标事业光辉征程”宣传片，开展“走进商标审查协作中心”专题报道。

3. 多渠道宣传商标知识

设计制作微信版“商标知识微课堂：小明与商标的故事”，在全国市场监管部门微信公众号、中国知识产权报等媒体以及部分新媒体进行推送。在各地方商标受理窗口发放卡通版《商标注册申请指南》。

4. 充分发挥中国商标网门户网站作用

及时发布工作信息和便利化改革政策解读，公布全国省市县商标主要统计数据、商标代理机构备案名单等数据。

5. 广泛开展志愿服务

“商标志愿者服务组”共参加商标法律宣传、专题培训、项目评审、企业专项援助等多项志愿服务活动。

二、商标申请与注册

2018 年，我国商标注册申请量 737.1 万件，同比增长 28.23%，继续保持增长态势，增速与前两年相比有所放缓；其中国内申请 712.7 万件，占年度注册申请总量的 96.69%。

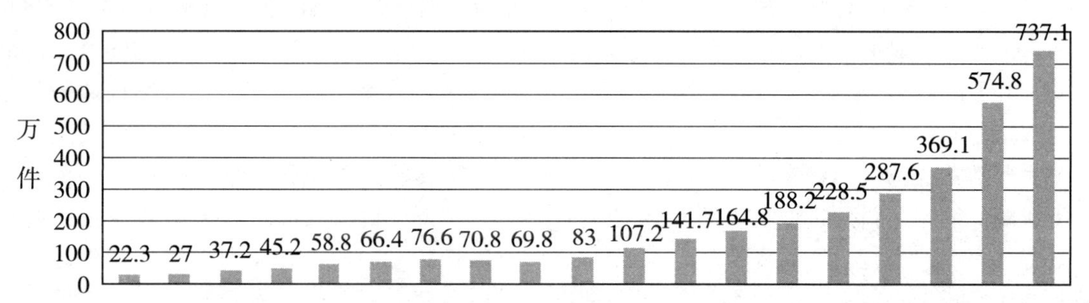

图 1　近年商标注册申请量（2000—2018 年）

（一）商标注册申请总体情况

截至 2018 年 12 月，我国商标累计申请量 3521.3 万件，累计注册量 2230.8 万件，有效注册商标量 1956.4 万件，我国每万户市场主体平均有效商标拥有量从 2011 年的 1074 件增长到 1724 件。

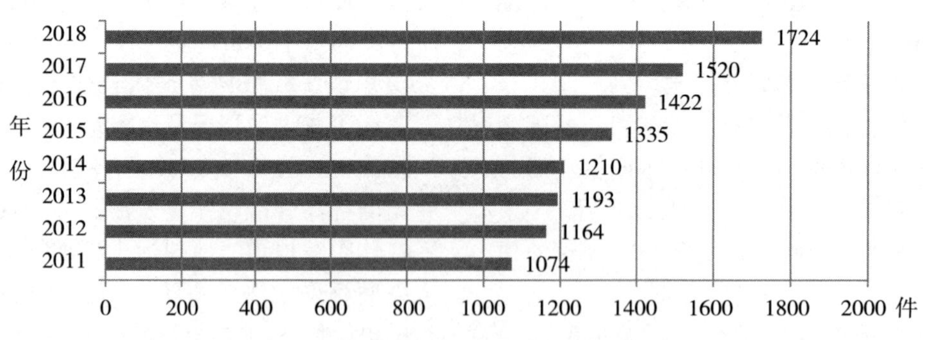

图 3　每万户市场主体的平均有效商标拥有量

自 2001 年起，我国开始超越美国，连续 17 年成为商标申请量最多的国家，并逐渐成为推动全球商标知识产权增长的重要力量。

世界知识产权组织发布的《2018 年世界知识产权指标》显示，2017 年全球约有 911 万件商标申请，涵盖 1239 万类，其中，中国的商标申请数量最多，涵盖约 570 万类，其次是美国、日本、欧盟和伊朗。

世界品牌实验室发布的 2018 年度（第十五届）《世界品牌 500 强》排行榜显示，中国入选的品牌有 38 个，是 2004 年的 38 倍，2009 年的 2 倍多，2013 年的 1.5 倍。随着商标品牌战略的深入实施，我国市场主体逐渐树立了品牌意识，中国商标品牌在世界的影响力逐步提高。

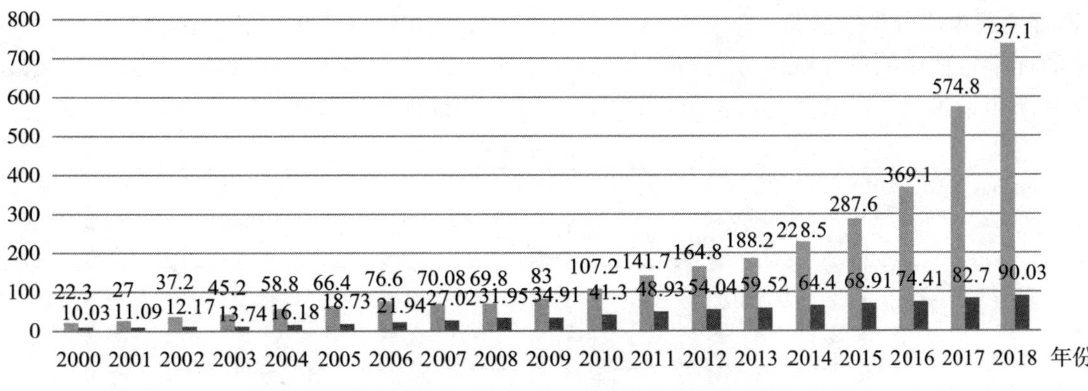

图 3　我国商标申请量与国内生产总值对比

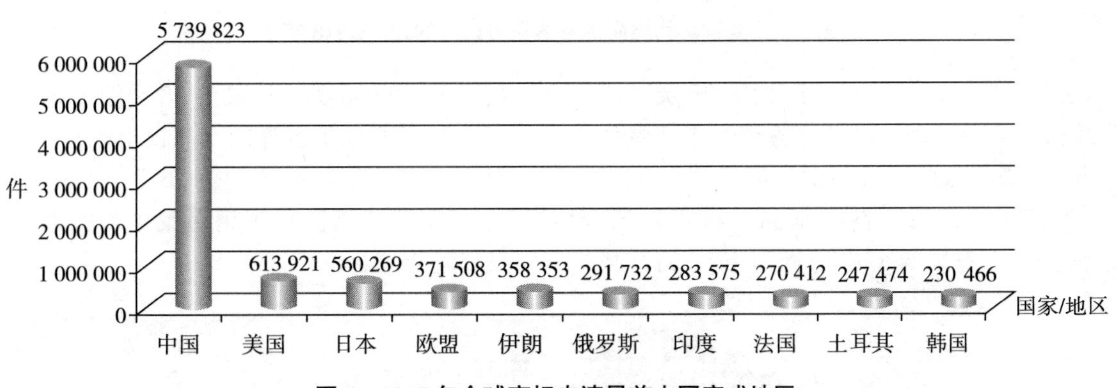

图 4　2017 年全球商标申请量前十国家或地区

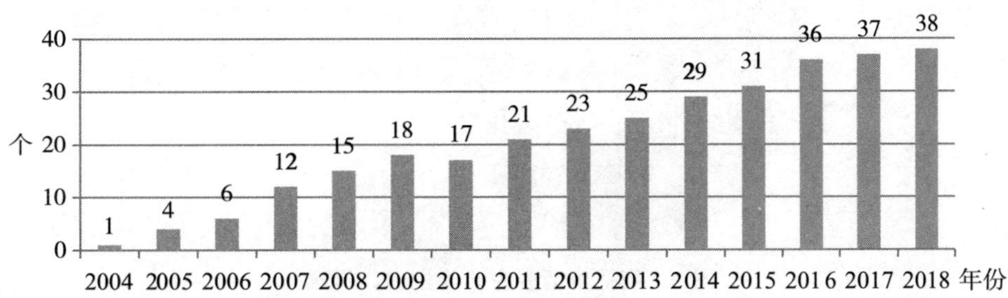

图 5　中国品牌上榜数量（2004—2018 年）

2018 年，商标网上申请 655.5 万件，约占申请总量的 89%，比 2017 年增长了 4 个百分点。

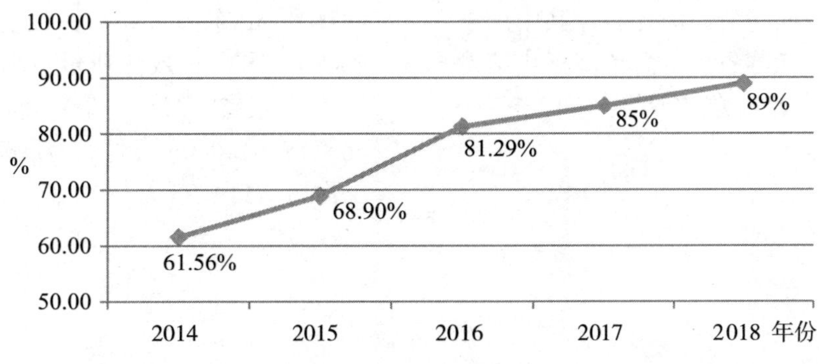

图 6　近五年（2014—2018 年）商标网上申请占比

（二）商标注册申请分类别情况

从申请商标指定使用的商品或服务类别看，服务类别商标注册申请量达 249.2 万件，占总申请量的 33.81%，与 2013 年相比增长了 8 个多百分点，从一个侧面显示了我国服务行业不断发展，产业结构持续优化的特征。

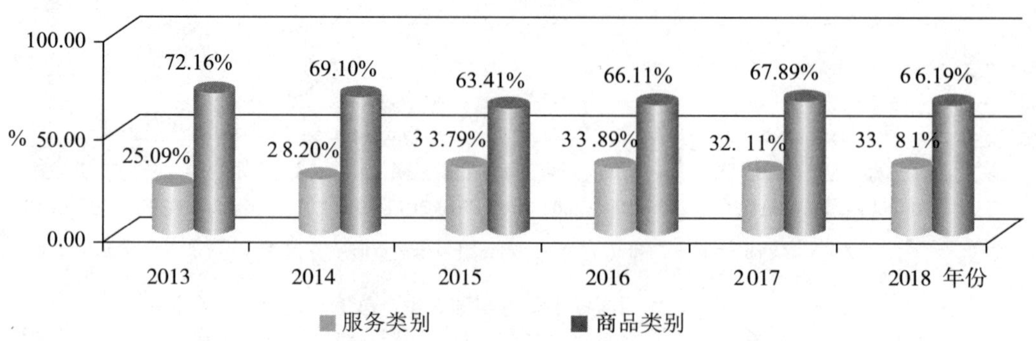

图 7 服务和商品类商标申请量占比（2013—2018 年）

申请量最大的前 3 个类别依次为第 35 类（广告、商业经营、商业管理、办公事务等）申请量为 92.5 万，第 25 类（服装、鞋、帽）申请量为 58.9 万，第 30 类（咖啡、茶、谷类制品、糕点、糖、鲜酵母、食盐、辛香料等）申请量为 42.6 万。排在第 1 位的 35 类申请量是 25 类的 1.57 倍。

据《2018 年世界知识产权指标》显示，世界范围商标申请类别最多的是 35 类（11%），其次是 25 类（7%），我国商标申请量集中的类别与世界产业发展趋势吻合。

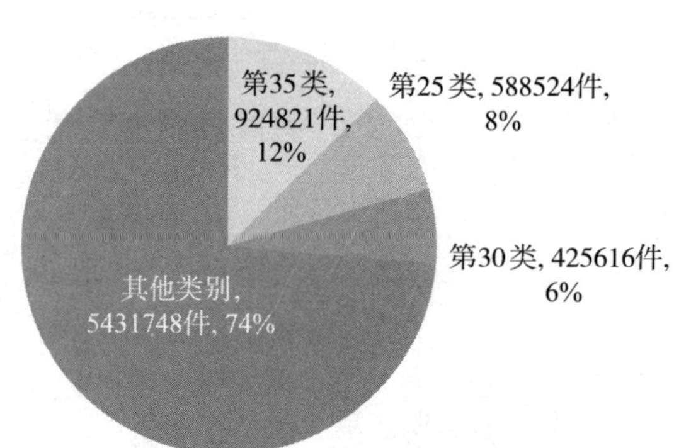

图 8 商标申请量主要类别占比情况

（三）商标注册申请分省市情况

2018 年我国商标申请量排名前十的省（市）是广东省、浙江省、北京市、江苏省、上海市、福建省、山东省、河南省、四川省、河北省，其中广东省、浙江省、北京市、江苏省、上海市商标申请量之和（362.2 万）超过国内总申请量（712.7 万）的一半，达 50.82%。

申请量超过 4 万件的省（区、市）共有 27 个，与去年持平。申请量同比涨幅居前 5 位的省（区、市）依次为海南省（47%）、广西壮族自治区（41%）、山东省（40%）、江苏省（37%）和贵州省（36%）。国内有效注册量排名前 5 位的省（市）依次为广东省（341 万件）、浙江省（198.44 万件）、北京市（150.05 万件）、江苏省（118.07 万件）和上海市（114.93 万件）。

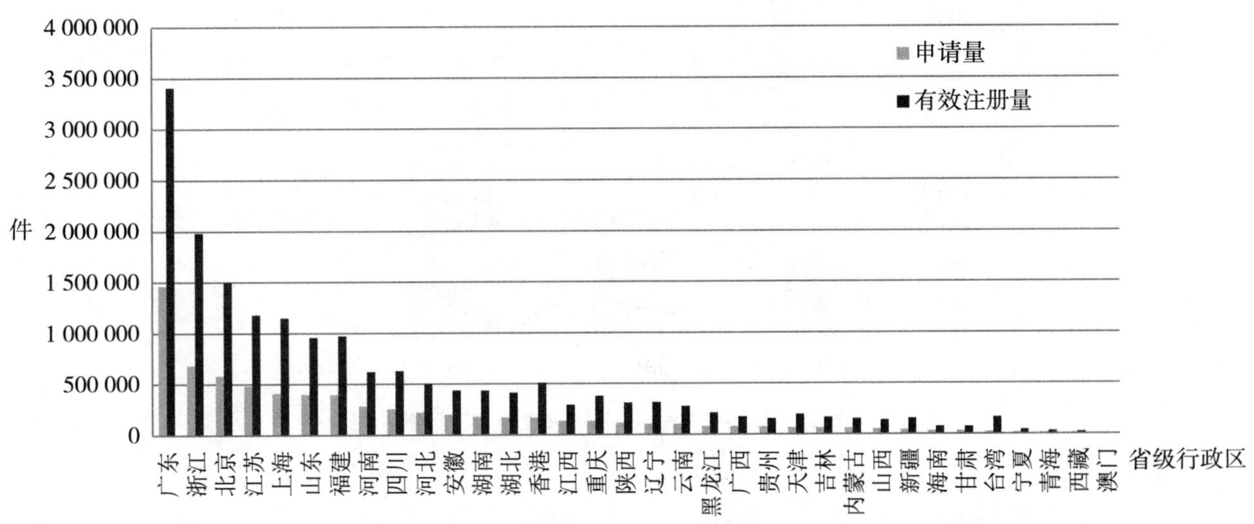

图9　2018年各省级行政区商标申请量及有效注册量

（四）商标注册申请分国家情况

2018年，共有173个国家或地区在我国提交了商标注册申请，全年申请量（包括马德里商标国际注册领土延伸申请）为24.37万件，同比增长16.48%。排名前10位的国家或地区分别是美国、日本、德国、韩国、英国、法国、意大利、澳大利亚、瑞士、开曼群岛，这10个国家的申请量之和占外国在华申请总数的72.38%。

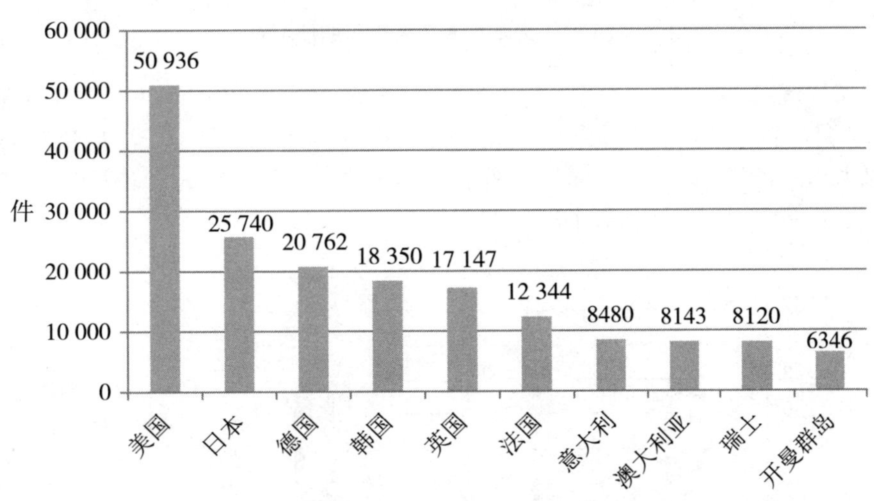

图10　2018年在华申请量前十的国家或地区

（五）商标注册工作情况

2018年1至12月份商标局共完成商标审查804.3万件，同比增长89.15%，商标注册申请驳回率（包含部分驳回）为40.84%。2018年，核准注册商标量为500.7万件，同比增长79.3%。

2018年，商标注册平均审查周期缩短至5个半月以内，商标变更续展审查周期、商标注册和驳回复审受理通知书发放时间由3个月缩短至1个月以内，商标转让审查周期由6个月缩短至4个月；国际商标注册马德里领土延伸审查周期由10个月缩短至5个半月，国际转让审查周期由8个月缩短至3个月，国际变更续展审查周期由8个月缩短至1个月；撤销连续三年不使用注册商标、撤销注册商标成为通用名称审查周期由9个月缩短至8个月；商标检索“盲期”由3个月缩短至10天。

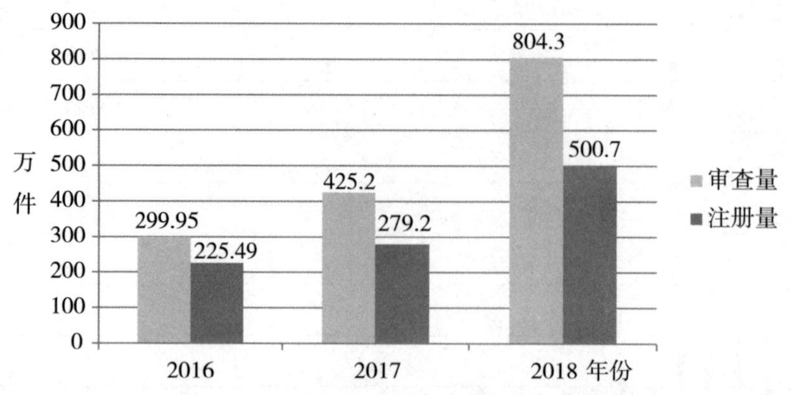

图 11 2016—2018 年商标审查量与注册量

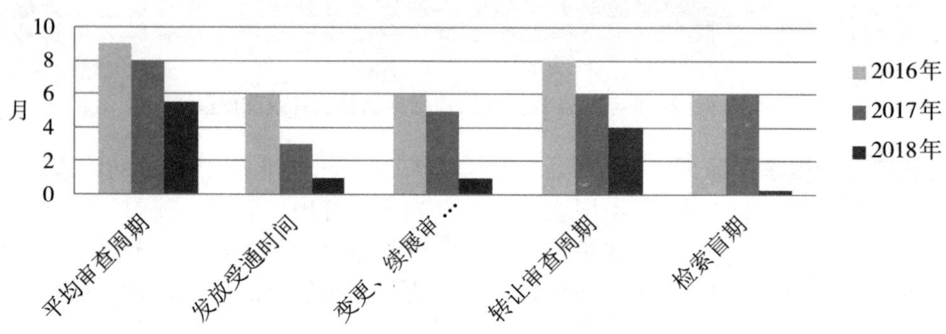

图 12 近年来商标审查周期情况表

（六）商标异议工作情况

截至 2018 年 12 月，商标局共收到异议申请 11.6 万件，同比增长 60.46%，审查完成异议案件 6.6 万件，同比增长 8.46%，异议成立率（包括部分成立）为 40.76%，较去年年底的 34.25% 进一步提升，其中作出不予注册决定的 2.2 万件，作出部分不予注册决定的 0.5 万件。

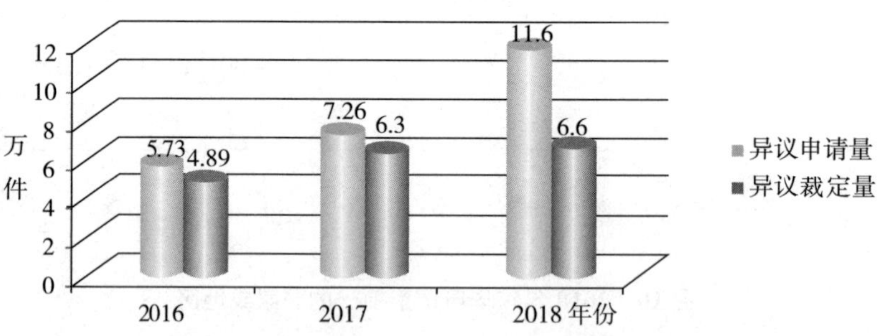

图 13 2016—2018 年商标异议申请量与裁定量

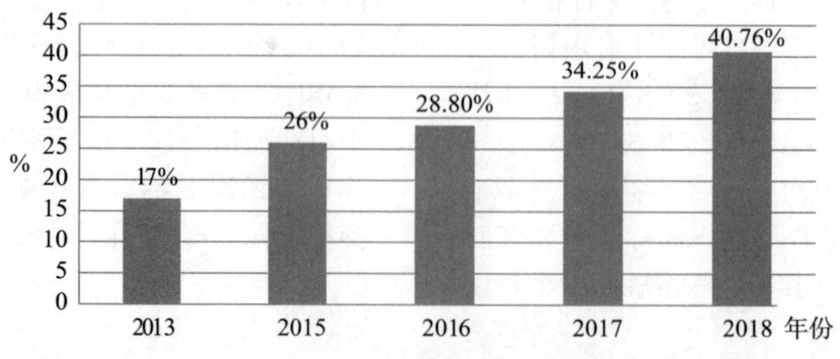

图 14 2013—2018 年异议成立率

（七）商标后续业务情况

2018 年，商标局共受理变更商标注册事项申请 48 万件，同比增长 32.23%；受理商标转让申请 39.4 万件，同比增长 30.03%；受理商标续展申请 28 万件，同比增长 47.37%；受理商标使用许可合同备案申请 2.7 万件，同比增长 3.85%。共办理变更商标注册事项申请 58.2 万件，同比增长 84.18 %；办理商标转让申请 40.9 万件，同比增长 61.02%；办理商标续展申请 31.7 万件，同比增长 68.62 %；办理商标使用许可合同备案 4.3 万件，同比增长 43.33%。

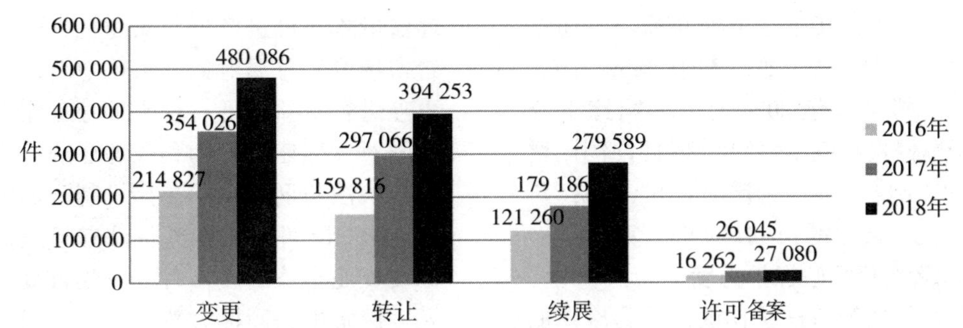

图 15　2016—2018 年变更、转让、续展、许可申请量

（八）清理闲置商标情况

2018 年撤销三年不使用商标约 4.4 万件，注销商标约 3.4 万件，依职权主动注销未续展商标约 11.9 万件，全年共依法清理闲置商标约 19.7 万件。

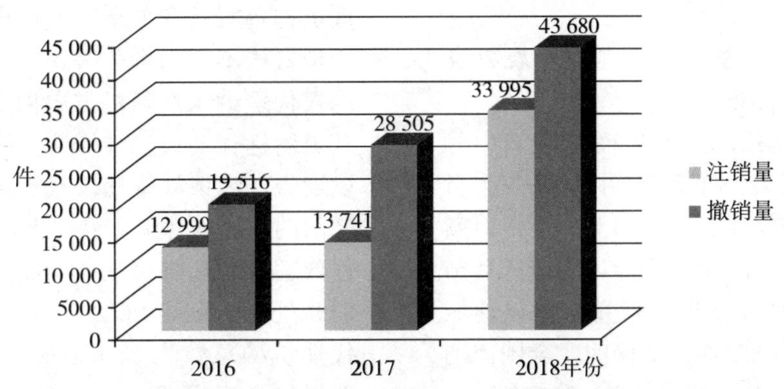

图 16　2016—2018 年商标注销与撤销量

（九）特殊标志和官方标志申请办理情况

2018 年，商标局共受理特殊标志登记申请 1579 件；核准北京园博会、武汉军运会、第 19 届亚运会等特殊标志登记 31 个（1395 件）。受理北京 2022 冬奥会及冬残奥会标志公告申请 19 个。备案"中国品牌日"等官方标志 151 个（6795 件）。

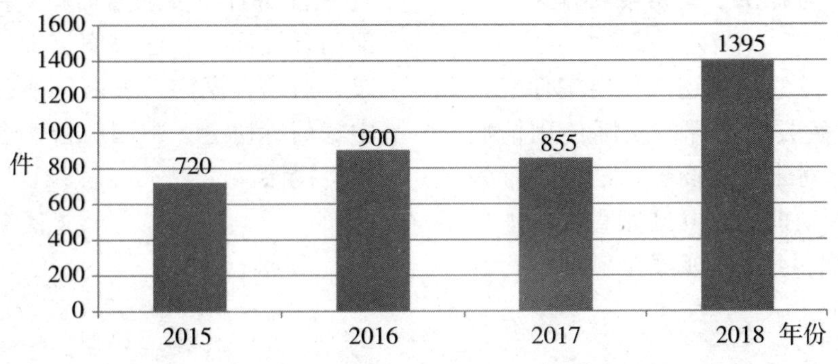

图 17　2016—2018 年核准特殊标志登记数量

三、商标监管执法情况

2018 年，国家知识产权局商标局进一步加强对地方商标监管执法工作的指导，继续部署开展专项行动，加大商标违法案件查处力度，有力维护了市场经济秩序。当年全国工商和市场监管部门共查处商标违法案件 31 194 件，同比增长 3.53%；案值 54 573 万元，同比增长 49.33%；罚没金额 51 420 万元，同比增长 9.31%。其中，查处商标一般违法案件 2760 件，同比下降 12.24%；案值 3059 万元，同比下降 4.29%；罚没金额 2074 万元，同比下降 24.16%。查处商标侵权假冒案件 28 434 件，同比增长 5.37%；案值 51 514 万元，同比增长 54.47%；罚没金额 49 346 万元，同比增长 11.37%。

（一）切实加大商标行政保护力度

加大对地方商标监管执法工作的指导力度，加强商标侵权案件转办、督办，向地方执法机关转办“一正”“维多利亚的秘密”等涉嫌商标违法案件。在青海西宁召开全国工商和市场监管部门商标监管工作座谈会，部署开展“溯源”“净化”专项行动，取得显著成效。

1. 严厉打击商标侵权全链条，部署开展 2018 打击商标侵权“溯源”专项行动

以驰名商标、地理标志、涉外商标和老字号商标为重点，以“打源头、打窝点、打链条”为目标，切实加强对商标侵权商品源头追溯力度，对商标侵权商品生产、销售、注册商标标识制造等环节开展全链条打击，有效防范和遏制商标侵权地域性、行业性风险。在溯源专项行动期间，全国工商和市场监管部门共排查案件线索 9953 条，立案查处 2848 件，已办结案件 2560 件，案件违法经营额 4437 万元，罚没金额 9082 万元，移送司法机关 50 件，捣毁制假售假窝点 115 个。

2. 整顿规范商标使用管理秩序，组织开展打击使用未注册商标违反《商标法》禁用条款行为“净化”专项行动

各地按照商标局下发的商标违法使用案件线索排查清单，对 3.86 万条驳回商标的实际使用情况逐一进行了现场检查，对未注册商标违法使用行为开展集中整治。专项行动期间，共立案查处未注册商标违法使用行为案件 44 件，涉案金额 80 万元；责令改正 440 户；将 261 户排查清单中未在注册地址经营的企业列入异常经营名录。

（二）积极推进商标监管方式创新

推进商标跨区域跨部门执法协作，提升打击商标侵权假冒违法行为合力。深化商标信用监管，充分发挥国家企业信用信息公示系统作用，推动形成对商标失信行为的协同监管和联合惩戒，提升商标违法成本。推进商标“双随机、一公开”监管，配合市场监管总局对抽查清单中涉及商标业务的检查事项进行重新梳理，制定抽查工作指引，指导各地加强对商标违法行为和代理违法行为的检查。落实行政执法与刑事司法衔接机制，加强信息共享、案情通报、案件咨询，共依法向司法机关移送涉嫌商标侵权犯罪案件 236 件，移送涉嫌犯罪嫌疑人 197 人。探索推进商标大数据监管，配合市场监管总局信息中心推进商标数据开放及分析应用系统建设工作。

（三）进一步规范商标代理监管

加强商标代理机构信用监管平台建设，商标代理机构备案及变更全程实现电子化。严厉打击商标代理机构不正当竞争等违法行为，积极协调将知识产权代理纳入双随机定向抽查工作计划，汇总梳理八类商标代理机构涉嫌违法行为并在中国商标网予以通告，约谈涉嫌违规代理机构。加强与地方执法部门的沟通与协调，及时向涉案地执法部门转办 26 件代理机构涉嫌违法行为线索，督促地方依法进行调查处理。截至 2018 年底，在商标局备案的商标代理机构总数为 37 384 家。2018 年共收到商标代理机构备案申请 12 563 件，核准备案 7436 家；收到变更申请 2755 件，核准变更 2507 家；收到注销申请 161 件，核准注销 115 家。

（四）加强行政执法业务培训

组织举办全系统商标行政执法培训班，各地 92 名业务骨干参加培训。支持各地工商和市场监管部门开展商标执法办案培训，先后派员为上海、山东、河南、湖南、安徽、陕西、新疆等省区市以及中华商标协会、中国广告协会等组织的商标业务培训班授课。

（国家知识产权局商标局）

中国版权行政管理工作

2018年，国家版权局深入贯彻落实全国宣传思想工作会议精神，坚持守正创新、稳中求进，推进各项版权工作全面提高。

一、不断加大打击侵权盗版力度

（一）加强工作部署，开展“剑网行动”

一是召开全国版权执法监管工作会议，传达中央领导同志重要批示精神，对打击侵权盗版工作进行部署。二是开展“剑网2018”专项行动。自2018年7月开始，会同国家互联网信息办公室、工业和信息化部、公安部开展第14次打击网络侵权盗版专项行动，利用国家版权监管平台技术手段，运用分类监管、约谈整改、行政处罚、刑事打击等多种措施，集中整治网络转载、短视频、动漫等领域侵权盗版多发态势，重点规范网络直播、知识分享、有声读物等平台版权传播秩序，深入巩固网络影视、网络音乐、电子商务平台、应用商店、网络云存储空间等领域专项整治成果，维护清朗的网络空间秩序，营造良好的网络版权环境。在“剑网2018”专项行动期间，各级版权执法监管部门删除侵权盗版链接185万条，收缴侵权盗版制品123万件，查处网络侵权案件544件，其中查办刑事案件74件、涉案金额1.5亿元，有效震慑了网络侵权盗版行为。

（二）狠抓案件查办，强化督查指导

一是加大案件查办力度。全国各级版权行政管理部门坚持党对版权工作的领导，紧紧抓住关系人民群众根本利益的突出版权问题，相继查处了一批涉案金额大、社会影响严重的大案要案。2018年，各级版权执法监管部门共查办侵权盗版案件2500余件，移送司法机关追究刑事责任102件，捣毁盗版窝点203个，收缴盗版制品377万件，案件信息公开1301件。

二是加大案件督办指导力度。会同全国“扫黄打非”办公室、公安部、最高检人民检察院等部门联合挂牌督办了北京“10.17”销售盗版电子出版物案等48起侵权盗版大要案件。会同国家互联网信息办公室、工业和信息化部、公安部、最高人民检察院、全国“扫黄打非”办公室对江西、广东、天津等10省市打击侵权盗版专项行动开展情况和挂牌督办重点案件情况进行现场督查，有效解决地方案件查办瓶颈问题，强化版权、文化执法、扫黄打非、通信、网信、公安、检察等部门的工作合力与协同效应。及时对北京、黑龙江、湖北等地关于立案标准、案件管辖等问题进行研究回复，为多地案件办理提供协调、指导；与公检法等部门密切配合，及时解决案件查办过程中遇到的问题。

（三）紧盯重点领域，强化重点监管

一是规范网络音乐版权秩序。约谈华纳、索尼、环球三大国际唱片公司和国内大中型唱片公司，推动建立符合国际规则的网络音乐授权、合作模式；推动腾讯与网易达成音乐作品转授权合作，实现双方独家音乐作品99%以上向对方开放转授权。

二是开展网络转载专项整治。指导各地查处一批违法转载案件，依法取缔、关闭一批非法新闻网站（网站频道）及自媒体账号。集体约谈趣头条等13家网络服务商，要求有关互联网媒体和媒体平台完善内部版权管理，建立用户管理制度，加强对侵权行为的处置，主动做好执法协助工作。截至12月，13家网络服务商已签约的各类版权合作单位累计超过4300余家，今日头条、趣头条、网易号等共对124436个侵权自媒体账号进行封禁，对19882个违规自媒体账号进行降级等处理；趣头条、百度百家号、网易号等共对475332篇侵权内容进行删除或拦截；搜狐新闻、新浪看点、今日头条、百度百家号等建立了账号信用分制度或黑名单制度，网络转载版权秩序得到进一步规范。推动30多家主流财经媒体发起成立“中国财经媒体版权保护联盟”，共同抵制未经授权擅自转载新闻作品的行为，推动实现常态化监控和维权、市场化交易等。

三是开展短视频专项整治。约谈抖音短视频、快手、西瓜视频等15家企业，责令其进一步提高版权保护意识，切实加强内部版权制度建设，全面履行企业主体责任。经过整改，15家短视频平台共下架删除各类涉嫌侵权盗版短视频作品57万部，短视频版权保护环境取得显著改善。

四是进一步规范电商平台版权秩序。及时回

应权利人诉求，多次约谈拼多多等电商平台，要求其切实履行企业主体责任，建立完善版权相关制度；推动阿里巴巴集团与京版十五社反盗版联盟就图书版权保护计划签订合作协议，对重点图书线上盗版销售进行事前主动防控。推动拼多多平台与京版十五社反盗版联盟和少儿出版反盗版联盟就图书版权保护签订合作协议，共同保护权利人的合法权益。

五是开展重点作品版权预警保护。公布七批 72 部重点作品版权保护预警名单，对春晚节目、世界杯赛事节目及《舌尖上的中国》第三季、《红海行动》等院线优秀国产电影进行重点预警保护，要求相关网络服务商对重点作品采取预警保护措施。

（四）提升执法效能，完善激励机制

一是加大案件查办补贴力度。对 2018 年所有挂牌督办案件予以办案经费补贴，对部分 2017 年督办案件追加经费补贴，切实解决地方办案部门实际困难。

二是对查处侵权盗版重大案件予以奖励，印发《国家版权局关于奖励 2017 年度查处侵权盗版重大案件的决定》，对 2017 年度在查处侵权盗版案件工作中作出突出贡献的有功单位、有功个人进行奖励。

三是完善群众举报投诉快速反应机制，鼓励社会力量参与打击侵权盗版工作，广泛收集案源和案件线索，提高案件线索核实和案件查办效率。联合全国“扫黄打非”办公室对举报侵权盗版行为的有功个人进行了奖励。

二、持续推进软件正版化工作

（一）加强工作部署，科学工作指导

2018 年 3 月，组织召开推进使用正版软件工作部际联席会议第七次全体会议，专题研究部署 2018 年工作任务。8 月，对各地区软件正版化工作进展情况进行通报，对成效显著的地区提出表扬，对存在问题的地区点名批评，推动各地进一步提高思想认识、落实工作责任。同时，推广部际联席会议印发的《正版软件管理工作指南》，科学指导各级党政机关和企事业单位规范正版软件采购和使用管理工作，落实软件正版化工作相关政策要求，推进软件正版化工作规范化。

（二）创新工作模式，强化督促检查

充分发挥技术手段优势，利用国家版权监管平台和软件检查技术工具，大幅提高监管效率。通过政府购买服务方式，委托第三方专业机构参与督查，有效解决督查人员不足问题。2018 年 4 至 11 月，组织督查组，对 20 家中央和国家机关、16 个省（市）软件正版化工作进行督查，对督查发现的典型经验和存在问题进行了通报，推动政府机关和企事业单位进一步落实软件正版化工作主体责任。

（三）推动使用国产软件，开展相关试点工作

推进软件正版化与信息化、信息安全相结合，大力倡导使用国产软件，实现安全发展两促进。在宁夏西吉县、湖北云梦县开展国产软件应用试点，推进使用国产操作系统软件取得预期效果。

（四）巩固工作成果，夯实工作基础

会同推进使用正版软件工作部际联席会议各成员单位，加强统筹协调、服务指导和督促检查，推进软件正版化工作取得新成效，有效夯实软件正版化工作基础。一是中央和省级机关软件正版率超过 90%，突击安装正版软件比例同比大幅下降 16.77%，党政机关软件正版化成果得到巩固。二是在巩固中央企业和大中型金融机构软件正版化工作基础上，推动省属国有企业总部基本实现软件正版化。三是党政机关和国有企业国产办公软件使用比例超过 55%，促进了软件产业的快速发展，进一步保障了国家信息安全。2018 年，软件产业总值达到 6.31 万亿元，同比增长 15.1%。

三、持续完善版权社会服务

（一）推进全国著作权登记工作

一是著作权登记继续保持快速增长势头。2018 年，全国著作权登记总量突破 345 万件。其中，作品登记超过了 235 万件，软件著作权登记量突破了 110 万件，呈高速增长之势。

二是建立著作权登记信息统计和公示查询系统。要求各地登记机构使用国家版权监管平台报送作品登记信息，对作品重复登记情况进行全面核查通报。在国家版权局官方网站设立著作权登记信息统计和公示查询系统，适时向社会公众公示作品登记主要信息。

（二）加强版权行政审批及监管工作

一是依法加强对著作权集体管理组织的监管。召开著作权集体管理组织工作会议，审核了 5 家集体管理组织年检报告，指导中国音像著作权集体管理协会领导班子换届相关工作；督促指导、妥善协调解决集体管理组织与相关利益方之间的矛盾与纠纷。

二是依法加强对涉外著作权认证机构、国际著作权组织在华常驻机构的监管，规范备案制度。召开涉外著作权认证机构在华代表处通气会，规范其在我国境内开展各项涉及版权的活动。依法对涉外著作权认证机构在华代表处年检报告进行审核；对美国电影协会北京代表处变更地址、商业软件联盟（美国）北京代表处的临时活动进行审核。

三是加强行政监管制度建设。草拟《关于加强对著作权集体管理组织依法监管的通知》（征求意见稿）和《关于加强对境外著作权认证机构常驻中国代表机构管理的意见》（征求意见稿），为依法加强对著作权集体管理组织、涉外著作权认证机构驻华代表处的监管提供了制度保障。

四、着力促进版权产业发展

（一）举办"第七届中国国际版权博览会"

10月，在苏州市举办"第七届中国国际版权博览会"。40余个国家（地区）及世界知识产权组织等50余个国际版权行业组织、机构共计300余家单位参展，成为推动国际版权产业互动交流、促进中国版权产业发展的重要平台和中国版权"走出去"的重要窗口。

（二）评选颁发"2018年中国版权金奖"

国家版权局申请设立的"中国版权金奖"于2016年获批纳入政府常设评比达标表彰活动序列。经过申报和评选，在第七届中国国际版权博览会上颁发了6个作品奖、5个保护奖、5个推广运用奖和4个管理奖（共计20个中国版权金奖），有力促进了版权创作、保护、运用。

（三）规范全国版权示范创建工作

根据中央5号文件精神，对全国创建示范活动予以全面清理，按照要求对已开展的全国版权示范创建工作进行自查。完成了《关于清理全国版权示范创建工作情况的自查报告》《创建示范活动清理情况汇总表》《拟保留或合并的创建示范活动基本信息表》，并分别报送有关部门，提出保留全国版权示范创建活动的工作建议。

（四）开展系列版权产业调研工作

开展中国版权产业对国民经济贡献的调研工作，发布了2017年中国版权产业对国民经济贡献的调查报告，推动具备条件的地方开展相关调查。调查显示，2017年中国版权产业的行业增加值为60810.92亿元人民币，占全国GDP的7.35%。发布了2018年中国网络版权产业发展报告，完成了"中国版权交易现状与发展趋势"等课题研究。系列调查研究成果为科学制定版权产业发展政策发挥了积极作用。

五、广泛开展版权宣传培训

（一）加强主题宣传

一是做好4·26知识产权宣传周主题宣传活动。围绕世界知识产权组织2018年度宣传主题，制作中日韩三国版权公益宣传片、出版版权宣传特刊、制作布设宣传海报等。

二是举办"2018中国网络版权保护大会"。大会发布了《中国网络版权保护年度报告》《年度打击侵权盗版十大案件》等，围绕"保护创作 推进运用"主题进行深入研讨交流，有效提升网络版权执法监管影响，取得良好社会反响。

三是举办第十届全国大学生版权征文活动。

四是发布相关年度报告、文献。编辑出版了《中国版权年鉴2017》，评选发布了"2017年中国版权十件大事"，发布了《2017年中国网络版权保护年度报告》《中国版权年度报告（2017）》《2017年软件正版化工作汇编》等，从不同角度宣传版权工作，扩大版权工作影响。

（二）做好全媒体宣传

一是做好国家版权局中文网信息发布工作。全年发布信息1500余条，制作多个专区进行专题宣传，其中《软件正版化》专题获"2018·政府网站特色栏目"奖。

二是扩大国家版权局微博影响。全年发布信息456条，比上年增长210%。截至11月中旬，"版权执法监管""版权宣传周""软件正版化"等微博话题阅读量均超百万。

三是提高其他新媒体平台宣传作用。国家版权局微信公众号全年发布63期77条图文消息，国家版权局"头条号"全年发布信息479条，国家版权局"百家号"借助百度分发渠道，影响力不断扩大。

（三）加大版权对外宣传

一是利用国家版权局英文网站，通过线上、线下、文字、视频等不同方式有针对性地开展宣传，全年发布信息近百条，制作《4·26 版权宣传》《2018 版权国际交流》等专题。

二是通过与周边国家合作，开展针对特定群体的版权宣传，与日韩共同设计、制作以知名动漫形象为主人公的宣传海报和视频，将“保护版权、繁荣创作”的理念植入民心。

三是利用来访、出访、举办和参加国际会议等机会，主动做好版权对外宣传，发出权威声音，讲好中国版权制度建设与版权保护的故事，争取国际舆论的支持，营造我版权涉外工作良好局面。

（四）做好版权培训工作

开展版权执法培训。分别在成都、西安、长春举办了 3 期全国版权执法监管工作培训班，实现了全国所有地市级版权执法监管部门全覆盖培训。举办软件正版化工作培训班，和“版权媒体热点问题研修班”，通过分类培训，不断提高版权从业人员工作能力。

六、大力拓展版权国际交流合作

（一）加强国际版权多边话语体系建设

一是继续巩固和加强与世界知识产权组织等国际组织的良好合作关系，积极参加相关委员会会议，参与重要国际版权条约磋商，合作举办“2018 国际版权论坛”等会议，推广版权优秀案例示范点，开展国际版权人才培训。

二是采用多种方式推动《视听表演北京条约》早日生效，经过不懈努力，批准或加入的国家增加到 23 个，再有 7 个国家批准、加入条约即可生效。

三是参加由商务部牵头的世界贸易组织（WTO）第七次对华贸易政策审议和我国对其他成员贸易政策审议工作，参加亚太经合组织（APEC）知识产权专题会议，参加外交部牵头的海牙国际私法会议“判决项目”会议，积极应对有关版权事务。

（二）加强版权双边、区域交流合作与应对水平

巩固中欧、中英、中日、中韩版权交流合作关系，与墨西哥正式建立版权双边合作框架，与欧盟、英国、日本、韩国进行政府间版权工作会谈以及举办研讨会；配合商务部完成中国与欧亚经济联盟经贸合作协议签署相关工作，推进《区域全面经济伙伴关系》、中日韩、中国与巴拿马、中挪自贸协定等自贸区谈判进程；配合商务部、文化部等开展中欧、中日等工作组谈判；应对美 301 调查和中美贸易摩擦，争取有利于我发展的版权国际环境。推动《海峡两岸知识产权保护合作协议》的具体落实，执行香港海关与国家版权局“打击网络盗版合作互助安排”，推动两岸、内地与香港在版权领域的沟通合作。

（三）妥善处理其他涉外版权事务

一是积极配合首届中国国际进口博览会版权相关工作，及时提供会展所需版权信息，协调中国版权保护中心、上海市版权局进驻会展，配合做好版权服务，及时化解版权纠纷和争议，维护我国版权保护良好形象。

二是妥善处理好全国双打办、我驻韩使馆转来的韩国娱美德娱乐有限公司版权纠纷事宜。

三是妥善处理朝鲜驻华使馆关于处理涉金正恩侵权图片来函，迅速约谈主要网络服务商，要求其主动采取措施，全面清查、处理侵权图片。

（四）做好相关国际版权课题研究工作

有针对性地开展版权国际应对宏观策略研究、版权国际应对具体问题研究和图书馆、档案馆、教研机构的限制与例外，以及民间文艺的版权保护等版权国际热点问题调研工作，进一步提升我们的国际版权应对能力。

（中宣部版权管理局）

中国地理标志商标工作情况

2018 年，商标局共受理集体商标（包括地理标志集体商标）注册申请 1337 件，证明商标（包括地理标志证明商标）注册申请 1850 件；审结集体商标和证明商标（含地理标志商标）注册申请 2394 件；发出集体商标和证明商标（含地理标志商标）审查意见书 1539 件。全年受理集体商标和证明商标（含地理标志商标）变更申请 150 件，转让申请 73 件；办理集体商标和证明商标（含地理标志商标）变更申请 193 件，转让申请 96 件。

一、我国地理标志商标注册总体情况

2018 年，新核准注册地理标志商标 961 件，同比增长 80.6%；累计注册地理标志商标 4867 件，与 2017 年底相比，增幅 24. 6%。

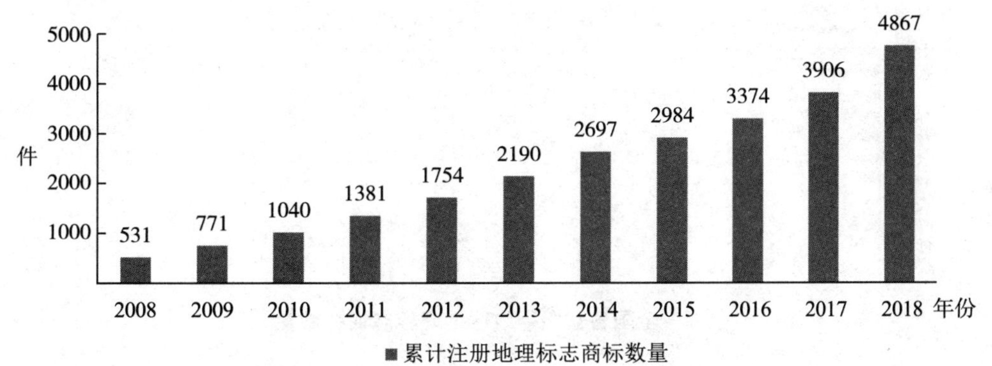

图 1　2008-2018 年我国地理标志商标注册情况

二、地理标志商标注册分类情况

在已核准注册的 4867 件地理标志商标中，水果（1015 件）数量最多，约占 20.85%，蔬菜（838 件）约占 17.22%，家禽牲畜（694 件）约占 14.26%，粮油（597 件）约占 12.27 %，水产品（421 件）约占 8.65%，茶（370 件）约占 7.60%，中药材（258 件）约占 5.30%，工艺品（187 件）约占 3.84%，其他 487 件约占（10.01%）。

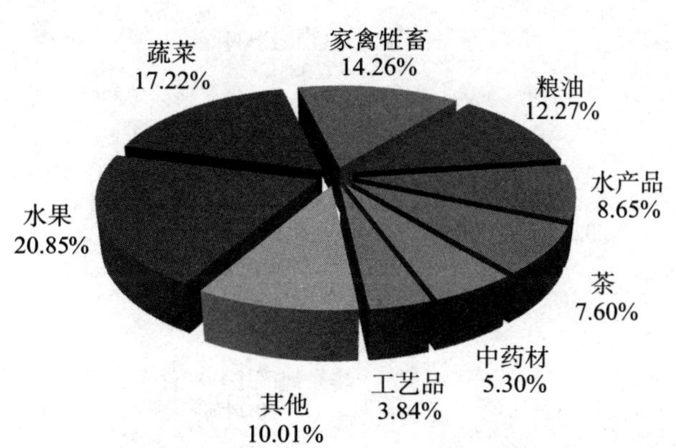

图 2　我国已注册地理标志商标分类情况

三、地理标志商标注册各省区及地市情况

已注册地理标志商标数量居于前五位的省域分别为：山东省（679 件）、福建省（443 件）、湖北省（416 件）、四川省（331 件）和江苏省（298 件），这五省地理标志商标数量占全国的 44.52%。已注册地理标志商标数量居于前五位的地市分别为：山东省济宁市（129 件）、福建省漳州市（127 件）、江苏省淮安市（125 件）、山东省潍坊市（94 件）、福建省宁德市（72 件）。

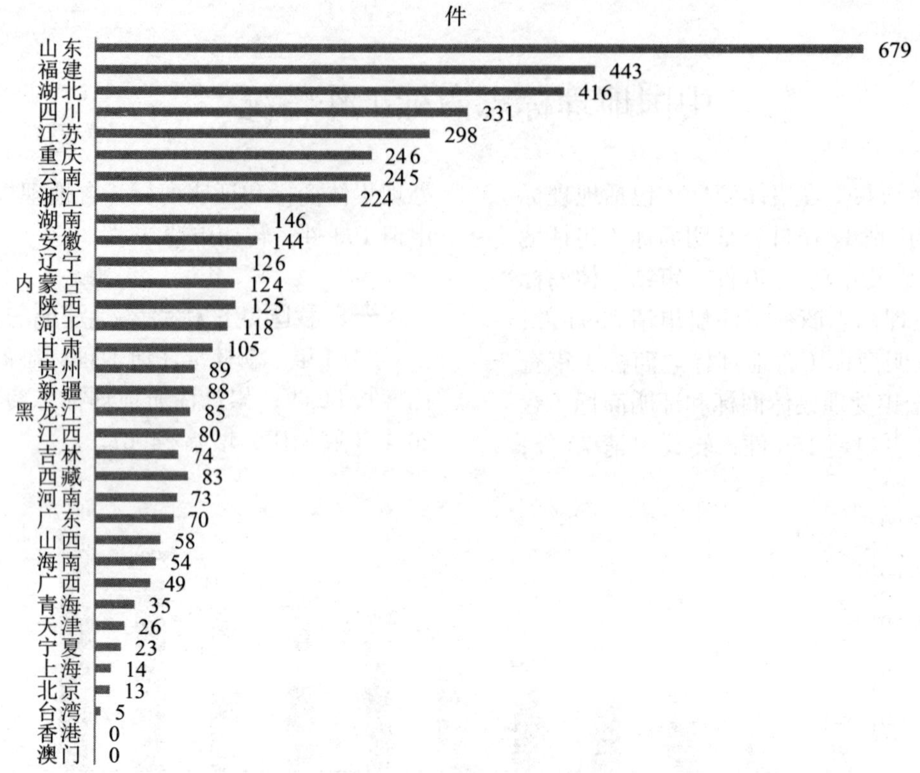

图 3　全国各省级行政区地理标志商标数量

四、我国地理标志商标区域分布情况

我国地理标志区域分布不均衡，其中华东地区已核准注册地理标志商标数量最多，约占全国总量的 40.24%。西部地区约占全国总量的 29.22%(西北地区占 8.02%，西南地区占 21.2 %)。数据显示，运用地理标志精准扶贫需向西部倾斜，加强西部地理标志精准扶贫经验推广，加大对西部地区地理标志商标工作的指导力度。

我国的 12 个农业大省区（安徽、江苏、江西、湖南、内蒙古、辽宁、吉林、黑龙江、四川、山东、河南、河北）的地理标志商标注册量为 2278 件，约占全国注册量的 46. 8%。

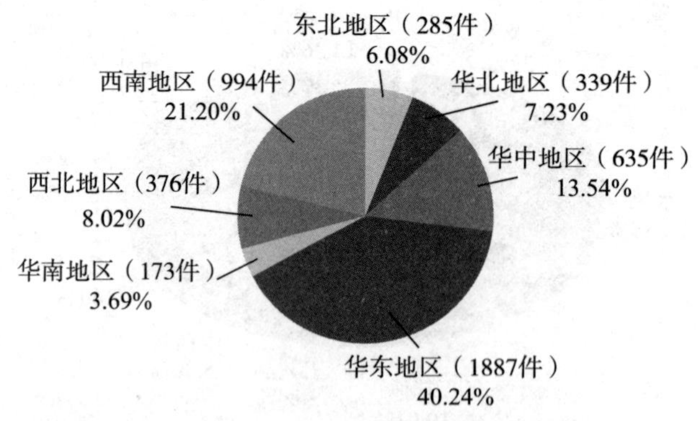

图 4　我国地理标志商标区域分布图

五、外国在华地理标志商标注册情况

截至 2018 年底，共核准注册国外地理标志商标 178 件，占全国已注册地理标志商标总量的 3.7%，与 2017 年底相比增长 95.6%。排名前三的国家为：法国（121 件），意大利（23 件）、美国（14 件）。

六、地理标志商标注册人情况

截至 2018 年底，拥有地理标志商标数量最多的是法国波尔多葡萄酒行业联合委员会（117件），单一主体拥有地理标志商标数量超过10件的还有淮安市淮阴区畜禽产业协会（34件）、涟水县农副产品营销协会（24件）、洪泽县洪泽湖农产品协会（23件）、金湖县农副产品营销协会（20件）、勐海县茶叶技术服务中心（17件）、平和县特产协会（15件）、静宁县苹果产销协会（13件）、云霄县食品快检中心（12件）、奇台县农村经济合作组织协会（11件）、寿光蔬菜瓜果产业协会（11件）。

七、地理标志商标宣传培训情况

商标局不断加强对地方地理标志和普通集体证明商标注册、运用和管理工作的培训指导，在浙江丽水召开全国工商市场监管部门产业集群区域品牌建设现场经验交流会，总结推广区域品牌建设典型地市经验。深入推进商标富农和地理标志精准扶贫工作，组织“地理标志精准扶贫”西部宣讲团并分别于5月、9月、10月在广西、新疆和四川成功举办宣讲，社会反响良好；11月圆满举办贫困地区地理标志运用水平提升培训班。稳步推进地理标志宣传工作，开展“我最关注的2017地理标志商标十件事”评选活动；“4•26知识产权宣传周”期间，在中国知识产权报发布“商标富农和运用地理标志商标精准扶贫十大典型案例选编”。

（国家知识产权局商标局）

第七篇　中国地方 WTO 事务（2018）

全国地方世贸组织工作会议情况

12月5—6日，商务部在京召开2018年全国地方世贸组织（WTO）工作会议，商务部副部长兼国际贸易谈判副代表王受文出席并讲话。

会上，王受文就我国积极参与全球经济治理体系、坚定维护世界贸易组织规则、支持对世界贸易组织进行必要改革等方面的相关工作进行了深入分析，就继续做好参与世贸组织工作尤其是地方工作提出了要求。

王受文指出，加入世贸组织以来，中国积极践行自由贸易理念，在实现自身发展的同时为多边贸易体制作出积极贡献。近年来，在保护主义、单边主义抬头，多边贸易体制权威性和有效性遭遇严峻挑战的背景下，商务部按照党中央、国务院统一部署，提出中国立场文件，维护多边贸易体制核心价值和原则，推动建设开放型世界经济。各地方对世贸组织工作大力支持，在贸易政策合规、配合审议与通报等方面开展了大量工作。各地方要以习近平新时代中国特色社会主义思想为指引，进一步推进贸易政策合规评估，继续加强贸易政策通报等透明度义务履行，积极参与各项谈判和新议题讨论，为坚定维护多边贸易体制、推动我国向贸易强国迈进作出新贡献。

会议期间，商务部世界贸易组织司与地方参会代表就中国参与世贸组织总体工作情况、贸易政策合规工作、世贸组织对华贸易政策审议等内容进行分组讨论，并就地方世贸组织工作开展经验进行了交流。

此次会议共有来自17个部委，31个省、自治区、直辖市和新疆生产建设兵团，4个计划单列市，12个驻地方特办的百余名代表参会。

（商务部世界贸易组织司）

全国贸易政策合规培训情况

8 月 1—3 日及 11 月 14—16 日，商务部世界贸易组织司分别在贵州省贵阳市、广东省东莞市举办了两期全国贸易政策合规工作培训。来自国务院各部门及各省、自治区、直辖市、计划单列市及商务部驻地方特派员办事处负责合规工作的同志共 130 余人参加培训。

培训首日，商务部世界贸易组织司司领导出席开班仪式并讲话，结合当前全球经济贸易形势的新发展、新变化及世贸组织改革，介绍了当前我国世贸组织履行承诺情况，新形势下加强合规工作的重要性及必要性，并对各地方、各部门进一步完善工作机制、培养业务队伍，扎实有效推进贸易政策合规工作提出了要求。

培训班系统讲解了世贸组织基本原则、合规实务等内容，为国务院各部门、地方政府有关部门开展贸易政策合规工作提供业务指导。培训还安排了分组讨论及合规案例研讨，学员积极展开讨论，并分享合规工作的经验和思路。

（商务部世界贸易组织司）

第八篇　WTO 学术成果（2018）

●专　著

1. 陈靓．从GATS到TiSA．上海：上海人民出版社，2018

［作者简介］上海WTO事务咨询中心，三级业务总监，长期从事服务贸易自由化领域的研究。

［内容提要］本书主要围绕着两条分析路径而展开，一条是对服务贸易自由化影响服务贸易和自由贸易的内在逻辑进行理论分析，并进行实证检验；另一条是遵循“GATS—区域/双边服务贸易自由化谈判—TiSA谈判”的谈判进程，梳理全球服务贸易规则的历史轨迹中所隐含的核心内容，并寻找未来建构的方向及核心要件。最后，将两条路径合二为一，对TiSA谈判的可能成果进行预判、模拟其对各成员以及服务贸易乃至货物贸易增长的影响，在此基础上，进一步探讨中国在全球服务贸易规则建构过程中的总体战略选择，并以中国加入TiSA谈判为切入点，尝试设计中国参与TiSA谈判的策略和方案。

2. 陈振凤．中国反倾销政策效果评估方法及实证研究．北京：中国财政经济出版社，2018

［作者简介］济南大学商学院副教授，硕士生导师。

［内容提要］本书基于政策效果评估视角，从反倾销政策的实施目的出发，运用文献研究、实地调查研究、理论研究和经济计量等研究方法，界定了反倾销政策效果的内涵，系统研究了反倾销政策作用的原理及其传导机制，然后在对反倾销政策效果评估基础理论分析的基础上，结合公共政策效果评估方法，研究设计了反倾销政策企业层面效果评估的ECM方法和产业层面效果评估的ICACM方法，并利用化工行业涉案企业微观数据和L产业数据分别对评估方法进行了实证研究。

3. 陈立斌．中国（上海）自由贸易试验区法律适用精要．北京：人民出版社，2018

［作者简介］上海市人大法制委员会主任委员，上海市第一中级人民法院党组书记、院长，一级高级法官。

［内容提要］本书从概述上海自贸区法治环境开始，继而阐述上海自贸区的司法保障情况，包括推进贸易发展方式转变的司法保障、扩大投资领域开放的司法保障、深化金融领域创新的司法保障、行政管理模式创新的司法保障及刑事司法保障，最后探究上海自贸区完善法治领域的制度保障与司法改革。

4. 冯辉，石伟．贸易与投资新规则视野下的竞争中立问题研究．上海：格致出版社，上海人民出版社，2018

［作者简介］对外经济贸易大学法学院副院长、副教授、博士生导师，对外经济贸易大学法学博士。

［内容提要］本书介绍了竞争中立原则的缘起、内涵和价值，并介绍了竞争中立的发展历程及三大模式，指出在新形势下，竞争中立原则的适用有越来越广泛的趋势。在本书的后半部分，重点讨论了这一原则对国家间的竞争博弈和国际投资与贸易的影响，并为中国提出了相应的应对方略。

5. 范笑迎．国际法碎片下的WTO法律解释．天津：天津社会科学院出版社，2018

［作者简介］天津财经大学法学院，硕士研究生导师。

［内容提要］本书研究WTO法的正当性问题。内容包括：应对WTO正当性问题的两种路径、全球宪法与WTO宪法化、WTO宪法化理论：正当性建构及其不足、WTO宪法化理论的法律解释路

径等。

6. 刘恩专．世界自由贸易港区发展经验与政策体系．上海：格致出版社，上海人民出版社，2018

［作者简介］天津财经大学教授、博士生导师，天津市自由贸易区研究院执行院长，中国自由贸易试验区协同创新中心首席专家。

［内容提要］本书总结和研究了世界自由贸易港区的发展经验、通行的做法、政策体系等，主要包括世界自由贸易港区的演化规律、自由贸易港区的贸易便利化政策体系、自由贸易港区的投资政策体系、自由贸易港区的金融政策体系、自由贸易港区的管理体制与法律体系。

7. 联合国粮食及农业组织．李婷译．全球化与全球治理．北京：中国农业出版社，2018

［作者简介］联合国粮食及农业组织。

［内容提要］本书旨在研究现有和拟议的 AoA 贸易规则在多大程度上限制了发展中国家提高粮食安全水平的政策空间。

8. 韩立余．《跨太平洋伙伴关系协定》全译本导读．北京：北京大学出版社，2018

［作者简介］中国人民大学法学院教授。

［内容提要］本书内容包括：初始条款和一般定义、货物国民待遇和市场准入、原产地规则与程序、纺织品与服装、海关管理与贸易便利化、贸易救济、卫生与植物卫生措施等。

9. 韩逸畴．WTO 贸易政策灵活性机制研究．北京：法律出版社，2018

［作者简介］华东政法大学中国法治战略研究中心研究人员，硕士生导师。

［内容提要］本书主要研究 WTO 贸易政策灵活性机制，共分为五个部分。第一章简要阐述不完全契约并以契约理论分析 WTO，并指出其为自利和理性的贸易政策制定者之间缔结的不完全契约；第二章先分析单边贸易措施的合法性判断标准，其次对 WTO 贸易政策灵活性进行法律界定；第三章研究 WTO 协定承诺与灵活性冲突与协调有关的理论争议；第四章研究现有 WTO 贸易政策灵活性机制之缺陷；第五章提出 WTO 贸易政策灵活性机制未来的发展方向。

10. 何艳华．区域贸易协定中的反倾销制度研究．北京：北京大学出版社，2018

［作者简介］上海商学院副教授，法学博士。

［内容提要］本书通过对反倾销制度合理性问题的反思，从法理和实证两方面对区域贸易协定中的反倾销制度作了分析，并对中国洽签的区域贸易协定中的反倾销制度展开研究。同时，本书还探讨了区域贸易协定的实践对 WTO 反倾销制度走向可能的影响。

11. 黄建忠，等．中国自由贸易试验区研究蓝皮书（2017）．北京：经济科学出版社，2018

［作者简介］上海对外经贸大学自由贸易港战略研究院。

［内容提要］本书共九章，内容包括：新时代的中国自由贸易试验区建设、自贸试验区建设与“长江经济带”“一带一路”倡议的联动、全球价值链重构及上海科创中心和自贸试验区的协同发展、上海实施区港一体化推进自由贸易试验区建设研究等。

12. 姜爱英．多边贸易体制的决策机制．北京：经济科学出版社，2018

［作者简介］山东工商学院经济学院副教授。

［内容提要］本书分析了中国科技哲学发展的内在动力，并探讨了未来学科发展趋势。同时通过对国外科技哲学的比较研究，也为中国科技哲学的发展提出了有益参考。主要内容包括：多边贸易体制运行困境的决策因素、多边贸易体制的决策机制等。

13. 姜志达．中美规范竞合与国际秩序演变．北京：世界知识出版社，2018

［作者简介］英文学术期刊 *China International Studies*（《中国国际问题研究》）执行主编，副编审，“一带一路”研究中心副研究员。

［内容提要］本书选取中美规范竞争与规范合作各几组案例，对支撑国际秩序的国际规范之间的竞争、合作与融合进行实证研究，提出中美国际规范竞合走势以及国际秩序演变方向。

14. 李向阳．亚太地区发展报告（2018）．北京：社会科学文献出版社，2018

［作者简介］中国社会科学院亚太与全球战略

研究院院长、研究员。

［内容提要］本年度报告盘点了 2017 年亚太地区的热点和焦点问题，包括特朗普政府倡导的“印太”战略理念以及美国、日本、印度、澳大利亚对“印太”理念不同的认知和诉求，朝鲜半岛局势，洞朗事件及后续效应，缅甸罗兴亚人问题，“南海行为准则”磋商，巴阿局势，以及中国与亚太部分国家关系的新变化等，为深入了解 2017 年及未来中国周边环境的复杂形势提供了重要参考。

15. 林中梁，余敏友．WTO 法与中国论坛年刊（2018）．北京：知识产权出版社有限责任公司，2018

［作者简介］中国法学会世界贸易组织法研究会。

［内容提要］本书是“WTO 法与中国论坛暨中国法学会世界贸易组织法研究会 2017 年年会”论文集，研究了 WTO 与“一带一路”倡议、WTO 与国家贸易法律问题、WTO 与全球贸易治理。反映了该领域的重点、热点、难点问题，对我国对外贸易及相关法律制度建设有积极的参考价值。

16. 林珏，等．国外自贸区投资贸易便利化创新管理体制研究．上海：格致出版社，上海人民出版社，2018

［作者简介］上海财经大学国际工商管理学院教授、博士生导师，世界经济研究中心主任。

［内容提要］本书考察了世界自贸区投资与贸易便利化管理体制，试图去发现不同区域管理体制建立中的创新理念、政策措施和创新过程中的变法模式，以及各类变法模式对完善管理体制的效应。作者从国外自贸区投资与贸易便利化管理体制比较、国外自贸区投资与贸易便利化管理体制实施效应的实证分析入手，以期从国外自贸区投资与贸易便利化管理体制创新视角给予中国自贸试验区启示与借鉴。

17. 刘敬东．人权与 WTO 法律制度．北京：社会科学文献出版社，2018

［作者简介］国际法研究所副研究员，国际经济法室副主任，法学博士。

［内容提要］本书全面梳理了联合国和 WTO 等国际组织在人权与贸易关系问题上的立场、原则与实践，系统介绍了国外机构和学者对这一问题的研究和理论，从发展中国家的立场出发，探讨我国对 WTO 与人权问题应确立的原则立场和采取的具体策略。

18. 刘悦．反倾销调查方价值倾向及其对中国厂商应诉反倾销成效影响研究．长沙：中南大学出版社，2018

［作者简介］长沙理工大学讲师。

［内容提要］本书展开了三个探索。研究一，对华反倾销调查方价值倾向的理论分析与挖掘。研究二，对华反倾销调查方价值倾向的多维统计分析。研究三，对华反倾销调查方价值倾向、市场经济地位和有效应诉反倾销的关联机理实证。

19. 陆剑宝．中国自由贸易试验区制度创新体系理论与实践．广州：中山大学出版社，2018

［作者简介］中山大学自贸区综合研究院副研究员、中山大学粤港澳发展研究院研究员。

［内容提要］本书引入产业经济学的 S-C-P 分析方法，结合理论和实践案例，旨在建构较为完整的自贸试验区制度创新体系，为政府提供一个自贸试验区如何发展的整体逻辑框架。

20. 陆剑宝．全球典型自由贸易港建设经验研究．广州：中山大学出版社，2018

［作者简介］中山大学自贸区综合研究院副研究员、中山大学粤港澳发展研究院研究员。

［内容提要］本书对全球典型自由贸易港的建设经验有一个整体的把握和准确的判断，并在借鉴其成功的监管制度模式经验的基础上，进行我国自由贸易港的理论和实践创新，在理论和实践上树立充分道路自信、理论自信、制度自信、文化自信，从而明确新形势下我国自由贸易港建设的制度设计和政策设计的发展方向。

21. 浦东美国经济研究中心，等．特朗普当选总统后美国经济走势与中美经贸关系．上海：上海大学出版社，2018

［作者简介］浦东美国经济研究中心，武汉大学美国加拿大经济研究所编。

［内容提要］本书收录了中国美国经济学会第十届会员代表大会暨“特朗普当选总统后美国经济走势与中美经贸关系”研讨会的 18 篇优秀论文，分为四个部分：特朗普的财政贸易政策、国际贸易

与中美贸易、国际投资与中美金融、世界经济与大国经济。

22. 人民日报海外版．中美贸易摩擦．北京：东方出版社，2018

［作者简介］人民日报。

［内容提要］本书围绕美国贸易保护主义和霸凌主义的实质与中国的应对之策展开叙述，阐释中美贸易摩擦背后的深层根源和历史逻辑。

23. 单文华．“丝绸之路经济带”贸易投资便利化法律框架研究．北京：法律出版社，2018

［作者简介］西安交通大学法学院院长兼国际教育学院院长。

［内容提要］本书从基本原则、历史借鉴、区域法律环境评析、具体法律制度研究和新框架的构建等方面对“丝绸之路经济带”建设所涉及的贸易和投资便利化法律框架问题进行解构和建构，并在此基础上提出了缔结《“丝绸之路经济带”共同投资协定》《“丝绸之路经济带”共同贸易协定》和构建“丝绸之路经济带自由贸易区”的初步构想。

24. 商务部国际贸易经济合作研究院．参与全球经济治理之路．北京：法律出版社，2018

［作者简介］商务部国际贸易经济合作研究院。

［内容提要］本书分为中国与多边贸易体制、中国参与全球经济治理上下两篇，包括中国融入多边贸易体系、中国成为多边贸易体系成员、中国切实履行加入世贸组织承诺等内容。

25. 世界贸易组织．中国世界贸易组织研究会，对外经济贸易大学中国世界贸易组织研究院译．世界贸易报告 2016——为中小企业提供公平贸易平台．北京：中国商务出版社，2018

［作者简介］中国世界贸易组织研究会，对外经济贸易大学中国世界贸易组织研究院。

［内容提要］本书聚焦中小企业在参与世界贸易中的角色、障碍、作用和发展问题，分析了中小企业在世界贸易格局中新的机遇和挑战，以及多边贸易体系如何确保全球市场对企业参与的包容性。通过跨境电商扩张和全球价值链的发展、技术的进步和贸易条款的制定，以及贸易便利化和市场多样化，有助于为中小企业创造新的贸易机会，特别是进入国际市场，也有助于刺激就业和经济增长。

26. 世界贸易组织．中国世界贸易组织研究会，对外经济贸易大学中国世界贸易组织研究院译．世界贸易报告 2017——贸易、技术和就业．北京：中国商务出版社，2018

［作者简介］中国世界贸易组织研究会，对外经济贸易大学中国世界贸易组织研究院。

［内容提要］本书考察技术和贸易如何影响就业和工资。报告分析了劳动者和企业在适应劳动力市场发生变化时所面临的挑战，以及政府如何促进这种适应过程，以扩大贸易开放和技术进步的积极影响。

27. 世界贸易组织．中国世界贸易组织研究会译．世界贸易报告 2018 年——世界贸易的未来：数字技术如何改变全球商务．上海：上海人民出版社，2018

［作者简介］中国世界贸易组织研究会。

［内容提要］本书研究了数字技术（特别是物联网）、人工智能、3D 打印和区块链，将如何影响贸易成本、贸易性质和贸易构成；分析了当前已发生的变化，以及未来 15 年全球贸易可能受到的影响；讨论了数字技术发展所蕴含的机遇，特别是发展中国家和小企业面临的机遇与挑战。此外，在帮助各国政府抓住机遇和应对挑战方面，本报告还评估了国际贸易合作可以发挥的作用。

28. 石斌．大国战略与世界秩序．南京：南京大学出版社，2018

［作者简介］南京大学教授、博导。

［内容提要］本书从传统与新兴大国的视角来观察和思考大国在国际社会发展中的战略定位，在当前和未来国际秩序变革中的地位与作用，以及世界秩序的现状和未来。

29. 苏宁，等．全球经济治理制度性权力变化新趋势．上海：上海社会科学院出版社，2018

［作者简介］上海科院世界经济研究所国际政治经济学研究室。

［内容提要］本书以国际政治经济学研究方法，从制度性权力角度，分析了全球化发展新阶段，全球经济治理的新发展趋势。作者以治理体系调整、权力结构变革以及制度性权力变化为主线，研究了全球化深化背景下，全球经济治理参与主体、运行机制、治理机构等层面重大变化中体现出的制度性

变革因素及权力调整趋势。以国际体系到世界体系变化的治理趋势为背景，重点分析新兴经济体促进全球经济治理体系权力变化的作用，并对全球发展合作和南南合作中的机制和权力变化特点进行了剖析。在此基础上，提出中国应对全球经济治理制度性权力新变化的战略选择。

30. 苏宁，等．“一带一路”倡议与中国参与全球治理新突破．上海：上海社会科学院出版社，2018

［作者简介］上海科院世界经济研究所国际政治经济学研究室。

［内容提要］本书对中国通过“一带一路”倡议的实施，积极参与全球治理的方向，以及多层次的战略问题进行了研究。作者以“互动关系—重点领域—策略应对”为主线，探讨了“一带一路”倡议与全球治理体系之间的关系，以及该倡议对全球治理改革的主要作用和贡献。分析了“一带一路”倡议推进过程中，中国参与发展治理、金融治理以及区域治理的特点与趋势，并提出以“一带一路”倡议为引领，促进全球治理发展的方向及中国的主要作用。从对策建议角度，提出中国通过“一带一路”倡议推动全球治理改革的举措。

31. 陶立峰．国际投资规则视角下的上海自贸区外资管理法律制度研究．北京：法律出版社，2018

［作者简介］上海对外经贸大学教授。

［内容提要］本书首先探究中美BIT与上海自贸区外资管理机制之间的互动关系。其后，评估上海自贸区现行外资管理机制与其存在的差异及可能的影响，重点探讨在当下简政放权和政府职能转变的背景下，上海自贸区外资管理法律制度在准入、运营和退出阶段的具体做法、存在的问题和改进建议。最后，针对上海自贸区重点开放服务业的特点，对金融、航运、商贸、专业、文化六大服务业的开放规范进行详细评析。

32. 王春蕊．全球价值链视角下中国贸易便利化政策研究．北京：对外经济贸易大学出版社，2018

［作者简介］对外经济贸易大学。

［内容提要］本书共七章，内容包括：引言、贸易便利化对全球价值链的影响、中国在全球价值链中的地位、中国贸易便利化水平的评估、中国贸易便利化国际协定与国别经验、中国贸易便利化进展及存在问题分析等。

33. 王冠楠．中美经济相互依赖及其非对称性研究．北京：社会科学文献出版社，2018

［作者简介］经济学博士，吉林大学经济学院助理研究员。

［内容提要］本书通过DSGE模型证明了中美经济相互依赖是一种结构性的宏观经济相互依赖；从贸易和金融两个维度，对中国在中美经济相互依赖关系中的敏感性与脆弱性进行了分析；探讨了中美经济相互依赖中的非对称性形成的原因及其影响。

34. 王宏广，等．填平第二经济大国陷阱．北京：华夏出版社，2018

［作者简介］科技部中国科学技术发展战略研究院副院长、教授，天津大学兼职教授。

［内容提要］本书系统研究了两千多年大国兴衰、经济起伏、技术更替的内在规律与现实逻辑，在国际上第一次提出了“第二经济大国陷阱”的概念。分析了美国成为第一经济大国128年来，德国、日本、苏联等第二经济大国无一例外衰退的根源与途径，探讨了美国称霸世界的六大法宝。系统梳理了中国成为第二经济大国后，特别是中美贸易战以来面临的挑战，用四十个指标系统比较了中美差距，研判了中美贸易战的四个基本走向，预测了贸易战可能引发的十二种非常规战，针对性地提出了实施“新三步战略”，拆除十大壁垒等填平陷阱、实现民族复兴的多种策略。

35. 王兰．WTO体制下我国原材料出口限制问题研究．北京：清华大学出版社，2018

［作者简介］西北师范大学法学院副教授，西北师范大学中亚研究院副研究员，硕士生导师。

［内容提要］本书以我国如何在WTO体制下合法、有效地限制原材料出口为主线，从出口限制措施的含义和分类出发，提出我国应积极主张并合法行使采取直接出口限制措施的权利的同时，实施资源环境税、碳税和出口不退税等间接出口限制措施，合法、有效地限制原材料出口，实现保护可用竭自然资源等既定保护目标。

36. 王蕊，等 . 中国自由贸易区发展报告（2018）. 北京：中国商务出版社，2018

［作者简介］商务部研究院。

［内容提要］本书共分五章，包括改革开放进程中的中国自由贸易区建设、自由贸易协定下的双边经贸合作、自由贸易区与地方经济、国际自由贸易区建设经验借鉴等内容。

37. 王岩 . WTO 体制下的我国国际贸易行政诉讼研究 . 北京：法律出版社，2018

［作者简介］上海市高级人民法院行政庭审判员。

［内容提要］本书以我国如何在 WTO 体制下合法、有效地限制原材料出口为主线，从出口限制措施的含义和分类出发，提出我国应积极主张并合法行使采取直接出口限制措施的权利的同时，实施资源环境税、碳税和出口不退税等间接出口限制措施，合法、有效地限制原材料出口，实现保护可用竭自然资源等既定保护目标。

38. 吴晓萍 . 国际公共产品的软权力研究 . 北京：世界知识出版社 . 2018

［作者简介］外交学院副教授。

［内容提要］本书主要内容由导论和五章组成：国际公共产品的软资源属性、国际公共产品的软权力价值、软权力途径一："研发"国际公共产品——以美国创建关贸总协定为例、软权力途径二："参加"国际公共产品提供——以中国加入世贸组织为例、国际公共产品中的权力变革。

39. 谢谦 . 贸易便利化、经贸发展与中国的改革实践 . 北京：中国社会科学出版社，2018

［作者简介］中国社会科学院经济研究所研究员，《经济研究》编辑室编辑。

［内容提要］本书对各国的贸易便利化水平进行了国际比较，总体而言，中国贸易便利化水平不高，在通关效率、边境管理等方面还有较大的提升空间。本书在对每一条具体的改革试点经验进行了整理和分析的基础上发现：当前中国自由贸易试验区通过体制性、政策性改革，初步建立了符合国际高标准的贸易便利化体制；通过工作机制性改革，逐步形成了自主改革的贸易便利化工作协调机制；通过技术性改革，不断完善以信息化支撑的贸易便利化通关模式。此外，我们分析了当前中国自贸区贸易便利化改革存在的问题并提出相应的政策建议。

40. 薛荣久 . 中国对 WTO 规则的恪守与砺进 . 北京：中国商务出版社 . 2018

［作者简介］对外经济贸易大学教授，中国世界贸易组织研究会副会长。

［内容提要］本书作者从中国对 WTO 规则的恪守和运用中，提出应该敬畏规则、珍惜中国入世；并通过恪守 WTO 规则，使知法、守法和护法成为中国社会的常态。作者还对 WTO 与"一带一路"规则构建提出了建设性意见。

41. 徐奇渊 . 中国自贸区发展评估 . 北京：社会科学文献出版社 . 2018

［作者简介］中国社会科学院世界经济与政治研究所研究员。

［内容提要］本书共分为五章。第一章主要对上海、天津、广东、福建四个自贸区的发展现状、功能定位、优劣势及实施的各项政策措施等进行了细致描述。第二章梳理了四个自贸区的投资便利化和贸易便利化措施，对政策措施实施后的投资和贸易增长情况进行了阐述，最后对四个自贸区的投资贸易便利程度进行了对比。第三章先从图解简述自贸区的发展流程，然后将从四个角度对自贸区的金融改革能力进行评估，确立自贸区金融改革和制度创新指数，并以此对自贸区进行排名。第四章使用引力模型分别评估了天津、上海、广东以及福建自贸区对周边经济的辐射效应。第五章论证了四个自贸区对我国推进"一带一路"建设的作用。

42. 杨蕾 . 反倾销贸易效果评价研究 . 北京：经济管理出版社 . 2018

［作者简介］西安外国语大学。

［内容提要］本书主要内容是基于反倾销经济学理论和反倾销法律程序，以中国遭受反倾销和对外反倾销的农产品为研究对象，从农产品反倾销过程演变和现状分析入手，运用计量经济模型和产业竞争力指标分析开展农产品反倾销贸易效果的实证分析，为准确追踪、测算和评估反倾销贸易效果提供科学、有效的定量分析依据，为合理、有效地保护中国农业及相关产业、促进产业结构调整和推动中国农产品贸易进一步有序健康的发展提供理论和政策依据。

43. 杨再平．超越贸易战．北京：中国金融出版社．2018

［**作者简介**］亚洲金融合作协会秘书长。

［**内容提要**］本书阐释了当今美国挑起单边主义，阻止全球化发展、进行贸易战的种种行动，旗帜鲜明地拥护和倡导习近平主席在多个国际论坛呼吁的超越种族、文化、国家与意识形态的局限，顺应全球化发展潮流，增进共同利益，构建人类命运共同体的理念，为思考人类未来发展提供了全新的视角。

44. 叶晓明，王建宇．美国反倾销法律与实务．北京：法律出版社．2018

［**作者简介**］北京理工大学珠海学院民商法律学院教授 。

［**内容提要**］本书分为五编二十一章。第一编介绍了美国反倾销的调查程序。第二编讨论了如何确定倾销幅度、实质性损害和实质性损害的威胁等方面的应诉技巧与策略。第三编介绍了美国对于非市场经济国家的认定和对其进行反倾销调查的政策及规定。第四编着重介绍了初始或立案调查结束后，中国应诉企业重返美国市场的关键——行政复审程序。第五编说明了如何填写、回答美国反倾销的调查问卷。

45. 殷勇．自贸区知识产权司法保护精品案例集．北京：人民法院出版社．2018

［**作者简介**］浦东法院。

［**内容提要**］本书汇编的30件案例是从2013年至2018年期间浦东法院审结的近万件涉自贸区知识产权案件中精选出来的，具有一定的代表性、典型性和指导性，案件类型覆盖著作权、商标、反不正当竞争等民事案件以及知识产权刑事、行政案件，集中展示了浦东法院知识产权法官的审判思路、审判能力和审判水平。

46. 余淼杰．余淼杰谈中美贸易．北京：北京大学出版社．2018

［**作者简介**］北京大学国家发展研究院党委书记、副院长。

［**内容提要**］本书是国际贸易领域杰出青年学者余淼杰教授最新一年的时评文集，旨在从贸易角度解读经济问题，贡献政策建议。全书收录了《中美贸易失衡新解》《别了，TPP》《特朗普新政“十日谈”》《中国有三招可以对付美国“301调查”》《中国反制美欧日发起的钢铁围剿》等文章。

47. 翟立强．《跨太平洋伙伴关系协定》的发展、现实挑战与中国应对策略研究．北京：中国财政经济出版社，2018

［**作者简介**］黑河学院。

［**内容提要**］本书共九章，内容包括：理论综述、TPP协议的发展历程与主要特点、TPP协议的主要内容、美国加入TPP的动因与挑战、TPP协议实施面临的现实挑战等。

48. 张玉卿．WTO热点问题与案例精选．北京：中国商务出版社，2018

［**作者简介**］国家商务部条法司前司长，WTO贸易争端解决专家组成员，国际投资争端解决中心(ICSID)仲裁员，中国政法大学国际法学院兼职教授、博士生导师，北京张玉卿律师事务所主任。

［**内容提要**］本书精选了WTO成立以来所处理的几十个较为典型的争端案例，基本涵盖了WTO的各有关协议内容，具体包括：WTO基本原则、数量限制、保障措施、关税减让、与贸易有关的投资措施、与贸易有关的知识产权、服务贸易、司法审查、政府采购、贸易政策评审、争端解决机制、反倾销、反补贴、技术性贸易壁垒等方面的案例。

49. 赵利平．中国特色自由贸易港研究．杭州：浙江人民出版社，2018

［**作者简介**］浙江省舟山市委某机关，浙江海洋大学客座教授、浙江大学海洋学院校外研究生导师。

［**内容提要**］本书共分十三章，包括国际自由贸易港的借鉴启示、中国设立自由贸易港的历程、探索建设中国自由贸易港链、中国自由贸易港链的空间布局、浙江（舟山）自由贸易港的总体设想等，阐述了以中国（浙江）自由贸易试验区和舟山群岛新区为基础建设自由贸易港的指导思想、发展模式、基本原则、功能定位和主要任务。

50. 中国WTO/TBT国家通报咨询中心，中国WTO/SPS国家通报咨询中心．中国技术性贸易措施年度报告（2018）．北京：中国质检出版社．2018

［**作者简介**］中华人民共和国WTO/TBT国家通报咨询中心，中华人民共和国WTO/SPS国家通

报咨询中心。

［内容提要］本书共四章，内容包括：中国技术性贸易措施、国外技术性贸易措施、国外技术性贸易措施对中国出口影响情况调查报告、应对国外技术性贸易措施情况。

51. 中国 WTO/TBT 国家通报咨询中心，中国 WTO/SPS 国家通报咨询中心．国外技术性贸易措施对中国重点产品出口影响研究报告（2018）．北京：中国质检出版社．2018

［作者简介］中华人民共和国 WTO/TBT 国家通报咨询中心，中华人民共和国 WTO/SPS 国家通报咨询中心。

［内容提要］本书对汽车、医疗器械产品、蔬菜制品、通信设备四个重点产品受国外技术性贸易措施影响程度，分别对受国外技术性贸易措施影响的企业、直接损失额、占同期该类产品出口额的比例、新增成本以及占同期该类产品出口额的比例等做了分析。客观反映国外技术性贸易措施现状，为政府、进出口企业及相关各方提供参考。

52. 中国 WTO/TBT 国家通报咨询中心，中国 WTO/SPS 国家通报咨询中心．主要贸易伙伴技术性贸易措施研究报告（2018）．北京：中国质检出版社．2018

［作者简介］中华人民共和国 WTO/TBT 国家通报咨询中心，中华人民共和国 WTO/SPS 国家通报咨询中心。

［内容提要］本书依据目前连续开展的技术性贸易措施影响调查，结合中国的贸易量和技术性贸易措施对中国影响的程度，选取了欧盟、美国、东盟（包括马来西亚、印度尼西亚、越南、泰国、菲律宾、新加坡）、日本、韩国、印度、俄罗斯、澳大利亚、巴西、加拿大、南非、新西兰、埃及、南美国家、海湾国家作为研究对象。

53. 中华人民共和国国务院新闻办公室．中国与世界贸易组织．北京：人民出版社．2018

［作者简介］中华人民共和国国务院新闻办公室。

［内容提要］本书共四部分内容，主要包括：中国切实履行加入世贸组织承诺、中国坚定支持多边贸易体制、中国加入世贸组织后对世界作出重要贡献、中国积极推动更高水平对外开放。

54. 中华人民共和国国务院新闻办公室．关于中美经贸摩擦的事实与中方立场．北京：人民出版社．2018

［作者简介］中华人民共和国国务院新闻办公室。

［内容提要］本书共包括六个部分，分别是中美经贸合作互利共赢、中美经贸关系的事实、美国政府的贸易保护主义行为、美国政府的贸易霸凌主义行为、美国政府不当做法对世界经济发展的危害、中国的立场。

55.《中国贸易便利化年度报告》编撰编委会．中国贸易便利化年度报告（2017）．北京：中国商务出版社．2018

［作者简介］《中国贸易便利化年度报告》编撰编委会。

［内容提要］本书是参考 WTO 推荐的自我测评方法和世界海关组织（WCO）成员海关的实施情况，以独立第三方视角编撰的。具体内容是根据 WTO《贸易便利化协定》每一项条文，作出解读，并对照中国各部门的政策措施，作出评估。通过科学评估，找出问题和差距的根源并根据我们实际情况提出建议，希望有关方面采取相应的措施，切实有效地提高贸易便利化水平。

56. 中国贸促会商事认证中心，中国贸促会驻韩国代表处．中韩 FTA 企业服务指南．北京：中国财政经济出版社．2018

［作者简介］中国贸促会商事认证中心，中国贸促会驻韩国代表处。

［内容提要］本书共分十章，内容包括：中国自由贸易区战略、中韩 FTA 概况、货物贸易领域商机与规则解读、服务贸易与投资领域的商机与规则解读、《中韩自贸协定》原产地规则、中韩 FTA 优惠原产地证书的管理与操作等。

57. 钟祥喜，刘金香．世界贸易组织与 GATS 下的审慎例外条款．北京：中国商务出版社．2018

［作者简介］南昌大学。

［内容提要］本书主要介绍世界贸易组织的法律制度及 GATS 下的审慎例外条款。包括：世界贸易组织的历史、原则、协议及例外，世界贸易组织与关贸总协定的区别与联系等。

58. 钟付和．多边贸易体制扩展秩序论．上海：上海人民出版社．2018

［作者简介］华侨大学法学院副教授，硕士生导师。

［内容提要］本书试图探讨多边贸易体制在扩展过程中，影响其功能发挥的结构性原因，揭示世贸组织规则与制度演进之理据，探究观念在秩序生成中的作用，以期为多哈回合困局的破解提供一个解释框架。

59. 周宇．探寻全球经济治理新格局．北京：社会科学文献出版社．2018

［作者简介］外交部参赞，党的十九大代表，金融学博士，经济学博士后。

［内容提要］国家金融与发展实验室，本书按照历史顺序，讨论了第二次世界大战结束以来，布雷顿森林体系以及“后布雷顿森体系”下全球经济发展及各国间经济合作面临的问题，列示了解决这些问题的主要国际安排，以及由此引发的全球失衡长期化趋势，从而得出了建立新的全球经济治理体系具有紧迫性的结论。

60. 周琪，等．“再平衡”战略下美国亚太战略的目标与手段．北京：中国社会科学出版社．2018

［作者简介］中国社会科学院美国研究所政治室主任。

［内容提要］本书考察了“再平衡”战略形成的内外因素、实施效果和所遇到的挑战，以及对中国周边外交环境和中美关系的影响；全面分析了奥巴马政府实施“再平衡”战略的重要手段：加强同传统盟国的关系，建立与亚洲新兴国家的新伙伴关系，在多边机构框架下增加对东盟事务的参与，以及推动《跨太平洋伙伴关系协定》(TPP) 的签署，将其作为“再平衡”战略经济方面的支持。

61. 朱榄叶．世界贸易组织法经典案例选编．北京：北京大学出版社．2018

［作者简介］华东政法大学教授。

［内容提要］本书根据 WTO 诸协定及其在争端解决机制涉及案件的相对数选取 34 个经典案例，涉及基本法律原则、与中国有关的争端案例、国际上争论较大的裁决案例等，按照报告中主要分析的问题进行归类，同时保留了对其他问题的分析和结论，并按协定的规定编排。

● 学术论文

➢ 中国与世界贸易组织

1. 霸权衰退、公共品供给与全球经济治理．程永林，黄亮雄．世界经济与政治．2018

［作者简介］广东外语外贸大学广东国际战略研究院，复旦大学经济学院，华南理工大学经济与贸易学院。

［内容提要］现有全球经济治理体系中的美国霸权是否必然会衰退？美国可能会作出哪些策略选择？中国等新兴大国又该如何认知与应对？回答上述问题的现有研究成果侧重于描述性的定性分析和经验性的对策研究，这导致在分析霸权与全球经济治理的本质联系和影响机理、理解治理目标与大国的策略选择上的解释力和逻辑性不足。作者基于霸权收益与公共品供给均存在预算软约束等现实，通过建立和运用博弈论模型深入探讨了霸权与全球经济治理之间的内在关系、影响机制与应对之道。研究证实：第一，霸权国相对实力越强大，越能以更低的成本获得霸权收益，实现国家利益的最大化。第二，霸权国相对实力越强，越倾向于不断索取剩余效用，不劳而获的偏好越强烈。第三，霸权国必将陷入公共品供给困境，效用衰减和霸权衰退难以避免，霸权国只有与其他大国合作提供公共品才能维护全球经济治理体系的稳定。作者建立了从公共品的供需角度分析霸权与全球经济治理之间互动机制与内在约束的理论分析框架，为解释美国的霸权政策选择和提出中国的策略应对提供了新的研究视野和分析工具，并给出了相应的博弈策略与政策建议。

2. 以多边贸易体制建设促进国家治理能力提升．苏庆义．国家治理，2018

［作者简介］中国社会科学院世界经济与政治研究所国际贸易研究室。

［内容提要］国家治理和全球治理密不可分、相互影响，多边贸易体制作为全球经济治理的重要内容，中国是其坚定的维护者。在参与多边贸易体制建设的过程中，中国将提升国家治理能力和参与全球治理的能力，并坚定维护国家利益。多边贸易体制建设将和国家治理能力提升相互促进。

3. 改革开放 40 年：中国与多边贸易体制关系的演变．屠新泉，娄承蓉．东南学术．2018

［作者简介］对外经济贸易大学中国 WTO 研究院。

［内容提要］中国的改革开放与参与多边贸易体制相辅相成。本文回顾了 1978 年以来，中国的改革开放与世界贸易组织 (WTO) 的双向互动过程，通过对 WTO 影响中国改革开放的过程以及处于不同改革开放阶段的中国在 WTO 中的角色演变两个视角的分析，指出 WTO 与中国的改革开放进程交互影响：一方面，WTO 通过对中国改革开放的指引与倒逼作用影响中国，中国社会主义市场经济体制渐进完善，贸易自由化水平不断提高；另一方面，中国在改革开放效应释放的过程中渐进影响 WTO。在 WTO 体制的发展过程中，中国因处于不同的改革开放阶段经历了一系列的角色演变。随着中国深化改革开放的推进，中国将在多边贸易体制的未来发展中发挥更大作用。

4. 中美贸易争端中单边主义措施的多边主义应对．李贤森．现代管理科学，2018

［作者简介］中国人民大学法学院。

［内容提要］中美贸易争端对国际经济的持续稳定发展造成了巨大影响。中美贸易争端，本质上是单边主义与多边主义之争，保护主义与自由贸易之争。在国际贸易中，美国一贯坚持"美国优先"的单边主义措施，严重挑衅了以世界贸易组织为代

表的多边贸易体制的权威性。针对美国单边发起的贸易保护措施，中国采取了一系列符合多边主义精神的应对措施，有效维护了国家核心利益并树立了良好的国际形象。中国应当坚持合理的，修正不当的，创造新型的多边国际机制，开创对外开放新格局，促使美国重回多边主义行动框架内，推动经济全球化健康发展。

5. 世界贸易体系的碎片化与中国的对策 . 林奇漫 . 法制博览，2018

［作者简介］北京师范大学。

［内容提要］世界贸易体系的碎片化是国际法碎片化的具体表现之一。区域贸易协定是全球化向深度和广度发展的必然产物，因此虽然其对多边贸易体系产生了巨大冲击，其发展依然是势不可挡的。为协调世界贸易体系中的不同规则，一些应对碎片化的措施已经应运而生，但随着诸如巨型自由贸易协定、绕开现有贸易规则体系的大国贸易战等新问题进一步产生，各国还须要对这些措施进行调整。作为世界贸易规则的后来者和多边贸易体系的受益者，中国一方面要支持多边贸易体制的存续，另一方面还应积极寻找区域贸易合作发展的新通路。

6. 中国参与国际多边和区域合作的成功经验 . 霍建国 . 全球化，2018

［作者简介］中国世贸组织研究会。

［内容提要］中国改革开放 40 年所取得的伟大成就同中国不断深度参与国际多边和区域合作的历程是分不开的。早在 20 世纪 80 年代初中国就恢复了同世界银行和国际货币基金组织的联系和往来，世界银行的有关代表曾多次访华并同中国高层领导和经济主管部门的负责人频繁沟通，探讨中国改革开放的方法和路径，对推动中国早期的改革开放进程发挥了积极的影响。中国加入世贸组织 15 年漫长的谈判以及加入世贸组织后在国际多边贸易体制下的优异表现，形成了开放促改革、改革促开放成功发展的重要经验。

7. 入世在中国改革开放中的意义、作用与维护 . 薛荣久 . 国际贸易问题，2018

［作者简介］对外经济贸易大学，中国 WTO 研究会。

［内容提要］本文为纪念中国改革开放四十周年而作。2001 年中国成为世界贸易组织 (WTO) 成员，开始全面融入世界经济体系，在中国改革开放进程中居于承前启后的地位。入世后，中国利用经济全球化机遇，推动深化改革，社会主义经济体制不断完善，取得了诸多进步。中国贸易、经济、社会、人文等发生巨大变化，综合国力提升，成为参与全球经济治理的重要力量。与此同时，中国也面临国外和国内的压力与挑战。为此，中国应正确评价入世在中国改革开放中发挥的巨大作用，加强对多边贸易体制的支持和改革，维护和加强 WTO 在中国改革开放中的地位和作用，在实现伟大复兴梦和构建人类命运共同体的壮举中作出贡献。

8. WTO 改革进程中中国的原则与立场 . 张建平，韩珠萍 . WTO 经济导刊，2018

［作者简介］商务部国际贸易经济合作研究院。

［内容提要］在世贸组织改革的过程中，无论发达国家提出怎样的分类标准，中国都要坚持最大的发展中国家的身份，并团结广大的发展中国家，积极参与新的世界贸易组织规则的制定，推动构建更加公正、合理、健康、稳定的世界经济新秩序。

9. 以开放促改革：中国与多边贸易体制 40 年 . 屠新泉 . 人民论坛•学术前沿，2018

［作者简介］对外经济贸易大学中国 WTO 研究院。

［内容提要］参与以世界贸易组织 (WTO) 为代表的多边贸易体制与中国的改革开放过程相辅相成。通过对 1978 年以来中国改革开放历程的回顾发现，得益于与 WTO 的密切联系，中国的社会主义市场经济体制在改革与开放的双向互动中不断丰富和完善。以与 WTO 的关系为主线，中国的对外开放进程可划分为三个阶段：一是入世前，以复关 / 入世谈判推动开放，重点在于为适应复关 / 入世谈判要求，在对外经贸工作中按国际规则办事；二是入世后，以开放推动改革，以 WTO 体制引领中国经济的市场化改革为特征；三是后入世时代，开放也是改革，表现为以边境后措施为中心的全球经济治理体系要求改革开放向改革与开放互融并举的形态过渡。

10. 中国与全球经济治理：从规则接受者到规则参与者 . 盛斌，高疆 . 南开学报，2018

［作者简介］南开大学经济学院，上海社科院

世界经济研究所。

［**内容提要**］中国通过自主性的改革开放与加入 WTO 进程逐步融入全球多边贸易体制，并实现市场化改革的宏大转型。随着新兴经济体的崛起与壮大，国际经贸格局和环境发生深刻变化，以发达国家为主导的传统全球经贸规则亟待新的变革。在这种背景下，自 2013 年以来，中国利用 G20、APEC、区域贸易协定、“一带一路”倡议以及新型金融机构等平台积极参与全球经贸新规则的制定，开创了中国在全球经济治理中角色的历史性转变。在未来，中国引领的全球经济治理改革应坚持发展导向，构建互利共赢的伙伴关系，探索多元化机制和保持灵活度，并充分借鉴过去四十年改革开放所取得的丰富经验和成功模式，在短期内可选择以与贸易有关的基础设施建设、投资、电子商务、中小企业议题为优先突破口。

11. 从融入到推动：中国应对全球化的战略转变——纪念改革开放 40 周年．张二震，李远本，戴翔．国际贸易问题，2018

［**作者简介**］南京大学国际经济研究所，南京大学经济学院，南京审计大学经济学院。

［**内容提要**］以要素流动为本质特征的新一轮经济全球化，更加有利于条件具备、战略得当的发展中国家。改革开放以来，中国抓住了全球化带来的机遇，积极融入全球化，取得了经济发展的巨大成就，世界经济格局发生了转折性变化。发达经济体逆全球化思潮泛滥，纷纷转向保护主义，以中国为代表的发展中国家倡导自由贸易和建立开放型的世界经济。从融入全球化到推动全球化，中国实现了应对全球化的战略转变。中国在全球经济治理变革中，越来越发挥着引领和推动作用。中国也将在不断扩大对外开放中开创开放发展新局面。

12. 创新完善我国全方位开放格局．毕吉耀，李慰．中国特色社会主义研究，2018

［**作者简介**］中国宏观经济研究院。

［**内容提要**］开放是国家繁荣发展的必由之路。面对发展环境变化和阶段转换，党的十九大报告提出“推动形成全面开放新格局”，既包括开放范围扩大、层次加深、领域拓宽，也包括开放方式创新、质量提升、布局优化。未来，我国必须坚持新发展理念，紧紧围绕供给侧结构性改革主线，站在统筹国际国内两个大局的高度，实行更加积极主动的开放战略，坚持以开放促改革促发展，着力构建全方位主动对外开放新格局，着力推动对外贸易多元平衡发展，着力培育参与国际合作竞争新优势，着力统筹开展对外经济合作，着力加快开放型经济新体制建设，着力增强参与引导全球经济治理能力，完善互利共赢、多元平衡、安全高效的开放型经济体系，以开放的主动赢得发展的主动、国际竞争的主动，为实现“两个一百年”奋斗目标和中华民族伟大复兴的中国梦作出新贡献，为构建人类命运共同体作出新贡献。

13. 中美贸易战中的国际法．杨国华．武大国际法评论，2018

［**作者简介**］清华大学法学院，中国法学会世界贸易组织法研究会。

［**内容提要**］在 2018 年 3 月至 4 月间爆发的中美贸易战中，双方已经对价值数十亿美元的进口产品加征关税，并且准备进一步针对数百亿、上千亿美元的产品采取措施。贸易战的起因是美国贸易法“232 调查”（钢铁和铝进口对国家安全的影响）和“301 调查”（中国技术转让、知识产权和创新的立法、政策和做法），但是涉及众多 WTO 规则，并且双方已在 WTO 互诉。在这场贸易战中，相关 WTO 规则有待澄清，国际法基本原则也有待论证。贸易战彰显了国际法的重要性，但是国际法也要不断发展以适应社会发展的需要。

14.“逆全球化”及其新发展对国际经贸的影响与中国策略研究．董琴．经济学家，2018

［**作者简介**］辽宁大学经济学院。

［**内容提要**］发达经济体“逆全球化”思潮泛滥且不断演化，中美经贸摩擦日趋激烈，特朗普全球“零关税”政策逐渐浮出水面。中美经贸摩擦及特朗普全球“零关税”政策看似冲突，实则是“美国优先”的真正体现，意为打击新兴经济体尤其中国经济及其产业发展，重新形成以美国为核心的国际经贸新秩序，是“逆全球化”的新表现，对国际经贸发展产生了深远的影响。从长期看，进一步扩大对外开放是“逆全球化”不断发展下中国的正确选择，中国需要在进一步扩大对外开放整体规划、加强区域合作、深化供给侧结构性改革、完善知识产权制度等方面作出新设计。

15. 贸易政策不确定性与企业储蓄行为——基于中国加入 WTO 的准自然实验．毛其淋，许家云．管理世界，2018

［作者简介］南开大学经济学院国际经济研究所跨国公司研究中心中国特色社会主义经济建设协同创新中心，南开大学 APEC 研究中心中国特色社会主义经济建设协同创新中心。

［内容提要］本文以中国加入 WTO 后获得美国授予的永久正常贸易关系 (PNTR) 作为准自然实验，采用倍差法系统考察了贸易政策不确定性对企业储蓄行为的影响效应。本文发现，贸易政策不确定性下降显著降低了企业储蓄率，该效应在中国入世之后逐步增强。进一步的影响渠道检验表明，贸易政策不确定性下降对企业工业增加值的提升效应明显大于对利润总额的影响；此外，贸易政策不确定性下降激励了企业加大新产品研发力度、增加中间投入品进口以及缓解企业融资约束，进而降低了企业储蓄率。本文还发现，贸易政策不确定性下降的储蓄率效应与企业所有制、贸易方式等特征有关；另外我们也得到了贸易政策不确定性通过产业关联途径影响企业储蓄率的证据，发现贸易政策不确定性下降通过“下游关联渠道”降低了企业储蓄率，而“上游关联渠道”的作用不明显。本文从贸易政策变动的视角为理解近年来中国企业储蓄率的动态变化提供了新的解释，也丰富了评估贸易政策不确定性经济效果的相关研究。

16. 全球价值链扩展与多边贸易体制的变革．管传靖．外交评论（外交学院学报），2018

［作者简介］清华大学经济学研究所。

［内容提要］全球价值链的快速发展要求高质量的多边贸易规则，但是 20 世纪 90 年代以来多边贸易规则持续停滞，2016 年以来民粹主义浪潮冲击了美欧等主要发达大国，更增加了国际经济政策协调的难度。既有的功能需求论、激励变化论与深度依存论都难以充分揭示全球价值链与多边贸易规则发展不匹配的根源。全球价值链是资本的生产组织和空间分布统一体，它提升了资本要素相对于劳动要素的议价权，打破了国际经济秩序所依赖的政治和社会基础，即国际经济谈判中利益互惠的政治契约和调节经济开放对国内不同群体利益冲击的社会契约。互惠主义的弱化导致多边贸易谈判路径之争加剧，社会契约的衰落冲击了自由贸易规范。美欧主导的高标准贸易协定谈判和不断高涨的贸易保护主义等新挑战表明，新兴大国引领经济全球化发展和维护多边贸易秩序需要适时地调整战略思路，在国际层面从“扩张市场”转变为“创造市场”以带动共同发展，在国内层面更加注重调节财富分配和培育消费能力，以增强在国际贸易秩序变革中的国际市场权力和国内适应能力。

17. 中国开放型经济面临的挑战与创新．施建军，夏传信，赵青霞，卢林．管理世界，2018

［作者简介］对外经济贸易大学商学院，北京大学光华管理学院，对外经济贸易大学大数据与风险管理研究中心，对外经济贸易大学统计学院，对外经济贸易大学教育与开放经济研究中心。

［内容提要］改革开放 40 年来，我国经济发展进入了新的阶段。随着供给侧结构性改革的深入，我国经济发展和改革取得了新成效，开放型经济新体制逐步健全，在全球经济格局中扮演的角色越来越重要。在参与和推动经济全球化进程中，如何在多边贸易体制下发展更高层次的开放型经济，实现习近平总书记提出的“五通”，需要在借鉴成功的国际开放型经济体经验的基础上，结合中国实际，延展开放布局、创新开放路径、整合开放资源，有层次有步骤地创新开放格局。

18. 当前多边贸易体制面临的困境与应对之策．崔绍忠．国家治理，2018

［作者简介］外交学院国际经济学院。

［内容提要］多边贸易体制是以世界贸易组织为核心的贸易体制，最大目的是使贸易尽可能自由流动。当前，多边贸易体制正在遭遇前所未有的挑战。在这种情况下，如何维护多边贸易体制、积极推动多边贸易谈判进程？对这一问题的回答直接影响一国在多边贸易体制上的资源分配，也影响国际社会对于继续推动达成多边协定的信心和动力，因而这是国际经济秩序构建中需要明确回答的重要问题。

19. 论世界贸易与投资组织的构建．杨国华．武大国际法评论，2018

［作者简介］武大国际法评论。

［内容提要］WTO 成立二十年来取得了很大成就，但是在推动新回合谈判，特别是在国际贸易新领域制定新规则方面却举步维艰。全球化的快速

发展，要求 WTO 提升贸易规则水平，同时致力于统一投资规则。在此方面，TPP 规则以其先进性和代表性提供了有益的借鉴。WTO 成员可以考虑以 TPP 文本为基础，制定贸易和投资规则融合的规则体系，并进而将 WTO 升级为“世界贸易与投资组织”，而在此过程中，中国可以发挥更加积极的作用。

20. 论贸易政策不确定性会增加企业就业人数吗——来自中国加入 WTO 的企业微观数据 . 陈虹，徐阳 . 宏观经济研究，2018

［作者简介］武汉大学经济与管理学院。

［内容提要］本文基于 Feenstra、Romalis 和 Schott(2002) 整理的美国进口关税数据，以及 2000—2006 年中国工业企业库及中国海关贸易数据库，以中国 2001 年加入 WTO 为准自然实验，运用倍差法考察贸易政策不确定性对中国企业就业人数的影响。研究发现：(1) 贸易政策不确定性的下降显著增加了企业就业人数；(2) 产品范围扩大是贸易政策不确定性下降促进企业就业人数增加的可能渠道；(3) 高企业出口国内附加值强化了贸易政策不确定性对企业就业人数的影响；(4) 贸易政策不确定性对企业就业人数的影响存在异质性。

➢多边贸易体制与新议题

1. 数字经济的内涵、挑战及对策分析 . 康伟，姜宝 . 电子科技大学学报，2018

［作者简介］哈尔滨工程大学。

［内容提要］改革开放四十年，中国经济从农业经济飞速发展到工业经济，进而步入数字经济时代，在全球数字经济发展的浪潮下，中国如何依托数字经济的发展，实现经济高质量增长，值得我们认真思考和研究。数字经济是指以使用数字化的知识和信息作为关键生产要素、以现代信息网络作为重要载体、以信息通信技术的有效使用作为效率提升和经济结构优化的重要推动力的一系列经济活动，具有万物互联化、知识智能化、数据要素化、财富虚拟化的特点。通过分析以美国为代表的世界最发达经济体，以及国内以广东、浙江、贵州为代表的经济发达、欠发达地区数字经济发展现状，总结分析其特点。提出我国数字经济发展面临着核心技术创新能力挑战、企业管理模式挑战、政府治理能力挑战、实体经济数字化转型挑战。进而提出我国应进一步增强危机意识、机遇意识，建设数字政府，突破核心技术，推动数据资源开放应用，促进共享和平台经济发展，实现实体经济数字化转型的对策建议。

2. 竞争中立的规则及其引入 . 刘笋，许皓 . 政法论丛，2018

［作者简介］中南财经政法大学法学院。

［内容提要］竞争中立规则的提出旨在为国有企业和私营企业创造一个公平的竞争环境，减少市场经济的低效率。澳大利亚竞争中立的法律化实践，CPTPP 协议的竞争中立规则和 OECD 制定的竞争中立规则都表明：竞争中立规则已经具有明显的法律化趋势。竞争中立规则的直接规范对象就是国有企业，使私营企业和国有企业的竞争处于一个公平的环境当中。中国引入竞争中立规则后的应对，应当倒逼国内改革，向国际规则靠拢；引入竞争影响评估机制；完善我国《反垄断法》规制行政性垄断的规定；建立完善的法律体系，加强市场监管；以“一带一路”倡议，加快构建多边贸易合作体系。要对竞争中立规则细节和发展走向进行技术层面和战略层面的研究，了解清楚利与弊、危与机，提前做好调整和布局。

3. 全球价值链视角下的关税有效保护率——兼评美国加征关税的影响 . 段玉婉，刘丹阳，倪红福 . 中国工业经济，2018

［作者简介］中央财经大学国际经济与贸易学院，中国社会科学院经济研究所。

［内容提要］在全球价值链不断深入的背景下，一国产品的生产过程被分割为分布于不同国家的不同生产阶段，导致中间产品在国家间多次跨越边境，进而使关税等贸易成本也沿产品的生产链条不断叠加和放大。关税一方面保护了进口产品的国内生产厂商，另一方面上游行业关税上升又将提高国内下游生产厂商的生产成本。为此，本文提出在全球价值链背景下关税有效保护率 (ERP) 的一个崭新的测度方法，并利用世界投入产出表与双边关税数据测算了 1996—2011 年 64 个国家和地区 33 个行业的关税有效保护率。研究发现：(1) 与发展中国家相比，发达国家关税有效保护率较低；(2) 自 1996 年以来，世界大部分国家或地区的关税有效保

护率都有所下降；(3) 从行业水平看，在现有关税水平下，货物行业均受到不同程度的保护，而服务行业未得到保护反而受损。最后，本文也测算了特朗普关税政策对关税有效保护率的影响，结果发现美国加征关税对美国国内产业的有效保护程度作用有限。

4. IUU 渔业补贴谈判困局及其对策．陈盼盼．边界与海洋研究，2018

［**作者简介**］武汉大学中国边界与海洋研究院。

［**内容提要**］自 WTO 渔业补贴谈判以来，由于渔业方面的差异和 IUU 补贴本身的复杂性，各成员方尚未形成一致意见。此种状况与渔业资源的日趋恶化，形成相互矛盾的局面。为维持本国经济发展，各成员方竞相提供补贴，造成渔业资源的养管面临严峻阻碍。这种状况之所以存在，既有渔业资源养管特殊性的制约，也有国家间利益诉求的差异。未来，IUU 渔业补贴谈判应坚实渔业资源养管与开发利用并重的共识，明确 WTO 职责范围及国家权利边界，切实推进渔业资源的可持续发展。

5. 投资便利化：发展趋势与中国角色．田丰．中国外资，2018

［**作者简介**］中国社会科学院世界经济与政治研究所。

［**内容提要**］"投资便利化"中国方案的重要意义在于，打破了世贸组织十余年来一直未能讨论投资议题的禁锢，朝着制定国际多边投资规则的目标迈出了重要一步，充分展现了大国风范与责任担当。中国吸收外资正处在转型升级的关键阶段。有效的投资便利化是成功吸引外资的关键因素之一。中国未来将致力于营造更加公平、透明、便利的外商投资环境，推动形成利用外资的新亮点和新引擎。

6. 积极稳妥地推动 WTO 投资便利化框架．张磊．WTO 经济导刊，2018

［**作者简介**］上海对外经贸大学贸易谈判学院，上海对外经贸大学世贸组织讲席（中国）研究院，上海高校智库国际经贸治理与中国改革开放联合研究中心。

［**内容提要**］当前，国际投资体制处于零散状态，大致上存在着超过 3300 个双边投资条约，因此 WTO 是当前进行国际投资便利化谈判的最佳平台。在 WTO 框架内展开投资便利化谈判具有重要意义，我国宜积极稳妥地推动 WTO 框架下投资便利化协定的谈判。

7. 亚太区域经济一体化与贸易投资自由化．刘晨阳．国家治理，2018

［**作者简介**］南开大学亚太经济合作组织 (APEC) 研究中心，中国太平洋经济合作全国委员会，中国亚太学会。

［**内容提要**］当前，世界经济的总体趋势向好，但国际金融危机的深层次影响仍未消除，一系列不确定因素依然存在。受全球经济环境的影响，主要新兴经济体的经济增速有所放缓。与此同时，在政治、经济、社会和文化等多种复杂因素的驱动下，一些国家和地区出现了"逆全球化"的论调和基于保守主义的对外经济政策，贸易保护主义在全球范围内有所抬头。无论是从全球经济治理的层面，还是从我国在新形势下开展国际经贸合作的战略导向而言，推进高水平的贸易和投资自由化都具有非常重要的意义。在这一方面，亚太区域经济一体化合作可以成为推动区域和多边贸易投资自由化的有效平台，是我国应充分利用的重要战略抓手。

8.“一带一路”背景下中国—东盟投资便利化水平测度．陈瑶雯，莫敏，范祚军．统计与决策，2018

［**作者简介**］广西大学商学院，广西大学国际学院。

［**内容提要**］文章基于“一带一路”的政策背景，对近年来中国与东盟国家双向投资及其便利化现状进行深入研究，通过构建投资便利化指标评价体系，运用主成分分析方法测算 2011—2015 年中国与东盟十国的投资便利化水平。结果表明：各研究对象的投资便利化水平存在较大差异，新加坡、马来西亚的投资便利化程度较高，中国、泰国、印度尼西亚、文莱与菲律宾的投资便利化程度一般，越南、老挝、柬埔寨与缅甸的投资便利化程度偏低。

9. 中国自贸试验区贸易投资便利化指标体系构建．王江，吴莉．统计与决策，2018

［**作者简介**］北京工业大学经济与管理学院，北京现代制造业发展研究基地。

［**内容提要**］“一带一路”倡议的提出为中国自

贸试验区的制度创新探索提供了新的契机，在“贸易畅通”和“资金融通”的合作重点下将进一步推动我国贸易投资便利化水平。文章通过对中国自贸区贸易投资便利化现状进行分析发现，以上海自贸试验区为代表的四大自贸试验区的丰硕成果充分体现出在推动新一轮改革开放过程中建立自贸试验区的必要性。为对我国自贸试验区贸易投资便利化发展进行量化分析，构建了自贸试验区贸易投资便利化指标体系，并提出进一步推动自贸试验区贸易投资便利化进程的政策建议。

10. 贸易投资便利化对“一带一路”沿线国家双边贸易额的影响．喻胜华，聂早暖．湖南财政经济学院学报，2018

［**作者简介**］湖南大学经济与贸易学院。

［**内容提要**］通过构建测算贸易投资便利化的指标体系，运用因子分析方法测算“一带一路”沿线46个国家2010—2016年的贸易投资便利化水平，并基于分位数回归模型研究其对“一带一路”沿线国家双边贸易额的影响，结果表明：“一带一路”沿线国家的贸易投资便利化水平差异显著，东欧、南欧和东南亚是贸易投资便利化有待改善的重点区域；贸易投资便利化对“一带一路”沿线国家的双边贸易额有显著的正向影响。为促进丝绸之路经济带核心区的建设，“一带一路”沿线国家应积极加入区域经济一体化组织，不断加强与区域内国家的交流与合作，全面提升贸易投资便利化水平。

11. WTO贸易政策审议机制中的环境议题．赵嘉，张彬．环境与可持续发展，2018

［**作者简介**］生态环境部环境与经济政策研究中心。

［**内容提要**］贸易政策审议是与谈判、争端解决并列的世界贸易组织(WTO)三大基本功能之一，在保障WTO多边贸易体制正常运营方面发挥了重要的监督作用。环境措施能够通过生产、运输等环节影响贸易，因此各成员实施的与贸易相关的环境措施在贸易政策审议中日渐受到重视。中国已开始利用贸易政策审议机制表达对其他成员与贸易相关环境措施的关注，同时在被审议过程中积极向其他成员阐释我相关措施，增信释疑。本文梳理分析了WTO贸易政策审议环境议题的发展特征、中国审议其他成员时提出的环境议题主要关注领域以及被审议时其他成员向我提出的主要关注。为进一步加强相关工作，提出如下政策建议：一是加大WTO贸易政策审议环境议题工作的参与度，特别是全程参与对华贸易政策审议工作；二是开展能力建设，进一步熟悉贸易政策审议工作流程、语言，有效利用该机制，讲好中国生态环保故事；三是推动企业参与贸易政策审议环境议题工作。

12. 数字贸易规则“欧式模板”的典型特征及发展趋向．周念利，陈寰琦．国际经贸探索，2018

［**作者简介**］对外经济贸易大学中国WTO研究院。

［**内容提要**］近十多年来，欧盟的数字贸易规则从“软性语言”逐步过渡为“进攻性条款”。它在与数字贸易相关的区域贸易协定中不断引进新的“语言”，但和数字贸易规则“美式模板”相比仍有疏漏。同时，欧盟区别不同的缔约方作出灵活多变的承诺，但在“隐私保护”和“视听例外”上立场始终如一。文章在提炼数字贸易规则“欧式模板”特征的基础上，围绕其三大争议点“跨境数据自由流动”“知识产权保护”和“视听例外”进行深入研究，并对其未来的演变趋势进行研判。

13. 国际经贸规则与中国国有企业改革．田野．人民论坛•学术前沿，2018

［**作者简介**］中国人民大学国际关系学院。

［**内容提要**］随着中国深度融入全球经济，国际经贸规则对中国国内制度变迁产生了显著的影响。21世纪初中国政府对WTO的相关承诺就以硬化预算约束的方式推动了国有企业的改革。近年来国有企业与非国有企业之间的公平竞争问题成为中国经济面临的重要课题，也成为西方发达国家重塑国际经贸规则的重要诱因。作为OECD倡导的软法，“竞争中性”原则可以进一步硬化对国有企业的预算约束。鉴于“竞争中性”从软法转化为具有约束力的多边规则尚需时日，中国在有关国际制度的重构或创设中可以稳步提出“竞争中性”的中国方案。

14. 国有企业规则在区域贸易谈判平台中的新发展与中国对策．王秋雯．国际贸易，2018

［**作者简介**］华东政法大学中国法治战略研究中心。

［**内容提要**］国际贸易法律体系自构建伊始就

关注国有企业的贸易限制问题。以WTO为平台的多边贸易法律框架，通过构建国营贸易企业规则和政府补贴规则来防止因国有企业的存在而减损缔约方承诺的市场开放义务与非歧视待遇。

15. 国外地理标志保护的两大制度模式及国际发展．王笑冰．中华商标，2018

［**作者简介**］山东大学法学院。

［**内容提要**］以欧盟为代表的旧世界采用专门法保护，和以美国作为新世界的主要代表的以商标法保护地理标志，构成当今世界地理标志保护的两种基本模式。大多数国家并未单一采用专门法或商标法模式，而是多种方式并用，但以其中一种为主。

16. 区域贸易协定中的竞争章节研究．闻韬．法学论坛，2018

［**作者简介**］北京大学法学院。

［**内容提要**］经济全球化、贸易自由化背景下，市场和竞争愈发国际化，企业的限制性商业做法和违反竞争行为随之增多且出现跨国特征，此时如果缺乏一个有效的国际协调法律框架，这些反竞争行为势必会损害市场效率，不利于全球经济的长远发展。20世纪末21世纪初，关于竞争政策的议题曾进入WTO框架讨论，最终以失败告终。近年来，各国纷纷转而通过区域贸易协定实现区域内的竞争政策合作，并取得了一定成果。通过对区域贸易协定中竞争章节的内容规定、实践运用、现有缺陷的研究不仅有利于加强区域内竞争政策协调机制的构建，同时对我国开展竞争政策的区域合作有较强的现实意义。

17. 特朗普任内中美关于数字贸易治理的主要分歧研究．周念利，陈寰琦，王涛．世界经济研究，2018

［**作者简介**］对外经济贸易大学中国WTO研究院。

［**内容提要**］特朗普对贸易及贸易协定持敌视态度，对通信技术创新的作用未充分重视。特朗普上台后便宣布美国退出TPP，这标志着美国的全球领导力在多极化地理政治竞争中的弱化甚至结束。特朗普政府更偏好于双边贸易谈判，这与互联网及数据流动的全球属性存在本质冲突。但另一方面，在NAFTA2.0谈判中数字贸易规则“美式模板”呈现出“深化”及“扩展”倾向，近期特朗普政府还务实地基于WTO平台努力推进符合美国诉求的数字贸易规则的多边化。结合中美在数字贸易治理理念和实践上的差异，认为特朗普任内中美有关数字贸易治理的矛盾分歧主要会围绕“网络审查和跨境访问限制”“数据存储强制本地化要求”“数字知识产权保护”“加密限制”“数字服务部门外资准入限制”等问题展开，中国政府有必要努力实现与数字贸易规则“美式模板”对接，尝试对数据实现分类管理，构建符合自身利益诉求的数字贸易规则框架。

18. 数据本地化措施的贸易规制问题研究．彭岳．环球法律评论，2018

［**作者简介**］南京大学法学院。

［**内容提要**］随着信息通信技术的发展和普及，数字经济已成为当前国际经贸主流形态之一。基于维护国家安全、维护社会公共道德和公共秩序、保护个人隐私、防止消费欺诈、便利执法以及促进产业发展需要等政策关切，各国大多采用数据本地化措施对数字经济加以规制，由此影响到数字贸易自由。根据判例确定的“技术中立”原则，WTO协定原则上涵盖数字贸易争端，但受历史条件所限，WTO协定法律文本未能触及数字贸易规制问题，相关法律适用存在诸多不确定性。美国和欧盟试图通过签订双边或区域协定补足WTO协定漏洞，但就如何保护数字贸易中的个人数据存在重大理念冲突和制度差异，短期内难以达成一致。美国主导的TPP明确禁止缔约方采取数据本地化措施原则，并设置若干例外。这一“原则+例外”规制模式可容纳中国倡导的网络安全价值，优于欧盟提出的统一国际标准规制模式，中国理应支持。

19. WTO视角下数字产品贸易合作机制研究——基于数字贸易发展现状及壁垒研究．伊万•沙拉法诺夫，白树强．国际贸易，2018

［**作者简介**］对外经济贸易大学国际经济贸易学院。

［**内容提要**］互联网驱动下的数字化革命正在引起全球经济根本性的变革，这不仅产生了新的交流方式、信息共享方式、商业模式及就业增长新来源，同时也提高了社会各界对有关新的国际贸易规则和问题的关注度。即便目前世界各国强调数字产

品贸易对经济增长的重要性，但同时为了保护国内信息和数据流安全等开始设置相关的关税和非关税贸易壁垒。在这种背景下，有些双边和多边贸易组织纷纷提出与数字产品贸易自由化相关的规定和措施。而 WTO 作为全球性贸易组织将在这方面扮演愈来愈重要的角色。本文在分析世界数字产品贸易现状及主要壁垒的基础上，试图利用 WTO 及其他国际协议相关的规定初步构建数字产品贸易政策及基本合作机制，并对其可行性进行简要分析。结果表明，以 TiSA 诸边协议为主构建初步的合作模式并将其逐步纳入 WTO 管辖权的可行性最强。

20. 国家经济安全与 WTO 例外规则的应用 . 孔庆江 . 社会科学辑刊，2018

［作者简介］中国政法大学国际法学院。

［内容提要］进入新时代，尤其是美国税收政策变化后，如何确保我国国家经济安全成为理论热点。通过国家经济安全的属性分析可知，国家经济安全问题来自经济全球化的内在矛盾和风险、越来越复杂的中国经济与世界经济的关系和冲突、巨量贬值的对外金融资产和升值的对外金融负债所导致的经济福利流失以及贸易争端，但归根结底，其来自影响国家经济安全的制度因素。安全例外在自我评判上的程度是一个敏感和悬而未决的问题。自我判断的安全例外会带来严重的风险，如果被滥用，可能会破坏整个 WTO 制度。与 WTO 安全例外自我判断相关的风险存在于对国家安全作扩展解释，根源在于无须受制于 DSB 的司法审查。

➢ 区域贸易协定

1. 金砖国家推动全球经济治理的路径选择 . 米军 . 国外社会科学 . 2018

［作者简介］四川大学国际关系学院。

［内容提要］伴随着新兴经济体群体性崛起，全球经济治理体系的弊端日益显现。现行国际经济秩序深刻影响着以金砖国家为代表的新兴经济体的发展，经济实力不断增强的金砖国家在全球治理中地位的不匹配，决定了它们必然是推动变革的主要力量，且在全球治理体系的合作关系具有内在动力和长期性。金砖国家深化全球经济治理机制，既要实现对旧机制的深度融合与改造，又要主动构建更多的新机制；强化区域合作与重点领域治理是完善全球治理的重要切入点；培养多元化的国际支持力量夯实全球经济治理基础；以新的治理理念为全球经济治理提供不同以往的新思路。尽管金砖国家深化全球经济治理面临诸多困境，但依然乐观其成，当前迫切需要加快推动金砖国家合作向紧密联系的机制化转变，只有实现一定程度的机制化，才能抵消金砖各国分歧造成的消极影响，发挥集体行动的合力，提升金砖国家推动全球经济治理的成效。

2. CPTPP 的特点、影响及中国的应对之策 . 樊莹 . 当代世界，2018

［作者简介］外交学院国际经济学院。

［内容提要］2018 年 3 月，来自亚太地区的 11 个 CPTPP 成员国在智利首都圣地亚哥举行了签字仪式。作为亚太地区首个大型自贸协定，CPTPP 具有较全面的条款和较高的约束力，成员国经济总体投射力较强，生效条件相对宽松易行等几大特点。CPTPP 一旦生效，将进一步加剧国际经贸区域化、集团化趋势，并且成为发达国家抢夺制定国际贸易新规则主导权的重要平台和路径。与此同时，伴随着美日推行“印太战略”，CPTPP 或将对中国外贸环境产生消极影响，降低中国在国际贸易规则制定方面的话语权，扰乱中国推进东亚及亚太经济一体化的节奏和步伐，削弱中国在亚太经济一体化中的地位和作用等。

3. CPTPP 和 RCEP 对亚太主要经济体的经济效应差异研究——基于 GTAP 模型的比较分析 . 张珺，展金永 . 亚太经济，2018

［作者简介］暨南大学经济学院，对外经济贸易大学。

［内容提要］亚太地区近年来单边和区域自由贸易协定谈判不断加快，建成了一大批高水平的双边及区域自贸协定，经济一体化水平不断提高，其中 CPTPP 和正在谈判中的 RCEP 因参与国家众多、产生的影响巨大而备受人们关注。采用全球贸易分析模型 (GTAP) 测度 CPTPP 和 RCEP 对主要经济体 GDP、贸易、产出的不同影响，并结合亚太自贸协定发展的新形势、新问题，探讨我国在亚太区域协定谈判进程中的应对策略，提出我国作为亚太地区的大国，应当积极融入亚太一体化进程，借助“一带一路”倡议，通过 RCEP 达成包容性增长的亚太经济一体化。

4. 从 TPP 到 CPTPP：参与各方谈判动机与贸易利得变化分析．杨立强，余稳策．亚太经济，2018

［作者简介］对外经济贸易大学国际经济研究院中国外经贸研究室，商务部国际贸易经济合作研究院。

［内容提要］无论是谈判动机还是贸易利得，美国是否参与 TPP，对于 TPP/CPTPP 各成员而言都有着关键性影响。基于 GTAP 模拟的贸易利得比较结果表明：CPTPP 尚不足以吸引或迫使美国重返 TPP。鉴于国内市场规模在谈判区域贸易安排上的关键作用，中国完全可以在商签贸易协定过程中充分发挥国内市场优势，适时推动中国主导的区域贸易集团和中国版规则的构建和发展。

5. 中国视角下对 TPP/CPTPP 知识产权边境保护条款的考量及相应建议．朱秋沅．电子知识产权，2018

［作者简介］上海海关学院法律系。

［内容提要］TPP/CPTPP 知识产权边境保护条款已发展为知识产权边境保护的国际性新标准。该标准中关于侵权行为的种类、边境保护所适用的通关程序范围等规则会对我国货物出口贸易产生一定的障碍，而我国避免此类标准所造成的壁垒的根本方法在于依照当前的国内知识产权边境保护立法进行严格执法，根治假货出口问题。同时，经比较可知，我国知识产权边境保护水平总体已与 TPP/CPTPP 标准相类，而远高于《TRIPS 协定》的要求。因此，我国可以更开放积极的心态来看待 TPP/CPTPP 所体现高标准国际趋势，并选择体现了国际发展趋势并有利于我国知识产权强国战略的“高标准”边境保护国际规则进行国内化，对我国知识产权边境保护制度进行精确微调，并且借鉴 TPP/CPTPP 标准，形成我国对外谈判的知识产权边境保护标准条款，形成我国在此领域中的话语体系。

6. TPP-CPTPP、RCEP 和 FTAAP：中国的角色与作用．张天桂．商业经济，2018

［作者简介］上海社会科学院世界经济研究所

［内容提要］经济全球化正遭遇前所未有的巨大挫折。业已签署的 TPP 因主导者美国的退出而被日本引领的暂缓实施一定 TPP 条款的 CPTPP（《全面与进步跨太平洋伙伴关系协定》）所取代。中国直面逆全球化思潮渐起的严峻挑战和对自身推动经济一体化继续前行的崭新期待，一如既往地秉持合作共赢理念，更加主动地以引领者姿态，积极推动 RCEP 谈判、FTAAP 取得新进展。

7. 从 TPP 到 CPTPP：我国制造业国际化发展模拟研究——基于 GTAP 模型的分析．赵灵翡，郎丽华．国际商务，2018

［作者简介］首都经济贸易大学经济学院。

［内容提要］构建 23 个国家、10 个产业部门的 GTAP 模型，设置关税冲击变量进行模拟，分析 TPP、CPTPP、中国和英国加入 CPTPP、RCEP 4 种情景对各国经济增长、福利水平和我国制造业发展的影响。模拟结果显示：TPP 和 CPTPP 会使我国 GDP 和福利水平受损，贸易条件恶化，制造业产出和进出口减少；中国加入 CPTPP 或 RCEP，将会改善我国外贸发展状况，提升中高端制造业产出和进出口水平。在此基础上，建议我国积极加入 RCEP 等区域一体化组织，加快制造业结构升级，充分把握“一带一路”建设契机，全方位实施制造业“走出去”战略，不断拓展新的外贸环境，加大在国际贸易体系中的话语权。

8. 区域贸易组织对 WTO 多边贸易体制的影响——以中国—东盟自贸区为例．王琪瑶，姚艳霞．河北经贸大学学报，2018

［作者简介］北京外国语大学法学院。

［内容提要］作为 WTO 最惠国待遇原则最大的例外，目前区域贸易组织发展势头强劲。对比中国—东盟自贸区 (CAFTA) 与世界贸易组织 (WTO) 在货物贸易协议、服务贸易协议和争端解决机制方面的异同点，分析区域贸易组织在调整范围、制度设计等方面的优越性，并结合 WTO 贸易基本原则与我国相关法律法规规定，探讨在国际贸易中运用 WTO 贸易规则与区域贸易规则的“双轨制”，更好地服务我国的“走出去”战略。

9. TPP/CPTPP 双边保障措施歧视性条款解析及启示．孙秋月，张桂红．山西大学学报，2018

［作者简介］北京师范大学法学院。

［内容提要］作为近年来区域经济一体化进程中影响较大、质量较高的区域贸易协定，《跨太平洋伙伴关系协定》(TPP) 为后续区域贸易协定法律制度的创建树立了模板，此后达成的《全面与进步跨太平洋伙伴关系协定》(CPTPP) 吸纳了 TPP 保

障措施制度及其规则。TPP/CPTPP 保障措施制度对相关国际规则会带来较大的影响。然而，TPP 文本第 6. 3. 1 条规定保障措施可以区分产品来源，仅针对某一成员方或某几个成员方实施双边保障措施。该歧视性条款是对 WTO“非歧视原则”的挑战，也是开放中的倒退。中国未来区域贸易协定保障措施制度设立时，必须严格防范歧视性条款的溢出效应，保障中国在区域经济一体化中的公平竞争环境。

10. 亚太经济一体化视域下 CPTPP 的生成机理及其后续影响 . 曹广伟 . 商业研究，2018

［作者简介］河南农业大学马克思主义学院。

［内容提要］文章以美国退出 TPP 诱发区域一体化格局变动为背景，探讨了 CPTPP 的生成机理及其后续影响。CPTPP 谈判进程大体遵循了“由外及内、外压内促”双向驱动的演进逻辑：外部，美国贸易保护主义抬头，中国及其推进的 RCEP 价值凸显；内部，日本积极发挥协调、引领作用，其他成员国基于经济逻辑的积极参与。内外力量相互作用，共同构筑起驱动 CPTPP 谈判的动力机制。随着 CPTPP 协议的生效实施，其强劲的扩张势头势必冲击“双轨竞争”的一体化格局，迫使亚太一体化进程沿着日澳设定的 CPTPP 路径行进；同时，其高标准的投资贸易规则更好地适应了全球价值链的需求，为新一代世界经济规则的制定树立了标杆，促使国际经济秩序朝着有利于发达国家的方向演进。

11. 区域贸易协定深度与价值链贸易关系研究 . 李艳秀，毛艳华 . 世界经济研究，2018

［作者简介］中山大学粤港澳发展研究院。

［内容提要］文章首先构建了纵向测量法 RTA 深度指标，用横向测量法和纵向测量法测算了 G20(43 个国家) 在 2016 年前签订的 153 个 RTA 的深度，并分析了其特点和 RTA 深度变化趋势；其次分析了 RTA 深度及单项条款深度与双边增加值贸易之间的关系，并用工具变量法进行了稳健性检验。检验结果显示：RTA 的签订、缩短关税削减时间表、提高争端解决机制、服务贸易、电子商务条款的规范性和深度可以显著促进所有成员价值链贸易的出口；RTA 深度的提高、知识产权保护、投资和竞争政策条款深度的提高对不同样本国家 (地区) 间贸易的作用表现出异质性和不对称性，RTA 深度的提高、知识产权保护、竞争政策条款深度的提高对发达—发展中成员、发达成员间的贸易有促进作用，对发展中—发达成员、发展中成员间的贸易有抑制作用；投资条款深度的提高会抑制发达成员间的贸易。

12. 中国对外直接投资与进出口贸易关系——基于“一带一路”沿线国家的实证分析 . 任志成，朱文博 . 南京审计大学学报，2018

［作者简介］南京审计大学经济学院。

［内容提要］使用 2003—2016 年中国与 55 个“一带一路”沿线国家的双边贸易数据，基于扩展的贸易引力模型，从总样本和分样本层面实证分析了对外直接投资对中国与“一带一路”沿线国家的进出口贸易的影响。研究结果表明：总体层面上，对外直接投资可以促进中国与“一带一路”沿线国家的进出口贸易；分样本层面上，对外直接投资在一定程度上会替代中国与东盟、印度和俄罗斯三大经济体的出口贸易，促进中国与“一带一路”其他国家的进出口贸易。在中美贸易摩擦凸显的现状下，对“一带一路”沿线国家有针对性地投资对于加快我国“走出去”步伐和落实“一带一路”倡议具有重要意义。

13. 自由贸易协定如何缓解贸易摩擦中的规则之争 . 冯帆，何萍，韩剑 . 中国工业经济，2018

［作者简介］南京大学经济学院。

［内容提要］经济逆全球化趋势下，中国作为一个崛起的贸易大国，面临的国际贸易摩擦日益增多。采取何种模式能有效减少贸易摩擦，避免其不断升级，成为中国对外经贸关系发展中不容忽视的问题。本文对中国 2002—2016 年 WTO 贸易摩擦数据进行了整理，对角色变化、行业特征、贸易摩擦对象、贸易摩擦形式等进行了全面分析，并采用基于引力模型的回归模型，以自由贸易协定为核心解释变量，对贸易摩擦数量的影响因素进行实证检验。结果表明，自由贸易协定生效使得中国与自由贸易协定伙伴国贸易摩擦的数量有明显减少，但并不能完全降低贸易摩擦发生的概率；自由贸易协定对中国和伙伴国之间贸易摩擦数量存在着负向影响，且这种负面影响更显著地体现在伙伴国对中国发起的贸易摩擦数量的减少；对于出口贸易份额越

多的国家，签订自由贸易协定可以更大程度降低贸易摩擦发生的概率。本文建议加快与重点贸易伙伴国推进自由贸易区建设，与美欧等发达国家尽快恢复双边投资协定谈判，贸易摩擦的解决机制要在复杂多变的国际贸易环境中保持适用性和高效性。

14. 逆全球化背景下中国FTA发展新趋势与战略选择．刘斌，甄洋，屠新泉．国际贸易，2018

［**作者简介**］对外经济贸易大学中国WTO研究院。

［**内容提要**］自由贸易协定(Free Trade Agreement，FTA)是指两个及以上的国家或地区为实现相互之间的贸易自由化在WTO规则下所达成的地区性贸易安排。近年来，FTA发展迅速并已成为区域贸易协定(RTA)的主要形式。这些FTA不仅涉及绝大多数的发达经济体，也涉及广大发展中国家。各个国家建立的FTA之间相互联系，形成了一张庞大重叠的自由贸易区网络。当前逆全球化思潮不断蔓延，贸易保护主义兴起，多边贸易谈判停滞，一方面，FTA谈判面临着不利的外部环境，但另一方面，FTA可能会成为再全球化的重要路径。

15. 国际双边投资协定新发展对中国的启示．张力．企业经济，2018

［**作者简介**］西南政法大学国际法学院，贵州师范大学。

［**内容提要**］双边投资协定在数量上占国际投资协定的主导地位，是保护和促进国际投资的有效方式。国际双边投资协定的发展经历了投资保护，投资促进到投资自由化、便利化三个阶段。经济全球化和频繁的国际投资活动，促使现代的双边投资协定更加注重市场自由化、透明度、公共利益等条款义务的细化。通过研究国际双边投资协定发展的趋势，可以有助于中国双边投资协定的完善。目前中国签订双边投资协定的能力和范围仍有较大发展空间。中国应主动适应国际投资发展的趋势，通过中美、中欧双边投资协定的谈判以及与“一带一路”沿线国家（地区）签订、更新双边投资协定，推动更大范围、更高水平、更深层次的国际投资合作。

16. CEPA：贸易创造还是贸易替代——兼论构建全面开放新格局背景下对深化升级广东自贸区建设的实证启示．赵文涛，苏振东．国际贸易问题，2018

［**作者简介**］南开大学经济学院、中国特色社会主义经济建设协同创新中心，大连理工大学管理与经济学部。

［**内容提要**］从2004年实施的CEPA到2015年挂牌的广东自贸区，再到当前广东自贸区建设的深化，乃至未来潜在的进一步升级可能（广东自由贸易港）的探索建设，均旨在通过粤港两地间贸易自由化和投资便利化，加快构建广东开放型经济新体制，实现全面开放新格局。由此，本文采用2001—2006年的中国海关数据库和中国工业企业数据库匹配的企业—产品层面的大样本微观数据集，首先，从经典投资的贸易创造效应和贸易替代效应出发，揭示CEPA政策影响下投资的贸易效应作用路径；其次，构建潜在结构变动模型，深入探究CEPA政策实施后粤港间贸易投资的内在互动反馈机制。研究结果发现：总体上，不仅香港对粤直接投资对港对粤自产产品的出口存在显著的贸易创造效应，而且CEPA的实施进一步强化了这一效应；在更为细化的轻纺制造业、资源加工业以及机械电子业三个子产业水平上，这一效应则存在显著差异。在此基础上，本文还探讨了CEPA的上述效应对广东自贸区深化升级建设的启示。

17. 中欧投资协定谈判面临的问题、影响及应对．王灏晨．中国物价，2018

［**作者简介**］国家信息中心经济预测部。

［**内容提要**］当前，中欧双方都表示将加快推进中欧投资协定的谈判，并在达成一致的基础上将中欧自贸区问题提上议事日程。在这一过程中，可能遇到的问题包括投资自由化与便利化问题、国企参与竞争与“公平竞争环境”问题及劳动力与环境等社会影响问题。对协定签署后的经济、社会及对欧盟优势产业影响的现有分析表明，签署协定对中欧双方都有利。我国在谈判过程中，宜要求欧盟降低中企对欧投资门槛，在做好风险防控的基础上稳步扩大开放，同时加强国际合作，推动“一带一路”建设对接“欧洲投资计划”。

18. 当代单边主义与多边主义的碰撞及其发展前景．韩立余．国际经济法学刊，2018

［**作者简介**］中国人民大学法学院。

［**内容提要**］单边主义或多边主义是对国家行

为的描述，判断的标准是其是否遵循现有的多边规则。现有多边规则建立在国家主权平等基础之上，基于国家同意准则形成和发展，主要大国在这一过程中发挥了主导作用。实践表明，国际贸易格局的变化引发了规则与利益的失衡。一般而言，政府对其国民负责的国家观和国际现实，决定了国家利益成为国家行为的出发点。某些大国为其利益可能违反现有多边规则，采取单边措施。美国政府近期公然违反 WTO 规则，对中国和其他 WTO 成员采取单边措施，即为明证。长远看来，由于国家利益驱动，单边主义与多边主义的碰撞是必然的，也是常态；规则的静态性和利益的动态性也催生了新规则的产生。认清此发展规律，秉持“国际法治”的愿景，多边体制广大成员理应坚持、维护和发展多边规则，坚决反对个别或少数成员以“实力”为基础的单边主义行为，以维护“规则取向”的多边体制。

19. 区域服务贸易协定如何影响服务贸易流量？——基于增加值贸易的研究视角．林僖，鲍晓华．经济研究，2018

［作者简介］复旦大学经济学院，上海财经大学国际工商管理学院。

［内容提要］本文从增加值贸易的角度，基于 WWZ(2013) 方法测算了全球 40 个经济体的服务增加值贸易水平，利用 WTO 的区域服务贸易协定数据库构造了衡量协定开放度的服务行业覆盖率指标，运用 Anderson&van Wincoop(2003) 引力模型分析框架和泊松拟极大似然 (PPML) 估计技术，研究了区域服务贸易协定对服务出口的差异化促进效应。结果表明，区域服务贸易协定对服务总值和增加值出口均有显著的促进作用，且对于开放水平越高的协定，这种正面促进效应越强；但协定对外国增加值出口的影响程度大于国内增加值出口。进一步地，本文还对各国服务出口的结构特征做了分组分析，并考察了缔约环境异质性对区域服务贸易协定的服务出口促进效应的不同影响机制。本文为中国进一步推进区域服务自由化，提升在服务贸易全球价值链分工中的地位提供了实证支持和政策参考。

20. 欧式跨区域贸易协定争端解决机制及其对中国的启示．殷敏．上海政法学院学报（法治论丛），2018

［作者简介］上海对外经贸大学。

［内容提要］公平有效的争端解决机制是自由贸易区经济一体化顺利发展的法律保障。大部分欧式跨区域贸易协定中未规定“投资者—东道国”争端解决机制，但多数对投资上诉机制有所规定。就缔约方之间的争端解决而言，欧洲法院的司法强制型争端解决机制是其特色。中国在“投资者—东道国”争端解决方面对于仲裁事由的规定可以采取负面清单的形式，在投资章节中对公平公正待遇适用的条件和例外应作出明确规定；对于缔约方之间的争端解决应有理性认识，采取灵活务实的态度。

21. 超大型自贸协定的服务贸易规则及对中国影响分析——以 TPP 为例．蒙英华，汪建新．国际商务研究，2018

［作者简介］上海对外经贸大学。

［内容提要］超大型自由贸易协定是目前塑造国际服务贸易新秩序的重要途径。从 TPP 来看，TPP 寻求在单一文本中建立起有关货物贸易、服务贸易和投资规则的系统规范，以适应 21 世纪“贸易—投资—服务相互联系”的新型贸易模式，并为其他自贸协定树立标杆。与 TPP 相比，中国自贸协定在涉及服务贸易的覆盖领域、谈判模式和内容框架上还存在着明显差距。本文通过对 TPP 中涉及服务贸易的跨境服务、金融服务和电信服务等 3 个方面条款进行解读，试图为中国进一步推进自贸区并积极参与建立投资贸易新规则提供参考。

22. 包容性区域一体化协定的模式探究——基于亚太地区 FTA 原产地规则比较．吕越，金泷蒙，沈铭辉．国际经贸探索，2018

［作者简介］对外经济贸易大学中国 WTO 研究院，中国社会科学院亚太与全球战略研究院。

［内容提要］对 TPP 与其他亚太 FTA 原产地规则标准进行比较研究，发现 TPP 原产地规则对实质性改变要求高于亚洲地区的 FTA，但在具体标准运用方面具有包容性和灵活性。进一步，原产地规则限制性指数测算结果显示 TPP 原产地规则限制性指数低于美国—韩国 FTA 与 NAFTA，与中国—东盟 FTA、中国—澳大利亚 FTA、中国—新加坡 FTA、东盟—日本 FTA 限制水平相当。总体上，亚太地区 FTA 原产地规则限制程度具有降低

趋势，并且条款内容更加规范化，海关程序更加便利化。在探索广泛适用且具有包容性的区域原产地规则过程中，中国可以借鉴北美、东盟、日本原产地规则的优点，充分利用亚太地区既有的丰厚的政策资源。

23. 区域贸易协定(RTAs)中的文化条款研究：基于自由贸易与文化多样性角度．石静霞．经贸法律评论，2018

［**作者简介**］对外经济贸易大学法学院。

［**内容提要**］本文对2005年联合国教科文组织《关于保护和促进文化表达的多样性公约》通过以来成员国签订的60个具有代表性的区域贸易协定中的文化条款或与文化相关的内容进行分析，考察目前国际法上自由贸易和文化多样性之间的互动趋势。研究内容主要包括区域贸易协定对《关于保护和促进文化表达的多样性公约》的提及或援引情况、协定对文化产品是否给予特殊待遇、协定在文化多样性方面是否给予发展中国家优惠待遇、电子商务章节适用于文化产品的情况以及协定中与文化相关的其他内容等方面。本文对我国签订的区域贸易协定中有关文化多样性的规定现状进行评估，并提出相关改进建议。

➢ 争端解决、贸易摩擦

1. 贸易保护对全球投资与经济增长的影响．王宇，王铮．经济管理与研究，2018

［**作者简介**］中国科学院大学，中国科学院科技战略咨询研究院。

［**内容提要**］本文在全球治理模型的基础上，模拟分析美国以及世界各主要国家和地区对进出口产品均提高关税后对经济增长的影响。模拟结果显示，美国有针对性地增加产品关税对美国经济增长并不有利，其贸易保护政策可能难以持续，而如果世界各主要国家和地区对进出口产品均提高关税，将使得印度以及低收入发展中国家的经济增长受到较大负面影响。经济的发展受到需求推动和生产技术推动，主导贸易保护只会进一步加剧矛盾，世界经济的发展需要各个国家和地区的共同努力和协同促进。

2. CPTPP争端解决机制比较研究——以WTO争端解决机制改革为视角．张茜．大连海事大学学报，2018

［**作者简介**］华东政法大学国际法学院。

［**内容提要**］WTO争端解决机制改革经历了长久的历程，但至今仍未能达成相关成果。多哈回合以来，WTO争端解决机制改革的焦点主要集中在争端解决的效率和透明度方面。CPTPP争端解决机制的主要规则来源于WTO争端解决机制，其在很多方面的突破，特别是在争端解决的效率和透明度方面所做的创新性规定，一定程度上弥合了WTO争端解决机制的不足。CPTPP争端解决机制的出现，必将对WTO争端解决机制产生重要影响，并将对今后WTO争端解决机制的改革起到重要的参考作用。

3. CPTPP投资争端解决机制的演进与中国的对策．张生．国际经贸探索，2018

［**作者简介**］西安交通大学法学院。

［**内容提要**］与《跨太平洋伙伴关系协定》相比，《全面与进步跨太平洋伙伴关系协定》在投资争端解决机制方面变化比较大。它允许成员方通过“冻结条款”和换文等方式进一步限制可以提交投资仲裁的争端范围。这样的变化反映出全球范围内投资争端解决机制正处于大变革中。没有美国参与的《全面与进步跨太平洋伙伴关系协定》成功签署也说明了国际投资立法已经由21世纪初的美国主导向多元化路径发展。尽管我国不是该协定的成员方，但协定体现出日本主导亚太区域乃至全球投资法制话语权的野心，也会对我国的亚太自贸区建设和“一带一路”建设产生影响。对此，我国应积极推动《区域全面经贸协定》谈判，在投资争端解决机制改革方面积极发出自己的声音，并推动国际投资法制向更加均衡的方向发展。

4.“一带一路”倡议下投资争端解决机制的构建．石静霞，董暖．武大国际法评论，2018

［**作者简介**］对外经济贸易大学法学院。

［**内容提要**］随着“一带一路”倡议的实施，我国与沿线国家的投资往来日益频繁，考虑到沿线国家的投资风险问题，投资争端解决机制的构建很有必要。建议在依托现有双多边、区域安排的基础上，构建强制磋商、自愿性调解、仲裁和诉讼相互衔接的多元化争端解决机制；同时扩大可提交仲裁的争议范围，针对不同争端解决程序设计分类化透

明度标准，优化仲裁员、调解员选任及其道德准则。我国作为“一带一路”倡议的发起国，也应主动应对相关问题，具体包括完善国内仲裁立法和对外签署的双边投资协定，以对接“一带一路”争端解决需求，确保投资仲裁裁决与和解协议的顺利有效执行等。

5. 国际投资仲裁机制变革与中国对策研究．梁咏．厦门大学学报，2018

［作者简介］复旦大学法学院。

［内容提要］近年来，作为国际投资争端解决机制核心的国际投资仲裁机制(ISDS)面临着重大变革，国际社会由此形成了改革派主张、改良派主张、拒斥派主张等数种变革方案。随着双向投资大国地位的形成以及涉华案例的增多，中国有必要重新对ISDS机制进行选择。针对现行ISDS机制中存在的弊端及已有变革方案的不足，结合中国在ISDS机制变革中的特殊利益诉求，应当从改良ISDS机制本身、升级ISDS机制所根植的IIAs内容以及完善其他配套机制等方面对ISDS机制提出中国范式，推进甚至引领新一代ISDS机制乃至国际投资规则的建构。

6. 国际争端的政治性与法律解决方法．徐崇利．国际政治研究，2018

［作者简介］厦门大学法学院。

［内容提要］传统现实主义国际关系理论将国际争端区分为“政治性争端”和“法律性争端”，旨在证明“政治性争端”的非裁判性。一旦“政治性争端”突破国家同意的过滤网进入国际裁判领域，不得不采用法律方法解决，裁判者参循国际政治逻辑，审慎司法，以便为日后此类争端的政治解决(外交解决)留出法律上的空间。对于国际争端的解决，中国虽未使用“法律性”和“政治性”的术语作简约的类型化区分，但实际上恪守“政治性争端”的非裁判性本义及其引申原理。中菲南海争端构成一起典型的“政治性争端”，对于该案菲律宾的诉求和临时仲裁庭的裁决，不但需从法律上证明其枉法性，而且要从国际政治上揭示其离经叛道的本质。

7. 欧盟国际投资规则的冲突与中国策略．董静然．国际贸易问题，2018

［作者简介］上海对外经贸大学贸易谈判学院。

［内容提要］欧盟的国际投资规则在内部存在着欧盟成员的双边投资协定与欧盟法律之间的规则冲突，在外部存在着非欧盟国家与欧盟及欧盟成员之间的投资规则冲突。形成这些投资规则冲突的原因是欧盟为实现欧盟法律的自治性与独立性，需要重构与欧盟成员和国际投资仲裁制度之间的法律关系。以《里斯本条约》为代表的欧盟法律没能很好地界定欧盟在国际投资领域的专属权能，也没能明晰欧盟法律与欧盟成员之间的双边投资协定的关系，从而加剧了欧盟的投资规则冲突。中国在与欧盟的双边投资协定谈判中，需要对欧盟的国际投资规则冲突有清楚地认识，才能更好地厘清将来的《中国—欧盟双边投资协定》与之前的“中国—欧盟成员双边投资协定”的关系，也才能更好地从欧盟投资规则冲突的角度，认识欧盟提出的“国际投资法庭体系”。

8. 投资者—国家争端解决机制的革新与国家的“回归”．朱明新．国际法研究，2018

［作者简介］苏州大学王健法学院。

［内容提要］国家的“离开”是各国解决国际投资争端的基本特点，表现为程序方面投资者—国家仲裁逐渐取代了传统的外交保护，实体待遇方面某些条款的模糊性将国家缔约权让与了私人主导的投资仲裁庭。在构建投资者—国家仲裁机制时，理论上认为该机制的唯一功能在于解决争端，但据此构建的制度框架无法匹配国际司法机关的多重功能。仲裁造法、裁决不一致以及限制国家管制权等现象日益突出，使得各国普遍质疑现行投资者—国家仲裁机制的妥当性。欧盟拟创设的投资法院体系模式代表了国际投资争端解决的新趋势，体现了国家在投资争端解决程序和实体待遇方面正在寻求“回归”。认识国际司法机关的多功能性、承认国际司法机关的司法造法可能性，并且利用缔约方的政治立法权限制国际司法机关的司法造法，有助于构建更适当的国际投资争端解决机制。

9. 最惠国待遇条款与国际投资争端解决程序法律解释研究．董静然．国际商务，2018

［作者简介］上海对外经贸大学贸易谈判学院。

［内容提要］最惠国待遇条款能否适用于争端解决程序，是国际投资法实践面临的重要法律问题。从以往仲裁庭的案例实践中可以看出，仲裁庭

对此问题意见不一，对最惠国待遇条款主要存在限制性解释与扩张性解释两种观点。最惠国待遇条款的法律解释应该以《维也纳条约法公约》为依据，从条款本身含义出发，同时考虑上下文、目的宗旨等因素。欧盟和美国结合其自身的国际投资形势，对最惠国待遇条款采取了不同程度的限制解释。中国正在逐渐从外商直接投资流入大国向外商直接投资流出大国转变，适当宽泛地解释最惠国待遇条款也许更能符合中国将来的利益需求。

10. 论WTO争端解决机制的作用——以中欧紧固件争端和光伏争端为例．杨国华．北方法学，2018

［作者简介］清华大学法学院，WTO秘书处争端解决专家库。

［内容提要］中国与欧盟之间曾经发生了光伏争端和紧固件争端，前者通过双边政治途径处理，后者通过多边法律途径处理。从成本、效益和价值观等角度分析，“法律途径”和“政治手段”作为解决国家间争端方法各有利弊，但是作为“法律途径”，WTO争端解决程序具有稳定性和根本性的优势。WTO争端解决机制在维护多边贸易体制的稳定性和可预见性方面发挥了重要作用，推动了“国际法治”的发展，应该成为解决国际贸易争端的主要方式。

11. 涉公共利益知识产权投资争端解决机制的反思与重构．何艳．环球法律评论，2018

［作者简介］中南财经政法大学《法商研究》编辑部。

［内容提要］尽管投资者—国家争端解决机制(ISDS机制)和世界贸易组织(WTO)争端解决机制各自具备解决知识产权投资争端的比较优势，但是投资者与东道国之间涉公共利益知识产权投资争端解决的实践表明，这两种机制均非投资者寻求救济的最佳途径：ISDS机制下的仲裁庭容易忽视知识产权投资的特殊性、弱化涉案知识产权国际条约的解释、缺乏对涉公共利益知识产权争端敏感性的公平考量，以及忽略知识产权争端的专业性；WTO争端解决机制则只能解决涉公共利益知识产权投资争端的前提问题，且其对个案的司法解释和裁决不具普遍约束力，解决涉知识产权投资争端的实践和能力亦有限。我国投资者在“一带一路”沿线国家的知识产权投资面临着巨大的公共利益风险，基于涉公共利益知识产权的特殊性以及涉公共利益知识产权投资争端的敏感性和专业性，有必要针对涉公共利益知识产权投资争端构建专门的争端解决机构和机制。

12. 中美贸易战中的安全例外问题．彭岳．武汉大学学报，2018

［作者简介］南京大学法学院。

［内容提要］中美贸易战涉及美国“201调查”“301调查”和“232调查”在《马拉喀什建立世界贸易组织协定》(简称《WTO协定》)下的合法性问题。随着贸易战的深入，相关法律争议越来越集中在美国可否成功援引GATT第21条项下的安全例外条款。长期以来，专家组对安全事项是否享有管辖权以及应采取何种标准审查安全例外等问题一直困扰着理论界和实务界。与欧盟、加拿大等WTO成员不同，中国并未积极利用GATT第21条质疑美国贸易措施的合法性。这不仅是因为国家安全涉及主权核心利益，WTO争端解决机构本不适于解决此类纠纷，也是因为强行在WTO体制内解决国家安全事项反而可能最终削减WTO的权威。当前，通过谈判磋商机制解决WTO成员国家安全关切仍是最佳选择。

13. 中美贸易争端中的焦点法律问题评析．管健．武大国际法评论，2018

［作者简介］北京高文律师事务所。

［内容提要］《WTO协定》原则上禁止单边措施，但也存在允许成员采取特定单边措施以维护其《WTO协定》下权益的例外。通过回顾中美贸易争端的历程可知，美国“232措施”构成对中国的歧视性保障措施，而“301措施”属于被《WTO协定》禁止的单边措施，中国对此采取的反制措施应对得当、有理有据，特别是成功地将美国的单边措施和行为拖入多边领域和框架下进行审查和批判。

14.“301条款”在WTO多边体制外的复苏——基于美国对华贸易调查的法律分析．靳也．南昌大学学报，2018

［作者简介］清华大学法学院。

［内容提要］WTO多边法律规则曾有效制约了美国对其贸易法中“301条款”的使用，然而，“301条款”在WTO多边体制之外仍然具有广阔的适用

空间。2017年美国就技术转让问题对中国展开调查，“301条款”再次成为美国贸易保护的重要工具。在美国的单方行为不受WTO法律规则约束的情形之下，中国应当积极利用“301条款”本身的磋商程序进行抗辩和沟通，防止美国作出错误的认定。同时，中国应通过中美双边投资协定谈判明确国际技术转让的法律规则。此外，中国还应以WTO争端解决机制作为防御美国单边制裁的重要工具。

15.“一带一路”争端解决机制创新研究——国际法与比较法的视角.廖丽.法学评论，2018

[**作者简介**]国家高端智库武汉大学国际法研究所。

[**内容提要**]在法治化的进程中，“一带一路”沿线国家因贸易、投资、知识产权、金融、税务等难免会产生争端，如何妥善处理这些争端是事关“一带一路”争端解决机制法治化的关键。倘若“一带一路”选择既有的争端解决机制，则可以以WTO贸易争端解决机制和ICSID投资仲裁机制为基础，辅以双边协定，灵活运用外交手段解决“一带一路”争端。倘若构建新的多元纠纷解决中心，则需要在坚持共商共建共享原则的基础上，以磋商、调解、仲裁和诉讼为主要争端解决方式，先行构建“一带一路”调解中心、商事仲裁中心和投资仲裁中心，逐步打造完善的“一带一路”多元纠纷解决中心。“一带一路”争端解决机制的构建需要中国与“一带一路”沿线国家立足于原有国际争端解决机制，构建创新性争端解决机制，并结合国内司法机制，形成预防与解决相结合，双边与多边联动，国际与国内互补的符合新时代国际法治要求的争端解决机制。

16.关于中国知识产权保护体系几个重要问题的思考——以中美贸易摩擦中的知识产权问题为考察对象.冯晓青.人民论坛•学术前沿，2018

[**作者简介**]中国政法大学民商经济法学院。

[**内容提要**]我国知识产权保护制度是随着20世纪70年代末改革开放而逐渐建立和完善的。在当代知识产权国际保护环境下，我国知识产权保护制度日渐国际化，并最终实现了完全的与国际接轨。我国知识产权保护体系以严格保护知识产权为中心，以司法保护为主导并以行政处理为重要支撑。知识产权作为世界贸易组织体制保护下的重要内容，在当前中美经贸关系中的重要地位被充分凸显，美方将其作为实施贸易报复的手段值得警惕。美国指责中国对其知识产权保护不力缺乏事实依据，中国日益完善的知识产权保护体系公平地保护了包括美国在内的其他国家和地区的知识产权。中美贸易纠纷和摩擦应在平等对话和公平对待的基础上妥善予以解决。

17.贸易摩擦视角下的中美两国能源合作现状、空间及策略.吴凡，桑百川，谢文秀.亚太经济，2018

[**作者简介**]中国信达资产管理股份有限公司，中央财经大学金融学院博士后流动站，对外经济贸易大学，国防大学后勤学院。

[**内容提要**]当前中美贸易摩擦逐步升级，下一步双方经贸磋商走向成为各界关注的问题。随着中美能源领域互补性不断增强，中美能源合作有望成为解决中美贸易不平衡问题的重要抓手。开展中美能源合作须立足双方能源发展现状，以挖掘双方合作中的利益交汇点、重点和亮点。中国应充分研判世界地缘政治格局的不确定性和贸易保护主义抬头所带来的风险，准确把握时机打好能源贸易牌，深入挖掘中美能源合作潜力，引导国内企业进行合规合作，为未来中美经贸磋商创造有利条件，为中美能源长期合作奠定良好基础。

18.超越霸权之争：中美贸易战的政治经济学逻辑.钟飞腾.外交评论，2018

[**作者简介**]中国社会科学院亚太与全球战略研究院。

[**内容提要**]当前，中美经贸关系中的竞争性和冲突性一面显著增强，但中美经贸关系深嵌于全球化的价值链中，中美仍然存在共同利益，且对全球经济肩负重大责任。中美竞争性增强导致经贸关系越来越带有权力斗争的含义，但用现实主义思维看待中美关系发展前景却缺乏解释力，中美贸易既不是中国权力增长的主要原因，也不是美国经济衰落的根源。在看待中美实力此消彼长时，要从手段和目标上正确把握对方的战略意图。特朗普政府不仅调整对华经贸关系，也在调整其与发达国家之间的经贸关系。传统上认为，当选政府普遍代表一国整体的国家利益，但与此有所不同，特朗普政府所认知的国家利益，更加优先考虑中下层的就业和收入水平，尽管其他目标仍然存在，但利益排序却发

生了显著变化，而这将影响我们对中美经贸关系的认识。在看待中美贸易战时，其他国家并没有按照现实主义的逻辑，根据与美国关系的亲疏远近重新安排与中国的经贸关系，因而，以政治盟友划线的传统做法已不能用来分析中美贸易战背景下其他国家的选择。就未来发展趋势而言，特朗普目前的政策难以实现预期效果，但将对全球经济治理以及地区经济关系产生复杂影响。

19. 中美经济摩擦进入新阶段：矛盾焦点从贸易失衡转向技术转移．关志雄．国际经济评论，2018

［作者简介］［日本］野村资本市场研究所。

［内容提要］从 2018 年 3 月特朗普政府依据《1974 年贸易法》“301 条款”决定发动对华制裁开始，中美经济摩擦升级，对立焦点正从贸易失衡转向技术转移。美国批评中国政府为了取得技术，对投资中国某些行业的美国企业实施出资限制政策，并且对收购海外先进技术企业的中国企业提供各种支持。美国政府不仅要求中国改变这些政策，还对外资收购美国企业的项目加强了国家安全层面的审查。在从美国引进高端技术日益困难的情况下，中国在加强自主研发的同时，还正通过加快对外开放，提升自身作为投资对象国的魅力。

20. 出口产品质量升级能否缓解中国对外贸易摩擦．张先锋，陈永安，吴飞飞．中国工业经济，2018

［作者简介］合肥工业大学经济学院。

［内容提要］本文在 Joséand Jean(2015) 的出口产品质量选择模型基础上，构建两国三种产品的出口博弈模型，引入国际市场不同国家同质产品竞争效应，基于企业出口遭受反倾销的视角探究出口产品质量升级能否缓解中国对外贸易摩擦，并利用 2000—2007 年中国工业企业数据库、中国海关数据库和全球反倾销数据库匹配的细分产品数据集进行实证检验。研究发现，当产品为低端产品或处在中端产品中较高水平或高端产品中较高水平时，出口产品质量升级有利于减少进口国对中国企业出口的倾销认定；当产品质量处于中端产品中较低水平或高端产品中较低水平时，出口产品质量升级将会伴随与国际同类产品的竞争加剧，这将会增加进口国对中国企业出口的倾销认定。此外，产品质量提升与对华反倾销之间的关系因商品敏感性、企业所有制性质、进口国特征等因素而异。这些发现为当前中国出口产品质量升级和中国对外贸易摩擦案件频发并存的现象提供了一个新的解释维度。

21. 中美贸易摩擦应对政策的效果评估．李春顶，何传添，林创伟．中国工业经济，2018

［作者简介］中国农业大学经济管理学院，广东外语外贸大学国际经济贸易研究中心。

［内容提要］本文构建了一个包含 29 个经济体的大型一般均衡数值模型系统，引入了“内部货币”的贸易不平衡结构和贸易成本的假定；在扩展的模型基础上，校准参数并量化模拟了中美贸易摩擦的经济影响，以及中国六种应对措施的政策效果。模拟的结果发现，中美相互贸易摩擦会给双方带来损害，且美国不能实现制造业就业的增加，比较而言，中国的受损大于美国。中国应对中美贸易摩擦措施的政策效果比较上，人民币汇率贬值、建设《区域全面经济伙伴关系协定》(RCEP) 和中美达成合作开放等措施最有效，中国进一步对外开放、加入《全面与进步跨太平洋伙伴关系协定》(CPTPP) 的效果其次，而贸易报复的效果略差。短期内，推动人民币汇率适度贬值、贸易报复和进一步对外开放是较为可行的有效应对路径。政策启示上，中美贸易摩擦是不符合双方经济利益的选择，美国的贸易保护主义和“逆全球化”政策缺乏存在的经济基础，双方合作共赢才是长期内的最优抉择。本文扩展了贸易争端和贸易博弈的一般均衡理论建模，首次构建并采用大型数值模型系统实证模拟了中美贸易摩擦的中国应对政策选择的效应和政策效果，为中国应对美国的贸易保护主义措施提供了可供政策借鉴的量化结果。

22. 中美贸易摩擦的国际经济影响评估．崔连标，朱磊，宋马林，郑海涛．财经研究，2018

［作者简介］安徽财经大学统计与应用数学学院北京航空航天大学经济管理学院。

［内容提要］当前，中美贸易摩擦出现了一些新特征，即中美之间的“威胁—反制”角力逐步升级，那么这些新的举动会对中美两国及国际经济产生怎样的影响呢？文章采用多区域 CGE 模型对中美贸易摩擦的国际经济影响展开量化评估，根据贸易摩擦的严重程度设置了六种情景，模拟了主要国家宏观经济指标的变动情况。结果发现：（1）从实际 GDP、居民福利、贸易条件和进出口贸易等视角

看，贸易摩擦均是双输的结果，但中国受损程度更高；(2) 中国的贸易报复措施虽不利于美国的经济增长和福利改善，但中国自身的经济也可能因此遭受二次伤害；(3) 贸易摩擦会带来明显的贸易转移效应，中美两国间的直接贸易会大幅减少，但间接贸易会明显增加；(4) 美国的贸易制裁不能有效解决其贸易失衡问题，虽然美国对华贸易赤字大幅缩减，但其对其他国家的贸易赤字有所增加。文章从定量层面揭示了贸易摩擦对中美两国的潜在影响，认为贸易战不是两国的最优选择，由此建议中美两国通过谈判妥善解决彼此的分歧。

23. 中美贸易摩擦对中国产业与经济的影响——以2018年美国对华301调查报告为例．曲越，秦晓钰，黄海刚，夏友富．中国科技论坛，2018

［**作者简介**］对外经济贸易大学国际经济贸易学院，山东大学经济学院，对外经济贸易大学中国开放经济与国际科技合作战略研究中心。

［**内容提要**］以 2018 年美国对华“301 调查”报告为切入点，用全球贸易分析模型分析“301 调查”对中国产业和经济的潜在影响。研究发现：“301 条款”的演变反映了美国贸易政策的转变，虽然 WTO 成立以来“301 调查”的频率明显下降，但美国的贸易保护主义依然强势；2018 年的“301 调查”会对当前中国各产业的发展造成负面影响，对交通、电子、机械、航空、信息和医药等高科技产业造成的冲击尤为明显，其中，以机器人为代表的机械制造业和以新能源汽车为代表的交通运输业受损最为严重；在中国采取反制措施之前，美国能在贸易平衡和社会福利方面获得一定改善，但如果贸易摩擦升级，会对两国经济产生消极影响；此外，贸易摩擦提升了中美主要贸易伙伴的社会福利，也给他们带来不同程度的贸易逆差。

24. 参与全球价值链重构与中美贸易摩擦．余振，周冰惠，谢旭斌，王梓楠．中国工业经济，2018

［**作者简介**］武汉大学美国加拿大经济研究所，武汉大学经济与管理学院。

［**内容提要**］本文通过三国模型从行业收益角度分析了全球价值链地位以及参与度的提升对贸易摩擦的影响，发现中国参与全球价值链重构对其自身遭遇的贸易摩擦有“催化剂效应”和“润滑剂效应”。基于 2000—2014 年 TTBD 与 WIOD 匹配的制造业数据，本文通过实证分析发现：中国与贸易伙伴在某行业全球价值链分工地位越接近，中国与该贸易伙伴发生贸易摩擦的频率越高，体现在相关行业的贸易摩擦数量越多；中国某行业的相对全球价值链参与度越高，该行业的相关贸易摩擦越容易得到解决，体现在贸易摩擦的持续时间越短。将以上结论放在中美贸易摩擦的分析中也同样适用。因此，随着中国制造业在全球价值链上的赶超与攀升，中国与美国贸易摩擦的加剧有着内在的必然性，并且这个摩擦将呈现常态化、长期化、复杂化的趋势。对于中国而言，需要冷静对待参与全球价值链重构的“催化剂效应”，并重视参与价值链重构的“润滑剂效应”，保持自身的改革与开放战略定力，借助外力坚定不移地深化改革，继续提升自身在全球价值链中的地位；与此同时，积极参与国际经济规则的制定与完善，建立和完善政府的应对机制，构建国际贸易摩擦的企业应对体系，积极主动地应对国际贸易摩擦。

25. 经济全球化再平衡与中美贸易摩擦．黄鹏，汪建新，孟雪．中国工业经济，2018

［**作者简介**］上海 WTO 事务咨询中心，上海对外经贸大学国际经贸学院，上海 WTO 事务咨询中心产业分析部。

［**内容提要**］随着以全球价值链深化为特征的世界经济发展过程中各国收益不平衡的积累，美国以税改为起点启动了“再平衡”战略，并与中国发生大规模贸易摩擦。本文从经济全球化“再平衡”背景下中美经贸关系调整和基于全球价值链评估中美贸易摩擦的新视角出发，选取全球贸易分析模型 (GTAP) 并将其数据库加以更新，在中美两国已公布实际产品清单的基础上，详细分解了美国税改背景下中美贸易摩擦对两国乃至主要贸易伙伴全球价值链活动的影响效应，最终将解决问题的根本策略落脚在对经济全球化“再平衡”的中长期应对上。本文发现，全球价值链在中美贸易摩擦中起到了缓冲作用，但随着摩擦规模的扩大，中国受到的负面影响将会叠加。而作为美国“再平衡”的基石，税改是可能改变经济全球化进程的重要因素，而且美国的后续措施将是一个系统的“一揽子”方案。因此，本文建议中国应基于全球价值链加强自贸区建设以寻求新的价值链闭合，并在继续深化内部经济结构调整的同时加强知识产权保护等方面做好中美

经贸关系调整的长期准备。针对上述建议进行的模拟分析表明，新的自贸区构建和加强知识产权保护不仅能够缓解中美贸易摩擦对中国的负面影响，而且能够形成新的增长点，促进中国经济增长。

26. 中美贸易摩擦的政治经济学分析．谢地，张巩．政治经济学评论，2018

［**作者简介**］辽宁大学经济学院，中共长春市委党校。

［**内容提要**］特朗普就任美国总统以来，推出了一系列贸易保护主义政策。中国作为美国最大的贸易顺差国，不可避免地成为特朗普政府的重点攻击对象。自2017年8月18日美国启动对中国的“301”调查后，中美贸易摩擦持续升级。2018年7月6日，中美贸易战正式打响。中美贸易摩擦是中美两大经济体经济利益关系矛盾运动的产物，也只能在彼此经济利益关系的调试中逐步得到解决。本文从马克思主义政治经济学视角对中美贸易摩擦问题进行不同于一般贸易理论的有效解释及说明，有助于理性认识中美贸易摩擦。

27. 贸易摩擦背景下中美文化贸易现状分析．张洋，张庆．对外经贸，2018

［**作者简介**］吉林财经大学国际经济与贸易学院，吉林建筑大学土木工程学院。

［**内容提要**］基于出版类商品和收藏类商品两个方面进出口数据，对贸易摩擦背景下中美文化贸易进行分析，得出双边文化贸易并未受到重要影响，希望中美两国尽快消除分歧，达成共识，促进双边贸易持续健康发展。

28. 中美电影贸易应对“贸易摩擦”的路径和方法探讨．刘宏宇，韩璐．对外经贸实务，2018

［**作者简介**］中南民族大学伊斯兰合作组织研究中心，武汉理工大学。

［**内容提要**］本文在中美贸易摩擦的基础上，对中美间电影贸易的现状按照年代的不同进行了分层次的分析，探讨了中美双方贸易摩擦对中美电影贸易的影响。最后总结了中美两国间电影贸易应对贸易摩擦的路径和方法。

29. 日美贸易摩擦经验与教训再审视．田正．日本研究，2018

［**作者简介**］中国社会科学院日本研究所。

［**内容提要**］日美贸易摩擦的历史长达四十余年，对日本的经济发展产生了深远影响。近年美国面临着经常账户与财政双赤字问题的困扰，中美贸易摩擦日趋激烈。在这一背景下，有必要回顾与分析日美贸易摩擦的历史，探讨其中的经验与教训。通过国际经济理论分析得知经常账户不平衡问题的根源在于两国经济结构上的差异，需要采取结构性改革措施调整，贸易措施并不能解决这一问题。分析日美贸易摩擦历史发现，日本通过扩大对外直接投资、推动自主创新应对了美国的贸易措施，但也存在错误的经济政策影响经济发展、贸易摩擦抑制产业升级等教训。中国应促进自主创新，推动产业升级，扩大对外开放，积极吸引对华投资，实现中国经济的可持续发展。

➤ 全球经济治理

1. 全球绿色经济治理的两个关键因素．吴畏，石敬琳．管理学刊，2018

［**作者简介**］华中科技大学国家治理研究院，华中科技大学哲学系。

［**内容提要**］应对全球化进程中所遇到的经济增长放缓和生态环境破坏的双重危机，绿色经济、绿色增长和绿色发展等成为全球经济治理的新观念和新举措。但它们不可能在现行的任何一种经济体系和运行模式当中自发实现，而需要全球范围内的国家、市场和社会的协同作用来推动绿色经济治理。国家和企业是全球经济的两个基本实体，因此，绿色经济治理一方面需要世界各国基于可持续性和绿色增长的要求来重构经济治理模式，另一方面需要推动经济部门和实体通过承担企业社会责任来更好地创造绿色经济价值。

2. 中国、美国与全球经济治理．宋国友．社会科学，2018

［**作者简介**］复旦大学美国研究中心。

［**内容提要**］中国和美国作为全球前两大经济体，对于全球经济治理起到至关重要的作用。由于中美两国的密切合作，全球经济治理在金融危机以来取得重大进展。然而特朗普总统就任以来，美国政府对于全球经济治理的兴趣明显下降，对于中国在全球经济治理中的角色也多有质疑，出现了显著的治理倒退倾向。中美两国在全球经济治理领域的

分歧开始增多，这给全球经济治理带来了负面的影响。全球经济治理也因此出现了新的发展动向。从全球经济治理发展大局出发，中美仍然需要围绕双方共同关切的领域进行必要的合作，既有利于中美两国各自的经济关切，也有助于世界经济的平稳发展。

3. 中国在全球经济治理中的地位和作用．孙振宇．太平洋学报，2018

［作者简介］中国世界贸易组织研究会。

［内容提要］本文介绍了“二战”以来经济全球化出现的几次重大变化，探讨了当前经济全球化面临巨大挑战的深层次原因，同时分析了当前全球经济治理中存在的问题与弊端。提出落实习近平总书记关于“积极参与全球治理体系改革和建设，不断贡献中国智慧和力量”所需满足的几个前提条件，并从落实“一带一路”倡议；全面推进落实联合国 2030 可持续发展计划；加强与金砖国家和其他新兴经济体的合作；支持多边贸易体制，推动建设开放型世界经济等四个方面阐述了中国参与全球经济治理的重要抓手。

4. 全球化下的经贸秩序和治理规则．陈德铭．国际展望，2018

［作者简介］中国外商投资企业协会。

［内容提要］本文讨论主要涉及经济全球化的历史必然和发展趋势，全球化时代的经济摩擦与治理规则，全球经贸规则的重构，并对当前中美经贸摩擦进行解读与研判。二战以后形成的全球经济治理体系主导并推动了有利于经济增长的国际规则的形成，这营造了稳定和可预见的发展环境，为世界经济持续发展打造了制度基础。全球化在曲折中发展和深化的大趋势不会逆转。同时，全球经贸规则也不断面临新挑战，需要更好地平衡各种新的经贸利益诉求。但是，以规则为基础的多边贸易体制在推动全球贸易自由化进程中的主渠道地位未根本改变。全球经济规则重构涉及金融、贸易统计、服务贸易、政府采购、投资、竞争中立与国有企业、知识产权等诸多方面。当前，美国服务业占到 GDP 的八成以上，已经难以使传统制造业重回美国，将自身遇到的问题怪罪并迁怒于对外经贸关系是徒劳的。中美经贸摩擦将持续多长时间，更多取决于美国国内政治的需要。虽然从短期看或许中国受损会更大一些。但是从中长期看，中国将有望完成供给侧结构性改革，实现经济发展由高速度向高质量的华丽转身。

5. 2018：全球经济治理的挑战与展望．徐秀军．紫光阁，2018

［作者简介］中国社会科学院世界经济与政治研究所国际政治经济学研究室。

［内容提要］全球经济治理将继续塑造新的动力，并仍处在危机治理向常态治理过渡的艰难进程之中。经过 2008 年国际金融危机后近 10 年的调整与分化，全球经济治理日益呈现出新的结构与特征。过去一年来，国际社会仍在为完善全球经济治理不懈努力，并取得可圈可点的进展。但一些新的阻碍力量和不确定性因素日益增加，未来全球经济治理步伐将更趋艰难。

6. 经济全球化与全球经济治理的制度转型．王燕，陈伟光．学术界，2018

［作者简介］广东外语外贸大学国际商务英语学院，广东外语外贸大学广东国际战略研究院。

［内容提要］经济全球化纵深发展以及国际社会权力结构变化产生了全球经济治理制度创新和制度竞争的转型需求。崛起国和霸权国分别在金融和贸易投资领域促成新金融开发和货币支付制度、区域经贸新规则和新标准的达成。中美围绕着布雷顿森林体系的制度内和制度间竞争也日趋激烈。中国成功地由多边贸易制度的跟随者向撼动者和改革者转变，美国则借助于“非市场经济”区域制度体系的构建对中国的经济模式和经济优势进行打压。基于当前全球经济治理制度转型的发展趋势，中国应意识到美欧制度优势仍将持续，择优势场合和议题进行制度创新，并充分预见美欧“非市场经济”制度建构的全面性，策略性与之竞争。

7. 中美经贸关系的未来发展趋势．崔凡．中国外汇，2018

［作者简介］对外经济贸易大学国际经贸学院，中国世界贸易组织研究会研究部。

［内容提要］随着中国经济的腾飞与赶超，在未来一段时期，中美经贸关系的演变将呈现一些新的特点。中国应该把握两国经贸关系的新特点、新趋势，争取以合作共赢为基调，有效管理两国经贸关系。

8. 全球治理变革与中国的角色．朱旭．当代世界与社会主义，2018

［作者简介］西安交通大学马克思主义学院。

［内容提要］当前，世界格局正处于深刻变革期，权力转移显著增强、国际制度深陷赤字、跨国风险持续蔓延等，致使全球治理体系有失均衡、治理机制缺乏弹性、治理效果有待彰显。全球治理体系亟须变革，主要是变革处于国际体系中心的国际制度和机构，包括推进联合国渐进改革、重建布雷顿森林体系、加强二十国集团机制化建设等。中国不仅是全球治理的全面参与者，也越来越成为现存全球治理体系的主要变革者。中国不但需要继续加入现存全球性的国际制度，深度参与全球治理，而且也要加大全球公共物品投入，积极变革全球治理体系。

9."一带一路"与全球经济治理变革．谢剑南．甘肃社会科学，2018

［作者简介］青岛大学政治与公共管理学院，中共中央党校国际战略研究院。

［内容提要］近代以来西方主导的国际体系曾经给世界经济发展带来巨大进步，但在全球化深入发展的新时代，这种以"资本中心论"为基础的"中心—次中心—边缘"的全球经济发展格局，已经无法适应当今国际分工与合作的深度调整。应运而生的"一带一路"倡议，以国家对接为方式、以互联互通为路径、以共同现代化为目标，在全球经济发展的内生力量、体系容量、机制存量、互动增量、价值含量等五个方面，推进了全球经济治理体系变革，成为新的重要国际公共产品，引领了全球经济更加均衡、普惠、充分发展。持续发展的"一带一路"，开创了一个崭新的共商共建共享的全球经济发展新时代，有助于推动建构新型国际关系和建构人类命运共同体。

10. 论全球治理改革的中国方案．李丹．马克思主义研究，2018

［作者简介］厦门大学公共事务学院政治学系。

［内容提要］世界经济西落东起催生全球治理改革诉求，当前全球体系弊端凸显美欧治理方案失灵，国家治理经验与国际责任担当孕育中国方案。习近平主张积极参与引领经济全球化，提出推进全球治理改革的中国方案：在治理主体上，强调平等参与，反对一国独霸或几方共治；在治理方式上，明确基于制度规则，进行共商共建，反对不公正不合理安排；在治理平台上，主张补充完善旧体制，推动建构新机制；在治理路径上，提出增加发展中国家的代表性和发言权是主攻方向；在治理目标上，倡导构建人类命运共同体，打造经济全球化崭新未来。随着"一带一路"实践的推进，中国的全球治理方案将日臻完善和成熟。

11. 中美经济竞争的战略内涵、多重博弈特征与应对策略．张杰．世界经济与政治，2018

［作者简介］中国人民大学中国经济改革与发展研究院。

［内容提要］当前中美之间战略竞争关系正在发生本质性变化，处于由"接触＋遏制"向"竞争＋遏制＋少数互利点合作"战略转变的关键转折期。较为突出的是，中美之间经济相互依赖关系正在发生本质性变化，经济利益中的相互依赖关系正在逐步被竞争关系所替代，经济相互依赖关系对中美战略竞争的缓冲机制以及制约作用正在快速弱化。经济竞争已经上升为中美之间诸多战略竞争中的基础性、根本性、关键性问题，其中，高端制造业和自主创新能力体系成为当前阶段中美经济竞争中最为突出的领域。从美国针对中国发起的贸易战的内在动机看，愈发可以看得清楚的是，既有针对和遏制中国自主创新能力体系的崛起和科技创新赶超的战略意图，也有从今后的中国经济高质量发展中谋取更大份额的美国利益现实诉求，这就决定了此次中美贸易战有"斗而不破""边谈边斗"的持久战特征。据此，立足于中国的现实国情，我们提出始终保持强大且理性的战略定力、实施对等贸易制裁、谋划实施贸易利益对等、坚守分离均衡博弈策略、牢守遵循WTO规则、主动实施对外改革开放等六大核心应对博弈策略。

12. 未来15年国际经济格局变化和中国战略选择．国务院发展研究中心"国际经济格局变化和中国战略选择"课题组．管理世界，2018

［作者简介］国务院发展研究中心。

［内容提要］未来15年是我国比较优势转换期，是中国作为新兴大国崛起的关键期，也是国际格局大调整期。新一轮技术革命、全球经济治理变革、大国博弈等重要因素，将深刻改变未来国际经

济格局。未来，国际经济格局将呈现“十大变化”趋势：全球经济将处于低速增长期；全球经济格局多极化将更加明显；新技术革命推动的生产方式变革将重塑全球产业分工格局；国际贸易结构与格局将发生改变，数字化、服务化突显，规则更趋强调高水平的便利化、自由化；全球跨境投资将在波动中上升，跨境投资规则制定出现新趋势；全球人口老龄化加速，发展中国家中等收入群体将超越发达国家；绿色发展将成为各国制定发展战略的重要取向；全球能源结构与格局将深刻变化；全球粮食安全总体状况将有所改善；国际金融中心将多元化。外部环境的这些重大变化，将对中国发展带来前所未有的新机遇和新挑战。应把握好国际经济格局变化新趋势，在新一轮对外开放中趋利避害。

13. G20 转型的困境：拉美视角及对中国的启示. 李计广，郑育礼. 拉丁美洲研究，2018

［**作者简介**］对外经济贸易大学国际经济研究院，中国社会科学院台湾研究所。

［**内容提要**］2018 年 11 月底到 12 月初，二十国集团 (G20) 在阿根廷首都布宜诺斯艾利斯召开新一届峰会，这是距 2003 年墨西哥峰会 10 多年后再次在拉美国家召开 G20 峰会。此次 G20 峰会时值全球贸易保护主义泛滥、大国之间贸易摩擦此起彼伏等外部问题持续发酵，G20 本身的发展困境也已经逐步显现，加上 G20 拉美成员面临较为严重的国内经济政治困境，种种因素导致此次阿根廷峰会面临各成员方分歧加大、议题难以协调的两难局面，预期此次阿根廷峰会将难以取得令各方满意的成果。就拉美各成员而言，应推动 G20 维持非正式论坛性质，维持G20 作为“全球经济治理的首要论坛”地位，加强拉美国家在全球经济治理体系中的作用，进而推动拉美国家国内经济问题的解决并实现 G20 对拉美国家长效发展议题的协调推动。中国在此过程中可扮演积极角色，推动与拉美新兴经济体的深入合作，就此次峰会热点话题进行充分的意见交流，提高中国声音与中国模式在拉美地区的影响力。

14. 全球经济治理话语权：时代境遇与中国策略. 刘勇，张译文. 江海学刊，2018

［**作者简介**］扬州大学中国特色社会主义理论体系研究中心。

［**内容提要**］中国经济实力的不断增强、欧美大国解决全球经济问题能力和意愿的下降以及广大发展中国家要求中国“发声”的热切期盼，为中国提升在全球经济治理中的话语权提供了机遇。但是，话语权的提升不是国家绝对实力的简单叠加，还要受到诸多因素的影响。当前，针对全球经济治理缺乏价值共识、现有全球经济治理体系转型艰难以及中国对全球公共品供给能力不足等挑战，中国适时提出“人类命运共同体”理念和“一带一路”倡议，并辅之以创设金砖银行和亚投行等新实践。这些新理念、新倡议和新实践，对全球经济治理话语权的重塑具有推动作用，必将有利于中国在全球经济治理中提升话语的设置权和主导权。

15. 全球经济治理新范式——基于权威、制度和观念的视角. 陈伟光，蔡伟宏. 江海学刊，2018

［**作者简介**］广东外语外贸大学教育部战略研究基地“21 世纪海上丝绸之路与区域创新国际战略研究中心”，广东外语外贸大学金融学院。

［**内容提要**］全球经济治理范式是建立在其框架基础上的权威、制度和观念三要素决定的。全球金融危机以来，权威分散、观念多元以及制度创新的结构性变化推动全球经济治理范式加快转型。反映权力平衡、多元理念、共同发展导向的“新多边制度秩序”是未来国际社会应有的取向，“一带一路”建设以及中国所倡导的开放、包容、普惠、共享的全球化模式，是这种全球经济治理新范式的体现。

第九篇　与 WTO 有关的法规及政策（2018）

（按发布时间先后排序）

《中华人民共和国环境保护税法实施条例》

现公布《中华人民共和国环境保护税法实施条例》，自2018年1月1日起施行。

《对外投资备案（核准）报告暂行办法》

根据中央深改组第三十五次会议精神和国务院关于规范企业海外经营行为的有关要求，为加强对外投资备案（核准）报告管理工作，建立健全部门间信息统一归集和共享机制，切实防范风险，促进对外投资健康有序发展，商务部、人民银行、国务院国资委、银监会、证监会、保监会、国家外汇局制定了《对外投资备案（核准）报告暂行办法》，现予以印发，请贯彻执行。

《中华人民共和国海关企业信用管理办法》

《中华人民共和国海关企业信用管理办法》已于2018年1月29日经海关总署署务会议审议通过，现予公布，自2018年5月1日起施行。

《关于加强知识产权审判领域改革创新若干问题的意见》

中共中央办公厅、国务院办公厅印发了《关于加强知识产权审判领域改革创新若干问题的意见》，并发出通知，要求各地区各部门结合实际认真贯彻落实。

《商务部规范性文件制定和管理办法》

《商务部规范性文件制定和管理办法》已经2018年3月14日商务部第111次部务会议审议通过，现予公布，自2018年5月13日起施行。

《倾销及倾销幅度期间复审规则》

《倾销及倾销幅度期间复审规则》已经2018年3月14日商务部第111次部务会议审议通过，现予发布，自2018年5月4日起施行。

《反倾销问卷调查规则》

《反倾销问卷调查规则》已经2018年3月14日商务部第111次部务会议审议通过，现予发布，自2018年5月4日起施行。

《反倾销和反补贴调查听证会规则》

《反倾销和反补贴调查听证会规则》已经2018年3月14日商务部第111次部务会议审议通过，现予发布，自2018年5月4日起施行。

《知识产权对外转让有关工作办法（试行）》

《知识产权对外转让有关工作办法（试行）》已经国务院同意，现印发给你们，请认真贯彻执行。

《国务院关税税则委员会关于降低药品进口关税的公告》

根据《中华人民共和国进出口关税条例》相关规定，为减轻广大患者特别是癌症患者药费负担并有更多用药选择，自 2018 年 5 月 1 日起，以暂定税率方式将包括抗癌药在内的所有普通药品、具有抗癌作用的生物碱类药品及有实际进口的中成药进口关税降为零，具体税目及税率调整情况见附件。

《财政部 商务部 文化和旅游部 海关总署 国家税务总局关于印发口岸进境免税店管理暂行办法补充规定的通知》

为进一步促进口岸进境免税店健康发展，指导相关口岸制定科学规范的招标评判标准，从严甄别投标企业实际情况，选定具有可持续发展能力的经营主体，实现政策初衷，现就《口岸进境免税店管理暂行办法》（财关税〔2016〕8 号）作出补充规定。本办法自公布之日起施行。

《中国服务外包示范城市动态调整暂行办法》

根据党的十九大报告关于深化供给侧结构性改革优化资源配置的精神和国务院关于建立中国服务外包示范城市（以下简称示范城市）动态调整机制的工作要求，为充分发挥示范城市激励示范的作用，商务部会同发展改革委、教育部、科技部、工业和信息化部、财政部、人力资源社会保障部、税务总局和外汇局等部门研究制订了《中国服务外包示范城市动态调整暂行办法》（以下简称《暂行办法》）。经国务院批准，现将《暂行办法》印发给你们。请相关省级人民政府依据要求，指导本地示范城市建设和申请城市创建工作；请申请城市每年 4 月底前向商务部报送创建示范城市的材料，并参加当年示范城市综合评价工作。

《进口可用作原料的固体废物装运前检验监督管理实施细则》

根据《进口可用作原料的固体废物检验检疫监督管理办法》，海关总署制定了《进口可用作原料的固体废物装运前检验监督管理实施细则》，自 2018 年 6 月 1 日起执行。

《进口可用作原料的固体废物国内收货人注册登记管理实施细则》

根据《进口可用作原料的固体废物检验检疫监督管理办法》，海关总署制定了《进口可用作原料的固体废物国内收货人注册登记管理实施细则》，现予以公告，自 2018 年 8 月 1 日起执行。《进口可用作原料的固体废物国内收货人注册登记管理实施细则（试行）》（原质检总局公告 2009 年第 91 号公布）同时废止。

原已获得进口可用作原料的固体废物国内收货人注册登记的企业，属于加工利用型的，应及时向工商注册所在地的直属海关申请换发新证；属于贸易型的，注册登记自动失效。

《国务院关于做好自由贸易试验区第四批改革试点经验复制推广工作的通知》

建设自由贸易试验区（以下简称自贸试验区）是党中央、国务院在新形势下全面深化改革和扩大开放的战略举措。按照党中央、国务院部署，11 个自贸试验区所在省市和有关部门结合各自贸试验区功能定位和特色特点，全力推进制度创新实践，形成了自贸试验区第四批改革试点经验，将在全国范围内复制推广。

《关于修改〈外商投资企业设立及变更备案管理暂行办法〉的决定》

《关于修改＜外商投资企业设立及变更备案管理暂行办法＞》的决定已经商务部第4次部长会议审议通过，现予公布，自2018年6月30日起施行。

《自由贸易试验区外商投资准入特别管理措施（负面清单）（2018年版）》

《自由贸易试验区外商投资准入特别管理措施（负面清单）（2018年版）》已经党中央、国务院同意，现予以发布，自2018年7月30日起施行。2017年6月5日国务院办公厅印发的《自由贸易试验区外商投资准入特别管理措施（负面清单）（2017年版）》同时废止。

《外商投资准入特别管理措施（负面清单）（2018年版）》

《外商投资准入特别管理措施（负面清单）（2018年版）》已经党中央、国务院同意，现予以发布，自2018年7月28日起施行。2017年6月28日国家发展和改革委员会、商务部发布的《外商投资产业指导目录（2017年修订）》中的外商投资准入特别管理措施（外商投资准入负面清单）同时废止，鼓励外商投资产业目录继续执行。

《中华人民共和国船舶吨税法》

《中华人民共和国船舶吨税法》将于2018年7月1日起实施。

《关于扩大进口促进对外贸易平衡发展的意见》

商务部、外交部、发展改革委、工业和信息化部、财政部、生态环境部、交通运输部、农业农村部、文化和旅游部、卫生健康委、人民银行、海关总署、税务总局、市场监管总局、国际发展合作署、能源局、林草局、外汇局、药监局、知识产权局《关于扩大进口促进对外贸易平衡发展的意见》已经国务院同意，现转发给你们，请认真贯彻执行。

《进口可用作原料的固体废物国外供货商注册登记管理实施细则》

根据《进口可用作原料的固体废物检验检疫监督管理办法》，海关总署制定了《进口可用作原料的固体废物国外供货商注册登记管理实施细则》，现予以公告。

该细则自2018年8月1日起执行，《进口可用作原料的固体废物国外供货商注册登记管理实施细则》（原质检总局公告2009年第98号公布）同时废止。

《国务院关于推进国有资本投资、运营公司改革试点的实施意见》

改组组建国有资本投资、运营公司，是以管资本为主改革国有资本授权经营体制的重要举措。按照《中共中央 国务院关于深化国有企业改革的指导意见》《国务院关于改革和完善国有资产管理体制的若干意见》有关要求和党中央、国务院工作部署，为加快推进国有资本投资、运营公司改革试点工作，现提出以下实施意见。

《外商投资期货公司管理办法》

经国务院批准，现公布《外商投资期货公司管理办法》，自公布之日起施行。

《2018 年农产品进口关税配额再分配公告》

根据《农产品进口关税配额管理暂行办法》，特制定《2018 年农产品进口关税配额再分配公告》，现予以公布。

《优化口岸营商环境促进跨境贸易便利化工作方案》

现将《优化口岸营商环境促进跨境贸易便利化工作方案》印发给你们，请认真贯彻执行。

《中国（海南）自由贸易试验区总体方案》

现将《中国（海南）自由贸易试验区总体方案》印发给你们，请认真贯彻执行。

《商务部行政处罚实施办法》

《商务部行政处罚实施办法》已经 2018 年 11 月 24 日本届商务部第 10 次部务会议审议通过，现予公布。该办法自 2019 年 1 月 11 日起施行，《商务部行政处罚实施办法（试行）》（商务部令 2005 年第 1 号）同时废止。

《国务院关于支持自由贸易试验区深化改革创新若干措施的通知》

建设自由贸易试验区（以下简称自贸试验区）是党中央、国务院在新形势下全面深化改革和扩大开放的战略举措。党的十九大报告强调要赋予自贸试验区更大改革自主权，为新时代自贸试验区建设指明了新方向、提出了新要求。为贯彻落实党中央、国务院决策部署，支持自贸试验区深化改革创新，进一步提高建设质量，现将有关事项通知如下。

《专利代理条例》

《专利代理条例》已经 2018 年 9 月 6 日国务院第 23 次常务会议修订通过，现将修订后的《专利代理条例》公布，自 2019 年 3 月 1 日起施行。

《2019 年自动进口许可管理货物目录》

依据《中华人民共和国对外贸易法》《中华人民共和国货物进出口管理条例》《货物自动进口许可管理办法》《机电产品自动进口许可实施办法》等法律、行政法规和规章，现公布《2019 年自动进口许可管理货物目录》，自 2019 年 1 月 1 日起执行。2017 年 12 月 10 日商务部、海关总署、质检总局发布的《2018 年自动进口许可管理货物目录》和商务部、海关总署公告 2018 年第 35 号同时废止。

《2019 年进口许可证管理货物目录》

依据《中华人民共和国对外贸易法》《中华人民共和国货物进出口管理条例》《消耗臭氧层物质管理条例》

和《重点旧机电产品进口管理办法》，现公布《2019 年进口许可证管理货物目录》，自 2019 年 1 月 1 日起执行。2017 年 12 月 22 日商务部、海关总署、质检总局公布的《2018 年进口许可证管理货物目录》同时废止。

《2019 年出口许可证管理货物目录》

依据《中华人民共和国对外贸易法》《中华人民共和国货物进出口管理条例》《消耗臭氧层物质管理条例》等法律、行政法规和有关规章，现公布《2019 年出口许可证管理货物目录》（以下简称为目录），并就有关事项公告如下。

《两用物项和技术进出口许可证管理目录》

据《两用物项和技术进出口许可证管理办法》（商务部海关总署令 2005 年第 29 号）和 2018 年《中华人民共和国进出口税则》，商务部和海关总署对《两用物项和技术进出口许可证管理目录》进行了调整，现将调整后的《两用物项和技术进出口许可证管理目录》（见附件）予以公布。

第十篇　贸易统计数据

● 世界贸易统计

表 1

1950—2018 年世界货物出口和 GDP

（指数，2005 年 =100）

年份	总额				数量				GDP
	出口				出口				
	总计 a	农产品	燃料和矿产品	制成品	总计 a	农产品	燃料和矿产品	制成品	
1950	0	2	16	0	3	11	9	1	10
1951	1	2	1	0	3	11	9	1	10
1952	1	2	1	0	3	11	11	1	11
1953	1	2	1	0	3	11	11	2	11
1954	1	2	1	0	4	11	12	2	12
1955	1	2	1	0	4	13	13	2	12
1956	1	2	1	0	4	13	14	2	13
1957	1	2	1	0	5	14	15	2	13
1958	1	2	1	0	4	14	14	2	13
1959	1	2	1	0	5	16	15	3	14
1960	1	3	1	1	6	17	19	3	15
1961	1	3	1	1	6	18	20	3	16
1962	1	3	1	1	6	18	20	3	17
1963	1	3	1	1	7	19	21	4	18
1964	1	3	1	1	8	20	23	4	19
1965	1	3	1	1	8	21	24	4	20
1966	1	3	1	1	9	21	26	5	21
1967	1	3	2	1	9	22	28	5	22
1968	2	3	2	1	10	23	32	6	23
1969	2	4	2	1	12	24	34	7	24
1970	2	4	2	2	13	25	38	8	26
1971	2	4	2	2	13	26	38	8	27
1972	3	5	3	2	15	27	41	9	28
1973	4	8	4	3	16	28	45	10	30
1974	5	9	9	4	17	26	44	11	31
1975	5	9	9	4	16	27	39	11	31
1976	6	10	10	5	18	29	41	12	33
1977	7	12	11	6	19	30	43	13	34
1978	8	13	11	7	19	32	45	14	36
1979	10	17	17	8	20	33	47	14	37
1980	13	19	24	10	21	35	44	15	38
1981	13	19	23	9	21	37	40	16	39
1982	12	17	21	9	21	37	38	15	39

续 表

年份	总额				数量				GDP
	出口				出口				
	总计[a]	农产品	燃料和矿产品	制成品	总计[a]	农产品	燃料和矿产品	制成品	
1983	11	17	19	9	21	37	37	16	40
1984	12	18	19	10	23	38	39	18	42
1985	12	17	18	10	23	37	39	19	43
1986	13	19	14	12	24	37	42	20	45
1987	16	22	15	15	26	39	43	21	46
1988	18	24	16	17	28	40	45	23	48
1989	19	25	18	18	30	41	47	25	50
1990	22	27	21	21	31	41	50	26	52
1991	22	27	20	22	32	43	52	27	52
1992	23	29	19	23	34	45	54	28	53
1993	23	28	19	24	35	46	56	29	54
1994	26	32	20	27	38	49	60	33	56
1995	32	38	23	33	41	52	62	36	58
1996	33	39	26	34	43	54	64	38	60
1997	34	38	27	35	47	57	69	42	62
1998	34	36	21	36	49	58	70	44	63
1999	35	35	24	37	52	58	70	46	65
2000	40	35	35	41	57	60	71	52	68
2001	38	35	32	39	57	61	71	52	69
2002	40	37	33	42	59	63	73	54	71
2003	46	43	40	48	62	66	77	57	73
2004	56	50	54	58	69	68	82	63	76
2005	64	54	75	64	73	73	85	68	79
2006	74	60	96	72	79	77	89	75	82
2007	86	72	111	83	84	81	92	81	85
2008	99	85	147	91	86	82	93	83	86
2009	77	75	94	73	76	81	88	70	85
2010	94	86	125	87	86	86	93	83	88
2011	112	105	169	101	91	92	94	89	90
2012	112	105	171	101	93	94	97	91	92
2013	115	110	166	104	96	96	97	94	95
2014	115	112	155	108	98	98	97	97	97
2015	100	100	100	100	100	100	100	100	100
2016	97	101	85	98	102	102	102	100	102
2017	107	111	108	106	106	111	99	105	105
2018[b]	118	116	133	115	109	117	103	108	109

a. 包括未明确分类产品。
b. 初步数据。

表 1（续表）

1950—2018 年世界货物出口、产量和 GDP

（年度变化百分比）

年份	总额				数量				GDP
	出口				出口				
	总计 a	农产品	燃料和矿产品	制成品	总计 a	农产品	燃料和矿产品	制成品	
1950-1963	7.4	3.7	16.1	10.1	7.7	4.5	7.2	8.6	4.7
1964	11.8	6.9	11.8	15.0	10.9	5.4	8.8	14.9	7.2
1965	8.3	4.3	7.1	10.9	6.6	5.1	3.2	7.4	4.1
1966	9.2	4.1	9.8	10.8	7.7	3.7	6.2	10.3	6.5
1967	5.2	–0.2	5.7	7.7	5.7	2.4	10.3	4.7	3.7
1968	11.0	4.1	14.2	14.9	10.8	5.7	12.0	17.9	5.9
1969	14.2	6.9	9.2	16.5	12.2	5.4	6.0	16.5	6.7
1970	14.6	10.6	13.6	15.4	8.7	3.1	12.4	8.7	5.1
1971	11.7	7.4	11.3	13.7	7.0	2.0	1.0	9.0	4.4
1972	18.3	20.3	14.1	19.4	8.4	6.9	6.9	10.1	5.6
1973	38.4	45.5	47.4	34.1	12.1	0.9	10.2	14.2	6.9
1974	44.9	21.7	122.9	31.3	5.4	–4.5	–1.7	8.8	2.1
1975	4.3	1.0	–4.0	8.8	–7.3	1.0	–12.0	–4.0	1.4
1976	13.1	10.5	16.3	12.8	11.8	7.5	6.8	12.6	5.1
1977	13.7	13.5	10.6	14.7	4.2	3.5	2.7	5.0	4.2
1978	15.8	13.3	3.7	21.6	4.7	6.8	5.3	5.9	4.6
1979	27.0	24.4	47.0	21.3	5.2	4.8	5.9	5.0	4.0
1980	23.0	13.8	41.8	15.9	2.9	6.8	–6.3	5.9	1.7
1981	–1.2	–1.9	–3.2	–0.7	–0.3	5.0	–9.9	4.0	1.9
1982	–6.4	–7.5	–10.6	–3.6	–2.3	–2.0	–5.8	–2.1	0.4
1983	–2.1	–1.4	–8.0	0.5	2.5	0.2	–0.9	5.1	2.8
1984	5.8	5.3	–0.9	8.1	8.4	2.8	4.8	10.8	4.6
1985	–0.3	–5.7	–3.2	3.8	2.6	–1.2	–1.2	4.8	3.7
1986	9.4	11.1	–23.8	20.3	4.0	–1.7	9.1	4.1	3.3
1987	17.4	14.9	11.0	19.7	5.5	5.6	1.7	6.3	3.7
1988	13.7	13.1	0.9	16.1	8.5	2.7	5.6	9.5	4.6
1989	7.8	4.3	15.5	6.9	6.4	3.1	4.4	7.8	3.7
1990	12.9	4.7	16.2	14.4	3.8	0.7	5.7	5.5	2.8
1991	1.3	0.8	–6.2	3.3	3.5	3.3	3.3	3.6	1.4
1992	7.2	7.1	–0.9	8.0	5.3	6.0	4.3	4.7	2.0
1993	–0.2	–4.1	–3.5	0.0	4.2	1.0	3.5	4.1	1.5
1994	13.5	15.8	5.1	15.6	9.1	8.7	6.7	11.1	3.1
1995	19.4	17.7	15.2	20.0	7.3	4.6	3.6	9.0	2.9
1996	4.5	2.5	14.2	3.5	5.0	3.9	3.9	5.3	3.3
1997	3.3	–1.3	2.7	4.6	10.0	5.9	7.1	11.0	3.6

续 表

年 份	总 额				数 量				GDP
	出 口				出 口				
	总计[a]	农产品	燃料和矿产品	制成品	总计[a]	农产品	燃料和矿产品	制成品	
1998	–1.4	–4.6	–20.6	2.3	4.6	1.5	2.5	4.8	2.6
1999	4.0	–3.7	15.6	3.3	4.7	1.0	–0.7	5.1	3.3
2000	12.8	0.1	45.2	10.0	10.8	3.2	1.7	13.3	4.4
2001	–4.1	0.3	–8.8	–3.8	–0.3	1.8	0.0	–0.6	1.8
2002	4.8	5.9	1.4	5.4	3.6	3.5	2.6	3.9	2.1
2003	16.6	16.9	23.2	15.7	5.4	3.9	5.6	5.9	2.9
2004	21.7	14.6	34.7	20.3	9.8	3.5	6.7	11.3	4.1
2005	14.0	8.8	38.3	10.3	6.4	6.3	3.6	7.9	3.6
2006	15.6	10.9	27.6	13.1	8.6	5.7	4.1	10.5	4.0
2007	15.7	20.0	15.4	15.2	6.6	4.9	3.4	7.7	3.9
2008	15.4	18.5	32.6	9.9	2.1	1.9	1.1	2.3	1.4
2009	–22.6	–12.1	–35.8	–19.9	–12.1	–1.8	–5.4	–15.3	–2.1
2010	21.8	15.1	33.2	19.3	14.1	7.2	5.6	18.1	4.1
2011	19.9	21.9	34.5	15.2	5.2	6.1	2.1	6.8	2.8
2012	0.2	0.2	1.2	0.1	2.4	2.6	2.2	2.7	2.3
2013	2.1	4.6	–2.7	3.1	2.8	2.3	0.8	2.7	2.4
2014	0.4	1.2	–6.6	3.6	2.4	2.0	0.2	4.0	2.8
2015	–13.3	–10.5	–35.4	–7.1	2.1	1.9	2.6	2.8	2.8
2016	–3.2	1.3	–14.8	–1.6	1.6	2.0	1.8	0.3	2.3
2017	10.8	9.3	26.7	8.2	4.5	8.5	–2.7	4.7	3.0
2018[b]	10.1	4.8	23.4	8.3	2.8	6.1	3.7	3.3	3.2

a. 包括未分类产品。
b. 初步数据。

表 2

2008—2018 年世界货物出口（按地区和国家）

单位：百万美元

	2008	2009	2010	2011	2012	2013	2014	2015	2016	2017	2018
世界[a]	**16 165 179**	**12 560 549**	**15 300 890**	**18 338 098**	**18 511 147**	**18 950 647**	**18 984 510**	**16 530 568**	**16 030 540**	**17 731 864**	**19 475 361**
北美洲	2 035 212	1 601 883	1 964 302	2 283 428	2 372 077	2 417 940	2 493 766	2 293 110	2 215 028	2 376 526	2 564 528
百慕大	24	29	15	13		12	22	22	19	18	18
加拿大	456 471	316 094	387 481	451 335	455 592	458 318	476 300	409 965	390 048	420 829	449 845
墨西哥	291 265	229 712	298 305	349 569	370 770	380 015	396 912	380 550	373 947	409 401	450 572
美国	1 287 442	1 056 043	1 278 495	1 482 508	1 545 703	1 579 593	1 620 530	1 502 572	1 451 011	1 546 273	1 664 085
中、南美洲和加勒比地区	618 160	475 199	593 258	761 381	751 882	738 354	686 707	542 482	514 749	586 883	635 207
安奎拉	...	...	...	...	...	...	...	...	...	...	...
安提瓜和巴布达	65	51	46	56	63	69	99	66	85	208	87
阿根廷	70 018	55 672	68 187	84 051	79 982	75 963	68 405	56 784	57 910	58 622	61 620

续　表

	2008	2009	2010	2011	2012	2013	2014	2015	2016	2017	2018
阿鲁巴（荷兰）	5 456	1 952	265	5 180	1 389	279	259	330	284	135	205
巴哈马	956	711	702	834	984	955	834	521	481	571	630
巴巴多斯	488	379	429	475	565	457	474	483	517	485	445
伯利兹	469	381	478	604	627	609	589	538	443	457	415
玻利维亚	6 525	4 960	6 402	8 358	11 254	11 657	12 300	8 726	7 082	7 846	8 965
巴西	197 942	152 995	201 915	256 040	242 578	242 034	225 101	191 134	185 185	217 826	239 681
开曼群岛	33	28	24	37	39	51	48	65	51	33	34
智利	64 510	55 463	71 109	81 438	77 791	76 770	75 065	62 035	60 733	69 230	75 482
哥伦比亚	37 626	32 853	39 713	56 915	60 125	58 824	54 857	36 018	31 768	37 881	41 831
哥斯达黎加	9 504	8 784	9 448	10 408	11 433	11 480	11 250	9 422	8 256	9 556	11 201
古巴	3 957	3 092	4 914	6 440	5 900	5 283	4 857	3 350	2 317	2 970	2 740
库拉索岛	...	...	...	928	948	705	702	466	419	477	630
多米尼克	40	33	37	29	34	35	36	30	23	21	19
多米尼加	6 748	5 483	6 754	8 492	9 069	9 651	9 899	9 442	9 840	10 121	10 965
厄瓜多尔	18 818	13 863	17 490	22 322	23 765	24 848	25 724	18 331	16 798	19 122	21 606
萨尔瓦多	4 641	3 866	4 499	5 308	5 339	5 491	5 302	5 509	5 420	5 760	5 905
格林纳达	31	29	25	31	35	37	37	33	30	30	32
危地马拉	7 737	7 214	8 463	10 401	9 979	10 025	10 803	10 675	10 463	11 001	11 019
圭亚那	795	763	880	1 129	1 416	1 375	1 167	1 151	1 441	1 436	1 315
海地	480	576	579	767	815	885	950	882	1 042	999	1 078
洪都拉斯	6 199	4 827	6 264	7 977	8 359	7 833	8 117	8 226	7 960	8 675	9 105
牙买加	2 439	1 316	1 328	1 623	1 712	1 569	1 452	1 263	1 202	1 310	1 710
蒙特塞拉特岛	4	3	1	2	2	6	3	3	4	6	6
荷属安的列斯	1 088	810	807	...	...	...	...	...	...	...	...
尼加拉瓜	2 531	2 391	3 251	4 133	4 686	4 794	5 126	4 839	4 782	5 170	5 014
巴拿马	9 817	10 717	10 987	14 555	15 945	14 732	12 960	11 348	11 195	11 093	11 480
巴拉圭	6 407	5 080	6 505	7 763	7 283	9 456	9 656	8 328	8 494	8 680	9 045
秘鲁	31 019	26 962	35 803	46 376	47 411	42 861	39 533	34 414	37 082	45 275	48 942
圣基茨和尼维斯	51	38	32	45	46	56	57	55	51	50	53
圣卢西亚	164	166	215	160	182	174	161	180	120	127	96
圣马丁岛	52	49	42	38	43	49	48	46	47	42	50
圣文森特和格林纳丁斯	...	...	...	127	131	164	132	129	132	123	165
苏里南	1 743	1 402	2 026	2 467	2 695	2 416	2 113	1 652	1 439	2 035	2 100
特立尼达和多巴哥	18 650	9 126	10 982	14 944	12 983	18 745	14 530	10 804	7 632	8 863	10 075
乌拉圭	5 942	5 405	6 724	7 912	8 709	9 067	9 132	7 688	7 043	7 888	7 498
委内瑞拉	95 021	57 603	65 745	92 811	97 340	88 753	74 714	37 309	26 696	32 540	33 660
欧洲	6 488 380	5 026 857	5 650 067	6 654 099	6 464 042	6 776 963	6 806 280	5 957 988	5 947 940	6 509 049	7 111 765
阿尔巴尼亚	1 355	1 091	1 545	1 951	1 968	2 332	2 431	1 930	1 962	2 301	2 876
奥地利	181 289	136 989	152 560	177 428	166 611	175 156	178 223	152 728	152 090	168 026	184 722
比利时	471 840	370 125	407 692	475 672	445 939	468 760	472 192	396 841	398 218	430 554	466 724
波斯尼亚和黑塞哥维那	5 021	3 954	4 803	5 850	5 162	5 687	5 891	5 096	5 327	6 370	7 500
保加利亚	22 362	16 318	20 630	28 208	26 686	29 579	29 246	25 371	26 572	31 437	33 151
克罗地亚	14 112	10 403	11 806	13 338	12 371	12 659	13 835	12 925	13 813	16 069	17 372

续 表

	2008	2009	2010	2011	2012	2013	2014	2015	2016	2017	2018
塞浦路斯	1 633	1 257	1 402	1 818	1 740	2 019	3 164	3 295	2 964	3 287	4 974
捷克	146 799	112 955	132 982	162 939	157 041	162 274	175 022	157 877	162 692	182 143	202 197
丹麦	116 923	93 984	96 440	111 864	105 469	110 949	111 493	95 457	95 326	102 559	108 972
爱沙尼亚	12 458	9 048	11 591	16 709	16 087	16 320	16 042	12 829	13 180	14 541	17 006
法罗群岛	852	762	839	1 008	952	1 087	1 110	1 023	1 202	1 335	1 272
芬兰	96 455	62 854	69 518	79 142	73 077	74 437	74 333	59 817	57 908	68 073	76 067
法国	616 240	484 781	523 767	596 473	568 708	580 963	580 843	506 264	501 179	535 188	581 816
德国	1 446 171	1 120 041	1 258 924	1 473 985	1 401 113	1 445 067	1 494 210	1 326 206	1 334 355	1 448 190	1 560 815
希腊	26 382	20 469	27 950	33 819	35 441	36 251	36 005	28 708	28 170	32 643	39 474
匈牙利	108 504	83 008	95 483	112 312	103 570	107 503	110 622	98 524	101 919	113 806	125 864
冰岛	5 382	4 057	4 604	5 347	5 064	4 998	5 053	4 741	4 457	4 882	5 561
爱尔兰	125 719	115 928	116 497	125 740	116 773	116 637	121 057	123 361	130 864	137 479	164 643
意大利	542 748	406 909	447 301	523 258	501 306	518 268	529 797	456 989	461 737	507 418	546 643
拉脱维亚	10 144	7 702	9 532	13 130	14 112	14 467	14 529	12 130	12 147	14 013	15 643
立陶宛	23 646	16 454	20 748	28 050	29 611	32 598	32 318	25 393	25 010	29 901	33 407
卢森堡	25 694	21 339	19 748	20 866	18 833	18 441	19 106	17 145	15 815	15 746	16 208
马耳他	3 481	2 857	3 586	4 386	4 250	3 637	2 929	2 607	3 146	2 516	3 012
黑山	617	388	437	628	469	498	438	352	361	421	472
荷兰	637 918	497 891	574 251	667 101	655 374	671 556	672 410	570 442	570 606	652 065	722 668
挪威	3 991	2 708	3 351	4 478	4 015	4 299	4 964	4 530	4 855	5 684	6 908
波兰	171 764	116 778	130 657	160 410	160 953	156 022	144 677	103 809	89 505	104 098	122 972
葡萄牙	170 458	136 503	159 724	188 696	185 374	204 984	220 052	199 124	203 816	234 364	260 607
罗马尼亚	57 137	44 211	49 406	59 617	58 090	62 823	63 833	55 047	55 373	62 157	68 451
塞尔维亚	49 535	40 567	49 579	63 035	57 841	65 835	69 725	60 595	63 534	70 761	79 671
斯洛伐克	10 972	8 345	9 795	11 779	11 229	14 614	14 845	13 376	14 883	16 996	19 227
斯洛文尼亚	71 142	56 082	64 664	79 830	80 612	85 750	86 453	75 235	77 567	84 468	94 217
西班牙	34 128	26 177	29 200	34 682	32 163	34 019	35 956	31 930	32 917	38 443	44 210
瑞典	281 493	227 338	254 418	306 551	295 250	317 833	324 533	282 274	289 981	319 531	345 166
瑞士	183 327	130 781	158 549	186 963	172 345	167 550	164 645	140 024	139 291	153 110	165 971
马其顿	200 759	172 474	195 609	234 819	312 464	357 852	311 204	289 819	302 849	299 559	310 809
土耳其	132 027	102 143	113 883	134 907	152 462	151 803	157 610	143 839	142 530	156 993	167 967
英国	472 168	354 893	415 959	506 570	472 792	540 616	504 632	459 633	409 044	441 106	485 711
欧盟 (28)	5 954 870	4 613 534	5 183 906	6 092 183	5 808 578	6 076 951	6 157 210	5 388 772	5 379 236	5 909 597	6 465 381
欧盟 (28) 对外出口	1 925 494	1 525 858	1 793 930	2 163 418	2 163 939	2 306 076	2 261 537	1 984 581	1 930 727	2 123 121	2 308 693
独联体	702 540	450 312	589 214	785 950	799 811	778 619	733 446	496 187	415 811	518 248	640 193
亚美尼亚	1 057	710	1 011	1 334	1 380	1 480	1 519	1 485	1 792	2 245	2 412
阿塞拜疆	30 586	21 097	26 476	34 495	32 634	31 703	28 260	16 592	13 108	15 476	21 500
白俄罗斯	32 571	21 304	25 284	41 419	46 060	37 203	36 127	26 660	23 537	29 240	33 716
格鲁吉亚	1 495	1 134	1 677	2 189	2 376	2 910	2 861	2 205	2 113	2 736	3 354
哈萨克斯坦	71 172	43 196	59 971	84 336	86 449	84 700	79 460	45 956	36 737	48 503	60 956
吉尔吉斯斯坦	1 856	1 673	1 756	1 979	1 894	2 058	1 897	1 441	1 573	1 764	1 765
摩尔多瓦	1 591	1 283	1 541	2 217	2 162	2 428	2 340	1 967	2 045	2 425	2 707
俄罗斯	471 606	303 388	400 630	522 011	529 256	521 836	496 807	341 419	281 710	353 548	444 008

续 表

	2008	2009	2010	2011	2012	2013	2014	2015	2016	2017	2018
塔吉克斯坦	1 409	1 010	1 195	1 257	1 360	1 162	977	891	899	1 198	1 209
土库曼斯坦	11 945	5 000	6 500	13 000	16 500	16 800	17 500	10 000	6 964	7 458	10 000
乌克兰	66 954	39 782	51 478	68 460	68 530	64 338	54 199	38 127	36 360	43 265	47 348
乌兹别克斯坦	10 298	10 735	11 695	13 254	11 210	12 000	11 500	9 443	8 974	10 390	11 218
非洲	562 062	393 587	521 667	610 742	639 757	590 892	561 808	388 406	356 104	421 344	478 640
阿尔及利亚	79 298	45 174	57 053	73 489	71 866	64 974	60 061	34 668	30 026	35 191	40 883
安哥拉	63 914	40 828	50 595	67 310	71 093	68 247	59 170	33 181	27 589	34 614	42 124
贝宁	1 282	1 225	1 282	1 410	1 443	1 982	2 560	1 682	1 774	1 980	2 249
博茨瓦纳	4 951	3 456	4 693	5 882	5 971	7 911	8 510	6 323	7 362	5 911	5 959
布基纳法索	693	900	1 591	2 399	2 182	2 356	2 453	2 176	2 509	2 875	3 231
布隆迪	57	67	101	123	134	94	132	121	125	172	161
佛得角	32	35	44	69	56	69	80	67	60	50	76
喀麦隆	5 241	3 552	3 878	4 517	4 274	4 515	5 145	4 058	3 305	3 233	3 817
中非	150	120	140	190	203	116	99	86	115	140	178
乍得	4 169	2 800	3 600	4 800	4 800	3 800	4 194	2 200	1 800	1 600	1 900
科摩罗	7	15	21	26	20	21	26	17	31	40	52
刚果	8 325	6 100	9 400	11 851	10 275	9 028	8 865	4 678	4 356	6 078	10 034
科特迪瓦	10 390	11 327	11 410	12 635	12 124	12 049	12 951	11 730	10 876	11 853	11 263
刚果（金）	4 400	3 500	5 300	6 600	6 300	6 200	7 915	5 800	5 400	7 900	8 800
吉布提	69	77	85	93	118	120	129	134	139	142	168
埃及	26 224	23 062	26 438	30 528	29 409	29 018	26 852	21 349	25 468	25 604	27 624
赤道几内亚	15 218	9 100	10 000	13 500	15 500	14 700	12 800	6 500	4 900	5 200	6 100
厄立特里亚	11	11	13	430	480	316	630	499	436	482	573
埃斯瓦蒂尼	1 570	1 660	1 800	1 910	1 926	1 895	2 004	1 812	1 634	1 794	1 736
埃塞俄比亚	1 602	1 618	2 330	2 875	3 370	3 112	3 427	3 050	2 919	3 163	2 803
加蓬	9 566	5 356	8 686	9 766	9 493	10 039	9 158	5 590	4 363	5 678	7 082
冈比亚	14	66	68	95	119	106	104	90	94	106	153
加纳	5 270	5 840	7 960	12 785	13 552	13 752	13 217	10 321	11 138	13 835	14 642
几内亚	1 342	1 050	1 471	1 433	1 928	1 886	2 066	1 781	2 414	4 594	4 085
几内亚比绍	128	122	127	242	131	153	166	252	292	329	348
肯尼亚	5 001	4 463	5 169	5 756	6 127	5 856	6 115	5 906	5 695	5 747	6 086
莱索托	884	734	878	1 172	972	847	826	844	884	1 028	1 230
利比里亚	242	149	222	367	460	559	444	283	279	358	490
利比亚	61 950	37 055	48 935	19 060	61 026	46 018	20 826	11 392	9 446	18 379	21 253
马达加斯加	1 310	1 052	1 149	1 590	1 516	1 923	2 196	2 048	2 254	2 848	3 052
马拉维	879	1 188	1 066	1 425	1 183	1 208	1 370	1 080	1 022	884	1 013
马里	2 097	1 774	1 996	2 374	2 610	2 339	2 776	2 717	2 826	2 907	2 943
毛里塔尼亚	1 788	1 364	2 074	2 749	2 641	2 652	1 935	1 389	1 401	1 722	1 931
毛里求斯	2 384	1 939	2 261	2 565	2 649	2 869	3 094	2 662	2 376	2 342	2 373
摩洛哥	20 345	14 054	17 771	21 654	21 446	21 972	23 920	22 334	22 839	25 332	29 074

续 表

	2008	2009	2010	2011	2012	2013	2014	2015	2016	2017	2018
莫桑比克	2 653	2 147	3 000	3 604	3 856	4 024	4 421	3 413	3 328	4 725	5 196
纳米比亚	3 141	3 146	4 026	4 407	4 389	4 629	4 612	4 067	4 084	4 443	4 875
尼日尔	910	1 000	1 150	1 250	1 450	1 588	1 445	1 087	1 032	1 206	1 427
尼日利亚	86 274	56 742	84 000	116 000	114 700	90 555	103 100	50 216	33 302	44 468	60 665
卢旺达	268	235	297	464	591	703	723	682	727	1 050	1 108
圣多美和普林西比	11	8	11	11	12	13	17	11	14	16	15
塞内加尔	2 170	2 017	2 161	2 542	2 532	2 661	2 750	2 612	2 640	2 989	3 517
塞舌尔	430	395	400	483	497	578	540	415	460	547	573
塞拉利昂	216	231	341	350	1 122	1 917	1 552	512	600	639	826
索马里	…	…	…	…	…	…	…	…	…	…	…
南非	80 782	61 677	91 347	108 815	99 606	96 153	93 043	80 865	76 312	88 768	93 982
苏丹	11 671	8 257	11 404	10 193	4 066	4 790	4 350	3 169	3 094	4 100	3 485
坦桑尼亚	3 121	2 982	4 051	4 735	5 075	4 559	4 628	4 890	5 146	4 393	3 853
多哥	853	903	976	1 179	1 314	1 522	1 324	1 011	1 036	1 037	1 105
突尼斯	19 320	14 445	16 427	17 847	17 007	17 061	16 756	14 073	13 572	14 204	15 534
乌干达	1 724	1 568	1 619	2 159	2 357	2 408	2 262	2 267	2 482	2 901	3 088
赞比亚	5 099	4 312	7 200	9 001	9 365	10 607	9 694	6 607	6 372	8 007	9 052
津巴布韦	2 200	2 269	3 199	3 512	3 882	3 907	3 866	3 248	3 319	3 480	4 514
中东	1 034 138	722 026	906 354	1 267 422	1 363 583	1 354 299	1 264 824	891 578	814 027	938 514	1 139 898
巴林	17 316	11 874	14 971	19 650	19 768	21 930	20 130	16 540	12 785	15 376	19 875
伊朗	113 668	78 830	101 316	132 000	108 341	90 765	95 160	70 275	72 903	92 764	107 900
伊拉克	61 273	41 929	52 483	83 226	94 392	93 066	88 112	57 577	47 642	63 314	89 355
以色列	61 337	47 935	58 413	67 796	63 141	66 607	68 507	63 701	60 401	61 126	57 393
约旦	7 938	6 375	7 028	8 006	7 887	7 920	8 385	7 833	7 549	7 511	7 773
科威特	87 457	54 008	69 978	102 103	118 912	115 104	102 111	54 122	46 273	54 924	71 566
黎巴嫩	4 454	4 187	5 021	5 664	5 615	5 170	4 548	3 982	3 930	4 026	3 830
阿曼	37 719	27 651	36 601	47 092	52 138	55 497	50 718	31 927	24 455	32 904	46 637
卡塔尔	67 307	48 007	74 964	114 448	132 962	136 855	131 592	77 971	57 311	67 433	86 469
沙特阿拉伯	313 462	192 314	251 143	364 699	388 401	375 872	342 433	203 550	183 579	221 835	299 100
叙利亚	15 410	10 855	12 796	11 000	4 000	3 000	2 300	1 600	1 700	1 800	2 000
阿拉伯联合酋长国	239 213	191 802	213 539	302 037	359 728	374 214	343 036	300 500	295 000	314 000	345 500
也门	7 584	6 259	8 100	9 700	8 300	8 300	7 792	2 000	500	1 500	2 500
亚洲 a	4 724 686	3 890 684	5 076 029	5 975 077	6 119 996	6 293 579	6 437 680	5 960 819	5 766 882	6 381 300	6 905 131
阿富汗	540	403	388	376	429	515	570	571	596	780	875
澳大利亚	187 257	154 331	212 634	271 733	256 675	252 981	239 975	187 742	192 489	231 072	256 880
孟加拉国	15 370	15 083	19 194	24 439	25 127	29 114	30 405	32 379	34 894	35 851	39 252
不丹	521	496	641	675	535	544	583	549	525	573	620
文莱达鲁萨兰	10 319	7 200	8 907	12 465	13 001	11 447	10 509	6 353	4 875	5 571	5 430
柬埔寨	4 708	4 196	5 143	6 704	7 838	6 666	6 846	8 542	10 069	12 089	14 350
中国	1 430 693	1 201 612	1 577 754	1 898 381	2 048 714	2 209 005	2 342 290	2 273 468	2 097 632	2 263 346	2 487 045

续 表

	2008	2009	2010	2011	2012	2013	2014	2015	2016	2017	2018
斐济	922	630	841	1 069	1 221	1 108	1 373	895	926	956	1 025
法属波利尼西亚	195	148	153	168	139	151	170	130	173	153	148
中国香港	370 242	329 422	400 692	455 573	492 907	535 546	524 130	510 596	516 734	550 272	569 241
国内出口	16 958	16 839	14 798	16 846	22 371	20 185	15 597	13 075	25 532	18 411	12 904
转口	353 284	312 583	385 894	438 727	470 537	515 361	508 533	497 521	491 202	531 861	556 337
印度	194 828	164 909	226 351	302 905	296 828	314 848	322 694	267 444	264 144	299 275	325 562
印度尼西亚	139 606	119 646	157 779	203 497	190 032	182 552	176 293	150 366	144 743	168 775	180 215
日本	781 412	580 719	769 774	823 184	798 568	715 097	690 203	624 787	644 900	698 131	738 403
基里巴斯	8	6	4	9	6	7	10	10	11	14	11
韩国	422 007	363 534	466 384	555 214	547 870	559 632	572 664	526 757	495 426	573 694	604 860
老挝	1 092	1 053	1 746	2 190	2 271	2 264	2 662	3 653	4 245	4 823	5 260
中国澳门	1 997	961	870	869	1 021	1 138	1 241	1 339	1 257	1 406	1 510
马来西亚	199 414	157 244	198 612	228 086	227 538	228 331	233 927	199 158	189 659	217 722	247 365
马尔代夫	331	169	198	346	314	331	301	240	256	318	350
密克罗尼西亚联邦	27	25	30	73	52	35	32	40	49	46	75
蒙古	2 539	1 903	2 899	4 818	4 385	4 269	5 775	4 669	4 916	6 201	7 012
缅甸	6 882	6 662	8 661	9 238	8 877	11 233	11 453	11 429	11 831	13 879	16 795
尼泊尔	939	823	856	919	911	879	889	721	696	742	840
新喀里多尼亚	1 300	993	1 493	1 663	1 326	1 223	1 595	1 219	1 330	1 561	1 936
新西兰	30 580	24 933	31 396	37 669	37 305	39 445	41 622	34 354	33 740	38 063	39 713
北马里亚纳群岛	115	9	5	2	4	4	2	2	6	7	5
巴基斯坦	20 323	17 523	21 410	25 383	24 567	25 121	24 731	22 089	20 375	21 569	23 485
帕劳	10	6	6	6	9	7	11	6	7	6	8
巴布亚新几内亚	5 713	4 394	5 742	6 908	6 328	5 951	8 794	8 453	8 194	9 952	9 540
菲律宾	49 078	38 436	51 496	48 305	52 099	56 698	62 100	58 827	57 406	68 713	67 488
萨摩亚	72	46	70	66	76	62	51	59	56	44	46
新加坡	338 176	269 832	351 867	409 503	408 393	410 250	409 304	346 638	338 082	373 237	412 629
国内出口	162 474	131 769	169 141	185 590	187 437	203 205	202 271	184 816	175 887	185 324	203 423
转口	175 702	138 064	182 726	223 913	228 161	207 045	207 033	161 822	162 195	187 912	209 206
所罗门群岛	210	165	224	418	500	487	459	400	437	500	620
斯里兰卡	8 452	7 345	8 602	10 236	9 380	10 208	11 298	10 505	10 310	11 360	11 900
中国台北	255 629	203 675	274 601	308 257	306 409	311 428	320 092	285 344	280 321	317 249	335 909
泰国	177 778	152 422	193 306	222 576	229 106	228 505	227 462	214 310	215 388	236 635	252 106
东帝汶	13	8	16	13	31	18	15	18	20	23	47
汤加	9	8	8	14	16	17	19	18	21	19	15
图瓦卢	0	0	0	0	0	0	0	0	0	0	0
瓦努阿图	57	57	49	67	55	39	63	39	50	47	70
越南	62 685	57 096	72 237	96 906	114 529	132 033	150 217	162 065	176 581	214 323	245 635
备忘项:											
世界 不含 a											

续 表

	2008	2009	2010	2011	2012	2013	2014	2015	2016	2017	2018
欧盟(28)对内出口	12 135 803	9 472 873	11 910 914	14 409 332	14 866 505	15 179 772	15 088 837	13 126 378	12 582 032	13 945 388	15 318 674
欧洲 不含 欧盟(28)对内出口	2 459 005	1 939 180	2 260 091	2 725 334	2 819 401	3 006 088	2 910 607	2 553 797	2 499 431	2 722 573	2 955 077

a 含重要转口。

注：① 世界和亚洲数据含重复计算的因素，源于其使用一般货物贸易统计体系，该方法含转口贸易。

② 一些国家和地区近几年的数据由秘书处统计。

表 3

2008—2018 年世界货物进口（按地区和国家）

单位：百万美元

	2008	2009	2010	2011	2012	2013	2014	2015	2016	2017	2018
世界 a	16 595 285	12 801 830	15 532 569	18 526 597	18 738 651	19 049 527	19 130 685	16 787 026	16 284 921	18 043 287	19 866 489
北美洲	2 908 063	2 177 865	2 683 150	3 091 742	3 194 299	3 196 938	3 299 603	3 151 033	3 061 914	3 284 007	3 561 001
百慕大	1 159	1 064	972	900	900	1 012	962	934	980	1 095	1 000
加拿大	419 011	329 907	402 690	463 640	476 296	475 777	474 392	429 424	413 175	442 184	469 000
墨西哥	318 304	241 515	310 205	361 068	380 477	390 965	411 581	405 281	397 516	432 153	476 569
美国	2 169 487	1 605 296	1 969 184	2 266 024	2 336 524	2 329 060	2 412 550	2 315 301	2 250 154	2 408 476	2 614 327
中、南美洲和加勒比地区	609 059	452 250	585 272	735 668	750 111	775 404	746 942	625 733	537 200	580 401	645 439
安奎拉	...	...	...	...	...	...	...	...	...	...	...
安提瓜和巴布达	743	534	501	430	492	503	532	449	443	554	501
阿根廷	57 462	38 786	56 793	74 319	67 974	74 442	65 735	60 205	55 852	66 930	65 443
阿鲁巴（荷兰）b	6 011	2 449	1 394	5 917	2 046	1 377	1 350	1 250	1 138	1 124	1 250
巴哈马	3 199	2 535	2 591	2 966	3 386	3 166	3 344	2 954	2 632	3 108	3 560
巴巴多斯	1 920	1 449	1 569	1 805	1 780	1 759	1 739	1 618	1 622	1 600	1 585
伯利兹	837	669	706	831	861	928	962	991	953	916	960
玻利维亚	5 081	4 545	5 590	7 927	8 578	9 338	10 519	9 602	8 479	9 304	9 932
巴西	182 377	133 677	191 537	236 964	233 398	250 556	239 156	178 832	143 411	157 543	188 718
开曼群岛	1 130	936	872	962	960	980	1 023	986	1 023	1 051	1 180
智利	62 787	42 806	59 207	74 695	80 073	79 353	72 852	62 388	58 782	65 062	74 189
哥伦比亚	39 669	32 898	40 486	54 233	59 048	59 397	64 029	54 058	44 890	46 076	51 233
哥斯达黎加	15 372	11 395	13 570	16 220	17 591	18 127	17 509	16 273	15 456	15 322	16 159
古巴	15 373	9 619	11 496	14 243	13 869	14 707	13 037	11 702	10 270	10 120	10 030
库拉索岛	...	...	...	2 130	2 254	1 906	1 819	1 532	1 432	1 478	1 820
多米尼克	247	225	224	226	208	203	230	214	214	198	270
多米尼加 b	15 993	12 296	15 489	17 409	17 739	16 873	17 273	16 907	17 399	17 700	20 160
厄瓜多尔	18 852	15 090	20 591	24 438	25 477	27 146	27 726	21 518	16 324	20 010	23 193
萨尔瓦多	9 818	7 325	8 416	9 965	10 258	10 772	10 514	10 293	9 826	10 572	11 830
格林纳达	363	282	318	336	341	368	340	372	351	420	460
危地马拉	14 547	11 531	13 838	16 613	16 994	17 518	18 282	17 641	17 002	18 389	19 734

续 表

	2008	2009	2010	2011	2012	2013	2014	2015	2016	2017	2018
圭亚那	1 312	1 161	1 397	1 771	1 997	1 875	1 791	1 492	1 448	1 632	1 860
海地	2 315	2 124	3 146	3 020	3 170	3 580	3 734	3 683	3 423	3 877	4 822
洪都拉斯 b	10 453	7 372	8 907	11 126	11 371	10 953	11 051	11 097	10 559	11 324	12 200
牙买加	8 465	5 064	5 225	6 439	6 331	6 216	5 840	4 993	4 767	5 818	6 120
蒙特塞拉特岛	38	30	29	33	37	42	41	39	36	30	31
荷属安的列斯	3 079	2 607	2 622	...	...	...	...	...	...	...	...
尼加拉瓜 b	4 731	3 929	4 792	6 355	6 778	6 688	6 946	7 077	7 062	7 305	6 790
巴拿马	15 737	13 877	16 737	21 802	26 524	22 988	24 401	22 504	20 935	21 939	23 006
巴拉圭	9 033	6 940	10 033	12 366	11 555	12 142	12 169	10 291	9 753	11 873	13 367
秘鲁	29 953	21 814	30 030	37 747	42 545	43 670	42 346	37 924	36 263	39 884	43 249
圣基茨和尼维斯	325	296	270	247	226	249	268	297	333	309	331
圣卢西亚	656	520	662	697	644	620	627	570	655	655	688
圣文森特和格林纳丁斯	373	333	338	332	356	370	361	334	335	330	340
圣马丁岛	...	...	...	734	768	925	1 013	857	856	761	970
苏里南	1 304	1 390	1 398	1 638	1 994	2 174	1 982	2 028	1 252	1 363	1 700
特立尼达和多巴哥	9 591	6 955	6 480	9 511	9 065	12 629	11 249	9 474	8 043	6 425	7 520
乌拉圭	9 069	6 907	8 622	10 726	11 652	11 642	11 485	9 489	8 137	8 458	8 893
委内瑞拉	50 450	41 540	39 000	48 000	51 331	48 773	43 169	33 330	15 540	10 510	10 910
欧洲	6 895 451	5 217 027	5 904 376	6 923 232	6 620 834	6 727 495	6 807 051	5 903 487	5 932 438	6 527 416	7 150 536
阿尔巴尼亚	5 251	4 550	4 406	5 396	4 882	4 902	5 230	4 320	4 669	5 294	5 941
奥地利	184 293	143 063	159 009	191 417	178 513	183 277	182 076	156 046	157 697	175 755	193 323
比利时	466 307	353 364	391 177	466 943	439 128	451 677	453 700	375 530	379 377	408 915	450 116
波斯尼亚和黑塞哥维那	12 189	8 773	9 223	11 051	10 019	10 295	10 990	8 989	9 140	10 480	12 000
保加利亚	36 908	23 539	25 513	32 582	32 710	34 303	34 651	29 206	28 933	34 184	37 901
克罗地亚	30 728	21 123	20 067	22 663	20 832	22 022	22 809	20 571	21 904	24 829	28 100
塞浦路斯	10 644	7 835	8 569	8 678	7 296	6 314	7 995	7 023	7 830	9 231	10 707
捷克	142 038	105 048	126 652	152 125	141 412	144 259	154 237	141 364	143 040	163 352	183 797
丹麦	109 362	83 133	83 052	95 663	91 925	97 348	99 572	85 623	85 513	93 314	102 211
爱沙尼亚	16 026	10 140	12 287	17 459	18 085	18 464	18 296	14 525	14 958	16 632	19 132
法罗群岛	988	783	780	987	1 153	1 115	1 051	910	980	1 099	1 223
芬兰	91 781	60 889	68 803	84 264	76 468	77 570	76 765	60 430	60 841	70 587	78 488
法国	716 795	560 873	611 070	720 028	674 415	681 467	678 781	570 758	567 657	618 649	672 593
德国	1 185 067	926 347	1 054 814	1 254 869	1 154 852	1 181 233	1 207 190	1 051 132	1 055 327	1 162 907	1 285 644
希腊	92 580	69 448	66 913	67 475	63 329	62 417	64 195	48 312	48 897	56 767	65 141
匈牙利	108 940	77 761	88 178	102 440	95 176	100 111	104 897	91 974	93 880	107 519	121 272
冰岛	6 205	3 604	3 920	4 841	4 772	5 020	5 375	5 309	5 698	6 970	7 655
爱尔兰	83 965	62 704	60 276	66 606	62 769	72 134	82 015	76 977	81 185	88 883	105 789
意大利	561 919	415 105	487 049	558 787	488 600	479 447	474 395	410 919	406 788	453 123	500 795

续 表

	2008	2009	2010	2011	2012	2013	2014	2015	2016	2017	2018
拉脱维亚	16 143	9 811	11 691	16 290	17 227	17 865	17 625	14 476	14 249	16 881	19 257
立陶宛	31 099	18 304	23 403	31 773	31 965	34 806	34 360	28 154	27 333	32 259	36 515
卢森堡	32 157	25 330	25 092	28 860	27 543	26 692	26 660	23 289	21 774	22 847	23 925
马耳他	5 300	4 478	5 062	6 293	6 598	6 142	6 797	6 036	6 413	5 809	6 323
黑山	3 731	2 313	2 182	2 544	2 336	2 354	2 369	2 039	2 286	2 613	3 010
荷兰	580 937	443 153	516 409	594 366	586 927	589 697	589 570	512 105	500 797	574 646	646 029
挪威	6 883	5 073	5 474	7 027	6 522	6 620	7 301	6 427	6 834	7 731	9 052
波兰	90 293	68 970	77 330	90 784	87 308	89 808	89 460	76 387	75 001	82 900	87 626
葡萄牙	208 804	149 459	178 049	210 597	199 060	207 607	223 556	196 473	199 507	233 812	266 505
罗马尼亚	94 416	71 663	77 749	82 896	72 429	75 719	78 389	66 914	67 954	78 537	88 616
塞尔维亚	84 053	54 324	62 109	76 480	70 207	73 481	77 748	69 824	74 560	85 485	97 777
斯洛伐克	24 331	16 047	16 735	19 862	18 925	20 543	20 601	17 876	18 900	21 947	25 882
斯洛文尼亚	73 912	55 650	65 026	79 842	77 398	81 735	81 903	73 361	75 488	83 304	94 035
西班牙	37 034	26 507	30 094	35 531	32 035	33 373	33 934	29 815	30 537	36 078	42 233
瑞典	420 803	293 218	327 016	376 606	337 338	340 598	358 860	311 851	310 921	351 981	388 044
瑞士	168 503	119 876	148 946	177 026	164 436	160 609	162 211	138 398	141 021	154 018	170 115
马其顿	183 574	155 378	176 281	208 220	295 961	321 509	275 741	253 110	270 068	269 796	279 288
土耳其	201 964	140 928	185 544	240 842	236 545	251 661	242 177	207 234	198 618	233 800	223 046
英国	657 783	519 078	591 095	676 896	695 220	660 034	689 836	626 223	636 639	643 515	673 549
欧盟 (28)	6 358 376	4 809 188	5 421 065	6 330 061	5 950 947	6 011 966	6 144 977	5 319 438	5 338 811	5 883 326	6 494 181
欧盟 (28) 对外出口	2 331 558	1 723 465	2 031 090	2 401 296	2 306 307	2 241 091	2 249 304	1 915 248	1 890 302	2 096 850	2 337 493
独联体	500 089	333 314	415 446	541 197	571 863	571 555	505 579	341 104	330 158	401 189	435 033
亚美尼亚	4 426	3 321	3 783	4 145	4 261	4 477	4 401	3 239	3 273	4 189	4 963
阿塞拜疆	7 574	6 514	6 746	10 166	10 417	10 321	9 188	9 217	8 489	8 782	11 000
白俄罗斯	39 381	28 569	34 884	45 759	46 404	43 023	40 614	30 292	27 610	34 235	38 391
格鲁吉亚	6 302	4 500	5 257	7 065	8 037	8 023	8 602	7 300	7 294	7 939	9 119
哈萨克斯坦	37 889	28 409	31 107	36 906	46 358	48 806	41 296	30 568	25 377	29 600	32 534
吉尔吉斯斯坦	4 072	3 040	3 223	4 261	5 374	6 070	5 732	4 070	4 000	4 495	4 907
摩尔多瓦	4 899	3 278	3 855	5 191	5 213	5 492	5 317	3 987	4 020	4 831	5 764
俄罗斯 b	291 861	191 803	248 634	323 831	335 446	341 269	307 877	193 019	191 493	238 126	249 055
塔吉克斯坦	3 273	2 570	2 657	3 206	3 778	4 151	4 297	3 436	3 031	2 775	2 447
土库曼斯坦	5 600	6 800	5 700	7 600	9 900	10 000	10 000	7 000	4 994	4 571	2 500
乌克兰	85 535	45 487	60 911	82 594	84 639	76 787	54 330	37 517	39 252	49 609	57 046
乌兹别克斯坦	9 277	9 023	8 689	10 472	12 034	13 138	13 925	11 461	11 324	12 037	17 306
非洲	481 396	411 614	479 262	567 122	616 669	640 727	642 917	554 549	488 973	516 685	573 914
阿尔及利亚	39 479	39 294	40 473	47 247	50 378	55 028	58 580	51 702	47 089	46 059	47 002
安哥拉 b	20 982	22 660	16 667	20 228	23 717	26 331	28 580	20 693	13 041	14 463	15 442
贝宁	2 289	2 064	2 054	2 129	2 339	3 010	3 828	2 561	2 872	3 557	3 808
博茨瓦纳	5 211	4 728	5 657	7 272	8 025	8 352	8 078	7 249	6 140	5 329	5 905

续　表

	2008	2009	2010	2011	2012	2013	2014	2015	2016	2017	2018
布基纳法索	2 018	1 870	2 048	2 406	3 575	4 365	3 576	3 080	3 345	3 895	4 347
布隆迪	403	402	509	752	751	811	769	722	616	755	811
佛得角	825	709	742	947	766	725	768	604	666	789	816
喀麦隆	5 686	4 442	5 133	6 800	6 515	6 649	7 553	6 045	5 206	5 105	5 851
中非	300	270	300	310	323	213	406	346	404	368	419
乍得	2 000	2 000	2 400	3 300	2 800	3 000	4 400	3 700	2 500	2 700	3 000
科摩罗	180	210	233	277	273	284	278	214	219	252	301
刚果 b	3 050	2 900	4 000	5 007	5 485	6 249	6 883	5 787	5 071	3 745	3 470
科特迪瓦	7 884	6 960	7 849	6 720	9 770	12 483	11 178	9 532	8 404	9 605	10 968
刚果（金）	4 300	3 900	4 500	5 500	6 100	6 300	7 087	6 300	4 800	4 900	5 200
吉布提 b	574	451	374	511	564	719	803	871	705	768	804
埃及	48 382	44 946	52 923	58 903	69 200	66 180	66 785	63 574	55 789	61 627	72 000
赤道几内亚	3 787	5 597	5 485	6 972	7 505	6 104	5 946	3 525	2 322	2 172	2 110
厄立特里亚	600	590	660	950	970	1 040	1 130	1 020	1 050	1 120	1 170
埃斯瓦蒂尼	1 580	1 780	1 960	1 950	1 848	1 693	1 690	1 412	1 476	1 665	1 883
埃塞俄比亚	8 277	7 668	8 602	8 896	11 913	12 224	15 551	16 914	16 633	16 008	15 195
加蓬	2 563	2 501	2 983	3 665	3 629	3 754	4 055	3 045	2 214	2 322	2 361
冈比亚	322	304	285	341	380	350	387	402	384	549	553
加纳	10 269	8 046	10 922	15 838	17 763	17 600	14 600	13 465	12 920	12 647	12 986
几内亚	1 366	1 060	1 405	2 106	2 254	1 869	2 372	2 192	4 429	3 484	3 790
几内亚比绍	199	202	196	240	182	183	214	207	230	280	326
肯尼亚	11 128	10 202	12 093	14 782	16 290	16 358	18 396	16 093	14 107	16 687	17 260
莱索托	1 800	1 850	2 300	2 500	2 602	2 175	2 207	2 018	1 861	2 107	2 294
利比里亚	813	551	710	1 044	1 005	1 150	1 997	1 687	1 302	1 089	1 100
利比亚	9 150	12 859	17 674	8 000	22 000	27 000	18 994	16 429	8 667	11 357	12 493
马达加斯加	3 781	3 199	2 584	2 905	3 094	3 260	3 227	2 795	2 966	3 670	4 031
马拉维	2 204	2 022	2 173	2 428	2 360	2 845	2 778	2 312	2 210	2 547	2 825
马里	3 339	2 486	3 428	3 352	3 524	3 807	3 909	3 800	4 051	4 285	4 920
毛里塔尼亚	1 941	1 498	1 935	2 467	3 129	3 044	2 646	1 948	1 900	2 094	2 578
毛里求斯	4 651	3 733	4 386	5 149	5 354	5 397	5 610	4 790	4 655	5 254	5 666
摩洛哥	42 366	32 881	35 381	44 272	44 872	45 190	46 283	38 100	41 673	44 924	51 015
莫桑比克	4 008	3 764	4 600	6 312	8 688	10 099	8 747	8 334	5 206	5 745	6 786
纳米比亚	4 340	4 980	5 570	6 593	7 256	7 621	8 523	7 697	6 571	6 610	8 156
尼日尔	1 696	2 200	2 476	2 190	1 900	2 018	2 190	1 976	1 715	1 952	2 391
尼日利亚	49 951	33 906	44 235	56 000	51 000	56 000	58 300	44 700	35 532	31 273	41 883
卢旺达	1 174	1 308	1 431	2 039	2 300	2 302	2 470	2 382	2 481	2 365	2 588
圣多美和普林西比	114	103	112	134	131	152	170	142	139	147	153
塞内加尔	6 528	4 713	4 782	5 909	6 434	6 552	6 555	5 595	5 478	6 729	7 805
塞舌尔	1 087	794	984	1 049	1 071	1 082	1 144	991	1 040	1 302	1 284

续 表

	2008	2009	2010	2011	2012	2013	2014	2015	2016	2017	2018
塞拉利昂	534	520	770	1 717	1 604	1 780	1 568	1 530	1 068	1 301	1 429
索马里	...	...	...	...	...	...	...	...	...	...	...
南非	101 640	74 054	96 835	124 430	127 154	126 330	121 950	104 651	91 594	101 329	113 940
苏丹	9 352	9 691	10 045	9 236	9 230	9 918	9 211	9 509	8 311	9 134	7 850
坦桑尼亚	7 703	6 411	7 874	10 799	11 346	12 091	11 993	10 789	9 300	9 300	8 803
多哥	1 509	1 509	1 683	2 187	2 380	2 769	2 526	2 336	2 261	1 956	2 095
突尼斯	24 638	19 096	22 215	23 952	24 471	24 266	24 793	20 221	19 462	20 654	22 706
乌干达	4 526	4 247	4 664	5 631	6 044	5 818	6 074	5 528	4 829	5 596	6 574
赞比亚	5 060	3 832	5 321	7 178	8 805	10 586	9 707	7 935	7 288	7 983	9 462
津巴布韦	2 950	2 900	3 800	4 400	4 400	4 300	4 200	4 000	3 700	3 900	4 100
中东	626 775	532 444	603 380	702 882	766 592	792 930	808 314	760 313	710 815	730 726	737 066
巴林	14 980	10 100	12 260	12 730	12 830	14 350	13 350	10 600	9 169	10 848	13 100
伊朗	57 401	50 768	65 404	61 760	57 292	46 571	55 106	44 937	43 080	49 499	49 354
伊拉克	33 000	38 437	43 915	47 803	59 006	65 104	59 990	58 517	41 681	51 325	47 850
以色列	67 656	49 278	61 209	75 830	75 392	74 861	75 483	64 990	68 879	71 908	87 800
约旦	16 995	14 236	15 564	18 930	20 752	21 549	22 930	20 475	19 324	20 498	20 216
科威特	24 840	19 892	22 675	25 090	27 259	29 299	31 021	30 963	30 825	33 599	36 624
黎巴嫩	16 754	16 574	18 460	20 750	21 945	22 024	22 081	18 965	19 368	19 911	20 396
阿曼	23 137	17 936	19 973	24 019	28 636	34 331	29 303	29 007	23 260	26 435	25 412
卡塔尔	27 900	24 922	23 240	22 328	30 787	27 034	30 448	32 610	32 058	30 885	34 298
沙特阿拉伯	115 134	95 552	106 863	131 586	155 593	168 155	173 834	174 675	140 170	134 519	135 016
叙利亚	18 105	15 443	17 562	20 864	7 300	5 800	6 700	5 000	4 500	5 800	5 600
阿拉伯联合酋长国	200 327	170 121	187 001	229 932	256 528	270 579	276 025	263 000	271 000	268 000	253 000
也门	10 546	9 185	9 255	11 260	13 273	13 273	12 042	6 573	7 500	7 500	8 400
亚洲 a	4 574 453	3 677 316	4 861 682	5 964 753	6 218 283	6 344 477	6 320 280	5 450 807	5 223 423	6 002 862	6 763 502
阿富汗	3 020	3 336	5 154	6 515	9 069	8 554	7 729	7 723	6 534	7 580	7 407
澳大利亚	200 273	165 471	201 639	243 701	260 940	242 140	236 965	208 791	196 192	228 772	235 691
孟加拉国	23 860	21 833	27 821	36 214	34 173	37 085	41 119	42 047	44 832	52 836	61 500
不丹	543	529	854	1 043	991	909	932	1 061	1 002	1 029	1 020
文莱达鲁萨兰	2 572	2 449	2 538	3 629	3 572	3 612	3 599	3 229	2 679	3 085	5 230
柬埔寨 b	6 508	5 830	6 791	9 300	11 350	9 555	10 692	13 261	14 101	15 495	19 070
中国	1 132 567	1 005 923	1 396 247	1 743 484	1 818 405	1 949 990	1 959 230	1 679 566	1 587 925	1 843 792	2 135 905
斐济	2 264	1 440	1 808	2 182	2 253	2 826	3 250	2 081	2 316	2 420	2 705
法属波利尼西亚	2 169	1 717	1 726	1 796	1 705	1 801	1 765	1 527	1 491	1 637	2 236
中国香港	392 962	352 241	441 369	510 855	553 486	622 277	600 765	559 427	547 336	589 908	627 517
留用进口	98 927	88 672	112 587	131 822	136 229	142 411	149 882	133 872	129 814	137 826	154 631
印度	321 032	257 202	350 233	464 462	489 694	465 397	462 910	392 866	361 208	448 423	510 665
印度尼西亚	127 538	93 786	135 663	177 436	191 691	186 629	178 179	142 695	135 653	156 976	188 712
日本	762 534	551 981	694 059	855 380	885 843	833 166	812 208	647 982	607 602	671 921	748 735

续 表

	2008	2009	2010	2011	2012	2013	2014	2015	2016	2017	2018
基里巴斯	75	67	73	92	109	97	107	111	117	110	100
韩国	435 275	323 085	425 212	524 413	519 585	515 584	525 514	436 499	406 193	478 478	535 202
老挝	1 403	1 461	2 060	2 404	3 055	3 081	4 271	5 675	5 372	5 636	6 340
中国澳门	5 880	4 751	5 629	7 927	8 982	10 140	11 262	10 603	8 924	9 451	11 162
马来西亚	156 348	123 757	164 622	187 473	196 393	205 897	208 851	176 011	168 430	194 750	217 471
马尔代夫	1 388	963	1 091	1 465	1 554	1 733	1 993	1 896	2 125	2 360	2 970
密克罗尼西亚联邦	155	172	168	188	194	188	161	160	186	183	110
蒙古	3 616	2 131	3 278	6 598	6 738	6 358	5 237	3 798	3 358	4 337	5 875
缅甸	4 256	4 348	4 760	9 019	9 201	12 043	16 459	16 885	15 705	19 253	19 510
尼泊尔	3 590	4 384	5 133	5 774	6 066	6 571	7 590	6 652	8 935	10 345	13 465
新喀里多尼亚	3 233	2 574	3 312	3 698	3 245	3 202	3 323	2 689	2 395	2 511	2 807
新西兰	34 369	25 574	30 617	37 105	38 254	39 641	42 518	36 550	36 063	40 115	43 793
北马里亚纳群岛	160	70	90	90	90	100	124	130	135	155	175
巴基斯坦	42 329	31 668	37 807	44 012	44 105	44 647	47 590	43 795	46 847	57 746	60 472
帕劳	130	90	107	129	142	169	165	150	154	158	153
巴布亚新几内亚	3 117	2 867	3 524	4 272	4 755	5 410	4 000	2 551	2 068	3 059	2 820
菲律宾	60 420	45 878	58 468	63 693	65 350	65 705	68 705	74 751	89 435	101 901	114 738
萨摩亚	288	231	310	346	346	367	388	371	350	356	363
新加坡	319 780	245 785	310 791	365 770	379 723	373 016	366 247	296 745	291 908	327 689	370 635
留用进口	157 306	114 016	141 650	180 180	199 491	169 812	163 976	111 928	116 021	142 364	167 212
所罗门群岛	328	268	404	469	486	537	499	466	454	572	585
斯里兰卡	13 953	10 049	13 512	20 269	19 190	18 003	19 417	18 935	19 183	20 980	22 535
中国台北	240 448	174 371	251 236	281 438	277 324	278 010	281 850	237 219	230 568	259 266	286 333
泰国	179 225	133 709	182 921	228 787	249 115	250 407	227 749	202 653	194 198	221 519	249 660
东帝汶	269	295	246	319	664	843	858	578	547	554	565
汤加	168	145	159	193	199	198	219	209	229	238	270
图瓦卢	26	14	22	27	21	21	22	37	28	40	35
瓦努阿图	314	294	285	304	296	313	313	367	422	370	350
越南	80 714	69 949	84 839	106 750	113 780	132 033	147 849	165 610	174 804	211 518	244 195
备忘项：											
世界 不含 a											
欧盟(28)对内出口	12 568 467	9 716 107	12 142 593	14 597 832	15 094 009	15 278 652	15 235 012	13 382 835	12 836 413	14 256 811	15 709 801
欧洲 不含											
欧盟(28)对内出口	2 868 633	2 131 304	2 514 400	2 994 467	2 976 193	2 956 620	2 911 378	2 499 296	2 483 929	2 740 941	2 993 848

a 含重要转口。

b 进口以 f.o.b. 计价。

注：① 世界和亚洲数据含重复计算的因素，源于其使用一般货物贸易统计体系，该方法含转口贸易。

② 一些国家和地区近几年的数据由秘书处统计。

表 4

2008—2018 年世界商务服务出口（按地区和国家）

单位：百万美元

	2008	2009	2010	2011	2012	2013	2014	2015	2016	2017	2018
世界	3 955 932	3 531 573	3 850 101	4 333 938	4 462 046	4 764 687	5 120 569	4 890 570	4 961 496	5 357 707	5 769 671
北美洲	606 467	575 526	635 573	706 362	738 935	786 937	831 207	839 065	847 376	893 471	929 744
百慕大	1 431	1 273	1 342	1 393	1 330	1 316	1 268	1 179	1 243	1 322	1 484
加拿大	73 472	67 075	75 298	83 667	87 765	89 017	87 499	79 929	81 597	86 776	91 654
墨西哥	17 831	14 994	15 385	15 711	16 264	17 965	21 039	22 734	24 450	27 012	28 381
美国	513 733	492 184	543 549	605 591	633 576	678 639	721 401	735 223	740 087	778 361	808 224
中、南美洲和加勒比地区	113 614	104 548	116 795	133 258	143 594	147 548	153 956	147 679	148 914	157 121	158 714
安奎拉	122	109	113	128	127	136	182	195	195	194	153
安提瓜和巴布达	547	499	466	469	470	452	927	948	950	929	1 080
阿根廷	11 273	10 409	12 631	14 296	14 048	13 487	13 190	13 006	13 242	14 520	13 912
阿鲁巴（荷兰）	1 586	1 518	1 545	1 663	1 741	1 859	2 018	2 082	2 034	2 150	2 319
巴哈马	2 493	2 311	2 456	2 446	2 648	2 631	2 679	2 850	2 893	2 809	3 235
巴巴多斯	1 792	1 465	1 601	1 257	1 206	1 385	1 079	1 132	1 226	1 273	1 324
伯利兹	356	317	325	311	371	421	465	468	507	544	584
玻利维亚	734	702	688	927	1 105	1 197	1 180	1 221	1 220	1 418	1 446
巴西	28 822	26 245	29 144	35 208	37 074	36 342	39 047	33 019	32 568	33 677	33 224
开曼群岛	1 733	1 458	1 538	1 524	1 853	2 610	2 859	2 961	3 075	3 348	...
智利	10 614	8 442	10 847	12 912	12 269	12 117	10 681	9 520	9 452	10 098	10 130
哥伦比亚	4 504	4 508	5 031	5 551	6 350	6 935	7 068	7 334	7 541	8 171	9 125
哥斯达黎加	4 574	4 128	4 990	5 757	6 179	6 923	7 074	7 669	8 508	8 672	9 069
古巴	9 252	8 444	10 546	11 149	12 760	13 027	12 663	11 369	11 144	11 379	10 737
库拉索岛	...	...	...	1 292	1 465	1 534	1 630	1 537	1 405	1 311	1 376
多米尼克	111	106	131	143	108	115	233	220	230	209	151
多米尼加	6 813	6 210	5 101	5 452	5 783	6 094	6 735	7 267	7 989	8 542	8 967
厄瓜多尔	1 357	1 245	1 375	1 490	1 691	1 923	2 231	2 261	2 009	2 068	2 407
萨尔瓦多	1 506	1 263	1 466	1 578	1 807	2 073	2 264	2 411	2 489	2 491	2 718
格林纳达	166	150	150	157	161	161	428	462	483	546	618
危地马拉	1 977	1 982	2 168	2 123	2 318	2 417	2 687	2 703	2 692	2 772	2 726
圭亚那	212	170	248	298	298	165	181	145	166	133	...
海地	373	429	402	487	493	595	643	677	574	489	495
洪都拉斯	2 006	1 841	2 076	2 221	2 210	2 304	2 636	2 897	2 850	2 816	2 821
牙买加	2 763	2 616	2 600	2 587	2 723	2 722	2 921	3 027	3 187	3 492	3 797
蒙特塞拉特岛	14	12	11	12	13	14	16	16	16	15	19
荷属安的列斯	2 089	2 060	1 965	...	...	...	...	...	...	...	...
尼加拉瓜	706	655	732	901	993	1 024	1 108	1 158	1 301	1 465	1 238
巴拿马	5 125	5 457	6 350	8 021	9 866	10 675	11 335	11 758	12 214	13 303	13 671
巴拉圭	392	443	565	650	667	772	824	778	833	938	990

续　表

	2008	2009	2010	2011	2012	2013	2014	2015	2016	2017	2018
秘鲁	3 514	3 499	3 552	4 121	4 770	5 664	5 787	6 080	6 153	7 232	7 203
圣基茨和尼维斯	155	126	129	137	137	145	404	382	416	444	460
圣卢西亚	362	350	368	378	389	406	819	855	822	848	954
圣马丁岛	151	137	136	137	138	138	205	236	249	245	271
圣文森特和格林纳丁斯	…	…	…	899	1 039	1 062	1 113	1 084	1 029	801	471
苏里南	232	257	207	191	160	165	198	167	155	134	144
特立尼达和多巴哥	918	758	869	1 158	1 393	1 277	1 453	1 181	1 015	1 088	1 155
乌拉圭	2 241	2 283	2 654	3 607	4 966	4 732	4 548	4 408	4 092	4 959	4 866
委内瑞拉	2 028	1 944	1 617	1 621	1 806	1 849	1 819	1 533	1 242	…	…
欧洲	2 107 696	1 851 999	1 887 253	2 130 085	2 131 601	2 312 382	2 501 039	2 317 088	2 357 492	2 556 535	2 763 715
阿尔巴尼亚	2 677	2 587	2 534	2 773	2 384	2 243	2 454	2 205	2 610	3 193	3 566
奥地利	62 465	53 303	52 178	58 564	57 266	63 883	67 931	58 513	61 021	66 136	73 610
比利时	94 829	90 406	96 527	103 167	104 340	111 225	123 049	111 622	111 779	117 414	120 968
波斯尼亚和黑塞哥维那	2 030	1 741	1 698	1 687	1 579	1 619	1 661	1 572	1 676	1 876	2 078
保加利亚	9 753	8 342	6 628	7 387	7 469	7 809	8 999	7 719	8 500	8 802	9 917
克罗地亚	15 771	12 626	12 003	13 154	12 400	13 029	13 622	12 450	13 525	15 054	16 551
塞浦路斯	10 445	9 111	9 123	10 152	9 351	10 398	10 676	9 443	10 240	11 295	11 799
捷克	23 695	20 570	21 892	24 881	24 198	23 953	25 071	22 819	24 226	26 875	29 891
丹麦	73 797	56 834	61 254	66 967	67 181	71 196	73 066	64 055	62 518	66 474	69 232
爱沙尼亚	5 644	4 568	4 676	5 577	5 688	6 580	7 089	5 814	6 073	6 779	7 639
法罗群岛	252	170	191	207	267	293	356	340	…	…	…
芬兰	23 019	19 751	20 674	24 058	24 450	26 179	25 991	25 516	26 751	29 729	32 564
法国	230 023	200 676	201 110	235 006	233 702	253 009	271 613	254 838	259 250	273 953	290 989
马其顿	236 270	217 755	220 044	245 239	247 414	267 552	294 496	271 699	280 996	303 366	325 621
德国	50 503	37 854	37 093	39 153	34 583	37 044	40 954	34 933	32 787	37 768	43 034
希腊	20 351	18 427	19 301	22 145	20 488	22 436	24 721	22 319	24 336	26 628	29 073
匈牙利	2 737	2 631	2 986	3 412	3 480	3 965	4 253	4 335	5 330	6 255	6 458
冰岛	90 529	84 987	91 656	106 266	103 871	115 811	132 182	132 886	148 996	179 545	205 294
意大利	114 703	95 994	99 779	109 064	107 065	110 960	113 059	97 106	99 501	110 828	120 811
拉脱维亚	5 327	4 355	4 004	4 788	4 803	5 140	5 396	4 790	5 050	5 557	6 165
立陶宛	5 009	4 043	4 477	5 508	6 102	7 098	7 699	6 599	7 506	9 408	11 494
卢森堡	67 674	57 095	61 979	72 197	76 769	89 215	102 328	97 906	97 324	102 173	112 586
马耳他	9 790	9 831	10 025	11 146	10 984	11 790	12 083	13 362	12 709	13 698	15 025
黑山	1 193	1 053	1 048	1 271	1 203	1 317	1 368	1 347	1 396	1 590	1 832
荷兰	173 580	163 041	159 924	173 647	166 621	177 243	203 923	195 852	188 773	215 814	240 515
挪威	1 241	1 086	975	1 443	1 361	1 527	1 724	1 524	1 533	1 628	1 838
波兰	42 385	35 166	41 206	40 882	46 466	48 575	49 299	41 605	41 425	40 845	42 827
葡萄牙	38 136	31 288	35 422	40 894	41 030	44 621	48 737	45 128	49 721	58 401	69 245

续 表

	2008	2009	2010	2011	2012	2013	2014	2015	2016	2017	2018
罗马尼亚	25 792	22 383	22 573	26 577	25 502	29 043	30 865	27 739	29 424	33 951	37 497
塞尔维亚	16 318	11 759	10 348	12 038	12 608	17 724	19 925	18 383	19 844	23 314	26 608
斯洛伐克	4 003	3 479	3 513	4 198	3 966	4 544	5 032	4 727	5 044	5 940	7 056
斯洛文尼亚	9 434	6 590	6 402	7 261	7 761	9 191	9 046	8 088	9 197	10 344	11 485
西班牙	7 435	6 138	6 156	6 810	6 553	7 052	7 355	6 563	7 160	8 184	9 383
瑞典	...	...	...	...	121 676	125 971	133 064	117 947	126 443	138 326	149 032
瑞士	59 079	49 831	53 351	64 773	64 474	73 869	76 509	72 326	72 425	73 332	72 730
马其顿	94 874	89 954	92 794	105 797	107 363	112 449	119 328	111 918	117 253	120 236	122 668
土耳其	36 649	35 355	35 970	40 753	42 815	47 399	51 119	46 214	37 189	43 384	48 095
英国	308 795	268 613	274 946	311 869	320 785	344 953	369 898	352 156	344 790	353 077	372 745
欧盟（28）[b]	1 882 494	1 643 438	1 703 663	1 926 584	1 919 634	2 087 344	2 263 255	2 100 282	2 142 478	2 329 725	2 525 292
欧盟（28）对外出口	792 708	697 224	741 107	846 370	873 129	955 768	1 010 125	958 600	954 577	1 020 028	1 089 008
独联体	92 476	76 115	85 600	101 041	111 457	122 383	111 775	93 092	92 114	104 512	117 161
亚美尼亚	828	776	1 001	1 286	1 375	1 493	1 594	1 483	1 578	1 880	2 018
阿塞拜疆	1 576	2 020	2 397	2 934	4 681	4 106	4 269	4 423	4 341	4 661	4 661
白俄罗斯	4 553	3 683	4 761	5 573	6 276	7 466	7 844	6 606	6 801	7 818	8 700
格鲁吉亚	1 167	1 241	1 556	1 927	2 465	2 882	2 954	2 998	3 218	3 892	4 392
哈萨克斯坦	3 988	3 823	3 900	4 078	5 208	5 756	6 739	5 909	5 867	6 261	7 026
吉尔吉斯斯坦	795	628	586	846	972	1 043	894	846	833	816	822
摩尔多瓦	950	758	750	956	981	1 104	1 106	949	1 024	1 214	1 432
俄罗斯	56 531	45 357	48 644	57 345	61 465	69 111	64 818	50 809	49 853	56 847	63 836
塔吉克斯坦	134	141	385	459	488	363	310	252	232	247	238
土库曼斯坦	...	...	...	...	...	...	...	...	...	...	...
乌克兰	18 699	14 411	17 729	20 618	21 373	21 851	14 582	12 202	12 135	13 860	15 472
乌兹别克斯坦	1 196	1 036	1 328	1 773	2 343	2 526	2 689	3 282	2 878	3 506	4 283
非洲	87 592	80 789	90 015	91 312	97 961	93 432	98 465	94 728	88 765	101 700	111 789
阿尔及利亚	3 412	2 745	3 442	3 527	3 570	3 701	3 477	3 395	3 142	2 915	3 040
安哥拉	329	623	857	732	780	1 316	1 681	1 256	711	985	631
贝宁	328	204	348	391	414	500	456	342	317	323	557
博茨瓦纳	645	841	671	840	774	847	889	882	802	947	968
布基纳法索	115	142	265	394	408	458	427	368	428	456	500
布隆迪	3	2	7	20	13	28	30	19	18	17	...
佛得角	581	468	487	569	570	623	604	481	546	607	669
喀麦隆	1 355	1 141	1 240	1 809	1 548	1 860	1 941	1 441	1 573	1 841	...
中非	29	28	34	37	37	51	55	50	53	...	...
乍得	129	234	273	294	161	190	203	187	...	...	...
科摩罗	56	51	55	64	61	74	90	77	75	...	...
刚果	177	403	389	521	287	558	620	387	226	187	...
科特迪瓦	987	1 010	1 026	870	846	790	757	643	789	869	918
刚果（金）	451	522	291	326	225	167	234	113	85	59	...

续 表

	2008	2009	2010	2011	2012	2013	2014	2015	2016	2017	2018
吉布提	131	142	149	152	156	178	194	233	184	194	209
埃及	24 668	21 302	23 618	19 031	21 336	17 881	20 262	18 092	13 309	18 613	22 906
赤道几内亚	32	28	44	86	81	198	168	277	281	…	…
厄立特里亚	…	…	…	…	…	…	…	…	…	…	…
埃斯瓦蒂尼	252	202	250	79	107	24	79	67	54	119	93
埃塞俄比亚	1 592	1 516	1 911	2 549	2 537	2 838	2 725	2 937	2 755	3 264	4 498
加蓬	109	191	423	281	264	264	142	273	357	…	…
冈比亚	118	104	131	135	149	130	145	155	137	136	…
加纳	1 559	1 522	1 344	1 679	3 200	2 353	1 977	6 013	6 260	6 470	7 421
几内亚	95	67	61	71	156	89	64	78	53	52	94
几内亚比绍	44	32	42	43	21	38	45	34	20	32	29
肯尼亚	2 531	2 198	3 016	3 345	4 012	4 200	4 116	3 709	3 358	3 785	4 332
莱索托	45	36	42	41	37	29	27	43	57	31	30
利比里亚	182	142	18	273	57	44	5	9	30	21	…
利比亚	208	385	410	40	152	180	79	483	86	107	…
马达加斯加	1 100	739	918	1 155	1 284	1 251	1 297	1 052	1 146	1 244	…
马拉维	72	75	75	81	100	106	104	110	109	130	151
马里	443	336	356	379	312	372	405	405	427	441	446
毛里塔尼亚	121	140	105	185	128	168	255	203	226	133	…
毛里求斯	2 530	2 225	2 656	3 215	3 364	2 734	2 846	2 699	2 795	3 017	3 180
摩洛哥	14 725	14 388	14 329	15 486	14 947	13 935	15 804	14 102	14 642	16 592	17 894
莫桑比克	489	544	245	366	792	645	725	723	440	658	673
纳米比亚	538	591	650	761	868	533	824	788	546	693	731
尼日尔	126	100	119	64	69	141	271	219	183	204	232
尼日利亚	1 833	1 760	2 619	2 314	2 067	1 916	1 494	2 739	3 241	4 541	4 344
卢旺达	351	265	244	356	359	387	401	567	574	729	798
圣多美和普林西比	9	10	13	18	17	36	70	77	82	72	82
塞内加尔	1 169	905	936	1 029	1 080	1 177	1 164	1 035	1 055	1 130	1 251
塞舌尔	464	418	440	465	672	818	825	839	879	982	1 008
塞拉利昂	59	100	56	157	176	219	202	198	270	145	…
索马里	…	…	…	…	…	199	337	355	373	391	405
南非	13 588	12 836	15 676	16 950	17 203	16 401	16 450	14 662	13 974	15 376	15 590
苏丹	382	283	212	300	861	1 019	1 525	1 599	1 492	1 754	1 486
坦桑尼亚	1 966	1 795	2 001	2 256	2 753	3 169	3 380	3 373	3 585	3 830	3 749
多哥	253	265	289	464	405	437	440	443	500	531	548
突尼斯	5 649	5 076	5 298	4 286	4 754	4 577	4 555	3 124	3 068	3 119	3 643
乌干达	687	857	1 034	1 615	1 950	1 877	2 001	1 803	1 663	1 375	1 562
赞比亚	619	529	571	665	990	758	851	862	885	865	957
津巴布韦	222	222	263	316	313	325	333	341	349	371	446
中东	98 544	96 256	105 108	111 646	120 459	130 608	173 171	181 440	192 108	207 448	218 723

续 表

	2008	2009	2010	2011	2012	2013	2014	2015	2016	2017	2018
巴林	3 916	3 831	4 233	3 296	8 332	8 501	8 571	9 113	10 998	11 356	11 915
伊朗	7 629	7 888	8 657	8 202	8 257	9 174	10 275	10 840	9 773	...	...
伊拉克	1 249	1 730	2 199	2 159	2 657	2 704	3 456	4 915	5 258	5 653	5 306
以色列	24 753	22 344	25 356	29 426	31 823	34 950	35 813	36 804	39 989	44 687	49 912
约旦	4 353	4 197	5 221	5 250	6 030	6 034	6 597	5 877	5 844	6 389	7 021
科威特	11 362	10 891	8 429	9 503	8 250	5 594	5 684	5 466	4 970	4 722	7 617
黎巴嫩	17 620	16 895	15 972	18 483	14 992	15 671	14 689	15 678	14 900	15 136	15 295
阿曼	1 826	1 620	1 808	2 322	2 687	2 955	3 130	3 395	3 497	4 010	...
卡塔尔	2 276	1 943	2 826	5 580	8 851	10 294	12 775	14 103	14 550	17 527	17 780
沙特阿拉伯	9 132	9 428	10 351	11 116	10 575	11 308	11 962	13 807	16 567	17 447	17 386
叙利亚	4 145	4 583	7 040	2 434	...	...	...	...	...	...	...
阿拉伯联合酋长国	8 958	9 503	11 028	12 063	15 276	20 422	57 481	59 905	64 697	69 582	70 878
也门	1 049	1 085	1 471	1 111	1 412	1 551	1 507	562	309	...	...
亚洲	849 544	746 340	929 758	1 060 234	1 118 040	1 171 398	1 250 958	1 217 478	1 234 726	1 336 919	1 469 824
阿富汗	1 234	1 634	2 058	2 519	1 755	800	1 245	735	381	253	482
澳大利亚	47 568	43 554	51 125	57 182	57 622	57 002	58 041	53 931	57 060	64 042	68 317
孟加拉国	1 100	968	1 236	1 419	1 352	1 526	1 639	1 677	2 008	2 262	2 981
不丹	51	53	67	80	97	121	123	124	144	160	183
文莱达鲁萨兰	867	915	462	502	483	493	557	629	509	533	562
柬埔寨	1 495	1 746	1 917	2 603	3 054	3 354	3 713	3 784	3 847	4 391	5 249
中国	144 677	121 613	177 384	200 294	200 586	205 778	218 086	217 570	208 320	226 389	265 088
斐济	1 090	786	922	1 081	1 114	1 104	1 203	1 216	1 282	1 377	1 473
法属波利尼西亚	1 004	847	774	866	845	857	936	829	860	885	...
中国香港	69 841	64 602	80 468	91 232	98 425	104 694	106 835	104 263	98 437	104 216	113 919
印度	105 668	92 484	116 583	137 935	145 030	148 703	156 614	155 717	161 234	184 673	204 475
印度尼西亚	14 885	12 691	16 331	21 316	23 070	22 334	22 920	21 589	22 645	24 665	27 215
日本	138 696	118 447	131 833	137 871	133 838	132 650	159 338	158 302	170 659	181 599	187 304
基里巴斯	11	10	11	12	14	13	11	8	11	11	...
韩国	90 127	71 638	82 244	89 706	102 298	102 531	110 961	96 675	93 988	86 469	95 448
老挝	359	374	489	526	622	762	754	843	834	878	915
中国澳门	14 711	15 914	23 715	32 226	37 805	45 233	45 224	33 383	32 989	38 840	43 585
马来西亚	30 714	28 249	34 588	38 751	40 498	42 005	41 972	34 842	35 513	36 972	39 564
马尔代夫	1 633	1 538	1 804	2 092	2 165	2 570	2 991	2 898	2 884	2 964	3 281
密克罗尼西亚联邦	26	29	32	29	30	30	33	43	42	54	...
蒙古	517	415	483	517	647	685	604	686	798	964	1 109
缅甸	328	315	337	727	1 183	2 679	3 093	3 727	3 707	3 756	5 084
尼泊尔	494	600	583	775	769	968	1 099	1 060	1 065	1 383	1 780
新喀里多尼亚	389	346	409	404	387	418	403	366	345	385	...
新西兰	11 449	10 080	11 433	13 140	12 962	13 291	14 251	14 239	14 783	15 997	16 733
北马里亚纳群岛	...	...	...	...	...	...	...	...	...	...	...

续 表

	2008	2009	2010	2011	2012	2013	2014	2015	2016	2017	2018
巴基斯坦	2 517	2 522	2 931	3 457	3 205	3 309	3 558	3 459	3 628	3 914	4 004
帕劳	...	...	...	...	...	...	...	...	...	...	...
巴布亚新几内亚	318	160	279	387	433	384	177	110	94	254	380
菲律宾	13 055	14 084	17 770	18 866	20 425	23 321	25 483	29 047	31 186	34 813	37 450
萨摩亚	168	162	172	181	196	206	198	198	212	243	...
新加坡	89 421	81 593	100 575	119 813	129 635	143 136	155 465	155 486	156 703	172 304	183 712
所罗门群岛	44	55	89	108	115	123	110	99	115	134	150
斯里兰卡	1 981	1 874	2 454	3 062	3 773	4 657	5 574	6 366	7 105	7 726	8 378
中国台北	23 060	20 138	26 410	30 366	34 326	36 226	41 211	40 669	41 022	44 721	49 913
泰国	32 797	29 941	34 099	41 252	49 386	58 386	55 182	61 395	67 502	75 228	83 769
东帝汶	23	24	31	26	30	49	62	57	62	77	223
汤加	34	29	29	48	58	74	55	70	74	77	87
图瓦卢	3	2	3	3	4	3	3	3	3	3	2
瓦努阿图	225	241	271	279	295	339	320	277	325	360	...
越南	6 956	5 666	7 355	8 581	9 510	10 585	10 913	11 108	12 350	12 948	14 919
备忘项：											
世界 不含											
欧盟（28）对内出口	2 866 146	2 585 359	2 887 543	3 253 721	3 415 537	3 633 108	3 867 438	3 748 889	3 773 594	4 048 005	4 333 386
欧洲 不含											
欧盟（28）对内出口	1 017 910	905 785	924 694	1 049 869	1 085 092	1 180 802	1 247 908	1 175 407	1 169 590	1 246 833	1 327 431

表 5

2008—2018 年世界商务服务进口（按地区和国家） 单位：百万美元

	2008	2009	2010	2011	2012	2013	2014	2015	2016	2017	2018
世界	3 813 856	3 384 726	3 714 379	4 168 262	4 341 430	4 610 710	4 998 852	4 762 671	4 805 929	5 108 333	5 485 181
北美洲	495 862	463 174	502 270	542 518	566 743	580 339	601 549	603 821	622 571	665 034	686 144
百慕大	1 021	966	995	879	881	879	983	888	944	950	1 029
加拿大	88 317	82 024	97 239	105 958	110 621	111 774	109 799	100 061	100 008	106 885	111 831
墨西哥	26 352	24 842	26 683	31 214	31 089	31 940	34 242	32 437	33 285	36 775	37 049
美国	380 172	355 341	377 353	404 468	424 152	435 746	456 525	470 435	488 335	520 424	536 235
中、南美洲和加勒比地区	124 604	117 374	143 200	173 869	187 167	198 727	202 030	178 912	168 791	179 318	180 837
安奎拉	102	70	54	54	55	56	97	96	103	91	83
安提瓜和巴布达	270	217	214	203	197	212	393	394	468	437	471
阿根廷	13 280	12 171	14 265	17 298	17 921	18 626	17 629	18 701	21 626	24 664	23 611
阿鲁巴（荷兰）	759	650	641	807	785	843	872	841	823	887	1 017
巴哈马	1 306	1 069	1 101	1 258	1 522	1 615	1 716	1 262	1 457	1 730	2 080
巴巴多斯	700	652	672	499	487	683	451	482	482	494	508
伯利兹	161	154	154	162	177	195	213	207	202	217	219
玻利维亚	993	990	1 125	1 625	1 895	2 302	2 980	2 792	2 815	3 077	3 215

续 表

	2008	2009	2010	2011	2012	2013	2014	2015	2016	2017	2018
巴西	44 396	44 075	57 813	70 984	75 832	81 053	85 916	68 890	61 451	66 293	65 726
开曼群岛	772	957	1 010	1 108	1 012	942	951	1 065	1 123	1 227	...
智利	11 631	10 079	12 604	15 365	14 812	15 542	14 411	13 095	12 732	13 157	13 851
哥伦比亚	7 832	7 917	9 552	11 049	12 455	13 243	14 251	12 078	11 142	12 296	13 188
哥斯达黎加	1 849	1 456	1 869	1 920	2 200	2 371	2 549	3 067	3 412	3 691	3 834
古巴	2 079	1 673	1 923	2 462	2 406	2 306	2 074	2 035	1 954	2 118	2 182
库拉索岛	...	...	...	820	888	904	887	915	876	968	1 157
多米尼克	69	65	65	64	65	68	131	128	138	133	138
多米尼加	1 895	1 741	2 457	2 769	2 811	2 638	2 825	3 027	3 229	3 152	3 265
厄瓜多尔	2 950	2 574	2 941	3 046	3 090	3 336	3 384	3 080	3 080	3 198	3 166
萨尔瓦多	1 277	952	1 054	1 152	1 303	1 431	1 420	1 471	1 715	1 804	1 973
格林纳达	106	91	89	91	89	93	184	189	212	229	243
危地马拉	2 010	2 106	2 388	2 498	2 525	2 739	3 006	3 104	2 957	3 204	3 415
圭亚那	325	272	344	434	526	503	426	423	447	481	...
海地	592	633	731	755	773	1 064	1 057	1 001	972	991	1 019
洪都拉斯	1 214	942	1 143	1 418	1 617	1 652	1 614	1 631	1 705	1 874	2 113
牙买加	2 304	1 824	1 767	1 884	2 103	1 995	2 182	2 099	2 129	2 301	2 462
蒙特塞拉特岛	17	16	16	17	15	15	20	25	24	23	21
荷属安的列斯	866	927	911	...	...	...	...	...	...	...	...
尼加拉瓜	741	661	691	819	870	1 044	957	976	949	983	889
巴拿马	2 602	2 118	2 709	4 235	4 332	5 077	4 851	4 739	4 751	4 652	4 392
巴拉圭	569	515	700	864	906	1 048	1 085	1 071	1 069	1 175	1 244
秘鲁	5 577	4 671	5 893	6 359	7 258	7 678	7 674	8 112	8 119	8 657	9 705
圣基茨和尼维斯	121	97	107	112	113	119	214	215	220	223	262
圣卢西亚	209	185	200	197	183	181	295	332	343	352	372
圣马丁岛	98	87	86	80	82	86	123	115	132	134	137
圣文森特和格林纳丁斯	...	...	...	238	261	263	291	277	274	265	321
苏里南	367	246	237	553	611	589	800	705	494	513	607
特立尼达和多巴哥	271	335	371	2 450	2 862	2 598	2 697	2 895	2 795	3 152	2 776
乌拉圭	1 462	1 233	1 470	1 989	3 789	5 026	4 922	4 017	3 256	3 438	3 663
委内瑞拉	12 831	12 949	13 836	16 231	18 340	18 594	16 432	13 313	9 068	...	...
欧洲	1 817 019	1 591 814	1 632 700	1 800 252	1 790 591	1 939 009	2 108 254	2 011 561	2 060 927	2 164 766	2 345 659
阿尔巴尼亚	2 353	2 214	1 987	2 234	1 861	1 921	2 029	1 644	1 711	1 898	2 193
奥地利	45 142	38 923	38 643	44 363	44 044	50 884	55 075	47 602	49 516	55 150	61 526
比利时	89 028	82 177	87 383	94 754	97 702	103 908	117 634	106 920	108 648	115 140	128 783
波斯尼亚和黑塞哥维那	585	631	533	549	506	513	518	482	493	563	609
保加利亚	6 691	5 577	3 411	3 562	4 148	4 294	5 630	4 393	5 119	5 688	6 024
克罗地亚	5 277	4 397	3 820	4 036	3 909	4 027	4 001	3 676	3 924	4 574	5 285

续 表

	2008	2009	2010	2011	2012	2013	2014	2015	2016	2017	2018
塞浦路斯	5 669	4 909	5 220	5 509	5 262	6 114	6 484	5 996	6 088	6 748	6 996
捷克	18 333	16 175	17 728	20 232	20 192	20 327	22 344	19 620	19 798	21 636	24 597
丹麦	66 314	55 423	55 012	61 983	61 788	63 927	64 633	58 112	60 033	61 924	68 478
爱沙尼亚	3 515	2 587	2 921	3 769	3 983	4 667	4 851	3 939	4 275	4 665	5 483
法罗群岛	382	343	366	394	337	357	463	427	…	…	…
芬兰	31 859	28 107	27 513	29 845	31 496	32 094	31 026	28 796	29 699	31 012	35 432
法国	193 394	174 795	180 898	202 017	202 228	227 576	252 130	233 307	240 326	245 329	256 762
马其顿	286 977	248 828	262 101	294 464	293 513	326 568	330 923	293 957	306 484	329 246	349 650
德国	26 662	21 274	19 819	19 082	15 659	16 145	16 779	16 570	14 789	17 442	20 797
希腊	18 328	16 780	15 800	17 627	15 583	17 442	18 582	16 838	16 799	18 303	20 040
匈牙利	2 372	1 949	2 125	2 533	2 722	2 800	3 100	2 827	3 208	3 724	4 187
冰岛	114 664	107 511	109 922	119 249	112 273	117 087	139 826	175 134	219 868	200 597	218 030
意大利	129 729	107 767	110 980	116 503	106 416	109 039	113 225	99 895	102 117	113 272	122 850
拉脱维亚	3 295	2 385	2 301	2 751	2 739	2 806	2 720	2 509	2 676	2 959	3 386
立陶宛	4 120	2 954	2 933	3 712	4 239	5 213	5 458	4 658	5 005	5 871	6 771
卢森堡	46 072	39 594	45 526	53 491	57 543	69 171	80 683	75 755	74 596	78 401	86 231
马耳他	7 890	8 389	8 436	9 300	9 202	9 764	9 952	10 227	9 294	9 694	10 647
黑山	596	452	421	417	422	441	437	460	524	588	723
荷兰	146 671	138 898	135 716	150 055	142 640	151 307	192 444	213 076	183 149	206 137	228 539
挪威	942	784	779	920	941	1 005	1 194	1 121	1 137	1 183	1 397
波兰	47 551	36 781	44 950	47 625	52 328	56 210	57 424	47 159	48 241	49 944	51 725
葡萄牙	30 394	24 019	30 925	33 653	33 178	34 342	36 586	32 916	34 156	38 071	43 180
罗马尼亚	15 215	13 615	14 128	15 592	13 476	14 421	15 888	13 874	14 512	16 350	18 094
塞尔维亚	11 941	10 379	8 260	9 657	9 386	11 418	12 070	10 789	11 265	14 023	16 800
斯洛伐克	4 266	3 425	3 486	3 936	3 768	4 070	4 372	3 881	4 004	4 799	5 724
斯洛文尼亚	9 896	7 781	7 244	7 623	7 164	8 705	8 901	7 913	8 703	9 374	10 605
西班牙	5 245	4 474	4 469	4 765	4 543	4 694	5 056	4 377	4 607	5 055	5 602
瑞典	…	…	…	…	63 992	62 634	69 226	64 972	69 401	75 465	84 854
瑞士	58 083	47 912	50 448	58 519	58 293	63 934	68 973	61 459	61 546	67 603	68 661
马其顿	63 734	65 318	69 235	82 816	85 998	92 256	99 530	94 111	98 290	103 250	103 190
土耳其	17 092	15 971	18 507	19 574	19 469	23 079	23 236	20 910	20 754	22 668	21 898
英国	209 133	176 881	178 230	187 416	189 991	201 535	215 291	211 489	205 674	207 037	229 531
欧盟 (28)	1 687 124	1 472 307	1 489 793	1 638 663	1 621 749	1 755 906	1 915 360	1 838 013	1 881 600	1 975 103	2 152 798
欧盟 (28) 对外出口	681 874	591 916	602 985	659 051	659 067	712 151	788 907	806 817	803 011	805 104	865 388
独联体	116 720	94 980	111 210	131 351	157 731	181 414	172 460	132 143	116 299	134 122	144 041
亚美尼亚	1 123	1 040	1 252	1 351	1 479	1 618	1 706	1 580	1 650	1 921	2 174
阿塞拜疆	3 852	3 613	3 845	5 741	7 330	8 176	10 187	8 553	7 434	8 004	6 679
白俄罗斯	2 735	2 208	3 000	3 347	4 038	5 245	5 726	4 386	4 344	4 772	5 369
格鲁吉亚	1 162	913	1 003	1 206	1 375	1 483	1 628	1 611	1 659	1 898	2 171

续 表

	2008	2009	2010	2011	2012	2013	2014	2015	2016	2017	2018
哈萨克斯坦	11 014	9 898	11 198	10 848	14 230	13 963	13 694	10 699	9 686	9 949	11 739
吉尔吉斯斯坦	904	737	792	955	1 314	1 098	1 234	1 044	1 032	901	952
摩尔多瓦	794	686	685	802	877	948	978	815	795	901	1 066
俄罗斯	75 704	61 209	73 226	89 388	106 717	125 742	118 909	87 234	73 060	87 400	93 342
塔吉克斯坦	454	288	407	436	575	784	595	457	369	368	434
土库曼斯坦	...	...	...	...	...	...	...	...	...	...	...
乌克兰	15 831	11 125	12 189	12 759	13 994	15 538	11 702	10 385	10 905	12 231	13 676
乌兹别克斯坦	427	415	486	557	943	1 032	949	807	786	978	1 241
非洲	140 729	126 712	140 501	158 529	162 351	164 732	175 653	154 175	134 976	149 516	169 548
阿尔及利亚	10 484	11 159	11 489	12 034	10 470	10 276	11 243	10 515	10 394	10 837	10 452
安哥拉	20 452	18 210	16 028	22 415	21 177	21 485	24 260	16 581	12 123	12 903	9 769
贝宁	500	488	503	497	575	761	884	662	657	577	734
博茨瓦纳	550	633	794	922	1 027	935	906	850	718	818	846
布基纳法索	590	546	817	1 130	1 170	1 407	1 296	1 156	1 228	1 354	1 493
布隆迪	241	160	156	189	191	225	249	205	181	206	...
佛得角	357	312	297	326	359	338	361	271	296	330	370
喀麦隆	2 596	1 902	1 717	1 952	2 067	2 500	2 587	2 140	2 190	2 380	...
中非	164	156	196	201	216	173	249	215	196	...	...
乍得	1 838	1 851	2 376	2 390	2 214	3 053	3 133	2 717	...	...	...
科摩罗	77	83	93	107	103	109	94	81	84	...	...
刚果	2 692	3 233	3 299	3 773	2 862	2 897	3 709	3 699	2 201	1 909	...
科特迪瓦	2 666	2 608	2 740	2 635	2 773	3 056	2 896	2 639	2 755	3 180	3 089
刚果（金）	1 856	1 692	2 497	2 633	1 944	2 309	2 717	1 908	1 548	1 779	...
吉布提	121	114	104	143	142	150	173	211	180	193	202
埃及	16 335	12 765	12 991	13 129	15 557	14 808	16 840	16 724	16 389	16 082	17 834
赤道几内亚	1 657	2 058	2 564	2 646	3 119	3 443	3 554	2 310	1 415	...	...
厄立特里亚	...	...	...	...	...	...	...	...	...	...	...
埃斯瓦蒂尼	629	540	652	185	184	195	238	154	184	310	234
埃塞俄比亚	2 361	2 187	2 534	3 308	3 581	3 420	4 389	4 835	5 162	4 844	6 695
加蓬	1 624	1 633	1 744	2 445	2 373	2 669	2 353	1 861	1 792	...	...
冈比亚	90	86	77	76	74	66	117	117	131	122	...
加纳	2 038	2 366	2 444	3 126	3 838	4 358	3 833	6 489	7 091	8 478	9 019
几内亚	400	294	387	530	772	738	544	503	708	755	766
几内亚比绍	85	85	101	100	73	87	116	131	82	154	172
肯尼亚	1 716	1 653	1 890	2 057	2 402	2 564	3 084	3 077	2 539	2 847	3 398
莱索托	379	397	410	462	421	348	308	297	284	319	330
利比里亚	344	148	342	437	545	624	665	279	196	217	...
利比亚	3 572	4 323	5 251	3 555	6 279	7 388	6 709	4 386	2 377	3 749	...
马达加斯加	1 334	1 108	1 103	1 216	1 204	1 232	1 168	1 050	970	1 089	...
马拉维	162	198	205	225	203	220	246	303	257	301	336
马里	1 024	817	1 007	1 115	1 059	1 215	1 174	1 146	1 255	1 323	1 607

续 表

	2008	2009	2010	2011	2012	2013	2014	2015	2016	2017	2018
毛里塔尼亚	732	607	638	725	968	941	849	599	561	698	...
毛里求斯	1 910	1 586	1 951	2 428	2 382	2 143	2 061	2 000	2 024	2 171	2 182
摩洛哥	5 612	5 301	5 660	6 713	6 578	6 418	7 896	6 984	7 248	8 708	9 297
莫桑比克	918	987	1 176	2 209	4 448	3 857	3 624	2 989	3 111	2 963	4 138
纳米比亚	578	496	642	589	511	668	805	626	708	637	613
尼日尔	600	736	845	868	828	978	1 038	966	801	971	1 076
尼日利亚	22 574	16 487	19 868	22 470	22 412	20 079	23 033	18 816	11 335	17 973	30 578
卢旺达	403	440	442	530	425	472	517	946	976	904	931
圣多美和普林西比	19	17	22	27	24	43	77	62	60	59	61
塞内加尔	1 388	1 108	1 076	1 242	1 298	1 410	1 415	1 276	1 294	1 464	1 639
塞舌尔	241	235	259	262	383	469	500	496	505	548	528
塞拉利昂	112	123	242	418	518	681	1 230	870	440	420	...
索马里	...	...	...	...	...	1 017	1 224	1 328	1 335	1 454	1 478
南非	16 552	14 980	19 158	20 430	18 438	17 599	16 625	15 110	14 531	15 762	16 105
苏丹	2 464	2 079	2 406	2 686	1 985	1 922	1 917	1 486	1 346	1 326	1 063
坦桑尼亚	1 627	1 685	1 843	2 157	2 310	2 436	2 599	2 602	2 172	1 952	1 985
多哥	358	374	395	467	437	471	426	372	399	427	435
突尼斯	3 109	2 710	3 054	3 002	2 989	3 139	3 112	2 769	2 702	2 780	2 941
乌干达	1 234	1 377	1 774	2 442	2 460	2 393	2 653	2 369	2 003	2 048	2 528
赞比亚	805	640	849	1 052	1 290	1 770	1 596	1 381	1 338	1 467	1 626
津巴布韦	510	878	1 326	1 770	1 731	1 858	1 901	1 467	1 228	1 072	1 373
中东	189 839	175 510	192 629	223 712	241 053	251 212	297 573	282 664	269 599	283 144	300 405
巴林	2 030	1 741	1 905	1 778	6 045	7 051	6 764	6 592	7 530	7 800	7 939
伊朗	17 100	16 937	18 153	17 285	14 933	15 378	16 460	15 138	15 132	...	...
伊拉克	7 168	8 426	9 606	10 870	13 016	17 301	18 590	17 642	14 951	16 158	17 785
以色列	20 052	17 557	18 539	20 004	21 941	21 505	24 070	24 265	25 755	28 579	30 481
约旦	3 926	3 672	4 312	4 357	4 465	4 499	4 553	4 440	4 475	4 627	4 662
科威特	14 799	12 886	14 323	17 585	20 014	19 873	22 337	22 082	25 534	27 180	33 567
黎巴嫩	13 440	14 023	13 156	12 129	11 486	12 977	13 178	13 456	13 153	13 815	14 338
阿曼	5 878	5 484	6 364	7 740	8 785	9 798	10 015	10 215	9 923	10 811	...
卡塔尔	7 067	5 662	7 666	15 548	22 126	24 844	30 007	28 390	29 729	29 715	30 735
沙特阿拉伯	49 571	47 039	50 996	54 954	49 889	51 745	62 683	55 690	50 074	54 305	55 477
叙利亚	3 096	2 623	3 437	2 818	...	...	...	...	...	...	...
阿拉伯联合酋长国	42 773	36 752	41 337	55 702	62 301	61 157	83 567	80 681	69 326	70 581	70 987
也门	2 289	2 025	2 103	2 112	2 296	2 208	2 697	1 246	1 450	...	...
亚洲	929 084	815 163	991 868	1 138 030	1 235 794	1 295 276	1 441 333	1 399 395	1 432 766	1 532 433	1 658 546
阿富汗	657	780	1 007	1 486	1 738	1 495	1 344	999	887	1 054	1 196
澳大利亚	51 835	46 212	56 926	68 578	73 170	74 589	69 787	62 548	61 114	66 610	70 611
孟加拉国	3 588	3 184	4 122	4 978	5 230	6 194	7 402	7 392	7 600	9 011	10 437
不丹	118	95	135	171	187	171	184	189	201	203	230
文莱达鲁萨兰	1 181	1 215	1 076	1 541	2 237	2 423	1 671	1 625	1 616	1 220	1 538

续 表

	2008	2009	2010	2011	2012	2013	2014	2015	2016	2017	2018
柬埔寨	799	822	996	1 363	1 558	1 762	2 054	2 209	2 399	2 714	2 982
中国	155 477	145 139	192 254	246 779	280 260	329 419	430 856	432 975	449 223	464 133	520 569
斐济	619	462	443	533	562	592	589	545	560	637	707
法属波利尼西亚	707	698	594	556	506	495	494	415	383	406	...
中国香港	72 466	60 977	70 246	74 117	76 467	75 046	73 808	73 927	74 317	77 516	81 319
印度	87 453	79 831	114 225	124 446	129 215	125 823	127 404	122 690	132 848	153 960	175 448
印度尼西亚	28 219	22 892	25 971	31 157	33 639	34 425	33 076	30 755	30 359	32 592	34 982
日本	176 768	153 971	162 921	173 807	182 829	169 040	190 467	176 627	184 153	190 822	198 036
基里巴斯	39	41	43	54	52	61	71	69	72	61	...
韩国	96 940	81 646	96 546	102 043	107 794	109 161	114 741	111 308	111 255	120 317	122 794
老挝	102	130	258	325	733	1 049	1 147	1 075	1 022	1 140	1 149
中国澳门	2 487	1 976	2 385	3 063	3 691	3 506	3 736	3 798	3 828	4 417	4 898
马来西亚	30 060	27 257	32 400	38 083	43 131	44 973	45 128	39 923	39 896	41 958	44 255
马尔代夫	419	394	446	576	567	692	788	867	1 094	1 279	1 362
密克罗尼西亚联邦	59	83	77	76	78	77	74	80	83	92	...
蒙古	616	558	768	1 355	2 060	1 978	1 872	1 383	2 118	2 154	3 068
缅甸	599	593	754	1 067	1 434	2 162	2 189	2 390	2 497	2 863	3 873
尼泊尔	840	828	845	761	882	971	1 173	1 183	1 239	1 591	2 275
新喀里多尼亚	1 318	1 040	1 300	1 371	1 420	1 376	1 189	1 153	1 108	1 117	...
新西兰	10 282	8 471	10 109	11 984	12 288	12 522	13 012	11 560	11 813	12 804	13 584
北马里亚纳群岛	...	...	...	...	...	...	...	...	...	...	...
巴基斯坦	9 366	5 966	6 551	7 408	7 634	7 241	7 980	8 215	8 706	9 858	9 559
帕劳	...	...	...	...	...	...	...	...	...	...	...
巴布亚新几内亚	1 817	1 823	2 737	2 937	3 715	3 853	2 249	1 319	1 056	1 510	1 696
菲律宾	10 875	8 965	11 714	12 013	13 962	16 058	20 607	23 355	23 804	25 845	26 458
萨摩亚	63	66	79	77	88	87	75	74	87	87	...
新加坡	90 957	83 915	101 020	119 585	134 813	150 238	167 825	162 982	159 663	181 256	186 729
所罗门群岛	111	101	180	183	188	235	217	176	197	202	183
斯里兰卡	4 243	3 406	4 285	5 797	4 406	5 232	5 590	5 886	6 109	6 451	6 756
中国台北	34 037	28 903	36 964	41 190	52 215	51 002	52 213	51 036	51 031	52 771	56 143
泰国	45 791	34 215	41 078	45 926	45 452	47 110	44 934	42 208	43 194	46 385	54 999
东帝汶	102	292	450	710	465	331	359	377	444	316	349
汤加	41	44	44	50	74	86	63	74	71	90	99
图瓦卢	23	19	26	35	25	17	14	15	12	13	14
瓦努阿图	129	106	123	143	145	148	143	177	149	155	...
越南	7 881	8 046	9 771	11 707	10 883	13 635	14 805	15 815	16 556	16 824	18 175
备忘项：											
世界 不含											
欧盟(28)对内出口	2 808 605	2 504 335	2 827 576	3 188 652	3 378 747	3 566 949	3 872 404	3 731 476	3 727 339	3 938 327	4 197 771
欧洲 不含											
欧盟(28)对内出口	811 769	711 423	745 897	820 642	827 908	895 248	981 806	980 367	982 336	994 760	1 058 249

表 6

2010—2018 年世界货物出口量和产量增长

年度变化百分比

	2010—2018	2016	2017	2018 a
世界货物出口	3.0	1.6	4.5	2.8
农产品	3.9	2.0	8.5	6.1
燃料和矿产品	1.3	1.8	-2.7	3.7
制成品	3.4	0.3	4.7	3.3
世界 GDP	2.7	2.3	3.0	3.2

a 初步数据。

表 7

2010—2018 年世界主要地区和经济体货物贸易量增长

年度变化百分比

出　口				进　口		
2010—2018	2017	2018		2010—2018	2017	2018
3.0	**4.5**	**2.8**	**世界**	**3.1**	**4.7**	**3.2**
3.5	4.2	4.3	北美洲	3.4	4.0	5.0
3.4	2.3	2.3	加拿大 b	2.6	4.4	3.8
5.6	7.0	7.2	墨西哥 b	3.7	3.5	5.3
2.9	4.1	4.1	美国	3.6	4.0	5.2
1.7	3.0	0.6	中、南美洲	1.4	4.6	5.2
2.3	3.7	1.6	欧洲	1.8	2.9	1.1
2.4	3.6	1.5	欧盟（28）	1.8	2.5	1.4
-0.3	1.2	-2.1	挪威	1.2	4.8	-2.1
1.6	2.9	3.0	瑞士	1.3	3.6	5.7
1.3	4.2	4.9	独联体	0.7	13.5	2.8
-0.2	4.4	1.8	非洲	3.3	-0.2	3.9
3.4	-0.9	1.9	中东	2.4	-0.9	-3.3
4.2	6.8	3.8	亚洲	4.9	8.3	5.0
3.7	-0.4	5.0	澳大利亚 b	3.1	12.8	-0.8
5.1	7.1	4.1	中国	5.1	8.9	6.4
4.7	6.6	4.3	印度 b	5.5	11.7	3.1
1.4	5.9	2.7	日本	2.3	2.8	2.0
3.6	6.5	2.9	六个东亚贸易方 a	5.5	12.8	4.1

a 即中国香港，马来西亚，韩国，新加坡，台、澎、金、马单独关税区（中国台北）和泰国。
b 秘书处估计。

表 8

2010—2018 年世界货物和服务贸易（按地区和国家）

年度变化百分比

出口				进口		
2010—2017	2017	2018		2010—2017	2017	2018
			货物贸易			
3	**11**	**10**	**世界**	**3**	**11**	**10**
3	7	8	北美洲	4	7	8
3	7	8	美国	4	7	9
2	8	7	加拿大	2	7	6
1	14	8	中、南美洲和加勒比地区	1	8	11
2	18	10	巴西	0	10	20
1	14	9	智利	3	11	14
3	9	9	欧洲	2	10	10
3	10	9	欧盟（28)	2	10	10
…	–1	4	瑞士	…	0	4
1	25	24	独联体	1	22	8
1	26	26	俄罗斯	0	24	5
0	32	26	哈萨克斯坦	1	17	10
–1	18	14	非洲	2	6	11
0	16	6	南非	2	11	12
–4	34	36	尼日利亚	–1	–12	34
3	15	21	中东	3	3	1
6	6	10	阿联酋	4	–1	–6
2	21	35	沙特	3	–4	0
4	11	9	亚洲	4	15	13
6	8	10	中国	5	16	16
–1	8	6	日本	1	11	11
			服务贸易			
5	**8**	**8**	**世界**	**5**	**6**	**7**
5	5	4	北美洲	4	7	3
5	5	4	美国	4	7	3
2	6	6	加拿大	2	7	5
4	6	1	中、南美洲和加勒比地区	3	6	1
2	3	–1	巴西	2	8	–1
1	10	–4	阿根廷	7	14	–4
5	8	8	欧洲	5	5	8
5	9	8	欧盟（28)	5	5	9
4	3	2	瑞士	5	5	0
4	13	12	独联体	3	15	7
3	14	12	俄罗斯	3	20	7

续 表

出口				进口		
2010—2017	2017	2018		2010—2017	2017	2018
-2	14	12	乌克兰	1	12	12
3	15	10	非洲	2	11	13
0	40	23	埃及	4	-2	11
0	10	1	南非	-2	8	2
...	8	5	中东	...	5	6
...	8	2	阿拉伯联合酋长国	...	2	1
7	5	0	沙特阿拉伯	1	8	2
...	8	10	亚洲	...	7	8
...	9	17	中国	...	3	12
4	6	3	日本	2	4	4

注：包括秘书处估计。

表 9

1948、1953、1963、1973、1983、1993、2003 和 2018 年世界货物出口（按地区和国家）单位：十亿美元，%

	1948	1953	1963	1973	1983	1993	2003	2018
世界	总额							
	59	**84**	**157**	**579**	**1 838**	**3 688**	**7 377**	**18 919**
	份额							
	100.0	100.0	100.0	100.0	100.0	100.0	100.0	100.0
北美洲	**28.1**	**24.8**	**19.9**	**17.3**	**16.8**	**17.9**	**15.8**	**13.6**
美国	21.6	14.6	14.3	12.2	11.2	12.6	9.8	8.8
加拿大	0.9	0.7	0.6	0.4	1.4	1.4	2.2	2.4
墨西哥	5.5	5.2	4.3	4.6	4.2	3.9	3.7	2.4
中、南美洲和加勒比地区	**11.3**	**9.7**	**6.4**	**4.3**	**4.5**	**3.0**	**3.1**	**3.4**
巴西	2.0	1.8	0.9	1.1	1.2	1.0	1.0	1.3
智利	0.6	0.5	0.3	0.2	0.2	0.2	0.3	0.4
欧洲	**35.1**	**39.4**	**47.8**	**50.9**	**43.5**	**45.3**	**45.9**	**37.6**
德国 a	1.4	5.3	9.3	11.7	9.2	10.3	10.2	8.2
荷兰	2.0	3.0	3.6	4.7	3.5	3.8	4.0	3.8
法国	3.4	4.8	5.2	6.3	5.2	6.0	5.3	3.1
英国	11.3	9.0	7.8	5.1	5.0	4.9	4.1	2.6
独联体 b	–	–	–	–	–	1.7	2.6	3.4
非洲	**7.3**	**6.5**	**5.7**	**4.8**	**4.5**	**2.5**	**2.4**	**2.5**
南非 c	2.0	1.6	1.5	1.0	1.0	0.7	0.5	0.5
中东	**2.0**	**2.7**	**3.2**	**4.1**	**6.7**	**3.5**	**4.1**	**6.0**
亚洲	**14.0**	**13.4**	**12.5**	**14.9**	**19.1**	**26.0**	**26.2**	**33.6**
中国	0.9	1.2	1.3	1.0	1.2	2.5	5.9	13.1
日本	0.4	1.5	3.5	6.4	8.0	9.8	6.4	3.9
印度	2.2	1.3	1.0	0.5	0.5	0.6	0.8	1.7

续 表

	1948	1953	1963	1973	1983	1993	2003	2018
澳大利亚和新西兰	3.7	3.2	2.4	2.1	1.4	1.4	1.2	1.6
六个东亚贸易方	3.4	3.0	2.5	3.6	5.8	9.6	9.6	9.9
备忘项:								
欧盟 d	–	–	24.5	37.0	31.3	37.3	42.8	34.2
前苏联	2.2	3.5	4.6	3.7	5.0	–	–	–
GATT/WTO 成员 e	63.4	69.6	75.0	84.1	77.0	89.0	98.3	97.9

注： 1973、1983 年和 1993—2003 年的出口份额受到石油价格的影响。

a 联邦德国的数据参考 1948—1983 年。

b 数据受到显著影响，包括波罗的海国家和独联体 1993 和 2003 年的相互贸易。

c 自 1998 年，统计数据均来自南非，而不再是南部非洲关税同盟。

d 数据参考 EEC(6)1963 年、EC(9)1973 年、EC(10)1983 年、EU(12)1993 年、EU(25)2003 年和 EU(28)2017 年。

e 其成员以所提年份为准。

表 10

1948、1953、1963、1973、1983、1993、2003 和 2018 年世界货物进口（按地区和国家）单位：十亿美元，%

	1948	1953	1963	1973	1983	1993	2003	2018
世界	总额							
	62	**85**	**164**	**594**	**1 883**	**3 805**	**7 694**	**19 394**
	份额							
	100.0	100.0	100.0	100.0	100.0	100.0	100.0	100.0
北美洲	**18.5**	**20.5**	**16.1**	**17.2**	**18.5**	**21.3**	**22.4**	**18.4**
美国	13.0	13.9	11.4	12.4	14.3	15.9	16.9	13.5
加拿大	1.0	0.9	0.8	0.6	0.7	1.8	2.3	2.5
墨西哥	4.4	5.5	3.9	4.2	3.4	3.7	3.2	2.4
中、南美洲和加勒比地区	**10.4**	**8.3**	**6.0**	**4.4**	**3.9**	**3.3**	**2.5**	**3.3**
巴西	1.8	1.6	0.9	1.2	0.9	0.7	0.7	1.0
智利	0.4	0.4	0.4	0.2	0.2	0.3	0.3	0.4
欧洲	**45.3**	**43.7**	**52.0**	**53.3**	**44.1**	**44.5**	**45.0**	**36.9**
德国 a	2.2	4.5	8.0	9.2	8.1	9.0	7.9	6.6
英国	13.4	11.0	8.5	6.5	5.3	5.5	5.2	3.5
法国	5.5	4.9	5.3	6.4	5.6	5.7	5.2	3.5
荷兰	3.4	3.3	4.4	4.8	3.3	3.3	3.4	3.3
独联体 b	–	–	–	–	–	**1.5**	**1.7**	**2.2**
非洲	**8.1**	**7.0**	**5.2**	**3.9**	**4.6**	**2.6**	**2.2**	**3.0**
南非 c	2.5	1.5	1.1	0.9	0.8	0.5	0.5	0.6
中东	**1.7**	**2.2**	**2.3**	**2.7**	**6.2**	**3.3**	**2.8**	**3.8**
亚洲	**13.9**	**15.1**	**14.1**	**14.9**	**18.5**	**23.5**	**23.5**	**32.4**
中国	0.6	1.6	0.9	0.9	1.1	2.7	5.4	11.0
日本	1.1	2.8	4.1	6.5	6.7	6.4	5.0	3.9
印度	2.3	1.4	1.5	0.5	0.7	0.6	0.9	2.6

续 表

	1948	1953	1963	1973	1983	1993	2003	2018
澳大利亚和新西兰	2.9	2.3	2.2	1.6	1.4	1.5	1.4	1.4
六个东亚贸易方	3.5	3.7	3.2	3.9	6.1	10.2	8.6	9.4
备忘项：								
欧盟 d	–	–	25.5	37.1	31.4	36.2	42.0	33.5
前苏联	1.9	3.3	4.3	3.6	4.3	–	–	–
GATT/WTO 成员 e	58.6	66.9	75.3	85.5	79.7	89.3	98.4	98.2

注：1973、1983 年和 1993—2003 年的出口份额受到石油价格的影响。

a 联邦德国的数据参考 1948—1983 年。

b 数据受到显著影响，包括波罗的海国家和独联体 1993 和 2003 年的相互贸易。

c 自 1998 年，统计数据均来自南非，而不再是南部非洲关税同盟。

d 数据参考 EEC(6)1963 年、EC(9)1973 年、EC(10)1983 年、EU(12)1993 年、EU(25)2003 年和 EU(28)2017 年。

e 其成员以所提年份为准。

表 11

2018 年世界货物贸易的主要进出口方

单位：十亿美元，%

排名	出口方	总额	份额	年度变化百分比	排名	进口方	总额	份额	年度变化百分比
1	中国	2 487	12.8	10	1	美国	2 614	13.2	9
2	美国	1 664	8.5	8	2	中国	2 136	10.8	16
3	德国	1 561	8.0	8	3	德国	1 286	6.5	11
4	日本	738	3.8	6	4	日本	749	3.8	11
5	荷兰	723	16.1	11	5	英国	674	3.4	5
6	韩国	605	3.1	5	6	法国	673	3.4	9
7	法国	582	3.0	9	7	荷兰	646	3.3	12
8	中国香港	569	2.9	3	8	中国香港	628	3.2	6
	内部出口	13	0.1	–30		留用进口 a	155	0.8	12
	转口	556	2.9	5					
9	意大利	547	2.8	8	9	韩国	535	2.7	12
10	英国	486	2.5	10	10	印度	511	2.6	14
11	比利时	467	2.4	8	11	意大利	501	2.5	11
12	墨西哥	451	2.3	10	12	墨西哥	477	2.4	10
13	加拿大	450	2.3	7	13	加拿大	469	2.4	6
14	俄罗斯	444	2.3	26	14	比利时	450	2.3	10
15	新加坡	413	2.1	11	15	西班牙	388	2.0	10
	内部出口	209	1.1	11					
	转口	203	1.0	10					
16	阿拉伯联合酋长国	346	1.8	10	16	新加坡	371	1.9	13
						留用进口	167	0.8	17
17	西班牙	345	1.8	8	17	中国台北	286	1.4	10
18	中国台北	336	1.7	6	18	瑞士	279	1.4	4

续 表

排名	出口方	总额	份额	年度变化百分比	排名	进口方	总额	份额	年度变化百分比
19	印度	326	1.7	9	19	波兰	267	1.3	14
20	瑞士	311	1.6	4	20	阿拉伯联合酋长国 a	253	1.3	–6
21	沙特阿拉伯 a	299	1.5	35	21	泰国	250	1.3	13
22	波兰	261	1.3	11	22	俄罗斯 b	249	1.3	5
23	澳大利亚	257	1.3	11	23	越南 a	244	1.2	15
24	泰国	252	1.3	7	24	澳大利亚 a	236	1.2	3
25	马来西亚	247	1.3	14	25	土耳其	223	1.1	–5
26	越南 a	246	1.3	15	26	马来西亚	217	1.1	12
27	巴西	240	1.2	10	27	奥地利	193	1.0	10
28	捷克	202	1.0	11	28	巴西 a	189	0.9	20
29	奥地利	185	0.9	10	29	印度尼西亚	189	0.9	20
30	印度尼西亚	180	0.9	7	30	捷克	184	0.9	13
31	土耳其	168	0.9	7	31	瑞典	170	0.9	10
32	瑞典	166	0.9	8	32	沙特阿拉伯 a	135	0.7	0
33	爱尔兰	165	0.8	20	33	匈牙利	121	0.6	13
34	匈牙利	126	0.6	11	34	菲律宾	115	0.6	13
35	挪威	123	0.6	18	35	南非 a	114	0.6	12
36	丹麦	109	0.6	6	36	爱尔兰	106	0.5	19
37	伊朗 a	108	0.6	16	37	丹麦	102	0.5	10
38	斯洛伐克	94	0.5	12	38	罗马尼亚	98	0.5	14
39	南非	94	0.5	6	39	斯洛伐克	94	0.5	13
40	伊拉克	89	0.5	41	40	葡萄牙	89	0.4	13
41	卡塔尔 a	86	0.4	28	41	以色列 a	88	0.4	22
42	罗马尼亚	80	0.4	13	42	挪威	88	0.4	6
43	芬兰	76	0.4	12	43	芬兰	78	0.4	11
44	智利	75	0.4	9	44	智利	74	0.4	14
45	科威特 a	72	0.4	30	45	埃及	72	0.4	17
46	葡萄牙	68	0.4	10	46	阿根廷	65	0.3	–2
47	菲律宾	67	0.3	–2	47	希腊	65	0.3	15
48	阿根廷	62	0.3	5	48	孟加拉国 a	62	0.3	16
49	哈萨克斯坦	61	0.3	26	49	巴基斯坦	60	0.3	5
50	尼日利亚	61	0.3	36	50	乌克兰	57	0.3	15
	以上合计 c	**18 167**	**93.3**	**–**		**以上合计 c**	**18 217**	**91.7**	**–**
	世界 c	**19 475**	**100.0**	**10**		**世界 c**	**19 867**	**100.0**	**10**

a 包括秘书处估计。
b 进口以 f.o.b. 计。
c 包括转口以及为转口的进口。

表 12

2018 年世界货物贸易的主要进出口方［不包括 EU(28) 内部贸易］

单位：十亿美元，%

排名	出口方	总额	份额	年度变化百分比	排名	进口方	总额	份额	年度变化百分比
1	中国	2 487	16.2	10	1	美国	2 614	16.6	9
2	EU(28) 对外出口	2 309	15.1	9	2	EU(28) 自外进口	2 337	14.9	11
3	美国	1 664	10.9	8	3	中国	2 136	13.6	16
4	日本	738	4.8	6	4	日本	749	4.8	11
5	韩国	605	16.1	5	5	中国香港	628	4.0	6
						留用进口 a	155	1.0	12
6	中国香港	569	3.7	3	6	韩国	535	3.4	12
	内部出口	13	0.1	–30					
	转口	556	3.6	5					
7	墨西哥	451	2.9	10	7	印度	511	3.3	14
8	加拿大	450	2.9	7	8	墨西哥	477	3.0	10
9	俄罗斯	444	2.9	26	9	加拿大 a	469	3.0	6
10	新加坡	413	2.7	11	10	新加坡	371	2.4	13
	内部出口	209	1.4	11		留用进口	167	1.1	17
	转口	203	1.3	10					
11	阿拉伯联合酋长国 a	346	2.3	10	11	中国台北	286	1.8	10
12	中国台北	336	2.2	6	12	瑞士	279	1.8	4
13	印度	326	2.1	9	13	阿拉伯联合酋长国 a	253	1.6	–6
14	瑞士	311	2.0	4	14	泰国	250	1.6	13
15	沙特阿拉伯 a	299	2.0	35	15	俄罗斯 b	249	1.6	5
16	澳大利亚	257	1.7	11	16	越南 a	244	1.6	15
17	泰国	252	1.6	7	17	澳大利亚 a	236	1.5	3
18	马来西亚	247	1.6	14	18	土耳其	223	1.4	–5
19	越南 a	246	1.6	15	19	马来西亚	217	1.4	12
20	巴西	240	1.6	10	20	巴西 a	189	1.2	20
21	印度尼西亚	180	1.2	7	21	印度尼西亚	189	1.2	20
22	土耳其	168	1.1	7	22	沙特阿拉伯 a	135	0.9	0
23	挪威	123	0.8	18	23	菲律宾	115	0.7	13
24	伊朗 a	108	0.7	16	24	南非 a	114	0.7	12
25	南非	94	0.6	6	25	以色列 a	88	0.6	22
26	伊拉克 a	89	0.6	41	26	挪威	88	0.6	6
27	卡塔尔 a	86	0.6	28	27	智利	74	0.5	14
28	智利	75	0.5	9	28	埃及	72	0.5	17
29	科威特 a	72	0.5	30	29	阿根廷	65	0.4	–2
30	菲律宾	67	0.4	–2	30	孟加拉国 a	62	0.4	16
31	阿根廷	62	0.4	5	31	巴基斯坦	60	0.4	5
32	哈萨克斯坦	61	0.4	26	32	乌克兰	57	0.4	15

续 表

排名	出口方	总额	份额	年度变化百分比	排名	进口方	总额	份额	年度变化百分比
33	尼日利亚	61	0.4	36	33	哥伦比亚	51	0.3	11
34	伊拉克 a	57	0.4	–6	34	摩洛哥	51	0.3	14
35	秘鲁	49	0.3	8	35	伊朗	49	0.3	0
36	乌克兰	47	0.3	9	36	伊拉克 a	48	0.3	–7
37	阿曼 a	47	0.3	42	37	阿尔及利亚 a	47	0.3	2
38	安哥拉 a	42	0.3	22	38	新西兰	44	0.3	9
39	哥伦比亚	42	0.3	10	39	秘鲁	43	0.3	8
40	阿尔及利亚 a	41	0.3	16	40	尼日利亚	42	0.3	34
41	新西兰	40	0.3	4	41	白俄罗斯	38	0.2	12
42	孟加拉国	39	0.3	9	42	科威特	37	0.2	9
43	白俄罗斯	34	0.2	15	43	卡塔尔 a	34	0.2	11
44	委内瑞拉	34	0.2	3	44	哈萨克斯坦	33	0.2	10
45	摩洛哥	29	0.2	15	45	塞尔维亚	26	0.2	18
46	埃及	28	0.2	8	46	阿曼 a	25	0.2	–4
47	巴基斯坦	23	0.2	9	47	厄瓜多尔	23	0.1	16
48	厄瓜多尔	22	0.1	13	48	巴拿马	23	0.1	5
49	阿塞拜疆	22	0.1	39	49	突尼斯	23	0.1	10
50	利比亚 a	21	0.1	16	50	斯里兰卡 a	23	0.1	7
	以上合计 c	**14 851**	**96.9**	–		**以上合计 c**	**15 031**	**95.7**	–
	世界［除 EU(28)］c	**15 319**	**100.0**	**10**		**世界（除 EU(28)）c**	**15 710**	**100.0**	**10**

a 包括秘书处估计。
b 进口以 f.o.b. 计。
c 包括转口以及为转口的进口。

表 13

2018 年世界商业服务贸易的主要进出口方

单位：十亿美元，%

排名	出口方	总额	份额	年度变化百分比	排名	进口方	总额	份额	年度变化百分比
1	美国	808	14.0	4	1	美国	536	9.8	3
2	英国	373	6.5	6	2	中国	521	9.5	12
3	德国	326	5.6	7	3	德国	350	6.4	6
4	法国	291	5.0	6	4	法国	257	4.7	5
5	中国	265	16.1	17	5	英国	230	4.2	11
6	荷兰	241	4.2	11	6	荷兰	229	4.2	11
7	爱尔兰	205	3.6	14	7	爱尔兰	218	4.0	9
8	印度	204	3.5	11	8	日本	198	3.6	4
9	日本	187	3.2	3	9	新加坡	187	3.4	3
10	新加坡	184	3.2	7	10	印度	175	3.2	14
11	西班牙	149	2.6	8	11	比利时	129	2.3	12
12	瑞士	123	2.1	2	12	意大利	123	2.2	8

续 表

排名	出口方	总额	份额	年度变化百分比	排名	进口方	总额	份额	年度变化百分比
13	比利时	121	2.1	3	13	韩国	123	2.2	2
14	意大利	121	2.1	9	14	加拿大	112	2.0	5
15	中国香港	114	2.0	9	15	瑞士	103	1.9	0
16	卢森堡	113	2.0	10	16	俄罗斯	93	1.7	7
17	韩国	95	1.7	10	17	卢森堡	86	1.6	10
18	加拿大	92	1.6	6	18	西班牙	85	1.5	12
19	泰国	84	1.5	11	19	中国香港	81	1.5	5
20	奥地利	74	1.3	11	20	阿拉伯联合酋长国	71	1.3	1
21	瑞典	73	1.3	–1	21	澳大利亚	71	1.3	6
22	阿拉伯联合酋长国	71	1.2	2	22	瑞典	69	1.3	2
23	波兰	69	1.2	19	23	丹麦	68	1.2	11
24	丹麦	69	1.2	4	24	巴西	66	1.2	–1
25	澳大利亚	68	1.2	7	25	奥地利	62	1.1	12
26	俄罗斯	64	1.1	12	26	中国台北	56	1.0	6
27	中国台北	50	0.9	12	27	沙特阿拉伯	55	1.0	2
28	以色列	50	0.9	12	28	泰国	55	1.0	19
29	土耳其	48	0.8	11	29	挪威	52	0.9	4
30	中国澳门	44	0.8	12	30	马来西亚	44	0.8	5
31	希腊	43	0.7	14	31	波兰	43	0.8	13
32	挪威	43	0.7	5	32	墨西哥	37	0.7	1
33	马来西亚	40	0.7	7	33	芬兰	35	0.6	14
34	葡萄牙	37	0.6	10	34	印度尼西亚	35	0.6	7
35	菲律宾	37	0.6	8	35	科威特	34	0.6	23
36	巴西	33	0.6	–1	36	卡塔尔	31	0.6	3
37	芬兰	33	0.6	10	37	尼日利亚	31	0.6	70
38	捷克	30	0.5	11	38	以色列	30	0.6	7
39	匈牙利	29	0.5	9	39	菲律宾	26	0.5	2
40	墨西哥	28	0.5	5	40	捷克	25	0.4	14
	以上合计	**5128**	**88.9**	–		**以上合计**	**4830**	**88.1**	–
	世界	**5770**	**100.0**	8		**世界**	**5485**	**100.0**	7

表 14

2018 年世界商业服务贸易的主要进出口方（不包括 EU(28) 内部贸易）

单位：十亿美元，%

排名	出口方	总额	份额	年度变化百分比	排名	进口方	总额	份额	年度变化百分比
1	欧盟 (28) 对外出口	1089	25.1	7	1	欧盟 (28) 自外进口	865	20.6	7
2	美国	808	18.7	4	2	美国	536	12.8	3
3	中国	265	6.1	17	3	中国	521	12.4	12
4	印度	204	4.7	11	4	日本	198	4.7	4
5	日本	187	16.1	3	5	新加坡	187	4.4	3

续 表

排名	出口方	总额	份额	年度变化百分比	排名	进口方	总额	份额	年度变化百分比
6	新加坡	184	4.2	7	6	印度	175	4.2	14
7	瑞士	123	2.8	2	7	韩国	123	2.9	2
8	中国香港	114	2.6	9	8	加拿大	112	2.7	5
9	韩国	95	2.2	10	9	瑞士	103	2.5	0
10	加拿大	92	2.1	6	10	俄罗斯	93	2.2	7
11	泰国	84	1.9	11	11	中国香港	81	1.9	5
12	阿拉伯联合酋长国	71	1.6	2	12	阿拉伯联合酋长国	71	1.7	1
13	澳大利亚	68	1.6	7	13	澳大利亚	71	1.7	6
14	俄罗斯	64	1.5	12	14	巴西	66	1.6	–1
15	中国台北	50	1.2	12	15	中国台北	56	1.3	6
16	以色列	50	1.2	12	16	沙特阿拉伯	55	1.3	2
17	土耳其	48	1.1	11	17	泰国	55	1.3	19
18	中国澳门	44	1.0	12	18	挪威	52	1.2	4
19	挪威	43	1.0	5	19	马来西亚	44	1.1	5
20	马来西亚	40	0.9	7	20	墨西哥	37	0.9	1
21	菲律宾	37	0.9	8	21	印度尼西亚	35	0.8	7
22	巴西	33	0.8	–1	22	科威特	34	0.8	23
23	墨西哥	28	0.7	5	23	卡塔尔	31	0.7	3
24	印度尼西亚	27	0.6	10	24	尼日利亚	31	0.7	70
25	埃及	23	0.5	23	25	以色列	30	0.7	7
26	摩洛哥	18	0.4	8	26	菲律宾	26	0.6	2
27	卡塔尔	18	0.4	1	27	阿根廷	24	0.6	–4
28	沙特阿拉伯	17	0.4	0	28	土耳其	22	0.5	–3
29	新西兰	17	0.4	5	29	伊朗 a	19	0.4	...
30	南非	16	0.4	1	30	越南	18	0.4	8
31	乌克兰	15	0.4	12	31	埃及	18	0.4	11
32	黎巴嫩	15	0.4	1	32	伊拉克	18	0.4	10
33	越南	15	0.3	15	33	南非	16	0.4	2
34	阿根廷	14	0.3	–4	34	黎巴嫩	14	0.3	4
35	巴拿马	14	0.3	3	35	智利	14	0.3	5
36	巴林	12	0.3	5	36	乌克兰	14	0.3	12
37	古巴	11	0.2	–6	37	新西兰	14	0.3	6
38	伊朗 a	10	0.2	...	38	哥伦比亚	13	0.3	7
39	智利	10	0.2	0	39	阿曼 a	12	0.3	...
40	哥伦比亚	9	0.2	12	40	哈萨克斯坦	12	0.3	18
	以上总计	**4082**	**94.2**	–		**以上总计**	**3915**	**93.3**	–
	世界［除 EU(28)］	**4333**	**100.0**	7		**世界（除 EU(28)）**	**4198**	**100.0**	**7**

a 秘书处估计。

表 15

2018 年最不发达国家货物贸易进出口

单位：百万美元，%

	出口					进口				
	总额	年度变化百分比				总额	年度变化百分比			
	2018	2010—2018	2016	2017	2018	2018	2010—2018	2016	2017	2018
最不发达国家	**192 814**	**3**	**16**	**17**	**13**	**273 227**	**7**	**-5**	**11**	**10**
石油出口国 a										
安哥拉	42 124	-2	-17	25	22	15 442	-1	-37	11	7
缅甸	16 795	9	4	17	21	19 510	19	-7	23	1
苏丹	3 485	-14	-2	33	-15	7 850	-3	-13	10	-14
也门	2 500	-14	-75	200	67	8 400	-1	14	0	12
乍得	1 900	-8	-18	-11	19	3 000	3	-32	8	11
不丹	620	0	-4	9	8	1 020	2	-5	3	-1
南苏丹	...	...	...	...	...	...	...	...	...	...
制成品出口方 b										
孟加拉国	39 252	9	8	3	9	61 500	10	7	18	16
柬埔寨	14 350	14	18	20	19	19 070	14	6	10	23
马达加斯加	3 052	13	10	26	7	4 031	6	6	24	10
莱索托	1 230	4	5	16	20	2 294	0	-8	13	9
海地	1 078	8	18	-4	8	4 822	5	-7	13	24
尼泊尔	840	0	-3	7	13	13 465	13	34	16	30
农产品出口方										
布基纳法索	3 231	9	15	15	12	4 347	10	9	16	12
乌干达	3 088	8	9	17	6	6 574	4	-13	16	17
埃塞俄比亚	2 803	2	-4	8	-11	15 195	7	-2	-4	-5
贝宁	2 249	7	5	12	14	3 808	8	12	24	7
卢旺达	1 108	18	7	45	6	2 588	8	4	-5	9
多哥	1 105	2	2	0	7	2 095	3	-3	-13	7
马拉维	1 013	-1	-5	-14	15	2 825	3	-4	15	11
阿富汗	875	11	4	31	12	7 407	5	-15	16	-2
所罗门群岛	620	14	9	14	24	585	5	-3	26	2
利比里亚	490	10	-1	28	37	1 100	6	-23	-16	1
几内亚比绍	348	13	16	13	6	326	7	11	22	16
索马里	...	...	...	...	...	...	...	...	...	...
中非	178	3	34	22	27	419	4	17	-9	14
布隆迪	161	6	3	38	-7	811	6	-15	23	7
冈比亚	153	11	4	13	44	553	9	-4	43	1
瓦努阿图	70	5	29	-7	50	350	3	15	-12	-6
科摩罗	52	12	81	29	32	301	3	3	15	19
东帝汶	47	14	11	17	99	565	11	-5	1	2
圣多美和普林西比	15	4	21	14	-1	153	4	-2	6	4

续 表

	出口					进口				
	总额	年度变化百分比				总额	年度变化百分比			
	2018	2010—2018	2016	2017	2018	2018	2010—2018	2016	2017	2018
基里巴斯	11	14	5	28	–19	100	4	6	–6	–9
非燃料产品出口方										
赞比亚	9 052	3	–4	26	13	9 462	7	–8	10	19
刚果（金）	8 800	7	–7	46	11	5 200	2	–24	2	6
老挝	5 260	15	16	14	9	6 340	15	–5	5	12
莫桑比克	5 196	7	–2	42	10	6 786	5	–38	10	18
几内亚	4 085	14	36	90	–11	3 790	13	102	–21	9
坦桑尼亚	3 853	–1	5	–15	–12	8 803	1	–14	0	–5
马里	2 943	5	4	3	1	4 920	5	7	6	15
毛里塔尼亚	1 931	–1	1	23	12	2 578	4	–2	10	23
尼日尔	1 427	3	–5	17	18	2 391	0	–13	14	23
塞拉利昂	826	12	17	7	29	1 429	8	–30	22	10
厄立特里亚	573	61	–13	10	19	1 170	7	3	7	4
其他										
塞内加尔	3 517	6	1	13	18	7 805	6	–2	23	16
吉布提	168	9	4	2	18	804	10	–19	9	5
图瓦卢	0	–13	8	–57	60	35	6	–24	43	–13
备忘项：										
世界 c	**19 475 361**	**3**	**–3**	**11**	**10**	**19 866 489**	**3**	**–3**	**11**	**10**

注：2017 的数据主要为估计值。

a 不丹的数据包括其出口的电流。

b 包括出口黄金（通常归入未列名根据联合国国际贸易标准分类）和钻石（通常按联合国分类法列入制造业）。

c 包括重要的复出口和为复出口的进口。

表 16

2018 年最不发达国家商业服务进出口

单位：百万美元，%

	出口					进口				
	总额	年度变化百分比				总额	年度百分比			
	2018	2010—2018	2016	2017	2018	2018	2010—2018	2016	2017	2018
最不发达国家	**39 770**	**9**	**16**	**7**	**16**	**73 589**	**4**	**–8**	**6**	**9**
阿富汗	482	–17	–48	–34	91	1 196	2	–11	19	13
安哥拉	631	–4	–43	38	–36	9 769	–6	–27	6	–24
孟加拉国	2 981	12	20	13	32	10 437	12	3	19	16
贝宁	557	6	–7	2	72	734	5	–1	–12	27
不丹	183	13	17	11	15	230	7	6	1	13
布基纳法索	500	8	16	7	10	1 493	8	6	10	10
布隆迪	...	...	–9	–2	...	...	...	–12	14	...
柬埔寨	5 249	13	2	14	20	2 982	15	9	13	10
中非	...	...	6	...	...	...	...	–9	...	...

续　表

	出口					进口				
	总额	年度变化百分比				总额	年度百分比			
	2018	2010—2018	2016	2017	2018	2018	2010—2018	2016	2017	2018
乍得	...	...	...	...	...	...	...	...	...	...
科摩罗	...	...	−3	...	...	...	...	3	...	...
刚果（金）	...	...	−25	−30	...	...	...	−19	15	...
吉布提	209	4	−21	6	8	202	9	−15	8	5
厄立特里亚	...	...	...	...	...	...	...	...	...	...
埃塞俄比亚	4 498	11	−6	19	38	6 695	13	7	−6	38
冈比亚	...	...	−12	−1	...	...	...	13	−7	...
几内亚	94	6	−33	−1	80	766	9	41	7	1
几内亚比绍	29	−5	−41	58	−10	172	7	−38	89	12
海地	495	3	−15	−15	1	1 019	4	−3	2	3
基里巴斯	...	...	31	4	...	...	...	5	−15	...
老挝	915	8	−1	5	4	1 149	21	−5	11	1
莱索托	30	−4	32	−46	−4	330	−3	−4	13	3
利比里亚	...	...	229	−29	...	...	...	−30	11	...
马达加斯加	...	...	9	9	...	...	...	−8	12	...
马拉维	151	9	−1	19	16	336	6	−15	17	12
马里	446	3	5	3	1	1 607	6	10	5	21
毛里塔尼亚	...	...	11	−41	...	...	...	−6	24	...
莫桑比克	673	13	−39	49	2	4 138	17	4	−5	40
缅甸	5 084	40	−1	1	35	3 873	23	4	15	35
尼泊尔	1 780	15	0	30	29	2 275	13	5	28	43
尼日尔	232	9	−16	11	14	1 076	3	−17	21	11
卢旺达	798	16	1	27	9	931	10	3	−7	3
圣多美和普林西比	82	26	6	−13	14	61	14	−3	−2	3
塞内加尔	1 251	4	2	7	11	1 639	5	1	13	12
塞拉利昂	...	...	36	−46	...	...	...	−49	−5	...
所罗门群岛	150	7	16	17	11	183	0	12	3	−10
索马里	405	...	5	5	3	1 478	...	1	9	2
南苏丹	217	...	97	10	11	596	...	−40	−9	7
苏丹	1 486	28	−7	18	−15	1 063	−10	−9	−1	−20
坦桑尼亚	3 749	8	6	7	−2	1 985	1	−17	−10	2
东帝汶	223	28	8	25	189	349	−3	18	−29	10
多哥	548	8	13	6	3	435	1	7	7	2
图瓦卢	2	−4	0	−8	−8	14	−8	−19	5	7
卢旺达	1 562	5	−8	−17	14	2 528	5	−15	2	23
瓦努阿图	...	...	17	11	...	...	...	−16	4	...
也门	...	...	−45	...	...	...	...	16	...	...
赞比亚	957	7	3	−2	11	1 626	8	−3	10	11
备忘项：										
世界 c	**5 769 671**	**5**	**1**	**8**	**8**	**5 485 181**	**5**	**1**	**6**	**7**

表 17

2018 年农产品的前十大进出口方

单位：十亿美元，%

	总额	占世界出口 / 进口份额				年度变化百分比			
	2018	2000	2005	2010	2018	2010—2018	2016	2017	2018
出口方									
欧盟（28）	681	42.0	44.4	39.5	37.4	3	2	8	6
欧盟（28）对外出口	181	10.1	9.8	9.4	10.0	4	2	8	5
美国	172	13.0	9.8	10.5	9.5	2	1	3	1
巴西	93	2.8	4.1	5.1	5.1	4	–4	14	6
中国	83	3.0	3.4	3.8	4.5	6	3	2	9
加拿大	69	6.3	4.9	3.8	3.8	4	–1	6	4
印度尼西亚	46	1.4	1.7	2.7	2.5	3	–2	26	–7
泰国	44	2.2	2.1	2.6	2.4	3	1	18	0
印度	39	1.1	1.2	1.7	2.2	7	–4	18	0
澳大利亚	38	3.0	2.5	2.0	2.1	4	–6	24	–10
墨西哥	35	1.7	1.5	1.4	1.9	8	8	12	6
以上 10 方合计	**1 301**	**76.5**	**75.6**	**73.1**	**71.5**	–	–	–	–
进口方									
欧盟（28）	688	42.8	45.4	40.3	37.2	3	2	8	6
欧盟（28）自外进口	186	13.3	12.6	11.0	10.1	2	0	7	5
中国	195	3.3	5.0	7.8	10.5	8	–3	17	8
美国	171	11.6	10.7	8.4	9.3	5	2	7	1
日本	83	10.5	7.3	5.6	4.5	1	1	7	4
加拿大 a	40	2.6	2.4	2.3	2.2	3	–1	4	3
韩国	39	2.2	1.9	1.9	2.1	5	–2	8	10
俄罗斯 a	31	1.3	1.9	2.6	1.7	–2	–6	16	2
墨西哥 a	31	1.9	1.8	1.7	1.7	3	0	6	5
中国香港	30	...	...	...	...	5	3	2	4
留用进口	19	1.1	0.8	1.0	1.0	4	2	–1	3
印度	28	0.7	0.8	1.3	1.7	6	5	15	–15
以上 10 方合计	**1 325**	**77.9**	**78.0**	**72.8**	**71.8**	–	–	–	–

a 进口以 f.o.b. 计价。

表 18

2018 年前十大燃料和矿产品进出口方

单位：十亿美元，%

	总额	占世界出口 / 进口份额				年度变化百分比			
	2018	2000	2005	2010	2018	2010—2018	2016	2017	2018
出口方									
欧盟 (28)	575	18.1	16.1	16.5	17.7	2	–14	26	20
欧盟 (28) 对外出口	191	4.8	4.6	4.9	5.9	3	–11	31	20
俄罗斯	263	8.0	9.5	9.2	8.1	–1	–23	26	17

续　表

	总额	占世界出口 / 进口份额				年度变化百分比			
	2018	2000	2005	2010	2018	2010—2018	2016	2017	2018
美国	235	3.2	2.8	4.2	7.2	8	-10	38	32
沙特阿拉伯 a	220	8.3	8.9	7.0	6.8	0	-11	17	35
澳大利亚	171	3.1	2.8	4.2	5.3	3	0	31	20
加拿大	130	5.6	5.1	4.0	4.0	1	-17	30	15
阿拉伯联合酋长国 a	87	3.5	3.0	2.5	2.7	2	-22	23	29
伊拉克 a	86	2.3	1.3	1.7	2.6	6	-11	36	44
挪威	83	4.9	4.2	3.0	2.5	-1	-21	22	28
中国 b	80	1.4	1.7	1.6	2.5	7	-8	25	28
以上 10 方合计	**1930**	**58.3**	**57.4**	**53.8**	**59.4**	-	-	-	-
进口方									
欧盟 (28)	969	33.5	34.5	30.2	28.8	0	-16	27	23
欧盟 (28) 自外进口	584	20.8	21.5	19.0	17.3	0	-18	29	26
中国 b	563	3.8	6.4	11.8	16.7	5	-8	36	27
美国	290	18.5	18.0	12.8	8.6	-4	-16	25	12
日本	223	10.9	8.8	8.0	6.6	-2	-23	26	21
印度	199	2.4	2.8	4.0	5.9	6	-17	40	32
韩国	182	5.2	4.6	4.9	5.4	2	-18	31	28
新加坡	92	2.0	2.1	2.7	2.7	1	-20	38	20
中国台北	67	2.1	2.1	2.2	2.0	-1	-12	25	20
土耳其	60	1.3	1.5	1.6	1.8	2	-16	42	18
墨西哥 b c	59	1.0	0.9	1.0	1.7	8	-5	35	29
以上 10 方合计	**2704**	**80.7**	**81.6**	**79.3**	**78.5**	-	-	-	-

a 秘书处合计

b 包括加工区的货物。

c 进口以 f.o.b. 计

表 19

2018 年制成品的前十大进出口方

单位：十亿美元，%

	总额	占世界出口 / 进口份额				年度变化百分比			
	2018	2000	2005	2010	2018	2010—2018	2016	2017	2018
出口方									
欧盟（28）	5 095	43.0	16.1	40.1	38.7	3	1	9	9
欧盟（28）对外出口	1 857	14.1	15.0	14.4	14.1	3	-1	9	8
中国 a	2 318	4.7	9.6	14.8	17.6	6	-8	8	9
美国	1 179	13.8	10.0	9.4	9.0	3	-3	3	5
日本	641	9.6	7.5	6.8	4.9	-1	3	7	6
韩国	529	3.3	3.5	4.1	4.0	3	-6	15	3
中国香港	511	...	...	...	...	4	-1	7	7
内部出口	3	0.5	0.2	0.1	0.0	-9	-5	-8	3

续 表

	总额	占世界出口 / 进口份额				年度变化百分比			
	2018	2000	2005	2010	2018	2010—2018	2016	2017	2018
转口	507	...	...	...	...	4	−1	7	7
墨西哥 a	363	3.0	2.3	2.2	2.8	6	−2	9	9
中国台北	304	3.0	2.4	2.5	2.3	3	1	14	5
新加坡	301	2.5	2.5	2.5	2.3	2	−3	7	9
瑞士	226	1.5	1.6	1.7	1.7	4	2	5	6
以上 10 方合计	**10 958**	**84.8**	**84.7**	**84.3**	**83.2**	–	–	–	–
进口方									
欧盟（28）	4 657	40.2	41.0	36.4	33.5	3	2	8	8
欧盟（28）自外进口	1 502	12.6	12.1	11.6	10.8	3	1	8	9
美国	1 966	19.9	16.2	13.2	14.1	5	−2	5	5
中国 a b	1 302	3.5	6.5	8.6	9.4	5	−4	12	13
中国香港	550	...	...	...	...	4	−1	8	8
留用进口 b	42	0.6	0.2	0.2	0.3	8	−1	15	14
日本	430	4.4	3.6	3.3	3.1	3	1	6	8
墨西哥 a b	357	3.1	2.4	2.3	2.6	5	−2	6	8
加拿大	352	4.1	3.2	2.8	2.5	2	−3	7	5
韩国	313	2.0	2.1	2.3	2.3	3	−2	13	5
印度	253	0.5	0.9	1.5	1.8	6	−1	26	8
新加坡	246	2.3	2.0	1.9	1.8	3	−1	7	12
以上 10 方合计	**9 920**	**80.3**	**78.1**	**72.7**	**71.4**	–	–	–	–

a 包括重要的加工区的转运。
b 包括秘书处估计。
c 进口以 f.o.b. 计价。

表 20

2018 年钢铁产品的前十大进出口方　　单位：十亿美元，%

	总额	占世界出口 / 进口份额				年度变化百分比			
	2018	2000	2005	2010	2018	2010—2018	2016	2017	2018
出口方									
欧盟（28）	176	47.5	16.1	38.8	37.9	1	−8	21	13
欧盟（28）对外出口	41	11.5	12.0	10.7	8.7	−1	−16	16	10
中国 a	63	3.1	6.1	9.4	13.5	6	−13	1	12
日本	31	10.5	8.7	9.9	6.7	−4	−14	12	6
韩国	28	4.7	4.5	5.8	6.0	2	−9	22	8
俄罗斯	25	5.0	5.9	5.6	5.3	1	−13	38	20
美国	15	4.5	3.6	4.1	3.3	−2	−15	18	−5
土耳其	13	1.3	1.8	2.4	2.9	3	−8	32	39
巴西	13	2.6	2.9	2.1	2.7	4	−15	37	12
印度	12	0.9	1.7	2.5	2.6	2	0	69	−14

	总额	占世界出口 / 进口份额				年度变化百分比			
	2018	2000	2005	2010	2018	2010—2018	2016	2017	2018
中国台北	12	3.3	2.8	2.6	2.5	1	–4	27	8
以上 10 方合计	**388**	**83.3**	**82.5**	**83.2**	**83.3**	–	–	–	–
进口方									
欧盟（28）	180	41.5	39.4	35.5	37.0	2	–5	25	14
欧盟（28）自外进口	47	7.6	8.4	8.0	9.6	4	–8	32	21
美国	39	12.7	9.1	7.2	8.1	3	–26	34	1
中国 a	24	6.4	7.9	5.8	5.0	0	–6	24	7
韩国	15	3.5	4.5	5.3	3.1	–5	–9	12	–4
泰国	13	1.8	2.6	2.7	2.8	2	–2	7	20
墨西哥 a b	13	2.6	1.9	1.9	2.6	5	–11	18	10
土耳其	12	1.6	2.0	2.3	2.5	3	–14	28	6
加拿大 b	11	3.5	2.8	2.5	2.4	1	–14	26	11
越南 c	11	0.6	1.0	1.6	2.3	6	–1	22	6
印度尼西亚	11	1.1	1.2	1.7	2.2	5	–8	24	25
以上 10 方合计	**331**	**75.3**	**72.4**	**66.4**	**68.0**	–	–	–	–

a 包括重要的加工区的转运。
b 进口以 f.o.b. 计价。
c 包括秘书处估计。

表 21

2018 年化学制品的前十大进出口方

单位：十亿美元，%

	份额	占世界出口 / 进口份额				年度变化百分比			
	2018	2000	2005	2010	2018	2010—2018	2016	2017	2018
出口方									
欧盟（28）	1 090	54.1	16.1	50.6	49.1	3	0	9	12
欧盟（28）对外出口	420	18.7	18.5	18.2	18.9	4	–1	8	12
美国	222	13.7	10.9	11.2	10.0	2	–4	5	7
中国 a	166	2.1	3.2	5.2	7.5	8	–6	16	18
瑞士	107	3.6	4.0	4.3	4.8	5	9	4	7
韩国	79	2.4	2.5	2.9	3.6	6	1	19	12
日本	79	6.0	4.8	4.6	3.5	0	2	11	10
新加坡	58	1.6	2.4	2.3	2.6	5	–2	9	16
印度	50	0.7	1.0	1.4	2.2	10	2	12	20
中国台北	40	1.6	1.8	2.1	1.8	2	–5	16	13
加拿大	37	2.5	2.4	2.0	1.7	2	–7	–4	13
以上 10 方合计	**1 928**	**88.4**	**88.5**	**86.5**	**86.9**	–	–	–	–
进口方									
欧盟（28）	919	44.1	45.6	41.7	39.3	3	0	8	13
欧盟（28）自外进口	241	10.5	10.3	10.4	10.3	4	0	7	9
美国	258	12.2	11.4	10.1	11.0	5	0	2	15

续 表

	份额	占世界出口/进口份额				年度变化百分比			
	2018	2000	2005	2010	2018	2010—2018	2016	2017	2018
中国 a	222	4.9	6.7	8.5	9.5	5	-4	18	16
日本	77	4.2	3.3	3.5	3.3	3	4	3	14
印度	60	0.8	1.2	2.0	2.6	7	-8	21	16
瑞士	53	2.1	2.3	2.1	2.3	4	10	7	8
韩国	53	2.2	2.1	2.3	2.3	3	-1	13	9
加拿大 b	49	3.2	2.8	2.4	2.1	2	-4	7	6
墨西哥 a b	49	2.4	2.1	1.9	2.1	5	-4	8	10
巴西 b	43	1.6	1.3	1.8	1.8	4	-10	10	16
以上 10 方合计	**1 783**	**77.8**	**78.7**	**76.4**	**76.2**	-	-	-	-

a 包括重要的加工区的转运。
b 进口以 f.o.b. 计价。

表 22

2018 年办公和电信设备的前十大进出口方

单位：十亿美元，%

	总额	占世界出口/进口份额				年度变化百分比			
	2018	2000	2005	2010	2018	2010—2018	2016	2017	2018
出口方									
中国 a	650	4.5	16.1	27.8	32.3	5	-9	11	13
欧盟（28）	388	29.3	29.3	22.9	19.2	1	0	11	8
欧盟（28）对外出口	97	8.7	9.1	6.2	4.8	0	2	8	5
中国香港	303	...	...	...	...	7	4	10	8
内部出口	0	0.4	0.3	0.1	0.0	-27	7	-4	-37
转口	302	...	...	...	...	7	4	10	8
韩国	160	6.1	6.5	6.0	7.9	7	-4	37	10
美国	145	15.9	9.8	8.3	7.2	1	-1	4	0
中国台北	131	6.0	4.4	5.4	6.5	5	11	15	2
新加坡	123	7.7	8.0	7.9	6.1	0	-5	7	2
马来西亚	80	5.4	4.7	4.2	4.0	2	-3	20	16
越南 b	76	0.1	0.1	0.4	3.8	38	16	21	15
墨西哥 a	70	3.5	3.0	3.7	3.5	2	-3	9	4
以上 10 方合计	**1 823**	**78.8**	**83.9**	**86.6**	**90.5**	-	-	-	-
进口方									
欧盟（28）	530	34.0	33.8	29.7	22.4	0	-2	12	5
欧盟（28）自外进口	261	14.7	15.0	14.5	11.1	0	-4	12	9
中国 a	471	4.4	11.8	15.7	20.0	7	-4	12	14
美国	339	21.3	17.1	16.1	14.4	2	-1	11	-3
中国香港	321	...	...	...	...	7	4	12	7
留用进口	18	1.3	0.4	0.6	0.8	7	3	49	-6
新加坡	99	5.3	5.5	5.0	4.2	1	-1	11	8
日本	88	6.0	4.9	4.7	3.7	1	-1	11	0
韩国	71	3.4	2.8	2.7	3.0	5	0	14	1

续　表

	总额	占世界出口 / 进口份额				年度变化百分比			
	2018	2000	2005	2010	2018	2010—2018	2016	2017	2018
中国台北	68	3.8	2.8	2.6	2.9	5	11	18	11
墨西哥 a c	68	2.9	2.6	3.2	2.9	2	−2	−2	11
马来西亚	52	3.2	3.1	2.7	2.2	1	−2	19	9
以上 10 方合计	**1 804**	**85.5**	**84.8**	**83.0**	**76.4**	–	–	–	–

a 包括重要的加工区的转运。
b 包括秘书处估计。
c 进口以 f.o.b. 计价。

表 23

2018 年汽车产品的前十大进出口方

单位：十亿美元，%

	总额	占世界出口 / 进口份额				年度变化百分比			
	2018	2000	2005	2010	2018	2010—2018	2016	2017	2018
出口方									
中国 a	650	4.5	16.1	27.8	32.3	5	−9	11	13
欧盟（28）	388	29.3	29.3	22.9	19.2	1	0	11	8
欧盟（28）对外出口	97	8.7	9.1	6.2	4.8	0	2	8	5
中国香港	303	...	...	...	...	7	4	10	8
内部出口	0	0.4	0.3	0.1	0.0	−27	7	−4	−37
转口	302	...	...	...	...	7	4	10	8
韩国	160	6.1	6.5	6.0	7.9	7	−4	37	10
美国	145	15.9	9.8	8.3	7.2	1	−1	4	0
中国台北	131	6.0	4.4	5.4	6.5	5	11	15	2
新加坡	123	7.7	8.0	7.9	6.1	0	−5	7	2
马来西亚	80	5.4	4.7	4.2	4.0	2	−3	20	16
越南 b	76	0.1	0.1	0.4	3.8	38	16	21	15
墨西哥 a	70	3.5	3.0	3.7	3.5	2	−3	9	4
以上 10 方合计	**1 823**	**78.8**	**83.9**	**86.6**	**90.5**	–	–	–	–
进口方									
欧盟（28）	530	34.0	33.8	29.7	22.4	0	−2	12	5
欧盟（28）自外进口	261	14.7	15.0	14.5	11.1	0	−4	12	9
中国 a	471	4.4	11.8	15.7	20.0	7	−4	12	14
美国	339	21.3	17.1	16.1	14.4	2	−1	11	−3
中国香港	321	...	...	...	...	7	4	12	7
留用进口	18	1.3	0.4	0.6	0.8	7	3	49	−6
新加坡	99	5.3	5.5	5.0	4.2	1	−1	11	8
日本	88	6.0	4.9	4.7	3.7	1	−1	11	0
韩国	71	3.4	2.8	2.7	3.0	5	0	14	1
中国台北	68	3.8	2.8	2.6	2.9	5	11	18	11
墨西哥 a c	68	2.9	2.6	3.2	2.9	2	−2	−2	11
马来西亚	52	3.2	3.1	2.7	2.2	1	−2	19	9
以上 10 方合计	**1 804**	**85.5**	**84.8**	**83.0**	**76.4**	–	–	–	–

a 包括重要的加工区的转运。
b 包括秘书处估计。
c 进口以 f.o.b. 计价。

表 24

2018 年纺织品的前十大进出口方

单位：十亿美元，%

	份额	占世界出口 / 进口份额				年度变化百分比			
	2018	2000	2005	2010	2018	2010—2018	2016	2017	2018
出口方									
中国 a	119	10.3	16.1	30.4	37.6	6	−4	5	8
欧盟（28）	74	36.4	34.8	26.9	23.5	1	1	5	7
欧盟（28）对外出口	23	9.8	9.9	8.1	7.2	1	0	5	8
印度	18	3.6	4.1	5.1	5.8	4	−6	6	4
美国	14	7.0	6.1	4.8	4.4	2	−5	3	1
土耳其	12	2.4	3.5	3.5	3.8	4	0	5	4
韩国	10	8.1	5.1	4.3	3.1	−1	−6	−2	0
中国台北	9	7.6	4.8	3.8	2.9	−1	−7	3	0
越南 b	8	0.2	0.4	1.2	2.6	13	9	21	13
巴基斯坦	8	2.9	3.5	3.1	2.5	0	−7	2	2
中国香港	7	...	...	...	...	−5	−13	−4	−3
内部出口	0	0.8	0.3	0.1	0.0	−13	3	7	3
转口	7	...	...	...	...	−5	−13	−4	−3
以上 10 方合计	**272**	**79.2**	**82.7**	**83.3**	**86.3**	–	–	–	–
进口方									
欧盟（28）	77	34.9	33.6	27.8	23.1	0	1	6	−2
欧盟（28）自外进口	33	9.8	10.0	10.0	9.7	2	1	5	6
美国	30	9.7	10.5	8.7	9.1	3	−3	3	2
中国 a	18	7.8	7.2	6.6	5.3	0	−12	4	3
越南 b	18	0.8	1.6	2.6	5.3	12	4	22	10
孟加拉国 b	11	0.8	1.1	1.7	3.3	12	7	7	17
日本	9	3.0	2.7	2.7	2.7	3	0	3	6
中国香港	7	...	...	...	...	−6	−13	−4	−3
留用进口	...	0.9	0.3	0.1	...	...	...	...	...
印度尼西亚	7	0.8	0.4	1.6	2.1	6	3	−4	21
墨西哥 a c	7	3.5	2.8	1.9	2.0	3	−4	1	4
土耳其	6	1.3	2.1	2.4	1.8	−1	−2	12	−10
以上 10 方合计	**183**	**63.4**	**62.2**	**56.2**	**54.6**	–	–	–	–

a 包括重要的加工区的转运。
b 秘书处估计
c 进口以 f.o.b. 计价。

表 25

2018 年服装的前十大进出口方

单位：十亿美元，%

	总额	占世界出口 / 进口份额				年度变化百分比			
	2018	2000	2005	2010	2018	2010—2018	2016	2017	2018
出口方									
中国 a	158	18.2	16.1	36.6	31.3	2	-9	-1	0
欧盟（28）	143	28.7	31.0	28.4	28.4	5	4	10	11
欧盟（28）对外出口	34	6.4	6.7	6.2	6.8	6	0	12	12
孟加拉国 b	32	2.6	2.5	4.2	6.4	10	8	2	11
越南 b	32	0.9	1.7	2.9	6.2	15	5	21	13
印度	17	3.0	3.1	3.2	3.3	5	-1	2	-11
土耳其	16	3.3	4.2	3.6	3.1	3	0	0	4
中国香港	14	...	...	...	...	-7	-15	-8	-4
内部出口	0	5.0	2.6	0.1	0.0	-26	-35	-40	-10
转口	14	...	...	...	...	-6	-15	-7	-4
印度尼西亚	9	2.4	1.8	1.9	1.8	3	-2	10	9
柬埔寨 b	8	0.5	0.8	0.9	1.6	13	12	8	14
美国	6	4.4	1.8	1.3	1.2	3	-7	0	5
以上 10 方合计	421	69.0	76.1	83.1	83.3	-	-	-	-
进口方									
欧盟（28）	204	41.1	47.3	45.2	38.4	2	3	7	3
欧盟（28）自外进口	106	19.6	23.4	23.9	20.0	2	0	3	7
美国	92	33.1	28.7	22.1	17.4	1	-6	0	1
日本	30	9.7	8.1	7.2	5.7	2	-2	1	8
中国香港	13	...	...	...	...	-3	-11	-6	2
留用进口	...	0.9	...	...	...	...	...	...	...
韩国	11	0.6	1.0	1.2	2.0	12	1	8	16
加拿大 c	11	1.8	2.1	2.2	2.0	3	-3	5	5
中国 a	8	0.6	0.6	0.7	1.6	16	-2	13	14
俄罗斯 c	8	0.1	0.3	2.0	1.5	0	3	26	7
瑞士	8	1.6	1.6	1.4	1.4	5	6	12	13
澳大利亚 c	7	0.9	1.1	1.3	1.3	5	-3	8	3
以上 10 方合计	**378**	**90.3**	**90.8**	**83.4**	**71.3**	-	-	-	-

a 包括重要的加工区的转运。
b 包括秘书处估计。
c 进口以 f.o.b. 计价。

表 26

2018 年世界商业服务贸易（按产品类别）

单位：十亿美元，%

	总额	份额				
	2018	2005	2010	2016	2017	2018
出口						
所有商业服务	5 770	100.0	100.0	100.0	100.0	100.0
货物相关的服务	211	3.4	16.1	3.5	3.5	3.7
运输服务	1 017	22.2	21.5	17.5	17.7	17.6
旅游服务	1 437	26.8	24.9	25.0	25.0	24.9
其他服务	3 106	47.6	50.0	54.1	53.8	53.8
进口						
所有商业服务	5 485	100.0	100.0	100.0	100.0	100.0
货物相关的服务	143	2.6	2.1	2.5	2.6	2.6
运输服务	1 215	27.0	26.4	21.3	21.9	22.2
旅游服务	1 404	26.1	23.4	25.6	25.6	25.6
其他服务	2 722	44.3	48.1	50.6	50.0	49.6

表 27

2005—2018 年世界商业服务出口增长（按产品类别和地区）

年度变化百分比

	世界	北美洲	中、南美洲	欧洲	独联体	非洲	中东	亚洲
商业服务								
2005—2010	8	8	9	6	12	9	...	13
2017	8	5	6	8	13	15	8	8
2018	8	4	1	8	12	10	5	10
货物相关服务								
2005—2010	9	12	-10	7	11	16	19	14
2017	8	5	-3	11	13	7	27	4
2018	12	14	2	13	4	17	7	9
运输服务								
2005—2010	7	6	9	6	12	10	9	9
2017	9	5	6	11	13	7	12	8
2018	7	4	2	9	11	8	2	6
旅游服务								
2005—2010	7	5	6	3	9	8	15	12
2017	8	3	6	11	16	27	7	7
2018	7	3	3	9	16	13	1	9
其他商业服务								
2005—2010	9	10	16	7	15	11	...	15
2017	7	7	5	7	13	5	5	10
2018	8	4	-2	7	12	7	12	12

表 28

2018 年与货物相关的服务贸易（按地区）

单位：十亿美元，%

	总 额	份 额		年度变化百分比			
	2018	2010	2018	2010—2018	2016	2017	2018
出口							
世界	**211**	**100.0**	**100.0**	**5**	**6**	**8**	**12**
北美洲	32	11.6	16.1	9	6	5	14
中、南美洲	4	2.1	2.0	5	−3	−3	2
欧洲	114	51.3	53.9	6	4	11	13
欧盟 (28)	105	46.8	49.8	6	4	12	13
独联体	6	5.1	2.9	−2	14	13	4
非洲	2	1.9	1.1	−1	5	7	17
中东	2	0.2	0.7	21	1	27	7
亚洲	51	27.8	24.2	4	9	4	9
进口							
世界	**143**	**100.0**	**100.0**	**8**	**5**	**8**	**9**
北美洲	10	9.4	6.8	4	−3	−5	5
中、南美洲	1	...	1.0	...	8	10	12
欧洲	83	39.6	58.1	13	7	12	13
欧盟 (28)	78	35.6	54.7	14	8	12	13
独联体	3	1.5	2.2	13	9	15	12
非洲	1	0.7	0.9	11	3	21	2
中东	1	0.2	0.4	13	18	−40	12
亚洲	44	...	30.7	...	3	5	5

表 29

2018 年货物相关服务的主要进出口方

单位：十亿美元，%

	总 额	份 额		年度变化百分比			
	2018	2010	2018	2010—2018	2016	2017	2018
出口方							
欧盟（28）	105.0	46.8	49.8	6	4	12	13
欧盟（28）对外出口	42.4	22.4	16.1	4	3	3	12
美国	30.0	10.6	14.2	9	7	6	14
中国	24.6	18.3	11.7	0	−2	1	3
新加坡	6.8	4.6	3.2	1	−7	−3	11
瑞士	5.9	2.7	2.8	6	−1	3	12
中国台北	4.4	...	2.1	...	42	36	13

续 表

	总 额	份 额		年度变化百分比			
	2018	2010	2018	2010—2018	2016	2017	2018
菲律宾	4.1	...	1.9	...	...	26	16
马来西亚	3.4	2.0	1.6	3	4	11	17
俄罗斯	3.2	3.0	1.5	–3	20	6	–3
韩国	2.8	1.7	1.3	2	–5	–7	8
摩洛哥	2.0	1.6	0.9	–1	8	3	19
乌克兰	1.9	1.3	0.9	1	7	22	17
加拿大	1.8	1.0	0.9	3	–4	–3	19
日本	1.8	0.4	0.8	15	89	–4	8
洪都拉斯	1.6	0.8	0.7	4	–5	–5	0
以上 15 方合计	**199.4**	**...**	**94.5**	–	–	–	–
进口方							
欧盟（28）	78.5	35.6	54.7	14	8	12	13
欧盟（28）自外进口	30.0	12.0	21.0	16	12	11	10
中国香港	12.5	24.9	8.7	–5	–2	3	5
日本	10.6	11.0	7.4	3	21	9	1
韩国	10.1	9.1	7.0	5	–6	10	7
美国	8.7	8.9	6.1	3	3	5	5
中国台北	3.7	...	2.5	...	–16	1	–17
瑞士	2.9	2.4	2.0	6	–10	19	14
中国	2.8	0.1	2.0	56	47	12	14
俄罗斯	2.2	1.2	1.5	11	14	14	11
印度	1.0	...	0.7	...	11	47	90
挪威	0.8	1.3	0.5	–4	–3	–20	2
加拿大	0.8	0.3	0.5	17	–5	–14	4
土耳其	0.7	...	0.5	...	32	19	18
新加坡	0.7	0.8	0.5	1	3	–2	3
哈萨克斯坦	0.7	0.0	0.5	45	28	29	31
以上 15 方合计	**136.6**	**...**	**95.3**	–	–	–	–

表 30

2017 和 2018 年维护和保养服务的主要进出口方

单位：十亿美元，%

	总额		占 10 经济体份额	年度变化百分比			
	2017	2018	2017	2010—2017	2016	2017	2018
出口方							
欧盟（28）	34 388	38 184	41.2	12	9	14	11
欧盟（28）对外出口	16 098	18 644	16.1	15	8	15	16
美国	26 430	30 041	31.7	9	7	6	14
新加坡	6 150	6 803	7.4	0	−7	−3	11
中国	5 925	7 179	7.1	…	40	17	21
瑞士	4 107	4 882	4.9	5	1	7	19
俄罗斯	1 800	1 599	2.2	0	−3	17	−11
加拿大	1 531	1 819	1.8	1	−4	−3	19
中国台北	1 318	1 639	1.6	72	111	58	24
日本	904	988	1.1	22	42	−6	9
以色列	874	…	1.0	…	3	30	…
以上 10 方合计	**83 427**	…	**100.0**	−	−	−	−
进口方							
欧盟（28）	30 768	34 191	57.3	19	11	11	11
欧盟（28）自外进口	13 737	15 666	25.6	23	5	12	14
美国	8 337	8 722	15.5	3	−3	−5	5
日本	4 934	5 471	9.2	40	29	11	11
瑞士	2 489	2 868	4.6	4	−11	18	15
中国	2 270	2 536	4.2	…	53	12	12
俄罗斯	1 780	2 008	3.3	14	15	14	13
中国台北	974	962	1.8	9	9	13	−1
挪威	758	771	1.4	−4	−3	−20	2
加拿大	734	764	1.4	19	−5	−14	4
新加坡	678	697	1.3	1	3	−2	3
以上 10 方合计	**53 722**	**58 990**	**100.0**	−	−	−	−

表 31

2018 年世界运输服务贸易（按地区）

单位：十亿美元，%

	总 额	份 额		年度变化百分比			
	2018	2010	2018	2010—2018	2016	2017	2018
出口							
世界	**1 017**	**100.0**	**100.0**	**3**	**−4**	**9**	**7**
北美洲	108	10.3	16.1	3	−3	5	4
中、南美洲	28	3.0	2.8	1	−3	6	2
欧洲	498	48.4	49.0	3	−3	11	9
欧盟 (28)	441	43.4	43.4	3	−2	11	9

续 表

	总 额	份 额		年度变化百分比			
	2018	2010	2018	2010—2018	2016	2017	2018
独联体	43	3.9	4.2	4	-1	13	11
非洲	30	3.0	3.0	3	-9	7	8
中东	58	...	5.7	...	4	12	2
亚洲	251	28.7	24.7	1	-9	8	6
进口							
世界	1 215	100.0	100.0	3	-4	9	9
北美洲	148	10.9	12.2	4	0	6	7
中、南美洲	48	4.6	3.9	1	-11	9	5
欧洲	422	36.3	34.7	2	-1	9	9
欧盟 (28)	386	33.1	31.7	2	-1	9	10
独联体	28	2.4	2.3	2	-3	17	10
非洲	66	5.7	5.4	2	-10	4	13
中东	76	...	6.3	...	-9	2	5
亚洲	427	32.7	35.2	4	-5	12	10

表 32

2018 年运输服务的主要进出口方

单位：十亿美元，%

	总 额	份 额		年度变化百分比			
	2018	2010	2018	2010—2018	2016	2017	2018
出口方							
欧盟 (28)	441.3	43.4	43.4	3	-2	11	9
欧盟 (28) 对外出口	203.5	19.9	16.1	3	-2	10	9
美国	92.3	8.7	9.1	3	-3	5	4
新加坡	51.5	4.7	5.1	4	-11	14	7
中国	42.3	4.1	4.2	3	-12	10	14
中国香港	32.8	3.6	3.2	1	-5	8	8
日本	28.9	5.1	2.8	-5	-10	8	-15
阿拉伯联合酋长国	28.3	...	2.8	...	9	10	1
韩国	27.5	4.7	2.7	-4	-20	-10	12
俄罗斯	22.1	1.8	2.2	5	3	16	12
挪威	20.2	2.2	2.0	1	-4	8	8
印度	19.0	1.6	1.9	5	6	12	12
土耳其	17.6	1.1	1.7	8	-10	15	17
加拿大	13.7	1.5	1.3	1	1	7	4
瑞士	13.2	1.3	1.3	3	5	10	3
中国台北	11.0	1.2	1.1	1	-10	12	11
以上 15 方合计	**861.6**	...	**84.7**	–	–	–	–

续 表

	总 额	份 额		年度变化百分比			
	2018	2010	2018	2010—2018	2016	2017	2018
进口方							
欧盟 (28)	385.8	33.1	31.7	2	–1	9	10
欧盟 (28) 自外进口	157.5	14.7	13.0	1	–4	7	11
美国	108.3	7.6	8.9	5	0	5	6
中国	108.3	6.5	8.9	7	–6	15	17
印度	66.7	4.8	5.5	5	–8	19	17
新加坡	54.0	3.0	4.4	8	–8	20	4
日本	38.4	4.7	3.2	–2	–7	5	–4
韩国	31.8	3.1	2.6	1	–2	3	6
加拿大	24.3	2.2	2.0	1	–1	9	10
泰国	19.0	1.9	1.6	0	–4	12	13
中国香港	18.4	1.6	1.5	2	–2	3	5
沙特阿拉伯	16.2	1.3	1.3	3	–19	–3	3
墨西哥	15.5	1.1	1.3	5	3	12	4
俄罗斯	15.3	1.2	1.3	3	–2	22	6
阿拉伯联合酋长国	14.9	...	1.2	...	3	2	4
澳大利亚	13.9	1.4	1.1	0	–9	3	10
以上 15 方合计	**930.8**	...	**76.6**	–	–	–	–

表 33

2018 年世界旅游服务贸易（按地区）

单位：十亿美元，%

	总 额	份 额		年度变化百分比			
	2018	2010	2018	2010—2018	2016	2017	2018
出口							
世界	**1 437**	**100.0**	**100.0**	**5**	**2**	**8**	**7**
北美洲	259	17.2	16.1	6	1	3	3
中、南美洲	69	4.6	4.8	6	4	6	3
欧洲	536	41.1	37.3	4	0	11	9
欧盟 (28)	477	36.2	33.2	4	2	10	9
独联体	26	1.8	1.8	5	1	16	16
非洲	50	4.4	3.5	2	–8	27	13
中东	71	...	5.0	...	8	7	1
亚洲	425	...	29.6	...	5	7	9
进口							
世界	**1 404**	**100.0**	**100.0**	**6**	**2**	**6**	**7**
北美洲	189	14.3	13.5	5	5	9	6
中、南美洲	50	4.0	3.5	5	1	15	–1
欧洲	463	42.1	32.9	3	2	7	8
欧盟 (28)	417	38.2	29.7	3	3	7	9
独联体	52	4.0	3.7	5	–21	23	9

续 表

	总　额	份　额		年度变化百分比			
	2018	2010	2018	2010—2018	2016	2017	2018
非洲	29	2.9	2.1	2	–17	21	20
中东	98	...	7.0	...	2	5	4
亚洲	524	...	37.3	...	5	2	8

表 34

2018 年旅游服务的主要进出口方

单位：十亿美元，%

	总　额	份　额		年度变化百分比			
	2018	2010	2018	2010—2018	2016	2017	2018
出口方							
欧盟 (28)	477.1	36.2	33.2	4	2	10	9
欧盟 (28) 对外出口	164.4	11.2	16.1	5	–3	12	7
美国	214.5	14.3	14.9	6	0	2	2
泰国	63.1	2.1	4.4	15	9	17	11
澳大利亚	45.3	3.4	3.2	4	8	13	9
日本	41.1	1.4	2.9	15	23	11	21
中国澳门	40.4	2.3	2.8	8	–2	18	12
中国	39.5	...	2.7	...	–1	–13	2
中国香港	36.7	2.3	2.6	6	–9	1	10
印度	28.6	1.5	2.0	9	7	22	4
土耳其	25.2	2.4	1.8	1	–30	20	12
墨西哥	22.5	1.2	1.6	8	11	9	5
加拿大	21.8	1.7	1.5	4	9	12	7
阿拉伯联合酋长国	21.4	...	1.5	...	12	8	2
新加坡	20.5	1.5	1.4	5	14	4	4
马来西亚	19.1	1.9	1.3	1	2	1	4
以上 15 方合计	**1116.8**	...	**77.7**	–	–	–	–
进口方							
欧盟 (28)	417.5	38.2	29.7	3	3	7	9
欧盟 (28) 自外进口	129.0	13.0	9.2	2	–4	6	8
中国	276.8	...	19.7	...	5	–2	9
美国	144.2	10.0	10.3	7	8	9	7
澳大利亚	36.4	3.1	2.6	4	5	11	6
俄罗斯	34.3	3.1	2.4	3	–31	30	10
加拿大	33.3	3.5	2.4	1	–4	10	5
韩国	30.9	2.2	2.2	6	8	12	1
中国香港	26.5	2.0	1.9	5	5	5	4
新加坡	25.3	2.2	1.8	4	1	3	3
印度	21.3	1.2	1.5	9	10	13	16
日本	20.1	3.2	1.4	–4	16	–2	11

续　表

	总　额	份　额		年度变化百分比			
	2018	2010	2018	2010—2018	2016	2017	2018
中国台北	19.3	1.1	1.4	10	7	8	8
巴西	18.3	1.8	1.3	2	−16	31	−4
阿拉伯联合酋长国	18.0	…	1.3	…	3	3	2
瑞士	17.5	1.3	1.2	6	0	1	6
以上 15 方合计	**1139.7**	…	**81.2**	–	–	–	–

表 35

2018 年世界其他服务贸易（按地区）

单位：十亿美元，%

	总额	份额		年度变化百分比			
	2018	2010	2018	2010—2018	2016	2017	2018
出口							
世界	**3 106**	**100.0**	**100.0**	**6**	**3**	**7**	**8**
北美洲	530	19.2	16.1	5	1	7	4
中、南美洲	58	2.3	1.9	3	−1	5	−2
欧洲	1 616	53.1	52.1	6	3	7	7
欧盟 (28)	1 502	48.4	48.4	6	3	7	8
独联体	42	1.5	1.4	5	−4	13	12
非洲	29	1.1	0.9	5	−2	5	7
中东	88	…	2.8	…	5	5	12
亚洲	742	21.0	23.9	8	3	10	12
进口							
世界	**2 722**	**100.0**	**100.0**	**5**	**2**	**5**	**7**
北美洲	339	14.8	12.5	3	4	6	0
中、南美洲	82	3.6	3.0	3	−6	0	0
欧洲	1 378	49.3	50.6	6	3	3	8
欧盟 (28)	1 271	45.1	46.7	6	3	3	9
独联体	61	2.9	2.2	2	−8	9	5
非洲	73	3.3	2.7	3	−13	14	12
中东	126	…	4.6	…	−6	8	9
亚洲	664	23.2	24.4	6	5	8	8

表 36

2018 年其他商业服务的主要进出口方

单位：十亿美元，%

	总　额	份　额		年度变化百分比			
	2018	2010	2018	2010—2018	2016	2017	2018
出口方							
欧盟 (28)	1 501.9	48.4	48.4	6	3	7	8
欧盟 (28) 对外出口	678.7	22.7	16.1	6	0	5	6

续 表

	总 额	份 额		年度变化百分比			
	2018	2010	2018	2010—2018	2016	2017	2018
美国	471.4	16.6	15.2	5	2	7	4
中国	158.7	3.7	5.1	10	–3	19	25
印度	156.5	4.6	5.0	7	3	13	12
日本	115.5	3.9	3.7	5	10	5	3
新加坡	104.9	2.1	3.4	12	5	10	7
瑞士	86.5	3.3	2.8	4	7	2	1
加拿大	54.3	2.4	1.7	2	0	4	5
韩国	49.8	1.6	1.6	6	5	–1	9
中国香港	44.0	1.5	1.4	6	–2	8	10
以色列	37.4	0.8	1.2	11	14	10	14
俄罗斯	27.0	1.1	0.9	3	–6	14	9
菲律宾	23.2	0.7	0.7	7	–2	2	6
阿拉伯联合酋长国	21.2	...	0.7	...	4	5	3
巴西	21.0	1.0	0.7	1	–3	2	–3
以上 15 方合计	**2 873.4**	...	**92.5**	–	–	–	–
进口方							
欧盟 (28)	1 271.1	45.1	46.7	6	3	3	9
欧盟 (28) 自外进口	548.8	18.8	20.2	6	1	–3	6
美国	275.1	11.7	10.1	3	4	6	0
中国	132.6	4.1	4.9	8	9	8	16
日本	128.9	4.5	4.7	6	6	4	6
新加坡	106.7	2.9	3.9	9	0	13	3
印度	86.4	3.2	3.2	5	23	14	11
瑞士	72.0	2.6	2.6	6	5	5	–2
加拿大	53.5	2.5	2.0	2	3	5	2
韩国	50.1	2.2	1.8	3	–2	8	–1
俄罗斯	41.7	1.9	1.5	3	–8	12	4
阿拉伯联合酋长国	38.0	...	1.4	...	–24	1	–1
巴西	35.2	1.7	1.3	2	–7	–4	–3
中国香港	23.9	1.0	0.9	4	0	5	5
泰国	23.6	0.9	0.9	5	1	0	24
沙特阿拉伯	22.9	1.0	0.8	4	5	23	9
以上 15 方合计	**2 361.5**	...	**86.7**	–	–	–	–

表 37

2017 和 2018 年世界建筑服务出口（按地区）

单位：十亿美元，%

	总　额		份　额		年度变化百分比		
	2017	2018	2010	2018	2010—2018	2017	2018
出口							
世界	**104**	**109**	**100.0**	**100.0**	**3**	**12**	**5**
北美洲	2	2	16.1	1.9	-5	23	5
中、南美洲	0	0	0.1	0.1	0	1	-6
欧洲	36	36	35.3	33.2	2	-5	1
欧盟 (28)	33	33	31.7	30.5	3	-6	1
独联体	6	7	5.0	6.6	7	20	13
非洲	2	2	...	1.9	...	14	-7
中东	6	6	...	5.6	...	19	2
亚洲	51	55	...	50.7	...	...	8

表 38

2017 和 2018 年建筑服务的主要进出口方

单位：百万美元，%

	总　额		占 10 个经济体份额	年度变化百分比			
	2017	2018	2017	2010—2017	2016	2017	2018
出口方							
欧盟（28）	32 916	33 342	36.3	3	7	-6	1
欧盟（28）对外出口	14 830	13 973	16.1	3	-11	7	-6
中国	23 926	26 588	26.4	...	-24	...	11
日本	10 294	9 216	11.4	0	-12	10	-10
韩国	9 399	11 317	10.4	-3	-4	-20	20
俄罗斯	4 812	5 614	5.3	5	-3	34	17
阿拉伯联合酋长国	2 614	2 668	2.9	...	2	4	2
印度	2 285	3 177	2.5	23	40	10	39
美国	1 785	...	2.0	-6	-44	26	...
中国台北	1 341	1 067	1.5	21	51	11	-20
瑞士	1 199	1 300	1.3	-1	-14	42	8
以上 10 方总计	**90 570**	...	**100.0**	-	-	-	-
进口方							
欧盟（28）	23 640	25 691	35.6	3	0	4	9
欧盟（28）自外进口	6 448	6 909	9.7	-1	-5	6	7
中国	8 567	8 602	12.9	...	-19	...	0
日本	8 221	8 288	12.4	1	-9	10	1
沙特阿拉伯	5 605	6 407	8.4	6	12	1	14
俄罗斯	4 386	4 813	6.6	-1	-22	17	10
科威特	4 227	4 759	6.4	9	141	24	13

续 表

	总 额		占 10 个经济体份额	年度变化百分比			
	2017	2018	2017	2010—2017	2016	2017	2018
马来西亚	3 933	2 983	5.9	19	9	34	-24
阿尔及利亚	2 850	...	4.3	2	0	25	...
阿塞拜疆	2 482	1 331	3.7	34	-15	-17	-46
阿拉伯联合酋长国	2 451	2 614	3.7	...	3	-21	7
以上 10 方总计	**66 363**	...	**100.0**	-	-	-	-

表 39

2017 和 2018 年世界保险和养老服务出口（按地区）

单位：十亿美元，%

	总 额		份 额		年度变化百分比		
	2017	2018	2010	2018	2010—2018	2017	2018
出口							
世界	**133**	**144**	**100.0**	**100.0**	**5**	**2**	**8**
北美洲	23	24	16.1	16.7	4	7	5
中、南美洲	3	3	1.7	2.0	7	26	-15
欧洲	78	84	63.6	58.5	4	-1	7
欧盟 (28)	68	75	56.9	52.2	4	-1	10
独联体	1	1	0.7	0.5	1	-3	26
非洲	1	2	1.2	1.1	4	-1	15
中东	7	9	...	6.3	...	5	35
亚洲	20	22	11.6	15.0	9	7	10

表 40

2017 和 2018 年保险和养老服务的主要进出口方

单位：百万美元，%

	总 额		占 10 经济体份额	年度变化百分比			
	2017	2018	2017	2010—2017	2016	2017	2018
出口方							
欧盟（28）	68 388	75 195	57.0	3	6	-1	10
欧盟（28）对外出口	26 106	27 523	16.1	-1	10	-24	5
美国	18 047	19 164	15.1	3	5	6	6
瑞士	8 320	7 419	6.9	6	16	7	-11
新加坡	6 402	7 001	5.3	9	-6	9	9
巴林	5 238	...	4.4	...	3	7	...
中国	4 046	4 923	3.4	13	-17	-3	22
墨西哥	3 300	3 107	2.8	9	-9	15	-6
印度	2 460	2 580	2.1	5	8	15	5
日本	2 194	2 425	1.8	8	33	5	10
加拿大	1 515	1 671	1.3	-3	3	9	10
以上 10 方合计	**119 908**	...	**100.0**	-	-	-	-

续　表

	总　额		占 10 经济体份额	年度变化百分比			
	2017	2018	2017	2010—2017	2016	2017	2018
进口方							
美国	50 665	38 228	31.1	–3	5	2	–25
欧盟（28）	43 847	47 123	26.9	2	7	7	7
欧盟（28）自外进口	15 546	16 062	9.5	0	–3	9	3
阿拉伯联合酋长国	27 366	26 140	16.8	...	–33	3	–4
中国	10 409	11 879	6.4	–6	47	–19	14
印度	6 291	6 748	3.9	3	–3	24	7
日本	6 284	7 111	3.9	–1	20	10	13
新加坡	5 870	6 592	3.6	5	29	–18	12
墨西哥	4 496	4 366	2.8	8	–2	6	–3
巴林	4 032	...	2.5	...	2	7	...
加拿大	3 813	4 127	2.3	–3	–3	3	8
以上 10 方合计	**163 072**	...	**100.0**	–	–	–	–

表 41

2017 和 2018 年世界金融服务出口（按地区）

单位：十亿美元，%

	总　额		份　额		年度变化百分比		
	2017	2018	2010	2018	2010—2018	2017	2018
出口							
世界	**464**	**490**	**100.0**	**100.0**	**5**	**6**	**6**
北美洲	118	122	16.1	24.9	6	9	4
中、南美洲	4	4	1.0	0.9	3	1	–1
欧洲	257	268	61.3	54.8	3	4	5
欧盟 (28)	233	243	53.8	49.6	4	4	4
独联体	2	2	0.5	0.4	2	1	29
非洲	3	3	0.5	0.7	8	15	16
中东	4	4	1.2	0.9	1	–3	12
亚洲	77	86	12.4	17.5	9	8	11

表 42

2017 和 2018 年金融服务的主要进出口方

单位：百万美元，%

	总　额		占 10 经济体份额	年度变化百分比			
	2017	2018	2017	2010—2017	2016	2017	2018
出口方							
欧盟（28）	232 782	242 857	53.2	4	–1	4	4
欧盟（28）对外出口	97 667	98 876	16.1	3	–4	2	1
美国	109 642	113 044	25.1	6	–3	10	3
新加坡	24 904	27 149	5.7	11	4	14	9
中国香港	20 366	23 728	4.7	7	–7	14	17

续 表

	总 额		占 10 经济体份额	年度变化百分比			
	2017	2018	2017	2010—2017	2016	2017	2018
瑞士	20 285	21 791	4.6	−2	−5	3	7
日本	10 491	11 474	2.4	16	15	−11	9
加拿大	7 575	8 301	1.7	5	−3	−5	10
印度	4 485	5 433	1.0	−4	−5	−12	21
中国	3 694	3 482	0.8	16	38	15	−6
澳大利亚	3 268	3 637	0.7	12	−12	21	11
以上 10 方合计	**437 492**	**460 894**	**100.0**	−	−	−	−
进口方							
欧盟（28）	138 665	150 988	66.3	6	−1	5	9
欧盟（28）自外进口	54 632	59 854	26.1	7	−5	5	10
美国	28 931	30 791	13.8	9	0	12	6
加拿大	9 482	9 420	4.5	8	27	8	−1
日本	6 746	7 263	3.2	11	4	9	8
印度	5 797	4 039	2.8	−2	61	16	−30
新加坡	5 615	6 553	2.7	12	3	22	17
中国香港	5 426	6 013	2.6	6	−2	15	11
瑞士	3 987	4 066	1.9	−3	3	4	2
黎巴嫩	2 323	…	1.1	13	6	35	…
俄罗斯	2 244	1 834	1.1	−2	2	10	−18
以上 10 方合计	**209 214**	…	**100.0**	−	−	−	−

表 43

2017 和 2018 年世界对知识产权使用费收入 n.i.e.（按地区）

单位：十亿美元，%

	总 额		份 额		年度变化百分比		
	2017	2018	2010	2018	2010—2018	2017	2018
出口							
世界	**383**	**404**	**100.0**	**100.0**	**7**	**9**	**5**
北美洲	133	135	16.1	33.5	3	3	2
中南美洲	1	1	0.2	0.3	13	5	21
欧洲	175	187	37.6	46.4	10	11	7
欧盟（28）	152	163	31.7	40.3	10	12	7
独联体	1	1	0.3	0.3	9	31	23
非洲	0	0	0.1	0.1	4	13	6
中东	6	6	…	1.4	…	10	2
亚洲	67	72	14.6	17.9	10	14	9

表 44

2017 和 2018 年知识产权使用费的主要进出口方

单位：百万美元，%

	总额		占 10 经济体份额	年度变化百分比			
	2017	2018	2017	2010—2017	2016	2017	2018
出口方							
欧盟（28）	151 958	162 506	40.6	11	4	12	7
欧盟（28）对外出口	84 102	86 676	16.1	12	1	16	3
美国	128 364	130 452	34.3	3	0	3	2
日本	41 761	45 560	11.2	7	8	6	9
瑞士	22 591	23 888	6.0	8	27	5	6
新加坡	8 035	8 727	2.1	35	–15	10	9
韩国	7 138	7 594	1.9	12	7	8	6
中国	4 762	5 562	1.3	28	8	308	17
加拿大	4 293	4 794	1.1	6	–2	7	12
阿拉伯联合酋长国	3 622	3 703	1.0	...	3	4	2
以色列	1 878	1 911	0.5	26	16	23	2
以上 10 方合计	**374 402**	**394 699**	**100.0**	–	–	–	–
进口方							
欧盟（28）	206 012	223 894	56.0	10	3	4	9
欧盟（28）自外进口	126 314	134 959	34.3	13	2	0	7
美国	51 284	53 752	13.9	7	15	10	5
中国	28 575	35 591	7.8	12	9	19	25
日本	21 340	21 442	5.8	2	19	5	0
新加坡	14 909	15 170	4.1	–2	–20	–3	2
瑞士	12 240	12 409	3.3	6	–6	3	1
加拿大	11 895	11 774	3.2	3	7	4	–1
韩国	9 254	9 425	2.5	0	–6	–2	2
印度	6 515	7 906	1.8	15	9	19	21
俄罗斯	5 980	6 288	1.6	3	–11	20	5
以上 10 方合计	**368 004**	**397 652**	**100.0**	–	–	–	–

表 45

2017 和 2018 年世界电信、计算机和信息服务出口（按地区）

单位：十亿美元，%

	总额		份额		年度变化百分比		
	2017	2018	2010	2018	2010—2018	2017	2018
出口							
世界	**528**	**606**	**100.0**	**100.0**	**8**	**9**	**15**
北美洲	51	53	16.1	8.8	6	9	5
中南美洲	9	9	1.7	1.5	6	11	4
欧洲	303	346	61.0	57.1	7	10	14
欧盟（28）	285	328	57.4	54.2	7	11	15

续 表

	总额		份额		年度变化百分比		
	2017	2018	2010	2018	2010—2018	2017	2018
独联体	10	12	1.4	2.0	13	19	19
非洲	6	6	1.5	1.0	3	0	6
中东	24	27	...	4.5	...	10	14
亚洲	126	153	21.2	25.2	10	5	21

表 46

2017 和 2018 年电信、计算机和信息服务的主要进出口方

单位：百万美元，%

	总 额		占 10 经济体份额	年度变化百分比			
	2017	2018	2017	2010—2017	2016	2017	2018
出口方							
欧盟（28）	285 046	328 477	60.9	6	3	11	15
欧盟（28）对外出口	139 633	159 605	16.1	7	0	13	14
印度	54 382	58 248	11.6	4	–2	1	7
美国	42 219	43 960	9.0	8	5	10	4
中国	27 767	47 058	5.9	15	3	5	69
瑞士	13 401	12 441	2.9	7	2	–5	–7
新加坡	12 736	13 208	2.7	20	32	9	4
以色列	12 246	14 403	2.6	16	9	18	18
加拿大	8 161	9 020	1.7	0	4	7	11
阿拉伯联合酋长国	6 464	6 726	1.4	...	7	6	4
菲律宾	5 638	5 940	1.2	14	59	3	5
以上 10 方合计	**468 061**	**539 480**	**100.0**	–	–	–	–
进口方							
欧盟（28）	155 864	173 002	55.5	3	–15	9	11
欧盟（28）自外进口	56 170	60 408	20.0	1	–39	10	8
美国	40 054	40 417	14.3	5	2	7	1
中国	19 176	23 770	6.8	25	12	52	24
瑞士	16 940	15 945	6.0	7	11	6	–6
新加坡	14 521	15 029	5.2	24	19	14	3
日本	14 179	15 498	5.0	17	7	–1	9
印度	6 068	7 088	2.2	8	25	28	17
俄罗斯	5 383	5 488	1.9	5	–2	–2	2
加拿大	4 811	4 827	1.7	0	–11	5	0
巴西	3 859	4 533	1.4	0	–3	19	17
以上 10 方合计	**280 856**	**305 597**	**100.0**	–	–	–	–

表 47

2017 和 2018 年电信服务的主要进出口方

单位：百万美元，%

	总额		占 10 经济体份额	年度变化百分比			
	2017	2018	2017	2010—2017	2016	2017	2018
出口方							
欧盟（28）	43 081	45 855	62.4	-1	1	-1	6
欧盟（28）对外出口	18 019	...	16.1	-2	-2	-3	...
美国	10 879	9 997	15.8	0	-7	-7	-8
科威特	2 285	2 931	3.3	-6	-6	-11	28
印度	2 164	2 401	3.1	5	11	-6	11
日本	1 951	1 264	2.8	15	27	53	-35
加拿大	1 936	...	2.8	2	1	4	...
中国香港	1 800	...	2.6	10	1	-2	...
中国	1 781	2 098	2.6	6	3	5	18
阿拉伯联合酋长国	1 735	1 824	2.5	...	14	12	5
新加坡	1 417	1 620	2.1	...	8	-4	14
以上 10 方合计	**69 028**	...	**100.0**	-	-	-	-
进口方							
欧盟（28）	39 697	41 284	68.7	0	0	0	4
欧盟（28）自外进口	14 961	...	25.9	-1	-4	-3	...
美国	5 478	5 705	9.5	-5	-13	0	4
阿拉伯联合酋长国	2 598	2 750	4.5	...	12	5	6
日本	1 860	1 676	3.2	9	15	-5	-10
中国	1 802	1 577	3.1	7	12	52	-12
俄罗斯	1 539	1 486	2.7	-4	-20	-21	-3
新加坡	1 419	1 494	2.5	...	7	1	5
中国香港	1 136	...	2.0	11	3	-1	...
澳大利亚	1 124	1 021	1.9	7	8	33	-9
马来西亚	1 104	...	1.9	4	0	-14	...
以上 10 方合计	**57 755**	...	**100.0**	-	-	-	-

表 48

2017 和 2018 年计算机服务的主要进出口方

单位：百万美元，%

	总额		占 10 经济体份额	年度变化百分比			
	2017	2018	2017	2010—2017	2016	2017	2018
出口方							
欧盟（28）	223 091	261 018	61.1	7	3	13	17
欧盟（28）对外出口	111 528	...	16.1	9	-1	16	...
印度	51 797	55 526	14.2	4	-3	1	7
中国	25 986	44 960	7.1	16	3	5	73
美国	22 941	24 290	6.3	14	17	17	6

续 表

	总额		占 10 经济体份额	年度变化百分比			
	2017	2018	2017	2010—2017	2016	2017	2018
以色列	11 657	13 725	3.2	17	10	19	18
新加坡	10 974	11 222	3.0	...	36	11	2
加拿大	5 515	...	1.5	–1	5	8	...
菲律宾	5 188	5 275	1.4	15	64	0	2
阿联酋	4 730	4 901	1.3	...	4	4	4
俄罗斯	3 417	4 061	0.9	15	9	28	19
以上 10 方合计	**365 296**	...	**100.0**	–	–	–	–
进口方							
欧盟（28）	105 375	119 705	53.7	3	–22	12	14
欧盟（28）自外进口	36 949	...	18.8	1	–50	16	...
美国	31 956	32 239	16.3	7	6	8	1
中国	17 374	...	8.9	29	12	52	...
新加坡	12 644	13 038	6.4	...	22	17	3
日本	11 589	13 046	5.9	...	6	0	13
印度	4 768	5 586	2.4	12	30	42	17
俄罗斯	3 398	3 521	1.7	11	10	11	4
巴西	3 317	3 800	1.7	0	–3	22	15
挪威	2 996	3 545	1.5	13	15	4	18
加拿大	2 821	...	1.4	4	–3	5	...
以上 10 方合计	**196 240**	...	**100.0**	–	–	–	–

表 49

2017 和 2018 年世界其他商业服务出口（按地区）

单位：十亿美元，%

	总额		份额		年度变化百分比		
	2017	2018	2010	2018	2010—2018	2017	2018
出口							
世界	**1 192**	**1 265**	**100.0**	**100.0**	**6**	**6**	**6**
北美洲	177	188	16.1	14.8	6	7	6
中南美洲	37	36	3.5	2.8	3	4	–3
欧洲	622	659	51.5	52.0	6	7	6
欧盟（28）	589	626	48.2	49.5	6	7	6
独联体	17	18	2.1	1.4	1	9	5
非洲	14	15	1.3	1.2	5	5	7
中东	21	23	1.8	1.8	6	0	8
亚洲	303	327	24.6	25.8	7	6	8

表 50

2017 和 2018 年其他专业服务的主要进出口方

单位：百万美元，%

	总　额		占 10 经济体份额	年度变化百分比			
	2017	2018	2017	2010—2017	2016	2017	2018
出口方							
欧盟（28）	589 329	626 171	57.1	6	5	7	6
欧盟（28）对外出口	267 276	279 883	16.1	5	2	3	5
美国	149 448	159 700	14.5	7	6	7	7
中国	61 538	69 900	6.0	...	−1	6	14
印度	59 866	64 931	5.8	8	9	10	8
新加坡	45 062	47 533	4.4	13	6	10	5
日本	40 960	41 571	4.0	4	15	4	1
加拿大	27 509	27 632	2.7	2	0	6	0
韩国	20 952	21 385	2.0	9	9	1	2
瑞士	19 634	19 020	1.9	7	1	−1	−3
巴西	17 084	16 024	1.7	3	−6	3	−6
以上 10 方合计	**1 031 383**	**1 093 867**	**100.0**	–	–	–	–
进口方							
欧盟（28）	573 487	621 048	57.8	6	10	0	8
欧盟（28）自外进口	244 290	258 160	24.6	6	16	−10	6
美国	99 912	107 028	10.1	6	1	5	7
日本	64 209	68 656	6.5	8	3	3	7
新加坡	62 220	62 397	6.3	14	1	23	0
中国	42 854	47 282	4.3	...	10	−1	10
瑞士	37 753	36 527	3.8	9	3	10	−3
印度	35 437	38 715	3.6	5	10	8	9
韩国	33 020	32 493	3.3	5	1	15	−2
巴西	24 319	23 156	2.4	3	−8	−8	−5
加拿大	19 570	20 354	2.0	1	−3	3	4
以上 10 方合计	**992 781**	**1 057 657**	**100.0**	–	–	–	–

表 51

2017 年主要经济体的其他专业服务贸易（按类别）

单位：百万美元，%

	总　额	份　额									
			专业的管理咨询服务			技术与贸易及其他专业服务					
	其他专业服务总额	研发服务	总计	法律、会计、管理咨询和公共关系服务	广告、市场研究、民意调查服务	总计	建筑、工程、科学及其他技术服务	废物处理和去污染、农业和矿业服务	经营租赁服务	与贸易相关的服务	其他专业服务 n.i.e.
出口方											
欧盟（28）	589 329	14.5	32.4	23.5	8.9	53.1	12.8	2.0	5.8	7.8	24.8
欧盟（28）对外出口	267 276	18.4	16.1	21.8	6.9	52.9	15.8	2.5	6.8	4.0	23.8

续 表

	总 额	份 额									
			专业的管理咨询服务			技术与贸易及其他专业服务					
	其他专业服务总额	研发服务	总计	法律、会计、管理咨询和公共关系服务	广告、市场研究、民意调查服务	总计	建筑、工程、科学及其他技术服务	废物处理和去污染、农业和矿业服务	经营租赁服务	与贸易相关的服务	其他专业服务 n.i.e.
美国	149 448	28.2	52.8	42.9	9.9	19.0	6.9	4.0	4.4	0.9	2.8
印度	59 866	5.0	70.5	...	...	24.5	...	...	...	...	...
新加坡	45 062	1.7	71.9	41.7	30.3	26.4	7.0	...	8.8	8.9	1.7
日本	40 960	16.3	18.2	...	...	65.4	...	...	...	...	...
加拿大	27 509	18.9	48.3	43.0	5.3	32.9	16.1	...	2.2	6.2	8.3
韩国	20 952	3.5	11.3	8.0	3.3	85.2	7.2	1.0	2.5	16.3	58.2
瑞士	19 634	16.1	34.9	...	...	48.9	...	...	...	...	...
巴西	17 084	3.4	24.3	...	...	72.3	...	...	...	...	...
菲律宾	15 580	0.2	0.5	...	...	99.4	...	...	...	...	...
以色列	15 494	46.7	19.8	6.7	13.1	33.5	2.3	...	0.9	3.7	26.7
中国香港	14 304	0.8	46.1	...	4.7	53.1	3.8	...	0.3	36.9	12.1
俄罗斯	12 620	3.4	45.2	...	26.1	51.3	24.8	6.4	6.6	...	13.6
泰国	9 605	...	...	...	...	100.0	...	...	...	...	...
挪威	9 432	5.0	18.3	...	...	76.7	...	...	...	...	...
澳大利亚	7 817	8.2	50.8	46.6	4.2	40.9	12.5	1.0	1.7	7.8	17.9
马来西亚	5 984	6.5	35.7	...	...	57.8	...	...	...	...	...
加纳	5 111	...	...	...	...	100.0	...	...	...	...	...
阿根廷	4 322	6.8	55.3	...	...	37.8	...	...	...	...	...
哥斯达黎加	2 961	4.6	89.9	...	...	5.5	...	...	...	...	...
进口方											
欧盟（28）	573 487	18.1	34.1	22.1	12.0	47.8	8.4	1.3	4.4	11.4	22.4
欧盟（28）自外进口	244 290	24.7	27.8	18.4	9.4	47.5	8.1	1.2	3.8	10.2	24.2
美国	99 912	35.4	43.4	39.0	4.4	21.2	5.3	3.9	3.1	1.7	7.2
日本	64 209	27.0	20.4	...	...	52.6	...	...	...	...	...
新加坡	62 220	29.2	31.0	25.6	5.4	39.8	4.4	...	7.1	17.3	11.0
瑞士	37 753	36.1	38.3	...	...	25.6	...	...	...	...	...
印度	35 437	1.3	25.6	...	...	73.2	...	...	...	...	...
韩国	33 020	12.1	19.7	7.4	12.3	68.2	1.8	0.0	3.7	7.6	55.0
巴西	24 319	0.3	10.0	...	...	89.7	...	...	...	...	...
加拿大	19 570	4.9	55.6	51.9	3.7	39.5	20.3	...	3.7	4.3	11.3
俄罗斯	19 322	0.7	28.0	...	11.8	71.3	30.5	11.2	21.0	...	8.6
挪威	13 077	2.6	17.4	...	...	80.0	...	...	...	...	...
中国香港	11 804	1.3	35.4	...	4.6	63.3	2.7	...	14.0	37.4	9.2
泰国	11 090	...	...	...	...	100.0	...	...	...	...	...
澳大利亚	8 536	1.5	56.5	53.0	3.4	42.1	17.3	1.3	3.5	2.3	17.6

续　表

	总　额	份　额									
			专业的管理咨询服务			技术与贸易及其他专业服务					
	其他专业服务总额	研发服务	总计	法律、会计、管理咨询和公共关系服务	广告、市场研究、民意调查服务	总计	建筑、工程、科学及其他技术服务	废物处理和去污染、农业和矿业服务	经营租赁服务	与贸易相关的服务	其他专业服务 n.i.e.
以色列	7 346	18.4	25.2	9.6	15.5	56.5	9.8	...	0.8	7.2	38.7
马来西亚	6 835	2.9	26.8	...	...	70.3	...	...	...	...	...
加纳	5 578	...	...	...	...	100.0	...	...	...	...	...
尼日利亚	5 394	...	19.3	...	...	80.7	...	...	...	...	...
安哥拉	5 323	0.0	11.3	...	...	88.7	...	...	...	...	...
菲律宾	4 984	0.3	4.3	...	...	95.4	...	...	...	...	...

表 52

2017 和 2018 年世界个人、文化及娱乐服务出口（按地区）　　单位：十亿美元，%

	总额		份额		年度变化百分比		
	2017	2018	2010	2018	2010—2018	2017	2018
出口							
世界	**52**	**55**	**100.0**	**100.0**	**4**	**4**	**6**
北美洲	6	6	16.1	10.6	1	−3	5
中、南美洲	4	4	15.4	7.6	−5	−4	−3
欧洲	32	33	56.6	60.0	5	6	5
欧盟 (28)	29	31	52.3	55.2	5	8	5
独联体	1	1	1.9	1.5	1	18	19
非洲	1	1	1.1	1.4	7	8	8
中东	1	2	1.3	3.7	19	0	36
亚洲	7	8	10.4	15.2	9	4	13

表 53

2017 和 2018 年个人、文化及娱乐服务主要进出口方　　单位：百万美元，%

	总　额		占 10 经济体份额	年度变化百分比			
	2017	2018	2017	2010—2017	2016	2017	2018
出口方							
欧盟（28）	29 245	30 626	69.9	5	1	8	5
欧盟（28）对外出口	11 823	12 157	16.1	6	7	11	3
美国	3 080	...	7.4	0	1	−6	...
加拿大	2 530	2 671	6.0	1	6	0	6
土耳其	1 498	1 252	3.6	7	−15	−6	−16
印度	1 466	1 882	3.5	6	11	4	28
日本	1 043	642	2.5	32	25	29	−38
韩国	916	1 096	2.2	13	27	−19	20

续 表

	总额		占10经济体份额	年度变化百分比			
	2017	2018	2017	2010—2017	2016	2017	2018
澳大利亚	780	812	1.9	2	-6	16	4
中国	759	1 214	1.8	30	1	2	60
新加坡	534	549	1.3	1	-8	-13	3
以上10方合计	**41 850**	...	**100.0**	...	...	...	...
进口方							
欧盟（28）	27 072	28 020	60.6	2	-3	1	4
欧盟（28）自外进口	11 869	12 243	26.6	1	-6	0	3
美国	2 758	...	6.2	4	10	7	...
中国	2 753	3 393	6.2	33	13	29	23
加拿大	2 397	2 729	5.4	2	7	18	14
印度	2 145	2 538	4.8	-9	38	13	18
卡塔尔	1 743	1 627	3.9	...	26	3	-7
挪威	1 578	1 643	3.5	17	11	-1	4
澳大利亚	1 557	1 485	3.5	2	-7	11	-5
俄罗斯	1 433	1 826	3.2	5	-6	40	27
日本	1 212	671	2.7	4	8	-12	-45
以上10方合计	**44 645**	...	**100.0**	...	...	...	...

表54

2017和2018年视听及相关服务的主要进出口方

单位：百万美元，%

	总额		占10经济体份额	年度变化百分比			
	2017	2018	2017	2010—2017	2016	2017	2018
出口方							
欧盟（28）	14 514	13 852	72.6	0	-2	10	-5
欧盟（28）对外出口	5 450	...	16.1	0	-7	13	...
加拿大	2 241	2 366	11.2	2	7	-1	6
日本	893	345	4.5	39	21	37	-61
韩国	618	760	3.1	15	42	-25	23
印度	441	620	2.2	10	20	6	41
阿根廷	312	313	1.6	2	5	40	0
以色列	303	...	1.5	30	12	17	...
新加坡	239	236	1.2	...	-16	-30	-1
南非	219	232	1.1	11	18	20	6
俄罗斯	200	211	1.0	-8	23	24	5
以上10方合计	**19 980**	...	**100.0**	–	–	–	–
进口方							
欧盟（28）	15 713	15 645	68.2	2	6	1	0
欧盟（28）自外进口	5 659	...	24.6	0	19	-1	...

续　表

	总额		占10经济体份额	年度变化百分比			
	2017	2018	2017	2010—2017	2016	2017	2018
加拿大	2 268	2 583	9.8	2	10	18	14
澳大利亚	1 295	1 157	5.6	3	−1	6	−11
日本	922	480	4.0	3	10	−17	−48
俄罗斯	709	804	3.1	−3	0	44	13
阿根廷	705	639	3.1	17	56	32	−9
挪威	517	509	2.2	3	−8	16	−2
韩国	344	443	1.5	2	−9	13	29
厄瓜多尔	324	256	1.4	10	7	−3	−21
印度	230	303	1.0	6	16	12	32
以上10方合计	**23 028**	**22 818**	**100.0**	–	–	–	–

表55

2017年中间产品的主要进出口方

单位：十亿美元，%

	总　额	占世界出口/进口份额			年度变化百分比			
	2017	2005	2010	2017	2010—2017	2015	2016	2017
出口方								
欧盟（28）	2 662	41.9	16.1	33.7	2	−13	−1	12
欧盟（28）对外出口	946	13.7	12.6	12.0	2	−13	−4	10
中国a	974	6.7	9.6	12.3	6	−1	−8	10
美国	734	11.0	10.2	9.3	1	−6	−3	5
日本	361	7.1	6.5	4.6	−2	−12	2	7
韩国	348	3.4	3.8	4.4	5	−6	−3	19
中国台北	326	2.8	2.9	4.1	8	−9	2	58
新加坡	217	1.7	3.1	2.8	1	−11	1	7
加拿大	186	3.6	2.7	2.4	1	−10	−5	7
瑞士	167	1.4	1.4	2.1	9	−6	7	−6
墨西哥a	155	1.9	1.6	2.0	6	−1	0	4
巴西	143	1.6	2.0	1.8	2	−14	−5	18
印度	143	1.2	1.7	1.8	4	−11	−1	15
马来西亚	130	1.8	1.8	1.6	2	−8	−4	15
澳大利亚	121	1.1	1.7	1.5	1	−25	1	18
泰国	119	1.2	1.5	1.5	3	−9	4	12
以上15方合计	**6 784**	**88.2**	**86.3**	**86.0**	–	–	–	–
进口方								
欧盟（28）	2 583	38.5	33.7	31.8	2	−12	1	11
欧盟（28）自外进口	925	12.3	12.0	11.4	2	−9	5	8
中国a	1 180	9.5	13.1	14.5	4	−4	−6	14
美国	892	12.9	9.7	11.0	4	−2	−2	8
日本	265	4.3	3.9	3.3	0	−12	−2	9

续 表

	总 额	占世界出口/进口份额			年度变化百分比			
	2017	2005	2010	2017	2010—2017	2015	2016	2017
印度	247	1.5	2.7	3.0	4	–1	–7	26
墨西哥 a	243	3.0	2.7	3.0	4	–2	–2	7
韩国	229	2.9	3.1	2.8	1	–9	–5	11
加拿大 b	187	3.2	2.5	2.3	1	–8	–4	6
新加坡	177	1.4	2.3	2.2	2	–11	6	8
瑞士	151	1.1	1.1	1.9	11	–8	10	–6
越南	150	0.5	0.8	1.8	15	11	8	21
土耳其	136	1.3	1.4	1.7	5	–14	2	27
中国台北	129	2.3	2.1	1.6	–1	–13	4	–1
马来西亚	120	1.7	1.6	1.5	1	–12	–4	14
泰国	113	1.5	1.6	1.4	0	–5	–2	0
以上 15 方合计	**6 800**	**85.5**	**82.4**	**83.7**	–	–	–	–

a 包括出口加工区。
b 进口以 f.o.b. 计价。

表 56

2007—2017 年世界中间产品的出口（按地区和经济体）

单位：百万美元

	2007	2008	2009	2010	2011	2012	2013	2014	2015	2016	2017
世界	**6 065 123**	**6 748 578**	**5 221 419**	**6 518 015**	**7 756 448**	**7 739 612**	**8 022 888**	**7 981 911**	**7 172 516**	**7 041 953**	**7 888 332**
北美洲											
加拿大	193 198	199 363	139 413	176 547	206 109	201 398	199 376	202 245	182 810	173 529	185 846
墨西哥	95 240	102 411	79 252	106 075	127 228	140 162	143 156	151 179	149 880	149 419	154 895
美国	644 353	717 289	16	664 837	758 953	764 037	763 970	770 612	722 679	698 029	733 844
中南美洲											
安提瓜和巴布达	10	88	10	7	6	8	7	7	8	8	9
阿根廷	33 670	42 696	32 317	41 491	51 684	47 870	45 699	41 207	36 827	38 295	37 127
阿鲁巴（荷兰）	66	61	11	6	12	22	18	11	9	21	21
巴哈马	310	345	317	287	312	312	351	336	198	233	244
巴巴多斯	110	114	97	89	89	84	95	96	92	97	97
伯利兹	51	43	45	42	63	84	94	92	101	84	111
玻利维亚	2 128	2 919	2 824	3 498	4 581	5 411	4 939	5 656	4 140	4 315	4 632
巴西	92 382	116 028	94 829	128 293	167 830	155 385	157 779	147 957	127 214	120 954	142 721
智利	55 444	49 167	42 495	57 218	64 317	60 980	58 123	55 464	44 735	42 577	50 414
哥伦比亚	10 705	11 835	9 762	10 380	12 466	12 808	11 166	10 830	9 589	9 256	10 074
哥斯达黎加	5 180	5 413	3 474	4 776	5 646	6 386	6 346	5 615	3 967	3 860	4 476
古巴	1 514	1 355	913	1 140	1 674	1 210	1 277	963	778	658	871
多米尼克	9	10	7	10	32	12	33	26	21	25	21
多米尼加	3 159	2 440	1 591	1 909	2 856	3 041	4 137	4 650	3 707	3 935	3 971
厄瓜多尔	1 351	1 733	1 669	1 971	2 629	2 901	2 897	3 557	3 309	2 777	2 630

续 表

	2007	2008	2009	2010	2011	2012	2013	2014	2015	2016	2017
萨尔瓦多	1 262	1 585	1 189	1 310	1 845	1 726	1 881	1 659	1 744	1 634	1 866
格林纳达	9	14	22	12	17	21	21	14	20	11	14
危地马拉	2 870	3 430	3 175	4 066	5 298	4 957	4 774	5 070	4 962	4 869	4 433
圭亚那	655	648	623	710	964	1 127	1 111	989	963	1 231	1 324
洪都拉斯	1 479	2 146	1 551	1 934	2 478	3 329	3 273	3 079	2 828	2 693	3 420
牙买加	1 645	1 743	834	752	945	1 032	926	822	807	685	723
尼加拉瓜	611	948	651	979	1 274	2 088	2 041	2 032	1 873	1 928	2 031
巴拿马	1 282	1 659	3 437	3 289	5 517	5 483	5 386	3 943	3 636	3 882	1 227
巴拉圭	2 274	3 589	2 336	3 304	4 374	3 778	5 650	5 585	4 591	4 689	4 756
秘鲁	21 949	23 905	20 822	28 060	35 719	34 911	30 881	27 228	24 975	27 607	33 720
圣基茨和尼维斯	26	41	32	26	38	29	25	26	20	23	19
圣卢西亚	12	27	28	31	31	18	36	40	52	36	31
圣文森特和格林纳丁斯	16	20	22	22	26	27	29	27	26	24	24
苏里南	1 163	1 326	46	51	114	89	81	94	1 298	100	1 160
特立尼达和多巴哥	3 965	4 893	1 630	3 664	5 979	4 787	5 811	5 565	4 683	3 350	3 887
乌拉圭	2 269	2 903	2 784	3 567	4 210	4 845	5 273	5 157	4 209	3 773	4 328
委内瑞拉	8 499	4 571	2 036	3 810	2 536	1 358	1 861	4 207	3 750	5 071	2 637
欧洲											
阿尔巴尼亚	389	571	344	619	759	715	777	272	497	618	518
安道尔	36	33	23	36	36	37	39	30	28	56	39
奥地利	83 285	91 423	68 485	78 207	91 664	84 797	87 573	90 016	77 456	78 022	87 437
比利时	219 300	233 503	180 104	209 244	243 187	227 365	250 616	231 342	196 463	196 930	212 540
波斯尼亚和黑塞哥维那	2 724	3 108	2 085	2 719	3 403	3 175	3 355	3 542	3 052	3 077	3 741
保加利亚	9 841	11 860	8 345	10 732	15 408	13 976	15 782	15 786	14 007	13 974	17 112
克罗地亚	5 275	6 054	4 465	5 058	5 878	5 560	6 079	6 372	6 032	6 347	7 579
塞浦路斯	336	437	389	522	711	622	570	559	376	398	458
捷克	66 693	78 262	57 480	67 896	85 728	81 882	86 571	92 613	81 070	83 042	94 512
丹麦	36 503	41 881	33 551	34 440	40 572	38 520	40 022	40 772	35 735	35 909	38 737
爱沙尼亚	5 908	6 923	4 560	5 859	7 710	7 818	8 191	7 764	6 315	6 262	7 261
法罗群岛	118	68	37	43	76	38	78	87	68	93	106
芬兰	49 226	50 616	31 829	42 233	47 717	42 835	44 254	41 248	33 361	31 884	37 889
法国	252 267	275 280	207 704	233 779	270 434	249 842	254 345	251 909	214 298	209 250	232 154
德国	614 244	681 989	505 383	591 016	701 656	656 515	673 168	690 623	594 365	594 446	666 629
希腊	9 706	11 932	8 920	9 658	11 543	10 612	10 502	10 501	9 282	9 078	10 686
匈牙利	42 772	47 699	34 644	41 981	52 316	50 035	53 753	56 432	51 884	52 549	59 574
冰岛	1 808	2 728	1 965	2 459	2 806	2 595	2 611	2 546	2 526	2 146	2 607
爱尔兰	65 345	68 833	60 369	63 018	69 910	66 789	64 757	65 586	65 655	73 972	79 774

续 表

	2007	2008	2009	2010	2011	2012	2013	2014	2015	2016	2017
意大利	233 663	250 225	183 628	206 921	246 027	230 297	235 587	238 863	203 465	204 682	224 856
拉脱维亚	4 540	5 230	3 687	4 792	6 111	6 340	6 202	6 228	5 588	5 654	6 598
立陶宛	7 127	8 780	5 899	7 359	9 912	10 489	11 248	12 196	9 924	10 168	12 129
卢森堡	11 217	12 454	8 286	9 860	11 667	9 747	9 636	10 021	8 556	8 395	9 348
马耳他	2 111	2 004	1 571	1 875	2 022	1 983	1 895	1 693	1 448	1 396	1 927
摩尔多瓦	496	649	435	557	952	840	1 037	1 045	920	1 033	1 210
黑山	529	489	272	298	422	303	248	233	211	202	264
荷兰	193 500	207 852	164 041	190 210	238 045	225 675	236 559	238 779	188 675	190 462	221 974
挪威	1 956	2 315	776	1 803	2 541	2 225	2 477	2 847	2 604	2 752	3 506
波兰	28 170	29 024	21 786	24 883	26 996	24 941	24 824	25 002	21 985	19 286	20 185
葡萄牙	71 975	85 240	61 289	74 973	92 472	88 291	97 967	103 334	91 136	93 129	106 225
罗马尼亚	27 824	29 050	21 765	25 432	30 733	29 041	30 210	30 594	26 802	27 235	30 394
塞尔维亚	22 047	27 044	19 749	25 940	33 757	32 290	36 524	39 014	34 469	37 324	41 869
斯洛伐克	5 327	6 528	4 362	5 688	6 921	6 203	7 177	7 434	6 836	7 474	9 210
斯洛文尼亚	26 410	31 382	24 976	29 591	36 362	36 925	37 837	37 655	33 344	33 944	36 676
西班牙	14 043	15 305	10 802	12 553	15 173	14 089	14 792	15 495	13 575	14 195	16 067
瑞典	113 525	122 612	93 290	109 338	135 729	125 057	132 562	134 114	116 418	116 626	130 762
瑞士	86 197	92 447	65 043	81 028	94 980	86 605	83 560	82 337	68 932	68 441	75 122
马其顿	78 336	89 637	76 278	89 044	104 364	186 565	231 867	177 341	165 895	177 253	167 479
土耳其	44 942	61 569	46 272	52 299	62 657	76 890	69 936	70 242	65 035	64 618	70 481
英国	191 004	192 154	140 461	165 787	197 022	187 179	261 787	232 064	220 302	181 555	197 188
独联体											
亚美尼亚	848	768	510	749	908	867	871	876	869	985	1 231
阿塞拜疆	537	801	394	474	675	669	637	621	531	541	802
白俄罗斯	8 727	12 127	7 526	9 904	14 618	15 600	12 496	13 193	10 563	9 793	12 197
格鲁吉亚	727	977	622	907	1 061	1 054	1 197	1 205	984	1 000	1 359
哈萨克斯坦	15 466	21 308	12 840	15 719	23 706	26 232	18 426	16 448	13 688	13 214	16 485
吉尔吉斯斯坦	543	766	675	844	1 292	912	1 097	939	897	947	1 146
俄罗斯	93 153	105 425	67 167	80 314	99 737	119 034	113 823	112 530	92 139	84 474	106 715
塔吉克斯坦	958	867	673	926	871	1 038	812	662	724	687	868
土库曼斯坦	468	462	352	702	621	725	1 247	1 004	866	791	629
乌克兰	36 775	50 787	29 291	36 973	49 154	50 238	47 897	43 165	31 745	29 934	35 229
非洲											
阿尔及利亚	1 227	1 812	938	1 200	1 692	1 740	1 765	2 243	1 739	1 454	1 517
贝宁	195	301	248	241	254	329	445	600	441	314	538
博茨瓦纳	4 508	4 353	2 954	4 168	5 278	5 570	7 191	7 551	5 988	7 061	5 667
布基纳法索	417	427	759	1 241	2 213	2 074	2 258	2 380	2 008	2 319	2 550
布隆迪	117	117	82	96	162	206	172	103	76	83	102
佛得角	7	7	13	6	10	52	10	8	6	0	0
喀麦隆	1 394	1 667	1 434	1 683	1 725	1 576	1 700	2 036	1 999	1 793	1 919

续 表

	2007	2008	2009	2010	2011	2012	2013	2014	2015	2016	2017
中非共和国	130	110	78	87	98	106	45	21	52	54	60
刚果	279	320	305	243	246	172	197	151	2 325	2 258	391
科特迪瓦	3 844	4 685	5 907	6 006	7 108	6 474	6 036	7 690	7 705	7 199	7 907
埃及	9 101	9 558	10 282	11 562	14 336	13 130	12 970	11 601	9 406	11 048	12 475
厄立特里亚	72	15	26	11	347	584	319	575	448	379	292
埃斯瓦蒂尼	944	542	492	1 359	1 260	1 610	1 500	1 524	1 394	1 239	1 407
埃塞俄比亚	990	1 177	1 059	1 595	1 817	2 000	2 149	2 666	2 394	1 035	1 716
加蓬	948	934	833	1 625	1 628	1 217	1 457	1 337	1 281	1 112	1 819
冈比亚	7	6	40	44	66	90	80	77	80	39	12
加纳	3 244	3 464	4 688	5 025	8 853	10 496	8 417	8 229	8 783	7 830	9 572
几内亚	1 037	1 398	994	1 197	1 273	1 621	1 667	1 864	1 411	2 959	2 759
几内亚比绍	6	7	6	17	60	23	28	58	26	15	3
肯尼亚	1 416	1 803	1 530	1 751	1 786	1 860	1 850	1 841	1 479	1 355	1 676
莱索托	296	124	140	136	182	175	110	448	274	444	152
马达加斯加	405	274	267	301	384	430	778	1 229	1 206	1 240	991
马拉维	718	757	988	875	1 166	994	1 009	972	780	754	723
马里	1 397	1 820	194	1 905	2 190	2 396	3 005	3 229	3 530	2 624	1 737
毛里塔尼亚	767	1 024	325	897	555	1 706	1 995	1 505	1 317	1 035	1 313
毛里求斯	617	649	530	565	507	512	535	577	582	538	510
摩洛哥	7 191	12 083	6 490	10 148	12 816	11 874	11 114	12 017	11 257	10 962	12 580
莫桑比克	1 838	1 944	576	1 536	2 458	2 253	2 177	2 941	1 969	2 074	1 963
纳米比亚	2 907	3 467	3 906	4 056	4 092	3 480	3 514	3 465	3 248	3 479	3 771
尼日尔	486	888	560	397	814	209	826	565	523	638	473
尼日利亚	1 812	3 563	3 639	9 411	12 898	18 116	10 194	10 061	3 003	849	1 429
卢旺达	133	211	120	179	285	299	370	390	316	344	161
圣多美和普林西比	4	5	6	6	5	5	6	10	8	9	9
塞内加尔	623	823	851	1 026	1 391	1 382	1 318	1 279	1 279	1 356	1 506
塞舌尔	33	10	26	178	215	214	156	211	167	141	24
塞拉利昂	356	270	249	313	456	986	1 885	259	75	125	65
南非	42 232	48 876	34 128	51 247	71 317	62 225	60 288	57 512	47 221	42 802	51 840
苏丹	769	541	1 898	1 738	1 558	3 194	3 358	3 438	2 528	3 115	3 529
坦桑尼亚	1 615	2 279	2 228	3 111	3 883	4 482	3 283	4 203	4 024	3 653	2 762
多哥	249	424	501	493	684	706	831	586	494	449	475
突尼斯	5 057	7 777	5 589	6 548	6 832	6 645	6 876	7 251	6 168	6 329	6 651
乌干达	786	1 092	908	939	1 310	1 278	1 462	1 378	1 399	1 575	1 873
赞比亚	4 361	4 903	4 091	6 994	8 733	8 829	9 517	9 187	6 579	5 756	7 773
津巴布韦	2 242	1 007	1 716	2 968	3 286	3 654	3 266	2 858	2 486	2 650	3 244
中东											
巴林	2 421	3 492	2 092	3 512	5 640	4 943	5 838	6 121	5 425	4 674	3 103
伊朗	7 744	11 022	8 121	14 047	16 888	15 138	19 856	22 052	11 177	20 026	23 245

续 表

	2007	2008	2009	2010	2011	2012	2013	2014	2015	2016	2017
伊拉克	1	11	97	134	176	256	331	172	11	6	1 653
以色列	32 181	42 807	32 341	39 697	48 086	43 526	47 922	48 731	45 245	40 026	40 360
约旦	2 243	4 122	3 089	3 521	4 398	4 159	3 960	4 169	3 637	3 492	3 391
科威特	2 355	3 348	3 890	3 496	4 221	6 414	4 639	4 487	3 697	2 981	3 079
黎巴嫩	1 653	2 117	2 124	2 403	2 809	2 855	1 977	1 595	1 405	1 591	2 116
阿曼	2 188	3 356	3 670	4 568	6 706	7 230	7 949	7 205	6 241	5 081	7 055
卡塔尔	3 768	1 755	4 084	1 701	2 492	14 914	5 151	454	6 503	450	7 314
沙特阿拉伯	21 061	25 265	20 133	28 212	38 727	41 289	43 138	47 673	39 220	36 105	42 670
叙利亚	2 766	4 231	2 471	2 692	1 793	1 010	731	453	327	220	163
阿拉伯联合酋长国	25 506	37 497	35 624	46 091	57 481	85 497	85 339	75 334	60 936	63 169	65 292
也门	315	291	198	265	364	417	862	351	126	633	654
亚洲											
阿富汗	147	36	67	78	79	22	9	12	142	189	305
澳大利亚	72 858	90 537	77 017	112 872	151 339	140 914	146 462	135 261	101 409	102 636	121 456
孟加拉国	1 918	1 740	1 553	2 184	2 445	2 424	2 229	1 997	2 052	1 799	1 942
不丹	396	14	255	377	410	320	152	169	194	138	189
文莱	101	89	102	236	356	405	260	643	284	424	343
柬埔寨	686	1 108	2 228	1 982	1 918	986	617	553	880	1 291	1 867
中国	495 629	600 190	458 677	627 380	772 710	818 960	909 193	963 133	957 534	882 206	973 604
斐济	237	320	220	254	310	349	295	421	289	279	289
法属波利尼西亚	122	123	105	99	105	104	112	119	89	132	131
中国香港	8 792	9 696	12 543	9 793	12 583	18 577	16 072	11 626	8 638	22 279	17 030
印度	75 842	92 679	79 171	110 649	136 943	134 076	155 134	139 897	124 701	123 821	142 546
印度尼西亚	61 273	71 228	57 673	80 469	98 890	88 492	87 268	83 389	74 456	73 161	87 733
日本	366 646	397 616	321 557	420 433	450 837	437 014	394 556	375 382	330 931	337 262	360 543
韩国	193 393	212 502	183 938	247 531	290 724	293 165	308 481	320 424	300 999	293 064	348 040
中国澳门	511	349	202	50	54	77	679	152	191	69	388
马来西亚	98 464	91 454	90 804	115 194	132 576	125 643	124 048	127 592	117 410	113 053	129 509
马尔代夫	3	3	3	4	4	4	4	4	4	3	5
蒙古	1 666	1 587	1 181	1 835	2 394	2 246	2 536	4 169	3 603	3 443	3 398
缅甸	1 364	1 548	1 308	2 861	2 659	3 364	3 536	3 354	2 944	2 441	3 813
尼泊尔	377	492	477	486	510	489	461	491	326	355	361
新喀里多尼亚	1 597	1 574	1 185	1 223	1 576	1 229	1 158	1 546	1 171	1 303	1 480
新西兰	10 716	11 296	9 108	11 138	13 484	13 408	14 169	14 227	11 590	11 169	12 031
巴基斯坦	6 269	6 965	6 177	7 663	10 564	10 129	10 201	9 555	7 899	6 824	7 080
巴布亚新几内亚	3 347	4 410	4 016	5 324	5 099	4 135	5 322	5 263	4 395	4 620	5 223
菲律宾	32 451	31 418	23 594	24 284	25 998	32 895	38 175	41 076	40 065	38 750	46 549
萨摩亚	81	60	33	49	38	42	31	23	20	18	8
新加坡	178 368	187 193	156 488	202 778	217 860	218 804	224 365	225 995	201 100	202 717	216 997
斯里兰卡	2 266	2 303	1 720	2 256	3 040	2 670	2 594	2 890	2 479	2 528	2 815

续 表

	2007	2008	2009	2010	2011	2012	2013	2014	2015	2016	2017
中国台北	165 582	170 731	138 987	186 826	209 291	203 319	205 793	221 670	202 314	207 185	326 416
泰国	78 413	85 135	75 088	98 781	121 925	113 757	113 237	111 877	102 316	106 267	118 987
汤加	5	4	2	2	6	5	4	4	3	3	3
瓦努阿图	18	39	21	29	46	36	61	21	41	44	48
越南	12 257	16 699	14 797	20 813	28 708	37 392	38 855	44 248	50 162	57 352	77 415

表 57

2007—2017 年世界中间产品的进口（按地区和经济体）

单位：百万美元

	2007	2008	2009	2010	2011	2012	2013	2014	2015	2016	2017
世界	**6 286 186**	**7 055 244**	**5 423 493**	**6 779 964**	**8 056 534**	**7 970 237**	**8 195 877**	**8 253 022**	**7 502 977**	**7 365 915**	**8 125 670**
北美洲											
加拿大	169 066	174 059	137 383	170 419	194 251	199 447	195 946	197 651	182 807	175 447	186 574
墨西哥	157 058	178 876	140 303	182 902	209 386	220 494	225 752	237 228	231 841	226 221	242 670
美国	682 139	706 164	518 898	655 606	772 033	806 015	805 167	857 887	841 858	824 222	891 939
中南美洲											
安提瓜和巴布达	184	196	136	101	84	95	97	116	112	129	182
阿根廷	23 492	30 244	19 874	29 211	36 781	34 295	35 537	31 764	30 797	26 824	30 795
阿鲁巴（荷兰）	544	526	341	308	413	381	282	378	329	320	348
巴哈马	962	933	831	809	941	1 101	1 054	1 165	924	804	974
巴巴多斯	534	575	452	439	497	475	484	483	477	468	457
伯利兹	173	234	204	207	212	238	255	315	341	327	311
玻利维亚	1 608	2 209	1 931	2 357	3 148	3 418	3 515	4 053	3 691	3 209	3 667
巴西	60 845	93 515	67 892	95 337	115 523	114 511	122 446	117 936	93 888	80 543	87 698
智利	16 316	20 889	14 511	19 619	23 999	25 270	24 978	23 805	21 980	19 800	21 058
哥伦比亚	16 935	20 293	15 733	19 477	24 987	25 888	25 575	27 266	23 816	21 098	22 138
哥斯达黎加	6 614	8 247	4 992	7 228	8 913	9 253	8 964	8 048	6 869	6 502	7 076
古巴	3 062	4 399	2 524	3 041	3 732	3 746	3 959	3 417	3 801	3 401	3 188
多米尼克	74	91	80	83	119	74	104	114	93	81	79
多米尼加	5 637	6 609	5 174	6 207	8 038	7 192	7 177	7 436	7 626	7 557	8 187
厄瓜多尔	5 959	8 335	6 799	8 701	11 005	11 706	12 528	12 953	10 687	8 234	9 737
萨尔瓦多	3 939	4 575	3 070	3 814	4 593	4 608	4 701	4 637	4 599	4 317	4 704
格林纳达	121	121	96	74	86	79	87	92	90	73	85
危地马拉	6 092	6 747	5 138	6 226	7 482	7 415	7 635	7 780	7 869	7 326	6 566
圭亚那	381	442	387	454	511	588	590	556	575	684	713
洪都拉斯	2 367	4 858	2 170	2 458	3 173	3 032	5 145	2 927	3 382	3 066	3 489
牙买加	2 089	2 433	1 723	1 689	2 048	1 995	1 852	1 651	1 625	1 488	1 773
尼加拉瓜	1 206	1 342	1 151	1 357	1 771	2 038	1 985	2 002	2 151	3 298	3 514
巴拿马	3 167	4 443	5 008	5 853	8 364	5 413	4 872	3 664	3 505	3 270	6 873
巴拉圭	2 004	2 873	2 195	3 028	3 917	3 698	4 031	4 119	3 799	3 516	4 272
秘鲁	9 038	13 441	10 220	13 867	17 472	18 337	18 096	18 650	17 540	16 003	17 666

续 表

	2007	2008	2009	2010	2011	2012	2013	2014	2015	2016	2017
圣基茨和尼维斯	106	124	111	102	102	96	105	112	120	133	114
圣卢西亚	144	159	186	183	191	181	176	166	177	186	208
圣文森特和格林纳丁斯	123	134	123	116	114	122	133	119	125	125	124
苏里南	447	572	605	538	629	679	905	672	643	489	562
特立尼达和多巴哥	2 881	3 440	2 292	2 094	2 478	2 814	2 864	2 981	2 887	2 252	2 042
乌拉圭	2 298	3 124	2 442	3 243	4 189	4 036	4 436	3 974	3 658	3 095	3 288
委内瑞拉	12 298	21 724	19 260	16 074	22 655	27 970	21 446	18 127	12 468	7 040	4 521
欧洲											
阿尔巴尼亚	1 720	2 180	1 996	2 008	2 284	1 925	1 986	1 141	1 553	1 544	1 605
安道尔	394	395	320	268	261	229	235	263	261	247	283
奥地利	76 554	83 926	63 205	73 478	89 793	80 892	83 602	83 836	73 331	73 568	83 175
比利时	202 803	214 904	162 600	188 981	230 214	212 577	229 364	216 411	180 604	181 662	195 584
波斯尼亚和黑塞哥维那	4 343	5 219	3 422	3 861	4 596	4 216	4 406	4 818	4 095	4 219	4 835
保加利亚	13 288	15 360	9 619	11 087	14 793	14 275	14 912	15 729	13 373	13 223	16 140
克罗地亚	9 985	11 616	8 130	7 966	8 945	7 904	8 647	8 944	8 297	8 924	9 733
塞浦路斯	2 642	3 266	2 263	2 437	2 402	1 854	1 660	1 690	1 462	1 514	1 950
捷克	67 266	77 642	56 164	69 078	84 114	77 399	79 777	85 928	76 593	78 584	90 926
丹麦	42 746	46 947	32 360	33 584	39 027	36 806	37 936	38 737	34 192	33 873	36 783
爱沙尼亚	6 645	7 211	4 384	5 898	8 353	8 393	8 486	8 612	6 535	6 503	7 227
法罗群岛	327	334	258	215	251	333	291	350	277	301	335
芬兰	38 422	39 475	23 917	29 804	35 052	30 339	30 056	30 688	23 882	23 634	30 602
法国	272 891	296 238	224 651	255 136	300 395	274 562	277 182	276 894	244 890	246 094	274 900
德国	495 994	547 138	407 750	495 667	598 222	540 615	548 954	567 067	497 073	489 915	561 163
希腊	26 144	30 157	20 921	19 357	20 635	17 301	17 278	17 381	14 686	15 475	17 352
匈牙利	49 898	54 646	39 004	46 721	53 895	48 781	51 651	55 540	51 088	51 491	59 577
冰岛	2 546	2 908	1 766	1 949	2 356	2 180	2 249	2 268	2 263	2 322	2 801
爱尔兰	35 695	33 482	22 380	21 552	24 369	22 965	25 626	27 555	26 569	27 924	32 431
意大利	231 530	241 616	167 724	214 027	250 006	209 453	211 186	216 244	190 634	186 351	207 417
拉脱维亚	5 572	5 707	3 141	4 085	5 572	5 514	5 586	5 728	4 914	4 869	5 879
立陶宛	9 378	10 424	6 148	7 516	9 997	9 785	10 746	12 168	10 029	10 033	11 601
卢森堡	9 622	10 828	7 648	8 510	11 483	9 838	9 513	9 394	8 001	7 980	8 894
马耳他	2 368	2 292	1 625	2 130	2 302	2 122	2 176	2 007	1 790	1 593	2 454
摩尔多瓦	1 416	1 720	1 168	1 403	1 875	1 859	1 991	1 959	1 607	1 640	1 908
黑山	932	1 302	852	821	918	778	771	769	688	784	900
荷兰	171 160	189 240	140 080	163 124	211 876	194 954	202 631	201 851	167 870	170 080	194 557
挪威	2 550	3 168	2 101	2 624	3 537	3 263	3 541	4 113	3 779	4 036	4 751
波兰	38 072	41 512	30 582	32 960	39 367	37 682	37 628	38 758	32 747	30 258	37 520
葡萄牙	83 251	102 141	73 472	88 544	106 487	95 200	103 114	110 178	96 597	97 403	113 288

续 表

	2007	2008	2009	2010	2011	2012	2013	2014	2015	2016	2017
罗马尼亚	36 108	39 855	29 879	32 928	37 407	32 050	33 277	34 281	29 919	30 404	35 426
塞尔维亚	33 423	39 060	28 059	33 403	41 833	37 968	40 625	42 292	38 655	40 205	45 940
斯洛伐克	8 131	9 416	5 709	6 429	8 478	8 439	9 982	9 603	8 721	8 570	10 262
斯洛文尼亚	34 147	40 205	29 316	35 696	40 757	39 713	41 237	41 855	37 991	40 305	44 558
西班牙	15 676	17 097	11 892	13 711	15 782	14 034	14 404	14 621	13 048	13 558	16 002
瑞典	172 227	181 201	121 629	133 881	154 718	133 457	139 415	148 916	135 555	135 369	150 799
瑞士	71 050	74 845	49 673	63 844	75 393	65 814	62 094	62 978	53 940	54 026	60 133
马其顿	72 885	80 383	64 697	73 713	87 926	178 992	205 523	158 721	146 524	160 588	151 000
土耳其	90 482	104 524	70 559	94 010	120 361	116 541	129 474	123 104	105 400	107 418	135 920
英国	264 108	265 535	177 082	223 861	258 109	241 543	250 999	269 849	244 599	275 052	270 661
独联体											
亚美尼亚	1 373	1 774	1 464	1 499	1 617	1 601	1 712	1 820	1 313	1 336	1 595
阿塞拜疆	2 930	3 699	3 229	3 641	4 980	5 051	5 968	4 822	4 982	4 504	3 954
白俄罗斯	10 353	14 443	9 075	12 816	15 176	16 193	16 209	14 162	10 089	10 329	12 948
格鲁吉亚	1 668	2 017	1 214	1 543	2 141	2 768	2 626	2 921	2 600	2 609	2 807
哈萨克斯坦	12 769	15 499	13 255	9 940	14 715	17 958	19 444	16 460	13 353	11 449	13 517
吉尔吉斯斯坦	818	1 093	918	920	1 307	1 678	2 014	2 735	1 513	1 458	1 676
俄罗斯	65 531	85 942	57 723	80 854	106 570	123 882	123 853	114 262	77 503	75 435	93 838
塔吉克斯坦	849	1 149	992	1 163	1 416	1 473	1 783	1 992	1 477	1 565	1 430
土库曼斯坦	1 202	2 266	2 894	2 449	3 257	4 476	4 382	4 588	2 952	2 686	1 728
乌克兰	23 522	31 589	15 716	21 210	27 518	27 640	27 032	20 171	14 477	16 108	19 001
非洲											
阿尔及利亚	15 557	23 597	22 455	23 663	27 148	24 800	27 145	30 955	28 091	26 005	25 727
贝宁	496	569	536	636	726	731	930	927	698	756	1 021
博茨瓦纳	1 547	2 185	1 974	2 591	3 188	4 094	3 841	4 357	4 703	3 292	2 717
布基纳法索	612	749	735	840	932	1 369	1 645	1 304	1 129	1 394	1 496
布隆迪	163	173	190	210	464	573	313	255	210	284	346
佛得角	236	306	228	253	323	223	228	265	208	251	259
喀麦隆	1 618	1 947	1 793	1 850	2 274	2 271	2 574	2 666	2 392	2 176	2 145
中非	109	86	89	99	104	93	59	80	136	110	124
刚果	634	809	796	791	1 031	1 416	1 463	1 636	2 470	1 758	1 198
科特迪瓦	1 999	2 375	2 321	2 357	2 183	2 987	3 198	3 622	3 720	3 226	3 428
埃及	24 305	33 559	27 029	30 854	37 948	39 177	37 252	40 696	38 309	30 627	37 475
厄立特里亚	112	114	153	220	238	263	227	219	184	167	172
埃斯瓦蒂尼	605	214	151	868	780	786	715	714	656	590	727
埃塞俄比亚	2 552	3 903	3 939	3 819	4 197	5 241	7 047	10 389	12 935	9 392	4 091
加蓬	978	1 104	1 259	1 046	1 349	1 518	1 582	1 559	1 081	760	713
冈比亚	109	116	110	100	115	111	117	139	162	150	213
加纳	2 929	3 530	2 971	3 697	5 396	5 968	5 410	6 457	6 833	5 497	6 691
几内亚	485	681	717	802	1 138	1 246	874	867	698	1 247	1 392

续 表

	2007	2008	2009	2010	2011	2012	2013	2014	2015	2016	2017
几内亚比绍	64	75	73	71	104	111	109	110	117	122	99
肯尼亚	3 769	4 677	4 491	4 990	6 590	6 665	7 040	8 129	7 927	7 329	7 665
莱索托	229	368	567	610	594	751	752	557	652	595	1 214
马达加斯加	1 197	1 960	1 850	1 303	1 274	1 203	1 258	1 639	1 516	1 553	1 696
马拉维	723	1 178	1 014	1 219	1 325	1 199	1 552	1 359	1 195	1 153	1 354
马里	906	1 516	870	1 873	1 338	1 384	1 329	1 309	1 295	1 608	1 761
毛里塔尼亚	530	555	589	663	992	1 277	1 169	1 167	1 201	809	883
毛里求斯	1 489	1 763	1 378	1 641	1 955	2 116	1 845	1 864	1 560	1 607	1 777
摩洛哥	16 514	21 506	15 728	17 051	22 752	21 823	22 365	23 918	20 601	23 864	24 850
莫桑比克	864	1 239	1 287	1 113	2 775	2 806	3 247	3 727	3 323	2 426	2 464
纳米比亚	1 514	1 769	2 308	2 341	2 654	2 937	3 156	3 172	3 021	3 123	3 301
尼日尔	343	421	668	1 069	772	741	743	970	1 017	934	527
尼日利亚	18 206	14 807	17 654	22 712	30 008	17 052	20 149	20 756	18 059	14 220	13 772
卢旺达	305	527	575	680	821	895	947	1 020	923	814	537
圣多美和普林西比	27	35	33	35	48	41	42	49	39	44	43
塞内加尔	1 750	2 219	1 675	1 558	1 888	2 342	2 316	2 305	1 988	2 131	2 568
塞舌尔	191	260	218	560	538	533	407	479	462	418	314
塞拉利昂	241	229	217	318	537	597	527	460	393	367	407
南非	28 092	30 926	22 458	29 943	35 632	34 628	34 937	33 436	31 505	28 929	31 104
苏丹	5 088	5 166	4 387	6 628	5 172	3 089	4 395	3 956	3 812	3 422	5 245
坦桑尼亚	2 467	3 348	2 761	3 317	4 451	4 407	4 607	5 416	4 130	3 612	3 548
多哥	292	526	536	576	815	770	987	799	849	760	716
突尼斯	11 498	14 688	11 093	12 804	14 029	13 058	13 689	13 787	11 638	11 658	12 257
乌干达	1 383	1 940	1 874	1 977	2 214	2 066	2 180	2 379	2 271	2 202	2 457
赞比亚	2 021	2 600	2 089	3 176	4 252	4 886	5 883	5 074	4 207	2 030	5 054
津巴布韦	1 464	1 371	1 469	2 199	4 417	2 797	3 398	2 426	2 233	2 055	1 978
中东											
巴林	3 099	5 744	3 541	5 636	5 339	5 194	4 482	5 790	5 446	4 852	3 385
伊朗	29 584	33 447	31 208	32 409	34 678	40 580	29 492	31 130	28 796	23 484	27 759
伊拉克	21	5	10 349	12 487	15 124	16 786	22 344	19 076	13 443	14 347	14 903
以色列	29 317	31 202	21 471	28 466	34 679	32 586	32 781	33 567	30 107	30 250	30 683
约旦	5 486	6 970	5 655	6 014	6 882	7 531	8 429	8 736	8 741	8 057	8 370
科威特	9 316	10 596	6 386	9 341	10 223	9 219	11 597	12 287	11 596	12 014	13 282
黎巴嫩	4 308	5 630	5 335	6 571	7 975	7 482	7 487	7 444	6 530	6 896	14 105
阿曼	7 371	10 358	7 748	8 446	10 877	12 333	14 156	13 934	12 706	11 116	13 178
卡塔尔	12 859	15 199	11 090	12 360	8 406	11 066	12 839	14 731	15 779	14 904	9 492
沙特阿拉伯	45 195	57 705	44 677	50 123	63 326	71 875	76 436	79 381	73 280	59 340	42 873
叙利亚的	6 400	9 158	9 762	9 505	10 004	4 521	3 194	3 293	2 659	2 400	2 660
阿拉伯联合酋长国	58 224	87 057	67 411	76 240	99 199	131 302	135 037	126 256	94 511	100 016	85 308
也门	3 910	4 150	3 887	3 908	4 087	4 075	4 564	6 662	3 366	3 357	3 173

续 表

	2007	2008	2009	2010	2011	2012	2013	2014	2015	2016	2017
亚洲											
阿富汗	1 605	811	882	1 217	1 156	529	1 020	1 196	1 850	2 187	3 302
澳大利亚	57 073	69 125	56 886	66 466	74 277	75 322	68 902	68 203	63 450	61 317	68 787
孟加拉国	10 695	16 475	15 153	20 350	27 715	24 360	25 276	26 782	31 851	28 960	30 386
不丹	262	248	229	397	462	539	121	91	142	164	172
文莱	836	1 162	1 132	1 073	1 467	1 531	1 599	1 271	1 388	1 163	1 614
柬埔寨	2 184	2 697	2 305	3 078	3 588	4 249	4 804	6 525	7 464	7 973	10 029
中国	632 740	716 313	659 229	888 857	1 055 805	1 063 001	1 142 917	1 146 760	1 097 451	1 035 287	1 180 438
斐济	589	750	513	592	682	694	775	942	632	858	850
法属波利尼西亚	438	572	445	465	424	431	450	439	384	351	363
中国香港	24 166	21 766	22 150	29 709	30 771	33 736	51 758	35 998	11 006	9 155	10 040
印度	104 964	135 915	134 272	181 632	236 951	228 124	212 275	212 631	211 496	195 767	247 119
印度尼西亚	35 757	70 408	51 169	72 705	92 148	99 670	98 463	94 345	83 428	82 774	93 325
日本	251 994	283 519	203 378	267 574	311 282	295 654	279 138	281 896	248 227	242 493	265 155
韩国	181 548	210 006	162 431	210 469	247 020	233 742	234 235	236 160	215 933	205 916	228 726
中国澳门	1 752	1 456	905	667	784	953	2 198	1 468	1 577	1 040	2 461
马来西亚	99 664	93 816	82 136	108 778	120 232	117 379	120 451	123 341	109 082	105 047	119 656
马尔代夫	411	461	288	324	425	418	447	528	652	802	889
蒙古	762	855	691	912	1 664	1 781	1 905	1 697	1 249	1 050	1 357
缅甸	2 854	3 113	3 304	2 009	3 700	3 412	5 015	6 657	6 579	6 589	7 719
尼泊尔	781	1 036	1 995	2 665	3 131	3 113	3 587	3 835	3 414	4 521	5 000
新喀里多尼亚	572	834	740	879	851	832	875	902	767	619	613
新西兰	10 153	11 913	8 778	10 237	12 491	12 461	12 612	13 320	12 075	11 895	13 512
巴基斯坦	14 488	19 160	15 165	17 448	20 574	19 458	21 072	23 095	22 894	24 213	28 432
巴布亚新几内亚	979	1 219	1 340	1 657	2 670	3 181	2 306	2 000	1 774	1 591	1 692
菲律宾	39 252	36 444	28 946	35 961	28 809	36 903	35 904	36 298	41 476	50 233	58 026
萨摩亚	66	69	59	102	108	112	119	119	134	114	126
新加坡	143 293	156 111	124 003	155 461	166 865	170 765	173 685	173 143	154 537	163 777	176 972
斯里兰卡	5 687	7 247	5 180	6 463	9 532	8 842	8 581	9 037	9 184	9 976	10 497
中国台北	125 410	131 285	97 543	141 987	157 594	142 616	136 576	143 929	125 227	130 426	128 702
泰国	87 351	104 749	77 804	111 131	132 931	135 226	135 783	120 915	114 311	112 512	113 021
汤加	34	37	35	46	54	54	47	67	50	55	40
瓦努阿图	58	72	88	81	75	105	83	75	91	99	87
越南	38 229	48 024	42 281	55 508	69 629	76 817	92 842	103 306	114 916	124 060	149 675

表 58

2014—2016 年常驻公司的外国分支机构的销售
——主要从事服务活动的国外分支机构（外向 FATS 统计）

单位：十亿美元，%

	总 额				年度变化百分比		
	2014	2015	2016	2008—2016	2014	2015	2016
奥地利	36.1	29.6	31.4	−10	−6	−18	6
比利时 a	37.4	33.1	32.3	…	−39	−12	−2
加拿大	195.7	190.8	187.9	6	2	−2	−2
中国 b	...	336.6	385.1	…	…	…	14
哥斯达黎加	0.3	...	...	…	73	…	…
克罗地亚	0.7	0.6	0.7	…	9	−16	15
塞浦路斯	2.2	2.0	1.9	−11	−12	−11	−3
捷克	0.4	0.5	1.0	5	−66	35	103
丹麦 c	55.0	54.1	53.0	…	…	−2	−2
芬兰	20.4	15.5	15.9	−3	−10	−24	3
法国	505.9	440.3	378.3	…	5	−13	−14
德国	611.9	557.6	567.1	1	11	−9	2
希腊	6.2	4.0	2.7	−7	35	−35	−33
匈牙利	2.5	2.0	2.1	−5	−1	−19	7
爱尔兰	103.5	98.2	99.1	…	−1	−5	1
意大利	170.0	142.8	...	…	−11	−16	…
日本 e	181.0	171.0	181.7	17	5	−6	6
拉脱维亚	0.7	0.7	0.7	…	25	−7	0
立陶宛	0.4	0.4	0.5	16	15	2	12
卢森堡 f	5.7	4.1	4.3	…	10	−27	3
挪威	47.8	41.3	41.0	2	9	−14	−1
波兰	1.8	2.4	2.9	…	5	34	22
葡萄牙	7.1	5.7	5.9	…	−69	−19	4
罗马尼亚	0.1	0.1	0.3	31	2	−23	430
斯洛伐克	0.4	0.3	0.4	−1	91	−20	38
斯洛文尼亚	1.2	0.9	0.9	−8	−2	−21	−6
西班牙	180.2	166.2	167.2	…	5	−8	1
瑞典	81.3	96.0	97.3	−3	12	18	1
英国 c	552.3	360.7	323.3	…	…	…	−10
美国	1461.5	1415.4	1437.8	7	18	−3	2
备注项：							
欧盟之外 g	1390.2	1154.5	1100.0	…	…	−17	−5

不包括批发和零售贸易以及维修活动。
a 根据母公司的活动分类。
b 不包括住宿和餐饮服务金融中介活动，以及教育、健康和社会活动等。
c 分行除外。
d 指的是输出。部分或所有社区、社会和个人服务没有覆盖。不包括金融中介活动。
e 也包括超过 10% 的附属公司。财政年度作为参考期限。不包括活跃在金融、保险和房地产领域的母公司的子公司。没有估计情况说明。
f 包括批发和零售贸易和维修活动。
g 指的是在欧盟（27）以外建立并由欧盟（28）实体控制的关联企业的销售。从 2013 年开始指欧盟（28）的销售额。
注：鉴于此统计框架的最新发展，数据的可比性和覆盖率可能并不总是完整的。参照元数据。

表 59

2014—2016 年外国公司分支机构的销售
——主要从事服务活动的常驻机构（FATS 内向统计）

单位：十亿美元，%

	总额				年度变化百分比		
	2014	2015	2016	2008—2016	2014	2015	2016
澳大利亚	202.4	...	...	…	…	…	…
奥地利	58.7	50.1	53.1	1	10	–15	6
比利时	73.5	16.1	...	…	…	–28	…
波斯尼亚和黑塞哥维那 a	0.6	0.5	0.5	…	7	–12	–2
保加利亚 a	7.1	6.4	6.4	1	14	–11	1
加拿大 b c	189.0	156.9	151.7	…	–7	–17	–3
中国 b	...	626.7	610.1	…	…	…	–3
哥斯达黎加 b c	3.4	...	...	…	30	…	…
克罗地亚 a	...	4.3	4.5	0	…	…	5
塞浦路斯 d	2.4	3.7	4.0	25	9	53	8
捷克	44.1	37.5	42.9	…	16	–15	14
丹麦 a	36.8	31.6	34.9	–2	–3	–14	11
爱沙尼亚 a, d	3.0	2.5	2.4	–2	3	–17	–2
芬兰	24.7	22.4	24.3	2	15	–9	8
法国	236.2	202.3	214.6	–2	6	–14	6
德国	317.3	274.5	315.8	–1	1	–13	15
希腊	9.0	...	9.4	…	–3	…	…
中国香港 b,e	206.7	222.1	225.3	6	11	7	1
匈牙利 f	26.8	22.9	23.5	…	…	–14	3
爱尔兰 a	128.1	81.9	...	…	…	–36	…
意大利 a	123.8	109.0	112.1	–1	7	–12	3
日本 b, c, h, i	137.2	122.4	113.7	…	–4	–11	–7
拉脱维亚 j	4.4	4.3	4.2	2	9	–2	–2
立陶宛	5.8	5.3	6.1	3	14	–9	16
卢森堡 a	19.0	32.6	28.1	…	13	72	–14
马耳他 a	...	1.9	...	…	…	…	…
荷兰	118.7	109.2	117.8	1	5	–8	8
挪威 a	46.5	36.6	37.2	–1	8	–21	2
波兰 a	44.7	38.4	39.4	1	8	–14	3
葡萄牙	25.0	24.6	26.6	–1	23	–2	8
罗马尼亚	22.2	20.0	21.2	…	6	–10	6
塞尔维亚 a	3.6	3.2	3.4	…	3	–13	7
斯洛伐克 a	10.5	9.4	11.6	3	42	–10	23
斯洛文尼亚 a,d	3.2	3.2	3.6	…	0	1	12
西班牙	116.8	108.2	125.3	1	6	–7	16
瑞典 a	81.3	67.2	66.0	0	17	–17	–2
泰国 b, c	10.6	15.1	15.7	…	0	42	4

续 表

	总额				年度变化百分比		
	2014	2015	2016	2008—2016	2014	2015	2016
英国	508.6	487.8	461.6	…	8	-4	-5
美国 b, c	839.9	846.6	900.4	0	0	1	6
赞比亚 b, c	1.6	1.3	1.3	…	6	-20	3
津巴布韦 b	0.7	0.9	...	…	…	24	…
备注项:							
欧盟 a	1 632.0	1 772.6	1 598.9	…	7	9	-10
欧盟之外 a, l	826.1	...	...	…	33	…	…

不包括批发和零售贸易以及维修活动。除非另有说明:
- 所有或大部分的金融服务活动都被排除在外;
- 包括保险活动和/或活动辅助活动;
- 所有或大部分社区、社会和个人服务活动都被排除在外。
a 金融和保险活动的保险活动和活动不包括在内。
b 包括金融服务活动。
c 包括社区、社会和个人服务活动。
d 不包括房地产活动。
e 包括其他收入。
f 保险活动和行政支持活动在 2014 年被排除在外。
g 产出而不是销售。
h 会计年度为参考期。
i 没有对缺失数据的估计。
j 保险活动和行政支持活动在 2013 年和 2015 年被排除在外。
k 2013 不包括房地产活动。2014 不包括住宿及食物服务活动。
l 指的是在欧盟 (28) 建立的外国子公司的销售,并由非欧盟 (27) 实体控制。

表 60

2016 年由美国在国外建立的分支机构(外向 FATS 统计)和在美国的外国分支机构(内向 FATS 统计)提供的服务(按经济体)

单位:百万美元,%

美国分支机构在国外提供的服务						外国分支机构在美国提供的服务					
	总额	份额	年度变化百分比				总额	份额	年度变化百分比		
	2016	2016	2010-16	2015	2016		2016	2016	2010-16	2015	2016
		16.1									
世界	**1 456 288**	**100.0**	**4**	**-5**	**0**	**世界**	**977 496**	**100.0**	**6**	**2**	**4**
欧盟 (28)	669 351	46.0	5	-2	3	欧盟 (28)	510 539	52.2	5	2	3
加拿大	117 186	8.0	0	-12	-4	日本	158 600	16.2	9	12	3
新加坡	77 847	5.3	11	-4	-3	加拿大	108 463	11.1	7	-4	12
瑞士	74 918	5.1	3	-8	0	瑞士	47 451	4.9	-2	-11	1
日本	72 002	4.9	1	-7	6	百慕大	25 698	2.6	16	17	5
以上 5 方合计	**1 011 304**	**69.4**	-	-	-	**以上 5 方合计**	**850 751**	**87.0**	-	-	-
中国	55 136	3.8	11	0	0	韩国	25 651	2.6	17	20	-1
澳大利亚	43 305	3.0	-1	-13	-3	印度	16 970	1.7	15	9	15
墨西哥	40 926	2.8	3	-8	-5	澳大利亚	14 793	1.5	2	-10	-2
巴西	39 129	2.7	5	-14	-7	库拉索	11 130	1.1	…	…	-4

续表

美国分支机构在国外提供的服务						外国分支机构在美国提供的服务					
	总额	份额	年度变化百分比				总额	份额	年度变化百分比		
	2016	2016	2010-16	2015	2016		2016	2016	2010-16	2015	2016
		16.1									
印度	27 046	1.9	11	8	7	墨西哥	9 072	0.9	12	0	5
中国香港	26 046	1.8	−3	−3	−13	中国	8 304	0.8	40	17	38
英属维尔京群岛	20 235	1.4	13	−1	0	新加坡	6 524	0.7	1	−23	−7
百慕大	17 787	1.2	3	5	5	英属维尔京群岛	6 509	0.7	16	…	3
巴哈马	14 454	1.0	…	47	−16	中国香港	5 781	0.6	10	−2	0
韩国	13 621	0.9	4	−5	−3	以色列	2 607	0.3	8	3	16
以上 15 方合计	**1 308 989**	**89.9**	–	–	–	**以上 15 方合计**	**958 092**	**98.0**	–	–	–

注：此信息是指美国拥有的附属公司向外国人提供的服务产品，以及由外国拥有的子公司提供给美国人的服务产品。这与美国在 A62 和 A63 表中所呈现的 FATS 数据不同，A62 和 A63 是指在服务行业经营的外国子公司的销售。例如，后者包括销售外国子公司的商品，其主要活动被归类为服务行业，而不是那些主要活动被归类为制造业的公司提供服务。

表 61

2008—2019 年初级产品的出口价格

指数 2005=100

	2009	2010	2011	2012	2013	2014	2015	2016	2017	2018	2019	2019				2020
												Q1	Q2	Q3	Q4	Q1
食品和饮料	110	93	106	126	120	119	119	100	100	103	102	105	106	98	98	99
食品	111	93	106	126	121	122	120	100	100	104	103	106	107	100	99	100
谷类	155	110	114	159	162	148	122	100	87	88	100	111	118	115	114	112
大麦	200	128	158	207	238	200	132	100	98	101	104	107	113	100	105	106
玉米	132	98	109	172	176	152	114	100	94	91	97	103	109	99	102	105
燕麦	136	87	110	142	139	147	150	100	79	101	102	130	120	125	145	141
大米	184	155	137	145	153	137	112	100	102	105	106	107	110	98	100	99
高粱	106	76	83	133	139	132	96	100	77	80	84	117	111	102	103	107
小麦	158	103	105	151	149	143	131	100	77	78	100	118	131	139	130	123
植物油和蛋白粉	141	107	118	149	150	138	124	100	104	106	100	102	100	90	88	90
棕榈油	153	114	152	191	166	135	131	100	113	115	99	99	94	83	73	80
大豆	130	109	111	139	155	149	132	100	104	103	99	102	100	86	89	91
肉类	81	75	91	104	100	103	122	100	91	100	97	110	113	103	99	103
牛肉	60	60	76	91	94	92	112	100	89	96	92	108	105	101	97	106
羊肉	163	141	139	143	97	101	131	100	87	104	111	135	132	121	117	117
猪肉	95	82	110	132	122	127	151	100	92	101	92	106	104	95	92	88
家禽	74	75	75	76	82	91	96	100	97	110	114	115	139	112	105	113
鱼类	84	80	94	99	81	113	121	100	107	113	116	109	118	104	103	108
鱼	91	93	116	112	89	127	124	100	135	140	142	107	120	98	96	103
虾	76	67	72	85	71	100	118	100	78	85	90	114	116	116	116	116
糖	93	133	154	193	156	128	126	100	134	119	94	76	68	63	73	72
香蕉	88	88	92	102	103	97	97	100	105	112	120	118	115	112	112	115

续 表

	2009	2010	2011	2012	2013	2014	2015	2016	2017	2018	2019	2019				2020
												Q1	Q2	Q3	Q4	Q1
花生	81	51	64	89	87	119	110	100	92	100	105	117	119	116	102	94
柑橘类水果和橙汁	83	72	114	138	109	105	116	100	132	120	117	85	93	95	82	71
蔬菜（番茄）	114	105	119	111	113	112	113	100	92	103	102	125	106	94	116	122
饮料	92	88	102	127	104	90	108	100	97	92	85	90	91	83	85	83
咖啡	100	85	105	146	117	97	119	100	101	103	90	92	91	83	87	83
可可豆	82	92	100	95	76	78	98	100	92	65	73	76	88	77	75	77
茶	79	92	93	102	103	78	70	100	84	106	88	116	103	98	97	95
农业原材料	110	96	130	161	128	122	113	100	100	105	107	110	110	106	102	104
木料	103	98	99	108	106	105	107	100	98	96	102	106	105	102	101	101
棉花	101	89	147	220	127	128	118	100	105	119	130	122	127	126	116	111
羊毛	86	71	94	146	132	120	108	100	110	130	164	142	151	157	146	152
橡胶	166	123	234	309	217	179	125	100	105	128	100	104	100	88	85	100
生皮	96	65	104	95	97	113	128	100	86	79	68	89	83	75	67	58
化肥	188	120	108	143	150	115	112	100	75	73	84	108	105	116	118	108
金属和有色金属（不含石油）	109	100	143	171	155	141	125	100	100	112	116	121	120	111	112	119
贵金属	79	84	108	140	145	124	111	100	106	108	109	107	105	97	99	106
黄金	75	84	106	135	144	122	109	100	108	108	109	106	104	97	98	104
钯	51	38	76	106	93	105	116	100	89	126	149	168	159	155	188	233
铂	149	114	153	163	147	141	131	100	94	90	83	99	91	82	83	83
银	96	93	128	224	198	152	122	100	109	109	100	98	96	87	85	91
贱金属	137	115	176	198	163	157	138	100	95	116	123	135	134	125	125	131
铜	126	94	137	160	144	133	125	100	88	112	118	143	141	125	126	128
铝	155	100	131	144	122	111	112	100	96	118	127	134	141	128	122	116
铁矿石	110	142	261	299	229	241	173	100	104	127	125	128	113	116	121	142
锡	115	85	127	162	131	139	136	100	112	125	125	118	116	107	107	117
镍	178	124	184	193	148	127	142	100	81	88	111	138	150	138	119	129
锌	98	86	112	114	101	99	112	100	108	150	151	163	149	121	125	129
铅	117	96	120	134	115	120	117	100	104	129	125	135	127	112	105	109
铀	174	127	125	153	133	105	91	100	72	59	55	69	68	80	88	88
以上总计	113	97	122	146	135	127	121	100	99	105	107	112	111	104	104	107
能源	196	121	150	188	186	181	169	100	84	104	132	146	156	166	152	135
天然气	194	110	117	146	150	152	153	100	71	83	105	145	133	150	156	115
原油	168	110	143	196	200	194	177	100	85	105	133	144	162	169	150	141
煤	216	117	164	205	162	142	124	100	112	149	176	151	156	167	152	136
丙烷	307	183	254	318	218	218	227	100	106	167	191	175	178	203	163	137
所有初级产品	**150**	**108**	**135**	**165**	**158**	**152**	**142**	**100**	**92**	**104**	**118**	**126**	**130**	**130**	**124**	**119**

注：这些指数是美元价格的长期平均；季度数据未经过季节调整。

● 中国商务统计

表 1

1981—2018 年全国进出口总值

单位：亿美元，%

年 度	进出口	出 口	进 口	同 比		
				进出口	出 口	进 口
1981	440.2	220.1	220.2	–	–	–
1982	416.1	223.2	192.9	–5.5	1.4	–12.4
1983	436.2	222.3	213.9	4.8	–0.4	10.9
1984	535.5	261.4	274.1	22.8	17.6	28.1
1985	696.0	273.5	422.5	30.0	4.6	54.1
1986	738.5	309.4	429.0	6.1	13.1	1.5
1987	826.5	394.4	432.2	11.9	27.5	0.7
1988	1 027.8	475.2	552.7	24.4	20.5	27.9
1989	1 116.8	525.4	591.4	8.7	10.6	7.0
1990	1 154.4	620.9	533.5	3.4	18.2	–9.8
1991	1 357.0	719.1	637.9	17.6	15.8	19.6
1992	1 655.3	849.4	805.9	22.0	18.1	26.3
1993	1 957.0	917.4	1 039.6	18.2	8.0	29.0
1994	2 366.2	1 210.1	1 156.2	20.9	31.9	11.2
1995	2 808.6	1 487.8	1 320.8	18.7	23.0	14.2
1996	2 898.8	1 510.5	1 388.3	3.2	1.5	5.1
1997	3 251.6	1 827.9	1 423.7	12.2	21.0	2.5
1998	3 239.5	1 837.1	1 402.4	–0.4	0.5	–1.5
1999	3 606.3	1 949.3	1 657.0	11.3	6.1	18.2
2000	4 743.0	2 492.0	2 250.9	31.5	27.8	35.8
2001	5 096.5	2 661.0	2 435.5	7.5	6.8	8.2
2002	6 207.7	3 256.0	2 951.7	21.8	22.4	21.2
2003	8 509.9	4 382.3	4 127.6	37.1	34.6	39.8
2004	11 545.5	5 933.3	5 612.3	35.7	35.4	36.0
2005	14 219.1	7 619.5	6 599.5	23.2	28.4	17.6
2006	17 604.4	9 689.8	7 914.6	23.8	27.2	19.9
2007	21 765.7	12 204.6	9 561.2	23.6	26.0	20.8
2008	25 632.6	14 306.9	11 325.7	17.8	17.3	18.5
2009	22 072.7	12 016.6	10 056	–13.9	–16	–11.2
2010	29 792.6	15 779.3	13 948.3	34.7	31.3	38.7
2011	36 420.6	18 986.0	17 434.6	22.5	20.3	24.9
2012	38 667.6	20 489.3	18 178.3	6.2	7.9	4.3
2013	41 596.9	22 093.7	19 503.2	7.6	7.9	7.3
2014	43 030.4	23 427.5	19 602.9	3.4	6.1	47.7
2015	39 586.4	22 765.7	16 820.7	–8.0	–2.8	–14.1
2016	36 849.3	20 974.4	15 874.8	–6.8	–7.7	–5.5
2017	41 011.7	22 634.9	18 409.8	11.4	7.9	15.9
2018	46 230.4	24 874	21 356.4	12.6	9.9	15.8

表 2

2018 年全国进出口简要情况

单位：亿美元，%

项　目	12 月当月		1—12 月累计	
	绝对值	同　比	绝对值	同　比
进出口总值	3 854.4	–5.8	46 230.4	12.6
出口总值	2 212.5	–4.4	24 874.0	9.9
进口总值	1 641.9	–7.6	21 356.4	15.8
进出口差额	570.6	6.2	3 517.6	–16.2

表 3

2018 年全国进出口主要国别（地区）总值

单位：千美元

进口原产国（地）/出口最终目的国（地）	进出口		出口		进口		累计比去年同期 ± %		
	12 月	1 至 12 月	12 月	1 至 12 月	12 月	1 至 12 月	进出口	出口	进口
总值	385 442 692	4 623 038 037	221 249 124	2 487 400 743	164 193 569	2 135 637 294	12.6	9.9	15.8
亚洲	197 877 080	2 381 095 736	106 938 047	1 188 105 837	90 939 033	1 192 989 899	12.0	8.4	15.8
阿富汗	62 275	691 686	53 709	667 577	8 566	24 109	27.0	23.4	603.4
巴林	138 100	1 286 832	107 428	1 136 388	30 672	150 445	25.4	25.9	21.4
孟加拉国	1 536 985	18 736 833	1 450 770	17 752 337	86 215	984 496	16.8	17.0	12.5
不丹	696	12 842	696	12 833	–	8	100.2	105.7	–95.2
文莱	118 419	1 840 432	111 729	1 592 534	6 690	247 898	86.0	149.8	–29.5
缅甸	1 444 437	15 240 411	962 736	10 552 911	481 701	4 687 500	13.1	17.9	3.6
柬埔寨	712 802	7 387 920	565 096	6 010 987	147 706	1 376 933	27.6	25.7	36.7
塞浦路斯	181 818	791 783	175 941	737 816	5 877	53 968	37.1	40.7	1.2
朝鲜	228 887	2 430 797	207 425	2 217 650	21 461	213 147	–51.2	–31.7	–87.7
中国香港	28 145 472	310 559 126	26 842 566	302 068 449	1 302 906	8 490 677	8.4	8.2	16.0
印度	8 138 167	95 543 109	6 419 726	76 705 307	1 718 442	18 837 801	13.2	12.7	15.2
印度尼西亚	6 252 791	77 371 175	3 873 605	43 209 493	2 379 186	34 161 682	22.2	24.3	19.6
伊朗	1 758 577	35 134 940	391 223	14 030 717	1 367 353	21 104 223	–5.4	–24.5	13.7
伊拉克	2 620 845	30 402 181	807 452	7 903 517	1 813 393	22 498 664	37.3	–5.1	62.9
以色列	1 072 150	13 918 033	803 448	9 276 719	268 702	4 641 314	6.0	4.0	10.3
日本	26 847 987	327 663 110	12 817 526	147 083 473	14 030 461	180 579 637	8.1	7.2	8.9
约旦	262 922	3 183 753	249 025	2 969 571	13 897	214 182	3.3	5.9	–23.3
科威特	1 343 572	18 688 434	305 835	3 314 306	1 037 737	15 374 128	55.1	6.5	72.1
老挝	454 229	3 474 558	220 257	1 454 812	233 972	2 019 746	14.9	2.5	25.8
黎巴嫩	190 984	2 018 684	189 275	1 969 700	1 710	48 984	–0.7	–2.0	112.6
中国澳门	351 606	3 155 067	345 908	3 090 979	5 698	64 087	–3.6	–2.5	–38.4
马来西亚	9 442 022	108 625 394	4 478 474	45 403 319	4 963 548	63 222 076	13.0	8.9	16.2
马尔代夫	24 655	397 285	24 654	396 252	1	1 033	34.1	34.0	66.5
蒙古	651 386	7 987 346	129 895	1 645 079	521 492	6 342 267	24.7	33.1	22.7
尼泊尔	106 253	1 100 084	104 880	1 078 085	1 373	22 000	11.7	11.5	23.2
阿曼	1 783 037	21 739 023	258 016	2 876 831	1 525 021	18 862 192	38.5	24.2	40.9
巴基斯坦	1 611 765	19 083 143	1 423 907	16 908 024	187 858	2 175 120	–5.0	–7.4	18.7

续 表

进口原产国（地）/出口最终目的国（地）	进出口		出口		进口		累计比去年同期 ± %		
	12 月	1 至 12 月	12 月	1 至 12 月	12 月	1 至 12 月	进出口	出口	进口
巴勒斯坦	5 364	73 755	5 364	73 311	0	444	6.6	6.2	277.6
菲律宾	4 189 536	55 668 476	2 833 717	35 061 526	1 355 819	20 606 950	8.5	9.3	7.1
卡塔尔	1 296 091	11 626 273	243 751	2 482 100	1 052 340	9 144 173	43.8	47.5	42.9
沙特阿拉伯	6 680 272	63 335 066	1 864 891	17 443 749	4 815 381	45 891 317	26.3	–5.1	44.5
新加坡	7 452 396	82 880 391	4 772 135	49 165 317	2 680 260	33 715 074	4.6	9.2	–1.6
韩国	24 771 153	313 428 496	10 646 443	108 789 052	14 124 711	204 639 444	11.8	5.9	15.3
斯里兰卡	374 851	4 578 565	352 995	4 256 688	21 856	321 876	4.1	4.1	3.8
叙利亚	117 082	1 273 996	117 072	1 273 127	10	869	15.4	15.4	–34.8
泰国	6 947 323	87 524 881	3 591 936	42 893 069	3 355 387	44 631 811	9.2	11.3	7.3
土耳其	1 659 681	21 551 551	1 363 112	17 792 424	296 569	3 759 127	–1.6	–1.8	–0.6
阿拉伯联合酋长国	4 610 620	45 917 586	3 201 839	29 660 011	1 408 780	16 257 576	11.9	3.3	32.1
也门	182 087	2 592 433	181 027	1 874 878	1 060	717 555	12.6	14.1	8.7
越南	13 057 400	147 858 352	8 043 247	83 899 658	5 014 153	63 958 694	21.2	17.2	27.0
中国	9 996 806	146 234 315	–	–	9 996 806	146 234 315	10.5	–	10.5
中国台湾	17 296 282	226 244 319	4 543 326	48 646 717	12 752 956	177 597 602	13.2	10.6	13.9
东帝汶	42 712	135 503	42 308	132 489	404	3 014	1.0	–0.1	91.6
哈萨克斯坦	1 726 024	19 885 507	819 996	11 350 275	906 028	8 535 232	10.8	–1.9	33.8
吉尔吉斯斯坦	458 176	5 611 533	455 158	5 557 211	3 018	54 322	3.5	4.1	–37.6
塔吉克斯坦	146 992	1 504 986	140 284	1 428 141	6 708	76 845	11.6	9.7	64.4
土库曼斯坦	784 734	8 436 230	14 091	316 860	770 643	8 119 370	21.5	–13.9	23.5
乌兹别克斯坦	598 659	6 267 839	384 156	3 943 464	214 503	2 324 375	48.5	43.4	58.0
亚洲其他国家（地区）	0	1 703	0	105	–	1 598	13.5	–86.7	124.4
非洲	18 270 144	204 193 253	9 553 670	104 911 201	8 716 474	99 282 052	19.7	10.8	30.8
阿尔及利亚	743 468	9 104 856	673 302	7 927 112	70 165	1 177 744	25.9	16.8	162.7
安哥拉	2 393 211	28 052 517	188 809	2 253 813	2 204 402	25 798 704	22.2	–0.2	24.6
贝宁	224 113	2 197 726	222 729	2 149 401	1 384	48 325	8.9	11.6	–47.2
博茨瓦纳	22 921	295 920	21 320	281 690	1 601	14 230	11.1	21.1	–57.6
布隆迪	4 749	49 255	4 108	37 324	641	11 931	–5.6	–17.5	72.2
喀麦隆	199 717	2 790 255	122 475	1 694 567	77 242	1 095 687	47.1	22.0	115.5
加那利群岛	95	2 931	93	2 916	2	14	–18.8	–12.6	–94.8
佛得角	5 181	78 560	5 019	78 270	162	290	13.4	13.0	3526.3
中非	3 759	73 047	1 422	18 937	2 337	54 109	77.9	46.1	92.5
塞卜泰（休达）	38	768	38	301	0	466	152.1	–0.9	269376.9
乍得	82 250	280 534	21 502	184 588	60 748	95 945	–29.0	60.0	–65.7
科摩罗	4 367	79 224	4 367	79 196	0	28	16.9	16.9	–25.5
刚果（布）	749 845	7 243 563	42 387	444 899	707 457	6 798 664	62.4	–10.6	71.6
吉布提	149 821	1 864 320	149 820	1 864 116	1	204	–14.3	–14.3	1219.4
埃及	1 292 188	13 825 733	1 113 207	11 990 300	178 980	1 835 434	27.7	26.4	36.8
赤道几内亚	169 781	2 290 408	10 670	145 146	159 111	2 145 261	38.8	–12.7	44.6

续 表

进口原产国（地）/出口最终目的国（地）	进出口		出口		进口		累计比去年同期 ± %		
	12 月	1 至 12 月	12 月	1 至 12 月	12 月	1 至 12 月	进出口	出口	进口
埃塞俄比亚	318 331	2 877 298	303 995	2 531 983	14 336	345 315	-4.8	-5.0	-3.4
加蓬	433 410	3 365 057	45 954	385 857	387 456	2 979 200	22.8	-13.5	29.9
冈比亚	44 904	446 253	41 409	426 191	3 495	20 062	-10.3	6.9	-79.7
加纳	708 406	7 253 548	453 463	4 814 068	254 943	2 439 481	8.6	-0.2	31.7
几内亚	371 676	3 550 555	145 101	1 353 434	226 575	2 197 121	31.2	9.2	49.8
几内亚比绍	5 176	37 470	4 507	29 832	668	7 639	9.8	-11.5	1798.4
科特迪瓦	231 424	2 145 470	211 808	1 891 597	19 617	253 873	15.9	11.8	60.8
肯尼亚	446 364	5 371 658	431 043	5 197 698	15 320	173 960	3.3	3.2	4.3
利比里亚	203 104	2 044 306	192 954	1 955 473	10 150	88 833	-4.1	-7.0	207.8
利比亚	858 410	6 206 159	141 430	1 428 603	716 979	4 777 556	159.6	39.0	250.6
马达加斯加	98 579	1 210 270	83 366	1 010 114	15 214	200 157	-2.0	0.3	-11.9
马拉维	18 768	249 785	18 659	222 430	110	27 356	-13.7	-15.1	0.1
马里	31 548	434 015	29 152	345 506	2 396	88 509	7.1	2.4	30.4
毛里塔尼亚	150 039	1 898 339	85 986	1 036 864	64 053	861 475	15.4	20.7	9.5
毛里求斯	69 522	841 635	67 524	804 189	1 998	37 446	7.3	5.5	66.9
摩洛哥	388 806	4 390 316	349 165	3 681 111	39 641	709 205	14.7	15.9	9.0
莫桑比克	192 064	2 495 325	130 590	1 861 893	61 475	633 432	36.0	42.5	19.8
纳米比亚	162 218	827 430	19 309	323 270	142 910	504 161	45.2	18.8	69.4
尼日尔	25 360	287 359	14 147	116 246	11 214	171 113	45.9	18.8	72.7
尼日利亚	1 845 504	15 271 110	1 394 009	13 409 332	451 495	1 861 779	10.8	10.3	14.6
留尼汪	12 057	163 762	12 056	163 657	1	105	6.7	6.6	215.5
卢旺达	13 030	204 924	11 521	165 590	1 509	39 335	30.1	28.7	36.2
圣多美和普林西比	776	7 305	775	7 255	1	50	5.8	5.1	6946.6
塞内加尔	195 125	2 271 257	179 901	2 142 748	15 224	128 509	3.7	5.0	-14.2
塞舌尔	4 444	61 353	4 444	61 327	0	25	22.0	25.6	-98.3
塞拉利昂	27 945	430 129	17 361	252 985	10 584	177 144	-25.9	4.4	-47.6
索马里	70 923	652 799	66 835	636 247	4 088	16 552	34.5	34.4	40.2
南非	3 302 564	43 549 901	1 337 793	16 250 818	1 964 771	27 299 084	11.1	9.8	11.9
西撒哈拉	4	48	4	44	–	4	-97.3	-97.5	3284.6
苏丹	228 727	2 550 781	199 125	1 880 736	29 602	670 044	-9.3	-15.3	13.4
坦桑尼亚	329 195	3 976 063	299 142	3 583 199	30 052	392 864	15.1	14.9	17.0
多哥	173 667	2 134 944	173 547	1 989 182	119	145 762	9.0	5.5	99.2
突尼斯	145 098	1 609 661	128 950	1 414 585	16 148	195 076	5.5	6.5	-1.6
乌干达	74 251	752 050	72 209	705 829	2 041	46 221	-7.2	-9.2	38.3
布基纳法索	25 149	318 125	24 863	222 996	287	95 130	56.3	21.8	365.5
刚果（金）	563 682	7 435 840	161 410	1 774 398	402 271	5 661 442	74.6	82.9	72.1
赞比亚	266 606	5 074 478	53 104	970 158	213 502	4 104 320	32.4	36.7	31.4
津巴布韦	69 966	1 335 289	38 538	445 664	31 428	889 624	1.5	0.4	2.0
莱索托	5 111	94 228	4 506	64 139	605	30 089	9.4	4.6	21.1

续　表

进口原产国（地）/出口最终目的国（地）	进出口		出口		进口		累计比去年同期 ± %		
	12 月	1 至 12 月	12 月	1 至 12 月	12 月	1 至 12 月	进出口	出口	进口
梅利利亚	415	5 602	415	5 595	–	7	−45.7	−45.8	972.9
斯威士兰	3 844	63 862	3 808	36 402	36	27 460	65.6	6.4	533.1
厄立特里亚	25 134	354 604	4 849	42 845	20 284	311 759	66.0	−0.2	82.6
马约特	2 805	36 583	2 793	36 568	11	14	−11.9	−11.9	−0.2
南苏丹共和国	80 408	1 674 213	10 780	77 519	69 628	1 596 693	26.6	49.2	25.7
非洲其他国家（地区）	102	2 477	102	2 450	–	27	102.2	228.5	−94.5
欧洲	74 001 863	854 175 155	43 816 649	474 736 430	30 185 214	379 438 725	13.0	10.7	16.0
比利时	2 055 880	24 030 122	1 575 574	17 061 449	480 306	6 968 672	3.2	8.4	−7.7
丹麦	980 982	11 682 441	631 097	7 292 074	349 885	4 390 368	9.0	12.0	4.2
英国	7 181 169	80 438 358	5 178 096	56 558 887	2 003 073	23 879 472	1.8	−0.3	6.9
德国	15 157 169	183 880 787	7 425 169	77 546 794	7 732 001	106 333 993	9.4	9.0	9.7
法国	6 314 271	62 898 676	2 807 486	30 678 209	3 506 786	32 220 467	15.5	10.9	20.2
爱尔兰	1 322 833	14 509 373	291 121	3 649 878	1 031 713	10 859 496	31.5	25.3	33.8
意大利	4 816 794	54 235 327	3 154 047	33 172 579	1 662 748	21 062 748	9.1	13.6	2.8
卢森堡	188 495	1 117 638	164 808	805 595	23 687	312 043	10.8	14.9	1.3
荷兰	7 714 623	85 180 045	6 314 860	72 850 323	1 399 762	12 329 723	8.6	8.5	9.4
希腊	707 589	7 063 723	630 276	6 499 563	77 313	564 160	36.3	36.8	31.2
葡萄牙	481 009	6 000 128	322 095	3 751 270	158 914	2 248 858	7.4	8.9	5.1
西班牙	2 988 934	33 718 184	2 241 580	24 953 847	747 353	8 764 337	9.0	8.9	9.2
阿尔巴尼亚	59 340	647 940	50 497	540 088	8 843	107 852	−0.4	19.0	−45.0
安道尔	178	2 012	153	1 867	25	145	46.4	46.9	40.7
奥地利	824 781	9 751 016	278 030	2 827 803	546 751	6 923 213	16.2	11.9	18.0
保加利亚	249 532	2 588 301	148 478	1 440 293	101 055	1 148 008	21.0	23.2	18.5
芬兰	631 075	7 867 541	262 432	3 085 221	368 643	4 782 320	10.7	8.4	12.3
直布罗陀	137	2 760	137	2 757	0	2	−31.2	−30.5	−94.0
匈牙利	767 956	10 883 395	493 255	6 541 798	274 702	4 341 597	7.5	8.1	6.5
冰岛	39 136	421 347	23 933	255 591	15 202	165 756	89.9	128.6	50.6
列支敦士登	12 831	176 057	4 698	52 057	8 133	124 000	1.9	12.6	−2.0
马耳他	116 389	1 780 771	85 813	1 431 568	30 576	349 203	−29.0	−31.7	−15.0
摩纳哥	2 026	130 877	1 229	120 173	797	10 703	529.3	806.5	42.0
挪威	511 574	6 072 103	266 042	2 650 802	245 533	3 421 301	8.1	6.5	9.3
波兰	2 338 995	24 523 912	2 028 625	20 878 964	310 370	3 644 948	15.5	16.8	8.7
罗马尼亚	561 351	6 675 788	400 684	4 507 120	160 667	2 168 668	19.2	19.3	18.9
圣马力诺	530	8 267	310	3 704	220	4 563	−4.8	−33.3	45.5
瑞典	1 445 455	17 152 325	775 574	8 201 149	669 881	8 951 176	15.0	16.7	13.5
瑞士	2 119 149	42 539 536	482 346	4 015 867	1 636 802	38 523 668	18.0	27.1	17.1
爱沙尼亚	107 858	1 276 902	90 905	1 031 538	16 953	245 364	0.8	2.5	−5.8
拉脱维亚	124 315	1 380 307	104 435	1 167 194	19 881	213 113	4.1	1.7	20.2
立陶宛	176 740	2 093 035	149 038	1 762 936	27 702	330 099	12.8	10.2	29.4

续 表

进口原产国（地）/出口最终目的国（地）	进出口		出口		进口		累计比去年同期 ±%		
	12月	1至12月	12月	1至12月	12月	1至12月	进出口	出口	进口
格鲁吉亚	111 264	1 150 129	105 947	1 096 232	5 317	53 897	17.3	20.1	-20.3
亚美尼亚	38 757	521 237	20 055	213 243	18 702	307 994	16.7	48.2	1.8
阿塞拜疆	116 883	898 384	40 954	515 989	75 929	382 395	-6.8	33.3	-33.8
白俄罗斯	163 080	1 715 872	97 899	1 144 818	65 181	571 054	18.4	22.7	10.8
摩尔多瓦	14 250	147 084	11 502	108 695	2 749	38 388	11.5	11.0	13.0
俄罗斯联邦	9 796 549	107 056 835	4 550 846	47 975 210	5 245 704	59 081 625	27.1	12.0	42.7
乌克兰	943 511	9 667 481	607 812	7 019 004	335 699	2 648 477	31.0	39.2	13.2
斯洛文尼亚	372 511	5 015 889	332 753	4 424 828	39 758	591 061	48.3	53.3	19.3
克罗地亚	154 640	1 538 998	139 676	1 327 001	14 965	211 997	14.6	14.4	15.8
捷克	1 521 258	16 309 159	1 199 668	11 910 100	321 590	4 399 058	30.6	35.5	19.0
斯洛伐克	630 099	7 780 313	229 068	2 535 839	401 030	5 244 473	46.4	-7.1	102.9
前南马其顿	18 895	156 099	11 886	107 735	7 009	48 364	-5.2	38.1	-44.2
波黑	13 364	187 131	7 327	109 729	6 036	77 402	37.5	39.2	35.2
梵蒂冈	4	11	4	7	0	5	-86.6	-92.2	1193.1
法罗群岛	9 623	128 680	250	2 668	9 373	126 012	26.3	28.9	26.3
塞尔维亚	78 181	952 671	64 855	728 172	13 326	224 500	25.8	33.5	6.1
黑山	19 834	220 013	13 327	178 198	6 508	41 815	10.6	34.5	-37.0
欧洲其他国家（地区）	63	174	1	3	62	171	0.4	-60.6	3.4
拉丁美洲	25 556 004	307 402 781	12 566 822	148 790 989	12 989 183	158 611 792	18.9	13.7	24.1
安提瓜和巴布达	5 591	55 475	5 590	55 431	0	45	23.6	23.5	431.1
阿根廷	861 113	11 939 281	515 808	8 418 290	345 305	3 520 991	-13.6	-7.2	-25.9
阿鲁巴	2 850	32 404	2 850	32 370	1	34	33.3	33.2	387.2
巴哈马	40 885	492 849	40 863	479 973	22	12 877	64.6	72.3	-38.7
巴巴多斯	13 107	158 019	10 039	136 744	3 068	21 275	19.2	26.9	-14.1
伯利兹	6 063	92 532	6 035	92 284	28	248	5.6	5.8	-39.9
玻利维亚	89 590	1 167 034	71 581	836 161	18 009	330 873	7.7	14.7	-6.7
博内尔	0	636	0	636	-	0	-43.1	-43.1	-68.5
巴西	9 255 816	111 180 826	2 844 798	33 668 777	6 411 018	77 512 049	26.6	16.3	31.7
开曼群岛	945	101 321	925	101 180	20	140	-60.6	-60.6	2290.9
智利	3 665 013	42 749 516	1 365 624	15 875 574	2 299 388	26 873 941	20.1	10.2	26.9
哥伦比亚	1 345 880	14 603 885	709 979	8 718 383	635 901	5 885 503	29.0	17.2	51.5
多米尼克	2 203	34 638	2 192	34 519	11	119	30.5	-29.7	-83.2
哥斯达黎加	182 707	2 440 120	141 433	1 662 752	41 274	777 368	6.7	11.2	-1.8
古巴	138 084	1 555 623	91 673	1 075 638	46 411	479 985	-11.4	-20.7	20.6
库腊索岛	2 356	41 079	2 355	41 061	1	19	38.3	38.3	166.8
多米尼加共和国	213 052	2 288 960	184 938	2 108 425	28 114	180 534	22.4	23.8	7.7
厄瓜多尔	549 968	5 711 403	277 926	3 718 181	272 042	1 993 222	39.6	25.5	76.7
法属圭亚那	1 144	14 002	1 143	13 859	1	142	-12.6	-12.4	-31.8
格林纳达	952	13 149	951	13 146	1	3	22.7	22.9	-77.8

续 表

进口原产国（地）/出口最终目的国（地）	进出口		出口		进口		累计比去年同期 ± %		
	12 月	1 至 12 月	12 月	1 至 12 月	12 月	1 至 12 月	进出口	出口	进口
瓜德罗普	2 587	42 621	2 587	42 609	1	12	13.3	13.3	-15.3
危地马拉	206 621	2 419 683	202 598	2 333 221	4 023	86 462	17.1	19.1	-19.1
圭亚那	18 340	265 117	15 723	222 034	2 617	43 083	16.8	17.7	12.2
海地	56 277	623 393	55 958	615 892	319	7 501	15.4	15.6	-1.4
洪都拉斯	75 623	1 036 088	72 057	987 734	3 566	48 354	19.3	16.9	102.0
牙买加	58 194	659 569	53 618	583 291	4 576	76 279	16.8	12.9	58.6
马提尼克	2 151	22 313	2 149	22 289	1	24	-18.0	-17.9	-59.2
墨西哥	5 097 331	58 057 070	3 947 187	44 014 510	1 150 143	14 042 560	21.7	22.6	19.0
蒙特塞拉特	1	338	1	335	0	3	23.2	51.7	-94.9
尼加拉瓜	33 002	579 732	31 015	473 994	1 987	105 739	-11.2	-24.1	272.3
巴拿马	670 551	7 020 804	647 534	6 939 053	23 017	81 751	5.0	4.7	31.8
巴拉圭	125 529	1 711 246	123 942	1 671 049	1 587	40 197	7.4	7.1	21.7
秘鲁	1 517 093	23 109 913	688 717	8 066 445	828 376	15 043 468	13.7	15.9	12.5
波多黎各	124 625	1 776 092	49 616	882 986	75 009	893 106	62.3	47.7	79.9
萨巴	1	7	1	7	-	-	33.9	34.0	-
圣卢西亚	1 751	18 919	1 745	18 859	6	59	18.4	18.5	7.7
圣马丁岛	798	13 208	798	13 207	0	1	38.3	38.3	88.2
圣文森特和格林纳丁斯	621	37 190	621	36 957	0	233	-12.6	-12.2	-47.2
萨尔瓦多	81 921	1 091 623	77 462	927 193	4 459	164 429	22.8	20.0	41.3
苏里南	15 570	267 892	13 950	214 860	1 621	53 032	31.5	21.0	102.1
特立尼达和多巴哥	92 097	732 504	33 185	347 061	58 912	385 442	19.6	-19.3	111.4
特克斯和凯科斯群岛	105	3 007	105	3 007	-	0	10.7	10.8	-83.5
乌拉圭	389 950	4 620 385	157 296	2 064 882	232 654	2 555 503	-3.8	-4.0	-3.6
委内瑞拉	602 499	8 539 655	106 858	1 145 837	495 641	7 393 819	-4.8	-34.4	2.4
英属维尔京群岛	863	36 842	861	36 816	2	26	208.3	210.8	-75.8
圣基茨和尼维斯	1 406	12 728	1 374	11 539	32	1 189	35.5	32.8	69.3
圣皮埃尔和密克隆	1	16	1	16	-	0	-77.9	-60.3	-100.0
荷属安的列斯	2 664	28 764	2 664	28 642	0	122	-35.2	-35.4	170.2
拉丁美洲其他国家（地区）	512	3 310	493	3 279	19	31	-27.0	123.2	-99.0
北美洲	56 283 852	697 467 482	43 634 883	513 757 078	12 648 969	183 710 404	9.7	11.4	5.3
加拿大	5 553 577	63 542 172	3 345 599	35 159 999	2 207 978	28 382 173	22.7	12.1	39.0
美国	50 695 935	633 519 413	40 283 778	478 423 178	10 412 157	155 096 235	8.5	11.3	0.7
格陵兰	28 882	235 886	47	3 974	28 834	231 912	73.6	59.4	73.9
百慕大	5 433	169 382	5 432	169 298	0	84	28.3	28.2	692.2
北美洲其他国家（地区）	26	630	26	629	-	0	33.8	33.7	-
大洋洲	13 420 572	178 310 165	4 739 052	57 099 206	8 681 520	121 210 959	12.0	11.4	12.3

续 表

进口原产国（地）/ 出口最终目的国（地）	进出口		出口		进口		累计比去年同期 ±%		
	12 月	1 至 12 月	12 月	1 至 12 月	12 月	1 至 12 月	进出口	出口	进口
澳大利亚	11 331 164	152 790 199	4 003 213	47 338 434	7 327 950	105 451 765	12.0	14.2	11.0
库克群岛	210	7 689	210	5 187	0	2 502	-41.7	-30.1	-56.6
斐济	36 845	482 052	32 642	456 742	4 202	25 310	25.9	25.0	44.4
盖比群岛	31	95	0	54	31	41	219.5	82.2	19246.3
马克萨斯群岛	-	2	-	-	-	2	-	-	-
瑙鲁	712	2 032	708	1 911	4	121	190.9	352.0	-56.0
新喀里多尼亚	98 007	1 243 841	12 826	134 094	85 181	1 109 747	41.3	57.1	39.6
瓦努阿图	5 555	79 033	5 327	63 350	229	15 683	-1.0	-3.4	10.1
新西兰	1 403 209	16 857 769	469 027	5 775 728	934 182	11 082 041	16.3	13.2	18.0
诺福克岛	315	1 984	305	1 974	9	11	-11.1	-11.5	1658.0
巴布亚新几内亚	375 928	3 615 592	83 502	785 544	292 426	2 830 048	27.1	1.4	36.7
社会群岛	193	2 222	193	2 222	0	1	-27.1	-27.2	-
所罗门群岛	44 621	747 755	8 210	118 241	36 411	629 514	15.5	27.7	13.5
汤加	1 833	25 066	1 816	24 947	17	119	-12.1	-10.7	-79.7
土阿莫土群岛	4	13	4	4	-	9	34852.8	11033.3	-
土布艾群岛	-	2	-	-	-	2	2045.9	-	2045.9
萨摩亚	5 572	70 317	5 536	69 807	36	510	9.2	9.3	-3.2
基里巴斯	765	17 938	765	17 836	0	103	13.5	15.8	-74.7
图瓦卢	2 639	12 434	2 639	12 425	-	9	-32.3	-32.3	43.3
密克罗尼西亚联邦	1 558	40 404	1 558	18 541	-	21 862	6.5	29.5	87.6
马绍尔群岛	98 129	2 198 582	98 127	2 164 695	2	33 886	-29.4	-30.1	85.5
帕劳	1 703	13 846	1 636	13 726	67	120	-17.8	-18.5	11028.9
法属波利尼西亚	8 425	82 301	7 654	75 319	771	6 982	27.2	27.0	29.2
瓦利斯和浮图纳	50	297	50	293	-	4	-2.5	-3.7	969.1
大洋洲其他国家（地区）	3 103	18 698	3 101	18 131	1	567	381.4	366.8	-
国别不详地区	33 176	393 453	1	1	33 175	393 452	-0.8	-100.0	3.7
东南亚国家联盟	50 071 355	587 871 990	29 452 931	319 243 626	20 618 424	268 628 364	14.1	14.2	13.8
欧洲联盟	60 114 523	682 164 239	37 630 582	408 631 635	22 483 940	273 532 604	10.6	9.8	11.7
亚太经济合作组织	243 953 385	2 987 196 946	141 292 198	1 591 227 229	102 661 187	1 395 969 717	11.8	10.8	12.9

注：① 东南亚国家联盟包括：文莱、缅甸、柬埔寨、印度尼西亚、老挝、马来西亚、菲律宾、新加坡、泰国、越南。

② 欧洲联盟包括：比利时、丹麦、英国、德国、法国、爱尔兰、意大利、卢森堡、荷兰、希腊、葡萄牙、西班牙、奥地利、芬兰、瑞典、塞浦路斯、匈牙利、马耳他、波兰、爱沙尼亚、拉脱维亚、立陶宛、斯洛文尼亚、捷克、斯洛伐克、保加利亚、罗马尼亚、克罗地亚。

③ 亚太经济合作组织包括：文莱、中国香港、印度尼西亚、日本、马来西亚、菲律宾、新加坡、韩国、泰国、越南、中国、中国台湾、俄罗斯、智利、墨西哥、秘鲁、加拿大、美国、澳大利亚、新西兰、巴布亚新几内亚。

表 4

2018 年进出口商品贸易方式总值表

单位：千美元

贸易方式	进出口		出口		进口	
	12 月	1 至 12 月	12 月	1 至 12 月	12 月	1 至 12 月
总值	385 442 692	4 623 038 037	221 249 124	2 487 400 743	164 193 569	2 135 637 294
	-5.8	12.6	-4.4	9.9	-7.6	15.8
一般贸易	221 216 770	2 674 916 967	126 275 895	1 400 991 850	94 940 875	1 273 925 117
	-3.2	15.5	0.0	13.9	-7.2	17.4
国家间、国际组织无偿援助和赠送的物资	55 646	721 421	55 646	716 614	-	4 807
	-30.6	33.4	-30.6	33.1	-	86.6
其他捐赠物资	296	75 895	283	6 572	13	69 323
	-84.7	907.9	243.8	198.1	-99.3	1201.7
来料加工装配贸易	14 812 914	179 552 429	7 381 184	87 823 029	7 431 730	91 729 400
	7.2	9.1	-0.8	9.9	16.6	8.3
进料加工贸易	89 677 133	1 087 999 130	62 258 905	709 345 609	27 418 228	378 653 521
	-16.5	6.1	-12.8	4.5	-23.9	9.3
边境小额贸易	3 914 558	40 333 936	3 098 677	31 117 512	815 881	9 216 424
	7.1	3.1	14.4	2.9	-13.9	3.6
加工贸易进口设备	36 751	1 062 188	-	-	36 751	1 062 188
	-32.9	41.7	-	-	-32.9	41.7
对外承包工程出口货物	1 413 429	16 988 084	1 413 429	16 988 084	-	-
	-14.6	10.4	-14.6	10.4	-	-
租赁贸易	578 065	4 224 404	9 334	150 762	568 730	4 073 642
	253.0	98.8	-28.5	-2.7	277.4	106.8
外商投资企业作为投资进口的设备、物品	257 273	3 442 551	-	-	257 273	3 442 551
	-24.1	-22.8	-	-	-24.1	-22.8
出料加工贸易	57 330	525 582	23 097	225 161	34 233	300 420
	-35.8	-1.4	30.4	9.1	-52.1	-8.0
免税外汇商品	1 188	25 240	-	-	1 188	25 240
	-41.1	18.6	-	-	-41.1	18.6
免税品	289 033	2 480 436	-	-	289 033	2 480 436
	36.1	28.1	-	-	36.1	28.1
保税监管场所进出境货物	16 908 430	192 696 204	4 373 873	42 688 049	12 534 556	150 008 155
	5.0	23.1	-12.2	3.9	12.7	29.9
海关特殊监管区域物流货物	27 020 761	317 388 411	9 636 398	121 082 461	17 384 364	196 305 950
	-5.4	17.1	-8.6	21.4	-3.5	14.5
海关特殊监管区域进口设备	1 415 838	8 511 853	-	-	1 415 838	8 511 853
	211.4	32.2	-	-	211.4	32.2
其他	7 787 280	92 093 306	6 722 403	76 265 040	1 064 877	15 828 266
	-2.0	-10.3	5.9	-12.6	-33.3	2.3

注：①深色区域内数字为与去年累计同期比 ±%。

②自 2014 年起，免税品列入海关统计。

③自 2018 年起，“补偿贸易”“寄售代销贸易”和“易货贸易”纳入“其他”公布。

表 5

2018 年全国月度出口和进口统计

单位：亿美元，%

出 口	当 月		1 月至当月累计	
	金 额	同 比	金 额	同 比
2018 年 01 月	2 005.2	11.1	2 005.2	11.1
2018 年 02 月	1 716.2	44.5	3 723.5	24.4
2018 年 03 月	1 741.2	-2.7	5 452.7	14.1
2018 年 04 月	2 004.4	12.89	7 457.3	13.7
2018 年 05 月	2 128.7	12.6	9 570.6	13.3
2018 年 06 月	2 167.4	11.3	11 727.5	12.8
2018 年 07 月	2 155.7	12.2	13 871.6	12.6
2018 年 08 月	2 174.3	9.8	16 043.5	12.2
2018 年 09 月	2 266.9	14.5	18 266.5	12.2
2018 年 10 月	2 172.8	15.6	20 448.4	12.6
2018 年 11 月	2 274.2	5.4	22 720.4	11.8
2018 年 12 月	2 212.5	-4.4	24 874.0	9.9
进 口	当 月		1 至当月累计	
	金 额	同 比	金 额	同 比
2018 年 01 月	1 801.8	36.9	1 801.8	36.9
2018 年 02 月	1 378.8	6.3	3 180.3	21.7
2018 年 03 月	1 791.0	14.4	4 968.8	18.9
2018 年 04 月	1 716.5	21.5	6 689.8	19.6
2018 年 05 月	1 879.5	26.0	8 573.9	21.0
2018 年 06 月	1 751.3	14.1	10 331.0	19.9
2018 年 07 月	1 875.2	27.3	12 210.6	21.0
2018 年 08 月	1 895.2	20.0	14 106.9	20.9
2018 年 09 月	1 950.0	14.3	16 052.8	20.0
2018 年 10 月	1 832.7	21.4	17 906.4	20.3
2018 年 11 月	1 826.7	3.0	19 724.4	18.4
2018 年 12 月	1 641.9	-7.6	21 356.4	15.8

表 6

2018 年月度进出口总值统计

单位：亿美元，%

月 份	当 月		1 月至当月累计	
	进出口	同 比	进出口	同 比
2018 年 01 月	3 807.0	22.0	3 807.0	22.0
2018 年 02 月	3 094.9	24.5	6 903.7	23.1
2018 年 03 月	3 523.3	5.3	10 421.5	16.3
2018 年 04 月	3 720.9	16.7	14 147.1	16.5
2018 年 05 月	4 008.2	18.5	18 144.5	16.8
2018 年 06 月	3 918.7	12.5	22 058.5	16.0
2018 年 07 月	4 030.8	18.8	26 082.2	16.4

续　表

月　份	当　月		1月至当月累计	
	进出口	同　比	进出口	同　比
2018年08月	4 069.5	14.3	30 150.4	16.1
2018年09月	4 216.8	14.4	34 319.3	15.7
2018年10月	4 005.5	18.2	38 354.8	16.1
2018年11月	4 100.8	4.3	42 444.8	14.8
2018年12月	3 854.4	−5.8	46 230.4	12.6

表7

1982—2018年全国年度服务进出口

单位：亿美元，%

年　份	中国进出口额			中国出口额			中国进口额		
	金额	同比	占世界比重	金额	同比	占世界比重	金额	同比	占世界比重
1982	44	–	0.6	25	–	0.7	19	–	0.5
1983	43	−2.3	0.6	25	0.0	0.7	18	−5.3	0.5
1984	54	25.6	0.7	28	12.0	0.8	26	44.4	0.7
1985	52	−3.7	0.7	29	3.6	0.8	23	−11.5	0.6
1986	56	7.7	0.6	36	24.1	0.8	20	−13.0	0.4
1987	65	16.1	0.6	42	16.7	0.8	23	15.0	0.4
1988	80	23.1	0.7	47	11.9	0.8	33	43.5	0.5
1989	81	1.3	0.6	45	−4.3	0.7	36	9.1	0.5
1990	98	21.0	0.6	57	26.7	0.7	41	13.9	0.5
1991	108	10.2	0.6	69	21.1	0.8	39	−4.9	0.5
1992	183	69.4	1.0	91	31.9	1.0	92	135.9	1.0
1993	226	23.5	1.2	110	20.9	1.2	116	26.1	1.2
1994	322	42.5	1.6	164	49.1	1.6	158	36.2	1.5
1995	430	33.5	1.8	184	12.2	1.6	246	55.7	2.1
1996	430	0.0	1.7	206	12.0	1.6	224	−8.9	1.8
1997	522	21.4	2.0	245	19.0	1.9	277	23.8	2.2
1998	504	−3.4	1.9	239	−2.5	1.8	265	−4.5	2.0
1999	572	13.5	2.1	262	9.6	1.9	310	17.0	2.3
2000	660	15.4	2.2	301	15.2	2.0	359	15.8	2.5
2001	719	9.0	2.4	329	9.1	2.2	390	8.8	2.6
2002	855	18.9	2.7	394	19.7	2.5	461	18.1	3.0
2003	1 013	18.5	2.8	464	17.8	2.5	549	19.0	3.1
2004	1 337	32.0	3.1	621	33.8	2.8	716	30.5	3.4
2005	1 571	17.5	3.2	739	19.1	3.0	832	16.2	3.5
2006	1 917	22.0	3.5	914	23.7	3.2	1 003	20.6	3.8
2007	2 509	30.9	3.9	1 217	33.1	3.6	1 293	28.8	4.1
2008	3 045	21.4	4.1	1 464	20.4	3.9	1 580	22.2	4.5
2009	2 867	−5.8	4.5	1 286	−12.2	3.9	1 581	0.1	5.1

续 表

年 份	中国进出口额			中国出口额			中国进口额		
	金额	同比	占世界比重	金额	同比	占世界比重	金额	同比	占世界比重
2010	3 624	26.4	5.1	1 702	32.4	4.6	1 922	21.5	5.5
2011	4 191	15.6	5.2	1 821	7.0	4.4	2 370	23.3	6.1
2012	4 706	12.3	5.6	1 904	4.6	4.4	2 801	18.2	6.8
2013	5 396	14.7	6.0	2 106	10.6	4.6	3 290	17.5	7.6
2014	6 043	12.6	6.3	2 222	7.6	4.6	3 821	15.8	8.1
2015	7 130	14.6	7.7	2 882	29.7	4.9	4 248	11.8	9.6
2016	6 575	1.1	6.9	2 083	–4.2	4.2	4 492	3.8	9.3
2017	6 905	5.0	6.6	2 264	8.7	4.2	4 641	3.3	9.1
2018	7 857	13.8	7.0	2 651	17.1	4.6	5 485	12.2	9.5

注：①遵循 WTO 有关服务贸易的定义，中国服务进出口数据不含政府服务。

②数据来源于 WTO 国际贸易统计数据库 (International Trade Statistics Database)；中国商务部、国家外汇管理局。

表 8

2018 年我国对外承包工程业务完成营业额前 100 家企业

单位：万美元

序 号	企业名称	完成营业额
1	华为技术有限公司	1 352 800
2	中国建筑集团有限公司	1 176 570
3	中国港湾工程有限责任公司	564 239
4	中国水电建设集团国际工程有限公司	526 939
5	中国交通建设股份有限公司	434 391
6	中国铁建股份有限公司	380 517
7	中国路桥工程有限责任公司	356 841
8	中国机械设备工程股份有限公司	306 107
9	中国葛洲坝集团股份有限公司	284 813
10	中国冶金科工集团有限公司	284 789
11	中国土木工程集团有限公司	279 719
12	中铁国际集团有限公司	269 975
13	中信建设有限责任公司	201 385
14	青建集团股份公司	192 342
15	中国石油工程建设有限公司	189 623
16	上海振华重工（集团）股份有限公司	185 812
17	山东电力建设第三工程有限公司	161 288
18	中交第四航务工程局有限公司	129 785
19	中国中原对外工程有限公司	123 688
20	中国机械进出口（集团）有限公司	122 229
21	中工国际工程股份有限公司	119 879
22	中国水利电力对外有限公司	110 119
23	中国水利水电第八工程局有限公司	104 028

续　表

序　号	企业名称	完成营业额
24	哈尔滨电气国际工程有限责任公司	104 000
25	东方电气集团国际合作有限公司	100 825
26	中国石油集团长城钻探工程有限公司	99 860
27	中国化学工程第七建设有限公司	99 294
28	中国有色金属建设股份有限公司	98 857
29	浙江省建设投资集团股份有限公司	96 146
30	中交第二航务工程局有限公司	95 697
31	威海国际经济技术合作股份有限公司	94 012
32	中交第一公路工程局有限公司	91 311
33	中国江西国际经济技术合作有限公司	91 101
34	江西中煤建设集团有限公司	82 762
35	中铁七局集团有限公司	82 065
36	中国航空技术国际工程有限公司	80 393
37	中国石油管道局工程有限公司	80 255
38	中兴通讯股份有限公司	80 027
39	中国石油集团东方地球物理勘探有限责任公司	78 055
40	中国地质工程集团有限公司	71 685
41	中石化炼化工程（集团）股份有限公司	71 264
42	中交第二公路工程局有限公司	70 201
43	中国电建市政建设集团有限公司	68 787
44	成都建筑材料工业设计研究院有限公司	68 639
45	上海电力建设有限责任公司	66 743
46	中国水利水电第十四工程局有限公司	65 563
47	北方国际合作股份有限公司	65 538
48	上海建工集团股份有限公司	64 751
49	中交第三航务工程局有限公司	64 155
50	中国建筑第五工程局有限公司	61 319
51	中材国际工程股份有限公司	61 070
52	中交第一航务工程局有限公司	60 688
53	中钢设备有限公司	59 937
54	中地海外集团有限公司	59 487
55	中国电力技术装备有限公司	59 472
56	中国河南国际合作集团有限公司	59 247
57	中石化中原石油工程有限公司	59 175
58	中国水利水电第十工程局有限公司	58 948
59	中国电力工程顾问集团西北电力设计院工程有限公司	57 867
60	中国电建集团山东电力建设有限公司	55 334
61	中国水利水电第七工程局有限公司	55 229
62	大庆石油管理局	55 200
63	云南省建设投资控股集团有限公司	55 012

续 表

序　号	企业名称	完成营业额
64	江苏省建筑工程集团有限责任公司	54 891
65	新疆生产建设兵团建设工程（集团）有限责任公司	53 818
66	中国化学工程第三建设有限公司	52 848
67	中材建设有限公司	52 597
68	中铁一局集团有限公司	52 212
69	中铁十局集团有限公司	51 600
70	中国电建集团华东勘测设计研究院有限公司	51 488
71	中国建筑第六工程局有限公司	49 986
72	中国能源建设集团广东火电工程有限公司	48 809
73	特变电工股份有限公司	48 510
74	中国水利水电第三工程局有限公司	47 850
75	江苏南通三建集团股份有限公司	47 732
76	中国五环工程有限公司	47 027
77	中铁四局集团有限公司	46 878
78	烟建集团有限公司	45 069
79	中国建材国际工程集团有限公司	44 684
80	中建三局第一建设工程有限责任公司	43 619
81	中铁五局集团有限公司	43 314
82	中国能源建设集团天津电力建设有限公司	42 063
83	中国天辰工程有限公司	41 228
84	中国电建集团山东电力建设第一工程有限公司	40 788
85	中国水利水电第四工程局有限公司	40 587
86	中鼎国际工程有限责任公司	40 505
87	中铁三局集团有限公司	40 312
88	中国电建集团中南勘测设计研究院有限公司	39 398
89	中铁二局集团有限公司	38 654
90	中国成套设备进出口集团有限公司	38 596
91	中国寰球工程有限公司	38 474
92	中国电建集团核电工程有限公司	38 169
93	中铁建工集团有限公司	37 521
94	中国石油集团渤海钻探工程有限公司	36 740
95	华山国际工程公司	36 158
96	中石化华北石油工程有限公司	35 263
97	江西省水利水电建设有限公司	34 918
98	中国建筑第二工程局有限公司	34 575
99	北京建工国际建设工程有限责任公司	34 455
100	中国十五冶金建设集团有限公司	34 288

表 9

2018 年我国对外承包工程业务新签合同额前 100 家企业

单位：万美元

序　号	企业名称	新签合同额
1	中国建筑集团有限公司	2 311 402
2	中国水电建设集团国际工程有限公司	2 036 209
3	华为技术有限公司	1 524 669
4	中国葛洲坝集团股份有限公司	1 134 314
5	中国冶金科工集团有限公司	1 054 736
6	中国港湾工程有限责任公司	1 050 843
7	中国土木工程集团有限公司	988 995
8	中国铁建股份有限公司	799 966
9	中国交通建设股份有限公司	740 578
10	中铁国际集团有限公司	694 570
11	中国化学工程第七建设有限公司	457 245
12	中国路桥工程有限责任公司	419 628
13	上海电气集团股份有限公司	334 586
14	特变电工股份有限公司	258 968
15	上海振华重工（集团）股份有限公司	247 098
16	中信建设有限责任公司	230 902
17	中铁隧道局集团有限公司	222 928
18	中国电建集团核电工程有限公司	209 708
19	青建集团股份公司	203 067
20	中国石油管道局工程有限公司	197 018
21	中铁亚欧建设投资有限公司	188 800
22	中工国际工程股份有限公司	186 918
23	中交第一公路工程局有限公司	186 804
24	山东电力建设第三工程有限公司	186 800
25	中国石油集团渤海钻探工程有限公司	178 834
26	中国机械设备工程股份有限公司	168 163
27	中国石化集团国际石油工程有限公司	162 994
28	中国江西国际经济技术合作有限公司	161 702
29	中国水利水电第七工程局有限公司	155 591
30	中国建筑第三工程局有限公司	150 568
31	中铁四局集团有限公司	139 685
32	中国石油集团长城钻探工程有限公司	138 436
33	安徽省外经建设（集团）有限公司	130 536
34	江苏省建筑工程集团有限责任公司	127 010
35	中兴通讯股份有限公司	125 802
36	中铁十局集团有限公司	120 158
37	中国石油工程建设有限公司	117 164
38	威海国际经济技术合作股份有限公司	115 613

续 表

序 号	企业名称	新签合同额
39	东方电气集团国际合作有限公司	115 338
40	中铁七局集团有限公司	107 741
41	中国电建集团山东电力建设有限公司	101 500
42	华山国际工程公司	100 032
43	北方国际合作股份有限公司	99 283
44	中国能源建设集团广东省电力设计研究院有限公司	98 466
45	中国电建集团华东勘测设计研究院有限公司	97 512
46	浙江省建设投资集团股份有限公司	97 310
47	中铁大桥局集团有限公司	95 508
48	中材建设有限公司	93 325
49	上海电力建设有限责任公司	90 451
50	沈阳远大铝业工程有限公司	88 348
51	中地海外集团有限公司	83 696
52	云南省建设投资控股集团有限公司	81 671
53	中铁三局集团有限公司	78 414
54	中国地质工程集团有限公司	78 401
55	安东石油技术（集团）有限公司	76 122
56	中矿资源勘探股份有限公司	75 409
57	中诚国际海洋工程勘察设计有限公司	70 800
58	中铁一局集团有限公司	68 416
59	中国江苏国际经济技术合作集团有限公司	67 469
60	惠生工程（中国）有限公司	66 874
61	龙信建设集团有限公司	64 537
62	上海鼎信投资（集团）有限公司	59 787
63	中国成达工程有限公司	59 290
64	中国河南国际合作集团有限公司	58 267
65	中国能源建设集团天津电力建设有限公司	57 755
66	中铁建工集团有限公司	57 359
67	中国石油集团东方地球物理勘探有限责任公司	54 601
68	江西中煤建设集团有限公司	51 427
69	中铁二院工程集团有限责任公司	51 365
70	中国石油集团川庆钻探工程有限公司	50 579
71	山东德建集团有限公司	50 430
72	中国电力技术装备有限公司	49 500
73	上海寰球工程有限公司	49 197
74	中国建筑第二工程局有限公司	47 842
75	上海建工集团股份有限公司	47 542
76	中石化华北石油工程有限公司	46 761
77	湖南路桥建设集团有限责任公司	44 197
78	江苏南通三建集团股份有限公司	43 796

续 表

序号	企业名称	新签合同额
79	中国机械工业建设集团有限公司	42 680
80	西安西电国际工程有限责任公司	41 501
81	大庆石油管理局	40 841
82	中国电建集团昆明勘测设计研究院有限公司	40 728
83	中国武夷实业股份有限公司	40 670
84	中钢设备有限公司	38 786
85	烟建集团有限公司	37 682
86	成都建筑材料工业设计研究院有限公司	37 448
87	中国电建集团贵州工程有限公司	36 007
88	中国能源建设集团广西水电工程局有限公司	35 815
89	山东省路桥集团有限公司	35 311
90	中国成套设备进出口集团有限公司	35 016
91	中国能源建设集团东北电力第二工程有限公司	34 139
92	中交疏浚（集团）股份有限公司	33 379
93	中地海外水利水电工程有限公司	33 172
94	中国航空技术国际工程有限公司	32 879
95	中国十五冶金建设集团有限公司	32 578
96	河北建设勘察研究院有限公司	31 712
97	中国石油集团西部钻探工程有限公司	31 339
98	新疆生产建设兵团建设工程（集团）有限责任公司	31 069
99	中国电建集团河南工程有限公司	30 084
100	天津水泥工业设计研究院有限公司	28 583

注：根据《对外承包工程业务统计制度》有关新签合同额和完成营业额指标的界定原则：新签合同额由与国（境）外业主签订合同的企业统计，完成营业额由项目实施企业统计。

表 10

2018 年全国外商投资企业进出口情况

单位：亿美元

	全国		外商投资企业					
	金额	较上年（%）	金额		占全国比重（%）		比重（%）	较上年（%）
进出口总值	46 230.38	12.55	19 681		42.57		−2.2	7.01
出口总值	24 874.01	9.9	10 360		41.65		−1.54	5.97
进口总值	21 356.37	15.8	9 321		43.65		−3.07	8.18
			投资进口设备	34	占三资企业进口比重	0.36	−0.15	−22.73

注：2018 年 1—12 月份贸易顺差值为 1039.0 亿美元，扣除投资项下进口设备、物料后，贸易净顺差值为 1073.0 亿美元。

表 11

2000—2018 年两岸贸易统计

单位：亿美元，%

年 份	贸易总额		大陆对台出口额		大陆自台进口额		贸易差额
	金额	同比增减	金额	同比增减	金额	同比增减	
2000	305.3	30.1	50.4	27.6	254.9	30.6	-204.5
2001	323.4	5.9	50.0	-0.8	273.4	7.2	-223.4
2002	446.7	38.1	65.9	31.7	380.8	39.3	-314.9
2003	583.6	30.7	90.0	36.7	493.6	29.7	-403.6
2004	783.2	34.2	135.5	50.4	647.8	31.2	-512.3
2005	912.3	16.5	165.5	22.2	746.8	15.3	-581.3
2006	1 078.4	18.2	207.4	25.3	871.1	16.6	-663.7
2007	1 244.8	15.4	234.6	13.1	1 010.2	16.0	-775.6
2008	1 292.2	3.8	258.8	10.3	1 033.4	2.3	-774.6
2009	1 062.3	-17.8	205.1	-20.8	857.2	-17.0	-652.1
2010	1 453.7	36.9	296.8	44.8	1 156.9	35.0	-860.1
2011	1 600.3	10.1	351.1	18.3	1 249.2	7.9	-898.1
2012	1 689.6	5.6	367.8	4.8	1 321.8	5.8	-954
2013	1 972.8	16.7	406.4	10.5	1 566.4	18.5	-1 160
2014	1 983.1	0.6	462.8	13.9	1 520.3	-2.8	-1 057.5
2015	1 885.6	-4.9	449	-3	1 436.6	-5.5	-987.6
2016	1 796	-4.5	403.7	-10.1	1 392.3	-2.8	-988.6
2017	1 993.9	11.3	439.9	9.3	1 554	11.7	-1 114.1
2018	2 262.4	13.2	486.47	10.6	1 775.98	13.9	-1 289.51

表 12

2000—2018 年台商投资大陆统计

单位：亿美元，%

年 份	项目数			实际使用台资金额		
	个数	同比增减	占当年总额比重	金额	同比增减	占当年总额比重
2000	3 108	24.4	13.9	23.0	-11.7	5.6
2001	4 214	35.6	16.1	29.8	29.8	6.4
2002	4 853	15.2	14.2	39.7	33.3	7.5
2003	4 495	-7.4	10.9	33.8	-14.9	6.3
2004	4 002	-11.0	9.2	31.2	-7.7	5.1
2005	3 907	-2.4	8.8	21.6	-31.0	3.6
2006	3 752	-4.0	9.1	21.4	-0.7	3.4
2007	3 299	-12.1	8.7	17.7	-20.4	2.4
2008	2 360	-28.5	8.6	19.0	7.0	2.1
2009	2 555	8.3	10.9	18.8	-1.0	2.1
2010	3 072	20.2	–	24.8	31.7	–
2011	2 639	-14.10	–	21.8	-11.81	–
2012	2 229	-15.5	–	28.5	20.4	3

续 表

年 份	项目数			实际使用台资金额		
	个数	同比增减	占当年总额比重	金额	同比增减	占当年总额比重
2013	2 017	-9.5	–	20.9	-26.7	4.2
2014	2 318	14.9	–	20.2	-3.3	–
2015	2 962	27.8	–	15.4	-23.8	–
2016	3 517	18.7	–	19.6	27.7	–
2017	3 464	-1.5	–	17.7	-9.7	–
2018	4 911	41.8		13.9	-21.5	–

表 13

2000—2018 年内地与香港贸易统计

单位：亿美元，%

年 份	进出口		出 口		进 口	
	总额	同比增减	总额	同比增减	总额	同比增减
2000	539.5	23.3	445.2	20.8	94.3	36.8
2001	559.7	3.7	465.5	4.6	94.2	-0.1
2002	629.1	23.7	584.7	25.6	107.4	14
2003	847.1	26.3	762.9	30.5	111.2	3.7
2004	1 126.8	28.9	1 008.8	32.3	118	6.1
2005	1 367.1	21.3	1 244.8	23.4	122.3	3.6
2006	1 661.7	21.6	1 553.9	24.8	107.9	-11.8
2007	1 972.5	18.7	1 844.3	18.7	128.2	18.8
2008	2 036.7	3.3	1 907.4	3.4	129.2	0.9
2009	1 749.5	-14.1	1 662.3	-12.8	87.1	-32.6
2010	2 035.8	31.8	2 183.2	31.3	133.6	40.9
2011	2 835.2	23.0	2 680.3	22.8	155.0	26.4
2012	3 414.9	20.5	3 235.3	20.7	179.6	15.9
2013	4 010.1	17.5	3 847.9	19	162.2	-9.9
2014	3 760.9	-6.2	3 631.9	-5.5	129	-20.7
2015	3 443.4	-8.3	3 315.7	-8.7	127.7	-1.2
2016	3 052.5	-11.1	2 883.7	-12.7	168.8	32.4
2017	2 866.6	-5.7	2 793.5	-2.8	73.2	-56.2
2018	3 105.6	8.4	3 020.7	8.2	84.9	16

表 14

2000—2018 年香港对内地投资统计

单位：亿美元，%

年 份	项目数			实际使用港资金额		
	个数	同比增减	占比	金额	同比增减	占比
2000	7 199	22	32.21	155	-6.3	38.07
2001	8 008	11.2	30.64	167.1	7.8	35.66
2002	10 845	35.4	31.74	178.6	6.88	33.86

续表

年份	项目数			实际使用港资金额		
	个数	同比增减	占比	金额	同比增减	占比
2003	13 633	25.7	33.19	177.0	-0.9	33.08
2004	14 719	7.97	33.71	189.9	7.29	31.08
2005	14 831	0.76	33.71	179.5	5.48	24.72
2006	15 496	4.5	37.36	202.3	12.7	32.11
2007	16 208	4.6	42.8	277.0	30.0	37.1
2008	12 857	-20.7	45.7	410.4	48.1	44.4
2009	10 701	-16.8	45.7	460.8	12.3	51.2
2010	13 070	22.1	-	605.7	31.5	-
2011	13 889	6.27	-	705.0	16.4	-
2012	12 604	-9.3	-	655.6	-7.0	58.7
2013	12 014	-4.8	-	733.9	11.9	-
2014	12 169	1.3	-	812.7	10.7	-
2015	13 146	8.0	-	863.9	6.3	-
2016	12 753	-3.0	-	814.7	-5.7	-
2017	18 066	41.7	-	945.1	16	-
2018	39 868	120.68	-	899.2	-4.86	66.6

表 15

2000—2018 年内地对香港承包工程统计

单位：亿美元，%

年份	项目数		新签合同额		完成营业额		年末在港人数	
	份数	同比增减	金额	同比增减	金额	同比增减	人数	同比增减
1998	116	-36.30	18.30	-7.60	19.00	24.20	497	-21.40
1999	156	34.00	27.70	51.40	19.60	3.10	924	85.90
2000	162	3.80	25.50	-8.00	20.20	3.10	1 037	12.20
2001	235	45.06	23.64	-7.25	16.99	-16.18	958	-7.62
2002	187	20.43	22.03	-6.79	21.38	25.76	907	-5.32
2003	284	51.87	23.34	5.94	26.37	23.38	850	-6.28
2004	649	128.52	17.74	-23.99	25.43	-3.58	839	-1.29
2005	209	67.80	14.46	-18.51	17.83	-29.89	991	18.12
2006	258	23.44	18.28	26.42	17.55	-18.11	1 037	4.64
2007	263	1.94	16.27	-11.00	19.94	13.62	767	-26.04
2008	95	-63.88	16.1	-1.04	16.9	-15.25	375	-51.11
2009	94	-1.05	29.3	81.99	18.0	6.51	449	19.73
2010	1 632	-	35.1	-	19.0	-	21 052	-
2011	94	-	44.9	-	19.7	-	24 046	-
2012	120	-	54.0	-	27.9	-	35 098	-
2013	164	-	30.3	-	-	-	33 820	-

续　表

年　份	项目数		新签合同额		完成营业额		年末在港人数	
	份数	同比增减	金额	同比增减	金额	同比增减	人数	同比增减
2014	235	–	31.2	–	37.3	–	51 540	–
2015	176	–	46.5	–	40.3	–	53 154	–
2016	171	–	79.3	–	42.3	–	47 825	–
2017	222	–	89.2	–	55.5	–	58 001	–
2018	289	–	90.1	–	59.3	–	53 449	–

注：2010—2018 年数据包括内地在香港承包工程、劳务合作合同数；年末在港劳务人数。

表 16

2000—2018 年内地与澳门贸易统计

单位：亿美元，%

年　份	进出口		出　口		进　口	
	金额	同比增减	金额	同比增减	金额	同比增减
2000	8.05	9.6	7.10	11.3	0.95	–2.0
2001	8.63	7.2	7.43	4.7	1.19	25.4
2002	10.18	18.2	8.76	18.0	1.42	19.4
2003	14.67	44.1	12.81	46.3	1.86	30.6
2004	18.28	24.7	16.11	25.9	2.16	16.3
2005	18.70	2.0	16.05	–0.8	2.65	22.5
2006	24.41	30.5	21.84	36.1	2.56	–3.4
2007	29.2	19.7	26.4	20.9	2.8	9.7
2008	29.1	–0.5	26	–1.5	3.1	9.1
2009	21	–27.9	18.5	–28.8	2.5	–19.6
2010	22.6	8.0	21.4	15.7	1.2	–49.8
2011	25.2	11.2	23.6	10.0	1.6	31.3
2012	29.9	18.6	27.1	14.9	2.8	72
2013	35.7	19.4	31.8	17.4	3.9	38.7
2014	38.2	7.1	36.1	13.4	2.1	–45.1
2015	47.8	25.1	45.9	27.4	1.9	–12.7
2016	32.9	–31.1	31.5	–31.4	1.4	–24.3
2017	32.7	–0.4	31.6	0.7	1.1	–25.9
2018	31.6	–3.6	30.9	–2.5	0.64	–38.4

表 17

2000—2018 年澳门对内地投资统计

单位：亿美元，%

年　份	项　目		实际利用外资	
	个数	同比增减	金额	同比增减
2000	433	70.5	3.47	12.5
2001	458	5.8	3.21	–7.6
2002	518	13.1	4.68	45.9

续 表

年 份	项 目		实际利用外资	
	个数	同比增减	金额	同比增减
2003	580	12	4.16	-11.1
2004	715	23.3	5.46	31.2
2005	707	-1.2	6.00	10
2006	868	22.8	6.00	0.41
2007	856	-1.4	6.4	-6.0
2008	435	-96.8	5.8	-9.4
2009	294	-32.4	8.1	40.1
2010	274	-6.8	6.6	-19.6
2011	283	3.28	6.8	3.84
2012	303	7.1	5.1	-25.7
2013	310	2.3	4.6	-8.9
2014	380	22.6	5.5	19.6
2015	566	48.9	8.9	60.8
2016	676	19.4	8.2	-7.7
2017	843	24.7	6.4	-22
2018	1 286	52.55	12.8	100.8

表 18

1998—2018 年内地对澳门劳务合作统计

单位：亿美元，人

年 份	劳务合作			承包工程		
	新签合同额	完成营业额	年末在外人数	新签合同额	完成营业额	年末在外人数
1998	1.34	1.12	27 066	1.30	1.45	436
1999	0.73	1.31	28 260	0.55	1.18	614
2000	0.98	1.23	28 253	0.62	0.98	451
2001	1.24	1.38	36 563	0.93	0.64	241
2002	1.23	1.09	21 033	1.25	0.79	611
2003	0.90	1.18	23 590	2.13	1.70	1 024
2004	1.20	1.31	21 983	5.24	2.18	1 146
2005	2.74	1.38	27 063	5.79	3.73	219
2006	3.14	2.57	37 557	18.13	7.92	456
2007	4.04	2.63	44 510	11.03	11.72	578
2008	5.41	3.64	53 399	8.86	8.79	899
2009	1.1	3.3	47 908	2.8	5.3	2 091

	新签合同额	完成营业额	年末在外人数
2010	15.6	14.5	48 951
2011	8.2	5.0	58 543
2012	7.5	4.7	68 216

续　表

年　份	劳务合作			承包工程		
	新签合同额	完成营业额	年末在外人数	新签合同额	完成营业额	年末在外人数
2013	8.7		4.2		89 152	
2014	19.1		7.9		114 883	
2015	18.3		14.8		121 995	
2016	11.1		18.2		122 636	
2017	21.5		27.9		127 302	
2018	9.5		25.1		131 000	

注：2010—2018 年数据未单列。

表 19

2018 年我国对部分亚洲国家（地区）贸易统计

单位：亿美元，%

	进出口		出　口		进　口		差　额	
	金额	同比增减	金额	同比增减	金额	同比增减	2018 年	上年同期
总值	46 230.4	12.6	24 874.0	9.9	21 356.4	15.8	3 517.6	4 225.4
亚洲	23 811.0	12	11 881.1	8.4	11 929.9	15.8	–48.8	669.7
占总值比重	31.1	–0.5	29.3	–0.2	33.1	–1	6.0	9.6
日本	3 276.6	8.1	1 470.8	7.2	1 805.8	8.9	–335	–283.3
韩国	3 134.3	11.8	1 087.9	5.9	2 046.4	15.3	–958.5	–747.6
朝鲜	24.3	–51.2	22.2	–31.7	2.1	–87.7	20.1	16.1
蒙古	79.9	24.7	16.5	33.1	63.4	22.7	–46.9	–38.7
东盟	5 878.7	14.1	3 192.4	14.2	2 686.3	13.8	506.1	434.2
越南	1 478.6	21.2	839.0	17.2	639.6	27	199.4	206.6
马来西亚	1 086.3	13	454.0	8.9	632.3	16.2	–178.3	–125.8
泰国	875.2	9.2	428.9	11.3	446.3	7.3	–17.4	–28.7
新加坡	828.8	4.6	491.7	9.2	337.1	–1.6	154.6	108.0
印度尼西亚	773.7	22.2	432.1	24.3	341.6	19.6	90.5	62.1
菲律宾	556.7	8.5	350.6	9.3	206.1	7.1	144.5	128.1
缅甸	152.4	13.1	105.5	17.9	46.9	3.6	58.6	44.8
柬埔寨	73.9	27.6	60.1	25.7	13.8	36.7	46.3	37.8
老挝	34.7	14.9	14.5	2.5	20.2	25.8	–5.7	–1.6
文莱	18.4	86	15.9	149.8	2.5	–29.5	13.4	3.0
东帝汶	1.35	1	1.32	–0.1	301 万	91.6	1.3	1.3
南亚	1 401.4	10.5	1 177.8	9.7	223.6	15.4	954.2	880.1
印度	955.4	–5	169.1	–7.4	21.7	18.7	147.4	164.2
巴基斯坦	190.8	–5	169.1	–7.4	21.7	18.7	147.4	164.2
孟加拉国	187.4	16.8	177.5	17	9.9	12.5	167.6	143.0
斯里兰卡	45.8	4.1	42.6	4.1	3.2	3.8	39.4	37.8
尼泊尔	11.0	11.7	10.8	11.5	2 200 万	23.2	10.6	9.5
阿富汗	6.9	27	6.7	23.4	2 411 万	603.4	6.4	5.4

续 表

	进出口		出 口		进 口		差 额	
	金额	同比增减	金额	同比增减	金额	同比增减	2018 年	上年同期
马尔代夫	3.97	34.1	3.96	34	103 万	66.5	3.95	3.0
不丹	1 284 万	100.2	1 283 万	105.7	0.8 万	-95.2	1 283 万	0.1
伊朗	351.3	-5.4	140.3	-24.5	211.0	13.7	-70.7	0.2
土耳其	215.5	-1.6	177.9	-1.8	37.6	-0.6	140.3	143.4

注：1. 十大贸易伙伴：(欧盟)、美国、(东盟)、日本、韩国、港、台、澳、巴西、马来西亚。

2. 十大出口市场：美国、(欧盟)、(东盟)、港、日、韩、印、荷、新加坡、台。

3. 十大进口来源：(欧盟)、(东盟)、韩、日、台、美、澳大利亚、巴西、马来西亚、俄罗斯。

表 20

2018 年美国对我国出口主要商品构成（章）

单位：百万美元，%

HS 编码	商品类别	2018 年	2017 年	同比	占比
章	总 值	120 341	129 894	-7.4	100.0
88	航空器、航天器及其零件	18 224	16 266	12.0	15.1
84	核反应堆、锅炉、机械器具及零件	14 208	12 888	10.3	11.8
85	电机、电气、音像设备及其零附件	12 828	12 132	5.7	10.7
90	光学、照相、医疗等设备及零附件	9 789	8 817	11.0	8.1
87	车辆及其零附件，但铁道车辆除外	9 398	12 854	-26.9	7.8
27	矿物燃料、矿物油及其产品；沥青等	8 502	8 572	-0.8	7.1
39	塑料及其制品	5 712	5 660	0.9	4.8
12	油籽；子仁；工业或药用植物；饲料	3 693	12 869	-71.3	3.1
47	木浆等纤维状纤维素浆；废纸及纸板	2 904	3 358	-13.5	2.4
44	木及木制品；木炭	2 875	3 198	-10.1	2.4
29	有机化学品	2 871	2 810	2.2	2.4
30	药品	2 777	2 449	13.4	2.3
38	杂项化学产品	2 757	2 445	12.7	2.3
71	珠宝、贵金属及制品；仿首饰；硬币	1 658	1 179	40.6	1.4
74	铜及其制品	1 594	1 937	-17.7	1.3
03	鱼及其他水生无脊椎动物	1 065	1 236	-13.8	0.9
76	铝及其制品	1 027	1 512	-32.1	0.9
52	棉花	948	1 049	-9.6	0.8
28	无机化学品；贵金属等的化合物	900	790	14.0	0.8
48	纸及纸板；纸浆、纸或纸板制品	884	776	13.8	0.7
41	生皮（毛皮除外）及皮革	796	1 132	-29.7	0.7
26	矿砂、矿渣及矿灰	757	1 076	-29.7	0.6
73	钢铁制品	727	710	2.5	0.6
33	精油及香膏；香料制品及化妆盥洗品	712	524	35.9	0.6
40	橡胶及其制品	705	709	-0.5	0.6

续 表

HS 编码	商品类别	2018 年	2017 年	同比	占比
章	总 值	120 341	129 894	-7.4	100.0
10	谷物	698	1 349	-48.3	0.6
34	洗涤剂、润滑剂、人造蜡、塑型膏等	628	623	0.8	0.5
37	照相及电影用品	612	571	7.0	0.5
72	钢铁	560	1 068	-47.6	0.5
32	鞣料；着色料；涂料；油灰；墨水等	463	457	1.3	0.4
	以上合计	**111 273**	**121 016**	**-8.1**	**92.5**

表 21

2018 年美国自我国进口主要商品构成（章）

单位：百万美元，%

HS 编码	商品类别	2018 年	2017 年	同比	占比
章	总 值	539 503	505 470	6.7	100.0
85	电机、电气、音像设备及其零附件	151 915	147 011	3.3	28.2
84	核反应堆、锅炉、机械器具及零件	116 628	109 568	6.4	21.6
94	家具；寝具等；灯具；活动房	34 831	31 917	9.1	6.5
95	玩具、游戏或运动用品及其零附件	26 688	25 515	4.6	5.0
39	塑料及其制品	19 191	16 328	17.5	3.6
87	车辆及其零附件，但铁道车辆除外	16 926	14 645	15.6	3.1
61	针织或钩编的服装及衣着附件	14 778	14 304	3.3	2.7
64	鞋靴、护腿和类似品及其零件	14 061	14 255	-1.4	2.6
73	钢铁制品	13 213	11 555	14.3	2.5
62	非针织或非钩编的服装及衣着附件	12 918	12 979	-0.5	2.4
90	光学、照相、医疗等设备及零附件	12 595	11 960	5.3	2.3
29	有机化学品	9 759	7 754	25.9	1.8
63	其他纺织制品；成套物品；旧纺织品	8 544	7 966	7.3	1.6
42	皮革制品；旅行箱包；动物肠线制品	7 412	7 339	1.0	1.4
83	贱金属杂项制品	5 698	5 002	13.9	1.1
82	贱金属器具、利口器、餐具及零件	4 298	3 693	16.4	0.8
44	木及木制品；木炭	4 102	3 937	4.2	0.8
40	橡胶及其制品	4 072	3 465	17.5	0.8
48	纸及纸板；纸浆、纸或纸板制品	3 629	3 279	10.7	0.7
96	杂项制品	3 408	3 100	10.0	0.6
70	玻璃及其制品	3 322	2 903	14.4	0.6
71	珠宝、贵金属及制品；仿首饰；硬币	3 091	2 918	6.0	0.6

续 表

HS 编码	商品类别	2018 年	2017 年	同比	占比
76	铝及其制品	2 852	3 342	–14.7	0.5
69	陶瓷产品	2 670	2 340	14.1	0.5
49	印刷品；手稿、打字稿及设计图纸	2 313	2 166	6.8	0.4
68	矿物材料的制品	2 184	1 945	12.3	0.4
03	鱼及其他水生无脊椎动物	2 025	1 954	3.7	0.4
67	加工羽毛及制品；人造花；人发制品	1 829	1 626	12.5	0.3
38	杂项化学产品	1 729	1 176	47.0	0.3
28	无机化学品；贵金属等的化合物	1 682	1 359	23.8	0.3
	以上合计	**508 363**	**477 302**	**6.5**	**94.3**

表 22

2018 年美国对我国出口主要商品构成（类）

单位：百万美元，%

海关分类	HS 编码	商品类别	2018 年	2017 年	同比	占比
类	章	总值	120 341	129 894	–7.4	100.0
第 17 类	86-89	运输设备	27 682	29 185	–5.2	23.0
第 16 类	84-85	机电产品	27 037	25 019	8.1	22.5
第 6 类	28-38	化工产品	12 352	11 153	10.8	10.3
第 18 类	90-92	光学、钟表、医疗设备	9 835	8 863	11.0	8.2
第 5 类	25-27	矿产品	9 594	10 005	–4.1	8.0
第 7 类	39-40	塑料、橡胶	6 417	6 369	0.8	5.3
第 2 类	06-14	植物产品	4 971	14 835	–66.5	4.1
第 15 类	72-83	贱金属及制品	4 849	6 036	–19.7	4.0
第 10 类	47-49	纤维素浆；纸张	3 941	4 288	–8.1	3.3
第 9 类	44-46	木及制品	2 875	3 200	–10.1	2.4
第 1 类	01-05	活动物；动物产品	2 105	2 453	–14.2	1.8
第 11 类	50-63	纺织品及原料	1 712	1 807	–5.3	1.4
第 14 类	71	贵金属及制品	1 658	1 179	40.6	1.4
第 4 类	16-24	食品、饮料、烟草	1 539	1 428	7.8	1.3
第 8 类	41-43	皮革制品；箱包	909	1 268	–28.3	0.8
		其他	2 865	2 804	2.2	2.4

续　表

表 23

2018 年美国自我国进口主要商品构成（类）

单位：百万美元，%

海关分类	HS 编码	商品类别	2018 年	2017 年	同比	占比
类	章	总值	539 503	505 470	6.7	100.0
第 16 类	84-85	机电产品	268 543	256 579	4.7	49.8
第 20 类	94-96	家具、玩具、杂项制品	64 927	60 532	7.3	12.0
第 11 类	50-63	纺织品及原料	40 501	38 979	3.9	7.5
第 15 类	72-83	贱金属及制品	28 201	25 423	10.9	5.2
第 7 类	39-40	塑料、橡胶	23 263	19 793	17.5	4.3
第 17 类	86-89	运输设备	18 370	15 839	16.0	3.4
第 6 类	28-38	化工产品	18 291	15 089	21.2	3.4
第 12 类	64-67	鞋靴、伞等轻工产品	18 105	17 993	0.6	3.4
第 18 类	90-92	光学、钟表、医疗设备	13 813	13 257	4.2	2.6
第 13 类	68-70	陶瓷；玻璃	8 176	7 188	13.8	1.5
第 8 类	41-43	皮革制品；箱包	7 512	7 444	0.9	1.4
第 10 类	47-49	纤维素浆；纸张	5 949	5 453	9.1	1.1
第 9 类	44-46	木及制品	4 457	4 270	4.4	0.8
第 4 类	16-24	食品、饮料、烟草	3 404	2 982	14.2	0.6
第 14 类	71	贵金属及制品	3 091	2 918	6.0	0.6
		其他	12 900	11 732	10.0	2.4

表 24

2017 年美国自中国及其他国家 / 地区进口的十大商品构成

单位：百万美元，%

HS 84-85: 机电产品				HS 86-89: 运输设备			
国家和地区	金额	同比	占比	国家和地区	金额	同比	占比
中国	268 543	4.7	36.3	墨西哥	95 183	11.6	28.3
墨西哥	127 135	9.7	17.2	加拿大	59 412	–3.7	17.7
日本	49 908	4.0	6.8	日本	55 677	1.6	16.5
德国	35 999	10.5	4.9	德国	28 107	–7.7	8.4
加拿大	31 361	8.5	4.2	韩国	19 210	–8.9	5.7
韩国	29 325	6.3	4.0	中国	18 370	16.0	5.5
HS 94-96: 家具、玩具、杂项制品				HS 28–38: 化工产品			
国家和地区	金额	同比	占比	国家和地区	金额	同比	占比
中国	64 927	7.3	60.9	爱尔兰	40 937	18.8	17.7
墨西哥	12 791	1.6	12.0	德国	22 916	18.8	9.9
加拿大	5 915	2.5	5.6	瑞士	18 986	16.3	8.2

续 表

HS 94-96: 家具、玩具、杂项制品			
国家和地区	金额	同比	占比
越南	5 894	9.1	5.5
中国台湾	2 302	1.5	2.2
意大利	1 631	10.8	1.5

HS 28-38: 化工产品			
国家和地区	金额	同比	占比
加拿大	18 979	12.7	8.2
中国	18 291	21.2	7.9
印度	10 029	6.3	4.3

HS50-63: 纺织品及原料			
国家和地区	金额	同比	占比
中国	40 501	3.9	35.2
越南	12 629	6.6	11.0
印度	8 124	3.9	7.1
孟加拉国	5 490	6.8	4.8
墨西哥	5 404	-0.8	4.7
印度尼西亚	4 726	-1.2	4.1

HS64-67: 鞋靴、伞等轻工产品			
国家和地区	金额	同比	占比
中国	18 105	0.6	56.2
越南	6 451	11.9	20.0
印度尼西亚	1 853	1.1	5.8
意大利	1 597	13.1	5.0
墨西哥	715	29.7	2.2
印度	464	-1.7	1.4

HS72-83: 贱金属及制品			
国家和地区	金额	同比	占比
中国	28 201	10.9	20.2
加拿大	26 241	7.1	18.8
墨西哥	12 892	13.4	9.2
德国	6 521	13.2	4.7
中国台湾	6 055	8.1	4.3
日本	5 360	5.0	3.8

HS90-92: 光学、钟表、医疗设备			
国家和地区	金额	同比	占比
墨西哥	15 239	7.7	15.5
中国	13 813	4.2	14.1
德国	10 718	10.1	10.9
日本	7 971	5.5	8.1
爱尔兰	7 623	17.4	7.8
瑞士	6 812	8.3	6.9

HS39-40: 塑料、橡胶			
国家和地区	金额	同比	占比
中国	23 263	17.5	26.6
加拿大	14 506	7.3	16.6
墨西哥	8 316	11.2	9.5
德国	4 535	8.6	5.2
日本	4 521	5.8	5.2

HS68-70: 陶瓷；玻璃			
国家和地区	金额	同比	占比
中国	8 176	13.8	35.6
墨西哥	3 067	6.9	13.4
加拿大	1 523	3.4	6.6
意大利	1 474	2.2	6.4
日本	1 123	8.8	4.9

表 25

2018 年欧盟 27 国对我国出口主要商品构成（章）

单位：百万美元，%

HS 编码	商品类别	2018 年	2017 年	同比	占比
章	总值	**245 123**	**221 266**	**10.8**	**100.0**
84	核反应堆、锅炉、机械器具及零件	45 718	41 758	9.5	18.7
87	车辆及其零附件，但铁道车辆除外	41 335	39 034	5.9	16.9
85	电机、电气、音像设备及其零附件	29 335	27 281	7.5	12.0
90	光学、照相、医疗等设备及零附件	16 441	14 437	13.9	6.7
88	航空器、航天器及其零件	13 883	12 034	15.4	5.7

续 表

HS 编码	商品类别	2018 年	2017 年	同比	占比
30	药品	12 049	10 449	15.3	4.9
39	塑料及其制品	7 070	6 783	4.2	2.9
71	珠宝、贵金属及制品；仿首饰；硬币	6 936	1 508	360.0	2.8
27	矿物燃料、矿物油及其产品；沥青等	6 868	6 154	11.6	2.8
29	有机化学品	4 914	4 173	17.8	2.0
74	铜及其制品	4 203	4 421	–4.9	1.7
73	钢铁制品	3 161	3 062	3.2	1.3
38	杂项化学产品	3 045	2 629	15.8	1.2
19	谷物粉、淀粉等或乳的制品；糕饼	2 937	2 865	2.5	1.2
47	木浆等纤维状纤维素浆；废纸及纸板	2 722	2 850	–4.5	1.1
72	钢铁	2 609	2 639	–1.2	1.1
22	饮料、酒及醋	2 445	2 659	–8.1	1.0
02	肉及食用杂碎	2 245	2 452	–8.4	0.9
40	橡胶及其制品	2 074	2 046	1.4	0.9
94	家具；寝具等；灯具；活动房	1 976	1 828	8.1	0.8
26	矿砂、矿渣及矿灰	1 808	1 137	59.0	0.7
33	精油及香膏；香料制品及化妆盥洗品	1 806	1 356	33.2	0.7
44	木及木制品；木炭	1 755	1 822	–3.7	0.7
04	乳；蛋；蜂蜜；其他食用动物产品	1 392	1 440	–3.4	0.6
62	非针织或非钩编的服装及衣着附件	1 370	1 023	33.9	0.6
48	纸及纸板；纸浆、纸或纸板制品	1 239	1 126	10.0	0.5
32	鞣料；着色料；涂料；油灰；墨水等	1 166	1 143	2.1	0.5
28	无机化学品；贵金属等的化合物	1 144	1 245	–8.1	0.5
83	贱金属杂项制品	1 124	998	12.7	0.5
42	皮革制品；旅行箱包；动物肠线制品	1 098	845	30.0	0.5
	以上合计	**225 869**	**203 195**	**11.2**	**92.2**

表 26

2018 年欧盟 (27) 自我国进口主要商品构成（章）

单位：百万美元，%

HS 编码	商品类别	2018 年	2017 年	同比	占比
章	总值	463 504	423 208	9.5	100.0
85	电机、电气、音像设备及其零附件	135 865	123 972	9.6	29.3
84	核反应堆、锅炉、机械器具及零件	98 480	87 652	12.4	21.3
94	家具；寝具等；灯具；活动房	20 319	19 404	4.7	4.4
95	玩具、游戏或运动用品及其零附件	16 787	17 028	–1.4	3.6

续 表

HS 编码	商品类别	2018 年	2017 年	同比	占比
62	非针织或非钩编的服装及衣着附件	16 700	16 425	1.7	3.6
61	针织或钩编的服装及衣着附件	14 825	14 559	1.8	3.2
39	塑料及其制品	12 535	11 278	11.2	2.7
90	光学、照相、医疗等设备及零附件	12 502	11 568	8.1	2.7
29	有机化学品	12 420	10 149	22.4	2.7
73	钢铁制品	11 224	9 860	13.8	2.4
87	车辆及其零附件，但铁道车辆除外	10 407	9 154	13.7	2.3
64	鞋靴、护腿和类似品及其零件	10 285	9 832	4.6	2.2
42	皮革制品；旅行箱包；动物肠线制品	7 569	7 347	3.0	1.6
63	其他纺织制品；成套物品；旧纺织品	5 022	4 692	7.0	1.1
40	橡胶及其制品	4 463	4 432	0.7	1.0
83	贱金属杂项制品	4 371	4 067	7.5	0.9
76	铝及其制品	4 128	3 231	27.8	0.9
82	贱金属器具、利口器、餐具及零件	3 913	3 677	6.4	0.8
72	钢铁	3 800	3 552	7.0	0.8
96	杂项制品	3 070	2 877	6.7	0.7
44	木及木制品；木炭	2 846	2 664	6.9	0.6
70	玻璃及其制品	2 831	2 633	7.5	0.6
48	纸及纸板；纸浆、纸或纸板制品	2 675	2 477	8.0	0.6
30	药品	2 196	1 461	50.3	0.5
89	船舶及浮动结构体	2 194	1 443	52.0	0.5
28	无机化学品；贵金属等的化合物	2 091	1 591	31.5	0.5
69	陶瓷产品	1 987	1 818	9.3	0.4
54	化学纤维长丝	1 932	1 721	12.3	0.4
03	鱼及其他水生无脊椎动物	1 879	1 818	3.4	0.4
71	珠宝、贵金属及制品；仿首饰；硬币	1 789	2 049	-12.7	0.4
	以上合计	**431 109**	**394 432**	**9.3**	**93.0**

表 27

2018 年欧盟 (27) 对我国出口主要商品构成（类）

单位：百万美元，%

海关分类	HS 编码	商品类别	2018 年	2017 年	同比 %	占比 %
类	章	总值	245 123	221 266	10.8	100.0
第 16 类	84–85	机电产品	75 052	69 039	8.7	30.6
第 17 类	86–89	运输设备	56 004	51 933	7.8	22.9
第 6 类	28–38	化工产品	26 225	22 978	14.1	10.7
第 18 类	90–92	光学、钟表、医疗设备	16 668	14 626	14.0	6.8
第 15 类	72–83	贱金属及制品	14 491	14 236	1.8	5.9

续　表

海关分类	HS 编码	商品类别	2018 年	2017 年	同比 %	占比 %
第 5 类	25–27	矿产品	9 430	7 995	17.9	3.9
第 7 类	39–40	塑料、橡胶	9 144	8 829	3.6	3.7
第 14 类	71	贵金属及制品	6 936	1 508	360.0	2.8
第 4 类	16–24	食品、饮料、烟草	6 492	6 547	–0.8	2.7
第 11 类	50–63	纺织品及原料	4 835	3 899	24.0	2.0
第 1 类	01–05	活动物；动物产品	4 833	4 890	–1.2	2.0
第 10 类	47–49	纤维素浆；纸张	4 183	4 159	0.6	1.7
第 20 类	94–96	家具、玩具、杂项制品	2 671	2 377	12.4	1.1
第 8 类	41–43	皮革制品；箱包	2 172	2 235	–2.8	0.9
第 9 类	44–46	木及制品	1 809	1 869	–3.2	0.7
		其他	4 178	4 146	0.8	1.7

表 28

2018 年欧盟 (27) 自我国进口主要商品构成（类）

单位：百万美元，%

海关分类	HS 编码	商品类别	2018 年	2017 年	同比 %	占比 %
类	章	总值	463 504	423 208	9.5	100.0
第 16 类	84-85	机电产品	234 346	211 624	10.7	50.6
第 11 类	50-63	纺织品及原料	44 007	42 349	3.9	9.5
第 20 类	94-96	家具、玩具、杂项制品	40 177	39 309	2.2	8.7
第 15 类	72-83	贱金属及制品	30 103	26 685	12.8	6.5
第 6 类	28-38	化工产品	22 818	18 474	23.5	4.9
第 7 类	39-40	塑料、橡胶	16 998	15 710	8.2	3.7
第 18 类	90-92	光学、钟表、医疗设备	14 364	13 412	7.1	3.1
第 17 类	86-89	运输设备	13 770	11 528	19.5	3.0
第 12 类	64-67	鞋靴、伞等轻工产品	13 279	12 532	6.0	2.9
第 8 类	41-43	皮革制品；箱包	7 832	7 631	2.6	1.7
第 13 类	68-70	陶瓷；玻璃	6 490	5 947	9.1	1.4
第 10 类	47-49	纤维素浆；纸张	3 763	3 526	6.7	0.8
第 9 类	44-46	木及制品	3 178	3 010	5.6	0.7
第 1 类	01-05	活动物；动物产品	2 860	2 777	3.0	0.6
第 4 类	16-24	食品、饮料、烟草	2 510	2 115	18.6	0.5
		其他	7 011	6 578	6.6	1.5

表 29

2018 年欧盟（27）自我国及其他国家 / 地区进口的十大商品构成

单位：百万美元，%

HS84-85: 机电产品				HS39-40: 塑料、橡胶			
国家和地区	金额	同比 %	占比 %	国家和地区	金额	同比 %	占比 %
中国	234 346	10.7	41.2	中国	16 998	8.2	23.0
美国	89 501	10.7	15.7	美国	11 520	6.6	15.6
日本	34 445	7.7	6.1	韩国	5 738	18.5	7.8
越南	23 740	8.9	4.2	土耳其	4 969	15.0	6.7
韩国	21 665	17.8	3.8	瑞士	4 395	8.0	6.0
中国台湾	20 349	5.1	3.6	日本	3 884	9.0	5.3
HS50-63: 纺织品及原料				HS90-92: 光学、钟表、医疗设备			
国家和地区	金额	同比 %	占比 %	国家和地区	金额	同比 %	占比 %
中国	44 007	3.9	32.4	美国	26 643	5.4	31.5
孟加拉国	19 801	11.0	14.6	中国	14 364	7.1	17.0
土耳其	17 215	5.3	12.7	瑞士	13 687	0.5	16.2
印度	9 159	3.8	6.7	日本	6 761	7.8	8.0
巴基斯坦	6 201	4.5	4.6	墨西哥	3 655	13.3	4.3
柬埔寨	4 676	9.9	3.4	新加坡	2 435	4.7	2.9
HS94-96: 家具、玩具、杂项制品				HS86-89: 运输设备			
国家和地区	金额	同比 %	占比 %	国家和地区	金额	同比 %	占比 %
中国	40 177	2.2	68.1	美国	39 486	-9.6	24.1
美国	2 651	1.0	4.5	土耳其	22 997	12.2	14.0
越南	1 766	6.3	3.0	日本	20 863	6.3	12.7
土耳其	1 580	14.8	2.7	韩国	14 946	-12.6	9.1
日本	1 396	17.5	2.4	中国	13 770	19.5	8.4
中国台湾	1 004	2.5	1.7	墨西哥	7 539	17.8	4.6
HS72-83: 贱金属及制品				HS64-67: 鞋靴、伞等轻工产品			
国家和地区	金额	同比 %	占比 %	国家和地区	金额	同比 %	占比 %
中国	30 103	12.8	20.1	中国	13 279	6.0	46.3
俄罗斯	16 448	25.7	11.0	越南	4 755	-0.8	16.6
土耳其	11 900	37.7	7.9	印度尼西亚	1 864	-4.2	6.5
美国	10 592	11.0	7.1	印度	1 637	1.9	5.7
挪威	7 656	12.6	5.1	瑞士	976	26.5	3.4
瑞士	7 488	5.6	5.0	柬埔寨	812	11.8	2.8
HS28-38: 化工产品				HS41-43: 皮革制品；箱包			
国家和地区	金额	同比 %	占比 %	国家和地区	金额	同比 %	占比 %
美国	58 323	1.9	27.2	中国	7 832	2.6	43.6
瑞士	46 909	5.7	21.9	瑞士	1 727	25.7	9.6
中国	22 818	23.5	10.7	印度	1 711	0.6	9.5
新加坡	10 633	15.3	5.0	越南	1 082	9.3	6.0
印度	8 064	16.2	3.8	美国	589	-3.1	3.3
日本	7 845	14.1	3.7	巴基斯坦	479	-1.4	2.7

表 30

2018 年日本对我国出口主要商品构成（章）

单位：百万美元，%

HS 编码	商品类别	2018 年 1—12 月	上年同期	同比 %	占比 %
章	总值	143 992	132 839	8.4	100.0
84	核反应堆、锅炉、机械器具及零件	35 264	29 572	19.3	24.5
85	电机、电气、音像设备及其零附件	26 742	26 625	0.4	18.6
87	车辆及其零附件，但铁道车辆除外	13 787	12 357	11.6	9.6
90	光学、照相、医疗等设备及零附件	11 753	11 817	–0.5	8.2
39	塑料及其制品	8 177	7 927	3.2	5.7
29	有机化学品	7 128	6 470	10.2	5.0
72	钢铁	5 321	5 484	–3.0	3.7
74	铜及其制品	2 970	2 727	8.9	2.1
38	杂项化学产品	2 227	1 909	16.6	1.6
73	钢铁制品	1 874	1 753	6.9	1.3
33	精油及香膏；香料制品及化妆盥洗品	1 782	1 043	70.9	1.2
27	矿物燃料、矿物油及其产品；沥青等	1 545	1 138	35.8	1.1
96	杂项制品	1 513	1 558	–2.9	1.1
40	橡胶及其制品	1 222	1 210	1.0	0.9
34	洗涤剂、润滑剂、人造蜡、塑型膏等	1 155	1 041	10.9	0.8
32	鞣料；着色料；涂料；油灰；墨水等	1 151	1 058	8.8	0.8
30	药品	989	687	44.0	0.7
37	照相及电影用品	948	814	16.5	0.7
70	玻璃及其制品	927	929	–0.2	0.6
28	无机化学品；贵金属等的化合物	877	672	30.6	0.6
71	珠宝、贵金属及制品；仿首饰；硬币	877	980	–10.5	0.6
82	贱金属器具、利口器、餐具及零件	870	832	4.7	0.6
47	木浆等纤维状纤维素浆；废纸及纸板	792	714	10.8	0.6
76	铝及其制品	773	750	3.1	0.5
54	化学纤维长丝	631	628	0.5	0.4
68	矿物材料的制品	593	587	1.0	0.4
48	纸及纸板；纸浆、纸或纸板制品	581	490	18.6	0.4
55	化学纤维短纤	404	394	2.6	0.3
03	鱼及其他水生无脊椎动物	352	294	19.8	0.2
56	絮胎、毡呢及无纺织物；线绳制品等	334	304	10.1	0.2
	以上合计	**133 558**	**122 762**	**8.8**	**92.8**

表 31

2018 年日本自我国进口主要商品构成（章）

单位：百万美元，%

HS 编码	商品类别	2018 年 1—12 月	上年同期	同比 %	占比 %
章	总值	173 539	164 542	5.5	100.0
85	电机、电气、音像设备及其零附件	48 151	46 779	2.9	27.8
84	核反应堆、锅炉、机械器具及零件	30 748	28 550	7.7	17.7
61	针织或钩编的服装及衣着附件	8 517	8 532	–0.2	4.9
62	非针织或非钩编的服装及衣着附件	8 471	8 222	3.0	4.9
39	塑料及其制品	5 058	4 997	1.2	2.9
95	玩具、游戏或运动用品及其零附件	4 979	5 085	–2.1	2.9
94	家具；寝具等；灯具；活动房	4 892	4 691	4.3	2.8
90	光学、照相、医疗等设备及零附件	4 889	4 672	4.6	2.8
87	车辆及其零附件，但铁道车辆除外	4 466	4 264	4.7	2.6
73	钢铁制品	4 106	3 605	13.9	2.4
29	有机化学品	3 884	3 349	16.0	2.2
28	无机化学品；贵金属等的化合物	2 987	2 195	36.0	1.7
64	鞋靴、护腿和类似品及其零件	2 768	2 801	–1.2	1.6
63	其他纺织制品；成套物品；旧纺织品	2 749	2 651	3.7	1.6
42	皮革制品；旅行箱包；动物肠线制品	2 600	2 603	–0.1	1.5
16	肉、鱼及其他水生无脊椎动物的制品	2 580	2 436	5.9	1.5
76	铝及其制品	2 046	1 836	11.5	1.2
27	矿物燃料、矿物油及其产品；沥青等	1 514	1 000	51.4	0.9
07	食用蔬菜、根及块茎	1 495	1 446	3.4	0.9
20	蔬菜、水果等或植物其他部分的制品	1 445	1 381	4.7	0.8
44	木及木制品；木炭	1 424	1 406	1.3	0.8
72	钢铁	1 291	1 074	20.2	0.7
03	鱼及其他水生无脊椎动物	1 272	1 241	2.5	0.7
48	纸及纸板；纸浆、纸或纸板制品	1 243	1 246	–0.2	0.7
38	杂项化学产品	1 176	1 027	14.5	0.7
68	矿物材料的制品	915	837	9.3	0.5
96	杂项制品	878	834	5.2	0.5
70	玻璃及其制品	853	777	9.8	0.5
40	橡胶及其制品	846	770	9.8	0.5
91	钟表及其零件	820	823	–0.3	0.5
	以上合计	**159 061**	**151 129**	**5.2**	**91.7**

表 32

2018 年日本对我国出口主要商品构成（类）

单位：百万美元，%

海关分类	HS 编码	商品类别	2018 年 1—12 月	上年同期	同比 %	占比 %
类	章	总值	143 992	132 839	8.4	100.0
第 16 类	84-85	机电产品	62 006	56 197	10.3	43.1
第 6 类	28-38	化工产品	16 520	13 941	18.5	11.5
第 17 类	86-89	运输设备	13 920	12 457	11.7	9.7
第 15 类	72-83	贱金属及制品	12 335	12 071	2.2	8.6
第 18 类	90-92	光学、钟表、医疗设备	12 055	12 093	-0.3	8.4
第 7 类	39-40	塑料、橡胶	9 399	9 136	2.9	6.5
第 11 类	50-63	纺织品及原料	2 408	2 379	1.3	1.7
第 20 类	94-96	家具、玩具、杂项制品	1 886	1 889	-0.1	1.3
第 13 类	68-70	陶瓷；玻璃	1 789	1 746	2.5	1.2
第 5 类	25-27	矿产品	1 713	1 289	32.9	1.2
第 10 类	47-49	纤维素浆；纸张	1 452	1 289	12.7	1.0
第 14 类	71	贵金属及制品	877	980	-10.5	0.6
第 4 类	16-24	食品、饮料、烟草	497	280	77.1	0.4
第 1 类	01-05	活动物；动物产品	367	307	19.4	0.3
第 9 类	44-46	木及制品	145	131	10.9	0.1
		其他	6 623	6 655	-0.5	4.6

表 33

2018 年日本自我国进口主要商品构成（类）

单位：百万美元，%

海关分类	HS 编码	商品类别	2018 年 1—12 月	上年同期	同比 %	占比 %
类	章	总值	173 539	164 542	5.5	100.0
第 16 类	84-85	机电产品	78 900	75 330	4.7	45.5
第 11 类	50-63	纺织品及原料	21 882	21 453	2.0	12.6
第 20 类	94-96	家具、玩具、杂项制品	10 748	10 611	1.3	6.2
第 6 类	28-38	化工产品	10 146	8 410	20.7	5.9
第 15 类	72-83	贱金属及制品	10 010	8 770	14.1	5.8
第 7 类	39-40	塑料、橡胶	5 904	5 767	2.4	3.4
第 18 类	90-92	光学、钟表、医疗设备	5 829	5 613	3.8	3.4
第 4 类	16-24	食品、饮料、烟草	5 061	4 767	6.2	2.9
第 17 类	86-89	运输设备	4 678	4 454	5.0	2.7
第 12 类	64-67	鞋靴、伞等轻工产品	3 548	3 535	0.4	2.1
第 8 类	41-43	皮革制品；箱包	2 670	2 680	-0.4	1.5
第 2 类	06-14	植物产品	2 655	2 542	4.4	1.5
第 13 类	68-70	陶瓷；玻璃	2 295	2 133	7.6	1.3
第 5 类	25-27	矿产品	2 285	1 652	38.3	1.3
第 9 类	44-46	木及制品	1 614	1 607	0.4	0.9
		其他	5 314	5 218	1.8	3.1

表 34

2018 年日本自我国及其他国家 / 地区进口的十大商品构成

单位：百万美元，%

HS84-85: 机电产品				HS39-40: 塑料、橡胶			
国家和地区	金额	同比 %	占比 %	国家和地区	金额	同比 %	占比 %
中国	78 900	4.7	45.4	中国	5 904	2.4	27.4
美国	19 412	9.4	11.2	泰国	2 659	13.4	12.4
中国台湾	15 224	3.5	8.8	美国	2 272	5.2	10.6
泰国	9 148	9.7	5.3	韩国	1 940	14.4	9.0
韩国	8 744	5.1	5.0	中国台湾	1 895	31.5	8.8
越南	6 301	12.7	3.6	印度尼西亚	1 427	–4.5	6.6
HS50-63: 纺织品及原料				HS90–92: 光学、钟表、医疗设备			
国家和地区	金额	同比 %	占比 %	国家和地区	金额	同比 %	占比 %
中国	21 882	2.0	58.0	美国	7 863	6.3	25.1
越南	4 769	21.1	12.7	中国	5 829	3.8	18.6
印度尼西亚	1 642	10.7	4.4	瑞士	2 738	5.7	8.7
孟加拉国	1 191	29.6	3.2	德国	2 675	13.0	8.5
柬埔寨	1 102	26.1	2.9	爱尔兰	1 570	10.3	5.0
意大利	1 056	11.4	2.8	泰国	1 219	10.6	3.9
HS94-96: 家具、玩具、杂项制品				HS16–24: 食品、饮料、烟草			
国家和地区	金额	同比 %	占比 %	国家和地区	金额	同比 %	占比 %
中国	10 748	1.3	66.9	中国	5 061	6.2	19.3
越南	1 277	10.8	8.0	泰国	3 222	4.9	12.3
泰国	597	3.4	3.7	美国	2 782	1.2	10.6
中国台湾	546	–1.8	3.4	意大利	2 487	17.9	9.5
美国	428	–15.1	2.7	韩国	1 635	8.2	6.2
马来西亚	347	2.7	2.2	法国	1 505	5.6	5.7
HS28-38: 化工产品				HS86–89: 运输设备			
国家和地区	金额	同比 %	占比 %	国家和地区	金额	同比 %	占比 %
美国	11 550	9.7	17.3	德国	7 992	14.7	24.9
中国	10 146	20.7	15.2	美国	6 253	29.4	19.5
德国	6 736	6.3	10.1	中国	4 678	5.0	14.6
爱尔兰	4 149	61.6	6.2	英国	1 697	19.4	5.3
韩国	3 579	32.5	5.4	泰国	1 457	26.8	4.6
法国	3 457	2.4	5.2	法国	1 107	65.2	3.5
HS72-83: 贱金属及制品				HS64–67: 鞋靴、伞等轻工产品			
国家和地区	金额	同比 %	占比 %	国家和地区	金额	同比 %	占比 %
中国	10 010	14.1	26.8	中国	3 548	0.4	54.2
韩国	4 804	6.5	12.9	越南	1 161	15.0	17.7
中国台湾	2 093	9.8	5.6	印度尼西亚	452	8.8	6.9
美国	1 991	20.2	5.3	意大利	399	14.0	6.1
澳大利亚	1 727	51.3	4.6	柬埔寨	240	6.9	3.7
泰国	1 630	14.2	4.4	缅甸	124	1.1	1.9

附　录

附录一 中国参与多边贸易体制活动大事记（2018）

日期	事件
1月26日	世贸组织小型部长会议在瑞士达沃斯举行，中国、美国、欧盟、印度、巴西等29个主要世贸组织成员部长或部长代表参加会议。我常驻世贸组织代表团张向晨大使代表钟山部长出席会议并发言。
3月7日	世贸组织举行本年度第一次总理事会。张向晨大使出席会议并发言。
3月19—20日	世贸组织小型部长会议在印度新德里举行，中国、美国、欧盟、印度等53个成员部长或部长代表参加会议。商务部副部长兼国际贸易谈判副代表王受文率团出席会议并发言。
4月5日	中国将美国对华301调查项下正式实施的关税措施诉诸世贸组织争端解决机制。
5月8日	由中国主办的电子商务发展与多边贸易体制研修班在北京举行，来自15个发展中成员的国内副部级和司局级官员、驻世贸组织大使和高级外交官等27人参加。商务部副部长兼国际贸易谈判副代表王受文出席开班仪式并致辞。
5月8日	世贸组织举行本年度第二次总理事会。张向晨大使出席会议并发言。
5月27日	商务部副部长兼国际贸易谈判副代表王受文在出席亚太经合组织贸易部长会议期间会见世贸组织总干事阿泽维多，双方就世贸组织工作交换了意见。
6月28日	中国政府发布《中国与世界贸易组织》白皮书。当日，商务部副部长兼国际贸易谈判副代表王受文出席国务院新闻办举行的新闻发布会，介绍有关情况并答记者问。
7月11—13日	世贸组织举行第7次对华贸易政策审议。商务部副部长兼国际贸易谈判副代表王受文率团出席。
7月26日	世贸组织举行本年度第三次总理事会。张向晨大使出席会议并发言。
9月7—13日	中国在京举办投资便利化与发展部级研讨班，来自世贸组织10个发展中成员的国内部级官员和驻世贸组织大使参加。
9月8日	中国主办的投资便利化与发展研讨会在厦门举行。商务部副部长兼国际贸易谈判副代表王受文出席研讨会并致辞。
9月27日	第七届中国项目最不发达国家圆桌会在哈萨克斯坦阿斯塔纳举行。商务部部长助理李成钢代表钟山部长出席开幕式并致辞。
9月28日	世贸组织投资便利化之友在哈萨克斯坦阿斯塔纳举行贸易和投资便利化与发展高层论坛。商务部部长助理李成钢代表钟山部长出席开幕式并致辞。
10月10日	中欧世贸组织改革联合工作组第一次正式会议在北京举行。商务部副部长兼国际贸易谈判副代表王受文和欧盟委员会贸易总司长德玛迪共同主持会议。
10月10日	世贸组织、国际货币基金组织等在印度尼西亚巴厘岛举行“全球贸易如何促进共同发展”会议。商务部副部长钱克明代表钟山部长出席会议并作为嘉宾发言。
10月18日	世贸组织举行本年度第四次总理事会。张向晨大使出席会议并发言。
11月5日	中国商务部与世贸组织秘书处在上海共同发布《2018年世界贸易报告》（中文版）。商务部副部长兼国际贸易谈判副代表王受文和世贸组织总干事阿泽维多出席。
11月23日	中国政府发布《关于世贸组织改革的立场文件》，提出关于世贸组织改革的三项基本原则和五点主张。商务部副部长兼国际贸易谈判副代表王受文出席有关立场文件的新闻发布会。
12月12日	世贸组织举行本年度最后一次总理事会。张向晨大使出席会议并发言。
12月14日	中欧世贸组织改革联合工作组第二次正式会议在布鲁塞尔举行。商务部副部长兼国际贸易谈判副代表王受文和欧盟委员会贸易总司长德玛迪共同主持会议。

（商务部世界贸易组织司）

附录二 WTO 年度大事记（2018）

◇ **2018 年 1 月**

25 日

联合国环境组织和世界贸易组织启动了通过贸易改善环境的对话

联合国环境署执行主任埃里克·索尔海姆（Erik Solheim）和世界贸易组织总干事罗伯托·阿泽维多（Roberto Azevêdo）宣布，他们的组织将联合发起一场新对话，以促进使用贸易的创新方式来创造更多机会，同时增强我们的经济和环境。

26 日

总干事阿泽维多在达沃斯论坛呼吁各成员言行一致，支持世贸组织

1 月 26 日，在瑞士政府主办的 WTO 非正式部长级会议上，总干事阿泽维多回顾了 2017 年 12 月在布宜诺斯艾利斯举行的第 11 届 WTO 部长级会议（MC11）带来的挑战和机遇，并呼吁 WTO 成员落实其对多边贸易体制的政治支持的承诺，包括采取更大的意愿寻求妥协的行动。会议在达沃斯世界经济论坛年度会议的最后一天举行。来自世界贸易组织各成员的代表出席了会议，其中包括最不发达国家集团，非洲集团以及非洲、加勒比和太平洋集团的代表。

30 日

总干事阿泽维多：中小微企业现在是贸易争论的焦点

1 月 30 日，应中小微企业之友的邀请，总干事阿泽维多在布宜诺斯艾利斯举行的部长级会议上表示，成立中小微企业非正式工作组是会议的一大亮点。他说："令人印象深刻的是，该小组现已拥有 88 名成员，成员来自全球所有地区，发展水平各有不同。"他敦促小组保持开放和包容性，并补充说："这项工作在很短的时间内就取得了长足的进步。让我们看看它能走多远。"

世贸组织成员讨论如何在 MC11 之后组织有关渔业补贴谈判的工作

1 月 30 日，规则谈判小组的 WTO 成员在会议上讨论了如何组织渔业补贴工作，以履行第 11 届部长级会议继续进行谈判的决定，以期在 2019 年下届部长级会议上通过一项协议。谈判小组主席韦恩·麦库克大使（Wayne McCook）在对各位成员的致辞中说，交换意见将有助于他的继任者规划未来的工作。

◇ **2018 年 2 月**

5 日

副总干事沃尔夫：贸易和外交政策始终交织在一起

2 月 5 日，副总干事艾伦·沃尔夫（Alan Wolff）在华盛顿特区的美国大学发表演讲，"试图追溯促进和平的贸易政策从一开始的轨迹"。他强调，"贸易和外交政策在历史上一直是交织在一起的"，而历史告诉我们，如果不能保持贸易开放，将会导致"不稳定，以及对国内和国际和平的威胁"。

7 日

波斯尼亚和黑塞哥维那加入世贸组织的谈判即将结束

2 月 7 日，在波斯尼亚和黑塞哥维那加入工作组第 13 次会议上，世贸组织成员支持迅速结束谈判，并欢迎其在今后几个月中完成这一进程的坚定承诺和愿望。波斯尼亚和黑塞哥维那于 1999 年 7 月开始加入世界贸易组织。

8 日

总干事欢迎新一批世贸组织青年专业人员

2 月 8 日，总干事罗伯特·阿泽维多欢迎 2018 年加入世贸组织的青年专业人员。"青年学者计划"的 15 名参加者将在世贸秘书处逗留一年，了解世贸组织的工作，并为世贸组织的活动作出贡献。

12 日

阿泽维多：全球经济正在演变，我们需要适应

2 月 12 日至 13 日，总干事阿泽维多访问了阿

拉伯联合酋长国的迪拜，参加了世界政府首脑会议，出席了与世贸组织合办的“贸易与全球化的未来”高级别小组会议。2 月 13 日，他还就“超级互联世界的贸易前景”发表了主旨演讲。访问期间，总干事会见了总理谢赫•穆罕默德•本•拉希德•阿勒马克图姆殿下和经济部长苏丹•阿勒•曼索里阁下。

15 日

阿泽维多参加 ACP 头脑风暴会议：我们需要探索创新的前进方式

2 月 15 日，总干事阿泽维多在世贸组织总部举行的非洲、加勒比和太平洋国家集团（ACP）会议上发表讲话，敦促成员们准备探索新的想法和新途径，这可能有助于推动谈判在世界范围内推进。他还强调了发展的重要性和最不发达国家的需求，并表示他将继续努力确保非加太国家的利益始终是世贸组织 2018 年及以后工作的重点。由非加太组织的这次会议的目的是反思和集思广益，探讨去年 12 月在布宜诺斯艾利斯举行的第 11 届部长级会议之后的前进方向。

20 日

世贸组织启动 2018 年青年经济学家学术论文奖征集活动

2 月 20 日，世贸组织发出呼吁，要求年轻经济学家提交 2018 年世界贸易组织论文奖的论文。该奖项旨在促进有关贸易政策和国际贸易合作的高质量研究，并加强世贸组织与学术界之间的关系。论文必须在 2018 年 6 月 1 日前提交。

世贸组织成员确定审查巴厘关税配额机制执行的时间表

2 月 20 日，在农业委员会会议上，世贸组织成员商定了一个时间表，以审查 2013 年《巴厘关于关税配额的部长级决定》的执行情况，并讨论了对具有里程碑意义的《内罗毕决定》的审查，该决定旨在消除农产品出口补贴。挪威、以色列和加拿大报告说，它们已经提交了修订后的时间表，正式兑现了消除这些补贴的承诺。

22 日

《贸易便利化协定》生效一周年

《贸易便利化协定》（TFA）自 2017 年 2 月 22 日生效以来已是一周年纪念日，世贸组织成员为该协定的实施迈出了重要的一步。总干事阿泽维多说，成员们将继续努力以充分执行该协定，这将使发展中国家和最不发达国家特别受益。

23 日

WTO 发布新书着重介绍安全贸易解决方案如何帮助最贫穷的国家

2 月 23 日，在世界动物卫生组织（OIE）举行的标准与贸易发展基金会（STDF）政策委员会会议上发布一本新书。这本新书收录了 25 个故事，展示了食品安全、动植物健康方面的良好实践如何帮助发展中国家的小规模农民和加工商更容易地进行贸易并改善他们的生计。

26 日

莫桑比克总统在世贸组织会见总干事

2 月 26 日，莫桑比克总统菲利佩•纽西阁下在世贸组织会晤了总干事罗伯托•阿泽维多，讨论了贸易和世贸组织如何帮助莫桑比克实现其发展目标，包括经济多样化和全球一体化。

阿泽维多强调获取医疗技术如何促进健康生活

2 月 26 日，总干事阿泽维多在由世界卫生组织、世界知识产权组织和世界贸易组织联合举行的一次研讨会上说，这三个组织有责任确保新技术满足最需要的人。他说，专题讨论会上的讨论将有助于指导这项工作，并协助“我们共同努力，以确保我们最大限度地发挥创新和技术在促进健康和福祉方面的作用”以及实现可持续发展目标。

WTO 启动新闻门户网站，以提高对最不发达国家贸易发展的认识

增强一体化框架（EIF）已启动了一个新门户，为交流有关最不发达国家（LDC）贸易与发展的新闻、信息和经验提供了平台。

阿泽维多告诉欧盟部长：这是投资 WTO 的时候

2 月 26 日，总干事阿泽维多在保加利亚索非亚

举行的欧盟贸易部长会议上发表讲话称，要保持我们目前看到的正贸易增长，就需要继续约束限制性贸易措施，并且需要投资于强大的多边贸易体制，包括其争端解决功能。

研讨会强调创新技术在推动可持续发展目标中的作用

2月26日，在日内瓦世界卫生组织总部举行的一次机构间专题讨论会上，与会者指出，必须开发和促进创新的医疗技术，以满足最需要的人，并实现与健康有关的联合国可持续发展目标。

27日

世贸组织成员扩大了关于知识产权、包容性创新和公共利益的讨论

2月27日，在举行的与贸易有关的知识产权委员会（TRIPS）的会议上，最不发达国家（LDCs）组提出了一份文件，要求发达成员充分执行WTO规则下的技术转让要求。世贸组织成员扩大了关于知识产权在推动包容性创新中所起的作用的讨论，并探讨了知识产权与公共利益之间复杂的相互作用。

28日

阿泽维多强调世贸组织谈判应具有包容性、透明度和灵活性

2月28日，总干事阿泽维多在日内瓦研究生院发表的讲话中强调了世贸组织成员在世贸组织所有讨论中应该采取包容、透明和灵活的方法，并努力“创造性地改善”世贸组织职能的重要性。

◇ 2018年3月

1日

专家讨论如何衡量数字时代的服务贸易

3月1日，WTO秘书处和联合国贸易和发展会议（UNCTAD）的专家在WTO总部开会，讨论如何更好地衡量数字时代的服务贸易。该活动是“Simply Services”演讲者系列中的第一场，这是一个非正式平台，用于共享有关服务贸易趋势的最新信息。

2日

最不发达国家敦促世贸组织成员便利使用服务豁免

3月2日，由朱利安·布雷思韦特（英国）大使主持的服务贸易理事会会议上，最不发达国家（LDC）呼吁WTO成员采取能力建设措施，使他们的供应商能够利用优惠通知下LDC服务豁免。最不发达国家还鼓励成员在国内提高对豁免的认识。最不发达国家还回顾内罗毕豁免决定，主张各成员探讨理事会“就加强豁免的实施可采取的步骤”可提出什么建议。

WTO成员采用用于管理食品安全、动植物健康问题的工具目录

3月2日，在卫生与植物卫生措施委员会会议上，世贸组织成员通过采用世贸组织成员可利用的“文书目录”来管理卫生与植物卫生措施（SPS）问题，从而成功结束了近四年的讨论。成员可以使用目录来查找信息，发起磋商并解决有关食品安全、动植物健康问题的贸易摩擦。

5日

世贸组织举办高级贸易政策课程

来自世界各地的28名参与者正在位于日内瓦的世贸组织总部参加为期两个月的高级贸易政策课程（ATPC）。世界贸易组织培训和技术合作研究所所长布里奇特·奇拉拉（Bridget Chilala）女士开设了英语课程，时间为2月5日至3月29日。

阿泽维多呼吁成员避免触发贸易壁垒升级

3月5日，总干事阿泽维多在世贸组织全体成员会议上发表讲话，回应了世贸组织成员近日发布的一系列公告，这些公告暗示一系列新的单方面贸易壁垒将很快生效。阿泽维多警告此类措施带来的风险，呼吁成员反思并避免升级。

8日

世贸组织活动强调贸易在为妇女创造机会方面的作用

3月8日，世贸组织举行的一次高级别活动的发言人在国际妇女节之际说，贸易可以帮助增强妇女的经济权能。然而，必须做更多的工作来增加女

性的参与度，并释放贸易的潜力，以建立一个更具包容性的社会。

12 日

第 10 届 WTO-WIPO 决策者知识产权高级课程在日内瓦开幕

由世贸组织和世界知识产权组织（WIPO）联合举办的为期两周的政府官员知识产权高级培训班于 2018 年 3 月 12 日在日内瓦开幕。该培训旨在增强发展中国家政府发展和执行知识产权事务方面的国家专门知识的能力。

14 日

世贸组织和国际商会发布了三个“小企业冠军”提案

3 月 14 日，世界贸易组织和国际商会 (ICC) 宣布根据“ICC-WTO 小企业冠军”的倡议，又提交了三份提案。这些提案是由英国出口和国际贸易研究所，美国 eBay 以及巴西国家工业联合会提出的。拟议的活动，包括将在未来几个月内进行一系列的培训，能力建设计划以及针对中小微企业的竞赛。

委员会推动多项政府采购协议的加入

3 月 14 日，在《政府采购协议》委员会的一次会议上，《政府采购协议》各缔约方推进了若干待加入的协议。澳大利亚的加入即将完成，而关于前南斯拉夫的马其顿共和国和吉尔吉斯共和国加入的谈判正在取得良好进展。会议还讨论了中国、俄罗斯和塔吉克斯坦加入的最新步骤。

15 日

阿泽维多：全球合作对于克服经济挑战至关重要

3 月 15 日，总干事阿泽维多在圣保罗举行的世界经济论坛拉丁美洲峰会上结束了对巴西的访问。他在会上赞扬了巴西经济的持续复苏，并讨论了贸易和全球合作如何帮助各国克服经济挑战、促进增长、发展和创造就业机会。在峰会期间，总干事参加了题为“全球化新政”的主题小组讨论，并参加了题为“电子商务：扩大贸易视野”的会议。

16 日

阿泽维多：要使贸易对增强妇女的经济权能起作用，需要更好的数据

3 月 16 日，总干事阿泽维多在世贸组织举行的基于性别的分析和贸易研讨会上的视频中说，要使贸易朝着赋予妇女经济权能的方向努力，就需要“正确的诊断”。

19 日

阿泽维多：灵活性是全球贸易体系的基本要素

3 月 19 日，总干事阿泽维多在新德里举行的印度工业联合会组织的活动中说，印度在世贸组织中一直发挥着重要作用。现在需要世贸组织所有主要成员采取建设性的方法来保护和加强多边贸易体制。他重申：“在拥有 164 名成员的不同规模、不同优先级和不同发展阶段的体制中，前进的唯一途径是保持灵活性。”

20 日

阿泽维多：是时候表明对多边贸易体制的支持

3 月 20 日，总干事阿泽维多参加了印度政府在新德里组织和主办的关于世贸组织问题的非正式部长级会议。总干事概述了本组织面临的挑战和机遇，并呼吁世贸组织成员表示其政治支持，并共同努力加强多边贸易体制。世贸组织各成员的代表出席了会议，包括世贸组织最不发达国家集团、非洲集团以及非洲、加勒比和太平洋集团的代表。

世贸组织成员继续审查《技术贸易壁垒协议》并讨论新的关切

3 月 20 日至 22 日，世贸组织成员在技术贸易壁垒委员会会议上继续进行了为期三年的对《技术贸易壁垒协议》的审查，提出了有关如何改善该协定的执行的想法。他们还讨论了 56 个贸易问题，其中包括六个新问题，涉及固体废物、化妆品、棕榈油、玩具、可再生能源和烈性酒。

21 日

在突尼斯商学院举行贸易研讨会

3 月 21 日至 22 日，突尼斯科学、文学和艺术学院举行了中东和北非地区贸易研讨会，研讨会覆盖全球价值链、贸易协定、公司和非正式贸易部门

的竞争力等问题。

23 日

世贸组织成员关注美国对钢铁和铝的征税问题

3 月 23 日，在货物理事会上，世贸组织成员对美国对钢铁和铝进口产品征收更高的关税及其对全球贸易体制可能产生的影响表示关注。美国回应说，关税是应对这些进口对国家安全构成威胁的必要措施。

26 日

世界贸易组织发布新版分析指数

3 月 26 日，世界贸易组织发布了其分析索引的新版本，这是第一次以新的纯电子格式发布，该格式将允许内容不断更新。该索引是世贸组织机构对世贸组织协定的解释和应用的逐条指南。它涵盖世贸组织上诉机构、专家组和仲裁员的判例，以及其他相关世贸组织机构的相关决定和其他重大行动。

美国针对中国知识产权制度的“301 条款”行动在世贸组织货物理事会受到质疑

3 月 26 日，世界贸易组织货物理事会听取了世界上最大的贸易商就美国在“301 条款”调查中国在知识产权、技术转让和创新方面的贸易行为后对中国采取的行动交换意见。理事会还讨论了其他贸易问题，并选出了 2018 年的新主席。

28 日

新任规则谈判小组主席开始就渔业补贴进行磋商

3 月 28 日，规则谈判小组的新任主席罗伯托·扎帕塔·巴拉达斯大使（墨西哥）。主席注意到世贸组织成员承诺在 2019 年下届部长级会议之前达成一项渔业补贴协议，并宣布了会议和磋商安排，以推进谈判工作。

29 日

2018 年公共论坛主题为“贸易 2030”

世贸组织 2018 年公共论坛将于 10 月 2 日至 4 日举行。此次论坛将讨论技术发展如何影响贸易以及如何确保 2030 年的贸易将继续帮助社会应对世界面临的主要挑战。

世贸组织的高级贸易政策课程结束

2 月 5 日至 3 月 29 日，来自世界各地的 28 名学员参加了为期两个月的高级贸易政策课程（ATPC）。该课程代表了 WTO 渐进式学习框架中最高的培训水平（第 3 级），由 WTO 培训和技术合作研究所技术援助协调、伙伴关系和实习项目负责人 Maarten Smeets 博士主持结束。

◇ **2018 年 4 月**

3 日

阿泽维多：力量和灵活性对于有效的贸易体制至关重要

4 月 3 日，总干事阿泽维多在由葡萄牙和巴西法学院在里斯本组织的一次活动中说，在瞬息万变的世界中，我们需要一个足以帮助各国解决争端和足够灵活以帮助解决问题的贸易体制，并帮助各国抓住新技术将提供的机会。他强调，世贸组织在这方面是宝贵的资源，“世界比以往任何时候都更需要它”。

9 日

世贸组织征集 2018 年公共论坛提案

2018 年 4 月 9 日，世界贸易组织已为今年的公共论坛征集提案，该论坛的主题是“贸易 2030 年”。有兴趣的组织将于 2018 年 6 月 4 日之前提交其提案。

世贸组织成员讨论提高区域贸易协定透明度的方法

4 月 9 日，世贸组织成员在区域贸易协定委员会会议上讨论了如何改善提高区域贸易协定透明度的工作。他们审查了涵盖欧洲、亚洲和非洲国家的五个区域贸易协定。委员会的新任主席英国的朱利安·布雷思韦特大使主持了 2018 年第一次委员会会议。

11 日

世贸组织成员商定五月至七月渔业补贴谈判工作方案

在 2017 年 12 月世贸组织第十一届部长级会议上关于渔业补贴的部长级决定的推动下，世贸组织规则谈判小组成员已商定了未来几个月的渔业补贴谈判工作方案。会议定于 5 月 14 日至 17 日举行。

12 日

2018 年强劲的贸易增长取决于政策选择

世贸组织经济学家表示，继 2017 年创下六年来最大增幅之后，2018 年和 2019 年世界货物贸易增速预计将保持强劲，但持续增长取决于强劲的全球经济增长以及各国政府采取适当的货币、财政特别是贸易政策。

18 日

世贸组织就原产地证书带来的贸易挑战交换意见

4 月 18 日，世贸组织成员与公共和私营部门的代表一起讨论了出口商在遵守与原产地证有关的要求方面面临的挑战。在世贸组织总部举行的情况介绍会是与企业、学术界和其他国际机构进行外联工作的一部分，目的是更好地了解问题或困难并确定具体解决方案。

19 日

世贸组织报告改进了对最不发达国家优惠原产地规则的通报

4 月 19 日，世贸组织成员获悉，大多数拥有最不发达国家优惠原产地规则的世贸组织成员按照 2015 年内罗毕部长级决定的要求，向世贸组织通报了具体方案及其从最不发达国家优惠进口的数据。

20 日

进口许可研讨会在世贸组织闭幕

来自世界各地的 30 名参与者参加了 4 月 17 日至 20 日在日内瓦举行的第二届进口许可研讨会。由市场准入司与培训和技术合作研究所协办的讲习班是为加入世贸组织的发展中成员、最不发达国家政府举办的，以加深他们对《进口许可协议》的了解并提高其履行向世界贸易组织通报此类措施义务的技术能力。

23 日

阿泽维多在关于投资便利化的非正式对话上致辞

4 月 23 日，总干事阿泽维多在世贸组织举行的关于促进投资便利化的非正式对话会议上致辞，会议的重点是提高投资措施的透明度和可预测性。

24 日

世贸组织第一次关于数量限制通报的讲习班

4 月 24 日至 26 日，来自发展中国家和最不发达国家的 30 位资深官员参加了 WTO 第一届数量限制（QR）通报能力建设讲习班。日内瓦的代表也参加了研讨会，他们有兴趣进一步了解多边货物贸易协定的关键条款之一。

钢铁、渔业补贴是委员会会议的焦点问题

4 月 24 日，钢铁行业的补贴和产能过剩以及渔业补贴再次成为 WTO 补贴与反补贴措施委员会（SCM）会议上讨论的重点。

25 日

WTO 成员对欧盟的新反倾销法规提出质疑

4 月 25 日，世贸组织反倾销实践委员会会议上，欧盟就其针对防止倾销和补贴进口产品的保护的修订立法与世贸组织的一些成员进行了交流。该委员会还审查了成员提交的有关反倾销行动的最新通报，并就中国、印度尼西亚、以色列、巴基斯坦、乌克兰、美国和巴西的近期行动进行了交流。

26 日

阿泽维多开启关于贸易与自然灾害之间联系的专题讨论会

4 月 26 日，在 WTO 总部举行的座谈会为与会者提供了一个机会，就国际贸易如何帮助各国应对自然灾害和从自然灾害中恢复以及增强对未来此类事件的抵御能力分享想法。阿泽维多致开幕辞。

旨在检验贸易在应对自然灾害所起作用的新研究项目

4 月 26 日，世贸组织启动了一个新的研究项目，以帮助各国分析贸易如何帮助它们应对自然灾害并从中恢复，并增强对此类事件的抵御能力。该项目从澳大利亚获得了 11 万瑞士法郎的捐款。

27 日

最不发达国家入门级贸易政策课程在世贸组织结束

4 月 27 日，针对最不发达国家的入门级贸易政策课程结束，WTO 培训和技术合作研究所所长

Bridget Chilala 女士致闭幕词。来自 16 个国家的 24 名政府官员参加了在 WTO 日内瓦总部举行的课程。

来自非洲法语国家的新闻工作者贸易培训研讨会在世贸组织闭幕

来自 10 个非洲法语国家的 15 名报纸、在线和电视新闻工作者参加了 4 月 23 日至 27 日在世贸组织日内瓦总部举行的研讨会。

30 日

哈萨克斯坦正在举办区域贸易政策课程

4 月 30 日，来自中欧和东欧、中亚和高加索地区的 20 名学员在哈萨克斯坦的阿拉木图开始了为期两个月的区域贸易政策课程（RTPC）。该课程与国际商务大学（UIB）合作举办，将于 6 月 22 日结束。

◇ **2018 年 5 月**

2 日

世贸组织为 2018 年公共论坛开放在线注册

5 月 2 日，2018 年公共论坛的在线注册现已开放。论坛的主题是“贸易 2030”，其子主题将是可持续贸易、技术贸易和更具包容性的贸易体制。该论坛将于 10 月 2 日至 4 日在世贸组织日内瓦总部举行。

世贸组织成员加强工作以确保充分执行《贸易便利化协定》

5 月 2 日，世贸组织成员在贸易便利化委员会会议上加大了工作力度，以确保充分执行《贸易便利化协定》，随后举行了专门的技术援助和对能力建设的支持会议。成员还选举了新的委员会主席达利娅·卡迪什安（Dalia Kadišienė）大使（立陶宛）。

小型企业视频比赛的优胜者参加了 Google HQ 的培训课程

5月2日，由Google与WTO和国际商会（ICC）合作发起的国际视频大赛的三位小企业优胜者前往加利福尼亚山景城，参加了由 Google 组织的专门针对小型企业的数字技术出口“大师班”。访问 Google 总部是去年赢得“小型企业走向全球视频挑战赛”的奖励。视频比赛是 ICC / WTO 小企业冠军倡议下的第一个成功提案。

3 日

阿泽维多发布关于贸易在促进可持续发展目标中的作用的报告

5 月 3 日，总干事阿泽维多会见了联合国秘书长安东尼奥·古特雷斯，向世贸组织提交了一份新的报告，内容是贸易如何促进实现联合国可持续发展目标。这次会议是在伦敦的联合国行政首长理事会会议上举行的。总干事在会议上谈到了国际社会在实现可持续发展目标方面面临的当前挑战，包括解决一些贸易伙伴之间当前紧张关系的需要。

上诉机构主席呼吁就解决争端问题进行“建设性对话”

5 月 3 日，世贸组织上诉机构主席呼吁世贸组织成员承担共同的责任，以维护和维护整个世贸组织争端解决系统，特别是上诉机构在二十多年中建立的信任和信誉。

7 日

阿泽维多敦促成员针对系统性挑战寻求紧急解决方案

5 月 7 日，在加入 WTO 的全体成员会议上，总干事阿泽维多敦促成员加强参与以应对许多系统性挑战。总干事还报告了他最近与成员就一系列问题进行的磋商。

8 日

成员对贸易紧张局势加剧表示担忧，强调对世贸组织的支持

5 月 8 日，世界贸易组织的 41 个成员发表联合声明，对贸易紧张局势加剧和贸易保护主义升级的风险表示关注。声明已提交给世贸组织总理事会会议，呼吁各国政府通过对话与合作，包括通过世贸组织解决分歧。

14 日

毛里求斯首次举办区域贸易政策课程

5 月 14 日至 7 月 6 日，世贸组织区域贸易政策课程首次在毛里求斯举行，有 31 名讲英语的非洲世贸组织成员代表和世贸组织观察员参加。

15 日

世贸组织贸易与公共卫生研讨会开放申请

WTO、世界卫生组织和世界知识产权组织（WIPO）密切合作，将于 2018 年 10 月 8 日至 12 日在日内瓦举行年度贸易与公共卫生研讨会。提交申请的截止日期为 2018 年 6 月 8 日。

成员对白俄罗斯加入进程表现出持续参与

5 月 15 日，在白俄罗斯加入工作组第 10 次会议上，世贸组织成员强调了致力于为该国加入世贸组织所作的承诺，并敦促明斯克作出适当的政策决定，以果断地向前推进。这是自工作组于 2017 年 1 月恢复工作以来的第三次会议。

17 日

自 MC11 以来，WTO 成员完成了第一组渔业补贴谈判会议

5 月 14 日至 17 日，WTO 规则谈判小组成员根据其 5 月至 7 月的工作计划，举行了自第十一届部长级会议以来的第一次渔业补贴实质性会议。在正在进行的旨在加强或维持捕捞能力或助长捕捞能力或过度捕捞的补贴纪律工作的背景下，成员交换了有关支持捕捞资金和运营成本以及相关政策的看法和信息。成员们还继续了 2017 年开始的精简谈判文本的工作，以准备恢复基于文本的谈判。

24 日

阿泽维多：WTO 为小经济体提供了成功的平台

5 月 24 日，总干事阿泽维多访问了巴布亚新几内亚的莫尔兹比港，与林宾克·帕托（Rimbink Pato）部长会晤，讨论贸易如何在未来几年继续为该国服务。总干事指出，世贸组织对于为巴布亚新几内亚等较小的经济体提供在全球市场上取得成功所需的支持和平台的重要性。他们讨论了贸易与自然灾害恢复，海洋可持续性以及建立更具包容性的全球经济有关的作用。总干事对巴布亚新几内亚批准《贸易便利化协定》表示欢迎，该协定有可能将该国的贸易成本削减多达 13.9%。在莫尔兹比港期间，阿泽维多还在巴布亚新几内亚大学举行的亚太经合组织新系列讨论会上发表了讲话。

世贸组织成员讨论农业谈判的前进方向

5 月 24 日，农业谈判代表在世贸组织举行会议，为今后关于农业问题的讨论奠定了基础。农业委员会新任主席约翰·罗纳德·迪潘德拉·福特大使报告了他最近与成员进行的磋商。他说，挑战在于以不同的方式参与，以不同的方式利用谈判者的时间，并以不同的方式取得成果。

25 日

阿泽维多呼吁 APEC 成员帮助应对全球贸易中的挑战

5 月 25 日，总干事阿泽维多在亚太经合组织贸易部长会议上，呼吁部长们应对日益加剧的贸易紧张局势，并加紧努力，以促进世界贸易组织在许多领域的工作。在主题为“数字经济”的“支持多边贸易体制”会议上，总干事还向世贸组织部长们通报了世贸组织在布宜诺斯艾利斯举行的第十一届部长级会议之后正在进行的辩论。

30 日

世贸组织举办关于提供服务的个人跨境流动的研讨会

5 月 30 日，在服务贸易理事会的会议上，世贸组织成员同意举行一次关于自然人为提供服务而临时跨境流动的专题研讨会。这种服务贸易提供方式也称为“模式 4”，涵盖了既是服务提供者（例如独立专业人士）或受雇于服务提供者的个人。

专题讨论会着重强调《贸易便利化协定》在便利全球货物流动方面的作用

5 月 30 日，G20-OECD-WTO 举行联合活动讨论了国际社会如何共同努力，以进一步便利 WTO 成员之间的货物流动。世贸组织的《贸易便利化协议》（TFA）被视为未来促进生产力和经济发展的贸易合作计划的典范。

31 日

世贸组织发布 2018 年年度报告

5 月 31 日，世界贸易组织的年度报告发布，全面介绍了该组织 2017 年和 2018 年初的活动。该报告以总干事阿泽维多的序和对这一年的简要概述开头。接下来是对 WTO 在过去 12 个月中各个活动领

域的更深入的介绍。该报告还包括突出世贸组织重大活动的“特别关注”，包括在布宜诺斯艾利斯举行的第十一届世贸组织部长级会议。

阿泽维多：贸易体制的稳定对我们的经济状况至关重要

5月31日，总干事阿泽维多在经合组织部长理事会会议上说，多边贸易体制提供了稳定和可预测的商业环境，有助于推动经济增长。他强调需要捍卫这种稳定，同时也需要加强和维护该体制，以使其对世界贸易组织成员保持及时响应并与之息息相关，并帮助政府和企业满足快速发展的全球经济的需求。

◇ 2018年6月

4日

阿泽维多：我们必须面对新的工业革命的挑战

6月4日，总干事阿泽维多在华盛顿举行的国际货币会议上发表讲话说，在以自动化和新技术为主导的根本性经济变革时期，我们需要找到以使所有人受益的方式塑造新经济的方法，需要找到办法为贸易体系大声疾呼，使其成为促进增长和发展的强大力量，并为迎接当今挑战做好准备。他总结说：“我们有机会确保这场革命真正具有包容性，重塑辩论，并确保一个现代的、反应迅速的贸易体制是解决方案的一部分。”

5日

阿泽维多：贸易在保护地球方面具有重要作用

6月5日，世界环境日之际，总干事阿泽维多强调了贸易在促进可持续世界经济中的重要作用。阿泽维多表示，一个开放、透明的贸易体制与良好的环境政策相结合，可以促进对地球的保护和福祉。

成员们讨论知识产权的社会价值，与促进公共健康的竞争政策的作用

6月5日至6日，在与贸易有关的知识产权理事会上，WTO成员从两个角度讨论了知识产权：作为知识产权与创新经常性项目的一部分，知识产权在新经济中的社会价值及其在改善生活中的作用；在有关知识产权与公共利益的讨论框架内，通过竞争法和竞争政策促进公共卫生。

7日

商界领袖对世贸组织表示支持，并呼吁就优先事项采取行动

6月7日，在WTO总部举行的高级商务代表会议讨论了WTO如何帮助他们应对进行全球贸易时面临的挑战。他们向世贸组织和基于规则的多边贸易体制发出了强烈的信息，强调了世贸组织在创造经济稳定、支持增长、发展和创造就业方面的作用。

8日

阿泽维多强调了贸易融资的“重大进展”，概述了进一步的行动

6月8日，总干事阿泽维多在世贸组织贸易、债务和金融工作组会议上发表讲话，强调了在改善贸易融资渠道方面取得的重大进展，以应对影响小企业和穷国的供应方面的持续缺口。阿泽维多概述了许多领域的进展，包括与合作伙伴合作以加强现有的贸易融资便利化计划。2016年，这些计划支持了约220亿美元的贸易交易。2018年，这一数字将超过350亿美元，仅在两年内就增长了50%以上。展望未来，他说：“我相信，我们已经启动的一些进程和讨论可以在未来一段时间内带来更加积极的成果。”他指出，在这项工作的基础上建立了“强大的联盟”，使包括国际金融公司，金融稳定委员会和区域开发银行在内的众多合作伙伴坐到谈判桌上。与这些合作伙伴的讨论将继续进行，包括在10月份在印度尼西亚巴厘岛举行的IMF和世界银行年会。

11日

默克尔和六个多边机构的领导人呼吁加强全球合作

6月11日，德国总理默克尔在柏林与六个多边机构的负责人举行会议，讨论促进国际经济合作以应对全球挑战和改善包容性和可持续增长前景的方法。世贸组织总干事阿泽维多与国际劳工组织、国际货币基金组织、经合组织、世界银行和非洲开发银行的负责人一起出席了会议。

世贸组织主办最不发达国家优先事项课程

6月11日，世贸组织举办了首个英语和法语同声传译的最不发达国家培训课程。来自世界各地24个最不发达国家的29名政府官员参加了为期五天的题为“多边贸易体系中最不发达国家的优先问题”的培训课程。

世贸组织成员在6月份的会议上关注了对过度捕捞鱼类的补贴问题

6月11日至14日，WTO规则谈判小组成员举行了今年第二次渔业补贴会议，对过度捕捞鱼类的补贴交换了意见和资料。成员们还更新了目前的谈判案文，增加了关于定义的精简章节，以便为今后基于文本的谈判做准备。

13日

EIF专题讨论会探讨如何使最不发达国家的贸易更具包容性

6月13日至14日，来自42个最不发达国家的代表在WTO举行的首届最不发达国家包容性贸易全球论坛上开会，寻求进一步将世界上最贫穷的国家纳入多边贸易体制的途径。此次活动由加强一体化框架（EIF）组织，该方案专门解决最不发达国家的贸易能力需求，并由世贸组织总干事阿泽维多视频致辞。

15日

拉丁美洲和加勒比海地区官员高级贸易政策课程

来自拉丁美洲和加勒比地区的22名政府官员正在参加高级贸易政策课程（ATPC），该课程将于2018年6月4日至7月27日在世贸组织日内瓦总部举行。培训和技术合作研究所（ITTC）课程设计和培训科主任Raymundo Valdes和日内瓦课程科主任Daniel Morales共同开设了该课程。

19日

世贸组织成员加强关于标准的讨论

6月19日至21日，世贸组织成员举行技术贸易壁垒委员会会议，会议上成员们继续进行了为期三年的对《贸易技术壁垒协议》的审查，并提出了有关如何改善该协议实施的想法。成员提交了11项新提案，委员会定于2018年11月完成审查。成员还讨论了61个具体的贸易关切，其中8个是新的。

世贸组织“棉花日”的重点是对棉花部门的援助

6月19日，WTO“棉花日”上，棉花四国（贝宁、布基纳法索、乍得和马里）以及其他WTO成员与捐助者讨论了从最近的棉花援助项目中学到的经验教训。这些项目需要私人和公共资金以及减轻风险的担保，这是使发展援助更加有效的一些方式。世贸组织成员还讨论了自去年年底第十一届部长级会议以来棉花谈判的最新情况。

世贸组织主办模拟法庭比赛的最后一轮和闭幕式

6月19日至23日，来自世界各地的法学院学生相聚日内瓦，参加了由欧洲法学院学生协会（ELSA）组织的关于WTO争端解决系统的模拟听证会的ELSA模拟法庭竞赛决赛。瑞士国际与发展研究学院研究生院是今年的冠军，印度国家法学院获得了亚军。

22日

主席警告称，上诉机构面临“前所未有的挑战”

6月22日，上诉机构主席Ujal Singh Bhatia在公开世贸组织上诉机构最新年度报告时发表讲话时说，该机构在2017年经历了“非常艰苦的一年”，现在正面临着日益增加的“前所未有的挑战”——上诉案件数量的增加和复杂性加剧，以及在任命新成员方面的僵持状态。他敦促世贸组织成员进行建设性对话，以优先解决这些挑战。

哈萨克斯坦阿拉木图地区贸易政策课程结业

6月22日，WTO与国际贸易大学（UIB）合作为中、东欧，中亚和高加索地区的WTO成员和观察员举办的第二期区域贸易政策课程结束。来自11个国家的19名政府官员在哈萨克斯坦的阿拉木图参加了为期两个月的课程。

25日

STDF年度报告重点介绍如何在全球范围内建立安全和包容性的贸易机会

6月25日，标准与贸易发展基金会（STDF）发布了其2017年度报告，其中着重指出了其全球项目和知识交流如何帮助在全球范围内建立安全和包容性的贸易机会，并倡导联合国2030年可持续发展议程的实现。

阿泽维多：政府采购是支持妇女创业的有效工具

6月25日，总干事阿泽维多在一次研讨会上说，政府采购或公共购买商品或服务是政府支持以妇女为主导的企业的最有效工具之一。

26日

世贸组织成员评估执行《贸易便利化协定》的进展

WTO《贸易便利化协定》（TFA）的实施进展顺利，各个经济体之间的进展情况也不同。6月26日，WTO在日内瓦发布新出版物和成员听取了贸易便利化委员会会议上的发言。总干事阿泽维多说，所有利益攸关方之间的持续合作仍然是确保所有人享有《协定》所带来的更容易和更便宜的货物运输利益的关键。

27日

国际商会和世贸组织宣布选择“小企业冠军”倡议下的新项目

6月27日，国际商会和世界贸易组织宣布，由亚洲企业孵化协会（AABI）提交的项目提案是根据“小企业冠军”倡议选择的最新提案。该项目将通过与合作伙伴进行配对来帮助亚洲技术领域的小型企业，这些合作伙伴将在跨境技术转让和发现新的贸易机会等领域为他们提供帮助。

世界MSME日：阿泽维多讲述WTO成员在帮助小型企业方面的进展

6月27日，世界MSME（中小微企业）日由MSME非正式工作组组织的研讨会上，总干事阿泽维多说，许多WTO成员的努力使MSME的重要性日益突显。他列举了与合作伙伴合作为小微企业增加贸易融资机会的进展。他还强调了执行《贸易便利化协定》如何通过降低贸易成本和减轻行政负担来减轻小企业参与全球市场的难度。

澳大利亚加入政府采购协议的谈判达到里程碑

6月27日，政府采购委员会主席约翰·纽汉姆（爱尔兰）在会议上指出，在2018年底之前结束澳大利亚加入《政府采购协议》的谈判的前景越来越大。会议开始讨论英国加入该协定的申请，世贸组织成员批准白俄罗斯为该委员会观察员。

28日

阿泽维多：我们在WTO中的努力必须转化为最不发达国家的实际贸易收益

6月28日，总干事阿泽维多在最不发达国家的会议上说，世贸组织成员需要在近年来最不发达国家问题上取得的进展基础上继续前进。他特别强调必须执行在巴厘岛和内罗毕部长级会议上就最不发达国家重要问题作出的决定。他说，从最不发达国家地位毕业的国家需要特别注意，需要在各个方面作出努力，以促进最不发达国家的贸易并帮助实现可持续发展目标。

委员会审查对棕榈油生产、化石燃料补贴的担忧

6月28日，成员在贸易与环境委员会（CTE）会议上讨论了有关棕榈油生产的环境问题，并强调了化石燃料补贴的影响。一些成员就环境挑战与经济和社会目标之间的联系分享了他们的做法和观点，并强调了促进贸易和环境政策以支持可持续发展的重要性。

29日

阿泽维多强调了知识产权法在支持增长和发展中的关键作用

6月29日，总干事阿泽维多在日内瓦举行的欧洲知识产权研究人员大会闭幕会议上说，制定和实施知识产权（IP）法律对全球增长和发展具有重大影响。他强调，知识产权尤其在帮助产生实现可持续发展目标所需的创新方面发挥着重要作用。该会议与WIPO-WTO知识产权教师年度学术研讨会合并在一起，该研讨会于6月18日至29日聚集了来自26个国家的与会者。

◇ 2018年7月

3日

贸易援助资金的支持依然牢固

世贸组织成员在7月3日获悉，对旨在帮助贫困国家扩大其在全球贸易中参与度的项目的支持继

续保持稳定，低收入国家在人均方面获得了最多的支持。最新的更新已提交给贸易和发展委员会关于贸易援助的会议。

成员们关注美国对汽车及其零部件采取的232调查

7月3日至4日，成员们在货物贸易理事会上美国对可能征收的进口汽车，包括轿车、SUV、货车、轻型卡车和汽车零件的额外关税采取的措施表示关注。包括欧洲联盟的28个成员国在内的40多个成员发言，警告这些潜在措施可能对世界市场和多边贸易体制造成“严重破坏”。

4日

G20成员新增贸易限制措施数量翻倍

7月4日，世贸组织发布关于20国集团（G20）贸易限制措施的第十九次监测报告。报告期为2017年10月中旬至2018年5月中旬，该报告显示，与之前相比，G20经济体的新贸易限制措施增加了一倍。二十国集团经济体继续实施贸易便利化措施，数量略有增加。总干事阿泽维多说，该报告的调查结果应引起国际社会的“真正关注”。

6日

贸易与环境高级课程在世贸组织闭幕

7月6日，第四届贸易与环境高级课程在日内瓦结束。来自贸易和/或环境部的25名官员代表了来自所有地区的25个WTO成员参加了该课程。

10日

世贸组织举办关于SPS控制、检查和批准程序的研讨会

7月9日至10日，150多名政府官员在日内瓦参加了关于卫生与植物卫生措施（SPS）控制、检查和批准程序的讲习班。讲习班提供了一个论坛，以讨论和分享有关执行与这些程序相关的SPS协定第8条和附件C的发展、挑战和做法的经验。

12日

成员们推进对SPS协定第五次审议的讨论

7月12日至13日，《实施卫生和植物卫生措施协定》（SPS协定）第五次审查会议上，世贸组织成员表现出很高的参与度。SPS委员会还审查了影响成员提出的国际贸易的SPS的具体关注，并选举南非的Noncedo Vutula女士为新的委员会主席。

16日

成员寻求为农业谈判准备路线图

7月16日，为了准备谈判路线图，农业委员会举行会议，讨论“实质”问题，包括国内补贴、棉花、市场准入、出口竞争和出口限制。世贸组织成员审查了新提交的文件，并就粮食安全的公共储备和特别保障机制举行了专门会议，以确定解决这些问题的方向。

17日

阿泽维多收到有关全球贸易治理未来的专家报告

7月17日，世贸组织总干事阿泽维多会见了贝塔斯曼基金会高级别专家委员会的代表，以听取他们关于全球贸易治理未来的报告。报告概述了可以用来振兴世界贸易组织作为贸易合作和解决冲突论坛的四个补充途径。

20日

阿泽维多在“日内瓦周”上向非常驻成员和观察员致辞

7月20日，总干事阿泽维多向“日内瓦周”的与会者致辞。日内瓦周是为在日内瓦没有常驻代表团的WTO成员和观察员组织的一次活动。他向与会者简要介绍了最近的贸易发展情况，包括最不发达国家特别关注的问题。他还强调了多边贸易体制目前面临的挑战，并说该体系不应被视为理所当然。他强调说：“只有我们愿意捍卫和加强它，它才有韧性。”

24日

英国就脱欧后的市场准入承诺向世贸组织提交草案

7月24日，WTO成员收到了英国的草案，其中列出了一旦英国离开欧盟，WTO对商品的市场准入承诺。成员现在将有三个月的时间来审核提出的认证时间表。

阿泽维多：现在是为贸易和贸易体制发声的时

候了

7月24日，在加入WTO的全体成员会议上，总干事阿泽维多概述了全球贸易中日益紧张的局势所带来的经济和系统性威胁，并呼吁“所有相信贸易是一股有益力量的人”为贸易辩护。

25日

监测报告显示，世贸组织成员增加了新的贸易限制

根据总干事关于贸易相关问题的年中报告，世贸组织成员在2017年10月中旬至2018年5月中旬推出了比上一个审议期（2016年10月中旬至2017年10月中旬）更多的贸易限制措施。7月25日，贸易政策审查机构会议向成员们介绍了最新动态。尽管世贸组织成员继续实施的贸易便利措施多于贸易限制措施，但限制措施所涵盖的贸易价值却有所上升，而便利措施所涵盖的价值却有所下降。该报告提请人们注意这一转变，并注意到它是在贸易紧张局势加剧和相关言论泛滥之时进行的，国际社会应对此予以关注。

26日

哈萨克斯坦将主持世贸组织下届部长级会议

7月26日，总理事会会议世贸组织成员协商一致方式接受哈萨克斯坦的邀请，于2020年在阿斯塔纳举行该组织的第十二届部长级会议。这标志着该部长级会议首次由中亚组织。

世贸组织成员在七月会议上讨论IUU捕捞补贴规则

7月24日至26日，世贸组织规则谈判小组成员在渔业补贴会议（今年第三次此类）会议上，就禁止非法、不报告和不管制捕鱼的规则交换了看法和信息。成员们还讨论了如何组织9月至12月的谈判工作，其中包括技术会议，集思广益，基于文本的讨论以及各代表团之间的双边会议时间等一系列活动。

30日

世贸组织发布2018年旗舰统计出版物

7月30日，世界贸易组织发布了其年度统计出版物的最新版本:《世界贸易统计评论》《贸易概况》和《世界关税概况》。

◇ 2018年8月

3日

世贸组织结束了针对发展中国家的高级培训课程

7月26日至8月3日，来自世界各地的26名政府官员参加了在世贸组织进行的贸易政策经济分析高级课程。该课程向学员介绍了如何进行贸易政策研究，收集数据和以更自主的方式进行定量分析的方法。

29日

世贸组织在墨西哥举办了两期关于争端解决的课程

8月在墨西哥举办了两次关于WTO争端解决的课程。第一次是8月22日至24日在瓜达拉哈拉大学和蒙特雷理工大学举行，第二次是8月27日至29日在墨西哥城自治技术学院（ITAM）举行。

◇ 2018年9月

10日

萨摩亚为太平洋岛国举办短期贸易政策课程

9月10日至21日，来自世贸组织成员的六个太平洋岛国的政府和私营部门代表参加了在阿皮亚举办的首个面向太平洋岛国的完整的短期贸易政策课程。

阿泽维多开启为期一周的政府采购研讨会

9月10日，总干事阿泽维多在世贸组织第二次“高级全球政府采购讲习班”上致辞。他强调了透明有效的政府采购系统对于向消费者提供高标准的公共产品和服务的重要性。他还强调了世贸组织的《政府采购协议》如何提高该部门的透明度和市场准入，以及如何寻求加入该协议的世贸组织成员越来越多，证明了它在当今全球经济中的重要性。

11日

阿泽维多敦促英联邦在加强多边体制方面发挥充分作用

9月11日，总干事阿泽维多在世贸组织举行的英联邦成员国会议上说，英联邦成员国对多边贸易体系的支持非常重要。他说：“这个组织把来自各大洲、大小不一的国家聚集在一起，发出了强有力

的声音。我相信，你们将继续发出强有力的积极声音”，以维持和加强现有的规则和结构。

13 日

世界贸易组织宣布2018年青年经济学家论文奖得主

9月13日，2018年世界贸易组织青年经济学家论文奖得主是哈佛大学的阿隆索·德戈塔里 (Alonso de Gortari)。他的论文“理顺全球价值链”被评选小组评为第一名。他获得了5000瑞士法郎的奖金。

14 日

阿泽维多欢迎二十国集团关注完善世贸组织以应对“当前和未来挑战”

9月14日，在阿根廷马德普拉塔举行的20国集团贸易部长会议上，总干事阿泽维多向各国贸易部长介绍了当前的全球贸易形势，包括主要贸易伙伴之间日益加剧的紧张局势以及世贸组织在缓解这些紧张局势方面的作用。会议发表的部长级声明承认“迫切需要讨论国际贸易中当前的事件，以及如何改进世贸组织，以应对当前和未来的挑战”。阿泽维多对该声明表示欢迎。

政府采购讲习班在日内瓦结束

9月10日至14日，在世贸组织举行的政府采购讲习班，与会者讨论如何最大限度地开放政府采购市场。

17 日

成员加强展开渔业补贴谈判的工作计划

9月17日，世贸组织成员在规则谈判小组会议上表示，他们坚定致力于在7月底达成的9月至12月强化工作计划的基础上，创造性地、建设性地参与渔业补贴谈判。

阿泽维多：强大的贸易体制符合所有人的利益

9月17日至19日，总干事阿泽维多在巴西参加的不同活动中谈到了世贸组织的重要性以及加强多边体制的必要性，特别是在主要贸易伙伴之间的紧张关系日益加剧的情况下。

发展中经济体服务贸易课程在日内瓦结束

9月17日至21日，全球29个来自发展中经济体的政府官员参加了第四届WTO服务贸易高级课程。

20 日

世界贸易组织启动新的图书馆平台

9月20日，世界贸易组织启动了电子图书馆iLibrary (www.wto-ilibrary.org)，这是一个新的动态研究工具，首次将世界贸易组织关于全球贸易的所有关键研究材料汇集到一个独立的平台。世界贸易组织图书馆是与经济合作与发展组织合作建立的。

世贸组织农业谈判代表开始主题讨论的新阶段

9月20日至21日，根据委员会主席约翰·迪普·福特大使的建议，世贸组织成员在农业委员会特别会议上开始了一系列有关粮食安全目的国内支持和公共储备的主题讨论，在下半年举行一系列主题会议。主席还就棉花的前进方向与棉花四国（贝宁、布基纳法索、乍得和马里）及其他成员举行了磋商。

21 日

巴哈马重新启动加入世贸组织的进程，以期在2019年获得成员资格

世贸组织成员赞扬巴哈马在经过六年的僵局后，致力于恢复和加快其加入世贸组织的进程。在9月21日举行的巴哈马加入工作组第三次会议上，成员们表示全力支持这个加勒比国家争取在2019年底成为世贸组织成员的愿望。巴哈马是最后一个未加入世贸组织的美洲国家。

24 日

成员完成9月至12月渔业补贴工作计划的第一批会议

9月24日至28日，在渔业补贴会议上，WTO规则谈判小组的成员就与能力和努力相关的补贴进行了基于文本的讨论，并听取了四个“孵化小组”就某些未决问题讨论的想法的报告。

25 日

阿泽维多参加“德国工业日”活动

9月25日，总干事阿泽维多参加德国工业联合会（BDI）在柏林举行的“德国工业日”活动上致

辞。阿泽维多会见了默克尔总理，讨论了全球贸易的现状，减轻紧张局势的努力以及关于改善和加强WTO的想法。他们讨论了改善贸易体制以帮助应对当前紧张局势的潜力。阿泽维多还与经济事务和能源部长Peter Altmaier举行了双边会议。

WTO成员结束了对内罗毕出口竞争决定的首次审查

9月25日至26日，在世界贸易组织农业委员会会议上，世界贸易组织成员协商一致通过了对2015年《关于出口竞争的内罗毕决定》的第一次三年期审查。由于主席提醒会员注意总理事会在2019年12月底之前完成其有关审查建议的最后期限，因此对2013年巴厘岛部长级关税配额管理运作的审查变得更加具体。成员们还继续研究各种农业政策，包括新宣布的120亿美元的美国农业援助计划。

27日

阿泽维多在阿斯塔纳会见总统纳扎尔巴耶夫

9月27日，总干事阿泽维多在阿斯塔纳会见了哈萨克斯坦总统纳扎尔巴耶夫，讨论了全球贸易和经济合作现状，并审议了将于2020年在阿斯塔纳举行的世界贸易组织第12届部长级会议的筹备工作。

第七届中国加入世贸组织圆桌会议使欧亚大陆成为人们关注的焦点

9月27日，在哈萨克斯坦阿斯塔纳举行的第七届中国加入世贸组织圆桌会议上，世贸组织总干事阿泽维多强调说，有必要通过加入世贸组织将欧亚经济完全融入全球贸易体制。他指出，圆桌会议上的讨论促进了有关贸易和世贸组织未来的辩论。哈萨克斯坦副总理叶博拉特•多塞耶夫（Yerbolat Dossayev）和中国商务部部长助理李成刚也强调了区域一体化对支持经济增长和多边合作的价值。

28日

世贸组织全球价值链和贸易增加值统计课程结束

9月24日至28日，在世贸组织举办的题为“世贸组织全球价值链和贸易增加值统计”的课程使参加者能够更好地理解、使用和解释增值贸易（TiVA）和全球价值链贸易统计数据（GVC）。与会者包括来自全球发展中经济体的约30名统计学家和贸易分析师。

30日

WTO-IMF-WB报告：加强贸易一体化将促进共同繁荣

9月30日，世界贸易组织、国际货币基金组织和世界银行发布一份新报告认为，贸易一体化可以在促进共同繁荣中发挥更大的作用。来自世界贸易组织、国际货币基金组织和世界银行的经济学家的报告得出的结论是，全球贸易政策可以帮助释放全球经济根本变化所带来的机会。

◇ 2018年10月

1日

阿泽维多强调贸易在帮助妇女充分参与全球经济中的作用

10月1日，总干事阿泽维多在世贸组织举行的全球价值链中的妇女研讨会上发表讲话说，妇女目前在参与国际贸易和与全球价值链联系方面面临一系列障碍。克服这些障碍的方法包括帮助妇女融入正规部门，改善获得资本的渠道，提高对贸易法规的认识以及促进数字包容性。他总结说：“赋予妇女权力的经济理由很明确。贸易只是情况的一部分，但这是必不可少的部分。”

2日

世贸组织与联合国环境署携手合作，使贸易为环境服务

10月2日，世贸组织总干事阿泽维多和联合国环境执行主任埃里克•索尔海姆发表了一项新研究报告，确定了确保贸易政策支持健康环境和促进可持续发展的方法。在世贸组织公共论坛的高级别会议上讨论题为“为环境、繁荣和韧性开展贸易工作”的联合出版物，来自企业、政府和民间社会的领导人将汇聚一堂。

阿泽维多：在准备好之前，我们不能暂停进展

10月2日，世界贸易组织总干事阿泽维多在2018年公共论坛开幕式上发表欢迎致辞，强调实现全球贸易规则现代化和调整对应对技术变革带来的重大社会和经济挑战的重要性。总干事的发言开启了世界贸易组织为期三天的讨论和辩论，主题是贸

易的未来以及如何使其更具可持续性和包容性。

贸易对话：国际商会和B20提出加强全球贸易的建议

10月2日，国际商会(ICC)和阿根廷B20在世界贸易组织公共论坛上提交了一份关于如何加强全球贸易以支持包容性增长和发展的建议清单。基于2017年底布宜诺斯艾利斯商业论坛和2018年6月世界贸易组织贸易对话会议成果，这些建议涵盖电子商务、投资便利化、小企业和可持续发展等领域。

高级别会议强调需要在贸易和环境政策之间建立更紧密的联系

10月2日，由WTO总干事阿泽维多和联合国环境执行主任埃里克·索尔海姆（Erik Solheim）主持的高级别会议上，成员们强调将贸易和环境政策紧密联系在一起可以为世界的繁荣与可持续发展带来好处。商界、政府和民间社会的主要领导人呼吁采取进一步行动，以实现有利于环境和促进贸易的成果，从而推动世界实现可持续发展目标。

3日

《2018年世界贸易报告》强调了数字技术对贸易的变革性影响

10月3日，世贸组织在公共论坛上发布旗舰出版物《2018年世界贸易报告》，报告发现数字技术——物联网、人工智能、3D打印和区块链——将对全球贸易产生深远影响，由于成本降低和生产率提高，到2030年将使贸易总额增加34个百分点。但是，它们也可能为寻求跟上最新创新的人们带来一个充满挑战的环境。

阿泽维多：贸易可以为实现可持续发展目标作出重要贡献

10月3日，世贸组织在公共论坛上发布了一份出版物，强调指出国际贸易和世贸组织在帮助加快实现联合国可持续发展目标（SDG）方面可发挥关键作用。总干事阿泽维多在开幕词中强调，有必要加强多边贸易体制，以支持实现可持续发展目标的努力，并支持最贫穷国家的增长与发展。

4日

世贸组织和国际商会宣布新的小型企业冠军

10月4日，国际商会（ICC）和WTO在公共论坛上宣布，出口与国际贸易研究所是第二家小型企业冠军的公司。在此之前，根据小型企业倡导者倡议，该研究所的提案圆满完成，该提案旨在举办一项名为“对外出口国际商业奖”的项目竞赛，鼓励各国小型企业开发出口商业方案，积极拓展国际市场。

公共论坛探讨了技术革命时代实现包容性贸易的新方法

10月4日，总干事阿泽维多在公共论坛上强调，社会各界需要从日益改变着每个人生活的新技术中受益。他说：“我们不能简单地将未来留给命运，也不能只相信市场力量。我们有责任使这场革命为每个人服务。”在公共论坛的三天中，许多会议都表达了这种观点，与会者探讨了解决包容性贸易的新方法。

高级别小组强调了电子商务作为增长和包容性驱动力的潜力

电子商务是全球贸易中日益增长的力量，具有使世界经济更具包容性并为中小微企业（MSME），妇女和年轻人提供机会的潜力。但是，必须以集体的方式应对许多挑战，以便为在2030年实现更具包容性的电子商务格局铺平道路。主旨发言人在世贸组织公共论坛的一次有关政府、私营部门和民间社会的辩论中谈到了这个问题。

世贸组织教席计划会议重点讨论了适应数字时代的挑战

10月4日，世贸组织教席计划（WCP）在今年的公共论坛上组织了一次会议，就数字技术对贸易的影响以及各国在适应新贸易时代时可能面对的问题进行了深入讨论。会议的主题为“适应数字时代：挑战和机遇”的小组成员包括世贸组织主席和日内瓦贸易政策界和世贸组织秘书处的代表。会议由法国常驻世界贸易组织代表让·玛丽·宝甘姆主持。

5 日

高级别小组呼吁促进脆弱国家融入全球经济

10 月 5 日，在今年的公共论坛上，一个高级别小组讨论了和平与贸易之间的联系，重点关注受冲突影响的国家在发展其贸易能力方面面临的机遇和挑战。小组成员强调，这些国家需要融入全球经济，以便它们能够为经济增长作出贡献并从中受益。

9 日

WTO 成员交流实施《贸易便利化协定》的经验

10 月 9 日至 11 日，在贸易便利化委员会会议上，世贸组织成员讨论了各自的政策和经验，以加强货物跨境的有效运输，以帮助彼此充分执行《贸易便利化协定》。成员还评估了为支持该协定的实施所取得的进展和正在组织的活动。

10 日

世贸组织、国际货币基金组织、世界银行和经合组织领导人呼吁重新关注贸易，将其视为增长的驱动力

10 月 10 日，在印度尼西亚巴厘岛举行的一次会议上，四个国际组织的负责人发出了强烈的呼吁，以缓解贸易紧张局势，并重新关注贸易和多边贸易体制对推动经济增长的重要性。WTO 总干事阿泽维多与国际货币基金组织总裁克里斯蒂娜 • 拉加德（Christine Lagarde），世界银行行长吉姆 • 金（Jim Kim）和经合组织秘书长安吉尔 • 古里亚（Angel Gurria）在一次联合举办的会议上发出呼吁。会议主题为“全球贸易如何促进所有人的增长。”

12 日

最贫穷的国家呼吁对服务出口商的优惠准入进行审查

10 月 12 日，在服务理事会会议上，最不发达国家建议采取步骤，帮助其服务出口国使用世贸组织 2011 年部长级决定旨在支持其发展目标的优惠待遇。此外，10 月 10 日举行的一次研讨会讨论了前往提供服务的个人（模式 4）暂时进入国外市场的问题。

讲习班推广处理贸易、知识产权和卫生问题的综合方法

10 月 8 日至 12 日，来自 28 个发展中国家和最不发达国家成员的政府官员和一名观察员代表参加了在日内瓦举行的第十四届贸易和公共卫生讲习班。

15 日

世贸组织成员审查最不发达国家对优惠原产地规则的使用和适用

10 月 15 日至 16 日，在原产地规则委员会会议上，世贸组织成员根据世贸组织 2013 年巴厘岛部长级会议和 2015 年内罗毕部长级会议的承诺，进一步审查了最不发达国家优惠原产地规则计划的使用和适用。成员特别研究了最不发达国家出口商对优惠计划的利用率，以及给予优惠的成员在起草“实质性转变”原产地规则时如何应用关税分类标准的变化。

16 日

阿泽维多：关于 WTO 改革的辩论应反映所有观点

10 月 16 日，在加入 WTO 的全体成员会议上，总干事阿泽维多指出了有关“世贸组织改革”的新辩论，并强调了这种讨论具有包容性的重要性。他说：“该组织的状态是每个人都感兴趣的问题，因此无论您的观点如何，所有成员的参与都非常重要。”他还指出了这场辩论与解决一些主要贸易伙伴之间日益紧张的贸易关系之间的联系。

17 日

阿泽维多：即使我们在努力改善它，我们也必须保留我们拥有的

10 月 17 日，总干事阿泽维多在伦敦市长与国务卿利亚姆 • 福克斯（Liam Fox）共同主持的首届国际贸易宴会上发表讲话。他指出，尽管不完善，但多边贸易体制在商业关系中仍保持稳定和可预测性，并推动了世界范围内前所未有的增长和发展。他说：“让我们共同努力，塑造我们希望看到的贸易体制，该体制可以应对当今的挑战，并继续为我们的经济和社区服务，为子孙后代服务。”

澳大利亚被接受为《政府采购协议》的新缔约方

10月17日，世贸组织《政府采购协议》(GPA)的各方一致批准了一项决定，欢迎澳大利亚成为该协定涵盖的第48个世贸组织成员。向世贸组织总干事提交加入书后30天，澳大利亚将正式成为GPA缔约方。

18日

世贸组织成员确定阿斯塔纳部长级会议的日期

10月18日，在WTO总理事会会议上，世贸组织成员同意，下届部长级会议将于2020年6月8日至11日在哈萨克斯坦的阿斯塔纳举行。

19日

日内瓦开设高级贸易政策课程

10月8日至11月30日，来自世界各地的30名参与者将在日内瓦WTO总部参加高级贸易政策课程（ATPC）。该课程由瑞典常驻WTO代表Mikael Anzén先生和WTO培训与技术合作研究所所长Bridget Chilala女士共同开设。

22日

卫生与植物卫生措施高级课程在日内瓦开始

10月22日至11月9日，来自拉丁美洲的25位参与者参加了WTO第14届的卫生与植物卫生措施（SPS）高级课程。该课程由农业和商品司（AGCD）与培训和技术合作研究所（ITTC）合办开设。

世贸组织成员进行有关农业市场准入的技术讨论

10月22日，在农业委员会的一次会议上，世贸组织成员讨论了农产品市场准入和拟议的特别保障机制。根据委员会主席约翰·罗纳德·迪潘德拉·福特大使（圭亚那）提出的方法，讨论的目的是进行技术和分析交流。主席赞扬成员积极推动该进程。

区域贸易政策课程在泰国开设

10月22日至12月14日，来自世贸组织亚太成员的28名政府官员和观察员参加了在泰国曼谷举行的世贸组织区域贸易政策课程（RTPC）。该课程是朱拉隆功大学和国际贸易与发展学院（ITD）合作举办的。

23日

补贴委员会成员对缺少通报表示关注

10月23日，世贸组织补贴和反补贴措施委员会的成员在特别会议上对许多成员未能将补贴计划向委员会通报表示关切。

24日

成员对欧盟反倾销规例的最新修订提出质询

10月24日，在反倾销措施委员会会议上，新的欧盟反倾销调查管理条例继续引起WTO成员的质疑和评论。成员们讨论了自去年6月生效的欧盟政策变化，并重新考虑了自12月以来生效的更早修订。

25日

渥太华部长级会议：阿泽维多欢迎加强世贸组织的承诺

10月25日，加拿大政府在渥太华召集部长会议上，讨论世贸组织改革问题。总干事阿泽维多欢迎部长们致力于加强贸易体制的承诺，并指出所有成员必须解决全球贸易面临的重大挑战。

30日

世贸组织成员讨论《信息技术协议》的执行情况

10月30日，世贸组织《信息技术协议》(ITA)的参加者举行会议，讨论与ITA相关的实施问题，并报告有关非关税措施的工作。

31日

阿泽维多会见了卫生与植物卫生措施高级课程的参与者

10月31日，总干事阿泽维多会见了在日内瓦总部举行的第14届卫生与植物卫生措施高级课程的与会者。阿泽维多在对来自11个拉丁美洲国家的25名专家的发言中强调，SPS措施必须始终以有助于保护人类、动物或植物生命和健康的科学原则为基础，而不能被用作伪装的保护主义。

◇ 2018 年 11 月

1 日

成员讨论作为农业创新工具的精密生物技术

11 月 1 日—2 日，在卫生与植物卫生措施委员会会议上，世贸组织成员讨论了精密生物技术在农业创新中可以发挥的作用，以期为世界各地的农民提供获得提高生产率，同时保持环境可持续性的工具。成员们还讨论了新的工作建议，该建议是在 2020 年完成的《实施卫生与植物卫生措施协定》的运作和实施第五次审查中提出的，并讨论了五个新的具体贸易问题。

世贸组织成员阐明了小型经济体在增加贸易方面面临的挑战

11 月 1 日，小经济体在贸易和发展委员会专门会议上概述了它们为提高当前贸易水平和增强竞争力所做的努力。会议强调，执行世界贸易组织的《贸易便利化协定》是提高小型经济体的竞争力和增加它们参与世界贸易的主要途径之一。

2 日

《2019 年贸易援助全球回顾》研究经济多元化和赋权

下一次贸易援助全球审查将于 2019 年 7 月 3 日至 5 日在世贸组织举行，主题为“通过贸易援助支持经济多样化和赋权以实现包容性、可持续发展”。需要在 2019 年 3 月 31 日之前提交有关组织会议的提案。

5 日

阿泽维多与习近平主席出席在上海举行的中国国际进口博览会开幕式

总干事阿泽维多与中国国家主席习近平及其他国家（地区）领导人一起参加了将于 11 月 5 日至 10 日在上海举行的中国国际进口博览会开幕式。预计该活动将吸引来自世界各地的 150 000 名参观者，其中包括来自 3000 多家企业的代表。

知识产权研讨会探讨技术变革如何改变了贸易和知识流

11 月 5 日至 6 日，来自 29 个发展中国家和最不发达国家的政府官员以及来自世界各地的 13 位驻日内瓦代表出席数字时代知识产权与知识流动研讨会。

成员们在 9 月至 12 月渔业补贴工作方案中举行了第二组会议

11 月 5 日至 9 日，在渔业补贴会议上，规则谈判小组的世贸组织成员完成了简化谈判文件的工作，并讨论了四个“孵化小组”就某些未决问题提出的意见的第二轮报告。成员们还就 2019 年如何深化谈判工作交换了初步意见。

6 日

阿泽维多和李克强总理讨论如何维护 WTO

11 月 6 日，总干事阿泽维多访问了中国北京，参加了由中国总理李克强与其他五个主要国际经济组织和金融机构负责人（国际货币基金组织、世界银行、国际劳工组织，经合组织和金融稳定委员会）主持的“1 + 6”圆桌会议。他们讨论了当前的全球经济形势，维护多边贸易体制的必要性以及改革开放 40 周年的背景下的中国经济。

贸易援助监测活动，审查经济多样化和赋予权力

11 月 6 日，世界贸易组织贸易与发展委员会会议启动了“贸易援助监督与评估”项目。世界贸易组织成员和贸易援助伙伴可在 2018 年 12 月 31 日前提交自我评估问卷，以协助 2019 年贸易援助全球审议的准备工作。

8 日

成员讨论知识产权在通过竞争促进新业务和健康影响方面的作用

11 月 8 日—9 日，世贸组织成员在与贸易有关的知识产权理事会（TRIPS）会议上讨论了知识产权如何促进新生企业的增长，以及知识产权与竞争法和政策的联系如何促进公共卫生目标。成员们还同意给予海湾阿拉伯国家合作委员会在与贸易有关的知识产权理事会中的永久观察员地位。

12 日

阿泽维多与马克龙总统就加强多边主义和世贸组织进行了讨论

11 月 11 日，总干事阿泽维多与世界各国领导人一道，在巴黎纪念第一次世界大战停战一百周

年，并参加了首届巴黎和平论坛。该论坛的主题是“国际合作是应对全球性挑战、确保持久和平的关键”。总干事在和平论坛上发表讲话时敦促各国领导人“挽起袖子”，通过加强世贸组织，将当前的多边主义危机转化为加强和改善危机的机会。阿泽维多参加了与伊曼纽尔•马克龙（Emmanuel Macron）总统、联合国秘书长安东尼奥•古特雷斯（Antonio Guterres）、国际货币基金组织总裁克里斯蒂娜•拉加德（Christine Lagarde）、世界银行集团行长吉姆•金、国际劳工组织总干事盖伊•赖德、联合国教科文组织总干事奥黛丽•阿祖莱和经合组织秘书长安赫尔•古里亚（Angel Gurría）等进行了公开和私人讨论。阿泽维多祝贺马克龙总统在这项倡议上的领导以及对多边主义的坦率支持。

12 日

货物理事会认为修订后的透明度提案可以“振兴”WTO

11 月 12 日至 13 日，世贸组织货物理事会讨论了有关提高成员透明度和加强通报要求的修订提案。该提案进行的修订，以反映先前的反馈，现在由七个代表团提出。欧盟理事会还就欧盟为应对英国脱欧而改变其关税配额的提议进行了辩论，并讨论了与技术产品和其他贸易问题有关的问题。

13 日

阿泽维多开启了第一个政府采购和治理研讨会

11 月 13 日，总干事阿泽维多在世贸组织举行的首届“政府采购和治理问题高级全球讲习班”上致辞。他强调了良好治理工具（如 WTO《政府采购协议》）在帮助防止政府采购中的腐败和供应商串通中的重要性。他还强调，基于非歧视、可预测性和透明度的有效而高效的采购系统可以帮助为世界各地的人们创造经济机会。

世贸组织举办首届政府采购和治理讲习班

11 月 13 日至 15 日，来自 30 多个世贸组织成员的官员参加了在日内瓦世贸组织总部举行的第一次政府采购和治理高级讲习班。讲习班使负责公共采购市场运作的以资本为基础的专家就有效制度交换意见，以促进良好的管理做法。

15 日

世贸组织农业谈判代表重启关于出口竞争和出口限制的谈判

11 月 15 日，世贸组织成员在农业委员会特别会议上，继续就农产品贸易谈判的核心问题进行了一系列专题讨论。一些成员呼吁在出口竞争支柱下进一步开展有关出口融资、粮食援助和国有贸易企业的工作。一些成员强调必须解决因出口限制而引起的市场扭曲，并确保这些措施不妨碍国际组织提供粮食援助。成员们还讨论了有关约束和适用的农业关税与农业进口特别保障措施之间差距的意见。

16 日

启用 WTO 数据门户

11 月 16 日，WTO 启动了其新的在线数据库。WTO 数据门户汇集了有关国际贸易和其他 WTO 相关信息的广泛统计指标。

我们必须将多边主义的危机转变为强化危机的机会

11 月 16 日，总干事阿泽维多在巴黎举行的题为“适合 21 世纪的世贸组织：需要改变的是什么”会议，他说国际社会必须努力“将当前的多边主义危机转变为为子孙后代拯救和加强它的机会”。阿泽维多在访问巴黎期间与法国经济和财政部长 Bruno Le Maire 举行了双边会议，隶属于欧洲和外交事务大臣的国务卿让•巴蒂斯特•勒莫因和欧盟贸易专员塞西莉亚•马尔姆斯特伦（Cecilia Malmström）也参加了会议。

世贸组织成员通过减少贸易技术壁垒的路线图

11 月 14 日至 15 日，在技术贸易壁垒委员会（TBT）会议上，WTO 成员取得了突破，他们商定了一系列旨在减少贸易壁垒并改善执行 TBT 协议的建议。在委员会会议上，成员还讨论了 62 个具体的贸易关注点，其中包括 8 个新的关注点。此外，委员会对国家 TBT 咨询点的新“最佳做法”指南表示欢迎。

21 日

成员敦促对巴厘岛关于监测发展中国家灵活性的决定采取后续行动

11月21日，在贸易和发展委员会会议上，世贸组织成员感到遗憾的是，缺少关于部长们五年前通过的《监测机制决定》以评估发展中国家在世贸组织协定中可利用的灵活性的意见。在会议上，成员还讨论了发展中国家之间的一些区域贸易协定，以使这些贸易安排更加透明。

22日

阿泽维多赞扬2018年世贸组织年青专业人员的杰出工作

11月22日，总干事阿泽维多赞扬了2018年世贸组织年青专业人员队伍在该组织为期一年的工作中所做的出色工作，为该倡议不断前进树立了“好榜样”。2018年青年专业人员计划的15名参与者表示，他们将在世贸组织作为贸易政策从业者的整个未来职业中，掌握世贸组织获得的知识和技能。

世贸组织报告显示，G20采取的贸易限制措施急剧上升

11月22日，WTO发布有关20国集团（G20）贸易措施的第20次监测报告显示，新的进口限制措施所涵盖的贸易额在当前报告期内创下新高。G20经济体从2018年5月中旬至10月中旬实施的这些新措施的贸易覆盖面估计为4810亿美元，是上一报告期的六倍以上，是自该措施于2012年首次计算以来的最大金额。报告还显示，在此期间，新的进口便利化措施的贸易覆盖面（2160亿美元）显著增加，但不到贸易限制措施的一半。世贸组织总干事阿泽维多警告说，报告的结论令人严重关切，并呼吁立即采取行动以减轻局势的恶化。

23日

WTO、UNCTAD和ITC签署谅解备忘录，为企业提供更好的贸易数据访问

11月23日，WTO、联合国贸易和发展会议（UNCTAD）和国际贸易中心（ITC）签署了一项谅解备忘录，促进在线平台（Global Trade Helpdesk）的开发，该平台旨在为企业（尤其是小型企业）提供更快，更轻松的贸易渠道。

27日

世贸组织新出版物分析了区块链对国际贸易的潜在影响

11月27日，在人们对区块链的兴趣日益浓厚和争论不断的情况下，WTO发布了一份新出版物，以期揭开该技术的神秘面纱并分析其改变世界贸易的能力。名为《区块链能否革新国际贸易？》的出版物探讨了该技术如何增强与WTO工作相关的领域，并探讨了释放该技术潜力所必须解决的挑战。

政府采购协议的各方批准英国脱欧后的参与条款

11月27日，WTO的政府采购委员会会议上，《政府采购协议》（GPA）的缔约方原则上批准了英国退出GPA的最终市场准入要约。欧盟。该协定的缔约方现在正在考虑一项决定的措辞，以便在稍后阶段正式接受。澳大利亚还宣布正在批准加入GPA。

28日

成员们庆祝世界贸易组织监测棉花发展援助、贸易趋势的第10个年头

11月28日至29日，在世界贸易组织棉花日上，成员们以及“棉花四国”——贝宁、布基纳法索、乍得和马里对过去十年在监测棉花发展援助方面取得的重大进展表示欢迎。成员们还就棉花贸易进行了十轮专门讨论，并总结了有关进展。WTO副总干事沃尔夫(Alan Wolff)强调了世贸组织在棉花发展援助方面工作的动力和以项目为重点的方法。圭亚那的福特大使回顾了贸易成就，这些成就“显示了成员在棉花问题上取得成果的决心和能力”。

29日

世界贸易组织成员批准提高棉花副产品经济潜力的联合倡议

11月29日，世贸组织成员在总干事的棉花问题磋商机制下开会，响应“棉花四国”（贝宁、布基纳法索、乍得和马里）的请求，批准了一项新的世贸组织—联合国贸发会议—国际贸易中心倡议，以开发棉花副产品的经济潜力。代表总干事主持会议的副总干事艾伦·沃尔夫强调，主要目的是帮助棉生产国为农民和加工商创造新的收入，并增加其进入新市场的机会。

30 日

高级贸易政策课程在世贸组织结束

10 月 8 日至 11 月 30 日，来自世界各地的 30 名学员在日内瓦世贸组织总部参加为期两个月的高级贸易政策课程 (ATPC)。该课程代表了世贸组织渐进学习框架中最高水平的培训 (3 级)，由世贸组织培训与技术合作所 (ITTC) 课程设计与培训部主任 Raymundo Valdes 先生主持闭幕。

贸易和环境委员会讨论了塑料废物、“蓝色经济”等问题

11 月 30 日，在贸易和环境委员会会议上，世贸组织成员听取了有关管理塑料废物和实现循环经济的讨论，在循环经济中资源被回收和再循环以最大限度地利用。委员会还向成员们介绍了可持续利用海洋资源的“蓝色经济”倡议。

◇ **2018 年 12 月**

1 日

阿泽维多欢迎二十国集团领导人对改善世贸组织运作的承诺

12 月 1 日，总干事阿泽维多对阿根廷布宜诺斯艾利斯举行的 G20 峰会上达成的公报表示强烈欢迎，并表示他将与所有世贸组织成员一起改进和加强贸易体制。总干事还呼吁各国领导人立即采取行动，解决世贸组织争端解决体系中的障碍。

3 日

英国向世贸组织提交脱欧后服务承诺表草案

12 月 3 日，世界贸易组织成员收到了英国的时间表草案，概述了英国脱欧后的世贸组织服务承诺。成员们现在有 45 天的审查时间。

4 日

WTO 新出版物回顾了关税谈判和重新谈判的演变

12 月 4 日，世贸组织推出新版《关贸总协定与世贸组织下的关税谈判和再谈判》。本书回顾了自关税与贸易总协定成立 70 多年来关税谈判的程序和做法的演变，并重点介绍了自 2001 年第一版出版以来的一些主要发展。

吉布提主办了关于大非洲之角加入世贸组织的第二次区域对话

12 月 3 日至 6 日，吉布提政府与国际贸易中心联合举办大非洲之角加入世贸组织的第二次区域对话，主题是“通过加入世贸组织促进和平贸易”。对话主要关注加入世贸组织如何能促进和维持脆弱和受冲突困扰国家的和平，并为加入世贸组织的政府提供一个交流经验的平台。

5 日

阿泽维多：这是一个更新贸易体制的“千载难逢的机会”

12 月 5 日，世贸组织总干事阿泽维多在华盛顿发表讲话时表示，世贸组织成员“有千载难逢的机会来更新贸易体制”。他指出，在应对当今全球贸易体系中的一系列挑战时，加强和改进世贸组织工作的势头正在增强。总干事是在美国国家对外贸易委员会的年度晚宴上说这番话的。在华盛顿期间，总干事与美国贸易代表鲍勃·莱特希泽 (Bob Lighthizer)、财政部长史蒂文·姆努钦 (Steven Mnuchin) 以及国会和私营部门的代表举行了一系列会议。

6 日

世贸组织的议会年度会议讨论世界贸易面临的主要问题

12 月 6 日至 7 日，由各国议会联盟和欧洲议会联合举办的世界贸易组织议会年会在世界贸易组织总部举行。该会议吸引了来自 100 多个国家的 300 多名议员参加。与会者讨论了世贸组织改革、技术对贸易的影响等广泛问题，并在会议结束时发表了一份成果文件，强调了世贸组织在加强多边主义方面的关键作用。

阿泽维多和古特雷斯秘书长讨论了在实现可持续发展目标方面的持续合作

12 月 6 日，世贸组织总干事阿泽维多在纽约联合国总部会见了联合国秘书长安东尼奥·古特雷斯，他们讨论了这两个组织在一系列问题上正在进行的合作，特别是在实现可持续发展目标方面以及应对多边合作面临的挑战。这次会议是他们继续努力的一部分，以加强和巩固世贸组织与联合国之间

的对话。

7 日

世贸组织成员就主席提出的农业谈判工作计划进行辩论，并讨论未来的发展方向

12 月 7 日，世贸组织成员在农业委员会特别会议上讨论了农业贸易谈判主席约翰·迪普·福特大使提交的工作计划草案。根据提议，将于 2019 年 1 月启动 7 个分会工作组，以试验推进谈判的新模式。成员们还继续就粮食安全方面的国内支持和公共储备问题进行专题讨论。

成员同意就使用最不发达国家服务豁免举行会议

12 月 7 日，在服务贸易理事会（CTS）会议上，WTO 成员同意在 2019 年第二或第三季度举行一次专门会议，以审查 WTO 成员如何利用服务豁免，使他们可以授予对最不发达国家（LDC）的服务提供商提供更优惠的待遇。CTS 主席，巴拿马的 Alfredo Suescum 大使将于 2019 年初举行非正式磋商，以讨论专门会议如何展开并在特定日期达成协议。

10 日

阿泽维多：2019 年将是更新和加强 WTO 的时刻

12 月 10 日，在世贸组织全体成员会议上，总干事阿泽维多讨论了世贸组织的前景，强调成员必须努力缓解紧张局势并应对其他系统性问题，同时还要继续推进其他领域的工作。他说，2019 年将是“将我们面临的挑战转变为在未来几年中更新和加强世贸组织的机会的时刻”。

11 日

世界贸易组织和世界银行的联合出版物强调，有必要制定政策，使极端贫困人口的贸易收益最大化

12 月 11 日，世界银行集团和世界贸易组织发布了一份联合出版物《减少贸易与贫困——对发展中国家的影响的新证据》。该出版物强调贸易对减贫作出了重大贡献，但促使发展中国家进一步融入国际市场，更广泛地分享贸易收益的政策，对进一步减少贫困和确保不让任何人掉队至关重要。世贸组织总干事在致辞中说，这两个组织团结一致，为贫穷国家的经济发展和促进贸易作为减贫手段作出了贡献。

报告显示，世贸组织成员实话贸易限制措施的范围急剧扩大

12 月 11 日，总干事阿泽维多在贸易政策审议机构（TPRB）的会议上向成员们提交的关于与贸易有关的发展的年度概览显示，从 2017 年 10 月中旬到 2018 年 10 月中旬，WTO 成员实施贸易限制措施的范围显著增加。尽管成员继续执行贸易便利化措施，但限制进口措施的贸易覆盖面是前一年年度概览记录的七倍以上。该报告首次在全世贸组织范围内就目前贸易紧张局势下实施的贸易限制性措施提供了事实见解，并呼吁世贸组织成员利用一切可以利用的手段来缓和局势。

阿泽维多：经济研究对加强贸易合作至关重要

12 月 11 日，总干事阿泽维多在世贸组织经济会议上发表题为“更新贸易合作：一种经济观点”的讲话中指出，当前的贸易紧张局势为基于规则的多边贸易体制提供了机会，以证明其价值并推进改革，以应对不断变化的全球经济。阿泽维多在开幕式上说，充分的分析和有力的证据对这项工作至关重要。该会议从经济角度审视国际贸易合作中的紧迫问题。

13 日

贸易和气候变化课程在布宜诺斯艾利斯的教席计划机构举办

12 月 13 日至 15 日，30 名参与者在阿根廷布宜诺斯艾利斯的拉丁美洲社会科学学院（FLACSO）参加了贸易与气候变化课程，该课程是 WTO 教席计划（WCP）的成员。作为 FLACSO 的气候变化法律和经济学研究生课程的一部分，该课程是与 WTO 协调组织的。

14 日

关贸总协定争端解决的演变

12 月 14 日，1947 年关税与贸易总协定的争端解决机制运作了近 50 年，在被世界贸易组织的争端解决机制所取代之前，它收到了缔约方之间 300 多起投诉。为纪念关贸总协定成立 70 周年，世贸组织发布了一份新出版物，介绍关贸总协定解决争

端的决定和程序的历史和演变。

专题讨论会审查与自然灾害有关的贸易问题

12 月 14 日，在世贸组织举行的一次关于自然灾害和贸易的专题讨论会探讨了自然灾害造成的经济损失，如何使用数据分析风险以及为增强抗灾能力进行投资的案例。该专题讨论会是世贸组织研究项目的一部分，由世贸组织成员批准并由澳大利亚政府资助。本次会议对这项研究中出现的贸易问题进行了初步范围界定。

世贸组织成员承诺在 2019 年加强渔业补贴谈判

12 月 14 日，在规则谈判小组会议上，世贸组织成员代表团团长宣布致力于在新的一年加强关于渔业补贴的谈判，以实现 2019 年底达成协议的目标。代表团团长进一步确认了对谈判小组最近商定的 2019 年 1 月至 7 月工作方案的支持。

18 日

国际商会—世界贸易组织小企业冠军：总干事欢迎巴西为中小微企业降低壁垒的项目

12 月 18 日，总干事阿泽维多在巴西利亚会见了巴西国家工业联合会 (CNI)，并听取了其“小企业无障碍”项目的最新情况，该项目是 2018 年 3 月在 ICC-WTO 小企业冠军倡议下被选为成功提案的。

附录三　世界贸易报告 2018 内容摘要

第一章　引言

技术创新塑造全球商务。从 19 世纪早期第一次工业革命中蒸汽船、铁路和电报的发明，到 20 世纪 50 年代集装箱运输的出现以及最近互联网的兴起，技术创新显著降低了贸易成本并改变了我们沟通、消费、生产和贸易的方式。但是，技术进步并不能保证行稳致远的贸易增长或经济一体化。事实上，在过去的两个世纪里，如何管理由技术驱动的结构性变革，很大程度上决定了全球经济贸易一体化是进步还是退步。

数字技术的兴起有望进一步改变国际贸易。我们正在进入一个新时代，一系列应用互联网的创新可能对贸易成本和国际贸易产生重大影响。物联网（IoT）、人工智能（AI）、3D 打印和区块链有可能深刻改变我们的贸易方式、贸易主体和贸易对象。

了解这些技术如何影响世界贸易对于实现收益最大化至关重要。虽然技术进步是国际贸易发展的必要推动因素，但管理上述变革的能力同样重要。了解这些变革的深度和广度对于帮助政府获得这些技术带来的好处并应对可能出现的挑战至关重要。

第二章　面向新的数字时代

数字革命是通过计算、通信和信息处理方面的技术变革实现的。过去半个世纪以来，处理和计算能力大幅增加，成本大幅下降，个人电脑广泛使用。与之相伴，网络带宽（通信系统承载能力）也同样快速增长。这被证明是互联网和移动网络迅速发展的重要催化剂。各种信息曾经仅以模拟形式存在，如今将这些信息转化为数字信息并对其进行收集、存储和分析的能力已经大大增强。

从机械和模拟电子技术向数字技术的转变、数字技术的迅速普及（特别是信息和通信领域）以及与这一转变相伴的巨大经济变革甚至是社会变革，都为数字革命奠定了基础。

本报告特别感兴趣的技术——物联网、人工智能、3D 打印和区块链——已经通过上述力量得以实现。物联网使得日常物品具备识别、传感、网络和处理功能。这些功能使日常物品能够通过互联网相互通信或与其他设备通信，以实现特定目标。物联网可以改善消费者的生活质量，例如可协助监测体质和健康状况，或可协助通过智能电器（如连接冰箱）更好地管理家务和日用品。对于企业而言，物联网可以通过更好地预防性维护机器和产品来帮助提高运营效率，还可以提供销售新数字产品和服务的机会。然而，该技术的广泛采用也面临一些严峻挑战。物联网中连接设备的部署（其中许多设备的设计没有充分考虑安全性）可能包含危险的漏洞。将大量新设备连接到互联网可能会使电信系统产生严重瓶颈。最后，由于许多公司正在竞相开发新的连接设备，未来可能会出现兼容性问题。

人工智能是数字计算机或计算机控制的机器人在人类辅助下执行任务的能力，例如推理、探寻意义、概括或从过去经验中学习的能力。今天的许多人工智能是“狭隘”或“脆弱”的，因为他们只是为执行相对有限的任务（例如面部识别或下棋）而设计。然而，对于许多人工智能研究人员而言，创造几乎在每一项认知任务中都会超越人类的“通用”或“强大”的人工智能才是长远目标。人工智能可用于提高商品和服务的生产效率，并通过产生新的想法来帮助创新。虽然人工智能的发展已经拥有了许多重要里程碑，但仍然面临许多技术挑战，包括人们经常不假思索地进行某些认知任务，例如感知周围物理环境并进行导航。即将进行的人工智能研究可能会集中在以下方面：使人工智能系统更加强大、使其社会效益最大化、减少人工智能的负面影响（包括社会不平等和增加失业）。

3D 打印是根据数字模型制造三维立体物体的过程，几乎可制造任何形状。随着时间的推移，3D 打印将使得供应链更加数字化和本地化，产品生命周期中的能源消耗、资源需求和相关的二氧化碳排放更低。然而，充分实现3D打印的潜力取决于能否克服大量障碍。必要的材料技术仍处于初期阶段，构建复杂物体的速度很慢。在消费者市场广泛应用3D打印之前，还存在许多监管问题需要解决。尽管打印机、材料和扫描的成本近年来有所下降，但仍然相对较高，特别是对于中小微企业而言。

区块链是将交易（分类账）进行分散的、分布式的数字记录，并使用各种加密技术进行保护。信息一旦添加到区块链中就会被盖上时间戳，无法轻易修改且修改尝试易于被追踪，同时具有适当权限的任何人都可以在对等的基础上记录、共享和验证交易。区块链只是一种分布式账本技术。然而，“区块链”术语如今在更多情况下通常是指分布式分类账技术。虽然区块链技术在安全性、不变性、透明度、可追溯性和自动化方面呈现有趣的特征，但目前大范围推广仍取决于能否有效应对各种挑战。区块链的可扩展性仍然有限，现有的区块链网络和平台无法相互“交谈”，并且仍有许多待解决的法律问题（从区块链交易的法律地位到法律责任等）。

随着数字化，世界各地的经济活动都发生了巨大的变化。以数字技术为基础的新商业模式已经出现，在过去十年互联网的快速发展中，数字平台正在成为新的市场。不断增加的在线可见度已经通过交互式网站、应用程序和社交媒体嵌入到营销策略中。这种在线可见度允许企业与客户互动，从而提高在线销售量。企业也越来越依赖人工智能和大数据来分析消费者的在线购物体验，以便了解消费者偏好并相应地调整产品。

在这种情况下，大量的产品和服务，包括旅行预订、远程医疗和电子学习，正在通过信息及通信技术网络远程提供。诸如3D打印之类的数字技术使得向偏好个性化产品的消费者提供定制商品和服务变得可行。

尽管数字技术带来了好处，但也引发了许多担忧和问题，包括市场集中、隐私和生产力损失，以及数字鸿沟。个人数据的收集和分析具有商业和社会效益。但是，人们越来越担心企业没有充分认真对待数据隐私。部分由于上述原因，一些国家正在立法，以更好地澄清个人、公司可以收集和保留的信息，以及他们可以用这些数据做什么。

数字市场竞争的性质与传统市场竞争存在巨大差异，因为数字市场竞争往往基于创新而非定价。在这种情况下，反竞争效应的出现可能是短暂的。然而，在一个平台或一种根深蒂固的商业模式被取代之前，这些反竞争效应可能会产生巨大的福利损失。

人们对数字技术提高了多少生产率提出疑问。例如，美国的生产率自2005年以来出现大幅放缓。针对这种差异已经出现几种解释，包括投入和产出核算错误以及技术变革对整体经济产生的影响不会立即显现。

数字鸿沟是数字经济面临的主要挑战之一。在获得宽带服务、接入电子商务平台、基础设施质量和法律框架方面，发达国家和发展中国家之间的数字鸿沟仍然很大。各国内部也存在相似的差异，例如，互联网普及率方面男性高于女性，在参与数字经济的准备方面小企业落后于大企业，不同技能类别的数字化影响差异巨大。随着数字化到来，对高技能工人的需求不断增长，而对低技能工人的需求则不断降低，这是因为低技能工人很容易被节省劳动力的技术和自动化所取代。

数字化强度因行业和公司而异。各行业对数字技术的依赖程度差异很大。平均而言，服务企业比制造企业更多地使用数字技术，高技术企业比服务企业或低技术企业更多地使用工业机器人。

即使在最先进的经济体中，不断创新和不断变化的商业模式也不可避免地导致数据收集方面的差距。收集数字贸易数据的努力仍处于起步阶段，特别是对于发展中国家和最不发达国家而言，由于其交易量较小，信息及通信技术普及水平较低，人们更容易质疑将有限的资源用于开发相关统计数据的价值。尽管存在这些挑战，但仍有可能使用现有的统计和传闻中的证据来说明数字经济的现状，并推断其可能的未来方向。

电子商务交易的官方数据尽管很少，并且各经济体之间也没有可比性，但确实提供了一些有用的信息。联合国贸发会议在其最新的《信息经济报告》中估计，2015年全球电子商务交易（包括国内和跨境交易）总额为25万亿美元，比2013年的16万亿美元增长56%（UNCTAD，2017a）。

美国国际贸易委员会（USITC）对全球电子商务交易的预估与之相似，2016年总额为27.7万亿美元，比 2012 年增长 44%。其中，2016 年企业对企业（B2B）的交易规模达 23.9 万亿美元，是企业对消费者（B2C）交易额（3.8 万亿美元）的六倍多。目前的统计数据并未按来源对电子商务交易进行分类。因此，无法单独识别国内和跨境交易。

考虑到交易的性质（如何）、产品（什么）和参与者（谁），统计界开发了“在制品”概念核算框架。在此框架下，“可数字化的”交易被分为“数字订购”和“平台适用”。电子商务交易被理解为数字订购，但可通过数字方式或物理方式交付。

企业层面财务数据提供了市场走向的迹象。一系列上市公司的财务报告（例如阿里巴巴，Alphabet，亚马逊，Facebook，微软，Netflix，Spotify 等）汇集在一起，不仅已经具有巨大的全球影响力，还有可能在国际上拥有更大。例如，亚马逊近三分之一（32%）的净销售额来自国际。Netflix 的国际流媒体收入从 2010 年的 400 万美元增加到 2017 年的 50 多亿美元。尽管阿里巴巴的市场主要是国内（2016 至 2017 财年为 92%），但值得注意的是，位于发展中国家的企业，具有相当大的开展跨境业务的潜力。

第三章 数字技术如何冲击贸易的经济学

新技术可能有助于降低贸易成本。新技术可能会降低距离的影响，无论是地理、语言还是监管上的距离。它们还有助于搜索产品，帮助验证质量和声誉，并帮助产品匹配消费者偏好。

人工智能的某些应用有益于货物贸易，例如优化路线规划和实现自动驾驶、通过集装箱和船运跟踪降低物流成本、使用智能机器人优化仓储和库存以及集成 3D 打印以降低运输和物流服务需求。因此，新技术可以通过降低运输和仓储成本来降低贸易成本，由此物流业也可以减少运输时间和交货时间的不确定性。这些成本占贸易总成本的大部分，因此减少这些成本能够对贸易产生巨大的潜在影响。

与海关程序有关的贸易成本仍然妨碍贸易，特别是在制造业。基础电子系统减少了海关合规所花费的时间，而区块链和人工智能有望进一步减少上述时间。对于时间敏感的货物流动，例如与全球价值链相关的贸易或易腐产品，新技术具有巨大潜力。

信息和交易成本在制造业中尤为重要，因为它们占贸易总成本的 7% 左右。在线平台有助于克服诸如信息不足和对跨境交易缺乏信任等障碍。此外，物联网和区块链可以简化验证和认证程序，实时翻译和在线平台可以促进不同语言的交流。

跨境支付和金融服务的创新进一步促进了贸易，通过区块链技术绕过传统支付系统的电子商务平台可能有助于降低跨境贸易的交易成本。

如果贸易成本下降将会使发展中国家的中小微企业和其他企业受益匪浅。许多贸易成本（如物流和交易成本或繁琐的海关程序等）对中小微企业影响更大，发展中国家的上述贸易成本则更高。跨境支付系统的创新对发展中国家和中小微企业的影响最大。因此，对于中小微企业和发展中国家的贸易而言，新技术在促进贸易方面有很大潜力。

辅助政策、技术传播和监管等方面也存在挑战。虽然新技术和大数据为企业更有效地组织生产和接触消费者提供了许多机会，但也存在挑战。

发展数字技术，信息及通信技术服务是至关重要的。无论使用何种技术以及是否涉及物联网、3D 打印或区块链技术，机器都需要有能力相互“说话”，而信息及通信技术服务可以实现这一点。

数字通信在移动或蜂窝电话、固定宽带和互联网普及方面取得了很大进展。然而，这一进展在国家之间、国家内部以及城市和农村人口之间并不一致。

最后，虽然 3D 打印或区块链等新技术的初步发现很有前景，但仍需要更多努力充分发掘其潜力。此外，仍然需要克服许多技术和监管挑战，包括保修和责任问题、各平台间缺乏相互可操作性以及智能合同的法律地位。

新技术也可以显著影响我们的交易内容、交易对象和交易方式。数字技术的广泛应用正在改变不同类别的服务和商品的贸易构成，并重新定义贸易中的知识产权。

服务业是近年技术革命的中心，因为技术进步使得越来越多的服务可以在线购买并以数字方式跨境提供。除了促进传统服务贸易外，数字技术正促使服务贸易取代货物贸易，确保服务贸易的重要性。例如，遥控机器人领域的新发展（如远程手术）为服务贸易开辟了新途径，并可能引发国际贸易的广泛变革。

随着数字技术的日益普及，信息技术产品贸易在过去几十年中稳步增长。数字技术进一步降低贸易成本将使有些货物贸易增加，特别是时间敏感型、认证密集型和合同密集型货物。数字技术还实现了大规模定制，创造几乎无限的产品种类以满足个人消费者的需求。另外，数字化导致某些可数字化货物（如CD和报纸）的贸易量下降。某些消费品的贸易可能受到“共享经济”商业模式发展的影响。

数字技术的发展从根本上改变了知识产权与国际贸易之间的联系，由于数字技术的可用性增强，使得全球范围内创作、复制和分销创造性产品的成本大大降低。随着知识产权许可贸易的迅速发展，知识产权所有权贸易日益多样化。作为一种分销渠道，互联网的兴起正在改变创造性产品的获取方式以及收入产生和分配的方式。

随着比较优势传统来源的重要性发生改变和新来源的出现，新技术可能会改变既有的贸易模式。由于数字经济是资本密集型和技能密集型的，可能会强化技能和资本禀赋的重要性。劳动力作为一种比较优势来源，其作用将被人工智能、3D打印和先进的机器人技术削弱。

相比之下，物质基础设施、跨境手续和地理因素可能变得不那么重要，这将使偏远或内陆经济体以及物理基础设施和海关程序欠发达的经济体受益。

能源基础设施是定义数字密集型行业比较优势的重要因素，因为支持数字技术的服务器依靠存储设备、电力供应和冷却系统进行运作，而这三者能源消耗量巨大。

对于数字时代的贸易模式而言，市场规模可能是另一个变得更加重要的因素。数字技术得益于海量信息获取，这对主要发展中国家而言可能是有利的。

在机构方面，由于数据隐私和知识产权方面的监管依赖于有效执法，尽管新技术也可能降低机构对比较优势的作用，贸易数字化可能会放大机构对比较优势的重要性。

除了传统来源外，针对数字密集型产品贸易的比较优势新来源将会出现。知识产权、数据流、隐私监管以及数字基础设施的质量可能会变得特别重要，因为可靠和快速的网络访问正成为开展业务的必要条件。

数字技术进步为发展中国家和发达国家带来了机遇和挑战。由于数字化增加了工人执行任务的复杂程度，发达国家可能会加强其在技能密集型行业的比较优势。由于新技术削弱物质基础设施的重要性，在受货物贸易向数字化贸易转变影响最大行业中，发展中国家也可能获得比较优势。

数字技术可能会使得国际生产碎片化。然而，其对全球价值链贸易的整体影响却很难预测。数字技术未来将带来更多的全球价值链贸易，原因有两个方面：一是全球价值链贸易受到通信、运输、物流、匹配和验证成本的限制，而上述成本都有可能通过数字技术降低；二是对于充当全球价值链推动者和货物生产投入的服务而言，数字技术提高了其质量和可用性。

迄今为止，几乎没有实证证据将企业应用数字技术和转移商业职能的两种决策联系起来。但是，智能自动化和3D打印可能会鼓励回流，即将生产或其他商业职能从劳动力成本较低的国家回归至拥有更大和更富裕市场的国家。

应用3D打印的速度和程度可能会对未来的全球价值链贸易产生重大影响。3D打印目前主要用于上游全球价值链的活动，例如原型设计、补充传统的“减法”生产过程。然而，从长远来看，3D打印可能在某种程度上取代传统的制造方法，降低对外包生产和装配的需求，减少生产步骤，降低对库存、仓储、分销、零售中心和包装的需求。

在一个普遍应用3D打印的世界中，全球价值链不仅可能变得更短，也可能看上去非常不同。随着生产中心在每个大客户群或创新中心周围出现，全球价值链将主要基于数据（设计、蓝图和软件形式）的跨境交换，而不是实物商品和服务的跨境交换。

对2030年国际贸易规模和模式变化的计量预测表明，数字技术可能会促进贸易，特别是促进服务贸易和发展中国家的贸易。为了解未来数字技术引发变革的潜在量化影响，本报告使用可计算的一般均衡模型来检验三种趋势的影响：与机器人化和数字化相关的劳动力和资本之间的任务重新分配、生产过程的服务化以及贸易成本的下降。

模拟结果表明，未来的技术变革有望推动贸易增长，特别是服务贸易。由于这些趋势，全球贸易将比基准情景增长约 2 个百分点，服务贸易份额将从 21% 增至 25%。发展中国家在全球贸易中的份额可能越来越大，但份额大小将取决于发展中国家追赶数字技术应用的能力。如果能够赶上，发展中国家和最不发达国家在全球贸易中的份额将从 2015 年的 46% 增至 2030 年的 57%。如果赶不上，那么这一份额将仅增至 51%。随着制造业进口中服务所占比重的上升，全球生产的组织方式将发生变革。

第四章　如何应对技术引发的贸易重塑

数字技术不仅创造了新市场、新贸易方式和新产品，还降低了贸易成本并改变了贸易模式。这些变革提供了新的机会和贸易收益，政府可以发挥作用确保企业抓住这些机会。

首先，政府可能需要支持私人支持或与之共同努力，以开发并促进人们获得可负担的数字基础设施及其服务。他们可能还需要采取措施让数字技术降低贸易成本，例如更迅捷和更可靠的跨境数据管理，或促进贸易经营和海关合作。然而，与此同时，贸易成本降低可能会使得进口产品的价格低于国内同类产品，可能导致来自国内生产商针对进口竞争的保护主义压力。

其次，数字技术可能使比较优势重组，例如使偏远地区的公司能够在全世界范围内销售数字产品，或者使高收入国家的企业将某些业务转移回本国变得有利可图。人们对各国特别是较小、较贫穷国家的政府如何抓住新的贸易机会提出了疑问。富国和穷国之间的数字鸿沟是这个问题的一个重要方面。

最后，政府需要解决与数字贸易相伴而生的问题，包括消费者保护、网络安全、数据隐私和竞争等。解决方式对贸易扭曲的程度不应超过实现这些重要公共政策目标的需要。

政府既要单独应对也要与其他政府合作应对数字贸易带来的机遇和挑战。单独应对包括投资数字基础设施和人力资本、贸易政策措施和国内监管变革。在大多数领域，国际合作正在帮助政府从数字贸易中更多获益，并且可能实现更有益的国际合作。

为了充分实现数字贸易的潜在好处，越来越多的政府实施数字发展战略，其中包括旨在改善基础设施、建立适当监管框架、降低经营成本和促进相关技能发展的跨领域政策措施。货物和服务贸易政策都能在推动数字经济方面扮演重要角色。

尽管有证据表明，开放和非歧视性政策有好处，而限制性政策和监管存在不利影响，但一些政府仍然采取贸易措施，限制外国服务提供商的准入和运营，以此来保护包括数字平台在内的本地企业避开外国竞争。

政府也正在制定和实施新的规则和法规，以实现数据隐私、网络安全或消费者保护等公共政策目标。一些政府使用竞争政策来平衡企业，在贸易领域解决“赢家通吃”动态的影响。不同国家监管制度的差异可能对各国间的监管互认构成挑战。各国也可能竞相降低监管门槛，例如降低隐私保护监管，或将监管作为变相保护主义手段。

政府可以根据发展水平和数字化程度对这些政策措施进行优先性排序，发展中国家通常侧重于促进联通性和应用数字技术，而发达国家则更加关注竞争、数据流和消费者保护方面的监管问题。然而，技能开发和促进中小企业参与数字贸易似乎是发展中国家和发达国家的共同关注点。

尽管世贸组织框架，特别是《服务贸易总协定》(GATS) 与数字贸易相关，并且世贸组织成员已经着手在现有框架内促进数字贸易，但是否支持以及如何支持包容性的数字贸易仍存在争议。

正如 1998 年以来世贸组织电子商务工作计划中的讨论所证明的那样，即使没有具体提及电子商务或在线贸易，现有的世贸组织规则也适用于电子商务。世贸组织关于货物、服务和知识产权贸易的规则中没有明文规定排除通过电子手段进行贸易的做法，并且事实证明这些规则足够灵活，能够适应“新”产品、服务和技术。

世贸组织成员已采取措施在现有框架内促进数字贸易，包括承诺在 2019 年之前维持目前对电子传输免征关税的做法，从而降低世贸组织《信息技术协议》扩围谈判参加方的信息及通信技术产品的关税，也包括世贸组织《贸易便利化协定》（2017 年生效）中与数字技术相关的条款，另外，“促贸援助”倡议是多边层面弥合数字鸿沟努力的一部分。

最近，一些世贸组织成员已开始在电子商务领域就未来世贸组织谈判进行探索。

一些国际组织和区域组织涵盖与数字贸易相关的具体政策领域，但他们讨论和承诺的性质和范围，包括私营部门的参与程度，都各不相同。

数字技术对国际社会来说不是一个新问题。鉴于数字技术的跨领域性质，国际和区域组织经常研究具体的政策问题，例如技能开发、信息及通信技术基础设施、监管框架、竞争、知识产权、中小微企业参与、可持续发展和数据收集等。其中一些组织已经就具体原则和最佳实践进行了讨论和谈判，还有一些组织开发了能力建设项目。

一些国际组织成为讨论和谈判数字贸易的论坛，内容涉及数字贸易的许多具体方面，例如世界海关组织对海关程序的讨论、联合国国际贸易法委员会对国内监管框架的讨论，以及世界知识产权组织对知识产权保护的讨论。

国际和区域组织的大多数其他活动都以基础设施投资和能力建设倡议的形式开展，以帮助各国政府，特别是发展中国家政府，最大限度地利用数字技术和贸易的好处。这些技术援助方案采取包括国际组织之间的联合倡议等不同形式，包括公私合作的伙伴关系。

过去 25 年，越来越多的区域贸易协定纳入了明确提及数字技术的条款。这些条款在区域贸易协定的许多章节中都可以找到，内容多种多样。

在区域贸易协定的许多章节中都可以找到与数字技术相关的条款，而不仅仅是电子商务章节，这反映了数字技术的跨领域性质。这些条款涵盖问题面广，包括贸易规则和市场准入承诺、通信和数字监管框架、知识产权保护、电子政务管理（即公共行政部门利用信息及通信技术提供服务）、无纸化贸易以及在科学技术、信息及通信技术和电子商务方面的合作和技术援助。

虽然一些数字技术相关条款复制或澄清了世贸组织中的大量现有条款或承诺，但其他条款却扩大了原有承诺或作出了新承诺。这些条款也往往是区域贸易协定中其他相关条款的补充，即使没有明确提及数字技术。

与数字技术相关的大多数条款都不遵循特定的、独特的模板，即使是同一国家对外商签的区域贸易协定中也是如此。因此，与数字技术相关的条款在结构、语言和范围方面仍然区别很大。

虽然近年来数字技术相关条款的重要性和范围有所增加，但最近出现的有些区域贸易协定中往往可以找到最详细和最全面的条款。

在区域贸易协定与数字技术有关的条款中，最常见的类型是涉及电子政务管理、电子商务合作和暂缓电子传输关税。越来越多的区域贸易协定还涵盖电子商务的一般国内法律框架和更具体的问题，如电子认证、消费者保护和知识产权。在为数不多的相对新签的区域贸易协定中，包括跨境电子信息传输、数据本地化和网络安全的其他议题也得到了处理。

总体而言，对于本报告中确定的大多数数字技术相关问题，只有数量有限的区域贸易协定纳入了相关条款并加以处理。一些问题的处理方法在部分协定中也有所不同，这可能反映了政治敏感性的不同。鉴于区域贸易协定的动态性和当前趋势，与数字技术有关的条款可能会随着新的、更全面的条款出现而不断发展。

关于在多边贸易体制内采取措施促进数字贸易发展，最近的研究文献提供了一系列学术支持。

一些研究认为传统的贸易壁垒是数字贸易发展的重大障碍。有的研究强调，在《服务贸易总协定》项下澄清和扩大世贸组织成员市场准入和国民待遇承诺范围才是重要的，如《信息技术协议》扩围谈判所做的那样，而不一定要创建新的独立规则体系。

此外，最近的文献还建议，根据最近的一些区域贸易协定所取得的成果，制定新的世贸组织规则或加强现有规则，例如信息跨境转移、数据本地化要求、电子签名和电子认证等方面的规则，以保护电子商务用户的个人信息或保护在线消费者。

总体而言，在充分解决重大公共政策挑战的条件下，数字贸易的发展将可能产生可观的效益。包容性、隐私保护和网络安全等相关问题很可能在未来数字贸易治理辩论中成为焦点。国际合作可发挥重要作用，以帮助各国政府确保数字贸易继续成为包容性经济发展的引擎。

附录四　WTO 成员一览表、WTO 政府观察员一览表

WTO 成员一览表

（截止 2019 年 12 月 31 日）

序　号	中文名称（简称）	英文名称（简称）	加入时间
1	阿富汗 *	Afghanistan	2016-07-29
2	阿尔巴尼亚 *	Albania	2000-09-08
3	安哥拉	Angola	1996-11-23
4	安提瓜和巴布达	Antigua and Barbuda	1995-01-01
5	阿根廷	Argentina	1995-01-01
6	亚美尼亚 *	Armenia	2003-02-05
7	澳大利亚	Australia	1995-01-01
8	奥地利	Austria	1995-01-01
9	巴林	Bahrain	1995-01-01
10	孟加拉国	Bangladesh	1995-01-01
11	巴巴多斯	Barbados	1995-01-01
12	比利时	Belgium	1995-01-01
13	伯利兹	Belize	1995-01-01
14	贝宁	Benin	1996-02-22
15	玻利维亚	Bolivia	1995-09-12
16	博茨瓦纳	Botswana	1995-05-31
17	巴西	Brazil	1995-01-01
18	文莱	Brunei Darussalam	1995-01-01
19	保加利亚 *	Bulgaria	1996-12-01
20	布基纳法索	Burkina Faso	1995-06-03
21	布隆迪	Burundi	1995-07-23
22	柬埔寨 *	Cambodia	2004-10-13
23	喀麦隆	Cameroon	1995-12-13
24	加拿大	Canada	1995-01-01
25	佛得角 *	Cape Verde	2008-07-23
26	中非	Central African Republic	1995-05-31
27	乍得	Chad	1996-10-19
28	智利	Chile	1995-01-01
29	中国 *	China	2001-12-11
30	中国台北 *	Chinese Taipei	2002-01-01

续 表

序 号	中文名称（简称）	英文名称（简称）	加入时间
31	哥伦比亚	Colombia	1995-04-3O
32	刚果（布）	Congo	1997-03-27
33	哥斯达黎加	Costa Rica	1995-01-01
34	科特迪瓦	Côte d'Ivoire	1995-01-01
35	克罗地亚 *	Croatia	2000-11-30
36	古巴	Cuba	1995-04-20
37	塞浦路斯	Cyprus	1995-07-30
38	捷克	Czech Republic	1995-01-01
39	刚果（金）	Democratic Republic of the Congo	1997-01-01
40	丹麦	Denmark	1995-01-01
41	吉布提	Djibouti	1995-05-31
42	多米尼克	Dominica	1995-01-01
43	多米尼加	Dominican Republic	1995-03-09
44	厄瓜多尔 *	Ecuador	1996-01-21
45	埃及	Egypt	1995-06-30
46	萨尔瓦多	El Salvador	1995-05-07
47	爱沙尼亚 *	Estonia	1999-11-13
48	欧盟（前欧共体）	European Community	1995-01-01
49	斐济	Fiji	1996-01-14
50	芬兰	Finland	1995-01-01
51	法国	France	1995-01-01
52	加蓬	Gabon	1995-01-01
53	冈比亚	The Gambia	1996-10-23
54	格鲁吉亚 *	Georgia	2000-06-14
55	德国	Germany	1995-01-01
56	加纳	Ghana	1995-01-01
57	希腊	Greece	1995-01-01
58	格林纳达	Grenada	1996-02-22
59	危地马拉	Guatemala	1995-07-21
60	几内亚	Guinea	1995-10-25
61	几内亚比绍	Guinea — Bissau	1995-05-31
62	圭亚那	Guyana	1995-01-01
63	海地	Haiti	1996-01-30
64	洪都拉斯	Honduras	1995-01-01
65	中国香港	Hong Kong，China	1995-01-01
66	匈牙利	Hungary	1995-01-01

续 表

序 号	中文名称（简称）	英文名称（简称）	加入时间
67	冰岛	Iceland	1995-01-01
68	印度	India	1995-01-01
69	印度尼西亚	Indonesia	1995-01-01
70	爱尔兰	Ireland	1995-01-01
71	以色列	Israel	1995-04-21
72	意大利	Italy	1995-01-01
73	牙买加	Jamaica	1995-03-09
74	日本	Japan	1995-01-01
75	约旦 *	Jordan	2O00-04-11
76	哈萨克斯坦 *	Kazakhstan	2015-11-30
77	肯尼亚	Kenya	1995-01-01
78	韩国	Korea，Republic of	1995-01-01
79	科威特	Kuwait	1995-01-01
80	吉尔吉斯斯坦 *	Kyrgyz Republic	1998-12-20
81	老挝 *	Lao People’s Democratic Republic	2013-02-02
82	拉脱维亚 *	Latvia	1999-02-10
83	莱索托	Lesotho	1995-05-31
84	利比里亚 *	Liberia, Republic of	2016-07-14
85	列支敦士登	Liechtenstein	1995-09-01
86	立陶宛 *	Lithuania	2001-05-31
87	卢森堡	Luxembourg	1995-01-01
88	中国澳门	Macau, China	1995-01-01
89	马达加斯加	Madagascar	1995-11-17
90	马拉维	Malawi	1995-05-31
91	马来西亚	Malaysia	1995-01-01
92	马尔代夫	Maldives	1995-05-31
93	马里	Mali	1995-05-31
94	马耳他	Malta	1995-01-01
95	毛里塔尼亚	Mauritania	1995-05-31
96	毛里求斯	Mauritius	1995-01-01
97	墨西哥	Mexico	1995-01-01
98	摩尔多瓦 *	Moldova	2001-07-26
99	蒙古国 *	Mongolia	1997-01-29
100	黑山 *	Montenegro	2012-4-29
101	摩洛哥	Morocco	1995-01-01
102	莫桑比克	Mozambique	1995-08-26

续 表

序 号	中文名称（简称）	英文名称（简称）	加入时间
103	缅甸	Myanmar	1995-01-01
104	纳米比亚	Namibia	1995-01-01
105	尼泊尔 *	Nepal	2004-04-23
106	荷兰	Netherlands	1995-01-01
107	新西兰	New Zealand	1995-01-01
108	尼加拉瓜	Nicaragua	1995-09-03
109	尼日尔	Niger	1996-12-13
110	尼日利亚	Nigeria	1995-01-01
111	挪威	Norway	1995-01-01
112	阿曼 *	Oman, Sultanate of	2000-11-09
113	巴基斯坦	Pakistan	1995-01-01
114	巴拿马 *	Panama	1997-09-06
115	巴布亚新几内亚	Papua New Guinea	1996-06-09
116	巴拉圭	Paraguay	1995-01-01
117	秘鲁	Peru	1995-01-01
118	菲律宾	Philippines	1995-01-01
119	波兰	Poland	1995-07-01
120	葡萄牙	Portugal	1995-01-01
121	卡塔尔	Qatar	1996-01-13
122	罗马尼亚	Romania	1995-01-01
123	俄罗斯 *	Russian Federation	2012-08-22
124	卢旺达	Rwanda	1996-05-22
125	圣塞茨和尼维斯	Saint Kitts and Nevis	1996-02-21
126	圣卢西亚	Saint Lucia	1995-01-01
127	圣文森特和格林纳丁斯	Saint Vincent and the Grenadines	1995-01-01
128	萨摩亚 *	Samoa	2012-05-10
129	沙特阿拉伯 *	Saudi Arabia	2005-12-11
130	塞内加尔	Senegal	1995-01-01
131	塞舌尔 *	Seychelles	2015-04-26
132	塞拉利昂	Sierra Leone	1995-07-23
133	新加坡	Singapore	1995-01-01
134	斯洛伐克	Slovakia Republic	1995-01-01
135	斯洛文尼亚	Slovenia	1995-07-30
136	所罗门群岛	Solomon Islands	1996-07-26
137	南非	South Africa	1995-01-01
138	西班牙	Spain	1995-01-01

续 表

序　号	中文名称（简称）	英文名称（简称）	加入时间
139	斯里兰卡	Sri Lanka	1995-01-01
140	苏里南	Suriname	1995-01-01
141	斯威士兰	Swaziland	1995-01-01
142	瑞典	Sweden	1995-01-01
143	瑞士	Switzerland	1995-07-01
144	塔吉克斯坦 *	Tajikistan	2013-03-02
145	坦桑尼亚	Tanzania	1995-01-01
146	泰国	Thailand	1995-01-01
147	北马其顿 *	North Macedonia	2003-04-04
148	多哥	Togo	1995-05-31
149	汤加 *	Tonga	2007-07-27
150	特立尼达和多巴哥	Trinidad and Tobago	1995-03-01
151	突尼斯	Tunisia	1995-03-29
152	土耳其	Turkey	1995-03-26
153	乌干达	Uganda	1995-01-01
154	乌克兰 *	Ukraine	2008-05-16
155	阿联酋	United Arab Emirates	1996-04-10
156	英国	United Kingdom	1995-01-01
157	美国	United States	1995-01-01
158	乌拉圭	Uruguay	1995-01-01
159	瓦努阿图 *	Vanuatu	2012-08-24
160	委内瑞拉	Venezuela，Bolivarian Republic of	1995-01-01
161	越南 *	Viet Nam	2007-01-11
162	也门 *	Yemen	2014-06-26
163	赞比亚	Zambia	1995-01-01
164	津巴布韦	Zimbabwe	1995-03-05

注：* 自 1995 年以来，新加入 WTO 的成员。

WTO 政府观察员一览表

（截止 2019 年 12 月 31 日）

序　号	中文名称	英文名称
1	阿尔及利亚	Algeria
2	安道尔	Andorra
3	阿塞拜疆	Azerbaijan
4	巴哈马	Bahamas
5	白俄罗斯	Belarus
6	不丹	Bhutan
7	波斯尼亚和黑塞哥维那	Bosnia and Herzegovina
8	科摩罗	Comoros
9	库拉索	Curaçao
10	赤道几内亚	Equatorial Guinea
11	埃塞俄比亚	Ethiopia
12	梵蒂冈	Holy See
13	伊朗	Iran
14	伊拉克	Iraq
15	黎巴嫩	Lebanese Republic
16	利比亚	Libya
17	圣多美和普林西比	Sao Tomé and Principe
18	塞尔维亚	Serbia
19	索马里	Somalia
20	南苏丹	South Sudan
21	苏丹	Sudan
22	叙利亚	Syrian Arab Republic
23	东帝汶	Timor-Leste
24	乌兹别克斯坦	Uzbekistan